U0138870

凝煉知識品味閱讀

徐有守 原著

郭世良 增修

增修四版

考銓制度

戴傳賢（集字）

五南圖書出版公司 印行

增修四版序

這是恩師徐有守的著作，我沒有資格作序。但徐師在本書修訂三版出版後，已有些許之修正，並早已數度囑咐，要我繼續修訂。承徐師之教誨，我有義務去完成徐師之遺願，更有責任向讀者說明修正的經過。

這本書於前版之校對增修中，我在徐師指導下有參與。其時增修較易進行，我可大膽地寫，徐師則仔細地審。但本版之增修則是我一人寫作，並且自己審酌，其間之思慮即要廣又要深，唯恐對法規之說明或評述有所不當，或遣詞用字表述不當，是以修正再三，曠日費時。

這本書增修三版是在民國96年2月出版，距其二版之86年7月近十年，然而現今本增修四版之出版，卻距前版十二年之久。其間徐師於97年9月辭世，而後奉師母之命整理其所遺資料，亦甚為費時，加上第十一屆考試院考試委員提「文官興革方案」，內容研修人事法規甚多，為保其最新法規資料，又不敢遽然下筆，既已下筆隨即又有新修訂，必須反覆校正。尤以公務人員考績法修正草案、公務人員退休法修正草案、公務人員撫卹法修正草案、公教人員保險法修正草案，爭議甚多，銓敘部必須反覆研擬，繼之年金改革法案，使得原擬退撫保險制度之述說，必須重新思量，加以該兩法之條文內容冗長繁複，不易瞭解，雖提綱挈領，亦深恐未盡法意，所以費時甚久。

徐師的文章筆鋒常帶感情，他從事考銓工作二十多年，亦曾經主持多項考銓制度改革專案小組，以之敘述他親身的體驗，使人易於瞭解制度施行的狀況。所以他的書實務多於理論，況且法規之修正絕大部分是處理實務的事情，而非處理理論。因此，他的書對實務之處理有很大的幫助，由實務現象易於瞭解理論之所在。本書本版之增修亦延續這個觀點，也保持原書的特色。

因此，在章節的安排上，也略有調整。將原第十二章第八節「當前任用制度之基本問題」獨立成一章。又初任公務人員，即給予俸給之後，最重要者為「服務」，有服務才有「考績」，所以，原擬將「公務員服務制度」章提到「公務人員考績與獎懲制度」章之前。但因思及歷來考績的結果，予以晉敘俸級，也作為升遷任用之重要依據，在法制上與「任用及升遷」、「俸給」關聯性很直接，所以仍保留在「公務員俸給制度」章之後。另公保與退撫原具有關聯性，是以將「公教人員保險制度」章後調到因年金改革而合併原「公務人員退休制度」、「公務人員撫卹制度」兩章爲第十九章「公務人員退撫制度」之前。亦即增列一章，合併退撫兩章爲一章，全書仍維持二十章。

在各章內容方面，由於十二年來，公務人員法規變動甚大甚多，本書是以民國107年底之法規爲準，各章節多所增補修訂，如：昔未述及之公務員懲戒法，也順應該法之修正施行，增列補述；公保法與年金改革之「退撫法」，在內容上，較前之法規變更甚大，而實務上有關「因公」退撫之爭議亦多，是以，「公保制度」與「退撫制度」兩章幾乎全部改寫，增補述說，以應實務之需。其他如各該制度之歷史沿革與實作情形，增補亦多，要使讀者能瞭解制度之演進，能知其然，更能知其所以然。

本書之增修，寫作多年，有關實務事項，常詢問考試院、考選部、銓敘部、公務人員保障暨培訓委員會，甚至於院部會以外，服務其他各機關之許多老友，使本書之寫作，在實務上有比較廣泛和眞實之資料得予參據，在此謹向眾多難以一一列名之老友致謝。其中尤以許淑瑜小姐，多年來替我謄打修正文稿，林琬婷小姐作原書掃描，排版前夕，黃鴻儒小姐替我將修正文稿扣入原書，五南圖書出版社副總編輯劉靜芬及蔡琇雀小姐、呂伊眞小姐、陳美華小姐在出版與排校上給予甚多協助，謹此誌謝。

本書之增修，係以我實務工作經驗之所得下筆，可說是我工作之心得報告，願提供有志於考銓制度之從事者或研究者的參考。所爲一方之言，疏漏或盲點之處而不自知者，必當有之，尚祈方家賜正。

郭世良

民國108年4月

增修三版序

本書初版於民國86年6月問世，半月之內，銷售一空。次月續發行修正二版仍繼續暢銷。但由於考銓法規修正與變動過速，以致半年後，二版內容又有部分過時，書局未便續印二版二刷，以致歷年迭有讀者直接、間接表達希望，囑本人從速提供修正三版。所歉雖以退職之身家居，但因其他書籍之寫作及雜事羈身，竟遲遲牽延至九年後之今日始能如願應命，從事增修三版，並大量增刪，全盤澈底修正翻新本書。

作者此次著手本書增修，完全係基於服務我考銓工作同仁之一番熱忱。自許半生始終以研究與維護考銓制度爲職志，亦以之爲浮生最大樂趣。增修之初，原以爲最多一、二個月即可妥當畢事，殊不知竟完全事出意外，工程浩大，孜孜不倦，每日沉浸十餘小時，窮日從事，持續費時半年十月始告完成增修初稿。全書增加六、七萬字，每一章目均有大量增刪修正。密密麻麻增寫或加寫新稿文，以致增修初稿序除本人外，他人甚至無法辨識，最後當然全書重行另繕。又再作第二次增刪修訂，亦費時數月，兩度增修均係竟日從事，連續不斷者竟共費時一年有餘。經如此汰舊增新修訂後，實際增加十餘萬字，而近八十萬字。深感似此種增修工作，其耗費精神體力之巨，遠甚於新撰寫一書。常自暗思，此猶如全盤增修改建一大廈建築物，其困難與費事費力，遠甚於平地新建另一建築物。在臺灣，寫此種專業性、學術性、冷僻性之書，除專業人士購買外，極少其他人士購買，無利可圖。非抱有至高熱忱者，無人願意從事此種著作以自戕健康，何況區區以年八十之老人，雖稱體健，但至最後亦深感疲勞不堪，竟至抱病，實前所未有之經驗。至今全書表面看來，篇章結構與大小標題雖大多仍舊，但內容則已完全更新，除大量增加外，並刪除過時者甚多。事畢之所以自覺不勝疲勞者，究其原因如下：

一、新頒法規不少：考銓法規數量不少，僅以經本書引述其條文者言（僅舉述內容而不引述特定條文者不計），原來修正二版經已列入本書「引用法規簡稱全稱對照表」者，即達一百三十九種之多，現經本書增修三版增減後經引述而列入該表之法規已增至一百八十五種。所增新頒行之法律中，較重要者如「公務人員利益衝突迴避法」、「醫事人員人事條例」、「公務人員陞遷法」、「交通事業人員考成條例」、「政務人員退職撫卹條例」、「公務人員訓練進修法」、「公務人員協會法」等均是。

二、大量修正法規：在民國86年8月本書二版後至今九年期間，上述經本書引用之一百餘種法規中，幾無一不有修正。其修正較為頻繁者，例如：「公務人員請假規則」竟修正六次之多；以內容變動之多，則例如：「公務人員任用法」此種最基本性的重要法律，在民國91年修正時，竟修正二十條之多，已達半數。尤其「公務人員保障法」，於民國92年修正時，自原來全文三十五條而擴充至一百零四條，增加六十九條。修正後之條數幾為原條數的百分之三百。又如有關考試法規方面，更將行之多年的檢覈制度所有有關法規及條文完全廢止，將原來（一）公職人員候選資格檢覈，（二）上校以上軍官轉任公務人員檢覈，以及（三）專門職業及技術人員檢覈等三方面之檢覈法規完全廢止，全面根本廢除檢覈制度。

由於作者堅持原則，書中每有引述，必以最新現行法規為據。以致此次修正時，大而至於每一制度內容必須從新撰寫或補充，小而至於引述所據之法規條次，亦因原法規本身幾乎百分之七十、八十均有變動，以致每一條次和條文內容均必須重加查對改正，十分費心費時。

順便一述，本書原一、二版在介述考銓制度實況外，每一單元於述畢後，大多略有討論。其中例如介紹我國政務官制度時，我指出：有關法規對政務官雖無區分等級之明文規定，但實際上已有區分為五個等級之事實。後多年來考試院一再向立法院歷次提請審議之「政務人員法草案」，均有條文明白規定，將政務官區分為六級。由於「政務人員法草案」至今仍尚未完成立法程序，所以此部分論述仍繼續保存在本版中。又如我在本書一、二版均力言原「技術人員任用條例」與「公務人員任用法」重複，實屬冗贅之法律，主張應予廢除。後且另在考試院官方雜誌《考銓》季刊撰有專文鼓吹此意，果獲考試院向立法院提案，該條例早已得獲廢除。因之本三版已不復有關於該條例之論述。尚有其他曾經本書倡議者，亦多經實現，姑不一一舉述。此次本三版之增修，因所引用之法規一百多種幾乎無一不有修正，令人驚訝，且新制定之法規亦不少。其中部分次要法規，不僅多有在各該主管機關編印之法規彙編中未予收入，甚至在網路中亦所不載。無可奈何之餘，只好求助於眾多老友故舊代爲搜尋。種種勞煩他人之處，內心實不勝感激。爲此，厚承考試院保訓會主秘兼保障處處長施惠芬、監察院主任郭世良、考選部參事李震洲、銓敘部特審司司長江汶珠、銓敘部銓審司副司長呂秋慧、銓敘部法規司科長邵玉琴、公保監理會許熙齡小姐、銓敘部法規委員會專門委員陳美江、交通部國工局主任傅桂枝等多位小姐、老兄、老弟以及老友熱忱協助，代爲蒐集法規。尤其煩勞郭世良主任及陳美江小姐二位最多，承屢屢費力費時，減省我大量時間，助益至多。均在此誠懇申謝。

此次增修三版特增列附錄兩種，其一爲考試院創院院長載傳賢先生手令全文二千餘字，用見其謀國謀事之精誠，以與我考銓及人事工作同仁共勉。其二爲本人當年爲維護及謀求改進考銓制度之艱困情形。

以如此一部七十萬字書稿之全盤翻新增修工作，所涉細微繁瑣，非對考銓制度有至高熱忱者，決不願爲之。茲獲事竟，雖歲月催人，除記憶力大退外，體力與注意力均未稍減，體格健康依舊，神志清明，條理井然，不禁又莞爾自得。若干年後，但願我國考銓制度有更多更良好之更新，更有助於國家之進步，更願屆時我仍有如今之高度熱忱與充沛之精力，爲我人事工作同仁續獻餘力，從事增修四版之服務。

徐有守

民國95年10月於臺北

時年八十有三

初版序

這本書，完全依據最近幾年各種新考銓法規寫成，是有關我國考銓制度一本最新的書。

很多年來，我一直想照我下面的基本想法，寫一本考銓制度的書：

一、在析述考銓制度時，完全依據考銓法規規定內容，不摻雜作者個人或任何他人觀點，以免讀者不明瞭何者是制度和實況，以及何者爲作者或他人見解。

二、在制度析述清楚以後，對制度當前所遭遇的主要問題有扼要析論，以供研究者的參考。

三、在我國考銓制度中，目前還有些尚無定論的課題，例如：考試院權限的範圍、政務官的定義、公務員與公務人員的區別等，自應加以討論但必須與制度事實區分清楚。

四、應該寫一本純粹屬於我國現行考銓制度的書，不要把人事行政學混雜在一起。因爲人事行政學偏重在理論的探討與研究，以及各家見解與學說的介紹批評。但我國考銓制度，則是依據各有關法規規定實施。實行中的制度是一種存在的事實，不是見解、不是學說，也不是理論。在討論我國考銓制度時，應就事論事，不必將人事行政學的理論摻合混雜在一起。本書既以寫考銓制度爲範圍，絕對避免將前語寫成人事行政學。本書儘管也有討論，但一定與論述制度者明顯區分，而且所討論的仍然只是我國考銓制度中的實際問題。

依照上述基本想法寫成的這本書，應該是我個人研究我國考銓制度幾十年後的一本報告書，並且希望對下列各類讀者能有些微幫助：

一、爲有興趣於我國考銓制度的人士，提供一本研究參考之用的書。

二、爲大學研究考銓制度方面的老師和學生，提供一本內容完整、切實分析制度，而又有研究性的參考書。

三、爲行政機關首長、廣大的公務人員，以至於各階層人事人員，提供一本內容具體、敘述可靠、易於查閱、具有實用價值的考銓制度之書。

基於上面所述個人想法及讀者對象，本書的內容和體例，當然採取了下列各種配合：

一、對於考銓制度本身的析述，完全依法規敘述。法規所無者不寫，法規規定的是什麼，就寫什麼，而且必須消化法規後將制度分析得很清楚，絕不一面介紹制度一面發表議論。另外，又為便於瞭解起見，大小標題較多，目錄做得特別明細，等於是一個索引，查閱非常方便。對於部分涉及公務人員權益事項，例如：俸給、退休、撫卹等，並舉有詳細的演算實例。

二、為了研究者的方便，以及實用時可以與有關法規對照起見，在引述法規時，一定在每段文尾註明所依據法規的名稱及其條次，以便查索原條文。這件事增加我寫作時極大的負擔，但絕對有助於讀者，尤其我考銓及人事行政工作同仁之實用。

三、為了增加讀者瞭解起見，常就多種法規對同一事項的規定，作一綜合性的敘述。例如：公務人員取得任用資格的途徑、得轉任公務人員的其他人員類別、合格公務人員的八種來源、所有各種獎懲方法等。

四、對於考銓業務中幾個重要部分，例如：考試、任用、俸給、考績、服務、公保、訓練進修與保障、退休、撫卹等，除析述其制度外，並且一律都列有下列各部分：（一）舉述各該項業務有關之主要法規。（二）該項業務主要法律的沿革。（三）該業務制度中常用名詞解釋。（四）該業務制度當前遭遇的問題。

寫完這本書，心情非常愉快。

對我這種幾十年來碌碌於辦公室工作，而日不暇給的人來說，退職後還能有熱忱與精力寫成這麼一本書，可以說是美夢成眞。

這是我退職以後所完成的第二本書，也是我預計要寫的幾本書中比較主要的一本。從少年時開始，我都在擔任公職，每一個職務都相當忙碌，而且精神壓力也很重，所以總是全力以赴，而沒有時間做公務以外的事情。但我一直認為：人生到老，必須留下幾年來過自己的日子，做自己想做的事情，作為一種享受。這是我自願退職的主要原因。而我夢寐以求要做的事，就是要把放在心裡已久的幾本書寫出來。

最近十多年來，尤其最近四、五年來，考銓制度變更得很多也很快。許多主要的法律和制度都變了，新法規也陸續出現。例如：考試法、任用法、公保法、退休法、撫卹法、「技術人員任用條例」、「專門職業及技術人員轉任公務人員條例」等都是在最近幾年裡修正改變的，而且改變得很大；考試院、銓敘部、考選部、人事行政局的組織法律也都修正了；保障法新訂定施行了；公務人員保訓會成立了。這本書，是在上述大量法律修正施行以後著手寫成，所以應該可以說，這是有關考銓制度最新的一本書了。

現行這些法規中有關銓敘部分的各種法規，幾乎無一不是我任職銓敘部政務次長期間，由我主持一個又一個專案小組起草擬訂；也無一不是我代表考試院到立法院去說明、去推動，而承立法委員朋友通過的。例如：任用法、俸給法、考績法、退休法、撫卹法、「技術人員任用條例」、「專門職業及技術人員轉任公務人員條例」、「公務人員退休撫卹基金管理條例」、「公務人員退休撫卹基金管理委員會組織條例」、「公務人員退休撫卹基金監理委員會組織條例」、「銓敘部組織法」等；甚至有些行政規章，例如：「公務人員考績法施行細則」、「職務列等表」等，也是經過立法院審議的。另外，許多雖然並非由考試院起草，但必須會同考試院送立法院，或立法院必定邀請考試院去列席審查與表示意見時，也都是本人代表考試院去立法院，而且我每去必定有意見。這類法律，例如：「兩岸關係條例」、「公職人員財產申報法」、「教育人員任用條例」，以及幾乎所有各種特種任用法律，所有各機關組織法，我每一種都曾經細細研究過，也必定代表考試院在立法院提出意見。至於現行的新人事制度，由於最初出自我的構想設計和發起，後來也是由我主持一個持續數年的新人事制度專案小組，負責起草和研擬全套幾十種新人事制度法規草案。

另一方面，我在銓敘部主持一個名爲銓敘審查委員會的組織，每星期照例舉行會議兩次，舉凡有關任用、俸給、考績、退休、撫卹等銓敘案件，都必須提該會討論。其中引起爭論的案件不少，因而使我涉入實務很深。

由於以上所述個人工作在實際上的需要，使我事先必須在法制和實務兩方面都應有充分的研究準備；臨事又必須事理分明，並且作出正確決定；事後更難免會自我檢討。如此爲期長達二十多年的煎熬，使我對銓敘法規與實際業務，已不可能不熟悉，也當然會常常追究制度何以如此或如彼設計的道理。尤其許多設計原本就是出自我的胸臆。

後來我又調任考選部政務次長，爲期約兩年，因而對考選業務也有接觸。

由於在銓敘、考選兩部任職前後長達二十多年的勞累，甚或根本就是折磨，使我深切關懷考試權的一切，也樂於一再討論有關考銓事項。

我最得意的事情是這本書的每一個字和每一句話，都是用我自己的十個手指，把我自己頭腦裡的知識、觀念和想法，直接輸入電腦、出現在螢幕上，然後自行列印出來，又一再修改而後才成爲整潔的原稿。我退職後專心學電腦（大易）中文輸入法，費時三個月。學會後至今不到兩年期間，大約已用來寫作了（準確的說法該是敲打了）將近一百萬字。我常常高興把這件事說給朋友聽。

這本書在長長的寫作期間，得到許多朋友的幫助。當我需要最新法規的時候，或想要知道某一執行實況細節的時候，或是需要有人替我檢查原稿脫漏之處的時候，以及最後要清理稿本的時候，謝謝考試院、銓敘部、考選部和保訓會的許多老朋友們幫助我。這些老朋友是：首長席參事黃萬枝、許參事永福、李司長震洲、郭專門委員世良、林小姐琴芳、王科長幸蕙、陳科長淑瑾、張科長晶、黃科長秀琴、郭視察樹英、劉編譯艮馨、謝編譯宜蘭，以及更多銓敘部的老同事們。我必須在這裡向他們誠意懇切的敬申謝忱。

我必須爲他們對我所作的另一項幫助再申感謝。有些關於法規執行細節實況問題，我曾經依問題性質之不同，分別與上述各位之中一、二位討論過。因爲上述各位，對其所掌理的各該項業務、都已主管多年，各皆對其有關法規十分熟悉瞭解；對其所掌理之實務，更具有極其豐富而深入的經驗，至少確爲其所主掌該部分業務的眞正專家。他們也是我多年來所最信佩的好朋友，他們的高明見解，對我極有助益，但最後究竟如何處理，當然由我決定；所以，如果有任何錯誤敘述之處，完全由我負責。

也特別謝謝兼具藝術天才的王科長幸蕙對本書封面的設計和著色等方面，提供了許多原則性的寶貴意見，一併供封面設計人的參考。

在這本書寫作期間，我確實是廢寢忘餐，百事俱廢。我之能夠如此毫無顧慮，完全是內人石繼之女士對我多方的諒解與精神支持。我衷心特別感謝我這位賢淑寬厚的老妻。

徐有守

民國86年春於臺北

本書導讀

本書完全依據最新之各種法規寫成，可以放心。內容詳細豐富，論敘具體明確易讀，適合於次列多種不同身分人士閱讀。但因各人閱讀目的不同，如爲節省時間與精力起見，建議採取下列選擇性讀法：

一、教授、研究工作者、研究生、人事行政學課程學生等

建議全書閱讀，但對於有關實務舉例之若干段落，若不感興趣，自可省略不讀。並建議學校教師和學生以之作爲指定教材或指定參考書。

二、機關首長、單位主管、以至於一般公務人員

爲求立即瞭解有關考銓或人事管理某一實際問題有關之具體規定，以便決定處理方針時，可將本書作爲人事手冊使用。在本書目錄中查得有關之章節頁次後，細讀其各該章節內容，並依據各該章節段落文尾所附註之有關法規名稱及法規條次，查閱該有關法規原文，必能從而獲得法定之答案。

三、各級人事工作同仁

爲執行業務，辦理人事案件，可查閱本書，以迅速獲得有關法規規定及有關知識，相信必有實際幫助。如無興趣，自可不必閱讀其討論部分之文字。但如便中詳讀討論文字，仍有助於瞭解制度與規定之理由及背景，亦有意義。

四、應考人員

爲準備參加各種有關考銓制度或考銓法規科目之考試起見，對本書可採取選擇性之閱讀。書中舉凡有關法制沿革及實務細節，均可略去不讀。但如有時間，能選讀較多章節及項目，尤其是章節中的評述或章末基本問題之探討，以深入制度之精髓，更有助益。

作者簡介

徐有守（原著者）

江西省吉水縣人。歷任大學教授，銓敘與考選兩部政務次長二十餘年。為著名人事行政學學者及考銓法制實務專家，業餘從事文學著作。係我國現行「官職併立」的公務人員人事制度實際建立人，政府為此頒給獎章。已出版政治學、行政學、人事行政學、新詩集、話劇劇本，與傳記文學等著作二十餘種，迭獲學術著作獎與文學著作獎。民國97年9月辭世，享年八十四歲。榮獲總統馬英九明命褒揚。

郭世良（增修者）

世新大學廣播電視科、文化大學法律系畢業，政治大學法制班結業，臺灣大學國家發展研究所碩士。公務人員普考、高考、簡任升等考試及格。歷任臺北市國稅局助理員，銓敘部科員、專員（兼法規小組、法規委員會秘書）、科長、專門委員，監察院人事室主任，銓敘部研究委員（兼公務人員月刊總編輯、訴願委員會執行秘書）、參事。曾獲多次人事法制徵文等獎項。召集人事同仁撰寫公務人員月刊人事劇場文章凡二十五年。

目次
CONTENTS

第一編　總　論

第三編 銓敘制度

第四編 總 結

第一編

總　論

第一節 五權制度之基本精神

一、五權制度為分權制度之一種

要瞭解五權制度的精神，必先瞭解五權制度的來源。依據中山先生自述，五權是融合西方的三權學說中的三權與我國自古以來原有的考試與監察二權而成。因此我們可以說：「五權制度，在理論上，是以西方的分權主義爲基礎；在結構上，是融合西方三權與我國固有的二權而成。」

西方分權主義的理論，在求保障人權與自由。爲了不使政府權力過於集中而流於專制起見，所以將權力區分爲二個以上；又爲了使各個權力能夠互相監督起見，所以又儘量使各個權力力量大致均等，並加以設計，使其相互發生牽制作用，避免任何一權各自獨斷。這也就是藉分權的手段來貫徹「牽制與平衡」（checks and balances）原理的目的，俾使政府無從濫權，人民自由權利終得維護。

但是，中山先生顯然認爲僅僅行政、立法、司法三權分立猶有不足，所以特別採取我國固有的考試、監察兩權，合併而成五權制度，將政府最高權力區分爲五部分，使之相互平衡牽制。

二、五權制度之四項基本精神

基於以上說明，我們認爲五權制度至少有如下四項基本精神，這四項精神也是我們實行五權制度所應致力發揮與貫徹的要項，而且，也是我們可以用來作爲五權制度施行實效之檢查、評估的標準：

(一) 五權權力内容應區分明確：這就是說，應當將行政、立法、司法、考試和監察五種權力的有關事項與業務，分別一一歸屬於五權之下，由五權分別各自獨立行使，使五者間截然劃分清楚，無任何混淆。

(二) 五權權力分量應相當：依據制衡原理，應使五個權力的力量，相互大致相當，以維持彼此平衡，不致有倚重倚輕現象，以免任何一、二個個別權力力量過大，或任何一權力壓倒其他各權，而造成個別權力獨斷之局面。

(三) 五權應各有其適當相互牽制權力：依據制衡原理，應使每一權都具有可以牽制其他各權的適當權力，而且這種牽制力也應使之彼此大致相當，不致有任何一權過弱或過強，而失去應有之均衡牽制作用。

(四) 應使考試與監察二權確實發揮效能：五權制度之有別於三權的地方，扼要言之，在比三權制度多了考試與監察二權。因此，爲求貫徹與發揮五權制度精神起見，就必須充分發揮考試與監察二權功能，五權制度才有可能眞正實現。

以上四點基本精神或基本要求，可以用作衡量或評估五權制度成敗的一組標準。

但是，早就有人說：五權制度與其他分權制度不同，其主要精神在於五權的特性是協調配合的，而非互相牽制平衡。我認爲：這種說法是基於國人對中山先生的特殊尊敬心理，值得欽佩，然卻不認爲說得完全合理。因爲如果各個權力各自合法、合理和正常行使其權力，當然不會受到其他權力之牽制，而達成政府協調配合的目的。但分權制度的用意，基本上就是要使剖分後的各權互相牽制平衡，勿使任何一權凌駕他權之上，而專斷、悖理或反常行事，以確保人民自由權利，五權制度何能例外？例外則失其分權的意義了。

三、均權主義之要旨

五權制度是權力分立（separation of powers）主義下，眾多權力平行分立制度中的一種。中山先生在政治制度上的另一重要主張是均權主義，則是就中央與地方上下權力的劃分而言。關於中央與地方權力的劃分，型式也很多，從最極端的單一國家中央集權、地方自治、聯邦、邦聯，以至於最鬆懈的國協、事合國與身合國等形形色色的體制，不一而足。而中山先生別出心裁，所另行創造的均權主義，似乎可以將之界定爲單一國家而實施地方自治制度的一種。其對權力劃分的基本原則，依中山先生自己說法是：「關於中央與地方之權限，採均權主義，其事務有全國一致之性質者，劃歸中央；有因地制宜之性質者，劃歸地方。不偏向於中央集權或地方分權」（中國國民黨第一次全國代表大會宣言）。我們憲法奉行這一原則經予以具體明文化後，對於權力的劃分，因五權的不同而作成各別的處理，或集中於中央，或分歸於地方。這對於考試權的權力內容實體，自然有直接的影響。其具體情形，將在下一節說明。

第二節　中華民國憲法所規定之考試權

綜合憲法各有關條文來看，在政治制度架構上對考試權所作設計，大概可以歸納成兩部分：第一部分是考試權與其他四權的關係，這與上節所述制衡原理有關；第二部分是考試權權力實體本身，這與上節所述均權主義有關。以下就此兩部分略作說明。

一、五權分立制度下相互關係中之考試權

關於第一部分考試權與其他四權關係，茲依憲法（及增修條文）或依憲法訂定之法律規定，就考試權所受牽制與所施牽制情形，舉述如下：

(一) 考試院院長、副院長與考試委員應經立法院同意後任命：掌握考試權權力最後決定權的考試院院長、副院長與全體考試委員，都應由總統提名經立法院同意後任命之（憲增6）。

(二) 考試院及所屬部會機關概算應送行政院核編：考試院及所屬三部會每年概算，都應依照行政院（主計總處）所定辦法編製，並送行政院彙編。行政院有權通知考試院及三部會派員前往說明，並有權對概算中之部分，予以核減、剔除、不同意或同意（憲57，預算法）。

(三) 考試院及所屬部會機關概算應由立法院審議通過：考試院及所屬三部會概算，經行政院核定後彙編入中央總預算案，送立法院審議。立法院有權通知考試院及三部會派員前往立法院說明，並有權對其預算之全部或部分，予以刪減、剔除、變更、通過或不通過（憲62、63，預算法）。

(四) 考試院及所屬部會機關之分配預算都應送經行政院（主計總處）核定：經完成立法程序公布施行的考試院及三部會預算，應由院、部依行政院（主計總處）規定，編製分配預算，送經行政院主計總處核定，並由主計總處通知行政院財政部據以撥款（預算法）。

(五) 考試院及所屬部會機關經費支付及決算均應送監察院（審計部）審定：考試院及三部會經費於支付後，應受監察院審計部審核；院部會每年年終決算也要送審計部審定。審計部如認爲有不符規定之處，得要求考試院及三部會說明，並得決定不予核銷（憲90、105，決算法）。

(六) 立法院有權審議考試院及所屬部會機關決算：經審計部審定包括考試院及所屬三部會機關在內之中央總決算案，應送立法院審議（憲63）。

(七) 考銓法案應經立法院審議通過：考試院起草之考銓法律草案，應送立法院審議通過。立法院得通知考試院派員前往說明，並有權對法案予刪除、增加、修

改、否決、擱置、不審議，或照案通過咨請總統公布成爲法律（憲62、63、71、87，中標4，立法院職權行使7）。

(八) 考試院應依立法院通過之法律執行：考試院及所屬三部會應依照立法院所通過的法律施政，不得逾越（憲172）。

(九) 考試院應受司法院解釋、判決之約束：對考試院及所屬三部會在公務上所作成的處分，如經司法院大法官會議決議做成有關之解釋、行政法院或公務員懲戒委員會依法作成有關判決或決定，考試院均應予遵行（憲77、78）。

(十) 考試院及所屬三部會均受監察院監察：監察院如認爲考試院及三部會或其工作人員有違法失職、損害名譽之處，得對之行使監察權，提出彈劾、糾正或糾舉（憲97、99）。

(十一) 考試院有權掄拔全國公務員並銓定其資格：自總統府、中央各院部，以至全國省、縣及基層各鄉、鎮公所所有機關人員，均應由考試院（及所屬三部會）依法考試及格，並經銓敘合格後，始得正式任用；並對經依法任用之各機關人員依法予保障（憲83、85、86，憲增6）。

從以上所列舉的十一項看來，考試院所得牽制其他四院的事項，只有第十一項所述的考試與銓敘兩事，而其餘各項都是受其他四院的牽制。因此，在憲法如此設計之下，就制衡原理來看，至爲顯然，考試院實在是處於一種十分弱勢地位。在這樣一種十分不平衡的權力分立狀況之下，有何可能希望考試權發揮應有的效能，以達成牽制平衡的作用？

二、均權主義下之考試權

現再就第二部分考試權權力實體本身而言。與此有關的憲法條文有兩條，一是憲法增修條文第6條第1項規定：「考試院爲國家最高考試機關，掌理左列事項，不適用憲法第83條之規定：一、考試。二、公務人員之銓敘、保障、撫卹、退休。三、公務人員之任免、考績、級俸、陞遷、褒獎之法制事項。」另一是憲法第108條：「左列事項，由中央立法並執行之，或交由省縣執行之：……十一、中央及地方官吏之銓敘、任用、糾察及保障。」細讀這二條文，至少具有三點特色如下：

(一) 憲法之「考試機關」用「考試」一詞來概括考試權所包括的考選、銓敘及保障等所有細項權力（憲83，憲增6）。換言之，此「考試機關」即俗謂「人事機關」。

(二) 依憲法增修條文第6條規定，所停止適用的憲法第83條原條文規定，對考試院之權力採「列舉」與「概括」併行的「例示」敘述方式，先列舉十一項職權，最後又特別加上「等事項」之措詞，以概其餘不盡能列舉的事項。這種「例示」敘述方式，與同一憲法對其他各院權力之均係僅採概括敘述條文，或僅採列舉敘述條文（憲77、90）迥然不同，更顯現「等事項」三個字不是贅文。考其原因，大概是因爲一方面要承襲中山先生的用詞方式，以「考試」一詞來概括考試權的全部內容，另一方面又考慮到，如此又將使「考試」一詞涵義過於模糊不定，所以必須比較詳細予以列舉；但列舉必有難盡之虞，所以就不得不在其他四權之採概括規定或列舉規定之外，另採列舉兼概括之體例予以例示，以資周延。法律中採用這種體例者，所在多有。

憲法增修條文第6條第1項之規定與原第83條規定不同之處有三：1.增修條文單純採列舉方式，而刪除原條文中「等事項」三字之概括敘述。2.刪除原有養老職掌。3.最重要的任免、級俸、考績、陞遷、褒獎等五項權力，限縮爲僅有此五項之法制權力（而似有不包括執行權力之意）。成爲與其他四權完全不同、而且爲前所未有之創例。

按我國憲法對其他各權所作規定，於列舉權力時，都不加限制詞語，以表示對所列舉事項的各部分，都賦予全權行使。例如：原第83條所列舉的考試、任用……等權力，也就表示，對於考試與任用事項有關的各種權力，都完全與完整地授予考試院，這與同一憲法其他類似條文相同。又如：第77條有關司法院「掌理民事、刑事、行政訴訟之審判及公務員之懲戒」之權力措詞，表示有關審判和懲戒的一切權力，都賦予司法院；也表示其他任何一院及任何其他機關，都不得行使審判與懲戒之權力。而增修條文竟嚴重違反上述權力完整原則，對考試權開此新例，令人詫異與不平。關於這一點，我們下文將繼續有所討論。

(三) 另外，包括第108條在內的憲法第十章有關中央與地方權限各條內容，正是本於中山先生均權主義的主張而來。依各該條內容所定，所稱中央與地方權力的劃分，實際只涉及行政與立法兩權的劃分，而罕有涉及其他三權，或者說其他三權都統一劃分爲歸屬中央權力。閱讀憲法第107條有關純屬中央立法並執行之事項、第109條及第110條純屬地方立法並執行之事項，此三條所有各款中，都無一涉及司法、考試及監察三院職掌事項，而僅有本書本章第一節所述第108條中第11款涉及考試院職掌。按第108條有關詞句如下：「左列事項由中央立法並執行之，或交由省、縣執行之」，基本上仍是中央立法並執行的事項，亦即有其法制與執行的權能；至於是否要交由省、縣執行，當然仍由中央決定。據此以觀，考試權與司法權、監察權相同，均係完整無缺屬於中央的權力；亦即在均權主義下，考試、司法與監察三權，都是完整「均」給中央的權力。這種規定，與憲法第83條，甚至憲法第86條所定：「左列資格，應經考試院依法考選銓定之：一、公務人員任用資格。二……」都完全一致。

綜合以上所述，就考試權權力之中央與地方均權一事而言，憲法已概括授予（中央）考試院充分而完整的權力，不容許地方分割，亦非任何其他權力或任何其他機關所得越俎代庖。這一點，倒是眞正貫徹了均權主義的精神，恰與前述五權分立之未能貫徹制衡原理的情形，適得其反。憲法增修條文雖對考試權有所削減，但仍未賦予省、縣地方有關考試權中之任何部分權力。

第三節　人事法律中之考試權

考試權權力實體本身的這種完整，對考試權的莊嚴性，本應有重大助益，但非常令人詫異的情形是，在制訂人事法規時和依法實際執行時，卻都表現出下述兩種絕然相反的情形：一種大致還算符合憲法規定的，是考選權方面的法規和執行情形（其中專門職業及技術人員考試稍有不符憲法規定）；另一種不符合憲法規定的，是銓敘方面的法規和執行情形。現分述於後。

一、符合憲法規定之人事法律

在整個考試權中，重要權力之一是考選權，除不包括立法權中審議和議決法律的權力外，實享有有關舉辦國家考試的一切權力。這包括考選法規的起草權與提案權、考選政策的決定、典試工作的執行以及有關考選的其他執行權。

國家考試可以區分爲公務人員考試以及專門職業及技術人員考試兩大類，分別以不同的法律予以規定，現在分別說明如下。

有關公務人員考試的職權和責任，在「公務人員考試法」及其有關規章中都規定得非常明確，完全屬於考試院，這是符合憲法規定的。若干年來，雖然也有過不明瞭這種規定的機關，曾經試圖爭取辦理國家考試，但卻無一成功，都遭到考試院的拒絕。因爲依據憲法和法律規定，中華民國可以辦理國家考試的機關，只有考試院（憲83、86，憲增6）。

最近幾十年來，考試院每年辦理考試約二十多次至三十多次不等，對規劃考試的舉辦以及執行試務工作而言，考選部人手實有不足；所以常常將試務工作委託其他機關代辦。例如：以前的臺灣省基層建設人員考試（習慣簡稱爲基層考試），每次都是由考試院聘派典試委員長及典試委員組織典試委員會，主持全部典試工作，但典試委員會下辦理試務工作的試務處，在精省前，歷次都指派臺灣省政府人事處長兼任其處長。這位兼任的試務處長所請的手下助理人員，也大多數是省屬人員，這種情形，在「典試法」上，稱之爲「委託代辦試務」。但外界不明，遂以爲這一考試是臺灣省政府所舉辦，卻不知臺灣省政府只是受委託辦理試務而已。又如：過去實施職位分類時期的第一職等考試，曾經委託行政院人事行政局代辦試務，外界也以爲是人事行政局有權舉辦考試，這都是誤會。此外，其他考試委託其他各該有關部會機關代辦試務的情形，還所在多有。所以委託代辦試務並非讓予典試權。

以上所述，已充分說明國家考試的各種權責，都完整屬於考試院。

二、不符合憲法規定之人事法律

然而，十分令人驚訝，除了上述有關考選的法律是符合憲法規定者外，另外卻有許多有關銓敘方面的法律，竟然自始就違背憲法第83條條文規定。按現行憲法對政府組織一事，所採行者是五權分立制度，權力分立的基本原則是要將權力分立後，各個權力本身事權集中統一，及各個權力間又相互分離。我國憲法原條文信守了這一原則，本屬正確；但憲法增修條文卻將考試權中部分主要權限予以切割限縮，使考試權不集中、不完整、不統一，嚴重違反分權原理。所以儘管現行有關銓敘法律雖然符合了憲法增修條文的意思，但因隨同憲法增修條文違背了分權原理，所以仍有違憲法原條文權力分立之合理規定。現在舉其最重要的「公務人員任用法」、「公務人員陞遷法」與「公務人員考績法」爲例，來說明其明顯違背憲法的情形如下。

(一) 有關任用與陞遷之法律條文違背憲法規定：在人事管理業務之中，除了第一步的考選之外，最重要的環節莫過於人員的任用權力；責任的重大也莫過於任用。據上所述，憲法原已經將任用的職掌，全部概括賦予考試院，則考試院即應善盡其職責，善用其權力，發揮其效能，才能符合憲法規定與五權分立的深意。

然而，依憲法增修條文第6條第1項制定前歷次修正的「公務人員任用法」規定，以及追溯到再早的歷來「公務員任用法」所作規定，考試院竟自始就將任用權放棄，而僅留有銓敘權。也就是整個任用法中，竟無任何有關考試院（銓敘部）得行使任用權的條文，而僅有行使任用資格審查權（即銓敘權）的條文。茲以沿襲至今未改之現行條文爲例，其第4、10、11、11之1、18之1、21、22、24至27及30等各條，明白規定任用人員的權力在「各機關」而不在考試院（銓敘部）。其上述各條文原措詞如下：「各機關任用公務人員時……」或「各機關辦理現職人員陞任時……」或「各機關不得任用其他機關現職人員……」或「各機關擬任公務人員，得依職權規定先派代理……」或「各機關初任簡任各職等公務人員……」或「各機關長官對於配偶及三親等以內血親、姻親，不得在本機關任用……」或「各機關任用人員……」每一條文都明文規定，任用人員的權力是在各機關，而不在考試院（或所屬的銓敘部）；反之，對於考試院（銓敘部）的權力，則第24條明白規定為：「各機關擬任公務人員，得依職權先派代理，於三個月內送請銓敘機關審查……經審查不合格者，應即停止其代理。」這也就是規定，考試院銓敘部所行使的，只是對各機關已擬任到職人員任用資格的事後審查權，也就是銓敘權，並不是任用權，這顯然違背憲法有關考試院享有任用權的規定。

上述情形，到了民國80年初次出現憲法增修條文全文10條（現在大家稱之為第一次增修條文），發生了基本性的變化。民國81年增修條文第14條（即現行第6條）第1項條文，將任用權限縮為僅有其「法制事項」。至於何為法制事項？則至今迄無法定解釋，有人認為是指「法制與政策」二事，實屬不足且有危險（參閱拙著《考銓新論》，頁66，商務）。如依通識而言，基本上似乎是排除了「執行事項」。當然，這是一種重大改變，但很奇怪的是：倒恰好切合了上文所析述歷來任用法有關各條文的規定內容。因為它們早已實際放棄了任用的「執行事項」。這一原來顯然違背憲法原條文規定，但卻已久為事實的情形，反而使歷來以及現行任用法規定，與新出現的憲法增修條文符合的可笑現象。所以造成憲法增修條文實際並沒有限縮銓敘權限，而使得銓敘權限的實質不發生變化的情形。但為了要切合憲法增修條文的規定起見，銓敘部隨即依憲法增修條文規定，修正了「公務人員任用法」，改為行使其「銓敘審查」權限而非名不符實的任用權，將條文中原有「核定」一類用詞，一律改為「銓敘審查」或「銓敘審定」。例如：現行該法第17條、第24條、第25條等條文即係如此修正結果。所以現在銓敘部在任用方面所行使的，與以前完全相同，只是「銓敘審查權」，也就是「銓敘權」，並非任用權，脫下了以前那件名不符實的任用權外衣。

至於有關陞遷，憲法第83條雖然將之與任用分別規定，但迄至民國89年「公務人員陞遷法」公布施行之前，有關陞遷事項，只是簡單地規定在任用法之中，並不周延，更未另行立法。這種簡省的做法，難謂得當。雖然陞遷的實質，也不過是現職人員晉升性的任用，其本質仍然是任用，但事實上並非完全如此。因為有關陞遷的規定，其要點有二：一為陞遷時所應具備陞遷任用資格，應如何訂定；二為在眾多同具陞遷任用資格的人員中，究竟應該如何去選擇具有何種條件的人員優先陞遷。但在其時之任用法中，對上述第二個要點並未有所規定。這也就是說，原「公務人員任用法」中只規定了哪些人有資格晉升，但卻沒有規定應該如何選擇哪一個最優秀的人先予晉升，所以難謂周延。

在原任用法中，對於陞遷，僅以第17條規定下列二事：一為現職人員官等之晉升，原則須經升官等考試及格；二為如不經升官等考試，晉升簡任官等或晉升薦任官等，也都可以依所規定的特別條件（晉升官等訓練）辦理。至於有關職等的陞遷，則另行規定在「公務人員考績法」第11條，其條件為：合格實授人員，在同一職等上兩年年終考績列甲等者，或一甲二乙者。除此以外，陞遷有關事項，都適用有關任用的規定。關於任用，上文已詳加說明，考試院已無任用權。現對陞遷，既然任用法只規定陞（升）遷資格，而未規定人員陞（升）遷之選擇條件及執行之事，而悉採有關任用的規定，這也就是考試院對陞遷一事，同樣不具權力，而僅有陞遷後資格的銓敘審查權。這種情形，當然是同樣不符合憲法將陞遷一事的全權授予考試院的規定。

當時的法規中，雖然有考試院於民國76年發布施行的「現職人員升任甄審辦法」，但其所作的種種規定，都只是敘明陞遷的資格條件，而且條文中「爲原則」及類似的彈性措詞不少，並且彈性規定有些人員不列入甄審範圍。所以這一辦法，並不涉及陞遷權力問題。

到了「公務人員陞遷法」公布實施，其有關規定就完全配合憲法增修條文的規定，將陞遷的執行權限完全歸屬於各機關。綜觀該法全文21條中，除有10條係屬於立法體例所必有的基本性條文外，其餘自第5條到第13條以及第19條，都屬實質性規定的10條條文，每條都明確規定由各機關執行。

(二) 考績法不符憲法規定：考績的效果，關涉人員的黜陟榮辱、考績獎金的有無，以及陞遷資格的能否取得等，所以關係重大。但是，自訓政時期以來的考績法，卻都是規定將考績權歸屬於各機關，而不屬於考試院。茲先以憲法增修條文頒行前的「公務人員考績法」爲例，說明如下：

原「公務人員考績法」第14條文字如下：「各機關對於公務人員之考績，應由主管人員就考績表項目評擬，遞送考績委員會初核，機關長官執行覆核後，送銓敘機關核定。」又第16條規定：「公務人員考績分數及獎懲，銓敘機關如有疑義，應通知該機關詳復事實及理由，或通知該機關重加考核，必要時得調卷查核或派員查核。」這些條文，明白規定銓敘機關只有考績案的核定權；縱然遇有疑義時，也只能發還請其詳加說明，或派員查核，或令其另行重新考核，但並未規定銓敘機關（部）可以辦理各機關的考績，更未規定銓敘部可以逕行核改。

上述這種有關考績權歸屬各機關的規定，常難保證各機關都能公平公正辦理考績。所以在無可奈何之下，就在該法施行細則第22條補充本法第16條規定之不足：「經查核證明考績不實時，銓敘機關對其考績等次、分數或獎懲，得逕予變更。」然而核諸事實，本書原著者任職銓敘部二十餘年期間，從未見銓敘部曾經使用此一逕予變更的權力。本書原著者認爲：有關如此重要權力的條文，應規定於「公務人員考績法」本法中始爲適當。惟之後於澎湖縣議會許源聰80年考績案，因「個人恩怨」被評爲丁等，且其考績表之各項評分之核計，亦有不實，顯見其作業之重大瑕疵，銓敘部始動用施行細則第22條予以變更爲丙等。到目前爲止，僅此一例。

但是到了憲法增修條文施行後，銓敘部甚至連這種核定權都沒有了，為了要配合增修條文規定，而將考績法有關條文也修正為「經由主管機關或授權之所屬機關核定，送銓敘部銓敘審定」（考績14），如同任用法一樣，也只是行使銓敘審查權。例如：現行「公務人員考績法」第11條、第12條、第14條以及第19條與第22條，不僅每條都冠以「各機關」字眼，以明權限之歸屬外，而且條文內關鍵性用詞，也將原來的「銓敘部核定」一類字眼一律修訂成「送銓敘部銓敘審定」。則所行使的權力，完全已非考績權，而只是銓敘權。

綜合以上所述，證明現行各主要人事管理法律不符合憲法原規定甚明，也就是有違五權分立的基本原則。

第四節　憲法增修條文引起之討論

一、有關考試權之憲法增修條文內容

中華民國憲法於民國36年12月25日施行，而於民國80年5月、81年5月、83年8月、86年7月、88年9月、89年4月，及94年6月，先後七次增修。在其第二次增修時，有關考試院職權的條文列為第14條。而後經兩次修正其他條文時，將該條文移作現行第6條，但文字未有改變。現行第6條共分三項，其第1項全文如下：

考試院為國家最高考試機關，掌理左列事項，不適用憲法第83條之規定：

一、考試。

二、公務人員之銓敘、保障、撫卹、退休。

三、公務人員任免、考績、級俸、陞遷、褒獎之法制事項。

上述這部分增修文字，要義至少有五：

(一) 仍規定考試院為國家最高考試機關。

(二) 仍將銓敘、保障、撫卹、退休四事，概括規定為考試院完整職權。

(三) 原定為完整職權的任免、考績、級俸、陞遷、褒獎五事，將之削減為僅限於法制事項，已不完整。

(四) 原有的養老一項職權，已予刪除，但未明文另定其歸屬。

(五) 原條文有概括性的「等事項」三字，現已予刪除。

就總體而論，這一增修條文的基本意義，完全在削減考試院的權力，至為顯然。除了刪除養老一項職權外（民國81年4月修憲草案條文說明文稱：退休公務人員與一般老年國民無異，將養老歸於行政院主管統籌云云），並且把考試權中最重

要的公務人員任免、考績、級俸、陞遷和褒獎五事，限制爲僅有其法制事項之權，更將用以規定有關考銓方面其他當然應有職掌的「等事項」三字刪除。

二、增修條文引起之討論

上述這一條款所引起的爭論，到目前爲止，大概可以歸納爲兩部分如下：

(一) 何謂法制事項：憲法增修條文所稱法制事項者，究竟實際所指爲何？以及被排除於法制事項之外者又爲何？換言之，增修這一條文之當初用意，究竟是企圖剔除考試院哪些權力？到目前爲止，由於爭執僅止於各有關方面的意見發表，而尚未至於訴請大法官會議解釋，所以還沒有可資引用的法定說明，而仍然是一個可以討論的問題。

不過，在該一增修條文出爐後，當時之執政黨國民黨中央黨部對此有所說明，謂所稱法制事項，是指法規與政策事項；所排除的事項是執行事項云。當然，這不是具有約束力的法定解釋，僅可供討論參考而已，何況條文涵義爲何？與條文是否合理，仍屬二事。而本書原著者對執政黨上述這一解釋也根本就不表贊成，留待後文再述。這是有關增修條文的第一種爭議。

(二) 所謂「灰色地帶」權力何屬：增修條文所引起的第二種爭議，就是民國83年、84年間流行於輿論界的所謂「灰色地帶」一詞，也就是當時考試院與行政院人事行政局各自認爲應屬於己有的那部分權力，包括公務人員訓練、福利，以及憲法原條文和增修條文所未列舉的一切有關考銓方面事項，範圍相當廣泛。照當時行政院人事行政局方面和一部分人事行政學者的說法，由於憲法對五院職權的規定，所採敘述方法有所不同，對四院都採列舉式或例示式敘述，唯獨對行政院採概括式敘述；所以舉凡有關其他四院職掌條文中未予列舉的事項，亦即「**剩餘權**」，都屬於行政院云云。另一種意見是考試院和另一部分學者所認爲上述說法過於武斷，毫無根據，而且把行政院的權力過分擴大，顯然不可取。基於同性質事項權力應該集中原則，以及五權分立原則，無論憲法條文是否已予列舉，凡屬於考銓與人事管理性質的事項，當然都屬於考試院的職權，這就是憲法原第83條之所以有「等事項」三字的原因與用意，「公務人員保險」（含教師，甚且私立學校教職員）之爲考試院銓敘部主管，即是一明例。現在增修條文雖然將這三個字予以刪除，但基於上述權力集中原則，以及五權分立原則，這些所謂「灰色地帶」但並非眞正灰色地帶的職掌，當然仍屬考試院無疑，而無必須有「等事項」三字之明文規定，所以顏色鮮明，並沒有灰色。

這一爭論，目前雙方似乎都無意予以擴大，並且已有了某種程度的協調。詳見後文有關章節。

第五節　現行考試權實況

本書名為考銓制度，所以必須首先確定考銓制度的範圍，以便展開析述。目前各方對考銓職掌既有爭論，所以本書首章即不得不先予討論有關考試權各有關基本規定的事項，以資澄清。上文討論所產生的結果，已將狀況充分分析顯示明白，但卻並未能確定考銓制度的範圍。

雖然如此，本書在敘述上仍無困難。因為作為成文法的法治國家，法律與制度乃屬體與神的關係，原則上制度應規定於法律中行之。因此，我們現在可以確定原著者的《考銓制度》這本書，在爭論未獲解決前，只有以現行法定的範圍為析述範圍。本書以下各章，對於考銓制度的敘述，將依下列各項原則進行。

一、依據法規之規定析述

本書完全依據增修四版時（亦即至民國107年底）的最新各有關法規論述，並且自始至終，均將所據法規條文一一註明，以利讀者查閱原條文；必要時並以執行實況補充說明，以資參證。

二、明確區分法制與理論

本書名為考銓制度，並非人事行政學，故必依法規之規定予以融會貫通，敘述制度本體；必要時，並間或就其背景與原因略加說明，以助瞭解；僅在本書起始之少數章節，有本書原著者個人觀點之敘述；以及在以後若干章節尾端，提出若干基本性問題加以簡明討論，以供學者參考。但顯然已將制度析敘與問題討論予區分，絕不混淆。

三、採系統化之方式敘述

為便利起見，本書之敘述，採用本書原著者個人編排之方式進行。例如：本書原著者所創之考銓制度模型、考銓制度基本結構、考銓制度之運作制度等均屬之。

第2章　考銓制度之內容與模型

第一節　考銓制度內容

一、何謂考銓制度

所謂制度，概指處理事務所採行一套自成體系且相當固定的基本原則、標準、方法、步驟、程序與手續等；其形成或出於制定，或源於習慣，或爲成文，或爲不成文；無論在政府機關或民間，都有其存在，且具有強度不等但相當的約束力。

政府所規定的辦事標準、方法與程序等，常關係到人民的權利、義務及政府的公信，所以在成文法國家中，政府處理事務，對各該事項之稍涉重要者，必須以立法方式，或至少也應以行政規章方式書列，以廣周知，既資明確，又昭公信，有助人民遵循。縱使民間自身事項，亦多寫成章程或書面，以資準據。故在成文法國家中，法規實爲制度的形體，制度則爲法規的內涵，二者相爲表裡，合而爲一。但在不成文國家，則雖未必一一盡皆寫成書面，但行之既久，亦必成爲習慣與傳統，而牢存於政府人員與人民大眾心中，共同遵行。

國家有種種不同性質的政務和業務，所以當然隨之也即有種種不同性質的法規與制度。當該部分業務內容性質爲考銓時，即有考銓法規與考銓制度。所稱考銓，即考選與銓敘（含保障與訓練）兩部分業務的合併簡稱。而考銓制度，也就是考選制度與銓敘制度兩種的合併簡稱，是用來掄拔與評量人才與任使人才，以至於培育和保有人才的制度。

二、考選一詞之涵義

我國自古重視用人，用人則發端於取士，所以我國也就特別重視取士；此所以在二十五史之中，無一不有「選舉」之篇卷。選舉爲我國固有用語，指鄉選里舉或選賢舉能，也就是掄拔優秀人才和取士之意，並非現今所說的投票選舉。而取士之道多端，隋代之後才確立科舉制度，採筆試方式以測定人員知識和能力。這種以筆試爲主要測量知能方式的制度，亦爲現代考試制度之主要內容，而與以前察舉制度及九品中正制度的僅憑觀察以判斷人才的方式，大相異趣。

現今既考試取士，應即直接逕稱之爲考試。但由於中山先生用「考試」一詞來概稱考試權所包括的考試及任用後的各種人事管理事項，所以，在指稱狹義的考試時，爲了要與上述這種廣義的考試權有所區別起見，有時候用考試一詞，也有時候就只好另用「考選」一詞，以便與任用以後的種種管理事項劃分。

現今有時候雖然用「考選」一詞來代表考試，但並不表示實施考試時，只採用筆試一種方式行之。雖然至今爲止，所行至少仍然是以筆試爲主要的考試方式。

三、銓敘一詞之涵義

銓敘一詞，我國自古有之。我國文字原則之一是同音通義，銓字與權衡的意思相通，也就是權衡事物的輕重。後來轉用爲權衡人才才能的高低，進而也轉借用以指稱權衡人才的工具，或指稱權衡人才的職位。例如：「後漢書」第五倫傳，於贊許第五倫銓衡人才態度公正時說：「倫平權衡，正斗斛」；又如：「晉書」稱贊吳隱之爲人正直時說：「若居澄衡，當用此人」。而用以衡量人才的法律，也稱之爲銓衡法，例如：唐六典說：「吏部有三銓法」。人才經銓衡後，必定其高低先後次序，稱之爲銓次。再如：「晉書」認爲羊琇之評人，偏私而有欠公平，於是說：「選用多得意者居先，不盡銓次之理」。

至於敘字，也就是次序的意思。「書經」皋陶謨鄭注：「敘、次序也」；所以「三國志」魏志甄皇后傳說：「敘用各有差」，就是都依其個人所具條件高低，分別任用於高低不等的職位上。

但銓敘一詞，也不限定用以評斷人才才能之高低，同時更推而廣之，在一套標準之下，也用於評斷序列人員之勞績、功勳，或俸祿之高低與多少。因此，銓敘一詞，實際所指包括人才自進用時起銓定其職位或品位之高低，以至於其俸給之多少，和任事後成績之優劣等一切事項的評定，這就是銓敘一詞的本來意思。也就是說，列爲銓敘的事項，包括任用、俸給、考績、陞遷、退休、撫卹等一切有關進用後的人事管理事項，但不包括考試。

然而，現在由於憲法第83條所列舉的十一項考試院職掌中，將銓敘與任用、俸給、考績、陞遷等事項並列，而使銓敘一詞之涵義，僅限於遂行銓定與審定之任務。依此用法，更表示考試院的職掌，除銓敘審定之事外，確有任用、陞遷、俸給等實際權力。

銓敘一詞，是我國特有的用語，恐怕很難有適當的英文名詞可以用來逐譯。有人譯之爲「qualification screening」（資格篩檢）。孔夫子說：「必也正名乎？名不正則言不順，言不順則事不成」，又說：「名器不可輕易假人」，這充分表示我國儒家之重視名位。銓敘一語，主要在評定人才的品位優劣與名位高低，而於其俸給之多少，則不過是附帶的事情。這種情形，與西方社會的重商精神完全不同。因西方重利不重名，所以也就不會有重名觀念的銓敘這類似名詞。

應附帶一提，乃我國歷代政府之人事機關，大抵以「吏部」之「銓官敘俸」爲主，間或禮部選員，延襲千餘年。清宣統即位，有立憲、組織責任內閣之議。隨即有「敘官局」者，掌理文官之請任、品級、陞轉、俸給、履歷、考試、處分等事項，逐漸取代原「吏部」之職權。民國成立，南京臨時政府之大總統府下屬機關中，有「銓敘局」者，依「銓敘局官職令」草案規定，掌理職員之任免、陞遷、給予階位、勛章、榮典、賞卹等。及稍後臨時政府北遷之「北京政府」國務院下亦設有「銓敘局」，並舉辦過文官考試。而此時期，安徽、福建、廣西亦有「銓敘局」之設。民國14年7月1日，國民政府在廣州成立，下設秘書處，處內總務科掌銓敘、印鑄……等事項。北伐統一，於民國19年1月6日，成立考試院及所屬考選委員會、銓敘部。「銓敘」成爲機關之名稱，總攬人事業務。

尤値得一提的有二：一爲，咸豐10年（1860年）「北京條約」後，設立「海關總稅務司署」，名義上雖隸屬於總理事務衙門，但實際上卻掌握在英國手中。在總稅務司下設有五科三處，「銓敘科」爲其中之一，掌理關員的任免。二爲，香港政府在英國的管領下，原設有「銓敘科」，首長稱爲「銓敘司」。1991年後改爲「公務員事務科」，首長爲公務員事務司，隸屬於「布政司署」。1997年7月1日，回歸大陸後，則成立「公務員事務局」（Civil Service Bureau, CSB），是香港特別行政區政府的決策局之一，是政務官的層次。

顯然，「銓敘」之義涵，除「銓官敘俸」外，兼及人事行政或管理之有關事項。

四、考銓制度內容

考銓制度的本體，就是考選與銓敘二部分業務的基本制度。就考選而言，應該可以概稱之爲考選制度已足，似較單純。

至於銓敘制度，就憲法第83條所列舉的考試權十一項職掌而言，依據上文對銓敘一詞的闡述，除考試一項外，不僅其餘十項都屬於銓敘範圍，而且還有舉述未盡的「等事項」所包括眾多事項中，也有很多應屬於銓敘範圍。所謂「等事項」，就是「及其他與考銓有關各事項」的意思。

先就憲法已列舉有關銓敘的十種事項來說，有任免、銓敘、級俸、考績、陞遷、保障、褒獎、撫卹、退休、養老。此外，還有現在日形重要而未一一列舉的「等事項」中的福利、在職培訓進修、公務人員保險、人事管理以及其他等項。這些都是銓敘工作本身業務的當然項目。

然而，一種權力，如果僅有其本身權力實體項目業務，而不同時配合具有執行權力與強制權力，那這一權力，事實上是不可能眞正有效執行其實體業務的。就像美國開國之初，首席大法官馬歇爾有關「MacCulloch vs. Maryland」一案著名判例所主張，聯邦憲法既然已授權聯邦政府有權「製造」貨幣，當然就包涵授權聯邦政府可以「發行」貨幣之權，以及設立銀行以「管理」和「發行」貨幣之權；否則，製造貨幣的權力就成爲毫無意義。因此，銓敘制度至少還包括必需的下列各部分：

(一) 人事制度的基本結構制度。

(二) 人事管理機構和人事管理人員組織體系，及對此組織體系的控制、指揮和監督權力。

(三) 提出人事管理法律草案及制定人事規章的權力。

在上述(一)人事制度的基本結構制度之中，包括下列三個主要小部分：

1. 職務性質分類制度。

2. 人員或職務高低等級分類制度。

3. 職務（職位）列等制度。

以上(一)、(二)、(三)三部分及(一)部分所包括的1.、2.、3.三個小部分，都是必需的。因爲如果沒有分類制度，以及列等制度作爲考試與任用等制度的運作基礎，則考試與任用等工作就根本無從進行。又如果沒有職務列等制度，則任用及任用後的種種人事管理工作，也都無法進行。又若沒有法律起草與提案權及人事管理規章制定權，則執行考銓業務將缺乏權力法據與施政標準。至於人事機構以及人事人員，如果不在考試權指揮監督之下的話，則對於一切考銓業務，考試院也就無從督促各人事機構與人員貫徹執行。

以上所述，是在考試權之下，組成考選與銓敘兩項職權所必需應有的內容。

第二節　考銓制度模型

一、模型之意義

將一項業務整體內各部分相互間的關係，以及業務推進變化的過程，予以系統化後，甚或製成一個整套簡明的系統圖說，以供研究、瞭解和演擇這項業務以及解決其有關問題時的實用，這就是模型。

模型的好處，在其將幾乎所有有關因素都網羅齊全，不使遺漏，而且排列清楚，關係明確，使學者有現成公式可循。具體言之，大致如下：

(一) 每當面對任何實際問題時，大批有關、甚至無關的資料陳列眼前，既不知其資料是否完整無缺，甚至何部分資料與問題眞正有關，以及何部分又與問題無關，更不知各種混雜資料間，究竟存有何等相互關係。這時候，模型就恰好可以提供你一個現成架構，你只要將資料依照模型，按部就班塡入，就能爲你展現出一套理路明確的脈絡，以便沙盤推演，幫助你去從事判斷。

(二) 當你打算新創一套有關這種業務的制度時，你當然也可求助於既有模型，幫助你去完成這一完整無缺的制度設計。

(三) 若有他人提出一項有關這方面問題時，你可能一時間不知道問題究竟出在何處，你更可以藉助這一模型去尋求問題的眞正根源所在。

二、考銓制度模型

爲研究便利和實用而製造模型，先例已多。David Easton有政治系統圖，Riggs有行政生態模型，都已普遍爲學者們所引用。現在本書原著者基於研究需要與多年從事考銓實務工作的痛苦經驗，提出下列原供其本人自用有年的考銓制度系統圖（圖2-1），以供學者參考；同時，爲了敘述便利起見，本書以下各章節，將依此模型觀念及使用此模型中的名詞來敘述。

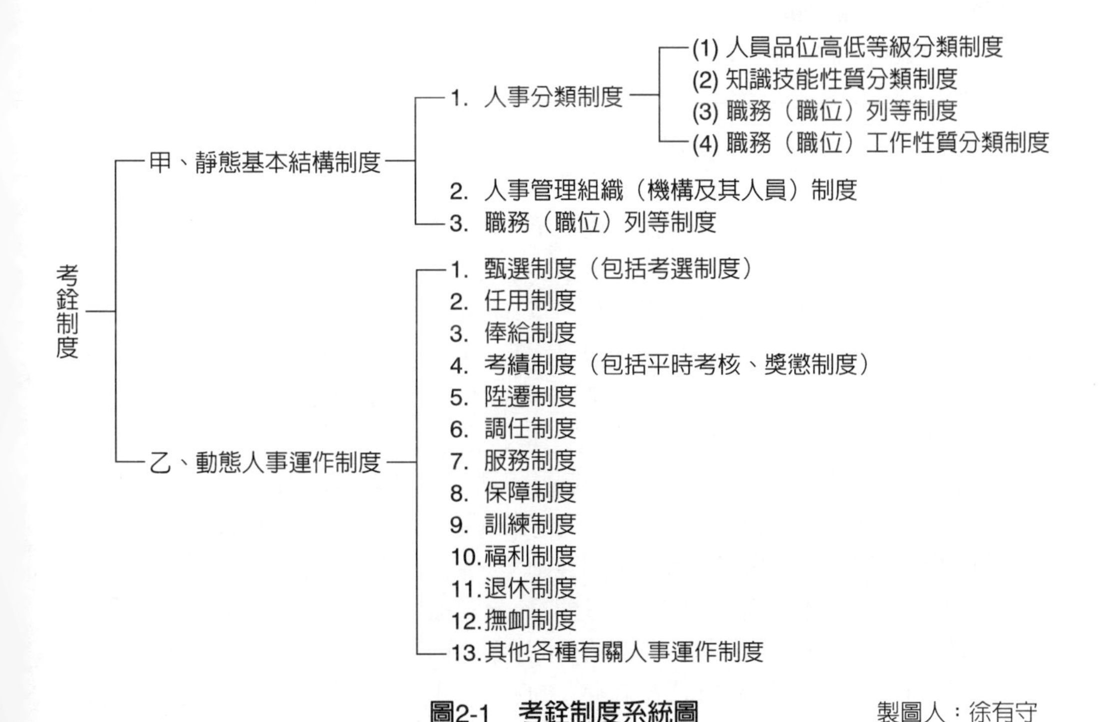

圖2-1　考銓制度系統圖　　製圖人：徐有守

現將上列「考銓制度系統圖」中幾個主要名詞涵義，略加說明如下：

(一) 考銓制度（及其次級制度）：我國多年以來，雖已習慣於廣泛使用考銓制度一詞，但在許多情形下，卻都是措詞含意模糊不明。有許多實際不屬於考銓制度範團內的事情，也都被誤納入其中而當作考銓制度的一部分。這不僅引起許多不必要的爭論，而且徒然引導問題誤入歧途。

另一個必須澄清的問題，是在人事管理範圍內，既有考銓制度的名稱，又有考試制度、任用制度、俸給制度等用語，一概稱爲制度，在這些用語相互之間，彼此究竟有何區別？又有何關係？似乎從來就不曾澄清過。事實上是，在一套內容廣泛的整體制度之下，當然會包括許多個別小制度；這也就是說，大制度之中或一種制度之中，還有若干小制度。像這種大小制度間的關係，就是「整體制度」與「次級制度」之間的關係。在這種情形之下，制度就成爲一個上游（位）概念之名詞，其他個別事項所形成的次級制度，就成爲一個下游（位）概念之名詞。甚至次級制度之下常可能還有再次級制度，而且事實上也常常還有再再次級制度，只是大家很少使用再次級制度這一名詞，而籠統地一律稱之爲次級制度。

在此，我們用考銓制度這一名詞，來概指包括所有有關人事管理各方面的次級制度的一個整體制度。例如：上述的甄選制度、任用制度、俸給制度等，就都是考銓制度之下的次級制度。

(二) 基本結構制度：考銓制度之中，究竟包括哪一些事項？或者包括哪一些次級制度？多年以來，大家常常提到和所研究到的，只是圖2-1的最低層次的那些部分（也就是上圖中本書原著者統稱之爲「運作制度」之下的第一、二列甄選制度、任用制度等那一大排名詞）；至於其上統稱之爲「基本結構制度」及所屬部分，則似乎是從來都是在模糊意念中使用，而從不曾爲之定位。甚至「基本結構制度」這一名詞，似乎也從來沒有人使用過，但事實上它是存在的，而且確確實實也是考銓制度的基本結構部分，並且是重要部分。基本結構制度這一名詞，本書原著者在民國72年就已提出和不斷在重複使用，並且說明了這一名詞所表示的概念，尤其是在課堂上教學生使用，達二十多年。這個名詞的內涵，就是圖2-1中此一名詞之下所包括的1.2.3.等三項次級制度（圖2-1中第三層次）。

(三) 人事分類制度：整個人事分類制度包括圖2-1中基本結構制度下的「1.人事分類制度」下的(1)、(2)、(3)、(4)等四項，也就是人員品位高低等級分類制度、知識技能性質分類制度、職務（職位）列等制度、職務（職位）工作性質分類制度，這共計四種分類制度，都十分重要。這四種分類制度，本書原著者將之合併稱爲「人事分類制度」，並在民國72年開始公開介紹和使用。但是，這並非本書原著者創造的名詞，而是人事行政學上早就存在的名詞，只是較少有人使用而已。如果沒有這幾種分類制度，則例如：任用或考試等所有各種人事管理工作，就根本都無法進行。這就好像沒有工具就無法著手工作一樣。以職位分類制度爲例，職等和職系結構，亦即職務高低分類制度與職務性質分類制度。在簡薦委制度中，簡薦委官等結構，和考試時所必須倚賴的各種類科結構，也就是品位高低制度和知能性質分類制度。只是大家習焉不察而已。

(四) 人事管理組織制度：基本結構制度中的「2.人事管理組織制度」，以我國爲例，所指是各級人事機關、人事單位（「人事管理條例」概稱之爲人事機構）和所有人事人員，亦即考試院、考選部、銓敘部和保訓會等四個院部會，以及分布在全國各機關學校和公營事業機構中，實際執行人事管理工作的機構、單位和人員，是執行考銓業務的基本工具體。

(五) 職務列等制度：基本結構制度裡的「3.職務列等制度」，所指的是每一職位或職務，在組織編制體系中所列等級的高下，以及所跨等級的幅度。例如：在職位分類制度中，一職位僅可列一個職等，而現行官職併立的新公務人員人事制度中，一個職務可以列一個或者跨列二至三個職等。這些情形，對運作制度有直接影響作用（我國公務人員現行人事制度及以前的簡薦委制度，都同用「職務」一詞，職位分類制度則用「職位」一詞，實爲一物二名。尙有其他制度另用其他名詞以表示此同一事物者，本書此處使用我國現行公務人員人事制度中的「職務」一詞）。

(六) 人事管理運作制度：多年以來，大家習慣說到的人事制度，通常大多僅指圖2-1中稱爲「乙、動態人事運作制度」的這一部分。當然，運作制度內的次級制度不限於圖2-1中所已列舉的十二個項目；因此，本書原著者另用「13.其他各種有關人事運作制度」一詞，列爲最後一項，用以代表和概括。

原著者在此前的其他論著中，曾經將本書在此名之爲「考銓制度系統圖」另稱之爲「人事制度系統圖」，但是內容大致相同。這是因爲我國憲法上「考試」一詞概括一切有關人事行政事項，實際包括考銓兩大部分。衡諸事實，「人事行政」中的每一部分，也無不都在考銓範圍之內。就我國實況而言，考銓一詞可以包括人事行政，但人事行政一詞卻不能包括考銓。例如：在圖2-1「考銓制度系統圖」中，列爲基本結構制度之一的「2.人事管理組織（人事機構及人事管理人員）制度」，所指正是人事行政系統。所以，經考慮後，認爲不僅是要依據法定用語，更基於約定成俗之義，這一名詞已具有其固有確定涵義，於是決定改用「考銓制度」一詞，以資準確。但實際上，它也就是「人事制度」，只是因爲要顯示出我國特有的人事制度文化傳統中的考銓一詞的意義而如此。不過，原著者在其他著作中，仍多用「人事制度」一詞，實與本書此處所稱的「考銓制度」異詞而同物，特爲申明。

(七) 基本結構制度與運作制度關係：圖2-1中「甲、靜態基本結構制度」與

「乙、動態人事運作制度」兩者間具有體用關係，前者為體，後者為用。這個系統圖，不僅完整列舉了整個考銓制度的各個次級制度，而且更表明了其相互間的關係。有了第一部分基本結構制度中的各種次級制度為工具後，才有可能從事第二部分運作制度中的任何一種人事管理的工作。後者完全要倚賴前者三項基本結構為基礎行事。

三、考銓制度模型之用途

原著者這一模型，至少具有三種用途如下：

(一) 幫助整理人事資料：當我們對一套生疏人事制度還不瞭解時，可以使用這一模型將該一人事制度各種混雜無序的個別片斷資料，照此模型的項目填入，予以整理，使之成為一套條理井然，有秩序又有系統的制度。以助瞭解，並可檢視發現其所欠缺部分。

(二) 幫助尋找病根：對已熟悉的一套人事制度面臨任何問題時，如果一時不知問題究竟起因於全盤制度中的哪一次級制度部分時，可以利用這一模型，逐一查對，以找出問題發生的部分或制度殘缺部分。

(三) 幫助設計新制度：如果有意設計一套新的人事制度，可以利用這一模型幫助設計，以資完整。

第3章　考銓制度適用範圍

第一節　憲法及法律之規定

一、憲法對公職人員稱謂之用詞

在整部憲法中，對於稱謂公職人員所用的名詞，除了純爲法定職稱者，諸如：總統、副總統、大法官、立法委員、國民大會代表等不去討論外，對於概指人員的稱謂，使用了九種不同的名詞。茲依其在憲法中出現的先後次序列述如下：公務員（憲24、77）、官吏（憲28、75、108）、政府人員（憲67）、文武官員（憲41）、法官（憲80、81）、公務人員（憲85、86、97、98，憲增6）、現役軍人（憲140）、自治人員（憲123）、文官（憲140）。其中，現役軍人、法官和自治人員這三個名詞，所指只是局部人員，似乎可以剔除不論；所餘留下來的六個名詞，相互之間究竟有何不同？實有討論的必要。因爲這牽涉到考試院的職權範圍，和對象究竟爲何的問題。也就是說，究竟哪些機關的用人事項和那些人員的考用，要受到考試院考銓職掌的管轄？

就上列六個名詞而論，其中指涉範圍最爲廣泛的是「政府人員」一詞。這一名詞所指涉的範圍，應可包括其餘五個名詞所指涉範圍。因爲舉凡爲政府工作的人員，無論其爲文或爲武、爲政務官或爲事務官、爲行政人員或學校人員或公營事業人員，甚至爲專任或兼任、爲職員或爲工友、爲長期或定期或臨時短暫等，應無不屬於政府人員範圍之內。

以上所列舉憲法用以稱呼政府工作人員的每一名詞，於其所概指的對象範圍，雖然並非一一都有法定解釋，但很明顯的，應可以從其各該條文整個語句，獲得某種程度的概念性瞭解（只好如此），每一用詞各有其特別指涉的對象與範圍。不過，這似乎不是我們此時討論考銓制度範圍所必須一一予以析究的事項。

二、憲法第八章之規定

然而，我們所必須詳加析究的，主要是直接規定考試院職權的第八章這一專章。這一章的首條第83條，對考試院的職掌列舉了十一項，再加上一個概括性的

「等事項」，並沒有指明這些權限的對象與範圍為何，在職掌事項上，例如：考試、任用、銓敘、考績……等名詞之上，並未冠以諸如「公務人員」之任用、考試、銓敘、考績……等事項的措詞，而只是說掌理考試、任用、銓敘、考績……等事項。但在同屬第八章的另外條文中則有所規定，例如：第85條：「公務人員之選拔，應實行公開競爭之考試制度，……非經考試及格者，不得任用。」第86條：「左列資格，應經考試院依法考選銓定之：一、公務人員任用資格。二、……」這兩條條文內容，涉及考試、任用資格及銓敘三事。亦即規定公務人員的考試、任用資格，和銓敘三事，係考試院職掌，而對象則限制為「公務人員」。

三、憲法增修條文之有關規定

等到憲法增修條文出現後，僅就這一部分而言，涵義就比較明朗了。其有關考試院職權的增修條文第6條（最早列為第14條，後經兩度修訂，先後改列為第5條和現行第6條）文字，在「考試」一詞上並未冠有任何界定範圍的措詞，僅僅是「考試」一詞。至於對其他各項職掌事項，則都冠有「公務人員」字樣。這顯然是由於現行國家考試，依憲法第86條之規定，包括：公務人員考試以及在民間執業的專門職業及技術人員考試兩種，也就是不限於公務人員考試，所以不得使用「公務人員」這一名詞予以限制。至於其他任免、銓敘、考績、級俸、退休、撫卹等事項，當然不涉及專門職業及技術人員，所以都冠以「公務人員」一詞。

至此，問題成為「公務人員」一詞所指涉的範圍究竟為何？由於政府人員所從事者都是公務，所以是否包括所有政府人員而言？實有待澄清。

四、有關法律之規定

考試權權力行使的對象究竟是哪些人？在考試院及其所屬三個部會的組織法律中並無明確一致之規定。「考試院組織法」規定：「對各機關執行有關考銓業務……」（第2條）；「考選部組織法」規定：「掌理全國考選行政事宜」（第1條），及辦理政府人員以及專技人員兩種人員的考試業務。對政府人員的考試業務，則稱為公務人員考試，至於何為「公務人員」一詞，則法無解釋。至於「銓敘部組織法」，則通篇用詞都是「公務人員」，唯有在第1、3、7條特別各例外地出現一個「公務員」一詞，其意涵若何？是否與「公務員服務法」及「公務員懲戒法」之「公務員」同一概念，包含「公務人員」及其以外服務政府之人員？如：派用人員、聘用人員、約僱人員或其他臨時人員？似值探索。（民國76年7月修正公布的銓敘部組織法第1條條文，是立法委員在審議本法修正案時，堅持原送條文中「公務人員」一詞改為「公務員」，當時本書原著者代表銓敘部列席在座）

至於在有關考試權職掌的各種實作法律中，最主要的四種法律是公務人員的考試法、任用法、俸給法和考績法，正如四法的名稱一樣，冠上「公務人員」一詞。其中，「公務人員任用法施行細則」第2條有進一步的界說，所稱公務人員是指：中央政府和地方政府及其所屬各機關、各級民意機關、各級公立學校、公營事業機構、交通事業機構，以及其他依法組織的機關，其組織法規中除政務人員及民選人員外，「定有職稱及官等、職等之人員」。又「公務人員任用法」第5條第3項並規定：「公務人員依官等職等任用之」、「官等分委任、薦任、簡任」、「職等分第一至第十四職等」。合併以上兩條文觀之，任用法所稱的公務人員，界說已相當明確。對「公務人員」一詞所作的最核心界定用語是：「定有職稱及官等職等的文職人員」。這一句話，排除了許多其他職務人員，因為，其他任何職務人員，都不同時具有官等和職等，例如：軍官不是文職人員；至於文職人員中，教師無官等也無職等（教授、副教授、助理教授、講師等稱謂，是職稱也是品位等級的區分，但卻非官等，更無職等，而且教師基本上也不是官）；公營事業機構人員有職等，卻無簡薦委或其他名稱的官等；民選人員既無官等也無職等；所以都不是「公務人員任用法」中的公務人員。但是依「派用人員派用條例」派用的人員，以及依「公務人員任用法」任用未經考試及格的機要人員，因為都符合任用法所定具有「職稱和官等職等」資格，所以也都符合「公務人員任用法」所規定的公務人員。這就是說，派用人員、機要人員，雖然各該任用或派用資格有不同規定，但依上述「公務人員任用法」及其施行細則的規定，都符合了有關公務人員的界說。

不過，具有「職稱及官等職等」職務的文職「兼任人員」，是不是公務人員呢？這應該分成三種情形來討論。第一種情形：這一人員所任本職已是公務人員，其雖兼任另一公務職務，但因其本來就是公務人員，所以雖然兼任後，並不因而變更其原來身分，當然還是公務人員，但其公務人員身分並非以兼職身分取得。第二種情形：其本非公務人員，而兼任一有「職稱及官等職等」的文職職務，例如：早期曾以一本機關內有職稱但無官等職等（當然也無俸給）的顧問，兼任本機關有官等職等的科長職務，由於這種兼任人員並不能以兼職送銓敘部辦理銓敘審查，予以正式任用，所以就不是「公務人員任用法」所規定的「公務人員」。第三種情形：沒有被任用為公務人員任何本職的一般國民，但卻擔任了機關的委員或顧問之類的非專任職務，既無官等、無職等，也無俸給的職務，當然不是公務人員。

據此以觀，「公務人員任用法」所界劃的公務人員，範圍相當明確，也相當狹小。參酌該法施行細則規定及該法整體精神，似可作下列文字之界說：

各機關組織法規中除政務人員及民選人員外，定有職稱、官等及職等的專任且有俸給的文職人員。

「公務人員俸給法」和「公務人員考績法」兩法，對「公務人員」一詞均未另設定義。細觀兩法各條內容，其有關公務人員一詞所涉，實與「公務人員任用法」所定範圍相同。

至於「公務人員考試法」，雖名爲公務人員的考試法，但其第1條卻只說：「公務人員之任用，依本法以考試定其資格」，至於何爲公務人員，則其本法及其施行細則都沒有解釋。其細則第2條僅對「以考試定其資格」的人，就中央政府和地方政府及其所屬各機關與各級民意機關之公務人員，及各級公立學校職員，和公營事業（含交通事業）機構從業人員，與其他依法應經考試的公務人員共列舉七款，以上各種人員中，依法不受任用資格限制者，不適用該法云。這種說法，只說明了什麼是應依該法參加考試及格、以定其任用資格、予以任用的人，而不是在說明什麼是公務人員，顯然比任用法所定的範圍要小。因爲任用法所說「定有職稱及官等職等之文職人員」，包括不需要考試及格也可進用的機要人員和派用人員在內；但是，若從另一方面來看，若干公營事業機構中有職等而無官等，或無官等也無職等的從業人員，例如：交通事業人員、金融保險事業人員，現在也（早已）都要以考試定其資格，就此一端而論，考試法所定的「以考試定其資格」的人員，卻又已超過任用法所稱的「定有職稱及官等職等」人員之界線，而範圍又比任用法所定要大。

綜合上述有關考試法的兩種情形來看，我們只能說，考試法只界定何爲應依該法參加考試的人員，而且其對象範圍一方面比任用法的對象範圍要大（例如：包括了公營事業從業人員）；另一方面同時又比任用法的對象範圍小些（例如：排除了派用人員和機要人員），所以兩法有所不同。

再看其他人事法律所定公務人員的範圍，也是情形不一。

民國100年1月1日前之「公務人員退休法」第2條（及其施行細則第2條）所定得適用該法退休之公務人員，「係指依公務人員任用法律任用之現職人員」；「公務人員撫卹法」第2條（及其施行細則第2條）所定之依本法撫卹之公務人員，「以現職經銓敘機關審定資格登記有案者爲限」；兩者所定之實質內容完全相同。因所稱之「依公務人員任用法律任用之現職人員」，必須「經銓敘機關審定資格」；而所稱「經銓敘機關審定資格」，指的就是「依公務人員任用法律任用之現職人員」。至於所稱之「登記有案者」係指「派用人員」，惟「派用人員派用條例」已於民國104年6月17日明令廢止，不再進用派用人員，所剩者爲現職「留用」之派用人員。民國100年1月1日修正施行之「公務人員退休法」第3條、及「公務人員撫卹法」第2條均規定「本法適用範圍，指依公務人員任用法律任用，並經銓敘審定之人員」（第1項）、「……以現職人員爲限」（第2項），兩法修正文字一致，係指其範圍，而非定義其內涵。民國107年7月1日施行之「公務人員退休資遣撫卹法」第3條規定「本法適用於依公務人員任用法及其相關法律任用，並經銓敘審定之人員」（第1項）、「……以現職人員為限」（第2項），為其一脈相襲之適用範圍，亦非定義其內涵。

「公教人員保險法」（103.1.29.）所稱的公教人員，依其第2條所列舉，共包括四款人員，僅其中第1款「法定機關編制內有給專任人員」、第2款「公立學校編制內有給專任教職員」之職員，（第3款為私校教職員，第4款為其他經本保險主管機關認定之人員），可視為係指公務人員，但範圍比較大些。因為該款所指的公務人員著重於「編制內」人員，而與有無官等職等完全無關。於是，「公教人員保險法」所指的公務人員，除了所有法定機關編制內有給人員及公私立學校教職員外，還包括政務人員、有給民意代表、選舉產生的行政官員（例如：直轄市長和縣、市長），都屬於其所稱的公務人員。

「公務員懲戒法」（20.6.8.）雖是國民政府時代制定公布的法律，迄今這一法律的名稱仍為「公務員」而非「公務人員」的懲戒法，所以其對象範圍，當然基本上就與其他以公務人員為名的法律有所不同。該法對公務員一詞，雖無定義，但多年以來，其實際適用對象，也就是曾經公務員懲戒委員會受理過的案件中的當事人，包括文官、武官（釋262）、政務官、事務官、民選官、教師（不包括聘任）、和公營事業機構人員，範圍相當大，顯然有別於任用法。

「公務員服務法」（28.10.23.）也是國民政府時代制定公布的法律，迄今其適用對象，依該法第24條明文規定，仍是：「本法於受有俸給之文武職公務員，及其他公營事業機關服務人員，均適用之。」這一範圍，與上述懲戒法約略相同，且稍有過之。實際包括文職人員、武職人員、政務官、事務官、民選行政人員（不包括民選民意代表）、公立學校教職員、公營事業機構人員，且及於聘用、僱用和臨時人員。但司法院釋字第308號（81.11.13.）解釋為：公立學校聘任之教師不屬於公務員服務法第24條所稱之公務員；惟兼任學校行政職務之教師，就其兼任之行政職務，則有公務員服務法之適用。

然對公務員一詞指涉範圍最大的，要算是民國94年2月2日公布修正前之中華民國刑法。該法第10條第2項稱：「稱公務員者，謂依法令從事於公務之人員」，這表示：不僅是所有文職、武職、政務人員、事務人員、任用人員、選任人員、公營事業機構人員、公立學校教職員、常任人員、臨時人員、聘用人員、僱用人員、專任人員、兼任人員、工役，甚至接受委託代為執行公務的民間人員；無論其有無官等、職等，有無任何職務名稱，有無任何名目的俸給，甚至有無任何分文現金報酬，只要是依法令從事於公務之人員，就一律屬於刑法上的公務員，比「政府人員」一詞範圍還大。如此的規定，在民國70年7月1日施行之「國家賠償法」制定時，也被納入「國家賠償法」第2條中，甚且亦為民國94年2月5日制定公布之「性騷擾防治法」（第3條）所採用。

不過，現今規定已稍有變更。民國95年7月1日修正施行之中華民國刑法第10條第2項規定：「稱公務員者，謂下列人員：一、依法令服務於國家、地方自治團體所屬機關而具有法定職務權限，以及依其他法令從事於公共事務，而具有法定職務權限者。二、受國家、地方自治團體所屬機關依法委託，從事與委託機關權限有關之公共事務者。」依當時修法的說明，原第2項有關公務員之定義，其規定極為抽象、模糊，時常造成不合理現象（如：政府股權占百分之五十以上之股份有限公司即屬公營事業機構，其人員係公務員，如股份未達百分之五十則否，兩者之別，實難以理解）；修正後，此公務員乃指機關中依法令任用從事公共事務之成員，以及受機關委託行使機關公務上權力之人員；或簡言之，亦即依法令具有公權力之職務權限者。該項第1款限縮原規定之範圍使之更明確，但第2款卻又擴至受委託之法人團體甚或個人，此團體法人，在實務上或指類如「海峽交流基金會」及時下所論之「行政法人」。此種規定所顯示的發展變更趨向，研習考銓制度者，不可不察各該法律之宗旨目的，以定其內涵或範圍。

茲應附帶說明者為「交通事業人員」。

「交通事業人員」係指依「交通事業人員任用條例」任用之人員，為隸屬交通部之事業機構從業人員（交任2）。該條例係於民國36年12月22日制定公布，民國46年修正公布，原係屬「公務人員任用法」（38.1.1.制定公布，簡薦委制）第18條之「……公營事業人員之任用，……另以法律定之」之公營事業人員。民國76年1月16日施行之「公務人員任用法」（兩制合一之官職併立制）第33條正式將「交通事業人員」顯名於公務人員任用法中，且於此之前，交通事業人員（郵政、電信、鐵路、公路、港務等）亦已納入銓敘，是以交通事業人員雖名為事業人員，並無「官等職等」，但仍屬較廣義之公務人員範圍之一，以迄今日，法律體系未曾變更。民國73年7月30日制定公布之「勞動基準法」，其第84條增列一新的概念：「公務員兼具勞工身分者」，並規定其有關任（派）免、薪資、獎懲、退休、撫卹及保險（含職業災害）等事項，應適用公務員法令之規定，但其他所定勞動條件優於勞動基準法之規定者，從其規定。卻引致各級政府交通機構（關）（如臺灣省鐵路局、公路局、各縣市之交通處）之從事交通運輸的公務人員，轉變成兼具勞工之身分。蓋在勞基法上係以行業或工作職場為歸類（勞基法3），如此一來，卻曾造成其身分地位與權義上之爭議。而此交通從業人員，於「公務人員」與「勞工」法制間，欲兼收其利，時而造成其與政府機關間之困擾。觀法以論，其身分地位依法而定，權利義務自然依法而行。勞基法所定「公務員兼具勞工身分者」，已明示以「公務員」身分爲主體（爲本），「勞工」爲附加之兼具身分，係應爲輔次之地位，更何況其「公務員」之身分又源於「交通事業人員任用條例」（或公務人員任用法），而該條例依多年之實務運作，早已「正名」列入公務人員任用法中，爲公務人員任用法之附屬法律，迄今如是。但勞工主管機關卻依勞基法以行業、工作職場來認定，將其列爲「勞工」，實應再深入斟酌。本兼之分，主從之別，身分地位於法確立，則其權利義務自然無疑。

綜結以上的檢討，我們拋開憲法上各種有關政府人員稱謂的用詞不談，僅就法律規定而言，問題可以簡化在下節所述公務員與公務人員二者的區分這一個焦點之上。

第二節　公務員與公務人員

一、考銓制度適用對象之範圍應依法律規定

在中華民國憲法於民國36年12月施行之前，所有人事管理法規用以稱呼政府人員的名詞，都是「公務員」。憲法施行後，規定考試權的憲法第八章開始使用「公務人員」一詞，於是，各有關人事法規才陸續配合改用公務人員一詞。但是，仍有部分行憲前公布，行憲後繼續適用施行的法律，雖該法律有所修正，但或許由於確實仍使用「公務員」一詞較爲適切，而繼續使用原「公務員」一詞未改，並保持其名稱，例如：「公務員服務法」和「公務員懲戒法」。

二、公務員與公務人員之區別

原著者向來認爲：法律就是法律，作爲一個現代民主法治國家的人民，自應依法論制。因此，我們必須依法說明「公務員」與「公務人員」兩個名詞的區別究竟何在。概括而言，最簡明的答案是「依各有關法律規定，兩者所指涉對象範圍，有大小之別」。現在，依據本書上節所作的檢討，做成一個「各種法律對公務員與公務人員二詞指涉對象區別表」，以資明確（表3-1）。

如果只想獲得一個概括印象，以瞭解公務員與公務人員間的關係，也可以另用「公務員與公務人員關係圖」來表示（圖3-1）。

就表3-1所列而言，除「刑法」、「性騷擾防治法」不屬考銓業務範圍外，其餘各法都與考銓有關。懲戒雖然屬於司法權範圍，但因涉及公務員的懲罰，所以也不能放棄「公務員懲戒法」而不予討論。因此，對刑法、性騷擾防治法以外之各

表3-1　各種法律對公務員與公務人員二詞指涉對象區別表

製表人：徐有守、郭世良

<table>
<tr><th>法據
範圍</th><th>性騷擾防治法</th><th>國家賠償法</th><th>公務員服務法</th><th>刑法</th><th>公教人員保險法</th><th>公務員懲戒法</th><th>公務人員任用法及派用人員任用條例</th></tr>
<tr><td>政務官</td><td colspan="2">v</td><td>v</td><td>v</td><td>v</td><td>v</td><td></td></tr>
<tr><td>事務官</td><td colspan="2">v</td><td>v</td><td>v</td><td>v</td><td>v</td><td>v（包括任用、派用及機要人員）</td></tr>
<tr><td>民選行政首長</td><td colspan="2">v</td><td>v</td><td>v</td><td>v</td><td>v</td><td>v</td></tr>
<tr><td>各級民意代表</td><td colspan="2">v</td><td></td><td></td><td>限中央法定有組民意代表</td><td></td><td></td></tr>
<tr><td>公立學校教職員</td><td colspan="2">v</td><td>v</td><td></td><td>v</td><td>限聘任教師以外人員</td><td>v（依公務人員任用法銓敘合格之職員及准予登記之派用人員為限）</td></tr>
<tr><td>公營事業人員</td><td colspan="2">v</td><td>限非勞工之公職人員</td><td></td><td>限非勞工之公務人員</td><td></td><td></td></tr>
<tr><td>軍職人員</td><td colspan="2">v</td><td>v</td><td>v</td><td></td><td></td><td>v（以依公務人員任用法任用及任用條例派用之軍事機關中文職人員為限）</td></tr>
<tr><td>聘僱及臨時人員</td><td colspan="2">v</td><td>v</td><td></td><td>v</td><td></td><td></td></tr>
<tr><td>兼任人員</td><td colspan="2">v</td><td></td><td>v</td><td></td><td></td><td></td></tr>
</table>

表3-1 各種法律對公務員與公務人員二詞指涉對象區別表（續）

製表人：徐有守、郭世良

範圍＼法據	性騷擾防治法	國家賠償法	公務員服務法	刑法	公教人員保險法	公務員懲戒法	公務人員任用法及派用人員任用條例
備註	1. 國家賠償法第2條第1項以及性騷擾防治法第3條第1項：「本法所稱公務員者，謂依法令從事於公務之人員（包括工役）。」 2. 上述兩法之公務員係以其是否依法執行公務為認定標準，而不論其是否任職於公務機關、機構或學校。		公務員服務法第24條：「本法於受有俸給之文武職公務員，及公營事業機關服務人員，均適用之。」	刑法第10條第2項：「稱公務員者謂下列人員： 一、依法令服務於國家、地方自治團體所屬機關而具有法定職務權限，以及其他依法令從事於公共事務，而具有法定職務權限者。 二、受國家、地方自治團體所屬機關依法委託，從事與委託機關權限有關之公共事務者。」	公教人員保險法第2條：「本保險之保險對象，包括下列人員： 一、法定機關（構）編制內之有給專任人員。但依其他法規規定不適用本法或不具公務員身分者，不得參加本保險。 二、公立學校編制內之有給專任教職員。 三、依私立學校法規定，辦妥財團法人登記，並經主管教育行政機關核准立案之私立學校編制內之有給專任教職員。 四、其他經本保險主管定之人員。」 「前項第一款人員不包括法定機關編制內聘用人員。但本法中華民國一百零三年一月十四日修正施行時仍在保者，不在此限。」		公務人員任用法施行細則第2條：「本法所稱公務人員，指各機關組織法規中除政務人員及民選人員外，定有職稱及官等、職等之人員（包括派用人員及機要人員）。」「前項所稱各機關係指下列之機關學校及機構： 一、中央政府及其所屬各機關。 二、地方政府及其所屬各機關。 三、各級民意機關。 四、各級公立學校。 五、公營事業機構。 六、交通事業機構。 七、其他依法組織之機關。」

法，都列入討論範圍。

本書以下各章節，將分別依據各該有關法律析述，不在這兩個名詞上作何爭辯或說明。

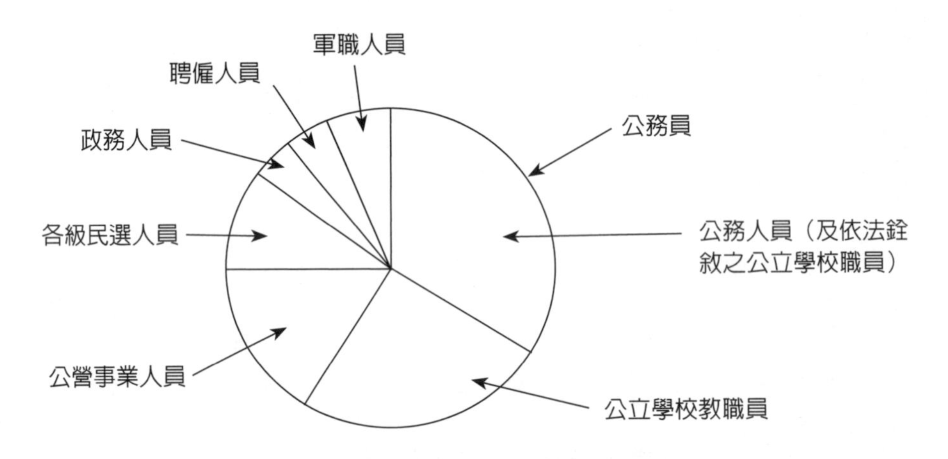

圖3-1 公務員與公務人員關係圖 製圖人：徐有守

第三節 政務官與事務官

一、法律對政務官與事務官之區別

有人認爲：政務官爲政治性任命之人員云云；但何謂政治性任命，似乎頗爲費解。我國訓政時期曾以任命程序來界說：「凡應經執政黨中央常會通過後予以任命者，爲政務官。」但現在已是憲政時期，這種說法當然已與現況不符，而且也有所不宜。但所延續者，乃民國22年3月13日公布之「公務員任用法」第13條規定：「本法於政務官不適用之」；民國38年1月1日公布之「公務人員任用法」第16條規定：「本法於政務官不適用之。政務官之範圍以法律定之。」民國43年1月9日公布修正之「公務人員任用法」第23條規定：「本法於政務官不適用之」，而後歷次修正，均有如是條文之規定。

但我國法律對「政務官」與「事務官」兩者的性質及區別，並無法條作成概括性的界說，只是在下列幾處，對政務官採取列舉規定（依各該法施行先後列舉）：

(一) 各機關組織法。

(二) 政務官退職酬勞金給與條例（61.2.5.）。

(三) 政務人員退職酬勞金給與條例（88.6.30.）。

(四) 政務人員退職撫卹條例（93.1.7.、106.8.9.）。

在上述四種法律中，第(一)種法律所規定的政務官，都是逕行稱之爲特任（命）官、或政務官、或比照簡任第十四職等、或比照簡任第十三職等者。第(二)、(三)兩法所定政務官或政務人員，則採個別職務列舉方式及概括列舉方式規定，例如：「特任、特派之人員」及「各部政務次長」，兩方式並行，都沒有就政務官實質作成概括性規定。至於第(四)種，則於民國93年1月1日制定施行時，其第2條列舉的四種人員，都是依任命程序立論，概舉依憲法規定：1.由總統任命之人員及特任、特派之人員；2.由總統提名而經立法院同意任命之人員；3.由行政院長提請總統任命之人員；4.其他依法律規定之中央或地方政府比照簡任第十二職等以上職務之人員。民國106年8月9日公布修正全文時，將第1款之「特任、特派之人員」，改列爲第4款「前三款以外之特任、特派人員」，第4款改列爲第5款，以致成爲五種人員，但均未改其依任命程序立論。此種規定，不僅非實質性規定，而且不乏錯誤措詞。例如：所列舉之「依憲法規定由總統任命之人員」一語，即顯然錯誤，因爲依據憲法第41條規定：「總統依法任免文武官員」，據此，「公務人員任用法」歷來均有條文配合規定，全國文武官員都是由總統任命。以文官爲例，以前原本每一簡薦委任官等人員，經銓敘審定合格後，每次都要依憲法規定，呈請總統任命，調職後的再任命也都是由總統發布任命令任命。後來經國先生任總統期間，總統府秘書長蔣彥士先生與銓敘部商妥簡化總統府文書作業，修正任用法有關條文，始採取簡化授權方式，明文規定其程序，其後雖歷經修法，以至於現行「公務人員任用法」第25條乃規定：「各機關初任簡任各職等職務公務人員，初任薦任公務人員，經銓敘部銓敘審定合格後，呈請總統任命。初任委任公務人員，經銓敘部銓敘審定合格後，由各主管機關任命之。」簡任官等人員的每一官等職等職務之任命和調任，仍然都一律由總統發布任命令任命；薦任官等人員則僅在初任薦任官等時由總統任命爲「薦任人員」，以後在薦任官等內的調動，就不再呈請總統任命；至於委任官等人員，則自始都一律授權由各該主管機關代爲任命。嚴格而論，本書原著者認爲：這是一種因技術原因而採行，但似稍涉違憲嫌疑的作法；惟至少初任薦任上各職等職務人員，仍均爲由總統任命，並不侷限於政務官。但近又有謂：委任官等人員亦應均由總統任命，以增其榮譽感與向心力，惟仍待修法。

考試院自知以上所述各節不妥情形，早已完成「政務人員法草案」，數度送請立法院審議。依民國101年6月25日函送立法院之該法草案第2條第1項，欲改採實質方式規定爲：「指各級政府機關依據憲法、中央機關組織法律或地方制度法規定進用之下列政治性任命人員」，但何謂「政治性任命」？接著規定為：「一、依政治考量而定進退之人員。二、依憲法或法律定有任期及任命程序獨立行使職權之人員。」以資界說。對於上述第2款，第2項卻規定，不包括司法院大法官、最高法院院長、最高行政法院院長、公務員懲戒委員會委員長及最高檢察署檢察總長，則其範圍僅為如：考試委員（憲88）、監察委員（憲增7）、審計長（審計組3）、公平交易委員會委員（公平組4）、國家通訊傳播委員會委員（國通傳組4、8）、公務人員保障暨培訓委員會專任委員（保訓組4、6）。然對第1款之「政治考量」何謂？仍未明確界說。

至於事務官，法律上自始至今，甚至根本就從來沒有這一名詞的存在，只是學界之通稱。所以很難確定事務官所指為哪些人員。但若僅就文職公務人員而言，所指應係依據「公務人員任用法」任用或「派用人員派用條例」（104.6.17.廢止）派用的「定有職稱及官等職等專任有俸給」之文職人員。（依上文所作檢討結論，包括依上述二法任用或派用之公務人員及任用之機要人員）。至於公營事業機構人員由於其為從事生產或營業行為人員，以及公立學校教師由於其為從事教學人員，兩者的工作性質，都不是在政府機關，依法令從事辦理公共事務工作，或依法令從事為民服務工作，所以根本亦不稱為官員。因此，事務官的範圍，應以依上述二法任用或派用之「定有職稱及官等職等有俸給之專任文職人員」為限，但不包括特任及特派人員。

就學術觀點而言，原著者以為：所稱「政務官」，應該是指依法有權責決定政策，或共同決定政策，負有政策當否與成敗之責的官員；而「事務官」，則是負責執行政策並負執行成敗之責的官員。

二、政務官與事務官之類別和等級

依照現行制度，我國政務官法律雖無明文區分等級，但原著者以為事實上已有等級存在，並認為等級的區別標準有二：職務的高低與俸給的差別。據此兩標準，試將事實上已存在之政務官等級區分如下六個等級：

(一) 院長級：中央政府四院院長（不包括立法院院長）及與其相當之職務，例如：前國民大會議長等，均特任（據各該院組織法及前國民大會組織法）。

(二) 副院長級：中央政府四院副院長（不包括立法院副院長）及與其相當之職務，例如：總統府秘書長、國家安全會議秘書長、中央研究院院長等，均特任（據各該院組織法）。

(三) 部長級：部長、中央銀行總裁及與其相當之職務，例如：僑務委員會及前蒙藏委員會委員長、國史館館長、行政院政務委員、大法官、最高法院院長、最高檢察署檢察總長、最高行政法院院長、公務員懲戒委員會委員長、考試委員、監察委員、五院秘書長等，均特任（據各該中央各院部會組織法、各該法院組織法）。

(四) 政務次長級：中央各部會政務次長，比照簡任第十四職等各職務，中央研究院副院長，及與其他相當之職務。例如：中央五院直轄各委員會第一副主任委員、直轄市副市長等（據中央各該院部會組織法、地方制度法）。

(五) 部會委員、直轄市一級機關首長及副縣市長級：公平交易委員會委員、國家通訊傳播委員會委員、公務人員保障暨培訓委員會委員、直轄市政府（除人事、主計、警察、政風外）之一級單位主管、機關首長、秘書長等，及副縣市長，均比照簡任第十三職等職務者（據公平會、國家通訊傳播委員會、保訓會及地方制度法、地方行政機關組織準則等組織法規）。

(六) 縣（市）級：縣（市）之一級單位主管及所屬一級機關首長之二分之一得列政務職，職務比照簡任第十二職等者（地方制度法）。民國96年7月11日總統公布修正「地方制度法」，其第56條，即將縣市政府一級單位（機關）主管（首長）列爲政務六級。

至於事務官，則區分爲三個官等和十四個職等，請參閱如圖3-2。

附帶說明，各縣市副縣市長職位原列比照簡任第十三職等，且僅係出（列）於行政規章之「地方行政機關組織準則」規定。就政務官之職位性質，而以行政規章規定其品位，嚴重有違體制。經本書第一、二兩版對此現象有所指責，遂於民國88年新制定之「地方制度法」第56條中予以訂入，列爲比照第十二職等，形成政務官之第六級。民國94年12月「地方制度法」修正，將之改列比照第十三職等，於是隨之亦併入政務官第五級（如圖3-2），而政務官等級數目亦自六級改成五級。但考試院於民國94年函請立法院審議之「政務人員法草案」第3條，仍將縣市政府一級單位（機關）列爲政務六級，使政務官等級又回復爲六級（並參第十二章第八節「七、政務官建立等級之討論」）。然民國98年4月3日與101年6月25日函請立法院審議之「政務人員法草案」第3條均改規列爲「特任及政務一級至政務三級」計四級。民國107年12月25日，銓敘部陳報考試院之政務人員法草案亦是。

以上所述，涉及政務官和事務官的多種關係，爲資醒目起見，現製具圖3-2。

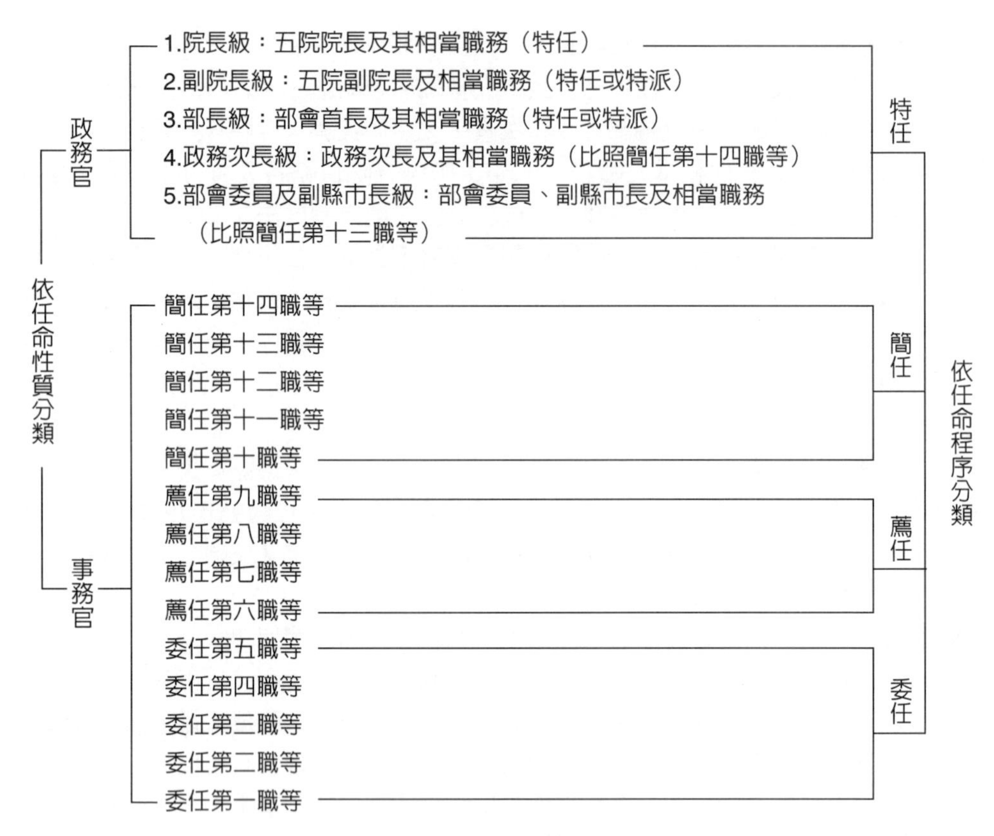

圖3-2　我國文職官員等級分類圖　　製圖人：徐有守

第四節　政務官體制

考試院雖經會同行政院多度擬具「政務人員法」草案送立法院審議，但迄待完成立法程序。故我國至今還沒有體系完整的政務官制度。現在將分散在各個法律中有關政務官之範圍、任命資格、任命權力與程序，及任期與免職等，略加歸納，分述於後：

一、政務官之範圍

以前行之多年的「政務官退職酬勞金給與條例」（61.2.5.制定公布）第2條所列舉的人員，其條文措詞只為：「本條例適用範圍，指左列人員」，僅採範圍列舉方式，並未就其性質本身直接規定何為政務官，其他法律也未有關於政務官的定義。該條文所列舉的人員計有下列七款：

(一) 特任、特派之人員。

(二) 總統府副秘書長、行政院人事行政局局長（68.12.24.增列該局長）。

(三) 各部政務次長。

(四) 特命全權大使及特命全權公使。

(五) 蒙藏委員會副委員長、委員及僑務委員會副委員長、常務委員（68.12.24.增列常務委員）。

(六) 省政府主席、委員，及直轄市市長。

(七) 其他依機關組織法律規定、比照第十四職等或比照簡任一級之正、副首長（68.12.24.增列）。

由於民國83年7月29日省縣自治法和直轄市自治法的施行，致使上述第6款中原來政務官身分的省主席和市長，變成不是政務官，而是選任官的省長和市長。民國86年7月修憲，甚至進一步將「省」「虛級化」，於民國87年7月1日省政府改爲行政院的派出機關，移除省政府原有的地方自治功能。民國88年1月25日復將兩法合併，制定公布「地方制度法」施行，以加強縣（市）政府的地位與功能；88年4月14日總統公布廢止省縣及直轄市兩種地方自治法。亦即廢去省長。

第7款包括的政務官爲數不少，有許多中央政府部會的政務次長和副主任委員。

民國88年6月30日公布修正全文，並修正名稱爲「政務人員退職酬勞金給與條例」，其第2條第1項亦以列舉之方式規定政務人員之範圍，指下列人員：

(一) 依憲法規定由總統提名、經國民大會或立法院同意任命之人員。

(二) 依憲法規定由行政院院長提請總統任命之人員。

(三) 特任、特派之人員。

(四) 各部政務次長。

(五) 特命全權大使及特命全權公使。

(六) 其他依法律規定之中央或省（市）政府比照簡任第十三職等以上職務之人員。

並增列第2項規定：「本條例適用範圍，除前項人員外，包括副總統、臺灣省省長及直轄市市長。」將副總統、臺灣省省長及直轄市市長亦視爲政務人員，以解決實務之問題。

到了民國93年1月1日「政務人員退職撫卹條例」修正施行，其第2條對政務官已改採依其四種不同的任命程序予以列舉如下：

(一) 依憲法規定由總統任命之人員及特任特派之人員。

(二) 依憲法規定由總統提名經國民大會或立法院同意任命之人員。

(三) 依憲法規定由行政院院長提請總統任命之人員。

(四) 其他依法律規定之中央或地方政府比照簡任第十二職以上職務之人員。

以上四款不僅仍未對政務官之性質有所界說，且所作有關任命程序之敘說，例如：第(一)、(二)、(三)三款中所稱「由總統任命之人員」一語，顯屬錯誤用語，多有欠妥周延者，已見上文說明。至於民國88年修正該條例，將政務官改稱爲政務人員一節，據說是爲了要表示民主精神云云。原著者也以爲無此必要，政府就是政府，官員就是官員，憲法中就有多處使用「官」字。實際上，政府組織中的人員職稱，除傳統的「法官」、「檢察官」、「書記官」外，近年來，亦有檢察事務官（88.2.3.法院組66之2至66之4）、「消費者保護官」（前行消保組規程8，100.10.27.行政院編制表）、調查官（監察組12，法調查局組6）、智慧財產權法院之「技術審查官」（智財法組15、16）、少年及家事法院之「少年調查官」及「家事調查官」（少家法組26、27）、行政執行署之「行政執行官」（行執組8）、甚至以前還有聘用「飛航安全官（正副）」、「失事調查官（正副）」（行政院飛航安全委員會組織規程6，101.8.24.廢）之設置。而且，果若爲了表示民主親民起見，爲何不徹底民主化，將政府也改稱爲「民眾服務處」一類名稱呢？法院審案時，爲何法官與案中當事人不平身平坐在同一張小桌子旁呢？總統上班爲何不也騎腳踏車呢？如果能夠有諸如此類的做法，豈非民主而大善？

總括說來，我們現行制度中列爲政務官的人員，雖無法律予以統一界說和規範，但實際上卻都已在組織法律中，用不同的名詞，分別予以明文規定。就其所用的不同名詞來說，共有三種如下：

(一) 特任官：例如院長、部長等。

(二) 政務官：例如政務次長。

(三) 職務比照簡任第十四職等、第十三職等或第十二職等：例如中央若干委員會的副主任委員，以及直轄市、縣政府的副市長、副縣長及一級機關單位首長主管等（地制55、56）。

二、政務官之資格

我國的政務官（人員）人數，依銓敘部之統計，民國80年底一百八十人、85年底三百二十八人、90年底二百九十八人、95年底二百八十五人、100年底四百四十五人、105年底四百四十九人、106年底四百六十五人。其中部分有任命資格的規定，餘無規定。

現行政務人員有法定任命資格規定的，爲下列九種：

(一) 大法官：應具有下列資格之一：1.曾任實任法官十五年以上而成績卓著者。2.曾任實任檢察官十五年以上而成績卓著者。3.曾實際執行律師業務二十五年以上而聲譽卓著者。4.曾任教育部審定合格之大學或獨立學院專任教授十二年以上，講授法官法第5條第4項所定主要法律科目八年以上，有專門著作者。5.曾任國際法庭法官或在學術機關從事公法學或比較法學之研究而有權威著作者。6.研究法學，富有政治經驗，聲譽卓著者。具有前述任何一款資格之大法官，其人數不得超過總名額三分之一（司組4）。

(二) 最高法院院長、最高檢察署檢察總長：應就具下列資格之一，並有領導才能者遴任之：1.曾任司法院大法官、最高法院院長、最高檢察署檢察總長、行政法院院長或公務員懲戒委員會委員長者。2.曾任最高法院法官、最高檢察署檢察官、高等法院院長或高等檢察署檢察長合計五年以上者。3.曾任簡任法官、檢察官十年以上，或任簡任法官、檢察官並任司法行政人員合計十年以上者（司法人員人事條例16，法院組114之2）。

(三) 最高行政法院院長：應就具有下列資格之一，並有領導才能者遴任之：1.曾任司法院大法官、最高行政法院院長、最高法院院長、最高檢察署檢察總長或公務員懲戒委員會委員長。2.曾任行政法院評事、最高行政法院法官、最高法院法官、最高檢察署檢察官、高等行政法院院長、高等法院院長或高等檢察署檢察長合計五年以上者。3.曾任行政法院簡任評事或法官、簡任司法官十年以上，或任行政法院簡任法官、簡任司法官並任簡任司法行政人員合計十年以上者（行法組13 II，法院組114之2）。

(四) 公務員懲戒委員會委員長：應具有下列資格之一：1.曾任司法院大法官、最高法院院長、最高行政法院院長、公務員懲戒委員會委員長或最高檢察署檢察總長者。2.曾任最高法院法官、行政法院評事、最高行政法院法官、公務員懲戒委員會委員、最高檢察署檢察官、高等法院院長、高等行政法院院長、智慧財產法院院長或高等檢察署檢察長合計五年以上者。3.曾任實任法官、實任檢察官十七年以上；或任實任法官、實任檢察官，並任司法行政人員合計十七年以上者（公懲組3，法院組114之2）。

(五) 考試委員：應具有下列資格之一：1.曾任考試委員聲譽卓著者。2.曾任典試委員長而富有貢獻者。3.曾任大學教授十年以上，聲譽卓著，有專門著作者。4.高等考試及格二十年以上，曾任簡任職滿十年，並達最高級，成績卓著，而有專門著作者。5.學識豐富，有特殊著作或發明，或富有政治經驗聲譽卓著者（試組4）。

(六) 監察委員：須年滿三十五歲，並具有下列資格之一：1.曾任中央民意代表一任以上，或省、市議員二任以上，聲譽卓著者。2.任簡任司法官十年以上，並曾任高等法院、高等檢察署以上司法機關司法官，成績優異者。3.曾任簡任職公務員十年以上，成績優異者。4.曾任大學教授十年以上，聲譽卓著者。5.國內專門職業及技術人員高等考試及格，執行業務十五年以上，聲譽卓著者。6.清廉正直，富有政治經驗，或主持新聞文化事業，聲譽卓著者（監組3之1，法院組114之2）。

(七)審計長：應具有左列資格之一：1.曾任審計長，成績卓著者。2.曾任副審計長五年以上，或審計官九年以上，成績優良者。3.曾任專科以上學校會計、審計課程教授十年以上，聲譽卓著，或具有會計、審計學科之權威著作者。4.曾任高級簡任官六年以上，聲譽卓著，並富有會計、審計學識經驗者。5.曾任監察委員六年以上，富有會計、審計學識經驗，聲譽卓著者。

(八) 公平交易委員會委員：本會置委員七人，具同一黨籍者不得超過委員總額二分之一。委員之任用，應具有法律、經濟、財稅、會計，或管理等相關學識及經驗（公交組11、12）。

(九) 公務人員保障暨培訓委員會委員：應就下列資格之一者遴用之：1.曾任簡任職六年以上，成績卓著，而有專門著作者。2.曾任教育部審定合格之公私立大學教授六年以上，對文官制度或法律學科著有研究者。3.具有人事行政或法學之相關學識專長，聲譽卓著而有專門著作者。4.有關機關副首長。同時並規定，上述1.至3.之專任委員（五人至七人）中，具有同一黨籍者，不得超過二分之一（保訓組4、5）。

(十) 中央研究院院長：係由該院評議會就院士中選舉候選人三人，呈請總統遴選並任命之（中研院3）。

三、任命政務官之權力與程序

關於政務官的任命權力與程序，部分政務官法無明文規定，部分有規定。有規定的部分，分見於憲法及各該組織法律之中。

(一) 憲法規定者：其將任命權力及任命程序規定於憲法者，有六種如下：

1. **行政院院長**：由總統任命之（憲增3）。

2. **行政院副院長及院屬各部會首長、政務委員**：由行政院院長提請總統任命之（憲56）。

3. **立法院院長、副院長**：由立法委員互選之（憲66）。

4. **司法院院長、副院長、大法官**：由總統提名，經立法院同意任命之（憲增5）。

5. **考試院院長、副院長、考試委員**：由總統提名，經立法院同意任命之（憲增6）。

6. 監察院院長、副院長、監察委員：由總統提名，經立法院同意任命之（憲增7）。

(二) 法律規定者：其將任命程序及任命權力規定於法律者，有九種如下：

1. 中央研究院院長、副院長：院長由中央研究院評議會就院士中選舉候選人三人，呈請總統遴選並任命之。副院長由院長就院士中遴選（二人或三人），併同其任期，呈請總統任命之（中研院組3）。

2. 最高法院院長：特任，綜理全院行政事務，並任法官（法院組50）

3. 最高檢察署檢察總長：由總統提名，經立法院同意任命之（法院組66Ⅷ、114之2）。

4. 最高行政法院院長：特任，綜理全院行政事務，並任法官（行法組13Ⅰ）。

5. 公務員懲戒委員會委員長：特任，綜理委員會行政事務，並任委員（公懲組2）。

6. 公平交易委員會委員：委員七人，其中一人爲主任委員，特任；一人爲副主任委員，職務比照簡任第十四職等；其餘委員職務比照簡任第十三職等，由行政院院長提名經立法院同意後任命之（公交組4）。

7. 公務人員保障暨培訓委員會主任委員、委員：主任委員一人，特任；副主任委員二人，其中一人職務比照簡任第十四職等；以上未規定任用程序（保訓組3），但依行政程序慣例，應由考試院院長提請總統任命之。委員十人至十四人，其中五人至七人專任，職務比照簡任第十三職等，由考試院院長提請總統任命之；餘五人至七人兼任，由考試院院長聘兼之（保訓組4）。

8. 國家通訊傳播委員會委員：置委員七人，均專任，其中一人爲主任委員，特任；一人爲副主任委員，職務比照簡任第十四職等；其餘委員，職務比照簡任第十三職等。委員中同一黨籍者不得超過委員總數二分之一，由行政院長提名，經立法院同意後呈請總統任命（國通傳組4）。

9. 直轄市及縣市政府職務：比照簡任第十四職等的副市長二人，由市長任命並報請行政院備查。以及市政府一級機關首長、單位主管，均比照簡任第十三職等由市長任命之；副縣（市）長一人，比照簡任第十三職等，由縣（市）長任命，並報內政部備查。縣（市）一級單位、（機關）主管（首長）比照簡任第十二職等，由縣市長任免之（地制55、56）。

10. 不當黨產處理委員會主任委員：依該委員會組織規程第3條第1項規定：「本會置委員十一人至十三人，任期四年，由行政院院長派（聘）之，並指定其中一人爲主任委員，一人爲副主任委員。」而第4項又規定：「本會主任委員，特任，對外代表本會」，其主任委員似爲行政院院提請總統任命，但條文敘述未明。

(三) 無明文規定者：其任命權力及任命程序無明文規定者如下：

其他列為政務官的各部會正副首長、部長、委員長、主任委員、政務次長、政務副主任委員、政務副委員長、委員、局長，各該組織法或有關法律均未規定其任命程序。

關於上述第(三)項中無法定任命程序者，就多年以來實際運作慣例而言，無論其究竟是由何人以非正式程序（例如：以前之先依政黨內部提名程序，近年先口頭請示）首先提名，但實際表現在行政程序上時，如其爲一政務官的機關首長職務，則係由其上級機關長官推薦大致一至三人不等，依行政程序簽報，由總統核定其中一人並予任命；如：政務職的副首長（包括副院長、政務次長及政務副主任委員等），則係由各該本機關長官，依行政程序簽報（大致一至三人不等），最後呈由總統核定一人並予以任命之。

四、政務官之任期與免職

至於政務官的任期與免職，現行法律規定也不完整。現分述如下：

下列各政務官因憲法或法律定有任期，所以在任期屆滿時自然依法離職，不發生免職權責與免職程序問題：

(一) 立法院院長、副院長，由立法委員互選，以前規定任期均三年（憲65），自第七屆（民國97年2月）起任期四年（憲增4），連選得連任。

(二) 考試院院長、副院長、考試委員，任期均六年（試組5）。

(三) 監察院院長、副院長、監察委員、任期均六年（憲增7）。

(四) 大法官任期八年（憲增5）。

(五) 審計長任期六年（審組3）。

(六) 最高檢察署檢察總長任期四年，不得連任（法院66Ⅷ）。

(七) 行政院公平交易委員會專任委員任期四年（公平組11）。

(八) 公務人員保障暨培訓委員會專任委員任期三年，任滿得連任。但兼任委員爲有關機關副首長者，其任期隨職務異動而更易（保訓組4）。

(九) 直轄市政府所屬比照簡任第十三職等的各一級機關首長，既法定由市長任免，則除市長得隨時予以任職免職外，且並規定：因市長之卸任、辭職、去職或死亡而隨同離職（地制55），則其任期，亦即最長與市長任期相同，屆時亦應依法隨同離職，不發生免職權責與免職程序問題。但比照簡任第十四職等的直轄市副市長，及比照第十三職等之副縣市長，則僅規定分別由市長及縣市長任命，並分別報行政院或內政部備查，及隨同直轄市長或縣市長離職外，並未規定中途得否由直轄市長或縣市長免除其職，但實務上，非無中途辭職，而予以免職者。

(十) 縣（市）政府所屬之比照簡任第十三職等及比照簡任第十二職等人員之情形，同前述，茲不贅述。

(十一) 國家通訊傳播委員會委員任期四年，任滿得連任（國通傳組4）。

在直轄市副市長及各縣市副縣市長之任期中途，市長或縣市長得否免去其職？法既未明文規定，則尚有待解釋。但原著者認為，諸此副首長既原係由市長、縣市長所任命，則似乎應可仍按原程序，得由市長、縣市長分別予以免職，並報行政院或內政部備查。

在上述各政務官之外的行政院院長、副院長、行政院政務委員、行政與考試兩院所屬各部會首長；司法院院長、副院長、最高法院院長、行政法院院長、公務員懲戒委員會委員長；各部政務次長，以及定為政務職務的秘書長、副秘書長、各委員會政務副主任委員、處長、局長、署長等，法律都沒有明文規定其任期。除行政與司法兩院院長俟下文另再討論外，其他政務官的任期均無規定，依法理自得予隨時免職。其免職權應與其各該任命權相同。

政務官無論有無法定任期者，如有下列情事之一，均應分別依法停止其職務，或予撤職：

(一) 依刑事訴訟程序，被通緝或羈押（公懲4）。

(二) 依刑事確定判決，受褫奪公權之宣告（公懲4）。

(三) 依刑事確定判決，受徒刑之宣告在執行中（公懲4）。

(四) 依公務員懲戒法規定，受撤職懲戒處分（公懲12）。

(五) 依公務員服務法規定，應先予撤職（服務13）。

上列第(一)至(三)三項，依法係「職務當然停止」；第(四)項已明定為撤職；第(五)項民國37年6月21日司法院院解字第4017號解釋：「先予撤職」即係先行停職，並依法送請懲戒之意云。

至於行政院長，依原憲法第55條之規定，由總統提名，經立法院同意任命之，並無任期之規定。依過去之慣例，如總統提名新院長人選，咨請立法院同意，即表示原任院長將予免職，就法律的觀點而言，此係當然耳，但其中亦涉及國家安定之政治考量或運作。民國86年7月修憲後，改為逕由總統任命之，施行以來，行政院長之更迭，亦莫不考量國家安定與事實政策之需要，其中有基於總統之考量者，亦有行政院長基於事實或政策，自呈請辭者。此際，行政院長辭職或出缺，在總統未任命新院長前，則由副院長暫行代理，修憲前後均相同（憲55，增3）。

至於司法院院長，依原憲法第79條之規定由總統提名，經立法院同意任命之，並無任期之規定。其任命之考量，亦如行政院院長。民國86年7月修憲後，增修條文第5條第1項則改爲規定：「司法院設大法官十五人，並以其中一人爲院長、一人爲副院長，由總統提名，經國民大會同意任命之，自中華民國92年起實施，不適用憲法第79條之有關規定。」此重點在於院長、副院長應具有大法官之身分（與資格），如同監察院院長、副院長之具有監察委員之身分（憲增7）。但其第2項則規定：「司法院大法官任期八年，不分屆次，個別計算，並不得連任。但並爲院長、副院長之大法官，不受任期之保障。」換言之，任大法官者，不論是否跨屆，每人任期僅能八年；但院長、副院長則不受此任期之保障，得隨時任免。然問題繼之而來，司法院院長、副院長，1.得否依其個人意願，隨時提出辭呈？這當然是肯定的答案。2.總統得否隨時提出新院長、副院長人選，咨請立法院同意後任命，而免除原院長、副院長職務？依憲法增修條文之文義，似無不可，惟此難免有政治運作之敏感性，應特別謹慎，此在民國99年7月，院長、副院長更迭前後，各方有所評述。3.院長、副院長應否隨總統屆（任）期之更迭，而於新任總統就職後提出辭呈？4.總統提名卸職之大法官出任院長合憲乎？對於3.及4.兩問題，在民國105年8、9月，同時有實例發生，各方有所評述，但最後仍有更迭。凡此，均有賴憲政案例之發生，以待形成憲政慣例。

第4章 考銓組織

憲法第83條規定：「考試院為國家最高考試機關，掌理考試、任用、銓敘、考績、級俸、陞遷、保障、褒獎、撫卹、退休、養老等事項。」依此，有謂：「考試院為國家最高人事機關，掌理公務人員考選、銓敘，甚或保障培訓事項。」

「最高人事機關」，我國歷代政制，係屬中央集權，「為政在人」，於政府組織中設有人事機關，如：漢「四曹」之「常侍曹」，隋唐以後「六部」之「吏部」，掌理官吏之薦舉、考選、敘官、考課、恩賞等。遞至清光緒32年（1906年），廢科舉；宣統3年4月10日（1911年5月8日），行「新政」，成立責任內閣，設「敘官局」，廢吏部。惟其官制未定，一仍舊慣。

民國成立，南京臨時政府中設有「銓敘局」，掌理職員之任免、陞遷、階位、勛章、榮典、賞卹等。元年1月28日，新臨時參議院成立。南北議和，孫中山先生讓位於袁世凱；2月15日，臨時參議院選袁世凱為臨時大總統；3月10日，袁世凱在北京就任臨時大總統；3月11日，南京臨時政府公布「臨時約法」，孫中山先生辭臨時大總統，中華民國臨時政府北遷。在國務院下設有「銓敘局」掌理任免、履歷、考試、恩給、撫卹、榮典、勛章等。民國3年（1914年）5月1日，袁世凱頒布新約法，廢止國務院官制，另組總統府政事堂，銓敘局仍為政事堂所屬五局一所之一。洪憲帝制失敗、袁世凱死後，副總統黎元洪繼任，恢復臨時約法，經民國16年（1927年）6月18日，張作霖入京，成立軍政府，以迄民國17年5月、6月退出北京，在國務院國務總理下或「臨時執政」下，均保有「銓敘局」之設置，職權也大致仍舊。

此間，「銓敘局」，辦過二次文官高等考試（民國5年、8年）和一次文官普通考試（民國6年），還舉辦過四次的知縣考試。

民國6年（1917年），曹錕「復辟」，孫中山先生號召恢復臨時約法。9月1日，在廣州成立「中華民國軍政府」。民國10年（1921年），改組為「中華民國政府」。民國11年（1922年）6月，陳炯明叛變，離開廣州。民國12年（1923年）亂平，同年3月，返回廣州建立「陸海軍大元帥大本營」；4月，公布「建國大綱」，欲行五權之治，並於第15條規定：「凡候選及任命官員，無論中央與地方，皆須經中央考試、銓定資格者乃可。」又於第19條規定：「憲政開始之時，中央政府應試行五院制。」8月，公布「考試院組織條例」。民國14年7月1日，國民政府在廣州成立，下有總務科掌銓敘、印鑄、文書、收發、保管、會計、庶務，及不屬各科事項。民國17年（1928年），秘書處改稱文官處，乃將銓敘與印鑄二事項，自總務科劃出另成立第四科。

民國17年10月8日，國民政府公布修正「中華民國國民政府組織法」，其第37條規定：「考試院爲國民政府最高考試機關，掌理考選銓敘事宜。所有公務員均須依法律經考試院考選、銓敘，方得任用。」10月10日，戴傳賢宣誓就任考試院院長，同日成立考試院籌備處；20日，國民政府公布「考試院組織法」計十七條，其第1條規定：「考試院以下列機關組織之：一、考選委員會。二、銓敘部。」考選事項自銓敘分離。民國19年（1930年）1月6日，考試院及考選委員會、銓敘部同日正式成立。

憲法公布後，民國36年3月31日，國民政府公布制定考試院組織法，其下設銓敘部及考選處；12月25日，國民政府公布修正考試院組織法，考選處修正爲考選部。

政府遷臺，民國56年7月27日，總統依「動員戡亂時期臨時條款」公布「行政院人事行政局組織規程」；9月16日，該局成立，統籌行政院所屬各行政機關及公營事業機構之人事行政，其業務並受考試院指揮監督。民國80年4月修憲，於憲法增修條文第9條規定：「行政院得設人事行政局」。民國82年12月30日總統公布立法院通過之「行政院人事行政局組織條例」；民國85年7月修憲，刪除該條。政府組織改造，民國100年11月14日公布「行政院人事行政總處組織法」；民國101年2月6日，該總處成立。

又民國81年5月修憲，其第14條（現今第6條），調整考試院職權內容。民國83年7月1日，總統公布修正考試院組織法，其第6條增定所屬機關「公務人員保障暨培訓委員會」。民國85年1月26日，總統公布「公務人員保障暨培訓委員會組織法」；6月1日，該委員會成立，保障與培訓業務，自銓敘部移出。

應附帶說明者爲：清季英國人代管海關時期，設有「銓敘科」掌理其人事事項。香港回歸大陸（1997年）之前，亦設有「銓敘科」，首長稱爲「銓敘司」；1991年後改爲「公務員事務科」，首長爲公務員事務司，隸屬於「布政司署」。

因此，「銓敘」應是有關人事事項之總稱。銓敘機關自民國肇建，承襲歷代吏部之職掌業務，後爲考試院所統籌承續，移出考選，而後再移出保障與培訓，銓敘部之職掌已較原銓敘局之職掌爲狹。

第一節　考銓組織體系

一、考銓組織體系範圍

憲法對有關五院職掌及組織之基本事項，都各有規定。但對五個治權之下各該所屬機關，不僅沒有任何規定，甚至連名稱也未列舉，而留待另以法律定之，自屬符合憲法體制的做法。因此，當然只有依據各有關法律來說明考銓組織的構成。

毫無疑問，考銓組織體系係以考試院爲其最高機關，其他機關或機構直接或間接隸屬於考試院之下。現按其直接或間接隸屬關係，分類說明如下：

(一) 依「考試院組織法」之規定設置直接隸屬之機關：「考試院組織法」第6條所明定之直轄機關如下：

1. **考選部**：並另定有「考選部組織法」。

2. **銓敘部**：並另定有「銓敘部組織法」。

3. **公務人員保障暨培訓委員會**：並另定有「公務人員保障暨培訓委員會組織法」。

(二) 依其他法律規定設置直接隸屬考試院之機關：此外，尙有依據其他法律設立之其他機關，或直隸於考試院之下者，或有關考銓業務並受考試院監督者，分別如下：

1. **各種典試委員會**：依據「典試法」設置。依該法第9條規定，該委員會「依照法令及考試院會議之決定行使其職權」，故爲直隸考試院，但係任務完成即予撤銷之臨時機關。

2. **公務人員退休撫卹基金監理委員會**：依據「公務人員退休撫卹基金監理委員會組織條例」第2條設置。依該會組織條例第2條規定直隸考試院。

3. **各省考銓處**：依據民國35年2月14日公布之「考銓處組織條例」設置，直隸考試院。同年5月後陸續成立十個考銓處，並擬再增設五個。民國38年先後結束各處業務，而後政府遷臺，僅於同年12月20日設置「臺灣考銓處」，又因考試院遷移來臺灣，故不復有其需要，而於民國39年8月14日撤銷。至今事實上早已無各省考銓處之設置，但此一法律與體制仍然存在。

4. **行政院人事行政總處**：依據「行政院人事行政總處組織法」設置，直屬行政院，但其組織法第1條明文規定，其「有關考銓業務，並受考試院之監督」。

上述各種典試委員會是一種法定的臨時機構，於每一種考試舉辦時設置，直屬於考試院，在法定範圍內獨立行使職權，不受干涉，事畢撤銷。各省考銓處現雖未有設置，但「考銓處組織條例」仍爲有效的現行法律，其制度仍在，不能不述。

另外，行政院人事行政總處這一機關，顧名思義，當然是屬於行政院的機關；雖然依據「行政院人事行政總處組織法」規定，其「有關考銓業務，並受考試院之監督」，所以人事長「列席」考試院院會，但並非即受考試院的指揮。所以，在其機關設立所依據的法律上，雖不是考試院所屬機關，不過，由於該總處業務與考銓業務關係重大且密切，所以在業務性質上仍應納入考銓體系之中。

(三) 依其他法規設置間接隸屬之機關：此外，還有五種機關也屬於考銓組織體系，但非直接而係間接隸屬考試院。茲將其組織依據及隸屬關係，略加說明如次：

1. 公教人員保險監理委員會：該會是依據「公教人員保險監理委員會組織規程」設置，由銓敘部會同有關機關組織。該規程雖未明文規定其隸屬關係，但由於該規程規定，其主任委員由銓敘部部長兼任，其職員由銓敘部於該部法定名額內調兼，其經費由銓敘部編列預算。故實際似應為銓敘部所屬機關。

2. 公務人員退休撫卹基金管理委員會：依據公務人員退休撫卹基金管理條例第2條設置。該會組織條例第2條規定隸屬於銓敘部。

3. 各省委任職公務員銓敘委託審查委員會：依考試院民國25年2月21日公布「各省委任職公務員銓敘委託審查辦法」規定，各省之此一委員會是由銓敘部委託各省政府設置，以各該省主席為各該會主席，並依該項辦法接受委託，辦理各該省區內公務員的銓敘業務。辦法中並未規定其與考試院或銓敘部有隸屬關係，所以只是受託機關而非院部下轄機關。該會所辦理的業務，完全都是銓敘業務，所以當然應納入考銓組織體系範圍。以前政府在大陸時期，在許多省分都設有這種會。臺灣光復後，曾於民國38年10月1日設置「臺灣省委任職公務員銓敘委託審查委員會」，到民國78年7月1日撤銷，而將其業務歸回銓敘部。之後考試院已於民國98年12月29日令廢止「各省委任職公務員銓敘委託審查辦法」。

4. 全國各級人事機構：自總統府、五院，以至基層的鄉、鎮、區公所、全國各級行政機關公立學校，及各級公營事業機構等所有機關、學校、事業機構內所配置的人事機構，依「人事管理條例」規定，都屬於銓敘部管轄，各級人事管理人員由銓敘部任免，受銓敘部指揮監督（人管6、7、8）。

5. 國家文官學院：依據「公務人員保障暨培訓委員會組織法」第9條規定設置。又依該學院組織法第2條之規定，該學院隸屬公務人員保障暨培訓委員會。又依該學院組織法第7條規定其下得設置各區域培訓中心。

二、考銓組織體系圖

為閱覽便利起見，現綜合以上各有關說明，並連同各機關內部組織，合併製就「我國考銓組織體系圖」（圖4-1）。

圖中顯示，考試院下的一級組織計七個，二級組織計十二個，合計十九個。本章以下各節，將就考試院及上列各機關組織與職掌等，逐一說明。

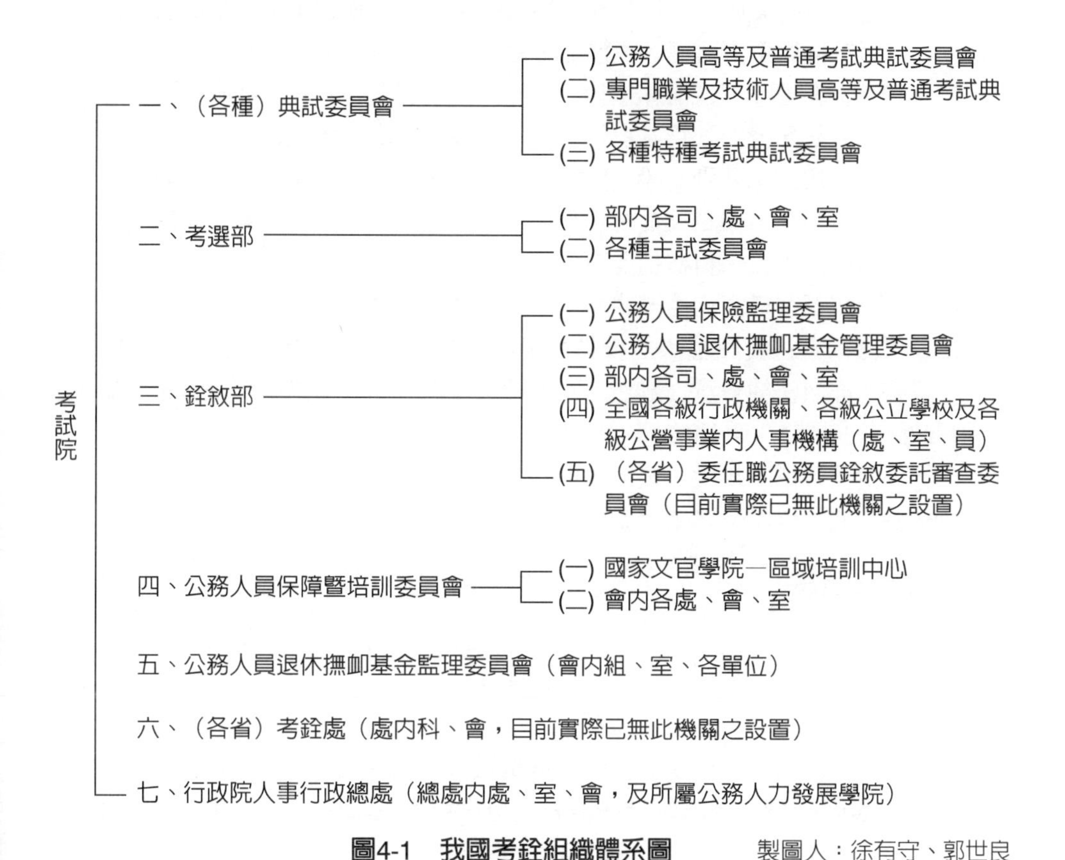

圖4-1　我國考銓組織體系圖　　製圖人：徐有守、郭世良

第二節　考試院組織

一、性質與地位

綜觀憲法及「考試院組織法」規定，考試院具有下列各項性質：

(一) 為我國中央政府體系中最重要部門之一。

(二) 為國家五個最高治權機關之一。

(三) 為獨享國家考試權之最高機關。

(四) 為掌理不屬其他四個治權，但與全國各級政府人員管理有關事項之最高機關。

(五) 為憲法所定屬於考試權掌理事項之政策及有關重大事項之最高決策機關。

(六) 為考試權體系下所屬各級機關之最高指揮監督機關。

此外，考試院與其他四院相同，本身亦非執行機關。有人容或可能以考試院經常辦理各種考試，據而誤為其自辦考試而為執行機關。實則每一考試均係由考試院依「典試法」規定，各別另設一臨時組織之典試委員會辦理，並非考試院自辦考試，以執行考試事項，典試委員會任務完畢即行撤銷。典試委員會之組織見下節。

至於考試院之地位，可概括如下：

(一) 為國家五個最高治權機關之一，與其他四院地位平等。

(二) 依法獨立行使職權；並就職掌範圍內事項，對立法院有法案提案權（憲87），實質上亦對法律負責（雖然有關考銓法律之公布，考試院院長並未副署，而係由行政院院長副署）（憲37）。

(三) 為所轄各機關政策、法案、重要規章，及重大事項之最高核定機關。

(四) 為整個考銓體系之領導、指揮、監督機關。

二、組織與職掌

考試院為一領導、決策、指揮與監督性之機關，而非一實作機關。憲法所定賦予考試院之各項職掌，均依法由所屬各機關執行。所以考試院本身之組織亦係配合此種情形設置，未有執行單位。考試院並經由會議方式，就掌理事項作成決定以行使其職權；院長並有權監督所屬機關（考試組8）。茲析述其組織與職掌如下：

(一) 考試院組織：考試院最高權力性組織為考試院會議，並在院內設幕僚組織，承院長之命由秘書長領導之。茲就其組織結構分別說明如下：

1. 考試院會議：考試院設考試院會議，以院長、副院長、考試委員（十九人）、考選部部長、銓敘部部長、公務人員保障暨培訓委員會主任委員組織之（考試組7），行政院人事行政總處人事長列席。

2. 考試院幕僚組織：考試院置秘書長一人，特任；副秘書長一人，職務列簡任第十四職等；設秘書處，置處長一人，職務列簡任第十二至第十三職等；設第一、第二、第三等三組，由參事（職務列簡任第十二至第十三職等）兼組長；人事、會計、統計、政風等四室；以及編纂、專門委員、科長等其他職員若干人如組織法所定（考試組9、10、11）。

(二) 考試院職掌：依據憲法、憲法增修條文及「考試院組織法」規定，考試院職掌如下：

1. 掌理事項：(1)考試。(2)公務人員之銓敘、保障、撫卹、退休。(3)公務人員任免、考績、級俸、陞遷、褒獎之法制事項（憲增6）。

2. 法律提案權：對於所掌理事項，得向立法院提出法律案（憲87）。

3. 監督權：對各機關執行有關考銓業務，有監督之權（考試組2、8）。

4. 政策權：對憲法所定考試院職掌之政策及其有關重大事項，有決定之權（考試組7）。

5. 召集解決權：就所掌理事項或全國性人事行政事項，得召集有關機關會商解決之（考試組7）。

6. 監督所屬機關：考銓院長監督所屬機關（考試組8）。

7. 設置委員會及考銓處權：考試院於必要時得設各種委員會，並得於各省設考銓處，其組織均以法律定之（考試組15、16）。

8. 降免權：考試院對於公務人員之任用，除法律另有規定外，如查有不合法定資格者，得不經懲戒程序，逕請降免（考試組17，任用30）。

(三) 考試院職權之行使：考試院以「合議制」院會爲最高權力之核心，對一切考銓事項具有政策權與監督權。考試院得依政策向立法院提出考銓法案（憲87），以完成立法，公布施行，但考試院長並不副署考銓法案，而係依憲法第37條由行政院長副署。蓋其法案歷來均事先協商行政院，而後與其他有關院會銜或單獨函送立法院審議。形式上，雖以行政院長之名義副署，但實質之政治責任仍應由考試院負責。又其具有監督權，從其院會中，考試委員之發言，得以知悉，其對實際職掌考銓業務之三部會之政策擬議或執行有影響力。而院長、副院長依法雖非考試委員，但綜理院務，並監督所屬機關（考試組8），依組織原理，非無引領政策之功，從而亦非無「獨任制」之效。若此，綜合言之，則考試院似爲「混合制」之機關。

三、院長、副院長及考試委員等之任命資格及任期

考試院院長、副院長，以及考試委員，均爲特任官，任期六年（考試組5）。

(一) 任命資格：我國之特任官（政務官）大多不對其任命資格作何法律規定，僅對少數須「依據法律獨立行使職權」或具有特殊專業性者，始規定其任命資格，蓋其必須具有較高之智識，始能勝任獨立之職務，不受干擾。就考試院而言，考試院院長、副院長仍均無任用資格規定；但對出任考試委員者，則規定應具有下列資格之一（考試組4）：

1. 曾任考試委員聲譽卓著者。
2. 曾任典試委員長而富有貢獻者。
3. 曾任大學教授十年以上，聲譽卓著，有專門著作者。

4. 高等考試及格二十年以上，曾任簡任職滿十年，並達最高級，成績卓著，而有專門著作者。

5. 學識豐富，有特殊著作或發明，或富有政治經驗，聲譽卓著者。

(二) 任期保障：考試院院長、副院長及考試委員，均爲有任期之特任官（政務官），任期六年（考試組5），有別於一般之特任官（政務官）之隨時依政策進退，而無任期。之所以有任期，乃在於保障其「依據法律獨立行使職權」（憲88），俾能在一定任期中，依其良知良能，超然獨立行使職權而無所瞻顧。此參照司法院釋字第357號解釋：「依中華民國憲法第104條設置於監察院之審計長，其職務之性質與應隨執政黨更迭或政策變更而進退之政務官不同。審計部組織法第三條關於審計長任期爲六年之規定，旨在確保其職位之安定，俾能在一定任期中，超然獨立行使職權，與憲法並無牴觸。」自然明白。是以，考試委員——如同大法官之爲憲法之守護神，受任期之保障——是「文官制度之守護神」，應爲文官法制善盡規設與維護之責。

惟民國106年4月，立法院司法暨法制委員會併案審查數版立法委員所提之「考試院組織法修正草案」，擬將考試委員之人數由原十九人修正爲三人或四人，並將其任期由原六年降爲四年，此舉對現行考銓業務衝擊甚大，各方仍在協商，後續如何？仍有待觀察。

第三節　典試委員會組織

爲維護國家考試之公平公正，以達掄才之目的，所有國家考試，無論其爲公務人員考試或爲專門職業及技術人員考試，爲高等、普通、初等考試或爲特種考試，都一律應依「典試法」第1條規定，組織典試委員會辦理典試。民國104年2月4日「典試法」修正公布前，縱然因有某一考試性質較爲簡單而依法設置主試委員會時，也同樣適用當時「典試法」（91.1.16.典試2、9）之各項規定辦理主試工作（實際上設主試委員會者甚少）。

一、典試委員會之設置

典，就是掌理的意思；典試，就是辦理考試的意思。典試委員會是依據「典試法」規定，於考試公告後成立，辦理考試有關各項事宜的一種臨時組織，執行「典試法」所賦予的職權。每一典試委員會於該項考試辦理完畢，應將典試情形及有關文件，送由考選部轉報考試院核備後撤銷該典試委員會（典試30）。所稱公告，是考試辦理前，以一種法定文書，公開告知大眾，將於何時如何辦理何種考試，並連同其他有關事項一併說明。

(一) 典試委員會組成：由下列三種人員組成（典試2）：

1. 典試委員長：由考試院院長提經考試院會議決定後，呈請總統派用之（典試4）。

2. 典試委員：典試委員之人數，法無明定，係由考選部商同典試委員長視實際需要決定，於「典試人力資料庫」中，遴提具有法定資格之人選，報請考試院院長核提考試院會議決定後，由考試院聘用之（典試3、17）。各種考試如因考試方式或應試科目之特殊需要，得另選聘對該考試方式或應試科目富有研究及經驗之簡任，或相當簡任職務者，或專業表現成績卓著之專家爲典試委員（典試7）。

3. 考選部部長。

上述典試委員得依考試類科或考試科目性質分爲若干組，每組置召集人一人，由考選部商同典試委員長推請典試委員兼任之（典試3）。

二、典試委員長及典試委員資格

典試委員長及典試委員爲典試委員會組成的主體，所以必須愼重遴任。其資格經規定如下：

(一) 典試委員長：應由具有下列資格之一者，由考試院院長提經考試院會議決定後，呈請總統派用之（典試4）：

1. 現任考試院院長、副院長，或考試委員。

2. 現任中央研究院院長、院士。

3. 任國內外公立或私立大學校長或獨立學院校（院）長四年以上。

4. 任特任官並曾任國內外公立或私立大學或獨立學院教授三年以上。

(二) 典試委員：高考典試委員與普考典試委員兩者資格之規定略有不同。茲分述如下：

1. 高等考試典試委員：應由考選部部長商同典試委員長遴提人選，報請考試院院長核提考試院會議決定後，由考試院聘用之（典試3）。其人選應具有下列各款資格之一（典試5）：

(1) 具有上述典試委員長資格之一。

(2) 任國內外公立或私立專科以上學校教授、副教授三年、助理教授六年以上。

(3) 公務人員高等考試或相當於高等考試之特種考試及格十年以上，並任簡任或相當簡任職務，對有關學科富有研究，成績卓著。

(4) 專門職業及技術人員高等考試或相當於高等考試之特種考試及格，並從事該專門職業及技術工作十年以上，對有關學科富有研究，成績卓著。

2. 普通考試、初等考試典試委員：應就具有下列各款資格之一者（典試6），依上述高考典試委員聘用程序聘用之：

(1) 具有高考典試委員資格之一。

(2) 任國內外公立或私立專科以上學校副教授、助理教授三年、講師六年以上。

(3) 任國內外公立或私立高級中學或職業學校校長或有關學科教師十年以上。

(4) 公務人員高等考試或相當於高等考試之特種考試及格八年以上，並任薦任或相當薦任職務，對有關學科富有研究，成績卓著。

(5) 專門職業及技術人員高等考試或相當於高等考試之特種考試及格，並從事該專門職業及技術工作八年以上，對有關學科富有研究，成績卓著。

各種考試典試委員及其他委員之資料，應由考選部依法定資格建立「典試人力資料庫」，以備遴選聘用之（典試17）。

3. 特考典試委員：特考典試委員，視其考試等級係相當於高考或普考，分別準用高考或普考典試委員的資格（典試5、6）。

4. 公務人員升等考試典試委員：公務人員簡任官等及薦任官等升等考試之典試委員資格，分別準用高考及普考典試委員資格之規定（典試5、6）。

三、典試委員會職權

依據「典試法」第11條規定：「典試委員會依照法令及考試院會議之決定，行使其職權。」是則下列事項由典試委員會決議行之：

(一) 命題標準、評閱標準及審查標準之決定。

(二) 擬題及閱卷之分配。

(三) 考試成績之審查。

(四) 分數轉換之方式及標準之採用。

(五) 錄取或及格標準之決定。

(六) 彌封姓名冊、著作或發明及有關文件密號之開拆與核對。

(七) 錄取或及格人員之榜示。

(八) 其他應行討論事項。

四、典試委員長、典試委員及其他委員之職責

(一) 典試委員長之職責如下（典試12）：

1. 召集並主持典試委員會議。

2. 指揮監督有關典試事宜。
3. 決定各科試題。
4. 主持考試事宜。
5. 抽閱試卷。
6. 簽署榜單。
7. 簽署考試及格證書。
8. 其他依本法或其他法令賦予之職權。

上述第3款所定事項，得商同各組召集人或典試委員爲之。第5款所定事項，得商請各組召集人或典試委員爲之。典試委員長因故不能行使職權時，由考試院院長指定典試委員一人代理之。

(二) 典試委員之職責如下（典試13）：

1. 出席典試委員會議。
2. 主持分區考試事宜。
3. 主持或擔任試題命擬、審查、試題疑義處理及試卷評閱之有關事項。
4. 主持或擔任著作或發明或知能有關學歷經歷證明之審查事項。
5. 主持或擔任口試、心理測驗、體能測驗或實地測驗事項。
6. 其他依本法或其他法令賦予之職權。

上述典試委員分組者，第3款至第5款所定事項，由召集人分別主持或分請其他典試委員主持之。

(三) 其他委員：各種考試之命題、閱卷、審查、口試、心理測驗、體能測驗或實地測驗，除由典試委員擔任者外，必要時，得分別遴聘命題委員、閱卷委員、審查委員、口試委員、心理測驗委員、體能測驗委員或實地測驗委員辦理之。各該委員之資格及聘用程序與典試委員同（典試15）。其職責分別如下（典試16）：

1. 命擬試題。
2. 評閱試卷。
3. 審查試題、著作或發明、知能有關學歷經歷證明。
4. 擔任口試事宜。
5. 擔任心理測驗事宜。
6. 擔任體能測驗事宜。
7. 擔任實地測驗事宜。

(四) 迴避：典試委員長、典試委員及其他各委員（甚至於辦理試務人員），於其本人、配偶、三親等內之血親、姻親應考時，對其所應考試類科有關命題、閱卷、審查、口試、心理測驗、體能測驗、實地測驗等事項，應行迴避（典試29）。

又其亦應嚴守秘密，不得徇私舞弊、潛通關節、洩漏試題；違者依法懲處，其因而觸犯刑法者，依刑法第137條之妨害考試罪論處（典試31）。

上述命題委員等委員的設置，始於民國77年11月11日新制「典試法」公布制定後。當時爲配合公務人員考試法與專門職業及技術人員考試法之施行，並強化典試功能，特提出新制「典試法」，而廢止民國24年7月31日公布制定之「典試法」及民國57年11月30日公布制定之「分類職位公務人員考試典試法」。其增設閱卷委員等的原因，是有鑒於以往典試委員人數過多，每一考試，動輒數百，以致舉行典試委員會議時，人多聲雜，影響議事效能，所以研擬制定新「典試法」。而後民國91年1月16日公布修正，該法第13條規定，命題委員、閱卷委員、審查委員、口試委員及實地考試委員等，除於必要時得受邀列席外，不必出席典試委員會議，以減少典試委員人數，提高議事效能。

五、試務處職責

每一考試，必專設一典試委員會組織，每一典試委員會之下必設試務處部，辦理該一考試的考試事務。試務處由考選部指派人員組成，試務處人員承考選部部長之命辦理試務，對典試委員會負責；但有關事務性以外的典試事項，不在試務處任務範圍之內（此種事務性以外之典試事項，考試院同仁多年來習稱之爲「試政」事項，「試政」一詞雖不見之典試法，且涵義不甚界定，但大致即爲該法第9條所規定之八款事項，亦即典試工作中涉及政策性之事項；如此劃分權責的方法，目的是在加強承辦試務機關的責任感）。

試務處負責辦理的事項概稱爲考試事務。該處設秘書、題務、卷務、場務、資訊、總務及會計七組，主要工作如下：考試日程之排定；試題之收取、保管、繕發及分發；試卷之印製、彌封、收發及保管；洽妥考試試場；監場工作之分配與執行；負責閱卷場所各有關之事務工作；分數之登記、核算及統計；試務系統及其資訊；文書、議事、印信典守及其他庶務事項（典試8，試務組規4）。

依舊「典試法」規定，試務工作得委託其他機關代辦，例如：昔臺灣省基層建設人員特考歷來都委託臺灣省政府人事處代辦；交通事業郵電人員等的各種特考，歷來都分別委託交通部或郵政總局或電信總局代辦。新法公布後，考試院於民國92年5月6日令發布「委託辦理考試辦法」（105.5.2.令修正），以資適用。

六、監試制度

我國自古以來，認爲掄才取士爲治國之首要事務，都把國家考試視爲國家重大施政事項，稱爲掄才大典，所以制度嚴密。我們現行考試制度裡，除典試外，也配合有監試制度。國民政府成立之後，於民國19年11月25日即有「監試法」公布施行，22年2月23日、39年10月26日曾作修正至今。依該法規定，凡組織典試委員會辦理的考試，除檢覈外，都必須咨請監察院派監察委員或監察委員行署派員監試（監試1）。每一考試的典試委員長應造具典試委員會人員名冊，送監試委員（監試2）；監試委員並應列席典試委員會議（典試10）。考試事竣，監試人員應將監試經過情形呈報監察機關。監試時如發現有舞弊情事者，監試人員應報請監察院依法處理（監試4、5）。政府遷臺，所辦之國家考試，例均由監察委員執行監試。

下列事項應在監試委員監視中爲之：(一)試卷之彌封。(二)彌封姓名冊之固封保管。(三)試題之繕印、封存及分發。(四)試卷之點封。(五)彌封姓名冊之開拆及對號。(六)應考人考試成績之審查。(七)及格人員之榜示及公布（監試3）。

依上所述各端觀之，足證制度尙稱嚴密。

七、試務之流程

依前所述，某「考試」於考前二個月公告（考試18 I）後，即應成立典試委員會與試務處，辦理所有考試事宜（典試27 I），其流程約爲：

(一) 受理報名：考試類科（及應考科目）、應考資格、報名方式及其時間、地點……等有關事項，均於公告時之簡章載明。受理報名後，審查其資格，核發准考證。或作其有關補正事宜。

(二) 安排試場：依考區及准考證編號，安排應考者之試場座位。此安排亦爲試題、試卷裝封送達之依據。

(三) 命題審題：命題委員將所命之題目裝袋彌封，由審題委員於闈場中開封審閱、擇題，如有數位委員命題，則作必要之配題、配分，組成一份完整之試題。如爲測驗題，則自平時已建之題庫試題中，由典試委員抽審（典試18、19）。

(四) 印製題卷：試題是在闈場中印製，並依試場考試之類科或科目及其應考人數之份數，裝袋彌封，俾於考試當日或前日，運達考（試）區。但作答之空白試卷之封腳，則於安全之辦公室處理即可，仍依試場考試之類科或科目及其應考人數之份數，裝袋彌封，於考試日前，運達考（試）區。

(五) 舉行考試：舉行考試時，應考人應依規定時間入場應試。應考人應試，有違規舞弊情事，應依規定予以扣考、扣分或不予計分，如涉及刑事責任（刑法137），移送檢察機關辦理；試場規則及監場規則，由考選部報請考試院定之（典試21）。

(六) 公布試題：考試竣事後，試題及測驗式試題答案得對外公布；但考試性質特殊者，經考試院同意後，不予公布（典試23）。應考人於考試後對試題或公布之測驗式試題答案如有疑義，應於規定期限內提出，逾期不予受理（典試24）。

(七) 閱卷評分：閱卷委員應依據法定職權，運用其學識經驗，就應考人之作答內容爲客觀公正之衡鑑（典試28）。申論式試卷評閱得採單閱、平行兩閱、分題評閱、分題平行兩閱等方式行之，必要時得採線上閱卷；測驗式試卷採電子計算機評閱。有關申論式試卷、測驗式試卷評閱及平行兩閱評分差距過大之處理等有關事項之規則，由考選部報請考試院定之（典試25）。

(八) 榜示錄取：試卷評閱後，經試務人員登記、統計分數及各該類科人數，參酌用人機關之需求，提請典試委員會決定正額錄取及增額錄取錄取標準，篩選准考證號碼，再拆開彌封之應考人名冊，查對姓名，作成榜單，擇日由典試委員長點榜公布。

(九) 複查成績：應考人對成績有疑義，得於榜示後依規定申請複查成績或閱覽其試卷；但閱覽試卷不得有抄寫、複印、攝影、讀誦錄音或其他各種複製行爲（典試26）。

第四節 考選部組織

一、性質與地位

在憲法原第83條所列舉的考試院十一項職掌之中，或憲法增修條文第6條所列舉的十項職掌之中，考試一項，其內容包括試政、試務、考選行政三部分，而由考選部掌理其中之考選行政及試務兩項。又依據「考選部組織法」第1條規定，考選部的基本性質，並非典試機關，而是「掌理全國考選行政事宜」的機關；因爲典試工作是屬於考試院爲每一考試所設置的典試委員會的職掌。其次，考選部是一個有權研擬、或決定考選政策、考選制度和考選法規之機關。這可以從該部組織法的許多有關條文獲得瞭解。另外，考選部是一個全國性之考選行政主管機關，對於承辦考選行政有關事務之機關，有指示監督之權。又依據「典試法」之規定，典試之試務事項，由考選部辦理，或由考選部委託其他機關辦理（典試14）。

據上所述，我們可以歸納考選部的性質和地位如下：

(一) 爲全國考選行政主管機關。

(二) 爲考選制度、考選政策與考選法規的起草、提案或制訂機關。

(三) 考選行政機關，而非典試機關。

(四) 爲各種考試之試務主辦機關。

(五) 爲國家考試業務其他有關事項之管理機關。

由於考選制度與考選政策部分應有其適當穩定性，而非可常變，所以有關考選制度與考選政策的經常業務較少。上述(一)、(三)兩項所涉及的行政工作，實際上也不多，於是考選部的工作重點，就落在辦理試務工作上。依若干年來的事實顯示，經考選部規劃舉辦的考試，通常每年都在三十次左右；但後來由於有將二種以上不同名稱的小規模考試合併舉辦的趨勢，以致進入民國90年代後，每年考試次數降爲二十餘次。試務工作都由考選部辦理，所以，該部同仁的時間與心力，幾乎百分之七十、百分之八十都用在辦理試務工作上面。尤其每年各辦理一次公務人員高、普、初等考試與其各等級特考，及專技人員高、普考試與其各等級特考的應考人數非常龐大，近年來每年報名高、普、初等考試與其各等級特考人數都有約五十萬人次；專技人員高、普考與其各等級特考也有二十、三十萬人次。由於以上種種情形，無形中給予大家一個印象——考選部似乎是一個專門辦理國家考試的長期常設試務處。

然而，事實上，重要的是：考選部是全國考選行政的政策主管機關。

二、組職與職掌

依「考選部組織法」及其處務規程規定，該部置部長一人、政務次長及常務次長各一人。部內設下列各單位（考選組3至12，14至17、19）：

(一) 五個司：考選規劃司、高普考試司、特種考試司、專技考試司、總務司。

(二) 二個處：題庫管理處、資訊管理處。

(三) 五個室：秘書室、人事室、會計室、統計室、政風室。

(四) 六個業務委員會：考選工作研究委員會、專門職業及技術人員考試訓練委員會、各種專門職業及技術人員考試審議委員會、法規委員會、行政爭訟事件處理委員會、應考資格審議委員會。

以上各單位，依該部組織法及處務規程規定，辦理各該單位名稱所顯示的有關業務。

茲應特別一提者爲「考選業務基金」。該基金乃爲精進國家考選業務之發展，達成政府掄才之施政目標，依「公務人員考試法」第18條第4項及「專門職業及技術人員考試法」第6條第2項規定設置（考選基金管理1），考試院並於民國98年11月30日訂定發布「考選業務基金收支保管及運用辦法」，自民國99年1月1日施行。經民國100年9月1日、104年1月28日兩次修正。

考選業務基金爲特種基金，編製附屬單位預算，以考選部爲管理機關（考選基金管理2）。其來源如下：1.應考人繳交之報名費收入。2.本基金之孳息收入。3.受贈收入。4.其他有關收入（考選基金管理3）。又其用途如下：1.辦理各項考試之相關支出。2.使用考場大樓、試務大樓及其附屬設施所應分擔之維護及管理支出。3.符合基金設置目的之其他有關支出（考選基金管理4）。甚且得爲應業務需要，得購買政府公債、國庫券或其他短期票券（考選基金管理6）。

第五節　銓敘部組織

一、性質與地位

依據「銓敘部組織法」第1條所定：「銓敘部掌理全國公務員之銓敘及各機關人事機構之管理事項」，關於這一條文內「銓敘」一詞的文義，本書第二章第一節已有說明；至於銓敘一詞的法律意義，今則概指憲法第83條所列舉考試院十一項職掌中，考試與保障以外之九項職掌及其他「等事項」，也就是如同有些學者所稱之爲廣義的銓敘權；除此之外，「銓敘部組織法」首條，依據「人事管理條例」予以明文配合規定，銓敘部的職權並包括全國「各機關人事機構之管理事項」，則尤爲明確。

由於憲法第十章第107條至第111條等五條所作對「中央與地方權限」的區分，規定考試權屬於「其有全國一致之性質者」事項，將之整體劃歸「由中央立法並執行之」。雖然依據第108條規定：「中央及地方官吏之銓敘、任用、糾察及保障」，也得「交省縣執行之」；但究竟是否交省縣執行，當然仍由中央自行決定，並非省縣所得自作主張。而且既得「交」，當然亦得「收回」，所以所稱「交」者，只是一種委託性質，而非交託後即構成喪失該權力而一去不回。又考試院本身爲監督機關而非執行機關，所以憲法所定各項職掌的執行權責，實際分屬於其轄下之各部會機關。上述銓敘部的這些權力，當然也完整屬於中央，並非與省、縣地方機關所共有。因此，銓敘部當然是全國銓敘業務主管機關，以及並爲全國公務員銓敘業務的實際執行機關，同時也是全國各機關、公立學校，以及公營事業機構內之人事機構和人事人員的主管機關。

憲法增修條文第6條將憲法第83條所列舉的十一項考試權權力事項，刪減爲十項，並且將十項中考試一項以外的九項權力，除都明確限以公務人員爲對象外，並將之區分爲兩部分：一部分爲「公務人員之銓敘、保障、撫卹、退休」，未作權力限制；另一部分爲「公務人員任免、考績、級俸、陞遷、褒獎之法制事項」，則限於「法制」事項。至於「執行」事項，增修條文雖未明定，但依憲法法理之「剩餘權歸行政院」，及修憲規劃之意旨亦如是。然而當時考試院並非樂於接受。

另外，依據銓敘部組織法其他條文規定，該部有權規劃和研擬有關銓敘業務的人事政策、人事制度和人事法規，自屬理所當然。

在若干現行人事管理法規中，有時會出現「銓敘機關」一詞。這是因爲以前除銓敘部之外，還有各省委任職公務員銓敘委託審查委員會，或各省考銓處，所以銓敘機關是泛指這三種機關而言，人事人員應逐案視其內容或性質，以辨明實際所指者何時爲何一銓敘機關。中央政府來臺後，雖曾於民國39年10月1日設置「臺灣省委任職公務員銓敘委託審查委員會」，但已在民國78年7月1日裁撤，而且也另無臺灣省考銓處的設置；所以，現在人事法規中，所稱「銓敘機關」一詞，所指就是銓敘部這唯一銓敘機關。因爲中華民國目前只有一個銓敘機關——銓敘部。

依據上述種種規定，我們可以將銓敘部的性質和地位，條列如下：

(一) 全國銓敘業務主管機關。

(二) 銓敘行政機關。

(三) 全國銓敘制度、銓敘政策及銓敘法規之起草、提案或制訂機關。

(四) 全國人事管理機構及人事管理人員之主管機關。

(五) 全國銓敘業務執行機關。

(六) 其他銓敘業務有關事項管理機關。

二、組織與職掌

依「銓敘部組織法」及其處務規程規定，該部置部長一人、政務次長及常務次長各一人。部內設下列各單位（銓敘組2至11、12至16）：

(一) 七個司：法規司、銓審司、特審司、退撫司、人事管理司、地方公務人員銓敘司、總務司（銓敘組2）。現地方公務人員銓敘司已裁撤，業務分屬各司。

(二) 六個室：秘書室、資訊室、人事室、會計室、統計室、政風室。

(三) 二個會：法規委員會、訴願審議委員會。

以上各單位，依該部組織法及處務規程規定，辦理各該單位名稱所顯示的各有關業務。但下列三個司的職掌不易自其名稱充分瞭解，茲略加說明如下：

(一) 銓審司：銓審即銓敘審查的簡稱，辦理全國各機關依「公務人員任用法」任用人員、依原「派用人員派用條例」派用人員及有關之任用、派用、俸給、陞遷、考績等事項案件，及其他有關事項。

(二) 特審司：特審即特種任用人員銓敘審查一語的簡稱。辦理依司法、外交、警察、會計、審計、關務、醫事、公營事業等各特種任用法律任用人員的任用、俸給、考績等事項案件，及其他有關事項。

(三) 人事管理司：辦理人事機構及人事人員管理、公務人員協會、考試及格分發等事項，依「聘用人員聘用條例」聘用人員之登記，及其他有關事項。

至於地方公務人員銓敘司，係民國86年第四次修憲，將臺灣省政府移除法人之地位，改爲行政院之派出機關，俗謂「精省」、「凍省」或「虛級化」時，爲適應及配合臺灣省精省後原臺灣省政府人事處撤銷之事實需要，銓敘部不得不於民國88年7月成立中部辦公室，而後於民國91年1月修正組織法增設一「地方公務人員銓敘司」，並特別將該司置於中興新村，於同年3月1日施行，辦理精省後臺灣省所屬各機關（構）人員之銓敘工作。民國92年12月1日，爲配合政府組織精簡，將其業務移回該部相關業務司辦理。茲雖該部組織法中仍列有該司，但擬於修正該法時予以刪除該司。

茲應附帶一提者爲銓敘部「銓敘審查委員會」，該會是依據民國17年12月17日國民政府公布之「銓敘部組織法」，於民國19年1月6日在南京成立銓敘部時，所設置的內部單位，於同年4月5日舉行第一次會議，作爲辦理銓敘案件審查標準的控管單位，具有維持銓審標準一致化的功能。當時主要依「現職公務員甄別審查條例」（18.10.30.國民政府公布）辦理「公務員任用條例」（18.10.29.國民政府公布）施行前所任用之公務員，進行官等甄別審查，及依該條例任用各官等人員之任用資格進行審查，並複核各司之案件。

來臺後，該會原掌理有關公務人員職務之歸系、列等、任免、敘級、敘俸、退休、撫卹等案件，重大獎勵懲處疑義、儲備人員任用資格登記等銓敘案件之複核，與其他重要銓敘事項之解釋及交議事項。其組成委員爲：兩位次長、主任秘書、參事、司長、有關之副司長、主任、科長，以政務次長爲主席，部長並得指定專門委員若干人參加。其運作方式爲：各業務司承辦之所有銓敘案件，於司長核章之後，逕送銓審會，該會接到時，若屬例行案件即分配給三位委員審核，委員審核通過之案件加蓋銓審會章戳，再送部長室蓋部長核章，始得送文書科製作審定函，完成本部銓審之程序。而委員審核之情形仍需彙提大會報告，如審核委員對審核的案子有疑義提出意見時，也要提到會上報告，供大會審酌決定。至於提會討論之案件，大部分是業務司自提疑義的說明與擬處的方案，列入議程在會中討論；複雜案件由會議決定交付委員組成審查小組先予審查（討論），再將審查（討論）結論提會報告或審議。而提會討論案件之種類，以任用資格、俸給核敘、退撫年資採認與因公退撫等居多。特別值得一提的是：以原「技術人員任用條例」任用的案子，因爲該條例係民國24年制定公布，不以考試及格爲任用要件，得以學歷及經歷來認定其資格予以任用，與考試用人有別，是以，討論起來格外熱烈。又因公退撫之案件中，尤以「在辦公室猝發疾病」的斟酌與認定，也很熱烈，經常會交付小組審查，再提會討論。

惟民國85年1月10日公布修正之「銓敘部組織法」，已刪除銓敘審查委員會之設置規定，終於在同年2月14日最後一次的第三千五百一十四次會議（係以政府播臺後於民國39年7月1日舉行之的第一次會議起算），吹熄燈號，走入歷史。此乃因立法委員認爲銓敘審查委員會係於訓政時期爲處理銓審事宜所設，現均已依法考試用人，已無設置必要。是以有關銓敘疑義之擬處，改提法規委員會討論，以維銓審標準一致化。

至於「保障」及「訓練」，在公務人員保障暨培訓委員會成立之前，係由銓敘部掌理，「公務人員保障法」草案亦由銓敘部草擬；前「公務員進修級考察選送條例」（32.6.10.公布）亦由銓敘部掌理。

三、功能與價值

公務人員各等級考試固然可以取得各官等職等之任用資格，但在未經任用之前，並未具有公務人員各該官職等級之身分，即使「先派代理」，在未經「銓敘審查合格」之前，僅得謂爲「準公務人員」，若銓敘審查不合格，則應停止代理，亦即不得爲公務人員，自然無公務人員官職等級之身分。經審查「合格」者（含依其經審定官職等級之資格，經考績而晉升職等，再經「銓敘審定」），得依此資格，在各機關間遷調職務，同時再經銓敘審查，確定其新職務之官職等級資格，並依其所審定之俸級支給俸酬，非依法律不得變更其官等職等與降級或減俸（保障13、14）。

此間不難發現「銓敘」之功能有二：

(一) 監督人事行政：銓敘部依法爲全國人事機構或人事人員之首要主管機關，對於各機關人事機構或人事人員所爲人事行政之任用、俸級、考績、陞遷……等，是否依法辦理，得藉由銓敘審查予以監督，如有違公務人員任用法之規定，情節重大者，應報請考試院逕予降免（任用30，考試組17）。所謂之「監督」有兩種：

1. 事前監督：即人員在各機關未任用前，先送銓敘審查，審查合格後，再由各該機關予以任用。此觀民國18年10月29日公布之「公務員任用條例」第7條、22年3月11日公布之「公務員任用法」第7條、38年1月1日公布之「公務人員任用法」第8條，均規定：「簡任、薦任、委任官之任用，應先送交銓敘部審查，合格後任命之。」以確保公務人員任命之合法性、正確性。

2. 事後監督：即如現行之各機關任用人員，「先派代理」，並於三個月內送銓敘審定，如審定不合格，即行停止代理（任用24）。此規定乃源於民國43年1月9日公布修正「公務人員任用法」第14條之「……先派代理，送銓敘機關審定後，由原主管機關分別請簡、呈薦、委任之……但銓敘審定不合格時，應即停止其代理。」

(二) 保障公務人員：公務人員之保障，今雖有公務人員保障暨培訓委員會依「公務人員保障法」職司公務人員之身分、官職等級、俸給、工作條件、管理措施等有關權益之保障（保障2）。但在民國85年6月1日該會成立前，有關保障事項，雖無專法依據，但卻寄寓銓敘之中，迄今亦非無保障之情。而各機關人事行政之要，莫不以任用、陞遷、俸級、考績爲重，此乃其業務之遂行與公務人員間有相互重大影響之關係。對此之重，則在於其「資格」與「俸級」，而能作此統一核定認證者，全國僅「銓敘部」一機關：

1. 公認官職資格：公務人員依法任用、依法考績晉升職等，均經銓敘審定，製發文書給公務人員收執，以資憑證，就此非依法律，不得降低其官職等級資格（保障13）。以之於中央、地方各機關依法任職、各機關不得否認其資格。

2. 確定俸給等級：公務人員之銓敘，最重要者，一爲資格（職等、職系）是否符合規定（如上述），二爲俸級之核敘，以爲支薪之依據。俸級之核敘包括起敘、晉敘、提敘、比敘等，均需依法辦理，非依法律不得降級或減俸（保障14）。俸給者，乃公務人員維持生活之所資，使其能安於公務，戮力奉獻，關係重大。

基於「銓敘」，銓敘部依法監督人事行政與保障公務員權益，此爲人事行政之道理，自有其價值，應無人得予否認。

第六節　公務人員保障暨培訓委員會組織

一、該會之設置

公務人員保障暨培訓委員會（保訓會）係依據民國83年7月1日公布修正考試院組織法第61條，及85年1月26日總統公布施行的「公務人員保障暨培訓委員會組織法」設置，於同年6月1日正式成立，經民國91年1月30日、98年11月18日兩次修正公布。該法規定，將保障與培訓二項職掌，併由這一委員會掌理。之所以如此規設，乃在精簡機關組織。

二、性質與地位

憲法原條文第83條，以及增修條文第6條，都規定保障爲考試院職掌之一。但多年以來，卻從未有統一專屬之保障法律與專責機關辦理保障事項。民國81年5月修憲後，民國83年「考試院組織法」修正，其第6條增列規定，在考試院設公務人員保障暨培訓委員會。民國85年1月，總統公布該會組織法（後於民國91年、98年兩次修正），該會隨於同年6月成立。民國85年10月，總統公布「公務人員保障法」，民國91年1月總統公布「公務人員訓練進修法」，確立該會主掌業務之法據。

保障一事既爲憲法所明定之事項，故保訓會爲有憲法明文規定事項的機關。就該會組織法，以及「公務人員保障法」所定事項及辦理保障工作程序，以及統籌規劃全國公務人員訓練行政事宜而言（參閱本書第十七章），該會應爲全國公務人員保障與訓練業務之主管機關。

三、組織與職掌

保訓會隸屬考試院，置主任委員一人，特任。副主任委員二人，其中一人職務比照簡任第十四職等，爲政務官；一人職務列簡任第十四職等。另委員十人至十四人，其中五人至七人專任，職務比照簡任第十三職等，爲政務官，由考試院院長提請總統任命之；餘五人至七人兼任，由考試院院長聘兼之；以上任期均爲三年，任滿得連任，但兼任委員爲有關機關副首長者，其任期隨職務異動而更易（保訓組3、4）。

保訓會依其組織法第2條之規定，掌理下列事項：

(一) 關於公務人員保障與培訓政策、法制之研擬、訂定及其執行事項。

(二) 關於公務人員身分、工作條件、官職等級、俸給與其他公法上財產權等有關權益保障之研議及建議事項。

(三) 關於公務人員保障事件之審議、查證、調處及決定事項。

(四) 關於公務人員保障業務之宣導、輔導及協調聯繫事項。

(五) 關於高階公務人員之中長期培訓事項。

(六) 關於公務人員考試錄取、升任官等、行政中立及其他有關訓練事項。

(七) 關於人事人員訓練、進修之研擬規劃及委託事項。

(八) 關於公務人員終身學習推動事項。

(九) 關於培訓機關（構）之資源共享、整合之協調事項。

(十) 關於公務人員訓練評鑑方法與技術之研發、各項培訓需求評析及績效評估事項。

(十一) 關於公務人員保障與培訓之國際交流合作事項。

(十二) 其他有關公務人員之保障及培訓事項。

爲執行上述之職權，該會除設有幕僚輔助單位（秘書室、人事室、主計室、政風室）外，設有保障處、地方公務人員保障處、培訓發展處、培訓評鑑處等四處，分掌其職權業務。並下轄國家文官學院（附設區域培訓中心）負責公務人員培訓事項，由主任委員兼任院長（保訓組9，文官院組3、7）。

第七節　公務人員退休撫卹基金管理委員會組織

一、該會之設置

依據「公務人員退休撫卹基金管理條例」第2條規定，應設置公務人員退休撫卹基金管理委員會，辦理有關公務人員退撫基金之管理事宜。總統並於民國84年1月25日公布「公務人員退休撫卹基金管理委員會組織條例」，經考試院依法令於同年5月1日成立。

二、性質與地位

該會為一執行性財務管理機關，負責公務人員、教育人員及軍職人員之退撫基金的收支、管理和運用，財務之處理係採部分提存準備制（該會民國88年3月17日八八台營業一字第0111063號函）。該會隸屬公務人員退休撫卹業務之主管機關銓敘部，其主任委員則由銓敘部部長兼任，有單獨之人事編制與預算，為銓敘部下之獨立機關（退管1，退管組2、6、8）。

三、組織與職掌

該會負責公務人員退休撫卹基金之收支、管理及運用。具體言之，包括：該基金之收支、保管、運用及規劃；收支、保管及運用機構之決定事項；受委託運用機構所提基金運用計畫之審核事項；該基金年度預算及決算報告之編製事項；該基金收支、保管及運用機構績效之考核事項；該基金調整提撥費率及其幅度之建議事項；該基金資訊作業之整體規劃、系統分析、程式設計、資料處理及其他有關資訊管理事項；以及其他有關該基金業務管理等事項（退管組2、3）。

該會之組織，置主任委員一人，由銓敘部部長兼任；副主任委員一人，職務列簡任第十三職等；委員十三人至十七人，由銓敘部遴聘國防部、財政部、教育部、行政院主計總處、行政院人事行政總處、臺北及高雄兩市政府業務主管各一人，及專家學者組成之，均為兼任，其由專家學者兼任者，任期二年。職員若干人，並得視業務需要，遴聘專家學者若干人為顧問，聘期一年（退管組6、7、8、13）。

該會設業務、財務、稽核三組；設秘書、資訊、人事、會計四室，分別辦理該會各該有關事項（退管組4、5、9、10）。

第八節　公務人員退休撫卹基金監理委員會組織

一、該會之設置

政府爲管理由政府與公務人員分提費用、建立基金的退休撫卹新制度，而制定「公務人員退休撫卹基金管理條例」。依該條例規定，退休撫卹基金之設置，爲該制度最重要措施之一。該條例第2條規定，該項基金並應設置監理委員會監理。於是有「公務人員退休撫卹基金監理委員會組織條例」之制定，於民國84年1月25日公布，及考試院依法令於同年5月1日成立。

二、性質與地位

該會爲退撫基金之監理機關，於基金之收支運用，負有事前與事後監督之責；爲直隸於考試院之獨立機關，且有獨立之人事組織編制與預算（退監2、6）。

三、組織與職掌

該會負責公務人員退休撫卹基金收支、管理、運用之審議、監督及考核。具體言之，計包括：該基金之收支、管理及運用計畫之審議；該基金委託經營年度計畫之審定；該基金管理年度預算、決算之覆核；該基金整體績效之考核；該基金提撥費率及其幅度調整案之審議；該基金有關給付爭議之審議；以及其他有關該基金業務監督等事項（退監2、3）。

該會置主任委員一人，由考試院副院長兼任，綜理會務；並置委員十九人至二十三人，由中央與地方政府有關機關代表及軍、公、教人員代表擔任，均由考試院院長聘兼之。其中軍、公、教人員代表，不得少於委員總額三分之一，任期二年（退監5）。

該會置執行秘書及副執行秘書各一人，設業務組及稽察組；並得遴聘法律、財務等專家學者五人至七人爲顧問；職員若干人，分別辦理該會職掌範圍內各該有關事項（退監6、9）。

第九節　公教人員保險監理委員會組織

一、該會之設置

原始的「公務人員保險法」制定施行於民國47年1月，依該法第4條規定，應由銓敘部會同有關機關，組織公務人員保險監理委員會，其組織規程，由考試院定之。考試院遂於同年8月8日會同發布「公務人員保險監理委員會組織規程」施行，隨即設置該會。該組織規程後經於民國53年2月、63年12月、71年8月、71年12月、89年1月、98年11月，先後六次修正。其中民國89年1月21日第五次修正，係配合民國88年5月29日總統公布修正原「公務人員保險法」爲「公教人員保險法」，將該會名稱修正爲「公教人員保險監理委員會」。自該會設置之初以迄民國84年2月止，爲時三十七年期間，公保之業務，原均包括醫療給付及現金給付兩部分，所以監理業務也包括此兩部分。民國84年3月1日全民健康保險開辦後，依「全民健康保險法」規定，將公保之醫療保險業務移併於全民健康保險之內。公保僅留有現金給付業務，該會業務亦隨同僅有此有關部分之業務。

二、性質與地位

該會爲公保之監理機關，無獨立預算，亦無單獨之員額編制。雖另有其組織規程，但未規定其隸屬關係。由於其主任委員一職亦係規定由銓敘部部長兼任，且其預算亦列入銓敘部預算之中。故似可比照退撫基金管理委員會情形，應定爲銓敘部所屬之半獨立機關（保監2、5、10）。

三、組織與職掌

該會職掌在監理公教人員保險業務，具體言之，爲：有關該保險年度業務及業務報告之審議，該保險預算、結算、決算之審議及考核，該保險準備金管理運用狀況之審核，該保險業務、財務、會計之稽核及檢查，該保險各項給付及其他爭議事項之審議，保險法規、保險費率及保險業務興革之研究建議，以及其他有關該保險業務監督等事項（保監3）。

該會置主任委員一人，由銓敘部部長兼任，綜理會務。並置委員二十一人，其名額分配如下（保監2）：

(一) 政府代表七人：由財政部、教育部、審計部、行政院主計總處、行政院人事行政總處各遴派一人；地方政府二人，由銓敘部協調地方政府輪流推派。

(二) 專家學者六人：由銓敘部遴聘專家四人及學者二人擔任之。

(三) 被保險人代表八人：由中華民國全國公務人員協會及中華民國全國教師會各推派二人；其餘代表洽請有關機關遴送銓敘部核定聘任。

前述委員之聘期爲二年，期滿得續聘之。但由機關或團體遴派（送）、推派出任者，應隨其本職異動或退出該團體而更替。

該會置執行秘書一人，職員若干人，均在公教人員保險主管機關（銓敘部）法定員額內調兼之；並得酌聘有關法律、財務、保險、企業管理等專家爲顧問（保監2、5、6）。

該會設業務監理及財務監理兩個業務組，及法律顧問會議（保監4、6）。

第十節　各省銓敘委託審查委員會組織

一、該會之設置

我國疆域遼闊，人口眾多，公務機關及公務人員亦爲數眾多。因之，全國各地方政府公務人員之銓敘業務，由位於南京中央之銓敘部辦理，在空間及時間兩方面，均常有不及或緩慢之虞，自有在全國各地設置銓敘審查分支機關之必要。

因此，遠在行憲前之民國25年2月21日，考試院即發布「各省委任職公務員銓敘委託審查辦法」施行；後經民國46年、48年、51年、71年，以及76年3月18日，五度修正施行，至民國98年12月29日考試院令廢止。該辦法雖廢止，但在臺灣施行四十年之久，似應將其概況予以記錄，以供查考。

有該辦法後，各省即依據其第1條規定，由各省政府接受銓敘部委託，組織各該省之銓審會，全稱爲：「○○省委任職公務員銓敘委託審查委員會」（○○銓審會），依該辦法規定，辦理該省區內委任職公務人員之銓敘業務（行憲後，該辦法本應修正名稱爲「各省委任職公務人員銓敘委託審查辦法」，但未修正）。

臺灣省在光復之初，亦曾一度設置該會。民國38年12月「臺灣省考銓處」成立，因中央政府遷臺後，爲期統一事權，民國39年8月14日裁撤該考銓處，業務與人員併入考試院及考選、銓敘兩部。而後因銓敘部人員甚少（僅五十餘人），不堪負荷業務，對於臺灣省委任職公務員銓敘，有委託省府辦理之必要，爰於民國39年10月1日設置該會，其全銜爲「臺灣省委任職公務員銓敘委託審查委員會」。民國59年11月4日起，該會人員並列席銓敘部內由科長以上人員組成、政務次長主持之「銓敘審查委員會」，審查各機關送來之任用、考績、退撫等案件，以期銓審標準一致。民國77年，因臺灣省議會審查臺灣省政府預算時，對該會有意見，至民國78年7月1日始裁撤，而將其人員與業務均由銓敘部收回自辦。

二、性質與地位

依憲法第108條規定，銓敘爲考試權職掌之一部分，屬於由中央立法及執行之事項，但得「或交由省、縣執行之」，因此，該委託辦法，雖係在行憲前所訂定，但由於符合憲法規定，所以各省在行憲後仍得據以設置該會，而形成符合憲法第

108條由銓敘部委託交辦性質之規定。既係委託交辦，所以該會並非銓敘部之轄屬機關，而係各該省府受託自行設置在省府轄下之機關，其預算由省編列，人員編制亦爲省屬。就其所接受委託之職務（省屬委任職公務員之銓敘事項）依法律辦理並對法律負責。該會依法所作成之決定，雖無需先行報請銓敘部核定；但經銓敘部認爲不合格者，應再審查報部（省銓1、3、11），且實務上，亦經常提出銓審之疑義，向銓敘部請釋。

三、組織與職掌

該會組織，以省政府主席或秘書長爲主席；委員七人至九人，以省政府委員、秘書長、廳長、高等法院院長、審計處長任之。

該會得酌用秘書、科員、辦事員，就省府或各廳職員中調充之，分股辦事（省銓12）。

該會之職掌，主要僅爲該省委任職公務員之銓敘審查業務，不包括考選業務，此與下述之考銓處職掌兼及考選與銓敘兩者有別。該會之職掌範圍，爲該省區省政府各廳局所屬各縣市分機關、省境內之行政督察專員公署、縣政府、設治局及所屬機關之委任職公務員。其業務項目爲辦理上述範圍內人員之試用期滿成績、任用、俸給、考績、動態等銓敘事項之審查，以及升降調免獎懲等動態登記事項，並按月彙報經銓敘部備查（省銓3、5、8）。但基於實務需要，往昔之臺灣省銓審會亦辦理臺灣省委任職公務人員之退休、撫卹案件。

第十一節　各省銓敘處、考銓處組織

一、銓敘處、考銓處之設置

銓敘委託審查委員會，依據「各省委任職公務員銓敘委託審查辦法」規定，係銓敘部在各省銓敘分機關未成立之前所設立的過渡性組織（省銓1）。爲辦理各省委任職公務員之銓敘事宜，民國25年6月15日，國民政府公布「銓敘處組織條例」，民國28年12月27日國民政府令，定於民國29年1月1日施行，顧名思義，「銓敘處」爲銓敘部所屬之分支機關。民國29年8月以後，則陸續成立四處銓敘處，如：湘粵桂銓敘處（民國29年8月20日）、贛浙閩銓敘處（民國29年9月1日）、豫陝冀晉魯皖銓敘處（民國29年10月1日）、甘寧青銓敘處（民國29年11月1日）。而後其轄區略有調整，改爲江西銓敘處、豫冀晉魯銓敘處、甘寧青銓敘處；並增設廣東、廣西、浙江、福建、陝西、安徽、四川、雲南、貴州、湖北、新疆、西康等十二專處，其中因江蘇北部爲日軍所占，暫緩設置。

民國35年2月14日，國民政府公布「考銓處組織條例」施行後，據悉原擬依該條例在全國各地成立十個考銓處，甚至於再增五處。如成立：安徽江西考銓處（民國35年6月10日）、雲南貴州考銓處（民國35年6月）、四川西康考銓處（民國35年6月）、湖北湖南考銓處（民國35年6月）、廣東廣西考銓處（民國35年7月10日）、河北山東考銓處（民國35年8月1日）、山西綏遠考銓處（民國35年9月），惟於戡亂中或已任命處長但未及成立，或遷移淪陷，結束業務。政府遷臺後，各地區考銓處雖已不存在，但該組織條例仍然存在，仍爲現行有效法律。有朝一日，政治情形適當而有需要時，自可依該條例設置各省區考銓處。

臺灣省亦曾於民國38年12月20日設置考銓處，旋因中樞已遷臺，爲集中事權，於民國39年8月14日結束業務。

爲免業務重複起見，在實際執行時，考銓處與上述之銓敘委託審查委員會兩者在同一省區僅設其一而不同設。

二、性質與地位

銓敘處，顧名思義，爲銓敘部所屬之分支機關，辦理所轄省區內機關委任職人員之銓敘事宜，並得依銓敘部指定兼辦鄰近省市委任職人員之銓敘事宜。

考銓處爲考試院在各省區所設置之分支機關，依各該有關考銓法規，辦理轄區內委任職公務員之考選與銓敘兩類工作，並分別受考選委員會（即今之考選部）與銓敘部之指揮監督（考銓處組1）。其與上述銓審會不同之處有三：(一)該處爲依法設置的機關，銓審會是以行政命令設置的機關。(二)該處爲永久性建制機關，銓審會是過渡性暫時機關。(三)該處爲考試院轄屬機關，明定受考選銓敘兩部指揮監督；銓審會則爲不受考試院或考銓兩部指揮監督之受委託之省級機關。(四)該處辦理考銓兩方面業務，銓審會僅辦理銓敘一方面業務。

三、組織與職掌

銓敘處辦理所轄省區內機關委任職人員之銓敘事項，設處長一人，簡任；下轄總務課及審核課二課。

考銓處爲考試院在各省區之派出機關，直屬考試院；但其所執行有關考選、銓敘，並分別受考選委員會（按現應爲考選部）及銓敘部之指揮監督。置簡任處長一人，秘書一人至三人，科長三人至五人均薦任，委任職員三十五人至五十四人（考銓處組1、3、4、5、7、8、9）。

各省區考銓處分別掌理各該省區內（並依考試院之指定兼辦其省區內院轄市）

委任職公務員之考選，以及銓敘事宜。具體業務事項爲：該省區公職候選人考試之籌辦及試務之辦理，任命人員考試之籌辦及試務之辦理，專門職業及技術人員考試之籌辦及試務之辦理，委任職公務員之資格、俸級、考績、考成、及陞降轉調之審查，委任職公務員獎勵、退休、撫卹之初審，登記與考試及格人員之分發，以及省政府以下各機關人事機構之指導等事項（考銓處1、2）。

第十二節　各級人事管理機構

一、人事管理條例概說

「人事管理條例」爲人事管理機構設置和人事人員配置業務的基本依據法律。就這一法律名稱字面解釋，似乎應該是一種用以管理公務人員人事的法律，但事實並非如此，該條例內容所規定的種種，完全是對有關人事機構與人事工作人員的管理事項。所以，這一法律的正確名稱，應該是類似「人事機構設置及人事人員管理條例」較爲適切。

民國28年11月27日國民黨前總裁蔣中正於中央黨部總理紀念週會上特別指示：實行考銓與健全人事管理爲推進法治的基礎，因而主張「主持此項要政之各機關人事處職員，必先予統一而嚴格的訓練，再經過銓敘部分派下去，方能收效果」。民國29年3月4日，中央人事行政會議中，有於考試院內設立人事行政集中研究機構、與設立中央各部會人事行政機構之建議，考試院遂飭由銓敘部擬具各機關人事管理暫行辦法，於同年12月20日呈請國民政府公布，以爲實施統一人事管理之依據。民國30年12月27日蔣前總裁以國防最高委員會委員長名義，提請國防最高委員會第七十四次常會通過「黨政軍人事機構統一管理綱要」，經國民政府以渝文字第132號訓令施行，明定中央黨部秘書處、考試院銓敘部、軍事委員會銓敘廳爲黨、政、軍人事機構及其人員之統一管理機關。惟此綱要所訂多屬立法原則，其實施辦法，尚待各管理機關之擬訂，銓敘部乃依該綱要所定之各項原則，草擬「人事管理條例」十一條，經過立法程序後於民國31年9月2日由國民政府公布，同年11月1日中央機關施行，民國32年7月1日地方機關施行。所謂「人事一條鞭」於是建立成形。

政府播遷來臺後，民國55年3月，依憲法規定之程序，修正「動員戡亂時期臨時條款」，其第5條規定：「總統爲適應動員戡亂需要，得調整中央政府之行政機構及人事機構……。」民國56年7月27日總統令公布「行政院人事行政局組織規程」，以統籌行政院所屬各級行政機關及公營事業機構之人事行政。同年9月16日行政院人事行政局正式成立，首任局長爲王正誼。該局依照其組織規程第3條第一處掌理：「三、關於行政院所屬各級人事機構設置變更之擬議或審核事項」、「四、關於行政院所屬各級機關及公營事業機構內人事人員派免、遷調、考核、獎懲之擬議事項」之規定，於民國58年4月18日發布「行政院所屬中央及地方各級人事機構及人事人員管理要點」以資適用（該要點於民國59年7月30日改爲「辦法」，而後迭有修正，76年9月11日修正爲「行政院所屬各級人事機構人員設置管理要點」，最近一次之修正爲民國102年10月11日）。自此行政院所屬機關、學校、公營事業之人事機構之設置與人員之派免遷調獎懲，悉由行政院人事行政局主管，銓敘部不與焉，僅行政院以外之機關人事機構之設置與人員之派免遷調獎懲，仍由銓敘部主管。至此依「人事管理條例」所建立之「人事一條鞭」已變形了，也形成「人事一條鞭」制度存廢之討論，對此「一條鞭」之主管機關銓敘部有關人事人員與人事機構之主管權，即開始有所爭議，當然，亦隱含一般所謂「部內制」、「部外制」之爭議。所以民國72年考試院研擬修正「人事管理條例」時，對於非屬絕對必要修正者，絕不輕言修正，以免有心人乘機入侵。因此僅形式上修正第2、3、5條等三條，許多其他實質建議性事項，都未能一併修正。而後雖曾多次研修，但多方意見不一，爲避免其爭議，造成實務上之困擾，自應避免貿然修正。

二、人事管理主管機關

依據「人事管理條例」第1條規定：「中央及地方機關之人事管理，除法律另有規定外，由考試院銓敘部依本條例行之。」這就是把銓敘部定位爲全國人事管理業務主管機關的最基本、也最概括的規定，但事實並非如此。

全國各機關、公立學校、公營事業機構中之人事處、人事室與人事管理員（人事管理員一詞兼具二義，一爲職稱，一爲業務單位名稱）的設置，及其工作人員員額配置的多少，由其各該所在機關按其事務的繁簡、機關編制的大小，與附屬機關的多少，酌量擬訂其員額，送由銓敘部審核；但必要時，得由銓敘部定之（人管7）。

全國各機關、公立學校、公營事業機構中之人事主管人員的任免，由銓敘部依法辦理；佐理人員的任免，由各該主管人員擬請銓敘部或由銓敘處依法辦理（人管8）。

全國各機關、公立學校、公營事業機構中之人事管理人員，由銓敘部指揮監督（人管6）。

據上所述，法律規定銓敘部統攬全國公務員人事管理業務，決定人事管理機構的設置與組成員額的多少，任免人事機構主管人員，並決定人事佐理人員之設置，指揮監督全國人事管理人員。綜言之，在全國人事管理人員與人事管理機構所組成的一套「人事一條鞭」制度（同樣一條鞭制者，尚有主計人員、政風人員與警察人員）完整體系中，銓敘部爲居於頂尖地位的全權首腦，也就是全國人事人員、以及人事管理機構及其業務的法定全國主管機關。惟行政院人事行政局成立後，銓敘部僅掌理行政院以外四院之人事機構，但實質上亦無完全掌握其人員。

三、人事管理機構

人事管理機構一詞，是「人事管理條例」中的法定用語，概指自中央政府的總統府、五院，以至於地方各級政府的鄉、鎮、區公所各機關，以及各級公立學校和公營事業機構內，所有辦理人事業務的機關和單位；其名稱分別依機關層級及大小，各在其組織法規中定爲人事處、人事室、或人事管理員（人管2、3），但統稱之爲人事機構。

民國36年行憲後，新設國民大會，其秘書處內設有人事組。之後，到了民國56年，總統依據「動員戡亂時期臨時條款」規定，以命令公布組織規程設立行政院人事行政局，而後於民國82年依憲法增修條文改公布制定「行政院人事行政局組織條例」。從此，人事機構中又增加了組、局兩個名稱，這兩個名稱，都是在「人事管理條例」施行多年後，各自另依「國民大會組織法」和「行政院人事行政局組織規程」（及後來的組織條例）所定名稱而來，是僅有的兩個特例。合併言之，人事單位名稱，有局、組、處、室和人事管理員五種，並各就其所在機關之性質、層級高低、員額多少等條件，而適用上述五種名稱中之一，於其所在機關組織法規中規定。不過，民國94年6月修憲，國民大會的整個組織雖未明言廢止，但實質已不在了，甚至一度規定爲非常設機關，而今任務性短暫組織也不再有了，這個人事「組」也隨之不存在了。憲法第三章第25條至第34條有關國民大會組織和職權的規定，已全部停止適用（憲增1）。

四、人事管理機構之職掌與性質

依據「人事管理條例」規定，人事管理機構的法定職掌爲關於該人事機構所在機關本身的下列各事項：(一)本機關人事規章的擬訂；(二)本機關職員送請銓敘案件的查催及擬議；(三)本機關職員考勤的紀錄及訓練的籌辦；(四)本機關職員考績考成的籌辦；(五)本機關職員撫卹的簽擬及福利的規劃；(六)本機關職員任免、遷調、獎懲及其他人事登記；(七)本機關職員俸級的簽擬；(八)本機關需用人員依法舉行考試的建議；(九)人事管理的建議及改進；(十)所屬機關有關人事案件的依法核辦；(十一)人事調查統計資料的搜集；(十二)銓敘機關交辦事項等（人管4）。實務上亦含退撫案件之核轉，以及退休人員與撫卹遺務之照護。

綜合上述各項職掌，人事管理機構大概可以歸納成爲兩種性質如下：

(一) 銓敘部的分支機構：各機關、學校、與事業機構的人事機構，均爲銓敘部的分支機構，依據法規規定及銓敘部指示，爲各項人事業務依規定程序送請銓敘部核辦前，從事搜集、準備、過濾、擬辦工作，以及部分依法就地執行工作。

(二) 本機關首長的幕僚與助手：爲各機關、學校，及公營事業機構首長在人事管理業務方面的助手，秉承本機關首長指示，依法就本機關人事管理方面案件，向首長簽擬建議處理意見，並依法執行所交辦有關人事管理方面之事項（人管6）。

第十三節　行政院人事行政總處組織

一、設置

我國各級人事管理機構的設置，係以「人事管理條例」規定其體系。對人事管理機構名稱，定爲處、室、員三種，視各該人事管理機構配置所在機關層級高低，以規定採用其一。其爲在中央府、院、部、會，及地方省、市政府者，稱處或室；其在總統府、部級所屬機關，省市廳處以及縣、市、鄉、鎭、區者，稱室或員（人管2、3），但此一條例初定於行憲前之抗戰期間的民國31年，時代自有不同。行憲後，新設國民大會，因其既係一代表人民行使政權之崇高機關，爲「人事管理條例」初訂時所未有，故「國民大會組織法」乃規定其人事管理機構名稱，與其秘書處所轄內部各一級單位相同，均稱之爲「組」而成爲人事組，以示有別於其他治權機關，自有其相當理由。

中央政府遷臺後，國家政治情勢丕變，因而有「動員戡亂時期臨時條款」的制定施行。經總統依據最初的臨時條款第5項規定，於民國56年7月27日以命令頒布「行政院人事行政局組織規程」施行；並於同年9月16日成立行政院人事行政局。其間亦有謂係爲推行「職位分類」而設，此乃該局成立之後，曾大力推行之故。嗣第一屆國民大會於民國80年5月舉行之第二次臨時會時首次修憲，通過憲法增修條文第9條規定：「行政院得設人事行政局」，奉總統同年5月1日令公布施行。於是，立法院乃據以通過「行政院人事行政局組織條例」，經總統於民國82年12月30日令公布施行。從此，該局乃從動員戡亂時期臨時機構，成爲憲（法）定機關。但就憲法體例而言，一實際稍低於中央部會級之「局」，竟以憲法專條規定其設置，超逾於部會，實非正當合理之措施，顯然有違憲法體例，至爲不當，故後來不得不於民國83年7月第四次臨時會修憲時予以廢除該一條文。

由於該局設置的上述政治背景、特殊過程，以及其起始所賦予之任務有別於其他四院之人事處室等原因，故其名稱另定爲局，而非「人事管理條例」原所規定之處、室、員三者之一。

民國80、90年代，在政府組織改造中，行政院人事行政局時有改爲行政院內部幕僚單位之議，時而又有仍爲幕僚機關之議。

但依「中央行政機關組織基準法」（93.6.23.制定公布）第4至7條及「中央政府機關總員額法」（99.2.3.制定公布，99.4.1.施行）第6條之規定，於民國100年11月14日制定公布「行政院人事行政總處組織法」，並經行政院令於民國101年2月6日施行，則原行政院人事行政局蛻變轉化爲政府組織改造後的「行政院人事行政總處」。

二、組織

依「行政院人事行政總處組織法」第1條規定：「（第1項）行政院爲辦理人事行政之政策規劃、執行及發展業務，特設人事行政總處（以下簡稱總處）。（第2項）總處有關考銓業務，並受考試院之監督。」第1項之文字雖有別於原「行政院人事行政局組織條例」第1條第1項之「行政院爲統籌所屬各機關之人事行政，設人事行政局」及更前之「行政院人事行政局組織規程」第1條第1項之「行政院在動員戡亂時期，爲統籌所屬各級行政機關及公營事業機構之人事行政，加強管理並儲備各項才，特設人事行政局」，但實質的職權意涵並無更迭變動。至於第2項之「……有關考銓業務，並受考試院之監督」之文字與前之組織條例及更前之組織規程，並未作文字之更動，仍予維持。然而一機關受其上級隸屬機關行政院之指揮監督，但卻又爲非其隸屬之與行政院同層級之考試院監督，實務之運作與理論之建構，亦曾爲行政管理學界或行政法學界所討論的課題，究竟我國政府之人事機構應爲「部內制」或「部外制」？也引起「人事一條鞭」存廢的爭議。

行政院人事行政總處依其組織法第3至5條之規定，置人事長一人，特任；副人事長二人，其中一人職務比照簡任第十四職等（政務職），另一人職務列簡任第十四職等（事務職）；置主任秘書一人，職務列簡任第十二職等；其他各職稱之官等職等及員額，另以編制表行之。此編制表有關考銓業務事項，不得牴觸考銓法規，並應函送考試院核備。其中尤以官等職等之配置，不得違反考試院與行政院共同發布之「各機關職稱及官等職等員額配置準則」。依此，其內部編制有：綜合規劃處、組織人力處、培訓考用處、給與福利處等四業務單位，與秘書室、人事室、主計室、政風室、資訊室等五輔助（幕僚）單位，並下轄「公務人力發展學院」

（臺北、南投兩院區），以及任務編組之「法規會」與「軍公教員工待遇審議委員會」等組織；此外亦編制有：參事、處長、專門委員、科長、專員……等各職稱之官等職等職務。但在此政府組織改造中卻裁撤了「公務人員住宅及福利委員會」。

行政院人事行政局下轄原有「公務人力發展中心」（臺北）及「地方行政研習中心」（南投），「局」改制為「總處」，所轄並未變更。民國106年4月19日總統公布「行政院人事行政總處公務人力發展學院組織法」，6月19日奉行政院令核定於同年7月7日正式改制，成立學院。學院分為臺北、南投二院區，組織定位係以中央政府為主體的訓練服務機構，服務項目之提供，則分別在臺北、南投兩地進行。

三、性質

行政院人事行政總處，為人事行政機關之一，其性質為統籌行政院所屬各機關之人事行政，而非辦理銓敘業務之機關。銓敘機關與人事行政機關的區別，在於銓敘機關是對全國公務人員任用、俸給、考績、陞遷、退休、撫卹等案件，依憲法及法律所賦予權力，從事銓敘審查，作成最後的銓敘審定。而人事行政機關，則是對諸此案件於送請銓敘部核定前，作檢查、過濾、擬議、建議，以及核轉等處理，無權作成可否的最後決定。

人事行政機構是銓敘業務推行所不可缺少的部門，也是本書第二章所說，是整個考銓制度的基本結構制度中所不可缺少的重要部分。

四、職掌

行政院人事行政總處依其組織法第1條之規定：「行政院為辦理人事行政之政策規劃、執行及發展業務。」此與五院之人事處室僅為辦理各該院院本部之人事業務，而非具有統籌各該院及所屬各機關人事業務者，迥然有別，例如：行政院迄今仍設有其內部之人事單位（人事處）辦理該院院本部之人事業務。

行政院人事行政總處組織法第2條之規定，其職掌事項如下：

(一) 人事法制之研究建議及行政院所屬機關人事行政之綜合規劃。

(二) 行政院所屬機關及地方機關人事機構設置、人事人員管理、訓練、進修與人事資訊系統之研析、規劃及推動。

(三) 行政院所屬機關組織結構功能與行政法人制度之研析及推動。

(四) 機關員額管理之研析、規劃、監督、評鑑與有關法令之研擬及解釋。

(五) 行政院所屬機關及地方機關公務人員考試分發、任免、級俸與陞遷之規劃、執行及國營事業機構負責人、經理人派免之審核。

(六) 行政院所屬機關及地方機關公務人員訓練、進修與在職培訓發展之規劃、執行及評鑑。

(七) 行政院所屬機關及地方機關公務人員服務、差勤之研究建議與辦公時間之規劃、擬議及考績、考核、考成與獎懲之規劃及執行。

(八) 員工給與之規劃及擬議。

(九) 行政院所屬機關及地方機關公務人員退休、撫卹之核轉、研究建議與保險、資遣、福利之規劃及執行。

(十) 其他有關人事行政之政策規劃、執行及發展業務。

因此，其編制四個業務單位之分工如下：

(一) 綜合規劃處：人事綜合規劃、人事法制、人事人員管理、行政法人制度。

(二) 組編人力處：員額管理及評鑑、任免遷調、工友管理。

(三) 培訓考用處：訓練進修、考試分發、差勤管理、考核獎懲。

(四) 給與福利處：待遇加給、獎金費用、退撫保險、員工福利。

第 5 章　我國公務人事分類制度

第一節　人事分類制度之意義及類型

一、何謂人事分類制度

英文的「personnel」一字與中文的「人事」一詞，都是集體名詞，指政府或組織體內工作人員整體或部分，也就是指一群共同處理業務的人員，而非指單獨個人。我們中文稱之爲人事，實在很有意義，因爲它指的是人在辦事，或辦事的人，恰好把人與事兩個因素結合在一起。

爲使一群爲同一目標共同努力的人能夠有效工作，自然必須要管理；又爲便於管理起見，對群體人員，有必要予以分類，以便按不同或相同類別分別或統一處理。但是要如何分類，才是最好的分類，則各人想法不同，而且環境與條件也可能有所不同；所以，就會採取不同的分類因素，也採取不同的分類方法，而形成各種各樣不同的人事分類制度，這就是人事分類制度產生的原因和過程。

所以，所稱人事分類制度，就是採取一定因素爲分類標準，也採取一套適當的分類方法，對一群界定範圍的人，予以分類，以便對同類或不同類的人，採取相同或不相同的標準化管理措施，提高管理效能。

二、人事分類制度之類型

人事分類的方法很多，因素也很多，我們可以採用各種不同的因素作爲分類標準，例如：年齡、籍貫、性別、學歷、體能以及其他等各種因素。用一些不同因素所作成的不同分類，各有其不同的實用價值和特殊用途，每一種的實用價值大小不同，但是，類如上述那些因素，一般用途都很有限。

較具廣泛應用價值的分類，被用之於人事管理實務中的有下列兩種：一種是上下高低的「等級分類」，依「人員」的「品位」在組織中所排列地位的高低；或依「職務」上「責任」的輕重繁簡，在組織中所排列地位的高低，區分而成的高低類別；這種分類，爲縱式的，有高低等差的等級分類。另一種是「性質分類」，依「人員」所具智識與技能的性質，或依「職務」工作性質之不同而作成的分類，是爲橫式相互有別的性質分類。這兩種分類，即是構成本書第二章中所述人事制度模型內基本結構的主要部分。

在「等級分類」與「性質分類」這兩種分類中，都有以「人」爲分類客體，與以「工作」爲分類客體之別。其以人爲分類客體的分類制度，學術上稱之爲品位分類制度（rank-classification）；其以工作爲分類客體的制度，稱之爲職位分類制度（position-classification）。當然，既然有兩種不同客體的分類制度，就一定會出現中間制度或混合制度，這幾乎已成爲社會科學範圍內的定律。現在，我們中華民國就出現了「官職分立制」的警察人員人事制度，「資位職務分立制」的交通事業人員人事制度與「官稱職務分立制」的關務人員人事制度，以及「官職併立制」的現行公務人員新人事制度，這四個都是擺在我們面前的混合制度。以上品位分類制度、職位分類制度以及混合制度，這三種分類，也可以說是人事分類制度的主要三種類型。

當一個管轄權採取或制定了某一種類型人事分類制度，作爲其所管轄的組織體內人事管理工具時，這種類型，就成爲它的法定人事分類制度，由於本書並非人事行政學，所以不宜對人事分類制度作再進一步過多的理論探討（本書原著者所著《官職併立制度的理論與結構》一書有稍多理論性的探討，商務版）；但是本書的主題是我國「考銓制度」，所以仍須依我國「考銓法規」就現行的幾種人事分類制度，在以下各節中分別作扼要說明。

第二節　品位分類制度

一、品位分類制度之涵義

「品」字的涵義，是指人的品行、品格、品德、品質，並轉而也成爲動詞的品評、品第、品題等用法，也就是等次與等差、或評定等次或評定等差的意思。例如：人品，用以指稱人的品級。我國自古也用以指稱官吏的品級，九品制是最明顯的實例；九品的區分，始於漢末曹操軍中，原用以區分人士品德優劣高低，後來曹丕開國建立魏朝，大臣（侍中領丞相東西曹武亭候）陳群引用於政府，並設大、小中正之官以專責品評人才，配套而成爲所謂「九品中正制」。

九品之名，初僅用以區分人員品德高低等別，後則轉變爲依世家門第之高低而定其品位之高低，進而造成「上品無寒門，下品無世族」，且因被評爲高品位人才常任高官，低品位人才常任低官，於是，久而久之，九品遂漸轉變爲用來區分官職高低的等別。隋唐後，九品中正評品之制既廢，取士不復有大中小中正之舉薦，而改採科舉考試制度。但用以區別官吏高低的九品分類方法則仍保存而流傳使用，以迄於清末。以此爲例，其所採之因素，無論其爲品德、門第、才能或其他，都是屬於工作「人」員的事項，而構成對「人」等次的區分。所以顧名思義，品位分類制度是以人爲制度中心的一種分類制度。也是以人爲分類對象的人事分類制度。

所稱「分類」，並不限於指左右性質不同的類別區分，也包括上下等級高低區別的分類，已見本書上節所述。

所謂「品位分類制度」，係概指依據工作人員所具資格條件，予以分類的一種人事分類制度。由於人員眾多，所具足以用爲分類標準的資格條件各異，各個組織或管轄權所採用作爲分類標準的資格條件更有所不同，所以，品位分類制度仍然也只是一個概括的名詞，實際上是有許許多多不同的品位分類制度已存在或已使用。例如：我國周朝的九命制、漢的秩祿分類制、魏晉的九品中正制、隋唐以後的九品制、民國元年以來的簡薦委制，幾乎行之於全世界的軍人將校尉三階九級的軍階制，也幾乎是通行全世界的高等校院教授、副教授等級的教師人事分類（教授、副教授、助理教授、講師）制度，以及英、法、德等國的文官人事制度，皆爲品位分類制度的一種。但相互之間，每種都有不同。

以上舉列所述的這些品位制度，他們的共同點都是依據工作人員爲其分類客體，並且以工作人員各種不同的個人資格條件爲其分類因素，所以都是品位分類制度的一種。他們不同的地方，最主要是所採用的分類因素各有不同，其次是所分成的類別名稱與多少，都不完全相同。

所稱「資格條件」，包括合理的或不合理的。例如：魏、晉的九品中正制發展不久，即實質演變爲以門第爲其分類的重要資格條件。雖不合理，但在那一封閉社會時代之中，卻仍爲一種公定的制度。

二、簡薦委制度

我國以前的「簡薦委制度」並非法定名稱，也非學術名稱，而是因於事實需要，在實務中產生的一個習慣之稱謂，漸漸也就成爲一種人事分類制度的名稱。它的分類方法，是依公務人員所具學歷、考試、考績、俸級、年資等五種資格條件因素，予以綜合衡量後，決定其人具有簡任、薦任，或委任三個官等中何一個官等的資格。又由於人員的資格條件，例如：年資、考績和俸級三因素，因時間的不同而必有改變；學歷與考試兩個因素，有時候則也可能有改變；且因有諸此資格條件上的改變，所以人員才有陞降黜陟榮辱的依據。

在簡薦委制度中，其上下等級分類體制的整體，原爲特任、簡任、薦任、委任四個官等。亦即在簡任之上，還有一個特任官等，如：民國元年1月30日之「中華民國臨時政府中央行政各部及其權限」第2、3條即明文書列「簡任」、「薦任」、「委任」；民國2年1月9日，北京政府公布施行之「文官任用法草案」第1條規定：「文官之任用分爲四種如下：一、特任。二、簡任。三、薦任。四、委任。」所以本應稱之爲「特簡薦委制度」較爲合理。但是由於特任是政務官，政務官所採用的資格條件因素，與簡薦委三個官等之事務官所採用的資格條件因素大有不同，所以政務官不列在銓敘範圍之中，不能適用「公務人員任用法」，與事務官採取同一套方法管理。於是才只以「公務人員任用法」中簡薦委任三個官等的常任文官爲對象，簡稱之爲簡薦委制度。有關政務官事項請參閱本書第三章第三節及第四節。

簡薦委制度除了有「等級分類」的「官等分類」外，也有左右橫式的「性質分類」，但是，其性質分類卻只用之於考試制度。考試制度有關法律中，將這種分類稱之爲「考試類科」或「考試科別」。而在任用制度中，則只有少數幾種定有特別任用法律的人員，才在任用上也表現出這種性質類別分類的運用價值。這幾種人員是：法官、司法人員、關務人員、政風人員、主計人員、審計人員、駐外外交領事人員、警察人員、教育人員、交通事業人員、醫事人員、蒙藏邊區人員、聘用人員等，共計十三種。其中除聘用人員有其「聘用人員聘用條例」，對其聘用人員的資格條件並無規定外，其他也各有其特別任用法律的十二種人員，統稱之爲「特種人員」。他們各個的特種任用法律，對人員的任用資格，大多仍遵行「公務人員任用法」的部分基本性的規定外，但各皆有與公務人員稍有不同的規定。在上述十二種人員之外，其他一般公務人員都共同統一適用當年簡薦委制度的「公務人員任用法」任用，在任用的資格條件上，並無人員性質或職務性質的區別規定，對這些人員，大家習慣稱之爲一般行政人員。所以，簡薦委制度是一種分類簡單，也就是基本結構簡單的人事分類制度。這種制度，初創施行於國父中山先生任臨時大總統之民國元年1月30日，而於民國76年1月16日實施官職併立的新人事制度之日廢止，爲期持續施行了七十五年。

三、教育人員人事制度

所稱教育人員，依「教育人員任用條例」之規定，其範圍限指公立各級學校校長、教師、職員、運動教練、社會教育機構專業人員，以及學術研究機構研究人員（教任2）；私立學校校長教師任用資格準用該條例（教任41）；學校職員之官等、職等，及職務列等，則均適用「公務人員任用法」之規定，並辦理銓敘審查。但該條例施行前已遴用之學校編制內現任職員，其任用資格適用原有關法令規定，並得在各學校間調任，以保其工作權（教任21、40）；亦即無任用資格之原在職職員，適用原法令繼續任職至離職為止。至於各級教育行政機關（部、處、局、科）人員，則並非教育人員，而為公務人員，所以仍適用「公務人員任用法」。

中央政府遷臺初期，教育人員本來也是實施簡薦委制度的公務人員，也送請銓敘部依當時簡薦委制的「公務人員任用法」辦理銓敘審查。經銓敘部審定的任用資格，轉任行政機關人員時，也同樣可以適用。後來教育界掀起了一陣風，對於簡薦委制度表示反感，認為那只能適用於具有命令與服從關係的行政機關公務人員，但教育人員不是公務人員，所以不願再送銓敘部審查。於是，最後終於退出了「公務人員任用法」銓審範圍，而由教育部報請行政院核定，自行訂定了一套不區分官等、非屬簡薦委制度的行政規章，由教育行政主管機關自行辦理人員資格審查。

民國74年5月，「教育人員任用條例」制定施行，後經十二次修正，最後一次修正在民國103年1月22日。該條例大部分承襲原來教育人員行政規章的內容。其中有關教師適用的部分，仍然無官等之設置：第一、高等教育院校教師有教授、副教授、助理教授、講師四個職稱，此在實質上即係職務高低之別；第二、仍然留下了與簡薦委制度相同的總數三十六個俸（薪）級，每個教師職稱各跨有高低不同的若干個俸（薪）級，更強化了職務等級高低的意味。這些職稱和俸級都依教師所具之學歷、著作、年資、考核成績等四個因素決定，毫無疑問，也是一種品位分類制度。所以，就這種結構面而言，仍然與簡薦委制接近，主要之不同僅為不需經過國家考試進用和晉職（升等）。至於職員部分，則仍適用「公務人員任用法」所定簡薦委三個官等、十四個職等、職務跨等，以及各該官等、職等的任用資格規定（教任40Ⅰ），同屬公務人員。至於在教師任用程序上，按權責範圍，分別由各級教育行政主管機關自行辦理任用資格審查工作（教任26、30）。至於職員，原亦不適用公務人員任用法律，當然不送銓敘審查，民國83年7月1日，「教育人員任用條例」修正公布後，改為適用公務人員任用法律，併送銓敘部辦理銓敘審查（教任21）。所以，現在公立學校與行政機關的公務人員相同，不僅適用公務人員各種管理法律，並且也是由銓敘部辦理銓敘審查。不過，不具公務人員任用資格的公立學校職員，則仍由教育行政機關依其原單行法規辦理任用審查，至其離職時止。

因此，教育人員的人事制度，現在只限於教師、運動教練、學術研究人員及社會教育機關中的專業人員適用（教任2）。決定這些人員資格的因素，也就是它用為「等級分類」的下列因素：學歷、年資、著作、考核成績四種，唯獨不需國家考試及格；依各教師個人所具資格條件，區分為教授、副教授、助理教授及講師四個等級（原有之助教已排除於教師之外）（教任14至19）。

至於教師施教，其所具任教的專門知識和技能，或得任課程的性質，應即可據以構成教育人員或職務的「性質分類」，但事實上在教師人事制度中卻並沒有這種分類。至於何一教師適宜於任教何一課程，完全授權各學校自行斟酌各教師學術研究之領域予以決定。所以，教育人員人事制度的彈性非常大，但也利弊互見。

第三節　公務職位分類制度

一、我國採行職位分類制度始末

職位分類制度最初於1911年創行於美國芝加哥市政府，其後，若干州、郡與聯邦政府，陸續採行。續有極少數其他幾個國家仿行，但並非成功。

我國「職位分類制」之議，約起源於民國20年代之抗戰時期。例如：民國25年5月，行政院效率研究會製定職位調查表，分發中央各部。又如：民國29年，國防最高委員會曾設職位分類調查委員會，未及有效展開工作，次年即予裁併；同年，重慶市政府曾擬定職位分類草案一種，將市府秘書處事務，區分爲人事行政事務、支出行政事務、工程查勘驗收事務，及會計採購保管事務四大職類，但亦未定案實施；同年3月4日，舉行之首屆中央人事行政會議，提有有關職位分類之議案四種。另如：民國35年2月10日，銓敘部召開「銓敘工作檢討會」，有兩機關提「職位分類案」，一爲行政院水利委員會提「請速實施職位分類案」，一爲國民政府參軍處人事室提「爲確立人事制度，請設專人釐定職位分類，舉行普通考試，以增強行政效率案」。

民國38年1月1日，總統公布「公務人員任用法」，其第3條規定：「職務分類以法律定之」，是爲我國最早之有關職務分類的法律條文。政府遷臺後，民國40年6月，考試院設置「職位分類研究委員會」；民國43年10月，改設「考試院職位分類計畫委員會」，從事設計與實驗工作；民國45年冬，計畫委員會結束；民國46年，考試院設「職位分類督導委員會」，銓敘部設職位分類司，專掌其事。

民國47年，總統公布「公務職位分類法」。56年6月8日，總統公布分類職位公務人員考試法、任用法、俸給法及考績法。57年1月8日總統令「分類職位公務人員考試、任用、俸給、考績四法均定於57年1月15日施行」。16日，考試院發布該四法施行細則，並核准考試院秘書處、銓敘部、行政院秘書處、行政院人事行政局、考選部、財政部等六個機關職位開始辦理歸級。有關職系說明、職等標準、職級規範等重要規章，並經考試院先後一一完成；職位分類工作人員亦經銓敘部逐年訓儲。58年8月25日，公布修正該四法，10月16日，才眞正開始在行政機關內施行，但其步驟則爲按機關分批辦理職位歸級，逐步推進。

其間，臺灣省屬自來水廠於民國43年2月試辦職位分類。44年5月5日，考試院院會通過了「考試院職位分類計畫委員會舉辦職位分類實驗辦法」，該辦法中選定了數個將進行職位分類實驗之機關，受選機關如下：(一)臺灣省宜蘭縣政府及其所屬各機關；(二)臺灣省農林廳及其所屬各機關；(三)臺灣省衛生處及其所屬各機關暨各縣市衛生院縣市立醫院；(四)臺灣省警務處及其所屬各機關暨各縣市警察局；(五)中央通訊社；(六)招商局。而後行政院核准經濟部所屬各生產事業，於民國45年8月開始試行職位分類。

我國行政機關之施行職位分類制度，因遭遇重大困難，於推進至全國行政機關約有半數業已施行時之民國62年，在機關與人員、政府與民間強烈批評反對之下，修正「公務職位分類法」，其第3條規定：司法、外交、警察、衛生與民意機關等五種機關職員，以及經立法程序決議不實施職位分類機關之職員，得不予分類（即得不實施職位分類之意）。這一新規定的實質，亦即停止繼續推進實施公務職位分類。因而另有約過半數職位仍繼續施行原簡薦委制度的情形，形成了職位分類制度與簡薦委制度同時在行政機關中「兩制併行」的法定狀態，以迄民國76年1月16日，「官職併立」的公務人員新人事制度全面施行時止。亦即在官職併立新制實施之日，行政機關的職位分類制度，以及簡薦委制度也在同一日廢止。綜計職位分類制度自開始施行以至於廢止，爲時十八年。其中兩制併行時期即長達十五年。

二、我國公務職位分類制度結構

職位分類制度是以「職位」爲整個制度的基礎，以職位上的「工作」，也就是我們大家習稱之爲「事」者爲分類的因素。而且依「工作性質」的不同，以區分製成若干個職系，是爲其橫式的「性質分類」；又依職位上「工作責任」的輕重、繁簡與難易，區分製成若干個職等，是爲其縱式的「等級分類」。

我國的公務職位分類制度結構（「公務職位分類」一詞，所指是全國行政機關公務人員共同適用的制度，與各級公營事業的職位分類制度有別），實行之初，計有一百五十九個職系，十四個職等，以職系與職等交叉而形成約一千八百個職級（例如：某一職系內之全國職位，共分列有多少個職等，即構成多少個職級；而實際情形是某些職系有十四個職等，即形成十四個職級，亦有不少職系不足十四個職級，而形成上缺、中缺或下缺不等之若干個空級，全部職級爲一百五十九個職系乘以十四個職等，等於兩千兩百二十六個職級，在減掉若干空級，約爲一千八百個職級）。依本書第二章所提出的模型用語來說明，職位分類制度基本結構中的分類制度，是整個制度中的最重要部分。惟就職等、職系和職級這三者而言，則職位分類有關法律和實務上，都比較重視職等和職系二者，而忽略職級，一般人或許是受此影響，也同樣重視職等和職系。職級雖然是綜合職等和職系兩者於一體之物，事實上比職等和職系更重要，但由於在考試和任用資格上，都依職等和職系分別定制辦理，而不依職級，所以在實務上，職級幾乎完全被忽略或忘記。

依這一基本結構來運作，無論是辦理考試、任用、俸給、考績、陞遷、調任等業務，本來應該無一不以職級爲基礎。經過何一職級考試及格的人員，就具有該一職級的任用資格，並且即依該職級任用；任職後，依法即敘該一職級所列職等的俸給。但在實務上，卻從來沒有過職級考試，而只有職等考試；任用也只分別依人員所具職等資格和職系資格，而從不依職級資格認定；俸級也只依職等和考績敘俸。至於辦理考績時，依據該制度最初原理的設計，是以本機關中各該同一職等上，各職級人員相互比較優劣，後來因在執行上有事實困難，所以才改爲以所謂三個同範圍（相當於無形中的簡薦委三個官等範圍）人員互相比較。陞遷也是依職等所處上下層級關係以決定，平調也受職等資格與左右職系的關係而定，使職級幾乎完全失其作用。

三、職位分類基本結構制度之優點

職位分類制度的特色，應該就其基本結構制度與運作制度兩方面來分別說明，才能洞悉其眞相。因爲非常明顯，在其結構和運作兩者之間，竟存有幾乎完全相反的兩極性。

先就它的基本結構來說，下面幾項應爲其最大特色，並且顯示出制度的優點，其中尤以「科學化」一點最爲特殊：

(一) 科學化：在職位分類整個基本結構製成的過程中，無論就其所依據者爲「現職實況」（事實），以及就其所使用的種種調查、分析、評價、製作等技術與方法而言，都完全實事求是，符合科學求實之宗旨；再就其所製成的整套基本結構而言，各職等與各職系，各有法定詳細定義，相互之間，區分明確，體系井然。將此法定定義彙編成職等標準、職系說明書，以及職級規範等，卷帙浩繁，洋洋灑灑五十萬言，十分具體詳明的書面說明，以爲執行之準據，符合科學的精確與體系化的宗旨，不涉空想。凡此種種，無一不顯示其客觀準確明晰，十分科學化。

(二) 現代化：現代社會最大特色之一，爲社會各行業分工細密。因之，政府機關，無論爲求有效爲民服務，或爲求有效施行管理起見，都當然必須配合這種分工細密的實況，任用各該方面的專家。又職位分類制度的分類，有其所獨創的職系與職等，而且區分細密，用資適應現代社會實況，所以的確爲一種現代化的人事制度。

(三) 法制化：職位分類制度基本結構的體系嚴整，制度各部分全都依法定程序製成書面，客觀固定精確，依程序定爲法律或規章，公布施行。足昭大信於國民，使人人皆知標準爲何，防有權者或經辦人員操縱自私，甚或錯誤處理，或上下其手以損傷公務人員利益。

四、職位分類運作制度之缺點

就上述基本結構制度所顯現的三項優點而言，十分明顯，職位分類制度實爲人類有史以來，設計最周詳細密，體系最完整的一種人事分類基本結構制度。但非常不幸，這些結構上的優點，在據以實際運作時，諸多優點竟都成爲這一制度缺點的根源，其最明顯的缺點，已經在施行中實證地發現有以下幾項：

(一) 任使人員缺乏彈性：依據職位分類制度原始理論，人員無論是任用、平調、陞遷、工作指派等任何一種有關人員任使之事項，都必須按這一制度基本結構的職等與職系，依法經考試及格，以鑑定人員確有能力勝任職務，這在理論上，絕對正確；但考試卻不僅不可能隨時辦理，且人員未必都能考試及格，更未必樂於應試，尤其是在公務壓力下、大多缺乏時間準備考試，形成絕大多數人員都厭倦（甚至痛恨）考試。依本書原著者從事公職四十多年之經驗所及，認爲公職人員對職務最有貢獻的人員，絕非那種醉心研究學問、博覽群籍，甚至熟讀應試三百題的人，而是傾其全力、殫精竭慮於其職責，以期圓滿完成職務的人；但這種不經心考試之在職人員，則大多實務經驗豐富，並非均係知能不足以勝任新職務者。因而考試之舉，影響人員的任使，情形十分嚴重，且使人員十分反對考試。反之對絕大多數職務而言，實務經驗之價值，尤勝於書本之知識。

(二) 機關首長任使人員權力削減：任何其他人事制度，從未有如上述職位分類制度基本結構之嚴密。因其嚴密，且一切都有法律或規章明文規定，具體詳明；所以一切人事任使事項，均必須依規定行事，亦唯有依規定行事始可，彈性大爲縮小。機關首長原有的裁量權因之大爲削減，直接影響首長地位、權威、尊嚴與因才器使，拔擢培植人才的功能。所以，首長自然不歡迎這一制度。

(三) 公務人員陞遷平調都受限制：原因與情形已如上述，人員之陞遷平調，無一不受阻礙。所以公務人員也感到這一制度障礙重重，有志難伸，十分不便，因而反對這一制度。

上述第(一)項特色，原爲建立這一制度時，所企求達成的重要目的，所以在製作其基本結構時，唯恐不科學化和不嚴整，以免徇私或才職不稱，用意原本甚善。孰知在基本結構中作爲最大優點的設計，於實際運作時，竟成爲制度推行困難的最重大根源。這是職位分類制度在實務上失敗的主要原因。

從職位分類制度的科學化結構與在我國及其他國家實際的失敗，我們至少可以獲致兩點教訓：

(一) 在實際運作上的失敗，既種因於其基本結構的嚴整，則其科學化的嚴整即不得認爲係優點；因爲人事制度貴在實用，不在其學說理論與所標榜原則之動聽。

(二) 似可從而證明，以嚴整精確爲特色之科學方法，似不宜直接用之於人事管理，蓋人性之使然也。

職位分類有關理論上的其他缺點，在此不多討論（如有興趣，請閱本書原著者所著《官職併立制度的理論與結構》一書，第二章第一節及第六章第三節第六、七目，商務版）。

第四節　官職分立制度

一、官職分立制度之涵義

在我國文職人員人事制度中，有三種制度的名稱，是各該有關法律分別明文規定其爲「官職分立制」（警察）、「官稱職務分立制」（關務）與「資位職務分立制」（交通）。三者名稱用詞雖然稍有差別，但實質上，三者都是「官」與「職」分立之制度。這三種制度所稱的「職」，是指「職務」，雖然與簡薦委制度相同，未有職等和職系的採用，但基本上，與簡薦委制度的官職合一精神亦仍有不同。這三種「官職分立制度」，實質上成爲介於品位分類制與職位分類制的中間之「混合制」，但偏向品位分類的制度；又因其實際精神偏向品位分類制，所以應該將之歸類爲品位分類制度。因此三者也都是我國現行文職人員人事制度之一種，且有其特色，所以在此專節予以析述。

二、警察人員之官職分立制

就文職公務人員範圍內而言，官職分立制施行於我國警察人員（及軍官）。其所稱的「官」是指官位、官等和官階，例如：警正幾階。所稱的「職」是指所擔任的職務，例如：刑事偵察科科長或交通科科長。依據「警察人員人事條例」第4條規定：「警察官、職分立，官受保障，職得調任。非依法不得免官或免職。」這是對這一制度的法定解釋。

警察人員的任官資格，依其人員個人所具的下列各因素以決定之：考試、學歷、訓練、年資、考績、特殊功績等六種。其上下縱式的「等級分類」採「官等」分類，區分爲警監、警正、警佐三個官等，大致相當於公務人員的簡、薦、委三個官等。官等之下復有「官階」，每一官等各有一、二、三、四，計四個官階，均以第一階爲最高（警監另再加一特階）（警人5），雖與職位分類的職等構成有別，但在運用時，仍多少略有類似職等。警察人員人事制度中無職務左右橫式區別的法定「性質分類」；只是在實作上，仍有各該職務本身工作特性的實際區別，例如：刑事警察、行政警察、交通警察等類別，此亦爲警察特考「類別」。但於相互調任時，法無限制規定，所以上文所引其人事條例條文明確規定：「職得調任」，即調任時不受職務性職不同之約束。蓋警察人員之養成教育，各科系基礎學科一致，類別者乃其專業科系之不同。

何以稱爲「官職分立制」？似可依其精神與目的析述如下：

(一) 明白區分任官與任職爲二事。

(二) 將官與職兩者劃分清楚後，以利分別辦理。任官不必同時任職，免官也不必同時免職，但官與職亦可同免（警人2）。

(三) 保障人員的警察身分，不使其官等與官階輕易喪失。

(四) 利於調任指派不同職務，以資靈活運作。

爲顯示官職分立精神起見，其人事條例並規定：警察人員的「任官」與「任職」，明確分開辦理，先任官，後任職。具體顯示「官」爲其警察人員基本身分與地位之授予，「職」是任務與責任的交付。在理論上，以及特殊情形下，有官者不必一定有職；有職者則必定先有任官授階。舉凡初任、晉階、升等時，均應任官（警人16）。初任官者先試用六個月，試用及格始予任職（警人17）。所任之職，原則上應與其官階相配合，但亦得以低一階或高一階人員任之。非依法不得免職，且免職不一定免官；非依法也不得免官，但有法定原因，官職自均得同免（警人17、18）。

三、關務人員之官稱職務分立制

現行關務人員人事制度，依關務人員人事條例第3條規定：「關務人員官稱、職務分立，官稱受保障，職務得調任。」條文書列型式與警察人員人事條例第4條相同，義旨亦應相同。其制度乃源於前清英國人代管我國海關所建立之「資位制」人事制度：縱向職務資位的高低，依資格分類；橫向職務性質有內外勤之分；保障內部升遷，鼓勵久任。雖民國39年1月收回自辦，但仍延用原制度。民國59年初，財政部爲配合行政革新，在原有制度之精神下，參照郵政、電信及其他生產事業之規定，經一年之研擬「資位職務分立」人事制度，發布「海關人員任用陞遷辦法」等規章，於民國60年7月1日實施，仍採考試用人，在關務、技術兩大類之下，仍分若干科別。以迄民國80年2月1日總統公布制定「關務人員人事條例」，雖仍保有原

「資位職務分立」之精神，維持依業務性質分爲關務、技術兩大類，及資格地位高低之「關務（技術）監、關務（技術）正、高級關務（技術）員、關務（技術）員、關務（技術）佐」等五官稱（即原來之資位），但卻附加公務人員「官等」、「職等」，又形成一種新的人事制度。雖然其標榜「官稱職務分立」制，但因配上三個官等、十四個職等，所以實務上亦如公務人員之「官職併立」，任官即任職，免官即免職。以現今之行政狀況而言，則無「有官無職（工作）」或「有職（工作）無官」之情形。其官乃身分之應受保障；工作之職務，則依人員所具之專長，予以任使，或於同類間各職得相互轉調，反之，非同類職務不得轉調，此與警察人員之「職可調任」不同。是以，在其兩類體系內，培育歷練自己所需人才，運用相當靈活。

四、交通事業人員之資位職務分立制

交通事業人員適用之人事制度，稱爲資位職務分立制。乃源於前清英國人代管海關時之人事制度，後因海關總稅務司赫德（Robert Hart）受命兼任郵政司，辦理郵政業務，將海關之人事制度植入郵政事業中，而後電信業亦仿用。因爲與警察人員的官職分立制實質類似，所以不另成爲一節而同置於本節中敘述。

「資位」指人員依個人資格條件所取得的資格等級地位。因爲交通事業人員是營業機構的工作人員，所任並非政府官職，所以不稱爲官等，而稱爲資位。但就其實職（質）而言，資位與官等相同，職務指所擔任的工作或業務。依「交通事業人員任用條例」第3條規定：「交通事業人員採資位職務分立制，資位受有保障，同類職務，可以調任。」反之，非同類職務不得調任，此與警察人員之「職可調任」不同。這就是這一制度的法定解釋。

決定人員資位的因素，該條例未作特別規定，但僅概括規定：「本條例未規定事項，適用公務人員任用法之規定」（交任10）。據此，依「公務人員任用法」規定可得知，決定資位的因素，與公務人員同爲：學歷、考試、年資、考績、俸級五項。依此諸因素，交通事業人員的資位，區分爲長級、副長級、高員級、員級、佐級、士級等六級（交任4）。高員級以下資位之取得，需經考試及格；副長級以上，需經升資甄審合格，這就是它的上下縱式等級分類，與進用、升資的規設。

此外，它也有按工作性質之不同，所作成的橫式性質分類，將所有職務分爲業務類與技術類兩類。這兩類與上述六個資位配合，而成爲：業務長、副業務長、高級業務員、業務員、業務佐、業務士，以及技術長、副技術長、高級技術員、技術員、技術佐、技術士。人員在業務類或技術類各該同類中，所有職務間都可以調任，不受限制；但技術類人員與業務類人員不得互調，所以說：「同類職務可以調任」（交任3）。由於這種只有兩大類的粗糙分類，致使人員任使的範圍仍甚寬廣，調派便利，所以這一制度具有相當彈性，可培育歷練事業所需之人才（詳參本書第十二章第五節「警察、關務、交通事業人員任用制度」）。

第五節　官職併立制度

一、官職併立制度涵義

所稱「官職併立」制度，就是我們公務人員所適用的現行人事制度。由於其設計是將原有「簡薦委制度」與「職位分類制度」這兩種制度合一而成，有別於上述原有兩種舊制，所以一般都稱之爲「兩制合一」的新人事制度。但這只是口頭通俗的稱謂，若就其結構實質而言，其學術名稱是「官職併立制度」。這個名稱，並不是本書在此新創，而是遠在民國61年本書原著者最早起草設計這一人事制度方案，經與當時銓敘部部長石覺商定後，以銓敘部公文正式向考試院提案的原始定名。民國62年6月21日，考試院從政黨員政治小組民國62年第三次全體同志會議修正通過「我國現行人事制度檢討改進案節要」中之「捌、改進人事制度綱要」之「一、總則」中即有「官職併立，配合運用，掌握人事全部內容」一句。而後復於民國76年1月16日，這一新制各法施行前之民國75年6月10日，由總統府秘書長沈昌煥所召集的專案討論會議，本書原著者亦出席，並在會中提出詳細說明後，經會議決定這一制度名稱爲「官職併立制」（參後述）。所以，這一名稱雖然因爲只是學術名稱而不曾寫在法律條文中，但仍然是官方會議正式認定的名稱（參閱原著者《官職併立制度的理論與結構》，頁2至5，商務版）。

這個名稱中所稱的「職」，指的是職務（位）、職等，和職系，都從職位分類制度中移用過來，所以這一個職字，在這個制度中可以代表職位分類制度。所稱「官」，指的是官員、官等、官稱，都從簡薦委制度中移用過來，所說這一個官字，在這個制度中可以代表簡薦委官等的品位分類制度。因此，所稱「官職併立」，也就是官員、官等、官稱，與職務（位）、職等、職系配合併存於一套制度之中；也是表示是有以官爲中心的品位制度，與有以職爲中心的職位分類制度，兩者配合併存且融合成一體的意思。所謂「併立」，表示，原來是官與職兩套體系，但比肩併立，協和聯繫共存，配合爲用，並不分離。

上述這種結構上的情形，表現在制度運作時，是任職同時任官，免職同時免官；官隨職任，官也隨職免；有職必同時有官，無職必同時無官。不像官職分立制度那樣，免職未必一定同時免官。又如我國軍官士官所行者，也是官職分立制，免職不必定同時免官，免去某甲的營長職務，但他的校官官階仍然存在，所以軍中以前有無職軍官。但在我們現行官職併立的公務人員人事制度之下，決不可能發生有官無職或有職無官的情形，因爲官隨職來而來，官也隨職去而去。在機關組織法規中，每一個職務都同時規定有其附隨的官等與職等，例如：科長職務，昔在其組織法上之措詞爲：「科長十人，職務均列薦任第九職等」，是以科長這一職務爲主體，不是以薦任第九職等這一官等職等爲主體；是先告訴你，任你爲科長這一職務，然後才接著說，隨而同時任你爲薦任第九職等的官。不似前述警察人員人事制度的可先單獨任官，而後任職；公務人員的官職併立制，是以職爲主體，而官隨職來。未任職之前與離職之後，其人只具有某一官等職等的資格，實際是無官也無職，決非有官無職，更根本不可能有職而無官。

舉一個具體的事例，就是總統依法任免官吏時，任命令的措辭最能夠說明這種情形。其措辭如下：「任命張金水爲內政部第一司簡任第十二職等司長，此令。」而免職令的措辭是：「內政部第一司簡任第十二職等司長張金水應予免職，此令。」在其措辭中，「司長」這一職務是主體，「簡任第十二職等」所稱的官等和職等只是司長一職的附屬品。任命時，主體是任命司長這一職務，官隨職同任；免職時，主要是免去其司長這一職務，簡任第十二職等的官等與職等是連帶免去（上文所述總統府之召集該次會議專門討論官職併立制度名稱之確立，目的就是要確定官職併立制度施行後，總統依法發布人事任命令令文中，依法依制所應採取的正確措詞）。因此這種制度，與官職分立制度迥然有別。

以上所述，只是說明在官職併立制度中，官與職兩者的關係。但是，官職併立制度的重要精神，還不在於上述的官隨職同任同免一端，而在於這一基本結構，是官職兩制密切配合聯繫，併存於一體之中。

又上述對於新人事制度之名稱爲何？總統府秘書長沈昌煥曾於民國75年6月10日，在總統府召集銓敘部部長陳桂華及政務次長徐有守、人事行政局局長卜達海及府內第一局局長劉垕、秘書馬英九及焦仁和等人集會商討時，本書原著者即席提出書面說明，並以口頭婉加補充說明。茲依該會議紀錄，附書面說明全文及口頭補充報告如下，以供參考：

新人事制度的學術名稱：新制度兼有以人爲對象的官等和以職務爲對象的職等，人與事兼採，各成一組。所以有人認爲應稱爲「官職分立制」。這當然還有待學者們討論確定。依有守個人淺見來看，似乎應試稱爲「官職併立制」或「官職配立制」或「官職合一制」。併立或配立是表示把官與職兩組雖分別，但存則兩者配合併存於同一制度之中，互相聯繫，缺一則不成此一制度。有職等尚需有適合之官等配合任用，所以官隨職在，無職即無官，官隨職免。兩者配合聯繫，並非各別單獨存在於此制度之中，所以不是官職分立。這完全是就官等與職等兩者關係而言，分別建立，合併使用。

但事實上，所謂職，尚非止於職等一詞，而必兼指職務。例如司長、科長、專員之職務（職位分類稱之為職位）。依新制任用法規定，每一職務必有職等，每一職等必配列於一定官等之內。一人員未任職前，僅有某官等某職等之任職資格，尚非某官等某職等公務人員，必須任職後，始同時確定其官等與職等之任命。故任命職務，實為起點。因職務有職等與官等同時配屬，故隨之此人即有職等與官等。若免除職務，則職等與官等亦隨之俱免。故曰：無職自無官，有職即有官，免職亦免官。官隨職在，官隨職免。職官俱免，無責無俸。職官雖免，資格仍在。若謂官職分立，所指如僅係官等職等兩者各自成組，自無錯誤。惟兩者仍是聯繫一體存於制度之中，如免職而官仍在，則無職固無責，亦無工作補助費；但若仍有官，則仍應有官俸而應守官規，在新任用法上並無規定可據，且後患頗多。

故新制任用法中，僅有任命、任職之詞；而無任官、免官之詞。亦無官職分立之句。又其中雖亦無官職併立之句，但有官等職等配合之規定，及職務應列職等，所列職等必配屬官等之規定。故職務、職等、官等三者不可分，是謂「官職併立」。

（以上為書面說明全文）

或謂：職務、官等、職等三者在新任用法中畢竟為三種不同之實體，有三個不同之名詞，分別存在，如何能稱之為合一？此語自屬合理。但所謂合一者，應係指此三者結合於此一人事制度之中，而非謂三者合而化之為一物。惟為免誤會起見，似仍以避免使用官職合一一詞，而用「官職併立」一詞較宜。

以上純係就學術研究立場所為之討論，但若就政府機關處理公務立場而言，此一新人事制度究為官職分立制抑或官職合一制，似應依政府完成立法程序公布之法律明文規定為依據。起草法案時無論起草者之願望及說明解釋作何措詞，應均明文表示於法律條文中，且經立法程序接受、公布，始得引以為據，經檢閱新公布之任用法各條文中，並無一語敘及此一制度為官職分立或官職合一。此與軍官士官任官條例、警察人員管理條例，及交通事業人員任用條例之均有明文規定者，顯有不同。若僅憑新任用法條文間接推定或認定新人事制度爲任何一種性質制度，似均可能引起不同之疑義而請求解釋，似非妥適。且此種辨別，本質屬於學術討論範圍，行政機關於認事用法之時，基於依法認定之原則，非有必要，在一時不能作成定論之前，似以暫不確定爲宜，以免困擾。

（後兩段爲口頭補充說明）

二、官職併立之基本結構制度

這一制度，同樣有按上下高低的縱式「等級分類」，與左右橫式區別的「性質分類」。其等級分類有兩種：一爲採自品位制度的簡薦委三個官等；二爲採自職位分類制度的十四個職等。「官職併立制」現將這兩種等級分類結合在一起，予以配合建構，將第一職等至第五職等配置於委任官等內，例如：稱之爲「委任第一職等」；將第六職等至第九職等配置於薦任官等內，例如：稱之爲「薦任第九職等」；將第十職等至第十四職等配置於簡任官等內，例如：稱之爲「簡任第十一職等」。如此構成自最低的委任第一職等以至於最高的簡任第十四職等的一套兩制合一的等級分類。

至於按職務性質所作的橫式性質分類，原則上與職位分類的職系相同，而且也繼續沿用職系這一名稱，但重要的是，將職位分類原一百五十九個職系，予以簡併爲五十三個職系。並且更在職系之上增設職組，分別將性質較接近的一個以至七個不等的職系，合成一個職組，共成二十六個職組。而後歷經多次修正，至民國106年底已增至九十六個職系（行政類四十五個、技術類五十一個）和四十三個職組（行政類十五個、技術類二十八個）（自民國95年起，再大量擴增成九十五個職系和四十三個職組，此種大量增加職系的做法，非創建此一制度的原意，有待討論，請參閱本書原著者所著《官職併立制度的理論與結構》一書頁324至328）。惟民國108年1月16日發布修正「職系說明書」、「職組暨職系名稱一覽表」，將現行九十六個職系修正爲五十七個（行政類二十五個、技術類三十二個），職組由現行四十三個修正爲二十五個（行政類九個，技術類十六個）以利機關用人。至於原來職位分類中的職級，則予以廢除。同時，職位分類所使用的職位評價程序，這種事實上不能貫徹，而且又不符合人性管理需要的科學方法，也予以廢除不用。這就是官職併立基本結構制度中的分類部分。

此外，很重要的一件事，在這一官職併立制度中，新制定一種職務跨等制度。簡薦委制度雖然沒有職等或類似職等這種東西的構造，但其職務常跨列整個官等中的所有俸級或部分俸級，甚至跨列兩個官等的俸級。而職位分類則不僅有職等，而且職等區分得非常細密，並且規定，一個職位只能固定列在一個單一的職等上，這與簡薦委制度完全南轅北轍。現在，官職併立制度則用職務跨等的方法處理這種差異，使一個職務跨列一個以至最多三個職等。表面上，似乎職等是採自職位分類制度，跨等又似乎採自簡薦委制度。但事實上並非如此，因爲官職併立制度的每一職務只限於最多跨列三個職等，既非如簡薦委制度之跨列過多俸級，又非如職位分類制度之限列一個單一職等。所以實質上，現行的官職併立制度是折衷兩種制度而行其中道，使運作時，較職位分類大爲增加彈性而靈活許多；且較簡薦委制的跨列整個或大部分官等之寬鬆的情形，又合理許多。

三、官職併立制度之運作

依據本書第二章所述人事制度模型理論，人事管理的運作，必定依據該一人事制度的基本結構制度而行。我們公務人員的官職併立制度當然也是如此，在辦理考試時，是採簡薦委制度原用的考試等次，也就是配合三個官等，將考試區分爲高等、普通與初等三個等次；不過，又爲期配合學制起見，現行的「公務人員考試法」規定，高考並按博士、碩士、學士學歷高低程度等級，再區分爲一、二、三級，於是，和普通考試及初等考試合在一起，考試共有五個等級。而與高、普、初考平行的特種考試體制，也配合區分爲一、二、三、四、五等共五個等級的考試（考試3）。在任用時，規定將五個不同等級考試及格人員，從初等或特考五等考試起算，依次分別取得第一、三、六、七、九這五個不同職等的任用資格。敘俸時，依初任或考績情形，在所任職等中，敘各該不同且相當之俸級。考績時，除考列甲等或丁等者，應依法定具體標準辦理外，或考績年度內有功過獎懲紀錄者，應依法律規定辦理外，其餘考列乙、丙兩等者，授權機關長官依法定程序核評。陞遷時，凡經合格實授任同一職等職務，年終考績二年考列甲等者，或一年考列甲等二年考列乙等者，都取得晉升高一個職等的任用資格。至於晉升官等，原則上應經考試及格；但如具有任用法所定一定資格條件者，也可免經考試及格而代之以「升官等訓練合格」，取得晉升簡任或薦任官等資格（任用17），然此自民國104年1月7日「公務人員升官等考試法」修正公布後，五年內辦理三次簡任升官等考試，而後不再辦理（升官考2），代之以訓練升簡任官等。以上是這一制度的運作大要。

四、官職併立制度之特色

官職併立制度是我國土生土長自創的制度，而非抄襲自任何他國，同時也非其他國家之所有。其背景是在於我國前有簡薦委制度的施行，後有職位分類制度的採行。前者因不重視專才，與我國今日在臺灣社會分工漸細的發展實況，已非十分配合；後者由於職系職等區分與運作又過於細密，過於超越臺灣社會現階段分工細密程度，實施後，又經證明其窒礙橫生。在此事實需要情形之下，有鑑於過與不及均非適宜之情形，自然而然孕育產生這一綜合兩種制度之長，和摒棄兩種制度之短的官職併立人事制度。在此環境背景之下，經過詳加研究探討和斟酌衡量設計，而製成現行官職併立制度，其中創意措施頗多。扼要言之，這一制度的主要特色如下：

(一) 兼採重人與重事兩種學說：這一制度，兼取了人事制度學理中重人或重事兩個分歧學派的主張而建立聯繫配合，似爲其他人事制度之所未有。

(二) 配合我國在臺行政生態：本書所說我國當今社會實況，就人事制度觀點而言，實際所指就是：我國社會的行政生態進程中，所發生的社會分工狀態的變化。當時我國已自農業社會初步進入工業社會，分工情形雖較以前精密，但尚不如美國社會遠甚。尤其參證美國實施職位分類也非成功，且學者多有持反對言論；所以官職併立的這一新制，基本精神爲社會進化過程階段性的折衷，用以適應臺灣社會這一時代實況。

(三) 兼取兩制之長摒棄兩制之短：這一制度的制定原則，爲採取兩制之長與摒棄兩制之短。其具體方法有爲單採自其中某一制度；有爲兼採自兩制而予以綜合；有爲採自兩制而予以折衷；有爲表面似爲單採自某一制，實際則爲折衷兩制而來；有爲另行新創。種種方式，不一而足，端視各個單項措施性質，務期切合我國當今社會實況需要而定。

(四) 官等與職等併立：這一制度的基本結構，採取了簡薦委制度中的簡任、薦任，與委任三個官等，以及職務跨等級的精神；又採取了職位分類制度中的職等和職系，以及我國原來雖未採用但職位分類基本理論中原有的職組。

(五) 寬嚴適度的折衷運作制度：這一制度的運作制度，在考試方面，原則上採取簡薦委制度之配合官等而設定考試等級；在任用與調任方面，採取了職位分類依職系及職等辦理的原則，但調任與任用範圍大爲放寬；在俸給方面，採取了職位分類的規設，在職等下設定俸級，並採用其俸點制，而且完全依其原定自最低160點以至最高800點的範圍；在考績方面，自行創制一種以法規規定甲、丁兩等具體考績標準的方法，及以本機關同官等人員爲考績比較範圍，但不規定以本機關同職等人員互相比較優劣以評分；在陞遷方面，採取了簡薦委制度同一官等內依考績晉升職等方法，以及原則上晉升官等應經考試的規定，又採取了職位分類制度的逐一職等晉升方式。

(六) 儘量保存舊制中非結構性之片段以減阻力：這一制度在許多製作的實際技術上，非有必要時，儘量不予更張，以減少改革困難。例如：三個官等名稱以及十四個職等，與職等高低之排列，仍以第十四職等爲最高，考試院院會曾費較多時間討論，並曾擬予以變更換新，最後仍決定維持其舊。又如：俸表，原本已另訂一新表，既非簡薦委制原表，又非職位分類原表，最後在立法院法制委員會審議階段，經本書原著者之主張，審查會決定仍採職位分類原表，完全未有任何實質變更；因此，確實減少許多不必要的困難。

關於人事制度與人事分類制度，我國原有的簡薦委制度和公務職位分類制度，以及現行的官職併立兩制合一的公務人員新人事制度，本書原著者所著之《官職併立制度的理論與結構》一書（商務版），對之都有詳細深入全盤系統性的析論，可備供進一步的參考。

第 6 章　考銓法規

第一節　考銓法規之範圍與類別

一、考銓法律與規章之區分

依據我國「中央法規標準法」第4條規定：「法律應經立法院通過，總統公布」（並參憲170），第5條更具體列舉下列各事項應以法律定之：「一、憲法或法律有明文規定應以法律定之者。二、關於人民之權利義務者。三、關於國家各機關之組織者。四、其他重要事項之應以法律定之者。」接著第6條又概括規定：「應以法律規定之事項，不得以命令定之。」考銓法規的性質，多屬上述第5條第2、3款兩款範圍；另有部分則與上述第1、4款有關。

本書此章所稱考銓法規，包括考銓法律與考銓規章兩部分。所稱規章，亦即行政命令；但「中央法規標準法」第3條明白規定為：「各機關發布之命令，得依其性質，稱規程、規則、細則、辦法、綱要、標準或準則。」而規章若屬於「各機關依其法定職權或基於法律授權訂定之命令」（中標7），自得以命令定之。

又民國91年1月1日施行之「行政程序法」第150條第2項規定：「法規命令之內容應明列法律授權之依據，並不得逾越法律授權之範圍與立法精神。」因此，對於考銓規章之訂定，亦必須遵守此規定。

是以，考銓法律，係屬立法院通過者。考銓規章，則為考銓機關依據法律之授權所訂定者（「授權立法」或「委任立法」）；惟亦間或有依組織法之職權所訂定者，是為「職權立法」，此為兩者之基本區別。

二、考銓法規之類別

我國過去習慣將考銓法規區分為「官制」與「官規」兩部分。所稱官制，概指機關或政府組織、官等、官稱、編制、員額等靜態事項規定，大部分屬於機關組織法規範圍內事項。至於官規，概指宣誓、服務、工作條件、辦事規定、請假、獎懲、會議規則等有關動態運作活動事項。但是這種區分，似乎稍嫌簡單，且涵義稍有籠統含混，已不甚適合現今日趨周詳的法制體例需要。

依現代考銓法規分類習慣來看，考銓法規大概有下面一些區分：一般機關組織法規、考銓管理機關與考銓管理人員法規、人事分類制度法規、考選法規、任用法規、俸給法規、工作條件或服務法規、考績法規、獎懲法規、陞遷法規、調任法規、公教人員保險法規、訓練進修法規、保障法規、福利法規、退撫法規，以及其他有關考銓和人事管理法規等。

目前，考試院依業務實際情形，對法規所作的分類，大致是依憲法所定考試權包括的事項，先區分爲「考選」、「銓敘」、「保障與培訓」三大部分（參考試組6），然後再就這三大部分細分，另外加上考試院及其所屬機關的組織法規。

至於全國其他各機關的組織法規，雖然其中有關員額編制、官（職）稱、官等、職等，均與考銓有關，但因涉及其他四院的行政權，所以其組織法規仍然是由各該院自己起草。而且多年以來，考試院雖曾多次提出：希望其他四院及其所屬機關組織法律草案，在送立法院立法之前，先送考試院會商。但各院對此不盡同意，只有極少數組織法律草案，因種種特殊原因，才先送考試院會商。不過，由於組織法律中，上述重要部分與考試權直接有關，所以，現行的方法是立法院在審議組織法律草案過程中，由有關的委員會（主要昔是法制委員會，今是司法暨法制委員會）函邀考試院指派代表前往會議列席，表示意見，稍資補救。至於省、市及其以次各機關的組織規程，多年來習慣是在經省、市議會通過後，函省、市政府之中央主管機關轉行政院備查。自地方制度法施行後，規定省府及省諮議會組織規程由行政院定之（地制13）；直轄市及縣市政府和鄉鎮市公所及其所屬機關學校之組織準則、規程及自治條例，經各權責機關於核定或同意後，應函送考試院備查（地制62）。考試院如有意見，即在此程序中提出，或不予備查。此種程序，雖已有彼此遷就之意，但仍非十分適切。

三、制定考銓法規之權限

本書第一章曾有一項結論謂：「依憲法有關中央地方均權條文的規定，考試權係完全劃歸中央。」因此，地方自無制定有關考銓與人事管理方面法律的權力，而應一體適用中央制定的諸此有關法規。惟基於授權或機關本身職權，就其本身範圍內事項，自得作成補充性規章，但仍以不違背中央法規規定者爲限。

依據憲法第170條規定：「本憲法所稱之法律，謂經立法院通過，總統公布之法律。」可見唯有中央可以制定法律。但是，憲法第109條及第110條卻又有由省或由縣立法的用語，造成憲法本身不同條文相互間的細微矛盾。但究其實際，應該只是用語上的問題，而不屬實體問題。縱然如此，憲法第109條和第110條仍未規定省、縣或直轄市有權制定考銓或人事法律。由此更證明，地方不能制定考銓或人事法律甚明。

現行地方制度法對此亦有規定，其謂：直轄市與縣市政府與其議會、鄉鎮市公所與其代表會，及其所屬機關學校之組織規程與其準則以及自治條例，其有涉及考銓業務事項，不得牴觸中央考銓法規；各權責機關核定或同意後，應送考試院備查（地制54、62）。

另外，中央五權之間，曾出現人事權限劃分討論。有人認爲這是憲法增修條文第6條所引起的風波。但本書原著者經細加研究後，認爲該一增修條文實在並未眞正構成矛盾，亦未變動即存法律賦予之職權與業務（參本書原著者所著《考銓新論》一書之「三、考試權之設計與運作」之「（四）修憲前後考試權之變與不變」，商務版），仍然可以依據本書第一章所獲下列結論處理：「有關考試權範圍內一切事項的權限，都應該本於五權分立原則，並就其權力範圍內有關事項的權限集中原則，歸屬於考試院行使，而不得分裂或分割由其他院或其他機關行使。」

另外，憲法增修條文第10條第4項所作下列的特別規定，也引起部分人士疑義：「國家對於公營金融機構之管理，應本企業化經營之原則；其管理、人事、預算、決算、審計，得以法律爲特別之規定。」這一條項，所涉雖然只是公營金融機構管理中的人事、會計和審計三事，範圍有限；但因其觸及考試與監察兩權範圍，於是有人可能以爲：如此已構成對公營金融機構上級監督管理機關的一種特別授權。然而，這種想法應該是完全錯誤的，因爲該條項中只規定應特別立法，並沒有規定公營金融事業機構可以越出考試權與監察權應有權限之外。

四、應注意考銓法規之增修

研究實際施行的制度，固然應當閱讀有關書籍，因爲書籍是經過消化整理後所作成的系統化敘述；同時，一本好書一定也會把與此有關的所有資料加以完整合理的處理，以幫助讀者清晰瞭解制度，節省讀者的時間和精力。

但是，對於研究考銓制度而言，最好的閱讀方法，更要與考銓法規對照閱讀。理由是：第一、近年來考銓法規變動修改高度頻繁，而一般書籍卻適得其反，極少能及時配合修訂。第二、有些書，對制度的敘說，語焉不詳，只能給讀者一個模糊的印象，非常不明確。第三、有些書，偶然會把作者個人的見解，當作制度的一部分來敘述，讀者若不仔細分辨，常會誤解。

考銓法規的數量雖不是太多，卻也不是太少，而且對不習慣讀法規的一般讀者而言，多半會感到枯燥，但是，重要的是應該知所選擇。有些行政規章，固然規定了許多重要的事情，但也有許多規章所規定的只是人事人員作業時所應該知道的、注意的作業技術或程序，而與制度的關係不大，有些讀者似可以不必閱讀。

所以結論是：我們強調主要的考銓法規必須閱讀，不要光是閱讀書籍。

尤有進者，近年考銓法規常有修正，讀者務必時時注意新法規的出現；同時，也要注意與考銓有關的其他法規。考銓法規固然大部分屬於考試院主管，但也有極少部分不屬考試院主管，卻與考銓制度有關。例如：「憲法」、「訴願法」、「公務員懲戒法」、「中央法規標準法」、「地方制度法」、「行政程序法」、「臺灣地區與大陸地區人民關係條例」、各機關的組織法規等。

第二節　考銓法規體系之建立

一、我國考銓法規之演進

檢閱民國以來考銓法規發展的整個經過，我們發現有三個特點如下：

(一) 法規數量增加：就我們還能看到的民國初年考銓法規而言，顯然數量甚少，也就顯得不夠齊備。而現在的新訂法規，僅就主體考銓法律這部分而言（當然也不包括考試權以外的各機關組織法），到目前止，已有約六十種，據以訂定的規章辦法則超過四百種，其中大部分的重要性，甚至於已超過法律本身，而且還在繼續增加之中。

(二) 法規內容已更詳密：現在的法規製作技術，確有進步；同時，經驗也因累積而更豐富。因此，現今的法規條文，在數量上都較以前多，用語措詞也更細密妥切。以最重要的公務人員任用法律爲例，民國18年10月29日公布施行的「公務員任用條例」僅有十三條條文，現行的「公務人員任用法」則有四十六條，增加近爲四倍，而且措詞的細密周詳，遠逾以前。

(三) 法規體系趨向周備：由於時代進步，社會也比以前複雜，所以法規所涉，當然也比以前廣泛複雜。例如：現在的「公務人員升官等考試法」、「專門職業及技術人員考試法」、「專門職業及技術人員轉任公務人員條例」、「公教人員保險法」、「公務人員保障法」、「行政中立法」、「公務人員協會法」等，都是社會進步以後的產品，甚至於涉及民法或其他專業法律，以及其他有關程序之法律。至於規章方面，其細密繁多尤勝於法律，例如：現行的「職務列等表」以及「職組職系名稱一覽表」、「各機關職稱及官等職等員額配置準則」、「公務人員留職停薪辦法」，更是以前從未想到的文件。

二、考銓法規之發展方向

就目前已經表現於外的情形而論，我國考銓法規，除仍依上述三個方向繼續發展外，並且更朝現代化方向發展中。例如：民國84年7月1日修正施行的「公務人員退休法」，以及「公務人員撫卹法」，都是採取西方的年金制度觀念而設計，完全放棄我國數千年來的恩給制度的思想。又如：民國85年10月16日公布之「公務人員保障法」、91年7月10日公布之「公務人員協會法」、98年6月10日公布之「公務人員行政中立法」，和有待完成立法程序的「政務人員法」草案，這些都是現代化立法的代表作。再如：「公務人員基準法」草案，則不僅是現代化的立法，而且更是促進人事法規體系化的典型立法。

最近若干年來，考銓法規變化頗大，除憲法增修條文有第6條增修條文之施行，所規定的是有關考試權者外，「考試院組織法」、「考選部組織法」、「銓敘部組織法」、「行政院人事行政總處組織法」、「公務人員保障暨培訓委員會組織法」等組織法律，都經陸續修正或新制定施行。其他實作性的法律，也有很多已修正公布施行。諸如：「公務人員退休資遣撫卹法」、「公教人員保險法」、「專門職業及技術人員轉任公務人員條例」、「公務人員考試法」、「公務人員任用法」等重要法律，都已經頻頻修正或新制定公布施行。這都是最近幾年之間的事。這些法律的新定或修正，都在制度上產生了重大變革。

而已經銓敘部研擬中或考試院院會審議中，或已送請立法院審議中尚未完成立法程序的法律，也都十分重要。例如：「公務人員基準法」草案、「政務人員法」草案、「公務人員考績法」修正草案等。

本書對於尚未完成立法程序的各個法律，自未便討論其內容，至於其他有關的討論，都是依據已公布的最新現行法規析述。

第二編

考選制度

第一節 有關國家考試制度之法規與名詞

一、主要法律

有關國家考試的法律，包括公務人員考試及升等考試（交通事業人員考試）、專門職業及技術人員考試、後備軍人轉任公職考試、典試、監試，以及院與部、會之組織共計九種，各依其考試類別而分別立法。現將主要的七種法律列舉於下：

(一)「公務人員考試法」及其施行細則：爲公務人員考試有關規定的基本法律，規範有關公務人員考試的一切共同事項以及分別事項。所涵蓋的考試種類爲公務人員高等考試、普通考試、初等考試、特種考試、升官等考試，以及交通事業人員考試等。以上所列舉的考試，除一律適用該法的共同規定外，其中升官等考試以及交通事業人員考試更各有其本身特別法規，作特別的規定。該法並訂有施行細則。

(二)「公務人員升官等考試法」及其施行細則：該法係依據「公務人員考試法」第23條規定制定，應可視爲其附屬法律，而專供辦理公務人員升官等考試之用。公務人員升官等考試除適用「公務人員考試法」之共同規定外，並適用該法之特別規定。其特別之處，主要在應考資格以及考試成績計算方法二事，有與高、普、初特考等不同之規定，以顯示升等考試的特別意義。該法也訂有施行細則。

(三)「專門職業及技術人員考試法」及其施行細則：該法是辦理專門職業及技術人員考試的基本法律，對專技人員考試有關事項，都有規定。該法也訂有施行細則。

(四)「典試法」及其施行細則：爲國家考試（包括所有公務人員考試以及專門職業及技術人員考試）的典試工作共同適用的法律。該法訂有施行細則。

(五)「監試法」：該法適用範圍，與上述「典試法」相同。其內容是規定有關監試的各種事項。由於監試工作並不複雜，所以本法條文較少，亦未再另定施行細則。

(六)「後備軍人轉任公職考試比敘條例」及其施行細則：該條例把有關後備軍

人轉任公職的考試與任用時的比敘兩件事情，合併立法。無論就考試或任用比敘而言，都是專爲後備軍人轉任公職而訂定的一種特別法，於其他人員不適用。

公務人員考試中向無檢覈制度，但在該條例中，原本特別規定：「上校以上軍官，在轉任公職時尚未取得任用資格者，其考試得以檢覈行之。」這是常任事務官以檢覈定其任用資格的首例，也是唯一例。民國91年修法時，已將此檢覈規定刪除。

(七)「交通事業人員任用條例」：與公務人員相同，交通事業人員也是應經考試用人。但由於所採用的人事制度是資位職務分立制，其資位與公務人員的官等、職等有所不同，所以必須另按資位辦理考試；於是在該條例第5條規定，其考試規則由考試院定之，以資依據。據此，考試院訂有「特種考試交通事業人員考試規則」（該條例無施行細則）。

二、主要規章

與國家考試有關的行政規章，數量之多，遠超過其法律十倍。現只能將其中比較重要的若干種舉述於下：

(一) 上述「監試法」以外五種法律的施行細則。

(二) 各種考試通用規章：「試場規則」、「監場規則」、「命題規則」、「口試規則」、「閱卷規則」、「著作發明審查規則」等，共有十二種規則，及「試卷保管辦法」等八種辦法，以及其他規章二十多種。均爲所有考試共同通用的規章。

(三) 公務人員考試規章：公務人員高等考試一級、二級、三級及普通考試、初等考試規則計四種，「公務人員考試體格檢查辦法」、「公務人員考試總成績計算規則」、特種考試各種公務人員考試規則（每一種人員的特種考試各有其個別的考試規則一種），「升官等考試類科及應試科目表」（計區分爲簡任升官等及薦任升官等考試二表），及其他多種規章，共三、四十種。

(四) 專門職業及技術人員考試規章：「專門職業及技術人員考試總成績計算規則」、各種專門職業及技術人員考試規則（每一種專技人員的高等、普通或特種考試各有其個別的考試規則一種）。

以上列舉各種法律和主要規章名稱，至少有兩種價值：第一、可藉法規名稱以大致瞭解法規所涉事項與範圍。第二、如欲瞭解何一事項的資料，可以藉此法規目錄知道何爲其所應查閱的法規。

三、常用名詞

在現行考試法規中，有些名詞常常出現，所以有先行解釋的必要。以下各名詞都是法定名詞，例如：稱應考人而不稱應試人，純係依法律所定。

(一) 考試：考試一詞，為法律用語，係用以測定人員知識、能力或技術的一種方法。得採筆試、口試或其他法定考試方式行之（考試10，專技考4）。

(二) 應考人：依法報名後參加考試的人。

(三) 應考資格：任何一種考試的應考人，都必須具備規定資格，才可以報名並被准許應考。這種資格，通常都是指應考人的積極資格而言，主要是必須具有一定程度的學歷，或曾經較低一個等級考試及格。但準確言之，所稱應考資格，實應概指應考人所應具的基本條件、消極資格，與積極資格三部分而言（參閱本書第八章第一節第二、三、四目，第二節第一、二目及第三節第三目）。

(四) 應考年齡：法定准予報名應考的最高年齡，或最低年齡，或最高年齡及最低年齡（考試9、12、15）。

(五) 考試類、科：考試類科這一名詞，當在各種不同考試法規中使用時，所表示的涵義不甚一致。惟依「公務人員考試法」（第3、7、17、18條）等的規定而言，最高層次的區分為考試類別，此與「職組暨職系名稱一覽表」的規定一致。計區分為行政類與技術類二類，二類下各有若干考試職組的區分，職組之下復有考試職系的區分。職組職系的名稱與數目，與上述一覽表所定者大致相同。而每一職系下則分設有數目不等的若干個科別，也就是考試科別。例如：司法行政職系就分設了公證人和觀護人兩個考試科別（兩者所考之專業科目完全不同）。所以考試類科一詞，應是考試類別與考試科別的合併簡稱。

(六) 應試科目：每一種考試，都有規定的考試學科，考試法規稱之為應試科目。因為科目繁多，且涉及技術細節，不宜在法律中規定；所以經法律授權，由考試院就每一種考試科別訂定其應試科目。民國85年考試法修正之後之應試科目，二級高考區分為普通科目與專業科目兩部分，各類科的普通科目均為憲法與英文（各占百分之五十）與國文（包括作文、公文與閱讀測驗）二科。民國87年，高考三級考則區分為二試：第一試為綜合知識測驗，以中華民國憲法、英文、法學緒論、本國歷史、數的推理、地球科學，為各類科共同考試科目，以及專業知識測驗科目二科（因各不同科別而分別訂定，例如：一般行政科別則為公共管理、公共政策二科；一般民政科別為政治學、公共政策二科）；至於第二試的應試科目，則每一科別都有七個不同應試科目，其名稱就稱第二試應試科目。民國94年底，廢除分試規定。各種考試的應試科目分別訂定在各該不同性質人員的考試規則中，茲以高考三級考或相當等級之考試為例，大致都是普通科目二科，如法學知識與英文、國文（包括作文、公文、閱讀測驗），以及專業科目各六科。

(七) 考試方式：為期有效測定應考人的知識、能力，或技能起見，「公務人員考試法」和「專門職業及技術人員考試法」所規定的考試方式相同，都有筆試、口試、測驗（心理、體能、實地）、審查著作或發明、審查知能有關學歷經歷證明等方式。其中除筆試一種，得單獨採用（以決定錄取與否）外，其他應兼採二種以上方式辦理考試（考試10，專技考4）。

(八) 筆試：以文字表達或劃記方式作答的考試方式，稱爲筆試。所以所採無論爲申論題、測驗題，或撰寫論文，都是筆試（考試10）。

(九) 口試：以語言問答或討論方式評量應考人的知能及有關事項，稱爲口試。

(十) 實地考試：以現場實際操作方式，考評應考人專業知識、實務經驗、專業技能的考試方式，稱爲實地考試（考試10）。

(十一) 測驗：指心理測驗或體能測驗。但採用測驗題以進行筆試，則仍爲筆試，而非測驗（考試10）。

(十二) 審查著作或發明：就應考人檢送其本人的著作或發明的憑證、照片、圖式、樣品或模型等，加以審查（考試10）。

(十三) 審查知能有關學歷經歷證明：由應考人檢送與應試類科所需具備知能有關的學歷、經歷證件加以審查（考試10）。

(十四) 加分優待：依據有關法律所作的規定，對特定應考人在其據考試方式評定的成績之外，另予增加若干分數，以示優待，稱爲加分優待。依有關規定，現得享加分優待的人員，僅限於符合法定條件獲頒國光等六種勳章之一者，或因公受傷，或作戰負傷依法離營的後備軍人（考試24 II）。

(十五) 總成績：無論採一種方式或二種以上考試方式舉行的考試，以其所採一種或二種以上考試方式成績之配分比例，合併計算爲考試總成績。總成績之計算方法訂有「公務人員考試總成績計算規則」（考試19）。

(十六) 錄取：依據考（筆）試結果，依法決定應試人成績已符合一定標準，而予以列入被掄選範圍之內，稱爲錄取。依考試有關規定，公務人員考試錄取後必需再經所規定期間的訓練及格，始爲完成考試程序而爲考試及格，發給考試及格證書（考試3、21，考試細19）。所以錄取尚非考試及格。

(十七) 訓練：「公務人員考試法」規定，人員經考試錄取後及完成考試程序前期間，依法所應接受的訓練，爲考試程序中的訓練。所以，這種訓練是考試程序的一部分，經訓練期滿成績及格，始爲考試及格；未經訓練期滿成績及格者，爲考試未及格（考試21，考試細19）。

(十八) 及格：依考試法規規定，於考（筆）試錄取後必需再經訓練期滿成績及格者由公務人員保障暨培訓委員會報請考試院發給考試及格證書，始爲考試及格（考試21，考訓43）。

(十九) 撤銷考試錄取、訓練及格資格：考試院依法律規定情事（違反考試公正）及規定程序，將已經榜示錄取、訓練及格人員的資格，予以撤銷的行爲，稱爲撤銷考試及格資格。這一行爲，具有法律效力（考試22）。

(二十) 註銷考試及格證書：考試院依法律規定，將已發給考試及格人員的考試及格證書予以吊銷，也就是宣告該一考試及格證書失效的一種法律行爲，稱爲註銷及格證書。這一行爲，係隨同撤銷考試及格資格而爲之行爲（考試22）。

有一名詞本書使用甚多，即憲法第83條中之「陞遷」一詞，其中的「陞」字，在考試法規中均以簡體字「升等」二字代之。由於「陞」字爲本字，「升」字爲簡寫，二者在意義上並無任何不同；基於約定俗成之義，兩者本均無不可。但本書原係依憲法用語體例，使用「陞」字。茲依各該法規名稱或條文用詞，附爲說明。

第二節　國家考試法制沿革

一、公務人員考試法制沿革

考試制度爲我民族所發明。由於我國政治哲學十分重視用人，而謂：「爲政在人」又稱考試之事爲掄才大典，掄才遂成爲我國政治上的重要事項。但所選拔的人才，都純供政府任用，亦即純爲掄拔任職政府人員（也就是現在所說的公務人員）而辦理。

我國現行的公務人員考試法律，以「公務人員考試法」以及「公務人員升官等考試法」兩者最爲重要。現就此兩法沿革分述如下。

國民政府北伐，奠都南京，統一全國，迅即遵照「建國大綱」第15條之規定：「候選及任命官員，無論中央與地方，皆須經中央考試銓定資格者乃可。」而於民國18年8月1日公布我國第一部考試法律「考試法」全文十八條。茲就其內容要項摘述如下：

(一) 應依該法考試以定其資格人員：1.公職候選人員。2.公職任命人員。3.應領證書之專門職業及技術人員。

(二) 考試種類：1.普通考試。2.高等考試。3.特種考試。

(三) 應試資格：**1.普通考試**：中等以上學校畢業者，或經普通檢定考試及格者。**2.高等考試**：國內、外專科以上學校畢業者，或經高等檢定考試及格者，或有專門技能或專門著作經審查及格者，或經普考及格後四年者，或曾任委任官或相當職務三年以上者。

(四) 三試制：高、普考均採三試制。第一試爲筆試，科目爲國文、中國國民黨黨義。第二試爲筆試，爲分科（專業）科目考試。第三試爲面試及成績審查。

(五) 典試與監試：組織典試委員會典試，並由監察院派員監試。

(六) 定期舉行：高、普考均每年或間年舉行一次。

民國22年2月23日，該法經第一次修正施行。除修正部分條文外，並增列第17條，全文成十九條。修正要點如下：

(一) 考試等級：（政府）任命人員之考試，及專門職業及技術人員考試，均分普通考試及高等考試兩種。經考試院認爲有特殊情形者，始得舉行特種考試。

(二) 三試制：三試依次改稱爲甄錄試、正試、面試，並採逐試淘汰制。

(三) 考試之舉行：考試院依事實需要，或經各機關聲請，得臨時舉行考試。

民國24年7月31日，該法第二次修正，全文仍十九條。修正要點如下：

(一) 應經該法考試以定資格人員：仍如前三種，但公職候選人考試法另定之。

(二) 特考法據：各種特考條例另定之，但臨時舉行且相當於普考等級之特考條例，得由考試院定之。

(三) 三試名稱：恢復三試之名稱爲第一試、第二試、第三試，仍採逐試淘汰法。

(四) 明定檢定考試：明定高、普考試前，應舉行檢定考試。

民國37年7月21日，該法第三次修正。其時已是抗戰勝利後，並已行憲，內戰方殷之際。此次修正，主要在配合憲法有關考試權之規定，並將原已另行單獨立法之專門職業及技術人員考試，回復在該法中一併規定其體制，而將原於民國31年9月24日公布之「專門職業及技術人員考試法」廢止。修正後之「考試法」全文計區分爲總則、公務人員考試、專門職業及技術人員考試、以及附則等共四章三十一條。其修正要點如下：

(一) 適用人員：公務人員與專門職業及技術人員兩種，而刪除公職候選人。

(二) 應考資格：**1.普考**：中等以上學校畢業者，或普通檢定考試及格者。**2.高考**：專科以上學校畢業者，或高等檢定考試及格者，或有專門學術技能經審查合格者，或經普考及格者。

(三) 特種考試法：特考之高於高等考試者，其考試法另定之。

(四) 考試地點與時間：普考於各省區或考試院指定之省區及首都舉行；高考於首都或考試院指定之省區舉行。均每年或間年舉行一次，亦得臨時舉行。

(五) 考試方式：爲筆試、口試、測驗，或實地考試。

(六) 檢定考試：普考或高考前，得先舉行檢定考試。

(七) 分區定額：全國性公務人員考試，應分省區或聯合數省舉行，按省區分定錄取名額。省區人口在三百萬以下者五人，超過過三百萬者，每滿一百萬人口增加一人。分省區舉行之考試，其應考人以本省籍者爲限。

(八) 升等考試：公務人員升等，除法律另有規定者外，應經升等考試及格。升等考試法另定之。

(九) 雇員考試：經考試院規定原則，由各機關辦理。

(十) 專技檢覈：專技人員除適用該法辦理考試外，並得以檢覈行之。檢覈時，除審查證件外，得舉行面試或實地考試。

(十一) 應專技人員檢覈資格：1.普考檢覈：專科以上學校畢業者，或高職畢業在行政或公民營事業機關服務二年以上成績優良者，或曾任委任職或相當委任職成績優良者。**2.高考檢覈**：專科以上學校畢業，並在行政或公民營事業機關服務二年以上，成績優良者，或專科以上學校畢業並在專科以上學校講授主要學科者。

(十二) 兼取及格資格：公務人員考試及專技人員考試，其應考資格及應試科目相同者，及格人員同時取得兩種考試及格之資格。

民國41年2月27日第四次修正。僅修正第4條，增訂第5款，使中等以上學校畢業，曾任委任職或相當委任職三年以上者，得應高考。

民國43年12月17日第五次修正。僅將第28條原文：「非中華民國國民應專門職業及技術人員之考試，另以法律定之。」修正爲：「外國人應專門職業及技術人員之考試，另以法律定之。」

民國51年8月29日，該法第六次修正。此爲民國37年配合行憲修正該法施行十四年後，首次所作全盤性修正。其修正要點如下：

(一) 特考之舉辦：具體規定，唯有在高、普考及格人數不足，或不能適應需要時，始得舉辦特考。

(二) 特考等級：首次規定特考之等級，定爲甲、乙、丙、丁四等。

(三) 體檢：明文規定應考人應於考前體檢。

(四) 考試方式：除原定之筆試、口試、測驗、實地考試外，增列審查著作或發明，合爲五種方式。

(五) 考用合一：首次明文規定，公務人員考試應配合任用計畫辦理，以期考用合一。

(六) 應考資格：以普考及格資格應高考者，仍應爲普考及格滿三年。並增定應特考甲等考試的應考資格三款，分別爲博士學位後工作二年者，或碩士學位後工作四年者，或任教授者，或任副教授二年以上者。

(七) 分區定額：在原分區定額條文尾，增加但書如下：「但仍得依考試成績按定額標準比例增減錄取之。對於無人達到錄取標準之省區，得降低錄取標準擇優錄取一人；但降低標準十分仍無人可資錄取時，任其缺額。」

(八) 列冊候用：增定考試及格人員，由考選部送銓敘部列冊候用。

(九) 雇員考試：刪除雇員考試經考試院規定原則由各機關辦理考試之條文。

(十) 專技檢覈資格標準：明定各種職業法規所定有關應專技檢覈之資格標準，其與該法牴觸者，適用該法。

民國57年12月12日，該法第七次修正。主要係由於行政院人事行政局已於民國56年9月16日成立，對於考試及格人員之分發工作，已不限由銓敘部辦理，而商定分發行政院及其所屬機關者，由人事行政局辦理。乃將第22條前段文字修正為：「考試及格人員由考選部呈報考試院轉交分發機關分發任用。」此外，並對其他少數條文略有文字修正。

民國61年2月5日，該法第八次修正。僅係在第18條中增列應公務人員甲等考試資格第4款，規定高考及格後服務六年以上成績優良者亦得應考。

民國69年11月24日第九次修正。修正要點如下：

(一) 體檢彈性規定：各個考試之體檢，得視情形，規定於考前或考後辦理。

(二) 甲等考試應考資格：增列應公務人員甲等考試資格第5款，專科以上學校畢業，曾任民選縣市長滿六年，且有專門著作者，得應甲等考試。

自民國58年10月16日開始，我政府實施公務職位分類制度。因而先於民國56年6月8日公布**「分類職位公務人員考試法」**，而與簡薦委制度的「考試法」併行，形成所謂「兩制併行」時期。此種兩制併行情形，引起國人批評，因之隨而有現行之**官職併立的新人事制度出現**。

新人事制度的四法，在立法院審議時，將原「考試法」之「公務人員考試」以及「專門職業及技術人員考試」二種分別立法，而成為**「公務人員考試法」**以及**「專門職業及技術人員考試法」**兩法。關於新「公務人員考試法」，無論就其內容，或立法過程以及法律名稱而言，均不得認為係原「考試法」之修正本，而確為一完全新制定之法律。在此新「公務人員考試法」公布施行之同日，舊「考試法」及「分類職位公務人員考試法」均經公告廢止。

「公務人員考試法」係民國75年1月24日總統令公布制定施行，全文不分章，共二十五條。其內容雖係改採官職併立制度之考試制度，但事實上，參採用原簡薦委制考試體制之處甚多。原則上，係斟酌配合原簡薦委三個官等設定考試等級，所以變動並非過多。其內容要項如下：

(一) 考用合一：配合任用計畫辦理考試，以期考用合一。

(二) 考試種類與等級：分高、普考試兩種。高考必要時，得按學歷分一、二兩級舉行。為適應特殊需要，得舉行特種考試，分甲、乙、丙、丁四等。

(三) 考試方式：得採筆試、口試、測驗、實地考試、審查著作或發明或知能有關學歷經歷證明及論文，以上共五種方式。

(四) 分區定額：仍如以前所定未變更。

(五) 應考資格：**1.高考**：專科以上學校相當系科畢業者，或高等檢定考試相當類科及格者，或普考相當類科及格滿三年者。**2.普考**：具有高考應考資格者，或高級中等以上學校畢業者；或普通檢定考試相當類科及格者，或丁等特考及格滿三年者。**3.甲等考試**：博士後工作二年者，或碩士後工作四年者，或教授或副教授三年以上者，或高考及格在機關服務六年以上者，或學院以上學校畢業並曾任民選縣市長滿六年者，或學院以上學校畢業或高考及格並曾任公營事業董事長或總經理三年以上者或副總經理六年以上者。**4.丁等考試**：具有各等考試應考資格之一者，或國民中學或初中畢業者，或具有國民中學同等學力者。**5.乙、丙等特考**：分別準用高、普考應考資格。

(六) 訓練：高、普考筆試錄取者，應按錄取類科接受訓練及格後，始爲考試及格。其他考試如有必要，得比照辦理。

(七) 升等考試：升等考試法另定之（見下文）。

官職併立制度的「公務人員考試法」，於施行九年後之民國84年1月13日**第一次小修正**，將自民國51年開始規定，爲期已三十三年的公務人員甲等考試，予以取消。因而將該法原第17條有關甲等考試應考資格的條文，也全條刪除；並且將第3條中的「得舉行特種考試，分甲、乙、丙、丁四等。」一句，配合修正成：「得舉行特種考試，分乙、丙、丁三等。」這一修正，實際是在當時「黑官漂白」及「弊案」之輿論抨擊爲「假考」下，考選部部長王作榮極力主張廢除甲考，但卻由立法委員陳水扁等提案完成。

民國85年1月17日，該法**第二次修正**全文二十五條。這一次修正，規模頗大，舉凡考試等級、應考資格、錄取類別、考試及格效力、優待規定等重要各條，無不有所變革。嗣復有民國90年12月26日公布修正全文二十五條、96年1月24日公布修正全條文二十五條。而後在經民國96年1月24日（公布修正第23條）、97年1月16日、99年1月27日、102年1月23日（公布修正第19條）等四次修正，以迄於103年1月22日公布修正全文二十八條。本書以下有關現行公務人員考試制度所述，均係依據民國103年修正版。

二、專門職業及技術人員考試法制沿革

國民政府奠都南京後，於民國18年8月1日公布「考試法」，將候選人員（現稱爲公職候選人）、任命之人員（大致相當於現稱公務人員），以及應領證書之專

門職業及技術人員三種人員，共同納入同一法律之中予以規定，專技人員並未分別單獨立法。至民國31年9月24日，始公布我國第一部「專門職業及技術人員考試法」。民國33年12月27日第一次修正公布，全文十四條，主要內容如下：

(一) 專技人員範圍：該法所稱專技人員，指下列應領證書人員：1.律師、會計師。2.農業技師、工業技師、礦業技師。3.醫師、藥劑師、牙醫師、獸醫師、助產士、護士、藥劑生。4.河海航行員、引水人員、民用航空人員。5.其他依法應領證書之專門職業及技術人員。

(二) 考試方法：考試之種類、科別，及應試科目，由考試院定之。考試方法二種：1.試驗。2.檢覈；除審查證件外，必要時得舉行面試。

(三) 應專技高等考試資格：中華民國國民具有下列各該資格之一者：1.專科以上學校畢業者。2.專科以上學校同等學力經檢定考試及格者。3.普考及格後任公、民營事業或在社會執業三年以上者。4.普考及格後任委任職或相當委任職三年以上者。

(四) 應專技高等考試檢覈資格：中華民國國民具有下列各該資格之一者：1.任命人員高考及格經分發任用或學習期滿者。2.專科以上學校畢業後，任政府或民間或事業機關職務成績優良者。3.專科以上學校畢業後，在專科以上學校講授主要學科者。

(五) 應專技普通考試資格：中華民國國民具有下列各該資格之一者：1.中等以上學校畢業者。2.公立相當中等以上學校程度訓練所畢業者。3.有相當於中等以上學校畢業程度專門技能，經檢定考試及格者。4.在行政或公、民營事業機關服務三年以上者。

(六) 應專技普通考試檢覈資格：中華民國國民具有下列各該資格之一者：1.任命人員普考及格，經分發任用或學習期滿。2.專科以上學校畢業。3.高職或相當等級舊制學校畢業，並曾在公、民營事業機關或政府機關服務。

上述專技考試法施行未久，於民國37年7月21日廢止，而回復以往體例，將其內容合併在同一日修正公布之「考試法」中規定。

及至民國75年1月24日，在當時立法院法制委員會立法委員熱心主張下，又將有關專技人員考試之部分，自原「考試法」中抽離，另行制定爲現行之「專門職業及技術人員考試法」，而將其餘部分單獨制成現行之「公務人員考試法」。

民國84年1月28日，專技考試法**第一次修正**，將第10條有關應考消極資格的原列五款，刪除一款，成爲四款。所刪除之一款文字如下：「犯內亂外患罪，經判刑確定者。」此後續經下列多次修正：民國88年12月29日第二次修正、89年6月14日第三次修正、90年5月16日第四次修正、90年11月14日第五次修正、91年6月26日第六次修正、99年1月27日第七次修正、99年12月8日第八次修正。民國102年1月23日第九次修正公布全文二十三條，是爲現行法。

本書有關該法之析述，係依據上述第九次修正後之現行條文。

三、公務人員升官等考試法制沿革

在行憲以前，原無升官等考試制度。行憲後，有鑑於憲法第85條規定：「公務人員……非經考試及格者，不得任用。」於是，乃於民國37年7月21日修正「考試法」時，在該法中增列規定：「公務人員之升等，除法律別有規定外，應經升等考試，升等考試法另定之」；同時，並於同年12月11日公布「公務人員升等考試法」全文九條施行。其要點如下：

(一) 考試等級：設委任升薦任，以及雇員升委任兩級。

(二) 應考資格：現任委任職或相當委任職人員，合於規定且現職年資已達最高級，得應薦任職或相當薦任職之升等考試，以及現充雇員或相當於雇員職務人員，合於規定，現職年資並已支最高薪額者，得應委任職或相當於委任職之升等考試。其現職年資由考試院定之。

(三) 考試方式：分爲筆試、面試、服務成績審查。

(四) 考試期間：每二年舉行一次。

民國52年12月31日，該法**第一次修正**，以資加強升等考試功能。修正後仍爲九條，要點如下：

(一) 考試等級：增列薦任人員晉升簡任職升等考試一級，並刪除升相當薦任職或升相當委任職文字。

(二) 應考資格：**1.提高各級升等考試應考資格**：除規定年資及本俸最高級外，並均須最近三年考績或考成一年列一等及二年列二等以上者。**2.升簡任應考資格**：現任薦任職或具有法定任用資格之相當薦任職人員，達到薦任最高級滿一年，最近三年考績或考成一年列一等及二年列二等以上者。

(三) 考試方式：分爲筆試、口試、測驗、實地考試、審查著作或發明，共五種。得採其中二種以上方式行之。

(四) 考試期間：每年或間年舉行一次。

民國77年1月22日，配合新人事制度之施行，該法**第二次修正**，修正後全文十五條，所修正者要點有二：**(一)增定考試成績計算方法**：得以最近三年之考績或考成合併計算列爲考試總成績。**(二)學業成績得合併計算列為考試成績**：奉准留職停薪在國內外進修與現職有關科目者，得於學成回原機關服務應升等考試時，以其學業成績或論文成績視爲考績，合併計算列爲其考試總成績之部分（詳見本書第八章第四節）。

民國88年12月29日**第三次修正**將法律名稱改定爲**「公務人員升官等考試法」**，民國96年7月11日第四次修正、104年1月7日第五次修正，全文十三條，是即現行法。其內容見下章第四節。

四、典試法制沿革

有關典試規定的法律，爲「典試法」，該法爲各種國家考試所共同適用的法律。

國民政府奠都南京，於民國18年8月1日公布「考試法」之次日，即同年8月2日公布「**典試委員會組織法**」八條，其內容要點如下：

(一) 組成：典試委員長一人，由主考官兼任；典試委員若干人，由考試院院長擬請國民政府簡派，共同組成典試委員會。

(二) 襄試：典試委員長得聘襄試委員若干人，襄理典試事宜。

(三) 委員會職掌：典試委員會掌理擬題、閱卷、面試，及成績審查事項。

(四) 試題：各科試題，由典試委員預擬，密呈典試委員長決定。

(五) 成績決定：考試成績，由典試委員會會議決定。

次年，即民國19年11月25日，公布「**襄試法**」十條。其內容要點如下：

(一) 襄試處職掌：高、普考試設襄試處，辦理報名登記、試場設備、警衛、試卷及彌封冊號，及其他考試文卷之印製、保管等事項。

(二) 襄試處組織：襄試處下設二科，必要時得增設一科或二科；設秘書一人；工作人員均由各機關調任之。

(三) 試場分工：試場分內、外兩部，內場人員由典試委員長指揮；外場人員由襄試處指揮。

(四) 彌封開拆：非於評閱完竣，對號塡名時，不得開拆彌封。

上述「襄試法」公布施行後，考試院遂規劃舉辦第一屆公務人員高考，發現所定襄試組織未盡周備。經依程序請准政府於民國20年6月13日**修正公布**該法，全文十二條。主要修正內容如下：

(一) 組織：高考襄試處並得設副主任及秘書長各一人，及秘書四人至八人，並得增設一科至三科不等；普考襄試處並得設秘書長及秘書一人。

(二) 警衛：由當地警察行政長官兼任警衛長。

此外，與此修正條文公布之同日並公布**「高等考試典試委員會秘書處條例」**，規定典試委員會下設秘書長一人，秘書三人至五人，三科，各科設科長一人及科員三人至六人。民國20年7月15日在南京舉行之中華民國第一屆高等考試，其典試工作即係依上述三種典試法律辦理。

民國21年3月23日修正「典試委員會組織法」，修正要旨有二：一爲將上述三法中之其餘二法予以合併成一法律；二爲作若干實質之修正。修正後之內容要點如下：

(一) 組織：明定典試委員長爲特派，典試委員人數爲三人至十五人，委員會下設秘書處，置秘書長及辦事人員。但特種考試得不設秘書處，並得委託其他機關代辦典試事宜。

(二) 職權：具體規定典試委員會職權、典試委員長綜理委員會行政事宜，以及秘書處職掌。

民國24年7月31日公布「**典試法**」十六條，並停止適用上述「典試委員會組織法」。此第一部「典試法」之最重要精神，可概括如下：

(一) 體制：統一典試法制，簡化典試組織。

(二) 組織：將典試委員會與辦理試務之試務處，無論人選、職掌、地位、責任等各面，均予以截然區分，互不隸屬，且試務處地位甚高。

此一「典試法」內容要點如下：

(一) 內容要旨：明定凡舉行考試，均依該法之規定，組織典試委員會及試務處，分別辦理有關事宜。

(二) 典試會組織：典試委員長一人，高考特派，普考簡派；典試委員三人至二十一人，均簡派，共組典試委員會。會議由委員長擔任主席，委員長並得聘襄試委員若干人，並得列席會議。

(三) 典試會職權：下列事項均應由典試委員會決議：考試日程、命題標準、評閱標準、擬題、閱卷、彌封姓名名冊之開拆、對號、榜示、其他應行討論事項。

(四) 試題：各科試題由典試委員加倍預擬，密送典試委員長決定。

(五) 試務處組織：試務處長一人，高考特派，普考簡派。考試之在中央舉行者，以考選委員會（考選部前身）委員長或副委員長任之；在各省區或考試院指定之區域舉行時，以各省政府主席或委員或廳長或所在地最高行政長官任之。主任秘書一人，其他職員有定額。特種考試得不設試務處，其試務由典試委員會調派人員兼辦，或由考試院派專人，或委託其他機關辦理。

(六) 試務處職掌：試務處主任秘書以下人員承處長之命辦理下列事項；但其中關於會議記錄、試題繕印、閱卷分配、分數核算，及其他典試上必要事項，應受典試委員長之指揮監督。其辦理事項如下：文書之擬、撰、繕、校、收、發，以及典守印信、會議記錄、布置試場、繕印試題、試卷之印製、彌封、收發、保管、監場及核對照片、登記及核算分數、會計、庶務、其他應辦事項。

(七) **呈報**：考試完畢，典試委員長應將辦理典試情形，試務處長應將辦理試務情形，分別連同關係文件送考選委員會呈報考試院。

(八) **典試組織設置時期**：典試委員會於典試委員長及典試委員就職後成立；試務處在試期前一個月成立，均於考試完畢後撤銷。

(九) **迴避**：在典試期間，典試委員長、典試委員，及辦理考試人員，應迴避一切應酬。

行憲後，該法於民國37年12月14日第一次修正，全文十五條。其重要修正事項如下：

(一) **適用範圍**：明定檢覈不適用該法。

(二) **典試會組織**：改定典試委員人數為若干人。

(三) **典試會職權**：增列錄取名額之決定，應經典試會會議決定。

(四) **試務處**：刪除原有有關試務處之各項規定，改為概括規定；試務事項，歸由考選機關或委託其他機關辦理。

(五) **刪除有關迴避一切應酬之條文**。

民國50年1月20日，該法第二次修正公布，全文十九條。其修正要點如下：

(一) **典試委員長資格**：明定高考、普考，及相當高、普考之特考典試委員長資格。

(二) **特考典試委員之選派**：特考特殊科目之典試委員，得就高級公務員或專家選派之。

(三) **典試會職權**：原定應由典試會會議決議之錄取名額，修定為錄取最低標準之決定。

(四) **罰則**：新增規定，辦理考試人員觸犯刑法者，加重其刑二分之一。

民國57年12月12日，該法**第三次修正**，經修正其第15條條文，將原規定典試會與試務處呈報事項，改定為：「典試委員會於考試完畢後，應將辦理典試情形，與關係文件送由考選部連同辦理試務情形，一併呈報考試院。」

民國77年11月11日，該法作全盤性之修正，是為**第四次修正**。但考試院有關之法規彙編將之定為初次制定。

民國91年1月16日，該法**第五次修正**，但考試院有關之法規彙編將之定為第一次修正，全文增至三十一條，民國104年2月4日，該法第六次修正，全文增至三十五條。並刪除第9條之主試委員會規定（其內容見本書第四章第三節）。

五、監試法制沿革

唐朝，科舉制度確立之同時，亦促成監察御史「監試」之職責。如《唐會要》

〈冬薦〉上載有貞觀9年（635年）11月29日舉行冬薦，「試日，仍令御史一人監試」。明朝，設十三道御史，有內外差之別，內差中即有「監臨鄉試、會試、武舉」（明史卷73）之監試記載。清朝沿襲之。

民國14年10月7日國民政府令（第134號）：「各項考試應函知監察院派員監試」。民國18年8月1日公布「考試法」，其第12條亦規定：「舉行考試時由監察院派員監試」。

「監試法」於「典試委員會組織法」初次公布之次年，亦即民國19年11月25日公布施行。全文八條，內容要旨如下：

(一) 監試委員：高、普考均應請監察院派定監察委員或監察使爲監試委員（第1條）。

(二) 檢查事項：監試委員對試場內外警衛事項、試場內外場之隔離事項、其他認爲必要事項等應加檢查，如有不合，應通知改善。

(三) 關防：內場應於典試人員入場後嚴扃，外場於考試期間亦同。

(四) 內場人員名冊：典試委員長應造列內場（現稱闈場）人員名冊，送監試委員。

(五) 監視事項：試卷彌封，彌封號冊之封固、保管，試題之交出及發給，試卷之點收及封送，彌封之拆去及對號，應試人總成績之審查，及格人員之榜示及公布，其他應行監視事項（第3條）。

(六) 責任區分：內場舞弊情事，由典試委員長負責；外場（即現所稱之試務處）所辦理之試務舞弊情事，由襄試處（現稱試務處）主任負責。如有違反以上各項情事者，監試委員應提出彈劾。

(七) 呈報：考試竣事，監試委員應將監試經過情形呈報監察院。

民國22年2月23日，該法**第一次修正**公布，全文六條，僅將有關嚴扃內場之條文刪除，並作其他部分文字修正。

行憲後之民國39年10月26日，該法**第二次修正**，全文仍爲六條，此後未再修正，故此即爲現行條文（其內容請閱本書第四章第三節第六目）。

民國93年底，立法院對總統所咨送第四屆監察委員名單，至民國94年1月31日，第五屆立法委員任期屆滿前，並未列入議程討論，致使同年2月1日無第四屆監察委員得就職，執行監察權。同日第六屆立法委員就職，對第五屆立法委員所提之監察委員名單應爲自動失效。而後，總統亦未依法再提監察委員名單，僅咨請立法院就上屆所提名單審查。立法院認爲於法不合，未予同意審查，形成僵局，以致於新屆期之監察委員懸缺，無從行使監察權，連帶使考試院舉辦之考試，亦無從依「監試法」所定應由監察委員執行之監試任務，形成一種「憲政危機」。但國家考試必須依法舉辦，不能停止。權宜之計，只好由典試委員長指派典試委員二人，代行監試事項，並全程錄影存證，以維考試之公正，並免影響人民「應考試」（憲18）之權利。

此際，考試院考選部頓有廢止監試法之議，其認為：

(一) 監試法自民國19年制定公布，經民國22年、39年兩次修正迄今，時空環境改變，部分內容與現況不符。

(二) 監察屬性已從民意機關，轉為非民意機關，且監試亦非憲法所定監察委員之職權。

(三) 經多年累積典試之經驗，試務工作已建立完善之機制，運作良好，無監察委員之監試，亦不影響考試之公平性與公正性。

爰擬具廢止案，於民國94年3月8日報考試院，經考試院於同年3月18日函請立法院審議。而監察院亦提出修正對案送立法院，欲維持監察院之監試權。但在立法院內，亦有廢與不廢兩方不同之意見。

民國95年9月，立法院第六屆第四會期開議，亦將監試法列為廢止案審議，但仍未有結論。

民國97年初，第七屆立法委員選舉，因「屆期不續審」（立法院職權行使法13），本案退回考試院。同年5月20日，馬英九先生就任第十二屆總統，重新提出第四屆監察委員名單，咨請立法院同意後任命。第四屆監察委員於8月1日就職，重執監察權，恢復監試。然仍有廢監察委員監試之聲。

民國101年4月4日立法委員高志鵬等二十名立法委員，以時空環境變遷，條文內容與現況不符，且修憲後監察院屬性已經改變，提案廢止「監試法」。同年5月10日，考試院第十一屆第一百八十七次會議，院長關中表示考試之公正性，在於有力之外部監督，不贊成取消監察委員之監試權。考選部經再審酌，以歷來舉辦國家考試之公正性與公平性，能得到社會各界絕大部分之認同，與監察委員之監試有關，主辦機關不適合扮演外部監督機制之角色，而「監試法」六十餘年未修正，亦非廢止之理由。但外界還是有對監試有所質疑。

民國103年6月30日，考選部發布新聞稱：「監察委員依監試法執行公務人員與專技人員考試監試工作，自民國19年開始實施迄今，對於考試公正公平之維護，具有積極正面之功能。」

民國106年11月，立法委員蔡適應、蔡易餘、李俊俋等各領銜連署擬案提議廢止「監試法」。其理由為：「由於修憲前之憲法架構下，考試院院長、副院長及考試委員，均由總統提名、經監察院同意任命之，爰為樹立國家考試之威信，並尊重監察權之行使，民國39年修正公布之監試法，明定考試院舉辦國家考試需由監察院或監察委員監試。惟民國81年修憲後，監察院已非民意機關，與考試院同屬憲法機關，依中華民國憲法增修條文規定，監察委員、考試委員均由總統提名，經本院同意任命，故監察權、考試權應各自獨立行使職權。」

民國107年4月9日，立法院司法及法制委員會審查該案，考試院考選部部長蔡宗珍表示：「監試法仍有存在之必要，可修不可廢」。監察院代表表示：「監察院行使監試權，也沒有違背憲法五權分立的精神」。最後決議通過初審，並交由黨團協商；另會中亦有一共識：以一年爲期，責成考試院就廢止監試法後通盤檢討其後續配套措施，到下個會期結束前再召集政黨協商，俾行政機關有足夠之時間因應處理。而同年8月14日監察院院會中，監察委員對此議題進行投票，二十七位監察委員中竟有十九位贊成不宜繼續擔任監試工作，約占整體七成的比例；並於8月27日，行文考試院，經考試院交付考選部研議，後續如何，仍有待觀察。

監試，千餘年來，在考試制度上，行之不墮，在於有「他律」之規範，而爲世人所認同，非「自律」所可取代，要之，監試之技術要與考試作業之改進而有所改進，此乃「行政之道理」。近因「三權」、「五權」之爭，有欲廢考、監兩院之議者，廢止「監試法」，自是弱化兩院之舉，但普世價值之考試「公正性（信度與效度）」又如何維持以利國家？其得智乎？允爲深思。冀希於考、監兩院於監試之作業能有所改進，以免物議。

第三節　國家考試之類別與等級

一、國家考試之涵義

國家考試一詞，源出憲法第83條：「考試院爲國家最高考試機關」，據此，考試院依憲法及其增修條文第6條及有關法律規定所辦理的考試，都是國家考試；也唯有考試院始得辦理國家考試，其他任何機關所辦考試，都不是國家考試，也不得辦理國家考試。

政府與民間，都可以辦理各種各樣考試。民間舉辦的考試，無待舉述。而政府舉辦的或個別機關舉辦的，也不在少數，例如：公立各級學校辦理的入學、畢業、在校等種種考試，勞動部、各種公立職業訓練機構等所辦的考試，以及其他各機關或民間團體所舉辦的各種各樣有關人員選拔，或甄別，或鑑定的考試，種類繁多，但都不是法定的國家考試。唯有考試院依考試法規所舉辦的考試，才是國家考試（憲83，憲增6，考試1，專技考1）。

考試制度既然是考銓制度下的一個次級制度，已見本書第二章第一節所述，所以也可以適用本書第二章的考銓制度模型來瞭解。辦理考試，涉及模型中基本結構制度之縱的「等級分類」與橫的「性質分類」兩方面。下文當就此二方面，輔以其他次要的分類加以析述。

二、國家考試之性質分類

依據憲法規定，公務人員的任用資格，以及專門職業及技術人員的執業資格，都「應由考試院依法考選銓定之」（憲86），當然，這只是基本性的概括規定。至於有關其具體之實施，應當分別依「公務人員考試法」與「專門職業及技術人員考試法」兩種現行有關法律規定辦理。依此兩種考試法律所辦理的考試，爲數眾多，性質與目的各有不同。

依考試性質分類，可以區分爲下列二大類：(一)公務人員考試（包括交通事業人員考試）。(二)專門職業及技術人員考試。

依考試目的（亦即及格人員所取得的資格用途）分類，可以區分爲下列四大類：(一)取得公務人員各官等初任資格的考試。(二)取得公務人員晉升官等資格的考試。(三)取得交通事業資位資格的考試。(四)取得專門職業及技術人員在民間執業基本資格的考試。

三、國家考試之等級分類

依考試等級高低區分，則各種不同性質人員的考試，所區分的等級有所不同如下：

(一) 公務人員考試：區分爲高等考試一級考試、二級考試及三級考試、普通考試、初等考試，共五等級（考試6）。

公務人員並有特種考試，區分爲一等、二等、三等、四等、五等，共五等。其中一、二、三等，分別相當於高等考試一級、二級、三級考試；四等相當於普通考試；五等相當於初等考試（考試6）。

此外，以前原本還有一種最低等的考試：雇員考試。但民國85年11月14日公布修正的「公務人員任用法」已有條文規定將雇員制度延續至民國86年12月31日予以廢止，且規定自該法修正施行之日起不得新進雇員。因此，自民國85年11月16日起，亦已不再有雇員考試（任用37）。

(二) 公務人員升官等考試：公務人員升官等考試係按所晉升官等之不同而分別辦理，計有升薦任官等及升簡任官等兩種升官等考試。但升簡任官等考試將於民國108年底停辦（升官2）。

(三) 交通事業人員考試：交通事業人員考試係配合其資位制度設計。其六個等級資位中的長級及副長級人員，依「交通事業人員任用條例」規定，限採升資甄審途徑內升（第5條），不辦理考試外進新人；其餘各等級資位考試區分為：按性質區分為業務類及技術類，按等級區分為高員級考試、員級考試、佐級考試以及士級考試等，共兩類四級考試；但高員級（如同公務人員高考）又按學歷區分為一、二、三共三級，因此，實際有兩類六級考試。至於其升資考試則區分為高員級、員級及佐級三級舉辦（交任5，交試3，交升2）。

(四) 專門職業及技術人員考試：專技人員考試區分為高等考試、普通考試二個等級；另也有專技人員特種考試，也比照區分為二個等級（專技考3）。

四、國家考試體系表

茲為醒目起見，特製成「我國現行國家考試體系表」如表7-1。

表7-1　我國現行國家考試體系表　　製表人：徐有守、郭世良

<table>
<tr><th>按人員性質分類</th><th>按取得資格用途分類</th><th>按考試等級分類</th><th>按考試方式分類</th></tr>
<tr><td rowspan="2">公務人員考試
（公務人員考試法）</td><td>初任考試</td><td>高考一級、二級、三級、普考、初等；
特考一等、二等、三等、四等、五等</td><td rowspan="5">筆試、口試、測驗、實地考試、審查著作或發明或審查學經歷文件及論文。</td></tr>
<tr><td>升官等考試</td><td>簡任升等、薦任升等</td></tr>
<tr><td rowspan="2">交通事業人員考試
（公務人員考試法）</td><td>初任考試</td><td>高員一級、二級、三級、員級、佐級、士級</td></tr>
<tr><td>升資考試</td><td>高員升資、員級升資、佐級升資</td></tr>
<tr><td>專技人員考試
（專技人員考試法）</td><td>執業資格考試</td><td>高等考試
普通考試</td></tr>
</table>

第一節　公務人員考試一般規定

一、公務人員考試基本宗旨

憲法第85條規定：「公務人員之選拔，應實行公開競爭之考試制度。」另外「公務人員考試法」第2條也規定：「公務人員之考試，以公開競爭方式行之，其考試成績之計算，除本法另有規定外，不得因身分而有特別規定，其他法律與本法規定不同時，適用本法。」（考試2），據此，公務人員考試的基本宗旨有三：公開、公平、競爭，且除該考試法另有規定外，其他法律與該考試法規定不同時，即失其效力，僅得依該考試法行之，以強行法之姿態，維護考試之基本宗旨。

對於「公開競爭」一詞，法定之解釋爲：「本法第二條所稱公開競爭，指舉辦考試時，凡中華民國國民，年滿十八歲，符合本法第七條、第九條及第十三條至十七條之規定，且無第十二條不得應考之情事者，皆得報名分別應各該考試，並按考試成績高低順序擇優錄取」（考試細3）。

上引條文中所稱第7條、第9條，係指有關訂定「考試規則」之內容應包括：應考年齡、考試等級、考試類科及其分類、分科之應考資格、體格檢查標準、應試科目、考試方式、成績計算、限制轉調規定等。第13條至第17條是各種及各等級各類科考試應考積極資格之規定。第12條則爲有關國籍、年齡及消極資格之規定。所以總括來說，公務人員考試的基本宗旨，似可進一步作如下較具體之敘述：

公務人員考試，應以公開、公平、競爭方式行之。凡具中華民國國籍，年滿十八歲，體格符合規定標準，無法定各項不得應考的消極資格情事，並符合法定各等級各類科應考積極資格者，皆得應中華民國公務人員考試。考試成績之計算，不得因身分而有特別之規定。

二、何謂應考資格

所稱**「應考資格」**，習慣觀念中均限於僅指參加某一等級考試的積極資格而言。但事實上，僅有積極資格仍然不一定即能參加國家考試。所以，準確的解釋，應考資格應該包括應考人下列三部分而言：基本條件、消極資格、積極資格。在積極資格中，又必須包括參加不同考試不同等級，和不同類科的資格。除積極資格將在本章以下各節中分別說明外，現在，先將各種考試共同有關應考人應具的基本條件及應考人的消極資格，依照法規規定，說明如後。

三、應考人之基本條件

應我國任何一種國家考試，應考人必須具備下列三項法定基本條件：

(一) **國籍**：具有中華民國國籍（考試12、15）。

(二) **年齡**：年滿十八歲（考試12、15）。

(三) **體格**：考選部視各種考試之需要，認定是否實施體格檢查。凡經規定應實施體格檢查時，其檢查時間在考試前或考試後，及體格標準，均由考試院定之（考試9，考試細10）。

四、應考人之消極資格

我國任何一種公務人員考試，凡有下列各項情事之一者，不得應考（考試12）：

(一) 動員戡亂時期終止後，曾犯內亂罪、外患罪，經有罪判決確定，或通緝有案尚未結案。

(二) 曾服公務有貪汙行爲，經有罪判決確定，或通緝有案尚未結案。

(三) 褫奪公權尚未復權。

(四) 受監護或輔助宣告，尚未撤銷。

五、考試之舉辦形式及考試方式

依考試法規定，公務人員各種考試得視需要，予以合併、分等、分級、分科、分試、分階段、分考區舉行或辦理。分試得分爲二試或三試，採逐試淘汰制（考試11、18，考試細16）。

所稱**「合併辦理」**，是將兩種以上的考試，或兩個以上等級的考試，或不同科別考試的典試工作，合併在一個共同典試委員會之下，一次一併辦理其典試工作（及試務工作），將考試一次辦理。例如：公務人員高等考試和公務人員普通考試，本來是兩種考試，也是兩個不同等級的考試；高等考試中又有一、二、三共三級的考試；高考和普考又各有許多不同的考試科別。以上這許多不同，依法可以都合併在一次和一個考試中辦理，這就是典型的合併舉行。幾十年來，公務人員的高、普考每年都是如此合併舉行。

所稱**「分等辦理」**，就是高等、普通和初等考試，以及特種考試的一、二、三、四、五等，得各依其等次分別辦理。

所稱**「分級辦理」**，就是同一個考試等次，再細分爲二個以上級次。例如：高等考試是一個考試的等次，而又將之區分爲高等考試一級、二級、三級共三級，並得分級單獨辦理。

所稱**「分科辦理」**，就是考試按性質區分爲若干個科別。例如：民國106年12月5日修正發布的「公務人員高等考試三級考試暨普通考試規則」之附表，高考三級計列有一百二十一科別，普通考試計列七十八科別，這些科別，可以多科合併辦理其典試及試務工作；必要時，也可以一個科別單獨舉辦考試。

所稱**「分試」**，依有關規定，就是一種考試，得分爲二試，必要時得分爲三試舉行，並採逐試淘汰。第一試未錄取者，不得應第二試；第二試未錄取者，不得應第三試。各試成績合併計算爲總成績，但各該考試規則另有規定者，從其規定。分試考試各試之典試事宜，由同一典試委員會辦理（考試18Ⅰ，考試細16Ⅰ）。在實務上，民國87年高考三級及普考採分試，自民國95年起，僅有數種特考採分試制度。現今之司法官考試，則分三試行之；外交人員考試，則分二試行之。

「分試」，古代即有之，民國初年之考試亦有之。今之分試則源於民國85年1月17日修正公布施行之「公務人員考試法」第12條。當時爲解決一試定終身，並期提升申論試卷之評閱品質，使考試更臻公平，遂有倡議研究分試制度。即以民國85年高、普考爲例：報考人數高達十四萬多人，到考人數多達十萬多人，但僅錄取二千八百一十一人，錄取率不到百分之三，而必須投入龐大之人力、物力。遂於民國87年至94年之高考三級考及普考計辦理八次「分試」，主要是將考試程序區隔成兩部分，第一試錄取始有資格參加第二試。第一試考綜合性之一般性共同科目（如憲法、本國歷史、法學緒論、數之推理、地球科學等）測驗及專業知識測驗，以測試其基本知能；第二試則考以申論題考專業科目。之後，以其報名人數減少、公務人員員額精簡、減輕應考人負擔、縮短試務流程等原因，停辦分試，恢復「一試」辦理。但當今法條上仍保留「分試」，得視環境情況，酌予辦理。

所稱**「分考區」**，指考選部得視報名人數、考試性質、兼顧政府人力設備經費等因素，於適當地區或地點，分設試場舉行考試。各種考試考區之設置，依「國家考試考區設置要點」之規定辦理（考試細16Ⅱ）。此爲方便應考人應試之來往，也分散應考人集中考試交通堵塞的困擾，例如：大型考試之高普考，經常有十萬人以上之報考，如集中在一地區考試，試場設備有困難，人員疏散亦有困難，於是在臺北、臺中、高雄、宜蘭、花蓮、澎湖設置考區，以解決上述之困難，也方便考生之來往。此純爲事務性之措施，與憲法第85條之「按省區分別規定名額、分區舉行考試」有別。又特種考試地方政府公務人員考試，自以其市、縣為區域範圍，接受報名，並於各該市、縣適當地區設置試場舉行考試。惟是否舉辦此考試，乃政策上的決定。

至於高、普、初級考試與各等級之特考，其**考試方式**得採筆試、口試、心理測驗、體能測驗、實地測驗、審查著作或發明、審查知能有關學歷經歷證明或其他方式行之。除單採筆試者外，其他應併採二種以上方式。筆試除外國語文科目、專門名詞或有特別規定者外，應使用本國文字作答（考試10Ⅱ）。

六、公告舉辦考試

為便利應考人有適當合理時間考慮，以及充分時間從事必要準備起見，所以有關考試法律規定，任何一項國家考試，應於考試二個月前，將其考試類科、日期、地點公告（考試18Ⅰ）。

七、對特殊身分應考人之優待及限制

雖然「公務人員考試法」第2條規定：「公務人員之考試，以公開競爭方式行之，其考試成績之計算，除本法另有規定外，不得因身分而有特別規定，其他法律與本法規定不同時，適用本法。」但同時復以第24條第2項作例外規定：「後備軍人參加公務人員高等暨普通考試、特種考試退除役軍人轉任公務人員考試之加分優待，以獲頒國光、青天白日、寶鼎、忠勇、雲麾、大同勳章乙座以上，或因作戰或因公負傷依法離營者為限。」始得享受加分優待。舉凡後備軍人應公務人員考試，於民國87年底前，仍依「後備軍人轉任公職考試比敘條例」第4條第2款之規定，其「考試成績，得酌予加分，以不超過總成績十分為限。」但自民國88年起，既不得再享有此優待；甚且退除役特考及格人員，以分發國防部、行政院國軍退除役官兵輔導委員會、海洋委員會及所屬機關（構）為限；上校以上軍官經檢覈轉任公務人員者，僅得轉任國家安全會議、國家安全局、國防部、行政院國軍退除役官兵輔導委員會、海洋委員會及其所屬機關（構），並得分發各級政府軍訓、役政單位任職（考試24Ⅰ），此亦係一種「特考特用」（考試6）。為該法第2條之「除本法另有規定外」。

八、考試成績之計算

公務人員考試成績之計算，依「公務人員考試法」第19條規定訂有「公務人員考試總成績計算規則」（103.7.14.），以資適用。

考試得以筆試、口試、心理測驗、體能測驗、實地測驗、審查著作或發明、審查知能有關學歷經歷證明等方式行之。如其僅以筆試方式舉行者，以筆試成績爲考試總成績；併採二種以上方式舉行者，除考試規則另有規定外，以各方式成績合併計算爲考試總成績。但考試程序列有訓練者，其訓練成績另行單獨計算，並依各該考試訓練辦法之規定辦理（成績計算2）。

(一) 筆試計分：公務人員各種考試，筆試科目例來分爲普通（共同）科目及專業科目，各等級之考試應考之科目數有別，計分方式亦不同：

1. 高考：高考一、二、三級考試及相當高考之特種考試一、二、三等考試筆試成績，以普通科目成績加專業科目成績合併計算之。無普通科目者，以專業科目成績計算之。其普通科目成績，以每科成績乘以百分之十後之總和計算之；專業科目成績，以各科目成績總和除以科目數，再乘以所占賸餘百分比計算之（成績計算4）。

2. 普考：普通考試、初等考試及相當普考之特種考試四、五等考試筆試成績，以各科目成績平均計算之（成績計算5）。

上述筆試之普通科目及專業科目成績於依各該條規定比例計算後，取小數點後四位數，第五位數以後捨去。其他考試方式有關各項成績之平均及百分比計算，均取小數點後四位數，第五位數以後捨去。考試總成績之計算，取小數點後二位數，第三位數採四捨五入法進入第二位數（成績計算7）。

(二) 多方式考試之計分（成績計算6）：

1. 採筆試與口試二種方式舉行之考試，其筆試成績占總成績百分之九十，口試成績占百分之十。

2. 併採筆試與實地測驗二種方式舉行之考試，其實地測驗成績每科占總成績百分之二十。筆試成績以賸餘百分比計算之。但實地測驗科目數逾三科者，其成績仍以占總成績百分之六十計算。各科目成績依所占比例平均分配之。

3. 併採筆試、口試及實地測驗三種方式舉行之考試，其口試成績占總成績百分之十，實地測驗成績每科占總成績百分之二十，筆試成績以賸餘百分比計算之。但實地測驗科目數逾三科者，其成績仍以占總成績百分之六十計算。各科目成績依所占比例平均分配之。

4. 併採筆試、口試及審查著作或發明三種方式舉行之考試，其筆試成績占總成績百分之五十，口試成績百分之二十五，審查著作或發明成績占百分之二十五。

5. 性質特殊之考試或所採考試方式不屬前四項所定者，得於考試規則或由考試院另定考試總成績計算方式。

上述考試方式有關各項成績之平均及百分比計算，均取小數點後四位數，第五位數以後捨去（成績計算7II）。

至於考試總成績之計算，則取小數點後二位數，第三位數採四捨五入法進入第二位數（成績計算7III）。

九、正額錄取與增額錄取

一般考試對於人員的錄取，通常都依兩項因素來決定：一是預定可供分發任用的職缺數額（亦即實際需要用人數）；二是考試成績。公務人員考試並不例外，而且在上述兩項因素之中，是以預定錄取名額爲第一優先考慮。因爲考試法規定：「公務人員考試，應依用人機關年度任用需求決定正額錄取人數，依序分配訓練」（考試3Ⅰ）。

「錄取」與**「及格」**兩詞，以前幾乎是同義詞。但自從民國75年新制定之「公務人員考試法」公布施行後，明文規定，高普考試筆試「錄取」人員，應於「錄取」後接受訓練，訓練期滿及格才完成整個考試程序而構成考試「及格」，發給及格證書。從此，錄取與及格，便開始有不同的法定異質意義，因經筆試錄取者，未必即是考試及格者。

依據現行規定，錄取人員分爲兩種：一爲**「正額錄取」**，一爲**「增額錄取」**（考試3）。正額錄取人員，依用人機關年度任用需求而決定；錄取後，按錄取類科接受訓練；訓練期滿成績及格者，發給考試及格證書，依序分發任用。增額錄取人員，列入候用名冊，於正額錄取人員分配完畢後，由分發機關或申請舉辦考試機關配合用人機關任用需要，依其考試成績，定期依序分配訓練，訓練及格後發給及格證書（考試3Ⅰ、21Ⅰ，任用10Ⅰ）。經列入候用名冊的增額錄取人員，在下一次該種考試放榜日前未獲分配訓練者，其考試錄取資格，即隨同下一次該種考試之放榜而自行喪失（考試5）。實務上，似尚未有此情事發生，在整體考選作業上，堪稱美滿。

行憲以前，政府用人雖然也有考試，但並未規定非經考試及格者不得任用。同時，每年考試錄取或及格人數，爲數有限，不發生考試及格人員與機關用人需要相互間供需是否配合的問題。行憲後，憲法明文規定：「非經考試及格者，不得任用」（憲85）。於是，及格人員與用人機關之用人需要，兩者間如何取得配合，遂成爲行憲後至今，考試院幾十年來的一項重要問題。問題的發生，主要在於及格人員在考試放榜後，以在學、在職或在役，以及其他種種個人原因，常不能接受分發機關所分發的職務；或雖然接受而且到職，但因其他緣故，卻很快離職他去，形成及格人員不夠分發；或雖夠分發，或甚至酌爲超額錄取，但用人機關仍可能有無人可用的情形，無從達到考試法所規定的考用合一要求。所以，「公務人員考試法」早已將考用合一的規定予以刪除，並且另行規定增額錄取的方法，以資調劑。其方法是：當正額錄取人員不能接受分發到職，且在全部分發工作已經結束後，可用增額錄取人員遞補供應，而且由用人機關自行遴用；嗣修正爲由分發機關或申請舉辦考試機關配合用人機關需要，依其考試成績，定期依序分配訓練，及格後即分發任用（考試21，任用10Ⅰ）。

又正額錄取人員無法立即接受分發者，如有在役、在學或疾病、生產、育嬰事由，得檢證申請保留資格，於保留原因消滅後，向保訓會申請補訓；逾期未提出申請補訓，或未於規定時間內向訓練機關報到者，即喪失考試錄取資格。經依考試法及公務人員考試錄取人員訓練辦法規定得申請保留之事由及年限如下（考試4，考訓15）：

(一) 服兵役，保留期不得逾法定役期。

(二) 進修碩士，保留期限不得逾二年；進修博士，保留期限不得逾三年。

(三) 疾病、懷孕、生產、父母病危、子女重病及其他不可歸責任於其本人之事由，保留期限不得逾二年。

(四) 養育三足歲以下子女，其保留期限不得逾三年，但其配偶爲公務人員，依法已申請育嬰留職停薪者，不得申請保留。

以上之種種措施，頗爲合理。

十、資格考試與任用考試

自從憲法明文規定考試用人，以及經立法建立公務人員考試及格人員分發制度以來（考試3，任用12），因實際仍有極少數考試，例如：以前的社會工作人員特考、國防特考等，其及格人員並不分發。於是，便形成兩種性質不同的考試：一種是對及格人員予以分發任用的考試，習稱之爲**「任用考試」**；另一種是對及格人員僅給予考試及格證書，但不予以分發任用的考試，習稱之爲**「資格考試」**。這兩個名詞均非法定名詞，但因有此事實存在，且用詞簡而易懂，有實用上的需要，所以在實務上使用已久。

我國自古以來的考試，都是資格考試，考試及格者並非人人都予以分發任職，所以錄取時，不必配合用人機關人數需求，而可以完全憑成績擇優錄取。這一傳統，直到民國行憲初期，仍未改變；但行憲後不久，中央政府播遷來臺，大批公務人員也離開其在大陸時原任職機關，抵臺後，在社會待職。而遷臺各機關緊縮編制，甚少增加員額；縱然偶有職務出缺，都願意進用較具實務經驗的這些老公務人員。所以，當時每年考試及格人員，百分之九十都不能獲得任用機會。等到「公務人員任用法」及「考試法」先後分別修正施行，規定考用合一的原則以及考試及格人員應由政府分發任職，這才開始有了資格考試與任用考試的區分。

由於任用考試對及格者有必須分發任職這一措施，可以大大提高考試制度的價值；所以從此以後，考試院原則上都極力主張任用考試。但是，後來漸漸發現，任用考試也帶給考試院許多困擾。考試院在錄取人員時，不能完全憑成績優劣以決定錄取名額，而必須遷就用人機關在數量上的需求，而降低或提高錄取標準，以增加或減少錄取人數，用以配合預定所需任用的人數。而且，縱然完全依其需求數量錄取人員，也因前文所述種種原因，分發人員仍不能完全到職。於是，在這種情形下，自然出現了另外一派主張，認爲：爲了確實貫徹考試擇優錄取的合理水準起見，應該不受每年任用缺額數量的約束，而完全依合理之成績錄取人員；對超過需用缺額的錄取人員，則不負責分發任職。這一主張雖非無理，但因堅持任用考試立場者，在考試院內始終居於優勢，而未能實現。於是這種兩難狀況，久已成爲考試院的一個爭論課題。

現行「公務人員考試法」規定，錄取人員區分爲正額錄取與增額錄取兩種。這在實質上，對任用考試與資格考試所造成的兩難局面，是一種折衷和兼顧的解決方法。

十一、訓練

「公務人員考試法」、「公務人員任用法」及「公務人員訓練進修法」所規定初任之前的訓練，是考試程序的一部分。上述各該法規定，公務人員各等級考試錄取人員（正額），應參加訓練；訓練期滿成績及格，才完成整個考試程序而爲考試及格，發給考試及格證書，予以分發任職。反之，未參加訓練或雖參加但未及格，即構成整個考試不及格，其錄取即自然無效。目前的訓練期限訂爲四個月到一年，視各種考試需要而定，分爲基礎訓練與實務訓練兩階段辦理（考試3、5、21，任用10、12，考訓3、5至13，分發14）。

至於經列入候用名冊的增額錄取人員，或保留資格之補訓人員等，配合用人機關用人需要，依其考試成績，定期依序分配訓練，其訓練與正額錄取人員相同（考試3、21，公任10，分發8）。

這一訓練業務，由考試院公務人員保障暨培訓委員會主管辦理（保訓組2），實際區分爲**「基礎訓練」**與**「實務訓練」**兩階段（考訓3）。基礎訓練由公務人員保障暨培訓委員會及所屬國家文官學院辦理，或委託申請舉辦考試機關或訓練機關（構）學校辦理（考訓6），以充實初任公務人員之基本觀念、品德操守、服務態度及行政程序與公務技術爲重點（考訓5），目前均採集中講授方式辦理。實務訓練則委託各該用人機關（構）學校辦理（考訓6），以增進有關工作所需實務知能及考核其品德操守與服務態度爲重點（考訓5II）；目前實際以每日赴機關辦公方式辦理，由專人輔導，分實習（一個月）及試辦二階段實施（考訓32）。

多年以前，原只有司法官考試及格人員的訓練，以及臺灣省基層建設人員考試及格人員的學習（實即訓練）。及至民國75年，官職併立的新人事制度之「公務人員考試法」公布施行，才開始規定公務人員高、普考試錄取人員必須經過訓練及格始爲考試及格。到民國85年「公務人員考試法」修正施行，才規定公務人員高等、普通、初等和特種考試的各等級考試及格人員，都應該接受訓練（考試3）。

十二、撤銷考試應考資格與及格資格

有關不得應試的消極資格規定，已見前述。此外，有下列情事之一在考試前發現者，撤銷其應考資格；考試時發現者，予以扣考；考試後榜示前發現者，不予錄取；榜示後至訓練階段發現者，撤銷其考試錄取資格；考試及格後發現者，撤銷其考試及格資格，並註銷其考試及格證書。以上各種情形，如有涉及下列各項刑事責任之一者，並移送檢察機關辦理（考試22Ⅰ；並參刑法137，對於依考試法舉行之考試，以詐術或其他非法之方法，使其發生不正確之結果）：

(一) 有不得應考之消極資格情事之一（考試12Ⅰ）。

(二) 冒名頂替。

(三) 僞造或變造應考證件。

(四) 以詐術或其他不正當方法，使考試發生不正確之結果。

(五) 不具備應考資格。

應考人有前述(二)至(四)情事之一者，自發現之日起五年內不得應考試院舉辦或委託舉辦之各種考試（考試22Ⅰ）。

十三、應考資格之增列

公務人員各種考試之應考資格，除高、普、初、特考所規定之資格（考試13至16）外，必要時得視考試等級、類科需要，增列下列各款爲應考資格條件（考試17Ⅱ）：

(一) 提高學歷條件。

(二) 具有與類科相關之工作經驗或訓練，並有證明文件。

(三) 經相當等級之語文能力檢定合格。

公務人員考試類科，其職務依各該職（執）業法律規定，例如：醫事人員、建築師、土木技師、社會工作師，或因用人機關業務性質之需要，須具備專門職業證書者，應具有各該類科專門職業證書始得應考。其審核標準，由考選部報請考試院定之（考試17Ⅲ）。

上述規定乃民國102年1月23日公布修正「公務人員考試法」第19條之規定，民國103年1月22日公布修正「公務人員考試法」，移列爲第17條。其立法意旨係因各機關迭有反映，多數考試及格者爲初任公職，因甫自學校畢業，未具各該專門職業之實務經驗，甚或未取得各該專門職業職（執）業證照，形成「無驗照者審查有驗照者或引導有驗照者」之情形，不利機關業務推展，亦不符社會之觀感，期能引進專技人員，立即任使，以補公務人員考試掄才在專業或經驗上之不足。

是以，民國107年3月23日考試院修正發布之「公務人員高等考試三級考試暨普通考試規則」，增設公職土木工程技師、公職醫事檢驗師、公職測量技師、公職藥師、公職護理師、公職臨床心理師、公職諮商心理師、公職營養師、公職醫事放射師、公職防疫醫師等十個類科，加上先前之特種考試地方政府公務人員考試規則（107.3.9.修）三等考試設有之公職社會工作師、公職建築師、公職語言治療師、公職獸醫師，公務人員特種考試司法人員考試規則（107.4.13.修）三等考試設有公職法醫師類科，以及公務人員特種考試國家安全局國家安全情報人員考試規則（106.3.24.修）三等考試設有公職資訊技師組，共計十六個類科（組）爲公務人員考試中需具專門職業證照者，已可使具專技考試及格資格及職業證照者，透過更多公職考試管道，以一般公務人員方式進用。惟其考試科目之規劃設定較一般公務人員考試科目少，且重於其基礎專業技術學科及管理規定，以提供報考之誘因。

十四、考試作業疏失之補救

公務人員各種考試榜示後，發現因典試或試務之疏失，致應錄取而未錄取者或不應錄取而錄取者，由考選部報請考試院補行錄取或撤銷其錄取資格（考試20）。蓋「應考試服公職」係憲法賦予人民之權利，如有疏失自然應在考試法制上慎重規劃處理。所稱「典試或試務之疏失」，指有下列各款情事之一者（考試細18）：

(一) 試卷漏未評閱。

(二) 試卷卷面分數與卷內分數不相符。

(三) 因登算成績作業發生錯誤。

(四) 因典試或試務作業產生其他疏失。

按上述所謂之「疏失」，重點在於「閱卷評分」。因此依「典試法」第26條第2項規定訂有「應考人申請複查成績辦法」（104.8.3.），其內容主要爲：

(一) 複查之提出：試務機關應於榜示之日起三日內，寄發成績及結果通知書。應考人應於各該考試榜示之次日起十日內，登入考選部國家考試網路報名資訊系統，塡具申請複查成績相關資料，繳納費用後始完成申請程序，並以一次爲限；逾期申請或未依限繳費者，不予受理。考試如採分試、分階段者，申請複查成績，依前項程序分別於各試、各階段榜示之次日起十日內提出。但各試成績合併計算為總成績之考試，最後一試應考人得於該試榜示之次日起十日內提出複查各試成績，並以一次為限（複查成績2）。

(二) 複查之費用：應考人申請複查筆試成績，每次每科目收取複查費用新臺幣五十元。申請複查併計為總成績之年終考績（成）成績者，亦同。應考人申請複查口試、心理測驗、體能測驗、實地測驗、著作或發明審查、知能有關學歷經歷證明審查成績，每種考試方式收取複查費用新臺幣五十元（複查成績2之1）。

(三) 複查之時限：試務機關收到複查成績之申請後，應於十五日內查復之，遇有特殊原因不能如期查復時，得酌予延長並通知應考人（複查成績4）。

(四) 複查之作業：

1. 複查成績，應核對到考、缺考及違規扣分或扣考紀錄，查對應考人是否未依規定作答或閱卷委員未依規定評分。複查成績如發現因應考人作答方法或使用工具不符規定，以致不能正確計分時，應將其原因復知（複查成績5）。

2. 複查結果發現成績登記或核算錯誤時，應將應考人全部試卷均予複查，重新計算總成績（複查成績6）。

3. 試務機關複查成績時，如發現有下列情事者，應即報請典試委員長處理，如考試典試委員會裁撤，應陳報考試院處理（複查成績7）：

(1) 試卷漏未評閱。

(2) 申論式試題中，計算程序及結果明確者，閱卷委員未按其計算程序及結果評閱。

(3) 試卷卷面分數與卷內分數不相符。

(4) 試卷成績計算錯誤。

(5) 試卷每題給分逾越該題配分。

(6) 典試或試務作業產生其他疏失。

(五) 複查之限制：申請複查成績，不得要求重新評閱、任何複製行為、提供申論式試題參考答案。亦不得要求告知典試委員、命題委員、閱卷委員、審查委員、口試委員、心理測驗委員、體能測驗委員或實地測驗委員姓名及有關資料（複查成績8）。

上述成績之複查規定自民國72年5月6日考試院訂定發布，歷經六次修正迄今，適用尚屬平順，偶而亦有不服複查結果者，再提起爭訟救濟，但終屬極少數，其中又極大部分維持原案、予以駁回。顯見典試工作甚為成熟。

十五、分發任職服務年限之規範

民國103年1月22日公布修正之「公務人員考試法」第6條，對於考試及格人員分發任職服務有限制轉調之規定：

(一) 高、普、初等考試及格人員，於服務三年內，不得轉調原分發任用之主管機關及其所屬機關、學校以外之機關、學校任職。

(二) 特考及格人員，除該法另有規定者外，於服務六年內，不得轉調申辦特考機關及其所屬機關、學校以外之機關、學校任職。其轉調限制六年之分配，依申請舉辦考試機關性質、所屬機關範圍及相關任用法規規定，於各該特種考試規則中定之。

前述如因任職機關業務調整而精簡、整併、改隸、改制、裁撤或業務調整移撥其他機關，得不受轉調機關規定之限制，亦即依其機關業務之調整移撥等而至新機關任職；但於限制轉調期間再轉調時，以原考試轉調限制機關範圍、前所轉調之主管機關及其所屬機關之有關職務爲限。

考試及格人員分發任職服務年限之限制，始於民國85年1月17日修正公布「公務人員考試法」第3條之**「特考特用」**，其規定：「特考及格人員僅能分發任職於該申辦特考之機關，永遠不得轉調其他機關。」蓋用人機關有特別用人需要，所以爲請辦特考，以引進人力，該特考及格人員自當服務於該請辦特考之用人機關，而非經此特考，以取得公務人員任用資格，卻服務於其他不相干之機關，偏離請辦特考之目的，使該用人機關流失人力。此則人力聚集之意旨，甚爲明顯。

民國85年1月17日修正公布之該法第23條規定：「自民國88年起，特種考試退除役軍人轉任公務人員考試及格人員以分發國防部、行政院國軍退除役官兵輔導委員會及其所屬單位任用爲限；上校以上軍官外職停役轉任公務人員檢覈及格者，僅得轉任國防部、行政院國軍退除役官兵輔導委員會、中央及省（市）政府役政、軍訓單位。」

民國90年12月26日修正該法全文二十五條，其第3條規定「特考及格人員於六年內不得轉調申請舉辦特種考試機關及其所屬機關以外之機關任職」，放寬永久「特考特用」之限制。民國96年1月24日公布修正該法第25條，將上述軍人轉任特考及格者之永久限制「特考特用」，改爲「於服務六年內不得轉調原分發任用機關及其所屬機關以外之機關任職」。兩次修法解除「特考特用」永久不得轉調之限制，但仍有較長時間之限制，對於人員之任使，靈活度較佳。

至於高、普、初等考試，原無限制轉調之規定，於民國97年1月17日公布修正該法第3條，始仿上述限制轉調之規定：「及格人員於服務一年內，不得轉調原分發任用之主管機關及其所屬機關、學校以外之機關、學校任職。」其立法理由爲：近年特種考試已有凌駕高普初等考試之趨勢，用人機關顯將職缺提報於特種考試，期以六年限制轉調留住人才，此種發展已使高、普考試與特種考試有所失衡，爲避免前述失衡現象，且考量公務人員專業能力之養成，除學校教育外，尙須於同一機關服務一定年限之工作經歷，爰參採各機關建議意見，增列限制轉調年限爲一年內不得轉調原分發任用機關及其所屬機關、學校以外之機關、學校。

民國103年1月22日公布修正該法全文二十八條，其第6條將高、普、初等考試限制轉調之規定，由「一年」修正延長爲「三年」。其立法理由爲：公務人員高、普、初等考試爲中央與地方機關進用人力重要管道，現行限制轉調年限一年之規定，造成高、普、初等考試及格人員，尙未具備嫻熟之行政經驗，於任職滿一年即可轉調其他機關，各機關須不斷培訓初任人員，浪費行政資源，對政府效能極爲不利，難以提升爲民服務品質；爲培育初任公職人員，爰將有關高、普、初等考試及格人員限制轉調年限修正爲三年，使其得以具備完整之職務歷練；又現行特種考試地方政府公務人員考試於六年內限制轉調之規定，其中三年必須服務原分發機關占缺任用，因此，高、普、初等考試之限制轉調年限修正爲三年，可與地方政府特考之限制轉調規定取得衡平。此法制上規列之措施，於公務人力之取得，應屬允當。惟仍需要有公正、公平之分發（配）作業技術相配合，方能安定人心。

從上述考試及格人員分發任職服務年限限制之立法背景，得意會到國家公務人力之取得，與高、普考取才或特考取才之關係與消長，亦形成國家考試取才，高、普考與特考應以何者爲主之辯。是則時局所需，擇用適當爲尙。

第二節　初等、普通與高等考試

一、不同等級考試之應考積極資格

公務人員考試，除應考人所應具之基本條件及消極資格已見前述外，現就應不同等級考試所需具備的積極資格，各別說明如下：

(一) 公務人員初等考試：初等考試是公務人員考試中最基層等級的考試，及格後取得常任文官中最低等級的委任第一職等職務任用資格。依「公務人員考試法」第12條、第15條規定，其應考所需積極資格，僅爲年滿十八歲，即可應公務人員初等考試，別無其他積極資格要求。之所以規定爲十八歲，或配合刑法第18條之滿十八歲具有責任能力，甚至於民國107年1月3日公布修正「公民投票法」第7條規定：十八歲有公民投票權。但由於十八歲原即爲應考人所應具基本條件之一，所以，實際上就是無需另具任何積極資格的人，都可以應初等考試。換言之，依此規定，縱然是不曾入學的人，也可應初等考試，而且無考試類科的限制，但從歷年所辦之初等考試，大多以國民中學以上畢業者報考，亦有極少數具博士學位者報考，此乃教育普及之結果，惟亦呈現出人才之培育與考、用間之差距，成爲檢討之課題。

(二) 公務人員普通考試（考試14）：

1. 公立或立案之私立職業學校、高級中學以上學校或國外相當學制以上學校相當院、系、科、組、所、學位學程畢業者。

2. 普通考試以上考試相當類科考試及格者。

3. 初等考試相當類科及格滿三年者。

(三) 公務人員高等考試三級考試（考試13）：

1. 公立或立案之私立獨立學院以上學校，或符合教育部採認規定之國外獨立學院以上學校相當院、系、組、所、學位學程畢業者。

2. 高等考試相當類科及格者。

3. 普通考試相當類科及格滿三年者。

(四) 公務人員高等考試二級考試（考試13）：公立或立案之私立大學研究院、所，或符合教育部採認規定之國外大學研究院、所，得有碩士以上學位者。

(五) 公務人員高等考試一級考試（考試13）：公立或立案之私立大學研究院、所，或符合教育部採認規定之國外大學研究院、所，得有博士學位者。

歷來普、初考及格滿三年者，得分別應高、普考試，以鼓勵在職人員。是以在高考分級後，原亦有較低一級考試及格滿一定年限者，得具有報高一級考試之資格，例如：高考三級考試及格（取得薦任第六職等資格）滿二年，得報高考二級考試；高考二級考試及格（取得薦任第七職等資格）滿四年，得報高考一級考試。但於民國97年1月16日公布修正之「公務人員考試法」將之刪除。蓋就實務而言，高考三級考試及格（取得薦任第六職等資格）任職滿二年，如年終考績均爲甲等，依法自然晉升爲第七職等；高考二級考試及格（取得薦任第七職等資格）任職滿四年，如年終考績均爲甲等，依法自然晉升爲第九職等。因此，以其及格任職年限爲應高一級考試，無甚意義，且遲緩人才之登進，爰予刪除。

二、不同類科考試之應考積極資格

應考的積極資格，因考試「等級」不同而有別，也因考試「類科」的不同而有別。

就應考不同類科之積極資格概括而言，應不同類科的考試，應以具有與該一類科相近系科學歷者或具有與該一類科相近智識者爲限。

初等考試所需應試資格，僅爲中華民國國民年滿十八歲，而無需任何學歷，所以初等考試的應考資格中，未有類科資格的規定（考試15）。

至於普通考試以上各級考試，除應具有該等級考試的積極應考資格外，其有關不同類科應考資格如下：

(一) 具有較低一個等級考試及格資格人員，得應所及格類科的較高一等相當類科考試（考試13、14）。

(二) 由於類科太多，所涉太細，不宜在法律中規定；所以，授權由考試院規定應各類科考試所應具有的科系學歷應考資格。凡符合規定科系者，得應該一類科考試。援此，考試院訂有高考三級考試分試及普考分試各類科應考資格表詳加規定（公試17）。

不過近些年來，因經濟不景氣，失業率高，求職心切，人員湧向國家考試者眾多，每年有超過五十萬人次報考，既使是同期而不同日考試之高、普考，亦又諸多同時報名高、普考者。此間即有以高學歷資格報考低等級考試者，雖不一定錄取，但如錄取，無意中卻提高該考試等級任用人員之素質，但再深思之，似亦有「高資低用」，人才教育浪費之嫌。

三、舉辦高普初考試之定期

關於公務人員高、普考試，由於過去的考試法律規定，每年或間年舉行一次；必要時，並得臨時舉行。所以，歷來都是由考試院依規定舉行，不必有任何其他用人機關申請，考試院每年自行主動舉行一次，成爲常規；且亦偶有一年曾舉行二次。但爲配合各機關任用需要起見，於舉辦高、普考試的一定期間前，先由銓敘部與人事行政局，各就職掌範圍，分別調查需用人員名額。現行「公務人員考試法」於民國75年1月24日制定公布施行後，於民國85年1月13日及90年12月26日先後兩度修正，增加了初等考試，並將有關高、普考定期舉行的原條文取消。因此，其後的高等、普通考試，連同新增的初等考試，合計三種公務人員考試，在法律上無固定時間舉行之規定。但修法後，自民國85年起，公務人員高等及普通考試均已一如往例，每年於7、8、9月間合併舉行一次。近多年來，大致均在7月初舉行，9月底前放榜。但初等考試則非每年舉辦。

第三節　特種考試

一、特種考試之涵義

所稱「特種考試」，顧名思義，是與高等、普通與初等考試有所不同的一種特別考試。有關法律對特種考試所作之解釋如下：「因應特殊性質機關之需要及保障身心障礙者，原住民族之就業權益」所舉辦比照高考三個等級、普通考試和初等考試的一、二、三、四、五等的特種考試（考試6II）。其中所稱「保障身心障礙者、原住民族就業權益」一語，明瞭易懂，無待解釋；至於所稱**「特殊性質機關」**，係指實施地方自治之政府機關及掌理下列特殊業務之機關（考試細7III）：

(一) 掌理審判事項之司法院。

(二) 掌理國家安全情報事項之國家安全局。

(三) 掌理警察、消防行政、移民行政之內政部。

(四) 掌理外交及有關涉外事項之外交部。

(五) 掌理國防事項之國防部。

(六) 掌理關務及稅務事項之財政部。

(七) 掌理檢察、矯正、司法保護、行政執行及國家安全調查保防事項之法務部。

(八) 掌理國際經濟商務、專利及商標審查事項之經濟部。

(九) 掌理路政及航政事項之交通部。

(十) 掌理社會福利事項之衛生福利部。

(十一) 掌理國軍退除役官兵輔導事項之國軍退除役官兵輔導委員會。

(十二) 掌理海域及海岸巡防事務之海洋委員會。

(十三) 其他特殊性質機關。

據此以觀，除上述具體列舉(一)至(十二)十二個機關外，所有直轄市與縣市政府，尤其概括性十分寬廣，所稱「其他特殊性質機關」，以及所涉範圍與機關，相當眾多。

二、特種考試之申請舉辦

特種考試既然主要是適應特殊性質機關需要才舉辦，所以自非定期舉行，而僅在特殊性質機關需要時才舉行；至於何時有需要，以及需要內容如何，則首先當由各該特殊性質機關提出申請，再由考試院核定。此亦即實際做法（考試3，考試細7VIII）。據此，申請舉辦特種考試的實際程序如下：

(一) 特種考試並非定期舉辦。

(二) 應先由各該用人的特殊性質機關提出舉辦該項特種考試的申請，申請內容包括所擬舉辦考試的時間、等級、類科和錄取人數等項。

(三) 爲確認每一特考之舉辦爲必要，而不致流於寬濫起見，對於申請舉辦特種考試，考選部應就機關性質及其業務需要，加以認定；經認定其確爲需要者，始予報請考試院核定之。

三、特種考試之應考積極資格

特種考試區分爲一、二、三、四、五等。依次分別相當於高考一級、高考二級、高考三級、普考以及初等考試。其應考積極資格，分別準用上述各該相當等級考試的應考積極資格（考試16）。

四、高科技或稀少性工作類科之技術人員特考

現行「公務人員考試法」第8條規定：「（第1項）高科技或稀少性工作類科之技術人員，得由考選部報請考試院另訂特種考試規則辦理之。（第2項）前項高科技或稀少性工作類科標準，由考試院會同行政院定之。（第3項）第一項考試及格人員，不得轉調原分發任用機關以外之機關任職。」此爲現今辦理高科技或稀少性工作類科之技術人員特考之法源依據。

查民國85年1月17日公布修正之「公務人員考試法」全文二十五條，其第4條規定：「（第1項）高科技或稀少性工作類科之技術人員，經公開競爭考試，取才仍有困難者，得另訂考試辦法辦理之。（第2項）前項考試錄取人員，僅取得申請考試機關有關職務任用資格，不得調任。」民國90年12月26日修正公布之「公務人員考試法」全文二十五條，其第4條規定：「（第1項）高科技或稀少性工作類科之技術人員，經公開競爭考試，取才仍有困難者，得另訂考試辦法辦理之。（第2項）前項高科技或稀少性工作類科標準，由考試院會同行政院定之。（第3項）第一項考試錄取人員，僅取得申請考試機關有關職務任用資格，不得調任。」

按高科技或稀少性工作類科之技術人員之進用，原得依民國24年11月8日公布之「技術人員任用條例」，以學經歷進用，不需經過考試。行憲後依憲法規定「考試用人」，然而因環境及事實之需要，對於技術人員，除依法考試進用外，仍得依該條例進用，但也造成不平之現象，屢爲詬病。直至民國80年11月1日始依「公務人員任用法」第33條制定公布新「技術人員任用條例」，其進用與一般公務人員相同，採行考試用人，同時廢止原「技術人員任用條例」。對於高科技或稀少性工作類科者，依新「技術人員任用條例」第6條之規定：「得除筆試外，另採二種以上

考試方式行之，其類科標準及考試規則，由考試院會同行政院定之。」於是在考試法制作業上參照日本「國家公務員法」第36條規定：「職員之採用，應以競爭考試行之。但於人事院之規則另有規定之場合，得以競爭考試以外，能證實能力之考試方法行之。」將高科技或稀少性工作類科考試之法源，列入民國85年1月修正公布之考試法第4條中。但由於新「技術人員任用條例」之內容與「公務人員任用法」無甚差異，屢有廢止之議。於是再將該考試類科標準訂定之法源列入民國90年12月修正該考試法第4條中，以應不時之需，並俾完備法制。嗣新「技術人員任用條例」亦不出所料， 於民國91年1月31日公布廢止。

至高科技或稀少性考試之規劃辦理，原分二種：一為特種考試高科技或稀少性技術人員考試，二為特種考試取才困難高科技或稀少性技術人員考試。前者僅於民國87年辦理一次（民國87年特種考試高科技或稀少性技術人員考試），其考試類科即經檢討調整，併入公務人員高等暨普通考試。至於後者取才困難高科技或稀少性技術人員考試，查現行高科技類科計有高考一級生物科技類科，稀少性類科計有高考三級暨普通考試航空駕駛、航空器維修、生藥中藥基原鑑定等類科，因該等類科自辦理以來，均無錄取不足額情形，爰考試院雖曾訂有「公務人員特種考試取才困難高科技或稀少性技術人員考試辦法」（86.7.30.），但自創立迄今，從未辦理。

附帶說明者為：高科技或稀少性工作類科之技術人員特考及格人員，依其前後法律規定，僅取得申請考試機關有關職務任用資格，不得轉調原分發任用機關以外之機關任職。此考試既屬特考，仍應受「特考特用」之規範。

第四節　升官等考試與升資考試

一、升官等考試之性質

依據民國104年1月7日第五次公布修正全文及名稱之「公務人員升官等考試法」所規定之升官等考試的性質，可以概括為四點如下：

(一) 升官等考試也是公務人員考試的一種：分升簡任和升薦任二官等考試（升考1、2）。

(二) 升官等考試是一種非完全公開性的考試：應考人以現職公務人員為限，非現職人員不得參加應考（升考3、4、5）。

(三) 升官等考試也是一種競爭性考試：錄取人數上限，由典試委員會依各等級各類科全程到考人數百分之三十三擇優錄取，總分數未達五十分，或筆試科目有一科科目成績為零分，或特定科目未達規定最低分數者，不予錄取（升官考9）。

(四) 升官等指晉升官等任用資格：升官等考試及格人員，取得其所及格類科所適用職系職務之高一官等任用資格（升官考細12）。

二、升官等考試之應考積極資格

升官等考試的應考人，不涉及應考人所應具備的基本條件和消極資格問題，因爲應考人既然都是現職公務人員，當然都已經符合公務人員任用的基本條件與消極資格的法定要求，無需再加查考。所以法律只需規定應考人的積極資格如下：

(一) 簡任升官等考試應考之積極資格，應具下列資格之一（升考3）：

1. 具有法定任用資格現任薦任或薦派第九職等人員四年以上，已敘薦任第九職等本俸最高級。

2. 依「公務人員任用法」第33條之1第3款規定仍繼續以技術人員任用，現任薦任第九職等人員，並具有前款年資、俸級條件。

3. 依「專門職業及技術人員轉任公務人員條例」轉任之現任薦任第九職等人員，並具有第1款年資、俸級條件。

(二) 薦任升官等考試應考之積極資格，應具下列資格之一（升考4）：

1. 具有法定任用資格現任委任或委派第五職等人員滿三年，已敘委任第五職等本俸最高級。

2. 依「公務人員任用法」第33條之1第2款規定仍繼續任用，現任委任第五職等人員，並具有前款年資、俸級條件。

3. 依「公務人員任用法」第33條之1第3款規定仍繼續以技術人員任用，現任委任第五職等人員，並具有第1款年資、俸級條件或現任薦任第六職等至第九職等人員。

4. 依「專門職業及技術人員轉任公務人員條例」轉任之現任委任第五職等人員，並具有第1款年資、俸級條件或現任薦任第六職等至第九職等人員。

5. 依「公務人員任用法」第17條之規定，經晉升薦任官等訓練合格現任薦任或薦派第六職等至第八職等人員。

前述所稱「具有法定任用資格現任薦任或薦派第九職等人員（或委任或委派第五職等人員）」，指具有「公務人員任用法」第9條所定薦任職任用資格，並依「公務人員任用法」或「派用人員派用條例」進用爲薦任或薦派第九職等（或委任或委派第五職等），經銓敘審定有案之有給專任者（升考細3、4）。又所稱「依公務人員任用法第33條之1第3款規定仍繼續以技術人員任用」之現任人員，指於民國80年11月1日前，依「技術人員任用條例」審定以技術人員任用之技術人員，按其銓敘資格改任之現職人員。

其間，派用人員雖於該法施行細則規定得參加升官等考試，但其基本資格尚非即為考試及格所任用之人員，其參加升官等考試妥否？曾有質疑。茲派用人員派用條例已於民國104年6月17日廢止，再予深究討論，恐無其價值。

三、升官等考試之類科、應試科目及考試方式

升官等考試之類科、應試科目及考試方式，由考試院依工作性質需要定之（升考6）。升官等考試的考試方式，依現行規定，有五種如下：筆試、口試、心理測驗、體能測驗、實地測驗、審查著作或發明。其中除筆試得僅採一種行之外，其他四種應併採二種以上行之。筆試除外國語文科目專門名詞或有特別規定者外，應使用本國文字作答；簡任升官等考試，除採筆試外，應兼採其他一至二種考試方式（升考6）。

上述考試方式，與「公務人員考試法」所規定的考試方式不同之處，在升官等考試方式少了「審查知能有關學歷經歷證明」這一部分。原因很明顯，因為參加升官等考試既限現職人員，且應考資格已規定所需的官等、職等和俸級，所以當然不必再重複以學、經歷審查為考試方式。

四、升官等考試之成績計算方法

升官等考試所採成績計算方法，與高、普、特考大有不同。其最大特點在於：升官等考試採取應考人的三年年終考績作為總成績的一部分；留職停薪進修的人沒有年終考績，而有進修成績，也可以用進修成績代替，用意顯然都在保障應考人。為說明便利起見，原著者將其成績計算方法換寫成公式如下：

甲式：升官等考試總成績＝《（考試成績）×70%》＋《（最近三年考績以考列一甲二乙以上者為限，三年考績平均分數）×30%》（升官考7）。

乙式：以升官等考試成績為成績計算（因最近三年考績未達考列一甲二乙、或最近三年考績平均成績並未高於考試成績）（升官考7）。

丙式：升官等考試總成績＝《（考試成績）×70%》＋《（奉准留職停薪在國內外進修與現職有關學科之學業成績，或論文成績，但僅採七十分以上者，且最多採計三年，而現已回機關服務者）×30%》（升官考8，升官考細10）。

以上甲式用於一般情形的應考人；丙式用於留職停薪進修後回到工作崗位上，尚無三年年終考績的應考人，特別准許得以論文或最多三年的學業成績代替。兩式的共同點在其都採取與考試無關的年終考績或學業成績列為考試總成績的百分之三十。至於考試成績之計算方法，其為僅採筆試一種方式者，即以筆試評分為考試成績；併採二種或二種以上方式者，以二種或二種以上評分依一定比率計算後，為

考試成績。至於以論文或學業成績計算者，應經考選部審查提報典試委員會准予視爲考試成績而言，但如其成績列爲甲、乙者，則分別以八十分、七十分列計，丙等或未列成績者，則不計（升官考7、8，升官考細7至10）。

就我國現今行政機關辦理考績評分情況而言，通常評分最低都在七十多分（乙等），僅百分之七十五得超過八十分（甲等）。故若以兩年各八十分以及一年七十五分而論，平均後折合成考試總成績百分之三十，爲二十三點五分。依現行規定，升等考試錄取成績不得低於五十分（升考9），則筆試成績只要平均二十六點五分就及格。

五、錄取

總成績未達五十分者，或筆試科目有一科成績爲零分者，或特定科目未達規定最低分數者，均不予錄取。每次升官等考試之錄取人數上限，由該典試委員會依各等級各類科全程到考人數百分之三十三擇優錄取（升考9）。

六、升官等考試之價值

前文已經說明升官等考試的四項性質，其中下列兩項尤爲重點：

(一) 爲競爭性考試。

(二) 爲非完全公開性考試。

爲了配合上述兩點起見，所以在制度設計上又採取下列兩項：

(三) 限制應考人必須是現職人員資格。

(四) 採取特別的成績計算方法。

以上四項，合併而成升等考試整個體制設計的主要特點。因此，有人認爲升官等考試制度是否符合憲法所定應公開競爭的考試原則，似有重加檢討考慮的必要。

委任人員晉升薦任，以及薦任晉升簡任這兩個層級，經修正考績法與任用法後，已都可以不必經過升官等考試或其他考試及格，而後以考績再附加其他條件及經過訓練合格，即可取得晉升各該高一官等的任用資格（任用17）。尤其是晉升簡任，昔早已得依考績取得晉升資格，嗣雖附加訓練及格之條件，致使欲參加升簡任官等考試者，意願不高，報考者自然不多，所以，民國104年1月修正公布之「升官等考試法」規定：「自施行之日起五年內，升簡任官等考試以辦理三次爲限」（升考2）。升簡任官等資格改由「晉升簡任官等訓練」及格取得，其政策意涵在於簡任人員爲高級文官，要從訓練中去考察其綜合能力，以補「考試」之缺失。所以，將來升官等考試僅爲升薦任考試。

但是，也有與此相反的觀點。認爲以上種種指責，雖不無道理，但其根源，是在升官等考試的設計，給予應考人太多便宜。不過，這種做法應該是正當合理的，因為國家所要求於在職人員者，為在職努力工作，而非要求其在職努力讀書；同時，公務人員既然以其每日合理的工作時間八小時，甚至於更多（加班），都貢獻給國家，何能要求其更有時間讀書進修？因而採取特別設置升官等制度，並採取其在職考績作為考試成績的一部分，應屬合理云云。但反對者仍認為，尤其現在修正任用與考績兩法，使晉升薦、簡兩官等都可以免除考試，其結果，使中高級人員平均水準降低，比經由升官等考試更令人擔憂。

然而，從過去經驗的觀察，升官等考試的價值似乎仍然有三：

(一) 鼓勵在職人員利用公餘時間自行進修。

(二) 鼓勵在職人員努力工作，以換取優良考績。

(三) 經由升官等考試晉升官等，畢竟遠優於不需考試晉升官等。

但近年來，晉升官等訓練有名額之限制，必須經機關內部之評審推薦，訓練時仍需經測驗合格，始能取得晉升資格。年淘汰率也逐漸提高，也顯然增加合格的困難度，以提高素質。

這是一個可以討論的問題。

七、其他升等升資考試法規

在現行考試制度中，除「公務人員升官等考試」外，還有部分特種人員也有類似的晉升考試制度，並各有其有關規章。例如：「警察人員升官等考試規則」、「交通事業人員升資考試規則」、「關務人員升官等考試規則」等多種，因所涉較細，不擬在此逐一介紹。在上述各規章中，交通事業人員稱升資，是晉升資位的意思。

不過，各該適用特種人事制度之人員的進用，主要是依特考取才，受「特考特用」之限制，其升資（官）考試，係封閉性之各該現職特種人員內升制的考試，依此所取得之資格僅適用於各該特種人員體系，實務上，不被認為是「公務人員任用法」第9條第1項第1款之「依法考試及格」人員（銓敘部87.9.11.八七臺法二字第1627391號函），亦非任用法第15條之「升官等考試及格」人員（銓敘部107.1.15.部法三字第1074299016號函），從而更非任用法第17條第2項第1款所定之「薦任升官等考試」及格人員。如轉任公務人員時，不被採認為相當公務人員之官等資格，亦不得以之為基礎資格參加升官（簡任）等訓練。

第9章　專門職業及技術人員考試

一、專門職業及技術人員一詞之涵義

專門職業及技術人員一詞，在民國18年8月1日初頒「考試法」中即已有之；民國31年9月24日，並初次頒行以此一名詞爲名稱之法律「專門職業及技術人員考試法」（37.7.21.廢止）；後來民國36年施行之憲法第86條也將這一名詞納入條文。初步看來，專門職業及技術人員這一名詞，所指稱者似乎是「專門職業人員」以及「技術人員」兩種人員，但事實並非完全如此。無論在該法本身條文中，或其他有關各種法規中，都將這一名詞作爲一個整體處理，所指是一種人員。

由於專門職業及技術人員所執行的業務，與人民的生命、安全、健康、財產、自由、幸福等權利具有密切關係。政府爲求確保人民這些權利起見，遂以憲法第86條條文規定：「專門職業及技術人員執業資格，應經考試院依法考選銓定之。」這一條文，已概括規定，所有各種各類專門職業及技術人員，均應經政府立法由考試院予以考選銓定之。但專門職業及技術人員類別繁多，政府如一一都將之納入考銓範圍，是否所涉過於廣泛且過細，以致甚或有可能影響人民工作權。在這種安全與自由兩者之間，爲求取平衡與適當起見，政府最後決定僅擇專門職業及技術人員的重要類科人員，納入必須考試範圍。所以，「專門職業及技術人員考試法施行細則」對辦理考試的科別，採列舉爲主的方式規定。但並無法規規定其應辦銓敘，僅規定其執業必到各該職業主管機關登記而已。

據上所述，我們考試制度中所稱的專門職業及技術人員，是指「專門職業及技術人員考試法」及其施行細則所規定的那些科別的專門職業及技術人員，而非社會上所有各種各類專門職業及技術人員。

由於這一名詞較長，所以習慣都簡稱爲「專技人員」。

綜結上述說明，專技人員一詞，法定涵義有二：第一、專技人員是一種人員，在法律上非兩種人員的合併稱謂；第二、「專門職業及技術人員考試法」所規定，依該法以考試定其執業資格者，只是部分科別的專技人員，而非社會上所有各科別專技人員（專技試2）。

二、專技人員之範圍

專門職業及技術人員，係指具備經由現代教育或訓練之培養過程獲得特殊學識或技能，且其所從事之業務，與公共利益或人民之生命、身心健康、財產等權利有密切關係，並依法律應經考試及格領有證書之人員（專技考2Ⅰ），其執業依「專門職業及技術人員考試法」以考試定其資格（專技考1）。如各該職業管理法規有關考試之規定與該法牴觸者，應適用該法（專技考14），如同公務人員考試法第2條之強行規定。其考試之種類有（專技考細2）：

(一) 律師、會計師、專利師。

(二) 建築師、各科技師。

(三) 醫師、中醫師、牙醫師、藥師、醫事檢驗師、護理師、助產師、臨床心理師、諮商心理師、呼吸治療師、醫事放射師、營養師、物理治療師、職能治療師、語言治療師、聽力師、牙體技術師。

(四) 獸醫師。

(五) 社會工作師。

(六) 不動產估價師、地政士、不動產經紀人。

(七) 保險代理人、保險經紀人、保險公證人、記帳士。

(八) 導遊人員、領隊人員。

(九) 民間之公證人、法醫師。

(十) 牙體技術生。

(十一) 引水人、驗船師、航海人員。

(十二) 消防設備師、消防設備士。

(十三) 專責報關人員。

(十四) 其他依法律應經考試及格領有證書始能執業之專門職業及技術人員。

外國人申請在中華民國執行專門職業及技術人員業務者，仍應依該法考試及格，領有執業證書並經主管機關許可。但其他法律另有規定者，不在此限（專技考20Ⅰ）。其考試種類，以前項(一)至(八)爲限（專技考細2）。

三、專技人員選拔之方法

專技人員的選拔，數十年來都兼採考試與檢覈兩途併行。依以前的專技考試法施行細則第3條規定，所有各種類人員的專技考試，都得以檢覈行之。而且，分別依兩種方法取得執業資格者，其權利與義務並無軒輊。後於民國88年12月29日修正專技人員考試法，自民國90年1月1日起取消「以檢覈行之」的規定，並配合將有關之原施行細則第3條刪除。自此以後，就一律必須經由「考試」一途了。

四、專技人員考試之等次

專技人員考試原分高等考試、普通考試、初等考試、特種考試四種。其中高等考試、普通考試與初等考試這三種，一方面是種類的區別；另一方面也是高低等級的區別。因爲與公務人員的高、普、初等考試一樣，其中高、普考試的應考資格，也分別定爲：專科以上學校畢業或高級職業以上學校畢業；或次一等級考試相當類科及格並曾任有關職務滿四年以上。考試及格後所取得的資格，也有高低之別。至於專技人員的特考，也比照公務人員高考（但不分級）、普考、初考，區分爲三個等級考試。

民國102年1月23日公布修正全文二十三條，將其考試等級分爲高考（但不分級）、普考，刪除初等考試，但仍保持特考（比照高考、普考），是以現僅爲高考、普考兩級（專技考3）。

五、專技人員考試之定期

專技人員高、普考試，法定爲每年或間年舉行一次；但得視考試類科需要增減或暫停辦理之（專技考3Ⅰ）。亦即遇有必要，得不舉辦或臨時增辦之。至於特考，由於其係一種「爲適應特殊需要」才舉行的考試，所以，在需要時，才得限期舉行或隨時舉行；而無需要時，則不舉行。是以，此特考向無規定舉行考試期限，但爲「職業管理法律對曾從事該種類業務人員之特別規定」或應特殊需要，得限期舉行（專技考3Ⅱ）或臨時加辦。又各種專技考試之舉行，由考選部於考試兩個月前公告之（專技考5）。

六、應考人之基本條件

因專門職業及技術人員，需「具備經由現代教育或訓練之培養過程獲得特殊學識或技能」（專技考2Ⅰ），所以專技人員考試應考人之基本條件亦規定如次：

(一) 國籍：中華民國國民（專技考7）。

(二) 年齡：年滿十八歲。查民國88年12月29日修正公布專門職業及技術人員考試法全文，於第11條增列此年齡規定，民國102年1月23日修正公布之該法全文二十三條，已刪除年齡規定，然依其第2條：「專門職業及技術人員，係指具備經由現代教育或訓練之培養過程獲得特殊學識或技能，且其所從事之業務，與公共利益或人民之生命、身心健康、財產等權利有密切關係，並依法律應經考試及格領有證書之人員」所作專技人員之定義，及第9條：「公立或立案之私立職業學校、高級中學以上學校或國外相當學制以上學校相當院、系、所、科、組、學位學程畢業者，得應專門職業及技術人員普通考試」，及依現行教育學制觀之，高中（職）畢業係十八歲，且刑法以滿十八歲人能（應）法律負法律責任（刑法18），自然以十八歲爲基本條件，其職業始能保障社會安全或秩序，而無需由法律規定。

(三) 無各種職業管理法規規定不得充任各該專技人員之情事者（專技考7）。

七、應考人之消極資格

民國102年1月23日，專技人員考試法全文修正前之第8條，原規定專技人員考試國人不得報名應試之消極資格四款，並列有「如有各種職業管理法規規定不得充任各該專門職業及技術人員之情事者，不得應考」一項規定。因各職業管理法規均已訂定充任各該專技人員之相關規定，爰於民國102年修法刪除列舉應考資格四款消極條件限制，配合改爲「但應考人如有各職業管理法規規定不得充任各該專門職業及技術人員之情事者，不得應考」（專技考7），以爲限制，並符實際。

八、應考人之積極資格

現行專技人員考試法規定，國人報名專技人員考試之資格如下：

(一) 專技人員高等考試：公立或立案之私立專科以上學校或符合教育部採認規定之國外專科以上學校相當院、系、所、科、組、學位學程畢業者，得應專技人員高等考試。但各該職業管理法規有特殊規定者從其規定（專技考8 I）。

(二) 專技人員普通考試：公立或立案之私立職業學校、高級中學以上學校或國外相當學制以上學校相當院、系、所、科、組、學位學程畢業者，得應專技人員普通考試（專技考9 I）。

(三) 特殊情況增列應考資格之條件：

專技高等或普通考試之應考資格，除依前述規定外，並得視考試等級、類科之需要，增列下列各款爲應考資格條件（專技考10）：

1. 提高學歷條件。
2. 具有與各該類科相關之工作經驗、實習或訓練並有證明文件。
3. 經相當等級之語文能力檢定合格。

九、考試之舉行與考試之方式

專技人員各種考試，得單獨或合併舉行，並得分考區、分試、分階段舉行；其考試類科、地點、日期等，由考選部於考試兩個月前公告之。採行分試、分階段考試之類科及其資格保留年限，由各該考試規則定之（專技考5 I）。例如：

專技之醫師、牙醫師、中醫師、藥師則分階段考試，考試院前即訂有其考試規則（106.2.20.）。律師亦前定其考試規則（106.3.24.）分二試舉行。

專技人員考試之方式，與公務人員考試相同，得採筆試、口試、心理測驗、體能測驗、實地測驗、審查著作或發明、審查知能有關學歷經歷證明或其他方式行之。除單採筆試者外，其他應併採二種以上方式。筆試除外國語文科目、專門名詞或有特別規定者外，應使用本國文字作答（專技考4）。

具有與專技人員考試相當之學歷經歷者，應專技人員考試，得視其不同學歷經歷或具專業技能證明文件，爲下列之減免（專技考13）：

(一) 應試科目。

(二) 考試方式。

(三) 分階段或分試考試。

前述申請減免之程序、基準及審議結果，由各該考試規則定之。

又專技人員考試法第14條規定：「專門職業及技術人員之職業管理法規，其有關考試之規定與本法牴觸者，應適用本法。」此乃依憲法第86條規定，主管專技人員之考試機關爲考試院，雖各該職業管理法規規定其執業之管理由各該行政機關主管，但其執業資格之考試，仍要遵守憲法之規定，由考試院辦理。

十、及格之方式與必要之訓練

專技人員考試得視等級或類科之不同，得擇一採行下列及格方式或併用，並由考選部報請考試院定之（專技考16Ⅰ）：

(一) 科別及格。

(二) 總成績及格。

(三) 以各類科全程到考人數一定比例爲及格。

專技人員考試總成績計算方式、配分比例及成績特別設限等事項之規則，由考選部報請考試院定有「專門職業及技術人員考試總成績計算規則」（專技考16Ⅲ）。

專技考試錄取人員，由考試院發給考試及格證書，並登載公報。但必要時得視類科需要於錄取後施以訓練或學習，訓練或學習期滿成績及格者，始發給考試及格證書（專技考18Ⅰ）。例如：「專門職業及技術人員高等暨普通考試消防設備人員考試規則」（85.6.3.訂定發布，106.8.25.第十次修正發布）第10條第1項規定：「本考試筆試錄取人員，須經專業訓練期滿，成績及格，由考選部報請考試院發給考試及格證書，並函內政部查照。但具有內政部核發之消防實務經驗二年以上證明文件者，免除訓練。」並訂有「專門職業及技術人員高等暨普通考試消防設備人員考試錄取人員訓練辦法」（86.3.5.訂定發布，102.8.6.第四次修正發布）；「專門職業及技術人員高等考試引水人考試規則」（77.1.1.訂定發布，106.3.4.第九次修正發布）第14條規定：「本考試錄取人員應經學習，學習期滿且成績及格，始完成考試程序，由考選部報請考試院發給考試及格證書，並函交通部查照。」並訂有「專門職業及技術人員高等考試引水人考試錄取人員學習辦法」（77.1.6.訂定發布，102.8.6.第五次修正發布）。

十一、取消考試應考資格與及格資格

應考人有下列各款情事之一，考試前發現者，取消其應考資格；考試時發現者，予以扣考；考試後榜示前發現者，不予錄取；考試訓練或學習階段發現者，撤銷其錄取資格；考試及格榜示後發現者，由考試院撤銷其考試及格資格，並註銷其考試及格證書。其涉及刑事責任者（刑法137：對於依考試法舉行之考試，以詐術或其他非法之方法，使其發生不正確之結果），移送檢察機關辦理（專技考19，考試22Ⅰ）：

(一) 依各種職業管理法規規定，不得充任各該專技人員之情事者（專技考7）。

(二) 冒名頂替。

(三) 偽造或變造應考證件。

(四) 以詐術或其他不正當方法，使考試發生不正確之結果。

(五) 自始不具備應考資格。

應考人有前項(二)至(四)情事之一者，自發現之日起五年內不得應考試院舉辦或委託舉辦之各種考試。

此規定與「公務人員考試法」第22條規定雷同，茲不予贅述。

十二、考試作業疏失之補救

專技人員考試榜示後發現因典試或試務之疏失，致應錄取而未錄取者或不應錄取而錄取者，由考選部報請考試院補行錄取或撤銷其錄取資格（專技考17）。此規定與「公務人員考試法」第20條規定相同，茲不贅述。

第10章 當前考選制度之基本問題

本書目的在析述我國現行考銓制度實況，但爲闡明制度形成過程及制度所據理論起見，所以對整個考銓制度中一些主要部門、沿革和背景，更作了一些必要的析述。但在研究之餘，難免略有所見，復以本書原著者從事考銓實際工作多年，難免略有所感所悟；所以，在析述制度之餘，當然不免因有所感而隨之也有所敘，而在有關考選、任用、俸給、考績、獎懲、服務、公保、訓練、進修、保障、退休、撫卹等這幾個重要章節之尾，各別提出一些基本問題，略加討論。以供讀者先生思考之助。茲增修者亦承續此原則。

以下就考選部分的幾個比較基本性問題略加討論。

第一節　考試是否爲最好取士方法

我國自古重視取士與用人。所以說：「爲政在人」，因而歷代無不以取士得人爲治國之要政。及至採行科舉制度後，每舉辦科舉考試，輒更視爲國之大典。

取士方法，歷有變革。自最早之世官、鄉選里舉、諸侯貢士，歷經改朝換代後逐漸而有試吏、徵用、選賢、薦舉、察舉、九品中正、科舉等不同制度，以至於民國以來之現行考試制度；西風東漸後，更有民主投票選舉，以產生議員與地方行政首長之制，取士方法不少。

國父中山先生有鑑於英、美政府以往公職人事分贓制度（spoils system）的不良，以及我國自古以來考試取士的公正有效，所以特別將考試採納爲五權憲法中之一權，使與其他四權平行獨立。但自從北伐統一後，考試權建立以來，各方對之始終持有不同意見。尤其自從憲法第85條明定：「公務人員……非經考試及格者，不得任用。」對考試用人一事，更是迭有異議，尤以行政機關爲最，甚至出現廢止考試權的暗流（詳情請參閱本書原著者所著《考試權的危機》，頁1至5，商務版）。

問題的核心是，考試是否爲取士最好的方法？茲扼要析述如下：

一、反對考試取士之主張

大致可歸納爲下列幾點：

(一) 經由考試方式選用人員時，對考試及格人員的眞實能力與品德，無從瞭解；而機關首長所瞭解且有經驗的熟悉人才，又未必都是或都可經考試及格者。

(二) 現行考試方法與技術，常不能有效適用於測試高級人才、高科技人才，和稀少性人才。

(三) 許多人才不願參加考試。

(四) 現行考試方法與考試技術仍有改進餘地。

二、贊成考試取士之主張

可以歸納爲下列幾點：

(一) 憲法既明文規定政府應經考試進用公務人員，自應確實遵行。

(二) 考試用人，在政治上有天下爲公的精神，符合民主政治公開和參與的基本宗旨。

(三) 考試用人，可以公正、公平、客觀擇優取士，符合行政上擇優用能的道理。

(四) 在當今複雜紛繁社會中，人才找事，事找人才，相互隔膜不能密切配合。國家考試制度則可以爲機關選擇供給可用人才，而人才也可藉國家考試以適當就業。

三、考試用人制度似應維持

就上述正反兩方理由各端而論，在現代民主制度下，遵行憲法是政府與人民雙方共同的義務與責任，所以這是毋庸置疑之事。但憲法並非不可修正或補充，如考慮修正憲法，自然可以進一步考慮考試制度是否應予繼續維持。除憲法規定外，贊成者所舉述的其他三項理由，似乎無可非議；但反對者所說各點，也是事實。如以第三者身分持平而論，持反對立場者的理由實際有二：第一、反對者所反對的事項，多屬有關考試技術的事項，並非對考試用人這一基本原則不同意。對於這一點，考試機關應該誠心接受，並設法確實改進考試技術。但反對者亦不宜因技術原因，而在原則上就根本反對考試制度。第二、有權用人者喜愛任用自己原已認識的人，或有私人關係的人，這是一種不完全値得贊許的心態問題。對此，有權用人者似乎應該調整心態。

綜上所述，似乎可以作一結論：考試掄才的制度應予維持，但確應改進考試技術，提升其「效度」與「信度」。

至於若無公開競爭性的考試制度，任由各有權用人者任意用人，若有權者公正明智，引用良才賢士，固有可能；但所可能引發的流弊必然眾多。類如：賣官鬻職、結黨營私、濫用私人、才不稱職、徇私舞弊、庸才橫行、貪汙黑暗等情事，導致施政效能不彰，行政效率低落，政治腐敗無能，迫使人民反對政府，形成國家禍亂。種種重大缺失災害，就不必細說了。

第二節　如何確定考試用人範圍

這一問題是說：在整個政府體系中，究竟哪些人員必須經由考試進用？

一、是否應以公務人員為範圍

政府人員包括文職人員和武職人員之別。文職人員中，有選任人員、政務官、事務官（包括公務人員、繼續派用人員等）、聘用人員、公營事業人員、公立學校教員與職員等，性質互異、類別不少。依憲法第85條規定：「公務人員之選拔……非經考試及格者不得任用」，以及第86條：「左列資格，應經考試院依法考選銓定之：一、公務人員任用資格。……」顯然，憲法這兩條條文僅限定「公務人員」應依法考試進用。

但政府公職人員中，究竟哪些人員是公務人員呢？

目前的實際情形是，在上文列舉的各類人員中，武職人員、選任人員、政務官、聘用人員、（部分）公營事業人員、公立學校教員，都不在考試用人範圍之內。只有事務官和公立學校職員，是依「公務人員任用法」規定，經由考試途徑進用，以及公營事業中的交通事業人員是依「交通事業人員任用條例」規定任用，也是依「公務人員考試法」考試及格後進用。

上述實際情形，目前尚無重大爭論。但這並不等於如此界定「公務人員」一詞的範圍即無可討論；也就是說，目前適用考試用人規定的這種範圍，是否正確，非不可討論。

二、何謂公務人員

至於公務人員一詞的涵義，主要依據是「公務人員任用法」第5條之規定：「公務人員依官等及職等任用之」，又其施行細則第2條規定：「本法所稱公務人員，指各機關組織法規中除政務人員及民選人員外，定有職稱及官等、職等之人員。」這是對「公務人員」一詞最明確的法定解釋。至於其他如：俸給法、考績法、保險法、退休法、撫卹法等有關公務人員管理的法律，對公務人員一詞，雖也各有其與上述任用法多少不同的界說，但似乎仍應以任用法的界說爲準。因爲，唯有任用法才是決定其取得或不取得公務人員身分的法律；唯有經由任用法任用之後，人員才進入公務人員的範圍。至於成爲公務人員以後，在俸給、考績等管理上，儘管採取任何區別做法，仍不影響其已取得的公務人員基本身分。至於交通事業人員之需考試用人，則是另依「交通事業人員任用條例」第5條規定：「高員級以下，須經考試及格。」

三、公務人員範圍仍可討論

「公務人員任用法」的內容，初稿是考試院起草提出，經立法程序通過。而且上述有關「公務人員」一詞的解釋，爲考試院原送立法院草案所提出之條文，並非立法院加列。所以，施行細則將公務人員界定爲：「各機關組織法規中，除政務人員及民選人員外，定有職稱及官等職等之人員」，是考試院的主張。

依上述定義，劃定「公務人員」一詞，所指稱者爲政府公務職務中，部分範圍內之人員，排除了其他人員。換言之，應由考試院依公務人員考試法律辦理國家考試予以任用的人員，亦以此爲範圍。

這種範圍是否妥適？是否與憲法原意相符？是否與中山先生原意相符？是否合乎一個國家、一個政府以內之人員應統一管理的原則？都不是不可討論的問題。

第三節　國家考試是否應由考試院統一辦理

這一問題，可以分就兩個層面來討論：一爲法律層面，二爲理論層面。

一、就法律層面論

先就憲法層面而言，憲法增修條文第6條規定：「考試院爲國家最高考試機關，掌理左列事項，不適用憲法第83條之規定：一、考試……。」又憲法第86條早就規定：「左列資格，應經考試院依法考選銓定之：一、公務人員任用資格。二、專門職業及技術人員執業資格。」除此以外，憲法另無其他條文規定任何其他機關得辦理考試；甚至在憲法第108條所列舉可交由省縣執行之事項中，亦未列考試一項。至於在有關法律方面，「典試法」規定最爲明白：「考試之舉行，應由考選部報請考試院核定設典試委員會」（典試2Ⅰ），「……考試方式性質特殊者，經考選部報請考試院核定後，得委託機關、學校、團體辦理」（典試14III），「典試委員長由考試院院長提經考試院會議決定後，呈請總統特派之（第1項）。典試委員由考選部商同典試委員長遴提人選，報請考試院院長核提考試院會議決定後，由考試院聘用之（第2項）」（典試3），而且舉凡有關國家考試的事項，諸如：考試的程序、公務人員的應考年齡、考試類科、分類分科的應試科目、體格檢查的決定、體格檢查的標準、應補行錄取人員或撤銷錄取資格、各種應考資格、分類分科應考資格，以至於考試及格證書費數目之決定與收受，或撤銷錄取資格等等有關考試事項，都以法律規定由考試院辦理（考試5、9、12至19、20至22）。至於專技人員考試的諸此有關事項，依「專門職業及技術人員考試法」各有關條文規定，只有小部分略有不同，但也規定各該事項應均由考試院定之。所以，主管辦理專技人員考試的機關，仍然是考試院。

基於上述諸此規定，國家考試當然都是由考試院辦理；但低等級考試得經考試院決定委由其他機關辦理（典試14III）。至於是否委辦，權仍然在考試院，而且委辦並非放棄權力。

二、就理論層面論

再就理論層面而言，以上所述各有關法律規定，究竟是否允當？應否繼續維持？值得研究。有人提出兩種互異觀點如下：第一、依照組織理論的事權統一原則，同類事項以及具有一致性之業務，應交由同一權力機關統一辦理。第二、另有若干類別事項，雖也具有一致性，但為期形成多元，以造成競爭，而促成進步起見，則反而應立意分散其事權云云。

三、似仍應由考試院統一辦理

在上述兩項觀點中，第二項是主張不必完全統一辦理而可以分散辦理。參酌這兩項觀點來衡量辦理國家考試一事，似乎仍可以作成下述結論：國家考試仍以交由考試院統一辦理為宜。理由如下：

(一) 統一事權原則確應依循，無待多論。

(二) 至於多元競爭之說，則似不適用於辦理國家考試之事。因為辦理國家考試業務，並無製造競爭之必要。而且，任何一次國家考試之應否舉辦、何時舉辦，以及應辦理哪些類科，考試及格標準如何妥為建立等事項，都應有一國家標準，也都應有一全國性機關統籌、規劃和控制，非其他四權之一的任何一個權力或任何機關各自僅就其本身單獨個別需要，所得隨時自行辦理。

(三) 國家選拔人才，應由一個非用人機關，以其客觀公正立場，予以規劃掌握；不宜由各機關自行分別舉辦考試，自定標準，自行評選。

(四) 就辦理考試的技術立場而言，統一由一個機關辦理，更能累積經驗。觀乎臺灣近幾十年來，以前大學及高中的入學聯考，由於每年輪值不同學校辦理，甚難累積經驗，以致罕有不發生試務缺失情事。反觀國家考試每年所辦多在三十次左右，無論其爲考選部自辦；或雖交由其他機關代辦試務，但仍係在考選部直接指導監督輔助之下進行，極少有發生試務缺失情事。

如果可作成結論說：應該統一由一個機關辦理，則應以法律規定此機關爲何機關。現經憲法及法律規定，此一機關爲考試院，自屬適當而應遵行。

第四節　資格考試與任用考試之爭

本書第八章第一節第十目中，於析述考選制度時，已使用資格考試和任用考試此二名詞，並說明其意義，及非法定名詞，而僅爲實務上之習慣用語，確有其使用的必要。

一、兩種考試區分之經過

中央政府播遷來臺之初，財政拮据，頗賴自大陸攜來之大量庫存黃金美鈔彌補開支。因之，各機關人事從簡，凍結員額，儘量維持僅以隨同機關來臺之少數原有職員辦事狀況。但高、普考試爲法定每年（或間年）應舉行之國家大典，所以每年仍依法舉行，所錄取人員，聽其自然，不作任何處理安排或分發。而後，由於登步島大捷、金門大捷、韓戰爆發、第七艦隊協防臺海，以及中美協防條約的簽定等一連串盛事出現，局勢轉爲安定，臺灣始得安心努力從事建設，各機關在必要情形下，亦得稍增員額。惟所進用者，多爲大陸來臺原即具有行政經驗且待職之老練公務人員，較少選用考試及格而缺乏經驗之新手。在此時際，每年各種考試錄取之人員，爲數累積漸多。至民國48、49年間，時任考選部長黃季陸先生，深以爲憂，在大聲疾呼之餘，提出「考用合一」口號，呼籲政府機關，應儘先補用每年考試及格之新人。其涵義爲：「既經考試及格之人員即應予任用，是爲考試與任用一致之意，此爲『考用合一』一詞之最原始涵義。」此後，並經考試院多年持續鼓吹，始漸恢復前在大陸時曾施行之分發考試及格人員任職制度。民國56年，行政院人事行政局成立，接受考試院委託，對行政院所屬各機關，執行考試及格人員之分發。循此以進，規模日備，考試院始有「考試及格人員分發辦法」於民國76年訂定施行。於是，各種公務人員考試，除極少數考試經明定爲考試及格後僅取得及格資格，不辦理分發者外，絕大多數考試及格人員，都必予以分發任職。爲資區別起見，習慣上逐漸形成稱前者爲資格考試，稱後者爲任用考試。

二、任用考試在技術上之困難

所稱任用考試，實即執行「考用合一」政策之考試。爲貫徹考用合一起見，自必須辦理考試及格人員之分發。自從分發制度確立以來，每辦理一次考試，事先都由分發機關銓敘部及行政院人事行政局，各就行政院以外各機關，以及行政院與其所屬機關，分別辦理職缺調查，送考選部據以彙整規劃考試。而錄取時，則力求配合所查送之職缺數目錄取人員。

然而，配合職缺錄取人員，聽來似屬當然，實際則極難貫徹，而常發生下列各項執行問題：

(一) 當應試人平均成績偏高，而所需用之缺額較少時，結果必使成績縱然十分優良者亦不得錄取。原因是避免超額錄取後無缺可供分發任職。

(二) 當應試人平均成績偏低，而需用人數較多時，必被迫而使成績甚低者亦不得不予以錄取，以敷缺額所需人數，致使人員平均素質偏低。

(三) 當考試成績正常，所需缺額亦非過少或過多時，始有可能配合需要，合理錄取成績適當之人數。

但上述第3種情形甚少出現，縱使出現，仍有下述第4種重大困難問題發生：

(四) 足額錄取後，被錄取人員由於在職、在學、在役、家庭、工作地點等原因，或根本自始即無意接受分發任職，以及個人喜惡等各種各樣不同原因，經常不可能完全遵照分發前往報到任職，或雖報到，但不久即行離職，造成地方基層機關缺額嚴重情形。

綜上所述，可知每一考試無論錄取人數多少以及分發後能否一一到職，形成事先事後均有問題。因之，「考用合一」用意雖善，但卻成爲不可能貫徹之政策。亦即「任用考試」有執行上之實際困難。

三、解決方法凡經三變

但若無「考用合一」或「任用考試」政策之執行，亦有違國家考試應有之體制。兩難相權，既已明確標示考用合一之宗旨，則非有萬難，不應輕言放棄。爲此，考試院遂費盡心機以赴，歷年所曾採取用以實現考用合一政策的具體辦法如下：

(一) 超額錄取：錄取人數高於所預報缺額數，以期有充足及格人員依序備補候用。但結果則形成：一方面仍多有不能前往報到者；另一方面則每年均有不能分發完畢之人員，累積成患。

(二) 分兩類報名及錄取：後經改變辦法而將報名人區分為第一類及第二類（此約在民國68年至74年間），第一類為錄取後立即可以接受分發而前往報到任職者；第二類為因在職、在學，或在役，於錄取後不能立即接受分發者，可以保留其分發申請權，至其不能分發原因消滅後之一定期間內，再請求分發。這一辦法施行後，報到情形確有改善。但第二類人員逐年累積，一待其不能分發原因消滅，即紛紛依規定陸續請求分發，人數眾多，又造成困擾。

(三) 錄取後應經訓練及格始為考試及格：於是民國75年修正「公務人員考試法」，規定：高、普考及格人員，應經定期之訓練及格始為考試及格，而才予分發任職。此事在表面上係為藉考試程序中的訓練，以充實其任職能力；實際上最初則係借訓練之名，而行迫使人員到職且不能迅速離職之實。施行以來，效果卓著。但其缺點有二：第一、錄取人數仍必須勉強配合職缺數目，以致常有成績優良者亦不能錄取，或錄取者未必成績優良，有欠公道。第二、以訓練之名，行強迫留人之實，有違誠信，非政府之所宜為。

四、兩種不同主張

在百般困難之下，考試院似乎無路可走。經苦思結果，發現問題實根源於考用合一政策。亦即考試與錄取，充分受到用人需求數量之控制，而不能擇優錄取，不僅有欠公道，更有失掄拔人才之宗旨。為求解決問題，於是產生意見不同之兩派主張如下：

(一) 資格考試派主張：考試仍應純依成績錄取，凡到達一定成績者，即應悉予錄取。至於是否足夠分發供用，或有所不足，或有剩餘，均在所不問。此種主張，稱為資格考試。

(二) 任用考試派主張：認為錄取人員若不充分予以分發任職，將降低國家考試之價值；同時，亦將使各機關用人來源困難，且考試及格人員到處鑽營，敗壞風氣。所以，仍應配合用人需要以錄取人員。此種主張稱為任用考試。

五、雖改採第四種辦法，但問題尚未完全解決

民國85年1月，「公務人員考試法」修正施行，新規定錄取人員分為正額錄取與增額錄取兩種。前者照所報缺額錄取，由政府負責分發任職；後者為超額錄取，列冊候用，於前者分發完畢後，始得由各機關自行遴選進用。這一做法，實質是將任用考試與資格考試，稍予兼顧（類似傳統之正取與備取方法）。但新考試法復規定，增額錄取之人員，如於該種考試下次舉辦放榜之前，仍未被遴用者，則其所獲

錄取資格即行自動消滅。又因在學、在役，經保留分配訓練而得再予分發任職，於其保留原因消滅後，如逾規定期限未辦理申請補訓分發任用者，與增額錄取人員同失其錄取資格。此種情形，無論就堅持任用考試者立場或堅持資格考試立場者而言，均難感滿意。乃因事實困難甚多，民國97年1月修正「公務人員考試法」後，改為依考試成績依序分發，以迄於今，雖能因應非預估出缺職務（臨時出缺）之遞補，但亦難免因「錄取不易」，涉及人民應考試服公職之權利，而儘量設法分發之情。「缺」、「補」之間，似乎難完全吻合搭配。

第五節　如何正確設定考試等級

我國考試等級之設定，主要課題為考試等級的多寡，以及是否設置高級人員的考試等級這兩個重點考慮。

一、考試等級之多寡

這與各該人事制度的官等職等數目關係最密切。官職等級數目因制度之不同而有多少之別。就等級較多的制度而言，例如：九品制之有九等（實際上歷朝在每品之下，仍區分有若干個官階，其官階稱正、從或上、中、下不一，如「從二品中」為一個階之稱謂；階次最多的後魏，有九品五十四個階）；又如：職位分類制，我國有十四個職等，美國聯邦有十八個職等。至於官等數目較少的制度，例如：我國過去的簡薦委制，只有三個官等（實際上是特任、簡任、薦任、委任四個官等。但因特任屬於政務官層次，與事務官之需要考試用人情形有別，所以此處可以不將特任納入討論，而只就事務官的三個官等討論）；高等教育的教師制度，有自教授以至講師四個等級；現行的公務人員官職併立制，也只有簡薦委三個官等，因另有特任官等之政務官，不屬常任文官範圍，常任事務官只有三個官等，而且還配合設有十四個職等。像這許多不同制度之下的不同數目官職等級，各該制度的考試等級，究應如何設定？可供選擇的方案很多。

二、設定考試等級之幾種型態

對於考試等級的設定，歸納起來，大致可以簡化為下列幾種型態：

(一) 配合官職等級設定同數目考試等級：例如：依據職位分類原始理論，幾乎每設有一個職等，就應配合設置一個考試等級。也就是每一職等之進用新人，以及每晉陞一個職等，都要經過考試及格。

(二) 設定較官職等級為多的考試等級：例如：我國以前的簡薦委制度，常任文官雖然只有三個官等，但其特考卻設有甲、乙（高等）、丙（普通）、丁（初等）四個等級的考試；以及現行官職併立的制度，雖僅有簡薦委三個官等，但其特考卻有一等（高考一級）、二等（高考二級）、三等（高考三級）、四等（普考）、五等（初考），共五個考試等級，都是具體事例。

(三) 設定較官職等級為少的考試等級：例如：我國歷史悠久的九品官等制，卻只有一個無固定等級的科舉考試，進士科及格者，通常初次授官爲六、七、八品職務不等。但終身只需這一次考試。事實上，衡酌進士科考試，其錄取水準雖然甚高，但其性質大致只是中級人員考試，及格後之最初任官等級，也大致僅相當於我們現行的高考三級考試（專科以上學校畢業應試者），甚或特考四級考試，彈性頗大。

(四) 僅有中低人員等級考試：例如：我國行之多年的交通事業人員資位制，將人員區分爲長、副長、高員、員、佐、士等六級；但僅有高員級以下各級設有考試，最高的長級與副長級必須由在職人員積資甄審升任。

(五) 無需任何等級考試：例如：我國現行高等教育教師人事分類制度，雖區分爲教授、副教授、助理教授、講師，共四個等級（「教師法」及「教育人員任用條例」都已將原有助教摒除於教師之外），所有各級學校教師未設定任何一個等級的考試，所以也就自始無需參加任何考試，不過另行設定有各級教師的評審制度。

以上五種型態，各有其理論或理由。

關於上述第1種型態之就每個職等都設定一個考試等級，用以準確測定人員擔任每一個職務等級的智能，雖然理論上確實十分科學化而動人聽聞；但經驗證明這種方法已經失敗，而結果適得其反。由於考試等級過多過細，基本上有桎梏人才之大弊，不僅無此必要，而且也由於太過複雜，在執行時更有技術上的實際困難。例如：第六職等考試與第七職等考試，相互間所需知能程度難以精確區分，命題難易亦難以區別，所以這一型態是不可取的。不過，如果該一人事分類制度所設定的官職等級爲數甚少，雖然配合也設置與其官職等級數目相同甚少的考試等級，則無不宜，例如：簡薦委制度只有三個官等，如果也配合只設置三個考試等級，則應屬可行。至於上述第5種型態之雖有官職等級，但卻並無考試等級，這種情形，由於其根本否定了考試的意義，已非考試等級多與少的討論，而是考試有與無之問題，已經涉及考試價値的基本討論，超出本論題範圍，所以不在此討論。

至於上述第2種型態之考試等級比官等數目還多的情形，原則上不甚合理。因爲既然考試等級多過官等數目，則必定有部分官等之內有二個或二個以上的考試等級。按諸事理，在同一官等之內，一方面由於公務人員任事之知能固然重要，但任事之經驗更爲重要，原則上不應允許中途插入新進人員；另一方面，在職人員應該也不必依考試晉升，而應以考績晉升，因而也就沒有同一官等設置兩個考試等級的必要。如果認爲某一官等所跨幅度太長，則應當將這一官等分割爲兩個或更多的官等。這種考試等級數目多過官等數目的情形，原則上應非合理。

至於上述第3種型態之考試等級少於官職等級的情形，一般大多是較高的官職等級不設考試等級，以留供人員內部以其他方式（例如考績）晉升。但只有一個考試等級，則似乎又過於簡略，不足適應需要。

綜上所述，就本書原著者認爲：上列第4種型態似較可能兼顧人員知能與經驗之利。所舉實例，我國現行交通事業人員的資位職務分立制，將人員區分爲長、副長、高員、員、佐、士六級資位，其中長、副長兩個最高資位，設置之基理由內部人員甄審晉升，而不辦理考試，似可爲證。

三、有關考試等級數目之結論

依據上述討論，似乎可以得到下列幾點初步結論：

(一) 原則上，考試等級不宜過多。

(二) 如果官職等級區分較多，則考試等級應少於官職等級數。

(三) 高級人員重在經驗，似不宜以考試進用。

四、應否設置高等級考試

至於是否應該設置高級人員考試等級一節，例如：我國過去所設置的公務人員甲等考試，各方主張頗不一致。有一派主張認爲高級職務原則上應以學識與經驗兼備之人才充任爲宜，既不可偏重學識，亦不能偏重經驗。因此，原則上，不宜設置高級人員的考試等級，以外選人員，而宜於內部晉升（例如上述交通事業人員），始能符合學驗併重的要求。但另有一派主張所持理由亦頗充分：

(一) 在高級智識分子充斥之今日我國，爲使人才蔚爲國用，而不淪爲國害起見，允應設置高級人員考試，以網羅高級智識分子，展其所長，張其抱負，加強團結，加速國家進步。

(二) 當科技進步，日新月異，知識爆發之際，允宜以最快捷方法，引進最新之高級人才，賦予重要任務，俾得迅速獲得新知新技以運用於政府之中，提高行政效能。若必須以低級或中級人員進用，按步就班，逐步晉升，則蹉跎歲月，知識與技能早已落伍。

(三) 所謂經驗，並非必須在行政體系內養成，亦可在企業界、民間，以及在學術界養成。如此，即可不必固定在行政界內升，亦可經由辦理高等級考試，自行政界以外擇優掄拔。

以上兩種見解，均言之成理。不過，下列兩點觀念應可供參考：

(一) 經驗有專業性或專屬性，並非各種不同性質事務的經驗都可以相互轉移適用。

(二) 但如高等級考試及格人員非出身行政界，致缺乏行政經驗，應可設計一套過程，使其於考試及格後，有一段適當時間歷練，以取得適當之經驗。

在上述兩項觀念瞭解後，高等級之考試似可考慮辦理，但需妥爲設計並有配合措施，以增加其實務經驗。民國98年4月10日之「公務人員任用法」第13條修正草案，即曾擬恢復高考一級考或特考一級考及格者取得簡任第十職等任用資格，惜未爲立法院所贊同通過。

第六節　如何確定國家考試中專技人員範圍

所稱專技人員，本書前文已依專門職業及技術人員考試法舉例說明。但一般言之，概指：律師、會計師、建築師、醫師、護士以及各種技師等類別在社會自由執業的人員。其所執行的業務，絕大部分都與國民的生命、安全、健康、財產、自由，與幸福，有直接密切關係，十分重要。若不具有合理適當專業知識與技能水準，則不僅不足以服務國民或維護國民的利益與福祉，且反而必將貽害國民。因此，國家自有責任與義務，對專技人員施以管理。管理之開始，即爲辦理國家考試，以鑑定其專業智識與技能水準，決定其執業資格。這就是憲法規定專技人員執業資格，應由國家辦理考試之原由。

一、專技考試法之規定

執業社會的專技人員，大小類別繁多，人數也多，且幾乎無一不與國民日常生活密切有關。如一一都必須由考試院舉辦考試，以測定其技能水準，則：(一)在實務上有無辦理困難？(二)對社會是否造成不便？(三)對若干次要性的執業行業，有無必要？這些都是應加考慮的問題。因此，對於那些類別專技人員必應由國家辦理考試來鑑定其技能，以認定其執業資格，各方有不同看法。

依「專門職業及技術人員考試法」第1條規定：「專門職業及技術人員之執業，依本法以考試定其資格。」至於何爲專技人員，亦即專技人員的定義與範圍爲何，則並無條文加以界說，僅在其施行細則中，對所稱「以考試定其資格」之人員爲律師、會計師、營養師等十四款所列舉之四十二個名稱的人員，及另款概括規定之「其他依法規應經考試及格領有證書始能執業之專門職業及技術人員」（102.8.6.修正前專技試細2），但仍非對「專技人員」一詞有性質上的界說，僅以列舉加概括之例示方式以規定其考試之對象。直至民國102年1月23日公布修正該法全文二十三條，其第2條始予定義。而原所稱「依法規應經考試及格領有證書」一語，所指不限於「法律」所規定之人員，且包括各行政機關以「行政命令」或「法規命令」（行政規章）規定應領證書之人員，而於民國102年修正公布該法始予以規定需「依法律」（專技考2）。

目前，對於條文所列舉自律師以至營養師之十三款人員之考試，行之有年，尚不發生問題；發生問題的是在第14款所定：「其他依法律應經考試及格領有證書始能執業之專門職業及技術人員」。

二、考試院應依憲法執行

關於專技人員考試法所定，凡法律規定應經考試及格領有證書，始能執業之專技人員，即應以國家考試定其執業資格（專技試2Ⅰ），應屬妥適合理的規定。因爲無論是以法律或以行政命令規定其應領證書，即表示其有加以管理的必要。發給證書之舉，性質爲對其執業資格（能力）的認定。至於應如何認定其執業資格，憲法第86條既明文規定：「應經考試院依法考選銓定之」，自應依憲法規定辦理，不發生疑義問題，亦應無所爭議。但目前實況則非如此。考試院以外的行政機關，多年以來，對於多種技術人員都定有法規予以管理，規定應取得證書，始得執業，並且據此而由行政機關辦理多種技術人員的資格鑑定性測驗或甄試，授予資格證書（例如電工技術士）。爲此，考試院考試委員迭有意見提出，主張應依法將諸此類別考試，收回由考試院自辦。在此種主張下，已由考試院收回自辦者不少（專技試細2）。但近年來，這一收回自辦的政策似已停步。

依法而論，考試院收回自辦這種做法，自屬合法、適當而正確。而「依法律應經考試及格領有證書始能執業之專門職業及技術人員」這種規定，亦甚爲妥當。因爲既由各該職業主管機關認定，並以法律規定，應採發給證書方式從事管理，則自應依憲法規定由考試院統一辦理國家考試，鑑定其技能，決定其執業資格，以維護人民安全與幸福，以及貫徹考試權之獨立行使權力，藉維考試制度應有的公正、公開與公平的政治價值。

惟此行政命令（行政規章）自應以具有專業法律明文授權訂定者，始符法律體制。民國102年修正該法及其施行細則第2條，將「依法規應經考試及格領有證書」修正爲「依法律應經考試及格領有證書」，以與各執（職）業法律相搭配，甚爲正辦。

第七節　特種考試之意義、價值與商榷

現行公務人員考試制度中，有高等、普通、初等三個等級的考試，而高等考試又區分爲一、二、三共三級的考試，所以實際有五個等級的考試。此外，卻另又有一、二、三、四、五，共五個等的特種考試，與之平行併存。

一、喧賓奪主之特考

這種在高等、普通、初等考試之外，另有特種考試的制度，由來已久。早在民國18年國民政府首次公布的「考試法」中，其第3條就規定：「考試分左列三種：一、高等考試。二、普通考試。三、特種考試。」相沿至今未改。當時爲訓政時期，國民黨爲執政黨，並代表人民監督政府，所以重要法案在送立法院之前，都先提國民黨中央政治會議討論。當討論至「考試法草案」時，席間有人詢問，特種考試意義何在。當時考試院院長戴傳賢先生答以：「難以具體言之，但知必有其用途，以適應特殊需要。」云。及後，特種考試舉辦次數漸多，且有泛濫之勢。於是，歷次修正「考試法」，均有限制特種考試之文字增列。戴院長且曾表示：應將特種考試取消。但事實所表現則爲不僅既不能取消，而且更趨泛濫，以致各方有「特考超越高普考試」的批評。依據考選部統計，自民國20年第一次舉辦公務員高、普考試起，至民國93年底止，共七十三年期間，公務人員的高等考試、普通考試，與特種考試，歷年錄取人數，分三個時期列舉於後，總計如表10-1所顯示。

表10-1　民國20年至93年公務人員考試錄取人數統計表　　製表人：徐有守

期間＼錄取	高考及格	普考及格	初等考試或分類職位考試及格	特考及格	合計
民國20至38年	4,034人	6,785人	0人	170,899人	181,718人
民國39至82年	44,442人	60,130人	14,316人	381,802人	500,690人
民國83至93年	18,060人	15,713人	3,595人	63,445人	100,813人
合計	66,536人	82,628人	17,911人	616,146人	783,221人
百分比	8.49%	10.55%	2.29%	78.67%	100%

資料來源：表中數字係據「中華民國考選統計」民國83年版頁12至17；及民國94年版頁12至13，核計而成。

說明：表中數字，初考及分類考試一欄中包括民國82年前之分類職位考試及格人數，及民國87年後初等考試及格人數。全表均不包括升等考試及其他考試及格人數，完全依據原統計資料如此列舉。

依表中所作統計，在七十三年期間，公務人員各種考試及格人員總數爲783,221人（100%），其中高等、普通及初等三種考試及格人數，合計爲：66,536人（8.49%）＋82,628人（10.55%）＋17,911人（2.29%）＝167,075人（21.33%），僅居各年各種考試及格總人數783,221人的百分之二十一點三三。而特種考試則高居百分之七十八點六七。此外，有一段時期有分類職位考試（是一種按職等和職系辦理的考試，既非高、普、初等考試，也非特種考試，而且其舉辦更另有「分類職位公務人員考試法」爲其法律依據），但爲期不長，且錄取人數不多。如果依當時「考試法」條文規定：「爲適應特殊需要，得舉行特種考試」（考試3），則分類職位考試，既然是爲了適應職位分類制度職等和職系之特別制度結構所產生的特殊需要而辦理，應該也可以解釋爲「爲適應特殊需要」所舉辦的一種特種考試。此外，當分類職位考試取消後，在高普考試之下增設了一種初等考試。至民國82年止，爲時尚短，舉辦次數與及格人數也都不多，爲避免過於複雜計，姑且勉強與分類職位考試合併計算。如此，則特種考試及格人數應增至634,057人，百分比也提至百分之八十點九六，但仍將之併入高、普、初考試體系中處理。總而言之，依表中最後百分比一欄所顯示，特考及格人數大致爲高、普、初考及格人數的四倍。高、普、初考與特考兩者間懸殊情形，眞有天淵之別。多年以來，大家都發覺這一特考超越高、普考之事實，而有所質疑。

二、特考為何遭受批評

特考人數遠超過高、普、初考及格人數，何以會成爲被批評之事呢？主要原因有二，如次：

(一) 特考及格人數衆多而平均水準較低：特考及格人數不僅約爲高普初考及格人數的四倍，而且除極少數幾種特種考試，例如：外交人員與司法人員外，其他大多類科特種考試的及格率，均高出高、普、初考甚多。現將民國40年至93年共五十三年期間，高、普、初、特考及格率製成表10-2，以資證明（依據所引用「中華民國考選統計」所載，特考部分僅有民國40年以後資料，高、普、初考部分亦僅有民國39年以後資料。爲便於對照比較起見，所以此處對三者均採民國40年以後資料，核計而成此表，附爲說明），表中所列各種特考平均及格率百分之十四點六零，只是將四十種特考的每種及格率相加後的平均數，並未將各種特考及格因人數多少有所不同，而所居比重應有所不同之因素併加核計，故未能顯示其在全部及格人總數中，所應有的眞實意義。如果將這一因素加入後，其及格率自必遠高於百分之十四點六零。

表10-2 民國40年至93年公務人員考試及格率統計表　製表人：徐有守

考試種類	報考人數	到考人數	及格人數	及格率
高等考試	1,174,206人	658,452人	59,220人	8.99%
普通考試	783,196人	1,144,057人	75,628人	6.61%
初等考試	460,326人	319,883人	3,595人	1.12%
特種考試	4,327,427人	3,050,913人	443,247人	14.6%

資料來源：「中華民國考選統計」民國83年版頁30、頁88至90、頁122；及民國94年版頁27至29、頁86至87、頁125、頁143。

說明：一、及格率＝及格人數／全程到考人數。二、高（包括一、二、三共三級高考）、普考有分二試者，表中數字則採用第一試之報考人數及第二試之到考人數及二試之及格人數。三、初等考試自民國87年起舉辦。

據表10-1資料顯示，特種考試及格人數已高達高、普考試及格人數的四倍，加上大量辦理特考，錄取人數更多。復依表10-2數字，特考及格人數也爲高、普、初考試及格人數共138,443人的三點二倍，均足以證明特考的影響作用，明顯成爲喧賓奪主現象。此其構成與高、普考間不平衡現象之一。

(二) 各種特考水準相互懸殊：若僅就特考本身而言，各種特考之及格率相互比較，更顯現有重大的差距。其中僅有極少數三、四類科特考，甚至比高、普考的及格率還要低很多；另有少數幾種特考及格率則已至寬濫地步，有一種且到了錄取率百分之百。現將各種經常舉辦的特考之歷年及格率綜合製成表10-3，以供參考（舉凡民國83年「中華民國考選統計」一冊中列有者，均據以錄計。但各種特考舉辦的起始年份不盡一致，同時亦非每種特考每年均有舉辦；但已經舉辦之資料，則均已納入此表中。所以此表仍爲完整資料，足供參考）。

表10-3所列共計四十種特考。其中及格率在百分之十以下者，計有十一種，除臺灣省基層人員特考外，餘十種大都爲待遇較好的工作，而且每次舉辦考試時之需求員額亦較少，因此，此類及格率較低的特考，其及格人員總數，在全部四十種特考及格總人數中，所占比率甚小。至於及格率在百分之四十以上者，計有十種，都是每次舉辦考試時之需求員額較多者。所以，此類及格率較高的特考，其及格人員總數，在全部四十種特考及格總人數中，所占比率甚大。

三、特考及格率偏高

從上列表10-3資料，可以看出，在所有各種特考之中，及格率最低者爲港務、公路、銀行、外交等四種人員，及格率都低於百分之六。及格率最高的是衛生技術，共計曾經舉辦九次，而九次及格率都是百分之一百，所以九次平均及格率當然

表10-3　各種特種考試自開辦至民國82年平均及格率一覽表　製表人：徐有守

特考名稱	及格率	特考名稱	及格率	特考名稱	及格率
警察人員	46.62%	空中警察	26.47%	外交領事	12.10%
外交行政	5.91%	國際新聞	13.90%	國際商務	15.38%
司法人員	6.16%	關務人員	9.97%	稅務人員	10.47%
金融人員	11.45%	保險人員	30.48%	郵政人員	7.51%
電信人員	8.17%	鐵路人員	16.10%	民航人員	24.09%
水運人員	10.87%	公路人員	4.98%	港務人員	3.87%
軍人轉任公務人員	42.35%	軍人轉任交通事業	81.89%	軍人轉任衛生人員	67.19%
軍人轉任鄉鎮兵役	97.66%	國防行政技術人員	25.52%	調查政風	66.18%
情報人員	59.27%	軍法人員	54.35%	甲等特考	26.77%
銀行行員	4.05%	臺省基層	7.70%	生產事業	19.50%
山地政技	15.30%	山地經建	23.61%	地方行政	9.10%
村里自治	8.77%	信託局險	10.69%	社會教政	36.12%
社會工作	27.73%	衛生技術	100%	臺省經建	15.07%
就業考試	49.01%				

資料來源：「中華民國考選統計」民國83年版頁140至163。

說明：一、「中華民國考選統計」民國94年版中無此種完整之資料，故本表亦無民國83年以後資料。

二、表中部分名稱所指，分別說明如下：

(一)甲等考試：公務人員特種考試甲等考試。

(二)山地政技：山地行政人員與山地技術人員考試。

(三)信託局險：中央信託局保險人員考試。

(四)社會教政：社會教育行政人員考試。

(五)臺省基層：臺灣省基層建設人員考試。

(六)就業考試：民國40年前後數年，臺灣省政府辦理計畫教育期間，請考試院為之舉辦職業學校以及大專應屆畢業生之就業考試。

仍為百分之一百；連同其他軍人轉任（鄉鎮兵役人員）、轉任交通事業人員、轉任衛生人員等三種人員特考，以及調查人員、情報人員等特考，及格率都在百分之六十以上，成為及格率特別高的六種考試（其中情報人員特考及格率只差百分之零點七三即成為百分之六十，所以也一併列入）；另外一種是退除役軍人轉任公務人員特考，其及格率也高達百分之四十二點三。茲錄列以上這七種特考截至民國93年底止之及格人員總數如下（「中華民國考選統計」民國83年版頁141至174，及民國

94年版頁143至157）：

(一) 衛生技術人員特考238人（民國54年後已停辦，故無停辦後之數字）。

(二) 退除役軍人轉任公務人員特考64,319人＋609人＝64,928人。

(三) 退除役軍人轉任交通事業人員特考1,524人＋561人＝2,085人。

(四) 退除役軍人轉任衛生行政人員特考1,536人＋0＝1,536人。

(五) 退除役軍人轉任鄉鎮市兵役人員特考14,695人＋0＝14,695人。

(六) 調查人員特考7,595人＋803人＝8,398人。

(七) 情報人員特考2,888人＋219人＝3,107人。

以上合計94,987人。

依據表10-2資料，迄至民國93年止，各種特考全部及格人總數爲443,247人，而經由以上七種及格率特別高的特考所及格的人員，合計達94,987人，居四十種特考及格人總數的百分之二十一點四。依據這一瞭解，證明少數及格率特別低的特考，自不足以改變特考平均及格率太高的實質。

列舉以上這許多詳細具體數字，更足證明各種特考相互之間，及格率之懸殊情形。

高、普、初考與各種特考相互之間，及格率高低如此懸殊，也就是及格人員實質水準高低不一。各種特考相互之間及格率之懸殊，更顯現公務人力水準懸殊的現象。其所共同構成之不良後果，至少有二：第一、有欠公平；第二、國家進用人才平均水準降低。如此，有人就問：「舉行特考爲何仍有其必要呢？」

四、特考為特殊需要而設

多年以來，對於人民的考試權，大眾都有一種共識，就是依據憲法規定：「人民有應考試服公職之權」（憲18），以及「中華民國人民，無分男女、宗教、種族、階級、黨派，在法律上一律平等」（憲7）。基於以上規定，在國家公務人員考試制度中，作爲正規考試的高等、普通考試，以及還加上現在的初等考試，有關應試人的應試資格，都不得對任何一種個別類科，或任何一種個別人員有特殊規定或限制，亦不得對任何一種個別類科，或任何一種個別性質及格人員有特殊要求或特殊限制。這一共識，因有上述憲法依據，且屬保障人民權利性質，歷來爲考試院所尊重與奉行。所以，高、普考試的應考資格規定，除對不同等級考試有高低不同學歷要求；以及對不同性質類科，於所受學校教育系科或經及格之較低等級考試類科，應有相關性的配合外，在身分、年齡、體格、性別等其他方面，則從不曾有過任何不同規定或限制。

但衡諸事實，在政府公職中，確有若干性質特殊職務，應有其特殊要求。例如：有關國家體面、榮譽的外交人員，在體格上似不應由小兒麻痺患者或五官不正者充任，所以在應考資格上須有關於此類體格條件限制，不得應考外交人員考試；但由於上述認識，高、普考試不得對任何單一類科應考人作任何有關體格上的特別限制，所以，對外交人員之選拔，只好另辦特考，此其一例。又如：對警察人員的體格要求有別，事實亦有其必要，所以也只好另辦特考。此與憲法第23條所定，爲「增進公共利益」之必要，始「得以法律限制之」規定符合，故得以「公務人員考試法」第9條規定：「視需要實施體格檢查。」

五、何謂特殊需要

由於考試法對高、普初考應考人所具條件有統一規定，不得因類科之不同或其他特殊情形而採取特別措施，因此，爲肆應這類事實起見，歷來考試法律都有類似下述措詞的規定：「得依需要」或「爲適應特殊需要」，得舉行特種考試。至於何爲「需要」或「特殊需要」，則無法定的周延概括解釋。最早年的法律僅言：「特考之相當於普考者，授權考試院訂定特種考試條例辦理。」民國37年修正之考試法則稱：「應考人之年齡限制，得依考試性質及種類之不同，由考試院定之。」民國51年修正之考試法則稱：「特種考試應於高普考試及格人員不足，或不能適應需要時，始得舉辦。」至於何謂不能適應需要，仍無解釋。現依據以上所引述，並綜合歷年辦理特考實務所表現事實上的特殊需要，一併予以歸納，對「特殊需要」一詞的內涵，予以具體列舉如下：

(一) 高、普考試及格人員不足，不敷需用。

(二) 由於人員性質及種類之不同而有其特殊需要，必需在年齡上作成不同之限制（例如：情報人員等）。

(三) 由於人員性質及種類之不同而有其特殊需要，必需在性別上作成不同之限制（例如：外交人員、關務外勤人員等）。

(四) 由於人員性質及種類之不同而有其特殊需要，必需在體格上作成不同之規定（例如：警察人員、關務外勤人員等）。

(五) 爲求達成一項政策之要求，必需對應考人基本條件（身分）作成一定之限制（例如：退除役軍人轉任公職特考、原住民特考、就業特考等）。

(六) 爲特定地區用人需要，就及格後任職地區作成限制（例如：地方政府人員特考）。

(七) 因時間迫切需要，不能等待高、普考試之定期舉辦（例如：外交領事人員、國際新聞人員、司法人員以及許多其他人員的特考，依次在民國49年、67年、65年、76年及78年，都在同一年內舉辦過兩次特考）。

(八) 其他特殊需要而舉辦的特考。

由於上述種種實例，證明特考又確有其存在的價值。因此，雖然歷來有特考超越高、普考的批評，以及廢除特考之呼聲，但特考至今仍難廢除。

六、現行規定仍欠明確

民國85年1月17日、90年12月26日、96年1月24日、99年1月27日、102年1月23日及103年1月22日先後六次修正公布的「公務人員考試法」，對特考已重行規劃。綜合其中有關條文所述，得以舉辦特考的條件，似乎應屬下列四項之一：

(一) 為因應特殊性質機關之需要（考試6）。

(二) 為保障身心障礙者之就業權益（考試6）。

(三) 為保障原住民族就業權益（考試6）。

(四) 經公開競爭考試，取才仍有困難之高科技或稀少性之技術人員（考試8）。

在上述四項中，第(二)、(三)、(四)三項人員，範圍明確具體；唯有第(一)項之人員，雖已將以前所稱之「特殊需要」一詞改為「特殊性質機關之需要」，但涵義仍甚為概括而欠具體。所以在該法施行細則（103.8.25.）第7條中，對上述用語有進一步規範，列舉掌理審判事項之司法院及其他共十二種機關，以及第十三種「其他特殊性質機關」之「特殊業務需要」，以列舉為主，以概括為輔之方式予以規定。其中第13款之概括規定，雖係為保留適當彈性所作之措施，但卻因而又使所作界定，仍欠明確。

據上所述，新考試法雖有比較詳細規定；但事實上，其涵義仍欠明確。究竟何為「特殊業務需要」？以及因有特殊業務需要，即得作成何種不同之規定、要求、與限制？以及何為「其他特殊性質機關」，均仍概括籠統，彈性仍大，易滋寬濫。

七、特考制度應加改進

概括以上種種分析與討論，似可試行作成下列幾點結論，藉供參考：

(一) 特考制度並不違憲：憲法第7條有關人民地位平等的規定，既使高、普、初考不得為特殊限制之規定，則對特考亦應作相同的對待或處理，而不得為特殊限制之規定；如謂仍得以法律補充憲法規定範圍，而制定可有特殊限制之特考法律，則為何又不可在有關高、普、初考之法律中訂定有關特殊限制之條文？但平心而論，現有之諸此特殊限制，如確係基於公正合理與誠信立場及業務需要者，則似不應視之為違憲。何況，依據憲法第23條規定，為「維持社會秩序或增進公共利益所必要者」，自得以法律作成有關之必要限制。因此，特考之是否可以訂定特殊限制，似不涉及是否違憲問題。又如考試院民國84年12月28日訂定發布之「公務人員特種考試原住民族考試規則」，民國85年4月25日發布之「公務人員特種考試身心障礙人員考試規則」，乃在保障該兩類弱勢族群，仍有「應考試服公職」（憲18）之權利，體現實質之平等（參釋211），以之辦理特考，乃進步之合憲作爲，何有違憲之虞。

(二) 特考仍有其存在價值：在爲數眾多的公務人員考試中，類別性質特殊之人員，確因各有其業務上不同之特殊需要，而要求人員應具特殊資格條件，或限制不得有某些情事，因而在高、普、初等考試中作成特別規定，雖無不可；但爲期辦理考試之技術便利起見，予以另行舉辦特考，似較適宜。又如上述之「原住民族特考」、「身心障礙人員特考」，亦具有政治、社會之意義。所以特考制度仍有其存在之價值。

(三) 對特考現有缺點應予改進：在現行特考制度所顯現之種種缺點中，最重要者爲：1.平均及格率偏高，亦即及格人員平均水準偏低；2.各類特考相互間，及多數特考與高、普、初考相互間，平均及格水準，相互懸殊不平過甚，均應予改進。

特考及格人員，因上述兩缺點所衍生出來「劣幣驅逐良幣」的不良後果尤其重要：1.與高、普考試及格後任職人員享受完全相等的任用與俸給等各種公務人員權益；2.特考及格人員任職後，常設法迅速轉換任職至眾所嚮往之地區和機關；3.降低公務人員知能技術水準，影響行政效能；4.使高、普考試及格任職人員心感不平。

(四) 應以法規明定特考得為不同規定之事項：自有特考制度以來，對何種特殊需要始得作何種不同要求或限制，始終未有明確規定。此實爲特考泛濫之根本原因。因此，應以法律明文列舉規定，何者爲得作成不同規定之事項，例如：年齡、性別等，並應明文舉述何者爲不得有不同規定之事項，以免濫用。此外，現行法律中已規定，一般特考及格人員於六年內不得調任原申辦此一特考範圍外機關，以及高科技或稀少性類科技術人員完全不得調任（考試6、8），均應予貫徹。

八、近年來之政策導向

約民國80年代中期，在考試院則有減少特考之辦理、回歸高普考選才之議，其意莫非：

(一) 有些特考所需之「類科」人才及其考試之科目，幾乎與高、普考相同（如地方基層特考），自可併入高、普考辦理。

(二) 有意於服公職者，雖高、普考落第，但仍繼續努力參加特考。何不於高、普考中增加錄取名額。

(三) 考試程序中已增「訓練」，得拉齊兩種考試錄取者之素質。

(四) 修憲後，憲法第85條「按省區分別規定名額」錄取之規定，已停止適用，完全依現況需要錄取，是以，高、普考錄取人數已較昔多。例如：地方機關昔難進用高、普考人員，其所進用者多係地方基層特考（後改爲地方政府行政特考）錄取人員，茲已得申請分發高、普考及格人員到地方政府（甚至鄉鎮公所）工作，對地方行政有所助益。

是以特考或高、普考之核心價値，即在如何確實掌握業務性質之需要，維持國家考試錄取應有之素質。

九、近年來之檢視

從民國80年代中期，政策上減少特考之辦理，到90年代，依統計（如表10-4），特考報名人數雖仍多於高、普、初考，錄取率也仍高於高、普、初考，但到民國100年代初期，兩者之報名人數與錄取人數之比率已較爲接近（如表10-5），除性質特殊機關外，此或爲中央或地方各機關申請高、普、初考分發人員較爲熱絡所致。

表10-4　民國90年至100年公務人員考試人數統計表 製表人：郭世良

年度	統計目	高考、普考、初等考試	特種考試
90	報名人數	199,890	93,675
	錄取人數	3,666	4,049
	錄取率（%）	2.49%	7.20%
91	報名人數	156,203	137,936
	錄取人數	1,832	3,696
	錄取率（%）	1.40%	4.56%
92	報名人數	109,647	133,446
	錄取人數	2016	5119
	錄取率（%）	2.43%	6.21%
93	報名人數	116,775	101,742
	錄取人數	2,376	4,812
	錄取率（%）	2.8%	7.61%

表10-4　民國90年至100年公務人員考試人數統計表（續）　製表人：郭世良

年度	統計目	高考、普考、初等考試	特種考試
94	報名人數	118,604	155,603
	錄取人數	2,257	7,171
	錄取率（%）	2.54%	7.81%
95	報名人數	118,708	155,096
	錄取人數	2,895	7,518
	錄取率（%）	3.25%	7.35%
96	報名人數	128,566	174,925
	錄取人數	3,848	10,049
	錄取率（%）	4.41%	8.69%
97	報名人數	146,592	239,214
	錄取人數	4,709	10,418
	錄取率（%）	4.63%	6.49%
98	報名人數	219,411	271,785
	錄取人數	4,197	9,249
	錄取率（%）	2.76%	5.17%
99	報名人數	225,759	301,975
	錄取人數	4,016	7,104
	錄取率（%）	2.51%	3.51%
100	報名人數	230,685	284,664
	錄取人數	6,664	7,998
	錄取率（%）	4.17%	4.24%

資料來源：「中華民國考選部部史」，民國102年10月，頁759至760。

表10-5　民國101年至105年公務人員考試人數統計表　　製表人：郭世良

年度	統計目	高等考試	普通考試	初等考試	合計	特種考試
101	報考人數	72,330	88,777	69,578	230,649	284,664
	錄取人數	3,492	2,530	642	6,646	7,998
102	報考人數	69,703	80,572	66,724	216,999	227007
	錄取人數	3,388	2,942	565	6,895	8,704
103	報考人數	61,907	60,863	63,984	186,754	182,975
	錄取人數	3,346	2,451	415	6,212	9,309
104	報考人數	56,136	55755	37551	149,442	17,956
	錄取人數	3,552	2,900	468	6,920	10,448
105	報考人數	50,928	47,500	32,752	131,180	167,521
	錄取人數	3,584	2,803	566	6,953	11,490

資料來源：整理自「中華民國105年考選統計」，頁34、38。

第八節　考用配合之理論與實際

有關考用配合觀念，以往法律中，有「考用合一」、「即考即用」、「考試配合任用計畫」等不同措詞，相互之間，涵義稍有不同，但基本概括意義應仍相同。惟以經過數十年歷史演變，其實質涵義已隨時間與實況發展而略有轉變。

一、考用合一觀念之提出

其最早之涵義，亦即當年考選部黃季陸部長提出「考用合一」一詞時之初意：既經應考試及格人員，即應全部予以任用，使考試及格人員都能蔚為國用，不致浪費人才。其後，因辦理考試及格人員分發之技術原因，其實質涵義遂演變為：每次考試之類科與等級，以及各類科各等級錄取人數，均應配合任用（可資分發之缺額）之需要人數。照此說法，所稱「考用合一」，已演變成「用考合一」，亦即考試應以任用為依歸，以及以任用主導考試。其他考用合一有關事項之析述，本節前文第四目「資格考試與任用考試之爭」，以及第八章第一節第十目「資格考試與任用考試」，都有充分詳細說明。茲不重述。

二、理論正確實施困難

考用合一，在理論上自屬正確。基本上，一國人才有定量，一國各部分所需用之人才亦各有定量，如何合理、妥適、得當分配人才，使各獲充分供應，各得其所，以達成人盡其才和才盡其用的目的，至爲重要。因此，國家考試所掄拔的人才總量，以及各類科的分量，應配合國家全盤人才狀況，以及政府各機關的實際需要，作成適當的規劃，使之不致有所不足，也不致有所過剩而形成浪費。

但事實上，如將「考用合一」一詞作機械式的解釋，則流弊甚大。民國85年1月修正公布的「公務人員考試法」已廢棄「考用合一」這一籠統措詞，誠屬適當；但所改用的措詞則爲：「應依用人機關年度任用需求，決定正額錄取人數」（民國103年1月修正公布之公務人員考試法第3條，亦承續此文句），卻已進一步陷入機械式的樊籠。實務作法，乃各機關依其預算員額（當年或次年），於當年舉辦考試前，提出「實際缺」與「預估缺」之數額（甚至次年度考試放榜前之預估缺），請求舉辦考試。因爲用人固然應有計畫，但決非機械式之一年一計畫，應爲至少五年或十年年計畫始爲合理。國家人才養成之供需，所涉及的社會因素甚多，各因素相互間的因果關係，絕非當年之內所能完全顯現完畢。每年度提出一個需求數字，期間過於短促，此實爲考用之間不易配合的根本原因。

但如果採用二十年甚或五十年過於長期之配合計畫，卻又因所涉因素眾多，行政部門難以掌控，甚至於亦爲考試院權力之所不能控制把握。所以，實際上亦難貫徹。

三、新考試法待觀實效

自民國85年1月17日修正公布「公務人員考試法」起，已改採正額錄取與增額錄取兩式併行方法，似乎是一種折衷的方法，也確爲長期痛苦經驗後，費盡心思研求出來之結果，至堪欽佩。因爲基本上，依據缺額錄取「正額錄取」人員，由政府負責分發，維持了「任用考試」體制；但爲免遺珠之憾，於是也參酌了備取與備用的用意，依考試成績，錄取若干「增額錄取」人員，又兼有「資格考試」的優點。表面看來，似乎兼籌並顧，取長捨短，頗爲得當；但按諸實際，如此辦理，並沒有眞正達成資格考試憑考試成績掄才的目的。因爲經增額錄取的人員，在同一種考試下次辨理放榜之時，如其仍未任職公務人員，則其錄取資格即行自動消滅；另一方面，這樣也不能眞正得到任用考試的利益，因爲經增額錄取後的人員，實際上已發生到處進行個人有利活動之情事，自動覓求人事關係，從事關說，造成增額錄取人員本身覓職的焦慮，也增加機關首長應付人情壓力的苦惱，更可能敗壞政風（保留分發亦有類似情形），所以並非盡善盡美。嗣對增額錄取人員採行「定期依序分配訓練」（分發）（考試3，任用10）稍行補救，但亦難免有強行分發之嫌。

再從實務作業觀之，依民國85年1月17日修正公布「公務人員考試法」第2條第2項：「……並得視考試成績酌增錄取名額，列入候用名冊，於正額錄取人員分發完畢後，由用人機關報經分發機關同意自行遴用」、第3項：「經列入候用名冊人員，於下次該項考試放榜之日前未獲遴用者，即喪失考試錄取資格」；同年11月14日公布修正之「公務人員任用法」第10條第1項亦搭配規定：「……如可資分發之正額錄取人員已分發完畢，用人機關於報經分發機關同意後，得就列入候用名冊之增額錄取人員自行遴用，經訓練期滿成績及格後予以任用。」

民國97年1月16日公布修正「公務人員考試法」全文二十五條，其第2條第2項將原申請分發機關「同意遴用」之規定，修正爲：「……於正額錄取人員已分發完畢後，由分發機關配合用人機關用人需要依考試成績定期依序分發任用」；同日亦公布修正「公務人員任用法」，其第10條第1項：「……如可資分發之正額錄取人員已分發完畢，由分發機關就列入候用名冊之增額錄取人員按考試成績定期依序分發，經訓練期滿成績及格後予以任用。」將原由用人機關申請分發機關「同意遴用」之規定，修正爲由分發機關「按考試成績定期依序分發」。以迄於現行考試法第3條第1項規定：「……增額錄取人員，列入候用名冊，於正額錄取人員分配完畢後，由分發機關或申請舉辦考試機關配合用人機關任用需要依考試成績定期依序分配訓練」（並參第5條第1項之「依序分配訓練」）；但考試法仍有「……增額錄取人員……於下次該項考試放榜之日前未獲分配訓練者，即喪失考試錄取資格」（第5條第3項）之規定。此種前後規定，在筆試錄取人員方面，自然會急於被遴用，以保筆試錄取資格，而免再行參加考試。然在分發機關方面，亦考慮此情，莫不就候用名冊中之人員，儘量推銷，請各主管機關在其「職組職系」之適用範圍內，儘快申請遴用或分發，以免社會詬病。施行結果，似乎尙無人「喪失考試錄取資格」。但在實務作業上，仍爲用人機關先行提出用人需求，請予分發，只是用人機關無其指定所欲遴用之人選，改由分發機關「按考試成績定期依序分發」，稍緩和請託之人情壓力，並示分發之公平、公開、公正，惟其成效得失究竟如何？亦似尙鮮少質疑，然仍應再拭目以待，觀其後效。

第九節　我國考試制度中之分區定額問題

我國憲法第85條規定，公務人員考試「應按省區分別規定名額」。據此，原「考試法」及民國85年1月修正以前之「公務人員考試法」（考試13），都有配合性的執行條文，詳細補充規定具體執行方法。

民國81年5月28日公布之憲法第二次增修條文第14條（現第6條）規定：「憲法第85條規定有關按省區分別規定名額，分區舉行考試之規定，停止適用。」嗣於民國85年1月17日全盤修正「公務人員考試法」，將該法上述有關分區定額之原第13條條文予以刪除。於是，分區定額制度停止辦理。

但是，由於這一分區定額制度有我國家與民族長久歷史背景，與全民大統一局面之政治利益考慮，所以現在雖暫時停止適用，似不宜因現行兩岸分據情況即予忽視。而本書原著者認爲仍有在此予以討論說明的必要。

一、考試法之具體規定

民國75年以前之原「考試法」以及其後至民國81年之前的「公務人員考試法」與「分區定額」一事有關條文所規定之要點如下：

(一) 所稱**公務人員考試**，以全國性之公務人員高等考試及普通考試爲限。

(二) 所稱**名額**，指錄取名額；高考及普考分別計算。

(三) 錄取定額之核計，以省區人口爲標準。

(四) 其核計方法，省區人口在三百萬以下者，一律五名；超過三百萬者，每滿一百萬人增加一名。

(五) 但錄取人數，仍得依考試成績，按定額標準比例增減錄取之。

(六) 對於無人達到錄取標準之省區，得降低錄取標準擇優錄取一人；但降低錄取標準十分仍無人可資錄取時，任其缺額。

上列六項要點中，前四項爲依據我國數千年來傳統「分區定額」制度之原意，後兩項則純係針對我中央政府在臺現實政治情況所特別增加之肆應措施。

二、分區定額具豐富政治意義

分區定額的取士制度，起源甚早。遠在東漢實行察舉制度時期即已有之，用以規定地方察舉人才送供中央任用的定額。以後歷代相沿，經九品中正制時期，以至於科舉體制，分區定額取士之制，日更完備。二千年來從未中斷，歷代史書均有具體詳細記載（參閱本書原著者所著《考銓新論》，頁27至51，商務版）。民國後，自「五五憲草」以至於「中華民國憲法」通過施行，其中都有辦理國家考試應分區定額之規定。

考試誠為國家大政，但分區定額一事，表面視之，似乎不過是辦理考試時有關錄取人數的技術性小事。以此區區技術性小事，而竟載之於皇皇憲法，不知者定必難免詫異；實則並非小事，而係我民族具有數千年悠久歷史之國家大事，已如上述。我國數千年來，謀國者無不深知「為政在人」以及「得人者昌，失人者亡」的政治哲學。所以分區定額，成為國家重要典章之部分。

分區定額之所以如此重要，是由於其具有深厚政治意義。我國為一疆域遼闊之大國，種族眾多，人口眾多，但全國各地區，在社會、經濟、教育、交通、文化等方面之發展，則懸殊不齊，落後地區不少。為期全國各地區各種族賢能才俊之士，均有機會共同參加政府工作，加強政治向心力起見，政府除注意延攬各地區各種族人士擔任政務職務外；在事務官部分，既採考試用人制度，則在辦理考試錄取時，採取分區規定錄取名額方法，其意義實至為重大。

三、政府遷臺後實施情形

政府遷臺後，各省來臺人口總和，猶不過臺灣省人口幾分之一；且臺灣省交通與教育均非常發達，亦不得以偏遠落後地區視之。如再實施分省區定額，對臺灣及其他各省區，仍一律照分省區定額錄取人員，則臺灣省籍應考人數眾多，而照定額所能錄取者太少；大陸各省每省之應考人數較少，而照定額錄取，則所錄取者相對太多。似此情形，決非憲法之原意，尤非分區定額制度之初衷，且尤不公平。不僅不能加強團結，恐徒然製造糾紛，原意盡失，自非所宜。

因此，中央政府來臺之初，考試院曾多次研究設法解決此一問題。其基本原則，一方面必需貫徹憲法之實質意義，另一方面又須不違背憲法及原「考試法」所規定之形式意義。在此雙重要求之下，終於研求出多項合法合理措施，得在遵行憲法規定，以及丕變之政治實況兩者間取得銜結與平衡。其中最主要之一項方法，為民國58年1月修正「考試法」有關條文，增列下列但書：「但仍得依考試成績，按定額標準比例增減錄取之。對於無人達到錄取標準之省區，得降低錄取標準，擇優錄取一人；但降低錄取標準十分，仍無人可資錄取時，任其缺額。」

此一修正條文實為一苦心與智慧之傑作，其措詞穩妥但彈性卻極大，其關鍵性語句為：「依考試成績，按定額標準，比例增減錄取之」，與憲法規定毫無違背。但其實際適用方法，則確甚巧妙，絕非閱讀條文文字後立即所能瞭解，故此種條文，實屬罕有之佳構。茲詳述此條文實施之步驟如下：

(一) 每年辦理高、普考試閱卷後，按照預先公告所需名額，依上述修正條文所稱之「仍得依考試成績」一語規定，如數擇優錄取若干人。例如：預告為高考錄取二千人，則將高考成績最優之二千名之密封考卷選出。

(二) 然後開拆密封，查出此二千人之姓名與籍貫。

(三) 首先計算在此二千人中，臺灣省籍貫人數幾何。例如：假定臺灣省籍者爲一千六百人，其餘四百人則爲所有其他各省籍及華僑被錄取人數總和。

(四) 經查法定臺灣省籍按人口核計之定額，原爲二十三名。於是以上述之一千六百，除以二十三，得數爲六十九點五七。亦即爲一千六百人是二十三之六十九點五七倍。並即以此臺灣之六十九點五七倍爲標準，增加錄取比率，辦理該次高考各省增加倍數錄取人數之核計。

(五) 再依上述修正後條文所規定「按定額標準比例增、減錄取之」，決定當年之錄取名額爲各省區均按各該定額標準，增加爲六十九點五七倍錄取之。換言之，亦即各省均按原有定額，增加爲六十九點五七倍錄取。

(六) 依上述所增倍數，將臺灣省籍之一千六百名全數錄取，另並對各省籍應考人亦各依原有定額，分別乘以六十九點五七倍錄取。例如：江西省原定額爲十五名，乘以六十九點五七倍後，爲一千零四十四。但經檢閱最優錄取之二千人中，江西籍實際只有六人，於是，按「仍得依考試成績」一語規定，僅只能錄取六人。其所得錄取之一千零四十四人，減六人後所可增加之一千零三十八人名額，江西籍者實際不能享受，亦即江西籍者實際錄取僅六人，其他各省情形亦與此相同。結果，實際只有臺灣省能充分享受增加成六十九點五七倍之好處。

據上所述，修正考試法條文，顯然完全是以臺灣省籍應考人爲目的而設計。此一修正條文設計之巧妙，可從其所產生之下述四項結果而得到瞭解。而此種執行與此種結果，有如表演魔術，令人驚訝：

(一) 並未違反或變更憲法及考試法有關分區定額之規定。

(二) 但顯然已使分區定額制度名存而實亡。

(三) 實際的後果，亦即此一條文設計的眞正目的，是合法大量增加臺灣省籍應考人錄取名額之目的，完全達成。

(四) 雖然形式上並未違憲，實質上已非分區定額；但分區定額之原意，本在求取團結向心之政治價値。現中央政府在臺，爲適應此時此地政治實況，亦即臺灣省籍人口居絕對多數之政治實況，在不能修憲之情形下，改以形式上合憲合法方法，增加臺灣省籍應考人錄取人數，其目的仍爲適應政治實況，加強團結向心，而仍與憲法實質目的相同。

在執行上述修法之規定以及其他種種措施之後，所獲成果，非常令人滿意。茲摘錄有關具體數字如表10-6，以資證明。

表10-6 民國73年至78年公務人員高、普考試臺灣省籍及格人數統計表

製表人：徐有守

考試種類	各省籍及格人總數	臺灣省籍及格人數	其他各省籍及格人數
高等考試	25,765人	18,205人	7,560人
百分比	100%	70.66%	29.34%
普通考試	39,386人	30,624人	8,762人
百分比	100%	77.75%	22.25%

資料來源：考選部「中華民國考選行政概況」民國79年版頁37。

以上情形，誠然成就驚人，以大陸所有數十省籍錄取人數之總和，猶不過臺灣省藉一省錄取人數約近四分之一。但美中不足者，爲分區定額之實質已蕩然無存，似有稍過。爲此，考試院起草修正考試法時，更設計有下列條款以稍資彌補：「對於無人達到錄取標準之省區，得降低錄取標準，擇優錄取一人。但降低錄取標準十分，仍無人可資錄取時，任其缺額。」此一條款，目的在期求稍事補救實際消滅分區定額制度後之缺點，堪稱用心良苦。

關於降低錄取標準，擇優錄取一人之執行實況，茲根據考選部對民國73年至78年共六年間（民國79年起已停止辦理降分錄取），依此規定辦理情形之一項報告內容，作成表10-7。

表10-7 民國73年至78年期間公務人員高、普考降分擇優錄取人數統計表

製表人：徐有守

考試種類	六年期間高、普考錄取總人數	六年期間降分錄取一人之總人數
高考考試	8,753人（100%）	47人（0.537%）
普考考試	928人（100%）	50人（0.538%）
合計	18,040人（100%）	97人（0.5377%）

資料來源：考選部「中華民國考選行政概況」民國79年版頁345。

據該表統計顯示，此種降分錄取一人之結果，無論高考或普考，所錄取之人數均僅有錄取總人數的百分之零點五四而已，不及百分之一。以如此微細之代價，平均每年僅掄取十六名邊遠各省區之人才，以供國用。雖有優待之意而似稍越常理，但以如此微細之代價，在政治意義上換得具有如許重大象徵性之報償，又何樂而不爲？所謂兩害相權取其輕，兩利相權取其重，應屬無誤。

四、惋惜與期望

但事有完全出乎意外者，似此苦心孤詣以赴所達成美好之事，竟仍曾遭受誤解而有人反對，認爲不應降分錄取此一人。殊不知有朝一日，我臺灣終必與大陸和平統一，屆時中華民國中央政府以重回大陸，各省均需人才任事。今日若能在臺循考試途徑，拔擢落後省區人才，予以任用陶成之，則將來回到大陸有人可用。退一萬步言之，縱使我政府短期內不能返回大陸，而留在臺灣，此種降分錄取落後省區人才之舉，就臺灣當地範圍而言，亦甚有政治團結意義，謀國者豈能不加深思？

但自憲法增修條文現第6條將有關分區定額之該部分條款停止適用，及考試法律亦配合刪除上述有關之魔術式條文後，分區定額制度實際已經完全停止運作。但希望有識之士於有事實需要之適當時機，能設法恢復此一憲法條款之適用，忠忱謀國者當如是乎！

另經查原「戶籍法」第6條規定：「中華民國人民之本籍，以其所屬之省及縣爲依據。」於民國81年6月29日修正刪除後，已不再有「籍貫」之登記，代之者僅爲「出生地」之登記。因此，以前以「省」所爲之分區定額錄取之措施，即無從依附。又由於在臺灣之人民，均得平等受教育，且人人得上大學，各行各業亦無省籍、種族、地域、宗教、男女……之別，自由平等顯著，於參加國家考試一事，自亦公平競爭，擇優錄取。分區定額錄取之措施，於此留下紀錄俾便察考。

第十節　考選通才或考選專才

國家之人才政策，莫非依「教→考→用」三階段予以登進。國政須何類人才，自然要教育培養該類人才，予以測試學能，再依其學能之高低予以登用。教之目的在用，考僅是衡量學能之一種方式，此乃企求「經世致用」之學、「經世致用」之才。

教，是培育訓練養成「經世致用」人才的時地與過程。晚近學校教育科系之規設，有兩種趨勢：一種是分類科系細密化，例如：行政管理學系（所）或公共行政學系（所），由傳統的政治系（所）分化而出，而後甚有再附加「政策」者；一種是科際之整（統）合，例如：由傳統的法律系（所）分出，再附加其他學科，而成爲財經法律學系、科技法律學系或科技整合法律研究所。此兩種趨勢形成各行各業之分工更細密化、更專業化，也形成學能之跨域，邁向通識化、廣博化。

然而，在公部門或私部門之發展亦有同樣之趨勢，一則機關專業化，本是性質分工之結果，如：國稅局、公路局、國貿局、衛生處、交通處、地政處、兵役處，但其上又非無統合領導機關，如：中央各部、縣市政府，甚至於行政院。而民間企業本是專業性，如：交通公司、製藥公司、通訊公司、娛樂公司，尤其是娛樂公司製作之影集，劇情取材於日常生活中之文教社經之現象，拍攝剪輯技術又使用電腦科技之藝術化，來取悅觀眾；他如建築，也必須融合土木、結構、材料、機械、電機，甚至於人文藝術。因此，政府之施政或各行各業之成品，莫不由「專才」與「通才」合力而成。

其實，「專才」與「通才」只是相對的概念，而非絕對的概念。任何事均需要有其專業技能，亦有其必須認知之通識。擁有多項專業技能（趨向通才）總爲老闆所器重，將本求利，至少減少用人成本；且見識廣且深，易被拔擢成企業主管或領導人。此在政府機關對業務之推展，又何嘗不是如此。

例如：「稅務行政」人員，在整體政府之行政上，有別於其他行政業務，當然是「專才」，但在「稅務行政」領域中，又有國稅（個人綜合所得稅、營利事業所得稅、遺產贈與稅等）、地方稅（房屋稅、地價稅等），對於各稅而言，「稅務行政」確是該領域內之「通才」，承辦各該稅者卻需要「專才」；但考試僅籠統地作「稅務行政」之「通才考」，恐尚難依其各稅作「專才考」。又「特殊性質機關」（除地方自治之政府機關外）所掌理之「特殊業務」（考試細7），如：「警察」業務，在整體政府行政上，係一「專才」業務，所以用「特考」來選取人才，但在警察特考中，又分行政、外事、刑事、公共安全、犯罪防治、消防、交通等多類別，而各類別中，亦有再分組者，如二等考試「刑事警察人員」類別中又分有「數位鑑識」、「電子監察」、「犯罪分析」三組，其所考之科目卻均是電子、網路、電訊等高科技之科目；而三等考試「刑事警察人員」類別並不分組，所考之科目爲：情境實務、法規、犯罪偵查、偵查法學、刑案現場處理與刑事鑑定等，並非高科技之科目；兩者在任用時，均得依「職得調任」（警察4），調行政、外事、公共安全、犯罪防治、消防、交通等多類別職務。是則在「警察」體系內，「警察人員」是「通才」，「刑事警察人員」是警察人員中的「專才」之一。

再者，民國102年1月23日公布修正「公務人員考試法」第19條（現爲第17條）規定：公務人員考試類科，其職務依各該職（執）業法律規定，如：醫事人員、建築師、土木技師、社會工作師；或因用人機關業務性質之需要，須具備專門職業證書者，應具有各該類科專門職業證書始得應考。其審核標準，由考選部報請考試院定之。同年12月3日，考試院修正發布之「公務人員高等考試三級考試暨普通考試規則」，增設公職土木工程技師共計十一個類科（組）爲公務人員考試中需具專門職業證照者，已可使具專技考試及格資格及職業證照者，透過更多公職考試管道，以一般公務人員方式進用，而不需經由「專門職業及技術人員轉任公務人員條例」轉任，並受若干限制。其立法理由為：希能引進專技人員之專業，以補公務人員考試掄才在專業或經驗上之不足。

問題來了！依法考試用人，各機關就所屬各該職務之工作內容，提出用人需求，請辦考試，則在全國眾多機關之需求下，如何舉辦考試？所考選者，就應為專才或通才？專才要專到何種程度？通才要能通到何範圍之領域？在考選這一階段上，至少有下列的問題必須思考：

一、考試等級之規設

此依各機關所提出需求職務之官等職等，來分設等級予以考選，較無疑義。以現行各機關作業之主力約落在科員、專員身上，似乎「薦任職」之公務人員之選拔應以「專才」為重。亦即以「高考」為考選專才之重心。

二、考試類科之規設

在全國眾多機關提出職務用人之需求，就各該官等職等設定考試等級，惟其工作性質雖得依其職系、職組予以規列考試「類科（別）」；但實際上，各職組、職系之工作內容不同，所需之知能即不同。又雖所需之知能不同，但亦非無若干相通之處。則考試類科如依各職系規設，較具專才之性質，但類科眾多，恐不符辦理考試之經濟；如以職組規設，則是否能滿足各機關各職系職務專業知能之需求？即有待思考。多年來，此問題一直有所爭論，尤其是民國80年代末、90年代初，即曾有「考試類科是否簡（減）併」之議，有謂：「要其具有基本知能，專業技能得以『在職訓練』予以加強。」以迄於民國108年1月16日考試院公布修正「職系說明書」、「職組暨職系名稱一覽表」，減併職組職系，放寬調任之限制，俾靈活用人。然各機關莫不希求分發考試及格人員能即行上線工作，而非再慢慢培養訓練。

三、考試方式之規設

因各官等職等所需之知能深度與廣度不同，所舉辦之考試，要以何種方式測其知能？筆試、口試、實地操作、著作審查等，是否能有效地測知其知能，各有其優劣。現行則依各等級考試及其職務性質採取一種或多種方式併行，尤其是高等級考試，更要測其應變能力，是以，在筆試之外，另附加口試或實地測驗，以為互補，提高考試之「效度」。

四、考試科目之規設

此規設雖以各該職務工作內容之能力認定，但亦涉及各該學校是否開此課程、有否著作刊行，以供修習？否則考非所學或學非所考，則考何以用？均是國家資源之浪費。因此考試科目的規設，似應考慮下列事項：

(一) 考試等級：各等級考試之應考科目（普通科目、專業科目）若干。以高考二級考試（及格以薦任第七職等任用）而言，普通科目二科、專業科目四科；以高考三級考試（及格以薦任第六職等任用）而言，普通科目二科、專業科目六科。此已較民國80年代之前，減少一科普通科目，但亦曾有再減少科目之議。

(二) 測試程度：考試即分等級，各級考試科目內容自然要有深淺之分。現今高考一、二級則列爲「某某學研究」，高考三級則列爲「某某學」，普考則列爲「某某學概要」，初等考則列爲「某某學大意」，以之分別等級深淺，亦方便應考人準備。一般而言，此應可被接受。其實深淺不一定在考題上表現，一道比較籠統之申論題，或許均可以在高考、普考中出現，更應在評閱中審酌應考人見解、作答內容之深度與廣度。

(三) 考題型式：一般之筆試，以申論題或測驗題爲主，兩者各有其利弊。現時依考試等級或其職務所需知能之比重，而決定其爲申論題、測驗題或混合題。

(四) 試題命擬：命題雖應考量考試之等級與其深淺寬狹，寬者，易流於泛泛之談；狹者，易成稀少冷僻。如何適切命題？尤其是高等級之考試，應考者必須具備相當高的學歷經歷，已幾乎是專家，更何況是新興學科。又高考三級以下的考試科目內容，是否爲各該學校所曾教授？或已有著作書籍之刊行？以供修習。凡此，命題者究應爲實務界人士或學界人士？幾人命題？其命題是否妥適？由典試委員審查，來擇題、配題，予以測試。

(五) 試卷評閱：由命題者評閱試卷，是最直接而恰當之人選，如試卷眾多，則必延聘多位人員評閱，其給分標準是否一致？甚至於要單閱、平行兩閱，或分題評閱？在在均關係對眞才實學者之評選。

五、考試資格之規設

目前約依學制、及前經考試及格之資格後之任職年資定其考試等級之報考資格，如：具博士學位者，得應高考一級考；具碩士學位者，得應高考二級考；具學士學位者、得應高考三級考；具高中（職）畢業者，得應普考；國中畢業者，得應初等考試。至於依職務性質所規設應考類科之資格，早年，一般與大專院校之學系相當，尤其是「技術類科」，非相當科系畢業，不得報考，以確保將來執業之安全；但在行政類科，除具有較技術性或專業性，如：會計、審計、矯治……者，應具有各該相關學科畢業始得報考，而其他較一般性者，幾乎依其學歷即得報考，要其能通過考試即可，如：中文系畢業，亦得報考一般行政、一般民政、社會行政、人事行政等。此於民國70年代、80年代，有道是「報考資格從寬，考試錄取從嚴」，只要其能通過考試，即表示其有該工作之知能，則此較具「通才」性。如今，行政類別，更放寬報考資格，僅以學歷即得報考，只在技術類別中之某些類科才有科系之限制（參釋546、682、750）。

以上約為民國70年代至90年代初期之約略情況，已隱含考選究應為「專才考或通才考」之爭辯。

到民國90年代末期，則又有新的名詞概念「核心職能」被提出，曾有研擬各類別（科）以「核心職能」科目考試之議。

何謂「核心職能」？顧名思義，則為在各該職務工作內所出現同性質事務之多量、高頻率、經常性者為其職務工作必備之中（重）心職能。如：人事人員之日常工作，自以人事法規、行政法學、人事資訊操作為其「核心職能」，至於其他之憲法、人事制度及其原理或歷史沿革、行政學等，雖亦得瞭解，但卻非即職務工作之顯性作為，恐難列為「核心職能」科目；又如薦任第九職等以上人員，則有謂其應具有國際觀、前瞻性，以及溝通協調之能力，以之為「核心職能」。以此而論，「核心職能」並不一定是「專業科目」之職能，依各官等職等職務或有不同，所以其所應含括哪些科目，亦有待洽商形成共識。不過，「核心職能」科目，對技術類人員，應是妥適，但對行政類人員是否妥適？恐難一概而論，如「土地行政」與「兵役行政」其「核心職能」科目即有所不同，不能僅以兩者均有考「行政法」，即謂其有完全相通之處，而得相互分發任用。但「核心職能」概念之提出，也曾有檢視應考科目如何釐定與其多寡之功。

不論是「報名資格從寬，考試錄取從嚴」、「減少考試科目」、「簡併考試類科」之議，在考試技術上均涉及考試之「信度」與「效度」；在政策上，則為「考選通才或考選專才」之辯，並與任用遷調上之「任用通才或任用專才」之辯（並參第十二章第八節之「三、通才或專才考用政策之辯析」），前後相貫。昔有所爭論，今卻未息，將來亦將不息。要其應能符合國政、社會狀況，與各機關職務性質之需求為尚。

「通才」、「專才」均是國家所需之重要人才。

第三編

銓敘制度

第11章　公務人員任用及陞遷制度

第一節　分發

一、分發之法據

有關辦理「分發」業務的依據，見於「公務人員考試法」第3、21條及其施行細則第4條，與「公務人員任用法」第10、12條規定。據此，考試院會同行政院訂定「公務人員考試及格人員分發辦法」施行。上述這兩法與兩規，就是分發業務的法規依據。

二、分發一詞之涵義

綜合「公務人員考試法」、「公務人員任用法」及「公務人員考試及格人員分發辦法」、「公務人員考試錄取人員訓練辦法」以及各該考試規則等相關法規規定，「分發」一詞，指經國家考試正額或增額錄取之人員，依規定應由分發機關（銓敘部、行政院人事行政總處）或申請舉辦考試之機關分配至用人機關，參加基礎訓練及實務訓練，期滿經考核成績及格，再經公務人員保障暨培訓委員會報請考試院發給及格證書後，由該用人機關先行依原報職缺派代任用，始完成分發程序。是以，分發之程序有二階段：(一)先爲分配訓練，再爲由用人機關依職缺派代，狹義之分發則指後階段而言。(二)然後報銓敘部，銓敘審查合格，呈請總統任命，完成任用程序（考試3、21，考試細4，任用10、12、24，分發2、3、4、14、15，試訓43）。公務人員考試原係配合機關年度用人需求（考試3），以分配占缺作實務訓練，民國103年開始試行不占缺訓練，民國106年全面實行不占缺訓練，但其如已具有公務人員資格者，得依其資格先行派代，送請銓敘（試訓29）。

三、分發為機關進用人員之法定主要途徑

機關有一職務出缺而需補實時，其補實人員的法定來源，綜合各有關規定，共有八種（參閱本章第三節「五、合法進用公務人員的八種途徑」），包括自本機關內部原有人員中之升任或調任，以及從本機關外進用等。而申請分發考試及格人

員，是八種法定途徑之一。分發雖然是考試及格後、任用前的行爲，但其實質意義是分發任職。所以，應亦可視爲整個任用程序的起始部分。也正因此，分發之事才分別列入公務人員考試與任用兩法中規定，但以銓敘部爲分發之主管機關；至於行政院所屬機關人員的分發職掌，由行政院人事行政總處辦理，只不過是一種法律委託之性質（分發3）。

本書將分發一節列入任用章敘述，理由也在此。

四、分發機關

辦理考試及格人員分發至各機關任職事項的機關，在考銓法規上稱爲「分發機關」。民國97年1月16日修正前之「公務人員任用法」第12條規定，分發機關爲銓敘部，但辦理考試及格人員分發至行政院所屬各級機關之分發機關任職者，則爲行政院人事行政局（現爲行政院人事行政總處）。修正之後，則僅於「公務人員考試及格人員分發辦法」第3條規定。

據此，現行實際作業的情形爲：公務人員高、普考試放榜後，由行政院人事行政總處函請筆試錄取人員，上網在電腦系統上選填有關分發（地區或機關）之志願，再由總處會整後，分別由部、總處各就其職掌範圍，按考試種類、等級、類科、名次，依序將其分配至各該用人機關實務訓練。但事實上，錄取人員係直接先行到被分配機關報到後，即開始實務訓練，再依公務人員保障暨培訓委員會所指定之日期，赴所指定之訓練機構接受基礎訓練；基礎訓練期滿及格後，再回到所分配的機關繼續接受實務訓練；實務訓練期滿成績及格後，受分配機關應將實務訓練成績報公務人員保障暨培訓委員會，由該會報請考試院發給考試及格證書，並函請銓敘部、行政院人事行政總處或申請舉辦考試機關分發任用（試訓43，分發12、13），用人機關再予派代職務，完成分發程序。

五、考試及格人員分發之範圍

列入分發範圍內的人員，依規定以經高等、普通、初等考試，以及應予分發任用之特考及格者爲限；並均應先行依規定完成訓練（包括基礎訓練及實務訓練）期滿成績及格後，始爲考試及格而得予以辦理分發。所得分發的職缺，以機關編制職務爲範圍，除法律另有規定由現職人員晉升、遷調外，其遺缺及遞遺之缺，均應向分發機關或申請舉辦考試機關提出申請；但機關的主管人員、機要人員，以及專案分發人員的補用，均得不列入分發範圍（分發6）。

六、分發程序

整個分發所涉及之作業程序甚長，實際包括從籌辦考試、調查缺額（分發4），及用人機關提出申請（分發6）時起，以及榜示、基礎訓練、實務訓練，以至分發到職、試用等各階段全程。同時，由於民國85年11月修正施行的「公務人員任用法」中，爲配合同年修正的「公務人員考試法」所定錄取人員區分爲正額錄取和增額錄取兩類，所以，被分發人員也包括這兩類。現將整個分發過程予以綜合列述如下：

(一) 調查缺額：各種公務人員考試舉辦前，由考選部洽請分發機關銓敘部及行政院人事行政總處就其職掌分發機關範圍，預估年度需求人數，分別統計函復考選部，以爲舉辦考試、決定正額錄取人數、分配訓練及分發任用的依據（分發4）。

(二) 申請分發：各機關職缺，得由現職人員晉陞或遷調，其遺缺及遞遺之缺，除法律另有規定者外，均應向分發機關或申請舉辦考試機關提出申請，就公務人員各該等級類科考試正額錄取人員分配訓練（分發6），於依規定完成訓練程序成績及格後，由任用機關依規定派代任職，完成分發程序。用人機關臨時出缺之職務，應按月塡報分發機關或申請舉辦考試機關；分發機關或申請舉辦考試機關，得就尚未分發之增額錄取人員或保留錄取資格之申請補訓人員，據以分配訓練（分發10）。

(三) 分發次序：

1. 考試及格人員的分發，以正額錄取者優先。除法律別有規定外，應由分發機關或申請舉辦考試機關，依公務人員各該等級考試錄取人員，經訓練期滿成績及格者，就各機關所報職缺需要，依據考試種類、等級、類科、考試成績、錄取分配區，及參酌學經歷、志願服務地區，分配訓練（分發5）。

2. 可資分發之正額錄取人員已分發完畢，分發機關或申請舉辦考試機關爲用人機關臨時用人需求，於下次該項考試放榜之日前，定期按列入候用名冊之增額錄取人員考試名次分配訓練。經訓練期滿成績及格後，予以任用（考試2，分發8 I）。

3. 如已無考試正額或增額錄取人員或保留錄取資格之補訓人員可資分配、分發或遴用時，得經分發機關同意，由各機關自行遴用當年度候用名冊以外之考試及格合格人員（考試2，分發9，任用10）。

(四) 限期報到就職：考試及格人員經分配後，除因不可抗力事由，得向被分配機關申請准予延期於一個月內報到者外，應於十日內報到，逾期註銷其分配。其職缺由分發機關另行分配有關類科考試及格人員遞補（分發12）。

(五) 分發以一次為限：每一考試及格人員，經分發而未於規定期間到職者，不再分發（任用12，分發11）。

七、不予分發

考試及格人員有下列各款情事之一者，不予分發：

(一) 經列入候用名冊之增額錄取人員，於該項考試下次考試榜示後仍未經遴用，以致依法自動喪失其原考試錄取資格者（考試5）。

(二) 經撤銷其本次考試錄取資格者（考試22）。

八、改行分配

有下列各款情形之一者，由用人機關調整職務或報經分發機關或申請舉辦考試機關改行分配（分發11）：

(一) 所分配職務與考試等級類科顯不相當。

(二) 所分配職務依規定須辦理特殊查核而拒絕接受查核，或經查核結果認爲不得擔任該職務。

(三) 依法律規定有迴避任用之情形。

第二節　有關任用制度之法規與名詞

一、主要法規

任用一事，可以認爲是公務人員人事制度中最重要的部分。由於我國公務人員所使用的人事分類制度多種，隨之也就各有其不同的任用法律；再隨之，也有許多有關任用的不同行政規章。現在擇要簡介如下：

(一)「公務人員任用法」及其施行細則：

該法主要性質有三如下：

1. 各種公務員任用法律的基本法律：其他各種人員得以另行制定其特別任用法律，都是經由這一法律明定條文所准許。所以，該法至少可以稱之爲公務員任用法律中的中心法律或基本法律（任用32至36）。

2. 常任公務人員通用的任用法律：常任公務人員應一體適用該法任用，並規定必須考試及格者才可以初任。所以，也是任用資格最嚴正的法律（任用1、10）。

3. 該法內容不限於任用事項：這一法律，名爲任用法，實則內容不限於有關任用的事項，而更包括任用以外的其他事項至少四項，連同任用本身二事項，合計有六項如下：

(1) 公務人員人事分類制度（任用3、5、6、8）。

(2) 公務人員初任制度（任用9、10、13、18之1）。

(3) 有關公務人員任用的一般制度（任用其他各條）。

(4) 公務人員調任制度（任用18）。

(5) 公務人員經由考績結果及配合其他條件晉升官等制度（任用17）。

(6) 准許特種人員得另定特種任用法律，以為採取他種任用制度的依據（任用32至36）。

上列第(6)項所定，准許特種人員得另定法律以採取其他任用制度，所准許的情形，可區分為三類如下：

(1) 得另定任用法律，但有關任用資格的規定，不得與「公務人員任用法」牴觸者：司法人員、審計人員、主計人員、關務人員、外交領事人員及警察人員等，共六種（任用32）。

(2) 得另定任用法律者：教育人員、醫事人員、交通事業人員、公營事業人員、有特殊情形之邊遠地區人員等，共五種（任用33、35）。

(3) 得另定聘用法律者：即機關以契約聘用的人員（任用36）。

(二)「專門職業及技術人員轉任公務人員條例」及其施行細則：該條例內容是規定經過專門職業及技術人員考試及格後，在社會執業人員轉任公務人員的有關事項（任用34）。民國82年2月公布制定全文十一條，民國88年7月公布修正三個條文，民國94年12月公布修正全文十一條，民國97年1月16日公布修正第4條。其施行細則自民國82年9月訂定發布，經民國84、88、92、95、97、104年等六次修正，現全文五條。

以上二種任用法律是進用一般公務人員的主要和通用法律。下面各種任用法律，都是只適用於特種公務人員的。

(三)「後備軍人轉任公職考試比敘條例」及其施行細則：該條例於民國56年6月20日公布制定全文七條，民國91年1月30日公布修正第3、5條內容，並增訂第5條之1。對有關後備軍人轉任考試之優待事項，以及轉任時採計軍中年資予以比敘事項，都有規定。後一部分屬於任用範圍。由於原條例稍近簡略，故其施行細則諸多補充，頗為具體重要。細則自民國57年5月15日考試院發布全文十四條，至民國104年2月16日第九次修正，仍為十四條。

(四)「司法人員人事條例」：該條例於民國78年12月22日公布制定，民國96年3月21日公布修正第9、10、11條，同年7月11日公布增訂第30條之1，並修正第4

條，適用對象爲最高法院和最高檢察署，及其以下各級法院及各級檢察署的司法官、公設辯護人及其他司法人員。其內容廣涉司法人員的任用、訓練、進修，以至保障、給與等。其任用資格與任用程序，與一般公務人員有別，除必須考試及格外，並另增列有特別規定。民國100年7月6日總統公布制定「法官法」，民國101年7月6日施行，則該條例有全面檢視配合修正之必要。

(五)「法院組織法」：該法對於各級法院及其內部各種法庭之設置，員額編制與職務職等、職稱、所管轄之訟案性質，以及檢察機關之設置、司法事務分配與秩序、裁判之評議等，均有具體規定。初制定於民國21年10月28日，而於民國24年施行，至民國108年1月4日作第二十七次修正。

(六)「法官法」及其施行細則：民國100年7月6日總統公布制定法官法，民國101年7月5日，司法、行政、考試三院會銜發布其施行細則，並依法自民國101年7月6日施行。其中第五章（第30至41條）法官評鑑自該法公布後半年施行，第78條之退休給與，則自公布後三年六個月施行，此爲我國最年輕之人事制度法律。

(七)「駐外外交領事人員任用條例」及其施行細則：該條例於民國48年6月18日制定公布全文十四條，至民國107年1月17日作第七次修正。該條例適用於駐在國外的外交領事人員，而不適用於任職國內外交部及其所屬單位之外交領事人員。其所定任用資格，與「公務人員任用法」所定也略有不同，增列有特別規定。

(八)「警察人員人事條例」及其施行施則：該條例於民國65年1月17日公布制定，名爲「警察人員管理條例」，民國96年7月11日修正爲現行名稱。稱人事條例，是除有關任用之外，並且對俸給、考績、退休、撫卹等其他有關人事管理事項，都一併有所規定。其所定警察人員的任用資格及晉陞條件，都比「公務人員任用法」所定者爲嚴。

(九)「主計機構人員設置管理條例」及其施行細則：該條例於民國70年12月28日公布制定全文二十九條，內容包括主計機構的設置，主計人員的任用、俸給、考績、陞遷、退休、撫卹等事項。所定任用資格及各事項的管理程序，都與「公務人員任用法」所規定者不同，而有增列特別規定。民國101年12月5日公布修正，全文三十五條。

(十)「審計人員任用條例」：該條例於民國50年5月19日公布制定全文十二條，民國64年5月1日公布修正，全文仍爲十二條。內容對審計人員的任用資格，有較嚴的規定。

(十一)「關務人員人事條例」及其施行細則：關務人員，就是我國以前稱之爲海關人員，但增加包括空關、陸關與水關人員。本條例於民國80年2月1日公布制定全文二十三條，民國82年12月31日、87年11月11日、99年5月26日，三次修正。內容對其任用、俸給、考績、退休、撫卹等，均有所規定。其中對任用資格的規定，與「公務人員任用法」有所不同，增列有特別規定。

(十二)「政風機構人員設置管理條例」及其施行細則：該條例於民國81年7月1日制定公布，名為「政風機構人員設置條例」，全文十四條。民國101年2月3日公布修正為現行名稱，全文十二條。內容主體為有關政風人員與政風機構之業務範圍與職掌事項，以及其辦理人員任用之程序。對於政風人員任用資格則無特別規定，而適用公務人員任用法之任用資格。

(十三)「教育人員任用條例」及其施行細則：該條例於民國74年5月1日公布制定全文四十三條，至民國103年1月22日第十二次修正迄今。所稱教育人員一詞，現指各公立各級學校校長、教師、職員、運動教練、社會教育機構專業人員，及各級主管教育行政機關所屬學術研究機構研究人員，並不包括各級教育行政機關中的公務人員；但私立學校的校長、教師亦准用有關任用資格之規定，所以這一法律的合理名稱，應該是「公立學校教職員任用條例」。該條例所規定的學校教師人事分類制度，與公務人員現行官職併立制度不同，其任用資格、任用程序，和任用事項之主管機關等，也都與公務人員不同。但學校職員之任用，則規定應依公務人員任用法律辦理，並自民國83年7月1日起納入銓敘。

(十四)「交通事業人員任用條例」：該條例於民國36年12月22日公布制定，經三次修正，第三次修正為民國92年5月28日，是至今各類別公營事業中有關人事管理唯一已完成立法者。交通事業人員所採的「資位職務分立制」人事分類制度，與公務人員的官職併立制度不同，但與關務人員的「官稱職務分立制」相近，所以有關任用資格的規定也與公務人員不同。該法無施行細則。惟現只剩鐵路一業仍予適用。

(十五)「聘用人員聘用條例」及其施行細則：該條例於民國58年4月28日公布制定全文十條，經民國61年2月3日修正。聘用人員，不在公務人員範圍之內，因為聘用人員是由政府以契約定期聘用的人員，並無官等職等，其與政府間為契約關係，和公務人員與政府間的關係不同。

(十六)「醫事人員人事條例」及其施行細則：該條例於民國88年7月公布制定全文十八條，於民國89年1月16日施行，民國95年5月17日公布修正全文二十條。施行細則於民國89年1月28日發布，全文十四條，民國89年10月12日修正二條，最近一次在民國95年7月31日發布修正全文十條，該條例及施行細則修正條文均自民國95年8月施行。該條例所界定之醫事人員，為領有專門職業證書之醫師、中醫師、藥師、醫事檢驗師、護理師、營養師、物理治療師、職能治療師等，及上述各該士、生級人員（與助產士），近亦有稱之為「職務級別制」（醫人3）者。其任用資格仍應「考試及格並取得中央衛生主管機關核發之醫事專門職業證書」（醫事4），初任者應經試用六個月，但曾在各機關或各類醫事人員依其醫事專門職業法律得執業之機構，擔任與其所擬任職務之性質相近程度相當或任低一級職務之經歷六個月以上者，免予試用（醫事6）。然其住院醫師則依聘用人員進用之法律規定聘用之（醫人8、9）。

以上有關任用的法律，除司法、審計、交通三種條例無施行細則外，其餘十二種都各有其施行細則。施行細則的內容，通常都是解釋母法的不詳，或補充母法的不足，因此，細則的規定既然都較爲具體，所以也都相當重要。通常閱讀法律時，都必定同時閱讀其施行細則。

(十七)「行政、教育、公營事業人員相互轉任採計年資提敘官職等級辦法」：該辦法是依據「公務人員任用法」第16條規定，於民國79年4月13日訂定發布，民國88年11月25日第三次修正發布，目的在爲中、高級行政、教育、公營事業人員開闢一條相互交流的管道。但公務人員轉任教育人員或公營事業人員，實際上並未獲採計公務年資，直至民國104年6月10日公布之「教育人員待遇條例」（第9條）始規定教師具公務人員年資得予提敘。

二、常用名詞

以下各名詞，常用之於任用法規或實務中，所以在此先加介紹。

(一) 銓敘機關：中華民國目前僅有銓敘部爲法定之唯一銓敘機關，所以現稱銓敘機關即指銓敘部（銓組1）。

依歷來有關法規規定，銓敘部於民國29年8月後於各省區設有「銓敘處」，民國35年6月以後改爲設置各省區的考銓處，或各省區的委任職公務員銓敘委託審查委員會。除大陸各省外，臺灣光復初期先後有「閩臺考銓處」（依「考銓處組織條例」設置）以及「臺灣省委任職公務員銓敘委託審查委員會」（依「各省委任職公務員銓敘委託審查辦法」委託，在考試院指揮監督下，受理委託，辨理臺灣省及其所屬各機關公務員的銓敘審查業務，98.12.29.廢止該辦法設置）。所以法規中銓敘機關一詞，原本包括銓敘部以及上述一處一會共三種機關而言；但上述一處一會事實上現都早已不存在，所以稱銓敘機關者，至今實際僅有銓敘部一機關。而政府機關、公立學校及公營事業機構中之人事處、室、人事管理員（人事管理員一詞是職稱也是單位名稱），均非銓敘機關，而爲法定之「人事管理機構」（人管1至4、9、10）。

(二) 職務（或職位）：分配給一人員所擔任一職稱的全部工作與責任，爲一個職務（任用3），亦即有時我國俗稱之一個「職缺」。職務乃舊簡薦委制度及現行官職併立制度中之法定用語，而職位則爲職位分類制度用語，二者異詞而同物，所以在絕大多數情形下，職務與職位二詞可以交換使用。依職務之構成，包括：官等、職等及職系。

(三) 官等：依公務人員所具資格條件區分之任用高低等次，謂之官等；或稱之爲任命層次及所需基本資格條件範圍的區分（任用3）。例如：我國公務人員人事制度中的特任、簡任、薦任與委任四者，均爲官等（任用3）。

(四) 職等：依據職務的職責程度及擔任該職務人員所需資格條件所區分的等次，稱爲職等（任用3），此名詞開始使用於職位分類制度。職位分類制度之職等，按其職位分類原理，應經職位評價程序決定。但我國現行官職併立制度中的職等，已不採用職位評價程序，而係「就其工作職責及所需資格，依職等標準，列入職務列等表」，且「職等標準及職務列等表，依職責程度、業務性質、機關層次，由考試院定之」（任用6）。

(五) 職等標準：我國現行「官職併立」之公務人員人事制度，於民國76年1月16日施行前夕，考試院訂定發布「職等標準」所列公務人員之職等共十四個職等，以第十四職等爲最高，第一職等爲最低，並對每一職等之工作繁、簡、難、易，責任輕、重，及所需資格條件程度等，均予詳細訂明（任用3）。

(六) 職務列等：依規定程序，將機關組織法規所定的職務，依職責程度及所需資格，按「職等標準」列入一個職等或最多跨三個職等，這一過程稱爲職務列等（任用6）。

(七) 職系：依法定程序所製成之工作性質及所需學識技能性質相似的一群職務（任用3）。

(八) 職組：一個或一個以上工作性質相近職系的組合（任用3）。

(九) 任用：憲法規定：「總統依法任免文武官員」，因此，凡依「公務人員任用法」或其他任用法律規定，指定某人擔任法律所規定之某一職務時，這一權力行爲，法律上稱爲任用。任用之程序，應依各該法律規定呈報總統予以任命，或依法定授權之主管機關任命。經正式任用之公務人員，取得公務人員身分與地位（憲41，任用1、25）。

(十) 派用：指於民國104年6月17日「派用人員派用條例」廢止前，依該條例所規定的資格條件與程序，指派某人擔任某一法定臨時機關之職務，或常設機關中有期限之臨時專任職務的行爲，稱爲派用。派用與任用的不同，在於各該所依據的法律，對被指派的人員所要求的資格條件，例如：派用人員無需考試及格，依學經歷即得派用；及所擔任的職務爲常設機關之任用或臨時機關、臨時職務之派用，均有不同（派用2）。

(十一) 聘用：依「聘用人員聘用條例」規定，機關以聘約方式聘用人員擔任一定職務的行爲，稱爲聘用。聘用與任用的主要區別有三：1.聘用有別於任用，聘用一詞既有尊重與邀請的意思；同時亦表示其不具公務人員身分（狹義）。2.對聘用人員擔任職務所要求的資格條件，與對任用或派用人員所要求者不同，亦不需要考試及格。3.聘用人員之權利義務與公務人員亦有所不同（聘用3）。

(十二) 先派代理：用人機關對所擬任的人員，以本機關的人事命令，指派其暫先代辦處理某一職務的行爲，稱先派代理，簡稱爲派代。此爲任用法律所規定之一種先行程序（任用24）。經銓敘審查合格者，確定其具有該職務之任用資格。

(十三) 擬任：各機關依職權規定，所欲任用人員的行爲表現，在未經派代、送請銓敘審查審定合格之前，均謂之擬任（任用24）。

(十四) 試用：初任各官等人員，如不具與擬任職務資格相當或不具低一職等之經驗六個月以上者，尚不得即行逕予正式任用爲合格實授之公務人員，而應命其先擔任該一職務六個月，並派專人指導，以便觀察其是否適任，並由機關長官負責評定。此六個月期間觀察該員之工作狀態，法律稱爲「試用」。試用期滿，經評定成績及格者，辦理送審，經審定合格後予以實授，並呈請總統任命；試用成績不及格者，予以解職（任用20、25）。

(十五) 送審程序：簡稱送審。各機關對所擬任人員經先派代理後，檢具學經歷證件、考試及格證書、考績通知書或銓敘有案等各項有關證件，於規定期間內送銓敘部，依「公務人員任用法」或各該特種人員任用法律，就其資格審查是否符合擬任職務所規定之官等、職等、職系資格，此一程序稱爲送審程序（任用24、24之1，任用細22）。

(十六) 銓敘合格：擬任人員經依法定送審程序，送銓敘部依各該任用法律審查其資格是否符合擬任職務所規定之官等、職等、職系資格。如符合，則其銓敘審定結果即統稱爲「銓敘合格」，並含有敘定俸級之意（並參本章第三節之一「公務人員任用法制沿革」及第十四章第一節二之十二「敘俸」）。又銓敘合格依各人員之資歷程度、類別，包括依法合格之登記備查（聘用）、准予權理、以機要人員任用、准予登記（派用）、合格（候補法官）、合格試署、以事業人員任用（交通事業人員）等，故與正規之「合格實授」有別。茲就其主要之數種銓敘合格情形舉例說明如次：

1. 先予試用：依考試及格所取得之官等職等及職系任用資格，而初次被派代某機關職務之初任公務人員者，銓敘爲「先予試用」（任用20，任用細20）。試用期間六個月，並由該機關指派專人負責指導。

2. 合格實授：依照「公務人員任用法」所任用的人員，其所具任用資格與條件完全符合其所任職務的官等職等級與職系規定之資格與條件，而經政府機關任命，並銓敘審定為某一官等、職等、職系、職務之狀況，稱之為合格實授，或簡稱實授。是公務人員任用中最正規的一種狀態，而與登記備查（聘用）、准予權理、代理、以機要人員任用、准予登記（派用）、合格（候補法官）、合格試署等狀態，都有所不同。初任公務人員試用期滿成績及格者，銓敘為「合格實授」；或低一職等職務調陞為高一職等職務，其所具之官等職等、職系資格與高一職務所規定之官等、職等、職系完全相符，即銓敘為「合格實授」。例如：高考三級考試之社會行政職系社會行政人員考試及格者，擔任薦任第六職等至第七職等社會行政職系科員，其經試用期滿成績及格，即銓敘為「合格實授」薦任第六職等社會行政職系科員；嗣經二年年終考績均列甲等，或一年年終考績列甲等及二年年終考績列乙等，得依法取得高一職等任用資格者，再經送審，則銓敘為「合格實授」薦任第七職等社會行政職系科員（任用20，任用細17，考績11）。但如有「高資低用」情形，薦任第八職等專員降調為薦任第七職等科員，以原職等任用（任用18Ⅰ），仍敘原俸級（俸給11，俸給細4Ⅰ），則仍銓敘為「合格實授」。

3. 准予權理：依法指派具有某一官等較低職等任用資格人員，擔任同官等內一較高職等職務，稱為權理，但以權理高二職等為限。如上例，若以合格實授薦任第六職等社會行政職系資格（尚未具合格實授薦任第七職等資格），調陞為跨列薦任第八職等至第九職等社會行政職系之秘書，因其為「低資高用」，經送審，則銓敘為「准予權理」薦任第八職等社會任政職系秘書。嗣經依法考績結果取得薦任第七職等資格，再予審定為「合格實授」薦任第七職等仍「准予權理」第八職等社會行政職系秘書，俟其依考績結果取得薦任第八職等資格，再經銓敘為「合格實授」。（任用9，任用細10）。反之，如有「高資低用」情形，則銓敘結果仍為「合格實授」（並參後述「調任」條）。

4. 准予登記：昔經依「派用人員派用條例」規定送銓敘部銓敘審查合格之派用人員，稱為准予登記。

(十七) 任命：依憲法規定，總統代表國家依法正式命令人員擔任職務之行為謂之任命（憲41）。各機關初任簡任各職等職務公務人員、初任薦任公務人員，經銓敘部銓敘審定合格後，呈請總統任命。初任委任公務人員，經銓敘部銓敘審定合格後，由各主管機關任命之（任用25）。

(十八) 初任：人事法規所稱之初任，概指下列二種不同情形：

1. 以非公務人員身分而初次擔任公務人員。

2. 原係較低官等或較低職等公務人員，初次擔任較高官等或較高職等公務人員，尤指初任較高官等者（任用2、9、10、18之1、20、25）。

(十九) 代理：代理的情形有二：

1. 派代：初任人員在任用資格尚未經審定前，由用人機關先派予代行處理該一職務工作之謂（任用24）（並參前述「先派代理」條）。

2. 職務代理：爲原任該一職務之人員，因請假、進修、服役等，暫時離開其職務、或不能執行其職務、或已卸卻其職務，未正式任用新人補實該缺之前，依規定暫由他人代爲辦理該職務工作，謂之職務代理。現定有「注意事項」行之（請假12，職代1）。

(二十) 陞遷：即「陞任或晉陞」之意，但亦寓有「調任」之意。

(二一) 陞任或晉陞：就任用範圍而言，晉陞或陞任的意義有二：

1. 自較低官等職務改任較高官等職務（任用17，陞遷4）。

2. 自較低職等職務改任較高職等職務（陞遷4，考績11）。

至於下列三種情形，目前尚均非任用法上所稱的晉陞。但「公務人員陞遷法」則明文規定其均爲陞遷（陞遷4，陞遷細2）：

1. 陞任較高之職務。

2. 非主管職務陞任或遷調主管職務。

3. 遷調相當之職務（亦即「調任相當之職務」）。

上述第2.點意義明確，例如：第九職等之專員調任第九職等之科長屬之；惟有第1.、3.兩點意義則欠明確。但依「公務人員陞遷法施行細則」之解釋，第1點係指：「依法陞任較高職務列等、（或較高）官稱官階、（或較高）官等官階（以下簡稱職等）以上之職務。其職務有跨列二個以上職等時，以所列最高職等較高者，爲較高之職務；所列最高職等相同時，以所列最低職等高者，爲較高之職務。」又對第3點則解釋爲：「所稱遷調相當之職務，指依公務人員任用法律調任相當列等之職務。」（條文措詞似仍稍有艱澀難解）但何謂相當列等？措詞似仍欠明確（陞遷細2）。

(二二) 調任：人員在同一任用管理法律規定範圍內職務的調動，無論其在同一機關內部或兩機關之間進行，都稱之爲調任。例如：依「公務人員任用法」所任用的人員，調往本機關或他機關的另一仍係依「公務人員任用法」任用的職務，稱爲調任（任用18，陞遷8、10）。俗謂調任概指下列調陞、平調與降調三種情形：

1. 調陞：與上述之「陞任或晉陞」同義。

2. 平調：以相同之官等職等資格調任於「職務列等表」或「升遷序列表」所列同一列等或序列之職務。如合格實授薦任第六職等科員調本機關其他單位或他機關之薦任第六職等科員，仍銓敘爲合格實授薦任第六職等科員。

3. 降調：以現職合格實授之官等職等資格調任較低官等職等職務，如以合格實授薦任第八職等專員調本機關其他單位或他機關之薦任第六至第七職等之科員，仍銓敘爲合格實授薦任第八職等，但職務（稱）則爲科員，並敘原俸級（俸給11III）。

(二三) 指名商調：甲機關以公文向乙機關商請同意將乙機關中某一特定之現職人員，調至甲機關任職（任用22，任用細21）。

(二四) 轉任：人員從適用甲種人事制度法律任用的職務，轉往適用乙種任用制度法律所任用的職務任職，無論其職務異動是在本機關內部或兩機關之間進行，都稱之爲轉任，尤指軍人之轉任公務人員，或教育人員轉任公務人員，或公營事業人員轉任公務人員，或專門職業及技術人員轉任公務人員，甚至國防部軍職軍官依轉任法規改任該部依「公務人員任用法」任用爲一般文職職務者，均屬轉任，反之亦然（任用16，轉任辦2、5、6，軍轉5、5之1）。

(二五) 辭職：公務員提出辭去其所任職務之行爲。

(二六) 免職：免職即免除其現行職務。依「公務人員考績法」規定，公務人員一次記二大過辦理專案考績者，或年終考績或另予考績列丁等者，均應予免職（考績7、12）；或依「公務人員任用法」規定，機關長官對於所任用之機要人員，得隨時予以免職（任用11）；遭公務員懲戒委員會爲「撤職」之判決者，亦予以免除其現職（公懲9、11、12）；對各機關違法任用之人員，經銓敘機關依規定報請考試院依法逕行降免時，考試院亦得視情節輕重之必要，逕予免除其職務（任用30，考試組17）。又公務人員依法退休、資遣、辭職，機關亦常發布「免職」令；此外，無法定任期之政務官，政府得隨時予以免職，此均係非屬處罰性之處分。另民國105年5月2日施行修正之「公務員懲戒法」增列懲戒種類「免除職務」，即免其現職，並不得再任用爲公務員（公懲9、11），亦即完全剝奪其擔任公務人員之資格。

(二七) 再任：公務人員離開原任公務人員職務後，再回來擔任公務人員職務，謂之再任（任用18之1，退撫77）。

(二八) 停職：停職即停止其執行職務。爲公務員因有違法失職嫌疑，應受調（審）查尚未作成結論前，過渡期間的措施。其法據有二：

1. 依「公務人員考績法」規定，考績列丁等或一次記二大過應予免職人員，在其救濟程序未完成確定前，應先行停職（考績18）。

2. 依「公務員懲戒法」規定，對於送請監察院或公務員懲戒委員會審議之公務員違失損譽案件，其任職機關之主管長官或公務員懲戒委員會，認爲情節重大，有先行停止其職務必要者，均得先行停止被送懲戒人之職務，是爲「先行停職」（公懲5）。但對於：(1)依刑事訴訟程序被通緝或羈押；(2)依刑事確定判決，受褫奪公權之宣告；(3)依刑事確定判決，受徒刑之宣告，在監所執行中；此三種情況，則機關不待斟酌即應停止其職務，是爲「當然停職」（公懲4）。

(二九) 撤職：撤職即撤除其職務，爲一種懲罰行爲，並使其原因公務人員身分所構成其與政府機關間之權利義務關係結束。公務人員違反「公務員服務法」規定，經營商業或投機事業，或非依法兼任公營事業機關或公司代表官股之董事或監察人者，或利用權力、公款，或公務上之秘密消息而圖利者，依法均應撤除其職務（服務13）；或經公務員懲戒委員會依「公務員懲戒法」規定，對公務人員之違失損譽情節重大者，決議予以撤職，此除撤其現職外，並於一定期間停止任用，其期間至少爲一年以上、五年以下（公懲9、12）。以上兩情形，皆爲撤職。但對於「公務員服務法」第13條第4項所稱之「先予撤職」，依民國37年司法院院解字第4017號解釋，係指「先予停職」之意。

(三十) 休職：休職爲在一段期間內離開機關職務不得執行該職務工作，爲「公務員懲戒法」所定懲戒處分之一種。休職處分，包括休其現職，停發其薪給，並不得在其他機關任職，其期間爲六個月以上、三年以下；休職期滿，許其復職。自復職之日起，二年內不得晉敘、陞任，或遷調主管職務（公懲9、14）。

(三一) 留職停薪：留職停薪指公務人員依規定於一定期間內離開其職務，政府依規定仍保留其原職務（必要時得調整職務），或保留其現職公務人員身分，但停止其俸給，該公務人員於其離職原因消失後，得依規定申請恢復職務，是爲留職停薪，民國86年，考試院與行政院訂有「公務人員留職停薪辦法」。其構成事由如下：

1. 依「公務人員任用法」規定，公務人員因育嬰、侍親、進修，及其他情事，經機關核准留職停薪者（任用28之1）。

2. 依「兵役法」規定，公務人員於服兵役期間保留其底缺年資者（兵役44）。

3. 依「公務人員請假規則」規定，請病假或請公假屆規定期限不能銷假者，應予留職停薪（請假5）。

(三二) 復職（回職復薪）：復職即職務之恢復，指公務人員於依規定停職、休職，或留職停薪者，於其原因消失後，依規定回復其公務人員職務（任用28之1Ⅰ，俸給21，考績細Ⅱ，留停7Ⅳ，公保11Ⅵ，退撫25Ⅱ，保障10至11之2，公懲14）。對於留職停薪人員之回復職務，實務上有時亦稱爲回職復薪（保障10，退管細12）。

(三三) 審定有案：公務人員因任用、派用、俸給、考績、晉陞、調任、退休等事項，依法送經銓敘機關審查確定，有案可據者，均稱爲審定有案。

第三節　公務人員之任用

一、公務人員任用法制沿革

民國初建，軍閥割據，地方混戰，政局動盪不安，體制難備。政府奠都南京，訓政時期開始。北伐成功，百廢齊興，公務人員任用制度亦得以逐步建立。初於民國18年10月29日頒布「公務員任用條例」十三條，並規定其施行日期另以命令定之；惟由於事實困難，迄未命令施行。雖然如此，此條例仍有其先驅價值：(一)建立考試用人目標及步驟。(二)首次明確規定公務人員任用資格。(三)建立銓敘制度。

該條例要點如下：

(一) 常任文官區分爲簡任、薦任、委任三官等，並分別規定具體任用資格。

(二) 以高考、普考、特考及格人員爲優先任用資格；亦得以經歷、對黨國勳勞，以及學歷或學術成就等，爲任用資格。

(三) 曾有反對國民革命行爲者，不得爲公務員。

(四) 各官等公務員，均應送請銓敘部辦理任用資格審查，經合格後予以任用。

上述條例既不能施行，所以只好另作他謀，以應需要。於是乃於民國22年3月13日另行公布「公務員任用法」十五條及「公務員任用法施行條例」二十三條，並均於民國22年4月1日施行。該任用法內容要點如下：

(一) 常務文官仍區分簡、薦、委任三官等，並分別規定具體任用資格，仍以經高、普、特考及格者優先任用，亦得仍以經歷、對黨國獻勞，以及學歷或學術成就爲任用資格。更新增規定，人員之學識與經驗，應與所任職務相當。

(二) 增定任用之消極資格四款：

1. 褫奪公權尚未復權者。

2. 虧空公款尚未清償者。

3. 曾因贓私處罰有案者。

4. 吸用鴉片或其代用品者。

(三) 新規定各機關得先派人員代理最多三個月，並應於此期間辦理所任用人員之請簡、呈薦、擬委。初任人員均應先試署一年，成績優良者，始得實授；成績不良者，應由銓敘機關分別情節，延長其試署期間或降免之。

(四) 考試及格人員之任用，依銓敘部分發之先後爲序；薦任及委任職應儘先以考試及格人員任用。

至於上述「公務員任用法施行條例」之內容，因僅爲任用法實施之技術性補充，所以該條例之實質與施行細則同，姑不贅述。

「公務員任用法」後經於民國24年11月13日及26年1月26日先後兩次修正。首次修正要點如下：

(一) 增列第14條：規定本法對蒙藏會及僑委會委員及各機關秘書長（當時均列爲簡任官）均不適用。

(二) 加強銓敘功能：考試及格人員應按及格種類及科別，分發相當官署任用；增列規定，銓敘部應從速審定人員是否合格，試署一年成績不良者，由銓敘機關按情節，分別予以延長試署期間或降免之。

(三) 委任人員分等：另由「暫行文官官等官俸表」規定區分爲三個等（考試院施政編年錄民國25年10月2日記事）。

第二次修正要點如下：

(一) 將原各條文中之「甄別審查」四字，均改爲「銓敘合格」四字。

(二) 委任官二等以下人員，得按其學、經歷之不同，酌敘俸級，非必定均自委任最低級起敘。

此一「公務員任用法」，除上述兩次修正外，而後未有其他重大修正，自公布日起，直至行憲後之民國38年止，施行期間長達十六年之久。

此法原爲全體公務員應共同適用之通用法律，但在上述期間，竟陸續另行出現各種不同類別公務員的特別任用法規，諸如「縣長任用法」、「縣行政人員任用條例」、「邊遠省分公務員任用條例」、以及「非常時期公務員任用補充辦法」等，共計二十三種之多。其有關任用資格等的規定，無一不爲從寬，以應抗戰時期國事如麻之需，但卻破壞人員任用之統一標準及考試用人之原則，至爲嚴重。

民國36年12月25日，「中華民國憲法」施行。其第85條規定：「公務人員……非經考試及格者，不得任用。」第86條規定，公務人員任用資格「應經考試院依法考選銓定之」，據此，原各該有關公務人員管理法律，自均應配合修訂。經於民國38年1月1日公布「公務人員任用法」凡二十一條，與其同時公布施行者，還有「公務人員俸給法」及「公務人員考績法」，當時合稱之爲三法；同時，並將舊任用法、俸給法，及考績法，以及各該配合之輔助規章一律廢止。

但此新三法事實上迄未實施，其主要原因有三如下：

(一) 新三法雖已公布，但各該有關施行細則以及爲數眾多的輔助規章，均不及訂定發布。因之，徒有新法，仍不能執行。

(二) 新三法中之任用法，完全遵照憲法制定，明確規定一律考試用人。但在戡亂軍事倥傯之際，全國各機關用人孔亟，新進人員如均依新法規定應經考試及格，一時十分不易。所以，各機關或經由其人事機構多建議暫緩實施，或仍進用未經考試及格人員而不送審。

(三) 新俸給法因變動太大，且增加財務負擔，行政院建議暫緩實施新俸給法。但因其與任用法有相互配合關係，所以牽連任用法亦不能實施。

於是考試院乃採取下列措施：

(一) 三法均暫緩適用，並仍暫適用經已廢止之舊三法及各該有關舊輔助規章。

(二) 咨請行政院同意後，兩院會呈總統鑒察。

(三) 兩院會函咨請立法院同意。

上述措施經呈奉總統於民國38年7月13日令核准備案。但立法院則因另有意見，遲至民國39年5月26日始咨復表示：「三法既經公布施行，自應依法適用；如有窒礙難行之處，以及輔助規章未及制定等情事，應從速查明，分別審議修訂，以完成立法程序。」

茲將此一並未實施之新任用法內容要旨，亦即當時被認爲最重要之障礙規定，扼要舉敘如下：

(一) 在簡、薦、委三官等之下，各增設若干階，必要時並得設副階。晉階有較嚴的規定條件。

(二) 任用人員以經考試及格者，或在該法施行前已經銓敘合格者爲限。

(三) 各機關人員出缺，應由銓敘部分發考試及格人員任用；如無人可資分發，得就其他考試及格人員中或經銓敘合格人員中遴用；如無人可資遴用，應請考選機關辦理臨時考試掄拔。在錄取人員未分發到任前，各機關得派相當人員代理最多爲期三個月。

(四) 違反該法任用之人員，應由銓敘部開列名單送審計部，不予核銷其俸給。

由於立法院有前述復函意見，考試院乃於民國39年11月及41年底先後兩次提出任用法修正草案，經完成立法程序，始於民國43年1月9日公布，並員正付之施行。此爲該法之第一次修正。其修正要點有二如下：

(一) 建立候用人員名冊制度。

(二) 規定非常時期內，一部分公務人員之任用，得另以法律定之。

民國51年9月1日該法第二次修正施行，修正要旨如下：

(一) 廢除官等下之階。

(二) 任用資格之取得，限爲考試及格、考績升等與銓敘合格三途之一均可；並依此先後優先順序適用。

(三) 配合同年修正之考試法，規定普考及特考之甲、乙、丙、丁各等考試及格人員所取得之任用資格；其中甲、乙兩等考試及格人員，並得先以低一個官等任用。

(四) 現職人員晉陞官等，應經陞等考試及格；但亦得依規定之學歷、年資、考績、俸級等資格條件，免經考試取得薦任晉陞簡任官等任用資格。

(五) 規定任用之限制。

(六) 司法、審計、主計、駐外外交領事、警察官等人員，均得另定特別任用法律任用，但不得牴觸上述第(二)項所列三種任用資格規定；又派用、聘用人員，亦得另以法律定之。

(七) 明定實施職位分類機關人員之任用，不適用本法。

民國57年12月18日，該法第三次修正。修正要點如下：

(一) 考試及格人員由銓敘部分發任用，但行政院及所屬機關任用人員，由行政院人事行政局分發。

(二) 試用或學習人員，不得充任簡任或薦任中級以上各級主管職務。

民國69年12月3日，該法第四次修正。亦即官職併立新人事制度施行前最後一次之修正。修正要點如下：

(一) 原規定薦任人員得不經陞等考試晉陞簡任者，其條件之一為：須經專科以上學校畢業者；現修正規定為：應經獨立學院以上學校畢業者。

(二) 增列公務人員得予資遣之規定。

及至民國76年1月16日，兩制合一之官職併立新人事制度施行，公布新制定之現行「公務人員任用法」；同日並將原有簡薦委制度之「公務人員任用法」與「分類職位公務人員任用法」，以及此兩種制度之其他有關各種法律規章辦法一併廢止。請注意，新人事制度之「公務人員任用法」名稱雖與原簡薦委制度之「公務人員任用法」名稱七字完全相同，但實際係另行制定之另一新法，而非修正前法。

另關於職位分類制度的任用法實施經過情形，現亦在此略為一述。

「分類職位公務人員任用法」最初於民國56年6月8日公布，但因事實困難，實際並未執行。職位分類制度實際至民國58年10月16日始逐步執行，而此一任用法律，在此一制度尚未實際執行之前，竟已於民國57年5月9日修正。及至民國58年實施之前，復於該年8月25日作第二次修正。以後並再於民國61年2月3日及67年11月10日，先後密集性作第三次及第四次修正。十年之間，四度修正，充分反映其窒礙難行之窘境，而後終於民國76年廢止。至於其各該有關實務之規章辦法，則更不知修正凡幾。

現行之官職併立新制「公務人員任用法」公布於民國75年4月21日，並經考試院依該法最後一條規定，定於76年1月16日施行。後於民國79年12月28日公布**第一次修正**，修正要點如下：

(一) 原規定薦任亦得免經陞等考試取得簡任官等任用資格，所需條件之一為：

「經銓敘機關審定合格實授敘薦任第九職等本俸最高級後，連續三年年終考績一年列甲等二年列乙等以上。」修正為：「經銓敘機關審定合格實授薦任第九職等職務滿三年，連續三年年終考績二年列甲等一年列乙等以上，並敘薦任第九職等本俸最高級」（任用17）。

(二) 初任跨列二個或三個職等之職務者，除已具有其較高職等資格者外，應自其最低職等任用。

由於「公務人員考試法」刪除有關甲等考試的規定，該法遂予以配合，於民國84年1月18日作**第二次修正**公布，僅係將第13、16條兩條文中之「甲等考試」四字刪除。

第三次修正於民國84年1月28日公布，係配合「戒嚴時期人民受損權利回復條例」之制定公布，將公務人員消極任用資格予以修訂（任用28）。

第四次修正在民國85年11月14日公布，此為一次大規模的修正，修正條文十五條，並新增條文二條。其中有部分條文，係配合新修正之「公務人員考試法」而修正；另有若干條文，則係政策性的修正。修正要點如下：

(一) 各機關組織法律的職務列等之規定與「職務列等表」之規定不同者，暫依「職務列等表」規定行之（任用6）。

(二) 如可資分發之正額錄取人員已分發完畢，用人機關於報經分發機關同意後，得就列入候用名冊之增額錄取人員自行遴用，經訓練期滿成績及格後予以任用。如已無前項考試正額或增額錄取人員可資分發或遴用時，得經分發機關同意，由各機關自行遴用當年度候用名冊外之考試及格合格人員（任用10）。

(三) 配合考試等次的變更，修正各等級考試及格人員所取得各該官等職等的任用資格（任用13）。

(四) 增列貫徹特考特用政策條款（任用13Ⅴ、22）。

(五) 增列委任晉升薦任人員，亦得免除考試，而以具備規定之學歷、年資、經歷、職等、俸級、訓練等綜合條件，取得晉升薦任官等任用資格（任用17Ⅲ）。

(六) 增列機關首長離職前不得任用或遷調人員之規定（任用26之1）。

(七) 增訂公務人員因育嬰、侍親、進修，及其他規定情事，得請准辦理留職停薪。其辦法另定之（任用28之1）。

(八) 增訂公務人員任用有關國籍等之消極資格條款（任用28）。

(九) 規定雇員制度適用至民國86年底止（任用37）。

(十) 規定該法第26、26之1、28條適用於政務人員（任用38）。

第五次修正在民國91年1月29日公布，修正範圍亦甚廣泛。全文原四十三條，經增刪後實際為四十四條（不包括有條次但已刪除其條文之第19條），增刪修正者共達二十條之多。修正要點如下：

(一) 加強任用人員前，有關品德與忠誠調查規定，並規定被查核之當事人對於有不利情事，得陳述意見及申辯（任用4）。

(二) 增訂各機關組織除以法律規定者外，應訂定編制表送考試院核備。其有關職稱、官等、職等及員額之配置準則，由考試院會同行政院定之（任用6II）。

(三) 增訂權理人員得隨時調任所具職等資格相當與性質相近之職務（任用9III）。

(四) 增訂有關機要人員之員額與任用條件之規範，由考試院定之（任用11）。

(五) 依該法第17條所定資格條件，得不經考試而以晉升簡任官等訓練合格者，取得升任簡任第十職等任用資格，如係駐外人員或有特殊情形而經報請主管機關核准者，得不先經升官等訓練任用，而俟後補訓（任用17）。

(六) 增訂在同官等內調任低職等時，以調任低一個職等爲限；機關正、副首長不得調任本機關同職務列等以外之職務；正、副主管不得調任本單位副主管或非主管，但有特殊情形報經總統府、主管院、國家安全會議核准者，不在此限；並增訂考試院訂定調任辦法之依據（任用18）。

(七) 人員之試用期間自原定之一年修減爲六個月，並增訂試用期間因有規定情事而列爲試用不及格者，得予解職；但試用人員得陳述意見或申辯（任用20）。

(八) 補充規定，在所列舉之多種情況下，首長不得任用或遷調人員（任用26之1）。

(九) 補充規定，具有不得任用之消極資格者，於任用後始經發現時，應分別予以免職或依規定辦理退休、資遣或撤銷其任用（任用28）。

(十) 增訂技術人員任用條例廢止後，對原技術人員處置之規定（任用33之1）。

第六次修正在民國94年11月30日公布，係由立法委員提案修正。修正要旨是將第17條原規定非依考試途徑，而依考績等條件取得薦任升等任用資格人員，以升至薦任七職等爲限，修正爲：「但具碩士以上學位且最近五年薦任第七職等職務年終考績四年列甲等、一年列乙等以上者，得擔任職務列等最高薦任第八職等以下職務。」

第七次修正在民國96年3月21日公布，僅將第18、21條之1中之「國民大會」四字刪除。

第八次修正在民國97年1月16日公布，修正要點如下：

(一) 各機關組織除以法律定其職稱、官等、職等及員額者外，應依其業務性質就其適用之職務列等表選置職稱，並妥適配置各官等、職等職務，訂定編制表，函送考試院核備（任用6）。

(二) 職務內容變動時，應即配合修訂職務說明書，並每年或間年進行職務普查（任用7）。

(三) 如可資分發之正額錄取人員已分發完畢，由分發機關就列入候用名冊之增額錄取人員按考試成績定期依序分發，經訓練期滿成績及格後予以任用（任用10）。

(四) 薦任第九職等職務人員經參加晉升簡任官等訓練不合格或廢止受訓資格，須依訓練辦法所定得再參加該訓練之年度時，始得依規定調派簡任職務（任用17Ⅴ）。

(五) 試用成績不及格人員，自機關首長核定之日起解職，並自處分確定之日起執行，未確定前，應先行停職（任用20Ⅳ）。

(六) 除未依限送審而可歸責於當事人者，係自各該機關送審之日起算其試用期間及任職年資外，餘均自其實際到職或代理之日起算試用期間及任職年資（任用24之1Ⅰ）。

(七) 公務人員經依規定程序銓敘審定後，如有不服，得依「公務人員保障法」提起救濟；如有顯然錯誤，或有發生新事實、發現新證據等行政程序再開事由，得依行政程序法相關規定辦理任用（任用24之1Ⅱ）。

(八) 增列「其他定有任期者，自任期屆滿之日前一個月起至離職日止。但連任者，至確定連任之日止」爲各機關首長不得任用或遷調人員期間之第9款，並於各款情事之期間內，機關出缺之職務，得依規定由現職人員代理（任用26之1）。

(九) 各機關任用人員，違反該法規定者，銓敘部應通知該機關改正，增列「並副知審計機關，不准核銷其俸給」（任用30）。

第九次修正在民國99年1月6日公布，乃配合民國98年11月23日修正施行之民法總則編將原第14條及第15條之「禁治產」及「禁治產人」，分別修正爲「監護」及「受監護宣告之人」，修正第8款爲「受監護或輔助宣告，尚未撤銷」，及施行日期爲民國98年11月23日（任用28、40）。

第十次修正在民國99年7月28日公布，有關第29條公務人員資遣之規定，「公務人員退休法」修正條文中已有詳細規範，爰刪除該條文，並自民國100年1月1日施行。

第十一次修正在民國102年1月23日公布，將第28條之「判刑確定」均修正爲「有罪判決確定」，並增列第8款「經原住民族特種考試及格，而未具或喪失原住民身分」，且將原條文第8款改列爲第9款。

第十二次修正在民國104年6月17日公布，配合「派用人員派用條例」（以下簡稱「派用條例」）廢止，刪除第36條「派用條例」法源規定，並增列第36條之1適當處理原依「派用條例」審定有案人員。

二、公務人員之範圍

何謂公務人員，本書第三章第二節已有頗爲詳細的說明，請與該節合併閱讀。如果用比較概括而簡單的話來說，就是依「公務人員任用法」所定任用資格條件和任用程序所任用的人員，並包括依該法第32條所定之司法、審計、主計、關務、駐外外交領事、警察、醫事等人員，亦即包括合格實授人員、准予登記人員、准予權理人員和機要人員。

三、任用的實質及權責

依我國各有關法律規定，所稱任用，其實質包括下列三部分程序行爲（憲41，銓組1，任用24、25）：

(一) 決定擬任人員，並指派到職先行代理。

(二) 任用資格的銓敘審定。

(三) 國家正式予以任命。

上述三事，依「公務人員任用法」規定前後分屬三種不同機關掌理。其第24條規定：「各機關擬任公務人員，經依職權規定，先派代理……。」又同法其他多條，都有「各機關任用人員」之句，證明實際決定擬任人選及先行派代的權力，屬於**各用人機關**。同條又規定：「於實際代理之日起三個月內送請銓敘部銓敘審定」，所以任用資格的銓敘審查，爲**銓敘部**的權責。另第25條也配合憲法第41條「總統依法任免文武官員」之規定，而規定各機關初任簡任各職等職務公務人員、初任薦任公務人員，經銓敘部銓敘審定合格後，呈請總統任命。所以國家正式任命人員的權力，屬於總統。但近亦有謂委任人員亦應呈請總統任命，以增榮譽感與向心力。

現憲法增修條文第6條規定，考試院掌理公務人員任免的法制事項。此處所稱「法制事項」，其指稱者究爲何事？以及所排除者又爲何事？尚無法定解釋，各方見解不一。除本書第一章第四節有所敘述外，仍得留待下文討論。

四、我國現行任用制度之基本精神

我國公務人員任用制度的基本精神，亦即任用人員之宗旨，依據「公務人員任用法」規定，可歸納爲四點（任用2）：

(一) 專才專業。

(二) 適才適所。

(三) 初任與陞調並重。

(四) 人與事之適切配合。

所稱**專才專業**，指任用專門人才擔任其所專長性質及所具能力程度的職（業）務。該法另有許多條文，對此有具體配合規定，例如：職組、職系的設置和調任的限制，此與納入法條的特考特用制度，有密切關係。但專才專業一詞較偏重於強調其所具專業性質。

所稱**適才適所**，指適當的人才，擔任適當的職務。而所謂**適當**，應包括專長性質與職務性質的配合，以及才能高低與職務高低（官等職等）的配合。該法其他條文的具體配合規定，就是對每一職務都有設定其所屬的官等、職等和職系，並規定其人員應具有配合諸此要求的一定任職資格。適才適所與專才專業實質涵義相近，但適才適所則偏重在強調所具才能程度的高下。

所稱**初任與陞調並重**，指自公務機關以外進用新人，與從現職公務人員中平調或陞遷以任用，兩途兼籌並顧。但該法對此項原則規定則似另無具體配合性條文規定。

所稱**人與事的配合**，指機關任用人員在下列三方面的配合：人員的專長與所任職務性質相配合、人員的能力與所任職務的權責相配合、以及機關總員額與機關工作總量相配合。此在該法具體規定上，與上述有關「適才適所」所規定者相近，所不同者爲多了一項機關總員額與機關工作量相配合的要求。但該法對這一數量上的配合，並無具體措施規定，亦無概括性的規定。

以上所述四項宗旨，除「初任與陞調並重」一項外，其餘三項的實質意義相近，似乎是對同一觀念的三種不同面向或觀點的措詞表述，但三者畢竟仍各有不同之偏重意涵。

五、合法進用公務人員之八種途徑

行政機關職務出缺，其待補人員（也就是將予以任用之人員）的來源，包括從本機關內部或從其他行政機關的現職人員中陞遷調補，及依其他途徑進用。茲經綜合現行各有關法規規定，共有如下八種途徑，以進用人員補缺：

(一) 從本機關內部人員中平調或陞任（任用9、17、18、18之1）。

(二) 商調其他機關現職人員，予以平調或陞任（任用22）。

(三) 進用曾任公務人員的非現職人員，包括退休、資遣、辭職及其他原因離職，但依法均未禁止其得再任之人員，惟如已屆限齡退休人員則不得進用（任用27）。

(四) 申請分發考試及格人員（任用10、12）。

(五) 進用來自公營事業的轉任人員（任用16）。

(六) 進用來自公立學校的轉任人員（任用16）。

(七) 進用來自軍中的轉任人員（軍轉）。

(八) 進用經專門職業及技術人員考試及格的轉任人員（專技轉任）。

如果除了上述(一)、(二)、(三)這三種原已任為公務人員資格身分的人員不計，則剩下來原非公務人員身分的還有五種，這才是真正可以稱為新進人員的部分。這五種，實在也是初次取得公務人員（狹義）任用資格的五種法定途徑，當然其轉任之基本資格條件仍須經各該「考試及格」。所以「公務人員任用法」第9條所定公務人員任用資格取得的三種途徑「依法考試及格」、「依法銓敘合格」、「依法升等合格」之語（參閱本節下述第八項「公務人員積極資格取得的途徑」），似乎稍欠周延。或許上述最後四種途徑其轉任基礎均需經「國家考試（廣義）」再依各該法律轉任，可勉強一併歸屬為「依法考試及格」之中。這是時代變化太快的結果。

六、任用資格之涵義

公務人員任用資格一詞的涵義，應包括下列三部分而言：(一)基本條件。(二)消極資格。(三)積極資格。茲依此分別說明於後。

七、公務人員之基本條件

公務人員任職所需具備的基本條件，法律未予集中列舉規定。茲綜合有關法律條文規定，簡述如下：

(一) 國籍：中華民國國民（考試12，國籍20，任用28，任用細3）。

但現行「國籍法」對從事研究工作與教育工作人員有放寬之規定。經該管主管機關核准，允許中華民國國民取得外國國籍者，亦得合法擔任我國下列各項公職：公立大學校長、公立各級學校教師兼任行政主管人員、研究機關首長、副首長、研究人員（包括兼任學術研究主管人員）、依核准設立之社會教育或文化機構首長、副首長、聘任之專業人員（包括兼任主管人員）、公營事業中對經營政策負有主要決策責任以外之人員、各機關專司技術研究設計工作而以契約定期聘任之非主管職務、僑務主管機關依組織法遴聘僅供諮詢之無給職委員，及其他法律另有規定者。但以上除僑務人員外之各人員，以具有專長或特殊技能，而在我國不易覓得之人才，且不涉及國家機密之職務為限（國籍20）。

上述國籍法所列舉放寬人員，有部分為公務人員，其餘則非公務人員。

(二) 年齡：年滿十八歲（考試12，刑法18），但屆齡退休前不得任用（任用

27）。

(三) 學識、才能、經驗：應與擬任職務之種類職責相當（任用4，任用細3）。

(四) 體格：需經健康檢查合格（任用4，任用細3）。

(五) 品德、忠誠：應經查核合格（任用4，任用細3）。

(六) 領導能力：主管職務人員並應具有領導能力（任用4）。

八、公務人員之消極資格

具有下列情事之一者，不得任用爲公務人員，亦不得任用爲政務官；任用後發現具有下列情事之一者，應分別予以免職，或依規定辦理退休或資遣，或撤銷其任用（任用28、38，任用細2）：

(一) 未具或喪失中華民國國籍。

(二) 具中華民國國籍兼具外國國籍。但其他法律另有規定者，不在此限。

(三) 動員戡亂時期終止後，曾犯內亂罪、外患罪，經有罪判決確定或通緝有案尚未結案（刑訴84）。

(四) 曾服公務有貪汙行爲，經有罪判決確定或通緝有案尚未結案（刑訴84）。

(五) 犯(三)、(四)二款以外之罪，判處有期徒刑以上之刑確定，尚未執行或執行未畢。但受緩刑宣告者，不在此限。

(六) 依法停止任用（懲戒法12）。

(七) 褫奪公權尚未復權（刑法36）。

(八) 經原住民族特種考試及格，而未具或喪失原住民身分。

(九) 受監護或輔助宣告，尚未撤銷者（民法14至15之2）。

至於大陸地區人民經許可進入臺灣地區並取得身分證者，得否參加國家考試，擔任公務人員？

昔有謝○梅者，係民國60年4月8日出生於南京市，民國80年12月13日與臺灣地區人民結婚，民國85年10月獲准來臺居留，民國87年10月29日獲准定居並設戶籍登記於臺北縣，依憲法第3條規定爲中華民國國民，依「臺灣地區與大陸地區人民關係條例」第2條第3款規定爲臺灣地區人民。嗣於民國90年2月應90年度初等考試筆試及格錄取，經行政院人事行政局分發至臺北市士林區社子國民小學占書記職缺，實務訓練期滿後由考試院核發考試及格證書，取得委任第一職等任用資格。惟臺北市政府人事處卻於民國91年3月12日以北市人壹字第09130100700號函，引據該條例第21條第1項規定，以謝員原爲大陸地區人民，在臺設籍未滿十年，不得擔任軍公教或公營事業機關（構）人員爲由，拒絕謝員辦理派代送審作業，並進而令其離職，致謝員依憲法第15條保障之工作權及第18條保障之服公職權等基本權利受損。

謝員不服提起訴願，經遭臺北市政府民國91年5月30日府訴字第09105863900號訴願決定駁回，遂向臺北高等行政法院行政訴訟（91年度訴字第2864號）。臺北高等行政法院審理中認爲有違憲之虞，遂聲請司法院大法官解釋。

經司法院於民國95年11月3日公布釋字第618號解釋認爲：「民國89年12月20日修正公布之兩岸關係條例第21條第1項前段規定，大陸地區人民經許可進入臺灣地區者，非在臺灣地區設有戶籍滿十年，不得擔任公務人員部分，乃係基於公務人員經國家任用後，即與國家發生公法上職務關係及忠誠義務，其職務之行使，涉及國家之公權力，不僅應遵守法令，更應積極考量國家整體利益，採取一切有利於國家之行爲與決策；並鑒於兩岸目前仍處於分治與對立之狀態，且政治、經濟與社會等體制具有重大之本質差異，爲確保臺灣地區安全、民眾福祉暨維護自由民主之憲政秩序，所爲之特別規定，其目的洵屬合理正當。基於原設籍大陸地區人民設籍臺灣地區未滿十年者，對自由民主憲政體制認識與其他臺灣地區人民容有差異，故對其擔任公務人員之資格與其他臺灣地區人民予以區別對待，亦屬合理，與憲法第7條之平等原則及憲法增修條文第11條之意旨尚無違背。又系爭規定限制原設籍大陸地區人民，須在臺灣地區設有戶籍滿十年，作爲擔任公務人員之要件，實乃考量原設籍大陸地區人民對自由民主憲政體制認識之差異，及融入臺灣社會需經過適應期間，且爲使原設籍大陸地區人民於擔任公務人員時普遍獲得人民對其所行使公權力之信賴，尤需有長時間之培養，系爭規定以十年爲期，其手段仍在必要及合理之範圍內，立法者就此所爲之斟酌判斷，尚無明顯而重大之瑕疵，難謂違反憲法第23條規定之比例原則。」

民國97年10月，謝員在臺設籍滿十年，臺北市政府人事處主動通知任職，於民國98年1月22日任公務人員。

九、公務人員積極資格及其取得途徑

依「公務人員任用法」規定：「公務人員依官等及職等任用之」（任用5）。其任用資格可分別經由下列四種途徑取得（任用9）：

(一) 依法考試及格：所稱依法考試及格，指經依現行公務人員考試法規及其前國家考試法規所舉辦的各類公務人員考試及格。有意初任公務人員，或已任較低官等公務人員而有意取得較高官等任用資格人員，或原任非公務人員的政府人員（如聘用人員、技工、工友），都可以經過考試及格，取得該考試依法所賦予官等、職等的公務人員的任用資格（任用10、13）。即使係轉任人員，其基本條件乃應歸爲「依法考試及格」。

(二) 依法銓敘合格：所稱依法銓敘合格，最早涵義爲現行「公務人員任用法」

施行前，已依原施行的各種任用法規，或依前「聘用派用人員管理條例實施辦法」中一定條款，或依其他法規，或依前「非常時期任用補充辦法」中一定條款，經銓敘部審定有案有證者，都屬於依法銓敘合格範圍。所以，依法銓敘合格這一項所指人員，概括而言，原則上，是新舊法制交替過渡期間的必須措施，而非近三十多年初任公務人員的現職人員適用的規定（公任細8）。說白了，只要曾經銓敘部銓敘有案為合格公務人員者，均得依法任為公務人員。但「銓敘合格」一詞涵義廣泛（見第二節之二「銓敘合格」條），至今已勵行考試用人，除仍依原「技術人員任用條例」、「派用人員派用條例」留用者外，已非原早期過渡時期之涵義，而轉為依各該職務所銓敘之官等職等資格。然「聘用人員」之送銓敘部「登記備查」則非「銓敘合格」，不得引為任用之資格，其原支之報酬，亦非即為銓敘所保障之俸給，實務上曾有此誤解，於此並述之。

(三) 依法升等合格：所稱依法升等合格，主要條件在考績，指依以前及現行「公務人員考績法」所辦理的考績，依規定取得晉升官等職等的任用資格。因此，曾任而非現任公務人員持有之這種資格，仍為有效資格；而繼續在職的現任公務人員，更可依據這一規定，依考績取得晉升官等職等的資格。但從未任職公務人員，則無從適用這一規定以取得初任公務人員的資格。「公務人員任用法」於民國85年修正後，委任升薦任以及薦任升簡任，得不必僅依考試途徑取得資格，而可以依一定考績條件再配合訓練等多種其他規定條件，而取得晉升官等資格（任用9、17，任用細8，考績11）。

(四) 轉任：依「公務人員任用法」第9條所定，取得公務人員任用資格之途徑有三（如上）。但事實在上述三種途徑之外，由於時代環境的演變，現尚有法定之第四種途徑，即亦得依法轉任以取得任用資格。任用人員中，雖有軍人轉任者需經考試及格，專技人員轉任者須經專技考試及格，教師及公營事業人員轉任者須經過考試，但究竟均並非逕行依其及格之考試等次所取得之可任官職等級予以任職，均與逕依公務人員考試及格任用者有別。故應在此另列一項說明。請併參閱本章本節「五、合法進用公務人員的八種途徑」，及下節有關轉任之論述（任用9、16、34，軍轉5，專技轉2）。

十、考試及格人員初任公務人員各官等職等及各職系之積極資格

經考試及格途徑，初次任用於各該官等、職等及各職系的公務人員，所應具的積極資格如下（任用13Ⅰ）：

(一) 高等考試一級考試或公務人員特種考試一等考試及格人員，取得薦任第九職等任用資格。

(二) 高等考試二級考試或公務人員特種考試二等考試及格人員，取得薦任第七職等任用資格。

(三) 高等考試三級考試或公務人員特種考試三等考試及格人員，取得薦任第六職等任用資格。

(四) 普通考試或公務人員特種考試四等考試及格人員，取得委任第三職等任用資格。

(五) 初等考試或公務人員特種考試五等考試及格人員，取得委任第一職任用資格。

(六) 民國85年1月17日「公務人員考試法」修正前之考試及格人員，分別依下列規定取得公務人員任用資格（任用13Ⅱ）：

1. 公務人員特種考試甲等考試及格人員，取得簡任第十職等任用資格。但初任人員於三年內不得擔任簡任主管職務。

2. 高等考試或公務人員特種考試之乙等考試及格人員，取得薦任第六職等任用資格。

3. 高等考試按學歷區分一、二級考試者，其及格人員分別取得薦任第七職等與第六職等任用資格。

4. 普通考試或公務人員特種考試丙等考試及格人員，取得委任第三職等任用資格。

5. 公務人員特種考試丁等考試及格人員，取得委任第一職等任用資格。

以上各等級考試及格人員，取得同職組各職系之任用資格。

又「特考特用」，係依現行「公務人員考試法」所規定之一、二、三、四、五等特種考試及格人員，僅取得申請舉辦該項考試機關及其所屬機關有關職務任用資格；但依民國85年1月17日修正公布前考試法所規定之甲、乙、丙、丁等特種考試及格人員，依各該原有考試及任用法規之特別限制行之。此兩種情形，一般稱之爲「特考特用」（考試6，任用13）。

至於經由「依法銓敘合格」及「依法升等合格」取得任用資格之規定與析述，分見「公務人員任用法施行細則」第8條、「公務人員考績法」第11條第2、3項，及本書其他有關章節之說明。

第四節　公務人員之轉任與調任

一、四種人員得轉任公務人員

有關轉任一詞的界說，已見前文。而得轉任公務人員的來源，依現行各種規定，共有四種如下：

(一) 自公營事業人員轉來。

(二) 自公立學校教育人員轉來。

(三) 自後備軍人轉來。

(四) 自專門職業及技術人員轉來。

現在分別說明如下：

上列(一)、(二)兩種人員的轉任，其法規依據有三：1.「公務人員任用法」第16條及其施行細則第16條；2.「行政、教育、公營事業人員相互轉任採計年資提敘官職等級辦法」；3.「公務人員俸給法」第9條以及其施行細則第3條。其中最重要且定有十分詳細具體辦法的則是「行政、教育、公營事業人員相互轉任採計年資提敘官職等級辦法」，這一辦法所稱的行政人員，實質就是「公務人員任用法」所稱的「公務人員」。

上列第(三)種人員的轉任，其法規依據有二：「後備軍人轉任公職考試比敘條例」及其施行細則，以及「國軍上校以上軍官轉任公務人員考試規則」。

上列第(四)種人員的轉任，其法規依據是「專門職業及技術人員轉任公務人員條例」。

以下將分項說明上述各種轉任法規及轉任體制內容要點。

二、教育人員與公營事業人員轉任公務人員

關於教育人員、公營事業人員具有高等考試、特種考試之乙等考試及格（三轉任2）取得公務人員任用資格，於轉任公務人員時，現在依據「行政、教育、公營事業人員相互轉任採計年資提敘官職等級辦法」規定，析述如下：

(一) 該辦法基本性質：

1. 該辦法是依「公務人員任用法」第16條訂定（三轉任1）。

2. 僅適用於行政機關人員、公立學校教育人員以及公營事業人員等三種人員之曾經公務人員高等考試及格，或以前之特種考試乙等考試及格者，或現行特種考試三等考試及格者（任用16）。

3. 這一辦法原意是三種人員之間雙向流通適用的辦法，並非僅爲轉任公務人

員單向適用的辦法（任用16，三轉任辦2、6）。但檢閱該辦法全文，實際僅規定另二種人員轉任行政人員有關事項，並未具體規定行政人員轉任另二種人員有關事項，而成為單向規定之辦法，與該辦法名稱不符。直至民國104年6月10日，公布制定之「教師待遇條例」第9條始規定：「公立學校教師於職前曾任銓敘或登記有案之公務人員或其他適用特種任用法規審定資格人員，且服務成績優良之年資，按年採計提敘薪級至所聘職務等級最高年功薪。」

4. 這一辦法是轉任辦法，也是據以取得公務人員任用資格，及採計年資提敘官等、職等和俸級的辦法。轉任人員必須先具有上述第2項所列舉的各種考試中之一種考試及格資格，才具有適用該辦法轉任資格，而後才得繼續適用該辦法，或其他規定以及採計其轉任前年資，以提敘官等、職等和俸級。如不具上述規定之考試及格資格，則不能適用該辦法（任用16）。

因此，該辦法所附「行政、教育及公營事業人員相互轉任採計年資提敘官職等級對照表」，也就僅適用於具有公務人員高等考試及其相當考試及格資格的人員。有人不明，雖不具考試及格資格，仍擬依據此表逕行換算可轉任的官職等級，以期辦理轉任，實為嚴重誤會，而不符合該辦法規定。

(二) 轉任行政人員的主要限制：

依該辦法規定轉任行政人員，主要應受下列限制：

1. 職務等級限制：所轉任的職務等級，不得超過轉任前在原機構、原學校任職等級；且轉任的職務，依其所具資格的不同，以最低薦任第八職等至最高簡任第十二職等範圍內職務為限。薦任第七職等以下及簡任第十三職等以上職務均不在可轉任範圍之內（三轉任2）。

2. 職務限制：轉任前非現任或曾任主管職務者，不得轉任為主管職務（三轉任5）。

3. 人數限制：依該辦法轉任人員人數，不得超過本機關組織法規所定同官等職務員額十分之一（三轉任5）。

(三) 得予採計的年資：可供轉任時列為採計提敘官等、職等的年資，以同時符合下列四種條件者為限（任用16，三轉任4、5）：

1. 轉任前經公務人員高等考試或乙等考試及格後之任職年資。

2. 轉任前所任職務性質，與所擬轉任職務性質相近者。

3. 轉任前所任職務年資等級相當於或高於所擬轉任職務等級者。

4. 轉任前服務年資，成績優良者。亦即在原任機關學校機構中任職，依規定核定的年終（度）考績、考成、考核，其成績在乙等以上或相當於乙等以上或七十分以上者為限。

(四) 採計年資提敘核算方法：轉任人員必須完全符合上述各項規定者，始可核計其年資，予以提敘官等、職等及俸級。其核算方法如下（三轉任5、7）：

1. 一律自薦任第六職等本俸最低級起敘。

2. 取其轉任前符合上述規定得予採計之年資，按年換算俸級，一年一級，至各該職等本俸最高級。

3. 其年終（度）考績、考成或考核結果，如比照合於「公務人員考績法」第11條第1項有關考績升等之規定者，並得採計取得較高職等的任用資格。

4. 換算至薦任第九職等滿三年，年終（度）考績、考成或考核結果，如比照合於「公務人員考績法」第11條，或「公務人員任用法」第17條第2項有關考績晉升簡任官等之規定，且其俸級並經按年換算至薦任第九職等本俸最高級者，得採認提敘官等至簡任相當職等之任用資格（公任17）。

5. 如有賸餘年資，並得依前項規定，繼續採計提敘簡任相當職等之任用資格，最高以至簡任第十二職等本俸最高級爲止。如仍有積餘得予採計之年資且符合考績晉敘俸級之規定者，得敘至年功俸最高級爲止。此乃依民國84年12月26日修正「公務人員俸給法施行細則」第15條後，銓敘部所作之解釋，依該轉任辦法轉任人員，得參照該細則修正條文按年核計加級之規定，轉任後得提敘至年功俸最高級（銓敘部87臺甄五字第1628204號函）。民國88年11月復修正該細則第15條，並增列第15條之1，且規定此兩條文自民國89年1月15日施行。民國91年6月修正「公務人員俸給法」，將此二條文內容提升列爲俸給法第17條，即現行條文。

三、教育人員與公營事業人員轉任案舉例

現在試模擬一具體實例，以說明上述辦法的適用：

某甲爲一國營生產事業總經理，早年即經高考及格，具有經理年資十二年，副總經理年資八年，總經理年資八年，合計二十八年。現擬轉任簡任第十二職等的經濟部商業司司長，經核其以上所有職務性質，與現擬轉任職務性質都相近、等級亦相當；且其以往年資的考成結果，除第三、七、十二年考列乙等外，其餘二十五年都列爲甲等。經核算後，使用其最前的十五年考成甲等及三年乙等，合計十八年年資核敘簡任第十二職等本俸四級。因尚積餘年資十年，依該轉任辦法規定，提敘俸級至所任職等最高年功俸爲限（亦即此人以提敘至簡任第十二職等本俸五級，已達本俸最高級爲止；但依民國88年11月修正之該轉任辦法第7條，及民國94年5月修正「公務人員俸給法」第17條規定，依該辦法轉任人員可參照適用亦得提敘至年功俸最高級）。據此，此人遂得就其上述積餘之年資中繼續採取其五年年資，以敘至簡任第十二職等的年功俸最高級四級800俸點爲止，而達公務人員俸點的最高級俸

點。仍有積餘的五年年資，雖仍可留待以後晉升第十三職等時，供作採計提敘俸級之用，假使其以後晉升第十三職等時，即可於晉升之始立即敘至年功俸最高級800俸點。但事實上，此人因在審定第十二職等時，早已提敘至「公務人員俸表」中最高的800點，已再無俸級可晉，所以其所積餘的五年年資，已不再需用。

再進一步詳細說明核計步驟如下（如有興趣，應與「公務人員俸表」對照閱讀）：

1. 某甲經高等考試及格，已具有薦任第六職等任用資格；依規定，敘薪從薦任第六職等最低俸級的本俸一級起敘。

2. 按任職先後次序採其年資，先採其最初四年，提敘至薦任第六職等本俸五級。

3. 在上述採用的四年年資中，有連續兩年的年度考成結果爲甲等或相當於甲等，或有連續三年其中二年爲乙等或相當於乙等及一年爲甲等或相當於甲等，則依「公務人員考績法」規定，取得升任薦第七職等資格。

4. 於是，某甲於核算可具有薦任第六職等本俸五級資格的第一天，即同時可取得薦任第七職等資格；且因薦任第六職等本俸五級俸點445點，與薦任第七職等本俸三級俸點445點相同，所以，某甲初至薦任第七職等的第一天，即可敘薦任第七職等本俸三級。

5. 然後，再採具第五、六年之兩年年資，晉升爲薦任第七職等本俸最高級的第七職等本俸五級。

6. 因所採其的兩年年終考成結果爲甲等或相當甲等，與前述第六職等時情形相同，在其成爲薦任第七職等本俸五級475俸點的第一天，即同時成爲同爲俸點475點的薦任第八職等本俸三級。

7. 再採第七、八、九年之年資，晉升爲薦任第九職等本俸三級，續採第十、十一、十二年之年資構成晉升簡任第十職等本俸一級。

8. 再逐步採計其餘年資，計算直至能晉升至簡任第十二職等年功俸最高級的四級800俸點爲止。

9. 至此，仍有賸餘年資可保留，待其任第十二職等職務期間，依考績法辦理考績，取得簡任第十三職等資格，並晉升至簡任第十三等職務時，得再依俸給法規定，續予採計未曾使用的積餘年資。事實上，雖晉升職等，但因已達「公務人員俸表」中俸點最高級之800俸點，而無俸級可再晉敘，所以積餘的年資已無法再採用於任用資格之構成及俸級之提敘。

如果某甲轉任前爲教育人員（教授），早年即獲博士學位並經高考教育行政人員及格，歷任副教授十二年及教授十六年，合計二十八年。依教育人員考核法規規定，歷年考評成績均屬優良且獲晉俸及獎金者，轉任教育部簡任十二職等教育行政人員之高等教育司司長，依該轉任辦法規定，應可如同上述公營事業人員轉任舉例，合格轉任。

四、後備軍人轉任公務人員

法律對後備軍人一詞所作的界定，包括下列三類人員（軍轉3）：

(一) 常備軍、士官依法退伍者。

(二) 志願在營服役的預備軍、士官及士兵依法退伍者。

(三) 作戰或因公負傷依法離營者。

因此，所稱後備軍人，是包括軍官、士官和士兵三種軍人，也就是自上將以至於二兵，分別符合上述規定條件退伍或離營者，都在適用範圍之內。

後備軍人轉任公務人員的制度，可以分成四部分說明如下：

(一) 共同優待事項：各級軍官、士官和士兵，依各種公務人員的初任考試法規規定都可以參加的公務人員考試，除在考試的過程中有所優待（考試24II），已在本書有關考試的篇章中介紹，不再重複外，至於考試及格後，在任用方面的規定，要點如下：

1. 在具有相等任用資格的職務競爭者中，依法考試及格的後備軍人，優先任用（軍轉5）。

2. 任用後的任職與敘俸，並非依高考或普考及格，分別任職薦任第六職或委任第三職等，而是分別在薦任官等或委任官等範圍內，依該軍人原列軍階予以比敘任用。所稱**比敘**，與按年提敘有別，而是按其原任軍階，以平行線比照文職相當階級，而不是從薦任第六職等或委任第三職等逐年計算其所具年資。例如：中校，經高考及格取得薦任任用資格，依規定，得比敘轉任薦任第八或第九職等職務，而其俸級則按其中校年資核計。與一般人員高考及格後初任公務員僅可任第六職等職務敘本俸一級者不同（軍轉細10）。

3. 任職機關裁員或改組時，應予優先留用（軍轉5）。

4. 作戰或因公負傷的轉任軍人，並應依其功勳優敘其俸級（軍轉5）。

(二) 後備軍人軍官士官優待事項：後備軍人依法取得公務人員各官等任用資格者，其軍職官等官階，與公務人員官等職等之對照，依下列規定辦理（軍轉細10）：

1. 中將具有簡任任用資格者，相當簡任第十三職等、第十四職等職務。

2. 少將具有簡任任用資格者，相當簡任第十一職等、第十二職等職務。

3. 上校具有簡任任用資格者，相當簡任第十職等職務。

4. 中校具有薦任任用資格者，相當薦任第八職等、第九職等職務。

5. 少校具有薦任任用資格者，相當薦任第七職等職務。

6. 上尉具有薦任任用資格者，相當薦任第六職等職務。

7. 中尉、一等士官長具有委任任用資格者，相當委任第五職等職務。

8. 少尉、二等士官長具有委任任用資格者，相當委任第四職等職務。

9. 三等士官長、上士具有委任任用資格者，相當委任第三職等職務。

10. 中士具有委任任用資格者，相當委任第二職等職務。

11. 下士具有委任任用資格者，相當委任第一職等職務。

上述後備軍人依法取得公務人員各官等任用資格者，按其軍職官等官階及年資，比敘該官等內相當職等及俸級，應先依其軍職官等官階，依下列規定比照取得相當職等任用資格後，其軍職年資自比照之職等最低俸級起敘，按每滿一年提高一級敘至該職等本俸最高級；如有積餘年資，得依公務人員俸給法規之規定提敘年功俸級。高資可以低採（用），低資不得高採（用），同一年資不得重複採計，且前後畸零月數亦不得合併採計：

1. 所任職務列單一職等時，以與所任職等相當之軍職官等官階，比照取得該職等任用資格。

2. 所任職務列二個職等以上時，以與所任職務列等範圍內相當之最高軍職官等官階，比照取得所對照之職等任用資格。

3. 所任職務最低職等高於其最高軍職官等官階對照相當之職等時，比照取得該最高軍職官等官階所對照之職等任用資格。

依上述規定，以軍職官等官階比照取得相當職等任用資格時，如爲前述第1、2、4（軍轉細10）項對照跨職等資格者，均比照取得較低職等任用資格。

國軍上校以上軍官外職停役轉任公務人員檢覈合格，轉任簡任低職等職務及先以薦任第八職等或第九職等任用者，除予合格實授外，其依規定應取得之較高官等職等之任用資格，仍予保留。轉任高職等職務任用，依法准予權理者，亦得權理。

上述由於上將轉文職時，應非轉任事務官，當然爲轉任政務官，而政務官無需任用資格，也就無所謂考試、採計、提敘與比敘等問題。所以現行法規所定上校以上軍官，僅規定至中將爲止。

(三) 限制事項：1.在參加考試時之加分，僅以獲頒國光、青天白日、寶鼎、忠勇、雲麾或大同勳章一座以上，或因作戰或因公負傷依法離營者爲限。2.對軍人轉任公務人員者，在任職時有所限制。自民國88年起，經特種考試退除役軍人轉任公務人員考試及格人員，以分發國防部、行政院國軍退除役官兵輔導委員會及其所屬單位、行政院海岸巡防署（現爲「海洋委員會海巡署」）及其所屬機關（構），及中央及直轄市政府役政或軍訓單位爲限（考試2、24）。

(四) 上校以上軍官的轉任考試：在民國95年以前，原規定上校以上軍官外職停役者，得經由檢覈途徑轉任公務人員。該項檢覈規則於民國95年3月22日廢止，這一檢覈制度也宣告終止。但先前已於民國91年5月發布施行「國軍上校以上軍官轉任公務人員考試規則」一種，並曾據以舉辦該項考試數次，依該規則規定：該項考試分爲中將、少將及上校轉任考試三種，分別規定其應考資格，並採依轉任機關別分別報名及分別錄取任用方式辦理。現依民國106年3月24日，考試院修正發布之該考試規則規定，其考試方式分爲：中將併採筆試（三個科目）、審查知能有關學歷經歷證明，及口試，共三種方式行之；少將、上校併採筆試（三個科目）及口試，共兩種方式行之（軍轉規2、3、4、5）。

五、專技人員轉任公務人員

考銓法規所稱專技人員，係指經專門職業及技術人員考試及格後在社會執業之人員而言。現就民國97年1月16日修正公布之「專門職業及技術人員轉任公務人員條例」有關規定擇要分述於後：

(一) 轉任之時機與方式：各機關之職缺，於無適當之公務人員考試及格人員可資分發任用或遴用時，經分發機關審核同意後，由用人機關依「公務人員陞遷法」辦理甄審或公開甄選後，始得辦理陞遷或進用轉任人員，並應依公務人員訓練進修法規辦理初任公務人員訓練（專技轉4VI），亦即如同考試及格人員應參加基礎訓練及實務訓練。銓敘部與行政院人事行政總處亦訂有「各機關需用考試及格人員職缺擬進用專門職業及技術人員審核原則」，以資適用（專技轉4VIII）。

(二) 轉任人員應具資格：參加國家法定專技人員高考、普考，或相當等級之特種考試（不包括以前之檢覈）及格，並領有執照後，實際從事與及格類科性質相當的專門職業或技術職務二年以上，成績優良，有證明文件者（專技轉5、6）；或經銓敘部審定，以技術人員任用的政府現職人員，曾經專技考試之高考、普考或特種考試及格者，得準用轉任規定辦理改任（專技轉8）。考選部與銓敘部並會同訂有「專門職業及技術人員特種考試相當專門職業及技術人員高等或普通考試等級表」。

(三) 所得轉任的職務：高等考試或相當之特種考試及格者，得轉任薦任第六職等職務；普通考試及格者，得轉任委任第三職等職務。均各以其所及格類科性質相近職系的職務爲限（專技轉4、5、6）。

(四) 轉任人員的敘俸：轉任人員敘俸，均自其所轉任的職等（分別爲薦任第六職等或委任第三職等）最低本俸，即本俸一級起敘。如有曾在行政機關、公立學校或公營事業機構性質相近程度相當的任職年資，其年終（度）考績（成）結果在七十分以上，經核定晉敘（級），或給與獎金有案者，得按每一考績（成）年（年度）提敘俸（薪）級一級，至所轉任職等之年功俸最高級爲止（專技轉7）。

六、調任

「公務人員任用法」第18條所稱之「調任」，意指：從現今之職務調換任用爲另一職務，此在「公務人員陞遷法」上稱爲「陞遷」（陞遷4）、「遷調」（陞遷13）。究其情形有三：第一、平調，即調任同官等同職等之另一職務；第二、調陞，即陞任高官等或同官等較高職等之職務，或自同官等同職等之非主管職務調任爲主管職務；第三、降調，即調任低官等或低職等職務（陞遷法不作降調規定）。其間職等資格高低之比對判斷，相當明確，但對於工作內容性質的職系資格，就必須有所酌量各自之專長，以期「專才專業，適才適所」。茲就任用法第18條調任之規定，析述如次：

(一) 簡任第十二職等以上人員，不受職組或職系的限制，得在所有各職組各職系之間互調各職務。

(二) 簡任第十一職等以下各職等人員，僅得在同職組中各職系之間職務互調，及曾經銓敘審定有案之職系間得予調任。

(三) 具有職系專長人員，不受職組職系限制，得調任經認定所具專長之職系。

(四) 如係經特種考試進用人員，其於平調時，以申請舉辦該特種考試之機關及其所屬機關所屬職務爲限。如爲民國85年1月17日「公務人員考試法」修正施行前特考及格人員，其調任應遵照各該考試法規所規定之限制。

(五) 在同官等內調任低職等職務，除自願者外，以調任低一個職等之職務爲限，但均仍以原職等任用，仍敘同俸點之俸級（俸給11、16II）。機關首長、副首長不得調任本機關同職等以外之職務，主管人員不得調任本單位之副主管及非主管職務，但有特殊需要且經報經總統府、主管院或國家安全會議核准者，不在此限。

前述人員之調任，必要時，得就其考試、學歷、經歷或訓練等定其「職系專長」，並依其職系專長調任。其職系專長之認定標準、再調任之限制有關事項之規範，考試院則訂有「現職公務人員調任辦法」，以資適用。

有關「職系專長」之認定，銓敘部前於民國77年1月28日發布「現職公務人員職系專長認定要點」。民國91年6月26日，考試院配合「公務人員任用法」第18條之修正施行，發布「現職公務人員調任辦法」，取代前述專長認定要點，其中對簡、薦、委各官等職系專長，作詳細規定。經民國93年12月21日、105年3月28日兩次修正，沿用迄今。

前述之「調升」或「平調」，在實務上，依機關業務之須要運用甚多。一般而言，不損當事人之權益（尤其是俸給）。但「降調」立法原意著重於公務人員個人之特殊情況（如返鄉照顧年邁之父母），降調家鄉附近機關之較低一職等之職務，且須自願（任用18Ⅰ），仍敘原俸級，並給予原加給，此乃政府之體恤。不料在民國93年9月，中央某會秘書長蔡○○由簡任第十四職等轉調爲他會簡任第十二職等委員之閒散官；又約同時間，中部某鄉鎮，「基層主任秘書輪流作，個個多是九職等」（指基層機關編制小、職等低），將第九職等之主任秘書降調爲第八職等之課長，並將第八職等之課長調升爲第九職等之主任秘書，一段時間反復行之，使低職等者取得高職等之職務，領高職等之俸給，也不傷高職等降調之俸給，人人升官發財[1]。如此濫用「降調」保有原俸給之情形，本書原著者乃發表「對公務員應有的工作安定權，挖開大破洞，但也有人鑽漏洞輪流升官，〈降調恐怖條款該廢了〉」[2]。銓敘部乃研修「公務人員加給給與辦法」，規定降調者僅支給所降調職務之主管職務加給，稍事平息此降調之歪風。但問題尚未完全處理完畢。

民國103年，中部有多起警察人員調鄉鎮公所機要人員，隨即以職系專長調非機要人員，規避公開甄選。

民國107年4月、南部某縣「秘書長4月份換3人」，一個月內由三名一級單務之局處長調升秘書長[3]。

凡上述之調任，完全符合法律程序之規定，但卻非法律意旨，而係以合法掩護非法，應屬「脫法行爲」之怪現象，有謂之「洗澡」、「過水」者，如果不是，新聞媒體何以批露？

七、不受任用資格限制職務人員調任公務人員

所稱不受任用資格限制職務人員，在此指下列四種人員。茲將其有關調任規定一併分述於下（任用11，任用細11，俸給13）：

(一) 機要人員：雖然也是適用「公務人員任用法」審定的公務人員，但因所審定的是「以機要人員任用」的公務人員，而不是合格實授的公務人員。所以，當其調任應具公務人員任用資格任用之職務時，應依「公務人員任用法」各該有關任用資格條文規定，重行審查其資格。亦即仍依其考試及格資格，或曾經審定合格實授

1　中國時報社論〈正視己椿文官體制破壞的事例〉，93.10.1.，A2版。林志忠〈誰來替小公僕想想〉，中國時報，93.10.2.，A15版，時論廣場。

2　徐有守〈降調恐怖條款該廢了〉，聯合報，93.10.4.，A15版，民意論壇。

3　蔡宗勳〈秘書長4月份換3人〉，自由時報電子報，107.4.30.。周俐萱、紀建亨、李讚盛〈1個月連換3秘書長　張○○挨批過水升官〉，TVBS新聞網，107.6.14.。

之資格，或曾經考績升等實授之資格，再採計其相當於或高於其所具資格之機要人員年資，按其考成結果按年提敘加級（任用11，俸給13，俸給細5）。

(二) 原以技術人員任用之技術人員：「技術人員任用條例」已於民國91年1月廢止，經在「公務人員任用法」中增列規定，除適用「醫事人員人事條例」規定辦理改任者外，餘對具有公務人員任用法所定任用資格之原技術人員，予以改任爲公務人員，並適用「公務人員任用法」規定，得予調任；對不具有公務人員任用法所定任用資格者，准予改任繼續任職，但經專門職業及技術人員檢覈及格後之醫事人員，並曾實際從事相當之專門職業之業務二年以上，成績優良有證明文件者，得比照「考試及格」，任用爲公立醫療機構之醫事人員，不得調任其他職系職務及公立醫療機構以外之醫療行政職務（任用33之1）。

(三) 派任人員：依「派用人員派用條例」規定，派用人員得不需考試及格予以派用（派用4、5、6），但已於民國104年6月17日明令廢止。派用人員取得公務人員考試及格資格，於轉任需要任用資格之公務人員職務時，應依其考試及格資格，或銓敘合格實授之資格，或考績陞等實授之資格任用；但得採計其相當於或高於其所轉任職務等級之派用優良年資，依規定按年提敘俸級、職等，或官等。

以上三種人員，無論其係依「公務人員任用法」任用，或係另依其他法律任用或派用，均仍係公務人員，並受其他有關公務人員管理法規，例如：俸給法、退休法、撫卹法等之管理。但當其從無需具有任用資格即可擔任之職務，調任或改任需有任用資格之職務時，仍必須依法辦理任用審查。審查時之要點有二：1.仍須具有考試及格資格。2.可依法採計其調任前符合規定條件之年資以提敘其等級。

(四) 聘用人員：依「聘用人員聘用條例」聘用之人員，並非公務人員之一種，而僅爲公務員之一種。因其聘用無需任用資格，無官等職等，無法定之官稱或職稱，亦不敘俸，僅依契約給予報酬，故聘用人員不得調任公務人員。但經銓敘部以命令規定，當聘用人員取得公務人員任用資格而任公務人員職務時，其所曾任性質與等級相當並報經銓敘部登記備查有案之聘用人員年資，得予以採計，按年提敘俸級，最高僅能提敘至該職等本俸最高級爲止（因聘用人員不適用「公務人員考績法」，不具考績法第7條所規定之考績結果）（俸給17，釋605）。

第五節　公務人員之陞遷

公務人員之陞遷，是公務人員任用之另一種形式或程序。機關決定某公務人員之陞遷後，仍需踐行一定之任用程序（或指名商調），始完成任用。依此而言，陞遷可謂為任用之前置程序。

健全之陞遷制度，不僅能促使公務人員依其工作績效與貢獻，循序晉陞，以充分發揮才能，提振工作表現，亦為建立公務人員永業化暨達成行政革新目標之過程中，不可或缺之重要措施。

一、陞遷法制沿革

「陞遷」係憲法第83條及增修條文第6條所規定之考試院職掌事項之一，但昔並未制定專法，而將「陞遷」事項寄寓於任用法之中，並未有特別明顯之規定。實務上，行政院曾於民國60年代初期，參照公務人員任用法及其他有關規定，訂定「行政院暨所屬各級行政機關公務人員升遷考核要點」，據以為辦理陞遷之相關事宜，並授權所屬各主管機關得因應業務需要，參照該要點之規定，另訂升遷考核要點及評分標準表。是以，原臺灣省、臺北市、高雄市政府等主管機關均分別訂有其所屬機關適用之單行規章。而司法院亦訂有「司法院行政人員升遷考核要點」，致使各機關分別適用不同之陞遷規定。由於缺乏全盤規劃，不僅無統一標準，難以充分發揮激勵士氣等應有之功能，且無法順應時代變遷之需要，亟待制訂統一完整之陞遷法律，俾資遵循。因此，遲至民國76年1月14日，為配合新人事制度之施行，考試院始發布行政規章「現職人員陞任甄審辦法」施行，惟內容稍嫌簡單，各主管機關仍另必須作細節之補充規定，如行政院於民國76年6月23日訂定發布「行政院暨所屬各級行政機關公務人員陞遷考核要點」，並授權所屬各主管機關得應業務需要，參照該要點之規定，另定陞遷考核要點或評分標準表，以致於各機關之陞遷作業亦有不一之情。因此，有必要依憲法之規定，將陞遷事項提升以法律定之，俾能統一個機關之作業程序。

為期公務人員之陞遷，能符合人與事適切配合之旨，並達擇優陞任以拔擢人才、遷調歷練，以培育人才之目的，銓敘部爰研訂「公務人員陞遷法草案」，於民國79年間報經考試院第七屆第二百八十六次會議審議通過，於同年8月15日函請立法院審議。但由於嗣後社會經濟環境多所變遷，考銓有關法制頗多興革，原擬草案已因情勢變遷而有不合時宜、必要配合修正之處；又以公務人員之訓練進修、保障等事項均有法案之草擬，亦與公務人員之陞遷有密切關係，實有再酌予充實補強之必要，考試院爰於民國83年6月16日立法院法制委員會第二屆第三會期第七次全體委員會議中，建請該法草案暫緩審查，並經該委員會同意在案。

嗣自民國84年8月起，邀請學者專家就各項陞遷法制事項提供意見，並委託學者作專案研究、舉辦基層訪問座談、通函中央各主管機關人事機構徵詢意見、指派業務相關人員赴日本、新加坡考察及蒐集資料，經彙整上開各項管道所蒐集之資料，審慎評估並積極規劃後，確立立法原則，擬定「公務人員陞遷法草案」，函請立法院審議。迄民國89年5月17日全案完成立法，公布「公務人員陞遷法」全文十九條，並定於同年7月16日施行。同年7月6日發布其施行細則十六條。該細則於民國91年5月28日、96年6月23日各修正一次。民國98年4月22日總統令公布修正該法全文二十一條。民國98年7月10日考試院發布修正施行細則全文十七條，民國104年9月21日修正第7條。

又原行政院人事行政局於民國89年12月13日發布「人事機關（構）人事人員陞遷作業補充規定」七點，僅係就人事機構與人事人員之適用陞遷法有小部分適當補充規定內容，不影響陞遷法所規定之整體陞遷制度整體。民國100年3月17日銓敘部、行政院人事行政局依遷陞法第18條規定會銜訂定「人事人員陞遷規定」十點，並自同日下達實施；民國101年3月23日修正第7、8兩點。

民國105年9月5日考試院提出「公務人員陞遷法修正草案」，擬修正第5、7、8、11、12、19等五條，函請立法院審議。

二、陞遷制度之宗旨

陞遷制度的宗旨，依陞遷法規定：為基於本機關人與事配合的需要，及配合本機關特性與職務需要，達成擇優陞任或遷調歷練之目的，依資績併重和內陞外補兼顧原則，採公開、公平、公正方式辦理，以拔擢及培育人才（陞遷2），並「本功績原則評定陞遷」（陞遷5）。

陞遷是人事管理工作的重要一環，目的在促進行政效能和提高行政效率。依上述規定，現行陞遷制度的具體目的有二：一為**拔擢人才**，因此，自應擇擾陞任；二為**培育人才**，因此，自需遷調歷練。但是這二目的有別，究應依何一目的而行？自應視本機關人與事配合的需要和本機關特性的需要而定奪。又為期機會平等及人才流通，所以要「內陞外補併重」。諸此所有有關作為，都應公開、公平、公正行之（陞遷2）。陞遷法所作諸此有關規定，尙頗周備。

三、適用對象

這一法定的陞遷制度，其適用對象為各級政府機關及公立學校組織法規中，除政務人員及機要人員外，定有職稱及依法任用之人員（陞遷3）。惟陞遷法原第5條規定：「各機關職務出缺時……應就本機關或他機關具有該職務任用資格之人員，本功績原則評定陞遷。」民國98年修正時已刪除「本機關或其他機關」，使非現職而具有該職務任用資格人員，亦得參加各機關辦之外補「公開甄選」，維護此類人員再任公職之憲法上之權利（憲18）。

四、何謂陞遷

現行法律所賦予陞遷一詞的涵義與習慣觀念稍有不同，遷字固有「左遷」與「遷謫」等調降職位之意，或「遷喬」陞職之意，以及包括平調在內之各種調職之意；但既與陞字連用，則本應即指晉陞之意，此即習慣觀念中陞遷之意。但現行法律所賦予陞遷一詞之意義，包括常人觀念中的高陞和部分非一般觀念之平調兩類情形的調任而言，計包括下列五種情形（陞遷4，陞遷細2）：

(一) 晉陞較高官等職務。

(二) 晉陞較高職等職務。

(三) 新職務所跨之最高或最低職等，高於原職務所跨之最高或最低職等。

(四) 非主管職務調任同職等或較高職等主管職務。

(五) 調任相當職等職務。

上列第(五)種所稱「相當職等」涵義不明，不知是否「同職等」之意？

五、機關職務出缺之處理

各機關遇有職務出缺時，依「公務人員陞遷法」規定，其補實之選擇途徑有五如下（考試2，陞遷5）：

(一) 依法申請分發考試及格人員。

(二) 法定免經甄審程序之職缺，由首長逕行核定人員陞任（陞遷10）。

(三) 就本機關具有該職務任用資格之人員中，本於功績原則，辦理人員甄審以陞任之。

(四) 就其他機關具有該職務任用資格之人員中，本於功績原則，辦理人員甄選陞任之

(五) 具有該職務任用資格之非現職人員。

陞遷法中所稱本（各）機關一詞，對各級人事人員之陞遷而言，究應如何界定，前經銓敘部與行政院人事行政局於民國89年12月13日發布七點補充規定。民國98年陞遷法修正，授權人事主管機關銓敘部另訂陞遷規定（陞遷18）（主計政風亦是）。民國100年銓敘部與行政院人事行政局會銜訂定「人事人員陞遷規定」十點，其第3點規定：「所稱本機關範圍，指具有任免核定權之人事主管機關及其所屬各級人事機構。但依人事主管機關之授權規定，得遴薦人選報請核派之人事機構，以該人事機構及其所屬各級人事機構爲本機關之範圍」（人事陞遷3）。

六、免予列入陞遷甄審範圍人員

各機關下列職務得免經甄審，而由本機關或上級機關首長核定逕行陞遷，其再調任其他職務，亦得免經甄審，但再調任後，復再調任，則仍應辦理甄審（選）（陞遷10）：

(一) 機關首長、副首長。

(二) 幕僚長、副幕僚長。

(三) 機關內部一級單位主管職務。

(四) 機關內部較一級業務單位主管職務列等爲高之職務。其再調任者，除另有規定外，仍應辦理甄審。

(五) 駐外使領館（代表機構）、機構，簡任第十二職等以上職務。

(六) 在本機關陞遷序列表中同一序列各職務間之調任，機關首長得逕予核定，毋需辦理甄審（陞遷8II，陞遷細8）。

至於各級政府主管機關（中央府、會、國家安全會議、五院、部、會、處、局、署；省府、會；直轄市府、會；縣市府、會）內之人事主管、副主管之任免遷調，亦免經甄審程序（人事陞遷9）。

七、得優先陞任人員。

具有所陞任職務任用資格，而無該法第12條規定不得陞任之八款事項之一，且具有下列五款事項之一者，得經甄審委員會同意優先陞任（陞遷8、11 I，陞遷細8）：

(一) 最近三年內曾獲頒勳章、功績獎章、楷模獎章，或專業獎章者。

(二) 最近三年內經一次記二大功辦理專案考績（成）有案者。

(三) 最近三年內曾當選模範公務人員者。

(四) 最近五年內曾獲頒勳章、公務人員傑出貢獻獎者。

(五) 經考試及格分發先以較所具資格爲低之職務任用者。

在運作上，合於前項得優先陞任條件有二人以上時，如有上述(五)之情形應優先陞任，餘依陞任標準評定積分後，擇優陞任；其構成該條件之事實，以使用一次爲限，同時兼具有兩款以上者亦同（陞遷11II）。

八、不得參加陞任甄審人員

下列九種人員不得參加本機關陞任甄審、或他機關辦理外補陞任甄選（陞遷12）：

(一) 最近三年內因故意犯罪，曾受有期徒刑之判決確定者。但受緩刑宣告者，不在此限。

(二) 最近二年內曾依「公務員懲戒法」受撤職、休職或降級之處分者。

(三) 最近二年內曾依「公務人員考績法」受免職之處分者。

(四) 最近一年內曾依「公務員懲戒法」受減俸或記過之處分者。

(五) 最近一年考績（成）列丙等者，或最近一年內依「公務人員考績法」曾受累積達一大過以上之處分者。但功過不得相抵。

(六) 任職不滿一年者。但下列人員不在此限：

1. 合計任本機關同一序列或較高序列職務，或合計曾任他機關較高職務列等或職務列等相同之職務年資滿一年。

2. 本機關次一序列職務之人員均任現職未滿一年且無前目之情形。

3. 經考試分發，先以較低職務任用者。

(七) 經機關核准帶職帶薪全時訓練或進修六個月以上，於訓練或進修期間者。

(八) 經機關核准留職停薪，於留職停薪期間者。但因配合政府政策或公務需要，奉派國外協助友邦工作或借調其他公務機關、公民營事業機構、財團法人服務，經核准留職停薪者，不在此限。

(九) 依法停職期間或奉准延長病假期間者。

九、訂定本機關陞遷序列表

「公務人員陞遷法」於民國89年7月16日施行，各機關應依其機關各職務高低及業務需要，於同年9月16日前訂定本機關之陞遷序列表施行。依法統籌辦理其下級機關人員陞任甄審之機關（陞遷8III），其陞遷序列表中應包括本機關及所屬下級機關之職務。當職務出缺擬由本機關人員陞遷時，應依表列職務序列逐級辦理陞遷。當次一序列中無適當人選時，得以再次一序列人選中陞遷（陞遷6II，陞遷細4）。

訂定陞遷序列表時，依下列規定作業（陞遷細4 I）：

(一) 職務列等相同者，應列為同一序列。但職務列等相同之主管與非主管職務或具職務歷練先後順序職務，得列為不同序列。

(二) 職務所列最高職等相同，得視業務需要列為同一序列。但職務所列最高職等相同之主管或副主管職務，除應業務特殊需要，由主管機關核准外，不得與非主管職務列為同一序列。

(三) 實施國內外駐區互調之相當職務，得視業務需要列為同一序列。

十、訂定本機關評審標準

各主管院依其業務性質，職務特性或任用層級，訂定陞遷人員評審標準，於本管轄範圍內施行。該標準應注意下列評審項目：陞遷人員之品德、對國家之忠誠，並配合擬陞遷職務所需之知能，就考試、學歷、職務歷練、訓練進修、年資、考績（成）、獎懲等項，對主管人員並注意其領導能力，均予規定諸此項目之評分標準。其總分以一百分爲滿分。各機關並得參酌上述規定項目自行訂定有關資格條件之審查項目。

上述評審標準，各院得視需要授權所屬機關訂定之，並均應函送銓敘部備查（陞遷7、19，陞遷細5）。

十一、組織甄審委員會

各機關爲辦理人員陞遷事宜，應組織甄審委員會，但編制員額較少或業務性質特殊之機關，其甄審任務得由上級機關統籌辦理。甄審會應置委員五人至二十三人，組成時委員任一性別比例不得低於三分之一。但本機關人員任一性別比例未達三分之一，委員任一性別人數以委員總人數乘以該性別人員占本機關人員比例計算，計算結果均予以進整，該性別人員人數在二十人以上者，至少二人。甄審委員會由首長就本機關人員中指定一人爲主席。委員每滿四人，應有二人應由本機關人員票選產生之，餘由機關首長就本機關人員中指定之，其中應有一人爲公務人員協會之代表。人事主管人員爲當然委員。委員任期一年，期滿得連任之（陞遷8，陞遷細7）。

委員會之職掌如下：(一)陞遷候選人員資績評分或資格條件之審查。(二)面試及測驗方式之決定。(三)陞遷候選人員名次或遴用順序之排定。(四)機關首長交議事項之研議。(五)其他有關陞遷甄審事項。(六)其他法規明定交付審議事項（陞遷細9）。

十二、辦理遷調甄審程序

機關遇職務出缺並經決定由本機關內部人員甄審陞遷以補缺時（內陞），人事單位應即就本機關具有該職務任用資格人員，按本機關評審標準所定各種標準核計分數，依積分高低或資格條件順序造具名冊，連同有關資料，報請本機關首長核交甄審委員會評審。甄審委員會應就評審結果提出陞遷候選人員名次或遴用順序，依程序報請機關首長就前三名中圈定一人陞遷；如陞遷二人以上時，甄審委員會應按陞遷人數加倍提出人選。機關首長對甄審委員會所提人選有不同意見時，得予退回，重行依該法其他甄選方式辦理，如由該機關以外人員遞補，或增列面試或測驗方式評審之（陞遷9，陞遷細3Ⅰ、10）。

但本機關或因分支機構，分屬各地，幅員廣闊，於辦理內陞時，具擬任職務任用資格人員經書面，或其他足以確認之方式，聲明不參加該職務之陞遷甄審時，得免列入當次陞任甄審名冊（陞遷9Ⅰ）。

機關如決定對出缺職務、名額公開由其他機關人員中甄選時（外補），應將職缺名額之所在機關名稱、職稱、職系、職等、辦公地點、候補名額、候補期間及報名規定等資料，於報刊或網路公告三日以上。人事單位應將報名參加甄選人員，按其符合甄選資格條件之高低，造具名冊，報請機關首長核交甄審委員會評審後，按出缺職務數目，各推薦正取，及不得逾職缺二倍之候補名額。其候補期間以三個月爲限（陞遷5，陞遷細3Ⅰ、3Ⅲ、10）。惟不得有年齡、性別之限制，以免妨害憲法上服公職之平等權利（憲7、18）。

十三、遷調之資格條件

本書本節「四、何謂陞遷」條中所列述之五種陞遷事項，各種所應具之資格條件（亦即其法定之任用資格條件）爲何，請閱本書本章第三節有關各目。

十四、迴避與違法懲處

各機關辦理陞遷業務人員不得徇私舞弊、遺漏舛誤，或洩漏秘密。其涉及本身、配偶，或三親等以內血親、姻親之甄審案，應行迴避。如有違反，應視情節予以懲處（陞遷16）。

十五、救濟

公務人員對本機關辦理之陞遷，如認爲有違法致損害其權益者，得依「公務人員保障法」提請救濟（陞遷15）。惟於救濟實務上，陞遷上是否「人與事之適切配合」，均尊重機關主觀之認定，救濟機關似難介入，僅能審查其作業，是否違反法定程序。又如「公開甄選」之程序中，有違法致損害報名者之權益，報名者得否提出救濟，法無明定，似得深研。

十六、陞遷作業

依上述陞遷法制要項之敘述，不難得知，陞遷作業程序或應注意事項爲：

(一) 內陞甄審

1. 確定陞遷序列的層級：以其次一序列相當職系人員（或再次一序列）之人

員列冊參加甄審。

2. 確認參加甄審人員之資績評分：依其個人檔案資料（考試、學歷、年資、考績、訓練等）就「資績評分表」評擬分數，必要時得依規定作筆試或面試，併計總分。

3. 依績分高低或資格條件造冊，召開甄審委員會評審，依評審結果，一職缺提前三名（如二職缺以上，則加倍人數）簽請首長圈選陞任（陞遷9）。

(二) 外補甄審

1. 確定甄補職缺，應事先簽報機關首長決定後，再行辦理（陞遷細3）。

2. 發布公告：應將職缺之所在機關、職稱、職系、職等、辦公地點、所需資格條件、筆試、面試、辦公地點、候補名額、候補期間及報名規定，或其他重要事項等一併公告（陞遷細3），其中應特別注意男女性別、種族、年齡等，應有平等對待，不得有差別待遇或歧視（憲7）。並且於報刊或網路，至少公布三日以上（陞遷細3）。當然也應公告報名應附之資格證明文件及報名期限。

3. 書面資格審查，合者通知面試或筆試。

4. 冊列合格之名單召開陞遷甄選（審）委員會評審，依評審結果之順序，一職缺提三名（二職缺以上，則加倍人數）候選人員，簽請機關首長圈選（陞遷9）。

5. 機關首長圈選之正取人員，候補名額及候補期間，亦應予公告。

十七、陞遷制度精神

依規定參加陞遷，乃公務人員應有權利義務之機會，亦爲國家培養與拔擢人才之重要制度。如無法律予以規範，難免遭受部分執行者誤用或操弄而失公平，以致不能順利達成目的而誤國誤民。

據上所述觀之，我國現行陞遷法之精神，顯然有三，如下：

(一) 公平：所謂公平，即機會均等，平等競爭。機關應事先訂定共同適用之職務陞遷序列表及評審標準，並組織甄審委員會辦理評審。遇有職務出缺，舉凡法定範圍內符合資格條件規定者，均有競爭候選機會。評審過程並有一定行事規定，使參與評審工作者有所遵守而不得違反。甄審參與競爭候選人員如認爲辦理甄審有所疏誤，並得依保障法律請求救濟。

(二) 公開：所謂公開，上述陞遷序列表及評審標準等文件，事先應公開周知。甄審委員會據之從事評審，俾有助於保障甄審之公平。

(三) 力求人才出頭：爲政在人，得人者昌，失人者亡；國家興亡，繫乎人才之得失，故得人實爲治國要政。而延攬人才及培養拔擢人才二者，實即得人之要道，妥爲實施陞遷，即所以拔擢培養人才。其直接目的在能延攬人才蔚爲國用，以加強行政效能與提高行政效率，達成行政目的；終極目的則更在能使人才向心，加強國家團結，並不使人才反爲國害，以達成政治目的。

上文所述公平與公開二端均僅屬手段，而目的則在達成人才出頭。本法所規範之此一制度，尚頗具體可行。

綜觀整體陞遷制度，對機關首長在陞遷用人權力上當然有相當限制，以防其濫權徇私；但在所限制範圍之內，仍留有不少餘地以供其合理運用權力而選擇適當人才，俾其在爲國求才一事上，亦得稍盡心力。

第六節　其他人員之任用及有關事項

一、幾種其他人員

民國18年10月29日「公務員任用條例」初頒後，公務員的任用，就事務官範圍而言，大致可以區分爲依「公務員任用條例」任用以及依特別任用法律任用兩大類。但是，在此兩大類之外，還有派用人員、聘用人員、雇員和機要人員等幾種人員，情形稍有特殊。其中派用人員及機要人員二種，昔且都適用「公務人員任用法」所定官等與職等，也共同適用公務人員的俸給法、考績法、退休法、撫卹法等，現僅機要人員及留用之派用人員適用；所不同者，只是派用人員之派用和機要人員之任用，都可以不具考試及格資格，但是這二種人員仍然是公務人員的一部分。只有聘用人員，則性質確有特別，因爲其身分有殊，根本不是機關組織法規所定組織編制中定有官等、職等，及有官稱的人員，與不列入常任文官範圍之雇員類似，只是其地位屬中高級人員，故曰聘；雇員爲初級人員，故曰雇。綜結現況而言，上述三種人員中，機要人員是公務人員，但不列爲特種任用人員，所以本書不擬將之列入下一章特種人員討論。至於聘用人員的身分根本不同，而且也另行立法，所以必須在本節另加說明。對於民國87年元旦後尚在職之雇員情形，亦附爲一併說明。

二、附述：派用人員任用制度興廢始末

派用人員制度最早實源出於妥協。北伐統一，政府頒布公務員任用法律，但各機關仍於法律之外，自行指派人員，無官等、無法定職稱，並自行決定俸薪，且不報送銓敘部審查，以致亦不受法律規範，形同化外人員，頗爲混亂。考試院遂依法

定程序，請由國民政府於民國33年4月20日公布「聘用派用人員管理條例」（後於民國58年5月8日廢止），民國35年8月28日復公布「聘用派用人員管理條例實施辦法」（後於民國58年6月3日廢止）。自此，派用人員始納入管理。但仍遷就各機關已造成之事實，並未規定應考試用人。直至行憲多年後，於民國58年4月28日始另行公布「派用人員派用條例」及「聘任人員聘用條例」，施行之後，仍未規定應考試用人。雖屢屢有人主張應廢止派用制度，但似難實現，直至民國104年6月17日始公布廢止。茲略述派用條例內容要項如下，特派人員如部分駐外大使、高考典試委員長及中央選委會委員不適用該條例：

(一) 何謂派用人員：職務有確定之性質、期限、職稱，及員額，經臨時機關規定於法定組織中者，或建制機關需用有期限之臨時專任職務經列入預算中者，爲派用人員（派用2）。

(二) 派用權責：派用人員由各機關依其業務需要，自行派用分別具有簡派、薦派、委派之學經歷資格者。

(三) 積極資格：派用人員之官等、職等、基本條件、消極資格，及其他事項，均準用公務人員各有關規定辦理（派用3、10）。但其派用所需之積極資格，按官等之不同，分別規定如下：

1. 簡派：應具有下列資格之一：(1)具有簡任人員任用資格者，或經銓定簡任職有案者。(2)經高考或相當高考之考試及格，並曾任薦任職滿六年者。(3)曾任最高級薦任、薦派或相當薦任職務滿三年經銓敘機關審定或登記有案者（派用4）（原列有「具有考試法所定，特種考試甲等考試應試資格之一者」一款，因現行「公務人員考試法」已無甲等考試之規定，遂不列述）。

2. 薦派：應具有下列資格之一：(1)具有薦任人員任用資格者，或經銓敘機關以薦任職銓定有案者。(2)在教育部認可之國內、外大學研究所得有碩士學位者。(3)大學畢業並曾任委任同等職務滿四年者。(4)普考或相當普考及格或專科以上學校畢業，並曾任委任同等職務滿六年者。(5)高中畢業，並曾任最高級委任或委派職務滿三年經銓敘機關銓定或登記有案者（派用5）。

3. 委派：應具有下列資格之一：(1)具有委任人員任用資格者，或經銓敘機關以委任職銓定有案者。(2)專科以上學校畢業者。(3)高中畢業並曾任雇員以上職務滿四年者（派用6）。

4. 送審程序：派用人員於機關派代後一個月內，檢具各有關資料證件送銓敘部審查，如經審查合格，則爲「准予登記」（派用細9）。

「派用人員派用條例」於民國58年4月28日制定公布，是時爲配合推動國家建設等重大政策，利於機關及時遴補所需專業人力，爰明定臨時機關與常任機關有期限之臨時專任職務，得以學、經歷進用派用人員；嗣因時空環境變遷，派用機關所需人力已得由現行公務人員考試進用，而部分臨時機關與臨時專任職務仍長期存續，已偏離立法原意。又派用人員權益與考試任用人員幾無差異，且其薪給較任用機關人員爲優，爲落實憲法考試用人精神，考試院第十一屆考試委員於民國98年6月18日第三十九次會議，通過「文官制度興革規劃方案」，將派用人員派用制度之廢止，列爲研究項目。而後立法院於民國103年1月14日第八屆第四會期第十八次會議通過「中華民國103年度中央政府總預算案審查總報告」，亦以派用條例與憲法考試用人未合，應設置落日期限規範，決議請銓敘部檢討派用條例存廢。銓敘部經檢討後，於民國104年1月5日函報考試院函轉立法院予以廢止，經立法院於6月2日三讀通過，6月17日總統明令廢止。茲簡要說明其狀況如次：

(一) 派用人員之久任偏離立法原意，並與考試用人精神未符

派用條例所定臨時專任職務，原依原行政院青年輔導委員會協助留學生回國服務實施要點進用，自該要點於民國84年停止適用後，不得再新進派用人員；惟前已進用之派用人員仍得繼續派用。至臨時機關部分，多有長期存續情形，如：高雄市政府工務局違章建築處理大隊、臺北市政府工務局衛生下水道工程處分別於民國39年、61年成立，迄民國104年均未裁撤或改爲任用機關。又以派用人員屬臨時性用人措施，其權利宜與公務人員有所區隔；惟派用人員薪給、考成、退休等，均準用公務人員有關法律規定，其權益保障與任用人員幾無差異。致臨時派用機關久設，派用人員長期任職，已偏離派用條例之立法原意。且派用人員長期任職，逕以學、經歷進用，毋須經公務人員考試及格，與憲法所定公務人員應經公開競爭考試及格意旨未盡相符。

(二) 派用人員派用與公務人員任用權益之不平衡

主要在於任用、敘薪、陞遷之寬鬆，不符憲法考試用人之原則：

1. 派用資格：雖得以考試及格、學歷、經歷進用，但非如公務人員僅以考試任用之嚴謹，尤其是以學歷、經歷進用。

2. 能力試測：初任公務人員必經訓練、試用，但派用人員則否。

3. 晉升官等：如以晉升薦派（任）資格爲例，公務人員經公務人員普通考試及格後，縱歷年考績均列甲等，至少須八年始能敘至委任第五職等本俸最高級，其後尚須經升官等訓練合格，始取得薦任官等任用資格；惟派用人員毋須經普考及格，僅需以專科以上學歷派用，縱歷年考成均列乙等，僅須任職滿六年，即取得薦派官等派用資格，顯然派用人員取得高官等資格較易。如此現象，曾（或易）造成從公務人員「過水」、「洗澡」以調爲派用人員，得快速取得高官等爲樂事，形成陞遷不公，受人詬病。此五日京兆，競相追逐之風，對行政造成不良影響。

4. 俸級核敘：以委派人員之敘薪為例，如具專科以上學歷並經公務人員初等考試及格者，於任用機關僅得以所具考試資格敘委任第一職等本俸一級160俸點；惟於派用機關卻得以其學歷敘委派第三職等本薪一級280薪點。準此，未具考試及格資格人員所敘官等職等薪級，反而較具考試及格資格人員為高，加速競逐之歪風。又因其陞遷資格寬鬆，自然形成俸給之核敘（自各該官等最低級起敘、提敘）亦快速高升。在現行考試用人制度下，顯失寬鬆不平現象。

5. 其他待遇：如服務、考績、公保、退撫，甚至於保障（保障102）均與任用人員相同。基礎資格條件不同（出身不同），但待遇卻相同，自然也產生不平現象，易形成公務人員投機躍取之情，更是一般求職者樂於鑽營，欲以此進入公務體系任職。

6. 回任任用：由於派用人員之任用、升遷基本條件寬鬆且成就快速，俸級之核敘亦優於任用人員，因此，派用人員如回任公務人員任用體系時，必須按其考試及格資格、服務年資依照公務人員考績晉敘俸級、晉升職等官等之規定重新計算審核其所具之資格與應核敘之俸級，但結果卻常常較派用時低，造成怨懟。是以，諸多具有任用資格之派用人員，不願回到任用機關任職，此是否造成派用機關長期存在之一原因，亦值深思。

(三) 臨時機關或臨時職務之檢討

1. 臨時機關之設立：

當社會需要安排處理某事項，政府必須立即以該事項之完成為任務性工作，如：興建鐵路、高速鐵路、地下鐵路、捷運、高速公路……等之可預期其完成時限之任務性工作，而非經常性事務；又如：土地之重劃、環境之清潔……等之日常工作者，並非常設機關一時所能擔任之工作時，則有必要設立臨時機關，以專責其事，於任務工作完成時即行裁撤。但於國家整體建設觀之，如鐵路交通之改善，一處完畢，另一處又興起，則A派用機關裁撤，但原班人馬又組成B派用機關，進行另一同質性任務工作，於是形成臨時派用機關之更迭，「派用人員」之延續。

2. 派用職務之設置：

常任機關原有其一定的編制與員額，若使其有一新興的業務工作要進行，非本機關人力一時所能負擔者，則設立臨時性職務，如當年政府業務資訊化的過程中，因機關無資訊人員，則設置臨時性之派用資訊人員，以建立資訊系統網路，而後負責維護該系統網路，但因後續之維護為經常性業務，是以，在某一適當時機，則裁撤該派用職務之設置，改置常設之任用職（同時搭配考試進用人員）。惟亦有派用人員訂有派期者，編列預算，但亦有因此而期期相接者，自然受人詬病。

3. 派用機關（職務）與派用人員（制度）間之關係：

究竟是因臨時性事務非常設機關人力所能負荷，而有設立派用機關（或派用職務）之必要，才有派用人員之建制，或是因有「派用人員」制度，可支援臨時任務工作，始設立臨時機關，從現今實務之觀察，難免有「雞生蛋，蛋生雞」，二者孿生之情。

(四) 當時用人政策之考量

1. 派用機關得循考試管道遴補人力：

我國教育水準已較派用條例制定公布施行時提升，且公務人員考試制度日臻健全，現行辦理工程業務之臨時機關所需人力，可循公務人員考試所設置工程相關類科，或依「專門職業及技術人員轉任公務人員條例」等規定進用，爰臨時機關所需人力，已可循任用機關之各種用人管道遴補人力；倘依任用法等規定無法遴補所需人力而仍有以學、經歷進用人員需要，亦得依現行聘僱人員相關法規進用。

2. 派用機關前已逐步改為任用機關：

承前所述，臨時專任職務前於民國84年間即不得再新進派用人員；至臨時機關部分，過去因安置退除役官兵、選舉、外交等需要成立之臨時機關，均已分別於民國85年、87年、101年間陸續改爲任用機關，目前僅餘因辦理工程業務成立之交通部、直轄市政府所屬臨時機關；其中交通部所屬派用機關，配合行政院組織調整，亦已規劃改爲任用機關。

(五) 廢止後之過渡措施

依民國103年11月30日止之資料，派用人員計三千零九十人，其中臨時機關派用人員二千三百四十七人、臨時專任職務派用人員一百八十七人、前已由派用機關改制爲任用機關留任或繼續派用之派用人員五百五十六人。其工作權仍應予保障，旋仿廢止「技術人員任用條例」（24.11.8.）之過渡措施，設置九年過渡期間：

1. 臨時機關派用人員：

具銓敘官等職等任用資格者，改依任用法等規定任用。未具銓敘官等職等任用資格者，依歷來處理方式，本應留任原職稱原官等職務至離職時爲止；惟審酌「交通及建設部鐵道局組織法」等草案，業規範未具任用資格之現職人員，於九年過渡期間內，得繼續適用派用條例規定，並於民國101年12月28日經立法院朝野協商通過，爰比照設置九年過渡期間，使是類人員得繼續適用原派用條例規定辦理陞遷，並於過渡期滿後留任原職稱原官等職務至離職時爲止。

2. 臨時專任職務派用人員：

是類人員，依考試院民國84年1月19日第八屆第二百零八次會議決議，得繼續留任至派用期限屆滿時爲止，期限屆滿，機關基於業務需求考量，得酌予延長，每次不得逾三年，且得以註銷原職改設簡派職務方式晉升官等。爰基於與前開臨時機關派用人員之衡平，比照設置九年過渡期間，是類人員於過渡期間內，仍得適用原派用條例規定，依上開方式晉升官等，過渡期滿留任原職稱原官等職務至派用期限屆滿時爲止。派用期限屆滿，機關基於業務需求考量，仍得依上開考試院決議酌予延長，每次不得逾三年。

3. 依原組織法規辦理留任至離職為止：

派用條例廢止前已由派用機關改制爲任用機關，依各該組織法規留任或繼續派用之派用人員，仍予留任至離職爲止。爲維持法秩序，是類人員均仍依原組織法規辦理，如：外交部等機關駐外機構留任派用人員，於派用條例廢止後，仍依駐外機構組織通則規定，得適用原派用條例及其施行細則規定辦理陞遷；僑務委員會駐外人員，仍依駐外機構組織通則、原僑務委員會駐外僑務工作人員編制表等規定，留任原職稱原官等職務至離職時爲止；國軍退除役官兵輔導委員會、中央選舉委員會等機關暨所屬機關留任派用人員，仍依各該組織法規等規定留任，亦即留任原職稱原官等或職務列等相當之職務至離職時爲止。

三、聘用人員之聘用

聘用人員制度，與派用人員類似，也是出自妥協的結果，其過程已見上述。依現行「聘用人員聘用條例」規定，聘用人員體制要項如下。

(一)「聘用人員聘用條例」沿革：該條例之沿革、過程，及法律公布日期，均與上述「派用人員派用條例」相同，故不重述。

(二) 聘用人員特性：依該條例規定，聘用人員具有下列各項特性：1.聘用人員與政府間，係以契約定期聘用之關係，屬於臨時人員之一種。2.其工作性質，以發展科學技術，或執行專門性業務，或專司技術性研究設計工作，非本機關現有人員所能擔任者爲限。3.不適用本機關組織法規所定簡任或薦任職務職稱，不得兼任有官等職等職務，不得充任法定主管職務。4.無法定之任用資格。5.依所定契約支取報酬。6.不適用公務人員之俸給、退休、撫卹法律。7.適用其他有關公務人員管理之法律（聘用3、4、6、7，聘用細2）。

(三) 聘用權責：聘用人員之聘用，應詳列預算，記載其職稱、員額、期限及報酬，並於聘用契約中載明報酬、業務內容、完成期限及違背義務之責任。聘用後應報送銓敘部登記備查，解聘時亦同（聘用2）。

(四) 聘用人員制度之價值：聘用人員制度頗爲特別，在制度設計上，至少具有下列兩項價值：

1. **彈性甚大頗能適應多種情況之需要**：因其不需有一定聘用資格條件，其報酬亦無法律規定定額；因此，政府機關享有相當寬廣之裁量權，以較多或較少之代價，聘請不具任用資格之適當人才，以應臨時需要，以充任科技及專業性之工作。

2. **無冗員後患**：因係定期聘用，於聘期屆滿時即自然終止聘約關係，非必須繼續聘任，所以不致留下形成冗員。

(五) 聘用人員制度之缺點：聘用人員制度亦有其缺點如下：

1. **易於造成不平**：聘用人員無需考試及格即可聘用，且報酬不受俸給法限制，機關於聘用時，給予報酬易於偏高，不免引起編制內正式人員不平。

2. **用人不盡得當**：因無資格條件之限制，所以利弊互見；各機關難免徇私而用人不盡得當。

3. **聘用人員無保障**：聘用人員既非機關組織法規定有官等職等人員，又不受任用資格限制，僅依契約期限工作，故亦不受保障。惟其在職期間之有關事項得準用公務人員保障法之規定（保障102）。

因為上述優缺點，長期以來更演變而形成下列各種情形：

1. 為免報酬畸重畸輕起見，行政院另以行政命令規定，聘用人員報酬應比照公務人員之職等給酬，以致酬勞之彈性消失。

2. 事實上，各機關之聘用人員，形式上係一年一聘，但實際則年年續聘，形成長期人員，不僅成為冗員，且造成組織法規外增加員額之一種不合理途徑，有欠公平。

3. 定期聘用人員變成實質長期人員後，於是乃進而要求同享退休權利。但因格於法律明文禁止，於是乃另行補充規定，聘用人員如以後擔任具有任用資格之公務人員而依法退休時，其聘用年資准予一併採計，但僅限於民國84年6月30日以前，經銓敘部登記備查有案之年資。又因受「勞動基準法」之影響，民國84年2月10日考試院、行政院兩院發布「各機關學校聘僱人員離職儲金給與辦法」，始有退休制度。民國107年7月可改加入勞退基金。

(六) 聘用人員身分屬性之商榷：聘用人員（尤其是約約相續，長期任職於政府機關者）究竟是「公務人員」或是「勞工」，一直是「妾身未明」。之所以稱「妾」是因為他非依公務人員考試法考試及格依法任用之人員，但卻以「契約」（應為公法上契約）進用；雖非公務員服務法第24條之「受有俸給之文武職公務員」，以致不能名正言順地顯名執行公權力，但卻處理日常公務；雖然不得直接處理人民權利義務事項，但卻可以處理有關間接事項，也受服務法之規範。如此政府機關中的人員，雖被政府機關視為「準公務人員」，但至少民眾的直觀卻認為是公務人員。或云其在政府機關中之工作與公務人員相若，甚且更繁重，但卻不能享有公務人員法制上之若干權利（如晉俸、考績獎金、退撫、公保）而有所不平（法定機關編制的聘用人員原得參加公保，民國103年6月1日公保法修正施行後之新進聘用人員不得再參加公保，而改參加勞保）。反而可以參加勞保，也有休假的權利，於是在尋求「工作」保障的同時，「勞工」身分的概念就湧進來了！但政府機關卻認爲其係有別於政府機關中純付勞（體）力之技工或工友，因此也不適用「勞動基準法」，所以又是「非勞工」。

按人員之適用「勞動基準法」而係「勞工」，是由勞工主管機關（勞動部）認定後公告之，則其身分之定位、勞動契約之屬性、管理事項、工作條件、勞動三權（組織工會、勞資協議、爭議處理）及權利救濟等，均應依勞工法制辦理。換言之，如聘用人員經勞動部公告納入「勞動基準法」之適用範圍，則其與政府機關所訂之契約，即爲「私法契約」之性質，若於契約期滿，未明白解除契約而繼續工作，則即被認爲轉爲不定期契約。如欲限制其勞動之權，以符政府機關運作之需，則必修正各該法律，始得限制。否則如有所爭議，則先由縣市主管機關調解，調解不成立即以民事爭訟途徑解決。但如此管理運作方式，卻不符政府機關運作之常軌或需求，當然不被政府機關認爲係屬勞工。

聘用人員之長期「妾身未明」，就在政府機關有業務之需要下，與受聘者有「生活」之需要下，昔雖平安地延續下來，但今卻因「權利意識」的抬頭，也延伸若干問題。

此問題之癥結，長期以來，恐非法制原始設計之問題，而係實際環境之變遷與執行之問題，造成約約相續之「長期臨時人員」，若使回歸原始法制，則聘用人員係指「以契約定期聘用之專業或技術人員」，有其工作之內容與期限（聘用3、4、5），依約確實執行，或可減少因「變質」而產生後遺症。若使有長期業務之需要，則又何不請辦考試選才任用？惟又受限於「組織編制員額」，難應業務發展之急需，也有兩難之苦。長期以來，使得人事法制設計「臨時」、「補助」人力的彈性措施，失去了彈性而成爲「錯失」，只好等待時機予以妥善解決。同時也得作爲當局研議「契約用人」或「彈性用人」的借鏡之一。

四、機要人員之任用

習慣稱爲「機要人員」者，法律上稱之爲「辦理機要人員」。民國76年1月16日，官職併立新人事制度施行時，該新「公務人員任用法施行細則」第19條承續前「分類職位公務人員任用法施行細則」第18條之規定，將之定義爲：「指擔任機要秘書及監印等職務，且該職務先報經銓敘機關同意列爲機要職務有案者而言。但仍應以組織法規所定之職稱進用。」又「各機關之秘書長或主任秘書，必要時報經上級機關核准者，得比照機要人員進用。」現今機要人員，依一般認知，職責爲處理機關長官之機密或重要事項，與機關長官間具有信任與契合的關係，尤其特任的機關首長或民選地方首長，確有其事實上需要。因此，任用法第11條規定：「得不受第9條（考試及格等）任用資格之限制」，但「機關長官得隨時免職。機關長官離職時應同時離職」。所以機關長官退休、卸任、調職、辭職、免職、撤職、去職或死亡時，應由原（或新）任機關長官或其代理人，同時將原機要人員免職。又因機要人員之任用，得不具考試及格資格，爲免破壞考試用人的公務人員體制，其人數自不應多，因此機要人員之人數應有所限制，而規定依機關之層次，由銓敘機關分別規定其機要人員定額（任用11，任用細11，機要3、4）。

約民國90年代初期，有關機要人員的任用，對所任命的職務、官等、職等普遍均有提高，甚至將參事如此崇高重要之職位亦列爲機要職務。於是，甚至有司機一躍而被任命爲簡任第十職等之機要人員，權理高居簡任第十二職等參事職務者，輿論譁然。因此，促使當局認爲機要人員之員額、所任職務之範圍及各職務應具備之條件等規範，均有訂定之必要，以求其公平性、正當性與適當（任）性（任用11之1）。因此修正「公務人員任用法」，並授權考試院訂定規範，是以考試院於民國91年6月12日發布「各機關機要人員進用辦法」。該辦法主要內容如次：

(一) 機要人員員額：總統府不得超過十八人，行政院不得超過十人，各部、會、局、署、安全機關、直轄市政府、各縣、市政府等不得超過五人，其他機關依其層次、組織規模及業務性質不得超過二人，並均應報送銓敘部備查（機要3）。

(二) 機要職務：以機關組織法規中所列行政類職務，襄助機關長官實際從事機要事務相關工作，並經銓敘部同意列爲機要職務者爲限。但不得以首長、副首長、主管、副主管、參事及研究委員職務進用。各機關之秘書長、主任秘書或直轄市副秘書長一人，必要時，報經上級機關核准者，得於所定員額內，以機要人員進用。惟直轄市政府之秘書長及縣（市）政府，置有副市長之縣轄市公所之主任秘書，不得以機要人員任用（機要4）。

(三) 任用資格：仿派用人員之簡派、薦派、委派三個官等之派用資格，訂定進用簡任、薦任、委任三個官等機要人員進用之條件如下：

1. 簡任機要職務人員：(1)具有簡任、簡派官等資格。(2)曾任簡任、簡派或相當官職等級職務者（含公務人員、軍職人員、交通事業人員、公營事業人員、教育人員、民選人員、聘用人員）。(3)得有博士學位並曾任相關職務滿二年，或得有碩士學位並曾任相關職務滿四年，或得有學士學位並曾任相關職務滿六年，或專科學校畢業曾任相關職務滿七年者；具有同等學歷證書者，亦同。(4)曾任簡任機要人員者。(5)曾任薦任職務，薦派職務或擔任薦任機要職務人員滿五年者（機要5）。

2. 薦任機要職務人員：(1)具有簡任機要職務之資格條件者。(2)具有薦任任用資格者。(3)曾任薦任、薦派或相當官等職務者（含公務人員、軍職人員、交通事業人員、公營事業人員、教育人員、聘用人員、民選人員）。(4)得有碩士學位，或得有學士學位並曾任相關職務滿二年者，或專科學校畢業並曾任相關職務滿三年者；具有同等學歷證書者，亦同。(5)曾任薦任機要人員者。(6)曾任委任、委派之職務或委任職務機要人員滿五年者（機要6）。

3. 委任機要職務人員：(1)具有薦任機要職務資格者。(2)具有委任官等任用資格者。(3)曾任委任、委派或相當官等職務者（含公務人員、軍職人員、交通事業人員、公營事業人員、教育人員、僱用人員、民選人員）。(4)得有學士學位者，或具有專科學校畢業，並曾任相關職務滿一年者，或高中（職）畢業並曾任相關職務滿三年者；具有同等學歷證書者，亦同。(5)曾任委任機要人員者（機要7）。

又「地方制度法」第57條之「以機要人員方式進用」之縣轄市副市長，原於民國88年1月25日公布制定時，原意即依公務人員任用法之「機要人員」辦理，並送銓敘，享有公務人員退撫等之權利。民國91年「各機關機要人員進用辦法」發布後，僅係以「機要人員進用『方式』」進用，又因其非實際從事機要工作，從而非屬「公務人員任用法」及「各機關機要人員進用辦法」所稱之機要人員。民國94年12月20日，內政部臺內民字第0940009169號函：「地方制度法對於年齡限制並未設規範，考量其他一級主管或首長爲一般常任事務官，其命令退休年齡爲六十五歲，且依公務人員任用法27條『已屆限齡退休人員各機關不得進用』之規定，爲求衡平，以機要人員方式進用之主管或首長，仍以未屆退休年齡任之者爲宜。」民國98年1月20日，內政部臺內民字第0980016349號函釋：「地方制度法即無對其任用資格及年齡有所規範，故應無相關學歷、經歷及年齡之限制。」變更前函之釋示。是以現行「地方制度法」第57條之「機要人員」並非公務人員任用法規上之「機要人員」，亦不必再送銓敘，前已送銓敘者，仍依舊辦理，至其離職爲止。兩者前後意涵有別，已變更原立法旨趣，是否形成最基層之政務人員，仍有待深研。

五、附述：技術人員任用制度興廢始末

民國18年，「公務員任用條例」初頒時，尚無將行政機關中之技術人員分別立法之觀念。後因各機關認爲技術人員性質特殊，提出要求，考試院以國家初建，爲遷就實際需要起見，始勉予另行立法，初於民國24年11月8日公布「技術人員任用條例」。但有關技術人員之基本任用資格，所規定亦與當時之公務員相同，均不必考試用人，甚至更要求必須具有所任職務之技術能力。故較之一般行政人員之無專長資格要求情形而言，不僅並無寬縱之處，且有較嚴要求。行憲後，「公務人員

任用法」公布，公務人員改定為必須考試用人，但「技術人員任用條例」則並未隨同亦配合修正，亦不廢止，技術人員一仍舊慣，不必考試用人。因之，立法院法制委員會多年一直認為該條例明顯違憲，嘖有煩言。但考試院恪於行政機關之堅持主張，只好聽之而不修正，此條例遂如此繼續四十餘年之久，甚至因擔心立法院廢止該法律，而考試院數十年來亦不敢送請立法院作一字之必要修正。其間猶有一插曲，在某一財經科技方面權要多年堅決主張下，最後更在其主持下，於民國70年代進一步具體擬具一種名為「科技人員任用條例」草案，由行政院以院函送考試院，請考試院以之向立法院提案立法。該草案規定，科技人員非「技術人員任用條例」所定之技術人員，而特指從事尖端科技之公務人員，不僅不需考試用人，且更有一般公務人員及技術人員所不得享有之諸多特殊優待。但在考試院及立法院意見均無法一致之情形下，該草案遷延多年之久，終於未能成為法律。上述期間之經過，均係由本書原著者在銓敘部主持一項專案小組處理，最後至民國80年11月1日，仍由本書原著者主持研議上述草案之小組，根據行政院之上項草案修正原有之「技術人員任用條例」，並協調立法院同意，另通過新「技術人員任用條例」，規定為亦必須考試用人。自此，技術人員任用制度與公務人員任用制度差異甚少。

依修正後之該條例規定，技術人員亦適任公務人員法制，亦即採官職併立制，有簡薦委三個官等以及十四個職等；明定應依「公務人員考試法」考試進用人員，並適用公務人員其他各種有關法律規定（技任2）。僅有下列四點與公務人員有別：(一)高科技或稀少性工作類科人員之考試，除筆試以外，另採二種以上考試方式行之（技任6）。(二)經專技人員檢覈及格之醫事人員，於從事醫事業務二年以上成績優良者，得比照考試及格任用（技任5）。(三)技術人員曾在國內、外公營機構或具有規模之民營機構所任性質及等級相當之職務年資，除得採為技術人員應考資格年資外，並得按年提敘俸級，至所敘定職等本俸最高級為止（技任9）。(四)該（新）「技術人員任用條例」施行前，不具考試及格資格而經審定以技術人員任用之技術人員，按其原銓敘之資格予以改任，並得在同官等範圍內調任技術職務，及依公務人員任用法第17條參加晉升高一個官等之升等考試（技任10）。

以上新「技術人員任用條例」之制定，原為就案辦案順勢而成之結果。經數年施行之經驗與觀察，本書原著者發現該條例內容實質與「公務人員任用法」殊少差別；於是在民國86年本書初版中明白具體檢討後，主張應廢止該條例而使技術人員同適用「公務人員任用法」，至於對其專業技術之要求，自可依技術性職組職系規定辦理，即可達成目的。本書原著者另在考試院所辦之雜誌撰寫專文，提議廢止該條例，後終於民國91年1月31日廢止。

六、附述：雇員制度興廢始末

雇員職務在我國公務員結構中，由於其所處地位的模糊，而居於一種特殊狀態。因爲其地位並非工役，而是最低級職員，且在「公務人員任用法」中特別單獨以一條文規定：「雇員管理規則，由考試院定之。」各機關組織法規中也必須明定其名稱與名額始得僱用。凡此均表示，雇員在機關組織法律及任用法律中有其一定地位。據此觀之，似乎至少可視之爲準公務人員或公務人員之一種。但在現行文官的官等、職等結構中，則將之摒除；故雇員無官等無職等，亦非必須考試及格即得進用。

由於雇員不須考試及格即可進用，所以爲若干人士所反對；因此，雇員職務的設置終於在民國85年11月修正施行的「公務人員任用法」中增列一落日條款，規定自該條款修正施行之日起，各機關不得再進用雇員，「雇員管理規則」適用至民國86年12月31日止，屆時仍在職之雇員，得繼續任職至離職時止（任用37）。因此，自民國元年開始的雇員制度，爲時行將一世紀，而終於民國86年底終止。

雇員制度雖已廢止，但由於「公務人員任用法」規定，前已進用而現仍在職之雇員，得繼續僱用至離職時止，故實際上仍有雇員在職。爲此，銓敘部乃於民國86年12月19日另行發布「現職雇員管理要點」，於民國87年1月1日起實施。該要點全文七條，內容要點如下：

(一) 管理：雇員由各機關自行管理，但應造冊呈報其各該主管機關備查（現雇2）。

(二) 薪給：雇員薪給分本薪、年功薪，及加給，亦採薪點制，分級訂定如該要點之附表（現雇3）。

(三) 其他人事管理事項：雇員之考成、退職、撫卹、留職停薪，均準用「公務人員考績法」、「公務人員退休法」、「公務人員撫卹法」及「公務人員留職停薪辦法」之規定。又「公務人員任用法」第4、26、28、29條及「公務員服務法」各規定，於雇員亦適用之（現雇4、6）。

又民國88年12月29日修正公布之「公務人員升官等考試法」第2條規定：「中華民國八十六年十二月三十一日前依雇員管理規則進用之中央及地方機關組織法規規定之現職雇員，得應原委任升等考試。」並經於民國94年辦理雇員之「委任升等考試」，終結其升等考試，不再辦理。

七、任用之限制

機關首長無論其爲政務官或事務官，雖得依法任用人員或遷調人員，但在法規規定之若干情形下，人員雖具公務人員任用資格條件，其中部分人員仍不得予以任用或遷調，是爲任用上的限制。下列各種情形，均爲限制任用事項：

(一) 除法律另有規定外，各機關不得指派未具任用資格的人員代理或兼任應具任用資格的職務（任用21）。

(二) 各機關不得任用其他機關現職人員，如有業務需要時，得指名商調。但指名商調特種考試及格人員時，仍應受各有關特考特用規定之限制（任用22）。

(三) 機關長官對於配偶及三親等以內血親、姻親，不得在本機關任用或任用爲直接隸屬機關的長官（任用26Ⅰ）。

(四) 機關長官對於本機關各級主管的配偶及三親等以內血親、姻親，在其主管單位內應迴避任用（任用26Ⅰ）。

(五) 已屆限齡退休人員，各機關不得進用（任用27）。

(六) 各機關首長，於下列期間不得任用或遷調人員，但係分發考試及格人員任用者，不在此限；又在此期間，機關職務出缺者，得依規定由機關現職人員代理（任用26之1）：

1. 機關首長退休案核定之日起，至其退休生效離職之日止。

2. 機關首長免職令或調職令發布之日起，至其離職日止。

3. 機關首長爲民選者，自其下一屆選舉之候選人名單公告之日起，至當選人名單公告之日止。但未當選連任或未再競選連任者，則至其任期屆滿離職之日止。

4. 民意機關首長自次屆同一民意代表選舉候選人名單公告之日起，至其首長當選人宣誓就職止。

5. 參加公職選舉者，自選舉候選人名單公告之日起，至離職之日止。但未當選者，至當選人名單公告之日止。

6. 憲法或法規未定有任期之中央各級機關政務首長，於總統競選連任未當選或未再競選連任時，自次屆該項選舉當選人名單公告之日起至當選人宣誓就職止。地方政府所屬機關政務首長及其同層級機關首長，於民選首長競選連任未當選或未再競選連任時，亦同。

7. 民選之行政機關及民意機關首長受罷免者，自罷免案宣告成立之日起，至罷免投票結果公告之日止。

8. 自辭職書提出、停職令發布或撤職、休職懲戒處分議決之日起至離職日止。

9. 其他定有任期者，自任期屆滿之日前一個月起至離職日止。但連任者，至確定連任之日止。

駐外人員之任用或遷調，必要時，得不受前項規定之限制。

根據歷來實況得知，各機關最易違反的是任用不具任用資格的人員，或違反上述限制中的第(一)項，或以較低官等職等任用資格的人員擔任或兼任較高官等或較高職等職務。

茲值得一提者爲：喧噪一時之「郭○英再任、再退休案」，內容諸多值得省思。

郭○英（民國38年4月生）在新聞局任外館新聞秘書時有不當言論，經公務員懲戒委員會民國98年9月25日議決：撤職並停止任用三年。民國103年3月間，郭員參加臺灣省政府之秘書公開甄選，同年3月10日起任該省政府外事秘書，經銓敘部於同年3月31日銓敘審定合格。4月提出屆齡退休案，於7月16日退休生效。經監察院於同年7月3日提出糾正案：「臺灣省政府對外公開甄選秘書職缺，未依其公告內容，舉行面試，違反公開及誠信原則，且甄選時程與程序過於緊湊、草率，有違一般作業時程與程序，致外界質疑因人設事，損及用人機關之威信，復疏未考量錄用旋即屆退人員對業務推展及人力運用延續性之不利影響，核有違失。」民國105年2月4日，銓敘部依職權撤銷民國103年3月31日對其作成原審定合格之處分，再於翌日（民國105年2月5日）作成「否准退休處分」拒絕其屆齡退休之申請。郭員不服經提復審、行政訴訟，經臺北高等行政法院於民國106年1月18日105年度訴字第1465號判決：復審決定及原處分（被告銓敘部105年2月4日部銓二字第1054066779號函及被告105年2月5日部退一字第1054069162號書函）均撤銷；被告銓敘部就原告郭員屆齡退休申請案應作成核准退休之行政處分。銓敘部不服提起上訴，經最高行政法院民國107年9月6日判決：上訴駁回。銓敘部上訴之理由略以：省政府公開甄選程序有重大瑕疵，不符公務人員陞遷法之規定，撤銷原銓敘審定處分，因此，即非公務人員退休法第2條之「依公務人員任用法律任用，並經銓敘審定之人員」，撤銷原核定退休案之處分。但最高行政法院判決駁回之理由略以：「基於事務法則，臺灣省政府是用人機關，不僅實際承辦甄選作業，且對甄選任用之結果亦有最直接之利害關係。而上訴人則僅是『在臺灣省政府進用人選決定後，對選定者之公務人員任用資格及其相關權益事項』爲銓敘審定，審查範圍也僅止於『選定任用者是否具有任用資格』之『合法性』事項，而不及選定任用者之『適任性審查』（即『合目的性審查』）。」雖法界對此判決有所評論（107.9.11.自由時報《自由廣場》黃帝穎律師：〈〔北社評論〕好巧，又是這三個法官……郭○英辱台，政院省府仍應把關〉），但平心而論，銓敘部與最高行法院之論據均可參酌。而本文於茲要提者，追根究底爲任用法第27條之所謂：「已屆限齡退休人員，各機關不得進用。」其界線標準若何之不明確？或有謂：退休案之報送，依退休法（100.1.1.施行）第20條之規定「以退休生效日前三個月爲原則」作爲界線。雖得參考，但未若依「明確原則」於任用法中規定：究應於屆齡退休前若干時日不得任用，以免爭議再起。

八、任用程序

現以考試及格的初任人員爲例，說明公務人員的任用程序如下：

(一) 考試錄取人員依規定需經訓練期滿成績及格始完成考試程序者，應照規定先行訓練（任用10、12，公訓4，考試21）。

(二) 依規定權責，由銓敘部或行政院人事行政總處，分別分發、分配訓練，依規定期限內報到，接受訓練。訓練期滿成績及格，經考試院發給考試及格證書，並由用人機關依規定派代，完成分發程序（分發3、12、14）。

(三) 初任各官等人員，未具與擬任職務職責程度相當或低一職等職務經驗六個月以上者，應先予試用六個月（任用20）。

(四) 試用期滿成績及格予以實授人員，用人機關應依職權先派代理，並命其檢具證件由機關於實際代理之日起三個月內，送銓敘部辦理銓敘審定。但確有特殊情形未能於限期內送審者，應報經銓敘部核准延長，其期限除另有規定者從其規定外，最多以延長二個月爲限（任用24）。

(五) 經銓敘機關審查不合格者，應即停止其代理；合格者由銓敘部呈請任命。其爲初任簡任各職等職務人員及初任薦任人員，均呈請總統任命，初任委任人員由各主管機關任命（任用24、25，任用細25）。

九、違法用人

所稱違法用人，包括實質違法與程序違法兩種情形。有關法規分別定有處理辦法。現分述如下：

(一) 實質違法

主要指下列各項情事之一：

1. 進用不具任用資格的人員擔任應具任用資格之職務（任用21）。

2. 違反法定任用人員應具之基本條件規定，或牴觸任用之消極資格規定，或違反限制任用人員等有關規定情事之任何一款的任用（任用4、28，任用細3，考試7，國籍10）。

3. 所任用的人員雖具任用資格，但所任職務與規定不合，包括：職系不合規定，或職等不合規定（任用9、15、17、18）。

(二) 程序違法

主要指下列各項情事之一：

1. 人員經先派代理後，不予依法送請銓敘審定者（任用24）。

2. 經報送銓敘審定不合格人員，應依法停止其代理而不予停止其代理者（任用24）。

3. 任命一合格任用人員兼任另一無法規規定得准予兼任的職務，無論其人是否具有所兼職務任用資格（服務14）。

4. 違反法定任用限制中任何一項的任用（任用30）。

5. 不符規定的職務代理（職代2）。

(三) 違法用人的處理

綜合各有關法規規定，對違法用人情事的處理辦法如下：

1. 銓審互核：銓敘部與審計部依據「公務人員俸給法」及其施行細則之規定，於民國54年會商訂定「銓審互核實施辦法」一種，規定銓敘機關應將銓定人員的俸給列冊送審計機關查考。如人員未依法令規定送審者，或審查不合格者、或經審定不予登記者，則其俸給均不得作正列支；此一規定雖是對俸給支給的一種處理方法，但既無俸給，則此一人員，自然無法繼續任職（互核2、3）。如有不依規定項目及數額支給者，審計機關應不准核銷，並予追繳（俸給19）。

2. 依法降免：機關遇有違法任用人員時，銓敘機關應通知該機關改正；情節重大者，得報請考試院依法逕請降免；並得核轉監察院依法處理（任用30，考試組17）。

十、留職停薪

留職停薪一詞，向非人事法律所使用，僅於層級較低的規章中偶有用及。民國85年11月14日公布修正的「公務人員任用法」始首次將之納入該法（任用28之1），而成爲法定用語。依此，「公務人員留職停薪辦法」經考試院會同行政院於民國86年5月20日發布施行，其最近一次即第五次之修正係於民國105年7月5日。

(一) 留職停薪之原因：

1. 應予留職停薪之事由（留停4）：

(1) 依法應徵服兵役。

(2) 選送國內外進修，期滿後經奉准延長。

(3) 經核准自行申請國內、外全時進修，其進修項目經服務機關學校認定與業務有關。

(4) 配合國策奉派國外協助友邦工作。

(5) 經核准配合公務借調至其他公務機關任職，且占該機關職缺並支薪。

(6) 經核准配合國家重點科技、推展重要政策或重大建設借調至公民營事業機構、政府捐助經費達設立登記之財產總額百分之五十以上之財團法人服務。

(7) 受拘役或罰金之確定判決而易服勞役。

(8) 請病假已滿「公務人員請假規則」第3條第1項第2款延長之期限或請公假已

滿同規則第4條第5款規定之期限，仍不能銷假。

2. 得予留職停薪之事由：

除下列(1)及(2)各機關不得拒絕外，其餘各款由各機關考量業務狀況依權責辦理（留停5）：

(1) 養育三足歲以下子女，並以本人或配偶之一方申請爲限。

(2) 依「家事事件法」、「兒童及少年福利與權益保障法」相關規定與收養兒童先行共同生活，其共同生活期間依前款規定申請留職停薪。

(3) 本人或配偶之直系血親尊親屬年滿六十五歲以上或重大傷病須侍奉。

(4) 配偶或子女重大傷病須照護。

(5) 配偶於各機關、公立學校、公營事業機構或軍事單位服務，因公務需要派赴國外工作或進修，其期間在一年以上須隨同前往。

(6) 其他經考試院會同行政院認定之情事。

然公務人員之配偶未就業者，不適用前項(1)及(2)之規定。但有正當理由，並經機關核准者，不在此限。

(二) 留職停薪之期間：

留職停薪期間，除下列各款情形，應依各該法規規定外，均以二年爲限，必要時得延長一年（留停4、5、6）：

1. 依第4條第1款規定依法應徵服兵役留職停薪者，其期間依「兵役法」第16條、「替代役實施條例」第7條、「預備軍官預備士官選訓服役實施辦法」第16條之規定辦理。

2. 依第4條第2、3款規定國內外進修留職停薪者，其期間依「公務人員訓練進修法」第10至12條之規定辦理。

3. 依第4條第6款規定借調至受託處理大陸事務機構服務留職停薪者，其期間依有關法規之規定辦理。

4. 依第4條第8款規定延長病假或因公傷病公假期滿留職停薪者，其期間依「公務人員請假規則」第5條之規定辦理。

5. 依第5條第1項第1、2款規定育嬰留職停薪者，其期間最長至子女、收養兒童滿三足歲止。

(三) 留職停薪之業務：

1. 職務調任：主管人員經核准留職停薪六個月以上者，得視業務需要調任爲非主管職務（留停9）。

2. 代理兼辦：留職停薪人員留職停薪期間所遺業務，由現職人員代理或兼辦。薦任以下非主管人員之留職停薪期間所遺業務，得以所代理職務爲薦任或委任官等，分別依約聘僱相關法令規定約聘或約僱人員辦理。但委任跨列薦任官等之職務，得約聘或約僱人員辦理（留停9）。

(四) 留職停薪之復職：

1. 屆期復職：留職停薪人員除其他法律別有規定外，應於留職停薪期間屆滿之次日復職。逾期未復職者，除有不可歸責於留職停薪人員之事由外，視同辭職，並以留職停薪屆滿之次日爲辭職生效日（留停7IV）。其手續爲（留停7III）：

(1) 機關通知：服務機關應於留職停薪期間屆滿前三十日預爲通知其復職。

(2) 自己申請：留職停薪人員，應於留職停薪期間屆滿前二十日內，向服務機關申請復職。

2. 期中復職：留職停薪人員於留職停薪期間因留職停薪原因消失，應於原因消失之日起二十日內，向服務機關申請復職，服務機關應於受理之日起三十日內通知其復職（留停7Ⅰ、III）；如未申請復職者，服務機關應即查處，並通知於十日內復職。留職停薪人員於留職停薪期間或屆滿之次日，因辭職或其他事由離職，自然無須申請復職（留停7II）。

(五) 留職停薪之登記：各機關核准留職停薪人員及復職人員，均應於事實發生後，即依規定程序辦理公務人員動態登記（留停10）。

(六) 留職停薪之身分：留職停薪人員於留職停薪期間仍具公務人員身分。是以，於留職停薪期間之考績（成）、休假、退休、撫卹、保險及福利等事項，依各有關法令規定辦理。如有違反「公務員服務法」或該辦法規定之情事，各機關應依相關法令處理（留停11，退撫7）。

(七) 留職停薪之公保：因育嬰留職停薪人員，於參加公保滿一年以上，得選擇繼續參加公保，並得請領育嬰留職停薪津貼（每月發給平均保俸之百分之六十之津貼，最長發給六個月）（公保12、35）。

(八) 留職停薪之退撫：

1. 因借調至其他公務機關占缺，仍由借調機關辦理參加退撫基金（退撫7III）。

2. 留職停薪期間，得選擇全額負擔退撫基金費用，繼續參加退撫基金（退撫7IV）。

3. 留職停薪期間不得辦理退休或資遣，其死亡者，得辦撫卹（退撫24Ⅰ、51II）。

十一、特考特用制度

在人事行政學中，以及在我國考銓實務中，究應鼓勵人員相互流通以資培養通才；抑或不應鼓勵多所調任以資培養專才？這一問題，在我國實務上多年來搖擺不定，迄尚未有一致結論，而且成爲學術理論研究上與實務上一項重要爭論，間常出現。就考試法律之規定而言，目前係採二元原則，即對高等、普通、以及初等考試及格人員，其初任以及調任，僅有職組、職系以及專長的限制；但特種考試及格人員，則更有「機關」等其他限制。因而形成「特考特用」制度。

民國85年1月與11月，先後分別修正「公務人員考試法」與「公務人員任用法」兩種重要人事法律，而且內容變動甚大。修正重點之一，即在具體建立公務人員特考特用制度。在兩法中，共計使用七個條文予以規定。扼要言之，所稱「特考特用」是指：「經由特種考試及格進用爲公務人員者，於進用之初及進用之後，所得初任及調任的職務，應受各該有關法律規定的特別限制。」

特考特用體制的具體內容，可以概括如下：

(一) 各種特種考試及格人員，應與高等、普通、初等考試及格人員相同，在及格後初任或調任時，應分別受「依法考試及格人員考試類科適用職系對照表」、「職組暨職系名稱一覽表」以及專長調任之相關限制。

由於以前之考試，各考試類科均不冠職系。民國77年後，除警察人員外，均加冠職系，並規定考試類科冠有職系之及格人員初任及調任時，適用「職組暨職系名稱一覽表」及「現職公務人員調任辦法」辦理；未冠職系者適用「依法考試及格人員考試類科適用職系對照表」辦理（任用13Ⅴ、18Ⅱ、Ⅲ，任用細13）。

(二) 各種特種考試及格人員，僅取得申請舉辦該一特種考試機關及其所屬機關有關職務之任用資格。其調任者或指名商調者，亦均以上述機關有關職務爲限，不得轉調其他機關（考試6，任用13Ⅴ、16、18Ⅲ、22）。

(三) 高科技或稀少性工作類科之技術人員，經公開競爭考試取才仍有困難，而經依「公務人員考試法」規定，另訂考試辦法辦理考試錄取之人員，僅取得申請舉辦考試機關有關職務任用資格；亦不得轉調（考試8）。

(四) 自民國88年起，特種考試退除役軍人轉任公務人員考試之及格人員，以分發國防部、行政院國軍退除役官兵輔導委員會及其所屬單位、行政院海岸巡防署（現爲海洋委員會海巡署）及其所屬爲限。後於民國96年修正考試法，改定於服務六年內不得轉調本機關及所屬機關外之機關（考試24Ⅰ）。

以上各項，是依據考試與任用兩種法律原條文用語，綜合寫成。總括而言，上述之第(三)項及第(四)項兩項所指的考試，亦均屬於第(二)項所指的特種考試範圍之內，只是第(二)項所規定的一般特種考試錄取者，以及第(三)項所規定的高科技或稀少性工作類科技術人員考試錄取者，都僅限制其各該任職機關的性質類別；而第(四)項所限制得分發或轉任的機關，亦即其僅得任職的指定名稱的少數個別機關，且不得再轉調其他機關，所得任職及調職的範圍更小。

十二、資遣

資遣一事，原規定在「公務人員任用法」之中，但事實上原係民國67年11月修正公布之「分類職位公務人員任用法」增列第19條之1所規定的內容，後於民國76年兩制合一之現行「公務人員任用法」所繼受（任用29）。本書原著者始終認爲：將此條文置入任用法之舉，應屬一種技術上的錯誤。因資遣的性質與退休的性質相近，所以本書前將之納入第十九章第四節有關退休資遣部分討論，以資明確。參證銓敘部民國66年10月編印之《銓敘法規彙編》將「公務人員資遣給與辦法」置於「退休」部分，以及考試院民國85年出版的《考銓法規彙編》亦將之置入「退休」部分，尤爲明確。唯銓敘部民國81年4月版之《銓敘法規釋例》將上述資遣辦法收錄入任用法規部分，而後民國91年、93年版之「銓敘法規釋例彙編」也只好隨之將其置於任用法規部分。但民國91年8月之「公務人員退休法修正草案」終將資遣條文納入，以迄民國95年2月之退休法修正草案仍予以納入，此更證明本書原著者多年來一貫觀點之正確。民國99年7月28日公布修正「公務人員任用法」將規定資遣條件之第29條條文刪除。民國100年1月1日施行之修正「公務人員退休法」全文，即將資遣納入其中。民國107年7月1日施行之「公務人員退休資遣撫卹法」承續之，更將之顯現於法律名稱中。因此，有關「資遣」留於後文之「第十九章公務人員退休資遣撫卹制度」中再予論述。

十三、職務代理

各機關公務人員因事，長期不在職，則其職務業務或工作，自不應停頓，而需由他人代爲行使，惟各機關派使之時機或代理人，有作法不一或資格不一等情形。爲避免長期代理，影響考試用人政策，而有必要作制度性或原則性之規範，是以考試院銓敘部於民國76年11月6日即訂有「各機關職務代理應行注意事項」，以資適用。民國104年5月29日作第六次修正迄今。

(一) 職務代理之情事

除法令另有規定外，以下列情形之一者爲限（職代2Ⅰ）：

1. 出缺之職務，尚未派員或分發人員。
2. 公差、公假、請假或休假。
3. 因案停職或休職。
4. 其他依規定奉准保留職缺。

(二) 職務代理之期限

上述1.之職務出缺，而尚未派員或分發人員時，代理期間，以一年爲限。但有特殊情形得延長一次，並以一年爲限。其特殊情形之代理方式爲（職代2Ⅱ、Ⅲ、

VI）：

1. 現職人員代理：

(1) 配合機關精簡、整併、改隸、改制、裁撤或與出缺職務有關之修編，經權責主管機關核定並確定生效日期。其延長代理，應報經分發機關同意。如係配合行政院組織調整，無法於二年內完成組織法規之立法程序者，不受第(二)項期間之限制。

(2) 機關基於精簡用人需要或特殊需要，機關首長、副首長、一級單位主管及副主管職務出缺，由同職務列等或較高職務列等人員代理。

(3) 邊遠地區難以羅致人員。其延長代理，應報經分發機關同意。

(4) 駐外館處之首長職務出缺，因業務需要延長代理。

2. 現職人員代理或約聘僱人員辦理：

(1) 經提列公務人員相關考試任用計畫之職缺，因錄取不足額、錄取人員未報到、錄取人員保留受訓資格或廢止受訓資格，且無正額、增額錄取人員或補訓人員可資分發，並列入其他公務人員相關考試任用計畫。其延長代理，應報經分發機關同意。

(2) 經提列考試分發之出缺職務，分發機關以未設置公務人員考試相關類科，致無法列入考試任用計畫。其延長代理，應報經分發機關同意。

(3) 經提列公務人員相關考試任用計畫之職缺，尚未分配錄取人員或錄取人員未占編制職缺訓練。

(三) 職務代理之預排

各機關應依各職務之職責及工作性質，預為排定現職人員代理順序及行使權責之特殊限制。如係出缺之職務，除應確依公務人員考試及格人員分發辦法規定，申請分發考試及格人員外，其由現職人員代理職務者，依下列規定辦理（職代3Ⅰ）：

1. 機關首長、副首長（或單位主管、副主管）職務出缺，尚未派員遞補時，得依序由本機關（或單位）法定代理人、同官等同層級、同官等次一層級、次一官等最高職等人員代理；如由其他機關（或本機關其他單位）人員代理，須具有被代理職務所列職等之任用資格或得權理之資格。

2. 其他職務出缺，尚未派員或分發人員，亦應依上述順序代理。但本機關確無具有該職務任用資格人員可資代理時，始得由本機關具有次一官等最高職等任用資格人員代理。

(四) 現職代理之辦理

由現職人員代理職務者，其職務代理之排定及權責，依下列各款規定辦理（職代4）：

1. 職務之代理除有法定代理人者，應由法定代理人代理外，其餘人員由機關依其職責及工作性質排定職務代理人。如排由一人代理確有困難者，得酌情分別指派數人代理，或由上級機關指派人員代理之。

2. 各機關應重視各級屬員平時工作調配，實施職務輪換，使排定之職務代理人熟悉被代理人之工作。

3. 現職人員代理職務時，應確實負責辦理所代理職務之工作，除報經核准者外，不得留待本人處理。代理人代理期間在半個月以上負責盡職，成績優良者，得酌予適當獎勵。

4. 被代理人除特殊情形外，應先行將其工作及持有之資料交代清楚，並對代理人負業務指導之責，其因交代不清以致耽誤者，應自行負責。

(五) 職務代理之應變

各機關薦任以下非主管職務，有前述「一、職務代理之情事」各款情形，且本機關確實無法指定現職人員代理時，其所遺業務報經分發機關或其授權機關同意，得依下列各款規定辦理（職代5）：

1. 各機關薦任以下非主管職務，有前述(一)之1.情形，經列管為考試分發職缺，在未分配考試錄取人員遞補前，得依被代理職務之官等，分別約聘或約僱人員辦理該職缺之業務。

2. 各機關薦任以下非主管職務或雇員，有前述(一)之2.至4.情形之一，期間達一個月以上，得依被代理職務之官等，分別約聘或約僱人員辦理其所遺業務，雇員比照委任辦理。

3. 各機關委任跨列薦任官等之職缺（務），由機關視上述1.、2.二款規定約聘或約僱人員辦理其所遺業務。

4. 各級公立學校、原公立托兒所，僅置護士（或護理師）、營養師一人，有前述(一)之2.至4.情形之一，得依被代理職務之級別，約聘或約僱具有各該專業法規所定資格人員辦理其所遺業務。

(六) 職務代理之規範

各機關延用職務代理人員應注意下列事項：

1. 未具任用資格之現職機要人員、留用人員或派用人員，不得代理出缺之職務。但由派用機關改制之任用機關，其未具任用資格之派用人員，得代理本機關任用職務（職代3II）。

2. 應注意其品德及對國家之忠誠：約聘期間，須遵守「公務員服務法」、「公務人員行政中立法」及其他相關法令之規定（職代7）。

3. 注意親等之迴避，進用時機之限制、年齡屆限及不得進用之消極條款（任用26至28）之情形（職代8）。

4. 代理人員於代理原因消失時，應即解除代理，約聘僱人員於約聘僱原因消失或期限屆滿時，應即予解聘僱，不得以任何理由要求留用或救助（職代10）。

5. 應避免辦理與人民權利義務有關之業務（職代9）。

(七) 職務代理之控管

爲確實管制瞭解各機關職務代理之情形，依該注意事項規定代理之現職人員及約聘僱人員，其所支酬金由各機關人事單位每半年列冊，並逐一註明分發機關或授權機關同意之文號，函送主管機關查考後，由銓敘部、行政院人事行政總處、主計機關及審計機關抽查。不符規定者，主計及審計機關應不予核銷，並予追繳。違反該注意事項規定之代理或約聘僱，應追究相關失職人員之責任（職代11）。

(八) 職務代理之商榷

政府之行政係經常性的，不能停止，因此必須有適當的公務人力予以執行。但人員是動態的，間或有所更迭、懸缺或因事於一段時間內「事實不能」執行職務，而任之於行政停頓，恐非眾人之福。職務出缺之代理，乃爲任用上應急之措施，稍補無人執勤之間隙，非屬常態之任用，在處理上，自應兼顧「彈性」與「合法」，因此仍有諸多需謹愼進用之處，如「專才專業、適才適所」，方不致貽誤公務。如何使行政不間斷，且符合法律之規範，事涉多方，實爲一大考驗。茲略述數端如次：

1. 法據未明：

現行「各機關職務代理應行注意事項」源自於民國60年行政院訂定之「行政院所屬實施職位分類機關分類職位公務人員職務代理應行注意事項」，因函送銓敘部查照時，銓敘部認爲實施職位分類機關之分類職位公務人員，並未限於行政院所屬機關，是以轉報考試院，修正爲「實施職位分類機關分類職位公務人員職務代理應行注意事項」，俾適用於全國實施職位分類之機關。民國76年1月16日兩制合一之新「官職併立」制實行，爲應全國各機關職務代理之實際需要，考試院於民國76年11月6日將其修正爲現今名稱。經查當時「分類職位公務人員任用法」（或當時簡薦委制之「公務人員任用法」），並無因職務懸缺或事實不能執行得由他人代理之制度性措施。若有亦僅爲當時「公務人員請假規則」第15條（57.12.30.）之「請假、公假或休假人員職務，得託由同事代理，但須機關長官核准，必要時機關長官得逕行代理」、「前項在假人員應將經辦事項明白交與代理人」；亦即經修正後之現行第12條：「請假、公假或休假人員職務，應委託同事代理，機關首長於必要時，並得逕行派員代理」、「前項在假人員，應將經辦事項確實交待代理人」

（101.8.28.）。相互比對下，不難得知職位分類為「一個蘿蔔一個坑」，公務人員因假不能執勤，要運用公務人員請假規則所規定之代理，似已遭到若干困難，更何況於「懸缺」，是以必須訂定該注意事項，予以補強。然而民國76年1月16日新制「公務人員任用法」第21條規定：「除法律另有規定外，各機關不得指派未具第九條資格之人員代理或兼任應具同條資格之職務。」換言之，現行任用法規定，代理之代理人必須具備與被代理人「相當之資格」，一則維繫原分類職位具相當事務能力之性質，二則維繫必須具有同等法定資格，以維公權之性質。兩者均係以維持同一施政品質（效果）為考量。惟前後法均無授權另訂法規命令之規定，該注意事項充其量為從事實之「行政指導」，走向制度性措施之「職權立法」的行政規則。

2. 內容妥否：

該注意事項在內容上，已從差假之代理擴張到懸缺之代理，代理人也由現職人員之代理，擴張到非現職人員之未具相當任用資格之聘僱人員代理。此與機關編制員額之精簡有關，人手不足，工作要做，非暫且延用聘僱人員代理不可，雖然聘僱亦與薦任委任官等作相關對應，但其不具公務人員任用資格（考試及格），難免予人有違反任用法第21條「除法律另有規定外，各機關不得指派未具第九條資格之人員代理或兼任應具同條資格之職務」之感，亦即代理者應具依法考試及格、依法銓敘合格、依法升等合格。雖然薦任主管人員因差假或懸缺，但其所屬人員僅基層委任者，卻反而不得由該基層委任人員代理，於機關行政上，亦非無斟酌之處。又基層機關常囿於經費，亦不無以「約僱代理」替代「約聘代理」之情，此亦不得不注意。凡此之代理或必以「職務內容之本質」，作公共服務之考量。

3. 實務考量：

依機關之業務職責，有其質量之考量，以提供最佳之服務，乃行政之目的。但機關受其編制員額之限制，必須有效運用人力，行使公權力，於其公務人員因事一時不能執行職務，自應有人代理，以應業務之需。惟不論係「法定代理」或「意定代理」，尤其是引進無公務人員資格者予以代理，自不宜長久，以免影響人力或業務之品質。茲略舉實務上安排代理應考量之事項如下：

(1) 事涉人民權義事項，尤其是「干預行政」，不得由非公務人員身分者代理，如：徵稅、取締違規。

(2) 事涉專門技術事項，應有專門職（執）業證照者，不得由非證照者代理。

(3) 事涉長期出外執行、特殊時空環境等事項，應酌量代理人之智能體力。

第12章　特種人員任用制度

第一節　特種人員任用之一般規定

一、特種人員之涵義

法規之間，一般來說，有「普通法」與「特別法」的關係。「普通法」乃是用於一般情事，幾乎是普遍地適用；而「特別法」則因人、事、時、地、物有別於一般常態情事，所作之特別立法，優先於「普通法」之適用，以適應其特殊性。但「特別法」無規定者，則以「普通法」補充之。

人事法規亦有一般適用之普通法（如任用法、俸給法、考績法、退撫法），亦有因應特殊環境情事而立「特別法」，以因應其特殊業務之需。

「特種人員」一詞，原來只是銓敘工作同仁在實務中，因爲簡便而形成的習慣用語，概指適用「公務人員任用法」以外的各種特種任用法律任用的人員。民國76年「銓敘部組織法」修正施行之條文中，開始定有特審司的設置，才成爲法定用語。「特審司」一詞是「依特種法律任用人員的審查司」的簡稱，主要職責是辦理適用特種任用法律機關內人員之任用、俸給、考績之銓敘審查工作，但爲免對同一機關公務人員之銓審工作分割掌理起見，當然也包括該機關內適用一般任用法律之人員。例如：法務部之所屬機關、各級檢察署及其所屬人員，有適用「法官法」之檢察官者，有適用「公務人員任用法」者，亦有適用「司法人員人事條例」者，均由特審司辦理其銓敘審查工作。醫事人員原係適用「公務人員任用法」，嗣「醫事人員人事條例」於民國89年制定施行後，初仍由原適用公務人員任用法、俸給法、考績法之銓審司辦理其銓敘審查，迄至民國95年始將各級醫事機關醫療院所移歸特審司辦理。此固皆屬銓敘實務事項，僅順便於此一敘，以助人事人員實務上之瞭解。

二、特種人員之種類

特種人員之形成，均有其原始法律依據，載之於「公務人員任用法」。到目前爲止，包括法官（含檢察官）、司法人員、關務人員、主計人員、審計人員、駐外外交領事人員、警察人員、教育人員、醫事人員、交通事業人員、公營事業人員，每種都各有其專用的特別任用法律或管理法規（任用32、33、35）。至於政風人員，則以特別制定的「政風機構人員設置條例」爲依據。

在此十二種人員中，依其與「公務人員任用法」之關係而言，可以區分爲二類如下：

(一) 適用公務人員官職併立人事制度者：這一類人員，都設有官等和職等，而且不違背「公務人員任用法」有關任用資格規定。屬於這類的特種人員爲：司法人員、主計人員、政風人員、審計人員、駐外外交領事人員、教育人員中之公立學校及公立學術研究機構與社教機構中適用「公務人員任用法」任用審查之職員等六種人員。但各該人員的任用資格，除其最基本資格係適用「公務人員任用法」規定外，另並各在「公務人員任用法」之外增定或多或少的特殊條件，所以其任用資格較嚴，而非放寬。

(二) 不適用公務人員官職併立人事制度者：此一類特種人員，各皆有其歷史發展背景，而另定有其單獨之人事分類制度。屬於這一類的爲法官（檢察官）、關務人員（實際上，關務人員人事制度是兼具原海關人員人事制度與新官職併立人事制度兩種性質）、警察人員、交通事業人員、教育人員中之公立學校及公立學術研究機構及社教機構中適用「教育人員任用條例」人員（與上列教育人員中之職員有別）、醫事人員等六種。因爲其人事分類制度既然不同，其任用資格當然隨之也不同。但大致而言，其中法官（檢察官）、關務人員、警察人員、醫事人員以及交通事業人員五種，因均需考試及格進用，所以所定任用資格較嚴；餘則似較寬。

此中若依各該種人員的性質而言，也可區分爲二類如下：

(一) 公務人員類：法官（含檢察官）、司法人員、關務人員、主計人員、政風人員、審計人員、駐外外交領事人員、警察人員、醫事人員、教育人員中之適用「公務人員任用法」之職員，共十種。

(二) 公務員類：包括上述各種以外之教育人員、交通事業人員，共二種。

三、特種人員任用法規

上述十二種人員各有其特別任用或管理法律。

另外，國營事業人員則僅有制定於民國38年且內容籠統之「國營事業管理法」，內容所涉就事業性質分，包括生產、金融、保險、服務、商業、交通以及其他各種性質事業，範圍相當廣泛複雜，至今還沒有一個包括各層級和各類別公營事業人員任用的具體總法律。其中雖然列有人事一章七條（第31至37條），但不僅條文措詞概括粗疏，以及僅限於國營事業適用而不及於省市、縣市營事業外，而且也只有考試用人原則的規定，對於人事分類制度以及任用制度，則都未有規定。至於比較具體規定國營事業人事任用制度的法律，早在民國80年前後，行政院財、經兩部曾擬具「國營金融保險事業人員人事條例草案」和「國營生產事業人員人事條例草案」兩種，送請立法院審議，但迄未完成立法程序。直至民國100年12月28日總統令公布修正「國營事業管理法」第15、31、33、37條條文，經行政院於民國101年1月13日令自101年1月20日施行。但其內容仍如舊慣，條文粗疏，雖亦標榜「公開甄試」外，其餘之人事事項均「由國營事業主管機關定之」（第31至34條），且直轄市市營事業機構，並無適用，各自定其人事規章適用，因此，公營事業之人事制度，顯得紊亂，難以述說。是以，僅述較具歷史之「交通事業人事制度」。

上述特別任用法規之名稱如下：

(一)「法官法」。

(二)「司法人員人事條例」。

(三)「關務人員人事條例」。

(四)「主計機構人員設置管理條例」。

(五)「政風機構人員設置條例」。

(六)「審計人員任用條例」。

(七)「駐外外交領事人員任用條例」。

(八)「警察人員人事條例」。

(九)「教育人員任用條例」。

(十)「交通事業人員任用條例」。

(十一)「醫事人員人事條例」。

以上十一種法規，除第(二)、(六)、(十)等三種無施行細則外，其餘八種法律都各有其施行細則，研究各該任用制度時，應一併閱讀。

至於原「蒙藏邊區人員任用條例」，不必考試用人。昔因政府侷處臺灣一隅，所以實際上僅在蒙藏委員會內部用人時適用，而在實務上，該會又復自行約束。近年進用新人時均依「公務人員任用法」規定，以具有考試及格之任用資格人員進用，而罕有適用該條例優待規定。民國106年8月14日，行政院宣布不再編列預算；8月17日，行政院院會通過「蒙藏委員會組織法」廢止案，函請立法院審議；9月15日業務陸續交由文化部、外交部與行政院大陸委員會承接，人員並同時隨業務移撥。同年11月28日，立法院三讀通過「蒙藏委員會組織法」廢止案，總統於12月13日正式公布廢止。原依該條例任用之人員十餘人，移撥文化部，依行政院同年9月15日院臺規字第1060030976號公告發布第5、6條所列屬「蒙藏委員會」之權責事項，自民國106年9月15日起改由「文化部」管轄。是則依該條例任用之人員依法退離後，該條例亦將廢止。

而臺灣地區省（市）營事業機構人員原適用「臺灣地區省（市）營事業機構人員遴用暫行辦法」及「臺灣地區省（市）營事業機構人員考核暫行辦法」、「臺灣地區省（市）營事業機構人員薪給暫行辦法」，於民國87年12月21日，臺灣省政府功能業務與組織調整（俗稱「精省」或「凍省」）後，均暫停適用；原屬省營事業則分別劃歸中央有關部會管理接辦，或前後相繼公司化或民營化。直轄市營事業，如原適用該遴用暫行辦法之臺北市自來水事業處，臺北市政府亦另定有「臺北市政府所屬臺北自來水事業處人事管理暫行辦法」（98.9.17.府法三字第09835960600號函發布），以資適用，內容幾乎就原辦法再參酌公務人員任用、升遷、考績等法律釐定進用、升遷、考核等事項，其未規定事項，準用公務員及勞工相關法令規定辦理。職務分為第一職等至第十六職等，以第十六職等為最高職等；必要時，一職務得列二個至三個職等。職員之進用雖應經公開甄選，但其用人並非完全考試用人，亦得以學歷進用。工員以進用為最高職務列等第五職等以下職務為限。至於其薪給則另定有用人費職員薪給表，但經查「臺灣地區省（市）營事業機構人員薪給暫行辦法」之未廢止，似仍繼續適用於領月退休人員。民國106年3月2日，臺灣省政府發布廢止「臺灣地區省市營事業機構人員遴用暫行辦法」（府財法字第10617000260號令）。是以，公營事業之人事制度情形特殊而紛雜，本書刪除原列臺灣地區省市營事業機構人員有關進用、薪級、考核之「節」及其內容，亦不擬作進一步之討論。

四、特種人員任用制度之特徵

合併各種特種人員任用制度來看，特種人員任用制度，雖然各有其個別特徵；但綜合言之，仍有其共同之特徵，本書原著者認為比較重要的有四項分述如下：

(一) 法據不一：每一特種人員的任用制度（或人事制度）都各有其本身特有的法律為依據，而其法源亦先後納入「公務人員任用法」中。

(二) 主管分殊：各特種任用制度的主管機關，多數不是銓敘主管機關的銓敘部，而都依其業務屬性，另各有其個別的主管機關。

(三) 制度多軌：現行各該特種人員任用制度的基本結構，所採用的人事分類制度，相互間也各不相同。有的與公務人員相同，仍採官職併立分類制度者，計有司法、主計、政風、審計、教育人員中的公立學校職員，以及駐外外交領事等共六種人員；在此六種人員之外，警察人員所採為「官職分立制」；交通事業人員所採為「資位職務分立制」。關務人員昔以行政規章規定其任用制度時期，原也採行資位職務分立制，但自從民國80年施行「關務人員人事條例」後，所採人事分類制度則有所變更，而係一種綜合公務人員官職併立制與原資位職務分立制這兩種制度合併的制度，可稱為「官稱職務分立制」；警察人員所採行的官職分立制度精神與交通事業的資位職務分立制相近；「法官法」所規定之法官人事制度，則可稱為「職稱職務制」；「醫事人員人事條例」所規定之人事制度，則可謂為「級別職務制」；教育人員的人事制度最早本與公務人員相同，適用簡薦委制度，後來教育人員脫離出去，把簡薦委三個官等省去，但留下官等之下的三十六個俸級，實質與簡薦委制相去不遠。由於教師有依十個條件自教授以至講師四個等級之區分，所以仍為品位制。而後於民國83年7月修正「教育人員任用條例」第21條，才規定公立學校職員之有任用資格者，適用「公務人員任用法」及「技術人員任用條例」，並且送請銓敘部辦理銓敘審查；但以外之全部教師以及不具公務人員任用資格之職員，仍然適用其三十六個俸級的教育人員人事制度。

(四) 內容各異：各特種人事制度之實質內容，各不相同，主要在於任用、俸（薪）給、考績、退撫等事項之不同於公務人員之各該法律內容，或附加特別條件，或從寬或從嚴之規定。其情如次：

1. 任用條件不同：如「法官法」，對於法官（檢察官）之遴用，除考試用人外，尚有律師、法學教授轉任（法官5），可謂多元進用管道。醫事人員之遴用，係依其所取得之「醫事專門職業證書」（醫事4）為任用資格之憑據，予以進用。交通事業人員、警察人員、關務人員三者之人事制度相近，除考試進用人員外，其升任亦有不同之規定。至於主計人員、審計人員、司法人員、政風人員其進用雖以考試用人為基礎，但其升任亦各有不同之附加學經歷之積極條件。

2. 任用程序不同：行「一條鞭制」之主計人員、審計人員、政風人員、警察人員之升遷任免由其最高主管機關行政院主計總處、審計部、法務部廉政署、內政部警政署行之。

3. 內容繁簡不同：

(1) 有綜合立法者：如「法官法」、「司法人員人事條例」、「警察人員人事條例」、「關務人員人事條例」，將人員之進用、俸（薪）給、考績、退撫等特別事項，容於一法中規定，其未規定事項則適用有關之公務人員法律之規定。

(2) 有選項立法者：如「交通事業人員任用條例」，雖名為以任用立法，但其內容亦包含敘薪（交通11、11之1）事項；醫事人員人事條例內容則包含任用、俸給、考績，而不及於退撫；審計人員任用條例則為職務之任用資格條件；主計人員任用條例則為職等職務之任用資格條件。其未規定事項則適用有關之公務人員法律之規定。

五、特種人員任用之特殊規定

本節所舉述的十一種（教育人員以一種計，公營事業人員不作敘述）特種任用人員，各有其不同的任用資格規定。但綜合看來，較之「公務人員任用法」的規定，有下列兩點不同之處：

(一) 積極任用資格的不同：特種任用人員任用的積極資格，較之公務人員任用的積極資格，或多或少定有增加的條件。結果是進用新人較爲嚴格，其目的顯然在求保持其人員的純淨。

(二) 任用程序的不同：特種任用人員在任用程序上，常將人員任使甚至遷調考核考績等權力，經以各別不同之特定程序規定，以不同的程度集中於各該主管機關之手。

六、特種人員任用之基本條件

對於特種人員任用所必需具備的基本條件，除警察人員之對年齡和體格條件有特別規定外，其他各種有關法律對人員應具的基本條件，基本上仍依公務人員規定辦理。綜合各種特種人員任用法規，其基本條件如下：

(一) 國籍：中華民國國民（考試7，國籍10，任用28，任用細3）。

(二) 年齡：對部分人員分別有不同之年齡規定（如警察，警人10），或有如公務人員任用之並無明文規定。

(三) 學識、才能、經驗：應與擬任職務之種類職責相當（任用4，任用細3）。

(四) 體格：需經健康檢查合格，符合各別規定。

(五) 品德、忠誠：應經查核合格（任用4Ⅰ，任用細3）。

(六) 領導能力：主管職務人員並應具有領導能力（任用4Ⅰ）。

上述六項條件，與本書第十一章所述一般公務人員任用所應具的基本條件項目相同；但所要求之標準則不盡相同，且在實際適用時，所需有關年齡與體格兩者的具體規定，則配合各種人員實際需要，而有下述不同的規定。此外，教師之聘用不受國籍之限制（國籍20）。

(一) 年齡方面：部分特種人員所要求的年齡，與一般公務人員不同。例如；初任警察官的年齡，警佐不得超過四十歲，警正不得超過四十五歲，警監不得超過五十歲（警人10）。又如：我國其他人員都有限齡退休的規定，但司法官則明定爲終身職（憲81）。

(二) 體格方面：部分特種人員的體格檢查標準也有特別規定。例如：警察人員，雖然在其任用法律中並未有特別規定，但現行「公務人員特種考試警察人員考試規則」第7、8條則明定應有體格檢查。所定體格檢查標準，無論在身高、視力、聽力等方面，都有較高的要求。又如：「公務人員特種考試外交領事人員考試規則」第6條，也同樣有特別規定。

類如上述這些特別要求，都是爲了適應各該特種任用人員的工作特性及任務需要而作規定，這也是最初考慮設置特種考試的理由之一。

第二節　司法、政風人員任用制度

司法人員與政風人員一般泛指在司法院及其所屬各級（種）法院、公務員懲戒委員會，以及法務部與其所屬各級檢察署、監所、矯正機關、廉政署及調查局等機關任職之公務人員。原來基本上均適用「官職併立」的人事制度，但在人事管理上另有其特殊之指揮監督體系，也在「公務人員任用法」所定任用資格之外，另增定其任用資格條件。民國101年7月6日，「法官法」施行後，法官另建立一套新的屬於「品位制」之人事制度，不再適用公務人員「官職併立」之人事制度，幾乎人人可依年資與職務評定，晉升至最高俸級。本節所述之特種人員及之後所述之特種人員的銓敘審查作業，均歸銓敘部特審司辦理。

一、司法人員任用制度

司法人員、法務部所屬之法務人員是公務人員之一種，原先適用「簡薦委（品位）制」之公務人員人事制度。民國76年1月16日「簡薦委制」與「分類職位制」合一的「官職併立」新公務人員人事制度施行，司法人員亦適用之；其任用之基本資格條件，仍然依新制「公務人員任用法」之規定，但在「法院組織法」中，則仍依其審級與業務性質定有各該人員任用之特別資格條件。民國78年12月22日公布修正「法院組織法」及公布制定「司法人員人事條例」，將組織與人事分開立法、併同適用，但仍不脫新制公務人員法律之制度架構或其規範。

約於此時，司法院參酌外國法官人事制度，著手研擬「法官法」，以建立一套有別於公務人員「指揮監督」之法官人事制度。蓋法官職司獨立審判、檢察官職司起訴，掌人民之生殺、罪刑、榮辱與得失之大權，判是非之所在、斷財產之歸屬、決親屬關係之究竟，其結果無一不涉及社會秩序、人間正義、生命財產以及公共安全，權大責重，非愼重掄選，不足以確保其任務之圓滿達成。因此古今中外，對於法官無不有較縝密之養成程序與較嚴格之遴用標準。遞至民國100年7月6日經總統公布制定「法官法」，完成立法，於一年後施行，法官、檢察官自此始有自己獨立使用之人事制度，也從此脫離適用公務人員「官職併立」之司法人員人事制度。新建立之法官人事制度，雖採多元管道進用，但基本上仍是以學歷、經歷爲主，並配合考試進用，有如交通事業人員之「資位職務分立制」，似可歸爲「品位制」之屬，這是我國最年輕的人事制度。至於其他司法、法務人員仍維持適用公務人員「官職併立」之人事制度。

司法、法務人員任用制度之特色，除依各該人員之考試及格所據之資格予以任用外，在其所適用之「司法行政」職系中，另有搭配學歷經歷條件予以任用，雖以法律位階，並以特別法優於普通法之型態予以規定，但基本上與任用法所規定之用人原理原則並無矛盾之處。

二、法官檢察官任用制度

(一) 立法過程

職司平亭曲直審判職務之人員，憲法第80、81條稱之爲「法官」，爲國家公務人員（憲80、81）。早年依「法院組織法」稱爲「推事」，其任用，依「法院組織法」與「公務人員任用法」行之。民國78年12月22日修正公布「法院組織法」及制定公布「司法人員人事條例」，始更（正）名爲「法官」，仍繼續適用民國76年「公務人員任用法」所建立之「官職併立」人事制度，有官等、職等、職系，亦有「公務人員俸給法」、「公務人員考績法」等之適用。

「法官法」之研擬，幾乎與「司法人員人事條例」之研擬同時，甚或更早。民國77年1月司法院即已擬具「法官法草案初稿」，並組成研議小組，完成「法官法草案」，於民國88年12月1日經由第四屆立法委員提案，惜於該會期未能完成審查。經再研討修正，會銜行政、考試兩院，於民國96年4月2日函請立法院審議，雖於司法、法制委員會完成審查，交由黨團協商，然卻未能形成共識，於立法院第六屆仍未能完成立法。民國97年間，立法院第七屆第一會期，立法委員陸續各自提出「法官法草案」、「司法官法草案」等各種版本。司法院再組研議小組檢討修正，於民國99年9月16日會銜行政、考試兩院，函送立法院審議，民國100年1月5日完成審查，5月5日完成黨團協商，終在6月14日三讀通過，全文一百零三條，經總統於7月6日公布，並大部分條文自101年7月6日施行。

其間值得一提的是「法官法」經過二十多年的研擬，各方爭議甚多，何以在此一時能迅速通過、完成立法？耐人尋味。原來民國100年初，南部爆發某法官對兒童性侵案的判決，社會輿論譁然，造成「白玫瑰運動」，婦女團體走上街頭，稱類此判決之法官爲「恐龍法官」。無獨有偶，隨之爆發多起法官涉貪、關說，再成社會輿論之焦點，終促成立法院快速通過，足見「司法」有急待改善之處，而法官即爲司法審判之中（重）心，自然寄望於「法官法」能帶頭改善多年來司法之沉痾。

然而當「法官法」通過之後，媒體就其內容，對於「法官依據法律獨立審判」予以適當之「職務監督」，建立「法官評鑑」與「職務法庭」，維護法官之審判職能，亦給予「退場機制」，媒體之報導亦屬肯定。但對於法官之人事事項在俸給與退養上給予優渥的待遇，卻有名之爲「法官福利法」者。施行伊始，成效若何？仍有待觀察。

民國69年6月30日「審檢分隸」之前，地方法院及高等法院（即一、二審法院）隸屬於司法行政部（即法務部前身），僅最高法院、行政法院及公務員懲戒委員會隸屬於司法院。同年7月1日地方法院與高等法院改隸司法院，檢察系統仍隸屬於法務部。

「檢察官」是檢察系統之重心，代表國家依法追訴、處罰犯罪，爲維護社會秩序之公益代表人，依「刑事訴訟法」行使「偵察」、「訴追」、「執行」（釋392）爲法庭上「依法論訴」之人員（另尚有律師）。歷來均將「法官」、「檢察官」合稱爲「司法官」，「司法人員人事條例」（第3條）更進而確定之。尤其是兩者之來源，均由同一「司法官特考」考選，同一訓練，而後分發法院或檢察機關辦事。檢察官雖非憲法第80、81條之法官，但實任檢察官之保障與法官相同（釋13），因此在「法官法」研擬過程中，是否另定檢察官法，或兩者併列一法，如同「司法人員人事條例」，社會各方均有斟酌，最後仍於「法官法」中另立專章規定檢察官有關職務之執行以及其人事事項，唯人事事項多所「準用」法官之規定，同等對待。

(二) 制度內容

法官職司審判平亭曲直，涉及當事人的權益甚大，對於社會的影響也是巨大而無形。但法官是「人」，而不是「神」，人有人性，自有人性的優點與弱點，如何揚優抑弱，做好法官的「人性管理」，並與其職務之本質相搭配，以社會的「公認」與「公信」，來建立應有的法官制度，確保人民接受公正審判之權利，應該是「法官法」之重點。因「法官法」條文甚多且細膩，本文僅述其人事制度之大要，繁文縟節之處，則不予贅述。

1. 法官定義範圍（法官2）：

(1) 司法院大法官（釋470、541、601）。

(2) 公務人員懲戒委員會委員（釋162）。

(3) 各法院法官。

但實任檢察官之保障與實任法官相同（釋13），是以，法官法內設有專章規定「檢察官」事項。

2. 法官關係之釐定：

法官是憲法上的公務人員，基本上和公務人員與國家之關係皆為「公法上職務關係」（釋396、430、433、618），但法官行使審判權，因受憲法直接規範與特別保障（憲80、81，釋162），只依據法律獨立審判，不受任何干涉，與一般公務員除依法行政外，尚處於階級服從之指令關係，顯有不同；因此，將其與國家之關係定為「法官特別任用關係」（法官1 II），藉此來保障法官的身分，維護審判獨立之精神，以確保人民接受公正審判之權利。是以，其人事事項，亦本於此而建構，其制度內容約為：

(1) 法官不設官職等級（法官71）：

法官不列官等職等。另定有別於公務人員俸級表之「法官俸表」，依年資晉級。

(2) 以職務評定代替考績（法官73）：

評定項目包括：學識能力、品德操守、敬業精神及裁判品質，結果分為「良好」、「未達良好」，以作為晉級之依據，並為人事作業之參考。

(3) 保障法官職務身分（憲81，法官42至46）：

實任法官非受刑事或懲戒處分，或禁治產宣告（民法第14條已修正為「監護之宣告」），不得免職、停職或轉任法官以外職務，以及地區或審級調動。

(4) 建構職務法庭（法官47至70）：

專責處理法官之懲戒、職務處分及職務監督之救濟等，兼具懲戒法院與救濟法院之功能。

(5) 優遇退養（法官77至80）：

法官終身職（憲81），雖有終身任職之權利，但亦有終身審判之義務，然而年老氣衰，職司審判是否影響人民訴訟權益，應值慎思。雖不適用命令退休，但具有命令退休條件，非不得自願退休（退撫16），是以，在其一定年齡或條件，為鼓勵其自願退休，則明定再給予「退養金」，或停止其審判辦案，從事研究者，支領俸給總額之三分之二（法官77、78）。

有關法官、檢察官人事事項於「法官法」上之規定，絕大部分相同，將依序於各有關章節中論述，茲先述其「任用」。

(三) 任用程序

1. 多元進用（法官5、87）：

人才之來源，就國家（整體）而言，重在「進用管道」，引進人才、拔擢人才，就個人（案）而言，是「資格條件」，兩者是同義之「一體兩面」。法官之進用與公務人員之進用一般而言，有「積極資格」與「消極資格」，「法官法」第5

條對各級（種）法院法官之積極任資格有詳細規定，從之，亦得瞭解其進用管道之多元化。茲約略歸納其管道如次：

(1) 積極資格：

高等法院以下各法院之法官，應就具有下列資格之一者任用之（法官5）：

①進用經國家考試及格者：經法官、檢察官考試及格者，以任用於地方法院法官爲限。

②進用具訴訟實務經驗者：

A.曾任實任法官、檢察官者。

B.曾實際執行律師業務三年以上，且具擬任職務任用資格。但以任用於地方法院法官爲限。

C.曾任公設辯護人六年以上者。

D.曾實際執行律師業務六年以上，具擬任職務任用資格。

③遴用學者及研究人員：任大學之教授、副教授、助理教授一定年限（六年、八年、十年以上）講授主要法律科目一定年限（二年、五年）或任中央研究院研究員、副研究員、助研究員八年以上，有專門著作，並具擬任職務任用資格者。

④遴用簡任之法務人員：法律、政治、行政學系或其研究所畢業，曾任簡任公務人員辦理機關之訴願或法制業務十年以上，有憲法或行政法之專門著作者，得任高等行政法院法官。

⑤曾任大法官、副教授、助理教授及中央研究院研究員、副研究員、助研究員等，未具擬任最高法院法官、最高行政法院法官及公務員懲戒委員會委員資格，除法律另有規定外，仍以參加考試院舉辦之遴任資格考試，以取得遴用資格，俾備司法院遴選任用。

(2) 消極資格：

至於不得任用爲法官、檢察官之「消極資格」，依「法官法」第6、89條規定者有：

①依「公務人員任用法」（第28條）之規定，不得任用爲公務人員。

②因故意犯罪，受有期徒刑以上刑之宣告確定，有損法官職位之尊嚴。

③曾任公務員，依「公務員懲戒法」或相關法規之規定，受撤職以上處分確定。

④曾任公務員，依「公務人員考績法」或相關法規之規定，受免職處分確定。但因監護宣告受免職處分，經撤銷監護宣告者，不在此限。

⑤受破產宣告，尚未復權。

⑥曾任民選公職人員離職後未滿三年。但法令另有規定者，不在此限。

2. 候補試署（法官9、88）：

現初任公務人員長久以來均「先予試用」（早期爲一年，現在爲六個月），「試用」是進入狀況的適應期，試用期滿成績合格，則予以實授。

法官之任用，也須經一段適應期，但其不稱試用而稱「候補」及「試署」兩階段。經司法官考試及格人員，經過一段時間之受訓（受遴選者應經研習），分發法院辦案者，稱之爲「候補法官」，候補期間五年，期滿經司法院組成審查委員會審查其書類及格者，予以試署，是爲「試署法官」，試署期滿經該審查委員會審查書類及格，予以實授，即爲「實任法官」。此程序即是任用程序，亦是銓敘審查程序。

試署之年限各依其進用之資格條件之不同而爲一年或二年（法官9Ⅰ、Ⅱ）。

法官職司審判，關係人民之權利義務，影響社會生活之大，更難以形容，是以必具備優良的「操守、能力、身心狀況、敬業精神、專長及志願」（法官9Ⅶ）方能適任。質言之，既要有優良的品德、操守、學識能力及生活經驗，尤其是生活經驗。有謂優秀的法律系所學生，畢業即考上司法官特考，經受訓、分發法院辦案，因處世經驗不足，斷案有遭物議者，謂之「奶嘴法官」、「娃娃法官」，此現象實非所宜，是以，「法官法」始有多元進用管道之設。又立法院三讀通過「法官法」時，並附帶決議：「法官法施行屆滿十年起，依考試進用之法官，占當年度需用法官總人數之比例，應降至百分之二十以下。」顯見，將來法官之進用，當以「學驗豐富」者爲主。

3. 呈請任命（法官12、89，法官細13）：

法官之任用，經銓敘部銓敘審定合格者，即由銓敘部呈請總統任命。其情形係指：初任法官（候補）、試署法官改派實任法官、回任或再任法官、兼任庭長、兼任院長或調任院長等職務。

4. 遷調轉任（法官10、44）：

法官之遷調改任，應本於法官自治精神辦理，其資格程序、在職研習及調派辦事等有關辦法，由司法院會同考試院定之；但各法院庭長之遴任，其資格、程序等有關事項之辦法，由司法院定之。此特別要敘明者爲：法院之院長、庭長均係法院行政職，均係由法官兼任，因院長其對外代表法院，對內綜理法院行政事務，庭長職司審判行政事項之安排等，是以其人選不得不慎，因此，「法官法」第11條規定期任期三年，得連任一次，必要時得再延任一次（參釋539）。至於其調任、連任、延任、免兼等有關事項之辦法，則由司法院訂之。

實任法官依法律規定或經其本人同意，得轉任法官以外之職務（憲81，法官44），以借重其學識經驗，支援審判，使審判業務順暢，穩健進行。例如：轉任司法院廳長，職司訴訟法律之修正；或轉任法官學院之司法行政（研習）職務，增進審判理論與實務的結合。但其期間不宜過久，以免疏於審判。

(四) 資格條款

各審級法院或檢察署之院長、檢察長、法官、檢察官之遴用或任用資格，或各類專業法院之院長、法官，其任用資格或條件，原則上係基於「法官法」第5條及第87條之規定，但其組織法律或專業法律有特別規定者，優先適用；如其均未規定，則在「司法人員人事條例」未配合「法官法」修正前，仍適用「司法人員人事條例」上有關資格之規定，例如：

1. 司法首長：

(1) 地方法院及其分院院長、地方檢察署及其分署檢察長，應就具有高等法院或其分院法官、高等檢察署或其分署檢察官及擬任職等任用資格，並有領導才能者遴任之（司人13）。

(2) 高等法院及其分院院長、高等檢察署或其分署檢察長，應就具有最高法院法官、最高檢察署檢察官資格，並有領導才能者遴任之（司人14）。

(3) 最高法院院長、最高檢察署檢察總長（任期四年，不得連任），特任，應就具左列資格之一，並有領導才能者遴任之（司人16，法組50、66）：

①曾任司法院大法官、最高法院院長、最高檢察署檢察總長、行政法院院長或公務員懲戒委員會委員長者。

②曾任最高法院法官、最高檢察署檢察官、高等法院院長或高等檢察署檢察長合計五年以上者。

③曾任簡任法官、檢察官十年以上，或任簡任法官、檢察官並任司法行政人員合計十年以上者。

(4) 公務員懲戒委員會委員長，特任，應具有下列資格之一（公懲組2、3）：

①曾任司法院大法官、最高法院院長、最高行政法院院長、公務員懲戒委員會委員長或最高檢察署檢察總長者。

②曾任最高法院法官、行政法院評事、最高行政法院法官、公務員懲戒委員會委員、最高檢察署檢察官、高等法院院長、高等行政法院院長、智慧財產法院院長或高等檢察署檢察長合計五年以上者。

③曾任實任法官、實任檢察官十七年以上；或任實任法官、實任檢察官，並任司法行政人員合計十七年以上者。

(5) 最高行政法院院長，特任，應就具有下列資格之一，並有領導才能者遴任之（行法組13）：

①曾任司法院大法官、最高行政法院院長、最高法院院長、最高檢察署檢察

總長或公務員懲戒委員會委員長。

②曾任行政法院評事、最高行政法院法官、最高法院法官、最高檢察署檢察官、高等行政法院院長、高等法院院長或高等檢察署檢察長合計五年以上者。

③曾任行政法院簡任評事或法官、簡任司法官十年以上，或任行政法院簡任法官、簡任司法官並任簡任司法行政人員合計十年以上者。

2. 法官、檢察官：

(1) 高等法院以下各法院之法官，應就具有下列資格之一者任用之（法官5Ⅰ）：

①經法官、檢察官考試及格，或曾實際執行律師業務三年以上且具擬任職務任用資格。但以任用於地方法院法官爲限。

②曾任實任法官。

③曾任實任檢察官。

④曾任公設辯護人六年以上。

⑤曾實際執行律師業務六年以上，具擬任職務任用資格。

⑥公立或經立案之私立大學、獨立學院法律學系或其研究所畢業，曾任教育部審定合格之大學或獨立學院專任教授、副教授或助理教授合計六年以上，講授主要法律科目二年以上，有法律專門著作，具擬任職務任用資格。

(2) 高等行政法院法官之任用資格原規定於「行政法院組織法」第17條，惟民國100年7月6日「法官法」公布後，則依「法官法」第5條之規定，民國100年11月23日公布修正之「行政法院組織法」第17條並未配合修正，實務上依新「法官法」第5條第2項之規定任用：

①曾任實任法官。

②曾任實任檢察官。

③曾任法官、檢察官職務並任公務人員合計八年以上。

④曾實際執行行政訴訟律師業務八年以上，具擬任職務任用資格。

⑤公立或經立案之私立大學、獨立學院法律、政治、行政學系或其研究所畢業，曾任教育部審定合格之大學或獨立學院專任教授、副教授或助理教授合計八年以上，講授憲法、行政法、商標法、專利法、租稅法、土地法、公平交易法、政府採購法或其他行政法課程五年以上，有上述相關之專門著作，具擬任職務任用資格。

⑥公立或經立案之私立大學、獨立學院法律、政治、行政學系或其研究所畢業，曾任中央研究院研究員、副研究員或助研究員合計八年以上，有憲法、行政法之專門著作，具擬任職務任用資格。

⑦公立或經立案之私立大學、獨立學院法律、政治、行政學系或其研究所畢業，曾任簡任公務人員，辦理機關之訴願或法制業務十年以上，有憲法、行政法之專門著作。

(3) 最高法院、最高行政法院之法官及公務員懲戒委員會之委員，除法律另有規定外，應就具有下列資格之一者任用之（法官5III）：

①曾任司法院大法官，具擬任職務任用資格。

②曾任公務員懲戒委員會委員。

③曾任實任法官十二年以上。

④曾任實任檢察官十二年以上。

⑤曾實際執行律師業務十八年以上，具擬任職務任用資格。

⑥公立或經立案之私立大學、獨立學院法律學系或其研究所畢業，曾任教育部審定合格之大學或獨立學院專任教授十年以上，講授主要法律科目五年以上，有法律專門著作，具擬任職務任用資格。

但民國100年11月23日公布修正之「行政法院組織法」第18條仍有規定，最高行政法院法官，應就具有下列資格之一，經遴選或甄試審查訓練合格者任用之：

①曾任行政法院評事或最高行政法院法官者。

②曾任最高法院法官、最高檢察署檢察官、高等行政法院法官、智慧財產法院或其分院法官、高等法院或其分院法官、高等檢察署或其分署檢察官四年以上，成績優良，具有簡任職任用資格者。

③曾任高等行政法院法官、智慧財產法院或其分院法官、高等法院或其分院法官、高等檢察署或其分署檢察官，並任地方法院或其分院兼任院長之法官、地方檢察署或其分署檢察長合計四年以上，成績優良，具有簡任職任用資格者。

④曾任教育部審定合格之大學或獨立學院之教授，講授憲法、行政法、租稅法、商標法、專利法、土地法、公平交易法、政府採購法或其他主要行政法課程五年以上，具有簡任職任用資格者。

⑤曾任中央研究院研究員五年以上，有憲法、行政法之專門著作，並具有簡任職任用資格者。

⑥曾在公立或經立案之私立大學、獨立學院法律、政治、行政學系或其研究所畢業，任簡任公務人員任內辦理機關之訴願或法制業務六年以上者。

⑦經律師考試及格，並有執行行政訴訟律師業務經驗十二年以上，具有簡任職任用資格者。

從上述兩種法律所規定之最高行政法院法官之任用資格觀之，兩者有所競合，似乎組織法上的規定細膩而較嚴，「法官法」上的規定較爲寬鬆。茲實務上之運用係採「法官法」之規定。

(4) **智慧財產法院法官**，應就具有下列資格之一者任用之（107.6.13.智財法組13）：

①曾任智慧財產法院法官。

②曾任實任法官或實任檢察官。

③曾任法官、檢察官職務並任薦任以上公務人員合計八年以上。

④曾實際執行智慧財產訴訟律師業務八年以上，具擬任職務任用資格。

⑤公立或經立案之私立大學、獨立學院法律、政治、行政學系或其研究所畢業，曾任教育部審定合格之大學或獨立學院專任教授、副教授或助理教授合計八年以上，講授智慧財產權類之相關法律課程五年以上，有上述相關之專門著作，具擬任職務任用資格。

⑥公立或經立案之私立大學、獨立學院法律、政治、行政學系或其研究所畢業，曾任中央研究院特聘研究員、研究員、副研究員、助研究員合計八年以上，有智慧財產權類之相關法律專門著作，具擬任職務任用資格。

⑦公立或經立案之私立大學、獨立學院法律、政治、行政學系或其研究所畢業，曾任簡任公務人員，辦理有關智慧財產之審查、訴願或法制業務合計十年以上，有智慧財產權類之相關法律專門著作。

上述第2款、第3款之人員，其改任資格、程序、在職研習及調派辦事等事項，適用法官法第10條第1項規定由司法院會同考試院訂定之法官遷調改任辦法（107.3.29.）；第4款至第7款之人員，其遴選程序、法官年齡限制及研習等事項，適用法官法第8條第2項、第3項由司法院訂定之法官遴選辦法（106.11.17.）、遴選法官職前研習辦法（107.7.26.）。

三、其他司法、法務人員之任用資格

所謂「其他司法、法務人員」，係指在各級普通法院、各級檢察署、各級行政法院、公務員懲戒委員會、各專業法院任職之書記官、書記官長、司法事務官、檢察事務官、觀護人、公證人、公證佐理員、提存佐理員、登記佐理員、法醫師、檢驗員、通譯、執達員、法警，以及智慧財產法院之技術審查官、少年及家事法院之少年調查官、少年保護官、家事調查官、心理測驗員、心理輔導員及佐理員，甚至於法務部行政執行署之行政執行官、少年輔育院院長及其職員、少年觀護所所長其職員、矯正署所屬各少年矯正學校、戒治所、技能訓練所、看守所、監獄之首長及其職員（或教誨師、訓練師）。其仍適用現行「官職併立」之人事制度，任用資格基本上係以「考試」取得各該職系任用資格爲主，或再附加較嚴格之學歷、經歷、訓練進修爲條件，予以遴選任用，如係首長或主管人員，則必具領導能力。雖然其以「特別法優於普通法」作爲規定，但仍與「現職公務人員調任辦法」所定之「職系專長認定」（調任5至8）原理相通，並無矛盾之處。茲就其重要者，分述如下：

1. 書記官：

(1) 委任書記官，應就具有左列資格之一者任用之（司人18）：

①經普通考試法院書記官考試及格者。

②經委任職法院書記官升等考試及格者。

③曾任委任法院書記官，經銓敘合格者。

④曾任委任司法行政人員，經銓敘合格者。

⑤曾在公立或經立案之私立專科以上學校法律或其他相關科、系畢業，並具有委任職任用資格者。

(2) 薦任書記官，應就具有左列資格之一者任用之（司人19）：

①經薦任職法院書記官升等考試及格者。

②曾任薦任法院書記官、書記官長，經銓敘合格者。

③曾任薦任司法行政人員，經銓敘合格者。

④曾任委任法院書記官三年以上，成績優良，並具有薦任職任用資格者。

⑤曾在公立或經立案之私立大學、獨立學院法律或其他相關學系、研究所畢業，並具有薦任職任用資格者。

2. 司法事務官：

應就具有擬任職務任用資格及左列資格之一者任用之（司人20之1）：

(1) 經公務人員高等考試或公務人員特種考試司法人員考試相當等級之司法事務官考試及格。

(2) 具有法官、檢察官、公設辯護人、行政執行官任用資格。

(3) 曾任司法事務官、檢察事務官，經銓敘合格。

(4) 經律師考試及格，並執行律師職務三年以上，成績優良。

(5) 曾任法院公證人、提存所主任、登記處主任、法院或檢察署書記官長，經銓敘合格。

(6) 曾在公立或經立案之私立大學、獨立學院法律學系或法律研究所畢業，並任司法行政人員、法院或檢察署書記官辦理紀錄、執行五年以上，成績優良。

(7) 曾在公立或經立案之私立大學、獨立學院法律學系或法律研究所畢業，現任或曾任各級行政機關法制工作五年以上，成績優良。

3. 檢察事務官：

應就具有下列資格之一者任用之（法組66之4）：

(1) 經公務人員高等考試或司法人員特種考試相當等級之檢察事務官考試及格者。

(2) 經律師考試及格，並具有薦任職任用資格者。

(3) 曾任警察官或法務部調查局調查人員三年以上，成績優良，並具有薦任職任用資格者。

(4) 具有公立或經立案之私立大學、獨立學院以上學歷，曾任法院或檢察署書記官，辦理民刑事紀錄三年以上，成績優良，具有薦任職任用資格者。

4. 觀護人：

應就具有左列資格之一者任用之（司人21）：

(1) 經高等考試觀護人考試及格者。

(2) 具有法官、檢察官任用資格者。

(3) 曾任觀護人，經銓敘合格者。

(4) 曾在公立或經立案之私立大學、獨立學院觀護、社會、心理、教育、法律或其他與觀護業務相關學系、研究所畢業，具有薦任職任用資格者。

5. 公證人：

應就具有左列資格之一者任用之（司人23Ⅰ）：

(1) 經高等考試公證人考試或法制人員考試及格者。

(2) 具有法官、檢察官任用資格者。

(3) 曾任公證人、提存所主任、登記處主任，經銓敘合格者。

(4) 經律師考試及格，並執行律師職務成績優良，具有薦任職任用資格者。

(5) 曾在公立或經立案之私立大學、獨立學院法律學系或法律研究所畢業，並任司法行政人員、法院書記官辦理民刑事紀錄或公證佐理員、提存佐理員、登記佐理員三年以上，成績優良，具有薦任職任用資格者。

(6) 曾任司法行政人員、法院書記官辦理民刑事紀錄或公證佐理員、提存佐理員、登記佐理員五年以上，成績優良，具有薦任職任用資格者。

6. 提存所主任、登記處主任：

應就具有左列資格之一者遴任之（司人23Ⅱ）：

(1) 具有法官、檢察官任用資格者。

(2) 曾任公證人、提存所主任、登記處主任，經銓敘合格者。

(3) 經律師考試及格，並執行律師職務成績優良，具有薦任職任用資格者。

(4) 曾在公立或經立案之私立大學、獨立學院法律學系或法律研究所畢業，並任司法行政人員、法院書記官辦理民刑事紀錄或公證佐理員、提存佐理員、登記佐理員三年以上，成績優良，具有薦任職任用資格者。

(5) 曾任司法行政人員、法院書記官辦理民刑事紀錄或公證佐理員、提存佐理員、登記佐理員五年以上，成績優良，具有薦任職任用資格者。

7. 公設辯護人：

(1) 地方法院及其分院公設辯護人應就具有左列資格之一者任用之（公辯7）：

①經公設辯護人考試及格者。

②具有地方法院或其分院法官，地方檢察署或其分署檢察官任用資格者。

③經律師考試及格，並執行律師職務三年以上，成績優良，具有薦任職任用資格者。

④經軍法官考試及格，並擔任相當薦任職軍法官四年以上，成績優良者。

(2) 高等法院及其分院公設辯護人，應就曾任地方法院或其分院主任公設辯護人二年以上或公設辯護人七年以上，成績優良者遴任之（公辯8II）。

8. 智慧財產法院技術審查官：

應就具有下列資格之一，並有擬任職務任用資格者任用之（智財法組16）：

(1) 擔任專利審查官或商標審查官合計三年以上，成績優良並具證明者；或經公立或立案之私立大學、獨立學院研究所或經教育部承認之外國大學、獨立學院研究所畢業，具相關系所碩士以上學位，擔任專利或商標審查官或助理審查官合計六年以上，成績優良並具證明者；或公立或立案之私立專科以上學校，或經教育部承認之國外專科以上學校相關系科畢業，擔任專利或商標審查官或助理審查官合計八年以上，成績優良並具證明者。

(2) 現任或曾任公立或立案之私立大學、獨立學院相關系所講師六年以上，助理教授、副教授、教授合計三年以上，或公、私立專業研究機構研究人員六年以上，有智慧財產權類專門著作並具證明者。

9. 少年及家事法院官員：

(1) 少年調查官、少年保護官應就具有下列資格之一者任用之（少家法組21）：

①經公務人員高等考試或公務人員特種考試司法人員考試相當等級之少年調查官、少年保護官、觀護人考試及格。

②具有法官、檢察官任用資格。

③曾任少年調查官、少年保護官、家事調查官、觀護人，經銓敘合格。

④曾在公立或經立案之私立大學、獨立學院社會、社會工作、心理、教育、輔導、法律、犯罪防治、青少年兒童福利或其他與少年調查保護業務相關學系、研究所畢業，具有薦任職任用資格。

(2) 家事調查官應就具有下列資格之一者任用之（少家法組22）：

①經公務人員高等考試或公務人員特種考試司法人員考試相當等級之家事調查官考試及格。

②具有法官、檢察官任用資格。

③曾任家事調查官、少年調查官、少年保護官、觀護人，經銓敘合格。

④曾在公立或經立案之私立大學、獨立學院社會、社會工作、心理、教育、輔導、法律、犯罪防治、青少年兒童福利或其他與家事調查業務相關學系、研究所畢業，具有薦任職任用資格。

(3) 心理測驗員、心理輔導員應就具有下列資格之一者任用之（少家法組24）：

①經公務人員高等考試或公務人員特種考試司法人員考試相當等級之心理測驗員、心理輔導員考試及格。

②曾在公立或經立案之私立大學、獨立學院心理、社會、社會工作、教育、輔導或其他與心理測驗或輔導業務相關學系、研究所畢業，具有薦任職任用資格。

四、政風人員任用制度

政風人員的設置，始於民國81年7月1日總統公布制定「政風機構人員設置條例」全文十四條之施行。乃係配合臺灣政治民主化進展，廢除原有之「人(二)單位」（人事查核單位）後所出現之機關單位。民國101年2月3日公布修正全文十二條，並修正名稱爲「政風機構人員設置管理條例」，依該條例之規定，由行政院發布命令，自民國102年4月1日施行。現將政風人員人事制度大要，分述於次：

(一) 政風人員與廉政署設立之沿革

我國政風機構在民國42年7月至61年7月時期爲各機關之安全處（室），主要辦理機關保防及安全維護工作，由法務部調查局（下稱調查局）遴選並以「保防班」訓練結業人員擔任。民國61年8月1日各機關安全單位裁撤，改制爲人事查核單位，組織編制併入機關人事單位，稱爲人事處（室）第二辦公室，簡稱人事處(二)或人事室(二)，主要辦理人事查核業務，仍受調查局指揮監督，其人員則由調查局公開招考，並施以「人事查核班」專業訓練。結訓後俟調查人員乙等特考及格分發各機關人事查核單位任職，此一時期亦有部分調查局「調查班」結業人員調任人事查核單位。

民國70年代末，政府主動採取諸多政治開放措施，其重要措施之一即爲開放黨禁，一時間在野黨林立。在朝野共識下，立法院提出設置政風人員主張，以取代原有之人事處(二)或人事室(二)，終於在民國81年7月1日公布制定「政風機構人員設置條例」施行；9月16日，各機關人事查核單位全面改制爲政風機構（設政風處、室），主要辦理端正政風、促進廉能政治及維護機關安全工作。依該條例規定，法務部爲掌理全國政風業務之主管機關，法務部遂自民國82年起請辦政風人員特考，進用人員先分發各機關政風機構後，再由法務部集中作爲期三至六個月之「政風班」專業訓練。民國85年，則改爲請辦高、普考試政風類科考試分發。民國91年，爲應各縣市政府用人安定之需要，另增加請辦基層特考（民國92年以後考試名稱改爲特種考試地方政府公務人員考試，簡稱地方特考），分發錄取人員亦由法務部集中作政風專業訓練。

民國89年政黨輪替，民進黨執政，法務部宣示推動成立「法務部廉政署」，修訂「法務部組織法」及研擬「法務部廉政署組織條例草案」，經行政院送請立法院審議，並列爲優先法案之一，惟因行政院版與立法委員版本共七個版本之多，朝野黨團未獲共識而緩議。

民國94年10月17日行政院政策協調會報，與會人士力主應積極加強肅貪，俾早日達成「掃除黑金、澄清吏治」之目標。法務部擬以維持政風司爲政策幕僚，並另成立「廉政局」爲專責肅貪執行機關，研擬「法務部廉政局組織法草案」及「法務部組織法部分條文修正草案」，經行政院民國94年10月26日通過，送請立法院審議，惟至民國96年12月21日第六屆第六會期結束未付委審查，因立法院屆期不續審，退回行政院。相關組織法草案再經行政院於民國97年2月13日通過，函送立法院（第七屆）審議。

民國97年5月，政黨再次輪替，國民黨重回執政。法務部認爲我國在防貪、肅貪工作上是透過檢察機關、政風機構與調查局廉政處進行，雖然達成一定之績效，然而外界對於廉能政府及整合現有單位設立廉政專責機構仍有高度期待，特成立專案小組，就原規劃之「法務部廉政局」重行檢討，研議設立廉政專責機關，於民國98年5月22日提出「我國設立廉政專責機關評估報告」陳報行政院，建議規劃設立統籌反貪、防貪、肅貪權責之廉政專責機關；嗣於7月27日召開「法務部組織調整規劃分組會議」，決議「整併政風司與中部辦公室，成立『法務部廉政署』，而該部政風司（業務單位）改制爲政風處（輔助單位）」。基於署、局規劃原則與內容不同，遂於民國98年12月4日函請行政院撤回原送立法院之兩組織法草案，嗣經立法院同意撤回。

爲展現政府打擊貪腐決心，回應民眾期盼，落實「聯合國反貪腐公約」之各項反貪腐措施，總統馬英九於民國99年7月20日宣布設置「法務部廉政署」專責於國家廉政政策規劃，執行反貪、防貪及肅貪業務，以治標（執法）、治本（防貪）及根除（教育）三管齊下策略，達成提高貪瀆犯罪定罪率、降低貪瀆犯罪發生及落實保障人權等三大目標。法務部遂於民國99年9月23日將「法務部廉政署組織法草案」及「法務部組織法部分條文修正草案（有關廉政署部分）」報經行政院於民國99年11月4日通過，同日函送立法院審議，並列爲立法院第七屆第六會期優先推動審議法案。民國100年4月1日立法院完成三讀，經總統於4月20日公布「法務部廉政署組織法」，7月20日「法務部廉政署」成立。

民國102年2月3日，「政風機構人員設置條例」修正爲「政風機構人員設置管理條例」，4月1日施行，政風人員歸屬法務部廉政署指揮監督（政風2、3），仍維持一條鞭之人事體制。

在政風單位改制爲廉政機關或單位之漫長研議期間，主要參酌香港「廉政公署」之職權與運作來規劃，期間廉政職權（責）之歸屬於何機關體系，也產生「權限爭議」，有主張歸屬於監察院者，亦有主張歸屬於法務部調查局者；蓋一則基於對政府之「人」與「事」之監察（彈劾、糾舉與糾正）（憲97至99），一則基於實務運作之承續，均非無理，終協商定案。

(二) 政風人員任用制度之主要精神

我國所有各種定有特種任用法律任用之人員，實際上大都各自成爲一個程度不等之人事獨立系統，其內部上下層級各自直接指揮監督。例如：司法、關務、審計、駐外外交領事、警察、交通事業等人員，無不如此。因諸此類別人員，各自均在其專業機關中工作，例如：司法法務人員都在司法院、法務部、所屬各級法院，以及各級檢察署工作；警察人員也都在警政署及其所屬各級警察隊、局、所、機關，或單位工作。但人事、主計、政風三種人員，除部分人員在其中央人事、主計、政風之主管機關工作外，其他絕大部分人員都分別配置在全國各行政機關、公立學校，以及公營事業機構中工作，在其所配置的各該機關首長之下，各成爲一個列入所在機關組織法規的機關內部單位，與該機關其他平行單位相同，依法同受該機關首長的指揮監督；但這三種人員，卻依其各該有關法律規定，更受其該專業上級機構的指揮監督。這種情形，就是在全國所有機關學校大系統中，插入人事、主計，與政風三套業務系統與人員系統；與司法、外交等人員之並不插入其他機關學校的情形，迥然不同。

(三) 政風機構之設置

1. 主管機關：廉政事務係由法務部主管辦理。其下設有廉政署，職司全國政風業務之規劃、協調、指揮監督事項（法務部組織法1、2、5，政風2）。

2. 政風機構：指中央與地方機關（構）及公營事業機構（以下簡稱各機關）掌理政風業務之機構（政風3Ⅰ）。

3. 機構設置：各機關政風機構之設置，依各該機關之層級、業務屬性、組織編制及政風業務需求等因素定之，其名稱爲處、室，並得視業務之繁簡，下設次級單位辦事；其設置標準，由法務部擬訂，報行政院核定。各機關未達設置政風機構之標準者，政風業務得置專責政風人員辦理，其職稱爲政風員，視同政風機構；如未置專責政風人員者，則其業務由上級機關政風機構委託各該機關就本機關內遴薦適當人員，循政風系統指派兼任或兼辦。但民意機關、軍事機關及公立各級學校不適用該條例之規定，然國防部亦得設政風機構，不受此規定之限制；其不設政風機構之軍事機關及公立各級學校之防制貪瀆不法業務，得由其上級機關政風機構統籌辦理（政風5、6、10）。

4. 編制職稱：政風處置處長，必要時得置副處長；政風室置主任。其各職稱之官等職等及員額，依各機關組織法規或所適用之職務列等表規定辦理（政風6II、7）。現行政風職務絕大部分歸爲「廉政」職系。

(四) 任用制度

政風人員與一般公務人員同爲適用現行「官職併立」之人事制度，因此其任用之資格條件均依「公務人員任用法」之規定辦理，並無特殊規定。若有，則應指其主要而且絕大部分需經「廉政」職系考試及格或前經銓敘「政風」或「廉政」職系有案者，始得擔任；但亦得由與「政風」職系同職組織「司法行政」、「矯正」、「法制」等人員擔任。至於其任免遷調、考績（成）、平時考核及獎懲，甚至於退撫保險，均分別適用有關公務人員法規；其權責、作業程序及相關管理事項等規定，由法務部定之（政風8）。

(五) 政風人員之行政管理

依據上述各項，可知政風人員爲特種人員之一種。但其專用法律「政風機構人員設置管理條例」，則僅規定有關政風機構及人員之「設置」事項以及「行政管理」事項，至於政風人員之「人事管理」事項，則僅規定政風人員之任免遷調分別適用有關法規，由主管機關辦理；而於銓審仍適用有關法律辦理，由考試院考選、銓敘及保訓等三部會辦理。因此，該條例未有關於政風人員任用資格之特殊規定，而僅建立一套自我完整的指揮命令行政管理系統。

依法律明文規定者而言，其建立系統的具體做法，亦即統一施行政風人員行政管理的體制如下：

1. 法務部為政風系統全國主管機關：法務部爲全國政風機構、人員與業務主管機關，掌理政風業務之規劃、協調、指揮、監督，依法設置次級機關廉政署。

2. 政風人員由法務部統一管理：各機關政風人員之任免、遷調、考績、平時考核及獎懲事項，均由法務部分別適用有關法規辦理。其權責、作業程序及相關管理事項等規定，均由法務部定之（政風8）。

3. 政風人員兼受配置機關及政風系統雙重指揮監督：各機關政風人員或經指

派兼任或兼辦政風業務人員，應秉承（該）機關長官之命，依法辦理政風業務；並兼受上級政風機構之指揮監督（政風9）。

在上述三項中，依其原條文措詞以觀，第3項所定（政風9），政風人員應以秉承所配置機關長官之命，辦理有關業務爲主，而僅兼受上級政風機構指揮監督。其措詞涵義，與「主計機構人員設置管理條例」第29條之「各級主辦人員對各該管上級機關主辦人員負責，並依法受所在機關長官之指揮（第1項）。各級佐理人員受主辦人員之指揮監督（第2項）。」措詞稍有不同。

第三節　主計、審計人員任用制度

主計人員主要工作是依「會計法」、「預算法」與「決算法」等在事先及當年辦理各級政府本機關、公立學校、公營事業之歲出、歲入、經常收支，及其所屬各機關之預算與決算事宜。而審計人員主要是依據「審計法」於事後審核各級政府及所屬各機關、學校、機構之財務是否合法正當支出與使用。兩者於政府之財務行政有其事先與事後預防、監督、稽核與監察的關係：其人員所需之資格條件與知識技能，亦均類似，且其人員均適用「官職併立」的人事制度與送審程序，故合併於本節討論。茲就其人員任用所特別應具之資格條件或指揮監督體系敘述如次。

一、主計人員任用制度

主計人員是公務人員的一種，適用公務人員官職併立制度，有官等也有職等。但因有其專業業務需要，所以更另有部分特別規定。其體制要旨如下：

(一) 主計人員任用制度主要精神

北伐統一以來，對於主計人員之管理，向係另定法律並另行建立體系行之。民國25年10月30日，國民政府初次頒布「主計人員任用條例」全文二十條施行；民國33年1月14日公布制定「國民政府主計處設置各機關歲計會計統計人員條例」全文十二條（民國48年3月28日公布修正爲「行政院主計處設置各機關歲計會計統計人員條例」全文十條）；民國38年1月7日公布制定「地方政府暨所屬機關主計機構及人員設置條例」全文十五條；民國70年12月28日，合三條例，制定公布「主計機構人員設置管理條例」全文二十九條施行，並廢止該三條例。其時係適用「職位分類」之人事制度。民國76年1月16日「官制併立」新人事制度施行，但由於該條例第1條既已明定：「本條例未規定者適用其他有關法律之規定」，故主計人員當然適用現行「公務人員任用法」所規定之官職併立制度。民國101年12月5日公布修正全文三十五條，授權行政院以命令定其施行日期，經行政院命令自民國102年1月1日施行。

上述先後數種條例，自始至今都維持一項重要原則，就是除銓敘審查以及俸給、退休、撫卹等一般管理事項，都與其他機關及其他公務人員相同，由銓敘部依共同人事法規統一管理外，至於主計人員之用人、考績，陞遷、調補等重要人事管理事項，則由主計業務的中央主管機關行政院主計總處統一規劃、指揮、監督和主管，形成「一條鞭」之體系；但人員之任用、考績、陞遷、調補等事項，則仍送銓敘部依規定辦理銓敘審定（主計27）。此爲該條例的最大特色，也是這一條例之所以必須另行成爲特種人事制度的基本原因。茲就上述現行該條例有關條文所作特別規定，所表現主計人員人事制度的兩項精神，分述如下：

1. **建立全國性主計業務統一指揮監督體系**：確立自中央以至地方各級主計人員的任用、管理、指揮、監督等事權，統一歸屬於主計業務之全國最高主管機關行政院主計總處（主計1、4、5）。

2. **重視主辦人員任用之專業資格**：主計人員所適用的人事分類制度同爲公務人員的官職併立制，但其人員任用資格，除基本上也依「公務人員任用法」規定外，對其各級主計主辦人員的任用資格，並有增加的規定，要求具有分別不同的主計職務經歷（主計13至21）。

由於主計人員人事制度上述兩項精神形成之後果，足以限制非主計人員自其他方面中途插入，而得適當保持主計人員之專業性與純淨性，確切達成專才專業的效果。

(二) 主計機構之設置

1. **中央主計機關**：原行政院主計處掌理全國歲計、會計及統計事宜，民國101年1月1日行政院組織法修正施行（俗稱「政府組織改造」），2月3日「行政院主計總處組織法」制定公布，行政院令2月6日施行，原行政院主計處改制爲**行政院主計總處**，繼續辦理全國歲計、會計及統計業務，是以「行政院主計總處」爲掌理全國主計業務之中央主計機關（主計總處組1，主計2II）。

2. **主計機構**：所稱主計機構，指各級政府機關（構）、公立學校、公營事業機構（以下簡稱各機關）內掌理歲計、會計、統計業務之機構。進而所稱「一級主計機構」係指總統府、國家安全會議、五院、中央二級機關（構）或相當中央二級機關之獨立機關、省政府及省諮議會、直轄市政府及縣（市）政府主計機關（構）（主計2Ⅰ、3）。依各機關組織法（主計9、11），及「主計機構人員設置管理條例」第5條規定訂定之「主計機構設置及員額編制標準」，應於中央機關及地方機關設置主計機構：

(1) 中央政府各機關主計機構名稱及主辦人員之職稱為：①主計處、會計處、統計處置處長（簡任第十二職等）；或②主計室、會計室、統計室置主任；並得視業務情形置副處長、副主任。但機關統計業務簡單者，僅設主計室，除辦理歲計、會計外，其統計業務由該主計室置專人辦理（主計6）。

(2) 地方政府各機關主計機構名稱及主辦人員之職稱為：①直轄市政府設主計處，置處長（簡任第十二職等）、副處長。②直轄市政府所屬各機關設會計室，置主任；其統計業務繁重者，得分設統計室，置主任。③縣（市）政府設主計處，置處長（簡任第十一職等），並得置副處長。④縣（市）政府所屬各機關設會計室，置主任；其統計業務繁重者，得分設統計室，置主任。⑤鄉（鎮、市）公所設主計室，置主任。

(三) 主計人員之任用

1. 主計長、副主計長：主計總處置主計長一人，特任；副主計長二人：其中一人職務比照簡任第十四職等；另一人職務列簡任第十四職等（主計組3），是為常務副主計長，由主計長就現任主計官或計政學識優良，行政經驗豐富，具有擬任職務任用資格者，遴請任命之（主計13）。

2. 中央主計機關之主計官（簡任第十二職等）：應就具有下列各款資格之一者任用之（主計14）：

(1) 曾任主計官，具有擬任職務之任用資格。

(2) 曾任簡任第十二職等以上或相當官等、職等之主辦主計職務一年以上，著有成績，具有擬任職務之任用資格。

(3) 曾任中央主計機關簡任第十職等以上或相當官等、職等之主計職務五年以上，著有成績，具有擬任職務之任用資格。

(4) 經高等考試、相當高等考試之特種考試或薦任升官等考試會計、審計、統計相關職系及格或在教育部認可之國內、外大學修習主計學科或相當主計學科畢業，並曾任簡任第十職等以上或相當官等、職等之主計或審計職務四年以上，著有成績，具有擬任職務之任用資格。

(5) 曾在教育部認可之國內、外大學充任專任教授，講授主計學科或相當學科三年以上，於主計學術有專門著作，具有擬任職務之任用資格。

3. 各機關主計之主辦人員與佐理人員：主計人員，係指辦理歲計、會計、統計業務之人員；其又分為主辦人員及佐理人員。

中央主計機關之主計官及各機關綜理歲計、會計或統計業務之人員為主辦人員，餘為佐理人員（主計4）。其人員之來源主要取自會計、統計類科考試及格者依法分發中央主計機關，再轉分發擔任主計機構職務（主計22）。惟各級主計機構爲應業務需要，得遴用一般行政、法制、經建行政、資訊處理及有關工程職系人員，但以不超過其總職務數百分之十爲原則；如中央主計機關配合其組織設置規定，並視其推動整體主計業務需要遴用前述職系人員，不受前述規定比例之限制（主計31）。其主辦人員（機構首長之處長，或單位主管之主任）之任用，則由原來之職務以其「職務」爲準據，改爲以該職務所列之「官等職等」爲準據，而分別規定其資格條件。茲分述如下：

(1) 簡任第十二職等以上或相當官等、職等之主辦主計職務，應就具有下列各款資格之一者任用之（主計15）：

①曾任簡任第十二職等以上或相當官等、職等之主辦主計職務，具有擬任職務之任用資格。

②曾任會計處長、統計處長，或簡任第十一職等或相當官等、職等之主辦主計職務一年以上，著有成績，具有擬任職務之任用資格。

③經高等考試、相當高等考試之特種考試或薦任升官等考試會計、審計、統計相關職系及格，或在教育部認可之國內、外大學修習主計學科或相當主計學科畢業，並曾任簡任第十職等以上或相當官等、職等之主計或審計職務三年以上，著有成績，具有擬任職務之任用資格。

④曾任簡任第十職等以上或相當官等、職等之主計職務四年以上，或薦任第九職等以上或相當官等、職等之主計職務六年以上，著有成績，具有擬任職務之任用資格。

(2) 職務列等最高爲簡任第十一職等或相當官等、職等之主辦主計職務，應就具有下列各款資格之一者任用之（主計16）：

①曾任職務列等最高爲簡任第十一職等或相當官等、職等之主辦主計職務，具有擬任職務之任用資格。

②曾任簡任第十職等以上或相當官等、職等之主辦主計職務一年以上，著有成績，具有擬任職務之任用資格。

③經高等考試、相當高等考試之特種考試或薦任升官等考試會計、審計、統計相關職系及格，或在教育部認可之國內、外大學修習主計學科或相當主計學科畢業，並曾任簡任第十職等以上或相當官等、職等之主計或審計職務一年以上，具有擬任職務之任用資格。

④曾任簡任第十職等以上或相當官等、職等之主計職務二年以上，或曾任薦任第九職等以上或相當官等、職等之主計職務五年以上，著有成績，具有擬任職務之任用資格。

(3) 職務列等最高爲簡任第十職等或相當官等、職等之主辦主計職務，應就具有下列各款資格之一者任用之（主計17）：

①曾任職務列等最高爲簡任第十職等或相當官等、職等之主辦主計職務，具有擬任職務之任用資格。

②曾任薦任第九職等或相當官等、職等之主辦主計職務二年以上，著有成績，具有擬任職務之任用資格。

③經高等考試、相當高等考試之特種考試或薦任升官等考試會計、審計、統計相關職系及格，或在教育部認可之國內、外大學修習主計學科或相當主計學科畢業，並曾任薦任第九職等以上或相當官等、職等之主計職務三年以上，著有成績，具有擬任職務之任用資格。

④曾任簡任第十職等以上或相當官等、職等之主計職務一年以上，或曾任薦任第九職等以上或相當官等、職等之主計職務四年以上，著有成績，具有擬任職務之任用資格。

(4) 職務列等最高爲薦任第九職等或相當官等、職等之主辦主計職務，應就具有下列各款資格之一者任用之（主計18）：

①曾任職務列等最高爲薦任第九職等或相當官等、職等之主辦主計職務，具有擬任職務之任用資格。

②曾任薦任第九職等或相當官等、職等之主計職務一年以上，著有成績，具有擬任職務之任用資格。

③曾任薦任第八職等或相當官等、職等之主辦主計職務三年以上，著有成績，具有擬任職務之任用資格。

④經高等考試、相當高等考試之特種考試或薦任升官等考試會計、審計、統計相關職系及格或在教育部認可之國內、外大學修習主計學科或相當主計學科畢業，並曾任薦任第八職等以上或相當官等、職等之主計或審計職務三年以上，著有成績，具有擬任職務之任用資格。

⑤曾任薦任第七職等以上或相當官等、職等之主計職務五年以上，著有成績，具有擬任職務之任用資格。

(5) 職務列等最高爲薦任第八職等或相當官等、職等之主辦主計職務，應就具有下列各款資格之一者任用之（主計19）：

①曾任職務列等最高爲薦任第八職等或相當官等、職等之主辦主計職務，具有擬任職務之任用資格。

②曾任薦任第八職等或相當官等、職等之主計職務一年以上，具有擬任職務之任用資格。

③曾任薦任第七職等或相當官等、職等之主辦主計職務二年以上，著有成

績，具有擬任職務之任用資格。

④經高等考試、相當高等考試之特種考試或薦任升官等考試會計、審計、統計相關職系及格或在教育部認可之國內、外大學修習主計學科或相當主計學科畢業，並曾任薦任第六職等以上或相當官等、職等之主計或審計職務四年以上，著有成績，具有擬任職務之任用資格。

⑤曾任薦任第六職等以上或相當官等、職等之主計職務五年以上，著有成績，具有擬任職務之任用資格。

(6) 職務列等最高爲薦任第七職等或相當官等、職等之主辦主計職務，應就具有下列各款資格之一者任用之（主計20）：

①曾任職務列等最高爲薦任第七職等或相當官等、職等之主辦主計職務，具有擬任職務之任用資格。

②經公務人員考試或公務人員升官等考試會計、審計、統計相關職系及格，並曾任主計或審計職務一年以上，著有成績，具有擬任職務之任用資格。

③曾任薦任第六職等以上或相當官等、職等之主計職務一年以上，著有成績，具有擬任職務之任用資格。

④曾任主計職務二年以上，著有成績，具有擬任職務之任用資格。

至於各職等佐理人員，應就具有擬任職務之任用資格者，並按其所具關於歲計、會計、統計之資歷或其相關之資歷分別任用之（主計21）。

(四) 主計人員之管理

主計長得依法調用各機關辦理歲計、會計、統計人員（主計組7，主計23）。各級主計人員之任免遷調，除一級主計機構主辦人員，由中央主計機關辦理外，餘由各該管或其上級機關主計機構層報中央主計機關核辦。但得視實際需要，分官等、職等授權核辦；其辦法，由中央主計機關定之。

各級主計人員任免遷調，應於發布時，通知其所在機關首長（主計23、24）。又主計總處爲妥適管理，亦依「主計機構人員設置管理條例」第26條規定訂定「主計機構編制訂定及人員任免遷調辦法」（102.6.27.），建立各級主辦人員職期輪調制度（主計26）。各級主計人員之訓練、進修，由中央主計機關統籌策劃辦理（主計28）。

(五) 主計人員之監督

全國各級主辦歲計、會計、統計人員，分別對各該管上級機關主辦歲計、會計、統計人員負責，並依法受所在機關長官之指揮。各級佐理人員受主辦人員之指揮監督（主計組6，主計29）。

以上所述，主計人員所適用之人事制度，與一般公務人員所適用之人事制度，並無不同，均爲「官職併立制」。任用資格基本上仍依任用法之規定，以「考試」取得各該有關之會審職系之任用資格爲主，或再附加較嚴格之學歷、經歷爲條件，予以遴選任用，如係首長或主管人員，則必具領導能力。依其業務之特質，以「特別法優於普通法」作爲規定，與「現職公務人員調任辦法」所定之「職系專長認定」（調任5至8）原理相通，並無牴觸之處。其所不同者，乃其歷來係由中央到地方爲「一條鞭」之體系，其人員由中央主計機關首長任免遷調或授權由各該主管任免。

(六) 主計人員的統一管理

上文已述及，主計人員在我國爲一自中央至地方各級政府機關間一套統一指揮監督的完整體系。這種體系的建立，是依據法律的一些規定，這些規定的要項如下：

1. 確立全國主計主管機關地位：行政院主計總處（或稱中央主計機關）爲掌理全國主計事務的中央主管機關（主計組1）。

2. 全國各主計機構及主管人員均由中央主計機關設置：中央政府及地方政府各機關主計機構的名稱，及其主辦人員的職稱、職等，均由中央主計機關視其所在機關的組織及主計事務的繁簡，依規定設置之（主計4、5）。

3. 全國各主計機構員額編制均由中央主計機關核定：各級主計機構員額、編制，由各該管上級機關主計機構擬訂，層報中央主計機關核定。但得視實際需要分級授權核定（主計12）。

4. 全國主計人員任免遷調均由中央主計機關統一辦理：各級主計人員的任免遷調，除一級機構主辦人員者，均由中央主計機關辦理外，餘由各該管或其上級機關主計機構層報中央主計機關核辦；但得視實際需要，區分職等授權核辦。主計人員任、免、遷、調的人事命令，由主計機關發布，並通知其所在機關首長（主計24）。

5. 各級主計人員層級指揮監督：各級主計主辦人員對各該管上級機關主辦人員負責，並依法受所在機關長官之指揮。各級主計佐理人員受主計主辦人員之指揮監督（主計29）。

6. 適度保持主計人員專業性：各級主計機構爲應業務需要，得遴用法制、經建行政、資訊處理及有關工程職系人員，但以不超過其總職位數百分之十爲原則（主計31）。

7. 統一人事管理程序：各級主計人員俸給、考績、資遣、退休、撫卹、平時考核、獎懲，分別適用有關法規辦理；但其辦理程序，依主計人員系統辦理（主計27）。

上述七項規定，已確切有效建立主計業務的一套完整獨立指揮監督系統，但初任主計人員仍必須考試及格，其擔任公務人員的任用資格，也必須依「公務人員任用法」之規定，並且送銓敘部辦理銓敘審查。所以並不影響考銓權力的運作。

二、審計人員任用制度

審計人員僅在中央審計部、直轄市審計處及各縣市審計室中工作，不似主計人員之配置於全國各級每一機關、公立學校及公營事業機構，所以總人數甚少。在十一種已有特別任用法律之人員中，爲人數最少之一群體，以如此少數人員，而爲之專定一特別任用法律「審計人員任用條例」，自係有其事實必要。

現將其任用制度之主要各端，扼要分述於後：

(一) 何謂審計人員：所稱審計人員，法定係指副審計長、審計官、審計、稽察、審計員，及稽察員等六個職稱之人員（審任2）。

至於**審計長**，依憲法第104條規定：「監察院設審計長，由總統提名，經立法院同意任命之。」司法院大法官會議釋字第357號解釋：「依中華民國憲法第一百零四條設置於監察院之審計長，其職務之性質與應隨執政黨更迭或政策變更而進退之政務官不同。審計部組織法第三條關於審計長任期爲六年之規定，旨在確保其職位之安定，俾能在一定任期中，超然獨立行使職權，與憲法並無牴觸。」其理由爲「……由於其主要職權爲決算之審核，與立法院審議預算之權限，關係密切，憲法第一百零四條後段乃將審計長之任命，賦予立法院同意權，以昭愼重。爲維護審計權之獨立行使，充分發揮審計功能，我國法律援民主憲政國家之通例，對審計人員行使職權予以必要之保障，於審計法第十條及審計人員任用條例第八條分別規定：『審計人員依法獨立行使其審計職權，不受干涉。』『審計官、審計、稽察，非有法定原因，不得停職、免職或轉職。』……現行審計部組織法亦於第三條規定：『審計長任期爲六年』，以確保審計首長職位之安定，俾能在一定任期中，超然獨立行使職權而無所瞻顧。是審計長職務之性質，自與應隨執政黨更迭或政策變更而進退之政務官不同。……」是以，審計長雖爲有任期之政務官，但依上述大法官會議解釋，亦應認爲係具有獨立性之審計人員。

(二)「審計人員任用條例」沿革：在早年之「審計部組織法」中，附帶列有三個條文，分別規定審計、協審及稽察三職務之任用資格。至民國38年5月27日修正公布該組織法時，將該三條文刪除，審計人員任用資格，遂完全依「公務人員任用法」規定辦理，但同時規定由審計部自行斟酌用人。後經考試院擬就「審計人員任用條例」草案，徵得監察院同意後，送經立法院審議通過，於民國50年5月19日公布施行；嗣經於民國64年5月酌加修正，施行至今，未再修正。

(三) 審計人員任用制度主要精神：審計人員適用公務人員官職併立之人事分類制度，其一切人事管理程序，都與一般公務人員相同，其人員之任用資格，基本上亦依「公務人員任用法」辦理。所不同者，其各職稱之任用資格，除依「公務人員任用法」各項規定外，另並有增加規定；但卻並無其人員由審計部統一指揮監督之明文規定。惟以審計人員僅在審計部及其直屬少數幾個審計處、室工作，並非有如主計人員配置在全國各機關、學校及事業機構，所以無待法律規定，審計人員事實上亦當然自行完成其行政上由審計部之審計長統一指揮監督之系統功能，由審計長以主管機關首長地位掌理。

(四) 審計人員任用之基本條件：與一般公務人員相同，無特別規定（審任11）。

(五) 審計人員任用之消極資格：與一般公務人員相同，無特別規定（審任11）。

(六) 審計人員任用之積極資格：審計人員任用之積極資格，除作爲審計人員系統最高長官之審計長，因其爲特任官，不再僅適用於事務官的此一任用條例規定範圍之內外；至於其他各審計人員之官等、職等及任用資格，均適用「官職併立」制之「公務人員任用法」規定，故在此不再重複。現僅就各審計人員任用資格所作之增加要求，分述如下：

1. 副審計長：依「審計部組織法」規定，副審計長爲一人或二人，均爲事務官，職務均列簡任第十四職等。當其實際僅爲一人時，由審計長就現任審計官或計政學識優良、行政經驗豐富、具有擬任職等任用資格者，遴請任命之；當其爲二人時，另一人應就現任審計官中遴請任命之（審任3）。

2. 審計官：審計官應就具有所擬任職等任用資格人員並兼具下列資格之一者任用之：(1)曾任審計官者。(2)現任審計機關審計、稽察者。(3)經會計人員、審計人員、財務行政人員、金融人員、企業管理人員、經濟行政人員、稅務人員、國際貿易人員，或建設人員各科相當職等考試及格者。(4)曾任有關審計或稽察業務職系職務者（審任4）。

3. 審計：審計應就具有所擬任職等任用資格人員並兼具下列資格之一者任用之：(1)曾任審計或協審者。(2)現任審計機關審計員者。(3)經會計人員、審計人員、財務行政人員、金融人員、企業管理人員、經濟行政人員、稅務人員或國際貿易人員各科考試及格者。(4)曾任有關審計或稽察業務職系之職務者（審任5）。

4. 稽察：應就具有所擬任職等任用資格人員並兼具下列資格之一者任用之：(1)曾任審計機關稽察者。(2)現任審計機關稽察員者。(3)曾經建設人員各類科相當職等考試及格者。(4)曾任有關審計或稽察業務職系之職務者（審任6）。

5. 審計員及稽察員：審計員及稽察員應分別就具有所擬任職等任用資格並具下列資格之一者任用之：(1)曾任審計機關審計員或稽察員者。(2)曾任有關審計或稽察業務職系職務者。(3)經會計人員、審計人員、財務行政人員、金融人員、企業管理人員，經濟行政人員、稅務人員或國際貿易人員各科相當職等考試及格者，得任爲審計員；(4)經建設人員各類科相當職等考試及格者，得任爲稽察員（審任7）。

(七) 評述：審計人員銓審依據之「審計人員任用條例」與「審計部組織法」，自民國64年5月1日修正公布以來，迄今僅組織法於民國99年5月5日公布修正第10、11條兩條條文，乃因審計機關內外在環境急遽變遷，業務量劇增，增加審計人員三十一人，以及人事室、會計室、統計室及政風室依法律規定辦事，並依現行「公務人員任用法」之相關規定，將原「分類職位制」之職務列等修正爲官等與職等併立；但其第7、8條兩條之副審計長、參事則未修政，仍爲「分類職位制」之職務列等。至於「審計人員任用條例」則並未修正，其第11條仍爲「本條例未規定事項，適用分類職位公務人員任用法之規定」。雖其業務職掌四十多年未變，但國家公務人員制度已變革三十餘年，現況與其所依據之法律，已不相吻合，允宜作適當之研修，正名以符合實際。

第四節　駐外外交領事人員任用制度

駐外外交領事人員常駐國外，代表國家，其職責關係國家利益者至爲明顯而直接；因此，我國自民國初建，即對外交人員的考試與任用，有特別規定，今仍如是。茲將現行駐外外交人員及領事人員任用制度的主要事項，扼要分述於後。

一、「駐外外交領事人員任用條例」沿革

民國33年3月14日，國民政府公布「駐外使領館人員任用條例」，對駐外人員的任用資格，大致係以當時之「公務員任用法」中有關簡、薦、委任三個官等之任用資格爲基礎，另作規定。行憲後，新定「公務人員任用法」規定公務人員必須考試及格始得任用。於是，爲配合此一新宗旨起見，政府乃制定「駐外外交領事人員任用條例」，於民國48年6月10日公布施行。後並經於民國52年、55年、67年、78年、84年、103年6月4日、107年1月17日，七度修正，成現行條文，計十條。

二、駐外機構

所謂駐外機構，依民國107年6月13日公布制定之「駐外機構組織通則」第2條第1項規定，係指下列各款情形之一：

(一) 政府於與我國有邦交國家設置之大使館、總領事館或領事館。

(二) 政府於與我國無邦交國家設置之代表處或辦事處。

(三) 政府於國際組織總部所在地設置之代表團。

駐外機構之設立、調整、裁撤及其轄區之劃分，由外交部報請行政院核定（駐外組3II）。

至於外交部以外之中央行政機關（以下簡稱各機關），得洽商外交部並報請行政院核定後，於駐外機構設配屬機構（駐外組2II）。但行政院以外之中央政府機關依法派員駐外者，得於協調外交部後，另定編制表，派員配屬駐外機構相關內部單位（駐外組12）。各機關駐外人員承其原派機關之命辦理業務，並應受所屬之駐外機構館長指揮監督；其不服從館長工作協調、指揮監督或不適任者，館長得報請外交部核轉原派機關調整其職務（駐外組4II、6II）。各機關派於駐外機構之主管或職務最高人員之任免遷調，應先洽外交部意見後辦理；其他人員之任免遷調，應知會外交部（駐外組8 I）。

顯然，駐外機構首長於駐在國（地）對各駐外人員有最高指揮監督權，蓋其代表國家。

三、駐外機構人員

所稱駐外機構人員，係指我國在他國（地）設置使領館之駐外機構，所派駐在該機構內之工作人員。亦有下述人員之分：

(一) 外交領事人員：依「駐外外交領事人員任用條例」第2條第1項規定，係指下列人員：

1. 大使、公使、常任代表、副常任代表、參事、副參事、一等秘書、二等秘書、三等秘書。

2. 總領事、副總領事、領事館領事、總領事館領事、副領事。

前述大使、常任代表及副常任代表職務，因業務需要調派具有擬任駐外機構所需之經歷或領域專長人員擔任時，得不受該條例第3、4條資格之限制。但其員額，除特任大使及特任常任代表外，不得超過其編制員額百分之十五（駐外人2II）。

(二) 回部辦事之外交領事人員：外交部駐外人員奉調返國時，除改任外交部及所屬機關（構）組織法規定職務者外，得以原職務回外交部及所屬機關（構）辦事（駐外組9）。

(三) 各機關駐外人員：現行各機關派駐外館人員約有僑務、貿易、新聞、文化、科學、軍事等人員。

(四) 其他人員：

1. 駐外機構組織通則施行前原依「派用人員派用條例」審定准予登記有案之

現職人員，其未具公務人員任用資格者，得適用原有相關法令之規定繼續任用至離職時爲止（駐外組5II）。

2. 依駐在國勞工法令遴用當地專業人員及置當地僱用以協助館務之人員（駐外組11）。

除上述十四種職稱人員之外，駐外人員中之「大使」，（除少數爲簡任官外）因係特任政務官，不在常任文官範圍之內；又有其他職稱例如「主事」等，雖同爲常任文官，但因其非屬駐外外交人員或領事人員，所以均不列入該條例規範之中。其屬常任文官範圍者，適用「公務人員任用法」辦理任用；另尚有就地僱用人員，則既非駐外外交領事人員，亦非常任文官，自適用有關之僱用辦法管理。

至於在國內外交部工作，或經外交部指定在國內任何地區工作之外交人員或領事人員，於法僅爲外交領事人員，而非駐外外交領事人員，均適用「公務人員任用法」辦理任用，不適用該條例辦理任用。

綜結上述，所稱駐外外交領事人員，以我國外交部法定派駐國外服務之大使、公使、常任代表、副常任代表、參事、副參事、一等秘書、二等秘書、三等秘書、總領事、副總領事、領事館領事、總領事館領事、副領事等十四個職稱人員調回外交部服務，但未改任「外交部組織法」所規定之職務者爲限。而不包括下列人員：在國內擔任「外交部組織法」所規定之職務者、外交部派駐國外之政務官、駐外使領館中其他公務人員、聘用人員、僱用人員，以及其他機關派駐國外人員。

又中央政府遷臺後，由於適應變幻之國際新情勢需要起見，我國又在若干無邦交無正式外交關係之國家設置名稱不一之代表處。此種代表處之設置與編制，經政府核定並經在銓敘部備案者，其人員之任用事項亦適用「駐外外交領事人員任用條例」。

四、駐外外交領事人員任用制度主要精神

有如上文概括所作說明，無論係在國內或係派駐國外工作之外交人員與領事人員，因都在外交部統一直接管轄指揮監督之下，並未如人事、主計人員之配置於其他機關中並列入其他機關組織與編制中之情事。外交領事人員爲公務人員之一種（駐外1），適用「公務人員任用法」，而對於駐外外交領事人員的任用，依「公務人員任用法」規定，當然必須先經外交部派代（任用24）；任用後，也當然在其行政指揮監督之下，無待多言。因此，「駐外外交領事人員任用條例」內容，對任用程序以及指揮權責二事，並未有特別規定，亦即與一般行政機關之公務人員任用及管理程序相同。於是，該條例的重點，遂僅爲有關任用資格及任期之規定，除適用「公務人員任用法」所定資格條件外（駐外1），並定有特別從嚴的要求（駐外3

至6）。從而得知，駐外外交領事人員人事制度的主要精神，僅在維持其駐外人員合理素質水準。

五、駐外外交領事人員之任用

基本資格條件：依「駐外外交領事人員任用條例」第1條之規定，與一般公務人員相同，適用「公務人員任用法」有關規定。

(一) 消極資格：

1. 與一般公務人員相同，適用「公務人員任用法」第28條之規定。

2. 如任同一職務滿六年，歷年年終考績（成）無一年列甲等者，不得再任駐外職務（駐外8）。

(二) 積極資格：積極資格分兩部分，一部分爲共同適用之基本資格條件（共同條款），另一部分爲任簡任或薦任駐外外交領事人員之特別資格條件（特別條款）。在上述十四個職稱中，雖無委任人員，但實際上，仍有委任人員之派駐，只是其不適用「駐外外交領事人員任用條例」，而是適用「公務人員任用法」。

1. 共同條款（駐外3）：

(1) 曾經公務人員特種考試外交領事人員考試及格。

(2) 曾經公務人員特種考試國際新聞人員考試及格，且配合行政院組織調整移撥外交部或由外交部派赴駐外機構。

(3) 具有「公務人員任用法」所定與擬任職務相當之任用資格，曾在教育部認可之國內外大學畢業，精通一國以上外國語文，並符合下列情形之一：

①在外交部、北美事務協調委員會或由外交部派赴駐外機構擔任薦任職以上職務滿三年。

②曾任原行政院新聞局或原派駐駐外新聞機構薦任職以上職務，配合行政院組織調整移撥外交部或由外交部派赴駐外機構，其移撥或派赴前後擔任薦任職以上職務合計滿三年。

(4) 於該條例民國103年5月20日修正之條文施行前，曾任駐外機構簡任第十二職等以上職務，且經外交事務職系或新聞職系銓敘合格。

前述(3)之員額，不得超過(1)、(2)及(4)除駐外機構館長外之員額合計數百分之十五。

2. 特別條款：

(1) 簡任（駐外4）：

①依「公務人員任用法」相關規定取得升任簡任官等任用資格。

②任外交部或北美事務協調委員會簡任職務。

③任駐外外交領事人員簡任職務。

(2) 薦任（駐外5）：

①任外交部或北美事務協調委員會薦任職務一年。

②任駐外外交領事人員薦任職務。

③曾任原行政院新聞局薦任職務，配合行政院組織調整移撥外交部或由外交部派赴駐外機構，其移撥或派赴前後擔任薦任職務合計滿一年。

六、駐外外交領事人員之任期

駐外外交領事人員一次駐外期間以不逾六年爲原則，該次駐外期間內得在各駐外機構間調任，任滿調回外交部服務（駐外人7Ⅰ）。如該駐外期間，因受駐在國（或地區）政策、法令之限制或業務上之需要，得延長或縮短；經延長者，一次駐外期間合計不得逾九年（駐外人7Ⅱ）。

第五節　警察、關務、交通事業人員任用制度

警察人員、關務人員及交通事業人員均非適用「官職併立」的人事制度，實質上都是「官職分立」的人事制度，雖然在各該有關專用法律上，交通事業人員稱爲「資位職務分立」制（交通3），以及關務人員稱爲「官稱職務分立」制（關人3），惟有警察人員稱爲「官職分立」制（警人4），但詞異而實同。

警察人員人事制度依民國42年公布之「警察法」第11條規定：「警察官職採分立制，其官等區分爲警監、警正、警佐」三等。至民國65年公布制定「警察人員管理條例」，始據而實際建立其制。在此之前，警察人員係適用公務人員的簡薦委人事制度。

關務人員，原稱海關人員，因早年僅有海關，後復有設於大陸內陸河流之「水關」及在機場之「空關」，故三者合併稱之爲關務。以往之海關人事制度，起因於清末列強對華之不平等條約約定，委由外國人代管我海關。尤其是英國人赫德（Robert Hart, 1835-1911）於同治2年（1863年）受任爲大清帝國之總稅務司，時年僅二十八歲。計其一生，持續在中國海關服務約五十年，致力於海關組織與管理制度的建立，將英國「資位制」（資歷職位）的人事制度引入我國。光緒4年（1878年），赫德又受命出任大清帝國之郵政司，致力於郵政事業，遂將「資位制」的人事制度，亦植入郵政系統，後電訊業亦仿行。

蔣夢麟在其所著的《西潮》一書第五部〈中國生活面面觀〉第二十一章「陋規

制度」中，述及「滿清政府失敗的主要原因之一就是財政制度的腐敗。公務人員的薪水祇是點綴品，實際上全靠陋規來維持。陋規是不公開的公家收支，爲政府及社會所默認的。……這種辦法削弱了公務人員的公德心，……清廷……竟把陋規變成規矩……。」「補救之道在於建立良好的制度，來接替腐敗的制度……英國人爲中國建立的關稅制度，開始就擺脫了陋規的影響。海關僱員都經過良好的訓練，薪俸也相當優厚，退休之後還有充裕的養老金。徇情偏私的情形很少發生。中國爲了保證償付外債，而把國家重要收入的控制權交付給外國政府，這原來是國家的奇恥大辱，而且嚴重威脅到主權的完整，但是因此而建立的健全關稅制度，卻是中國的意外收獲。」由此可知，在英國管理關務之下，也無形中排除了清季的陋規，建立一良好的人事制度──「資位制」。

民國36年12月政府公布「交通事業人員任用條例」（實質以郵電人員爲主體），自此，郵政等交通事業的人事制度始有法律依據；但海關人事制度仍承襲英國不成文法習慣未制定人事制度有關之法律。至民國39年1月，美國藉總稅務司李度（L. K. Little）卸職，才開始改由國人接辦，其人事制度亦一仍舊慣。直至民國80年2月，我中華民國政府制定公布「關務人員人事條例」，關務人員之人事制度稱「官稱職務分立」（關人3），始亦有法律依據，並且正式納入銓敘。

一、警察人員任用制度

依「警察法」規定，警察爲公務人員之一種，其設置體制與管理權責隸屬內政部（警察4、5），而非國防部（因其並非軍人）；又「警察人員管理條例」係依據「公務人員任用法」之規定而制定（警人1）。所以，綜而言之，警察人員亦爲文職公務人員之一種，但警察人員執業性質，則與其他公務人員大有不同。因其爲持用警用械具的武裝人員，此點與軍人略有接近，軍人與警察人員二者間相互不同者，僅係軍人任務主要在防禦外患與內亂，警察任務主要爲「依法律維持公共秩序，保護社會安全，防止一切危害，促進人民福利」（警察1）；但在必要時，實際亦交換執行彼此部分任務。所以警察人員實爲文職人員中性質較爲特殊之一種，或可稱爲「持有並可以使用武器與械具以執行任務之文職人員」。故予以另定任用或管理法律，確有必要，現將其任用制度主要事項，分述於後。

(一) 警察人員任用法制沿革

民國22年，「公務員任用法」公布施行，警察人員亦一體適用該法。但因警察人員性質畢竟有殊，所以對於「公務員任用法」所定任用資格以及任用程序，均感不甚適應。於是，在民國24年11月9日，國民政府公布「警察官任用條例」施行，但仍與公務人員同採簡薦委制度。民國36年冬行憲，「公務人員任用法」於民國38年元旦公布施行，仍繼續採簡薦委制度。民國42年6月15日，「警察法」公布施行，對警察人員人事制度有所規定，但因其僅爲原則性規定，未能執行，所以仍未使警察人員人事制度發生重大變更。民國65年1月，「警察人員管理條例」公布施行（並經先後於民國72年、86年、91年7月、91年12月、93年9月、96年7月、107年6月，共七次修正），警察人員人事制度始告確立，所採已非公務人員人事分類制度，而係早在民國42年公布之「警察法」（先後經民國75年7月、86年4月、91年5月及91年6月共四次修正）第11條所明定：「警察官、職採分立制，其官等爲警監、警正、警佐。」民國96年7月11日總統公布修正條文及名稱爲「警察人員人事條例」。

上述條例所規範之警察人員人事制度係採官職分立制，並有獨特之官等官階結構，官等分警監、警正、警佐，其中警監官等分爲特、一、二、三、四階，以特階爲最高階；警正及警佐官等各分一、二、三、四階，均以第一階爲最高階。另爲因應其勤（業）務之特殊性，該條例對於警察人員係採行一條鞭及重獎重懲之管理制度，以教育（訓練）區隔任職資格與初任各官等年齡限制之任用資格、自成一格之陞遷制度、特殊之俸表、停（免）職情形、優惠考績給與，以及因公退撫之加發給與等，均與適用任用法之一般公務人員有不同之規定。

綜上所述，有關警察人員人事制度的法律，主要有二：「警察法」與「警察人員人事條例」。二者內容都不限於警察人員任用一事，尚兼及俸給、考績、退撫，以及組織體系及任務等事項。

(二) 何謂警察人員

依「警察人員人事條例」規定：所稱警察人員，指依該條例任官、授階、執行警察任務之人員（警人3）。惟現行警察人員並非僅於警察機關服務，亦服務於海巡機關及消防機關，蓋海巡、消防早期原是警察業務之一。本文述說僅限於警察機關之警察人員。

(三) 警察人員人事制度主要精神

其主要精神，可概括爲四點如下：

1. 確立全國性警察主管機關：內政部掌理全國警察行政，並指導監督各省（市）警政之實施；內政部並設警政署，執行全國警察行政事務及掌理全國性警察業務（警察4、5）。

2. 統一警察人員人事權：警察人員之任官、任職、俸給、考核、考績、退休、撫卹等事項，由其全國性主管機關內政部掌理，或交由直轄市掌理，均報銓敘部審定。

3. 確立警察人事分類制度：採官職分立制，官等與職務分立，配合使用，任官與任職分別辦理。官受保障，職可調任，有官者可能無職，有職者必先有官，非依法不得免官或免職（警人4）；但於服務期間具有法定「消極事由」，經免職者並予免官（警人31）。

警察官等分爲三等：稱警監、警正、警佐。每等各分四階，均以一階爲最高，但警監在其一階之上另有一「特階」，共十三階（警察11，警人5、18）。

4. **明定限齡及專業教育**：初任警察官各官等者，分別定有最高年齡限制；各官等警察官，分別有必經之專業教育訓練規定，職務等階最高警正三階以上者，應經警察大學或警官學校畢業或訓練合格；最高列警正四階以下者，應經警察大學、警官學校、警察專科學校，或警察學校畢業或訓練合格（警人10、11）。

(四) 警察人員任官之基本條件

警察人員任用，所應具基本條件如下（警人2）：

1. **國籍**：中華民國國民（警人2，任用28Ⅰ）。

2. **年齡**：與公務人員同爲十八歲以上。但初任警察官者，警佐年齡不得超過四十歲，警正不得超過四十五歲，警監不得超過五十歲（警人10）。

3. **體格**：「公務人員特種考試警察人員考試規則」，對應考人體格檢查定有明確標準，有特別規定，其標準較一般公務人員規定者爲嚴格，以適應其執勤業務之特殊需要，並應注意其身心狀況。

4. **品德、忠誠及其他**：擬任警察官前，應實施身家調查，注意其品德及對國家之忠誠，以及個人操守、素行、經歷、智力、體能、學識、經驗及領導才能，並考量其對所任職之地區、語言、風俗、習慣、民情等適應能力（警人6）。

(五) 警察人員任官之消極資格

警察人員經查核有下列情形之一者，不得任用（警人10之1）：

1. 「公務人員任用法」第28條第1項各款情形之一。

2. 曾服公職依「公務人員考績法」受免職處分，或依「公務員懲戒法」受撤職處分，或其他違法犯紀行爲依法予以免職處分。

3. 曾列「警察職權行使法」第15條第1項各款之治安顧慮人口。

4. 曾犯刑法第268條之賭博罪、民國95年7月1日刑法修正施行前第267條之賭博罪、第350條之贓物罪，經有罪判決確定。

5. 依刑事訴訟程序被羈押或通緝中。

6. 曾經中央警察大學、中央警官學校、臺灣警察專科學校、臺灣警察學校、軍事院校勒令退學或開除學籍。

7. 依其他法律規定不得爲公務人員。

警察人員於任官後發現其於任用時有前述情事之一者，應撤銷其任用。撤銷任用人員，其任職期間之職務行爲、俸給及依第6條第1項查核結果之處理，依「公務人員任用法」（任用28III）之規定辦理。

(六) 警察人員取得任官資格之途徑

警察人員取得任官資格之途徑有三如下：

1. 經警察人員考試及格。
2. 曾任警察官，經依法陞等任用。
3. 「警察人員管理條例」施行前，曾任警察官，依法銓敘合格。

除依上述各途徑取得任官資格外，其爲警正三階以上者，並應經警察大學或警官學校畢業或訓練合格；其爲警正四階以下者，應經警察大學、警官學校、警察專科學校或警察學校畢業或訓練合格（警人11，釋760）。

(七) 警察人員各官等任官之積極資格

茲按官等分述如下（警人12、14、15，任用9）：

1. 警監：符合下列二種規定之一者，分別取得警監任官資格：

(1) 經警察人員警監升官等考試及格者。

(2) ①經高等考試或相當於高等考試之特種考試警察人員考試及格，合格實授警正一階職務滿三年；或②經警察大學或警官學校四年學制以上畢業，任合格實授警正一階職務滿六年。並經銓敘部銓敘審定合格實授現任警正一階職務，最近三年年終考績二年列甲等、一年列乙等以上，敘警正一階本俸最高級，且經晉升警監官等訓練合格者。

2. 警正：符合下列五種規定之一者，分別取得警正四階任官資格：

(1) 高等考試三（二、一）級考試或特種考試警察人員考試三（二、一）等考試及格者，取得警正四（三、一）階任官資格。

(2) 經警察人員警正升官等考試及格者。

(3) 經普通考試、特種考試警察人員考試四等考試或相當委任第三職等以上銓定資格考試警察人員考試及格，任合格實授警佐一階職務滿三年，並經銓敘部銓敘審定合格實授現任警佐一階職務，最近三年年終考績二年列甲等、一年列乙等以上，敘警佐一階本俸最高級，且經晉升警正官等訓練合格者。

(4) ①警察學校或警察專科學校警員班畢業，合格實授警佐一階職務滿十年；或②警察專科學校專科警員班或警官學校、警察大學專修科畢業，任合格實授警佐一階職務滿八年；或③警官學校、警察大學四年學制以上畢業，合格實授警佐一階職務滿六年。並經銓敘部銓敘審定合格實授現任警佐一階職務，最近三年年終考績二年列甲等、一年列乙等以上，敘警佐一階本俸最高級，且經晉升警正官等訓練合格者。

(5)「警察人員人事條例」施行前，依法銓敘合格現任薦任警察官經依法改任警正者。

3. 警佐：符合下列二種規定之一者，取得警佐任官資格：

(1) 普通考試或特種考試警察人員考試四等考試及格者，取得警佐三階任官資格。

(2) 經初等考試或特種考試警察人員考試五等考試及格者，取得警佐四階任官資格。

按上列各資格條款之旨，仍以考試及格爲基礎，予以銓敘，輔以一定之資格條件經訓練合格取得高一官等之任用資格。

(八) 警察人員之停職

警察人員有下列情形之一者，應由遴任機關或其授權之機關、學校核定停職（警人29）：

1. 動員戡亂時期終止後，涉嫌犯內亂罪、外患罪，經提起公訴於第一審判決前。

2. 涉嫌犯貪汙罪、瀆職罪、強盜罪，經提起公訴於第一審判決前。但犯瀆職罪最重本刑三年以下有期徒刑者，不包括在內。

3. 涉嫌假借職務上之權力、機會或方法，犯詐欺、侵占、恐嚇罪，經提起公訴於第一審判決前。但犯最重本刑三年以下有期徒刑之罪者，不包括在內。

4. 涉嫌犯前三款之罪經法院判決有罪尚未確定；或撤銷判決發回更審或發交審判案件，其撤銷前之各級法院判決均爲有罪尚未確定。

5. 涉嫌犯第1款至第3款以外之罪，經法院判處有期徒刑以上之刑尚未確定，未宣告緩刑或得易科罰金；或嗣經撤銷判決發回更審或發交審判，前一審級法院判處有期徒刑以上之刑尚未確定，未宣告緩刑或得易科罰金。

6. 依刑事訴訟程序被通緝或羈押。但犯內亂罪、外患罪、貪汙罪、強盜罪被通緝者，應予以免職（警人31）。

警察人員因其他違法情節重大，有具體事實，得予以停職者，則由內政部警政署、中央警察大學，或有警察人員編制之海岸巡防、消防機關之主管機關（警人29，警人細14）核定。又如其有「公務人員考績法」所定一次記二大過情事之一……等免職處分於確定後執行，未確定前應先行停職（警人31）。

(九) 警察人員之復職

由遴任機關或其授權之機關、學校核定（警人30）。

1. 應准予復職：停職人員經不起訴、緩起訴處分或判決確定，且其行政責任尚未構成法定免職情事者。

2. 得先予復職：

(1) 經法院判決無罪尚未確定。

(2) 經法院以犯內亂罪、外患罪、貪汙罪、瀆職罪、強盜罪、涉嫌假借職務上之權力、機會或方法，犯詐欺、侵占、恐嚇罪以外之罪，判處有期徒刑以上之刑，經宣告緩刑或得易科罰金尚未確定。

(3) 經撤銷通緝或釋放，且無前述停職情形1.至5.之事項者，或其他違法情節重大有具體事實者得予以停職之情形。

此得先予復職人員，應以書面經由服務機關向原核定停職之機關、學校提出申請。原核定停職之機關、學校受理前項申請，應於受理之日起二個月內作成決定；必要時，得延長之，並通知申請人，延長以一次爲限，最長不得逾二個月。經核定先予復職者，應於復職通知達到之日起三十日內復職；逾限者，除有不可歸責於申請人之事由外，應廢止先予復職通知，繼續停職（警人30之1）。

(十) 警察人員之免職

警察人員有下列各款情形之一者，遴任機關或其授權之機關、學校應予以免職（警人31 I）：

1. 「公務人員任用法」第28條消極資格之第1項第1、2、6款所定情形之一。

2. 動員戡亂時期終止後，犯內亂罪、外患罪，經有罪判決確定或通緝。

3. 犯貪汙罪、強盜罪，經有罪判決確定或通緝。

4. 犯前二款以外之罪，經處有期徒刑以上刑之判決確定，未宣告緩刑或未准予易科罰金。

5. 依刑事確定判決，受褫奪公權之宣告。

6. 「公務人員考績法」所定一次記二大過情事之一。

7. 犯第2款及第3款以外之罪，經通緝逾六個月未撤銷通緝。

8. 持械恐嚇或傷害長官、同事，情節重大，有具體事實，嚴重影響警譽。

9. 假借職務上之權勢，意圖敲詐、勒索，有具體事實，嚴重影響警譽。

10. 假借職務上之權勢，庇護竊盜、贓物、流氓、娼妓、賭博，有具體事實，嚴重影響警譽。

11. 同一考績年度中，其平時考核獎懲互相抵銷後累積已達二大過。

12. 依其他法律規定應予免職或喪失服公職權利。

前述第6至11款免職處分於確定後執行，未確定前應先行停職（警人31 II）。

(十一) 警察人員之免官

依上述十二款免職者，並予免官（警人31 III）。

二、關務人員任用制度

關務人員昔稱「海關人員」，乃因唐初在廣州、泉州、杭州、明州四地設置「市舶司」對進口貨物課稅，宋、元、明三代大體因襲舊制。清初對外貿易初限於廣州、澳門兩地，道光22年（西元1842年）鴉片戰爭，翌年訂定中英「南京條約」，依約重開廣州、福州、廈門、寧波、上海五口對外通商。因對外開放貿易均在沿海，係屬課稅性質之關隘，故有「海關」之稱，嗣後開放陸、河、空通商口岸，均沿襲此名，是以其人員稱之爲「海關人員」。直至民國80年（1991年）2月1日，總統公布制定「財政部關稅總局組織條例」、「財政部關稅總局各地區組織通則」、「關務人員人事條例」，始正名爲「關務人員」。

道光23年（1843年），中英又簽訂協定關稅、領事裁判權、兵艦停泊五口等之「虎門條約」。惟當時五口海關承襲清廷舊有官僚體系，效率不彰，賄賂公行，嚴重影響合法貿易之商人權益，尤其是與我國貿易最大宗之英國商人，強烈表示不滿，用盡各種手段，企圖改變清廷之腐敗作風。

咸豐4年（1854年）太平軍亂，上海動盪，蘇松道臺兼江海關（上海關）海關監督吳建章他走，外商無所繳納關稅，英美法三國駐滬公使及領事決定引進外人勢力於徵稅機關，乃組織關稅管理委員會，執行上海關繳稅任務。嗣由英國領事阿爾可克（R. Alcock）、美領事滿斐（Murphy）、法領事埃唐（Edan）與吳建章締結關於上海關組織之約，開啓外人管理海關之端，也是海關「國際化」之始；直至民國39年1月，始由國人接辦，但其管理或人事制度亦一如舊慣。

咸豐8年（1858年）中英、中法「天津條約」規定，中國海關應要英人幫辦稅務。翌年，戶部依該條約宣告成立中國海關，兩江總督何桂清及總理各國事務衙門也分別任命英人李泰國（Horatio N. Lay）爲總稅務司，駐上海。咸豐11年，李泰國返國療傷，薦由江海關稅務司費子洛（G. h. Fitz）與廣州海關副稅務司赫德共同代理。赫德曾任中英交涉事務，通曉國語，深諳中國國情，關務實際上由赫德主持。同治2年（1863年）李泰國因故被革職，總理衙門遂命赫德爲總稅務司，當時他僅二十八歲。他在中國海關服務五十年，致力於建立海關之組織與管理制度，成績斐然，使海關的業務隨著內河航行的開放，由沿海口岸的設關延深到內地，而後再延伸到各邊陲關口。同治4年（1865年）總稅務司遷往北京。光緒4年（1878年），他亦受命出任我國首任總郵政司，致力於建立郵政事業，將海關之人事制度植入郵政，而後電信亦仿用。因此，英國之「資位制」人事制度即開始在我國萌芽，這制度長期適用在我國海關與郵政、電信事業中，只因英國係「不成文法」國家，成習相延，所以其典章制度無明確之法典可資參考。

民國18年（1929年）總稅務司署遷回上海。民國30年，太平洋戰爭爆發，日軍占領總稅務司署及各地海關，國民政府在後方重新設置總稅務司署，以美國人為主，統轄各地海關。民國34年，日本投降後，兩海關總稅務司署在上海合併。民國38年4月，隨政府遷往臺灣。

海關之用人，總稅務司一職開始即由英國人擔任，由於清廷無力管理，遂長期借重英人或外人。同治3年（1864年）總理衙門訂定「海關募用外人幫辦稅務章程」凡二十七條，內容約為：總稅務司總攬人事行政上任免、薪俸、考核、訓練等大權。此後海關高級重要職務盡由外人擔任，而各國人數之多寡，似以在華商業勢力與各國軍力強弱為標準。茲値得一提者為：當初海關不用高等華人，雖其藉口為華人吞食公款成習，但實為華官薪俸輕微。赫德於就任總稅務司之次年，嘗謂：「予能盡職與否，當以能否訓練誠實有力之華人起而代之為斷。」而後亦以「同文館」、「稅務學堂」為其教育部門。是以，海關形成一封閉之體系，重考訓，亦重待遇，自成傳統。此應是蔣夢麟先生所盛讚之原因。

海關之人事制度，約在赫德任總稅務司時的1864年建立，當時將海關業務分為內班（辦理進出口通關徵稅業務）、外班（辦理貨物查驗、查緝業務）、巡緝（派往海關緝司艦艇，監督查緝走私）三類，各類人員分別陞遷、互不調任，重內輕外。

民國39年（1950年）1月，美籍總稅務司李度（Lester Knox Litter）退休，海關總稅務司改由本國籍人士羅慶祥（1950～1955）、方度（1955～1960）先後代理，民國49年（1960年）6月24日方度眞除正任，7月24日張申福繼任，均隸屬財政部。惟其組織與人事制度仍延英國之制，自成體系。

民國57年，正値全國各機關分批實行分類職位之際，對海關應否配合辦理，亦成一重要之課題，經當局實地作深入瞭解，多次檢討研商，咸以關員之類別甚多，內外勤不能互調，困難重重未予實施。民國59年（1970年）初，財政部為配合行政革新，組「海關人事制度研究小組」，在原有制度架構下，參照郵政、電信、生產等事業機構之規定，採用「資位職務分立制度」，於民國60年7月1日起實施，將人員資位分為關務、技術兩類。關務類依次分為關務監、關務正、高級關務員，關務員、關務佐等五階；技術類依次分為技術監、技術正、高級技術員，技術員、技術佐等五階，每階分三等，共十五等，以第十五等為最高，訂定「海關人員任用陞遷辦法」等有關人事規定。海關組織與人事制度雖未立法，人員亦未經銓敘，但人員之進用，均需經國家乙、丙等特考及格（雖考試用人，但有業務、技術兩類之分，其下亦各再分為若干科別，以應各該業務之需，如：業務類之下有財稅行政、關務法務、關務會計、關務統計……等；技術類之下有電機工程、機械工程、化學工程、紡織工程、船舶駕駛、輪機工程……等），且均從基層做起，循序晉升。除機關名稱仍為「海關總稅務司署」，及少數職稱仍沿用英國人留下來之名稱（如總稅務司、副總稅務司、稅務司）外，已非往日之英國文官制度。

民國70年2月2日，總統公布修正「財政部組織法」，其第15條明定：「財政部設關稅總局，其組織以法律訂之。」隨即於3月5日研擬「財政部關稅總局組織條例草案」、「財政部關稅總局各地區組織通則草案」，民國73年5月11日研擬「關務人員任用管理條例草案」，先後分別報行政院審議。惟行政院有認為「關務人員任用管理條例草案」尚未有法律依據，且牽涉問題既大又多，似可暫時緩議；是以行政院於民國73年10月22日僅將兩組織法律先送立法院審議。立法院法制委員會初審時認為：兩組織法律應與人事法律並審，而決議擱置兩組織法律，並要求速將「關務人員任用管理條例草案」一併送審。適逢銓敘部研擬「兩制合一」之「公務人員任用法草案」，財政部因海關業務特殊，建議將「關務人員」納入該法草案，俾其任用有法律依據可資研擬，經行政院及考試院同意，予以列入。民國75年4月21日，總統公布制定新制「公務人員任用法」，其第32條規定：「司法人員、審計人員、主計人員、關務人員、稅務人員、外交領事人員及警察人員之任用，均另以法律定之。但有關任用資格之規定，不得與本法牴觸。」隨即再與海關等有關機關研擬「關務人員任用管理條例草案」，於10月14日，由行政院考試院會銜函送立法院。民國79年3月14日立法院法制及財政兩委員會，對海關三法案，先審人事法律，修正名稱為「關務人員人事條例」，民國80年1月15日，三法案三讀通過，2月1日，總統公布施行。一百二十八年來之海關組織與人事制度在我國法制中正式確立。

現將關務人員任用制度要項分述如下。

(一) 何謂關務人員：關務人員，指依「關務人員人事條例」任用，執行關務任務之人員（關人2）。

(二) 關務人員人事制度特點：關務人員是公務人員的一種，但不完全適用「公務人員任用法」所定之官職併立制度。現行關務人員人事制度，依上述人事條例規定，應稱為「官稱職務分立制」（關人3），與過去所稱的「資位職務分立制」相仿。因關務人員人事制度中，原稱為資位之關務（技術）監、關務（技術）正、高級關務（技術）員、關務（技術）員、關務（技術）佐五個名稱現仍舊未變，但不復稱為五「資位」，而改稱為五「官稱」，用詞雖異，實質仍同。

現行關務人員人事制度，究其實質，也是其最大特點，在其具有濃厚混合色彩，將關務人員以前所行「資位職務分立制」與現行公務人員官職併立制混合，頗為特別，因而在我國人事制度中獨樹一幟。其採混合制的原因，是制定上述人事條例時，關務當局本有意保存其原有制度，僅擬將原人事規章改為法律，內容則不變；但考試院有一、二位考試委員則認為應統一實施官職併立之公務人員人事制度，不宜與公務人員人事制度脫節。經折衷後，原則同意儘量維持其原制度；但於考試院院會討論階段，院會始將公務人員人事制度中之官等職等加入，而成現行制度。

此種制度，究其實際，仍係以其百餘年來一貫之「資位職務分立制度」為主體結構，官職併立制度中之官等與職等僅係配合勉強置入其中，聊資顯示其各個官稱職稱所比照之官等職等而已。尤其官職併立制度中最基本之職組職系結構，竟完全未經本制度納入採用；且關務人員更另有其本身單獨使用之俸表；其人員經考績後所晉陞者為官階與官稱，而非職等或官等。則其制度之實質非為官職併立制度也甚明。不過亦曾擬修正改採公務人員「官職併立」任用法之議。

(三) 關務人員人事制度基本結構：關務人員人事制度的基本結構可以概括作如下之敘說：「以原有關務人員傳統人事制度之基本結構為基礎，酌予採納公務人員人事制度之官等職等部分設計，綜合為一。」其基本結構係將人員區分為關務類與技術類兩類、三官等、十四職等、五官稱、十五官階（關人4）。

關務人員制度中所稱兩類，是按人員所從事的工作性質，區分為兩大類，稱關務類與技術類，互不調任。兩類之下，不再作更細區分，亦無公務人員的職系區分，但其特考卻有分設各類科之分。

在這一制度基本結構的上下等級分類中，除有公務人員制度中的簡薦委三官等和十四個職等外，還另有官稱和官階的區分。官稱和官階實際是從海關原人事制度中的資位與職務兩者改稱而來，與公務人員的官等和職等意義相彷彿，但官稱和官階等別的區分則與官等職等不同。改稱後現制中的官稱，仍延續原來五個資位的名稱，這五個名稱，以前是資位，也是職務高低等級的區分；現在因為已另有簡薦委三個官等，所以變成只是官稱。但實際上，由於關務人員多年來已習慣於使用資位以區分其等級高低，所以仍重視現改稱為官稱之資位。

現行五個官稱與三官等的配合關係，茲依「關務人員官職等階及俸給表」之規定說明如下：

1. 關務監或技術監：跨滿整個簡任官等之第十至十四職等共五個職等，亦即稱「監」級者，均為簡任級。

2. 關務正或技術正：跨薦任第八職等及第九職等，共二個職等。

3. 高級關務員或高級技術員：跨薦任第六、七、八職等，共三個職等。

4. 關務員或技術員：跨委任第三、四、五職等，共三個職等。

5. 關務佐或技術佐：跨委任第一、二、三職等，共三個職等。

至於官階，監級分爲四階、正級分爲二階、高員級分爲三階、員級分三階、佐級分爲三階，各級都以第一階爲高，合計十五階。但在最高之關務監及技術監第一階之上，尙有更高之第十四職等。又由於關務正以下四個資位（官稱）所跨之階，頭尾互有重疊，所以經設法調整後，使之與公務人員的十四個職等相配合。諸此情形，頗爲複雜，爲資切實瞭解起見，讀者應取「關務人員官職等階及俸給表」對照閱讀。

現舉一實例說明這一制度實用情形：如有一關務人員，現任科長，則其任命情形爲「薦任第九職等關務正一階科長」；在這一全銜中，共有五個稱謂：1.官等（薦任）。2.職等（第九職等）。3.官稱（關務正）。4.官階（一階）。5.職稱及職務（科長）。

關務人員雖然採用了公務人員人事制度之官等與職等，但卻並未採用公務人員人事制度之職組與職系，其所有人員（注意：並非所有職務），僅區分爲關務類和技術類兩類。人員在本（同）類各職務間可以調任，無職系亦無類似職系的限制；但非經考試及格或符合所規定條件者，兩類之間，不得互調任職。任使彈性甚大，全繫首長一心。

(四) 關務人員任用之基本條件：關務人員任用之基本條件，由於「關務人員人事條例」未有特別規定，依該法第1條規定：「本條例未規定者，適用有關法律之規定。」所以應適用公務人員各有關法規規定，因此，其任用人員所應具之基本條件，同樣應符合下列六項要求：1.國籍。2.年齡。3.學識、才能、經驗。4.品德與忠誠。5.體格。6.領導能力。由於關務人員業務實際需要，尤其外勤人員執行緝私任務需要較強壯之體力，所以在上列各項基本條件中，對於體格健康條件一項，有與公務人員不同之規定，依法在其「公務人員特種考試關務人員考試規則」第6條明確規定。

(五) 關務人員任用之消極資格：關務人員任用的消極資格，適用公務人員有關的規定（關人1，任用28）。

(六) 關務人員任用之積極資格：對於關務人員任用之積極資格，「關務人員人事條例」第5、8條兩條，已分就監、正、高員、員、佐，五個官稱，分別各有詳細具體規定。綜合其諸此有關規定，所包含之有關任用資格原則有二如下：

1. 內陞與外補並重原則：仍延襲其已往體制，高員級、員級、佐級三個官稱的人員，主要採考試及格途徑任用。但「正」級亦得分別由「員」級人員**陞任甄審**合格者任用；「員」級亦得分別由「佐」級人員**陞任甄審**合格者任用。監、正兩個高級官稱人員之初用，可分別以經往昔之甲等考試及格或現行關務監簡任升等考試及格，或高考一級考試及格人員進用，及經由內部考績升任甄審合格人員途徑任用

（關人5）。

2. 依原定官稱辦理考用：在上項兼途併顧方法下，其考試與甄審晉升，均仍依往制，準確配合五個官稱（資位）辦理，而非依簡薦委三個官等及十四個職等辦理（關人5）。

有關關務人員關務類各官稱任用資格的具體規定如下（關人5）：

(1) 關務（技術）監：

①經關務監簡任升等考試或「公務人員考試法」修正公布前特種考試甲等考試相當類科及格者。

②任關務正一階職務滿三年，連續三年年終考績二年列甲等，一年列乙等以上，並敘關務正一階本俸五級，且具有「公務人員任用法」第17條第2項第1至5款資格之一者。亦即得經升官等訓練合格。

(2) 關務（技術）正：

①經高等考試一級考試相當類科或關務人員特種考試一等考試關務類及格者。

②任高級關務員五年以上，現敘俸級達二階本俸五級一年以上，成績優良，最近五年年終考績三年列甲等，二年列乙等以上，並經關務正升任甄審合格者。

(3) 高級關務（技術）員：

①經高等考試二、三級考試或「公務人員考試法」修正公布前高等考試一、二級考試相當類科及格者。

②經關務人員特種考試二、三等考試關務類或「公務人員考試法」修正公布前其他特種考試乙等考試相當類科及格者。

③經高級關務員薦任升等考試及格者。

④任關務員一階本俸最高級，最近三年年終考績二年列甲等，一年列乙等以上，並經晉升薦任官等訓練合格，且具有「公務人員任用法」第17條第3項第1、2款資格之一者；但除具有「公務人員任用法」第17條第2項第1、2、4款所定考試及格之資格者外，以擔任高級關務員二階以下職務爲限。

(4) 關務（技術）員：

①經普通考試相當類科及格者。

②經關務人員特種考試四等考試關務類或「公務人員考試法」修正公布前其他特種考試丙等考試相當類科及格者。

③經關務員升任甄審合格者。

(5) 關務（技術）佐：

①經初等考試相當類科及格者。

②經關務人員特種考試五等考試關務類或「公務人員考試法」修正公布前其他特種考試丁等考試相當類科及格者。

按查歷來關務人員特考（並參現行「公務人員特種考試關務人員考試規則」）均有如資訊、化工、紡織、財稅行政、財稅法務……等科別之設置，但仍不敷使用，則當局訂有「依法考試及格人員考試類科適用關務人員關務、技術類對照表」（關人5），以之延攬其他考試及格人員。類似情形交通事業人員早既有之。

初任各關稱人員須經試一年，試用成績及格者，予以實授；其成績特優者，得縮短爲六個月；不及格者，報請銓敘機關分別情節延長其期間，但以六個月爲限；延長後仍不及格者，停止其試用，並予解職（關人7）。其試用之成績考查及有關事項，悉如公務人員（關人細5），茲不贅述。

至於關務人員官階之晉升，則準用「公務人員考績法」考績升職等之規定（關人6）。

(七) 任用送審：初任人員仍與一般公務人員相同，須經「試用」階段，並依規定程序送銓敘審查，試用成績合格者，予以「合格實授」，若有低資占高缺情形者，亦得「准予權理」（關人1、7，關人細5）。此「權理」，非即爲原海關人事制度中所有，亦非「關務人員人事條例」所明定，而係當局推演攀引該條例第1條末段「本條例未規定者，適用有關法律之規定」而來，非其原制之旨。

三、交通事業人員任用制度

清朝末年，列強先後入侵，強迫我國與之訂立不平等條約，議定高額賠款。爲確保賠款之安全支付，經訂定由英人代管我海關，而後代管郵政與電訊，以其每年盈餘歸於英人，以陸續償付賠款，英人在代管期間，先後創建海關、郵電「資位制」人事制度。迄至抗戰期間，不平等條約廢除後，英人雖已退出，但此一制度因行之尙無障礙，所以繼續施行。後且擴而行之於其他交通事業，遂成爲我公營交通事業多年來共同之人事制度。

「資位制」源於英國之文官制度，以「資歷職位」爲人事管理之基準，取得資位即表示具有一定之知能水準，與確定職務發展之限度。知能水準相同者應予以相同之歷練機會，循資敘晉，以發揮潛能。因此其立制重點在於：(一)實施資職分立；(二)年資經歷並重；(三)保障內部升遷；(四)鼓勵久任永業。

交通事業爲「專業性」、「技術性」與「永久性」之企業，其雖非如政府「機關」，得本於職權依據法律行使「公權力」，但以其運送服務，來促進整體政經文教之發展，應具有「公信力」並無疑義。因此對於從業人員，如援用一般行政人員之管理制度，恐非妥適。故我國交通事業人員之人事管理制度，多年來均延用「資位制」。

我國交通事業之發展，自清季以來，以鐵路、公路、郵政、電信、水運、航空爲主，其組織各業各成體系，未能統合。全國統一後，其人事制度已略具雛型，並有數種考試規則之頒行。抗日勝利，國民政府爲統一交通事業人事制度，於民國36年12月22日公布「交通事業人員任用條例」，明定交通事業人員分爲「業務類」、「技術類」、「總務類」三類，按其資位分爲四等，依「資歷位置評分標準」評分以敘定「資歷位置」，惜因動員勘亂未能施行。

政府遷臺後，爲建立交通企業管理制度，對於交通事業人員之管理，爲確立健全人事制度，實行公開考試用人，自各地區各級學校取才，資職分立，使資位受保障，職務可調任輪轉，輔以訓練講習，於事業中培養人才，消滅員工界限。在制度之保障鼓勵下，以其固有才能，人人獲得經歷與教育或訓練上相等之機會，使每一員工均能激勵奮發，進修學識，盡忠職務，永保其優良服務精神，經驗與資位俱進，而循序上晉，庶能人盡其才，才盡其用，人適其事，事得其人，導事業於不斷進步與發展。交通部遂於民國42年4月22日令頒「交通事業資歷管理制度實施綱要」，積極籌劃訂定交通事業鐵路、公路、電信、郵政、水運、航空、港務、氣象、打撈等各業特種考試規則、升等考試規則，督辦各業現職人員資位之比敘認定，研擬訓練制度實施綱要，督促各業擬定「輪轉任職」、「職期調任」、「輪業見習」，研擬修正「交通事業人員任用條例」、研擬「交通事業人員考績辦法」。此制試行至民國46年，交通部以「交通事業人員任用條例」係「公務員任用法」之特別法，原採資歷評分敘薪制度，因郵政、電信、民航、氣象等事業機構，已實行公開考試用人，情勢顯有變遷。而自民國43年1月9日「公務人員任用法」修正公布施行後，該條例原所採之資歷評分任用制度，必須明白予以變更，且交通事業具有「專業性」、「永久性」，在交通事業人員任用制度上，應使此兩點較爲具體化，爰依交通部所屬各事業業務情形及參酌「公務人員任用法」之規定，擬訂「交通事業人員任用條例」修正草案，送經立法院審議通過，總統於民國46年7月24日公布施行。民國49年12月16日考試院與行政院會同發布，郵政、電信、水運、鐵路、公路、港務、民航、氣象、打撈等交通事業人員資位職務薪給表，至是交通事業人員任用制度，予以確立。民國51年1月起，鐵路、郵電實施；民國63年1月，港務局、公路局實施；民國68年1月，國道高速公路局實施；民國69年7月，臺灣省公路局將公路運輸業務移出，另成立之臺灣汽車客運股份有限公司，亦繼續實施。臺灣航業股份公司（民國35年7月1日成立，民國87年6月20日民營化）、陽明海運公司、招商局輪船股份有限公司（原於清同治12年、西元1873年成立，民國61年我國退出聯合國，轉投資成立陽明海運公司，民國84年3月併入陽明海運公司，民國85年2月15

日完成民營化），也先後依法實施，但據悉「氣象」並未實施。

交通事業各業雖依法考試用人，但有業務、技術兩類之分，其下亦各再分爲若干科別，以應各該業務之需，如：業務類之下有行政、法務、會計、統計……等；技術類之下有土木、電機、機械……等。

該條例施行至民國89年1月，乃仿公務人員以「訓練晉升官等」之措施修正第5條：「員級人員得以訓練合格晉升高員級。」民國92年5月再修正公布第5條增列佐級、士級人員亦得以訓練晉升員級、佐級；並修正第8條之交通事業人員與交通行政人員相互轉調，其資格重新審查與敘薪規定，及增列第11條之1爲有關薪級之起敘、提敘規定。

惟遞至民國80年代，於公營事業機構「公司化」、「民營化」之風蔚起，若干公營事業逐漸由「公司化」，再轉爲「民營化」。交通事業機構亦如是，如：原交通部電信總局於民國85年7月1日改制，電信之管理部分，另成立機關「交通部電信總局」，爲任用機關（民國95年併歸國家傳播委員會），電信營運部分則另成立中華電信股份有限公司，移撥人員仍適用資位制，至民國94年8月12日民營化；郵政總局則於民國92年1月1日改爲中華郵政股份有限公司，其原前依國家考試進用取得資位之人員迄今仍適用資位制，至退離爲止，新進之從業人員則不依國家考試進用，而係自辦或委託其他機構（如金融研訓院）招考進用，是「職階人員」，適用勞基法、民法等，而不適用公務員有關法令之規定（中華郵政股份有限公司設置條例10II、12 I）；其間臺灣航業公司於民國87年6月20日民營化；招商局輪船股份有限公司於民國84年3月併入陽明海運股份有限公司，民國85年2月15日民營化；而新中國工程打撈股份有限公司則早於民國68年9月20日結束營業。

民國101年1月1日政府組織改造啓動，3月1日交通部所屬之原基隆、臺中、花蓮、高雄四港務局改制，原港務營運業務，另成立國營之臺灣港務股份有限公司，由原港務局人員移撥轉調，原有人員仍得適用原「資位制」，具有公務人員身分（國營港務股份有限公司設置條例14 I），至退離爲止，新進人員則另設計新制度以資適用；並另成立港務管理之「交通部航港局」，爲任用機關，原港務局移撥轉調至航港局者，仍得適用原「資位制」（交通部航港局暫行組織規程6）。

臺灣省公路局之業務，原有公路工程、公路監理與公路客運等三大部分，民國69年7月1日，公路客運部分移出，成立臺灣汽車客運股份有限公司（後於民國90年7月1日民營化，改爲國光汽車客運公司，民國100年7月1日清理土地財產等結束）僅剩工程、監理之行政業務，而無事業之營運，但其人員仍適用「資位制」，於民國87年7月1日精省後，歸隸交通部。民國105年11月16日「交通部公路總局組織法」修正公布，依其業務（公路工程與監理），所屬人員改依「公務人員任用法」

任用，並於民國107年1月15日施行。其原適用「資位制」人員得於民國113年6月18日前選擇適用「公務人員任用法」之「官職併立制」，或繼續適用「資位制」至退離為止。

適用資位制之「國道高速公路局」與適用派用制之「國道新建工程局」整併為「交通部高速公路局」，其人員亦將改依「公務人員任用法」任用，其組織法亦經於民國106年5月26日立法院三讀通過，並於民國107年2月12日施行改制，原適用資位制人員得於民國113年6月18日前選擇仍適用資位制（交通部高速公路局組織法7）。

最後僅剩「臺灣鐵路管理局」一業，其於民國70、80年代行政院、臺灣省政府屢有整頓之議，民國87年7月1日精省後，歸隸交通部，曾於民國92年間規劃於民國93年6月完成「公司化」，民國96年6月完成「民營化」，惟因員工及工會有不同意見而暫停，迄今並未改制，仍繼續適用資位制。民國101年1月政府組織改造後，曾研擬將人事制度改為以公務人員任用之制（104.12.）。未來如何？仍有待觀察。

資位制在我國適用前後約一百五十年，迄今僅剩「鐵路」一業適用，其間情勢之變化與適應，眞耐人尋味。

茲將現行交通事業人員資位制之人事制度內容要項，依「交通事業人員任用條例」規定，分述如後：

(一) 何謂交通事業人員：所稱交通事業人員，指隸屬交通部的國營交通事業機構從業人員（交任2）。但因省市或縣市其他公營交通事業人員之任用，得準用「交通事業人員任用條例」，故亦為交通事業人員（交任12）。然昔似僅為臺灣省公路局、臺灣鐵路管理局亦使用，其他各直轄市、縣（市）之公共車船營運似尚無適用此制之例，而仍適用公務人員制度。

(二) 交通事業人員人事分類結構：

茲將其分類結構要項舉述如下：

1. 資位性質分類：交通事業人員採資位職務分立制，資位受保障，同類職務可以調任（交任3）。又按工作性質、資位區分為下列二大類：業務類、技術類（交任4）。

2. 資位等級分類：按業務與技術兩類資位高低，區分為下列六個資位（等級）：業務長及技術長、副業務長及副技術長、高級業務員及高級技術員、業務員及技術員、業務佐及技術佐、業務士及技術士，以長級為最高資位（交任4）。為實用及便於記憶起見，日常將此六級簡稱為：長、副長、高員、員、佐、士六級。

3. 資位跨級：交通事業之六個資位，性質雖類似六個官等，但因事業人員並非做官，所以不稱官等，而稱資位。資位之下，不再有類似其他制度之職等或職階之區分，而僅區分薪級，全部共四十六個薪級。以第一級爲最高列800薪點，以第四十六級爲最低列160薪點。上述六個資位，在上述各業別交通事業人員資位職務薪級表上，每一資位所跨薪級，最多者二十二個，最少者十二個。如將六個資位所跨薪級，依次首尾連接，則所需薪級，將需一百數十個之多始敷使用。因此，其每上下兩資位間，都採部分薪級相互重疊方式，使下一個資位的上半部薪級，與上一個資位的下半部薪級重疊平行；如此重疊的薪級，有多至十八個者，使整個薪級表成爲一階梯形（交通事業人員資位職務薪給表）。

4. 職務跨級：資位跨級的目的，可爲職務跨級建立基礎。茲以「交通事業人員資位薪級表（臺灣鐵路管理局專用）」爲例，一職務例如「副處長」列「高級業務員」資位時，跨高級業務員全部薪級二十一個薪級，以示其地位之重要；但較高一個資位的「副業務長」中，也列有「副處長」職務，跨十三個薪級，以示其地位之崇高。因此，這一「副處長」職務，計跨兩個資位以及跨二十七個薪級；換言之，有列副業務長資位的副處長，也有列高級業務員的副處長，此種設計之精神與價値，與官職併立制度之職務跨官等類似。但細觀之，很難自該資位所列之各職務，分辨其高低，對其管理有所影響。又昔「交通事業人員資位職務薪級表（公路、國道高速公路、港務）」上之某些職務，必須達到某一薪級，始可擔任，顯然亦依其業務之需要，強制規定必具有一定資歷或年資，才能勝任之考量，此從嚴任用之作用，大有職務高低之別。

(三) 交通事業人員任用之基本條件：無特別規定，而與公務人員相同：1.國籍：中華民國國民。2.年齡。3.體格：符合其體格檢查標準。4.忠誠。5.品德。6.領導能力。

關於健康一項，特種考試交通事業人員考試規則對鐵路、公路、港務業別之交通事業人員，分別定有不同的體格檢查標準，比一般公務人員的體檢標準爲嚴。

(四) 交通事業人員任用之消極資格：無特別規定，而與公務人員相同（交任10，任用28）。

(五) 交通事業人員任用之積極資格：交通事業人員之任用，基本上必先取得資位。故取得資位的途徑，即是其所需積極資格。而取得資位僅有三途，甚爲單純，與其他人員之有多途者迥異。現分述如下：

1. 考試及格：高員級以下，亦即高級業務員及高級技術員、業務員及技術員、業務佐及技術佐、業務士及技術士，以上共四個等級資位之任用資格，取得之唯一途徑爲經由考試及格。所稱考試，原本僅限指交通事業人員特種考試而言；後經銓敘部斟酌實際情形與需要，與交通部商定，公務人員高等與普通考試以及其他相當之特種考試中有關類科及格者，經分發任用或遴選任用，也可以取得資位（銓敘部53.12.3.臺爲甄三字第16944號函、55.8.11.臺爲甄三字第07565號函參照）。

又如：特種考試社會工作人員考試及格，准予視同交通事業人員考試及格取得資位（銓敘部64.4.11.六四臺爲甄四字第21656號函）；專門職業及技術人員考試及格者，除原交通部電信總局及郵政總局外，其餘交通事業機構得比照適用「專門職業及技術人員轉任公務人員條例」規定轉任爲交通事業人員（銓敘部83.7.26.八三臺華審四字第10146645號函）。而後交通部發布各業「交通事業機構得遴用高普初等考試或相當之特種考試及格人員考試類科名稱表」、「交通事業機構得遴用高普初等考試或相當之特種考試及格人員考試職系名稱表」，甚至於「交通事業適用專門職業及技術人員轉任公務人員條例考試類科名稱表」作爲遴補之依據（原有各業各表之適用，而後統合成此三表並附註適用之業別）。

依現行考試等級取得交通事業「資位」資格之規定如下（交任11之1）：

(1) 特種考試交通事業人員各級資位考試及格人員，取得各該資位任用資格。

(2) 高等考試之一級、二級、三級考試或特種考試之一等、二等、三等考試及格者，取得「高級業務員」、「高級技術員」任用資格。

(3) 普通考試或特種考試之四等考試及格者，取得「業務員」、「技術員」任用資格。

(4) 初等考試或特種考試之五等考試及格者，取得「業務佐」、「技術佐」任用資格。

2. 升資甄審：副長級以上，亦即業務長及技術長、副業務長及副技術長兩個等級資位，取得之唯一途徑爲經由升資甄審合格。考試院、行政院於民國51年2月1日會同發布「交通事業人員升資甄審辦法」（經71.8.、75.3.、84.1.、84.8.、86.8.、94.6.六次修正迄今），須現職人員具有規定資格條件者，始可參加甄審（交任5，銓敘部55.8.11.臺爲甄三字第07565號函）。顯然此高資位人員係以「內升」爲主。

(1) 升資甄審之資格：

①應副業務長、副技術長資位甄審之資格（升資3）：

A. 交通事業高級業務員、高級技術員資位人員，任該資位或相當資位職務滿五年，或滿三年並具特種考試甲等考試及格資格，其考試類科與所擬任職務之性質相當，現敘薪級已達副長級資位最低薪級以上，最近三年考成（績）二年列八十分（甲等）、一年列七十分（乙等）以上，操行優良者。

B. 交通行政機關人員具高等考試或相當高等考試之特種考試相關類科及格或大學（獨立學院）以上學校相關系所畢業，並符合「公務人員升官等考試法」第3條第1款應簡任升官等考試資格或已具簡任官等任用資格，且最近三年考績（成）二年列甲等、一年列乙等以上，操行優良者。

C.一般行政機關人員具高等考試或相當高等考試之特種考試相關類科及格或大學（獨立學院）以上學校相關系所畢業，並符合「公務人員升官等考試法」第3條第1款應簡任升官等考試資格或已具簡任官等任用資格，且最近五年考績（成）均列甲等，操行優良者。

②應業務長、技術長資位甄審之資格（升資4）：

A.交通事業副業務長、副技術長資位人員，任該資位或相當資位職務滿五年，或滿三年並具特種考試甲等考試及格資格，其考試類科與所擬任職務之性質相當，現敘薪級已達長級資位最低薪級以上，最近三年考成（績）二年列八十分（甲等）、一年列七十分（乙等）以上，操行優良者。

B.交通行政機關人員任簡任或具法定任用資格任相當簡任職務滿五年，並具高等考試或相當高等考試之特種考試相關類科及格或大學（獨立學院）以上學校相關系所畢業，最近三年考績（成）二年列甲等、一年列乙等以上，操行優良者。

C.一般行政機關人員任簡任或具法定任用資格任相當簡任職務滿五年，並具高等考試或相當高等考試之特種考試相關類科及格或大學（獨立學院）以上學校相關系所畢業，最近五年考績（成）均列甲等，操行優良者。

(2) 升資甄審之評分：以工作、操行、學識、才能四項評分，各項分數合計滿八十分者爲合格。

(3) 升資甄審之程序：

①升資甄審每年辦理一次，於事業機構有副長級以上資位職務出缺可予派任時爲之。但因業務之特殊需要，經報請交通部同意得辦理臨時升資甄審。

②各事業機構塡具升資甄審評分表及名冊報請各該事業總機構升資甄審委員會初審，其未設有總機構者，由各該事業機構升資甄審委員會初審，交通部升資甄審委員會復審。

③交通行政機關人員及一般行政機關人員應資位之甄審，由用人事業機構函請現職服務機關塡具升資甄審評分表，逕報交通部升資甄審委員會辦理，不受初審之限制。

(4) 升資甄審之組織（交通事業人員升資甄審委員會組織規程2）：

①初審：交通部所屬事業機構甄審會置主任委員一人，由該事業總機構或事業機構副首長兼任，委員若干人，由該事業總機構或事業機構一級單位主管兼任之。

②復審：交通部甄審會置主任委員一人，由交通部次長兼任，委員八人至十人，由考選部指派一人、銓敘部指派一人、行政院人事行政局指派一人、交通部指派五人至七人組成。

從以上升任甄審之程序與組織，即可見其保障內部升遷，幾乎無公開對外招攬人才之制，也顯現其封閉性。

(六) 訓練合格：現職經敘定爲員級、佐級、士級最高薪級滿三年者，或高中畢業並任員級、佐級、士級最高薪級滿十年者，或專科學校畢業並任員級、佐級、士級最高薪級滿八年者，或大學畢業並任員級、佐級、士級最高薪級滿六年者，經晉升高員級、員級、佐級之訓練合格者，最近三年年終考成二年列甲等（八十分以上）及一年列乙等（七十分以上），取得各該資位任用資格，惟其升資後敘薪有資位職務及最高薪級薪點之限制（交任5）。此乃民國89年修正時，參照「公務人員任用法」第17條，增列「訓練升資」，民國92年修正，再予參照擴大。其員級晉升高員級資位訓練辦法，與佐級晉升員級及士級晉升佐級資位訓練辦法，亦分別於民國89年11月、12月訂定發布，以資適用，而後並有修正。

(七) 任用程序：

交通事業人員任用之程序如下（交任7）：

1. 業務長、副業務長、技術長、副技術長所任職務，由交通部先行令派，送請銓敘部核定後任用之。

2. 高級業務員、高級技術員所任職務，由事業總機構或該事業機構先行令派，報請交通部核轉銓敘部核定後任用之，但其所任職務爲該事業總機構或事業機構科長或相當科長以上職務及該事業一等級分支機構主管者，應報請交通部先行令派，其未設總機構者，由該事業機構報請令派之。

3. 業務員、技術員所任職務，由各事業總機構或該事業機構任用，報請交通部備案。

4. 業務佐、技術佐以上所任職務，由各事業機構任用，報請直屬上級機構備案。

(八) 交通事業人員人事制度主要精神：依據上述這一制度的分類結構及其實際運作情形以觀，應可綜合得知這一制度主要精神如下：

1. 傳統精神：基本上，仍係承襲郵電人員百年來傳統人事制度結構而設計，力主「專業性」、「技術性」、「永久性」，與公務人員人事制度無關。

2. 事業精神：無官等、無職等、無職階、無職系等設置。

3. 富彈性：工作人員與職務都按工作性質，區分爲業務與技術兩大類，不再細分。同類各職務相互間都可調任，至爲靈便；但兩類之間職務則不得互調，以免濫竽。

4. 資位數目恰當：設定六個資位，將事業中全部職員自最低級者以至於最高級者，均納入分類結構體制之中；所未納入者，僅爲「差工」階級，但亦予以另作規定。此與公務人員或其他性質事業制度中尚存有例如雇員或工員等，介乎職員與工人間人員之情形，有所不同。且因不另設類似職等或職階更細之區分，所以其資位設定爲六個，以免過少，但每一資位所跨之俸級甚長，利於久任，亦甚得當，頗能適合實際需要。

5. 資位與職務跨級均寬闊：跨級有資位跨級與職務跨級兩種。每一資位所跨薪級數目頗多，且每上下兩資位間，所跨薪級有半數甚至半數以上級數重疊；另每一職務在同資位中所跨薪級亦多，而且同一職務常同時跨列於兩個資位。尤有甚者，較低職務的最高薪級且能與高三個資位之最低薪級相等，例如：業務士最高薪級與高級業務員最低薪級同爲第三十級320薪點。凡此種種設計，均有助於人員久任，安於其位，亦安於其業。惟亦因薪級幅度大，報酬與職責易滋不相稱之情形或同工不同酬之情形。又資位與職務亦有難配合之處，恐生低資者領導高資者，造成管理上之困擾。

6. 內陞外補兼顧：高級業務員及高級技術員以下各資位人員之進用及陞遷，以經考試及格者爲主要途徑，確保其人員必要素質；副業務長或副技術長以上兩資位人員，爲領導層級人員，重在工作經驗與資望，數十年來，均必須以內部甄審陞遷任用爲限。如此內陞外補兼顧，既維持人員素質水準，又重視經驗，頗爲允當。惟民國86年8月8日，「交通事業人員升資甄審辦法」修正放寬規定，交通行政人員及一般行政人員亦得依該甄審辦法升任副長級及長級資位職位（交甄3、4），似爲拯救其事業之沉疴，所爲政策性用人之增列修正。

7. 專才專業：交通事業人員人事制度自始至今，均極力維持一重要宗旨，非具有交通事業人員資位者，不得任用爲交通事業人員。此一重要宗旨，載之法律，執行尤力，有如爲此一事業建立一道保護圍牆，使事業形成某種程度之封閉體系，牆外人員不得越入，亦使牆內人員得以安心工作，累積經驗，達成專才專業目的，維持其本事業之傳統與其勤勞負責等種種特色之次級文化。自長久歷史以觀，雖利弊互見，但似乎仍爲利多於弊；不過時遷境移，近些年來，公私交通事業，平等競爭，其經營須企業化以符社會之需，封閉體系亦面臨檢討。

(九) 資位制之檢討：「資位制」之於我國交通事業，一百五十多年來標榜「專業性」、「技術性」、「永久性」，但時至今日，卻將僅剩「鐵路」一業適用，甚將結束。其間亦頗多值得省思之處：

1. 人員之進用，難注新血：依「交通事業人員任用條例」第5條規定，交通各業雖「高員」級以下人員需考試進用，但「長級」、「副長級」人員，則必由內部「升任甄審」，形成封閉體系，無從引進企業新血，即使是當時甲等特考及格之簡任資格人員，亦無法逕予進用，雖第8條有「交通行政」、「交通事業」得相互轉任之規定，但又談何容易。昔不得不引「後備軍人轉任公職考試比敘條例」之規定，進用國軍上校以上外職停役人員（需經相當類科考試及格，如轉任交通事業特考及格），以充高階職務（尤以臺灣省為然）。然企業精神不足，難起引領作用，屢受輿論批評。

2. 資位之取得，純度不足：交通各業雖「高員」級以下人員，係以各業之資位特考進用，取得「資位」資格（第5條）。但於急迫之際，卻引進非資位特考以外之高、普考或其他特考及格人員，雖不乏以「類科」專長進用，但非其各該考試用人之原始目的意旨。又如：軍人外職停役轉任、「交通行政」與「交通事業」相互轉任，以「空降」取得「資位」職務，但卻或因「專業性」或「技術性」之歷練不足，而有受排斥之感。

3. 薪級幅度長，易成怠惰：再觀交通事業人員職務薪級表，薪點、薪級與公務人員俸點、俸級均為160點至800點，計四十六級。各資位之薪級甚長，如「高員級」二十一級、「員級」有二十二級、「佐級」有二十二級，其優點在於每年可依考成逐年晉升至最高級，鼓勵久任，不受如公務人員之職等晉升的條件限制；但缺點卻宣稱「起薪薪級較低，新進人員易見異思遷，造成離職率偏高，從業人力不足」，此為公路局改制原因之一，亦為鐵路局之現象。然而薪級長，也易造成人員「熬年資」之「怠惰性」。

4. 職務之遷調，職酬不稱：交通事業制度標榜「同類互調、保障久任」（交任3），得於事業內歷練。但綜觀其職務薪級表，每一資位內之職務頗多，雖調動靈活，但難分其職位之高低，以致於「資位」與「職務」缺乏明顯之配當，亦形成無明顯之升遷序列，得循級而上，甚至於形成低資之主管領導高資之屬員，造成同工不同酬之現象，「怠惰性」油然而生。更有甚者，一職務跨列兩資位。近年來雖略有修正，使某些職務必須具某一資位薪級以上，始可擔任，但幅度不大。

5. 各業之轉調，失之寬濫：在交通各業中，雖大屬性相似，但小屬性卻有別。早期各業間雖得依法轉調（第2條），如：「民航」轉「水運」、「電信」轉「郵政」，但對所轉調之他業職務，專長歷練恐有不足，減緩事業之「專業性」、「技術性」，且易造成人事升遷之不公。而後有所限制，如：交通部79.4.13.交人（79）字第009878號函略以：「特種考試交通事業人員考試規則暨應考資格，交通各業雖屬一體適用，惟應試科目及特殊報考事項，為適應各業特性，仍分別訂定，是則交通各業各別舉辦特考及格者，其任用資格亦僅限於舉辦考試之事業，以符特考即考即用之精神，並杜舉辦考試機關無及格人員可用，而未舉辦考試機關可任意用人之弊病。本部所屬交通事業機關，均本此精神辦理。」現僅剩臺灣鐵路局適用「資位制」，此問題應已減緩。

6. 身分之屬性，性質難辨：交通事業人員原是勞工，各有其工會之組織。如：郵政總工會於民國19年成立、鐵路工會於民國36年成立、公路工會於民國43年成立、電信工會於民國46年成立。但「交通事業人員任用條例」爲「公務人員任用法」之特別法，且其人員必經銓敘，即在政府體系內，係屬公務人員。民國73年8月1日「勞動基準法」施行，交通事業人員納入該法第3條之「運輸、倉儲、通信業」之適用範圍，亦形成該法之「公務人員兼具勞工身分」（勞基84）。於是交通事業人員遊走兩制之間，欲左右逢源、兩沾其利，但有時亦難免腳踏雙船，失之偏離，於是抗爭時有所聞，如：民國77年5月1日之鐵路司機員大罷工，約一千四百人參加，爲政府遷臺之首次工運罷工；民國106年春節鐵路人員三百餘人集體請假。按其歷史沿革，交通事業人員似應屬「勞工兼具公務人員身分」較妥，不過在注重權利與義務之今日，身分之定性，是其權利與義務規設之前提，不可不愼酌。

7. 制度之濫用，積重難返：依「交通事業人員任用條例」第2條：「本條例所稱交通事業人員，指隸屬交通部之事業機構從業人員。」及第12條：「公營交通事業人員之任用，準用本條例之規定，……。」觀之，資位制僅適用或準用於交通事業機構，此應爲立法建制之目的。臺灣省鐵路局、公路局，原適用「簡薦委」之人事制度，依此而改準用該條例之「資位制」。又直轄市或縣市之交通機關並未準用。而適用該條例所定資位制者，卻非僅於「交通事業機構」，尙及於行政機關，如：「交通部臺灣區國道高速公路局組織條例」（67.7.21.）第10條規定：「本局人員之任用，適用交通事業人員任用條例之規定。」然觀其第2條所列之職掌，均爲工程、養護、行車安全管理等事項，尙無事業之營運，何其適用事業人員之法制？又如昔臺灣省公路局（今爲交通部公路總局），原掌公路工程、監理及客運等事項，民國69年7月將客運業務移出，另成立臺灣汽車客運股份有限公司，已無事業營運，卻仍繼續適用資位之人事制度。當時各業或因其適用事業制度，雖起薪薪級較低，但各級實質薪點之折算薪額卻較公務人員高，更何況亦有職務加給，甚且另有獎金之支給，實質待遇較公務人員高。

按「制度」本係中性，無「行政機關」或「事業機構」之別，要其能配合業務之特性與需要，即是好制度。「資位制」之人事制度雖源於英國，清季適用於我國海關與郵政，爲蔣夢麟先生所稱譽，繼而電信、鐵路、公路各業適用，以至於民國36年制定「交通事業人員任用條例」，民國42年之再統合各業之實施，再爲民國46年之修正，再度確立其建制精神，在於「專業性」、「技術性」與「永久性」，似無予行政機關適用之考量。

民國70年代「新政府運動」興起，隨之在公營事業「公司化」、「民營化」，乃至於「政府改造」之趨勢下，以迄於民國101年1月1日「政府組織改造」正式上路，其間公路、海運、郵政、電信等均先後將其事業之營運「公司化」、「民營化」，而將其主管之「業務」回歸行政機關執掌，最後只剩「鐵路」一業繼續適用「資位制」之人事制度。而「鐵路」一業長久以來，營運良好，但幾乎年年入不敷出，整頓之聲起之於民國70、80年代，迄今雖有革新之處，但仍無甚起色之跡，其中之一爲「人事」負擔沉重，爰於民國88年1月1日將其原適用「臺灣鐵路事業人員退休規則」（62.11.1.行政院核定）及「交通事業人員撫卹規則」（47.5.13.交通部發布，而後迭有修正）改爲適用「公務人員退休法」、「公務人員撫卹法」。「資位制」之人事制度，將在臺灣鐵事業之整頓中，是否會繼續適用？或被摒棄？或被修正，浴火重生？均有待觀察。

第六節　教育、醫事人員任用制度

教育人員早年指各級公立學校教職員，原係適用公務人員簡薦委的人事制度，後因教界人士認爲其傳授知識技能之特性，與行政機關指揮監督性的權力體系有別，而極力主張脫離含有命令服從意味之「官僚體制」，遂由教育部以行政命令另訂其人事制度行之。遲至民國74年5月，政府始制定公布「教育人員任用條例」，將其任用制度予以法制化。民國84年8月政府制定公布「教師法」，對公立私立學校教師與部分職員均適用，從此正式形成「公教分途」的制度。

至於醫事人員之人事制度，主要依據爲「醫師法」。醫師服務病患之關係與政府機關與人民間之命令服從權力關係有別。制度研擬之初，醫政當局似偏向於以專業角度切入，多少似有仿照醫學院中「教授、副教授、講師」之制度結構。後幾經商討及反復切磋，終獲融合各方意見，並擴及護理師等，制定公立醫療院所醫事人員的人事制度，現行此一制度似有「資位制」精神。

基於此種認識，故將教育人員與醫事人員兩種人事制度合併於本節中討論。

一、教育人員任用制度

我國自古講求尊師重道，教師在社會上具有特殊地位。進用教師時，特別稱爲「聘」，以示尊敬。而教師工作性質，與一般公務人員之朝八晚五上下班情形，以及長官部屬間之命令服從關係，確亦有所不同，所以教育界人士常自認有在公務人員之外另定教育人員專用人事制度之必要。此爲教育人員之所以歷來有其特別人事制度之思想背景大要，姑且一敘以供參考。

(一) 教育人員人事法制沿革：教師服務於公立學校，學校畢竟不能不爲其建立名分地位，本亦係尊崇之意。此所以民前各級公立書院之教諭，各有官等品位。民國後改採西方學制，高級學府教師稱教授、副教授、講師、助教，此為以前大專教師之四個官稱（民國86年更刪除「助教」官稱，但將助教職務性質改成職員，而另行增加「助理教授」官稱於講師之前）。早年在上述官稱之外，並仍分別依其資格之不同，而分別定之為簡任、薦任或委任三個官等；至於高級中學以至於國民小學教師，則一律稱為教師，但早年也依各人資格分別為之定官等為簡任、薦任或委任官等；而在公立學校工作之職員，亦依其資格條件，分別定其為簡任、薦任或委任官等。以上為政府前在大陸時期，學校教職員等級區分情形。中央政府來臺之初，仍然如此，甚至校長一職亦送銓敘。但稍後教育界人士漸有不同意見，認為教師工作至為崇高，不應似公務人員之有官階高低及指揮服從關係，應另定教育人員專用人事制度，也不必送請銓敘部辦理銓敘審查。於是，教育部另以行政命令制訂公立學校教師聘任制度，且按學校所屬政府層級之不同，分別由各該級政府教育行政主管機關（部、廳、局、科）辦理教師資格審查事宜，公立學校職員並連帶一併如此辦理。於是，與公務人員人事制度及銓敘部權責，完全分離，各行其是。民國74年5月1日，政府公布「教育人員任用條例」，全文共四十三條，教育人員人事制度始告法制化，並仍與公務人員人事制度不同，且仍分別由各級教育行政主管機關辦理任用審查。該法後經於民國79年、83年、86年、90年1月、90年5月、92年、95年、98年（兩次）、100年、102年、103年，先後十二次修正，而成現行各條文。依現行該條例規定，除公立學校職員之有任用資格者，送請銓敘部依「公務人員任用法」辦理銓敘外（教任21），學校職員無公務人員任用資格者，仍適用原有關法令規定，並得在各學校間調任（教任21）。

(二) 何謂教育人員：所稱教育人員，依「教育人員任用條例」第2條所定，指公立各級學校校長、教師、運動教練、職員、社會教育機構專業人員，以及各級主管教育行政機關所屬學術研究機構研究人員。

(三) 公立學校教師人事分類制度：教育人員以前原適用簡薦委制度。當其與公務人員制度分離後，其現行教師與研究人員之人事分類制度之結構，大要如下：

1. 等級分類：專科以上教師分定有教授、副教授、助理教授、講師四個職稱。此四職稱同時亦係其四個品等（因教育界自認教師非公務人員，所任亦非官職，故不應稱官等而僅有品等，教授、副教授之尊稱即是品等云）。至於高級中等學校以次各級學校教師，則無品等之別，而一律概稱為教師，僅在法律上分稱為國民小學教師與中等學校教師兩種（教任12、13、14）。

2. 性質分類：各級教師均無任教工作性質之分類，更無職系或類似職系之區分。

依上述情形以觀之，教師之分類結構，頗爲簡明。目前教師在人事運作上彈性甚大，法規無任何規定限制教師所得任教之課程性質，除高中以下學校教師外，專科以上學校教師亦無明文規定所得任教之學術等級限爲專科班、學士班、碩士班或博士班，更不規定任何品等教師（例如教授或副教授）所得授課之班次及課程性質範圍，高中與國中教師資格亦無區分限制，種種方面，幾乎均開放可以相互流通。其基本原因，顯然在於此一分類結構十分簡明。但公立學校教師人事制度因不在考銓範圍之內，故本書僅簡略敘述如上。

(四) 教育人員之進用：教育人員之工作任務關係國家社會之發展，因此教育人員之任用，應注意其品德及對國家之忠誠，其學識、經驗、才能、體能，應與擬任職務之種類、性質相當；對各級學校校長及社會教育機構、學術研究機構主管人員之任用，並應注重其領導能力（教任3），因此必須要有判別認定其智能資格之方式。公務人員長久以來均以「考試」來定其資格（憲86，任用13），但教師長久以來則以「學經歷或著作」來定其資格，並定有「教師法」、「教育人員任用條例」等相關法律規定。茲述其重點如次：

1. 積極資格：

(1) 各小學、國民中學、高級（職業）中學教師，以其大專之學歷進用（教任12、13）。

(2) 專科學校、大學講師、助理教授、副教授、教授，甚至於大專院校研究助理之助教，以其碩士、博士學歷，或專業工作或教學年資，或專門著作研究論文等來定其資格，予以進用；甚或對傑出貢獻者，亦作特殊規定，以免有遺珠之憾（教任12至19）。

(3) 各中、小學校校長及其一級單位主管，均須領有各該級學校之教師證書，並具有一定之專業教學經歷年資與主管學校行政，或有關教育行政之工作年資，始得擔任；大專以上學校校長，基本上應具有教授、副教授及教學、研究之年資，並且還要具有政府機關學校、公民營事業機構之主管職務年資合計三年以上（教任4至11）。

2. 消極資格：

具有下列情事之一者，不得爲教育人員；其已任用者，應報請主管教育行政機關核准後，予以解聘或免職（教任31，教師14）：

(1) 曾犯內亂、外患罪，經有罪判決確定或通緝有案尚未結案。

(2) 曾服公務，因貪汙瀆職經有罪判決確定或通緝有案尚未結案。

(3) 曾犯「性侵害犯罪防治法」第2條第1項所定之罪，經有罪判決確定。

(4) 依法停止任用，或受休職處分尚未期滿，或因案停止職務，其原因尚未消滅。

(5) 褫奪公權尚未復權。

(6) 受監護或輔助宣告尚未撤銷。

(7) 經合格醫師證明有精神病尚未痊癒。

(8) 經學校性別平等教育委員會或依法組成之相關委員會調查確認有性侵害行爲屬實。

(9) 經學校性別平等教育委員會或依法組成之相關委員會調查確認有性騷擾或性霸凌行爲，且情節重大。

(10) 知悉服務學校發生疑似校園性侵害事件，未依性別平等教育法規定通報，致再度發生校園性侵害事件；或偽造、變造、湮滅或隱匿他人所犯校園性侵害事件之證據，經有關機關查證屬實。

(11) 偽造、變造或湮滅他人所犯校園毒品危害事件之證據，經有關機關查證屬實。

(12) 體罰或霸凌學生，造成其身心嚴重侵害。

(13) 行爲違反相關法令，經有關機關查證屬實。

至於教師法第14條第1項第6款規定：「教師聘任後除有下列各款之一者外，不得解聘、停聘或不續聘：……六、行爲不檢有損師道，經有關機關查證屬實。」依司法院釋字第702號解釋之意旨爲：憲法第15條規定，人民之工作權應予保障，其內涵包括人民之職業自由。對職業自由之限制，因內容之差異，在憲法上有寬嚴不同之容許標準，若所限制者爲從事一定職業所應具備之主觀條件，則需所欲實現者爲重要之公共利益，且其手段屬必要時，方得爲適當之限制，始符合憲法第23條比例原則之要求。又教師法第14條第1項第6款規定：「教師聘任後除有下列各款之一者外，不得解聘、停聘或不續聘：……六、行爲不檢有損師道，經有關機關查證屬實。」其以「行爲不檢有損師道，經有關機關查證屬實」爲解聘、停聘或不續聘之構成要件，係因行爲人嚴重違反爲人師表之倫理規範，致已不宜繼續擔任教職。惟法律就其具體內涵尚無從鉅細靡遺詳加規定，乃以不確定法律概念加以表述，而其涵義於個案中尚非不能經由適當組成、立場公正之機構，例如各級學校之教師評審委員會，依其專業知識及社會通念加以認定及判斷；而教師亦可藉由其養成教育及有關教師行爲標準之各種法律、規約，預見何種作爲或不作爲將構成行爲不檢有損師道之要件。且教育實務上已累積許多案例，例如校園性騷擾、嚴重體罰、主導考試舞弊、論文抄襲等，可供教師認知上之參考。綜上，行爲不檢有損師道，其意義非難以理解，且爲受規範之教師得以預見，並可經由司法審查加以確認，與法律明確性原則尚無違背。惟所謂行爲不檢有損師道之行爲態樣，於實務形成相當明確之類型後，為提高其可預見性，以明文規定於法律為宜，並配合社會變遷隨時檢討調整。另一律禁止終身再任教職，而未針對行為人有改正可能之情形，訂定再受聘任之合理相隔期間或條件，使客觀上可判斷確已改正者，仍有機會再任教職，就該部分對人民工作權之限制實已逾越必要之程度，有違憲法第23條之比例原則，應自本解釋公布之日起，至遲於屆滿一年時失其效力。換言之，「行為不檢」將構成解聘、停聘或不續聘，尚非構成終生不得受聘為教師之理由。

3. 進用程序：

現行教育人員之進用應本公平、公正、公開之原則辦理（教任26、27）：

(1) 高級中等以下學校教師除依法令分發者外，由校長就經公開甄選之合格人員中，提請教師評審委員會審查通過後聘任。國民中、小學校長之遴選，除依法兼任者外，應就合格人員以公開方式甄選之。

(2) 專科學校教師經科務會議，由科主任提經教師評審委員會評審通過後，報請校長聘任。

(3) 大學、獨立學院各學系、研究所教師，學校應於傳播媒體或學術刊物刊載徵聘資訊後，由系主任或所長就應徵人員提經系（所）、院、校教師評審委員會評審通過後，報請校長聘任。

前述之「分發」，係指公費師範生畢業後分派到各該中小學任教。

4. 聘任期限（教任37，教師13）：

(1) 專科以上學校教師之聘期，初聘為一年，續聘第一次為一年，以後續聘，每次均為二年。

(2) 高級中等以下學校教師聘任期限，初聘為一年，續聘第一次為一年，以後續聘每次為二年，續聘三次以上服務成績優良者，經教師評審委員會全體委員三分之二審查通過後，得以長期聘任，其聘期由各校教師評審委員會統一訂定之。

(3) 各級學校校長均採任期制，其任期應依相關法規規定。

5. 資格審查：

學校教師經任用後，應依左列程序，報請審查其資格（教任30）：

(1) 國民中、小學教師應送由服務學校報請該管縣（市）政府轉報省教育廳審查。

(2) 高級中等學校教師應送由服務學校轉報省教育廳審查。

(3) 直轄市所屬公私立中、小學教師應送由服務學校轉報市教育局審查。

(4) 師範校院，設有教育院、系之大學附屬中、小學及國立中等學校教師，應送由服務學校層轉所在地區之省（市）教育廳（局）審查。

(5) 專科以上學校教師應送由服務學校轉報教育部審查。教師資格審查、登記辦法由教育部定之。

前述之「省教育廳」，在民國102年1月1日後改由行政院「教育部國民及學前教育署」接辦。教師資格審查、登記辦法由教育部定之。

(五) 教師與學校之法律關係：教師與學校之關係，昔即爲「聘任」關係，民國84年8月9日「教師法」制定公布以來，不論在公立學校或私立學校更在法律上確定爲「聘任」關係，加以之前除師範生之分派外，大部分均以聘任行之。惟「聘任」制度之性質爲何？內容爲何？關係爲何？昔法無明定，一般認爲係「契約」關係。此在私立學校，迄今或得以「雇傭」認之；但在公立學校，則恐非如此，因在各時期而有所不同：

1. 屬於「私法契約」時期：民國74年5月1日「教育人員任用條例」制定公布前，除師範生之分派服務期間具有「委任」性質外，一般認爲係屬「私法契約」。如司法院民國34年院解字第2928號解釋謂：「公立學校聘請教職員係屬私法上契約關係。學校當局之解聘，並非行政處分，如在約定期限屆滿前，無正當事由而解聘者，該職員得提起民事訴訟以資救濟，不得提起訴願。」此後行政法院著有多則判例（如：民國46年裁字第27號、49年判字第72號、57年判字第127號、60年判字第290號、62年裁字第233號、70年裁字第208號判決）。

2. 屬於「公法契約」時期：民國74年5月1日「教育人員任用條例」制定公布後，公立學校與教師之聘用，則被視爲「行政契約」，惟當時「行政契約」僅有學術或理論的觀念，並無法律之規定。經民國84年8月9日「教師法」之制定公布，更明示其權利義務；民國88年2月3日「行政程序法」之制定公布，更確立「行政契約」之法律地位。以迄於最高行政法院民國91年判字號第2282號判決主張：「公立學校教員之聘用，雖形式上有書面契約（聘約），但究其聘任之法律關係，並非完全無公法性質，而不能一律視爲私法契約。」其判決理由中說明：「公立學校與教師聘約關係，由於適用法規如教育人員任用條例等多具有強制性、公益性及公法性，且契約標的內容乃爲實現國家教育高權之任務，故學界通說向來係以行政契約之公法關係定其屬性。」而後最高行政法院民國98年7月庭長法官聯席會議決議：「公立學校係各級政府依法令設置實施教育之機構，具有機關之地位（釋字第382號解釋理由書第二段參照）。公立學校教師之聘任，爲行政契約。」

茲特別須提示者爲：民國100年5月1日修正施行之「工會法（第4條）」、「團體協約法（第10條）」、「勞資爭議處理法（第3條）」三法將教師納入規定，教師乃被正式認定爲**勞工**，並原則上亦適用其相關規範。教師權義之發展，與其身分之屬性及其關係之屬性，是否會因此而產生變化，仍有待觀察、斟酌。

(六) 公立學校職員任用程序與實體規定：依民國83年7月1日修正後之「教育人

員任用條例」第21條規定：「學校職員之任用，依其職務類別，分別適用公務人員任用法或技術人員任用條例之規定，並（由銓敘部）辦理銓敘審查。」學校職員於是回復多年前規定，正式納入銓敘。

公立學校職員，既係由銓敘部依公務人員任用制度辦理銓敘審查，其任用程序及實體規定，均與公務人員無異。請參閱本書第十一章第三節有關公務人員任用之論述。既然學校之職員，已依公務人員任用並銓敘，且係以高、普考進用，是否仍將此非人員納入該條例中，亦值得思考。

在各公立學校中，可能尚有部分係於民國74年4月30日前，亦即「教育人員任用條例」未施行前進用且不具公務人員任用資格之現任職員，則仍適用原有關法令規定任用（教任21）。

二、醫事人員任用制度

醫事人員歷來均需要有「職業證書」與「執業執照」始可從事醫療行爲。昔公立醫療機構醫師之進用，除依「技術人員任用條例」及「聘用人員聘用條例」等法律進用外，另得依高、普考之「公職醫師」、「公職護士」等考試及格依「公務人員任用法」，予以任用。但醫事人員認爲其工作性質及人員培養過程畢竟與一般公務人員有別，終於另定其單獨之人事制度施行，茲將其人事制度概要列述於下。

(一) 醫事人員人事制度沿革：政府於民國32年9月公布「醫師法」對醫事人員之任用有少量概括性之規定。

醫事人員原係適用與行政機關相同之人事法規，在民國76年以前依簡薦委制辦理，至民國76年實施之人事制度施行後，則完全適用一般公務人員之「官等職等併立制」，依任用法以考試及格資格任用，或依民國24年11月8日制定公布之原「技術人員任用條例」（24.11.8.國民政府公布）以學經歷進用，惟因各醫事人員依其所處公立醫療機構層級有不同之官等職等，產生諸多人事管理上之問題。嗣民國80年11月1日新「技術人員任用條例」制定公布後，公立醫療機構醫事人員須具有法定任用資格始得任用，僅領有醫事專門職業證書者，尚無法據以取得公立醫療機構醫事人員之任用資格。因此，當時原以學經歷進用而任職公立醫療機構之醫事人員，爲取得法定任用資格，每於考季均競相湧入考場，形成所謂「醫護人員荒」，致影響醫療服務品質。

爲解決實際需要，銓敘部爰採取若干因應措施：1.研擬專門職業及技術人員轉任公務人員條例（按：於民國82年8月4日制定公布，經專技考試及格並實際從事相當之專門職業及技術職務二年以上，成績優良有證明文件者，得轉任公務人員）。2.研修技術人員任用條例（按：增定經專門職業及技術人員檢覈及格後之醫事人員，並曾實際從事相當之職務二年以上，成績優良者，得任用為公立醫療機構之醫事人員，惟不得轉任其他職系及醫療機構以外之醫療行政職系）。上開措施雖暫時解決技術條例施行後醫護人力短絀之現象，惟渠等仍須俟考試及格後，實際從事相當之專門職業及技術職務二年以上，方取得公務人員任用資格，導致當時公立醫療機構失去遴用優秀人才之先機。

基於公立醫療機構及醫事人員之屬性不同於一般行政機關人員，爰依是類人員特性及實際需要，於民國88年7月15日公布制定「醫事人員人事條例」十八條，並於民國89年1月16日施行，醫事人員始與一般公務人員分途管理，其後復於民國95年8月1日修正施行。

「醫事人員人事條例」公布後，由考試院會同行政院於民國89年2月10日，依該條例明文授權，以命令規定溯自當年1月16日施行。另於民國89年1月28日發布施行，其施行細則十四條，並於同年10月12日修正第7、8條，此一細則頗為詳細。又於民國89年2月10日發布「現職醫事人員改任換敘辦法」，並於同年10月及92年3月兩度修正。

民國95年5月17日總統公布修正該條例全文二十條，7月31日銓敘部與行政院衛生署會銜發布施行細則十條，並明定自8月1日施行。

(二) 醫事人員人事制度適用範圍：此一制度僅適用於各政府機關範圍內之醫事人員，包括公立醫療機構、政府機關及公立學校組織法規所定醫事職務人員（醫人2）。另前於民國89年3月13日依程序發布「各機關（構）學校適用醫事人員人事條例職務一覽表」一種，並經先後於民國90年、92年、93年三度修正。民國96年4月13日再修正其名稱為「各機關適用醫事人員人事條例職務一覽表」；再於民國98年3月、100年4月、101年8月及103年4月，作四次修正。

(三) 何謂醫事人員：醫事人員任用條例所定醫事人員，指依法領有專門職業證書之醫師、中醫師、牙醫師、藥師、醫事檢驗師、護理師、助產師，營養師、物理治療師、職能治療師、醫事放射師、臨床心理師、諮商心理師、呼吸治療師、藥劑生、醫事檢驗生、護士、助產士、物理治療生、職能治療生、醫事放射士等二十一種人員，及其他經中央衛生主管機關核發醫事專門職業證書，並擔任公立醫療機構、政府機關或公立學校組織法規所定醫事職務之人員（醫人2）。

(四) 醫事人員人事制度基本結構：醫事人員人事制度中無簡薦委官等、無十四職等、無職組職系，非「公務人員任用法」所定之官職併立制度，其人事制度之法定名稱與學術名稱均應為「醫事人員人事制度」，近亦有稱之為「職務級別制」（醫人3）。其依工作性質所作之人員分類，即為上文列舉之二十一種人員，及經中央衛生主管機關核發醫事專門職業證書，並任法定醫事職務之人員。其上下等級之人員分類則區分爲**師級**及**士（生）級**兩級，而師級又區分爲師(一)級、師(二)級、師(三)級共三級，以師(一)級爲最高級，據此，共應區分爲四級（醫人2、3）。

(五) 醫事人員任用的基本條件：醫事人員任用的基本條件與公務人員同（醫人1，醫人細9）。

(六) 醫事人員任用的消極資格：醫事人員任用的消極資格與公務人員同（醫人1，醫人細9）。

(七) 醫事人員任用的積極資格：一般醫事人員的任用均依「醫事人員人事條例」規定；但住院醫師則適用「聘用人員聘用條例」辦理（醫人9）。

據此，醫事人員任用資格之取得途徑分別有五：

1. 公務人員考試及格：經公務人員考試醫事相關類科及格，並取得中央衛生主管機關核發之醫事專門職業證書者（醫人4）。惟該條例施行後，公務人員考試已無醫事相關醫事類科的設置，醫事人員回歸各醫事專業法規，依職業證照執行醫事工作。政府醫事機構之用人，依其「職業證書」、「執業執照」，由醫療機構首長依機構之編制與員額進用，銓敘符合時即審定爲「以醫事人員任用」，如無經歷者則仍「先予試用」半年。

2. 專門職業及技術人員考試及格：經專門職業及技術人員考試醫事相關類科及格，並取得中央衛生主管機關核發之醫事專門職業證書者（醫人4）。

3. 依學歷、經歷及專業訓練陞級：

(1) 師級醫事人員已達較高一級最低俸級，並具有相關之學歷、經歷及專業訓練者，具有較高一級別之任用資格。

(2) 領有中央衛生主管機關核發之師類醫事專門職業證書後，實際從事相關專業工作並符合上述學歷、經歷及專業訓練規定者。其升師(二)級者需有四年以上之相關專業工作；升師(一)級者需有十二年以上相關專業工作（醫人7，醫人細3、4、5）。

4. 改任換敘：「醫事人員人事條例」施行前依其他法律規定任用之現職或離職再任之醫事人員，其具有「醫事人員人事條例」所定任用資格者，按原銓敘之資格予以改任換敘；未具法定任用資格之現職人員，適用原有關法律規定繼續任用至離職止，其前已離職，於該條例施行後再任，則比照改任換敘（醫人16、18）。

5. 聘用：公立醫療機構住院醫師依聘用人員進用之法律規定聘用（醫人9）。

(八) 任用程序：新進醫事人員之來源有二：1.昔爲考試及格分發任用。2.今爲就具有任用資格人員以公開競爭方式甄選任用。初任各級職務者，先予派代，並報銓敘部審定，准予「先予試用」；試用六個月期滿成績及格者，再行檢證送銓敘部審定「以醫事人員任用」，是爲「銓敘合格」；試用期滿成績不及格者，停止試用，予以解職。但曾在各機關或各類醫事人員，依其醫事專門職業法律，得執業之機構，擔任與其所擬任職務之性質相近程度相當，或曾任低一級職務之經歷六個月以上者，得免予試用。試用人員不得兼任各級主管職務。試用期滿及格者，先派代理，並送請銓敘部審查，經審定「以醫事人員任用」合格者，即相當「合格實授」資格，即爲正式任用；審定不合格者，應即停止其代理（醫人5、6、8，醫人細2，任用24）。

(九) 進用與陞遷：各機關遴用新進人員，應依「公務人員陞遷法」所定之外補程序，就具有任用資格人員，以公開競爭方式甄選之。但下列人員不在此限（醫人5）：

1. 考試及格分發任用者。
2. 政府機關培育之醫事公費生經分發履行服務義務者。
3. 依該條例所任用之各機關首長、副首長及一級單位主管。

(十) 醫事人員人事制度之精神：基於醫事人員人事制度之分類結構均係以人爲分類對象，所以其人事制度亦爲**品位制度**之一種，又其專業性，又似「資位制」。綜觀「醫事人員人事條例」所規定之制度全貌，主要精神有二：一爲維持醫事人員之專才專業精神；二爲醫事人員任用資格之取得，必須兼具考試及格與領有醫事人員證書兩者。所列舉之二十一種醫事人員，其性質實即相當於官職併立制度中之職組，但此類職組的分類實頗粗疏，因若干職組之下應尙有職系。例如：其中所稱醫師一種，實際包括內科、外科、小兒科、婦產科、骨科、腫瘤科、精神科等眾多之專業科別（至於再進一步的再次級分類，例如內科又區分爲腸胃科、心臟科等，就更不論了）。可能由於「醫師法」已有如下之概括規定：「非領有醫師證書者，不得使用醫師名稱。非領有專科醫師證書者，不得使用專科醫師名稱」（醫師法7之2），所以「醫事人員人事條例」對專業醫師根本未再觸及，對二十一種醫事人員間不得調任，也未有調任之規定，悉依有關醫療（事）法規辦理。不過由於事實上不可能相互調任，所以並無傷於其專業精神。

又由於其任用等級結構不同，所以當然必須另有其專用以資配合之俸表，至於與任用資格及俸給無關之其他事項，諸如任用審查、考績等端，則依公務人員有關法規辦理。

(十一) 醫事人員人事制度之檢討：

1. 組編員額與人員資格：「醫事人員人事條例」自民國89年1月16日施行迄今，公私立醫療機構之人事人員，均同受醫療專業法律之規範，只不過公立醫療機構因有用人成本預算之考量，另有其組織編制員額（師級、士（生）級員額編制）之規範，用人未如私立醫療機構之有彈性。又自民國102年開始，專門職業及技術人員僅有護理師的考試相當高考、薦任，而停辦護士類科考試，使得原領有護士執照者，雖仍得執業，但其新近取得「護理師」執業執照者，卻於公立醫療機構苦無編制員額之「護理師（師級）」職缺得予進（晉）用，只得占「護士（士生級）」職缺從事醫療工作，形成「高資低用」不合理之情。又社會之進步，伴隨而來的，對醫療品質提升之要求，亦甚爲殷切。私立醫療機構均以「護理師」等師級人員執行醫療業務，何獨於公立醫療機構要以「護士」等士（生）級人員執行醫療業務？護理團體迭有反應，即便公立醫療機構護士之待遇優於私立醫療機構之護理師，但名稱之別，恐亦影響專業之尊嚴。雖公立醫院師(三)級與士（生）級已有所放寬，得以共同編制員額互用，但醫院本身亦得考量工作之品質與年資之深淺，而妥爲調適，情況有所緩和，然仍不能完全盡如人意。兩者之間如何調和，仍有待深入研究。

2. 是勞工或是公務人員：又近年來常爆「血汗醫院」、「血汗護士」，約民國103年時，行政院勞委會曾擬分階段「回歸勞基法」，以及「助產士重返醫院，提供生產選擇」，均對公私立醫療機構產生某成分的影響，尤其是公立醫療機構（含軍醫院），此是否會影響到現行公立醫療機構醫事人員人事制度及其運作，均有待觀察。

3. 醫師（院）與病患之關係：另「醫患（病）之法律關係」一般來說，基本上是「契約」關係，且係私法關係。但因「公共衛生」、「疾病防治」之原因，並非無公權介入，如傳染病之通報（傳染病防治法39、40，醫師法15），而有公權力之關係，惟此係特殊之個案，大部分來說，可能仍爲私法之契約。此法律關係之屬性，關係到公立醫療機構醫療人員身分、定位與屬性是否爲公務人員身分？尤其是否爲民國94年修正之刑法第10條所規定之公務員？端視其是否具有「法定職務權限」，而依法令從事於公共（醫療衛生）事務。此一則有待個案認定之累積與發展，一則有待政策之決定。

公立醫療機構之負有「公共醫療衛生」之任務與公營事業機構之負有國家「產業經濟」任務，功能作用似極爲相似。各與民間同業公平競爭，也維繫一定醫療水準與進步。公私立醫療機構平常仍以「醫療」居大多數，是以「醫病關係」乃以「私法契約」爲主。若此，公立醫療機構似宜棄除「機關」公權之性質，褪除「公務人員」之外衣，以「事業機構」之型態發展，或可減除公私立醫療機構醫事人員間社會地位之不平。初步構想，不揣淺陋，以供參酌。

第13章　當前任用陞遷制度之基本問題

本章有關當前任用陞遷制度的基本問題所探討者，爲公務人員任用制度與特種人員任用制度的共同基本問題，整體檢討，以免分割。政府在臺數十年來，由於內部安定，經濟進步，所以各項制度亦進步迅速；但亦因有進步，故亦必有新問題發生，公務人員任用陞遷制度自不例外，近年常有新問題提出。現就其中選擇若干題，稍事說明於下，以供思考之助。

本書第一、二兩版第十二章第八節原均列有八個問題，於第三版增修時，經再加檢討，此八個問題中，除原第七題主張不必爲技術人員另行立法及另定任用制度一事，政府已如本書原著者之主張，已早將「技術人員任用條例」予以廢除，以此一問題已不存在，故此一論題亦予以刪除外，其餘七論題所討論之問題仍然存在，故仍予保存在此以供參考。

又「公務人員陞遷法」於民國89年7月16日施行，於民國96年2月第三版增修時，發現有値得討論之事項，特予增述，以供參考，迄今如是。

茲於第四版增修時，對於原述問題之資料或討論，略有補充，並增列「調任」一論題，以供參考。

第一節　任用制度多元化之檢討

茲就與任用制度多元化情事有關各端，扼要說明於下。

(一) 多元化為共同現象

政府機關人員任用制度，各國不一，但幾乎所有國家政府人員任用制度，都有一共同現象，即任用制度的多元化，全部政府工作人員，絕非共同適用單獨一種人事任用制度，但各國所表現多元化之程度則有別。再回顧我國歷史往事，亦與此相同。自漢以來，所採用人制度，雖歷代各有其不同之主體制度，但仍有其輔助制度伴之以行，足證任用制度之多元化，誠爲古今中外共同現象。

(二) 多元化之原因與得失

但並非因此即可認爲任用制度多元化即係一正確必然現象；同時，縱爲必然，仍有多元化至何程度始爲得當問題。因爲鑑諸種種事實，均不足據以論斷多元化愈多即愈正確。正如自有人類以來，中外古今即莫不有貪汙與娼妓二大人類劣根性表現，去之而不能；但亦絕不能因而即謂此二事爲正確，其理相同。

平心而論，任用制度多元化，有其種種不同的形成原因，有部分固然係起因於歷史傳統，但細加追究，傳統亦仍必有其原始原因。概括言之，一切多元化的原因，似乎都不外乎下列三種之一或二種以上共同作用：一爲工作性質確有特殊；二爲社會環境條件之不同；三爲主事者及適用者性向與認識之不同。正猶如不同之時代發展與不同之民族性兩項因素，共同造成不同之文化。

多元化實即分化，如果任何一種分化之任用制度，確均係基於顯然不同的環境條件所形成，且確能符合實際需要，亦符合公正與公平原則，該一分化即屬妥適正當；否則，如果係屬自私自利，或僅係標新立異，或偏離公正公平原則，則爲不妥適不正當。若干年前，臺灣曾流行一本雖不甚嚴肅但亦說出部分道理之小書，名爲《柏金森定律》（Parkinson's Law），其所謂「定律」之一，謂當一行政機關業務量增加，致員額亦需要配合增加時，雖實際需要增加者僅爲二人，但該機關定必誇張要求增加五人或更多人手；抑有進之，此時當他一機關業務量並未增加，實際亦不需要增加員額時，卻亦常起而比照要求增加員額。我國政府機關任用制度多元化之發展情形，似有與此相仿之處。

一元化制度的好處，在其標準劃一，劃一則公平，但其缺點在不能切合與適應多種不同狀況需要，以致反形成不公平；多元化的優點與缺點，則恰好與此相反。因此，最好的處理方式，是對於確有特性、確有特殊環境條件，以及也確有需要時，可以准許另定不同制度，但不可寬濫。

我國政府機關人員任用制度分化情形嚴重，下文有具體說明。

(三) 七種非常任文職人員任用制度

我國政府人員的任用制度，於常任事務官之基本任用法律「公務人員任用法」之外，另有不同者，有下列七種非常任文官任用制度，均與常任文官之「公務人員任用法」規定不同：

1. 政務官任命制度：政務官之任用無需考試及格，除部分政務職務有非考試性的成文資格條件規定外，大多數均無法定之資格條件規定。我國政務官之性質（除有固定任期者外）主要有三：(1)政治性任命官員，應隨政黨共進退。(2)決定或參與決定政策。(3)應負政策成敗得失之責。由於政務官性質與常任文官性質，具有上述根本性之不同，所以自必有不同之任用制度。

2. 選任人員選任制度：據「公職人員選舉罷免法」早年條文規定，依該法經選舉產生之公職，包括下列各種：(1)國民大會代表。(2)立法委員。(3)省市議會議員。(4)縣市議會議員。(5)鄉（鎮、市）民代表會代表。(6)省市長。(7)縣市長。(8)鄉（鎮、市）長。(9)村、里長。以上九種人員除必須符合該法所規定之候選基本條件（國籍與年齡），及不違反消極資格外，均另無積極資格之規定，即可從事候選（選罷2、31、34、35）。

3. 雇員僱用制度：依學歷進用，非必考試。其工作性質屬於政府機關低層級助理人員。民國以來，即被認爲無需高深學問，所以規定不必考試及格，但亦同時不賦予官等，而摒絕於官等職等結構體制之外。及至民國85年，始經立法決定，將雇員制度自民國87年元旦起予以廢除（任用37）。

4. 教師聘任制度：採定期聘任制，依學歷用人。由於教師之職務性質在施教於學生，師生雙方有尊卑之分，而我國自古以來，又特別尊師重道，所以對教師避免用任命指派等方式，而必稱聘。此所以歷來均用聘任制度而從無異議。

5. 派用人員派用制度：依學歷及經歷用人。國民政府奠都南京後，雖旋即公布多種公務員任用法律，以期建立依法用人之正軌；但國家統一之初，形同開國，難期一舉而盡革慣習，各機關仍多有自行聘用或自行指派工作人員，於法定之簡薦委體制之外，自行隨意賦予等級與報酬，情形頗爲紛亂。迄至民國33年4月20日，國民政府始公布「聘用派用人員管理條例」施行，稍資整理。民國35年8月28日，考試院復進而頒布「聘用派用人員管理條例實施辦法」，至此，對此兩種人員之管理，始漸有統一標準。後經於民國58年廢除上述兩法規，另行公布「派用人員派用條例」以及「聘用人員聘用條例」施行。兩條例內容相互之間，迥然有別。派用人員仍有官等（職等），並準用公務人員之俸給、退休、撫卹等法規；聘用人員除「保障」準用「公務人員保障法」（保障102）外，則完全不準用公務人員諸此規定，而係以聘約定期聘用。但兩者共同之處，在其均不需考試用人，以維持各機關在用人上某種程度之彈性。

6. 聘用人員聘用制度：依學歷及其他因素用人。其有關情形，已併見上述。

7. 公營事業人員遴用制度：此處所稱公營事業，包括國營與省市營兩大部分，兩者歷來均係依學歷經歷用人。公營事業人員之工作與職責，非屬政府對人民之管理或公務服務，而爲生產、營業或服務業，與公務人員性質自屬有別，所以自始即不適用公務人員人事管理制度，而自行以行政規章管理，且各業亦不統一。其中僅有交通事業人員定有「交通事業人員任用條例」，並依考試用人，送銓敘部辦理銓敘，但亦非常任文官。另省市營事業訂有「臺灣地區省市營事業機構人員遴用暫行辦法」施行，採職位分類制度。民國87年12月21日，臺灣省政府功能業務與組織調整（俗稱「精省」或「凍省」）後，省營事業由中央相關機關接辦，或前後相繼公司化或民營化；而直轄市營事業，如原適用該遴用暫行辦法之臺北市自來水事業處，臺北市政府亦另定有「臺北市政府所屬臺北自來水事業處人事管理暫行辦法」（98.9.17.府法三字第09835960600號函發布），以資適用；終至於民國106年3月2日，臺灣省政府發布廢止「臺灣地區省市營事業機構人員遴用暫行辦法」（府財法字第10617000260號令）。

以上七種不同之任用制度，其所持分殊之理由，已在各該項下分別略有說明。至於理由究竟是否正當合理，事屬另一問題，暫不在此一一討論。但事實上，任用制度之分化，並不止於上述七種非常任人員之任用制度，且更有下述進一步發展。

(四) 十種常任公務人員之不同任用制度

以上所述，係屬七種非常任文官之分化情形，但尤有進之，在常任文官範圍之內，亦有下列多種與「公務人員任用法」所定有所不同之任用制度：

1. 司法人員任用制度：司法人員為常任公務人員之一種，其任用向來亦納入公務人員任用範圍。但由於司法人員之職責關係國民生命、安全、財產、自由、社會正義與福祉等事項之維護保障，關係重大，如有錯誤或疏忽，國民必遭受損害。所以對司法人員素質之要求特嚴，故對於司法人員之任用，除依「公務人員任用法」規定辦理外，並對其任用資格，另增定有較嚴格之要求。此種增加之要求，以前定之於「法院組織法」內，民國78年12月22日另行定有「司法人員人事條例」，以維司法之專業性。依「公務人員任用法」第32條及其施行細則第28條規定，司法人員任用資格之銓敘審定，仍由銓敘部統一辦理。

2. 法官檢察官任用制度：法官、檢察官昔統稱為「司法官」，均由同一「司法特考」考選，同一訓練，而後分發法院或檢察機關辦事，送請銓敘。經「候補」書類審查合格而「試署」，經「試署」書類審查合格而「實任」（合格實授），而後依法循年資、考績以及法院等級之編制員額晉升官等職等。早年所適用之法律為「法院組織法」與「公務人員任用法」，民國78年12月22日公布修正「法院組織法」及公布制定「司法人員人事條例」，將組織與人事分開立法、併同適用，但仍不脫新制「官職併立」「公務人員任用法」之制度架構或其規範。民國100年7月6日公布制定「法官法」，將法官、檢察官之人事事項納入，建立一新的專用之人事制度，依憲法「考試用人」（憲85、86）之規定，採行「多元進用」管道，引進人才。雖仍維持「候補」、「試署」、「實任」（合格實授）之程序予以任用，但已無官職等級與職系之規設，依其資歷條件，分派各級類法院或檢察署辦事。這是我國最年輕之人事制度。

3. 審計人員任用制度：審計人員為常任公務人員之一種，其任用，原無專用之特別法律。最早僅在「審計部組織法」中，列有有關其人員任用資格條款數條，後且經予以刪除，而完全適用「公務人員任用法」。至民國50年5月19日，始公布制定「審計人員任用條例」全文十二條，以資適用，嗣於民國64年修正一次迄今。該條例主體，在其第4至7條，以及第11條，分別規定有關四種（等級）審計人員之任用，除適用「分類職位公務人員任用法」規定外，並應具備之增定資格。而增定資格之要旨，在其除得由有關專業類科考試及格進用外，餘均應具有審計人員經歷，其目的在維持其人員審計獨立之專業性。

4. 主計人員任用制度：主計人員爲常任公務人員之一種。早自民國25年10月30日公布「主計人員任用條例」開始，其任用即另定有不同之制度。至民國70年12月28日，廢除原條例，另公布現行之「主計機構人員設置管理條例」施行。細閱前後兩條例內容各項規定，除均適用「公務人員任用法」有關之任用資格規定外，並均顯示下列二項要旨：(1)維持主計人員之純淨性。(2)統一主計人員任使管理與指揮監督權力。

5. 關務人員任用制度：關務人員爲常任公務人員之一種，但基於其早年委託英人代管之歷史背景，於民國39年1月，收回自辦後，但仍有一段長期適用其以行政規章所定之單行任用制度。至民國80年2月1日，始公布制定「關務人員人事條例」施行，勉強將其原資位職務分立制，與公務人員現行之官職併立制混合，成爲其現行制度，名爲「官稱職務分立制」。綜觀其前後制度內容，特色均在其人事上具有高度封閉性，使其人員極難與其體系外人員對流，以保持其人員專業之純淨性。

6. 駐外外交領事人員任用制度：駐外外交領事人員爲常任公務人員之一種。由於外交領事工作，係代表國家與外國交往，所需知識、能力、技術等，確均與一般公務人員有所不同，所以自民國開國以來，其人員即另行立法管理。行憲之前，原有民國33年公布之「駐外使領館人員任用條例」施行，後於民國48年6月18日頒布現行之「駐外外交領事人員任用條例」，對其人員之任用，除依公務人員任用法律規定辦理外，並定有增加之資格條件。

7. 警察人員任用制度：警察人員亦爲常任公務人員之一種。因其任務在維持國內治安，故工作時配置械具，執行任務時並常有危險，性質特殊，至爲顯然。民國24年11月9日，政府公布「警察官任用條例」施行，除適用公務人員「簡薦委制度」及其任用資格外，並另有關於任用資格之增加規定，以維持其人員之專業智能要求。至民國65年1月17日，始公布制定「警察人員管理條例」，改採「官職分立制」，爲一條鞭之人事體制，以迄民國96年7月11日，修正爲「警察人員人事條例」。

8. 政風機構人員任用制度：政風人員爲常任公務人員之一種，其任務在端正政風，促進廉能政治，工作性質亦有所不同。而於民國81年7月1日，另行公布制定「政風機構人員設置條例」施行。民國100年7月20日，法務部廉政署成立，歸該署指揮監督。民國101年2月3日，該條例修正爲「政風機構人員設置管理條例」仍維「一條鞭」之人事體制。

9. 蒙藏邊區人員任用制度：蒙藏邊區人員爲常任公務人員之一種，但以蒙藏地區教育文化發展較不普及，且任職當地人員，與蒙藏人民往來，必需通曉蒙藏當地語言與風俗習慣較宜，其工作性質，確有特殊。因此，政府早在民國26年1月12日，即公布「蒙藏邊區人員任用條例」施行，規定採用簡薦委制度；但爲便於取才起見，任用資格則非必需考試及格，並「應以蒙藏邊區土著人民，通曉國文國語者，儘先任用。」政府來臺後，對該法適用範圍曾經規定，以在行政院蒙藏委員會及立法院邊政委員會任職之蒙藏籍人員爲限；後經考試院決定，放寬爲凡在中央機關任職之蒙藏人員均可適用。

但中央政府遷臺半個世紀後，在實務上，僅蒙藏委員會尚適用此一制度，惟該會近年進用新人時，多自限於考試及格具有任用資格之人員。民國106年9月15日行政院蒙藏委員會裁撤後，所遺依該條例任用者十餘人繼續留用，併與業務分別移由文化部、外交部與行政院大陸委員會承接，11月28日，立法院三讀通過「蒙藏委員會組織法」廢止案，於12月13日正式公布廢止。蒙藏委員會走入歷史，該條例亦將面臨廢止的命運。

10. 醫事人員人事制度：由於醫事人員類別繁多，性質特殊，所執行之醫事業務更非上令下從之行政工作，故不宜適用「公務人員任用法」；而於民國88年7月15日另行公布制定「醫事人員人事條例」施行，以配合其特殊之專業需要。嗣經於民國95年5月17日修正。

以上十種人員，均爲常任公務人員，但均另行定有特別任用法律，採取與一般公務人員不同之任用資格，或不同之管理體系。連同前述之七種非常任公務人員，合計十七種人員之多。因係一一逐次出現，且爲時既久，國人已習聞慣見，遂致視而不見，聽而不聞，若不加計算，甚且懵然不知有如此之多也。

(五) 分化趨勢仍繼續發展中

此種分化情形，歷年更陸續有新發展。公營事業人員中，經濟部所屬國營生產事業人員，以及財政部所屬金融保險事業人員，兩者均曾進行研訂各自單行之任用法律草案，函送立法院審議，但迄未完成立法程序。而後由於「立法院職權行使法」第13條規定：「每屆立法委員任期屆滿時，除預（決）算案及人民請願案外，尚未議決之議案，下屆不予繼續審議。」即每屆立法委員任期屆滿後未通過之法案即自形消失（臺灣時下對此種規定程序，簡化後稱之爲「屆期不續審」），故此兩種法案未再另行送案，即告停止。隸屬交通部之中華電信公司於改爲民營前，其設置管理之條例已經完成立法程序施行。以上三者，均自定其任用制度，均不受考試院銓敘部之管轄（除原電信總局人員轉任中華電信公司人員仍繼續適用交通事業人員人事制度者外）。又公立學校教師，原本已不在公務人員任用制度之內，亦不在考試院銓敘部管轄範圍之內，但似唯恐此一情形仍不夠彰顯，仍草擬法案送經立法院通過「教師法」施行，此一法律，內容空泛，甚少實質意義；但有一最大意義，即以立法方式明確宣示：「教師制度與公務人員制度完全劃清界線」另復有「法官法」研擬立法歷經二十餘年之研擬，始完成立法。民國104年公布制定之「博物館法」第8條甚且規定：「公立博物館人事應視其規模、特色與功能，衡平考量、優予編制，置館（院）長、副館（院）長及其他各職稱之人員，必要時得比照教育人員之資格聘任。前項專業人員之聘任，另以法律定之。」又文化部前於民國100年所提「文化基本法」草案，擬規設從事文化工作人員之專屬人事制度法律。而前於民國80年左右，財政部亦曾研擬「稅務人員任用條例」。以上情形，如不切實檢討研處此種分化之趨勢，恐將時久彌甚。

(六) 應進一步檢討

此種分化趨勢，究竟是否合理，實有切實檢討之必要。所應加檢討者至少有二：

1. 制度分化有無必要問題：每一種人員之另定特別任用法律與制度，究竟是否確有其必要？似乎可以考慮作一全面性之檢討。此包括對已有各種特別任用制度法律作一檢查，以及對於以後請求新定其特別任用法律者，先研訂一套評審原則，藉供評審之參據，以決定其是否確有另訂必要。

對此一問題，本書原著者曾試擬數項原則如下，以供參考：

(1) 不違背憲法考試用人規定：如所提出者係常任文官範圍之公務人員，而其特別任用資格又係違背憲法第85條考試用人之規定，及（或）第86條應經考試院依法考選銓定之規定者，考試院原則上應不予考慮，斷然拒絕。

(2) 愼重考慮降低資格之要求：如所提出之特別任用資格，係屬較「公務人員任用法」所定資格爲低或爲寬者，應特別愼重考慮其必要性與合理性，原則上以避免同意爲宜。

(3) 合理考慮提高資格要求：在目前已有之各種特別任用法律中，多爲提高或增加其任用資格條件者。如今後有新提出之特別任用資格，係較公務人員任用資格爲高、爲嚴，或爲多者，應予以合理考慮其必要性與合理性，務期得當，且確爲其實際需要者爲宜。

(4) **原則上不宜過度分化**：爲維護社會正義起見，任何公共標準，總以力求劃一爲宜；至少亦以力求單純爲宜。但爲適應社會多元化之事實起見，制度配合作合理之分化，自有其理由，惟仍應以切合實際需要爲準，並非愈多元、愈分化即爲正確美好。所稱多元化，僅係社會發展至某種階段時之一種現象，並非一種應特加鼓勵之主張。過度分化之任用制度，易於違背公平，弊多於利。

2. **任用資格審定權責是否亦應分化問題**：在此特別提出，對於確有必要另定特別法律，以規定其任用制度者，自應予以同意。但關於任用資格之審查事項，亦即銓敘審查事權，是否因其制度之分化，亦隨之分化而去？猶如公立學校教師之任用資格審查，以及民國85年出現（民營前）之中華電信公司人員任用資格之審查，均隨同其任用制度之分化，其審查權責亦隨之脫離考試權而去？抑或仍應統一屬於考試院爲宜？均有審酌之餘地。

對此，首先務必澄清，任用制度之分化，與其任用資格之審查權責歸屬，完全係屬二事，不可混爲一談。例如：已有之交通事業人員任用制度、關務人員任用制度、警察人員任用制度等，均與公務人員任用制度不同；但其人員之任用銓敘審查責任，仍皆由考試院銓敘部掌理，亦即銓敘權力仍係統一屬於考試院。

對此，本書原著者認爲：任用資格之審查權，應仍屬於考試院。其理由有二如下：

(1) **遵守憲法規定**：若干年來，各方對考試權不乏異議，以致近年修憲，企圖將考試權削弱。儘管如此，卻仍不能將銓敘權作重大限制，銓敘權仍尚可勉強稱爲完整權力（請閱憲法增修條文第6條），維護考試權者應好自珍惜。

(2) **符合事權統一原理**：其次，行政學上有事權統一原理，因爲事權統一，則標準統一。標準統一，則易於維持正義，而無紛歧與偏頗之虞；同時亦不致發生溝通不良情事，及引起相互牴觸之結果，而可減免浪費。所以任用資格縱然有分化之必要時，但執行銓敘審查的權責，則仍應維持統一。

除此之外，尚有第三種理由：

(3) **銓敘係屬一種保障**：經銓敘合格之官職等資格及所敘定之俸級，均依法受保障（保障9、10、13、14），以之任職全國各機關，均不得予以否認其任用資格，所以具有「公定」、「公信」之效力。

第二節　任用制度結構究應以人或以事爲中心

任用制度結構的基礎是人事分類制度結構，而人事分類制度結構乃人事管理的根本。在人事分類制度中，主要有以人爲制度中心，或以事爲制度中心之別。以人爲結構中心的制度，主要爲品位制度；以事爲結構中心的制度，主要是職位分類制度。這兩者究竟以何者爲是？乃人事管理學中長期性的基本問題。所以本問題實際上也是在討論人事分類制度究竟以人或以事爲中心爲宜。

(一) 條條大路通羅馬

儘管常言說：「眞理只有一個」，然本書原著者則認爲這是武斷的說法，因爲事實當然只有一個，但眞理卻未必都只有一個，常因時代、地區、社會、情境、主觀個體及其他種種因素之不同而異，而有時是條條大路通羅馬。麵包固然好喫，燒餅油條和蔥油餅也許更好喫。在人事制度中，以人或以事爲中心，各有其道理，各有其利弊得失，無所謂對或錯的問題，可能只是利多或利少的問題，更主要的是：其是否適應所在社會客觀現實需要與民族性問題。對這一問題，我們中華民國人民具有其他民族、其他國家所未有的豐富實際經驗，我們採行過以人爲建制中心的簡薦委制度七十五年之久；又採行過以事爲中心的職位分類制度約十八年。而且，我們還更根據這種特有之變遷迅速的經驗，創造了也是舉世特有的現行制度，兼採人事制度中最主要的人與事兩個制度中心，所自創的官職併立的兩制合一人事制度，施行至今，爲時已逾三十年，十分順利。有關上述制度創制建立實施的整個過程與詳情，有興趣者請參閱本書原著者《官職併立制度的理論與結構》一書（商務版）。

對於職位分類制度的缺點，我們中華民國人民幾乎人人可說出許多；而經過廢除職位分類制度至今三十年餘來的長期冷靜和沉澱，當年對職位分類那種十分激情的怨恨，應已消退，而應該勉強可以開始客觀認識職位分類制度的若干優點。另外，經過施行現制的體驗，也許更能瞭解包涵在現制中大量簡薦委制度的長處和短處。

(二) 品位分類制的優點和缺點

試以國人最熟悉的簡薦委制度爲例，用以舉述以人爲建制中心之品位分類制度的主要優點和缺點如下：

1. 主要優點：

(1) 基本分類結構寬疏：類別簡單寬疏，上下等級僅有簡薦委三個官等的區分，橫向職務性質類別的區分也十分粗疏，除例如：司法、外交等幾種特種人員各成類別外，其餘人員則不分類；所以彈性甚大。

(2) 運作便利：無論考試、任用、平調、晉陞，都因爲上下等級簡單以及左右類別稀少，所以障礙亦甚少，除對於少量專業性職務，例如：司法、外交、警察等職務有所限制外，在廣泛之一般行政職務間調任，則毫無法定障礙。

因此，其利益爲：易於適應全國爲數眾多與條件各別機關的實際情況需要，易於調任而培養通才、便利於晉升、人員易於累積經驗，尤其有助通才之培養；指派工作時不致有制度結構上之限制，易於達成適才適所之利。

(3) 首長便利：在此彈性頗大的制度下，機關首長享有相當寬廣的人事任使權，對所屬人員之進、退、陞、遷、調、補、任務指派、指揮、監督、培養等方面，都有相當支配權力，有助其領導統御，更有助其權威與尊嚴之建立，最後達成促進行政效率之要求。於公於私，均屬有利。

(4) 屬員歡迎：在此彈性頗大的制度下，各機關公務人員之進、退、升、遷、調、補等，所受制度之限制較少，故對此制度自表歡迎，有助工作情緒之提升。

2. 主要缺點：

(1) 基本分類結構：結構稍過粗疏，與我國現今社會分工已較前細密之實況不甚配合。

(2) 人與事不盡配合：因無職務性質類別之區分與限制，易於發生人員專長與職務特性不相配合之流弊，影響行政效能。

(3) 資酬不相當：品位制度係依各該人員所具資格條件，定其品位之高低；並依其品位之高低，以定其俸給；而非視其工作之責任輕重，與工作之繁簡難易，以定其報酬。以致同工但不同品位之人不同其酬；同品位但不同工之人而同其酬。形成責酬不相當情形，有欠公平。

(三) 職位分類制的優點和缺點

職位分類制度是以事爲建制中心的代表性制度，其主要優點與缺點如下：

1. 主要優點：

(1) 細密的基本分類結構：職位分類制度的根本性特徵，在其基本分類結構之細密。我國昔公務職位分類結構是依職位工作性質之不同，作成一百五十九個職系；依職位工作責任之輕重，區分成十四個職等；以職等與職系縱橫交叉，構成將近二千個職級。而且對每一職等、職系、職級，都各有一書面說明，以固定其準確意義。確有科學化的準確、精密，和系統化的長處。

(2) 適才適所：依職位分類的原始理論，人員的每一考、用、升、調，一律需以考試測定其知能技術，以確保與其所任職等及職系配合且勝任，達成適才適所之要求。由此並可獲得下列各項利益：容易培養專家、機關首長難於徇私進用私人，理論上應可提高行政效率。

(3) **同工同酬**：職位分類之職等，係依科學方法之工作評價區分而成，使工作繁簡難易相當之各職位，歸列於同一職等之中；而在同一職等上任職之人員，支取同等級之俸點。是謂同工同酬，應屬公平。

(4) **專才專業**：職位分類制度下人員之調任職系，必須經由考試及格，雖屬十分客觀，但對人員調職增加困難，多所限制。故絕大多數人員均易於在同一職系久任。無形中培養專家。

2. **主要缺點**：

(1) **違反人性**：職位分類全套結構，均係依據職位上之工作責任與工作性質所制定之職等與職系爲根本；對於工作品評甚精，但對於人員的心理、情緒與士氣則幾乎完全忽略。其一切運作，均唯工作是視；俸給亦隨職等而定，而不重視人員工作品質。顯然有違人性，不易爲人員所接受，易於引起抗拒。

(2) **任使窒礙**：職位分類最嚴重之缺點，在其高度科學化結構下，人員之考、用、升、調、工作指派等端，均受職等職系之限制，窒礙重重。其後果，使人員任使僵化，培養通才困難，降低工作情緒。

(3) **機關首長反對**：原在簡薦委制度下，機關首長所享有之相當廣泛人事（任使）權，已被職位分類高度嚴密之制度網所限制與剝奪，對人員之指揮、監督、工作指派等權力，及對其首長聲望尊嚴，均有損傷，影響統御效能至多，故機關首長甚不歡迎。

(4) **屬員不歡迎**：公務人員之考、用、升、遷、調、補，均受職等職系之限制，使其發展機會大受影響；每有所異動，必須通過考試，尤爲公務人員之所不喜。

(5) **無助行政效率提升**：我國自實施職位分類迄廢止，爲期十八年。期間除一片抱怨之聲外，並無任何證據足以證明行政效率因而有所提升；反之，人員在反對心情下，士氣顯然降低。此實爲對此一制度一次最切實之試驗，並獲得一次最可靠結果。

(四) 制度應兼顧人與事兩因素

據上所述，無論以人或以事爲建制中心的制度，都各有其優點和缺點。而且有趣的是：如果稍加細心觀察，即不難發現，兩種制度相互之間，竟有一種互補性質存在，此一制度的優點，恰好即是彼一制度的缺點；彼一制度的優點，恰好正是此一制度的缺點。當職位分類制度實施尚僅三、四年時，各機關以及公務人員，幾乎十之八九都已自然而然漸漸發現上述情形；且多獲致下述共同結論：如能兼採兩種制度優點，摒棄兩種制度缺點，綜合構成切合我國當今實際需要的一種制度，定必成功。

至於何爲兩種制度優點，又何爲缺點，以及如何始能摒除兩種制度的缺點而綜合其優點成一種可行的制度，自需冷靜辨別後再加精心設計。正如眾所共知，將中國傳統建築與西方現代建築熔合於一爐，定必出色；但究竟如何熔合於一爐，是需精心設計，事屬一種創作。

兩制合一這種概念，將人與事兩個基本因素同時把握，應屬正確方向。當今所行官職併立的兩制合一制度，正是這一概念的實現。詳細論述請參閱本書原著者所著《官職併立制度的理論與結構》（商務版）。

第三節　通才或專才考用政策之辯析

通才與專才究竟孰爲重要？以及應如何培養？事關國家興衰大政，十分重要。而在人事管理制度中，所採取有關人員轉任或調任之種種措施，無論其係出自精心審酌後之政策取向，抑或只是複雜政治因素激盪下之隨機產品，實際均有助於通才的培養；限制人員轉任或調任，原則上則有助於專才的培養。現試行檢查我國現行制度中有關這兩方面的規定，以瞭解眞相。

(一) 考試制度所具放寬與限制的兩面性

僅就考試權範圍來說，通才與專才的培養，涉及考試與銓敘兩方面，對此，現行考銓各項有關規定，在制度上表現了方向的兩面性，這種兩面性，或許是互補，或許是矛盾。在考試制度上，高、普、初考試與特種考試相互之間，有矛盾規定，目前有不作特殊限制的高、普、初等考試，也有在體格、性別，年齡、應考身分等方面作成特殊限制的特種考試。尤其是民國85年修正考試法後，在該法新增規定，特考及格人員之及格資格，在任用方面有所限制。今高、普、初考及格人員之任用範圍，除受職組職系與「及格人員於服務三年內，不得轉調原分發任用之主管機關及其所屬機關、學校以外之機關、學校任職」（考試6 I）的共同限制外，另無因其考試種類之不同之其他限制；特考及格人員則除職組職系外，還有因其爲特考而增加的限制，其及格後之遷調任用（考試6 II、24），在制度內受到更大的限制。

(二) 放寬轉任的法規

現行任用法規定有多種准許轉任之措施，茲舉述如下：

1. 後備軍人轉任公職考試比敘條例：該條例規定，凡經考試及格的軍人，於轉任公務人員時，得依其軍中官等，逕行比敘相當文職官等職等；軍中年資，得採計提敘文職俸級。

2. 行政、教育、公營事業人員相互轉任採計年資提敘官職等級辦法：該辦法係依據「公務人員任用法」訂定。規定經考試及格之人員，前在公營事業或公立學校任職之考績（乙等以上）優良年資，轉任公務人員後，得採計提敘公務人員俸級、職等，以及官等。

3. 專門職業及技術人員轉任公務人員條例：該條例規定，經專技人員考試及格者，得轉任公務人員；又轉任前曾任職公立學校、公營事業機構，或行政機關之優良年資，得採計提敘俸級。

(三) 放寬調任的措施

調任也有助人員的流通，現行有關措施如下：

1. 簡併職系：前職位分類時期有一百五十九個職系；民國76年兩制合一簡化爲五十三個職系，僅有原來的三分之一。職系的簡併，實質就是調任的放寬。後歷年雖經累增，但至民國94年底止，總數仍只有六十個職系，較之新人事制度初創時之五十三個職系而言，爲時十九年期間，所增僅爲七個職系，爲數有限，且均屬新興行業之職系，有其必要；但民國95年巨增爲九十五個職系，民國108年1月16日考試院又修正限縮爲五十七個職系並自民國109年1月16日施行。

2. 設置職組：職位分類時期並無職組的設置（當時只有「相近職系」的此一變相稱謂構材之使用），兩制合一後，新置職組，視各該職系性質實際情形之不同，將一個以至多七個職系，分別構成一個職組，如此，最初有二十六個職組。後至民國94年底止，雖已漸增成三十一個職組，所增究仍爲少數。職組的最直接作用，在於同職組內各職系相互間可以調任，可見所謂職組，不過是將職系作成進一步的簡併。其實質是進一步的放寬調任限制，等於是把原來一百五十九個職系，簡化成三十一個大職系，非鼓勵調任何？但如同上述職系情形，民國95年亦巨增爲四十三個職組，實爲逆轉性措施。民國108年1月16日考試院又修正限縮爲二十五個職組。

3. 高、普、初考及格人調任僅受職組限制：民國85年修正的公務人員考試與任用兩法，都有關於特考特用的條文。但對高、普、初考及格人員則未有類似限制，而僅受上述職組職系限制，相對比較而言，屬於鼓勵調任性質；惟民國97年1月16日公布修正「公務人員考試法」第3條，新增限制一年內不得轉調；民國103年1月22日公布修正「公務人員考試法」第6條，修正爲限制三年內不得轉調。

4. 高職等不受職組職系限制：依現行任用法規定，第十二職等以上共計三個職等的任職人員，在各職系間均得調任，不受職組職系限制。

5. 專長調任：任用法規復規定，人員因考試及格、學歷、經歷、訓練，而取得職系專長者，其調任不受職系限制。

6. 本機關內調任：遠在施行職位分類制度後期，爲平息公務人員不滿，即已放寬調任規定，凡在同一機關任職二年以上者，得調任本機關非技術性職務，不受職系職組限制。兩制合一後，此一規定經納入「現職公務人員職系專長認定要點」繼續施行。後於民國91年將該要點改訂為「現職公務人員調任辦法」，其第8條仍規定在本機關任職滿三年且考績優良，具有所規定之各項有關條件者，得依專長調任之規定，准予調任本機關非技術性職務。

(四) 限制轉任及調任的措施

有關限制的措施，原本比鼓勵的措施要少。但近年似有搖擺趨勢，依上文所述各項，轉任的措施是在法定條件下始准許，即係有條件的准許，法定條件外即不得轉任。至於特別規定不得轉任的措施，則原有有關任用資格條件的各項規定，其實質即係限制性規定。現在此舉述二項基本性之規定為例如下：

1. 職系的設置：上文已將「簡併職系」列為鼓勵調任的措施，所指是「放寬」這一行動。但必須瞭解所稱放寬是對原有限制予以放寬，卻並不能改變職系設置的基本性質，即在限制人員調任。尤其民國95年1月16日起，修正施行之「職組暨職系名稱一覽表」，將原來的三十一個職組和六十個職系大量擴增成四十三個職組及九十五個職系，無論如何解釋，這種職組職系大量增加，都絕對是限制調任的措施。一條大路原本是六十條行駛線，現在路面仍舊，並未有絲毫拓寬，卻就原地改劃成九十五條行駛線，不是限制是什麼？因有如此限制之窒礙，民國108年1月16日始發布修正減縮為五十七個職系、二十五個職組。

2. 特考特用：特考特用制度雖植根於民國85年1月17日公布修正之「公務人員考試法」中，但究其實際，畢竟為任用方面事項。其方式係在職組職系限制範圍之內，作成更進一步之緊縮限制，僅限於「特殊性質（業務）機關」，民國90年12月26日公布修正該法，始放寬僅為六年之限制。

(五) 結語

綜合觀之，大致應仍可獲得結論，依據各該法律規定，若干年來人事制度之總方向，原本在鼓勵人才流通，因為綜觀各項有關規定，重視培養通才者多於重視培養專家者。且上述各項鼓勵轉任調任之措施，不僅遠比限制轉任調任者為多，歷年所在都有。但在此之後，民國85年後，始有特考特用之規定，及大量增設職組職系之措施出現，似乎予人以反其道而行印象。此究係一種調劑？或一種矛盾？或係因鼓勵人才流通過多後之一種反動？抑或僅不過係適逢其會，少數對制度有影響力個人衝動之結果？但總而言之，已明顯表現出政策搖擺之姿態。

「公務人員任用法」第2條沿用「分類職位公務人員任用法」第2條，對任用事項，有若干政策性宣示規定；但對專家與通才兩者的培養政策究竟為何，僅有「應本專才專業、適才適所之旨，初任與升調並重，為人與事之適切配合」一語之宣示，卻未再有任何具體可供執行之配合條文。所謂初任、調任、升任，三者間究竟具有何等相互關係，據此無從瞭解。另外，在任用制度史上，以往之簡薦委制度，除類如司法、外交、警察等極少數特種任用人員，另定有特別任用法律，對其人員任用資格有外加之規定外，其餘人員在調任上並無職務性質限制，所顯示之其時政策方向爲鼓勵培養通才。及至施行職位分類制度，採用職系，並且開始在任用法開宗明義之起始條文中，明文列有「專才專業」原則性之宣示，政策方向始丕然改變，而成重視專家，這一「專才專業」條款，至今仍保存在現行任用法中。但依據上述所作詳細檢討，儘管有新增特考特用之規定，但與種種有關鼓勵人員流通調任轉任之眾多規定相互比較，「專才專業」之言與「特考特用」之規定，實均與之多有矛盾。惟若就正反兩面措施之數量與結果總結而言，則政策主體實已稍稍回到重視通才之路。

「特考特用」政策之背景，係因有人經由較易及格之數種特考，於取得任用資格後，轉任其他性質職務，以致申請特考之機關無人可用；以及經由極少數種類特考，輕易取得任用資格，以致有失特考之最初用意。爲期杜塞此一便道，於是提出特考特用政策。但當法律存有如許鼓勵人才流通規定之時，甚至准許性質完全不同之非公務人員，諸如軍人、公營事業人員、學校教員，民間專技人員等，均可轉任公務人員之際，對於同爲公務人員特考及格人員，則不顧法律原已准許得依職組職系範圍調任之規定，卻特別新增規定，限制使其形同根本不得調任，形成嚴重相互矛盾現象，令人難以解釋。此猶如一方面准許那些人放火，另一方面卻不准許這些人點燈，似乎可笑。

至於專家與通才，究竟以何者爲較重要，需要認眞檢討重整。本書原著者並不支持特考及格人員取巧轉調，但現實政策，至少不應有矛盾措施。且以亦不必因少數種類特考之發展不當，遽即一竹竿打翻一船人，禍延大眾。坦直言之，少數特考發展不正常，以往之考試院亦非全無責任。

通才與專家，本書原著者認爲各有其不同之價值和需要。第一、高級管理階層當然應該具領導與綜合性通才；擔任執行實作職務人員當然應重專家。第二、部分特具專業性職務需要專家；另部分較少專業性職務則不宜限制專業人才。故兩種人才均有不同之價值與需要。以上兩項原則，似應分別情形，採取不同規定行之。

依事實之經驗，有因專才專業工作做得好，再經轉調培育歷練而成通才者，亦有因通才而經培育歷練而成專才者。是以，專才通才均是國家所需之人才。

第四節 人員之內陞與外補問題

人員內陞與外補問題，亦為人事行政學上基本問題，且似不易獲致可以共同接受的結論。追根究底，問題關鍵是在內陞外補兩者在人數上的比率問題，進一步分析，至少有下列兩項要點：

(一) 內陞或外補人員，在整體人數上亦即一機關總額人數上應如何妥適分配？

(二) 內陞與外補人員，在各層職務等級上應如何妥適分配？

現行「公務人員任用法」對這一問題規定為：「公務人員之任用，應……初任與升調並重……。」及陞遷法規定「內陞與外補兼顧原則」，均僅為宣示性條文，甚難據以執行，缺乏實質意義。而該法內其他條文，不再有任何有關執行性之具體配合規定。現就這一問題有關的幾個主要課題略加析論如下：

(一) 機關總員額之內陞外補

如果一機關總員額為一百人，則在內陞與外補兩種人數上，應如何決定其配額百分比？這一問題，所涉及的因素相當複雜。諸如：人才來源供應能力問題、熟練其業務或技術所需時間與困難程度問題、機關內部管理人員與實作人員間人數比例問題、人員保障制度問題、退休年齡規定問題、機關新設或存在已久問題、人民要求進入政府工作意願強度問題等。諸此因素，因時、因地、因機關而異，頗難決定共同適用比率。

(二) 各等級人員之內陞外補

如將人員區分為高、中、初三個層級（例如：簡薦委三個官等），則這三個層級內陞與外補人數分配比率，是否應該相同或應該分別處理？例如：高層級人員是否應該偏重內陞？低層級人員是否應該偏重外補？中層級人員是否應該配合上述整體人數分配原則，內陞外補比率相同？諸此問題，只是在此舉例提出，以說明問題性質。當然，這些問題，都與上述總員額問題有密切連帶關係。

(三) 應以政策主導方向

以上所述，均係純就客觀合理立場立論。事實上，政府可不必過於「順從」客觀條件，而僅「參考」客觀條件，以政策主導此一問題。舉例言之，如政府發現機關內部原有人員過於守舊，而有意從速更新，自可規定：「每有出缺，應一律外補新人，直至到達某一比率為止。」反之，如果政府感覺有安定行政機關人員必要時，自亦可以規定：「出缺應儘先內陞，而後再續以逐層遞級內陞，僅以其最後最低級之遺缺外補新人。」如此基於因應現實需要方針，而決定採取合理之內陞外補政策，似亦不失為一種選擇。

(四) 內陞外補各有利弊

內陞外補，各有利弊，現扼要說明於下。

1. 內陞價值：(1)安定公務人員人心。(2)鼓勵士氣。(3)有助建立文官永業制度。(4)培養專家。(5)養成經驗豐富之專業高級管理人員。(6)維持機關實務經驗傳承。

2. 內陞之缺點：(1)機關易於保守老化。(2)人員缺乏新知識與新技能。(3)易於養成積習。

3. 外補之價值：(1)可以引進新智識與新技術。(2)可以引進年輕力壯富有朝氣人員。

4. 外補之缺點：(1)進用中高級新人，影響原有人員士氣。(2)影響永業制度之建立。(3)新人經驗欠缺。(4)影響實務經驗之傳承。

(五) 應確定政策

在任用制度上，目前對此缺乏具體規定，但在考試制度上，則對此曾有過爭論。風動一時之廢除公務人員甲等考試制度之爭，不論爭辯雙方原始動機與目的爲何，其實質則與人員內陞外補之政策觀點密切有關。因爲甲等考試及格人員，取得公務人員簡任資格，成爲簡任高級人員外補之主要途徑。甲等考試經過爭論後，結果修正公務人員考試與任用兩法，均刪除原有關甲等考試以及其及格人員任用的規定，從此，高級人員外補，減少此一途徑。

但得自本機關外進用高、中級公務人員途徑，目前仍然有三：

1. 依據「公務人員任用法」第16條以及「行政、教育、公營事業人員相互轉任採計年資提敘官職等級辦法」規定，公營事業人員以及公立學校人員，仍可以轉任行政機關人員，最高至簡任第十二職等爲止。

2. 依「後備軍人轉任公職考試比敘條例」及「國軍上校以上軍官轉任公務人員考試規則」規定，仍可轉任最高至簡任第十四職等爲止。

3. 依「公務人員任用法」第34條及「專門職業及技術人員轉任公務人員條例」規定，專技人員可轉任中級公務人員。

對此問題，政府似應明定政策，不可僅如現行任用法所作「初任與陞調並重」之空洞規定即足。有關政策至少可採兩條途徑落實：1.在任用法中規定。2.在陞遷法中規定。

至於在政策實體上，內陞與外補各有其不同價值，已見上述。當然不可偏廢，似應分別不同等級，作成內陞外補兩者間比率之不同原則規定。

第五節　如何妥切設定職組職系

職組與職系設置問題，至少涉及二方面：有無設置職組與職系之必要；如有必要，則職組與職系應細密至何程度始爲得當。對此一問題，本書原著者所著《官職併立制度的理論與結構》（商務版）有反復具體詳切之討論，請參閱。

(一) 影響職組職系設定的因素

職組與職系之設定，有其社會背景因素。如社會高度分工，則政府職務亦應配合分工較細，職組與職系爲數應較多，俾利於尋覓專精人才任職，以有效服務分工細密之社會；反之，職組與職系數目即應較少。

職組與職系之採用與設定，關係專才與通才問題，並關係人員遷調問題。原則上，職組職系數目愈少，則調任空間愈大，人員愈易流通，內陞也愈方便；但專才專業之性質則愈少，培養通才價值卻愈大。反之，職組職系數目愈多，則阻隔也愈多，調任障礙也愈多，人員流通也愈不方便；但專才專業性質則愈多，培養通才之價值也愈小。

如根本不設置職組與職系，則用人彈性至大；但在此社會分工已至相當程度之今日臺灣，則易於形成外行人任職專業職務之不當情形，切不可行。

(二) 應配合臺灣社會現況決定

職組與職系之設置，必須與社會分工實況密切配合，始可望行之有效。否則，例如：在一落後農業社會中實施分類細密之職位分類制度，必毫無意義，而屬於迂闊行爲；或在一高度工業化社會分工細密國家內，實行完全不區分業務性質類別或僅作十分粗疏區分之人事制度，亦必陷其政府行政效能於嚴重降低境地，而屬於迂腐行爲。迂闊與迂腐，兩者同爲可笑。

今日臺灣社會，確已脫離農業社會形態，而已至工業相當發達階段，甚至於進入知識經濟階段。因此，現階段政府人事制度，自應配合此種實況，採取適當之類別區分，以資適應。是以，職組與職系切不必過細過多，致窒礙橫生；但亦不應廢除，致人與事不相配合。

官職併立之現行制度，將職系大事簡併，並建立職組，正是配合臺灣當今社會分工實況而然；採用職系，但不使之過細，以免多所窒礙。民國95年起，我國大量增加職組職系，其得失將如何？似得以民國107年7月16日之縮減職組職系，予以瞭解，但此問題仍應拭目以待。

第六節　職務應如何適切列等與釐定職稱

我國現行官職併立制度中之職務列等，採跨等方式，此種跨等設計，乃我國發明，並非抄襲外國；我國之所以有此一發明，係基於痛苦之實際經驗，並非來自書本理論或紙上談兵。似此自然長成之制度，正如俗語所云：「水到渠成」，較之任何人為制度事物更為美好。但任何制度及方法之初行，均可能面臨兩個共同問題：

(一) 初次實施後，需作若干技術性調整。

(二) 遭遇抗拒。如遭遇抗拒，其來源大致為下列數方面：不肯放棄既得利益者，或因新制獲利較少者，甚或未獲利者，以及保守心態者。

新制實施三十年來，並未遭遇對整體制度基本結構之抗拒，其中職務列等部分亦未有抗拒情形發生，但卻累有技術上調整。概言之，調整內容有二：提高職務之列等，以及增加職務所跨之職等。

以上為我國現行制度中有關職務列等現況大要。下文將就職務列等其他有關事項擇要略述梗概。

(一) 列等之主要課題

職務列等最引起公務人員注意之事項有三：

1. 本身職務列等之高低。
2. 本身職務所跨職等之多少。
3. 與其他職務所列等次高低之比較。

而負責設計職務列等及主持列等人員所最注意之事項有五：

1. 列等基本原則之確定。
2. 全套列等結構中職等總數之確定。
3. 關鍵性職等之擇定。
4. 應跨等及不應跨等職務之決定。
5. 各職務等次高低相互間之公正合理平衡。

在上述設計人員與公務人員雙方所分別注意之事項中，出發點顯然各有不同。公務人員係站在一己利益立場；設計人員則站在全盤平衡與公正合理立場。兩者間可能偶有一致之處，但大多情形之下則極易相左。

(二) 已有之處理

官職併立制度創建時，對於上述各端情事，經於我國現行列等制度中作如下處理：

1. 職等總數：為儘量避免變動過多而引起動盪起見，沿襲職位分類時期舊制，從最低第一職等以至於最高第十四職等，仍為共十四個職等不變。

2. 列等原則：(1)列等基本原則，係依「公務人員任用法」第6條第2項規定，依職責程度、業務性質及機關層次，製成「職等標準」及「職務列等表」，然後再將各機關職務，就其工作職責及所需資格，依「職等標準」列入「職務列等表」。(2)斟酌職位分類時期已有之列等情形，對其並無不妥者，原則予以維持。(3)四個關鍵性職位，均各單列一個職等。(4)各主管職位，儘量單列一個職等。(5)一般職位，儘量跨列兩個或最多三個職等。(6)非有必要，應避免跨列官等。(7)不採用工作評價制度。(8)屬員職務所列職等，不得高於單位主管所列職等。(9)注意各機關職務列等相互間之平衡公正。

3. 關鍵性職務：所稱關鍵性職務，指整個職務列等表中，少數幾個作爲全盤職務列等排比高低之標準職務。關鍵職務猶如房屋之四柱，或操兵時之標兵，或幾何學上作成一圓所先應確定之三點（三點構成一圓），皆必須單獨、準確、固定，所以僅可單列一個職等，且不得變動調整其等次。據此，經選定：(1)以常務次長列爲最高之第十四職等。(2)各部、會之司、處長以及省、市政府與其相當之處長，列爲第十二職等。(3)以科長列爲第九職等。(4)以課長列爲第七職等。經選定爲關鍵性職務之以上四職務，全國各機關之該四職稱職務，自中央至縣市機關，一律同列該職等，不受機關層次高低之影響。例如：科長一職，自中央總統府、五院以至縣、市政府所屬機關，所有科長一律同列薦任第九職等。另外三個關鍵性職務亦類此。只是縣政府課長一職之列等，後因受民意代表壓力影響，改列爲第八職等科長，以致略有變動，但其他三個職位則從未動搖。民國107年7月修正職務等階表，調整縣政府之副處長爲薦任第九職等至簡任第十職等、科長爲薦任第八職等至第九職等。

4. 職務跨等不跨等：已見上述原則。

5. 各機關職務間之平衡：此爲辦理列等業務時，所應特別注意之事項。我國實施官職併立制度之初，辦理列等時，特別注意及此。並經本書原著者先在部內召集多次會議，詳加研討排比，作成初步列等草案，然後復分批邀請各該機關指派業務主管人員來部，參加原著者以政務次長身分主持之一連串列等會議，由原著者公開宣示草案所擬列之職等，徵詢共同意見；並准許其提出異議，如屬合理，予以接受，但對不合理者絕不遷就，且係當其他眾機關代表之前進行。如此，將每一機關每一職務逐一提出討論後，始在會議中當場初步定案；然後經整理，製成「全國各機關職務列等表」，將全案呈報考試院，經院會討論並交付再詳加審查，將案內各機關各職務列等情形互相比較斟酌論定，最後始由院會討論定案。

(三) 提高列等之聲不絕

官職併立制度實施三十年來，一切順利，風平浪靜，萬里無波。但至今期間，職務列等表則經多度修正，均係在機關或公務人員要求之下做成。修正結果，均係對部分職務提高列等，或增加所跨職等數目，其中部分係屬合理調整，另有部分則係遷就而未必合理，尤以地方機關為最，亦造成中央與地方機關列等之失衡，惟在地方自治掛帥下，亦僅能勉而如此。尤其過去某一期間，有人似乎以調整職務列等之舉，配合一項政治目的；甚至少數有權無責人士更曾有一種呼聲，要求在十四個職等之上，增加第十五職等甚或第十六職等。致原著者不得不以退職之身，出而勸請，予以阻止，終使此一妄動停止，得保制度仍維適當合理狀態。對諸此情形，原著者頗多感慨，尤其人之慾望，無有止境，當此選票幾乎支配一切時代，太多不合理要求，挾其強大力量，均有可能提出，且常能達成目的。

(四) 制度應有之最後立場

政府當局，面對如此步步向前、永無止境之提高列等要求，似應把握原則處理；否則，有朝一日，整個列等制度終必敗壞崩潰無遺。下列幾點認識，似乎可供參考：

1. 整個職務列等表之各個部分之間，有相互排比關係，動一職務，涉及其周邊其他眾多職務。此有如一房屋之結構，既經設計成套，建築完成，穩健存在，非有絕對必要，切勿變更其結構，以免傾倒。

2. 人之慾望無有止境，非有十分必要與充足理由，主事者應堅定立場，不可偽託民主而實則柔弱遷就。

3. 制度正義，不可作為換取任何其他事項之代價。

4. 如發現確有列等不妥不平之處，亦應累積等待至一適當時機，一次辦理修正，不宜歷年頻頻修正，甚至一年數修。

5. 關鍵性職務根本不應有任何變動，亦不可使之跨列二個職等。

6. 第十四職等為最高職等，不宜在其上增列新職等。否則，不僅有如一房屋屋頂遭受破壞；且此例一開，後患無窮，疊床架屋，將必源源不斷，要求作結構性之其他變更。

民國93年6月23日「中央行政機關組織基準法」制定公布後，各機關之組織法規原則上只規定機關首長、副首長、幕僚長之職務稱謂及官等職等規列之高低，其他職務之編制列等及員額，均不在於組織法規中規定，而改以「編制表」中規定（任用6III），該表係屬「行政命令」之性質。

按公務人員職務等級之歸列，在「簡薦委制」時期，從中央到地方各機關學校，訂有「職務等級表」，雖非各機關學校之各職務均列入，但對同層級、同性質之機關，如中央之部會處局署、直轄市政府、縣市政府、鄉鎮公所等均做一原則性之歸納製表。例如：中央部會內部之副司長、副處長、科長、室主任列薦任八級至一級；地方縣市政府之科長、室主任、秘書列薦任十二級至一級；至於薦任科員則均列薦任十二級至五級；委任科員則均列委任十級至一級（此「級」亦爲「公務人員俸級表」上之本俸俸級）。

至於實施「分類職位」之機關，其員額編制，則爲一職務一職等，於各該組織法規中規定。例如：科長列爲第九職等、課（股）長列爲第七職等，至於科員則有列爲第六職等，亦有列爲第五職等，兩者同時存在。

又「分類職位制」之「職位職等」與「簡薦委制」之「職務等級」，其對照，依「分類職位公務人員任用法施行細則」第7條所附「銓敘合格等級改任分類職位比照表」之規定，第一職等至第五職等對照委任，第六職等至第九職等對照薦任，第十職等至第十四職等對照簡任，至於職等之對照約以本俸級數分段平均分配訂之。此原係爲便於改任爲分類職位之用，但後來卻成爲「兩制並行」時期，兩制人員交流之職務等級的對照。

新「官職併立」人事制度施行，將「分類職位制」之「職位職等」與「簡薦委制」之「職務等級表」，合而爲一，折衷採行，即不爲「簡薦委制」之寬鬆，亦不爲「分類職位制」之嚴苛，而名爲「職務列等表」。在製作之體例上仍保留原「簡薦委制」、「職務等級表」之格式，俾便依「職責程度」、「業務性質」、「機關層級」、「必要時一職務得列二個至三個職等」之用（任用6II）。

新制自民國76年1月16日施行，雖其他輔助規章已發布，但「職務列等表」並未及時發布，而是到8月12日始發布，並追溯自1月16日生效。此乃因全國行政機關即有二千八百一十四個（已實施職位分類機關一千三百三十三個、未實施職位分類機關一千四百八十一個），職務（位）總數十七萬二千九百六十二個（已實施職位分類職位六萬四千八百一十五個、未實施職位分類職位十萬八千一百四十七個），如此龐大數目之機關與職務（位），一則須對已實施職位分類機關之職位，將其列等稍爲放寬；二則須對未實施職位分類（即簡薦委）機關之職位，將其等級稍爲減縮。有必要組成專案小組，就各機關組織法規上之各職務，一一檢討釐訂，甚至於對較特殊之職務必須附註係屬何機關，如此洋洋灑灑地製刊一百六十頁之多。此對於已實施職位分類機關人員來說，大部分均能接受，但亦有少數機關少數職務曾有要求提高列等之情。對於未實施職位分類機關人員來說，其職務等級則必縮減，最明顯者爲其俸級之級數變少、變短了，影響其俸級隨年資之晉升；甚有職務最高爲簡任一級者，因新制之施行，而改列爲第十二職等者，自覺權利受損，向立法院陳情，要求列爲第十四職等，致使該「職務列等表」未能即爲立法院接受，而必須修改。經民國77年2月29日、77年5月11日及78年6月28日之修正發布，立法院終於同意備查；而後於民國85年11月25日、87年4月8日再作修正發布迄今。

民國85年11月25日、87年4月8日之修正，主要是修憲之後，國政上「法規鬆綁」，並配合「地方制度法制化」之進行。民國83年7月29日制定公布「省縣自治法」、「直轄市自治法」，已迄於民國88年1月25日制定公布「地方制度法」，取代前述兩法，並於4月4日明令廢止該兩法。在此期間，依各該法律，地方機關基層職務之列等有普遍提高之情，突破原「職務列等表」之規定，尤其是單位主管之列等。此外，各機關亦常藉組織法之修正，突破原「職務列等表」之規定，來提高若干職務之列等，其所據之理由爲組織法係「法律位階」，高於職務列等表之「行政命令」位階。之所以要求提高列等，雖名爲「職責程度」，但在俸給法上卻增長其職務之俸級，相對地增加人事費用之支出。

依民國86年7月21日總統令公布第四次憲法增修條文第9條第3項之規定，於10月28日公布制定「臺灣省政府功能業務與組織調整暫行條例」，12月21日施行，將省虛級化，省政府改爲行政院的派出機關，原省政府各廳處之業務移撥中央政府，或所屬機關改隸中央有關機關。但職務列等表此部分並未配合修正，其實也無原省級機關人員，此部分也用不到。

爲因應「行政程序法」之公布（88.2.3.）及使各機關辦理組織編制案件有所準據，民國91年1月29日修正公布之「公務人員任用法」第6條第3、4項規定：「各機關組織除以法律定之者外，應依其業務性質就其適用之職務列等表選置職稱，並妥適配置各官等、職等職務，訂定編制表，函送考試院核備」、「前項職稱及官等、職等員額配置準則，由考試院會同行政院定之」，民國91年8月7日考試院與行政院據以訂定發布「各機關職稱及官等職等配置準則」作爲各機關組織編制之準據規範。民國93年6月23日「中央行政機關組織基準法」公布施行後，民國97年1月16日公布修正「公務人員任用法」，其第6條第3項修正項首之「除外規定」爲「各機關組織除以法律定其職稱、官等、職等及員額者外，……。」於是各機關修正其組織法規時，均依「中央行政機關組織基準法」及「公務人員任用法」之規定，將其職務之職稱及列等，改於「編制表」中規定，函送考試院核備，稍緩和各機關提高列等之要求。但地方縣市改制爲準直轄市或直轄市者，仍有提高列等之情。

民國102年1月1日行政院「組織改造」啓動，中央機關簡併或重組，雖有編制表之訂定，但其中若干職務或其員額之配置，亦略有提高列等，俾便機關之簡併或人員之移撥。

在此三十餘年間，不論中央機關或地方機關時有提高職務列等之請。例如：縣政府之一級單位主管在「地方制度法制化」之前僅爲第九職等，經過法制化迄今，茲已提高至簡任第十二職等；輔助單位之人事室、會計室「主任」，由原來之第九職等，茲改爲簡任第十一職等之「處長」；但中央機關之司（處）長仍爲簡任第十二職等，科長亦仍爲薦任第九職等；顯然中央機關與地方機關之職務列等，有所失衡，需做檢討。各級法院組織法之修正或制定亦增加許多職務，如司法事務官、檢察事務官、智慧財產法院技術審查官以及少年及家事法院之少年調查官、少年保護官、家事調查官、心理測驗員、心理輔導員等，均爲現行「職務列等表」所無，應予補列。但此工程浩偉，又談何容易？

本文不憚其煩地敘述職務列等之歷史經過，爲的是要提供一個思考的概念：似宜制訂一部「職務稱謂與其列等標準」之法規，或大幅修正現行「職務列等表」，並簡併各列職務之職稱，以供各機關訂定或修正組織「編制表」之遴用。其理由爲：

(一) 現行「公務人員任用法」第6條第3項：「各機關組織……應依其業務性質就其適用之職務列等表選置職稱，並妥適配置各官等、職等職務。」已有應依「職責程度」、「業務性質」、「機關層級」（任用6 II）妥適設置「職務（含其職稱與列等）」基準之概念，以供備選之規定。

(二) 現行職務列等表自民國87年4月8日修正發布迄今已二十年未修正，其原因之一，乃牽一髮而動全身，茲事體大；但各機關組織法規修正甚多，與實況亦有不能謀合之處，必須伺機修正。

1. 體例：現行職務列等表之製作型式，有「通用」的表，如：中央機關之部會處局署級其附屬機關及再附屬機關、各縣市政府及其附屬機關、各鄉鎮公所及其附屬機關、看守所；但也有「個別」的表，如：國立故宮博物院、公務人員懲戒委員會、行政法院、法務部法醫研究所。總之每一機關之每一職務，均要在列等表上有其棲居之地位，不能遺漏，因此刊行一百六十頁之多。

2. 職稱：積數十年，各機關人員之職務稱謂，林林總總，未能即知其在政府機關中之工作性質或地位，例如：機關名稱爲「所」者，其首長有稱爲「所長」者（看守所、托兒所），亦有稱爲「主任」者（戶政事務所、地政事務所）；內部單位爲「組」者，其主管有稱爲「主任」者，亦有稱爲「組長」者；計「主任」職稱，有用於「中心」、「組」、「室」等情；對於業務之監督考核者，有稱爲「稽查」、「視察」、「稽核」、「督察」、「督導」、「督學」者；對於文件影音之撰擬彙集審核者，有稱爲「編纂」、「編譯」、「編輯」、「編審」、「編導」者；對審查（核）事務者，有稱爲「審查員」，亦有稱爲「審核員」。凡此究有何不同？似得依其工作性質（業務單位、輔助單位）或機關層級，簡化歸納成若干原則或區隔，予以釐訂其職稱，避免混用。

3. 職等：即如上述所示職稱之職務，有列爲簡任官等者，亦有列爲薦任官等者，未能即知其在政府機關中之地位，似亦得依其工作性質（業務單位、輔助單位）或機關層級，簡化歸納成若干原則或區隔，予以歸列其官等職等，避免混用。如此全國標準一致，便於各機關訂定其「陞遷序列表」之序列，亦便於辦理陞遷時，計算相當序列年資之積分，減少爭議。

(三) 民國63年，行政院研究發展考核委員會爲使機關法制化，曾委託學者林紀東、張劍寒、翁岳生、傅宗懋、古登美、繆全吉等研究「行政機關組織通則」草案。其中即有依機關層級而訂其名稱之議，以解決如「局中有處（行政院人事行政局之一級單位名爲『處』）、處中有局（行政院主計處之一級單位名爲『局』）」，難以瞭解局、處性質或地位之窘況。「中央行政機關組織基準法」，已於民國93年施行，迄今機關「編制表」亦已實行多年，於茲似亦得參考建立機關組織基準法律之模式，制訂一部「職務稱謂與其列等標準」之法規，供全國各機關健全組織之遴用。

第七節　政務官建立等級之討論

我國政務官目前法規上無等級區分，但無形中已有等級區分，本書第三章第三節已有說明。現所欲研究者，爲此種區分是否應予明朗化。

(一) 政務官等級舉例

我國帝制時代官等之區分爲九品（非指九品中正制），係自魏文帝黃初元年（220年）採行，以至宣統3年（1911年）清亡，爲期一千六百九十一年。其間，歷朝對各官職品位所定高低，雖各有別；但一、二兩品皆相當於今所稱之政務官或特任官，則大體一致，可見一千餘年來，政務官係有等級區分。至於在採用九品等級之前，兩漢高級官員中的萬石、中二千石、二千石及比二千石共四個官等，以及三公九卿官等區分（此僅爲一種大致稱呼，歷代有所不同），亦皆爲政務官高低不同之等級。又例如：爵位，雖非政務官，但地位崇高猶勝於政務官，亦有公、侯、伯、子、男之五等區分。再例如：武官之上將，我國有三星（二級）上將、四星（一級）上將、和五星（特級）上將之別。凡此種種，均證明高級政務官員或高級政策官員均有等別，實例甚多，無待一一贅述。

觀乎我國現行官制，雖無區分政務官等級之法制規定，但早已有區分等級之事實存在。請參閱本書第三章第三節第一目之有關說明，及第二目列舉有現已實際存在之政務官五個等級（原先爲六級）。另民國94年7月28日考試、行政兩院會銜函請立法院審議之「政務人員法」草案第3條，將政務人員列六個等級；民國101年6月25日，兩院會銜函送立法院之「政務人員法」草案第3條，將政務人員之職務級別區分爲特任及政務一級至三級計四等級。民國107年12月25日報考試院之該法草案，將政務人員分爲「特任」、「政務一級」、「政務二級」計三級。

(二) 區分等級之價值

世間凡事必有等別，無待贅言。政務官如設定等級，其明顯價值如下：

1. 明示政務官指揮層次：政府機關組織有層次，高級機關雖均設有政務官，但仍必配合機關層次高低，設定等級高低不同之政務官，以明指揮監督層級。

2. 配合人員智能功績：國家設定等級高低不同之政務官，有助於獎勵有功及拔擢人才。

3. 便於陶冶訓練高級政務人才：人才有賴陶冶與訓練，政務官亦不例外。設定政務官等級，有利於逐級任用，以訓練政務官才能。

對政務官設定等級如有顧慮，可能係因政務官已屬國家高級領導階層人才，若仍予以區分等級，似非十分必要。但事實上，上述區分等級之三點價值，似已成爲有目共睹之事實，且顯然已發生其正面作用。而上述顧慮，則無明顯事證，似成過慮。

(三) 建議試作研究

我國事實上已有政務官之等級區分，已見上述，僅未明顯標示而已。似可研究，是否宜於建立明顯之政務官等級體系，以資發揮其等級之價值。

以上所述，均係本書第一、二兩版已有之段落敘述。民國96年第三版增修時作下列之補敘：我國政務官實際已有等級之區分，僅尙無法規統一明文規定，因而提出應明文規定區分等級之議。此一建議之提出，應以本書原著者在本書第一版中所言者爲第一人。後數年，遂有考試院歷年多次提出之「政務人員法」草案，進行立法程序，現仍在繼續推進中。而草案中，列有政務官區分等級之條文，與本書第三章第三節所說明區分之一級機關首長列爲政務職之議，顯然政務職亦有職務等級區分之必要。附記於此以供參考。

第八節 「公務人員陞遷法」施行後之問題

「公務人員陞遷法」自民國89年7月16日施行迄今近二十年，發現其中亦有若干重大事項，値得澄清或注意，茲分述如次：

(一) 陞遷法有其必要

在民國89年5月「公務人員陞遷法」公布前，考試院即依新人事制度「公務人員任用法」之規定，於民國76年1月發布「現職人員陞任甄審辦法」，以資適用。

在此之前並無單獨有體系的陞遷法令，僅若干主管機關容或訂有其管轄範圍內之單行規定；但當時有關公務人員陞遷之主要規定，亦已合併訂定於「公務人員任用法」之中，因爲陞遷的性質實爲另一種形式的任用。例如：一名公務人員經機關人事命令免除其原任科員一職，並另行擬任或陞任爲專員新職務，銓敘部亦係據其所具任用資格予以依法銓敘「任用」。直至考試院第七屆考試委員任期時，始依憲法所定職掌之「陞遷」項目，正式研擬「公務人員陞遷法」，並曾於民國79年8月提出陞遷法草案。而後，再經數度研議更稿，終完成立法程序，於民國89年5月17日公布，7月16日起施行。

按人員的陞任遷調，原是機關首長的權責，原則上應由首長裁奪運用。所應研究者，爲機關所陞遷之人員是否得當與是否公平問題。因陞遷之事，關係公務人員之地位、榮譽與俸給，爲公務人員競相營求之事，若全憑機關首長一人之觀察判斷而作升任遷調，其首長如爲公正明智之士，有時自能拔擢人才；否則，則常易失之任意武斷、濫用私人，甚至結幫營私，敗壞政風，形成國家禍害。因之，爲資公平，眞正發揮提拔培養人才功能，以昭大信起見，政府制定公開之標準與程序，予以公開評選，以規範首長用人之正當性，實屬必要。因而「公務人員陞遷法」明定人員內陞之「甄審」程序，及外補之「公開甄選」程序，均甚明確，並以經依此程序審選產生之人員送請銓敘審查。

從人事制度力求公平原則，以及公務人員立場而言，陞遷之事關係重大，莫不力事營求，因而希望知悉機關公開辦理陞遷之標準、條件與程序等規定，以利規劃其生涯；不願因機關首長之更迭，而輕易任意變更人員陞遷之標準，故應有明確固定公開之陞遷管道、標準和程序，俾利政府各機關人員一體遵循。對任職甲機關者如是，任職乙機關者亦如是，「公務人員陞遷法」中規定各機關應公開所訂定之「陞遷序列表」以及資績評分等（陞遷6、7），即是此意。

按陞遷爲拔擢人才與培育人才的手段或方法，是各級領導人員的權責。古今中外，應無例外，並應明定正當程序、公平方法以從事評選拔擢。但應注意：辦理陞遷整個流程不可過於繁瑣冗長與手續複雜，以免反而成爲適時延攬人才的障礙。

我國「公務人員陞遷法」之制定，除依據憲法規定外，現實背景則爲「特別權力關係」學說之消退與戒嚴禁制之解除，自屬一進步作爲。但該法實施至今已近二十年，並經一次修正。在此臺灣社會進步迅速之環境下，自應隨時注意檢討得失，妥適修正，以符立法之宗旨。

(二) 陞遷是公務人員權利與機關首長應有的權力

人員權利與首長權力此二者孰重孰輕，在陞遷法中並無明確劃分，因而制定施行後，對此已產生兩種不同意見。

第一種意見認為係公務人員之權利：依「公務人員陞遷法」第5條規定「本功績原則評定陞遷」，明示人員陞遷應有的基本宗旨及目的，若非人員之功績符合擬陞遷的資格條件者，自難被擇優陞任；反之，若符合規定資格條件者，機關或機關首長應即無權予以排斥；且第15條規定：「公務人員對本機關辦理之陞遷如認爲有違法致損害其權益者，得依公務人員保障法提起救濟。」參以「有權利即有救濟」的法理，陞遷當然是公務人員的權利，否則自不必制定陞遷法。

第二種意見認為係機關首長之權力：依「公務人員陞遷法」第2條規定：「公務人員之陞遷，應本人與事適切配合之旨，考量機關特性與職務需要……擇優陞任或遷調訓練，以拔擢及培育人才。」此中所稱「人與事之配合」、「考量機關特性與職務需要」、「擇優」、「拔擢」及「培育」等涉及價值判斷之行爲與決定，顯然屬於權力性事項。大致言之，此權力屬於機關首長。雖有陞遷法第15條之規定，亦僅是公務人員享有救濟申請權，而非絕對自我決定性權力；因此，陞遷並非公務人員的權利，而是首長領導權力之部分或機關執行業務的權力。

這兩種見解，就在當今公務人員權利高漲、政府效能低落的時候同時出現。

對於上述第一種意見，反對者提問：古今中外任何國家的公務人員，曾否有任何政府保證其必定陞遷到哪一階層職務？又曾否有過哪一種法律規定，公務人員在何時間內必定可以陞任到何等職等職務？若無，則無從指責機關或其首長損害公務人員權利，並且可以提出爭訟請求救濟云云。但肯定的答案是：當然從來未有類此之規定與保證。

按法律的作用與價值，乃在設定權利義務的行爲規範。在行政行爲法或行政作用法中，賦予機關或機關首長某些執行業務和指揮、監督與任使人員的權力，此就人事管理而言，乃首長的「人事權」或「用人權」。此觀公務人員任用法、考績法，甚至於陞遷法的許多條文，均以「各機關」爲主詞的主動語態文句即明。但機關或機關長官不能因徇私或任何不正當理由而濫用權力、偏但或蓄意排斥，只要人員符合法定資格條件，均得參加陞遷審選，爭取陞遷機會，除非自己放棄（陞遷9）。所以，機關及其首長這種權力之性質爲有限的而非無限的；公務人員的權利也是有條件、有範圍的，而非任意的。公務人員如符合可陞遷的職等職系之資格條件，自然得「參加」陞遷，被列爲候選人員，參加評比，但並不當然可以一一陞遷，否則即非「擇優陞任」。此正如得「應考試服公職」以及「參加考績」的權利一樣，所以只能解釋爲「程序上的權利」，或俗謂之「機會」。雖然如此，各機關決定是否辦理陞遷，以至於辦理陞遷的程序，除必須依法之外，更都應該以宏觀的角度妥慎的考量「人與事適切配合之旨」，與程序上的公開、公平、公正；否則如有違法或不當，被列爲候選人的人員自非不得提起救濟。

(三) 陞遷與職涯規劃或生涯規劃

「陞遷」是公職生涯中重要歷程，從機關觀點而言，也要考慮到能適當配合公務人員個人「職涯規劃」的用人政策；從公務人員觀點來說，當然更有「生涯規劃」的理念。二者配合，自可公私雙贏。而兩者間關鍵性的連接點，則在於機關必須要有公開公正的「合理的組織編制與職務列等」。何謂合理？另待研討，但舉例而言，業務單位的組織編制與幕僚單位的組織編制相互不宜過於懸殊，各職務的設置配備與相互間組織，宜注意其列等關係有適當合理之重疊或連續。這些因素的關係，進一步影響到「陞遷序列表」中職務層級的多寡及排列是否合理，直接涉及人員陞遷的遲速，甚至於辦理手續的快慢。凡此也都與「遷調歷練」及「培育人才」關係密切。

(四) 陞遷的評比作業

依現行法規定，各機關辦理陞遷，關係最密切而且重要的有二個表：「陞遷序列表」與「資績評分表」。

1. 陞遷序列表：原則上各機關應各依其本機關職務的高低及業務需要訂定陞遷序列表。如序列多，必逐級辦理陞遷，則人員陞遷較繁較慢；如序列少，陞遷快。如人員停年（格）時間短，則遷調歷練不足；停年（格）時間長，陞遷慢，則易生怠惰。二者優劣互見，擬訂時宜慎加斟酌，務求其當。此表最大價值在其形成一公開而明確的遊戲規則，以資共信，並昭公正，減少紛爭。

2. 資績評分表：目前各機關對資績評分的實際做法，係就資績評分表內容約分為下列三大部分：(1)年資部分：含考試、學歷、服務年資。(2)成績部分：含考績、訓練、進修、獎懲。(3)綜合考評部分。前兩項都依檔案紀錄或個人人事資料，按所規定的各項目配分計分，計分應相當固定明確。但綜合考評部分，有由首長評擬，有由用人單位主管評擬，有由服務單位主管評擬，也有由用人單位及服務單位分按比例共同評擬。由於綜合考評具有主觀因素及大量彈性，實際遂成為評定陞遷整體過程中最關鍵性之決定因素（尤其是與年資成績分數相較，所占比例大時）。若對參與競爭各人所作綜合評分相互無甚差距時，結果遂當然純由年資與成績兩項分數決定何人陞遷，年資深者當然位居優先，而形成先來後到式「排隊主義」的陞遷效果。如各人間之綜合評分差距大，則可補足資績分數的不足或不備，有成績、有潛力的新人易於出頭，較符合「功績主義」的要求，但亦易失之可能偏私。因之，如機關內公務人員平均素質相當高，工作大多努力，績效也難分軒輊，則或許以「排隊主義」的方式辦理較宜；如素質參差不齊，則有必要採「功績主義」的作法，較能拔擢人才，以肆應業務的發展。各機關如何運用，應公正審慎考量「機關的特性與職務需要」，以符合「公務人員陞遷法」第5條：「本功績原則評定陞遷」之要求。

第九節 「調任」核心問題之釐清

公務人員之「調任」，本質上係「任用」之一，關係到機關首長用人任使，以符業務之需，亦關係到公務人員服公職之發展權利，因此，任用法第2條規定：「公務人員之任用，應本專才、專業、適才、適所之旨，初任與升調並重，爲人與事之適切配合。」

按公務人員任用之資格，基本上可分爲「官等職等」與「職系」兩項。考試及格人員分發任用，依其考試等級與類科所歸職系任用，甚至於稍從寬依「職組暨職系名稱一覽表」任用，尚無太大問題。在職人員之調任，其職等資格依其考試等級及考績結果晉升職等，歷來亦無甚爭議；但對於「職系」資格則較有斟酌之處。雖現行任用法第18條（91.1.29.修正公布）及其施行細則第19條有原則性規定，但對於「職系專長認定標準，再調任限制及有關事項」之規設，則訂有「現職公務人員調任辦法」（91.6.26.考試院發布），作較具體詳細之規定，以資適用，惟仍非無應深入思索之處，尤其是「職系專長」之認定。

查原「品位制」之「公務人員任用法」並無職系之規設，在初任時之考試，則仍有類科之設置，以訂其能力之領域或性質，並以之任用派予工作；而後之調任，端視機關首長認定其能力性質而調派工作（尤以行政職爲然），此難免寬濫，但又不失其用人之彈性。「分類職位制」之公務職位分類法則將「職位」主要分爲「職等」與「職系」兩因素，是以，依此兩因素規設之考試等級、職系類科亦相當明確，以之任用則如「紐」、「扣」之搭配，甚爲科學，但失之僵硬無彈性，而礙於人員之運使，亦有扞格之處。爲解決分類職位制用人之僵硬，則於「分類職位公務人員任用法」第6條定有「考試及格人員，取得工作性質及所學相近職系同職等職位任用資格」，以資訂定「工作性質及所學相近職系名稱表」，並另訂「依其他法律考試及格人員考試類科與適用職系對照表」以資適用。而前表於民國76年1月16日兩制合一之「公務人員任用法」施行後，則轉爲「職組暨職系名稱一覽表」，於此職組職系不論是雙向調任或單向調任之規設，主要以其考試之職系類科之科目爲基準，有若干科目之相同、類似則得調任，訂定時雖有所斟酌，亦有所爭辯，但訂定發布之後，適用上尚無大礙。至於「依其他法律考試及格人員考試類科與適用職系對照表」則轉化爲「依法考試及格人員考試類科適用職系對照表」，雖名稱有所修正，但內容之製作則相同，茲不贅述。

茲所應論述者爲「職系專長認定」，民國77年1月28日，銓敘部依任用法第18條第1款及其施行細則第16條之規定訂定發布「現職公務人員職系專長認定要點」，以補上述兩表適用之不足。「職系專長」於實質工作之能力，概念之表達甚佳，也蠻符合「適才適所」、「人與事適切配合」之旨，其內容主要爲：

(一) 將職系專長依其程度分爲簡任、薦任、委任職務之職系專長，因此，也有等級之分。

(二) 認訂之標準項目爲：考試（等級類科）、學歷（等級、科系，甚至於學分）、經歷（服務機構之規模、職務、工作性質、年資、成績）、訓練（性質、時數）。

民國91年1月29日公布修正之「公務人員任用法」，增列第18條第3項：「現職公務人員調任時，其職系專長認定標準、再調任限制及有關事項之辦法，由考試院定之。」同年6月26日考試院發布「現職公務人員調任辦法」，除依法重述簡任第十二職等以上之現職公務人員在各職系間得予調動外，仍然維持原專長認定要點之簡薦委三級，亦維持考試、學歷（分）、經歷、訓練（時數）之規設。其中並又對本機關職系專長之認定，採從嚴之規定，即「在本機關任職滿三年年終考績二年列甲等一年列乙等以上，知能足以勝任，繳有服務機關證明文件，且其資歷依銓敘審定之官等分別以達前三條所定學分、年資或時數二分之一以上者，得認爲具有本機關職務列等相同或最高列等相同之非技術類職系職務之職系專長」（調任8）。顯然亦略有述及調任之官職等級，但僅及於職務列等相同或最高列等相同之職務。

前述調任辦法施行結果，實務上最大之困擾在於「學分」之認定，蓋「學分」之學科修習，其內容領域相同，即使名稱相同，授課之內容重點不一定相同，更何況名稱不同者，其課程內容亦有可能相同。又修習之時間爲何？經過之時間久遠適合否？人事人員是否有能力就其學科名稱、內容領域認定，且其修習結果之得分亦有高低，以之「一視同仁」，較同爲考試科目者之評分，能否相提並論？尤以擬作爲未來機關間調任之資格預先認定，甚爲頻繁，此合乎任用法之旨趣乎？均値深思。同樣之思考，在「職組暨職系名稱一覽表」之規設，亦有考試類科之考試科目是否多寡與相近之認同問題。

綜上所述，無非要釐清「調任」爲何？如何規設之基本概念，在此本書提出一簡單之內容概念架構，以供參考：

(一) 調任爲任用之一種，含「公務人員陞遷法」之「陞任」、「遷調」（平調）及任用法之「降調」。

(二) 調任之資格，包括：「職等資格」及「職系資格」。

(三) 調任辦法之內容，在法制上亦應包含「職組暨職系名稱一覽表」與「依法考試及格人員考試類科適用職系對照表」上之職系「專長」，在「適才適所」之前提下，究應否有適用上之順位或競合之思緒？

(四) 職系專長認定標準之實質妥適性如何規劃？依時空環境之需要？大開放或依本機關之需要，就地取材，任使運用全在一心，機關首長應負任用之責。

茲應補述者爲：調任辦法非僅於依現行「公務人員任用法」第18條第4項所應訂定之「法規命令」。早於「分類職位公務人員任用法」（58.8.25.修正發布）第12條即有所規定，並且以之訂有「分類職位公務人員調任辦法」（58.11.19.考試院發布），其調任之標準除前述之「考試、學歷、經歷、訓練」外，尚有「著作或發明」，其規範似乎較現行規定嚴，但也比較抽象。民國67年11月10日修正之該任用法已無調任辦法之法源，而轉爲「工作性質與所學相近職系」，直至民國76年1月16日施行兩制合一之「公務人員任用法」第18條始有「職系專長」之規設，並於民國77年1月28日由銓敘部發布「現職公務人員職系專長認定要點」，民國91年1月29日公布修正「公務人員任用法」第18條第4項規定：「現職公務人員調任時，其職系專長認定標準、再調任限制及有關事項之辦法，由考試院定之。」民國91年6月26日考試院發布「現職公務人員調任辦法」，民國93年12月21日、105年3月28日兩次修正，沿用迄今。茲特別一提者爲：民國105年之修正，以將學科之學分採認之年限，規定爲「近十年」（調任5、6），較符合時需。

第一節　有關俸給制度之法規與名詞

一、主要法規

有關俸給制度的法規，大致也可以分爲兩部分：一部分是依「公務人員任用法」任用人員所適用的俸給法規；另一部分是依特種任用法規任用人員所適用的俸給法規。現將此兩部分中較爲主要之法規，列舉於後，並略加說明：

(一)「公務人員俸給法」及其施行細則：該法及其細則，除適用於依「公務人員任用法」任用之人員外，同時亦適用於下列多種依其他法律進用人員，以及依部分特種任用法律任用人員如下：公務人員、司法人員、主計人員、政風人員、審計人員、駐外外交領事人員、公立各級學校具有公務人員任用資格而適用「公務人員任用法」審查其任用資格之職員等七種人員。此外，留用之「派用人員」、「蒙藏邊區公務人員」仍有適用之餘地，所以該法確爲有關俸給制度之最重要法律。

(二)「公務人員加給給與辦法」：公務人員俸給係由「俸」與「給」兩者共同構成，但俸給法律歷來僅對「俸」多所著墨，而對「給」則未詳加規定。直至民國90年，始有「公務人員加給給與辦法」之訂定，以補法律之不足。

(三)「關務人員人事條例」及其施行細則：在人事管理法規中，其名稱凡概稱之爲「人事」或「人事管理」名詞者，其內容通常都包括有關人事管理中任用、俸給、考績，以至退休、撫卹等多個部分之有關規定。該條例對關務人員之俸給，亦定有三條條文，列在第三章第14條至第16條，並有其專用之俸表。但該條例第1條規定：「本條例未規定者，適用有關法律之規定。」因此關務人員俸給事項，應優先適用該條例上述三條條文規定；至於未規定之其餘有關俸給事項，則適用「公務人員俸給法」之規定。

(四)「警察人員人事條例」及其施行細則：該條例第四章爲俸給章，包括自第22條至第27條，共六條，並有其專用之俸表。

(五)「交通事業人員任用條例」：我國常有法規內容與名稱不甚相符之事。該條例以任用爲名，但其第11條原規定：「交通事業人員資位職務薪給表，由考試院會同行政院定之。」民國95年5月28日公布修正該條例，增定第11條之1始規定其起敘、核敘、提敘等事項，而另無有關薪給的法律。下述薪給表即係依此條文訂定。

(六) 交通事業人員資位職務薪給表：早先係按交通事業業別，區分爲郵政、國道高速公路、公路、臺灣鐵路、港務、電信……等類表，各有其專有名稱。例如：「交通事業人員資位職務薪給表」（公路）。其中「郵政」、「電信」較早公司化，繼而「港務」亦公司化，並另成立電信總局、航港局等行政機關，其中仍有繼續適用「資位制」者。民國101年政府組織改造後，「公路」於民國107年1月15日、「國道高速公路」於民國107年2月12日亦回歸行政機關，改適用公務人員任用制度，目前，只剩臺灣鐵路局適用此表。

(七) 「現職雇員管理要點」：雇員非屬「公務人員任用法」任用範圍內人員，亦不適用「公務人員俸給法」，原另定有「雇員管理規則」管理。該規則之第6、7兩條及其所附「雇員薪級薪點表」，係有關雇員薪給的規定（雇員之工作報酬稱薪給，區分有薪級，而不稱俸給、俸級，以資分別）。

惟「公務人員任用法」第37條已增列規定：上述管理規則適用至民國86年12月底止，屆期仍在職之雇員繼續適用至離職時止。因此，銓敘部已於民國86年12月19日另行發布「現職雇員管理要點」一種（並經於民國89年7月20日修正），以便適用於民國87年1月以後仍繼續在職之雇員。在此一要點中，對繼續在職雇員之薪給另定有「現職雇員薪級薪點表」。

(八) 「銓審互核實施辦法」：該辦法係依「公務人員俸給法」及其施行細則所訂定，規定人員之敘薪案及考績案經銓敘機關審查確定後，應通知審計機關。其係未依法送審者，或經審定爲不合格者，或經審定爲不予登記者，或所支俸級與審定之俸級不符者，其俸給應按情節之不同，作不同之處理，或不予核銷。該辦法係於民國54年2月20日，由銓敘部與審計部會銜發布，經六次修正，最近一次爲民國97年4月9日。

(九) 「後備軍人轉任公職考試比敘條例」及其施行細則：該條例係對後備軍人參加轉任公職考試時，及轉任公務人員時，所規定之一種優待性特別法律。該規定後備軍人於轉任公務人員敘薪時，採比敘方式行之，而非採按年提敘加級方式。比敘方式較提敘方式尤爲優渥，如何比敘，該條例授權於施行細則第10條中有詳細規定。

(十) 「行政、教育、公營事業人員相互轉任採計年資提敘官職等級辦法」：該辦法係依據「公務人員任用法」第16條訂定。對於教育人員及公營事業人員依法轉任公務人員者，於轉任後，可依規定條件，採計其以前任職之優良年資提敘俸級、職等及晉升官等等，均有具體詳細規定。至於對其以前年資的認定，則以前所任職務與現所擬轉任職務兩者間性質相近及等級相當或較高，且考績列七十分以上者爲限。但僅爲教育、公營事業人員轉任公務人員得採計教育、公營事業之年資，實際上公務人員轉任教育或公營事業，並非即得採計。直至民國104年6月10日「教育人員待遇條例」公布施行，其第9條始規定得採計公務年資予以提敘。

(十一)「專門職業及技術人員轉任公務人員條例」及其施行細則：該條例第7條規定，轉任人員轉任俸級之起敘及提敘適用「公務人員俸給法」之規定。

(十二)「公務人員曾任公務年資採計提敘俸級認定辦法」：該辦法係民國91年8月28日，考試院依「公務人員俸給法」第17條第5項之規定，發布該辦法施行。對辦理提敘，有較周詳之規定。並經二次修正，最近一次爲民國100年9月6日。

二、常用名詞

(一) 俸給：所稱俸給，爲「俸」與「給」二者合併之名稱。依我國現行公務人員俸制，俸有本俸與年功俸兩種；給有職務加給、技術或專業加給、地域加給三種，其中「技術」或「專業」兩加給，僅支其一（俸給2、3、5）。

(二) 本俸：依「公務人員俸給法」規定，本俸係指各職等人員依法應領取之基本給與（俸給2）。按現行公務人員所採行者爲官職併立制度，其表現於俸給制度中者，則爲以本俸（或年功俸）爲其任官身分之基本給與。因官等係基於公務人員品位所敘定，所以在俸給理論上，本俸係政府按每一人員所具品位所予之基本給與。亦即因其具有政府高低等級不同之官員身分所產生之給與。

(三) 年功俸：依民國76年制定之新「公務人員俸給法」規定，年功俸係指依考績晉敘高於本職或本官等最高職等本俸最高俸級之俸給（俸給2）。換言之，亦即公務人員任某一職等，已敘至該職等本俸最高級後，仍未晉升職等，但因考績優良，本應繼續晉敘俸級，惟既無本俸可資再晉，國家爲獎勵其「年」資與「功」績起見，乃於本俸之外另設俸級若干級，故稱之爲「年功」俸，以資適用，而勵忠勤。是則年功俸之最大價値，在鼓勵人員久任。

(四) 俸級：依「公務人員俸給法」規定，俸級係指各職等本俸及年功俸所區分之級次（俸給2）。按公務人員任職，當其所適用之制度僅有官等時，例如：以前簡薦委制度，人員在同一官等上常繼續任職若干年，國家爲獎勉其勞績起見，則有定期晉敘俸級之必要。故每一官等，必定區分若干俸級，以資適用。如所採制度在官等之下更設有職等或官階時，例如：我國現行之公務人員官職併立制及警察人員之官職分立制，則基於上述同一原因，人員在同一職等或官階上，亦常繼續任職若干年，故亦必須於職等或官階中再設俸級，以資鼓勵。

(五) 俸點：依「公務人員俸給法」規定，所稱俸點，係計算俸給折算俸額之基數（俸給2）。按俸點制度之優點，在最高俸級與最低俸級之間，以及各個俸級之間，差距顯示明確固定，易於瞭解。且歷代以來，貨幣舉世緩性貶值，幾成定律，有此俸點以爲基礎，則於增加實際給與時，僅需調整折算現金之比率，尤爲便利公平。

(六) 加給：依「公務人員俸給法」規定，所稱加給，係指因所任職務種類、性質與服務地區之不同，在本俸或年功俸之外，另「加」之「給」與（俸給2）。依官職併立制度理論，所稱加給，係因人員執行職務性質之不同而發生之給與；與上述「俸」係基於公務人員官等身分而發生者，有所不同。我國法定之加給，有職務加給、技術或專業加給、地域加給三種。

(七) 職務加給：依「公務人員俸給法」規定，職務加給係對主管人員，或職責繁重人員，或工作具有危險性人員之加給（俸給5）。

(八) 技術加給：依「公務人員俸給法」規定，技術加給係對技術人員之加給（俸給5）。支技術加給者，不再支給專業加給。

(九) 專業加給：依「公務人員俸給法」規定，專業加給係對專業人員之加給（俸給5）。依我國現行官職併立人事分類制度，一職務當其列爲技術類職系時，則其合法之任職人員即爲技術人員，支領技術加給；否則，必列爲行政類職務，則其任職人員爲行政人員。而行政類職務中具專業性者，亦給予其任職人員專業加給。

(十) 地域加給：依「公務人員俸給法」規定，地域加給係對服務邊遠或特殊地區與國外者之加給（俸給5）。給予國外加給之原因頗多，例如：當地生活費用較高，或駐外人員所應特別注意之禮儀體面費用等；給予邊遠或特殊地區之地域加給，用意在慰勞與鼓勵。

(十一)「公務人員俸表」：「公務人員俸給法」第4條附有「公務人員俸表」，該表內容係將官等、職等，以及本俸與年功俸之全部俸級，連同各俸級之俸點，合併製成之詳表，以利準據查索（俸給4）。

(十二) 敘俸：銓敘部就擬任人員所具資格條件，依法核定其應支之俸給等級，此一過程，稱爲敘俸。其敘俸結果約略如下：

1.「先予試用」人員：敘與其所具可任職等資格相當之職務職等俸級，亦即如高考三級考試及格，初任薦任公務人員者，敘「薦任第六職等本俸一級385俸點」。至於其職務加給則支薦任第六職等之加給。

2.「合格實授」人員：敘與其合格實授資格相同之職等的本俸或年功俸俸級（含其依規定提敘或按年核敘加級之俸級）；並支予與其職務資格相同職等之加給。

3.「准予權理」人員：敘其原具合格實授職等資格相當之本俸或年功俸俸級

（含其依規定提敘或核敘加級之俸給）（俸給11 II），但支其權理職務所跨列之最低職等之職務加給、技術或專業加給。俟其於依法取得該職務合格實授資格後，再支合格實授官等職等之俸級與加給。

(十三) 起敘：人員經依考試及格，或考績升等，或銓敘合格，或依法轉任，而初任某一官等職等時，依法規規定，按其所具資格條件，「起」始所應「敘」支的俸級，謂之起敘（俸給6、7、11、13、15）。

(十四) 換敘：人員經依原任職務所適用之原俸給法規核定俸薪，於改任他種職務後，並改適用他種俸給法規支領薪俸時，依規定以其原敘俸級，按規定之換算方式，轉換爲新俸給法規所規定之俸薪等級。此一過程，謂之換敘。

換敘主要在下列三種情形下發生：

1. 人事制度改變，例如：從簡薦委制度改變爲現行官職併立之新人事制度。

2. 人員轉任，例如：公立學校教育人員或軍人轉任爲公務人員。

3. 現職人員改任，原爲無需任用資格者，依法改任爲依「公務人員任用法」任用人員（俸給9、10、12）。

(十五) 晉敘：人員因考績結果優良，依法晉升其俸級，謂之晉敘（俸給16，考績7）。

(十六) 改敘：對於依法經已敘定某俸級者，因法定事由而改敘另一俸級，謂之改敘。例如：「降級人員，改敘所降之俸級」（俸給20）。

(十七) 提敘：以人員依規定起敘之俸級爲基礎，再依法規規定，採計其以前所任性質相近、等級相當職務或較高職務，且考績列七十分以上年資，以提高其俸級，謂之提敘。

由於各種有關提敘之法規規定不盡一致，其中有部分規定，可提敘至其起敘職等之最高俸級爲止；另有部分規定，可併依考績、任用兩法規定，提敘晉升職等；更有部分法規規定，可提敘以至晉升官等。故應視所適用之不同法規規定，以定其對提敘一詞之實質涵義及其所得提敘之上限（俸給13、17，任用16，任用細16，三類轉任2、5、6，7，專技轉7，提敘辦法）。

民國91年8月28日，考試院依「公務人員俸給法」第17條第5項之規定，發布「公務人員曾任公務年資採計提敘俸級認定辦法」施行，對辦理提敘，有較周詳之規定。

(十八) 按年核計加級：按年核計加級，爲上述「提敘年資」之共同方式；亦即依照有關規定，以起敘之俸級爲基礎，對人員符合規定之已有任職年資，每有一年，即予提高俸級一級，於原起敘之俸級外，增加其薪俸之等級。此種採計核算方式，稱爲按年核計加級（同上）。

(十九) 比敘：當人員自適用甲種任用法律任用之職務，依法轉任至適用乙種任用法律任用之職務時，以其原依甲種法律任職時已敘定之俸級所屬之官職等級，與所轉乙種法律任職所適用之俸給法規所定薪俸所屬官職等級相對照後，平行（線）「比」照其同等級之俸級「敘」俸。因其所採爲平行（線）比照方式，故謂之「比敘」。其有多餘年資者，並得再予按年提敘。依現行法律規定，比敘僅適用於軍人依法轉任文職人員（軍轉5，軍轉細10）。昔主計人員亦曾一度定有比敘辦法，但早已廢止。

「比敘」與按年採計「提敘」不同，提敘係僅採其等級相當、性質相近、考績優良等符合規定條件之年資，且係按年核計，一年一級提敘；比敘則無諸此條件之規定，概略言之，較提敘更爲優待。至今唯一得採取比敘方式之人員，爲依「後備軍人轉任公職考試比敘條例」轉任人員。

(二十) 降敘：對依法已敘定之俸級，依法予以改敘爲較低之俸級，謂之降敘。我國「公務人員俸給法」規定：「降級人員，改敘所降之俸級。」又規定：「經銓敘機關敘定之等級，非依本法、公務員懲戒法及其他法律之規定，不得降敘。」（俸給20、23）。

(二一) 最高俸級與最低俸級：稱最高俸級，有最高本俸及最高年功俸之別，在有關法規未有明文說明或未另依法解釋而僅稱最高俸級時，通常則係指最高本俸而言（俸給2、4、7、11、15，俸給細4）。

所稱最高本俸，通常有四種情形：

1. 每一職等之最高本俸，指本職等之最高本俸。除第一職等爲本俸七級、第十三職等爲本俸三級，及第十四職等僅有本俸一級外，其餘十一個職等則因各皆僅有五個本俸俸級，故最高本俸均爲本俸五級。

2. 每一官等之最高本俸，指本官等最高職等之最高本俸。亦即第五、第九、及第十四職等之最高本俸，分別各爲第五職等本俸五級、第九職等本俸五級及第十四職等本俸一級。

3. 職務跨列二或三個職等時，其最高俸級爲所跨最高職等之最高俸級，是爲本職務最高俸級。

4. 公務人員最高俸級，係指「公務人員俸表」中之最高俸級，即簡任第十四職等本俸一級。因該職等僅有一個本俸俸級，無年功俸俸級。

同此，最高年功俸亦有類似上述之四種：本職等最高年功俸、本官等最高年功俸、本職務所列最高職等之最高年功俸、公務人員最高年功俸。

至於所稱最低俸級，亦有上述四種情形，但相反爲最低俸級。

(二二) 俸額：俸額就是公務人員依法按本俸俸級或年功俸俸級，核計每月自政府所獲得之現金給與數額。依我國現行「公務人員俸給法」所定，係按每一公務人員敘定之俸點，依規定之折算率折算後，每月所得之現金數額。就其詞義合理解釋，俸額不包括加給所得之現金（俸給3，俸表說明一，俸表）。

另有特種人員俸給制度，例如：教育人員，稱薪額；警察人員以及以前簡薦委制度之俸給法及俸表等，均將其代表俸薪級高低的數字稱爲俸額，但與現行「公務人員俸給法」所稱之俸額涵義有別。

(二三) 俸點折算俸額標準：將俸點折算成俸額之比率，謂之折算俸額標準。依「公務人員俸給法」規定：「本俸、年功俸之俸點折算俸額，由行政院會商考試院定之」（俸給18）。

(二四) 相當俸級：甲種人事制度所規定之某一俸級，與乙種人事制度所規定之某一俸級，兩者間地位等級相當者，兩者互爲相當俸級。如昔之「簡薦委制」改任爲「分類職位制」，則換敘爲同資格地位之相當俸級；「簡薦委制」、「分類職位制」改任換敘爲「官職併立制」爲同資格地位之相當俸級。如離職再任者，依其原審定有案之俸點俸級改任換敘至其原敘俸點同列之俸級（俸給14，俸給細6）。

(二五) 薪給：依我國法律體例，對不同類別人員，訂定有關工作報酬之不同法律，常使用不同名詞或用語，以資區別。「公務人員俸給法」所使用之「俸給」一詞，在「教育人員任用條例」、「交通事業人員任用條例」、原「派用人員派用條例」、「雇員管理規則」中，則均另稱爲薪給，實同義而異詞（俸給1，交任11，原派用細9之1，雇管6）。

(二六) 薪級：對薪給所區分之等級，稱爲薪級。參閱「薪給」條（同上）。

(二七) 薪點：對每一薪級所規定之點數，亦即折算薪額計算薪給之基數，謂之薪點。涵義與俸點同（同上）。

(二八) 審計機關：所稱審計機關，在法規上係概指中央之審計部、直轄市之審計處及各縣市之審計室（俸給19，俸給細18，審計3至5）。

(二九) 俸給總額：見本書第十五章第一節常用名詞項下俸給總額條，概指公務人員每月俸與給兩部分所得現金總額。

第二節　公務人員俸給制度內容

一、公務人員俸給法制沿革

民國元年，南京政府臨時大總統建立簡薦委人事制度，10月17日，北京政府公布「中央行政官官俸法」。但由於政局不定，實則並未眞正施行，眞所謂「徒法不足以自行」。民國14年11月1日，政府公布「文官俸給表」，並於民國16年10月25日酌予修正，而於民國17年1月始告施行。民國18年8月14日，復公布「行政院適用之文官俸給暫行條例」，限僅適用於行政院，而與「文官俸給表」併行。由於此二種法規所定俸額互異，徒增紛繁；且同一俸給表所定各俸級之間，俸額差距過大，施行頗多窒礙。嗣至民國22年9月22日，國民政府乃廢止此二法規，另行頒布「暫行文官官等官俸表」，於同年11月1日施行。至是，文官俸制初告統一。

上述官等官俸表後經數度修正，但均僅在官等與俸級方面有所調整，俸額並無改變；且整個官等俸表內容，仍只是純粹一個俸表，於官等俸級俸額之外，無其他有關規定。在此期間，法官、警察官，外交官、領事官等四類人員，又各另定有其專用之官等俸給表；至於其他特種人員及聘派人員，亦由各機關另定官等官俸表或俸級比敘表施行者，情形紛繁，共有二十八種之多。以上皆爲訓政時期情形，堪稱奇觀。

民國32年4月11日，國民政府公布「公務員敘級條例」，俸給法制始略具體例。該條例除定有俸表外，並對起敘、晉敘、比敘、降敘、改敘、提敘等，均有規定，爲前所未有。該條例，繼續施行至行憲後。

民國38年1月1日雖曾公布「公務人員俸給法」，但格於戡亂等種種原因，並未眞正實施。直至民國43年1月9日另行公布修正「公務人員俸給法」，始眞正付之實施；同時「公務員敘級條例」亦廢止。

民國43年以前之「公務人員俸給法」原規定俸給定爲本俸、年功俸、優遇俸與津貼四種。因給與名目過多，經修正刪除優遇俸，並將津貼改爲加給。該法對俸額規定如下：簡任最高本俸六百八十元，最高年功俸七百七十元，委任最低本俸九十元，當時尙定有「同委任」名稱之官等，其俸級僅列本俸一級八十。據此，當時最高俸與最低俸之差距，六百八十元至八十元，爲八點五與一之比。此一俸給法，多年未有重大修正。直至民國76年1月16日，現行官職併立之新人事制度「公務人員俸給法」施行，該法始告廢止。

以上爲簡薦委制度之「公務人員俸給法」簡略沿革。

此外，我國曾一度採行職位分類制度，有其另一套人事法規，亦有其俸給法，名曰「分類職位公務人員俸給法」，該法於民國56年6月8日公布，而未定施行日期。民國57年1月7日，總統始令定該法於1月15日施行；但因有事實障礙，並未眞正施行，延至5月9日，該法第一次修正公布，並試爲施行。但事實上，包括該俸給法在內之職位分類制度各法，障礙仍多，以致該俸給法復於民國58年8月25日第二次修正公布，而明令於10月16日施行。至此，各機關方開始歸級，眞正實施職位分類制度。但該制度實施情形至不順利，各方指責甚爲激烈嚴厲，於是，於民國67年

12月復作第三次修正。

後因政府決定，公務人事制度全面改制，現行之官職併立之兩制合一新人事制度各法施行。於是包括「分類職位公務人員俸給法」在內之職位分類全部法規數十種，與簡薦委制度全部法規數十種，均於民國76年1月16日悉行廢止。

現行兩制合一新人事制度之「公務人員俸給法」，係於民國75年7月16日總統令公布。該法規定，其施行日期由考試院另以命令定之。考試院經將有關各項配合規章制定後，於民國76年1月14日令定，包括新制之「公務人員俸給法」在內之新人事制度所有各有關法規數十種，一律自1月16日起施行。該法後經民國79年12月28日、86年5月21日、91年8月28日、94年5月18日，及97年1月16日共五度修正。

二、公務人員俸給制度結構

我國現行公務人員俸給制度，係包括「俸」與「給」兩部分而成，現將俸給制度整個結構分述如下：

(一) 俸給制度包括俸與給兩部分：俸指本俸及年功俸，給指各種法定加給，整個俸給制度結構係由俸與給兩部分組成。依此，公務人員每月所得俸給總數額之構成如下：

1. 依審定合格任用之職等與本俸或年功俸俸級，依該俸級之俸點數目，按規定折算標準率折算成俸額現金。

2. 另依所任職務之職等（即審定合格任用之職等，或依法權理之較高職等），核支該職等應支領之各項加給現金。

3. 以上兩項合計，即爲公務人員每月實際俸給所得（俸給3）。

(二) 俸給法規與俸表配合組成整個結構：我國公務人員俸給制度整個結構，係依「公務人員俸給法」及其施行細則，以及「公務人員俸表」所規定者，組成整個俸給制度結構。另外有數種補充規章，例如：「公務人員加給給與辦法」、「公務人員曾任公務年資採計提敘俸級認定辦法」及「銓審互核實施法」。因此，討論俸制時，應請參照上述法規及俸表一併閱讀，更易明瞭。

(三) 俸制之四項構成因素：僅就俸制部分（不包括加給）而言，現行俸制之結構，由官等、職等、俸級、俸點四項因素共同組成。俸制按簡薦委三個官等及十四個職等區分；除第十四職等僅有本俸一級外，其餘每一職等均各有若干個本俸與年功俸俸級；各個俸級各定有相互多少不等之俸點。執行時，按俸點折算俸額支領現金（公務人員俸表）。

(四) 俸級總數：俸制結構，從最低之委任第一職等，至最高之簡任第十四職等，共十四個職等；每一個職等內，分設有數目不完全相同之本俸俸級與年功俸俸級各若干級；將十四個職等之俸級級數相加後，計有本俸俸級六十六級、年功俸俸級八十級。但因各職等俸級相互間有部分重疊，亦即有重複俸級，經減除重複俸級後，俸表中實有全部俸級四十六級（俸給4，公務人員俸表）。

(五) 各職等俸級數目不等：自第一職等開始，至第十四職等止，十四個職等之本俸及年功俸俸級，均自左向右排列，成一斜形階梯式組合。各職等本俸數目，從最高職等往最低職等計算，第十四職等僅有本俸一級、第十三職等有三級、第十二職等以至第二職等各有五級、第一職等有七級。以上所述，自高職等至低職等本俸俸級數目，形成一、三、五、七遞增狀態。至於各職等之年功俸俸級數目，第十四職等無年功俸俸級、第十三職等有三級、第十二職等四級，而自第十一職等以至第一職等，分別有年功俸俸級五級、六級、七級、八級，以至第五職等之十級不等。其中年功俸俸級最多者，爲委任第五職等之有十級（俸給4，公務人員俸表）。

(六) 俸級相互間俸點差距：每一俸級列有一定數目之俸點，從最低第一職等本俸一級160俸點，至最高第十四職等本俸一級800俸點，最高與最低兩者差距爲五比一（較前述簡薦委制俸給差距八點五比一爲小）。至於本俸各俸級間俸點遞增情形（亦即上下兩俸級間之差額）則爲：委任每級俸點差額爲10點、薦任爲15點，簡任爲10至30點。年功俸俸點每級各與其較高一個職等平行之本俸或年功俸相同（公務人員俸表說明3）。

(七) 俸點折算俸額標準：俸額爲整個俸給制度之最後實際具體支給數額，故俸額特爲重要；但我國現行公務人員俸表中並無固定俸額，僅有俸點，以爲折算俸額之基數。因此，依理而言，俸給法或俸表應附有俸點折算俸額之標準，但現行俸給法與俸表中並未附折算標準，而係明文規定授權「俸點折算俸額，由行政院會商考試院定之」（俸給18），並規定：「俸額之折算，必要時，得按俸點分段訂定之」（俸表說明文）。此種規定，使政府充分保有調整俸給之彈性餘地，得以幾乎每年改定折算率；且將俸點分爲三段，分別訂定不同之折算率。不過亦曾有謂高低職等俸點數之比例爲五比一，自當以每一俸點均相同之折算率，始爲公平。

(八) 按職等分定加給：「公務人員俸給法」規定：「由考試院會同行政院訂定加給之給與辦法辦理之」（俸給18），與上述俸點折算標準之授權兩院隨時得以改定之情形相同。所以多年以來，每會計年度開始之前，政府均以行政命令發布新年度之俸點折算俸額比率，以及各種加給之現金定額。

我國於民國88年以前，除極少數年度例外，幾乎每年均有調整待遇之舉（亦即提高俸給數額）。調整待遇之實際方法，係提高俸點折算俸額之折算標準，以及提高加給金額。民國88年以後，調整待遇較少，幅度亦小；民國107年之待遇調整，幅度雖小，平均約百分之三，但卻拉大高低之比，以鼓勵上進久任。

表14-1　公務人員俸表（「公務人員俸給法」第四條附表）

官等	委任					薦任				簡任				
職等	一職等	二職等	三職等	四職等	五職等	六職等	七職等	八職等	九職等	十職等	十一職等	十二職等	十三職等	十四職等
800												四 800	三 800	一 800
790											五 790	三 790	二 790	
780										五 780	四 780	二 780	一 780	
750										四 750	三 750	一 750	三 750	
730										三 730	二 730	五 730	二 730	
710									七 710	二 710	一 710	四 710	一 710	
690									六 690	一 690	五 690	三 690		
670									五 670	五 670	四 670	二 670		
650									四 650	四 650	三 650	一 650		
630								六 630	三 630	三 630	二 630			
610								五 610	二 610	二 610	一 610			
590							六 590	四 590	一 590	一 590				
550							五 550	三 550	五 550					
535						六 535	四 535	二 535	四 535					
520					十 520	五 520	三 520	一 520	三 520					
505					九 505	四 505	二 505	五 505	二 505					
490					八 490	三 490	一 490	四 490	一 490					
475					七 475	二 475	五 475	三 475						
460					六 460	一 460	四 460	二 460						
445				八 445	五 445	五 445	三 445	一 445						
430				七 430	四 430	四 430	二 430							
415			八 415	六 415	三 415	三 415	一 415							
400			七 400	五 400	二 400	二 400								
385			六 385	四 385	一 385	一 385								
370			五 370	三 370	五 370									
360			四 360	二 360	四 360									
350			三 350	一 350	三 350									
340			二 340	五 340	二 340									
330		六 330	一 330	四 330	一 330									
320		五 320	五 320	三 320										
310		四 310	四 310	二 310										
300		三 300	三 300	一 300										
290		二 290	二 290											
280	六 280	一 280	一 280											
270	五 270	五 270												
260	四 260	四 260												
250	三 250	三 250												
240	二 240	二 240												
230	一 230	一 230												
220	七 220													
210	六 210													
200	五 200													
190	四 190													
180	三 180													
170	二 170													
160	一 160													

說明：

一、俸級分本俸及年功俸，依「公務人員俸給法」第四條規定，並就所列俸點折算俸額發給。俸額之折算，必要時，得按俸點分段訂定之。

二、本表各職等之俸級，委任分五個職等，第一職等本俸分七級，年功俸分六級，第二至第五職等本俸各分五級，第二職等年功俸分六級，第三職等、第四職等年功俸各分八級，第五職等年功俸分十級。薦任分四個職等，第六至第八職等本俸各分五級，年功俸各分六級，第九職等本俸分五級、年功俸分七級。簡任分五個職等，第十至第十二職等本俸各分五級，第十職等、第十一職等年功俸各分五級，第十二職等年功俸分四級，第十三職等本俸及年功俸均分三級，第十四職等本俸為一級。本俸及年功俸之晉級，依「公務人員考績法」之規定，但各職等均以晉至最高年功俸級為限。

三、本表各職等本俸俸點每級差額，第一至第五職等為十個俸點，第六至第九職等為十五個俸點，第十至第十三職等為二十個俸點，各職等年功俸之俸點比照同列較高職等本俸或年功俸之俸點。

四、本表粗線以上為年功俸俸級，粗線以下為本俸俸級。

三、俸點折算俸額方法

據上所述，整個俸制結構，最高俸點與最低俸點間差距爲五比一。此種差距比率，係自施行職位分類制度時即已開始的現象，而現行官職併立的新人事制度係沿用該俸表不變，於是該俸表仍成爲現行法定俸制之部分。惟實務上多年係分三段折算率。民國79年修法時，此種俸點及差距雖仍未改變，但卻有人趁機在「公務人員俸給法」第4條所附「公務人員俸表」尾之「說明」文加列下列文字：「俸點之計算，必要時，得按俸點分段折算。」（俸表說明一）。自此以後，政府遂認爲已有明文規定之法律依據，所以多年以來，均將俸點分成三段，訂定不同之折算標準，使最高800點者以至最低160點者，實得俸額相互間之差距又進一步縮小，已非五與一之比，使原定比率之法意盡失。此於民國80年左右，常爲立法委員資詢之焦點，但仍無濟於事。

此種俸點爲五比一之規定，與可以分段訂定不同折算標準而使實際所得已非五比一之情形，應屬矛盾。雖均見於同一法律規定之中，但後者畢竟係以法律附件之附帶補充說明形式表現，以變更法律主要條文及表列具體數字規定，不僅手段稍欠堂皇正當，而且所變更者爲公務人員權益事項，實非妥當。

四、俸給限制

俸給法規定，公務人員之俸給，應依俸給法之規定行之（俸給1）。各機關不得於法外另行自定俸給項目及數額支給；違者審計機關不予核銷，並予追繳。在此一規定中，最重要者爲最後一句：「並予追繳」，因執行追繳之結果，最後必由機關首長負賠償之責。自民國76年新俸給法有此增列規定文字之後，各機關始不再有自定俸給項目及數額之事（俸給19）。

五、初任起敘

初任公務人員之前，無任何公務年資，亦無依法可供採計用以提敘年資者，即逕按其考試及格所取得之官等與職等資格，依法敘定其所任用官職等之最低俸級。

「公務人員考試法」於民國85年1月修正後，已將公務人員考試結構改定爲五個等級如下：高等考試一級，高等考試二級、高等考試三級、普通考試、初等考試，及與之平行的特種考試一、二、三、四、五等，共五個等；且廢除簡任官級之任用考試（例如前之甲等考試）。因此，「公務人員任用法」與「公務人員俸給法」隨同也都經配合修正。「公務人員俸給法」修正後之有關規定如下（俸給6）：

(一) 初等考試或特種考試五等及格者，敘委任第一職等本俸一級。

(二) 普通考試或特種考試四等及格者，敘委任第三職等本俸一級。

(三) 高等考試三等或特種考試三等及格者，初任薦任職務時，敘薦任第六職等本俸一級；其爲先以委任第五職等任用者，敘委任第五職等本俸（最高級之）五級。

(四) 高等考試二級或特種考試二等及格者，初任薦任職務時，敘薦任第七職等本俸一級；其爲先以薦任第六職等任用者，敘薦任第六職等本俸三級。

(五) 高等考試一級或特種考試一等及格者，初任薦任職務時，敘薦任第九職等本俸一級；其爲先以薦任第八職等任用者，敘薦任第八職等本俸四級。

民國96年春，考試院內部出現一種構想：對高考一級考試及格者，擬准許其擔任簡任非主管職，以引進、培養高級文官。如是，則應敘簡任最低俸級，惟目前尚非法定制度。

六、再任敘俸

公務人員因資遣、退職、退休、休職、免職、撤職，或任何原因離職，凡在離職前已依法敘定公務人員俸級者，於民國76年1月16日後依現行新任用法有關官等、職等、職系及其他規定，再任公務人員時，其再任敘俸，因再任者離職時所適用之人事制度與俸給法律，相同或不同而有別。如其原爲適用簡薦委制度人員者，或適用職位分類制度人員者，即應分別比照簡薦委制人員或職位分類制人員之改任換敘規定，辦理再任敘俸；又由於簡薦委制之職務所跨俸級較多，以及職位分類制之職位均僅限列一個職等，而現行新人事制度之職務，大多依規定跨列二至三個職等，均涉及再任敘俸之不同處理。茲按兩類不同情形，將其具體規定分敘如下（俸給10、14，換敘辦4、5）：

(一) 現行新人事制度俸給法施行後離職而再任者：民國76年1月16日後離職時

所適用之俸給法律，與現再任職務所適用之俸給法律，因同為現行「公務人員俸給法」，故現再任公務人員，如再任與其原職同職等職務者，仍照其原離職時經審定有案之俸級，核敘為其現再任俸級：如前經考績結果原應晉敘，但因離職而未實現晉敘者，再任時應依法晉敘；如在同官等內再任高職等職務，其原具有再任職務職等任用資格者，自所再任職務最低職等最低俸級起敘，如未達所任職等之最低級俸者，敘該最低級俸；如原敘俸級之俸點高於再任職務職等最低俸級之俸點時，敘與原敘職務同數額俸點之俸級；此均參照俸給法第11條規定有關調任職務情形敘俸。權理人員仍依其所具任用資格銓敘審定俸級（俸給11、14，俸給細6）。

(二) 現行新人事制度俸給法施行前離職而再任者：應於其再任之現職在職務列等表所列職等範圍內，換敘相當俸級。但如現再任職務列等之俸級高於原敘俸級者，而具有所再任職等職務任用資格者，敘再任職等之最低俸級；如未達所再任職等之最低俸級者，敘該最低俸級；如原敘俸級之俸點高於所任職等最低俸級之俸點時，敘同數額俸點之俸級（俸給10、14）。

七、調任敘俸

銓敘合格並經依「公務人員俸給法」敘定俸級之現職人員，更換職務後仍為依法任用並適用該同一任用法律及俸給法律之職務者，稱為調任。調任人員之敘俸規定如下：

(一) 所調任為同職等職務者：仍敘原職等原俸級（俸給11Ⅰ）。

(二) 所調任為同官等內較高職等職務者：如該調任人員具有所調任該較高職等之任用資格時，自所調任該職等本俸最低俸級起敘：如未達所任職等之最低俸級者，敘該最低俸級；如原敘俸級俸點高於所調任職等本俸最低俸級俸點時〔例如：其人在原職等所敘定之本（年功）俸，已高於現所調職等最低本（年功）俸〕，依原敘俸點換敘同俸點之本（年功）俸俸級（俸給11Ⅰ）。

(三) 在同官等內調任低職等職務者：所調任雖為同官等內較低職等職務，如係依法審定仍以原職等任用者，仍敘原職等原俸級，考績時得在原銓敘審定職等俸級內晉敘。亦即原敘之俸級俸點高於新任低職務之最高年功俸俸點者，仍敘原敘較高之俸級俸點（任用18，俸給11Ⅰ、16，俸給細4）。

(四) 調任低官等職務者：依法任用人員自願調任低一官等職務，以調任官等之最高職等任用者（任用18Ⅰ），仍敘原俸級；其原敘俸級如在所調任官等之最高職等內有同列俸級時，敘同列俸級；如高於所調任官等之最高職等最高俸級時，敘至年功俸最高級為止，其原敘較高俸級之俸點仍予照支（俸給11Ⅲ，俸給細4Ⅰ），以保障其原敘俸級俸點（保障14），但不再晉敘（俸給細4Ⅱ）。

(五) 不受任用資格限制人員調任公務人員敘俸：在俸給法上，不受任用資格限制人員，指辦理機要之人員、派用人員及以前以技術人員任用之人員，此種人員，原職可無需考試及格任用，非屬合格實授人員。但若其原即具有或而後經取得任用資格，而依法調任或改任受任用資格限制之職等職務時，應自其所具相當性質及相當等級任用資格之職等最低俸級起敘；其曾任較高或相當等級之年資，得按年核計加級（俸給13，俸給細5）。

不受任用資格限制人員，經銓敘機關審定合格實授薦任官等任用，在未取得簡任官等任用資格前，依法調任簡任職務之機要人員或簡派職務人員，並以簡任或簡派官等參加考績或考成之等次，准予比照原敘薦任職等考績等次，合併計算年資，依「公務人員考績法」規定，按年核算，以取得較高職等任用資格；於核算至取得薦任第九職等後，所餘年資，得依「公務人員任用法」有關條文規定，繼續核計取得簡任第十職等任用資格，再自第十職等本俸最低級起敘。如仍有多餘年資，仍得按年提敘加級（任用細17，俸給細15）。

(六) 派用人員調任公務人員敘俸：「派用人員派用條例」雖於民國104年6月17日廢止，但現職人員中，具有派用年資者，仍屬合法之年資。派用人員係無需考試及格即得派用之人員，原亦爲實際不受任用資格限制人員之一種，但該條例稱：「其未規定之事項，準用公務人員有關法律之規定。」因而派用人員亦有官等與職等。又因其未有派用人員專用之俸給法律，因準用「公務人員俸給法」規定，故派用人員有關敘俸之一切規定，均與公務人員相同，按官等職等與俸點辦理，僅其所得報酬稱薪給，不稱俸給；如其具有法定任用資格，於調任或改任受任用資格限制之職務時，其敘俸亦均與上述機要人員等情形相同；且當其以薦派轉任簡任公務人員時，其核計提敘規定，亦與上述機要人員相同（俸給13，俸給細5）。

八、晉升官等敘俸

升任較高官等人員，自所升任官等之最低職等本俸最低級起敘，但原敘年功俸俸點高於上述最低俸級俸點者，得敘同數額俸點的本俸或年功俸（俸給15Ⅰ）。

九、晉升職等敘俸

在同官等內晉升職等人員，其爲合格任用者，自所晉升之職等本俸最低級起敘；如其原敘俸級高於上述本俸最低俸級俸點者，敘所晉升職等中與原敘俸點同數額之本俸或年功俸（俸給15Ⅱ）。

十、權理敘俸

僅具較低職等合格任用資格人員，依法任同官等內高二職等以內職務者，稱爲權理（任用9III）。權理人員仍敘支其合格任用職等俸級，但支所權理職等之加給。以上兩項合計，即爲權理人員每月俸給總額（俸給11 II，加給5 I）。

舉例：某甲具有薦任第七職等本俸一級資格，權理第八職等職務時，仍支薦任第七職等本俸一級之俸級，但支薦任第八職等專業或技術加給（同一職等人員不論其俸級高低均支同一數額加給）。

十一、機要人員敘俸

機要人員於其任用某一職務時，應自該一職務在「公務人員職務列等表」中所跨列之該職務最低職等任用。其敘俸並適用「公務人員俸給法」有關條文規定，應自上述該最低職等之本俸最低俸級起敘；如有與現所任職務銓敘審定之職等相當、性質相近、服務成績優良之年資，得採計提敘俸級。現職機要人員調整較高官等機要職務，自該職務所列職等最低俸級起敘；其原任機要職務所敘俸級俸點高於擬任職務職等最低俸級之俸點，敘該擬任職等內同數額俸點之俸級；如其原任機要年資比照合於「公務人員考績法」第11條之規定，得於該職務列等範圍內晉升職等，如尚有積餘年資得按年核計加級。其晉敘與公務人員相同（任用細11，俸給細5，提敘認定2）。

十二、派用人員敘俸

現行留用之派用人員依規定準用「公務人員俸給法」規定支領薪給（派用10），亦按所派用之官等、職等、俸級、俸點，以核支薪額與晉薪（俸給25）。

十三、降級人員敘俸

俸給法律所稱降級或降敘，均指降敘俸級。經銓敘機關敘定之俸級，非依「公務員懲戒法」及其他法律之規定，不得降敘（俸給23，保障14）。依法降敘人員，改敘所降之俸級。如其在本職等內無級可降時，以應降之級爲準，比照俸差減俸。敘年功俸人員應降級者，應先就年功俸降級（俸給20 I、II，懲戒15）。

十四、轉任人員敘俸

依據現行法律規定，所稱轉任人員，概指原依甲種任用法律任用之人員，依法轉任依乙種任用法律任用之職務。如係自其他任用法律轉任爲依「公務人員任用法」任用之職務者，其得依法轉任人員，包括：教育人員、公營事業人員、軍職人員、專門職業及技術人員等四種人員，均得分別依據各該有關法律轉任為公務人員。其有關敘俸之規定，大多不在「公務人員俸給法」中規定，而在各該有關法規中規定，且不盡一致。考試院並特別定有「行政、教育、公營事業人員相互轉任採計年資提敘官職等級辦法」一種，與其中兩種人員轉任行政人員之敘俸亦有關。茲分述如下：

(一) 教育人員轉任公務人員敘俸：原任公立學校非依「公務人員任用法」任用之教育人員（教師與職員）者，於其轉任公務人員時，除有關任用資格等，仍應依「公務人員任用法」規定辦理審查及依規定得採計年資外，轉任後之敘俸，依「公務人員俸給法」規定，其曾任公立學校教育人員服務成績優良之年資，轉任行政機關性質相近程度相當職務時，得依規定核計加級，至其職務等級年功俸最高俸級為止。另依有關補充辦法規定，上述優良年資，並得依任用法及考績法規定予以採計晉陞職等，及晉陞官等，至所轉任職務所跨列之最高職等之最高年功俸俸級為止。但轉任之職等，以最低薦任第八職等以上及最高簡任第十二職等以下範圍內為限（任用16，俸給12、17，俸給細16，轉任辦2、5，並請閱本書第十一章第四節第一、二、三目）。

(二) 公營事業人員轉任公務人員敘俸：公營事業人員之轉任公務人員，其所有轉任任用與敘俸有關規定，均與上述教育人員之轉任敘俸相同，並規定於相同之各該法規及各該相同條文中（並請閱本書第十一章第四節第四目）。

(三) 軍職人員轉任公務人員敘俸：後備軍人依法取得公務人員任用資格，經依法轉任公務人員法定之官等職等者，按其軍職等階比敘相當官等職等後，自所比敘轉任職務所跨之最低職等最低俸級起敘；並得按其考績二年列甲等或三年中一年列甲等及二年列乙等以上，取得較高職等任用資格或晉陞較高職等；但比照取得較高職等任用資格之軍職年終考績年資，不得於該較高職等中再提敘俸級，亦即「一資不兩用」。亦得就其比照等級相當之曾任軍職官等官階之合格年資，按每滿一年提敘一級至所轉任職務所跨最高職等本俸最高級，如有積餘年資，並得依規定提敘年功俸級。高資可以低採（用），低資不得高採（用），同一年資不得重複採計，且前後畸零月數，亦不得合併採計（軍轉2、5 I，軍轉細10 II、III，本書第十一章第四節第四目）。

(四) 專門職業及技術人員轉任公務人員敘俸：專門職業及技術人員非屬公務員，而係民間自行執業人員。當其依「專門職業及技術人員轉任公務人員條例」轉任公務人員時，其曾以專門職業及技術人員身分，在民間執業之年資，不予採計。但其於轉任前所曾任公立學校、公營事業、行政機關，或舊制「技術人員任用條例」之職務，性質相近及程度相當，年終考績或考成列七十分以上之優良年資，除以其中二年採作轉任時法定之轉任基礎所需年資外，得按每一年提敘俸級一級，以至所轉任職等本俸或年功俸最高級爲止（專技轉5、8，專技轉細3、4，並請閱本書第十一章第四節第五目）。

十五、提敘——按年核計加級

公務人員按其所具「合格實授」之官等職等任用資格，任用爲一定官等職等職務後，其任職及敘俸，均應自其所任職務所跨列之最低官等職等之最低俸級「起敘」。如係轉任人員、再任人員、調任人員（甚且是高資低用之調任人員），其具有曾任「法定准予採計之公務年資」，均得依各該有關法規規定，予以採認，並自其原應「起敘」之俸級，予以「提敘」爲較高之俸級。因此，考試院訂有「公務人員曾任公務年資採計提敘俸級認定辦法」，以資適用。

茲述其作業方法爲：按其年資數逐一審核、計其得提高之級數，予以增計至所銓敘審定職等之本俸最高級；如尚有積餘年資，且其年終（度）考績（成、核）合於或比照合於「公務人員考績法」「晉敘」俸級之規定者，得再提敘至其所銓敘審定職等之年功俸最高級爲止，是爲「按年核計加級」（俸給13、17Ⅰ）。其「高資可以低採（用）」，但經採認核計之「同一年資不得重複採計」（俸給細15，提敘認定4）。

所稱曾任「法定准予採計之公務年資」，係指與現在所擬任新職務之「職等相當」、「性質相近」且「服務成績優良」之年資。該年資約略爲（俸給17Ⅰ、Ⅱ）：

(一) 經銓敘部銓敘審定有案之年資。

(二) 公營事業機構具公務員身分之年資。

(三) 依法令任官有案之軍職年資。

(四) 公立學校之教育人員年資。

(五) 公立訓練機構職業訓練師年資。

(六) 政務人員、民選首長、公立專科以上學校教師、公立社會教育機構專業人員及公立學術研究機構研究人員年資。

(七) 其他之公務年資。

但曾任下列年資，不予採計提敘（提敘認定8）：

(一) 非依「聘用人員聘用條例」、「行政院暨所屬機關約僱人員僱用辦法」聘（僱）用，且亦非比照上開法規自行訂定並報經上級機關核准之單行規章聘（僱）用之年資。

(二) 受懲戒處分不得晉敘期間之年資。

(三) 臨時人員（含職務代理人及按日、按時、按件計酬之人員）、工職人員或公營事業機構評價職位人員之年資。

(四) 應公務人員各類考試筆試錄取分配占各機關編制內實缺實施訓練（學習、實習）之年資。

所稱「職等相當」，係指「公務人員曾任職務等級與現所銓敘審定之職等相當」。具體之作業爲：依「公務人員曾任公務年資採計提敘俸級認定辦法」所附「各類人員與行政機關公務人員職等相當年資採計提敘俸級對照表」及其「附則」之說明，如有未列入前項對照表之人員，其職等相當之對照，由銓敘部會同相關主管機關認定之（提敘認定3）。

所稱「性質相近」，係指「公務人員曾任職務工作性質與擬任職務之性質相近」。具體之作業爲依下列規定認定之（提敘認定5）：

(一) 曾任職務經銓敘部銓敘審定之職系，與擬任職務職系依職組暨職系名稱一覽表規定爲同一職組或得單向調任或得相互調任者。

(二) 曾任職務並無職系之規定，由原機關出具工作內容證明，就其工作內容對照職系說明書或職務說明書認定其適當職系後，依前款認定之。必要時，得由銓敘部會同各該主管機關訂定對照表認定之。

所稱「服務成績優良」，依下列規定認定之（提敘認定6）：

(一) 曾任經銓敘部銓敘審定之年資，其考績（成）列乙等或七十分以上，繳有證明文件者。

(二) 曾任公營事業機構具公務員身分之年資，依權責機關（構）訂定之成績考核法令辦理之考核，成績列乙等或七十分或相當乙等以上，繳有證明文件者。

(三) 曾任依法令任官有案之軍職年資，成績考核列乙等或七十分或相當乙等以上，繳有證明文件者。

(四) 曾任公立高級中等以下學校（含幼稚園）教師或公立學校未辦理銓敘審定職員之年資，成績考核列乙等或七十分或相當乙等以上，繳有證明文件者。

(五) 曾任公立職業訓練機構職業訓練師之年資，成績考核列乙等以上，繳有證明文件者。

(六) 曾任政務人員或直轄市長之年資，繳有其服務機關出具未受懲戒之證明文件者。

(七) 曾任民選縣（市）長、鄉（鎮、市）長之年資，於中華民國87年10月20日「臺灣省鄉鎮縣轄市長成績考核辦法」廢止以前任職，繳有年終考成列乙等或相當乙等以上證明文件，或於同年10月21日同辦法廢止以後任職，繳有其服務機關出具未受懲戒之證明文件者。

(八) 曾任公立專科以上學校教師、公立社會教育機構專業人員及公立學術研究機構研究人員之年資，繳有原服務學校、機關（構）出具之年資加薪證明者。

(九) 曾任該法第17條第3項之公務年資，繳有原服務機關（構）、學校出具服務成績優良證明書者。服務證明書格式，由銓敘部定之。

前述各款年資之採認，凡需辦理年終（度）考績（成、核）者，均以年終考績（成）或成績考核爲準。政務人員、直轄市長及民國87年10月21日「臺灣省鄉鎮縣轄市長成績考核辦法」廢止以後縣（市）長與鄉（鎮、市）長，以任職期間爲準；公立專科以上學校教師、公立社會教育機構專業人員、公立學術研究機構研究人員及其他人員配合其進用方式，均以曆年制、學年制或會計年度制爲採計基準。畸零月數均不予併計（提敘認定7）。

綜上所述，准予採計提敘之公務年資，所規範之「職等相當」、「性質相近」、「服務成績優良」三原則要件，雖再作詳細之規定，與社會上執業支薪之通念相當。此俸級事涉公務人員服務報酬之財產權益，是以不憚其煩之介紹說明。

十六、晉俸（晉敘）

晉俸或稱晉敘，均爲晉敘俸級之意，即在原官等與原職等上晉升俸級。依現行規定，公務人員僅得因考績始得晉俸，且每次均僅得晉本俸一級或年功俸一級（俸給16，考績7）。

十七、加給之支給

「公務人員俸給法」對公務人員加給之支給，並無具體規定；僅規定加給給與辦法由考試院會同行政院定之（俸給18）。但事實上，以往數十年，類此辦法並未訂定，僅由行政院在各年所訂定之一項並無法律依據而名爲「全國軍公教員工待遇支給要點」之行政命令中規定加給給與金額。規定各種加給，均按十四個職等支給，對每職等每種加給（如：一般、法制、司法、調查、地政、稅務……等）均各定有現金給付數目。至民國90年，始由考試院與行政院兩院會同訂定「公務人員加給給與辦法」施行。但依該辦法第14條規定，各種加給之金額，係由人事行政局（現爲行政院人事行政總處）會商銓敘部擬訂方案送「軍公教員工待遇審議委員會」審議後，報請行政院核定實施云。按公務人員加給係俸給之部分，屬於憲法所定考試院「級俸」職掌，故現行此種加給金額之決定程序，與憲法五權分立制度不符。

十八、用人費率制

用人費率制現有除臺灣鐵路管理局外之二十四個國營事業施行。最早係由經濟部於民國61年4月，以行政命令規定辦理，以解決民營事業高薪向經濟部所屬事業單位挖角，造成優秀幹部外流問題，其他財政、交通等主管部遂紛起追隨。後行政院於民國79年並授權各事業主管機關分別辦理，並宣稱係藉此以鼓勵營運績效云。其報酬內容結構，僅有一個給與項目，即每一人員每月所得工作報酬總額，不似公務人員之有本俸、年功俸，以及各種法定加給等多種項目。但事實上，適用此種制度之人員，不僅仍有以地區性、職務危險性，或稀少性等不同因素，另予增加相互數目不等之現金加給；且亦並不因給與項目簡單即表示所得工作報酬亦較少，反之，較依「公務人員俸給法」所得遠爲優厚。一般行政人員多認爲此爲變相提高待遇之方法，顯然，政府體系內人員待遇之衡平，仍有待愼重斟酌。

十九、單一薪給制

單一俸給制爲早年部分行政機關所適用，係於法無據，以行政命令所定之薪給制度，而將公務人員俸制中之本俸、年功俸、各種加給等項目，合併成單一項目，故名，實際即用人費率制之另名。但因行政機關並不營業、供給性之待遇（例如宿舍、汽車等），不能依營運盈餘多少以決定其薪給多少，故改以各等級人員固定單一薪給之若干施行。但事實上，實施此種制度之機關除依單一薪給制執行外，仍有主管加給及技術人員加給之支給，形成重複給酬實況。此一古怪制度由於歷來飽受批評，現已無機關適用。

「公務人員俸給法」第1條規定：「公務人員之俸給，依本法行之。」第19條規定：「各機關不得另行自定俸給項目及數額支給」，故單一薪給制顯然違法亂制。

又一部俸給法之實施，卻造成多種支給之計算公式或支給形式，而紊亂法律所規定之項目，可能帶來嚴重之後遺症，殊値不宜。惟民國84年7月1日施行之退撫新制，在其研議推行中，曾有謂：要爲「單一薪給制」鋪路，怪哉！幸並未採行。

二十、津貼及獎金

依憲法第83條及其增修條文第6條用語，對於公務人員服勤務最直接的物質報酬稱爲「級俸」，所指應即公務人員之俸給制度，政府並據而制定「公務人員俸給法」。而「俸給」一詞，包括「俸」與「給」二者，在憲法上亦有其根據。因所稱「給」，究其實質，應亦爲「俸」之一部；何況憲法第83條所定考試院職掌，除所列舉之「級俸」等十一項外，復有「等事項」之規定，以資概括；雖然第83條目前暫時凍結，但憲法之原始法意仍在。基於五權分立制度下各權範圍內各項事權統一之原理，「俸」與「給」均即「級俸」制度內當然應有之事權。而津貼與獎金如係法定者，即屬適法。

「公務人員俸給法」第19條規定，各機關不得另行自定俸給項目及數額支給，未經權責機關核准而自定項目及數額支給，或不依規定項目及數額支給者，審計機關應不准核銷，並予追繳。

俸給法對「俸」與「給」二者，並經以第3、5兩條分別列舉項目予以明確規定，另並無所謂「津貼」或「獎金」之名目。但經考績法、公保法及退撫法另行規定者亦屬（但非俸給範圍內）合法給與外，目前公務人員所領之「津貼」，如：結婚補助費、生育補助費、子女教育補助費，甚至部分人員按月所領之「獎金」，如：工程管理獎金、不開業獎金，某某獎勵金，或其他名目之給與，均無法律依據。其性質究竟是否為公務員因服務所得對價報酬之「俸給」，抑或一般所稱之「福利」或「待遇」，不無疑惑。尤其「俸給」之事，當然屬於「中央法規標準法」第5條所明定之「人民權利義務者」及「其他重要事項」。細究現行俸給法第19條竟得反面解釋為：「經權責機關核准，即可另行自定俸給項目及數額之規定。」已有違上述中央法規標準法之規定，何況所謂「權責機關」詞意不明確，究何所指？以及「津貼」與「獎金」究竟是否亦屬「俸給」範圍內之一種？抑或「福利」？如係「福利」，則其權責歸屬於何院主管？均尚待研究。本書原著者無意反對結婚、生育與子女教育補助費等之給與，但應使之適（合）法，似不宜以「預算」經立法院通過，既屬「措施性法律」（釋520號參照），而漠視立法院曾決議之「應有法律依據」，否則「公務員基準法」草案（101.2.29.）第56條所規列之獎金事項「由行政院定之」即無意義。

二十一、當局對俸給制度之檢討

考試院第十一屆考試委員於民國98年6月18日第三十九次會議，通過「文官制度興革規劃方案」，並於民國101年5月10日第一百八十七次會議修正該方案。其對俸給之檢討改進之內容，雖值參考，但尚未完成立法程序，聊為知悉。茲錄其內容如次：

一、現況說明

(一) 單一俸表無法適應各種職務特性，不符職酬相當原則：政府機關層級不同、職務種類繁多、性質互異，占多數之一般公務人員均適用單一之公務人員俸表，無法適應職務特性，不符職酬相當原則。

(二) 高階文官俸級已無職務區隔功能：目前簡任第十二職等以上之最高俸級均同列800俸點，簡任第十一職等最高俸級亦達790俸點，幾無區別；況俸級之晉敘非爲高階文官關注重點，爰現行高階文官俸級已無區隔功能。

(三) 俸級級數不足及重疊率偏高，缺乏激勵誘因：

1. 目前所有職務均僅能於十四個職等範圍中框列其職務等級；加以俸級級數不足，且重疊率偏高，可供陞遷任使運用之空間有限。

2. 政府組織特性及員額有限，加以現行考績升等容易，易致人員快速達到所任職務之最高職等或最高俸級而停頓，在無級可晉之情形下，將間接影響人力效能。

3. 年功俸之晉敘與本俸無異，已不具區分之實質意義。

(四) 俸點分段折算俸額，不符俸點等值原理：依現行規定，俸額之折算必要時得按俸點分段訂定；目前係分三段計算，不符俸點等值原理。

(五) 俸給調整尚無客觀具體之決策機制：目前俸給調整缺乏客觀具體之標準，政府於俸給調整政策上，欠缺理性決策模型可資運用。

(六) 各類加給施行多年，部分已偏離建制原旨：加給係本俸、年功俸之外，適應各種職務特性之給與項目；目前部分加給項目已不符建制原旨，須全面檢討，做合理之調整。

二、推動績效靈活的俸給改革

(一) 建構複式俸表：將現行多數一般公務人員均適用之單一公務人員俸表，改按機關層次、職務結構特性及人力運用情形，設計「不同職務類別」之俸表。

(二) 建構高階文官俸表：研究將現行公務人員俸表中簡任第十二職等以上部分抽離，另行設計高階文官適用之「單一俸級」之俸表。

(三) 重行排列及調整俸級級數：分析政府組織結構、人力配置、人員晉陞、敘級分布及停年情形，設計長效型、發展型之俸級級數，以滿足久任人員晉敘期望，發揮績效俸表之功能。

(四) 重新建構矩陣式俸表：配合俸級級數之增加，並免重疊率偏高，俸表結構（格式）由現行階梯型改爲矩陣式，且不另列年功俸。

(五) 整併單一俸點折合率：以不增加人事費預算爲前提，逐年整併俸點折合率，終至一致，以達俸點等值之目標。

(六) 強化俸給調整決策機制：建構民間薪資調查及配合國家財政收支情形調升或調降俸給之機制，以建立客觀具體之俸給調整標準。

(七) 檢討加給之分類及支給標準：

1. 專業加給：按職務之專業及特性，檢討現行專業加給種類。

2. 地域加給：按地區特性及人力情形，檢討地域加給之合理性。

3. 職務加給：按職務特性及業務需要，檢討職務加給種類及標準，再按簡任非主管支領主管職務加給、同職務列等之單位主管及機關首長支領相同數額主管職務加給之情形，檢討主管職務加給支給之合理性。

第三節　特種人員俸給制度

依本書前章所述，特種任用人員包括：法（檢察）官、司法人員、關務人員、主計人員、政風人員、審計人員、駐外外交領事人員、警察人員、教育人員、交通事業人員、醫事人員等，共十一種。其中五種都與公務人員同適用「公務人員俸給法」所定俸制；另有法（檢察）官、警察人員、關務人員、交通事業人員、教育人員、醫事人員等六種人員，各有其本身不同之俸給制度。但由於公營事業機人事制度之中，又有經濟部所屬國營生產事業，及財政部所屬銀行保險事業，及省市營事業等之別，較爲複雜，本書擬不予介紹；僅就其餘五種俸給制度簡介於次。

一、法官（檢察官）俸給制度

法官職司審判，先前適用「簡、薦、委」之品位制，民國76年1月16日施行品位制與職位分類制合一之「官職併立制」，始於其簡、薦、官等內設定職等，仍維持上級法院法官之官職列等高於下級法院法官列等，其間法官非無營求官職等之提高或晉升者，此於司法或有影響。民國78年底，法院組織法配合司法人員人事條例之制定施行，也大幅修正施行，雖保持各級法院法官之列有官等職等（微調），但爲促進裁判品質、減少上訴之訟源，鼓勵二審法官（簡任第十職等至第十一職等或薦任第九職等）之簡任者，繼續服務四年以上者，簡任第十二職等至第十四職等（法組34）；甚至於鼓勵調至一審辦案，則於「法院組織法」第15條第2項規定：「曾任高等法院或其分院法官二年以上，調地方法院或其分院兼任庭長、院長之法官、法官者，得晉敘至簡任第十二職等至第十四職等。」換言之，二審法官最高列等爲簡任第十職等至第十一職等（法組34），調到一審辦案，卻得晉升到第十四職等；又如繼續在高等法院服務二年以上者，亦得晉敘至簡任第十二職等至第十四職等（法組34）。顯見法官人人有機會晉升到國家官制最高官職等，爲「法官法」之法官不列等（法官71）直敘到最高級年功俸預埋基石。

「官等、職等」規列，除表示其職務地位之高低及權責之輕重外，也相對應地作爲「俸給」報酬多寡之依據。「法官法」卻規定法官既不列官等職等，但仍然保持與公務人員基本結構之「俸級」、「俸點」之「法官俸表」作爲支給俸級之依據，依逐年「職務評定」（相當考績）之結果，晉敘俸級（法官71、73）。

(一) 法官之起敘：「法官法」定有「法官俸表」，俸點數與公務人員部分之俸點數相同，自385俸點至800俸點，計分二十四級，沒設年功俸，以第一級800俸點最高。實任法官本俸分二十級（第一級至二十級），並自第二十級起敘（相當薦任第八職等本俸一級445俸點）；試署法官本俸分九級（自第十四級至第二十二級），並自第二十二級起敘（相當薦任第七職等本俸一級415俸點）；候補法官本俸分六級（自第十九級至第二十四級），並自第二十四級起敘（相當薦任第六職等本俸一級385俸點）。如有曾任公務年資與現任職務等級相當、性質相近且服務成績優良者，得按年核計加級至所任職務最高俸級爲止，此提敘之原理原則與一般公務人員相同。又法官之進用含律師、學者，各依其服務年資六年、八年、十年、十四年、十八年以上之不同，分別自第二十二級、第二十一級、二十級、十七級及十五級起敘（法官71）。

從「法官俸表」觀之，不難理解，法官不列官等職等，法官即是法官，無官等職級之分，爲單一之規列。俸級之晉升，依職務評定（相當考績），結果「良好」，予以晉級（法官74），顯見在制度規劃上，著重於法官「學驗資歷」之深淺。

(二) 法官之晉敘：依「法官法」第74條第2項規定：「法官連續四年職務評定爲良好，且未受有刑事處罰、懲戒處分者，除給與前項之獎金外，晉二級。」按此規定爲「公務人員考績法」所無，考其原由，乃因公務人員經高考及格初任公務人員，自薦任第六職等本俸一級385俸點起敘，依每年考績甲等或乙等晉敘一級，需時十一年，得敘至簡任第十職等本俸一級590俸點，如此，再經八年，得晉敘至簡任第十四職等本俸一級800俸點，前後十九年；如初任後補法官自385俸點起敘，如依職務評定結果每年「良好」晉敘一級，則需十二年始達590俸點，再十二年始達800俸點，前後二十四年；是以，作如此之設計以之「平衡」。但如再細索，公務人員職務有官等職等及其俸級或最高年功俸之限制，非短期即得晉陞高官等職務，亦非人人均得年年晉敘；而法官之俸級計二十四級，卻無職務列等之限制，年年得晉敘，以迄最高俸級；惟與其謂爲「平衡」，不如謂爲「特殊制度之需求所使然」，雖完成立法，但卻爲輿論喻爲「法官福利法」，能否爲一般公務人員所信服，仍有待觀察。

(三) 法官之加給：法官之俸給除本俸外，另與公務人員相同，有專業加給、職務加給及地域加給。公務人員之專業加給數額，因各職系而略有不同，法官原即其中之一；至於職務加給，公務人員以「主管加給」爲主，法官原亦有之，「法官法施行細則」第28條更予以明定；至於地域加給則與公務人員無異。以上給與均以月計（法官71）。顯然可見，歷來法官給與之優渥，「法官法」更規列入法「保障」，難怪輿論有謂其爲「法官福利法」。法官之俸給，基於憲法之地位，非不得優渥，要其能眞正平亭曲直，堅持正義，安定社會，則人民自然亦會拱手稱是。

表14-2 法官俸表

<table>
<tr><th colspan="3">職稱</th><th>俸級</th><th>俸點</th></tr>
<tr><td colspan="3">司法院院長</td><td rowspan="3">特任</td><td>準用政務人員院長級標準</td></tr>
<tr><td colspan="3">司法院副院長</td><td>準用政務人員副院長級標準</td></tr>
<tr><td colspan="3">司法院大法官
由法官、檢察官轉任之司法院秘書長
最高法院院長、最高行政法院院長及公務員懲戒委員會委員長</td><td>準用政務人員部長級標準</td></tr>
<tr><td rowspan="20">實任法官</td><td rowspan="13"></td><td rowspan="18"></td><td>一級</td><td>800</td></tr>
<tr><td>二級</td><td>790</td></tr>
<tr><td>三級</td><td>780</td></tr>
<tr><td>四級</td><td>750</td></tr>
<tr><td>五級</td><td>730</td></tr>
<tr><td>六級</td><td>710</td></tr>
<tr><td>七級</td><td>690</td></tr>
<tr><td>八級</td><td>670</td></tr>
<tr><td>九級</td><td>650</td></tr>
<tr><td>十級</td><td>630</td></tr>
<tr><td>十一級</td><td>610</td></tr>
<tr><td>十二級</td><td>590</td></tr>
<tr><td>十三級</td><td>550</td></tr>
<tr><td rowspan="9">試署法官</td><td>十四級</td><td>535</td></tr>
<tr><td>十五級</td><td>520</td></tr>
<tr><td>十六級</td><td>505</td></tr>
<tr><td>十七級</td><td>490</td></tr>
<tr><td>十八級</td><td>475</td></tr>
<tr><td rowspan="6">候補法官</td><td>十九級</td><td>460</td></tr>
<tr><td>二十級</td><td>445</td></tr>
<tr><td rowspan="4"></td><td>廿一級</td><td>430</td></tr>
<tr><td>廿二級</td><td>415</td></tr>
<tr><td rowspan="2"></td><td>廿三級</td><td>400</td></tr>
<tr><td>廿四級</td><td>385</td></tr>
</table>

說明：

一、本表依「法官法」第71條第2項規定訂定。

二、特任人員之俸給，準用政務人員俸給法令；常任法官俸點依公務人員俸表相同俸點折算俸額標準折算俸額。

三、非由法官、檢察官轉任之秘書長準用政務人員俸給法令。

四、實任法官俸級分二十級、試署法官分九級、候補法官分六級。

二、警察人員俸給制度

警察人員俸制，規定於「警察人員管理條例」第四章，該條例第22條並附有「警察人員俸表」。茲將其俸制大要分述於後：

(一) 俸給之構成：警察人員之俸給，由本俸或年功俸與加給構成，均以月計（警人22）。

(二) 俸制構成項目：警察人員之俸是配合其官制建立，所以俸表中的項目包括：官等、官階、本俸俸級、本俸俸額（實已演變成等同俸點），與年功俸俸額五部分（警俸表）。

(三) 俸級與俸額：依民國107年6月6日公布修正之「警察人員俸表」（表14-3），警察官制分警監、警正、警佐三個官等，每個官等各區分爲一、二、三、四計四個官階，各以其一階爲最高，且警監增一「特階」，全部十三個官階。除「特階」僅爲本俸一級外，每一官階各有本俸俸級二級至六級不等，計爲：警監特階僅一級，警監一階至三階各有一、二兩級；警監四階以至警佐三階各有一、二、三各三級；警佐四階有一至六共六級。自警監一階至警佐四階共有三十七個本俸俸級。

本俸之外，有年功俸，自最高之警監一階年功俸有三級，向下遞增爲年功俸三、五、六、七、八、十、十二、十五、十八、二十一級不等，以至於最低之警佐四階年功俸有二十四階止。年功俸俸額自最高之警監一階年功俸一級七百七十元，以至最低之警佐四階年功俸最低級一百五十元止。經減除其重疊之級外，實有年功俸俸級共計三十三級。警佐四階人員年功俸最高級之俸額，與警監四階一級本俸，均同列五百二十五元，有助人員久任。惟現已無警佐四階人員，或因久未舉辦初等考試或特種考試警察人員考試五等考試，進用其及格人員。

警察人員俸表中稱俸額者，其性質相當於公務人員所稱俸點，係用以折算現金之基數。其俸額自最多之警監特階七百七十元與警監二階年功俸一級七百七十元，向下遞減以至最低之警佐四階六級九十元（警察人員俸表），共計三十九級。基本結構與原簡薦委制「公務人員俸表」結構相同，警監與簡任、警正與薦任、警佐與委任均相同。

民國107年6月6日，所公布修正者，僅爲「警察人員俸表」，對警正二階以下均提高年功俸一階，乃因當年年輕之國道交通警察，於執勤時受追撞罹難，對警察人員士氣打擊甚大，修正俸表提高年功俸一級，以資鼓勵慰勉。

表14-3 警察人員俸表

官等	官階	本俸俸級	本俸俸額	年功俸俸額											
警監	特階	一	770	770	770										
				740	740	740									
				710	710	710	710								
	一階	一	680		680	680	680								
		二	650		650	650	650								
	二階	一	625			625	625	625							
		二	600			600	600	600							
	三階	一	575				575	575	575						
		二	550				550	550	550	550					
	四階	一	525					525	525	525	525	525	525	525	525
		二	500					500	500	500	500	500	500	500	500
		三	475					475	475	475	475	475	475	475	475
警正	一階	一	450						450	450	450	450	450	450	450
		二	430						430	430	430	430	430	430	430
		三	410						410	410	410	410	410	410	410
	二階	一	390							390	390	390	390	390	390
		二	370							370	370	370	370	370	370
		三	350							350	350	350	350	350	350
	三階	一	330								330	330	330	330	330
		二	310								310	310	310	310	310
		三	290								290	290	290	290	290
	四階	一	275									275	275	275	275
		二	260									260	260	260	260
		三	245									245	245	245	245
警佐	一階	一	230										230	230	230
		二	220										220	220	220
		三	210										210	210	210
	二階	一	200											200	200
		二	190											190	190
		三	180											180	180
	三階	一	170												170
		二	160												160
		三	150												150
	四階	一	140												
		二	130												
		三	120												
		四	110												
		五	100												
		六	90												

附註：警察人員依本表規定敘級後，如轉任非警察官職務時，應依所轉任職務適用之俸給法規定辦理。但其原敘警察官官階之俸級，高於轉任公務人員俸表中相當職等之年功俸最高級，仍准照支，原高出之俸級俟將來升任較高職等職務時，依其所照支俸級敘所升任職等相當俸級。

(四) 俸級之核敘：

1. 起敘：初任警正或警佐者，其俸級之核敘規定如次（警人23）：

(1) 高等考試一級考試或特種考試警察人員考試一等考試及格，以警正一階任用，自一階三級起敘，先以警正二階任用者，自二階一級起敘。

(2) 高等考試二級考試或特種考試警察人員考試二等考試及格，以警正三階任用，自三階三級起敘，先以警正四階任用者，自四階一級起敘。

(3) 高等考試三級考試或特種考試警察人員考試三等考試及格，以警正四階任用，自四階三級起敘，先以警佐一階任用者，自一階一級起敘。

(4) 普通考試或特種考試警察人員考試四等考試及格，以警佐三階任用，自三階三級起敘。

(5) 初等考試或特種考試警察人員考試五等考試及格，自警佐四階六級起敘。

2. 晉敘：警察人員本俸及年功俸之晉級，則依「公務人員考績法」第7條年終考績結果列甲等或乙等之獎勵，予以晉敘（警人25、32）。

(五) 升遷與敘俸：晉階之警察官，核敘所晉官階本俸最低級；原敘俸級高於所晉官階本俸最低級者，換敘同數額之本俸或年功俸。升任高一官等警察官，自所升官等最低官階本俸最低級起敘；原敘俸級高於起敘俸級者，換敘同數額之本俸或年功俸。調任同官等低官階職務之警察官，仍以原官階任用並敘原俸級（警人26）。

(六) 加給：警察人員之加給，分勤務加給、技術加給、專業加給、職務加給、地域加給，各種加給之給與，由行政院定之（警人27）。其中「勤務加給」係按月支給，其他加給之支給與公務人員之加給給與方式相同。行政院訂有「警察人員警勤加給表」，以資適用。

(七) 警察人員俸制特色：警察人員俸給制度最大特色，本書原著者認為有三：

1. 官等之下更有官階：官階之性質，仍係依人員所具資格條件而定，並係屬於人的等級區分，所以是品位制度的區分，與職位分類制度職等之為職位上工作責任輕重及工作繁簡難易之情形有別，雖為任用之區分，亦為俸制之重要項目。其中除警佐四階外，其他每階僅有二個或三個本俸俸級，易於迅速到達階頂，故必需另具更多條件始能晉階官階。在到達階頂後未晉之前，考績優良者僅得依法晉陞年功俸，此部分情形則稍近似職位分類制中職等下有俸級之情形。

2. 每一官階皆有年功俸：有利於不能晉陞官階之人員。

3. 年功俸俸級較多：尤其低官等低官階之年功俸俸級更多。例如：最多之警佐四階，年功俸竟多至二十四級，其最高俸額達五百二十五元，與警監四階一級本俸相同；該階連同本俸之六級，共有俸級三十級，有利於不獲晉陞者久任，對人數眾多之低層警官士氣，極能發揮鼓舞作用。惟現已無警佐四階人員。

三、關務人員俸給制度

關務人員之俸給制度結構之主體項目，仍如公務人員之爲本俸、年功俸、俸級、俸點、加給；至於在運作上，其有關敘俸與晉俸等端，均與公務人員俸給法之規定相同。但仍有不同者，爲其俸制結構項目中，除有公務人員之官等、職等外，更沿用其原資位制中之官稱、官階；但在俸制上並未產生實質作用。因此，在該條例第4條第2項所附「關務人員官職等階及俸給表」（表14-4）中，基本之俸給、俸點與公務人員之十四個職等相同，僅在其表頭中將官稱、官階與官等、職等予以搭配併列而已。按前述就「俸」與「給」實質意義或內容之說明，此表之「俸給」似應爲「俸級」較符該表之內容。

四、交通事業人員薪給制度

交通事業人員與教育人員相同，其人員報酬亦稱薪給，不稱俸給，且亦尚無一獨立完整之薪給法律予以規範，甚至更無一完整薪給規章，情形頗爲紛繁。交通事業人員任用與俸給制度原本即較特殊，尤以近年來實況之演變，中華電信事業公司業已民營化（94.8.12.），中華郵政則公司化了（92.1.1.），均非復交通行政機關，尤其觀光、打撈、氣象、水運四業，早已脫離交通事業制度範圍。政府組織改造，迄民國107年1月15日、2月12日，「公路」、「高速公路」機關分別改適用「官職併立」之公務人員制度後，實際只剩鐵路一業，但臺灣鐵路管理局亦曾有研擬改適用公務人員制度之議。

以前各業之薪給制度雖依「交通事業人員資位職務薪給表」規列，分爲：國道高速公路、公路、臺灣鐵路、港務等四類表（其中郵政與港務兩業人員，因有適用交通事業人員人事制度者及適用勞工人事制度者兩類人員之別，所以各有「交通事業人員」及「從業人員」兩表）。各表名稱如下：(一)中華郵政股份有限公司交通事業人員資位職務薪給表。(二)中華郵政股份有限公司從業人員職階職務薪給表。(三)交通事業人員資位職務薪給表（國道高速公路）。(四)交通事業人員資位職務薪給表（公路）。(五)交通事業人員資位職務薪給表（臺灣鐵路管理局專用）。(六)交通事業人員資位職務薪給表（港務）。(七)中華電信股份有限公司交通事業人員資位職務薪給表。(八)中華電信股份有限公司從業人員職階職務薪給表（上述(七)、(八)兩種既已係民營機構所適用）。但各業之薪點折算現金比率以及加給之標準則，各別並不一致。現僅將「鐵路」一業之薪制扼要說明如下：

(一) 有關法規：主要規章爲「交通事業人員資位職務薪給表」（臺灣鐵路管理局專用）（表14-5）。

表14-4　關務人員官職等階及俸給表

任委						任薦					任簡					等官
等職一	等職二	等職三		等職四	等職五	等職六	等職七	等職八		等職九	等職十	等職一十	等職二十	等職三十	等職四十	等職
佐（術技）務關			員（術技）務關			員（術技）務關級高			正（術技）務關		監（術技）務關					稱官
階三	階二	階一	階三	階二	階一	階三	階二	階一	階二	階一	階四	階三	階二	階一		階官
													四 800	三 800	一 800	俸給及俸點
												五 790	三 790	二 790		
											五 780	四 780	二 780	一 780		
											四 750	三 750	一 750	三 750		
											三 730	二 730	五 730	二 730		
										七 710	二 710	一 710	四 710	一 710		
										六 690	一 690	五 690	三 690			
										五 670	五 670	四 670	二 670			
										四 650	四 650	三 650	一 650			
								六 630	六 630	三 630	三 630	二 630				
								五 610	五 610	二 610	二 610	一 610				
							六 590	四 590	四 590	一 590	一 590					
							五 550	三 550	三 550	五 550						
						六 535	四 535	二 535	二 535	四 535						
					十 520	五 520	三 520	一 520	一 520	三 520						
					九 505	四 505	二 505	五 505	五 505	二 505						
					八 490	三 490	一 490	四 490	四 490	一 490						
					七 475	二 475	五 475	三 475	三 475							
					六 460	一 460	四 460	二 460	二 460							
				八 445	五 445	五 445	三 445	一 445	一 445							
				七 430	四 430	四 430	二 430									
		八 415	八 415	六 415	三 415	三 415	一 415									
		七 400	七 400	五 400	二 400	二 400										
		六 385	六 385	四 385	一 385	一 385										
		五 370	五 370	三 370	五 370											
		四 360	四 360	二 360	四 360											
		三 350	三 350	一 350	三 350											
		二 340	二 340	五 340	二 340											
	六 330	一 330	一 330	四 330	一 330											
	五 320	五 320	五 320	三 320												
	四 310	四 310	四 310	二 310												
	三 300	三 300	三 300	一 300												
	二 290	二 290	二 290													
六 280	一 280	一 280	一 280													
五 270	五 270															
四 260	四 260															
三 250	三 250															
二 240	二 240															
一 230	一 230															
七 220																
六 210																
五 200																
四 190																
三 180																
二 170																
一 160																

(二) 薪制構成：「交通事業人員資位職務薪給表」中之適用交通事業人員之資位制者，各表之構成項目爲下列四項：

1. 類別：區分爲業務類與技術類兩類。

2. 資位：兩類均區分爲長級、副長級、高員級、員級、佐級、士級，共六級。

3. 薪級：全表列四十六級，以第一級爲最高。

4. 薪點：最高之第一級800點，最低之第四十六級160點。

5. 職務：每一業別之專表，均將本業別人員各職務職稱，列適當之資位中，列載於表中，亦即分別規定其起薪薪級以及最高薪級。

(三) 薪級與薪點：交通事業人員薪制無本薪與年功薪之別，僅有總數四十六個薪級，以第一級爲最高。第一級之薪點爲800點，最低之第四十六級薪點爲160點，最高與最低薪點間差距爲五比一。第二十五級以下每級間薪點差距爲10點，第二十五級至第十三級間每級差距爲15點，第十三級與第十二級間差距爲40點，第十二級至第四級間每級差距爲20點，第四級與第三級差距爲30點，第三級與第一級間每級差距爲10點。

附帶一提者爲：現行「交通事業人員資位職務薪給表」係於民國78年1月20日修正後將原四十八個薪級改爲四十六個薪級，將原「薪額」改稱「薪點」，係仿公務人員俸表之差序設定。

上述交通事業人員薪制之薪級總數、最高點數與最低點數，以及最高與最低點數總差距，均係比照現行公務人員俸制設定，故頗多類同。不過此資位薪級薪點之「地位」，並非即等同於公務人員官等職等俸級俸點之「地位」，此觀「交通事業人員與交通行政人員相互轉任資格及年資提敘辦法」之附表，或「行政、教育、公營事業人員相互轉任採計年資提敘官職等級辦法」所附之對照表自然明瞭。

上述職務薪給表以及薪級薪點，對於交通事業人員中之採用人費率制之人員或採非用人費率制之人員，一體適用。

交通事業人員薪制中之薪點，性質與公務人員之俸點相同，均爲折算現金之基數。

(四) 敘薪與晉薪：現行考試及格者，初任交通事業人員，其薪級起敘規定如下（交通11之1）：

1. 特種考試交通事業人員各級資位考試及格人員，均自各該資位最低薪級起敘。但高員之一級考試及格者，自高員級第二十級445薪點起敘；高員之二級考試及格者，自高員級第二十七級350薪點起敘。

2. 高等考試之一級考試或特種考試之一等考試及格者，自高員級第二十級445薪點起敘（公務人員敘490俸點）。

3. 高等考試之二級考試或特種考試之二等考試及格者，自高員級第二十七級350薪點起敘（公務人員敘415俸點）。

4. 高等考試之三級考試或特種考試之三等考試及格者，自高員級第三十級320薪點起敘（公務人員敘385俸點）。

5. 普通考試或特種考試之四等考試及格者，自員級第三十八級240薪點起敘（公務人員敘280俸點）。

6. 初等考試或特種考試之五等考試及格者，自佐級第四十二級200薪點起敘（公務人員敘160俸點）。

在此有必要敘明者爲：高等考試有一級、二級、三級之分，及與其相當之特種考試一等、二等、三等考試及格者，雖同取得「高員」級之任用資格，但敘薪等級有別。又具較高資位任用資格人員，初任較低資位職務者，仍敘各該資位之與前述資格同數額薪點之薪級；如該同數額薪點之薪級高於所任資位最高薪級者，敘所任資位最高薪級。如有曾任公務年資，如與現任職務資位等級相當、性質相近，且服務成績優良者，得比照公務人員俸給法規之規定，按年核計加級至該資位最高薪級爲止。又經敘定資位人員，調任同一資位或不同資位之職務者，其薪級之核敘，比照公務人員俸給法規之規定，敘與其原敘薪級薪點相等或相當之薪級薪點，蓋其亦受「公務人員保障法」第14條之俸級保障。

茲宜再說明者，乃交通事業人員資位薪級表上之薪級級數及其薪點，雖與公務人員俸表上之俸級級數及其俸點相同，但其資位結構與公務人員之官等職等不同，是以，其以敘800薪點之長級人員（局長），並不當然等於公務人員之簡任第十四職等，也因此各級資位考試及格人員之起敘薪級不同於初任公務人員，甚至於有謂較公務人員低。然而爲平衡兩者感觀上之不同，實務上在薪點薪額之折算上，交通資位人員較公務人員優渥，如：民國106年度，同爲160薪點或俸點者，交通事業人員薪額則爲一萬五千八百八十元，公務人員則俸額爲一萬一千六百三十五元。更何況在同有職務加給外，更有獎金之給與，且其資位薪級較公務人員職務列等俸級長，甚且職務亦有跨列兩資位者。高考初任資位制科員可得薪資（本薪、專業加給、營運獎金）總數爲四萬四千零一十元，初任一般行政機關科員可得薪資（本俸、專業加給）總數爲四萬六千二百二十五元，資位制少二千二百一十五元。如已晉敘高員級第十級630薪點者之總薪資七萬三千二百四十元，較公務人員薦任第八職等年功俸630俸點者之總薪資六萬六千四百五十五元，多出六千七百八十五元。較薦任第九職等年功俸七級710俸點之總薪資七萬二千八百五十元，多三百九十元。因此，總的來說，長久以觀，其待遇仍較公務人員好，此乃業務性質不同所致，尚難絕然比較。

表14-5 交通事業人員資位職務薪給表（臺灣鐵路管理局專用）（99.3.5）

<table>
<tr><td colspan="2">資位 職務 類別
薪級 薪點</td><td colspan="10">業務類</td></tr>
<tr><td>1</td><td>800</td><td rowspan="12">業務長</td><td rowspan="12">局長、副局長、主任秘書、處長、主任（本局人事室、政風室、勞工安全衛生室、員工訓練中心）、會計主任（本局）、總經理、專門委員。</td><td colspan="2"></td><td colspan="2"></td><td colspan="2"></td><td colspan="2"></td></tr>
<tr><td>2</td><td>790</td><td colspan="2"></td><td colspan="2"></td><td colspan="2"></td><td colspan="2"></td></tr>
<tr><td>3</td><td>780</td><td colspan="2"></td><td colspan="2"></td><td colspan="2"></td><td colspan="2"></td></tr>
<tr><td>4</td><td>750</td><td rowspan="13">副業務長</td><td rowspan="13">副局長、主任秘書、處長、主任（本局人事室、政風室、勞工安全衛生室、員工訓練中心）、會計主任（本局）、總經理、專門委員、副處長、副主任（本局人事室、秘書室、會計室）、協理、段長、所長、科長。</td><td colspan="2"></td><td colspan="2"></td><td colspan="2"></td></tr>
<tr><td>5</td><td>730</td><td colspan="2"></td><td colspan="2"></td><td colspan="2"></td></tr>
<tr><td>6</td><td>710</td><td colspan="2"></td><td colspan="2"></td><td colspan="2"></td></tr>
<tr><td>7</td><td>690</td><td colspan="2"></td><td colspan="2"></td><td colspan="2"></td></tr>
<tr><td>8</td><td>670</td><td colspan="2"></td><td colspan="2"></td><td colspan="2"></td></tr>
<tr><td>9</td><td>650</td><td colspan="2"></td><td colspan="2"></td><td colspan="2"></td></tr>
<tr><td>10</td><td>630</td><td rowspan="21">高級業務員</td><td rowspan="21">副處長、副主任（本局人事室、秘書室、會計室）、協理、段長、所長、科長、主任（票務中心）、廠長（供應廠）、副主任（資訊中心）、應用系統分析師、秘書、課長、視察、專員、副所長、經理、副經理、副段長、站長（特等站）、副廠長、會計主任（直屬機構及各機廠）、會計主任（貨運服務總所之各服務所）、室主任（直屬機構及各機廠）、主任（直屬機構及臺北、高雄機廠之人事室、政風室）、主任（分支機構之人事室、政風室）、稽查、組長、主任調度員、調度員、人事管理員、庫主任、會計員、主任設計師、主任作業師、程式設計師、電腦作業師、主任（分支機構、貨運服務總所之各服務所、餐旅服務總所之車勤服務部）車班主任、車班副主任、站長（一、二、三等站）、站務主任、替班站長、副站長、列車長、服務站主任、勞工安全衛生室主任（各機廠）、勞工安全衛生室主任（分支機構、貨運服務總所之各服務所、餐旅服務總所之車勤服務部）、勞工安全管理師、勞工衛生管理師、科員、 課員。</td><td colspan="2"></td><td colspan="2"></td></tr>
<tr><td>11</td><td>610</td><td colspan="2"></td><td colspan="2"></td></tr>
<tr><td>12</td><td>590</td><td colspan="2"></td><td colspan="2"></td></tr>
<tr><td>13</td><td>550</td><td colspan="2"></td><td colspan="2"></td><td colspan="2"></td></tr>
<tr><td>14</td><td>535</td><td colspan="2"></td><td colspan="2"></td><td colspan="2"></td></tr>
<tr><td>15</td><td>520</td><td colspan="2"></td><td colspan="2"></td><td colspan="2"></td></tr>
<tr><td>16</td><td>505</td><td colspan="2"></td><td colspan="2"></td><td colspan="2"></td></tr>
<tr><td>17</td><td>490</td><td colspan="2"></td><td colspan="2"></td><td rowspan="22">業務員</td><td rowspan="22">副廠長、主任（分支機構之人事室、政風室）、稽查、組長、主任調度員、調度員、人事管理員、庫主任、會計主任（貨運服務總所之各服務所）、會計員、主任設計師、主任作業師、程式設計師、電腦作業師、主任（分支機構、貨運服務總所之各服務所、餐旅服務總所之車勤服務部）、車班主任、車班副主任、站長（一、二、三等站）、站務主任、替班站長、副站長、列車長、服務站主任、勞工安全衛生室主任（分支機構、貨運服務總所之各服務所、餐旅服務總所之車勤服務部）、勞工安全管理師、勞工衛生管理師、科員、課員、辦事員、勞工安全衛生管理員、事務員、車長、站務員、助理員、電腦作業員。</td><td colspan="2"></td></tr>
<tr><td>18</td><td>475</td><td colspan="2"></td><td colspan="2"></td><td colspan="2"></td></tr>
<tr><td>19</td><td>460</td><td colspan="2"></td><td colspan="2"></td><td colspan="2"></td></tr>
<tr><td>20</td><td>445</td><td colspan="2"></td><td colspan="2"></td><td colspan="2"></td></tr>
<tr><td>21</td><td>430</td><td colspan="2"></td><td colspan="2"></td><td rowspan="26">業務佐</td><td rowspan="26"></td></tr>
<tr><td>22</td><td>415</td><td colspan="2"></td><td colspan="2"></td></tr>
<tr><td>23</td><td>400</td><td colspan="2"></td><td colspan="2"></td></tr>
<tr><td>24</td><td>385</td><td colspan="2"></td><td colspan="2"></td></tr>
<tr><td>25</td><td>370</td><td colspan="2"></td><td colspan="2"></td></tr>
<tr><td>26</td><td>360</td><td colspan="2"></td><td colspan="2"></td></tr>
<tr><td>27</td><td>350</td><td colspan="2"></td><td colspan="2"></td></tr>
<tr><td>28</td><td>340</td><td colspan="2"></td><td colspan="2"></td></tr>
<tr><td>29</td><td>330</td><td colspan="2"></td><td colspan="2"></td></tr>
<tr><td>30</td><td>320</td><td colspan="2"></td><td colspan="2"></td></tr>
<tr><td>31</td><td>310</td><td colspan="2"></td><td colspan="2"></td><td colspan="2"></td></tr>
<tr><td>32</td><td>300</td><td colspan="2"></td><td colspan="2"></td><td colspan="2"></td></tr>
<tr><td>33</td><td>290</td><td colspan="2"></td><td colspan="2"></td><td colspan="2"></td></tr>
<tr><td>34</td><td>280</td><td colspan="2"></td><td colspan="2"></td><td colspan="2"></td></tr>
<tr><td>35</td><td>270</td><td colspan="2"></td><td colspan="2"></td><td colspan="2"></td></tr>
<tr><td>36</td><td>260</td><td colspan="2"></td><td colspan="2"></td><td colspan="2"></td></tr>
<tr><td>37</td><td>250</td><td colspan="2"></td><td colspan="2"></td><td colspan="2"></td></tr>
<tr><td>38</td><td>240</td><td colspan="2"></td><td colspan="2"></td><td colspan="2"></td></tr>
<tr><td>39</td><td>230</td><td colspan="2"></td><td colspan="2"></td><td colspan="2"></td><td colspan="2"></td></tr>
<tr><td>40</td><td>220</td><td colspan="2"></td><td colspan="2"></td><td colspan="2"></td><td colspan="2"></td></tr>
<tr><td>41</td><td>210</td><td colspan="2"></td><td colspan="2"></td><td colspan="2"></td><td colspan="2"></td></tr>
<tr><td>42</td><td>200</td><td colspan="2"></td><td colspan="2"></td><td colspan="2"></td><td colspan="2"></td></tr>
<tr><td>43</td><td>190</td><td colspan="2"></td><td colspan="2"></td><td colspan="2"></td><td colspan="2"></td></tr>
<tr><td>44</td><td>180</td><td colspan="2"></td><td colspan="2"></td><td colspan="2"></td><td colspan="2"></td></tr>
<tr><td>45</td><td>170</td><td colspan="2"></td><td colspan="2"></td><td colspan="2"></td><td colspan="2"></td></tr>
<tr><td>46</td><td>160</td><td colspan="2"></td><td colspan="2"></td><td colspan="2"></td><td colspan="2"></td></tr>
<tr><td colspan="2">附則</td><td colspan="10">一、本表係依交通事業人員任用條例及交通事業機構有關組織職掌暨現在實際狀況重新編訂。
二、本表各類級資位欄內未列舉之職務由交通部按其職務權責隸屬系統及工作性質比照本表各類級資位欄內之相當職務擬訂其所屬</td></tr>
</table>

中華民國九十九年二月二十三日考試院考臺組貳一字第○九九○○○一二四六一號、行政院院授人力字第○九九○○六○八六一號令會同修正

技術類	
技術長	局長、副局長、總工程司、主任秘書、處長、主任（本局勞工安全衛生室）、副總工程司。
副技術長	副局長、總工程司、主任秘書、處長、主任（本局勞工安全衛生室）、副總工程司、廠長（機廠）、副處長、正工程司、段長、科長。
高級技術員	廠長（機廠）、副處長、正工程司、段長、科長、副工程司、課長、副主任（資訊中心）、應用系統分析師、副廠長、幫工程司、組長、主任設計師、程式設計師、主任作業師、電腦作業師、工務員、機車長、勞工安全衛生室主任（各機廠）、勞工安全衛生室主任（分支機構、貨運服務總所之各服務所、餐旅服務總所之車勤服務部）、勞工安全管理師、勞工衛生管理師。
技術員	副廠長、幫工程司、組長、主任設計師、程式設計師、主任作業師、電腦作業師、工務員、機車長、勞工安全衛生室主任（分支機構、貨運服務總所之各服務所、餐旅服務總所之車勤服務部）、勞工安全管理師、勞工衛生管理師、勞工安全衛生管理員、助理工務員、司機員、整備員、監工員、電腦作業員。
技術佐	勞工安全衛生管理員、助理工務員、司機員、整備員、監工員、電腦作業員、技術領班、技術副領班、機車助理、檢車助理、技術助理。
技術士	技術領班、技術副領班、機車助理、檢車助理、技術助理。

院核定。

(五) 用人費率制與非用人費率制：昔部分交通事業機構未採行用人費率制，如：公路、高速公路局。

用人費率制之精神，本章第二節第十八目已有說明。每一人員每月所得報酬，宣稱僅有一個項目（實則仍另有加給）。另部分業別未採用用人費率制者，其人員每月報酬，主要由薪俸與加給兩部分給與共同構成；另並更有一項稱爲「工作獎金」之給與，雖亦係按月發給，但非薪給制度中之部分。此種非用人費率制給與方法，屬於一種單行規章所規定之制度。用人費率制與非用人費率制之主要區別，在以薪點折算現金給與時，所規定之兩者折算標準有所不同。同時，依據歷年事實表現，其最大特徵爲所得高於公務人員依「公務人員俸給法」規定之所得。此或爲昔某些交通行政機關，採用「資位職務」人事制度之因。

五、教育人員薪給制度

依據「教育人員任用條例」第21條第1項規定：「學校職員之任用，依其職務類別，分別適用公務人員任用法或技術人員任用條例之規定，並辦理銓敘審查。」但第2項復規定：「本條例施行前已遴用之學校編制內現任職員，其任用資格適用原有關法令規定，並得在各學校間調任。」顯然此僅係過渡時期條款，又該法施行細則第23條亦有相關規定。

因此，所稱教育人員，爲資準確起見，實應稱爲公立學校教員、校長、運動教練及社教機構專業人員及學術研究機構研究人員。但所稱「教育人員」，其薪給制度（不稱俸給制度）長久以來竟尚無一完整獨立之法律予以規定，體系不甚完整，其薪給制度之主要文件爲：民國62年9月13日教育部訂定之「公立學校教職員敘薪辦法」，以及下列各種文件：

(一)「公立學校教師暨助教職務等級表」（民國86年7月30日修正發布，原名「公立學校教職員職務級表」）。

(二)「公立學校校長職務等級表」（民國86年7月26日修正發布）。

(三)「公立學校教職員敘薪辦法」（民國62年9月13日訂定，歷經民國85年12月4日、86年5月21日、88年6月29日及93年12月22日多次修正發布）。

(四)「公立中小學教師進修大學校院研究所教師在職進修班結業申請提敘薪級暨提高本職最高薪原則」（民國82年3月22日訂定發布）。

(五)「大專校院講師以上教師採計曾任國內外私人機構年資提敘薪級原則」（民國81年12月11日訂定，民國91年10月1日修正發布）。

(六)「私立專科以上學校教職員工敘薪原則」（民國91年8月8日訂定發布，自91學年度起實施）。

(七) 私立學校教職員、駐衛警、工友薪級表（包括「工友工餉核支標準表」等共四個表）。

民國93年12月22日修正「公立學校教職員敘薪辦法」，依其所附六種公立各級學校教職員薪級表，予以核薪。

惟民國84年8月9日總統制定公布之「教師法」第19條規定：「（第1項）教師之待遇分本薪（年功薪）、加給及獎金三種」、「（第2項）高級中等以下學校教師之本薪以學經歷及年資敘定薪級；專科以上學校教師之本薪以級別、學經歷及年資敘定薪級」、「（第3項）加給分為職務加給、學術研究加給及地域加給三種。」及第20條規定「教師之待遇，另以法律定之。」但長久以來並未將教師之薪給待遇立法，而係以行政命令規定。民國101年12月28日司法院釋字第707號解釋指出：「教育部於中華民國93年12月22日修正發布之公立學校教職員敘薪辦法（含附表及其所附說明），關於公立高級中等以下學校教師部分之規定，與憲法上法律保留原則有違，應自本解釋公布之日起，至遲於屆滿三年時失其效力。」解釋文雖言「關於公立高級中等以下學校教師部分之規定，與憲法上法律保留原則有違」，但其解釋理由確明白言：「基於憲法上法律保留原則，政府之行政措施雖未限制人民之自由權利，但如涉及公共利益或實現人民基本權利之保障等重大事項者，原則上仍應有法律或法律明確之授權為依據，主管機關始得據以訂定法規命令（本院釋字第443號、第614號、第658號解釋參照）。教育為國家社會發展之根基，教師肩負為國家造育人才之任務，其執行教育工作之良窳，攸關教育成敗至鉅，並間接影響人民之受教權。為使教師安心致力於教育工作，以提昇教育品質，其生活自應予以保障。憲法第165條即規定，國家應保障教育工作者之生活，並依國民經濟之進展，隨時提高其待遇。教師待遇之高低，包括其敘薪核計，關係教師生活之保障，除屬憲法第15條財產權之保障外，亦屬涉及公共利益之重大事項。是有關教師之待遇事項，自應以法律或法律明確授權之命令予以規範，始為憲法所許」，簡言之，即教師之待遇事項應以法律或法律明確授權之命令定之，以符法律保留原則。是以，主管機關就其現況檢討，依「教師法」第19條及第20條之規定，擬具**教師待遇條例**草案，完成立法，經總統於民國104年6月10日公布制定施行。其內容包含公私立學校教師，茲僅述公立學校教師之重要部分如次：

(一) 薪給之結構：依該條例所附「教師薪級表」規定各級教師之薪級幅度，原即仿公務人員簡薦委制之俸級，茲仍延續之，規列薪級、薪點。薪級三十六級以第一級最高770薪點，第三十六級最低120薪點，並將各級學校教師（校長）之名稱列入「職務等級」欄中。換言之，該薪級表實質上即如「職務等級表」，以示其學術智能地位之深淺高低。

(二) 薪給之計給：教師之待遇，分本薪（年功薪）、加給及獎金（待遇2）。其薪給以月計之，並應按月給付，自實際到職之日起支，並自實際離職之日停支。如服務未滿整月者，按實際在職日數覈實計支；其每日計發金額，以當月全月薪給除以該月全月之日數計算。但死亡當月之薪給按全月支給（待遇6）。

依法停聘之教師，於停聘期間及停聘原因消滅後回復聘任者，依「教師法」規定發給本薪（年功薪）。其死亡者，得補發停聘期間未發給之本薪（年功薪），並由依法得領受撫卹金之人具領之（待遇19Ⅰ、Ⅱ）。查教師法第14條規定：停聘之教師停聘期間應發給半數本薪（年功薪）。

停聘、解聘、不續聘或資遣之教師，依法提起救濟後確定回復聘任關係者，其停聘、解聘、不續聘或資遣期間未發給之本薪（年功薪）應予補發（待遇19Ⅲ）。

教師失蹤，自失蹤之日起至法院宣告死亡之日止（民法8），得發給本薪（年功薪）（待遇19Ⅲ）。

教師曠職（課）或請事假超過規定日數者，以時計算，累積滿八小時以一日計，並按前述所定計算方式，扣除其曠職（課）或請事假超過規定日數之薪給（待遇19Ⅳ）。

(三) 薪給之敘定：高級中等以下學校教師（以下簡稱中小學教師）之薪級，依「教師薪級表」規定，以學經歷及年資敘定之；專科以上學校教師（以下簡稱大專教師）之薪級，以級別、學經歷及年資敘定之（待遇7）。

1. 初任起敘：初任教師，其薪級之起敘規定如下（待遇8）：

(1) 中小學教師以學歷起敘。其起敘基準依「高級中等以下學校教師薪級起敘基準表」規定。

(2) 大專教師以所聘等級本薪最低薪級起敘。但講師及助理教授具博士學位者，得自330薪點起敘。

前述(2)大專教師具有較高等級教師聘任資格，而以較低等級教師聘任者，得比照較高等級教師本薪最低薪級起敘。

2. 年資提敘：公立學校教師於職前曾任下列職務且服務成績優良之年資，按年採計提敘薪級至所聘職務等級最高年功薪（待遇9）：

(1) 銓敘或登記有案之公務人員或其他適用特種任用法規審定資格人員、公營事業人員、政務人員、公私立學校校長、教師、助教、專業技術人員、研究人員、護理教師、運動教練、公立社會教育機構專業人員、公立學術研究機構研究人員等級相當之年資。

(2) 後備軍人轉任教師，採計等級相當之軍職年資。

(3) 中小學教師曾任代理教師年資，每次期間三個月以上累積滿一年者，提敘一級。

(4) 其他經教育部認定等級相當之服務年資。

公立大專教師職前於具有規模之國內外私人機構性質相近、服務成績優良及等級相當之任職年資，得按年採計提敘薪級至所聘職務等級最高年功薪。

3. 學歷改敘：中小學教師在職期間經服務學校或主管機關基於教學需要，同意其進修、研究與其教學有關之知能，取得較高學歷者，以現敘薪級為基準，依下列規定改敘，並受所聘職務等級最高本薪之限制，經敘定者，自申請之日生效（待遇10，待遇細6）：

(1) 以專科以上學校畢業或同等學歷取得碩士學位，提敘薪級三級；逕修讀取得博士學位，提敘薪級五級；以碩士學歷取得博士學位，提敘薪級二級。

(2) 依前款規定提敘薪級後，所敘薪級低於較高學歷起敘基準者，按較高學歷改敘。

4. 考核晉級：公立中小學教師薪級之晉級，依「公立高級中等以下學校教師成績考核辦法」規定辦理。公立大專教師服務滿一學年，由學校按學年度評定其教學、研究、輔導、服務等成績，並得依評定結果晉本薪（年功薪）一級，至所聘職務等級最高年功薪為限（待遇12）。

5. 轉任核敘（待遇11）：

(1) 公立學校教師轉任其他公立學校教師時，依原敘薪級核敘。但原敘薪級高於所聘職務等級最高年功薪時，以該職務等級最高年功薪核敘，超過部分，保留至聘任相當薪級職務時再予回復。

(2) 私立學校教師轉任公立學校教師時，依下列規定敘定薪級：

①中小學教師先按其初任教師之學歷依第8條第1項第1款規定起敘，再依第9條第1、3、4項規定提敘薪級；其已取得較高學歷者，並依第10條規定辦理改敘。

②大專教師先依第8條第1項第2款及第2項規定起敘，再依第9條第1至4項規定提敘薪級。

(四) 加給之給與（待遇13至16）：

1. 職務加給：對兼任主管職務者、導師或擔任特殊教育者加給之。

2. 學術研究加給：對從事教學研究或學術研究者加給之。

3. 地域加給：對服務於邊遠或特殊地區者加給之。

(五) 獎金之給與（待遇18）：公立學校教師之獎金，政府得視財政狀況發給；其發給之對象、類別、條件及程序等有關事項之辦法，除其他法律另有規定外，由教育部會商其他相關機關後擬訂，報行政院核定（待遇18）。民國106年12月27日教育部臺教人（四）字第1060190457B號令訂定發布「公立學校教師獎金發

表14-6　教師薪級表

薪級	薪點	職務等級名稱					說明
		教授	副教授	助理教授	講師	高級中等以下學校教師	
一級	770	770					一、高級中等以下學校教師，如具有大學校院或教育部認可之國外大學校院研究所碩士學位，最高本薪得晉至525薪點，年功薪五級至650薪點；如具有大學校院或教育部認可之國外大學校院研究所博士學位，最高本薪得晉至550薪點，年功薪五級至680薪點。 二、大專講師及助理教授具博士學位者，得自330薪點起敘。 三、本薪最高級上面之虛線係屬年功薪。 四、教育人員任用條例86年3月21日修正生效前進用之助教，其薪級自200薪點起敘，最高本薪得晉至330薪點，年功薪得晉至450薪點，本薪十級，年功薪六級。
二級	740						
三級	710		710				
四級	680						
五級	650			650			
六級	625	教授			625	625	
七級	600						
八級	575						
九級	550		副教授				
十級	525	680					
十一級	500	|					
十二級	475	475					
十三級	450						
十四級	430		600	助理教授			
十五級	410		|				
十六級	390		390				
十七級	370				講師		
十八級	350			500			
十九級	330			|			
二十級	310			310			
二十一級	290						
二十二級	275				450		
二十三級	260				|	高級中等以下學校教師	
二十四級	245				245		
二十五級	230						
二十六級	220						
二十七級	210						
二十八級	200						
二十九級	190						
三十級	180						
三十一級	170						
三十二級	160						
三十三級	150						
三十四級	140					450	
三十五級	130					|	
三十六級	120					120	

表14-7　高級中等以下學校教師薪級起敘基準表

薪級	薪點	起敘基準
十九級	330	具大學校院或教育部認可之國外大學校院研究所博士學位者。
二十四級	245	具大學校院或教育部認可之國外大學校院研究所碩士學位者。
二十九級	190	具大學校院或教育部認可之國外大學校院學士學位者。
三十二級	160	高級中等學校畢業後於修業三年之專科學校畢業者。
三十三級	150	高級中等學校畢業後於修業二年之專科學校畢業，或國民中學（初中）畢業後於修業五年之專科學校畢業者。
三十六級	120	高級中等以下學校畢業者。

給辦法」全文七條；並自發布日施行。其獎項有九（第3條）：

1. 國家講座主持人獎金，每人每年發給獎金新臺幣五十萬元以下，按年度發給，共三年。

2. 國家產學大師獎獎金，每人一次發給獎金新臺幣九十萬元。

3. 學術獎獎金，每人一次發給獎金新臺幣六十萬元。

4. 全國傑出通識教育教師獎獎金，每人一次發給獎金新臺幣三十萬元。

5. 特殊優良教師獎金，每人一次發給獎金新臺幣二萬元以下。

6. 資深優良教師獎金：

(1) 服務屆滿十年，每人一次發給獎金新臺幣四千元。

(2) 服務屆滿二十年，每人一次發給獎金新臺幣六千元。

(3) 服屆滿三十年，每人一次發給獎金新臺幣八千元。

(4) 服務屆滿四十年，每人一次發給獎金新臺幣一萬元。

7. 教學卓越獎獎金：

(1) 金質獎：每一團隊一次發給獎金新臺幣四十萬元。

(2) 銀質獎：每一團隊一次發給獎金新臺幣二十萬元。

(3) 佳作獎：每一團隊一次發給獎金新臺幣二萬元。

8. 教師參加競賽獎金：

(1) 團體：一次發給獎金新臺幣十萬元以下。

(2) 個人：一次發給獎金新臺幣五萬元以下。

9. 指導學生參加競賽獎金：

(1) 團體一次發給獎金新臺幣一萬元以下，個人一次發給獎金五千元以下。

(2) 參賽學生獲有獎金者，得於學生所獲獎金額度範圍以內發給。

(3) 前二款獎金應擇一發給，不得重複。

(六) 福利之辦理（待遇20）：為安定教師生活，激勵教學及工作士氣，政府得視財政狀況，規劃辦理公立學校教師福利措施（待遇20）。

(七) 小結：從以上教師待遇條例之內容觀之，可察覺以下幾點事項：

1. 在法制上，教育人員人事法律之名稱不對當：其進用之法律名為「教育人員任用條例」、薪給名為「教師待遇條例」、退撫名為「學校教職員退休資遣撫卹條例」，當局是否有其他特殊之考量，允宜深思。

2. 在適用對象上，與任用條例之範圍亦不對稱：本條例名稱明指「教師」，其第5條規定：「本條例於公立及已立案之私立學校編制內，依法取得教師資格之專任教師適用之。」相對於其進用之「教育人員任用條例」，教師僅為教育人員之一，其他尚有學校職員、運動教練、社會教育機構專業人員及各級主管教育行政機關所屬學術研究機構研究人員（教任2），則依該條例第21條規定：「公立學校校長、助教、稀少性科技人員、社會教育機構專業人員及各級主管機關所屬學術研究機構研究人員，除其他法律另有規定外，準用公立學校教師之規定。」此類人員（職員已納入銓敘）原為任用條例（第2條）之主體人員，茲卻淪為「準用」第位。

3. 在規範內容上，似乎給「待遇」下了定義：依該條例第2條規定：「待遇分本薪（年功薪）、加給及獎金」，仍保有長久以來之「既得利益」項目，予以法制化，以維其穩定；但又於第20條規定得辦理「福利」事項，顯然其待遇有四項內容。公務人員「福利」事項，原無法律規定，在民國83年考試院研擬「公務人員保障法」草案時，將福利入法規定（亦曾研擬「公務人員福利法」草案），但各方爭議大，爰於立法院審議中刪除，所以迄今公務人員之福利事項仍無法源依據。又「公務人員俸給法」中亦無「獎金」規定。顯然在法制上，教師優於公務人員。惟亦曾有立法委員主張：公務人員法律中應增列有關「福利」之條文。

4. 在薪級之提敘上，除「銓敘或登記有案之公務人員或其他適用特種任用法規審定資格人員、公營事業人員、政務人員」等公務年資得予按年核計加級外，其「職前於具有規模之國內外私人機構性質相近、服務成績優良及等級相當之任職年資」，亦得按年採計提敘薪級至所聘職務等級最高年功薪，此為其他公務人員所無，以招攬優秀教師人才。

六、醫事人員俸給制度

醫事人員俸給制度規定於「醫事人員人事條例」第10至11條及其施行細則第6、7條中，整體醫事人員人事制度都是較新制定的人事制度，作為其俸給制度要項之俸級表（民國89年2月10日考試院會同行政院訂定發布，民國96年4月13日修正發布），基本上則仍係比照「公務人員俸表」而訂定，而其有關敘俸與晉俸等之規定，亦與公務人員相同。茲分述如次：

(一) 俸制構成項目：醫事人員之俸制，配合其人事制度而建立，所以，其俸級表中的項目十分簡明，僅依醫事人員高低等級之師(一)級、師(二)級、師(三)級及士（生）級共四級，配合排列各其所跨之俸級及各俸級之俸點數目（詳醫事人員俸級表）。

(二) 俸給之構成：醫事人員俸給由本俸、年功俸與加給構成，均以月計（醫人10）。本俸與年功俸明定於「醫事人員俸級表」；但其「加給」竟法無明文再爲規定，僅在其人事條例第1條及施行細則第9條規定：「本細則未規定事項適用公務人員有關法規之規定。」似嫌立法粗疏。

(三) 俸級與俸點：醫事人員之俸表爲垂直式表，基本結構計分三十四級，最高級之一級800俸點，最低之三十四級280俸點。相當於「公務人員俸表」簡任第十四職等本俸一級800俸點至委任第三職等本俸一級280俸點。其中師(一)級者，本俸六級、年功俸五級；師(二)級者，本俸八級、年功俸七級；師(三)級者，本俸七級、年功俸六級；士（生）級者，本俸十五級、年功俸六級。在本俸上，除師(一)級之俸級不與他級重疊外，餘三級所跨之俸級有部分重疊；但整體本俸與年功俸，各職級仍有重疊。

(四) 俸級之核敘：醫事人員與衛生機關之衛生行政或技術人員，常有交流情形，前者適用本條例之「職務級別制」，後者適用公務人員任用法之「官職併立制」，因此在相互交流轉任時，除依其任用資格所對應之俸級及其相當經歷之年資予以提敘外，亦應保障其原經各該法律銓敘審定之俸級（保障14）地位。醫事人員之俸表雖與公務人員之俸表（280俸點以上）相當，並各自依考績晉敘俸級，但不表示在人員轉調時保障其以俸點來對應之官職等或俸級，以免產生在各該法制中之官職等或俸級或高或低、不切實際之情形，而失保障之意旨。

1. **起敘**：指初任醫事人員之敘俸。

(1) 依所任職務級別之最低俸級起敘。但領有較擬任職務級別高一級醫事專門職業證書者，以該職業證書所能擔任之較高職務級別最低俸級起敘，此即「高資低用」人員之起敘較高（醫人11Ⅰ）。例如：醫事人員初任各級職務，具有師(三)級職務任用資格者，自師(三)級本俸二十四級385俸點起敘；至於調任較高或較低職務、或再任，情形稍爲複雜，應視新任職務及個別資格予以核敘，但原則上仍保障其原經銓敘審定有案之俸點。

(2) 曾經依本條例（指依民國88年7月15日制定公布後）銓敘審定高於擬任職

務級別最低俸級或高於前述較高職務級別最低俸級者，以銓敘審定有案之較高俸級起敘，但以敘至擬任職務級別年功俸最高級爲止。此「但書」之情有二（醫人細6）：①初任醫事人員領有較擬任職務所須具備之醫事專門職業證書高一級之證書，得敘與該較高醫事專門職業證書所能擔任之較高職務級別最低俸級同數額之本俸或年功俸。②現職醫事人員經考試及格取得較現任職務所須具備之同類別醫事專門職業證書高一級之證書，得比照前款規定辦理。簡言之，即調任醫事人員者，依前經審定之俸級敘擬任職務級別之相當俸級，但不超過年功俸最高級。惟如調任低級別職務人員，前經銓敘審定之俸級，有超過擬任職務級別年功俸最高級之俸級時，原敘較高俸級之俸點，仍予照支。又如係離職後再任低級別職務人員，有超過擬任職務級別年功俸最高級之俸級時其原敘較高俸級，仍予保留，俟將來調任相當級別職務時，再予回復（醫人11）。此乃「公務人員俸給法」第11條第3項調任低官等職務人員之俸級核敘規定，對於調任低級別職務人員，其超過擬任職務級別年功俸最高級之俸點，仍予照支；至於離職再任低級別職務人員部分，參照俸給法第14條再任低官等職務人員之俸級核敘規定，維持現行規定，超過之俸級，仍予保留，俟將來調任相當級別職務時，再予回復。保持敘俸作業原則之一致性。

(3)依其他任用法律銓敘審定合格人員，於擔任醫事人員時，得比照上述二款規定核敘俸級（醫人11）。此所稱依其他任用法律銓敘審定合格人員，指依「公務人員任用法」、「專門職業及技術人員轉任公務人員條例」及中華民國91年1月29日廢止前之「技術人員任用條例」銓敘審定合格人員，但不包括各機關辦理機要職務之人員（醫人細7）。

2. 提敘：醫事人員曾任與現任職務級別相當、性質相近且服務成績優良之職務年資，除依上述1.之(3)之規定核敘俸級或已依第7條規定採計爲任用資格年資（以免形成一資二用）外，如尚有積餘年資得依公務人員俸給法規之規定，按年核計加級（醫人12Ⅰ）。所稱「級別相當」，指醫事人員曾任職務等級與現所銓敘審定之級別相當，各類人員與醫事人員級別相當之對照，由考試院定之；所稱「性質相近」，指醫事人員曾任職務工作性質與擬任職務應適用醫事專業法律所定執業業務之性質相近（醫人12Ⅲ）。惟「高資低用」人員核敘較高俸級者，其曾任較所敘俸級爲低之年資，不得再依此規定按年核計加級；但依前述(1)規定自所任職務級別之最低俸級起敘，再依前述規定按年核計加級者，不在此限（醫人12Ⅰ）。換言之，具較高級別資格者之敘級得依所具資格對應之級別最低級起敘，或依所擬任職務級別最低級起敘，再將其曾任年資按年核計加級，二選一。

3. 晉敘：醫事人員本俸及年功俸之晉級，則依「公務人員考績法」第7條年終考績結果列甲等或乙等之獎勵，則於醫事職務級別所對應之俸給中，予以晉敘（醫

表14-8　醫事人員俸級表

中華民國八十九年二月十日考試院八九考台組貳一字第○一一六九號、行政院台八十九人政企字第一八○一五七號令發布
中華民國九十六年四月十三日考試院考臺組貳一字第○九六○○○二四四三一號、行政院院授人力字第○九六○○○三九二四二號令修正發布

俸級	俸點	師(一)級	師(二)級	師(三)級	士(生)級
一級	800				
二級	790	虛線			
三級	780	虛線			
四級	750	虛線			
五級	730	虛線			
六級	710	虛線	虛線		
七級	690	實線	虛線		
八級	670	實線	虛線		
九級	650	實線	虛線		
十級	630	實線	虛線		
十一級	610	實線	虛線	虛線	
十二級	590	實線	虛線	虛線	
十三級	550		實線	虛線	虛線
十四級	535		實線	虛線	虛線
十五級	520		實線	虛線	虛線
十六級	505		實線	虛線	虛線
十七級	490		實線	實線	虛線
十八級	475		實線	實線	虛線
十九級	460		實線	實線	虛線
二十級	445		實線	實線	虛線
二十一級	430			實線	實線
二十二級	415			實線	實線
二十三級	400			實線	實線
二十四級	385			實線	實線
二十五級	370				實線
二十六級	360				實線
二十七級	350				實線
二十八級	340				實線
二十九級	330				實線
三十級	320				實線
三十一級	310				實線
三十二級	300				實線
三十三級	290				實線
三十四級	280				實線

說明

一、本表係依據醫事人員人事條例第十條第三項規定訂定。
二、俸級分本俸及年功俸，實線為本俸俸級，虛線為年功俸俸級，並就所列俸點折算俸額發給。折算俸額標準，必要時得按俸點分段訂定之。
三、醫事人員本俸、年功俸之級數及俸點，依本表之規定。但下列師(一)級人員之俸級，適用以下規定：
(一)醫師、中醫師及牙醫師之本俸為十二級至五級，年功俸為四級至一級。
(二)擔任政府機關列簡任第十二職等以上職務者，本俸得敘至五級，年功俸得敘至一級。
四、本表自發布日施行。

人13）。

(五) 加給：醫事人員亦有加給，計區分爲職務加給、技術或專業加給、地域加給。各種加給之數額，仍由考試院會同行政院定之（醫人1、10，俸給18）。

(六) 醫事人員俸給特色：依醫事人員俸級表觀之，俸制結構頗簡明，各級別之俸級範圍成上下垂直式。有本俸與年功俸之分，但所跨俸級均相當長，尤其是士（生）級，高達二十一級，有助鼓勵久任與專業精神。若細加思索，不難發現其俸表制度結構，與交通事業人員之資位職務薪給表接近。

第四節　當前俸給制度之基本問題

一、論不患寡而患不均之俸給制度觀點

我國自古以來，對於社會財富分配，有一強烈觀念：「不患寡而患不均」，此一觀念之涵義，大致而言，具有偉大人道主義精神，值得尊敬。但此語之眞實價值究竟如何，確曾發生爭論。本書原著者認爲，「不患寡而患不均」一語本身應可肯定其價值，但應注意者，其眞實意義常爲人誤解，而成爲一種有待正確解釋之事，故必須澄清。

我國公務人員俸給制度，深受此語影響，尤其因此語被誤解後，影響公務人員收入者甚大，此可從民國以來公務人員俸給實況獲得證明。

(一) 低俸給政策回顧：民國以來（甚至清末以來），政府之公務人員薪俸政策，應均屬偏低（但清朝於正俸外多有養廉金之津貼，爲數頗豐厚）。民國20年前後，一位高級委任人員實際可月支「銀元」六十元至一百元，一位簡任一級月支銀元六百八十元。但自民國20年前數年起，剿匪軍事行動繼續多年期間，發放薪俸時，實際則每月有不同之折扣，例如：按八折實發（以後並不補發）；有時甚至打折之後，再打一次折，例如：於七折之後，再打八折，實發百分之五十六，是即所謂「七折八扣」。不過所幸當時物價尚稱平穩，例如：在江西省會南昌市市區購買一座約一百坪大小磚造房屋（包括土地），代價大約不逾銀元二千元。但至抗戰前數年，剿匪軍資支出已降低，國家財政情形稍有好轉，以公務人員俸薪收入實況與物價合觀，尚稱差強人意。及抗戰八年期間，通貨惡性膨脹，尤其勝利以後，幣值狂瀉，物價高漲，同一日之中，幣值確成早晚時價不同。一位大學教授，月入薪俸「鈔票」數額龐大，但實值甚少，以月俸數萬甚或數十萬元紙幣換購銀元保值，常不足銀元二十元，至大陸淪陷前夕，竟至不足銀元十與勞力者均不能生存，當時種種情境，至今回憶，仍如噩夢。

民國38、39年，中央政府遷臺之初，臺灣幣制改革，由臺灣銀行發行新臺幣，與當時中央銀行發行在大陸流通使用之全國性貨幣切斷關係，不受其惡性貶値影響，物價穩定。因此，公務人員月入尚可維持合理生活。及後，新臺幣亦經多年慢性貶値，但公務人員薪俸數額年年如舊，多年並無任何改善措施。至民國50年前後，一位簡任官月入總所得不過新臺幣一千二、三百元，但在臺北市區租賃一戶（兩房）不及二十坪之日式平房之租金，亦需千元，公務人員生活深有困難（其時本書原著者全家尚僅夫妻二人，生活節儉簡單，以上所述乃本書原著者其時任職行政院非主管簡任職之事實敘述）。因有鑑於政府在大陸崩潰重要原因之一爲財政崩潰，以致公務人員所得薪金根本不能維生，憂國者無不認爲事屬嚴重，甚至當時執政黨黨報「中央日報」且慨乎言之，以政府對公教人員「期之爲聖人，待之如乞丐」爲題，撰寫社論以代公教人員呼籲。

(二) 民國50年代政府提高公務人員待遇政策：民國50年代初葉，中央政府遷臺已十年後，在中美協防協定護衛下，海峽無波，政府始得全心全力從事建設，政府才下定決心，以每年增加公務人員薪俸所得百分之二十爲目標，計畫於五年之內，增加至百分之百（此爲嚴靜波先生初任行政院長重要措施之一）。其後雖以財務實況有所困難，而未能於五年內達成提高百分之百，但相去亦不遠矣，且每年均必有不低於百分之十之增加。自此以後，幾乎每任行政院長，皆以提高公務人員俸薪所得，列爲其施政要項之一，形成數十年來，每年均有「調整待遇」之舉。至民國70、80年後，公務人員之能依賴俸給所得以度其溫飽生活者，由此及至臺灣經濟開始逐步繁榮，政府稍有餘力，更注意多項公務員福利措施。一般公務人員之稍知經營者，且大多能以分期付款方式購置自有住宅。

(三) 俸點制之採行：在上述期間之民國58年，政府對公務人員薪俸，開始採俸點制（分類職位），持續至今將近五十年未改。俸點制之特點如下：

1. 每一人員均有法定之固定俸點，以作爲折算現金所得之基準。

2. 整個俸制定有固定之最低俸點，爲160點。

3. 並有固定之最高俸點，爲800點。

4. 因有固定之最高與最低俸點，而構成人員最高與最低所得之固定差距爲五比。

5. 俸點折算現金之標準，並未固定，而法定由行政院會同考試院定之，因此，行政與考試兩院得以有權機動調整公務人員俸薪所得。早期每年均調整（提高）此種折算標準，且通常均在百分之十上下，約民國90年以後始降爲僅調整百分之三點五，甚或經常完全不調整。

6. 俸點折算現金之原則亦未規定，因而決定折算標準之權力，法律規定完全屬於行政、考試兩院；抑有進者，法律更附帶規定，折算率「得按俸點分段訂定」，據此，於是多年來，實際確係分段採不同之折算率計給薪俸，以致人員實際所得已非五與一之比，有違制度原意。行政、考試二院之裁量權力太大（實際只是行政院在主導）。但有關俸給制度之學說理論甚多，實際結果迥異，究應採從寬或從嚴折算標準，相互差額甚多。

約近二十餘年來，臺灣經濟衰退，「調整待遇」之事，既無心亦無力。直至民國107年，始稍調百分之三。

(四) 分段折算俸額：由於世界性之貨幣慢性貶値，臺灣更不例外，所以站在合理施政立場而言，自應每年提高公務人員所得。惟臺灣雖然經濟繁榮，稅收增加，但爲加強國家現代化建設，支出之增加且遠勝於收入之增加，因而政府預算，永遠有入不敷出之窘。於是在財政困難理由下，對調整俸給一事，遂開始尋求緩和之藉口，終於在民國57、58年前後，發明一項方法，將公務人員俸點，採區分爲二段，訂定不同折算標準計算之方法；不數年後，更進一步區分爲三段不同折算標準，以後並將之訂入俸給法附表尾後之說明事項中，聊以取得法律依據。此種採分段不同折算標準之方法，實施至今，已四十餘年。其結果有二：

1. 將原經法定之五比一差距，變更爲僅有三或四比一，破壞最初制度設計用意。

2. 使較高薪點者所得普遍降低，減緩「差序格局」，難激勵高階人員，留住高階人才。

對上述情形，各方不無指責。因而前若干年，政府曾有意設法逐步調整，在仍採三段折算方法下，期使其實際所得之最高與最低差距，能逐步稍稍回復五與一之比。但因有關機關行之不力，實效有限。

本書原著者所不瞭解者，爲何不能廢除分段折算方法？

當初採分段折算之原因，在使高俸點者所得減少，以節省政府支出，或美名爲**照顧基層人員**；但稍加深究，即不難發現，此種方法背後所潛存之觀念，仍在對五比一差距之否定。亦即認爲，財富分配應「不患寡而患不均」，並以此「仁慈」藉口，以便實際達到減輕政府財務負擔之眞正目的，有欠誠信，而實質是不是已減輕財政負擔，亦値懷疑。

(五) 錯誤之解釋：不患寡而患不均之觀念關係至大，有討論之必要。

1. 貧窮社會哲學：基本上，此爲一種貧窮社會觀念。我國自古以來，影響歷史發展之部分基本因素爲：(1)人口繁殖迅速，人口過多。(2)生產技術不良。(3)天災與戰亂頻仍。(4)並因而形成糧食生產不足。(5)所以貧窮。

西方早有學者於深入研究我國歷史與文化後，對我國國人此種心理與文化狀態，稱之爲係一種「饑荒心理」（famine psychology），且著有專書討論（中華書局早年有譯本），至爲透徹。

貧窮必定強化爭奪之激烈性，在未能解決貧窮現象之前，唯有暫在分配上設法，以緩和爭奪，故曰：「不患寡而患不均」但不幸我國不僅天災問題數千年來不斷，內亂與內戰幾乎亦從未間斷；故此一「患不均」之觀念遂深入人心，不知不覺間竟以其爲正當思想，但今日臺灣社會已非十分貧窮。

2. 對其真義之誤解：所謂「均」，決非機械式之平頭主義，因以平頭主義爲目的之分配觀念必定使經濟落後不前，亦不符合正義原則，因爲：(1)就自然現象而論，人體有肥瘦，所需糧食多少不同；體力有大小，生產成果不同；智慧有高低，能力、技術與成就，及對社會貢獻亦均有不同，所得自亦應有所不同。(2)就社會現象而論，人對社會之貢獻不同，報酬當然應有不同。(3)就心理因素而論，爲引導競爭向上之人性入於正軌，而促進社會加速進步起見，亦應差異分配予以適當之利益以激勵之，以免其心有不平甚至反而爲禍社會。所以無論就上述任何一觀點而論，如採平頭式之平均分配方法，良莠不分，優劣不辨，是非不明，乃爲眞正之不公不平不均，而必引起社會紛亂，永無休止。

(六) 應慎重檢討改善：基於以上檢討，對「不患寡而患不均」此一觀念之解釋，理應慎重再加檢討。就人事管理立場而論，下列數點似可參考：

1. 「責酬相當」爲鼓勵人員努力工作之重要方法，且尤符合公正合理原則。

2. 就節省人事費用立場設想，高級人員在全體公務人員中，所占人數比率甚小，削減高級人員之所得，所能節省之經費有限，且不易留住高級人才以開創新局。

3. 除得天獨厚、石油礦藏豐富、遍地黃金之極少數國家外，一般國家當政府致力建設，由於建設永無止境，故所需建設費用亦永無限量，則無論稅收如何豐裕，國家每年預算亦永無足夠之時。若因此即以排擠公務人員薪給所得爲挹注之道，則公務人員將永無增加薪俸之日。此猶如俏皮話所言：「衣服永遠少一件，房子永遠少一間，鈔票永遠少一疊，時間永遠少一點。」建設經費永難滿足。

(七) 低薪造成人才外流：茲應附帶補述者，乃當今世界先進國家延攬人才之主要方式之一，即爲「職酬相當」之「高薪待遇」，如：新加坡。國內公私部門間，亦如是，據報導：民國105年間，S電視台名新聞女主播，年薪五百萬，卻爲E電視台以年薪六百萬挖去；公營之某銀行女董事長被私營之金控公司挖去擔任總經理，何也？高薪待遇也。此雖是頂高級之專業人員，但反觀公務人員，其經特別考選之優秀人員，在任職政府機關之前數年，其薪酬雖高於約同年齡從事民間企業之人員，但在數年後，卻不及民間企業之從業人員；以一機關預算規模與民間資本額相當之機關首長，其薪酬卻不及於該企業之經理人員，則政府機關如何留住人才？如何激勵人心？科長與其所屬專員、科員之薪酬相差無幾，則如何負責、領導屬員？而又如何培育、激勵屬員上進？行政績效如何提升？因此，以較優渥之薪給待遇，並拉大薪俸之差距，留住人才，使其不存五日京兆之心，戮力奉公，始符公務人員考選之意旨，亦是「為政在人」之道。

二、加給公平問題

政府工作人員，彼此性質不盡相同，類別甚多，公務人員僅為其中部分。就此部分內部而論，有關俸給中之「給」（即加給）部分，即有可討論之處。

(一) 加給類別：依俸給法規定，公務人員之俸給，區分為「俸」與「給」二部分，俸指本俸及年功俸，給指各種加給。現行俸給法中之加給區分為職務加給、技術或專業加給及地域加給三種，其中職務加給係給予主管人員或職責繁重或工作具有危險性人員；技術加給係給予經職務歸系將其所任職務歸入技術職系者；專業加給則係經辦理加給業務之機關認定其屬於專業職務者；地域加給係給予服務邊遠地區或特殊地區或國外地區者。

關於地域加給中之國外地區，因各國物價高低不同，且甚至懸殊甚大，故經有關機關衡量實況以及世界各國物價等因素，予以區分為A、B、C、D四種地區，復按不同地區，給予數額不同之地域加給。關於技術加給，則必須經歸系為技術職系者，始給予技術加給，其歸系有法定程序，頗為固定。關於專業加給，要點之一，在必須決定何為專業人員，此一決定目前係由辦理加給業務機關認定；要點之二，在專業加給之中，又有數十種不同性質專業加給之別，例如：司法人員加給、稅務人員加給等。而同等級但不同專業之人員，每月所得專業加給金額，則數額各有不同，而且相互之間，金額相差頗大，最多者相差五倍。又技術加給與專業加給二者，一人員僅可支領其一。

(二) 應合理認定加給：專業加給有差距，未必即屬不當或不妥。問題在於：1.各種加給（包括專業加給）如有差距，其差距在實體上是否合理。2.實體是否合理，又涉及其決定各項加給，在程序上是否符合正義。

就程序而言，依「公務人員俸給法」規定，各種加給之給與辦法，及俸點折算俸額之標準，由行政院會同考試院定之，各機關不得另行自訂項目及數額支給。但事實上，自中央政府遷臺，至今半個多世紀以來，除法律上有此類條文規定外，公務人員之實際俸額，以及每年俸給之調整，均從未切實依上述法條規定辦理，實質係由行政院以主掌財政，並以財政困難為理由而由其一院決定。遲遲至民國90年始制定「公務人員加給給與辦法」，但依該辦法規定實質掌控權與最後決定權仍均在行政院。

至於就實體而言，姑以專業加給一項爲例，各不同專業人員相互之間，由於專業性質不同，或困難程度不同，或危險性不同，或稀少性不同等原因，非無可能產生差別給與之必要；但給與之差別程度，必須配合其特殊情形之程度，給予適當之加給數目，始爲合理，也就是符合時下流行引用的「比例原則」之適用；不可有五分差別，而僅給予二分差額，或竟適分給予十分差額，亦即過與不及，均非所宜。目前有部分人員之此項加給，有無過當？另有部分人員之此種加給，有無不及？似均可檢討。尤其曾報載：中央、地方機關中，在同官等內調派低職等人員仍支原職等俸級與加給，職務職責與工作報酬不相當，變相加薪；遺缺另升人員，變相升職（此於民國96年5月13日修正發布之「公務人員加給給與辦法」中僅處理「主管加給」而己，問題仍未完全處理完畢）。甚有某機關人員向媒體爆料，有關簡任非主管人員之主管加給分配（派）不公者，與理不合。過當與不及，均必引起不平之鳴。

三、不同俸薪制度間應相對公平

以上所述爲公務人員內部俸薪事項，現所論述者則爲公務人員及非公務人員間之俸薪事項。

有關我國政府人員之類別，已於本書第三章第二節有所說明。概略言之，所稱公務員，包括：軍人、政務官、選任官、公務人員（包括依「公務人員任用法」及各種特種任用法律任用之人員、派用人員）、教育人員、公營事業人員、聘用人員七類。此七類人員之產生，各有其不同之法律，分別規定有不同之資格條件；並各有其不同之職務報酬支領法規，所規定之報酬數目，相互懸殊。

除軍人不在此討論外，就已知資料觀之，大體而言，報酬最高者，應屬選任官中之民意代表，尤其立法委員與地方議員；依次則爲公營事業人員、司法官、政務官、教師、公務人員、一般聘用人員。以上人員中，若干人員之報酬，因缺乏系統化之完整資料，故無從列舉數字切實說明。據媒體公開報導，民意代表之月酬勞，大多逾四、五十萬元者；而政務官中，院長與部長之間相差大約一點七倍；至於部分公營事業機構中之主持人（當然非政務官），其月入之多，部分令人驚訝，不僅遠超過居其上級領導地位之部長甚多，且令人不平。

上文曾敘及兩項原則：**責酬相當原則**，亦即反對「不患寡而患不均」之錯誤觀念，故不同責任人員享有不同之俸給，應屬正當現象；**合理原則**，亦即雖稱責酬相當，酬勞有所差別，但仍不可有過與不及情事，當有過或不及情事時，即非責酬相當。

現以此二原則觀察各類人員相互間之懸殊不平現象，則不免令人大爲詫異。在依「公務人員任用法」任用之公務人員小範圍中，其法定俸點最高最低間之差距，原不過五倍，較之其他國家相差遠甚。我政府猶採不患寡而患不均之錯誤解釋，以三段折算法，將其差距縮短；而對於民意代表等人員，則不僅妄棄不患寡而患不均原則，且更有過之而違逾責酬相當原則。其制度用意究竟何在？令人難以理解，實則只是放任而無制度。

上述採取雙重原則之行事，非政府之所宜，似應通盤檢討改善。

四、政府人員俸給均應立法規定

上述各類別公務員相互間「俸」之不平，以及公務人員內部部分性質不同人員相互間「給」之不平，兩者雖各有其不同之多重形成原因；但統觀全局，核心原因皆在均未以立法方式規定其俸給。

在上述各類人員中，除軍人不討論外，其他無論爲政務官或事務官、選任官或任命官、公務人員或公營事業人員或教育人員，其中僅有事務官中之公務人員有「公務人員俸給法」或其他特種任用法規任用之人員的俸給法規規定，教師始自民國104年6月10日，公布制定「教師待遇條例」，明確規定其俸給制度，其他各種人員均無正規之俸給法律足資依據。至於公務人員之各種加給，以及俸點折算俸額之標準，有關法規中均僅有籠統原則性之「空白授權」予以宣示，並無具體之規定。多年以來，對於是否調整或如何調整俸點折算率以及加給金額，實則兩者均由行政院逐年臨時決定後告知考試院。此類事項，雖託詞謂因涉及國家每年財務狀況之不同，似乎不宜立法以免過於固定，以資保持若干彈性云；但以事關人民權利義務，依法原本即應以法律明確具體規定之。縱然爲求保持彈性起見，至少亦應訂定各類別人員間俸給之共同原則；以及縱然有所授權，至少亦應訂定合理之授權範圍以及不得違反之事項，以維公平、公正與合理（行政程序法150）。

憲法增修條文第6條對「級俸」事項，考試院仍保有其「法制權」，惟其「執行權」則劃歸行政院。歷來有關公務人員俸給數額之釐定或調整，甚至於擴而爲其他福利或津貼之給予，均由行政院主掌，即使在修憲前，考試院雖有意參與，但卻無從置喙，蓋俸給之給與或待遇之調整，均涉及非考試院職權，而爲行政院職掌之「財政收支」。

民國62年以後，行政院幾乎每年訂有「全國軍公教待遇之給辦法」作爲當年支給之準據，但依「中央法規標準法」第3、7條之規定，「辦法」係屬「命令」，應於下達或發布，即送立法院，如此立法院則有「審查權」，據悉並無函送。民國77年以後，則改爲「全國軍公教待遇之給要點」，則非中央法規標準法上之「命令」，不必送立法院。又歷來公務人員俸給待遇案之調整，均以籠統之總數列於中央政府總預算中，預算案雖非法律案，但其審議程序與法律案相同，學術上稱之為**措施性法律**（釋391、520），但卻為關係政府機關運作及公務人員權利之事項，理應由法律明確授權所訂定之「法規命令」予以規定，始符法制。雖依「公務人員俸給法」第18條之授權，由考試、行政兩院訂定「公務人員加給給與辦法」，以資適用；但該法第13條卻又規定：「本辦法各種加給之給與條件、類別、適用對象、支給數額，依行政院所訂各種加給表辦理。」予現行行政院所訂各種加給表「準正」合法化。然再深思之，俸給法第18條對加給給與僅授權考試、行政兩院訂定「公務人員加給給與辦法」，尚無再授權之規定，此明確之「再授權」是否符合法律規範授權之程序？或逕行認為該辦法已依中央法規標準法之規定送立法院，立法院並無異議，即准予備查，已符合法律規範授權之程序予以合法化？均允宜慎酌。是以，現行「全國軍公教待遇之給要點」及各種「加給表」之合法性堪虞。然以立法院之生態，對此高技術性之「行政方案」，能否作事前縝密之審查？亦值考量。此作業行之有年，已成慣行，雖亦取得社會公認之意識，但亦非不得於事後送立法院，或稍得免除合法性之虞慮；甚至於在國家穩定時，事先立法作業，才是「法治國」之正途。

五、應制定俸給核算公式

本章前文曾簡述我政府來臺後，自民國50年代起始，對公務人員俸給調整（實即增加）之歷程。當政府開始注意公務人員俸給事項之初，臺灣經濟尚未開始繁榮，政府財政情形亦非甚好，但最初即有擬分五年提高人員所得百分之百之整體計畫，每年提高百分之二十；後雖行之二年即未能完全貫徹百分之二十目標，但每年仍提高逾百分之十。自此以後，執政者始有每年調整待遇之舉；也自此，公務人員之勉可安生與工作者，由此。但近二十年來，情形又漸逆轉。

(一) 公教待遇已漸下降：國家經濟原已大為繁榮，國家年生產毛額亦大幅提高，國民平均年所得亦大為提高；但政府近年對公務人員待遇之提高百分率，則逐年下降。以至於調整率低至百分之三，不足以抵銷物價上漲率，甚且有若干年完全不調整待遇之事實，以至公教人員生活狀況漸有變化。當年公教人員風起雲湧，幾乎無一不以分期付款方式購買四樓式公寓房屋一戶之情形，至今已不復有矣。

(二) 公務人員俸給為政府施政直接成本：政府辦事應適當堅持某些基本原則，更應下定決心，維持公務人員一定生活水準。故薪給所得，實質上應有所固定者。因此，政府如能建立一套俸給公式，以合理核算公務人員俸薪所得，適時據以提高其所得，似屬義所當為之舉。如以企業管理之生產觀點觀之，公務人員之工資，實爲政府此一大企業所需之直接生產成本，而非間接成本，此一觀點所表示之意義爲：公務人員之薪俸及其保持合理，係不能以任何理由爲託詞而予以忽視或扣減之支出項目。

(三) 建立俸給公式應有之原則：此一公式，應由政府詳愼設計。本書原著者除提出此一觀點外，並貢獻設計公式時應考慮之原則數項，以供參考。

1. 維持公務人員應有之社會尊嚴：不必多事引述，無論如何，公務人員畢竟係國家與政府之工作幹部，政府一切施政，均有賴其完成，亦爲施政成敗之所繫。故公務人員自應有其應予維持之尊嚴，而適當之物質配備，乃爲維持尊嚴之所必需。故公務人員之衣食住行水準，不能低於社會一般人民之平均水準；俸給所得，不可偏低。否則特別考選即無意義，又難獲得功效。又經濟學上有一所得公式「Y = a + by」，Y、y爲總所得，a爲基本生活固定之常數，a爲邊際消費傾向，概指因身分地位獲收入之多寡，所必增加之消費，以by來代表維持尊嚴之所必需，亦非不可，實得參考。

2. 責酬相當原則：公務人員俸給，應必須切實與其所負責任之高低輕重相配合，且最高最低間應有合理之差距。切不宜誤持「不患寡而患不均」觀念。

3. 應配合社會經濟發展狀況：生活水準如何始爲合理，並無固定之絕對標準，而應配合每一時期社會經濟發展實況以決定之，此爲合理之相對標準，應予重視。

4. 建立公務人員物價指數：應建立合理之公務人員生活物價指數，以決定並配合調整公務人員俸給所得。

六、加給給與與俸表結構之檢視

「俸給」之給與，除在經濟學上有其工資釐定之原理原則得以參據外，應以「責酬相當」爲原則，既要與外部的民間企業有平衡性，俾能「攬（延）才」、「留才」，又要與政府內部人員有平衡性，以符「同工（值）同酬」，維持、激勵工作士氣。所謂內部平衡性，並非齊頭式的平等，應依職責程度、年資經驗，甚至於價值貢獻，而有「差序格局」之設計。此在「給」的部分所應予斟酌之處爲：

(一) 技術或專業加給：依職系，甚至於機關業務或工作性質之不同，而作不同之規設，例如：法制加給、調查加給、稅務加給、地政加給、研究加給、工程加給……等二十多張表，每表對每一職等之加給若干，均明定一固定標準之數額，雖各職等間，或高或低之差距可予酌量，但仍不失爲同一性質之標準；然卻亦間有同一「一般行政」職系之職務，在不同機關，其專業加給卻略有不同之情。

(二) 地域加給：依所在地域分偏遠、高山、離島（各再分三級），釐定數額，亦屬合理；不過，亦有謂都市生活費高，同一俸給數額，相對於偏鄉，其使用價值或購買力卻相對偏低，是以，有人反要外調偏鄉服務，或曾有議提「都市加給」者，此論亦値參酌。

但對「職務加給」之主管部分，仍以職等歸列其數額，則一跨兩、三職等之主管職務卻前後兩、三職等時段之加給不同；又如：同一「科長」職務，中央機關列爲薦任第九職等，地方機關列爲薦任第八職等（民國107年7月調高爲第九職等），卻不同之主管加給。據悉在現行「官職併立」人事制度施行前，簡薦委制之主管職務加給，係依「職務」釐定給與，分類職位制之主管職務加給，係依「職等」釐定給與，前後實例，非無參據檢討斟酌之處；對於簡任非主管人員職責繁重，得由機關首長衡酌職責程度，比照主管職務核給職務加給，其支給人數扣除兼任或代理主管職務之簡任非主管人數後，不得超過該機關簡任非主管人員預算員額二分之一（加給9III），立意具有彈性，符合「責酬相當」原則，但施行結果卻造成爭奪之情，機關首長不得不輪流分配核給，有失名實。對「工作具有危險性」者之「職務加給」部分，行政院依「公務人員加給給與辦法」（90.3.20.考試院、行政院會同發布）第13條規定定有如：「刑事鑑識、爆炸物處理暨火災原因調查鑑識鑑定人員危險職務加給表」（99.12.25.修正生效）、「消防、海巡、空中勤務、入出國移民及航空測量機關專業人員危險職務加給表」（原表96.2.1.生效，104.1.1.增列入出國移民及航空測量機關專業人員生效），以資適用。而警察人員則支給「警勤加給」，不再另給「危險職務加給」。此危險職務加給在早期似乎並無此名目之支給，若有，亦列入其所應支給之加給中規列。惟此之「危險職務」與「公務人員退休資遣撫卹法」第17、19條之「具有危險及勞力等特殊性質職務」僅相當「危」的部分，致於「勞」的部分，卻付之闕如。但是否均有同等薪酬加給之規設？令人懷疑。在「依法行政」上，有其名目，卻不遵行，雖在其技術或專業加給上，已有考量增給數額，但終無其「正名」，難免令人起疑竇，前有「退休金其他現金給與」之補償案可資炯戒。

然在「俸」的部分，觀之「公務人員俸表」，「差序格局」顯得比較複雜：(一)每一職等之本俸、年功俸之俸級不完全相同。(二)各職等之俸級，有重疊現象。(三)各俸級俸點之差距，委任部分爲10點，薦任部分爲15俸點，簡任部分爲10至30俸點（薦任第八職等年功俸三級與四級間、薦任第九職等本俸五級與年功俸一級間，均重疊差距40俸點）。其間規設之制度意涵，均會影響到激勵的功能與陞遷發展之策略。玆可探討之問題爲：

(一) 各俸級俸點間之差距，以若干俸點爲宜？統一等差設計？或如現今之分段等差設計？又最高與最低俸點倍數以何爲妥？

(二) 各職等之本俸、年功俸之級數，各以若干爲宜？第一職等之本俸七級，年功俸也七級，但第十四職等僅本俸一級，無年功俸之設計，是否妥適？有無各職等之本俸或年功俸均統一級數之必要？或以高階人員因學術經驗關係，年齡稍高，其俸級不宜太長？

(三) 各職等間之俸級俸點，宜否重疊？如不必重疊，則成爲「直梯式」或「長條型」的圖形俸表；如必要重疊，則成爲「階梯式」，應爲各職等作「等式重疊」（即如本職等與上下職等間，均各重疊同數之俸級）？或作「不等式之重疊」[1]？現今「階梯式」之俸表，於實務上產生考績晉升職等「跳空」俸級的情形，例如：初等考試及格人員任委任第一職等至第三職等書記，敘委任第一職等本俸一級160俸點，經第一年年終考績甲等，晉敘一級爲本俸第一職等本俸二級170俸點，第二年年終考績甲等，本應晉級一級爲本俸三級180俸點，但因連續二年甲等，依考績法第11條之規定，晉升爲第二職等，依俸給法第11條規定，則敘爲委任第二職等本俸一級230俸點，其間「跳空」五個俸級；又高考及格任薦任第六職等至第七職等科員，敘薦任第六職等本俸一級385俸點，經二年年終考績均列甲等，本應晉敘爲第六職等本俸三級415俸點，但因連續二年年終考績甲等，晉升爲薦任第七職等，則敘爲薦任第七職等本俸一級415俸點，因第六職等本俸三級與第七職等本俸一級均爲415俸點，相互重疊，反而不能「跳空」敘得較高之俸級俸點。兩例是否即造成內部不平衡？此在第一與第二、第二與第三、第四與第五、第八與第九、第十二與第十三、第十三與第十四職等間均有跳空現象。

又考試院「文官制度興革規劃方案」中之「建構複式俸表」其具體內容爲何？仍有待繼續探討研究。

以上諸問題，論者或謂：各俸級間俸點之差距大，較有激勵作用；本俸、年功俸之俸級多，較能鼓勵久任，嘉勉資深者；俸級重疊，可減少人事經費（月之薪水與退撫金）之支出；委任中之「跳空」照顧基層人員；簡任中之跳空，易於延攬人才、留住人才。但高階俸級較少又不易留住人才，……。各方見解仁智互見。要之「俸表」如「棋盤」，是靜態之地位概念，如欲動態運作，必也與任用、考績、陞遷等有關事項，作妥適的配套連結，確定制度規設之意旨。更重要的是要社會的支持，形成良好的共識，才能安定民心。

民國79年12月29日公布修正之「公務人員俸給法」第4條，主要在於俸級表之

---

1 施能傑：《行政機關俸給政策：公平性理論的觀點》，臺北，洪業文化，83.9.，頁54至55。

結構，拉長各職等之年功俸，據悉修正之意旨係要慰勉久任、增加福利，無可厚非。但時至民國101年10月之後，因傳出「勞退基金」將「破產」之警訊，牽連到公務人員退休撫卹基金亦將破產之問題，甚至於輿論質疑公務人員退撫給與太過優渥，於是當局有研擬降低公務人員之退撫給與，修正其退撫法律之議。其間，亦有謂：應縮短公務人員各職等之俸級，以減少政府或基金退撫給與之支出，來紓解退撫之財務壓力者。

不論是拉長（增加）俸級之級數，或是減少俸級之級數，與「環境生態」之社會情況，自當維持合理之關係，予以調整。不過，經驗的告知，本俸表立法定制行之多年，縮減俸級之級數，恐會對制度引起「既得利益保護」之爭，甚至於「期待利益保護」之爭，於此亦不可不慎。

第15章　公務人員考績與獎懲制度

「考績獎懲」是以「服務」爲基礎，其結果涉及「俸級」之晉敘，也關係到「升遷」、「任用」，與「俸給」、「升遷」、「任用」在法制上關聯性大，但仍不得忽視基礎之「服務」。茲依例先述「考績獎懲」，再述「服務」。

第一節　有關考績制度之法規與名詞

一、考績之涵義

考核人才，爲古今中外執政者、機關首長與人事管理學者專家所共同重視之事項。因人之選拔與任使固屬重要，但人才仍賴培成，而培成之道，則有賴考核者至多。

在學理上，考績與考核二詞涵義大致相近，但我國在使用後形成之習慣，考核通指偏重經常或平時之一般考評；考績則特指一定時期（尤指一年或三年）工作績效之總結評定。若依現行「公務人員考績法」之規定而言，兩者亦顯然有別，考核指「平時考核」之評擬；考績指依全年平時考核之彙整，於年度結束時所實施之年度工作績效總評（考績5）。本書析述考銓制度，自應以上述法定解釋爲依歸。

我國自古以來，有考功或考課之制。書經舜典言：「三載考績」，可見三代之時已有考績；周禮第六篇名曰「考功記」；漢書言：「三年有成，故以考功」，又言：「陳宜依古典，考功黜陟」；漢百官志載有考工之官。自漢以來，歷代均定有考功課吏之法，並設有專司其事之官；宋有考課院，專掌州縣官等人員考課之事。歷代吏部下設考功郎，或考功郎中，或考功員外郎，或考功主事等專職之官，均見於歷代職官表。我國歷代於考績之重視，可見一斑。

二、主要法規

在我國現行有關公職人員各種考績法制中，體制最完備者，爲公務人員之考績制度；而依特種任用法律任用之人員，諸如：司法人員、關務人員、主計人員、政風人員、審計人員、駐外外交領事人員、派用人員等七種人員，均適用或準用公務人員考績制度；僅有法（檢察）官、警察人員、公立學校教員（公立學校職員除外）、交通事業人員等四種人員，各另有其考績、考成或考核制度。其中警察人員實際亦適用「公務人員考績法」，僅另增定若干特別規定而已（警人32）。法官（檢察官）原亦適用「公務人員考績法」，民國101年7月6日「法官法」施行後，則改爲每年年終作「職務評定」（法官73、74、89），又每三年至少作一次「全面評核」（法官31），甚至於必要時隨時作「個案評鑑」（法官35），雖名爲「評定」，實質上乃係考績之性質。至於其餘公營事業人員，雖亦有其單獨之考核辦法，但因生產事業與金融保險事業之考核辦法又各有別，稍涉繁細，故本書擬不予敘說。現將有關考績、考成或考核之主要法規舉述於後。

(一)「公務人員考績法」及其施行細則：該法及其施行細則內容頗爲詳細周備，舉凡考績程序、考績權責、考績標準、考績等第、考績結果之獎懲等，均有詳細具體與明確之規定。在體例上，已成爲其他考績、考成，或考核法規之重要範本。

(二)「考績委員會組織規程」：該一組織規程，實應稱爲「公務人員考績委員會組織規程」始爲完整，係依據「公務人員考績法」有關條文訂定，且係適用「公務人員考績法」之機關於辦理公務人員考績時所適用之法規。該規程對於考績委員會委員之產生、任期，以及該會職掌與議事等各項，均有具體規定。

(三)「警察人員人事條例」及其施行細則：該條例第五章「考核與考績」包括第28至34條共八條條文（含第30條之1），均爲有關考核與考績之規定，尚頗具體。所未規定之有關考績考核事項，適用「公務人員考績法」規定（警人32）。

(四)「交通事業人員考成條例」：我國文字常有同義而異詞者，但爲資區別不同狀況起見，特於不同狀況下選用不同之詞，此在法規中尤其如此。在人事法制中，考績、考成、考核三詞，常用以表示同一事項；但對不同類別或不同性質人員，則分別選用三詞中之一詞，以利識別。交通事業人員則選用考成一詞，以代替考績一詞。

交通事業人員之考成制度有一最大特色，即數十年來，均適用一種人事界習稱之爲「存分制」者（非法定名詞），其制度原載之於前「交通事業人員考成規則」。但民國84年1月20日修正公布該規則，規定自民國83年12月1日起，改採與公務人員類似之「考核獎金制」。嗣復於民國85年7月16日再修正該規則第20條，規定交通部所屬陽明海運公司、電信總局、郵政總局三事業機構人員之考成，仍依原規則規定辦理（換言之，亦即此三事業機構人員仍採原「存分制」辦理考成）；其他交通事業機構人員則依修正後該規則所定之「考核獎金制」辦理考成，因而形成兩種考成制度併行於交通事業機構之狀況。民國91年6月26日，「交通事業人員考成條例」公布施行，仍採此種包括存分制在內之雙軌制考績法（交成1、6）。下文將對兩制分別有所介紹。

三、常用名詞

本書性質主要在析述我國現行考銓制度，而制度則悉依法律規章規定析述，故以下所列舉說明有關考績之名詞，係以我國現行考績法規所使用者為限。

(一) 考績（成、核）：考績、考成與考核常同義，但同義而又常異制，惟均係對人員服務工作成績之考評制度。但在「公務人員考績法」及「警察人員人事條例」中，考核一詞表示平時考核，考績一詞表示年度考績或專案考績。至於對派用人員、交通事業人員、公立學校校長及教員等人員，在其各該有關法規中，則另以考成或考核兩名詞替代考績一詞，以區別其為適用不同法規之不同制度中之人員。

(二) 年終考績（成、核）：分別各依其所適用法規規定所採行之考績年度，辦理之該全年（年度）考績（成、核）。例如：行政機關及公營事業機構人員之於曆年終了時辦理，學校教師之於學年度終了時辦理等（考績3）。

(三) 另予考績（成、核）：在同一考績（成、核）年度中，對任職不滿一年，但連續已達六個月以上之人員所辦理之考績（成、核）（考績3）。

此外，公務人員於考績年度中，任職已滿六個月而不滿一年，未屆考績年度終了時即因辭職、資遣、退休生效等情事離職，或死亡辦理撫卹，或留職停薪者，不待年終，即應隨時辦理另予考績（考績3，考績細7）。

(四) 平時考核：在考績（成、核）年度中，每隔一段時間，對人員平時在職之工作、操行、學識、才能所作之考核（考績5、12、13）。

(五) 專案考績（成、核）：於考績（成、核）年度中，人員有重大功過時，隨時予以辦理之考績（成、核）（考績3、12），性質上應屬平時考核。

(六) 考核項目與考績項目：公務人員考績，以平時考核為依據；平時考核之事項，謂之考核項目。「公務人員考績法」所規定平時考核項目為人員之工作、操行、學識、才能四項；而該法施行細則所規定之年終考績項目，亦同係此四項，故考核項目亦即同時為考績項目（考績5，考績細3）。交通事業人員之年終考成項目為工作績效、品德操守、其他與業務有關項目等三項（交成4）。

(七) 考核細目及考績細目：為便於有效實施平時考核及年終考績起見，於考核（績）項目之下，所再區分之考核（績）細目，稱為考核（績）細目。一般公務人員考績細目之區分，由銓敘部訂定後，列於「公務人員考績表」中如下：工作一項有：質量、時效、方法、主動、負責、勤勉、協調、研究、創造、便民等十目

（六十五分）；操行一項有：忠誠、廉正、性情，好尚等四目（十五分）；學識一項有：學驗、見解、進修等三目（十分）；才能一項有：表達、實踐、體能等三目（十分）。以上四項合計二十目，滿分爲一百分。另性質特殊職務之考核，得視需要，由各機關訂定細目送銓敘部備查（考績5，考績細3，考績表）。

(八) 考績（成、核）等次：對考績（成、核）實施後所作成之評定，予以區分爲若干個等次，謂之考績（成、核）等次（考績6）。公務人員考績現分爲甲、乙、丙、丁四等次。

(九) 考績（成、核）獎懲：按考績（成、核）結果之優劣，分別施予晉俸、獎金、併同法定其他條件取得同官等內高一職等任用資格、不予獎懲，或免職等多種不同之獎勵或懲處（考績7、8、12）。

(十) 考績（成、核）獎金：於考績（成、核）考列法定優良等次人員所給予獎勵之現金，習慣稱之爲考績獎金。獎金爲獎勵方式之一種，我國各種文職人員之考績（成、核）制度，除部分交通事業人員採存分制者不發給考成獎金外，餘均以獎金爲獎勵方式之一種（包括無級可晉者）。

(十一) 俸（薪）給總額：俸給總額一詞，首次出現於民國79年12月28日修正施行之「公務人員考績法」。其有關條款文字如下：「所稱俸給總額，指公務人員俸給法所定之本俸、年功俸，及其他法定加給」（考績7）。

(十二) 以同官等為比較範圍：此爲現今法定辦理考績（成、核）所得採行評比技術之一種。係以在本機關內，除機關首長由上級機關長官予以考績外，其餘人員，應各與其同官等人員在考績（成、核）年度內之表現，互相比較，以定各（個）人工作績效之高低（考績9）。

(十三) 平時成績紀錄：各機關內部單位主管人員，應備有本單位屬員平時成績考核紀錄，具體記載屬員工作、操行、學識、才能之優劣事實；主管人員辦理此項考核紀錄情形，並列入該單位主管年終考績之參考（考績5，考績細17）。

(十四) 平時考核獎懲：平時考核結果，除作爲年終考績之依據外，其有明顯事實者，並應立即處理，視情節之輕重，分別予以嘉獎、記功、記大功，或申誡、記過、記大過等獎懲處分，並於年終考績時併計成績增減總分（考績5、12、13）。

(十五) 考績（成、核）委員會：爲期考績（成、核）公正覈實起見，考績（成、核）法規均規定，機關應設置考績（成、核）委員會，辦理本機關人員考績（成、核）。其組織規程由考試院定之（考績15）。

(十六) 考績（成、核）結果：所稱考績（成、核）結果，指經本機關評定之考績（成、核）等次以及隨同作成之獎懲處分，依程序送經主管機關核定，並轉送銓敘部銓敘審定者（考績16、18，考績細20）。

(十七) 評擬、初核、覆核、審定：公務人員考績之辦理，至爲慎重，程序嚴密。其各步驟有關規定如下（考績5、12至16，考績細13至18）：

1. 評擬：由本機關內部各單位主管人員，先對本單位人員在考績年度內，以平時考核爲依據，評其工作績效，擬其分數、等第、評語。

2. 初核：各單位主管人員所作評擬，均送本機關考績委員會舉行會議初步審核。

3. 覆核：經考績委員會初核後，彙呈本機關長官覆閱核定。

4. 審定：由主管機關或授權之所屬機關核定後，送銓敘部銓敘審查辦理過程及核對有關受考人之資料後，予以確定（考績14）。

其他依特種任用法規任用之人員，其考成或考核亦多有類似程序規定。

(十八) 考績（成、核）年度：我國政府現行考績（成、核）制度，對考績之定期，均採考績年度制，於考績年度終了時，對人員在年度內之成績予以評定，此種年度，在考績制度上稱爲考績（成、核）年度。公務人員以曆年爲考績年度、公立學校教員以學年度爲考核年度，但具有公務員任用資格依「公務人員任用法」任用，並經銓敘部銓敘合格之公立學校職員，則與公務人員同以曆年爲考績年度（考績3、4）。

(十九) 考績（成、核）年資：依法規規定經任用銓敘審定合格後之服務年資，得於年終參加或接受考績（成、核）年度考評工作績效，稱爲考績年資（考績細2）。

(二十) 公務人員考績表：此項考績表係依據考績法規規定，由銓敘部所訂定，統一適用於辦理公務人員考績之表格。考績表內容頗爲詳備，並載有公務人員考績細目（考績細3）。

(二一) 申訴、再申訴：昔考績法上之救濟程序爲向服務機關提「復審」，不服再向上級機關提「再復審」，但經大法官釋字第243號解釋認爲此應相當於訴願、再訴願。民國85年10月16日「公務人員保障法」公布後，對於非行政處分之管理措施之救濟，應以「申訴」、「再申訴」行之，因此在實務上，除專案考績一次記兩大過、年終考績丁等之免職係影響服公職之權利，應以「復審」、「再復審」程序救濟，如有不服，則可提行政訴訟。民國92年5月28日「公務人員保障法」修正，刪除「再復審」程序。民國104年10月28日以後，將年終考績丙等改依復審程序處理，其餘考績事件，均仍以「申訴」、「再申訴」程序救濟。

(二二) 復審、再審議：在公務人員對於服務機關或人事主管機關所爲之行政處分（例如：任用、俸給，及考績等事項），認爲違法或顯然不當致損害其權利或利益者，得依「公務人員保障法」之規定提起復審救濟程序；不服復審之決定者，得依規定提起再審議（保障25、94）。按「復審」、「再復審」原爲考績法第17條對考績於行政機關體系內救濟之用語，民國78年7月19日司法院釋字第243號解釋認爲相當「訴願」、「再訴願」。民國85年10月16日「公務人員保障法」公布，以「復審」、「再復審」爲公務人員權利受行政處分之救濟程序名稱。民國92年配合「訴願法」之修正刪除「再復審」程序，並增加「再審議」程序。

第二節　公務人員考績制度

一、公務人員考績法制沿革

考績制度係以任用制度爲基礎。因我國法定得參加公務人員考績之人員，必符合下列兩項基本要件，而此兩項要件則皆係任用制度中事項：

(一) 係經依任用或派用法律任用或派用之人員。

(二) 其現職已具有法定之官等職等，且繼續任職一定時間以上。

此二項要件具備後，始得進而依考績法規規定考核其功過得失。但我中華民國在北伐統一後及公務人員任用法律尚未制定施行前期間，即於民國18年11月先行公布考績法全文十條。內容要旨有二：

(一) 每年考績二次。

(二) 以公務員所執行之職務爲考課事項，其職務分別以表定之。

事實上，此兩事均不易執行，尤其第(二)項之職務表，其時根本無法製成，故該法當時實際亦未能執行而成具文。

「公務員任用法」於民國22年3月公布施行後，民國24年7月遂有「公務員考績法」全文九條之公布施行。考績後之獎懲，則另在同年11月公布施行之「公務員考績獎懲條例」中予以規定。茲將兩法內容要點合併說明如下：

(一) 每年舉行一次年考，三年有一次總考。

(二) 考績事項爲工作、學識、操行三項。

(三) 機關內部辦理考績，依下列三層級及程序行之：1.直接上司初核。2.上級主管復核。3.機關長官最後復核。4.機關內部並得組織考績委員會審議。

(四) 年考後之獎懲分爲六等：一等晉級，六等解職；總考獎懲分七等：一等陞官等，七等解職。

(五) 各機關晉陞各官等人數，每年有最高限額；年考及總考後因績劣而必須解職之人數，亦有固定百分比。

民國26年，抗戰軍興，局勢動盪，考績停辦二年。至民國28年12月另公布「非常時期考績條例」施行，全文十八條。要點如下：

(一) 將考績與獎懲合併在此同一考績法中規定。

(二) 廢除總考，僅留年考。

(三) 原定因考績優劣而每年晉陞官等之人數限制，及每年必須解職人數之百分比，均予廢除。

(四) 明定考績項目仍爲：工作、學識、操行三項。

(五) 對成績優良任職較久而無級可晉或無職可陞人員，得給予獎章；其爲戰地服務人員而確能完成任務者，得給予勳章。

上述條例，較前頗多合理放寬之處，對鼓勵文職人員士氣，自多貢獻；但因取消升官等人數限制及應解職人數百分比之措施，致使其後歷年考績結果，各機關名列績優者過多，流於寬濫，引起最高當局蔣公關切（蔣公畢生重視文武人員之考核），並有具體指示。因而有民國32年12月26日修正公布之「非常時期公務員考績條例」，修正內容，寬嚴併見，頗爲技巧。要點如下：

(一) 考列八十分以上（即後來甲等或一等之最優等次）之人數，不得超過本機關考績總人數三分之一。

(二) 原定績優人員均爲晉俸一級，放寬爲薦任及委任人員考列八十分以上者，均一次晉俸二級；考列七十分以上者，原無晉級規定，改爲簡任人員給予一個月俸額之一次考績獎金，薦任及委任人員均晉俸一級。

(三) 繼續服務同一機關滿十年，有五次考績列八十分以上者，授予勳章，並給予一個月俸額之一次獎金；已至各官等最高俸級之考績績優人員，晉陞官等；已至職務之最高級考績績優人員，晉陞年功俸。

此一條例之主要精神，在其八十分以上人數特加限制，但獎勵內容則從重。

民國34年8月抗戰勝利，進入平時，政府乃於民國34年10月30日公布「公務員考績條例」，全文二十一條。要點如下：

(一) 考績優劣等次，分爲五等。

(二) 考列一等人數，仍不得超過本機關考績總人數三分之一。

(三) 個人考績總分雖列三等（六十分至六十九分）以上，但如單項分數中，工作一項（五十分）不滿三十分者，或操行或學識二項有一項（各二十五分）不滿十五分者，其考績仍均爲不合格。

(四) 考列一等者，晉俸一級或二級；考列二等晉俸一級，或給予一個月俸額之一次獎金，或晉年功俸；考列三等無獎懲，留原俸級；考列四等降俸一級；五等免職。

(五) 已晉至薦任或委任最高俸級滿三年，並依任用法規定已分別具有簡任或薦任職任用資格人員，給予簡任或薦任存記狀。

上述條例雖自行明定施行期限為三年，亦即至民國37年10月30日止，但以「中華民國憲法」於民國36年12月25日生效，為配合憲法有關考試權之各項規定起見，政府於民國38年1月1日公布公務人員任用、俸給與考績三法（民國37年11月及12月二個月仍繼續適用原法）。此一行憲後第一部「公務人員考績法」內容要點如下：

(一) 考績分年考與總考二種並行。年考於每年6月、12月分兩次由本機關辦理，報銓敘部備案；總考於公務人員任職每滿第三年時由本機關辦理，報銓敘部核定。

(二) 考績項目由主管機關會同銓敘部定之。

(三) 考績優劣等次分為五等。

(四) 考列一等人數不得超過本機關考績總人數三分之一。

(五) 獎懲規定如下：

1. 年考：考列一等晉俸一級，並發給獎狀；兩次考列一等者發給獎章；二等晉俸一級，並給二等獎狀；三等晉俸一級；四等停止晉俸；五等免職。

2. 總考：一等晉一階，並升職；二等晉一階，並得升職；三等留原階，任原職或調職；四等降俸一級，並調職；兩次考列四等者，免職；五等降一階，免職。

此一法律公布後，中共稱兵，局勢動盪；另復以同日公布之「公務人員任用法」中之若干規定發生窒礙難行，而未能真正實施，以致此一考績法律同時亦不能實施，仍繼續適用民國34年公布之考績條例。

政府來臺後，於民國43年1月9日，該法始與任用及俸給三法同日修正公布施行。修正後之本法內容要點如下：

(一) 仍分年考與總考。年考由各機關辦理，報銓敘機關核定；總考由銓敘機關辦理。

(二) 考績項目定為：工作、學識、操行三項目，並各定有細目。

(三) 考績優劣定為七等，亦即於原定五等之上及之下，分別增列特等與劣等各一等。

(四) 獎懲規定如下：

1. 年考：特等晉俸二級，並給予獎金，已晉至最高俸級者，晉年功俸，並給予獎金及獎章；一等晉俸二級，已至最高俸級者，晉年功俸；二等晉俸一級，已至最高俸級者，發給獎金；三等留原俸級；四等降一級；五等降二級；劣等降二級免職。

2. 總考：特等晉一階，並得升職，已至本官等最高俸級者，改給獎金及獎章；一等晉一階，已至本官等最高階者，改給獎金；二等留原階，並給予獎狀；三等留原階；四等降一階，並得免職；五等降一階免職。

(五) 年考各官等均得有考列特等者一員，但同官等人數在五十人以上時，得加列一員，一百人以上得加列二員；考列一等者，不得超過各該官等受考人數三分之一；兩次年考列四等以下，於第三次列五等者，其總考應列為五等。

(六) 新增另予考績制度，合格實授人員於考績年度內任現職不滿一年，至年終已滿七個月者（注意：並非六個月），另予考績。

民國51年4月9日，本法再修正公布。修正要點如下：

(一) 廢除總考，僅留年考。

(二) 考績項目改為工作、操行、學識、才能等四項。

(三) 考績等次廢除特等與劣等，仍恢復為以前之五個等次。

(四) 獎懲規定：一等晉俸一級，並給予半個月俸額之一次獎金，無級可晉者，晉年功俸一級，並給予半個月俸額之一次獎金，已晉至年功俸最高級者，給予一個月俸額之一次獎金；二等晉俸一級，無級可晉者，給予半個月俸額之一次獎金；三等留原俸級；四等降級後另調職務或另詢單位；五等免職。

(五) 新增薦任最高級人員，以考績併同其他規定條件，得不必經由考試途徑，取晉升簡任資格。

(六) 新增考績年度內累積記大功二次未予抵銷者，應晉俸一級，並發給半個月俸額之一次獎金；累積記大過二次未予抵銷者，應予免職。

(七) 刪除有關另予考績之規定。

政府為實施公務職位分類制度，並另行新定多種有關之人事管理法律，其中之一，為民國56年6月8日公布之「分類職位公務人員考績法」。該法係配合部分實施職位分類制度機關人員辦理考績而制定，與當時施行之簡薦委制度之「公務人員考績法」兩法併行，該法內容要點如下：

(一) 考績分為年終考績與專案考績兩種。

(二) 考績項目為工作、操行、學識、才能四項，並各定有細目。

(三) 考績等次，區分為甲、乙、丙、丁、戊五等。

(四) 年終考績應以本機關同「職級」人員為相互比較範圍（注意：亦即同職等並同職系人員，而非僅同職等人員，更非同官等人員。因職位分類制度無官等之設置）。

(五) 獎懲規定：甲等晉俸一階（所稱俸階，約略相當於簡薦委制之俸級），並給予一個月俸額之一次獎金；乙等晉俸一階，已晉至本職等最高俸階或已晉至年功俸者，給予一個月俸額之一次獎金；丙等留原俸階；丁等降等任用；戊等免職。

(六) 實授人員在考績年度內任職已滿六個月，至年終未滿一年者，另予考績。

民國57年5月9日，本法第一次修正，以技術原因僅修正一字。

民國58年8月25日，「分類職位公務人員考績法」第二次修正公布施行。修正要點為：

(一) 刪除考績等次之戊等，成為四個等。

(二) 獎懲規定，改定為考列甲等已敘年功俸最高階者，給予二個月俸額之一次獎金；丙等留原俸階；丁等免職。

(三) 廢除考列甲等人數不得超過機關考績總人數三分之一之規定。

(四) 新增任原職等職務二年以上，考績二次列甲等者，除依法應經考試者外，取得升等任用資格。

我國公務職位分類制度實際係於民國58年10月16日開始分批在部分機關實施，簡薦委制度仍同時在眾多機關中施行，而開始形成所謂「兩制併行」時期，以迄民國76年元月16日新人事制度全面施行之日止。在此期間，原簡薦委制度之考績法，為配合職位分類之考績法內容，俾免相互歧異起見，亦於民國59年8月27日修正公布施行。其修正要點如下：

(一) 考績等次配合改定為四等。

(二) 獎懲規定，配合增列獎金。

(三) 配合恢復另予考績之規定。

(四) 增列有關記二大功及記二大過人員之獎懲規定。

(五) 廢除考列甲等人數不得超過機關考績總人數三分之一之規定。

兩種考績法其後仍有修正，但重要修正不多，故不贅述。

現行「公務人員考績法」，係承襲上述兩種考績法部分規定，依兩制合一新人事制度原則精神另行制定，於民國75年7月11日公布，並依法由考試院另以命令規定，於民國76年1月16日施行；同日，考試院並以命令廢止有關原簡薦委制度、以及職位分類制度之所有全部法規。新人事制度之「公務人員考績法」嗣經於民國79年12月28日、86年6月4日、90年6月20日，及96年3月21日，四度修正，而成現行各條文。

二、公務人員考績制度宗旨

現行公務人員考績制度，宗旨有三如下（考績2）：

(一) 綜覈名實：此四字出自漢書宣帝紀贊：「孝宣之治，信賞必罰，綜核名實」，意為綜合事物之名與實，考核其間是否相符，覈與核通。此語為考績制度之目標，亦為辦理考績之基本原則。

(二) 信賞必罰：此語除同見於上述漢書外，始見於韓非子外儲篇：「信賞必罰，其足以戰」，意爲有功必賞與有過必罰，賞罰分明，則能勇於作戰任事，而爲考績之目的，亦爲辦理考績之基本原則。

(三) 準確客觀：不以主觀偏見影響事實，以資公正客觀；認眞切實，以資準確。此指人員辦理考績之基本態度。

三、考績之種類

我國現行公務人員考績種類，有下列三種：

(一) 年終考績：年終考績之涵義，已見前述，係指每年年終考核各官等人員當年1月至12月任職期間之工作成績（考績3、4Ⅰ）。其意義乃係固定在每一個考績年度結束之後，對公務人員在該一考績年度內之工作成績作一檢查與評定，隨之予以獎懲，用資激勵或警惕其工作熱忱。

(二) 專案考績：爲收重獎重懲及立竿見影之效果起見，對於公務人員在考績年度中所爲重大功過事項，隨時辦理之考績，以發揮考績功能。此種考績，因係專對個別人員或少數人員隨時突發重大情事，以個案辦理，有別於年終對機關內全體人員通案辦理之年終考績，故稱專案考績。但亦有謂：「既名爲『專案』，必以該專案爲某一計畫或某一任務執行之良窳成敗得失所作之評核，以該『專案』爲考核基準，論其成效功過，而非遇重大情事之發生所作之處置考核。」尙非無理，亦値參考。

(三) 另予考績：正規之年終考績，係於每一個考績年度終了時，對人員全年在職工作成績所辦理一次之考評。但對部分公務人員基於各種不同原因而於一個考績年度中，已任職六個月以上但不足一年者，若根本不得參加年終考績，有如對該人員半年以上之工作勞績悉予抹煞，似稍欠公平，故法律定有另予考績之制度，稍資彌補（考績3）。早年之「公務人員考績法」條文中，「另予考績」原本並非一專用名詞，而僅係一動詞，對符合規定條件之人員，得於年終通案考績之外，對該個別人員另行辦理考績，而不列入參加機關年終通案考績總人數計算；但由於數十年來實務上之處理，已對此種人員之考績習慣稱之爲「另予考績」，無形中卻將之變成一專用名詞，明顯成爲考績之一種。各機關每年送銓敘部之考績清冊中，有一種清冊即名爲「○○機關○○年另予考績人員清冊」，以資與年終考績人員清冊有所區別。民國86年修正本法時，遂將此一名詞與年終考績正式併列入法。

四、參加考績人員之條件

(一) 年終考績

參加年終考績之要件爲：經銓敘審定合格實授，且考績年度內1月至12月均有任職事實者，於年終辦理。

(二) 另予考績

1. 辦理時機：於年終辦理。但撤職、休職、免職、辭職、退休、資遣、死亡或留職停薪者之另予考績，應隨時辦理（考績細7 II）。

2. 不重複辦理：在同一考績年度內已辦理另予考績之人員，其任職至年終達六個月者，不再辦理另予考績。

3. 實例：

(1) 隨時辦理另予考績：公務人員甲自民國106年6月2日至7月30日留職停薪，嗣於7月31日回職復薪。其留職停薪前連續任職達六個月（考績年資以月計，是以民國106年1月1日至6月1日，以任職六個月計），爰應於留職停薪時辦理民國106年另予考績。至其回職復薪後，任職至年終雖達六個月（民國106年7月31日至12月31日），惟其於同一考績年度內已辦理另予考績，爰不再辦理另予考績。

(2) 得於年終辦理另予考績：公務人員乙普考及格，於民國106年4月8日分發至某機關任職，經銓敘審定先予試用（六個月），至10月8日試用期滿成績及格經銓敘審定合格實授委任第三職等，當年年終得辦理另予考績。

(3) 無法辦理另予考績：公務人員丙自民國106年3月1日至8月31日留職停薪，並於9月1日回職復薪。其留職停薪前、回職復薪後之年資（民國106年1月1日至2月28日、民國106年9月1日至12月31日）分別未連續任職達六個月，爰均無法辦理考績。

(三) 併資考績

1. 併計公務人員年資：

公務人員經銓敘審定合格實授，調任且繼續任職，得合併不同官等之職務辦理年終考績（考績4 I）。茲舉例如下：

(1) 升任高一官等職務：公務人員丁經銓敘審定合格實授委任第五職等，考績年度內於民國106年9月15日以其薦任升官等考試及格資格升任薦任官等職務，經銓敘審定合格實授薦任第六職等，且繼續任職至年終，當年係併計其委任第五職等、薦任第六職等年資，以薦任第六職等辦理年終考績。

(2) 降調低一官等職務：公務人員戊經銓敘審定合格實授薦任第六職等，考績年度內於民國106年8月20日自願降調委任官等職務，經銓敘審定合格實授委任第五職等且繼續任職至年終，當年係併計其薦任第六職等、委任第五職等年資，以委任第五職等辦理年終考績。

2. 併計其他公務年資（政務、教育、公營事業人員年資）：

具有公務人員任用資格之政務人員、教育人員或公營事業人員轉任公務人員，經銓敘審定合格實授者，其轉任當年未辦理考核及未採計提敘官職等級之年資，得合併計算參加年終考績（考績4 II）。茲舉例如下：

政務人員己於民國106年5月1日轉任公務人員，如其民國106年1月至4月之政務人員年資未經採計提敘官職等級，得與民國106年5月至12月之公務人員年資合併計算，辦理民國106年年終考績。教育人員或公營事業人員轉任公務人員者，其考績年資之採計亦同。

五、考績（核）項目與配分

考績時，對公務人員所應考核之事項所定之名稱，謂之考績項目。中外古今之考績制度，所採行之考績項目各異。我國公務人員考績制度對平時考核及年終考績原列有四個項目，及其評分比率規定爲：工作百分之五十、操行百分之二十、學識百分之十五、才能百分之十五（考績5，考績細3）；民國104年12月30日修正施行細則，改爲：工作百分之六十五、操行百分之十五、學識百分之十、才能百分之十。此乃如高學歷、高才能者，工作意願或態度不佳，無工作績效之表現者，以原列項目評分，確實不合理；而認眞工作確實有績效者，卻因學歷不高，而不能受應有之獎勵，殊屬不合理。是以，雖略有修正，但考績法修正草案（100.10.18.）則擬修正爲「工作績效」與「工作態度」兩個項目。

六、考績（核）細目

考績法所規定之平時考核項目，及考績法施行細則規定之年終考績項目相同，但均僅係涵義相當概括之名詞，執行時必需另有更詳細具體之規定，始切實用。因此，銓敘部依法另行訂定有考績細目，列入「公務人員考績表」之中（參閱本章第一節第三目「常用名詞」之「(七)、考核細目及考績細目」），統一適用；但另又規定，性質特殊職務的考核與考績，得視各職務之需要，由各機關另行訂定細目，並報銓敘機關備查後適用（考績5，考績細3）。

七、考績評分、等次與評語

現行公務人員考績制度，對成績之評定，兼採百分法及等次法併行，以各項總分一百分爲滿分，並分甲、乙、丙、丁四等。八十分到一百分均爲甲等，七十分以上不滿八十分爲乙等，六十分以上不滿七十分爲丙等，不滿六十分者均爲丁等（考績6）。惟於各項評擬時，應將平時考核獎懲併入年終考績增減分數：嘉獎或申誡一次者，增減一分；記功或記過一次者，增減三分；記一大功或一大過者，增減九分。此情主管人員應就考績表項目評擬時爲之。獎懲之增減分數，應包含於評分之內（考績細16）。然獎懲，究應於何項目內增減分數，缺乏明文規定。或許只能籠統依獎懲事由，歸於相當項目內增減，始能包含於評分內。

此外，在考績法及其施行細則條文中，並未規定考績時除評分外應另有評語；但「公務人員考績表」中列有總評一欄，總評中則有評語一欄，而且區分為：(一)直屬或上級長官；(二)考績委員會，以及(三)機關長官等三個層級之各別評語欄。至於評語之作用與處理方法，法規條文及表中均未有規定，因此，評語應如何處理，不無疑義，尤其如遇評語與評分過於不一致情形時，甚至三欄評語相互矛盾時，更滋困擾。例如：評分甚高而評語甚劣（我國歷史上施行九品中正制之後期，曾多有此不正常情形出現之先例）。本書原著者認為，法規條文僅對評分及等級之評定應如何處理，規定甚詳，對評語既未有一字規定應如何甚或應予處理，因之，依法辦事，評語應僅供參考之用，而不得據以發生法定處理效力。理由如下：如不予處理，並不構成違法；如予處理，因於法無據，自有構成違法之虞。至於就法制體例言之，原著者認為：此一細節應為制度設計上之疏忽，如認為評語僅供參考而非供處理或處分之用，應予明文說明此意，始為適當。不過現行實務，能適切下評語者，不多；亦非無評語與評分不相搭擋（評語尚佳，但評分甚低為丙等），而為爭訟者（臺北高等行政法院106.8.10.106年度訴更二字第19號）。

上述評分及等次規定，對年終考績、專案考績，以及另予考績，均同時適用（考績6、7、8、12）。

八、考績等次評定作業

我國公務人員考績法規對評定考績等次，明文定有具體條件，甚為詳備；對評定考績分數，則並無具體標準規定，以維適當授權。現就年終考績、專案考績，以及另予考績三種考績等次評定之作業，分別說明於下：

(一) 年終考績：公務人員考績法規明文規定，年終考績之評定，原則如下：

1. 以平時考核為依據（考績5Ⅰ）。

2. 除機關首長由上級機關首長辦理評定其考績外，其餘人員以本機關同官等人員為考績之（相互）比較範圍（考績9）。

3. 考列甲等及丁等人員，應符合法定之各該積極標準與消極標準，以及特殊條件與一般條件之規定（考績6，考績細4）。

4. 考列乙等及丙等人員，由機關長官衡量其平時成績紀錄、獎懲及具體事績，評定適當考績等次。又人員兼具甲、丁兩等條件者，由機關長官視情節評定適當等次（考績細6）。

(二) 專案考績：專案考績係就公務人員在考績年度中所為之重大功過情事，隨即予以辦理之一種考績。所稱重大功績，一次記二大功；所稱重大過失，一次記二大過。此種一次記二大功或二大過之具體情事，並經分別明文規定於考績法及其施行細則之中（考績12，考績細14）。此施行結果，以警察人員之專案考績最多，政府每辦一次選舉，即有警察數人以「維安」爲由，或偵破重大刑案，辦理專案考績一次記二大功，導至輿論評其浮濫；是以，銓敘部對送銓敘部銓敘審定之專案考績一次記二大功，另組一委員會審查其是否有當。至於專案考績一次記二大過者，大都涉嫌重大刑案，應即免職者，雖得先行停職以待其爭訟救濟之確定，再執行免職（考績18），但幾無輿論評擊。

(三) 另予考績：另予考績之考績項目、計分比例、考績列等標準等，均適用年終考績之規定（考績細7）。

上述有關第(一)項年終考績之四項評定原則及其具體條件，下文將再分別逐一詳述。

九、平時考核之準據

考績法對公務人員年終考績列甲等或丁等，雖有具體條件規定，但細研考績法全文，平時考核仍爲年終考績之主要依據，故甚爲重要。並經以下列各有關條款明確規定：「年終考績應以平時考核爲依據」（考績5Ⅰ），又「平時成績紀錄及獎懲，應爲考績評定分數之重要依據。平時考核之功過，除依前條規定抵銷或免職者外，曾記二大功人員考績不得列乙等以下，曾記一大功人員考績不得列丙等以下，曾記一大過人員考績不得列乙等以上」（考績13），以及對考列乙等、丙等人員，則幾乎完全授權機關長官按其平時事蹟評定（考績細6）。

考核後所作之處理，及對年終考績時採據平時考核之內容，可以區分爲兩類。現分別說明如下：

(一) 已作成或未作成紀錄之事實：各機關單位主管應備有平時成績考核紀錄，具體記載屬員工作、操行、學識、才能之優劣事實（考績細17），及平時獎懲紀錄，均爲已作成紀錄之事實。但機關長官平日對公務人員平日所表現之具體事蹟，雖未作成書面紀錄之事實，於考績年度終了時，亦得爲機關長官對其評等之參據（考績細6）。實務上，考績再申訴案件被撤銷者大多爲無平時考核紀錄，此於主管人員，宜愼爲注意。

(二) 已作處分或尚未作處分的事實：執行平時考核時，得視情形之需要，斟酌公務人員事蹟，隨時予以作成獎懲處分。其獎勵爲：嘉獎、記功、記大功及一次記二大功；其懲處爲：申誡、記過、記大過及一次記二大過（考績12Ⅰ），是爲已作處分之事實。其中一次記二大功或一次記二大過者，應隨時予以辦理專案考績，不得延至年終考績時一併核辦。除上述獎懲外，另有若干事蹟，平時未予以作成處分者，仍應於年終考績時，參據作成輕重不等之優劣評分（考績6，考績細4）。又平時考核功過增減分數之計算，以獎懲發布之年度爲準，而不採事實發生之年度。

依前述法規之規定較爲籠統，如何落實法意，乃爲實務作業之重點，茲參照「監察院職員平時考核要點」（88.12.30.發布，89.1.1.施行；99.12.6.、102.7.1.修正），略述如次：

1. 主管人員對屬員之平時考核，應依據其知能及專長，就其所擔任職務之工作項目、品質、數量、職責程度與服務之績效、操行、學識及才能之優劣事實，核實列入平時考核表，如有應予獎懲者，應送人事室彙提考績委員會審議處理。

2. 工作考核，應注意其工作項目、品質、數量、職責及績效，如發現有不正常者，應立即作適當處理；如發現有違法者，即移請政風室處理。

3. 操行考核，應注意其言行舉止，如發現有損害機關或公務員聲譽者，應即作適當處理。

4. 學識考核，應注意其學識、經驗是否足以勝任現職，如發現屬員學識不足、經驗欠缺或專長與其職務不相當之情事，應調整其工作或職務，或施以專長訓練或輔導其進修。

5. 才能考核，應注意其工作信心、服務熱忱、任務之執行、領導能力及發展潛能等，本適才適所原則，指派其工作。對才能不足勝任其職務者，應調整工作或職務。

6. 主管人員對於平時考核優良者，應予適當之培育歷練，使其勝任較高職務之工作；對於平時考核欠佳者，面談時應提醒檢討改善，並輔導鼓勵，使其能勝任職務。如有「公務人員退休法」第7條（今「公務人員退休資遣撫卹法」第22條）第1項第2款（不適任）之情事者應簽報予以資遣。

7. 平時考核表及所附相關考核紀錄資料，應切實作爲辦理年終考績及任免、獎懲、升遷、培育、訓練及進修等之重要依據。

8. 對屬員平時優劣事績，認爲符合「公務人員考績法施行細則」第4條考列甲等條件，或「公務人員考績法」第6條考列丁等條件者，應記載於平時考核表，作爲年終考績填載考績表及考列甲等或丁等之依據。

9. 平時考核表及面談紀錄表於每年6月中旬及12月配合考績作業時程併考績表（年度考核表）密送人事室彙陳院長核閱。

以上幾乎將獎懲、升遷、培育、訓練及進修等重要事項，與考績相連結，尤其是自始將先「面談」與「輔導鼓勵」之措施明文化，亦爲後來考績改革之「公務人員考績法」修正草案（101.10.18.）第7、13條之1所接受。但如何去營造良好的諮商面談之情境，將考核結果告知受考人，使優者長進，劣者改善，以發揮激獎、輔導、匡正之功能，並促進機關施政目標之達成，實爲其要務，仍需精益求精。

依前述法規之述說，平時考核僅作爲年終考核之依據。但近年來，有無以平時考核作爲年終考核之依據，也成爲公務人員保障申訴之爭點，機關未確實依平時考核所作成之年終考績結果，也必然會在保障救濟程序中遭撤銷，顯見在人事事務之處理上，依法行政意識落實需求之殷切。

然而如何作好平時考核？基準何在？考績法規卻付之闕如。昔均賦予各機關自行爲之，但各機關之作爲不一，或淪爲形式，而有必要以「行政指導」方式，將法規意旨，以精湛之行政技術予以落實，此爲民國90年代初期行政部門大倡「績效考核」，以正行政作爲之不足。

何謂「績效考核」？此即在追求公務人員工作結果之績效，亦即以「目標管理」爲度，年初設立年度工作目標，年中分期考核其完成率，至歲末彙整評比，此間自然以「目標」爲基準，作爲衡量。但更重要者爲如何藉由分期考核，即平時考核，來檢討改進，使機關達成施政目標，也使公務人員能展現實力，達成其個別之公務目標，始具正面意義之功能，此檢討改進即有賴積極之諮商面談。而其配套給予優良者「績效獎金」，立意甚佳，但執行障礙甚多，終爲立法院刪其預算之編列，而停止施行。

查各機關近年來所作之平時考核，或有「諮商面談」之規設，然能有系統地運作，幾乎微乎其微，此乃受囿於時間、人力，甚且如何進行之技巧，因此也只能遇事隨機行之。考績法修正草案，雖已規設有面談機制，但如何有系統地落實機制，仍有待其輔助法規之妥善規劃訂定，使之簡便易行，以保建制立法之美意。

十、平時考核成績於年終考績時之運用

上述已作成處分之平時考核，除專案考績隨即予以免職或敘獎外，其餘考核結果，於年終考績時，並據以一併核計年終考績分數，其核計方法如下：

(一) 平時考核之獎懲應併入年終考績增減年終考績之總分（考績12、13，考績細15、16、17）。

(二) 嘉獎三次作爲記功一次，記功三次作爲記一大功；申誡三次作爲記過一次，記過三次作爲記一大過（考績細15）。

(三) 嘉獎或申誡一次者，增減其總分一分；記功或記過一次者，增減其總分三分；記大功或大過一次者，增減其總分九分（考績細16）。

(四) 平時考核之獎懲，得相互抵銷（考績12Ⅰ，考績細15）。

(五) 平時考核成績，除依規定抵銷，或已因一次記二大過免職者外，於年終考

績併計時，其爲抵銷後曾記二大功人員，考績不得列乙等以下（即應列甲等）；曾記一大功人員，考績不得列丙等以下（即最低應列乙等）；曾記一大過人員，考績不得列乙等以上（即最高僅能列丙等）（考績13）。

(六) 無獎懲抵銷，或有獎懲抵銷後，仍累積達二大過者，年終考績應列丁等（考績12 I）。

又各機關辦理考績時，不得以下列情形，作爲考績等次之考量因素（考績細4VI）：

(一) 依法令規定日數所核給之家庭照顧假、生理假、婚假、產前假、娩假、流產假、陪產假及因安胎事由所請之假。昔曾有因娩假，被認爲工作不足之案例，遂修該細則，予以明文規定。

(二) 依法令規定給予之哺乳時間或因育嬰減少之工作時間。

十一、年終考績以同官等人員互相比較

考績法明文規定，辦理年終考績，應以本機關內各該同官等人員爲互相比較範圍，亦即簡薦委三個官等（內各職等）人員，分別各自互相比較全年成績（考績9）。此一規定，價值有三：

(一) 國家所設機關眾多，分散各地，工作性質各別，全國數十萬人員之成績，實難一一相互比較。故成績之比較，以本機關人員爲範圍。

(二) 本機關各人員所負之責任，又因官等不同而有別，仍不易籠統互相比較。故區分爲三個官等，使同官等內人員因彼此責任大致相當而辦理相互比較，較爲合理。

(三) 以前的考績，機關考列甲等（或一等）人數，不得超過本機關參加考績總人數三分之一或二分之一，行之多年；同時並明文規定，三個官等人員各在本官等內自行互相比較。合併言之，是即規定考列甲等人數，應爲各機關中各官等總人數各以三分之一或二分之一爲限，且不得逾越官等範圍侵用他一官等之甲等人數名額，此實爲對低官等人員考列甲等之一種保障與激勵。

現行考績法多年來已無考列甲等或一等人數比例限制，故上述第(三)項價值已不存在；但上述第(一)、(二)項兩種作用仍存在。惟實務上，因考列甲等人數法無規定，各機關甚至於有幾近百分之百者，寬濫之情，已失法意。是以，民國90年9月12日，銓敘部與行政院人事行政局共邀中央及地方各機關協商決定：「90年度，考列甲等人數比例，先以百分之五十爲原則，最高不超過百分之七十五」，而後各年度幾乎考列甲等人數趨近於百分之七十五。至民國99年始稍突破爲百分之七十五點一三，迄民國104年爲止，僅民國102年爲百分之七十五點三八。

十二、年終考績列甲、丁等之評定標準

我國公務人員考績法律，對於平時考核之記功與記過，向來均在法規中定有具體事蹟標準，以免濫權或循私；但對於年終考績考列何一等級，亦規定其考評之具體事蹟標準，則為前所未有。惟民國76年1月16日施行之官職併立新制度中，現行「公務人員考績法」及其施行細則破天荒對考列甲等及丁等人員，則有具體標準之規定（其所以出現此一前所未有措施的詳細經過，請參本書原著者所著《官職併立制度的理論與結構》一書第四章第二節第四目，商務版）。茲將其規定說明如下：

(一) 考列甲等標準：法規明定，公務人員年終考績，基本上應照考績表所規定之考績項目評分。擬予以考列甲等者，並須受考人在考績年度內，「不具」下列第1項所列消極情事六目之一，並「具有」下列第2項所列特殊條件九目之一者，或並「具有」下列第3項所列一般條件二目以上者始得評列甲等（考績細4）；反之，即不得考列甲等。以此推論，似為從嚴規定，但實際施行結果，卻是考績甲等人數寬濫（詳後述）。

1. 消極條件共列六目，如下（考績細4III）：

(1) 曾受刑事或懲戒處分者。

(2) 參加公務人員相關考試或升官等訓練之測驗，經扣考處分者。

(3) 平時考核獎懲抵銷後，累積仍達記過以上處分者。

(4) 曠職一日或累積達二日者。

(5) 事、病假合計超過十四日者。

(6) 辦理為民服務業務態度惡劣，影響政府聲譽，有具體事實者。

2. 特殊積極條件共列九目，如下（考績細4 I）：

(1) 因完成重大任務，著有貢獻，獲頒勳章者。

(2) 依獎章條例獲頒功績、專業或楷模獎章者。

(3) 依考績法規定，曾獲一次記一大功，或累積達記一大功以上之獎勵者。

(4) 對本職業務或與本職有關學術，研究創新，其成果獲主管機關或聲譽卓著之全國性或國際性學術團體，評列為最高等級，並頒給獎勵者。

(5) 主辦業務，經上級機關評定成績特優者。

(6) 對所交辦重要專案工作，經認定如期圓滿達成任務者。

(7) 奉派代表國家參加與本職有關之國際性比賽，成績列前三名者。

(8) 代表機關參加國際性會議，表現卓著，為國爭光者。

(9) 依考試院所頒激勵規定獲選為模範公務人員或頒公務人員傑出貢獻獎者。

3. 一般積極條件共列十二目（考績細4 I ）：

(1) 依「公務人員考績法」規定，曾獲一次記功二次以上或累積達記功二次以上之獎勵者。

(2) 對本職業務或對本職有關學術，研究創新，其成果經權責機關或學術團體評列爲前三名，並頒給獎勵者。

(3) 在工作或行爲上有良好表現，經權責機關或聲譽卓著團體，公開表揚者。

(4) 對主管業務提出具體方案或改進辦法，經採行認定確有績效者。

(5) 負責盡職，承辦業務均能於限期內完成，績效良好，有具體事績者。

(6) 全年無遲到、早退或曠職紀錄，且事、病假合計未超過五日者。

(7) 參加與職務有關之終身學習課程超過一百二十小時，且平時服務成績具有優良表現者。但參加之課程實施成績評量者，須成績及格，始得採計學習時數。

(8) 擔任主管或副主管職務領導有方，績效優良者。

(9) 主持專案工作，規劃周密，經考評有具體績效者。

(10) 對於艱鉅工作，能克服困難，達成任務，有具體事績，經權責機關獎勵者。

(11) 管理維護公物，克盡善良管理職責，減少損害，節省公帑，有具體重大事績經權責機關獎勵者。

(12) 辦理爲民服務業務，工作績效及服務態度良好，有具體事績者。

上述因特殊積極條件或一般積極條件各目所列優良事蹟，而獲記功一次以上之獎勵者，該優良事蹟，與該次記功一次以上之獎勵，於辦理年終考績，應擇一採認（考績細4 II ）。

(二) 考列丁等標準：爲保障公務人員地位，使善良人員得安心工作，且不致因任何不正當理由，遭受考績列丁等而予以免職，失去其公務人員身分起見，考績法第6條第2項特以明文規定，考列丁等者，除考績法另有規定者外，並須以受考人在考績年度內，具有下列四項條件之一者爲限：

1. 挑撥離間或誣控濫告，情節重大，經疏導無效，有確實證據者。

2. 不聽指揮，破壞紀律，情節重大，經疏導無效，有確實證據者。

3. 怠忽職守，稽延公務，造成重大不良後果，有確實證據者。

4. 品行不端，或違反有關法令禁止事項，嚴重損害公務人員聲譽，有確實證據者。

上述考列甲等標準，初視似頗嚴格合理，但實施結果，證明一般條件各目中，有一、兩目稍涉寬泛（例如第5、6、8目），以致考列甲等之人數過多。上述考列丁等標準，粗視之，亦似合理，但實施結果，亦證明稍近嚴苛，以致據以考列丁等之人數甚稀。

以上考績各等次條件之各目，積三十年施行之經驗，其利弊得失如何？似應蒐集事實資料予以稽核檢討，合理調整修正，俾切實際，而彰績效。例如：現行有關考列甲等之消極條件各目中之第4、5目規定，縱然在考績年度內完成重大任務，著有貢獻，獲頒勳章，但若因之積勞成疾而請事、病假超過十四日者，即不得考列甲等。此種形成絕對否決之情況是否合理？值得就條款間相互關係加以探討。最重要者，爲原來行之數十年之考列甲等人數有合理限額之優良制度，竟輕信少數意見，在立法院被迫自新人事制度考績法中刪除，並通過立法委員之提議，改採此種依條件和標準以評定甲、丁各等級之方法，現已證明並不成功，且因其失之寬濫而眾口一詞無不認爲失敗，似可考慮予以徹底變更。民國90年代初期，當局曾委託學者研究，民國100年左右亦大談考績改革，但對此卻未見著墨。

又上述考列甲等或丁等之條件，與考績表之項目，甚或平時考核之獎懲分數如何增減，在評核思考之程序應作如何之關聯，除其施行細則第4條第1項規定：「公務人員年終考績，應就考績表按項目評分，除該法及其施行細則另有規定應從其規定者外，須受考人在考績年度內具有下列特殊條件各目之一或一般條件二目以上之具體事蹟，始得評列甲等……」外，並於施行細則第16條第2項再深入規定：「前項增分或減分，應於主管人員就考績表項目評擬時爲之。獎懲之增減分數應包含於評分內。」但偶亦有所爭議。如：平時考核嘉獎五次，應增列五分，其考績結果總分係八十三分，已列爲甲等，應無所爭議，但細瑣之，如不計嘉獎之五分，則依考績表所評擬之分數，僅爲七十八分，或反較無嘉獎加分者之單純以考績表評分而列甲等者之分數爲低，此情是否合理，常成玩笑之話語，雖不甚爭執，但仍値再予思考之餘地。

十三、年終考績列乙、丙兩等之評定

民國76年以前，公務人員之考績，依法均授權機關長官辦理，報銓敘機關核定，機關長官在考績方面之權力，相當強大。但民國76年實施之現行新制考績法，對甲、丁兩等之評列，建立法定之具體條件作爲評定標準後，機關長官權力大爲縮減，所餘僅爲考列乙、丙兩等人員之適當裁量權。依考績法規規定，除符合考列甲、丁兩等標準人員，分別予以評列爲甲、丁兩等外，其餘未考列甲、丁兩等之人員可歸納爲二類。對此二類人員之評分定等，考績法所定處理規定如下：

(一) 不具甲、丁兩等條件者：公務人員在考績年度內，不具所規定考列甲、丁兩等條件者，或具有甲等條件但同時並具不得考列甲等之消極條件者，無論其已有或未有獎懲紀錄，分別均不得予以考列甲、丁兩等，而應由機關長官，衡量其全年平時考核紀錄或（及）具體事蹟，評定其適當等次（考績細6）。

(二) 兼具甲、丁兩等條件者：公務人員在考績年度內，兼具考列甲、丁兩等條件者，除其獎懲已依規定相互抵銷者外，由機關長官視情節，評定其適當考績等次（考績細6）。

十四、專案考績等次之評定標準

專案考績所得評定者，僅有兩種情形：(一)一次記二大功者。(二) 一次記二大過者。其記二大功與記二大過，各有特別規定標準如下：

(一) 一次記二大功標準：具有下列情事之一且為主要貢獻者為限，但不含機關例行性、經常性業務職掌事項（考績12Ⅰ，考績細14Ⅰ、Ⅱ）：

1. 針對時弊，研擬改進措施，經主管機關採行確有重大成效。

2. 對主辦業務，建立完善制度或提出重大革新具體方案，經主管機關採行確有顯著成效。

3. 察舉嚴重不法事件，對維護國家安全、社會秩序或澄清吏治，確有卓越貢獻。

4. 適時消弭重大意外事件或變故之發生，或就已發生重大意外事件或變故措置得宜，能予有效控制，對維護生命、財產或減少損害，確有重大貢獻。

5. 遇重大事件，不為利誘，不為勢劫，而秉持立場，為國家或機關增進榮譽，有具體事實。

6. 在工作中發明、創造，為國家取得重大經濟效益或增進社會重大公益，且未獲得相對報酬或獎金。

7. 舉辦或參與大型國際性或重大國家級活動、會議，對增加國庫收入、經濟產值、促進邦交或達成國際合作協議，確有重大貢獻。

(二) 一次記二大過標準：非有下列情事之一者，不得一次記二大過（考績12）：

1. 圖謀背叛國家，有確實證據者。

2. 執行國家政策不力，或怠忽職責，或洩漏職務上之機密，致政府遭受重大損害，有確實證據者。

3. 違抗政府重大政令，或嚴重傷害政府信譽，有確實證據者。

4. 涉及貪汙案件，其行政責任重大，有確實證據者。

5. 圖謀不法利益或言行不檢，致嚴重損害政府或公務人員聲譽，有確實證據者。

6. 脅迫、公然侮辱或誣告長官，情節重大，有確實證據者。

7. 挑撥離間或破壞紀律，情節重大，有確實證據者。
8. 曠職繼續達四日，或一年累計達十日者。

十五、另予考績等次之評定

另予考績，係指各官等人員，於同一考績年度內，任職不滿一年，而連續任職已達六個月者，與一般全年在職者有所不同，是以，另外辦理之考績（考績3）。其各等次之評定，完全適用年終考績規定。其考列甲、丁兩等者，也適用年終考績的具體標準；其考列乙、丙兩等者，因年終考績未定有具體標準，故亦適用其有關規定，亦由機關長官裁酌評定之（考績細7Ⅰ）。

又如公務人員至年終任職不滿一年，而連續任職已達六個月者，則於年終辦理另予考績；但於該年連續任職已達六個月，因撤職、休職、免職、辭職、退休、資遣、死亡或留職停薪期間考績年資無法併計者，應隨時辦理（考績細7Ⅱ）。

經銓敘部銓敘審定合格實授，復應其他考試錄取，於分配實務訓練期間未占缺或未具占缺職務任用資格者，其該年原職之另予考績，應隨時辦理（考績細7Ⅲ）。

但在同一考績年度內已辦理另予考績之人員，其任職至年終達六個月者，不再辦理另予考績（考績細7Ⅳ）。

至於轉任教育人員、公營事業人員或其他公職者，如其轉任前之年資，未經所轉任機關併計辦理考績、考成或考核者，應由轉任前之機關予以查明後，於年終辦理另予考績（考績細7Ⅴ）。

十六、考績結果之獎懲

年終考績、專案考績及另予考績三者之中，除專案考績無列等次外，其餘二種考績結果均為分別考列甲、乙、丙、丁四個不同等次。依規定應按考績類別之不同，分別予以獎懲，以貫徹考績獎功懲過與刑賞必罰之宗旨。現按考績類別分述各該獎懲規定如下：

(一) 年終考績（考績6、7）：

1. 考列甲等：晉本俸一級，並給與一個月俸給總額之一次獎金；已達所敘職等本俸最高俸級者或已敘年功俸者，晉年功俸一級，並給予一個月俸給總額之一次獎金；已敘年功俸最高俸級者，給予二個月俸給總額之一次獎金。

2. 考列乙等：晉本俸一級，並給予半個月俸給總額之一次獎金（民國79年底修法之前原無此獎金之規定）；已達所敘職等本俸最高俸級者或已敘年功俸者，晉年功俸一級，並給予半個月俸給總額之一次獎金；已敘年功俸最高俸級者，給予一個半月俸給總額之一次獎金。

3. 考列丙等：留原俸級，無獎無懲。

4. 考列丁等：免職。

(二) 專案考績（考績12）：

1. 一次記二大功者：與年終考績考列甲等之獎勵相同，但無待年終，於考績年度中隨即辦理。但在同一考績年度內再度一次記二大功辦理專案考績者，不再晉敘俸級，改給二個月俸給總額之一次獎金。

2. 一次記二大過者：免職。

(三) 另予考績：另予考績之受考人，因在考績年度內任職不足一年或僅有六個月，其有關獎勵部分，最高者給予一個月俸給總額之一次獎金，但不晉級；至於懲罰部分，則因其同為不良事實，與年度內工作時間長短無關，故仍照年終考績規定辦理。其實際規定如下：

1. 考列甲等：給予一個月俸給總額之一次獎金。

2. 考列乙等：給予半個月俸給總額之一次獎金。

3. 考列丙等：不予獎勵。

4. 考列丁等：免職。

十七、考績結果之執行

考績結果之執行，指考績後所為獎懲處分之執行。現分述如下：

(一) 年終考績：年終考績所為獎懲，除免職者將於下文另行說明外，其餘獎勵應自考績年度次年1月（1日）起執行（考績18）。其中考列丙等留原俸級者，因無獎無懲而不發生執行問題；考列甲、乙或丁等者，則所需執行之事項不外下列四項。茲將有關執行之規定分別說明：

1. 晉升俸級：晉升俸級所增加之俸額，應於考績年度之次年1月起核發（考績18）。但事實上，考績案送報銓敘部後，不可能於次年1月1日前銓敘審定復知原機關，由於晉俸一級所增加之俸額為數不多，因此，現各機關通例多係俟收到銓敘部銓敘審定考績之復文後，始予一次補發。

2. 發給考績獎金：考績獎金依規定亦應於次年1月起發給，並以1月1日之俸給總額為準（考績18，考績細9）。但事實上亦不可能於次年1月1日前銓敘審定其考績案；而考績獎金係受考人本人俸給總額之半個月、一個月、一個半月或二個月，為數較多，且款額有多至近二十萬元者（月俸800點者）。故現行通例，多在次年1、2月中（春節前），由機關擇一適當時間先行借支；一俟核准公文到達後，再行依會計程序辦理作正列支（107.11.12.修正）。此於昔之以7月至次年6月為一會計年度應屬合理。但民國90年改以1月至12月之「曆年制」爲會計年度，即略有檢討之處。本文不反對於新會計年度之調薪，給予公務同仁稍優渥之待遇，但如次年1月1日升任主管職務，即可無端獲得包含該主管職務加給之前一年之考績結果之獎金，不甚合理。是以，絕大部分機關知此情而不以1月1日爲調升職務之生效日，即以行政作爲在技術上稍作扳正，甚値嘉許。因此，亦得思考：以考績年度之俸給總額爲獎金之基準，較符合與職務之配當。

3. 取得晉升職等或官等資格：所稱取得晉升職等資格，僅係取得晉升資格，並非實際晉升。故受考人於考績年度之次年1月起，即自然因而具有此種資格（考績18）。

依任用法律及考績法律規定，合格實授人員，任同職等二年年終考績列甲等者，或一年列甲等二年列乙等者，取得晉升同官等高一職等之任用資格。但法律並未進一步明文規定取得高一職等任用資格者，即必須予以晉升高一職等或即自動晉升高一職等（考績11 I）。

因此，如此一受考人員所任職務爲單一職等而未跨職等時，則其所取得之晉升職等資格，僅能保留備用，須俟晉升另一高一職等職務時，始能適用此一資格。如此一受考人員所任職務爲跨列同官等較高職等者，現行法規亦未規定必須予以晉升所跨較高職等，但目前在實務處理上，則係不經過令派手續，而自動晉升高一個職等，並且更由銓敘部主動以動態案爲之辦理晉升職等（電子作業）。這種實務上的做法，雖非法定必須如此，但尙能簡化手續而許之爲合理，惟各機關亦當再檢視此電子自動篩選晉升職等人員，如有遺漏或錯誤自應予以補辦。

另有一種情形，如上述受考人員所任職務列等爲跨列簡任與薦任兩個官等時，例如：其現任職務列等爲「薦任第九職等至簡任第十職等」時，且受考人具有任用法第17條規定之各項條件而取得簡任第十職等任用資格者，但現行各有關法規亦未規定必須予以晉升簡任官等。依目前實務上處理情形，則爲由本機關人事單位簽請本機關長官發布派令，予以晉升爲簡任官等第十職等，再行報銓敘部銓敘審定。此與上述晉升職等者，在程序上稍有不同，較爲鄭重，俾配合呈請總統任命（任用25，任用細25）。

更有一種情形，如受考人所任職務列等爲「薦任第九職等或簡任第十職等」時，受考人更非當然即應予以晉升爲簡任第十職等，但目前實務上亦常如上述方式處理。

4. 免職：免職處分之實質爲強迫人員去職，此種人員自應令其儘早離開現職及離開本機關，自不宜久留，故特予規定。考績結果應予免職人員，應自該考績案確定之日起生效。所稱考績案確定之日，本應指收受銓敘部銓敘審定該考績案之公文之日期起三十日內未提出救濟，或完成救濟之最後程序，而不得再救濟而言。但事實上，考績案自本機關報銓敘部銓敘審定，再復文寄達本機關，其間為期頗長；又或該受考人不服免職處分而依保障法提請復審、再審議，或向司法機關請求司法救濟，以至最後始告確定，所需時間尤長。延宕既久，不僅受考人本人不安，且常可能引起機關內部困擾，因此，有關法規復規定，本機關長官對此種人員應先行停職。如事後經復審、再審議決定或司法機關判決准予復職，則應補發其停職期間俸給，其任職年資並予繼續計算（考績18，考績細24，保障10、11）。

(二) 專案考績：專案考績之獎懲，應自主管機關核定之日起執行（考績18）；但考績應予免職之人員，應自確定之日起執行。準確言之，所稱確定之日，係指收受主管機關核定該一專案考績之公文起三十日內提出救濟；或提出救濟，以迄於完成最終程序，而不得再為救濟，即告確定。現將各項獎懲之實際執行情形，說明於下：

1. 晉本俸一級：辦理考績機關收到銓敘部銓敘審定之公文後，應即以本機關公文發布經銓敘審定之獎懲結果，分別通知各該受考人，並迅速核發自銓敘審定日起晉級所應補發之俸給，以後並每月改按晉級後之俸級核發俸給。但因晉俸一級所增加俸額為數有限，故通常皆係於例行發給下月俸給時，隨同補發執行。

2. 給予一個月俸給總額之獎金：應於收到銓敘部銓敘專案考績之公文後，即辦理一次發給，並以主管機關或授權之所屬機關獎懲令發布日之俸給總額為準（考績細9Ⅰ）。

3. 免職：因專案考績案受免職處分者，應自考績案確定之日（如上述）起執行；但由於受考人已依規定先行停職，受考人實際已不在職者，則僅需自確定免職之日起執行免職（考績18）。

由於考績法規定，依考績條件晉升職等者，以年終考績為限，而不得以專案考績或另予考績採計。故專案考績之獎懲，不關涉晉升官等職等之問題（考績11）。

(三) 另予考績：通常另予考績係與年終考績同時辦理，亦係同時核定。故考績結果之執行，亦多與年終考績相同，不復述。但因在考績年度中途撤職、休職、辭職、退休、資遣、死亡，或留職停薪等人員，應隨時辦理另予考績，而不必於年終辦理，其獎金以最後在職月之俸給總額為準（考績8，考績細7Ⅱ、9Ⅰ）。

十八、考績結果之實效

考績（核、成）結果所產生之實效，除獎懲黜陟外，另尚有其他權利足以產生實際效用者，關係重大。茲就其法有明文規定者，綜合所有各種實效，舉述說明如下：

(一) 榮辱：隨同考績等次高低之獎懲，而發生對受考人之榮辱，亦即人格權受到影響（民法18）。例如：列丁等者，精神上立即遭受免職之不榮譽待遇；列甲等者，隨之而可能有晉升之榮。

(二) 獎金：獎金之有或無、多或少（二個月、一個半月、一個月、半個月俸給總額之一次獎金），對公務人員而言，爲數均非至微，具有實際得失利害關係。

(三) 晉俸：考列甲、乙等則可以晉俸，而能否晉俸，涉及今後實際所得之有無增加。因晉俸一級，則以後每月均增加俸給實際所得，且亦影響將來退休金之多少，有長遠價値。

(四) 晉升職等之資格：同官等內職等之晉升，法定之唯一途徑爲依考績辦理。經合格實授人員任同一職等職務之年終考績，二年列甲等者或一年列甲等二年列乙等以上者，均取得晉升高一職等任用資格。故考績之列甲等、乙等、丙等，關係晉升職等至晉升官等，關係其今後發展者至切（考績11）。

(五) 晉升官等資格：依「公務人員任用法」規定，晉升官等應經考試及格；但亦得不經考試，另以年終考績之成績及參加晉升官等訓練及格資格，取得晉升官等資格。此間年終考績之成績，爲重要條件之一（任用17）。

(六) 轉任人員年資採計：行政、教育、公營事業人員之相互轉任，不具任用資格之派用及機要等人員之依法改任合格實授任用人員等，於其轉任或改任時，所得採計提敘俸級，或核計晉升職等，或晉升官等之年資，均以考績優良年資爲限。所稱考績（成、核）優良年資，乃指年終考績成績列爲乙等或相當於乙等以上或七十分以上者（轉任辦4）。

(七) 各種離職給與之計算：此處所稱離職給與，包括退休金、撫卹金、資遣費等各項因離職所發生之現金給與。諸此給與之計算，均係依該員最後在職時之官等職等俸級爲核計之基數。而其職等俸級之決定，與歷年年終考績結果有直接密切關係。

(八) 其他權利資格之構成條件：在其他多種人事管理項目上，於取得或優先取得其權利所需之構成條件，年終考績優良之年資，常爲重要條件之一。茲舉下列事項爲例：

1. 現職人員陞任甄審，需要考績優良之年資（陞遷7、12）。
2. 認定職系專長時所得採認之公務年資，以成績優良者爲限（調任5、6、7）。
3. 受頒獎章者，應以考績優良者爲條件（獎章細5）。
4. 選拔模範公務人員，考績優良爲必需要件（激勵12）。
5. 選送在職公務人員進修，以考績優良者爲必要條件（訓練9）。

6. 公務人員輪流休假順序（請假9）。

7. 其他。

反之，對於公務人員之負擔，亦有關係。各種以俸給為計算基礎之義務，諸如：全民健康保險、公保、退撫基金等之個人分擔費用等，固然均因俸級之晉升而增加繳費，但依法所得之給付，亦多有因之隨而增加。

十九、辦理考績程序

法定之年終考績辦理程序，可區分為下列六個主要步驟：

(一) 備妥考績表：人事單位主管人員，應查明本機關受考人數與官職等級，及其是否併資考績或為另予考績，並分別填具各受考人有關基本資料，以及考績表有關項目（考績細18）。

(二) 單位主管人員評擬：人事單位將上述備妥之各單位受考人考績表，連同各受考人全年平時成績考核紀錄，分別送請各該單位主管人員，就考績項目秘密評擬（考績14，考績細18）。

(三) 考績委員會初核：考績委員會就各受考人全年工作情形，及其單位主管人員對各受考人所作之評擬，加以初核。考績委員對於考績案件認為有疑義時，得調閱有關考核紀錄及案卷，並得向有關人員查詢，或通知有關人員或其單位主管人員到會備詢，委員會並得核議分數。對於擬予考列丁等或一次二大過人員，處分前應給予當事人陳述及申辯之機會。考績案作成初核之決議後，送呈機關長官（考績14，考績會3、4）。

(四) 機關長官覆核：機關長官對本機關各受考人於考績年度內任職情形，以及考績委員會所作初核，一併予以覆核；如對初核結果有意見時，應交考績委員會復議。機關長官對復議結果仍不同意時，得變更之，但應於考績案內註明其事實及理由（考績14，考績細19）。

(五) 上級機關核轉：考績案呈由上級機關核轉或核定時，如上級機關發現其有違反法規情事者，應發還原考績機關另為適法之處理（考績細21）。主管機關發現各機關辦理考績人員如有不公或徇私舞弊情事時，應予查明責任予以懲處，並通知原考績機關對受考人重加考績（考績19）。主管機關核定其下級機關及其本機關之考績案後，應送銓敘部銓敘審定（考績14，考績細20、21）。

(六) 銓敘部銓敘審定：各機關考績案，應於每年年終舉行，最遲不得逾考績年度之次年3月前送銓敘部；但確有特殊困難情形者，得先行函准銓敘部同意，延至最遲6月底前送銓敘部（考績細2、21）。銓敘部對各機關送來之考績案如發現有違反考績法規情事者，應照原送案程序退還原考績機關另為適法之處分（考績16）。

(七) 辦理考績人員守密責任：考績法規規定，辦理考績人員，對考績過程應嚴守秘密，並不得遺漏舛錯，違者按情節輕重，予以懲處（考績20）。至於何爲「辦理考績人員」，尚無法定解釋，合理之解釋，應爲在辦理考績案過程中，所有曾經參與以及接觸考績案而有合理理由知悉考績案內容之人員，應均在範圍之內，亦即以上過程中人員均屬之。例如：人事室之承辦人員、評擬之主管人員、考績委員會委員及其他與會人員，乃至於文書部門參與考績案之謄寫、校對、發文，及經手考績案卷等工作之人員，應亦屬之。

二十、考績救濟

考績結果關係公務人員利益者至大至切，已見上述，更關係人才之培植甄拔，故法規規定之考績程序，嚴密慎重。但以政府之大，機關之多，以及社會關係之複雜，仍難免有故意或非故意發生考績錯誤或不公正之可能，因此，民國85年以前之考績法第17條及其施行細則第25條，即已規定有復審與再復審之救濟程序。司法院大法官會議認爲該復審、再復審，相當於訴願、再訴願（釋243）。

民國85年10月16日，「公務人員保障法」公布施行，依該法規定，考績，除一次記二大過或丁等免職者，以復審再復審之程序向服務機關、公務人員保障暨培訓委員會提起救濟外，其他考績則以申訴、再申訴之程序向服務機關、保訓會提起救濟。民國86年6月4日，「公務人員考績法」修正公布施行，遂將原有關考列丁等或專案考績免職人員得提出復審、再復審之原第17條條文刪除，自此有關公務人員管理之各種救濟措施，都列入保障法規定，由公務人員保障暨培訓委員會辦理。民國104年10月7日後，考績丙等亦以復審程序提出救濟。有關考績之救濟事項請閱本書第十七章第三、四兩節。

各機關之考績案，經銓敘部銓敘審定復知各機關後，各機關應即另以書面通知各受考人。各機關或受考人如對考績結果有疑義時，或不服時，均得依法進行有關救濟程序，其程序應於通知書上敘明（考績細24、25，行政程序96Ⅰ）。

第三節　特種人員考績制度

特種人員之考績制度因其各該適用之人事制度不同，故亦有所不同，適用公務人員「官職併立」人事制度者，其考績自然適用公務人員考績制度，例如：司法人員、政風人員、主計人員、審計人員、駐外外交領事人員等屬之。如其適用之人事制度不同者，雖亦有依公務人員考績之方式處理者，但仍多少有其特別規定。本節係就特種人員中考績制度與公務人員考績制度不同之法（檢察）官、警察人員、關務人員、交通事業人員、公立學校教師等之考績（成、核）制度，作一扼要說明。

一、法官、檢察官「職務評定」制度

「職務評定」是「法官法」（101.7.6.施行）上，對法官年度考評之制度名稱，也是廣義公務人員年度考評之一新設制度。檢察官之出身或進用，因歷來與法官相同，「法官法」中亦列有檢察官專章（第十章）予以規範；同時法官之職務評定，檢察官亦準用之（法官89）。但因在訴訟上，法官職司審判，性質上係「獨立審判」；檢察官職司追訴，性質上係「檢察一體」，兩者均爲訴訟上之要角，但因訴訟地位之不同，其人事事項之搭配設計，自有不同之處。

(一) 法官之「職務評定」

法官職司審判，平亭曲直，在不妨害其審判獨立狀況下，亦有評核之必要，以維司法之純正與公正。對法官之評核（evaluation），昔雖適用「公務人員考績法」之規定，但基於憲法第80條：「法官須超出黨派以外，依據法律獨立審判，不受干涉」，以及第81條：「法官爲終身職，非受刑事或懲戒處分，或禁治產之宣告，不得免職。」之理念，不得以行政權之作爲作考績丁等（或一次記二大過免職）之考列。「法官法」施行後，改辦「職務評定」，有謂以「職務評定」替代「考績」。然綜觀「法官法」第31、32、73、74條，及「各級法院法官評核辦法」（以下簡稱評核辦法）、「各級法院團體績效評比辦法」（以下簡稱評比辦法）、「法官職務評定辦法」（以下簡稱評定辦法、法評）等所定之「全面評核」、「團體績效評比」、「職務評定」，並規設與其職務所必要之措施，應甚爲嚴謹。尤其是「職務評定辦法」，經於民國101年6月26日發布後，經民國102年11月5日、104年2月26日及4月23日、105年2月26日等四次修正，統合各該辦法之作用，並仍保有「公務人員考績法」之基礎架構或作業程序，茲略述如次：

1. 職務評定之參加（法官73，法評4，考績3）：

(1) 年終評定：在同一評定年度內，至年終連續任職滿一年，參加年終評定。

(2) 另予評定：在同一評定年度內，至年終連續任職不滿一年，而已達六個月者，辦理另予評定。但同一評定年度已辦理另予評定者，不再辦理另予評定。

(3) 併資評定：法官與司法行政人員於年度中相互轉（回）任時，其轉（回）任當年之年資，得合併計算參加年終考績或職務評定。

(4) 不予評定：其規定甚爲合情合理，值得「公務人員考績法」參酌。

①請假：評定年度內因公傷病請公假或請延長病假期間達六個月以上者，不予辦理職務評定。請假期間未達六個月者，該請假期間計入前述(1)、(2)之任職期

間。

②停職：評定年度內依法停止職務，致實際執行職務之任職期間，未符前述(1)、(2)規定者，不得辦理年終評定或另予評定。

2. 職務評定之辦理：

(1) 評定之依據（法官31，法評3，考績5）：

①以「平時考評」紀錄及法官「全面評核」爲依據。

②**全面評核**，係依「法官法」第31條之規定，訂定「各級法院法官評核辦法（101.7.5.）」，以資適用，其重要內容如次：

A.評核項目：問案態度、訴訟程序進行情形、裁判品質、敬業精神、品德操守（由評核人塡載具體事實，不列入評分）等五項（評核3）。

B.評核人爲受評核案件當事人、告訴人、訴訟代理人、告訴代理人及辯護人，針對個案塡寫司法院所訂之意見調查表（評核4）。

C.評分標準：各評核項目之評分標準爲（評核4）：

a. 極佳：九分至十分。

b. 佳：六分至八分。

c. 普通：三分至五分。

d. 待改進：二分。

e. 亟待改進：一分。

D.評核方式（評核5）：

a. 當庭評核：已辦當庭評核之案（事）件，由評核人於言詞辯論終結後，當庭就受評核人之問案態度及訴訟程序進行情形，塡寫法官評核意見調查表後彌封繳回。

b. 隨案評核：未辦當庭評核之案（事）件，於該案（事）件終結後，隨案寄送法官評核意見調查表予評核人，由評核人就評核項目，對受評核人進行評核。

(2) 評定之時點（法評5，考績3、5）：

①年終評定：應於每年年終辦理。

②另予評定：依其退離或死亡隨時辦理（考績細7）。亦即：

A.免職、免除法官職務並喪失公務人員任用資格、撤職、解職、辭職、退休、資遣或死亡時，隨時辦理。

B.因停止職務或留職停薪致職務評定年資無法併計。

(3) 評定之項目：學識能力、品德操守、敬業精神、裁判品質等四項（法官73Ⅱ，法評3Ⅱ）。

(4) 辦理之次數：

①平時考評：服務法院每年至少辦理二次（法評3Ⅱ）。

②全面評核：司法院每三年至少完成一次（法官31Ⅰ）。

(5) 評定之標準（法評6）：

①年度內**應評列未達良好**者（法評6Ⅱ）：

A.受懲戒處分或因故意犯罪受刑事判決有罪確定。

B.遲延交付裁判原本達四個月或累計達三百六十日。

C.曠職繼續達二日以上或一年內累計達五日以上。

D.請事假、病假或延長病假，累計達六個月以上。

E.全年依法停止辦理審判案件。

②年度內**得評列未達良好**者（法評6Ⅲ）：

A.遲延交付裁判原本二個月以上未達四個月，或累計一百八十日以上未達三百六十日。

B.候補、試署服務成績審查不及格。

C.經司法院人事審議委員會送請司法院院長依「法官法」第21條第1項作成處分（關於職務上之事項，得發命令促其注意；或違反職務上之義務、怠於執行職務或言行不檢者，加以警告）。

D.因可歸責於己之事由而經司法院依「法官法」第45條第1項第4款：「有相當原因足資釋明不適合繼續在原地區任職者」為地區調動，或第46條第4款：「有相當原因足資釋明不適合繼續在原審級任職者」為審級調動。

E.經職務監督權人依「法官法」第21條第1項第2款：「違反職務上之義務、怠於執行職務或言行不檢者，加以警告。」予以書面警告二次以上。

F.依「法官法」第81條第2項：「司法院應逐年編列預算，遴選各級法院法官，分派國內外從事司法考察或進修。」或第82條第1項：「實任法官每連續服務滿七年者，得提出具體研究計畫，向司法院申請自行進修一年，進修期間支領全額薪給，期滿六個月內應提出研究報告送請司法院審核。」規定帶職帶薪全時進修者，未於法定期間內提出研究報告，或其研究報告經司法院審核不及格。

G.違反職務上之義務、怠於執行職務或言行不檢，足認評列良好顯不適當。

H.綜合考評受評人之學識能力、品德操守、敬業精神、裁判品質、辦理事務期間及數量，足認評列良好顯不適當。

受評人同一違失行為，於受刑事判決處罰或懲戒、職務監督等處分確定前之年度，職務評定已據以評列為未達良好，於受判決處罰或受處分確定當年度之職務評定，不再採為考評參據（法評6Ⅳ）。此為民國102年2月26日修正該辦法所增列，其立意爲：法官違失行爲發生年度之職務評定如未審酌該行爲致評列爲良好，於事證明確當年度之職務評定，如仍評列良好，恐與外界期待有違，爰宜評列爲未達良好。又受評人同一違失行爲如於受刑事判決處罰或懲戒、職務監督等處分確定前之年度，職務評定已據以評列爲未達良好，於受判決處罰或受處分確定當年度之職務評定，即不宜再採爲考評參據。換言之，受評人同一違失行爲僅爲當一個年度之職務評定。

(6) 評定之組織：

①各級法院設「職務評定委員會」，由各該院院長指定委員一人爲主席（法評8、11）。

②司法院設「職務評定評議委員會」，以秘書長爲主席（法評15）。

(7) 評定之程序（法評16Ⅰ，考績2、14）：

①評擬：由服務法院院長或其指定之主管爲之。

②初評：由該服務法院之職務評定委員會爲之。但一、二審法院院長、調派司法院、法官學院或法務部司法官學院辦事法官，及經核准不設職評會之法院法官，免經初評程序。

③評定：由該服務法院院長爲之。法院院長評定時，應先徵詢該法院相關庭長、法官之意見。免經初評程序者，除一、二審法院院長及調派司法院辦事法官，由司法院院長就評議會之評議結果辦理外，由評定機關首長就評擬結果辦理之。

上述應隨時辦理之另予評定，經評擬爲良好，或符合第6條第2項規定，應評列爲未達良好者，得免經初評或評議程序（法評16Ⅱ）。

④核定：服務法院評定結果列冊報司法院職務評定評議委員會評議，通過後，報司法院院長核定。司法院院長辦理臺灣高等法院所屬各法院院長之職務評定時，得徵詢臺灣高等法院院長之意見（法評16Ⅲ）。

⑤銓敘審定：經司法院長核定之職務評定，一、二審法院院長由司法院、各級法院法官由各該占缺法院將其結果、統計資料等，報銓敘部銓敘審定（法評17Ⅰ）。

⑥評定通知：職務評定經銓敘部銓敘審定後，應由報送審定機關作成職務評定通知書送達受評人。該通知，應附記不服職務評定結果之救濟方法、期間及受理機關；未附記救濟期間或附記錯誤者，準用「公務人員保障法」第27條之規定（法評20）。

(8) 結果之獎懲（法官74，法評6、7）：

①良好：

A.年終評定爲良好者，且未受刑事處罰、懲戒處分者，晉俸一級，並給與一個月俸給總額之獎金；已達所敘職務最高俸級者，給與二個月俸給總額之獎金。

B.另予評定良好者，且未受刑事處罰、懲戒處分者，不晉級，給與半個月俸給總額之獎金；已達所敘職務最高俸級者，給與一個月俸給總額之獎金。

C.連續四年年終評定爲良好，且未受刑事處罰、懲戒處分者，除依前述給予獎金外，俸級晉二級。按此規定爲「公務人員考績法」所無，考其原由，乃因公務人員經高考及格初任公務人員，自薦任第六職等本俸一級385俸點起敘，依每年考績甲等或乙等晉敘一級，需時十一年，得敘至簡任第十職等本俸一級590俸點，如此，再經八年，得晉敘至簡任第十四職等本俸一級800俸點，前後十九年；如初任候補法官自第二十四級385俸點起敘，如依職務評定結果每年「良好」晉敘一級，則需十三年始達第十二級590俸點，再十一年始達第一級800俸點，前後二十四年；是以，作如此之設計以之「平衡」。但如再細索，公務人員職務有官等職等級及其俸級或最高年功俸之限制，非短期即得晉陞高官等或職等之職務，亦非人人均得年年晉敘；而法官之俸級計二十四級，卻無職務列等之限制，年年得晉敘，以迄最高俸級。惟與其謂爲「平衡」，不如謂爲「特殊制度之需求所使然」，雖完成立法，但卻爲輿論喻爲「法官福利法」，能否爲一般公務人員所信服，仍有待觀察。

②未達良好：不晉級，不給與獎金。

受評人同一違失行爲，於受刑事處罰或懲戒處分確定前之年度，職務評定已據以評列爲未達良好，於該處罰或處分確定當年度，視爲上述A及B所稱未受有刑事處罰、懲戒處分者（法評7Ⅵ、6Ⅳ）。受評人同一違失行爲，於受刑事處罰或懲戒處分確定前之年度，職務評定已據以評列爲未達良好，如於該處罰或處分確定當年度，認屬受有刑事處罰、懲戒處分，不得晉級並給與獎金，職務評定獎懲效果等同評列未達良好，形同連續兩年以同一事由作爲職務評定之依據，產生兩罰之結果，不甚公平、合理，是以做如是之規定，此亦爲民國102年2月26日修正該辦法所增列。

評定結果，自次年1月1日起執行（法評19，考績8），非於年終辦理之另予評定，自司法院核定之日起執行（法評19）。12月2日以後退休生效或死亡，致當年度年終評定應予晉級部分，無法於次年1月1日執行者，給與二個月俸給總額之獎金。但符合上述C晉二級資格者，給與三個月俸給總額之獎金（法評7Ⅴ）。

3. 團體績效之評比（法官32）：各級法院團體績效評比爲我國法制中之首創（近年來「公務人員考績法」修正草案，已增列團體績效評比之條文），司法院依「法官法」第32條，於民國100年12月30日訂定發布「各級法院團體績效評比辦法」（104.9.4.修正）其內容大要如次：

(1) 評比期程（團評2）：以三年爲一期，由司法院指定其中一年度辦理。

(2) 評比項目（團評3）：

①審判績效評比：占百分之五十。

A.折服率及上訴、抗告維持率。

B.非常上訴撤銷件數。

C.調解或和解之成立件數及比率。

D.遲延案件處理成效。

E.法官平均未結件數。

F. 其他有關審判事務之成效。

②行政績效評比：占百分之四十。

A.執行重要行政政策成效。

B.執行革新與開創措施成效。

③綜合評比：占百分之十。

(3) 評分標準（團評4）：

①極佳：九分至十分。

②次佳：六分以上，未滿九分。

③普通：三分以上，未滿六分。

④待改進：未滿三分。

(4) 評比組織（團評7）：由司法院秘書長爲主席，成員包括司法院副秘書長、相關廳處長及主席指定之人。

(5) 評比作用（法官32）：

①結果公開——受社會大眾之公評、公斷。

②作爲各級法院院長職務評定之參考。

4. 職務評定之救濟（法評21至30）：

(1) 復核：受評法官對職務評定結果如有不服，得於收受職務評定通知書翌日起三十日內，以書面附具理由，向評定機關（法院）提起復核（評定21 I，保障77）。評定機關對於復核事件，應重新審查原評定是否合法妥當，並於收受復核申請書翌日起三十日內，就復核事項詳備理由函復，必要時得延長二十日，並將延長事由通知復核申請人。逾期未函復者，復核申請人得逕提再復核（法評22 I，保障77、81）。

(2) 再復核：申請復核法官對於復核復函如有不服，得於收受復核復函翌日起三十日內，以書面附具理由，向司法院職務評定再復核委員會提起再復核（法評24 I，保障78）。

(3) 提起訴訟：對於再復核決定不服，得於決定書送達之次日起二個月內，提起行政訴訟。但再復核申請人主張原評定影響審判獨立者，視為已完成本法第53條第2項所定異議程序，再復核申請人應於再復核決定書送達翌日起三十日內，向職務法庭起訴（法評30）。

(4) 程序再開：職務評定如有顯然錯誤，或有發生新事實、發現新證據等行政程序再開事由，得依「行政程序法」相關規定辦理（法評31）。

(5) 提起復審：受評人對於職務評定之晉級、獎金銓敘審定結果如有不服，得於收受職務評定通知書翌日起三十日內，依「公務人員保障法」相關規定，提起復審（法評21Ⅲ）。此乃因有某檢察官民國101年年終職務評定結果未達良好，提起申訴，經○○地檢署駁回其申訴；復向保訓會提起再申訴，亦經保訓會駁回其再申訴（保訓會102公申決字第0239號再申訴決定書）；復向臺北高等行政法院提訴訟，再經駁回（102年度訴字第1463號）。是以，民國102年11月5日修正該辦法增列此項規定。

5. 個案評鑑與懲戒：併於本章第六節「法官與檢察官之評鑑與懲戒」中述說。

6. 小結：由上觀之，法官之職務評定基礎架構、程序，與公務人員考績似無不同，但綜觀其評核、評比、評定，仍有因其職務性質之必要——獨立審判，而具特殊之規設，值得關注，如：

(1) 評定之項目：其內容標榜學識能力、品德操守、敬業精神、裁判品質，與現行公務人員考績同為四項（工作、操行、學識、才能）相較，已與業務作相當且較具體之搭配，且仍有相若之處；但與考績法修正草案之考核項目：工作績效與工作態度兩項，亦有不同之處，似乎比較突顯其業務之特殊性。至於「全面評核」之項目，亦與審判有關事項，作相當程度之結合。而「團體績效評比」較其列入考績法修正草案，拔得頭籌，更早完成立法建制，得催促立法，具有使其他各機關依法施行之作用，應值讚許。

(2) 評定之等第：

①只有「良好」與「未達良好」，並未如考績法之甲、乙、丙、丁四等，亦無如考績法修正草案之增列「優等」。雖未達良好者不予獎勵，仍留原俸級，但卻未在此即規設如考績法之丁等免職之退場機制，而係將退場機制規劃於「法官評鑑」、「職務法庭」（法官法第五、七章）中，此或係源於憲法第81條而為之設計，以脫離純然行政權之作用，以彰顯司法權之作用。

②「法官法」第74條對職務評定之結果，僅規定「良好」，並未規定「未達良好」，從事理或制度觀之，當然也會有「未達良好」之情事發生，也要有「未達良好」之規設，此雖為「法官法」對法官之職務評定及其救濟等有關事項，授權司

法院訂之，但基於法官係憲法上之重要政府官吏或人員，其「良好」與「未達良好」之法律效果或規範，均是同等重要，未若提升至本法中規定較妥。又研擬中之法官法修正草案，擬將評定之等第設爲「優良、良好、未達良好」三級。

(3) 評定之比例：現行「公務人員考績法」上並無考列甲等或其他等次之人數或比例之限制。但實務上，自民國90年起，以行政措施限制各機關公務人員年終考績甲等比例不得超過百分之七十五，以杜寬濫；考績法修正草案曾擬增列優等，並對優等、甲等、丙等作比例之規定。反觀「法官法」對職務評定結果僅分爲「良好」、「未達良好」，且無比例之規設，其立法意旨固然在於激發法官公正審判與廉潔自持，但其實行結果功效將會如何，是否符合社會的觀感與期待，以改善司法風氣？報載：民國105年依銓敘部之統計，法官、檢察官職務評定良好比率分別高達百分之九十七、百分之九十八，考試委員質疑司法官的職務評定良好，等同公務人員考列甲等，但公務人員上限爲百分之七十五，兩者並不衡平，「難爲眾人接受」（106.10.8.蘋果日報）。以現今人民對司法之觀感，後續如何，仍有待觀察。

(4) 評定之獎勵：依「法官法」第74條之規定，經評定爲良好者，並非即有晉級與獎金之獎勵，而是附有「且未受刑事處罰、懲戒處分」之條件，始得晉級並給與獎金。若使「受刑事處罰、懲戒處分」，即使輕微，於嚴謹之「平時考評」中，難有好評，年終職務評定，恐亦難獲「良好」之評定，而列入「未達良好」。蓋社會對法官之行爲，期待殷切，法官自應要有「高道德標準」之要求，是則立法附此條件；但經查立法時之各版草案，尤其是司法、行政、考試三院會銜版（第72條）並無對此說明，恐有贅語之嫌，而無實益。是以民國102年2月26日修正該辦法時，於第6條第3項增列：「受評人同一違失行爲，於受刑事判決處罰或懲戒、職務監督等處分確定前之年度，職務評定已據以評列爲未達良好，於受判決處罰或受處分確定當年度之職務評定，不再採爲考評參據。」第7條第5項增列：「受評人同一違失行爲，於受刑事處罰或懲戒處分確定前之年度，職務評定已據以評列爲未達良好，於該處罰或處分確定當年度，視爲第一項及第二項所稱未受有刑事處罰、懲戒處分者。」以之釋疑，而免「一事兩罰」。惟觀「公務人員考績法施行細則」第4條第3項第1款規定：「曾受刑事或懲戒處分者」在考績年度內，不得考列甲等，銓敘部認爲所稱「曾受刑事處分」係指經刑事確定判決而言，並非專指某一審級之判決……公務人員在考績年度內，受有刑事確定判決者（包括前開罰金及有期徒刑或拘役之易科罰金），應不得考列甲等（83.1.18.八三台華甄三字第0947429號函）；又公務人員獎懲案件之生效日期與獎懲事實非爲同一年度者，其平時考核增減分數之計算，仍應以獎懲案件發布生效之考績年度爲準（97.4.2.部特一字第0972926435號函）。此乃法官與一般公務人員業務性質之不同，所爲之特別規定。然而何謂

「未受刑事處罰、懲戒處分」？評定辦法如此之增列定義性條文，與一般人對本法條文文義之認知，恐仍有差距。

(5) 評定之晉敘：法官經年終評定，其晉級，原則上與考績法之規定相同，良好者一年晉一級；但特殊規定為：連續四年被評為良好者，除給予獎金外，並得一次晉敘俸級二級，此之首創為「公務人員考績法」所無，以此配合其「不列等」觀之，法官之俸級得依職務評定結果快速晉升到最高之800俸點，速度之快，為一般公務人員所難以達到。換言之，只要法官不受「職務法庭」認為不適任，應予「免除法官職務，並喪失公務人員任用資格」、「撤職：除撤其現職外，並於一定期間停止任用，其期間為一年以上五年以下」、「免除法官職務，轉任法官以外之其他職務」之懲戒處分（法官50），幾乎人人得依職務評定結果，逐年（二十四年，甚或更少）晉敘達最高800俸點之機會，此為公務人員任用、俸給、考績制度之所無。蓋公務人員受機關層級與編制之限制，在所占職缺之職務列等上，停格之年資較長，且受限於該職務列等俸級（含年功俸）之最高俸級，自難人人可至800俸點。又各法官雖同為審判業務工作，但是否能以「同質、同工、同值、同酬」審視之，而欲以明辨，仍有待時間與實踐的考驗。

(6) 評定之救濟：公務人員考績除因丁等或一次記二大過免職，致影響公務人員服公職之權利（憲15、18）、或考績丙等外，歷來被認為係「行政管理措施」，其救濟依「公務人員保障法」之「申訴」、「再申訴」行之，為二級救濟之制度：即向原服務機關提「申訴」，不服，再向公務人員保障暨培訓委員會提「再申訴」，即行終結，無再救濟之道。但法官不服「職務評定」則向服務機關（法院）提「復核」，不服再向司法院提「再復核」，對於再復核決定不服，得於決定書送達之次日起二個月內，提起行政訴訟；但再復核申請人主張原評定影響審判獨立者，視為已完成法官法第53條第2項所定「職務監督影響審判獨立」之異議程序，再復核申請人應於再復核決定書送達翌日起三十日內，向職務法庭起訴（法評30）。則「職務評定」等同「職務監督」（法官47）？其再復核之救濟，已脫離原「公務人員保障體系」，雖主要亦與公務人員之二級救濟制度相若，但卻增列了特殊情事之「影響審判獨立」司法救濟一途。此或為配合其職務受憲法第80、81條規範之特殊性而為之設計，但是否亦隱含絲微類此之考評，為個人服公職之權利（尤其是涉及金錢之給付），而非單純執行職務之事項。蓋依過去的經驗，「例外」之情事時有移轉或擴張之現象。

(二) 檢察官之職務評定

歷來檢察官與法官同等並列，稱之為司法官，「法官法」中之法官人事事項，除因檢察業務之特殊性（檢察一體有別於審判獨立）外，多所準用（法官

89），以法官之職務評定而言（法官73、74），檢察官亦準用之；但對於「法官全面評核」、「團體績效評比」（法官31、32）卻無準用之規定。是以，法務部亦因此僅訂有「檢察官職務評定辦法」（101.7.13.發布全文十九條，經101.12.28.、102.7.26.、104.5.29.、105.3.18.修正全文二十條、107.8.8.五度修正）以資適用，其內容與「法官職務評定辦法」大同小異，惟爲文字表述不同而已。茲述其不同處之大要如次：

1. 職務評定之標準：受評檢察官職務評定結果，與法官同爲「良好」、「未達良好」，但在評定年度內原僅列有「應評定爲未達良好」之情事，並無「得評定爲未達良好」之情事，民國102年7月26日修正時增列「得評定爲未達良好」之情事（檢評7）：

(1) 應評定為未達良好：

①受懲戒處分或因故意犯罪受刑事判決有罪確定。

②曠職繼續達二日以上或一年內累計達五日以上。

③平時考核獎懲相互抵銷後累計達記過以上者。

④全年依法停止辦理案件。

⑤請事假、病假或延長病假，累計達六個月以上。

(2) 得評定為未達良好：

①候補或試署服務成績審查不及格。

②經行政監督權人依本法第95條爲關於職務上之事項，得發命令促其注意之處分，或有廢弛職務、侵越權限或行爲不檢者，加以警告之處分。

③因可歸責於己之事由，而經法務部依本法第89條第1項準用第45條第1項第4款或第46條第4款爲地區調動或審級調動。

④全年新發生無故逾三月未進行、或新發生無故、藉故拖延逾期不結之案件總計逾三十件；辭職、調職移交或年度終了時，未結（含逾期未結）案件數同時超過個人平均數二十件及全署平均數之百分之三十。

⑤有本法第89條第4項所列各款應付個案評鑑情事之一或其他違法失職情事。

⑥依本法第89條第1項準用第81條第2項或第82條第1項規定帶職帶薪全時進修者，未於法定期間內提出研究報告，或其研究報告經法務部審核不及格。

⑦違反職務上之義務、怠於執行職務或言行不檢，足認評列良好顯不適當。

⑧綜合評核受評人之學識能力、品德操守、敬業精神、辦案品質、辦理事務期間及數量，足認評列良好顯不適當。

2. 職務評定之救濟（檢評16）：受評檢察官於收受職務評定結果通知後，如有不服，得依「公務人員保障法」提起救濟，亦即收受職務評定結果通知書三十日內，向服務之檢察署提申訴；如不服申訴之函復，得於函復送達之次日起三十日內，向公務人員保障暨培訓委員會提再申訴，再申訴中亦得適用「調處程序」（保障77、78、85、86、87）。如有顯然錯誤，或有發生新事實、發現新證據等行政程序再開事由，得準用「行政程序法」相關規定辦理（檢評16Ⅰ）。

3. **小結**：從上述兩項觀之，值得關注的是：

(1) **檢察官職務評定之標準**：原僅規定「應評定為未達良好」之情事，未若法官之另再規定「得評定未達良好」之情事；換言之，即為嚴格之「二分法」，無「應評定為未達良好」之情事者，即應評為良好。是以，理論上可能產生「零和效果」，可能「良好」之機率比法官為高。唯已於民國102年7月26日修正時增列「得評為未達良好」之情事。

(2) **檢察官職務評定之救濟**：

①**救濟之體系**：按法官、檢察官之「職務評定」取代原「考績」。但檢察官職務評定之救濟，仍採公務人員救濟制度體系之程序進行；非如法官職務評定之救濟，依司法權內行政體系之程序進行，「復核」、「再復核」即告終結，不可聲明不服（除非有主張影響審判獨立者，則始得換軌轉向司法性的職務法庭起訴）；民國105年修正增列得提起行政訴訟（法評30）。而檢察官則仍保持原在公務人員保障（行政權）體系內「文官法庭」之程序，進行準司法救濟，無司法性之救濟。

②**體系之差異**：按法官職務評定之救濟，採「復核」、「再復核」、「行政訴訟」，如主張影響審判獨立者，例外向職務法庭起訴。換言之，其救濟程序「復核」、「再復核」係「行政作用」，雖也帶有濃厚之司法色彩，然就以其提行政訴訟或向職務法庭起訴而言，其前置「復核」、「再復核」之程序，即如「訴願」、「再訴願」，因此其「職務評定」似乎具有「行政處分」之性質，終有司法救濟之機會。而檢察官之職務評定，似僅能到保訓會作「再申訴」即告終結，民國106年修正保障法，雖予「再申訴」得有「再審議」之機會，而無任何特殊事由之規列，得進行後續司法程序之救濟（保障2、77、94）。換言之，檢察官之「職務評定」在性質上似乎仍被設計為「行政管理措施」之性質。雖法官之審判、檢察官之追訴，兩者業務性質不同，而異其設計，應可贊同；但就出身與法官相同之檢察官而言，同一「職務評定」之制度作為，卻被作不同性質的認定，又無司法之救濟，在制度上是否待遇不平？此是否係立法之原意？或者意謂著檢察官之身分性質或定位，究為司法或行政，而有檢討再釐定之必要？蓋從訴訟之觀點視之，檢察官代表國家追訴犯罪、維護社會秩序之公益代表人（法官86），但在憲法上並無明文規定檢察官之地位等事項，且在現行五權憲法架構下，檢察官係列於「行政」體系之下。唯兩職務評定辦法施行迄今，雖有臺北高等行政法院之判決（102年度訴字第

1463號），尚無更進一步具體獲得救濟之案例，可資進一步研析、探討，但願一切平順，然仍有待後續之觀察。

(三) 結語

司法爲人權保障之最後一道防線，法官與檢察官是司法訴訟中很重要的角色（另一爲律師），均具有「公」的身分，是由「人」來擔任，而非「神」來擔任，人自有「人性」之善惡，亦有業務工作結果之良窳，爲督促、提醒、戒惕、激勵、讚許、獎勵，自有依其工作表現予以考評獎懲之必要。

「職務評定」係我國公務體系中，對於特定人員的一種新評核制度，規劃之始，已作若干與業務性質相搭配之制度設計，應値肯定；但其基本結構與程序，仍與「考績」相若。施行迄今數年，雖各經四次（法官）、五次（檢察官）修正，但當事法官、檢察官是否對新制度「有感」？均仍有繼續觀察之必要。要知「徒善不足以爲政，徒法不足以自行」，雖良法美意，仍需評核者、受評者及各執事者誠心、公正地確實施行，始能獲致良好的結果。

二、警察人員考績制度

警察人員之考績，除依「警察人員人事條例」中所列各項特別規定辦理外，其餘事項均適用「公務人員考績法」之規定（警人32）。現僅就其特別規定各項介紹。

由於警察人員工作與任務之性質，與一般公務人員迥然不同，所以爲配合實際需要起見，乃在「警察人員人事條例」中列有第五章「考核與考績」專章，以八條條文作補充性或特別性規定。其要點如下：

(一) 平時考核之重點與獎懲

警察人員平時考核項目，特別規定忠誠、廉潔、工作成績三項爲平時考核重點。民國96年7月11日修正該條例，改爲適用「公務人員考績法」之規定，以工作、操行、學識、才能爲考核項目（考績5）。其獎勵分嘉獎、記功、記大功；懲處分申誡、記過、記大過，並增列免職及免官。其獎懲有關事由、額度、監督等事項之標準，由內政部訂之（警人28）。

(二) 停職與復職

警察人員有下列情形之一者，其主管之機關、學校應即予停職，如有其他具體違法事實情節重大者，得予以停職（警人29Ⅰ）：

1. 動員戡亂時期終止後，涉嫌犯內亂罪、外患罪，經提起公訴於第一審判決前。

2. 涉嫌犯貪汙罪、瀆職罪、強盜罪，經提起公訴於第一審判決前。但犯瀆職罪最重本刑三年以下有期徒刑者，不包括在內。

3. 涉嫌假借職務上之權力、機會或方法，犯詐欺、侵占、恐嚇罪，經提起公訴於第一審判決前。但犯最重本刑三年以下有期徒刑之罪者，不包括在內。

4. 涉嫌犯前三款之罪經法院判決有罪尚未確定；或撤銷判決發回更審或發交審判案件，其撤銷前之各級法院判決均為有罪尚未確定。

5. 涉嫌犯第1至3款以外之罪，經法院判處有期徒刑以上之刑尚未確定，未宣告緩刑或得易科罰金；或嗣經撤銷判決發回更審或發交審判，前一審級法院判處有期徒刑以上之刑尚未確定，未宣告緩刑或得易科罰金。

6. 依刑事訴訟程序被通緝或羈押。但犯內亂罪、外患罪、貪汙罪、強盜罪被通緝者，應予免職。

7. 其他違法情節重大，有具體事實者，得予以停職（警人29Ⅱ）。

停職之警察人員經不起訴、緩起訴處分或判決確定，且其行政責任尚未構成法定免職情事者，應准予復職（警人30Ⅰ）。停職人員有下列各款情形之一者，得先予復職（警人30Ⅱ）：

1. 經法院判決無罪尚未確定。

2. 經法院以犯上述第1至3款以外之罪，判處有期徒刑以上之刑，經宣告緩刑或得易科罰金尚未確定。

3. 經撤銷通緝或釋放且無上述得予以停職第1至5款及第7款得予停職情形。

得先予復職之警察人員應以書面經由服務機關向原核定停職之機關、學校提出復職申請。原核定停職之機關、學校應於受理之日起二個月內作成決定；必要時，得延長之，並通知申請人，延長以一次為限，最長不得逾二個月。經核定先予復職者，應於復職通知達到之日起三十日內復職；逾限者，除有不可歸責於申請人之事由外，應廢止先予復職通知，繼續停職（警人30之1，保障10）。復職，並應補發停職期間之俸給（保障10，懲戒7Ⅰ）。

(三) 免職、免官與救濟

警察人員有下列各款情形之一者，遴任機關或其授權之機關、學校應予以免職，並予免官（警人31）：

1. 「公務人員任用法」第28條第1項第1款、第2款及第6款所定情形之一。

2. 動員戡亂時期終止後，犯內亂罪、外患罪，經有罪判決確定或通緝。

3. 犯貪汙罪、強盜罪，經有罪判決確定或通緝。

4. 犯前二款以外之罪，經處有期徒刑以上刑之判決確定，未宣告緩刑或未准予易科罰金。

5. 依刑事確定判決，受褫奪公權之宣告。

6.「公務人員考績法」所定一次記二大過情事之一。

7. 犯第2款及第3款以外之罪，經通緝逾六個月未撤銷通緝。

8. 持械恐嚇或傷害長官、同事，情節重大，有具體事實，嚴重影響警譽。

9. 假借職務上之權勢，意圖敲詐、勒索，有具體事實，嚴重影響警譽。

10. 假借職務上之權勢，庇護竊盜、贓物、流氓、娼妓、賭博，有具體事實，嚴重影響警譽。

11. 同一考績年度中，其平時考核獎懲互相抵銷後累積已達二大過。

12. 依其他法律規定應予免職或喪失服公職權利。

前述第6至11款免職處分於確定後執行，未確定前應先行停職（考績18）。

對於依上述各項予以免職免官而不服者，得依「公務人員保障法」之規定，提出復審、再審議及請求司法救濟（警人31，保障4、9、25、26、30、72、94）。

(四) 對久任原階人員的獎勵

警察人員任本官階職務滿十年，未能晉階或升官等任用，而已晉至本官階職務最高本俸俸級者，於其考績列甲等或乙等時，其獎勵如下（警人33）：

1. 考績列甲等：晉年功俸一級，並給予一又半個月俸給總額之一次獎金；已晉至年功俸最高級者，給予二個月俸給總額之一次獎金。

2. 考績列乙等：晉年功俸一級，並給予一個月俸給總額之一次獎金；己晉至年功俸最高級者，給予一又半月俸給總額之一次獎金。

(五) 考績案報請核定程序

區分為二種情形，分別處理如下：

1. 內政部警政署與所屬警察機關、學校、各縣市警察局，及警察大學警察人員之考績，由內政部或授權之警察機關學校核定後，送銓敘部銓敘審定。

2. 直轄市政府警察局警監人員之考績，由直轄市政府核定後，送內政部轉銓敘部銓敘審定；其餘人員之考由直轄市政府核定後，送銓敘部銓敘審定。

(六) 實行結果之觀感

警察人員考績制度實行結果，昔明顯可見者有三：一為獎懲頻繁；二為獎懲寬濫，尤以專案考績一次記二大功或二大過為著；三為獎由上起，懲由下起。又其受獎者：警正多於警佐，主管多於非主管；其受懲者：警佐多於警正，非主管多於主管。

按警察係有武力之公務人員，始能依法維持公共秩序，保護社會安全，防止一切危害，促進人民福利（警察法2）。因此，其組織紀律必須嚴密，非重賞重罰，速賞速罰，則不足以有效管理。是以，獎懲頻繁，較一般公務人員多，原不足以為奇，其一次記二大功或二大過專案考績之情，亦本不足為奇，較一般公務人員多出甚多，予人觀感不佳。就一次記二大功而言，昔如一有大型選舉，或春安演習依法執行維安工作、破獲重大刑事案件，全國即有數人一次記二大功，而其他公務人員部分，卻少之又少。此經媒體披露，致使當局檢討，而後依民國103年之統計：民國101年一次記二大功者，警察人員爲二百八十人次，爲其他人員七十二人次之四倍；民國102年警察人員下降爲一百一十三人次，爲其他人員二十六人次之四倍，而後再予下降，迄今約僅爲二十人左右。此乃於送請銓敘審查時，銓敘部組成專案小組嚴審。

至於警察人員涉嫌開設賭場（電玩）或販毒與黑道掛鉤等情，即被一次記二大過專案考績免職者，亦時有所聞，但人數均約個位數。

綜此以觀，究爲制度（設計）之使然？抑或執行之偏差，甚或是人員之素質？均値思考。

三、關務人員考績制度

關務人員之考績，基本上仍適用「公務人員考績法」規定，但其仍有少量比較特殊之規定：關務人員在同一考績年度內，於功過相抵後，記功二次以上者，考績不得列乙等以下；記功一次者，考績不得列丙等以下；記過二次以上者，考績不得列乙等以上；記過一次者，考績不得列甲等（關人17、19）。

四、交通事業人員考成制度

交通事業人員係納入銓敘範圍人員，但另定有不同之特種法律或規章適用。其考績稱爲考成，考試院於民國54年10月27日發布「交通事業人員考成規則」施行，該規則原規定一種交通事業人員特創之考成制度，習稱之爲「存分制」；民國84年1月20日該規則修正，改採類似公務人員之「獎金制」；至民國84年7月16日，再修正該規則第20條，規定交通部所屬陽明海運公司、電信總局、郵政總局三事業機構人員之考成，仍依原規定辦理，亦即仍採「存分制」。因而各交通事業機構之考成制度，相互之間形成兩制併行狀態。

所謂「存分制」乃源於交通事業人員考成規則第4條第1項第1款之「七十分晉薪一級，超過七十分之分數，另予獎勵」，何謂「另予獎勵」？該規則並無再進一步之規定，經銓敘部與交通部會商結果，確立「存分」之措施（銓敘部五四臺爲甄三字第15492號函）：

1. 交通事業人員年終考成分數，除七十分晉薪一級外，其超過七十分之分數予以存計。

2. 逐年存記分數累積滿七十分時再晉薪一級，如尚有剩餘分數仍予繼續存記。

3. 經升資位之事業人員，其於升資前歷年年終考成累存分數，每存一分按升資前最後月薪額七十分之一於年終時發給獎金。

4. 離職退休或死亡人員歷年年終考成累存分數於離職退休或死亡時，比照前項規定辦理。

民國91年6月26日制定公布之「交通事業人員考成條例」，基本上係以原考成規則爲藍本改訂爲法律。現雖僅剩「鐵路」一業及各業留用人員適用，爲聊資備忘，仍依據該考成條例規定，將兩種考成制度簡述如下（下述之(一)至(四)爲「獎金制」，(五)爲「存分制」）：

(一) 考成種類：考成區分爲年終考成、另予考成，與專案考成三種，另有平時考核（交成3、8）。此與公務人員之平時考核相若，茲不贅述。

(二) 考成項目：年終考成及另予考成之考成項目均為：工作績效、品德操守，及其他與業務有關項目（交成4）。

(三) 專案考成標準：交通事業人員於有重大功過應專案考成時，應引據本條例條文，詳述具體事實，按規定程序辦理，其一次記二大功、二大過之標準，依下列規定（交成10、11）：

1. 有下列情形之一者，一次記二大功：

(1) 對本事業之業務或技術上有特殊貢獻，經採行而獲得重大成效。

(2) 對主辦業務，提出重大革新具體方案，經採行確具成效者。

(3) 遇有特殊危急事變，冒險搶救，保全本事業或公眾重大利益，有具體事蹟者。

(4) 適時消弭意外事件，或重大變故之發生，或已發生而處置得宜，能予有效控制，免遭嚴重損害者。

(5) 遇案情重大事件，不爲利誘，不爲勢劫，而秉持立場，爲政府或本事業增進榮譽，有具體事實者。

2. 有下列情形之一者，一次記二大過：

(1) 圖謀背叛國家，有確實證據者。

(2) 圖謀不法利益或言行不檢，致嚴重損害政府或公務人員聲譽，有確實證據者。

(3) 違抗政府重大政令，或嚴重損害政府信譽，有確實證據者。

(4) 執行職務不力，或怠忽職責，或洩漏職務上之機密，致政府或本事業遭受重大損害者。

(5) 遇有特殊危急事變，畏難規避或救護失時，致本事業或公眾蒙受重大損害者。

(6) 涉及貪汙案件，其行政責任重大，有確實證據者。

(7) 對本事業之重大危害，疏於察覺防範，或因循瞻護，或隱匿不報或臨時措置失當，因而貽誤事機，致本事業遭受重大損害者。

(8) 脅迫、公然侮辱或誣告長官，情節重大，有確實證據者。

(9) 挑撥離間或破壞紀律，情節重大，有確實證據者。

(10) 曠職繼續達四日，或一年累積達十日者。

上述「專案考成」早於民國54年考試院公布之「交通事業人員考成規則」第9條特優事蹟四款、第10條特劣行爲四款視其動機原因、影響等，分別給予晉薪一級，或並給予獎章、獎狀或改給一個月薪額之一次獎金獎勵；或予以免職，或降薪一級並調職或察看三個月無進步者免職。係我國人事考績（成）制度中所見較早之「專案考成」，得予特別晉級或免職，爲民國67年修正「分類職位公務人員考績法」、69年修正「公務人員考績法」所仿效採納。其事由雖與今之款數不等，但重大程度似屬相當。

(四) 考成等次及獎懲：考成結果，分甲等（八十分以上）、乙等（七十分以上，不滿八十分）、丙等（六十分以上，不滿七十分）、丁等（不滿六十分）（交成5），其獎懲如下：

1. 對年終考成之獎懲：考列甲等者晉薪一級，並給予一個月薪給總額之一次獎金；已敘至本資位最高級者，或依交通事業人員任用法規規定不得再晉級者，給予二個月薪給總額之一次獎金。考列乙等者，晉薪一級，並給予半個月薪給總額之一次獎金；已敘至本資位最高級者，或依交通事業人員任用法規規定不得再晉級者，給予一個半月薪給總額之一次獎金。考列丙等者，留原薪級。考列丁等者，免職。

2. 對另予考成之獎懲：考列甲等者，給予一個月薪給總額之一次獎金。考列乙等者，給予半個月薪給總額之一次獎金。考列丙等者，不予獎勵。考列丁等者，免職（交成5Ⅰ）。

按「交通事業人員考成規則」原無另予考成，係於民國74年後仿公務人員考績制度所增列（銓敘部74.2.26.七四台華甄四字第43803號函），其獎懲爲：

(1) 七十分給予半個月之一次獎金，超過七十分之分數，每一分給半個月薪額之七十分之一之一次獎金。

(2) 六十分以上不滿七十分者，不予獎勵。

(3) 不滿六十分者免職（而後於91.6.26.制定考成條例時，予以入法）。

以上年終考成及另予考成考列甲等、丁等之條件，準用「公務人員考績法」及其施行細則之規定。

3. 對專案考成之獎懲：一次記二大功者，晉薪一級，並給予一個月薪給總額之一次獎金；已敘本資位最高級者，或依交通事業人員任用法規不得再晉級者，給予二個月薪給總額之一次獎金；但在同一年度內再因一次記二大功辦理專案考成者，不再晉薪級，改給二個月薪給總額之一次獎金。一次記二大過者，免職（交成10）。

4. 平時考核與獎懲：平時遇有足資鼓勵之事蹟或應予儆懲之行為時，應隨時予以獎懲。其獎勵分為嘉獎、記功、記大功；懲處分為申誡、記過、記大過，均於年終考成時併計成績增減總分。平時獎懲得相互抵銷，無獎懲抵銷而累積達二大過者，年終考成應列丁等或評分不滿六十分。交通事業人員之獎懲標準表由各交通事業機構擬訂報交通部核定，並送銓敘部備查（交成8）。

(五) 存分制的併行：存分制在交通事業機構中歷史悠久，依交通事業人員考成條例第6條規定僅在郵政總局及中華電信股份有限公司適用，民國94年8月「電信民營化」後，僅剩民國92年1月「公司化」之「中華郵政股份有限公司」適用。其與獎金制不同之處，為考成僅有分數多少之區別而無等次之分，獎勵亦無等次之別；但考成不佳者，仍得予以免職，對年終考成及另予考成均適用。存分制要旨如下（交成6）：

1. 考列六十分以上不滿七十分者，仍留原薪級；不滿六十分者，免職。

2. 凡考列七十分以上者，均晉薪一級；已敘本資位最高級者，或依法不得再晉級者，給予一個月薪給總額之一次獎金。

3. 每年每人超過七十分之分數予以存記，經逐年累積達七十分時，即再予晉薪一級；無級可晉者，合併給予二個月薪給總額之一次獎金；如仍有餘分，仍予以留存，繼續累積計算。

4. 另予考成，滿七十分者給與半個月薪給總額之一次獎金，超過七十分之分數，每一分給與半個月薪給總額之七十分之一之一次獎金。六十分以上，不滿七十分者，不予獎勵。不滿六十分者免職。

(六) 辦理考成程序：由各事業機構之考成委員會執行初核，事業機構首長執行覆核，並依任用程序報經交通部或授權機關核定。但其任用案應送銓敘部者，其考成案亦應送銓敘部銓敘審定。非年終辦理之另予考成及未設考成委員會機關之考成案，除考成免職應送上級機關考成委員會考核外，得由該機關主管逕行考核（交成15）。

(七) 其他事項：如專案考成一次記二大功或二大過之標準、考成結果之執行、考成委員會陳述意見等悉如「公務人員考績法」，茲不贅述（交成11、14至16、

18）。

五、公立高級中等以下學校教師考核制度

(一) 全國各級公立學校教職員之成績考核呈現多元制度狀態：公立學校之人事管理，目前實況是施行一種多元制度。教師與職員不同，大專教師與高中以下學校教師不同，有公務人員任用資格之職員與無公務人員任用資格之學校職員不同，所以不僅全國各級公立學校整體呈現多元狀態，而且常有一校多制狀態。因而其教職員的考績或考核制度亦隨之不同，大致而言，其教職員之考績制度或稱成績考核制度，似可以區分爲如下四類情形（以下四類並非法規名稱）：1.公立專科以上學校教師之成績考核。2.公立高級中等以下學校教師成績考核。3.公立各級學校職員成績考核。4.具有「公務人員任用法」所定任用資格之職員之考績。

以上四種情形除第4種情形之人員，即如同本章前述一般公務人員辦理考績，無庸重述外；其餘三種情形人員，因均非屬本書主體範圍內事項，原本不必討論，但其中之高中以下學校教師，因其人員數量最多，且明文定有具體成績考核辦法，似不妨於此就其考核制度稍予介紹，以資相互比較參考。

(二) 公立高中以下學校教師成績考核制度：

1. 沿革：對於公立學校教師，迄無辦理考績或考核之法律；經教育部初於民國60年7月21日發布「公立學校教職員成績考核辦法」施行，並歷經十七次修正，而於民國94年10月3日第十次修正時將其名稱亦修正爲現行之「公立高級中等以下學校教師成績考核辦法」；其最近一次之修正在民國102年12月20日，修正全文二十四條。該辦法以前原係將包括大專院校之各級公立學校職員，以及中等學校以下所有教職員，一併納入該辦法適用範圍。但自民國83年7月1日「教育人員任用條例」第21條修正施行後，已將公立學校職員中具有公務人員任用資格者，改定爲適用「公務人員任用法」之人員，由銓敘部辦理其任用審查，於是，此類人員隨同亦適用「公務人員考績法」辦理考績。但依該條例規定，部分不具公務人員任用資格之職員，仍適用原有關法令規定，亦即不適用公務人員各項有關之管理法律管理，於是始將該辦法適用範圍變更爲現行規定。

2. 制度名稱：此一制度名稱爲「公立學校高中以下教師成績考核制度」，其內容則大致參照公務人員考績制度訂成，但顯然係著意於爲貫徹我國尊師重道傳統精神，故儘量避免使用與公務人員考績制度相同之名詞，甚至不賦予名詞。例如：稱「考核」而不稱「考績」；考核結果無「甲、乙、丙、丁」或「一、二、三、四」等級之區分，但有其實；不稱依「考核項目」考核，而稱按某些「情形」考核等。雖頗具苦心，但亦備見其困窘。

3. 適用範圍：據上說明，並依據現行「公立高級中等以下學校教師成績考核辦法」規定，該辦法僅適用於公立高中以下學校編制內專任合格教師（教核2）。

4. 學年考核與平時考核：至學年度終了時，任職滿一學年度者，予以辦理成績考核；滿六個月不滿一學年者，辨理另予成績考核（教核3）。另尚有平時考核之記大功、記功、嘉獎、記大過、記過、申誡之獎懲，及其他情事之規定，但無「專案考核」（教核6）。

5. 考核事項：教師之年終成績考核，按其「教學、訓輔、服務、品德生活，及處理行政等情形」予以辦理（教核4）。本書本款標題現所使用之「考核事項」一詞，並非法定用語，僅係爲敘述便利而不得已使用。

6. 考核標準及考核結果之處分：教師成績考核結果，不分等次，但設定有四組不同考評條件（分別類似公務人員之考列甲、乙、丙三等之條件）。對成績考核符合各該組規定標準者，分別作下列不同之處理：符合第一組條件者（類同甲等），晉本薪或年功薪一級，並給予一個月薪給總額之一次獎金；已支年功薪最高級者，給予二個月薪給總額之一次獎金。符合第二組條件者（類似乙等），晉本薪或年功薪一級，並給予半個月薪給總額之一次獎金；已支年功薪最高級者，給予一個半月薪給總額之一次獎金。符合第三組條件者（類似丙等），留支原薪。有「教師法」第14條第1項各款規定情事之一者，或「教育人員任用條例」第31條各款規定情事之一者（類同丁等），應依法定程序予以解聘、停聘或不續聘，自然不再辦理年終成績考核或另予成績考核（教核3Ⅰ）。

7. 另予考核標準及考核結果之處分：符合第一組條件者（類似甲等），給予一個月薪給總額之一次獎金；符合第二組條件者（類似乙等），給予半個月薪給總額之一次獎金；符合第三組條件者（類似丙等），不予獎勵。具有「教師法」第14條第1項各款規定情事之一者，或「教育人員任用條例」第31條各款規定情事之一者（類同丁等），應依法定程序予以解聘、停聘，或不續聘，自然不再辦理年終成績考核或另予成績考核（教核3Ⅰ）。

8. 平時考核之獎懲：與公務人員平時考核類同，有記大功、記大過、記功、記過、嘉獎、申誡等獎懲，但無類似公務人員之專案考核（教核6）。

9. 考核程序：由各校考核委員會初核，校長覆核，送各該級教育行政主管機關核定；亦另有救濟規定（教核8至16），但不適用「公務人員保障法」。

(三) 結語：

當今教師之人數幾乎與公務人員相當，其數甚爲可觀，以其人數之多，但卻僅有以「教師法」爲基準，另有「教育人員任用條例」、「教師待遇條例」、「公立學校教職員退休資遣撫卹條例」，但卻無如「公務人員考績法」之考核法律，以作爲考核之依據，在整體法制上，有獨漏且不完備之感。

蓋以現行教師考核諸辦法所作之考核結果，有晉升薪級及給予獎金之情，以無法律依據之辦法進行考核，卻在法律上晉級，妥當乎？合法乎？允宜深思。未若以法律訂定其考核事項爲當。

教師原亦無薪級待遇之法律，有關薪級待遇原亦以無法律依據之行政命令（職權立法）規定，經司法院釋字第707號解釋（101.12.28.），促成「教師待遇條例」之完成立法。其理於「考核」有甚多相通之處。吾人期待當局能速研擬有關教師考核之法律草案，送請立法。

第四節 公務員獎懲制度

一、主要法規

我國現行有關公務員獎懲之法規，爲數雖不甚多，但若連同有關專業人員獎章事項法規觀之，爲數則不少，堪稱洋洋大觀。現就其較爲常用者，舉述如下，並略作說明：

(一)「勳章條例」及其施行細則：「勳章條例」，似爲現行法律中少數制定較早且未經廢止或另訂，而仍繼續施行者之一。由國民政府於民國30年2月12日公布施行；後迭經於民國31年3月25日、34年9月11日、35年9月7日、36年12月10日、69年1月11日，及70年12月7日第六次修正，全文十七條，施行至今。

(二)「褒揚條例」及其施行細則：該條例亦係少數早年法律之一，定於民國20年7月11日，全文十六條；嗣於民國75年11月28日修正公布，全文十條，施行至今。

(三)「獎章條例」及其施行細則：「獎章條例」訂定較晚，於民國73年1月20日公布，民國95年1月11日首次修正。其制定有其特殊之時代背景：中央政府自大陸撤退來臺之初，先總統蔣公認爲：「我人喪失大陸大好河山，陷我大陸同胞於苦難中，基於知恥知病之旨，在大陸未光復之前，任何國人實均難有任何功勳之可言，不宜頒發勳章。」故「勳章條例」幾近凍結。但由於我在臺官民，上下一心，努力建設，臺灣社會進步神速，多著有功績，事實上又不能不有所獎勵表揚，政府因而於民國73年適時另行制定「獎章條例」施行，以資彌補。

依據該條例第9條及其施行細則第15條規定，各主管機關得另訂有關頒發專業獎章之規定，報請主管院核定後施行；因此，現已有關於頒發各種不同專業獎章之規章三十多種。

(四)「警察獎章條例」：該條例爲我國有關獎章之最早法律，於民國32年7月2日公布施行，規定警察人員具有本條例所列舉十項勞績之一者，由內政部頒給本獎章。警察獎章區分爲四等，每等又分三級。

(五)「內政部專業獎章頒給辦法」：該辦法於民國76年1月23日發布施行，民國80年4月10日、87年10月7日、88年12月22日、97年8月14日、103年1月29日五次修正，規定分設內政獎章及役政獎章二種，並各區分爲一、二、三等。前者頒給範圍爲：從事民政、戶政、社政、地政、營建、警政、消防及其他內政有關業務人員；後者頒給範圍爲：辦理役政業務之人員。該辦法並就上述各該業務所應具有之具體事績，逐一列舉。獎章之頒給，除選務機構人員應經內政部長核定後，由中央選舉委員會頒給外；餘均由內政部長核定後，以公開儀式頒給之。

(六)「財政部專業獎章頒給辦法」：該辦法於民國75年10月2日發布施行，財政人員具有該辦法所規定六款事蹟之一者，或非財政人員或外國人有功於財政者，由財政部頒給本獎章。獎章分爲一等、二等、三等。

(七)「教育部教育文化獎章頒給辦法」：該辦法於民國75年10月17日發布施行，民國97年5月5日、102年12月18日修正。教育人員具有該辦法所規定七款事蹟之一者，或非教育人員或外國人有功於教育文化者，由教育部頒給該獎章。獎章分爲一等、二等、三等。

(八)「法務部專業獎章頒給辦法」：該辦法於民國84年2月10日發布，民國96年3月20日修正。規定對檢察、矯正、司法保護、調查、司法訓練、政風、行政執行、法規諮商、國家賠償、鄉（鎮、市）調解、仲裁，及其他法務工作之法務部人員、法務部所屬機關人員，或非法務部所屬機關人員或外國人，其符合該辦法所規定六款事績之一者，經報請法務部部長核定後，以公開儀式頒給之。獎章分爲一等、二等、三等。

(九)「經濟部專業獎章頒給辦法」：該辦法於民國75年8月25日發布，規定對於從事礦業、工業、商業、水利等有關經濟建設事業，確有創新、發明、投資、合作，或拓展貿易等優異事蹟之中華民國國民或外國人士，得頒給經濟獎章。獎章分爲一等、二等、三等，經經濟部部長核定後，以部長名義頒發。

(十)「交通部專業獎章頒給辦法」：該辦法於民國75年11月29日發布，規定具有本辦法所定六款事蹟之一之交通機關人員，或非交通機關人員或外國人，頒給該獎章。獎章分爲一等、二等、三等，報由交通部部長核定頒給之。

(十一)「蒙藏委員會專業獎章頒給辦法」：該辦法於民國75年9月26日發布，民國96年9月26日修正。原規定凡致力蒙藏工作之海內、外人士，具有該辦法所定七款事蹟之一者，報請蒙藏委員會委員長核定，並以委員長名義頒給該獎章。獎章分爲一等、二等、三等。茲該委員會業務以於民國106年9月15日停止，同日行政院公告即日起改由「文化部」管轄，自當以「文化部」名義頒給該獎章。

(十二)「僑務委員會專業獎章頒給辦法」：該辦法於民國50年8月18日發布，民國98年5月4日第六次修正。規定凡海內外人士致力有關僑務工作，而具有該辦法所定三款事蹟之一者，報請僑務委員會委員長頒給該獎章。獎章分爲一等、二等、三等。

(十三)「行政院主計總處專業獎章頒給辦法」：該辦法於民國77年12月28日發布，經民國93年10月6日、96年7月10日、101年11月15日、104年8月21日六次修正迄今，規定具有該辦法所列舉七款事蹟之一者，由主計長以公開儀式頒給之。獎章分爲一等、二等、三等。

(十四)「行政院新聞局專業獎章頒給辦法」：該辦法於民國74年5月13日發布，民國96年3月20日第五次修正。該辦法規定，爲獎勵對國際傳播事業及國際傳播工作有卓越貢獻之傳播事業從業人員、行政人員及傳播學術研究人員起見，其具有該辦法所規定四款事蹟之一者，經局長核定，由該局以公開儀式頒給該項國際傳播獎章。該獎章未分等別。民國101年行政院組織改造後，新聞局裁撤，民國101年5月15日行政院公告自5月20日起停止辦理。

(十五)「衛生福利部專業獎章頒給辦法」：該辦法源於民國75年10月24日發布之「行政院衛生署專業獎章頒給辦法」，民國83年12月28日第二次修正，規定對衛生工作著有貢獻人士，具有該辦法所定五款事蹟之一者，陳請署長核定後，公開頒發表揚衛生獎章。獎章分一等、二等、三等。民國101年行政院組織改造後，「行政院衛生署」改制爲「衛生福利部」，民國102年7月19日行政院公告該辦法之主管機關原爲「行政院衛生署」，自7月23日起變更爲「衛生福利部」。民國102年10月2日衛生福利部訂定發布該辦法全文十條，並自發布日施行，該獎章分爲一等、二等、三等，均用襟綬。民國104年12月18日衛生福利部令廢止原辦法。

(十六)「行政院環境保護署專業獎章頒給辦法」：該辦法於民國77年11月18日發布，民國88年6月9日修正，對於公教人員、非公教人員或外國人，於環境保護有功且具有所定五款事蹟之一者，頒給環境保護獎章。獎章分爲一等、二等、三等。

(十七)「行政院原子能委員會專業獎章頒給辦法」：該辦法於民國81年12月2日發布，以獎勵對原子能工作有貢獻之中外人士。凡具有該辦法所定八款事蹟之一者，經報請原子能委員會主任委員核定後，以公開儀式頒給原子能獎章。獎章分爲一等、二等、三等。

(十八)「行政院農業委員會專業獎章頒給辦法」：該辦法於民國77年7月21日

發布，至民國105年12月2日經四次修正迄今。爲獎勵對農業有功人員，凡具有該辦法所定五款事蹟之一者，農委會主任委員核定後頒給農業獎章。獎章分一等、二等、三等，以公開儀式頒給。

(十九)「人事專業獎章頒給辦法」：該辦法係銓敘主管機關之銓敘部爲鼓勵人事專業人員，依據「獎章條例」第9條及其施行細則第15條訂定，會同行政院人事行政局於民國79年4月25日發布，民國96年11月15日第二次修正規定。爲獎勵對人事業務具有特殊貢獻人士，具有該辦法所定六款事蹟之一者，依管轄範圍，分別經銓敘部部長或行政院人事行政總處人事長核定後，以公開儀式頒給人事專業獎章。獎章分一等、二等、三等。

(二十)「審計部審計專業獎章頒給辦法」：該辦法於民國80年6月14日發布，民國97年10月24日修正。規定爲獎勵對審計業務有特殊貢獻人士起見，具有該辦法所定六款事蹟之一之審計人員，或非審計人員或外國人，經報請審計長核定後，以公開儀式頒給審計專業獎章。獎章分一等、二等、三等，以公開儀式頒給。

(二一)「外交部專業獎章頒給辦法」：民國85年2月14日訂定發布，民國87年6月3日修正（略）。

(二二)「行政院海岸巡防署海巡專業獎章頒給辦法」：民國91年7月24日訂定發布（略）。

(二三)「行政院客家委員會專業獎章頒給辦法」：民國91年5月29日訂定發布（略）。

(二四)「行政院大陸委員會大陸工作專業獎章頒給辦法」：民國90年6月14日訂定發布（略）。

(二五)「行政院公共工程委員會專業獎章頒給辦法」：民國87年3月25日訂定發布，民國97年3月18日第二次修正迄今（略）。

(二六)「行政院文化建設委員會國際文化獎章頒發辦法」：民國92年7月15日訂定發布（略）。

(二七)「行政院退除役官兵輔導委員會榮光專業獎章頒發辦法」：民國99年3月3日訂定發布（略）。

(二八)「監察院監察獎章頒給辦法」：民國87年10月13日發布，民國90年12月26日修正（略）。

(二九)「考試院考銓獎章頒給辦法」：民國90年1月4日訂定發布（略）。

(三十)「行政院原住民委員會專業獎章頒給辦法」：民國87年2月29日訂定發布（略）。

(三一)「國家情報專業獎章頒給辦法」：民國94年9月8日訂定發布，民國103

年7月18日第四次修正（略）。

(三二)「消防專業獎章頒給辦法」：民國88年12月22日訂定發布施行（略）。

(三三)「國家發展委員會專業獎章頒給辦法」：該辦法於民國103年6月5日發布，以獎勵對從事國家發展綜合規劃、經濟發展、社會發展、產業發展、人力資源發展、國土、區域及離島與永續發展、文化與族群發展、管制考核、政府資訊管理、法制革新等及其他有關公共治理業務有卓越貢獻人員。獎章分爲一等、二等、三等，均用襟綬，以公開儀式頒給。

(三四)「公務員服務法」：該法初制定於民國28年10月23日，中經四度修正。其第四次修正亦即最近一次之修正，在民國89年7月19日。

(三五)「公務員懲戒判決執行辦法」：原「稽核公務員懲戒處分執行辦法」係依據「公務員懲戒法」第28條訂定，初於民國29年9月令行，經於民國77年第二次修正。內容爲有關稽核懲戒法第28條第3項懲戒處分之執行事項，均係有關權責、程序，及限期之規定，民國105年7月21日司法院、考試院會同發布廢止，並自民國105年5月2日生效。民國105年5月2日「公務員懲戒法」修正施行，司法院、行政院、考試院依該法第75條，先於民國105年4月14日會同訂定發布該辦法。

(三六)「公務人員考績法」及其施行細則：有關該法之說明，已見本章第二節。該法列有公務人員考績後有關獎懲之規定。

(三七)「關務人員獎懲辦法」：該辦法係依據「關務人員人事條例」第18條，由行政院會同考試院，於民國81年7月8日頒行，民國88年7月1日修正全文。內容雖僅有十四條條文，但對各項獎懲之標準，列舉規定甚爲具體詳明。

(三八)「公務人員品德修養及工作績效激勵辦法」：「公務人員品德修養及工作潛能激勵辦法」原爲銓敘主管機關銓敘部本於職權訂定之行政規章，用資激勵公務人員之品德與工作。考試院初頒於民國79年8月15日，81年4月15日、81年10月19日、88年4月17日、96年6月23日以迄102年3月12日修正爲「公務人員品德修養及工作績效激勵辦法」，再經民國104年3月25日修正迄今。

(三九)「公務人員領有勳章獎章榮譽紀念章發給獎勵金實施要點」：該要點係考試院會同行政院，於民國80年3月7日發布，並經民國85年10月8日、91年6月20日、94年2月5日及95年6月1日四次修正。對於依「勳章條例」、「獎章條例」及其他有關法規，所頒發之各種勳章、獎章、紀念章，各規定有一定金額獎勵金的給與。

(四十)「公務員懲戒法」：該法初制定於民國20年6月8日，全文二十八條，經民國22年6月27日、22年12月1日、37年4月15日、74年5月3日、104年5月20日五度修正。民國74年5月3日第四次修正後，將全文增至四十一條，民國104年5月20日第五次修正全文八十條，將審理法庭化，並於民國105年5月2日施行。

(四一)「政務人員退職撫卹勳績給與標準」：該標準初訂定民國93年4月5日，民國96年7月18日修正。

二、獎懲方式三十五種

綜合以上我國現行各種有關獎懲法規所規定有關獎與懲的方式，合計有以下三十五種之多。茲舉述並逐一略加說明於次。

(一) 有關懲罰者：有下列十八種：

1. 有期徒刑：有期徒刑之規定，見於「公務員服務法」第13條第3項及第22條之1。前條對於公務員利用權力、公款或公務上之秘密消息圖利他人者，依刑法第131條處斷（得處一年以上七年以下有期徒刑，得併科罰金）；後條對公務員於離職後三年內，如違反本法第14條之1（「旋轉門條款」）規定，而擔任與其離職前五年內之職務直接相關之營利事業董事、監察人、經理、執行業務之股東或顧問者，處二年以下有期徒刑（請併參閱本目下述「15.罰金」條）（服務13、22之1）。

另公務人員明知應依規定申報財產，無正當理由不爲申報，或故意申報不實者，經依法予以罰緩，並通知其限期申報或補正，無正當理由仍未申報或補正者，處一年以下有期徒刑、拘役，或科罰金（財申12）。

2. 免職或併免官：係「警察人員人事條例」規定，凡警察人員犯法定列舉十一款如：內亂、外患、叛亂、匪諜、盜匪、貪汙等罪嫌或情事之一，經考績免職、通緝、判決者，經判決確定，予以免職或併免官（警人31）。

3. 撤職：「公務員服務法」（服務13）規定，公務員不得經營商業或投機事業；或兼任不得兼任之董事、監察人；或利用權力、公款或公務上之秘密消息而圖利他人，違者均應先予撤職。但投資於非屬其服務機關監督之農、工、礦，交通或新聞出版事業，爲股份有限公司之股東，兩合公司之有限責任股東，或非執行業務之有限公司股東，而其所有股份總額未超過其所投資公司資本總額百分之十者，不在此限。所稱之「先予撤職」，經司法院（37院解4017）解釋爲先予停職之意。

又「公務員懲戒法」第9條及第12條均有撤職之規定，所稱撤職，爲撤其現職，並於一定期間（一年以上，五年以下）停止任用。

4. 免職：「公務人員考績法」規定，公務人員年終考績或另予考績列丁等者，或專案考績一次記二大過者，均應予免職。又「交通事業人員考成條例」、「警察人員人事條例」分別對其人員之年終考績（成、核）、專案考績（成、核）以及另予考績（成、核），均有免職規定（考績7、8、12，交成5、6、10，教師法

14，教任31，警人2、4、31）。

5. 解聘：解聘爲適用於教師之考核處分。「教育人員任用條例」及「公立高級中等以下學校教師成績考核辦法」，對於教師平時行事及年終考核、另予考核，以及專案考核，均有關於解聘之規定（教任38，教核4）。

6. 停止任用：停止任用之處分，僅見之於「公務員懲戒法」，係對予以撤職懲戒之人員，除撤除其現職外，並至少一年以上、五年以下停止任用。此種附帶懲戒措施，能使撤職處分落實而更具意義（公懲12）。

7. 一次記二大過：專案考績一次記二大過之處分，雖名爲記二大過，實質與記大過有重大區別，而爲免職處分之手段或別名。此一處分爲早年之所無，而係民國56年6月8日公布「分類職位公務人員考績法」始有之新規定；隨而「公務人員考績法」於民國59年8月27日修正公布，亦配合予以作同樣規定。其最初用語，僅爲「記二大過」，後始將其更改爲「一次記二大過」，使之詞意更爲明確。而一次記二大過之標準，亦明定於現行考績法中，其他有關法規遂援照而均作同樣規定，「警察人員人事條例」規定亦適用公務人員此一規定。「交通事業人員考成條例」所規定之專案考成，一次記二大過者，予以免職，則完全相同（考績12，考績細14，警人32，交成10、11）。

8. 休職：「公務員懲戒法」規定之休職，應休其現職六個月以上，停發薪給，並不得在其他機關任職。休職期滿，許其復職，二年內不得晉敘、陞任或調遷主管職務（公懲9、14）。

9. 停職：停職（或稱停止職務）規定見於「公務員懲戒法」、「公務人員考績法」以及「警察人員人事條例」。所定停職情形有四如下：

(1) 其職務當然停止者：依刑事訴訟程序被通緝或被羈押者；或已確定判決受褫奪公權之宣告者；或受徒刑之宣告在執行中者（公懲4）。

(2) 應即停職者：警察人員違法失職，情節重大者；以及犯內亂、外患、盜匪、貪汙、瀆職、詐欺、侵占，恐嚇等罪嫌，經提起公訴者；或其他罪經法院判處有期徒刑以上之刑，未宣告緩刑或得易科罰金者；或因刑事程序而被通緝或羈押中者（警人29）。

(3) 有停職之必要者：公務員懲戒委員會對受移送之案件，認爲情節重大，有先行停止其職務之必要者（公懲5）。

(4) 得先行停職者：公務員懲戒委員會對受理之懲戒案件，認爲情節重大而有必要者，或主管長官對所屬人員依法移送監察院或公務員懲戒委員會核處者，得先行停止其職務（公懲5）；又年終考績或專案考績應予免職人員，於該考績案尚未確定前，均得先行停職（考績18）。以上各停職事項，在「警察人員人事條例」、

「交通事人員考成條例」、「公立高級中等以下學校教師成績考核辦法」中，均有相同規定，對應予免職人員得先行停職（警人31，交成14，教核19）。

10. 降級：降級爲降敘俸薪等級之簡稱。「公務人員考績法」及大部分其他人員有關考績（成）或考核法規中均無此規定，而僅爲「公務員懲戒法」所定。該法對降級處分之法定解釋，不止於詞面所表示之僅降其薪俸等級而已，而係依其現敘之俸級降一級或二級改敘，並自改敘之日起，二年內不得晉敘、陞任或調遷主管職務；無級可降者，按每級差額減其月俸二年（公懲9、15）。

11. 記大過：「公務人員考績法」規定，記大過爲平時考核懲處方式之一種。其施行細則並定有記大過之標準。其他依特種任用法律任用人員之考績、考成或考核規章，均有記大過之規定，但公務員懲戒法無記大過之規定（考績12，考績細13）。

12. 減俸：減俸爲「公務員懲戒法」所定處分方式之一種。該法所定減俸處分之具體執行內容，爲依其現職之月俸減百分之十或百分之二十支給，爲期六個月以上，三年以下，且一年內不得晉敘、陞任或調遷主管職務（公懲9、16）。

13. 記過：記過爲平時考核有關懲罰處分之一種。「公務人員考績法」於此有明文規定：申誡三次作爲記過一次，記過三次作爲記一大過；其施行細則並規定：記過之標準，由各機關視業務情形自行訂定上報級機關備查。其他各種人員有關考核之法規，大致都有此一處分項目之使用，且有關規定均與「公務人員考績法」類似（考績12，考績細13、15）。

「公務員懲戒法」亦有記過之規定，但其體制與上述考績法所規定者稍有不同。依公務員懲戒法規定，自記過之日起，一年內不得晉敘、陞職或遷調主管職務；一年內記過三次者，依其現職之俸級降一級改敘；無級可降者，按每級差額減其月俸二年（按：公懲法有記過但無記大過之規定）（公懲9、18）。

爲免考績法上之記過與公務員懲戒法上之記過在法律性質上相混淆起見，考績法修正草案擬將「記過」改爲「記小過」，但尙待完成立法程序。

14. 申誡：「公務人員考績法」規定，平時考核得採取申誡方式，爲該法所定各種懲罰處分中最輕者；「公務員懲戒法」亦有此一處分，均未規定附加處分，但明定申誡應以書面爲之。其他人員各該考核法規，大致均有同此項目的採用（考績12，考績細15、16，公懲9、19）。

爲免考績法上之申誡與公務員懲戒法上之申誡，在法律性質上相混淆，考績法修正草案擬將「申誡」改爲「警告」，但尙待完成立法程序中。

15. 罰金：「公務員服務法」初頒行於民國28年10月23日，最近一次亦即第四次修正於民國89年7月19日。當民國85年1月15日第三次修正時，新增俗稱「旋轉門條款」之規定，公務員於離職後三年內，不得擔任與其離職前五年內之職務直接相關之營利事業董事、監察人、經理、執行業務之股東或顧問，違者處二年以下有期徒刑，得併科新臺幣一百萬元以下罰金，並沒收其所得。同法另條亦有得依刑法有關條文併科罰金之，並沒收所得之利益或追繳之規定（併參閱本目上述「1.有期徒刑」條）（服務14之1、22之1）。

16. 留原俸（薪）級：留原俸（薪）級之處分，亦即無獎無懲，不採取任何行動。但若以當今管理學界流行之激勵學說觀點以論，以及目前我國獎多於懲之實況而論，雖無任何懲罰，但亦無任何獎勵，以及大多數人員每年常可考績考列甲等之情形，相較之下，其實質亦未嘗不爲一種無形懲罰方式。此一項目，爲年終考績及另予考績（成、核）獎懲方式之一種，「公務人員考績法」第7條及第8條均有規定，係作爲對考績列丙等人員之獎懲處分。其他人員之考績考核法規，亦均有類似規定（考績7、8）。

17. 免除職務：爲「公務員懲戒法」於民國104年5月20日公布修正所增列之懲戒種類之一，以免其現職，並不得再任用爲公務員（公懲9、12）。換言之，即褫奪其終身任公務員之權利。

18. 罰款：爲「公務員懲戒法」於民國104年5月20日公布修正所增列之懲戒種類之一，其金額爲新臺幣一萬元以上一百萬元以下。

(二) 有關獎勵者：有下列十七種：

1. 勳章：勳章爲國家頒予人員最高榮譽之一種。我國早在民國30年2月12日國民政府時代，已公布「勳章條例」施行，經民國70年12月7日第六次修正，繼續施行至今。所定勳章種類計有：采玉、中山、中正、卿雲、景星五種，其中采玉大勳章，係總統佩帶者，並得特贈外國元首；中山及中正勳章，係頒給具有安邦定國、敉平叛亂，以及有特殊成就者，或特殊貢獻者，或特殊勳勞者；對一般公務人員，或非公務人員，或外國人之勳勞，則授予卿雲或景星勳章。

請勳手續規定爲（勳章2至9、13，勳章細7至11）：

(1) 得由總統特授或特交稽勳委員會逕行審核。

(2) 其他應由呈請機關依規定程序，遞轉初審機關提出審核，或由初審機關逕依規定手續辦理。

(3) 政務官請勳案件，由呈請機關呈送各該主管院審議，或由各該主管院逕行辦理。

(4) 事務官請勳案件之初審機關爲銓敘部；僑民爲僑務委員會；非公務人員爲內政部。

(5) 不隸屬五院之呈請機關逕呈總統府，或由總統府逕行辦理。

(6) 主管院爲：行政院、立法院、司法院、考試院、監察院。

(7) 勳績之審核，由稽勳委員會行之，但總統特贈或特授者，不在此限。

2. 獎章：依民國73年1月20日頒行，及民國95年1月11日修正公布之「獎章條例」規定，獎章得頒給公教人員、非公教人員或外國人。獎章種類有四：功績獎章、楷模獎章、服務獎章、專業獎章，各定有其頒給之具體標準。其中功績、楷模及服務三種獎章，由各主管機關報請各該主管院核定，並由院長頒給之，但服務獎章得授權由各主管機關核頒。公務人員獲頒上述獎章者，由主管機關送請銓敘部登記；專業獎章由各該主管機關依其業務性質之需要，自行訂定辦法並自行頒發，或報請各該主管院核定後，由各該主管院首長頒給之（獎章1至5、8、9）。

3. 晉升官等資格：取得晉升官等資格，除經由考試途徑外，薦任晉升簡任，及委任晉升薦任，亦均得不經考試取得，代之以「訓練合格」取得，並經具體規定於「公務人員任用法」。此種免試取得晉升官等資格之規定，當然爲對績優人員之一種獎勵（任用17）。

4. 晉升職等（官階）資格：依「公務人員考績法」規定，公務人員晉升本官等範圍內之職等，主要爲經由考績。該法規定，公務人員任本職等年終考績，二年列甲等者，或一年列甲等二年列乙等以上者，皆取得同官等內高一職等「任用資格」。「警察人員人事條例」亦規定考績一年列甲等二年列乙等以上者，取得晉升同官等內高一官階之「任用資格」。至於公立學校教師及未納入銓敘範圍之職員，因無職等職階官階之設置，以及交通事業人員，於資位下亦不再有類似官階或職等之設置，故均無此種類似晉升規定（考績11，警人13）。

5. 晉階：警察人員在官等之下有官階設置，所稱晉階，即晉升官階之簡稱。現有之公職人員制度中，僅警察人員制度及關務人員制度設有官階。依「警察人員人事條例」規定，晉階得依考績或特殊功績兩途之一行之（警人13）；但關務人員則僅依考績晉階（關人6、18，關人細4）。

6. 模範公務人員：考試院於民國79年8月15日發布「公務人員品德修養及工作潛能激勵辦法」，至民國104年3月25日，經六次修正，民國102年3月12日修正名稱爲「公務人員品德修養及工作績效激勵辦法」。規定各機關現職人員品行優良，且於上年度在本機關具有所規定八款事績之一者，得選拔爲模範公務人員，並頒給獎狀一幀、獎金五萬元，及給公假五天（激勵7、10）。

7. 傑出貢獻獎：由於各機關每年選出之模範公務人員人數較多，在民國88年修正之上述激勵辦法中，增設有公務人員「傑出貢獻獎」一種，就歷年之模範公務人員中選出，每年（全國總額）限定不得超過十人，除仍給予模範公務人員各種獎勵外，並另再各給予獎座一座、獎金新臺幣十萬元及公假五天，民國102年修正時，於第11條規定公務人員（個人，不以當選模範人員爲必要）或團體，有法定傑出貢獻各款事蹟之一者均得受主管機關推薦參加評選，總獎名額十名，個人獎頒給獎座一座、獎金新臺幣二十萬元及公假五天；團體獎四名爲限，頒給獎座一座、獎金新臺幣三十萬元（激勵11、15）。

8. 獎勵金：民國80年3月7日，考試院與行政院會銜發布「公務人員領有勳章獎章榮譽紀念章發給獎勵金實施要點」（經五次修正）。民國93年4月5日，兩院又發布「政務人員退休撫卹勳績給與標準」一種（民國96年修正），規定對於領有各種勳章、獎章，及總統發給之榮譽紀念章者，得按各該勳獎章之類別與等次之不同，於人員退休或撫卹時，分別給予規定數額之獎勵金（勳獎3，政勳獎2）。

9. 晉俸（薪）：「公務人員考績法」、「公立高級中等以下學校教師成績考核辦法」、「交通事業人員考成條例」、「警察人員管理條例」都有因年終考績（成、核），或專案考績（成、核）成績優良者，給予晉俸（薪）之規定。

晉俸（薪）區分爲晉本俸（薪）及晉年功俸（薪）兩種。當本俸（薪）已至本官等，或本職等，或本官階，或本職務最高俸（薪）級，致無本俸（薪）可晉時，始得依各該法規所規定條件，改晉年功俸（薪）（公績7、10、12，教核4，交成5、6、7、10，警人2、33）。

10. 獎金：「公務人員考績法」、「交通事業人員考成條例」、「公立高級中等以下學校教師成績考核辦法」、「警察人員管理條例」以及「公務人員品德修養及工作潛能激勵辦法」，均有關於獎金之規定。

綜合各有關發給獎金之規定，獎金之發給，係在下列三種不同情形下出現：

(1) 因年終考績（成、核）列甲等或乙等依規定應給予發金者，或專案考績（成、核）一次記二大功給予獎金者。

(2) 應晉本俸（薪）或晉年功俸（薪）者，但因其已敘本俸（薪）或年功俸（薪）至最高級，而無俸（薪）級可晉時，改發之獎金。

(3) 當選爲模範公務人員或傑出貢獻獎所獲得之獎金（激勵11、15）。

11. 一次記二大功：在各種有關考績（成、核）法規中，均定有專案考績（成、核）；或雖不稱爲專案考績（成、核），但其實質與專案考績相同之措施。此種措施乃重獎重懲觀念下產品（考績12，交成10，警人32）。一次記二大功的後續價値爲晉俸（薪）及獎金。並取得其他多種優先權利地位。

12. 記大功：大部分考績（成、核）法規均有記大功、記功、嘉獎之規定，係平時考核中對績優人員所採獎勵方式之一種。「公務人員考績法」、「警察人員人事條例」、「交通事業人員考成條例」、「公立高級中等以下學校教師成績考核辦法」，均有關於記大功之規定（考績12，考績細13，警人28，交成8、9，教核

6）。

13. 記功：參閱「12.記大功」條（同上）。

14. 嘉獎：參閱「12.記大功」條（同上）。

15. 給公假：參閱「6.模範公務人員」條及「7.傑出貢獻獎」條（激勵7、11、15）。

16. 獎狀、獎座：參閱「6.模範公務人員」條及「7.傑出貢獻獎」條（激勵11、15）。

17. 特別休假或特別公假：「警察人員人事條例」規定，警察人員有特別貢獻或特殊功績者，給予特別休假（警人37）；模範公務人員及傑出貢獻獎也均有特別公假（激勵11、15）。

以上舉述懲處方式十八種以及獎勵方式十七種，合計獎懲方式共三十五種。

三、我國現行獎懲制度特色

從上述獎懲法規以及獎懲方式兩方面看來，我國獎懲制度之特色，似可歸納為下列五項：

(一) 主體明顯：整個獎懲制度，似以勳章、獎章、考績（成、核）、懲戒四事為主體，至為顯然。

(二) 體系繁雜：各種有關獎懲之規定，分散於考績（成、核）、勳獎、激勵、懲戒等各種性質不同之法規中；且獎懲方式繁雜，既未整合，稍欠體系。

(三) 未盡妥適：就已有各法規規定而言，獎懲之原因、事項、方式、輕重，以及程序等，相互之間，未盡配合；畸重畸輕，難稱盡皆允當。

(四) 稍欠周延：仍有諸多相關事項，以及應獎應懲事項，未予規範。

(五) 方式紛繁：獎勵之方式，自勳章、升職，以至特別休假；懲處之方式，自有期徒刑、撤職，以至申誡，形形式式，各行其是，稍涉紛繁。

第五節　公務員懲戒[1]

一、懲戒之意義

憲法第24條：「凡公務員違法侵害人民之自由或權利者，除依法律受懲戒外，

1　本節之寫作，承臺灣大學黃錦堂教授述說德國公務員懲戒法，謹此致謝。

應負刑事及民事責任……。」此之「懲戒」，一般指爲公務員違反法規義務所負應受處罰之「行政責任」。現制行政責任之處罰又可分爲司法性之「懲戒」（懲戒法）與行政性之「懲處」（考績法）。

「公務員懲戒法」第1條規定：「公務員非依本法不受懲戒，但法律另有規定者，從其規定。」其「法律另有規定者」，究竟指何法律，昔尙難理解，今或指「法官法」上對法官（檢察官）之懲戒。遞至司法院公布釋字第243號解釋：「依公務人員考績法或相關法規之規定，對公務人員所爲之免職處分，直接影響其憲法所保障之服公職權利」（78.7.19.）、釋字第298號：「足以改變公務員身分，或對公務員有重大影響之懲戒處分，受懲人得向掌理懲戒事項之司法機關聲明不服」（81.6.12.），及釋字第583號：「公務人員考績法第十二條第一項第二款規定所爲免職之懲處處分，實質上屬於懲戒處分，爲限制人民服公職之權利」（93.9.17.），即可知所謂之「懲戒」，係國家爲維持官紀，對違法失職之公務員剝奪或免除其公職之權利，或對其服公職爲重大影響之處罰。此之法律，除「公務人員考績法」第7條年終考績丁等免職與第12條專案考績一次記二大過免職外，尙包括「警察人員人事條例」第31條、「交通事業人員考成條例」第5、6、10條之免職，及有關考績免職之法律，但不包括如任用法第28條之喪失國籍或受監護（禁治產）宣告，而不得爲公務人員之免職。

由此回觀新舊公務員懲戒法第1條首句之「非依本法不受懲戒」，自可得知懲戒之重，在於剝奪或影響憲法所規定服公職之權利。又有謂本條原係屬配對於傳統「特別權利關係」之「有特別管理規則，無法律保留之適用，對於違反義務者，可以施以特別懲戒罰」之保障，亦非無理。惟亦有或多或少在於防止懲戒權之濫用。不過迄今「特別權利關係」之說已轉爲「公法上職務關係」或「公法上特別關係」[2]，已非如昔「特別權利關係」特別懲罰規則之嚴格，且在當今重視人權觀念下，應解爲「懲戒（處罰）法定主義」：無法律之依據，不得懲戒處罰公務員，以保障公務員服公職之權利。

---

2 吳庚主持《公務員基準法研究》（行政院研究發展委員會，94.4.）所擬第一部分第一篇「公務員基準法草案總說明」中敘及：「我們建議公務員關係以『公法上特別法律關係』稱之」（頁11），但第二篇「公務員基準法草案」第11條則謂：「『公法上職務關係』自公務員任命生效開始」（頁30），前後用詞不一。但自民國85年2月2日司法院釋字第395、396號解釋後，均稱爲「公法上職務關係」，並爲歷年版「公務人員基準法」（如101.3.27.考試院、行政院會銜送立法院版）所引用。惟吳著《行政法之理論與實用》歷年各版均引前書：「曾主張『特別法律關係』代替『特別權力關係』」（如98.10.，頁245至246），再查校兩書對該關係實質內容之敘述，則同一。

二、懲戒制度之沿革

我國民國104年5月20日修正之「公務員懲戒法」，係源於民國20年6月8日國民政府公布之「公務員懲戒法」二十八條，民國22年6月27日修正第10條條文，12月1日修正第3條條文，以迄於行憲後公務員懲戒權確定歸於司法院主掌。民國37年4月15日國民政府修正全文為二十七條，並自7月1日施行，民國74年5月3日總統令公布修正全文四十條，民國104年5月20日配合司法院大法官解釋之意旨（釋243、298、395、396、433、583號）將其審議「法庭化」，修正公布全文八十條，並於民國105年5月2日施行。此修正雖增列若干實體性條文，但絕大部分為審判程序之條文，可謂「體系內之修正」。

然而在行憲之前，公務員懲戒制度之建立，卻有一段漫長的滄桑史，茲約略分為「北京政府時期」、「國民政府時期」與「憲法施行時期」，予以述說。

(一) 北京政府時期

民國肇始，有關公務員懲戒之法制，首推民國元年3月11日臨時大總統孫文公布之中華民國臨時約法，其第52條規定：「法官在任中不得減俸或轉職，非依法律受刑罰宣告或應受免職之懲戒處分，不得解職。懲戒條規，以法律定之。」但不及於一般文官之懲戒。

民國2年1月9日，北京政府公布「文官任免執行令」（第243號命令），附帶公布「文官懲戒法」、「文官保障法」……等草案，並聲明其「先後提交參議院諮請議決在案」、「各項法案未經正式公布以前，所有文官任用、懲戒、保障各事，宜暫行適用各該草案辦理，一俟參議院議決後，再行公布施行」。該「文官懲戒法」草案其懲戒事由有三：1.違背職守義務。2.玷汙官吏身分。3.喪失官吏信用（第2條）；懲戒處分之種類有四：1.褫職。2.降等。3.減俸。4.申誡（第5條）。同時公布「文官懲戒委員會編制法」草案：中央與各省各設「文官高等懲戒委員會」掌理簡任及荐任官之懲戒；中央及地方各官署設「文官普通懲戒委員會」掌理委任官之懲戒，由司法官與行政官共同組成。其預備及補助事宜，由銓敘局辦理。

民國3年3月21日，北京政府公布施行「平政院編制令」二十九條，此後一般文官之違失事件仍由文官懲戒委員會審議外，其受糾彈之懲戒事件則由平政院審理。平政院雖直隸於大總統，屬於行政機關之系統，審理行政官吏之違法不正行為，但係獨立行使職權；平政院下設肅政廳，置都肅政史一人，肅政史十六人。平政院掌理之官吏懲戒，限於肅政史之糾彈事件，此糾彈限於官吏之違反憲法、行賄受賄、濫用威權、玩視民瘼等事件；至於一般違背職守、玷汙身分、喪失信用事件，仍適用「文官懲戒法」草案，分由文官高等或普通懲戒委員會掌理，文官之懲戒呈現

「多元制」之現象。此平政院爲現制最高行政法院之前身，似可意會文官之懲戒，具行政訴訟之性質。

民國4年10月15日，北京政府公布施行「司法官懲戒法」全文三十四條。將司法官之懲戒移由「司法官懲戒委員會」主掌，其懲戒事由有二：1.違背或廢弛職務，2.有失官職之威嚴或信用；懲戒處分之種類有五：1.奪官。2.褫職。3.降官。4.停職。5.調職。

民國7年1月17日，北京政府公布施行「文官懲戒條例」全文二十六條，懲戒事由有三：1.違背職務。2.廢弛職務。3.有失官職上之威嚴或信用；懲戒處分有五：1.褫職。2.降等。3.減俸。4.記過。5.申誡。

(二) 國民政府時期

民國14年7月1日，國民政府成立於廣州，民國15年1月23日設「懲吏院」，懲治官吏事項，悉由懲吏院統一掌理。民國15年2月17日公布施行「懲治官吏法」全文十九條：懲戒事由有三：1.違背誓詞。2.違背職務。3.廢弛職務；懲戒之種類有六：1.褫職。2.降等。3.減俸。4.停職。5.記過。6.申誡。監察院對官吏認爲應付懲戒者，應備文聲敘事由，連同證據，咨送懲吏院懲戒之；各監督長官認爲所屬官吏應付懲戒者，應備文聲敘事由，連同證據，請監察院咨送懲吏院懲戒；但記過或申誡處分，國民政府或該管長官得逕予行之。顯然將監察「糾彈」與「懲戒」分隸。民國15年5月4日裁撤懲吏院，職掌歸「審政院」辦理，但10月4日公布修正之「國民政府監察院組織法」將官吏之彈劾、懲戒業務全歸併於監察院，並裁撤審政院。民國17年5月12日公布施行「法官懲戒暫行條例」，又將法官之懲戒移由「法官懲戒委員會」專司。

民國17年10月，國民政府修正「中華民國國民政府組織法」設立五院，將官吏之「彈劾」與「懲戒」分屬監察院與司法院，隨即設立「官吏懲戒委員會」，收歸所有之官吏及司法官之懲戒，立懲戒權歸屬司法之性質。

其實監察院係於民國20年2月2日于右任院長宣誓就職正式成立，其前之監察院均爲籌備階段。

民國20年6月8日，國民政府公布施行「公務員懲戒法」全文二十八條，懲戒事由有二：1.違法。2.廢弛職務或其他失職行爲；懲戒處分有五：1.免職。2.降級。3.減俸。4.記過。5.申誡。但懲戒機關卻有三：1.中國國民黨中央黨部監察委員會掌國民政府委員之懲戒。2.國民政府委員以外之政務官送國民政府所屬政務官懲戒委員會。3.薦任以上公務員及中央委任職公務員送司法院之中央公務員懲戒委員會，各省委任職公務員送司法院地方公務員懲戒委員會，並於移送懲戒中，有「停職」措施之規定。

民國22年6月22日，懲戒法修正，將「國民政府委員」修正爲「選任政務官」，並增列不止一人或其不屬於同一機關者，均移送官職較高之懲戒機關合併審議。民國22年10月28日國民政府成立「軍事長官懲戒委員會」掌理軍人懲戒事項；12月1日修正選任政務官、立法委員、監察委員不適用「降級」、「減俸」、「記過」，特任特派之政務官不適用「降級」。

行憲後之民國37年4月15日修正公布「公務員懲戒法」全文二十七條，7月1日施行，對於公務員之懲戒歸於司法院所屬之公務員懲戒委員會以迄今日。

此間應附帶補述者，乃「制憲」中，公務員懲戒權之歸屬，自民國22年8月「張知本憲草」、23年3月「立法院憲草」，均將懲戒權歸於司法院；但民國25年5月5日國民政府公布之「五五憲草」（第87條），將彈劾、懲戒均歸於監察院。至民國35年11月23日之「政協憲草」（第95、103條），則監察院對中央或地方行政人員之彈劾案，須經監察委員三人以上之提議，九人以上之審查及決定，始得提出，送由懲戒機關依法辦理；但「懲戒機關」歸何院，並無明文。民國35年12月25日制定、36年12月25日施行之「中華民國憲法」始再確定公務員懲戒權劃歸司法院。

綜上所述，國民政府時期「懲戒權」之歸屬，在中國國民黨、國民政府、司法院、監察院（甚至有謂考試院）間，雖呈現多元性，但在懲戒事由之實質內容，並無甚變化，懲戒之種類，亦僅稍許之增列，在移付懲戒之程序上，也較有改進。瞭解此沿革背景，對於現制更易於深入瞭解。

(三) 憲法施行時期

民國37年4月15日修正公布「公務員懲戒法」全文二十七條，7月1日施行，依憲法規定懲戒權歸司法院，將懲戒處分種類中之「免職」修正爲「撤職」，或因任用、考績法律中有「免職」之規定，以示區隔，並增列「休職」。但對於政務官卻僅得爲「撤職」、「申誡」之懲戒。

民國42年後，以迄於民國74年5月3日修正公布全文四十條爲止，其間研議修正爭論之焦點在於：1.宜否賦予或加強機關首長對所屬公務人員之懲戒處分。2.宜否建立懲戒審議之救濟程序。3.「刑先懲後」之制宜否變更爲「刑懲並行」。4.公營事業人員有無適用。

民國74年5月3日修正公布之「公務員懲戒法」，其內容雖大幅修正，但其懲戒事由仍爲：1.違法。2.廢弛職務或其他失職行爲；懲戒種類仍爲：1.撤職。2.休職。3.降級。4.減俸。5.記過。6.申誡。其修正之重點爲：1.限制受移付懲戒人辦理資遣或聲請退休。2.同一違失案件涉及數人應全數同案移送。3.增列衡量懲戒處分輕重之標準。4.增列懲戒追訴權時效十年。5.刪除政務官懲戒之特別審議程序。6.修正

「刑先懲後」爲「刑懲並行」。7.增訂「免議」、「不受理」之議決。

其間有關軍人之懲戒，依憲法第77條、「司法院組織法」、「公務員懲戒法」及「監察法」之規定，本應由公務員懲戒委員會審議；唯民國40年2月總統以（40）台統（一）字第693號代電核定暫由軍事機關辦理，軍人之懲戒即由國防部自行辦理，以應時局之需。民國79年7月6日司法院公布釋字第262號解釋：「監察院對軍人提出彈劾時應移送公務員懲戒委員會審議，並於軍人之過犯，除上述彈劾案外，其懲罰仍應依陸海空軍懲罰法行之。」以維護軍事指揮與賞罰權合一，確保統帥權及軍令之貫徹執行。

民國104年5月20日修正公布之「公務員懲戒法」全文八十條，則係參考德國、奧地利及日本公務員懲戒之法制，以「懲戒實效化」、「組織法庭化」、「程序精緻化」爲取向，來提升審理效能。其最重要者，除「免除職務」外，乃增列對退離公務員得予以「剝奪、減少退休（職、伍）金」及「罰款」之懲戒處分，以求追懲之實效。

以下述說現行「公務員懲戒法」之內容。

三、懲戒概說

(一) 懲戒之適用

新舊「公務員懲戒法」第1條第1項開宗明義規定：「公務員非依本法不受懲戒。但法律另有規定者，從其規定。」揭示「懲戒法定主義」。在「公務人員保障法」制定施行前，論者以其前段之規定係屬公務人員之保障——不被非法懲戒，即不被非法處罰之意，要其重者爲令其去職。然依考績法之「免職」懲處，則非爲懲戒乎？直至大法官會議解釋認爲：「『免職』影響憲法第15、18條服公職之工作權，確定爲懲戒之性質」（75.7.19.釋字第243號解釋理由書、93.9.17.釋字第583號）。是則可依本項「但法律另有規定者，從其規定」之規定認爲考績法係懲戒法之特別法乎？或依舊法第9條第3項規定：「九職等或相當於九職等以下公務員之『記過』與『申誡』，得逕由主管長官行之」（現已刪除），認爲考績法之懲處爲昔懲戒法之授權乎？觀之官吏考課之歷史，自古以來即有罷黜去職之制，亦爲近代「特別權力關係」所承繼。考績法上年終考績丁等免職，及專案考績一次記二大過免職，均爲行政指揮監督之作用，乃屬「事務之本質」；惟憲法定制，將懲戒權劃歸司法，以防行政恣意使服公職權利不保。因此，長久以來，論者有謂：懲戒爲司法性、懲處爲行政性，若非大法官之解釋，則兩者絕然不相關。自歷史沿革而言，此觀念必須釐清。至於「但法律另有規定者」，當今僅指「法官法」（第47至70條）所規定之法官懲戒，尚無其他公務員法律有懲戒之規定（除考績法之免職）。

第1條第2項：「本法之規定，對退休（職、伍）或其他原因離職之公務員於任職期間之行爲，亦適用之。」此乃民國104年修法所新增，以強化公務員任職期間之責任，既防其以退離職務卸責，又具追懲之法據。

(二) 懲戒之要件

1. 懲戒事由（公懲2）：

(1) 違失行爲：違法執行職務、怠於執行職務或其他失職行爲，均係「職務行爲」之違法。此係綜合舊法兩款之意旨。

(2) 損譽行爲：非執行職務之違法行爲，致嚴重損害政府之信譽，均係「非職務行爲」之違法。似對應於「公務員服務法」第5條：「公務員應誠實清廉，謹愼勤勉，不得有驕恣貪惰，奢侈放蕩及冶遊、賭博、吸食煙毒等足以損失名譽之行爲。」但恐不僅於此，含括範圍更廣，尚可包括對行政規則或職務命令之違反，甚至於私領域之違反社會倫理道德，此爲修正後新法所增列。

查舊法第2條文第1款「違法」及第2款「廢弛職務或其他失職行爲」之懲戒事由規定，於公務員職務外之違法行爲，應否受懲戒，即生疑義（昔懲戒案曾有之）。考量本法之制定旨在整飭官箴，維護政府信譽，爰參酌德國聯邦公務員法第77條第1項規定，區分「職務上行爲」與「非職務上行爲」，明定公務員非執行職務之違法行爲，須致嚴重損害政府之信譽時，始得予以懲戒。至於違法卻未嚴重損害政府信譽之行爲，則排除於懲戒事由之外，以避免公務員於私領域之行爲受過度非難。至於公務員非執行職務之違法行爲，是否致嚴重損害政府之信譽，係以其違法行爲是否將導致公眾喪失對其執行職務之信賴爲判斷標準。

2. 懲戒必要（公懲2、55、56）：即監察院或各主管機關首長認爲有懲戒之必要，始得移送公務員懲戒委員會懲戒；公務員懲戒委員會合議庭認爲有懲戒之必要，始得作懲戒之判決，否則應作「不受懲戒」或「免議」之判決。按：懲戒處分之目的在於對公務員之違法失職行爲追究其行政責任，俾以維持公務紀律；惟公務員之違法失職行爲，其情節輕重有別，如機關首長行使職務監督權（如考績法上之平時考核）已足以維持公務紀律，自無一律移送懲戒之必要。其間是否必要之酌量，則應包括「比例原則」、「平等原則」。

3. 責任條件（公懲3）：公務員之行爲非出於故意或過失者，不受懲戒。公務員違反行政法上義務之處罰及民、刑事責任，均以故意或過失爲其責任條件（行政罰7，民法184，刑法12，釋275）。而現代國家基於「有責任始有處罰」之原則，對於違反公務員法之究責，亦應以行爲人主觀上有可非難性及可歸責性爲前提。

(三) 懲戒之機關

依憲法第77條之規定：公務員之懲戒由司法院掌理。司法院下設有「公務員懲戒委員會」，職司全國公務員懲戒事項，是以公務員懲戒係屬「司法性」，而非行政性。依「公務員懲戒委員會組織法」第4條第2項規定，懲戒案件之審理及裁判，以委員五人合議行之。公務員懲戒委員歷來亦均由具法官身分者出任（釋162）。

(四) 懲戒關係者

1. 移送（提懲）機關：

(1) 監察院：監察院對中央或地方公務（人）員認為有前述應受懲戒情事，經監察委員一人以上之提議，九人以上之審查及決定，應付懲戒者，應將彈劾案連同證據，移送公務員懲戒委員會審理（憲98，公懲23）。其案件來源有三：

①監察委員依職權自動登記調查（監察細24）。

②監察委員依人民陳述書狀所述事項調查，及院會或各委員會之決議推派委員調查（監察細23）。

③各院、部、會首長，省、直轄市、縣（市）行政首長或其他相當之主管機關首長，認為所屬公務員有前述應受懲戒情事者，應由其機關備文敘明事由，連同證據送請監察院審查（公懲24Ⅰ）。

(2) 各機關：各院、部、會首長，省、直轄市、縣（市）行政首長或其他相當之主管機關首長，認為所屬薦任第九職等或相當於薦任第九職等以下之公務員有前述應受懲戒情事者，得由其機關備文敘明事由連同證據，逕送公務員懲戒委員會審理（公懲24Ⅰ）。

2. 受移送者：受移付懲戒之對象為「公務員」（憲77），其範圍為「受有俸級之文武職公務員及其他公營事業機關服務人員」（服務24）。對退休（職、伍）或其他原因離職之公務員於任職期間之行為，亦適用之（公懲1Ⅱ）；但不及於純「勞工」之人員。

(五) 必要之處置

1. 停止職務：

(1) **當然停職**：公務員有下列各款情形之一者，其職務當然停止（公懲4），此當然停止職務，係指不待任何行政處分，逕依法律規定，直接形成停止職務之效果，性質上非屬懲戒處分（公懲會97.8.12.臺會調字第0970001483號函）。茲分述如次：

①**依刑事訴訟程序被通緝或羈押**：當事人已不知去向，或身拘看守所，為「事實不能」執行職務。所稱「依刑事訴訟程序」，並非限於依「刑事訴訟法」規定所為之通緝或羈押，而包含其他為實現國家刑罰權而發動追訴、處罰程序所為之通緝或羈押，如「軍事審判法」所規定之通緝等，均有其適用。

②**依刑事確定判決，受褫奪公權之宣告**：褫奪公權為從刑（刑法34），受褫

奪公權之宣告確定者，褫奪爲公務員之資格（刑法36），於裁判時與刑併宣告之，於判決確定時發生效力，惟褫奪公權期間自主刑執行完畢或赦免之日起算；但同時宣告緩刑者，其期間自裁判確定時起算之（刑法37Ⅲ、Ⅳ、Ⅴ），蓋緩刑之效力不及於從刑（刑法74Ⅰ、Ⅴ），則此亦爲任用法第28條之「褫奪公權尚未復權」者，即不得任用爲公務人員。實務上，對現職公務員受罪刑之判決，並宣告褫奪公權者，因受刑之執行，事實不能執行職務，即予以「免職」，雖受緩刑之宣告，亦於宣告（確定）時發生受褫奪公權之效力，並起算之，亦屬「褫奪公權尚未復權」者，即予「免職」。何爲「當然停職」之處置？本款延用民國37年4月15日修正公布「公務員懲戒法」第17條第2款「依刑事確定判決，受褫奪公權刑之宣告者」之規定（民國74年修正時刪「刑」字），之後任用法、刑法均有所修正，如今卻造成三法規定有間，在法制上允宜修正調和。若此依第56條第2款規定「受褫奪公權之宣告確定，認已無受懲戒處分之必要者」，始得爲免議判決；如受褫奪公權之宣告確定，認爲仍有受懲戒處分之必要者，仍可移付懲戒，予以審理作懲戒之判決。

③**依刑事確定判決，受徒刑之宣告，在監所執行中**：此已無人身之自由，爲「事實不能」執行職務。又依任用法第28條第1項第5款之犯內亂、外患、貪汙以外之罪，受判處有期徒刑以上之刑確定（無「受褫奪公權刑之宣告」），並未受緩刑之宣告者，即不得任用爲公務人員，實務上即予以「免職」，何俟其在監所執行，再爲當然停職之處置。查民國44年11月21日司法院釋字第56號解釋：「公務員被判褫奪公權，而其主刑經宣告緩刑者，在緩刑期內，除別有他項消極資格之限制外，非不得充任公務員。」但民國45年11月2日司法院釋字第66號解釋：「其曾服公務而有貪汙行爲經判決確定者，雖受緩刑之宣告，仍須俟緩刑期滿而緩刑之宣告並未撤銷時，始得應任何考試或任爲公務人員。」是以公務員如犯內亂、外患、貪汙以外之罪而受徒刑之宣告並宣告緩刑，於緩刑期間並未受宣告撤銷緩刑（刑法74至76），或經准予易科罰金或准予易服社會勞動者（刑法41、42），即未必在監所受刑而無法執行職務，亦非不得酌情處理（受拘役或罰金之確定判決而易服勞役者，依「公務人員留職停薪辦法」第4條規定應留職停薪），自無當然停止職務之必要；但如審其情節之重大，確有之移付懲戒之必要者，自可酌情適用第5條規定停止其職務。

(2) 先行停職（裁量停職）（酌情停職）：

①合議庭：公務員懲戒委員會合議庭對於移送之懲戒案件，認爲情節重大，有先行停止職務之必要者，得通知被付懲戒人之主管機關，先行停止其職務（公懲5Ⅰ，法官59Ⅰ）。

②機關：主管機關對於所屬公務員，依規定送請監察院審查或公務員懲戒委

員會審理，而認爲有免除職務、撤職或休職等情節重大之虞者，亦得依職權先行停止其職務（公懲5Ⅱ、24）。

依上述規定停止職務之公務員，在停職中所爲之職務上行爲，不生效力（公懲6），但仍具有公務人員身分，此觀俸給法第21條「依法停職人員，於停職期間得發給半數之本俸（年功俸）」自明（銓敘部73.12.20.七三臺華甄一字第45679號函、91.7.16.部法一字第0912161344號函），並爲民國106年修正保障法第9條之1所明定。

2. 禁辦退離：公務員因案在公務員懲戒委員會審理中者，不得資遣或申請退休、退伍。其經監察院提出彈劾案者，亦同。其經監察院或主管機關移送公務員懲戒委員會審理時（公懲23、24Ⅰ），監察院或主管機關應通知銓敘部或該管主管機關（公懲8），俾能控管，禁辦退離。

查懲戒法第8條第1項：「公務員因案在公務員懲戒委員會審理中者，不得資遣或申請退休、退伍。其經監察院提出彈劾案者，亦同。」係沿用舊法第7條第1項之條文，該條爲民國74年修正公布所增列之條文。本條項中之「申請退休」，民國73年司法院原提修正草案僅爲「退休」，立法院審查會認爲：「公務員移送懲戒時，倘具備命令退休條件，仍不得退休，將破壞退休制度，兩相對照，寧可讓其屆退休來逃避懲戒責任，也不能破壞整個退休法，此乃不得已之作法，且此情況不會多；甚且要維護退休制度中之命令退休，不使公務員於屆命令退休之前夕，故意犯小過錯，移付懲戒，以達其延長退休之目的。」惟仍有立法委員認爲：「已屆退休年齡之公務員，一旦被發現有違法失職行爲，而被命令退休，依然可領受退休金，懲戒豈不落空？」因此對命令退休是否會逃避懲戒，提出質疑，但院會仍照審查會意見通過，於是修正司法院原提「退休」爲「自願退休」。致公布施行之後，尚不及於「命令（屆齡）退休」，以至於辦理命令退休後之懲戒議決，空有其名，無從執行追究責任，曾有類此之重案，輿論譁然；又如將屆命令退休時，予以停職，則因審議費時，如結果未受撤職或休職之處分時，雖仍得執行，但無異於「延長服務」，應補發其停職期間之薪俸，以致減緩懲戒之效果。爲防此弊，民國100年1月1日修正之退休法第24條均予以補強：對於涉案人員，經予停職者，銓敘部不受理其退休案。民國104年5月20日懲戒法修正已增列對「退休（職、伍）或其他原因離職之公務員」得爲「剝奪、減少退休（職、伍）金」之懲戒；而「公務人員退休法」於民國105年5月11日修正三條文亦增列「剝奪、減少退休給與」之規定。以上情事於民國107年7月1日施行之「公務人員退休資遣撫卹法」第24條、第79條亦有所規定。

(六) 判後之處理

公務人員懲戒委員會之判決於送達受懲戒人主管機關之翌日起發生懲戒處分效

力，應予執行（公懲74 I）。

1. 受懲戒之判決：

(1) 重大懲戒之判決：指受「免除職務」、「撤職」、「剝奪、減少退休（職、伍）金」、「休職」之判決（公懲9）。

(2) 普通懲戒之判決：指受「降級」、「減俸」、「罰款」、「記過」、「申誡」之判決（公懲9）。

2. 未受懲戒之判決：係指「不受懲戒」、「免議」、「不受理」之判決，且未在監所執行徒刑中者，而應予復職，並補發停職期間之俸給（公懲7）。

所謂「復職，並補發停職期間之俸給」係指：

(1) 復職：依刑事訴訟程序被通緝或羈押及合議庭對於移送之懲戒案件，認爲情節重大先行停止其職務者（公懲4、5），於停止職務事由消滅後，未經公務員懲戒委員會合議庭判決前，或經判決未受免除職務、撤職或休職處分，且未在監所執行徒刑中者，得依法申請復職（公懲7 I）。服務機關或其上級機關，除法律另有規定外，應許其復職——回復原職務或與原職等相當或與其原敘職等俸級相當之其他職務；如仍無法回復職務時，應依「公務人員任用法」及「公務人員俸給法」有關調任之規定辦理（保障10 II）。

(2) 補俸：復職，應補給其停職期間之本俸（年功俸）或相當之給與。依俸給法第21條之規定：「其在停職期間領有半數之本俸（年功俸）者，應於補發時扣除之。如該公務員死亡者，應補給之本俸（年功俸）或相當之給與，由依法得領受撫卹金之人具領之」（公懲7 II）。

四、懲戒處分

(一) 懲戒處分之種類及內容

公務員之懲戒處分計有如下九種（公懲9），其中「免除職務」、「剝奪、減少退休（職、伍）金」、「罰款」三種爲民國104年修法時所新增列。

1. 免除職務：免其現職，並不得再任用爲公務員（公懲11）。所稱「不得再任用爲公務員」係指發生「公務人員任用法」第28條規定之法律效果；並依同法第38條規定：「於政務人員亦適用之」其法律效果亦爲其他公務人事法規所適用。此規定實質上係以「公共利益之必要」，剝奪終身服公職之權利（憲18、23），是以，似應名爲「終身褫（剝）奪公務員資格」較妥。

2. 撤職：撤其現職，並於一定期間停止任用；其期間爲一年以上、五年以下。停止任用期間屆滿，再任公務員者，自再任之日起，二年內不得晉敘、陞任或遷調主管職務（公懲12）。即不得擔任現職，又於一定期間內不得被任用，其情又類似「褫奪公權」期間不得被任用爲公務人員。

3. 剝奪、減少退休（職、伍）金：「剝奪退休（職、伍）金」指剝奪受懲戒人離職前所有任職年資所計給之退休（職、伍）（包含其他現金給與補償金、政府撥付之退撫基金費用本息及遺族撫慰金）或其他離職給與（資遣）；其已支領者，並應追回（公懲13Ⅰ）。「減少退休（職、伍）金」，指減少受懲戒人離職前所有任職年資所計給之退休（職、伍）或其他離職給與百分之十至百分之二十；其已支領者，並應追回之（公懲13Ⅱ）。此退休（職、伍）金，應按最近一次退休（職、伍）或離職前任職年資計算。

但公教人員保險養老給付、軍人保險退伍給付、公務員自行繳付之退撫基金費用本息或自提儲金本息（包括政務人員或財政部所屬國營金融保險事業人員繳付之自提儲金本息），不在此限（公懲13Ⅲ）。該條之適用以退休（職、伍）或其他原因離職之公務員爲限，追其在職時違失損譽行爲之行政責任，處以財產罰，剝減政府之給與，以達對離職公務員懲戒之實效。此乃仿自奧地利聯邦公務員法（1997年）第134條、德國公務員懲戒法第12條。另「公務人員退休法」於民國105年5月11日修正三條文亦增列「剝奪、減少退休給與」之規定。此爲「財產罰」。

4. 休職：休職，休其現職，停發俸（薪）給，並不得申請退休、退伍或在其他機關任職；其期間爲六個月以上、三年以下。休職期間，仍具有公務人員身分（公懲會83年度第五次法律座談會，保障9之1Ⅱ）；休職期滿，許其回復原職務或相當之其他職務。自復職之日起，二年內不得晉敘、陞任或遷調主管職務。該復職，得於休職期滿前三十日內提出申請，回復原職務或與原職等相當或與其原敘職等俸級相當之其他職務；如仍無法回復職務時，應依「公務人員任用法」及「公務人員俸給法」有關調任之規定辦理（公懲14，保障10Ⅱ，釋433）。

5. 降級：依受懲戒人現職之俸（薪）級降一級或二級改敘；自改敘之日起，二年內不得晉敘、陞任或遷調主管職務。受降級處分而無級可降者，按每級差額，減其月俸（薪）；其期間爲二年（公懲15）。受降級而在處分執行前或執行完畢前離職者，於其再任職時，依其再任職之級俸執行或繼續執行之（公懲21）。此亦爲「財產罰」。

6. 減俸：依受懲戒人現職之月俸（薪）減百分之十至百分之二十支給；其期間爲六個月以上、三年以下。自減俸之日起，一年內不得晉敘、陞任或遷調主管職務（公懲16）。受減俸處分而在處分執行前或執行完畢前離職者，於其再任職時，依其再任職之級俸執行或繼續執行之（公懲21）。此亦爲「財產罰」。

7. 罰款：其金額爲新臺幣一萬元以上、一百萬元以下（公懲17）。此除「剝奪、減少退休（職、伍）金」、「減俸」外，得與「免除職務」、「撤職」、「休職」、「降級」、「記過」、「申誡」各款併同處分（公懲9III）。查公務員之違失行為，應按其情節，並依其身分與職務關係分別為不同之懲戒處分，是以除單獨為罰款處分外，如公務員違失行為所生損害，嚴重影響國家、社會與個人法益，甚或有不法利益所得者，為達懲戒效果，爰增訂該條規定，賦予懲戒機關得依被付懲戒人違失情節彈性適用併為罰款之處分。此亦為「財產罰」。

8. 記過：自記過之日起一年內，不得晉敘、陞任或遷調主管職務。一年內記過三次者，依其現職之俸（薪）級降一級改敘；無級可降者，按每級差額，減其月俸（薪）；其期間為二年（公懲18、15II）。

9. 申誡：以書面為之（公懲19）。

前述「休職」、「降級」、「記過」之處分於政務人員不適用之（公懲9IV）。又前述「降級」之「自改敘之日起，二年內不得晉敘、陞任或遷調主管職務」及「減俸」之「自改敘之日起，二年內不得晉敘、陞任或遷調主管職務」，其所設停止晉敘年限係強制規定，故須期間屆滿，方為執行完畢（公懲會75.6.19.七五台會議字第0955號函）。

(二) 慎酌處分

懲戒處分時，應審酌一切情狀，尤應注意下列事項，為處分輕重之標準（公懲10，刑法57）：

1. 行為之動機。
2. 行為之目的。
3. 行為時所受之刺激。
4. 行為之手段。
5. 行為人之生活狀況。
6. 行為人之品行。
7. 行為人違反義務之程度。
8. 行為所生之損害或影響。
9. 行為後之態度。

(三) 追懲時效（公懲20，釋583，法官52）

為避免對涉有違失之公務員應否予以懲戒，長期處於不確定狀態，懲戒權於經過相當期間不行使者，即不應再予追究，以維護公務員權益及法秩序之安定。民國104年修正前之公務員懲戒法第25條第3款規定，懲戒案件自違法失職行為終了之日起，至移送公務員懲戒委員會之日止，已逾十年者，公務員懲戒委員會應為免議之議決，即本此意旨而制定。惟依上開規定，各種懲戒處分概以十年為懲戒權之行使期間，未分別對公務員違法失職行為及其懲戒處分種類之不同而設合理之規定，與「比例原則」未盡相符，經司法院釋字第583號解釋指明應檢討修正。然公務員之懲戒僅有兩款懲戒事由，各該事由並無明定相對應之懲戒處分種類，亦無從於移送懲戒時即予指明，而應視違失情節於審理個案後具體認定，顯與刑事案件之起訴書應載明所犯法條，且刑法就各該罪名分別定有詳細之犯罪構成要件及其法定刑有別，自無法採取刑法上追訴權時效之概念，而以所犯罪名之法定刑定其時效。經參酌德國聯邦公務員懲戒法第15條「因時間之經過，禁止爲懲戒措施」規定，亦即按擬予懲戒處分之種類，依其輕重訂定公務員懲戒法第20條第1、2項不同之行使期間，以符合前開解釋意旨，並保障公務員之權益。其規定爲「應受懲戒行爲，自行爲終了之日起，至案件屬公務員懲戒委員會之日止，已逾十年者，不得予以休職之懲戒」（第1項）、「應受懲戒行爲，自行爲終了之日起，至案件繫屬公務員懲戒委員會之日止，已逾五年者，不得予以減少退休（職、伍）金、降級、減俸、罰款、記過或申誡之懲戒」（第2項）。

又至於免除職務及撤職係屬較嚴重之懲戒處分，如公務員應受上述處分，即已不適宜繼續擔任公務員；另退休公務員如應受剝奪退休（職、伍）金之懲戒處分，其違失情節亦屬較嚴重。爲免因違失行爲完成後，至案件繫屬於公務員懲戒委員會之時間過長，公務員懲戒委員會無法爲上述懲戒處分，爰參酌德國聯邦公務員懲戒法第15條規定，未設行使懲戒處分之期間限制，以追究其行政責任。

前兩項「行爲終了之日」，指公務員應受懲戒行爲終結之日；但應受懲戒行爲係不作爲者，指公務員所屬服務機關或移送機關知悉之日（第3項）。

按：前兩項條文依其立法說明不易理解，甚至會誤解爲：應受懲戒行爲，自行爲終了之日起，至案件繫屬公務員懲戒委員會之日止，其「已逾十年者，不得予以休職之懲戒」即爲除休職外，均得爲其餘八種懲戒處分；其「已逾五年者，不得予以減少退休（職、伍）金、降級、減俸、罰款、記過或申誡之懲戒」，即僅得爲「免除職務」、「撤職」之懲戒處分。但如先看第2項：「應受懲戒行爲，自行爲終了之日起，至案件繫屬公務員懲戒委員會之日止，已逾五年者，不得予以減少退休（職、伍）金、降級、減俸、罰款、記過或申誡之懲戒。」亦即應受「減少退休（職、伍）金、降級、減俸、罰款、記過或申誡之懲戒」者，其追懲權時效爲五年；再看第1項：「已逾十年者，不得予以休職之懲戒。」輕重自然明白得多，亦即「休職之懲戒」者，其追懲權時效爲十年。不過因「違失損譽」之行爲無從如刑法之罪名予以態樣化或類型化，予以定其懲戒之追訴權時效，因此改以審理其「違失損譽」行爲之結果所擬定之懲戒處分，再來檢視「自行爲終了之日起，至案件繫屬公務員懲戒委員會之日止」之期間，是否已逾五年或十年，再依第56條決定是否應爲「免議之判決」。但對於重大違失損譽之案件，應予免除職務或撤職者，即無追懲權時效之明文規定，以之作爲審議判決之追訴依據。

(四) 刑行懲並罰原則

「同一行爲，不受公務員懲戒委員會二次懲戒」（公懲22Ⅰ，法官49Ⅱ），較易明瞭，蓋「一事不二罰」爲現代法治國家處罰之基本原則；但「同一行爲已受刑罰或行政罰之處罰者，仍得予以懲戒。其同一行爲不受刑罰或行政罰之處罰者，亦同」（公懲22Ⅱ），則較不易瞭解。然觀憲法第24條規定：「凡公務員違法侵害人民之自由或權利者，除依法律受懲戒外，應負刑事及民事責任。被害人民就其所受損害，並得依法律向國家請求賠償。」「公務員服務法」第22條規定：「公務員有違反本法者，應按情節輕重分別予以懲處；其觸犯刑事法令者，並依各該法令處罰。」是以，現行公務員之責任體制分爲刑事責任、民事責任、行政責任，所稱之「行政責任」實包括「司法懲戒」與「行政（考績）懲處」（或其他行政上之處罰）。因此三種責任互不牴觸，是以公務員懲戒係採取「刑行懲三者併罰」原則，即同一行爲若已受刑罰或行政罰處罰者，仍得再予懲戒。縱公務員應受懲戒之行爲係受免刑、無罪、免訴、不受理之判決，或經不起訴、緩起訴處分者，亦同。同理，三者責任之追究，亦得同時進行，此觀公務員懲戒法第39條之「同一行爲，在刑事偵查或審判中者，不停止審理程序」自明。惟觀「公務員懲戒執行辦法」第10條規定：經公務員懲戒委員會判決確定者，原（行政）處分（考績懲處）失其效力。則此刑行懲並罰之意尤重於「程序」上之並行。

(五) 政務人員之懲戒

依舊公務員懲戒法第9條第2項規定，政務官之懲戒處分種類僅有撤職及申誡兩種，並無其他種類之懲戒處分，以致於對政務官之懲戒失重或失輕。爲改善上述不符合比例原則之處分種類限制，爰增訂對政務人員之懲戒得爲免除職務、剝奪退休（職、伍）金、減少退休（職、伍）金、減俸、罰款及申戒之懲戒處分種類，以臻周全（公懲9Ⅳ）。

五、審判程序

(一) 移送

1. 移送機關：爲前述之(1)監察院彈劾或移送，或(2)各該服務機關或其主管機關移送（公懲23、24）。

2. 移送內容：

(1) 全員移送：同一違法失職案件，涉及之公務員有數人，其隸屬同一主管機關者，移送監察院審查或公務員懲戒委員會審理時，應全部移送；其隸屬不同主管機關者，由共同上級機關全部移送；無共同上級機關者，由各主管機關分別移送

（公懲25）。

(2) 整案移送：既是全員移送，其移送書應載明案情事實及證據資料，全部附送（公懲24Ⅰ），俾監察院或公務員懲戒委員會能釐清案情內容，作必要之處理；如有疏漏，亦得補送。

(二) 受理

監察院或各機關所移送之懲戒案，公務員懲戒委員會要依法受理；如該會合議庭認該懲戒案件無受理權限者，應依職權以裁定移送至有受理權限之機關。當事人公務員懲戒委員會有無受理權限有爭執者，合議庭應先爲裁定；此裁定作成前，合議庭得先徵詢當事人之意見（公懲26）。

此爲懲戒之「權限爭議」，一般來說，不至於發生；但如對法官（檢察官）之懲戒，仍依本法修正施行前之規定，移送公務員懲戒委員會，則有違法。蓋法官（檢察官）之懲戒在民國101年7月6日「法官法」制定施行後，已歸司法院之「職務法庭」掌理（法官47），就未來之實務，應不至於發生，此條文之規定或係「備而不用」。

(三) 迴避

1. 應自行迴避：公務員懲戒委員會委員，有下列情形之一者，應自行迴避，不得執行職務（公懲27）：

(1) 爲被付懲戒人受移送懲戒行爲之被害人。

(2) 現爲或曾爲被付懲戒人或被害人之配偶、八親等內之血親、五親等內之姻親或家長、家屬。

(3) 與被付懲戒人或被害人訂有婚約。

(4) 現爲或曾爲被付懲戒人或被害人之法定代理人。

(5) 曾爲該懲戒案件被付懲戒人之代理人或辯護人，或監察院之代理人。

(6) 曾爲該懲戒案件之證人或鑑定人。

(7) 曾參與該懲戒案件相牽涉之彈劾、移送懲戒或「公務人員保障法」、「公務人員考績法」相關程序。

(8) 曾參與該懲戒案件相牽涉之民、刑事或行政訴訟裁判。

(9) 曾參與該懲戒案件再審前之裁判。但其迴避以一次爲限。

2. 受聲請迴避：被付懲戒人或移送機關遇有下列情形之一者，得聲請委員迴避（公懲28）：

(1) 委員有上述所定應自行迴避情形而不自行迴避。

(2) 委員有上述所定以外之情形，足認其執行職務有偏頗之虞。當事人如已就該案件有所聲明或陳述後，不得依聲請委員迴避；但聲請迴避之原因發生在後或知悉在後者，不在此限。

3. 自酌迴避：委員有上述「足認其執行職務有偏頗之虞」之情形者，經委員長同意，得迴避之（公懲31）。

以上委員迴避之規定，於書記官及通譯準用之（公懲32）。

(四) 當事人及其代理人

1. 移送機關：監察院或各移送機關由其所屬辦理法制、法務或與懲戒案件相關業務者為代理人，或委任律師為代理人，於開庭時出庭論告——陳述移付懲戒要旨，並參與辯論（公懲33）。

2. 被付懲戒人：公務員懲戒委員會開庭時，被付懲戒人應親自到場。但經審判長許可者，得委任代理人一人到場，亦得選任律師或非律師為其辯護人（公懲34、35），以上兩者均應向合議庭提出委任書（公懲36）。

(五) 審理期間

1. 答辯期間：合議庭收受移送案件後，應將移送書繕本送達被付懲戒人，並命其於十日內提出答辯書。但應為免議或不受理之判決者，不在此限（公懲37 I）。

2. 就審期間：言詞辯論期日，距移送書之送達，至少應有十日為就審期間。但有急迫情形時，不在此限（公懲37 II）。

(六) 審理進行

1. 刑懲並行，例外停審：同一行為，在刑事偵查或審判中者，不停止懲戒審理程序。但懲戒處分牽涉犯罪是否成立者，合議庭認有必要時（如基於訴訟經濟及證據共通原則），得裁定於第一審刑事判決前，停止審理程序，惟此裁定得依聲請或依職權撤銷之（公懲39）。又為免懲戒案件因刑事案件久懸未結致生延宕，而無法對公務員之違失行為產生即時懲儆之實效，並考量我國刑事訴訟程序已透過強化交互詰問制度，以充實第一審之採證，是以，同一行為於第一審刑事判決後，已有充分之證據資料，可供公務員懲戒委員會合議庭加以審酌，爰明定僅得於第一審刑事判決前停止審理程序。

2. 心障疾病，暫行停審：被付懲戒人因精神障礙或其他心智缺陷，無法答辯者，或因疾病不能到場者，合議庭應於其回復前，裁定停止審理程序。但被付懲戒人顯有應為不受懲戒、免議或不受理判決之情形，或已有委任代理人者，不適用之（公懲38）。

(七) 審理期日

1. 指定期日：「期日」俗稱「開庭日」，合議庭審理懲戒案。該期日由審判長指定後，書記官應作通知書，送達於移送機關、被付懲戒人、代理人、辯護人或其他人員。此通知書，應記載下列事項：(1)案由。(2)應到場人姓名、住居所。(3)應到場之原因。(4)應到之日、時、處所。但經審判長面告以所定之期日命其到場，或其曾以書狀陳明屆期到場者，與送達有同一之效力。如該期日爲言詞辯論期日者，通知書並應記載不到場時之法律效果（公懲40）。

2. 製作筆錄：訊問被付懲戒人、證人、鑑定人及通譯，應當場製作筆錄，記載下列事項（公懲41Ⅰ）：

(1) 對於受訊問人之訊問及其陳述。

(2) 證人、鑑定人或通譯如未具結者，其事由。

(3) 訊問之年、月、日及處所。

此筆錄應向受訊問人朗讀或令其閱覽，詢以記載有無錯誤。如受訊問人請求將記載增、刪、變更者，應將其陳述附記於筆錄（公懲41Ⅱ、Ⅲ）。

筆錄應命受訊問人緊接其記載之末行簽名、蓋章或按指印（公懲41Ⅳ）。

3. 職權調查：合議庭審理案件，應依職權自行調查之，並得囑託法院或其他機關調查。受託法院或機關應將調查情形以書面答覆，並應附具調查筆錄及相關資料（公懲42）。此囑託調查證據時，以不公開爲原則，公開爲例外（公懲44Ⅱ）。

4. 調閱卷宗：公務員懲戒委員會合議庭審理案件，必要時得向有關機關調閱卷宗，並得請其爲必要之說明（公懲43）。

5. 例外公開：公務員懲戒委員會合議庭審理案件，均不公開，乃因其涉及公務員之名譽，甚或國家安全、機密，在判決前，不宜公開，以維護公務員之聲譽；即使囑託調查時，應於囑託函件中，表明調查程序不公開或公開之意旨，俾受託法院或機關得依適當之程序進行調查。但合議庭認有公開之必要或被付懲戒人聲請公開並經許者，不在此限（公懲44Ⅰ）。

6. 撤回案件：移送機關於判決前，得撤回移送案件之全部或一部。其撤回，應以書狀爲之；但在期日得以言詞爲之。如被付懲戒人已爲言詞辯論者，應得其同意（公懲45Ⅰ、Ⅱ、Ⅲ），乃因被付懲戒人已爲言詞辯論，即有就審利益，自應得其同意，始可撤回。於期日所爲之撤回，應記載於筆錄，如被付懲戒人不在場，應將筆錄送達（公懲45Ⅳ）。

移送案件之撤回，被付懲戒人於期日到場，未爲同意與否之表示者，自該期日起，或其未於期日到場或係以書狀撤回者，自前項筆錄或撤回書狀送達之日起，十日內未提出異議者，視爲同意撤回（公懲45Ⅴ）。

案件經撤回者，同一移送機關不得更行移送（公懲45Ⅵ）。

7. 準備程序：即爲預先審理，釐清案情。審判長於必要時，得指定受命委員先行準備程序，爲下列各款事項之處理（公懲47）：

(1) 闡明移送懲戒效力所及之範圍。

(2) 訊問被付懲戒人、代理人或辯護人。

(3) 整理案件及證據重要爭點。

(4) 調查證據。

(5) 其他與審判有關之事項。

8. 言詞辯論：合議庭應本於言詞辯論而爲判決（釋396）。但就移送機關提供之資料及被付懲戒人書面或言詞答辯，已足認事證明確，或應爲不受懲戒、免議或不受理之判決者，不在此限。此情，經被付懲戒人、代理人或辯護人請求進行言詞辯論者，不得拒絕（公懲46）。其程序如下：

(1) 朗讀案由：言詞辯論期日，以朗讀案由爲始（公懲49 I ）。

(2) 陳述要旨：審判長訊問被付懲戒人後，移送機關應陳述移送要旨（公懲49II ），即俗稱之「論告」。

(3) 事實答辯：被付懲戒人應就移送事實爲答辯（公懲49III）。

(4) 查證辯論：被付懲戒人答辯後，審判長應調查證據，並應命依①移送機關。②被付懲戒人。③辯護人之次序，就事實及法律辯論之（公懲49IV）。

(5) 再為辯論：已辯論者，得再爲辯論；審判長亦得命再行辯論（公懲49V）。

(6) 最後陳述：審判長於宣示辯論終結前，最後應訊問被付懲戒人有無陳述（公懲49VI）。

(7) 辯論再開：言詞辯論終結後，宣示判決前，如有必要得命再開言詞辯論（公懲50）。

(8) 辯論筆錄：言詞辯論期日應由書記官製作言詞辯論筆錄，記載下列事項及其他一切程序（公懲51）：

①辯論之處所及年、月、日。

②委員、書記官之姓名及移送機關或其代理人、被付懲戒人或其代理人並辯護人、通譯之姓名。

③被付懲戒人未到場者，其事由。

④如公開審理，其理由。

⑤移送機關陳述之要旨。

⑥辯論之意旨。

⑦證人或鑑定人之具結及其陳述。

⑧向被付懲戒人提示證物或文書。

⑨當場實施之勘驗。

⑩審判長命令記載及依訴訟關係人聲請許可記載之事項。

⑪最後曾予被付懲戒人陳述之機會。

⑫判決之宣示。

(八) 判決

1. 宣示判決：合議庭審理之案件，經言詞辯論者，應指定言詞辯論終結後二星期內之期日宣示判決（公懲58）。判決書正本，書記官應於收領原本時起十日內送達移送機關、被付懲戒人、代理人及辯護人，並通知銓敘部及該管主管機關（公懲61）。

2. 確定判決：經言詞辯論之判決，於宣示時確定；不經言詞辯論者，毋庸宣示，於公告主文時確定（公懲62）。

為期進一步瞭解上述判決審理過程之內容，茲擬分類述說：

(1) 依辯論分：

①**兩造辯論判決**：合議庭應本於言詞辯論而為判決（公懲46Ⅰ），當然即為兩造（雙方）當事人之於言詞辯論期日，當場辯論而為判決，是為「兩造辯論判決」。

②**一造辯論判決**：如當事人到場拒絕辯論者，得不待其陳述，依他造當事人之聲請，由其一造辯論而為判決，是為「一造辯論判決」（公懲54）。又如言詞辯論期日，當事人之一造無正當理由不到場者，得依到場者之聲請，由其一造辯論而為判決；不到場者，經再次通知而仍不到場，並得依職權由一造辯論而為判決；此情如以前已為辯論或證據調查或未到場人有準備書狀之陳述者，為上述判決時，應斟酌之；未到場人以前聲明證據，其必要者，並應調查之（公懲52）上述，以昭公平、勿枉勿縱。

(2) 依結果分：

①**應受懲戒之判決**：被付懲戒人有違法失職或嚴重損害政府信譽者（公懲2），並有懲戒必要者，應為懲戒處分之判決（公懲55）。

②**不受懲戒之判決**：被付懲戒人無違法失職或嚴重損害政府信譽者（公懲2），或雖有懲戒之事由，但經斟酌無懲戒必要者，應為不受懲戒之判決（公懲55）。

③**免議之判決**：懲戒案件有下列情形之一者，應為免議之判決（即為實體內容之判決）（公懲56）：

A. 同一行為，已受公務員懲戒委員會之判決確定：此係對同一違失損譽之行為，基於「一事不再理」或「一事不兩判」原則，不再審理。此之確定判決限於具有實質確定力之判決，包括懲戒處分、不受懲戒或免議判決。

B.受褫奪公權之宣告確定，認已無受懲戒處分之必要：褫奪公權爲從屬於主刑（死刑、徒刑、拘役、罰金），爲褫奪公務員之資格（刑法32、33、34、36），應依任用法第28條之規定予免職，已具有處罰之效果，可認爲已無受懲戒處分之必要者，則可爲免議之判決（並參前述「當然停職」之說明）。雖民國29年4月22日司法院院字第1986號解釋認爲：「同一行爲，既經褫奪公權，縱令宣告緩刑，亦不得再爲懲戒處分」，但新法修正爲：爲加強追懲在職責任，認爲經褫奪公權者仍有受懲戒之必要者（公懲2、22 II），仍得爲懲戒之處分。此仍爲「行刑懲並行」之原則。

C.已逾第20條規定之懲戒處分行使期間：其立法理由爲：「依司法院釋字第583號解釋，爲避免對涉有違失之公務員應否予以懲戒，長期處於不確定狀態，懲戒權於經過相當期間不行使者，即不應再予追究，以維護公務員權益及法秩序之安定。本法第20條已分別規定各種懲戒處分行使期間，本條第3款自應配合修正。又懲戒案件是否已逾第20條規定之懲戒處分行使期間，公務員懲戒委員會合議庭應就公務員之違失行爲進行審理，並審酌第10條所列事項後，依擬予懲戒處分之種類加以判斷。」即依審理結果所應作之懲戒處分之種類，再檢視是否已逾第20條規定之懲戒處分行使期間，如已逾第20條規定之懲戒處分行使期間，則應爲免議之判決。

④不受理之判決：懲戒案件有下列各款情形之一者，應爲不受理之判決。此係就其內容而爲之程序判決。但其情形可補正者，審判長應定期間先命補正（公懲57）：

A.移送程序或程式違背規定。

B.被付懲戒人死亡。已無懲戒之對象，自無懲戒之必要。

C.案件經撤回者，同一移送機關，再行移送同一案件（公懲45 VI）。

六、再審程序

(一) 得提再審之情事

懲戒案件之判決，有下列各款情形之一者，原移送機關或受判決人，得提起再審之訴（公懲64 I），以資救濟：

1. 適用法規顯有錯誤。

2. 判決合議庭之組織不合法。

3. 依法律或裁定應迴避之委員參與裁判。

4. 參與裁判之委員關於該訴訟違背職務，犯刑事上之罪已經證明，或關於該訴訟違背職務受懲戒處分，足以影響原判決。

5. 原判決所憑之證言、鑑定、通譯或證物經確定判決，證明其爲虛僞或僞造、變造。

6. 同一行爲其後經不起訴處分確定，或爲判決基礎之刑事判決，依其後之確定裁判已變更。

7. 發現確實之新證據，足認應變更原判決。

8. 就足以影響原判決之重要證據，漏未斟酌。

9. 確定判決所適用之法律或命令，經司法院大法官解釋爲牴觸憲法。

受判決人已死亡者，其配偶、直系血親、三親等內之旁系血親、二親等內之姻親或家長、家屬，得爲受判決人之利益，提起再審之訴（公懲64Ⅱ）。再審之訴，於原處分執行完畢後，亦得提起之（公懲64Ⅲ，法官61Ⅲ）。

(二) 得提再審之期間

提起再審之訴，應於下列期間內爲之（公懲65Ⅰ）：

1. 依上述1.、2.、3.、8.爲理由者，自原判決書送達之日起三十日內。

2. 依上述4.至6.爲理由者，自相關之刑事確定裁判送達受判決人之日起三十日內。但再審之理由知悉在後者，自知悉時起算（釋446、610）。

3. 依上述7.爲理由者，自發現新證據之日起三十日內。

4. 依上述9.爲理由者，自解釋公布之翌日起三十日內。

再審之訴自判決確定時起，如已逾五年者，不得提起。但以前述4.至9.情形爲提起再審之訴之理由者，不在此限（公懲65Ⅱ）。

對於再審判決不服，復提起再審之訴者，前述所定期間，自原判決確定時起算；但再審之訴有理由者，自該再審判決確定時起算（公懲65Ⅲ）。

(三) 再審之訴狀

再審之訴，應以訴狀表明下列各款事項，並添具確定判決繕本，提出於公務員懲戒委員會爲之（公懲66）：

1. 當事人。

2. 聲明不服之判決及提起再審之訴之陳述。

3. 再審理由及關於再審理由並遵守不變期間之證據。

(四) 再審之受理

合議庭受理再審之訴後，應將書狀繕本及附件，函送原移送機關或受判決人於指定期間內提出意見書或答辯書；但認其訴爲不合法者，不在此限（公懲67Ⅰ）。

原移送機關或受判決人無正當理由，逾期未提出意見書或答辯書者，合議庭得逕爲裁判（公懲67Ⅱ）。

(五) 提再審效力

提起再審之訴，無停止懲戒處分執行之效力（公懲72）。

(六) 再審之裁判

合議庭認為再審之訴不合法者，應以裁定駁回之（公懲68Ⅰ）。合議庭認為再審之訴無理由者，以判決駁回之；如認為顯無再審理由者，得不經言詞辯論為之（公懲68Ⅱ）。

合議庭認為再審之訴有理由者，應撤銷原判決更為判決；但再審之訴雖有理由，如認原判決為正當者，應以判決駁回之（公懲68Ⅲ）。

再審判決變更原判決應予復職者，適用本法第7條復職之規定；其他有減發俸（薪）給之情形者，亦同（公懲68Ⅳ）。

如受判決人已死亡者，為其利益提起再審之訴之案件，應不行言詞辯論，於通知監察院或主管機關於一定期間內陳述意見後，即行判決；受判決人於再審判決前死亡者，亦同（公懲69Ⅰ）。

為受判決人之不利益提起再審之訴，受判決人於再審判決前死亡者，關於本案視為訴訟終結（公懲69Ⅱ）。

為受判決人之利益提起再審之訴，為懲戒處分之判決，不得重於原判決之懲戒處分（公懲70），明定「禁止不利益變更」之原則。

(七) 再審之撤回

再審之訴，於合議庭判決前得撤回之（公懲71Ⅰ）。

再審之訴，經撤回或判決者，不得更以同一事由提起再審之訴（公懲71Ⅱ）。

七、執行懲戒

公務員懲戒之判決，自當付之執行，始具實效。為此，國民政府曾據考試院呈請於民國29年9月22日令行「稽核公務員懲戒處分執行辦法」，經民國45年3月23日總統令修正；民國77年2月15日則由司法院會同考試院修正發布，時其依據為原公務員懲戒法第28條第3項。民國104年公務員懲戒法修正，依其第75條授權由司法院會同行政院、考試院訂定「公務員懲戒判決執行辦法」，於民國105年4月14日三院會銜發布，並於5月2日，與修正之新公務員懲戒法同日施行。茲述其要如次：

(一) 懲戒效力之發生：提起再審之訴，無停止懲戒處分執行之效力（公懲72），是以懲戒處分之判決書正本於送達受懲戒人主管機關之翌日起發生懲戒處分效力（公懲74Ⅰ，執行3Ⅰ），開始執行。按：懲戒處分種類，除「剝奪、減少退休（職、伍）金」就已支領部分之追回及「罰款」外，均屬形成判決，經判決確定後，即直接改變國家與受懲戒判決公務員間之權利義務關係，並產生自我執行之效果。惟公務員懲戒委員會之判決依第62條規定於宣示或公告時即告確定，為免影響公務運作及人民權益，爰另定懲戒處分法律效果發生時點：以送達受懲戒人主管機關之翌日起發生懲戒處分效力。至於判決送達主管機關後，主管機關爲落實上述懲戒處分之形成效力，而爲相關行政行爲者（例如：發布人事命令、異動通知或通知其繳回部分已領薪資等行爲），應係用以處理國家與受懲戒公務員間變更後之職務關係，尚非屬懲戒處分之執行。

(二) 判決具執行名義：受懲戒人因懲戒處分之判決而應爲金錢之給付（指「罰金」及「剝奪或減少退休金」），經主管機關定相當期間之書面催告，逾期未履行者，主管機關得以判決書爲執行名義，移送行政執行機關準用行政執行法強制執行（公懲74Ⅰ，執行7Ⅰ）。主管機關收受剝奪或減少退休（職、伍）金處分之判決後，應即通知退休（職、伍）金之支給機關（構），由支給機關（構）自判決書正本送達受懲戒人主管機關之翌日起，停止或減少退休（職、伍）金之支給；其已支領應追回者，由支給機關（構）依規定催告履行或移送強制執行（公懲74Ⅱ，執行7Ⅱ）。

以上情形，於退休（職、伍）或其他原因離職人員，並得對其退休（職、伍）金或其他原因離職之給與執行；受懲戒人死亡者，就其遺產強制執行（公懲74Ⅲ，執行7Ⅲ）。此乃因懲戒處分係對退休或其他原因離職人員，於任職期間之違法失職行爲而作成之處罰，自得對其因服公職而領取之退休金或其他離職給與執行，不受「公務人員退休資遣撫卹法」第69條第1項、「政務人員退職撫卹條例」第11條等規定「不得作爲扣押、讓與，或供擔保之標的」之限制。若受懲戒人死亡者，參酌「行政執行法」第15條之規定，並得就其遺產執行。

(三) 懲戒執行之期限：罰款處分之懲戒判決及剝奪、減少退休（職、伍）金處分之懲戒判決，自懲戒判決確定之日起，五年內未經行政執行機關執行者，不再執行；其於五年期間屆滿前已開始執行者，仍得繼續執行。但自五年期間屆滿之日起已逾五年尚未執行終結者，不得再執行（執行8）。

(四) 再審判決之執行：懲戒判決確定後，因再審而更爲懲戒判決者，應自再審判決書正本送達受懲戒人主管機關之翌日發生更爲懲戒處分效力。原判決與再審判決之懲戒處分執行性質相同者，於已執行之範圍內，得視爲再審判決之執行（執行9）。

(五) 一行為不得兩罰：一行爲不二罰爲法治國家基本原則，同一行爲經主管機關或其他權責機關爲具有考績懲處性質之行政懲處後，復移送公務員懲戒委員會懲戒，將導致司法懲戒與行政懲處競合，爰明定司法懲戒效力優於行政懲處，即經公務員懲戒委員會爲懲戒處分、不受懲戒或免議之判決確定者，其原行政懲處失其效力（執行10）。

(六) 退離給與之執行：此爲金錢之兩罰競合情形，依「從重」原則執行（退撫79Ⅳ）。同一行爲經主管機關或其他權責機關依其他法律規定剝奪、減少退休（職、伍）金或其他離職給與後，復經公務員懲戒委員會爲剝奪、減少退休（職、伍）金處分之懲戒判決者，則公務員之退休（職、伍）金或其他離職給與，於依其他法律規定剝奪或減少之範圍內，懲戒判決毋庸重複執行。同一行爲經公務員懲戒委員會爲剝奪、減少退休（職、伍）金處分之懲戒判決後，復經主管機關或其他權責機關依其他法律規定剝奪、減少退休（職、伍）金或其他離職給與者，懲戒判決之執行不受影響（執行11）。換言之，依「公務人員退休資遣撫卹法」第79條剝減退離給予之規定，如以先依退撫法爲剝減百分之二十之處分，而後同一行爲（案），再受懲戒爲剝減百分之十之判決，爲免因同一行爲重複剝奪或減少退休（職、伍）金，則懲戒判決毋庸重複執行。如先受懲戒爲剝減百分之二十之判決，而後再依退撫法爲剝減百分之五十之處分，懲戒判決之執行應不受影響，但應再執行剝減百分之三十，亦即兩者均應執行，但受較高者之限制。

(七) 數案併懲之執行：公務員因不同行爲（案），受二以上之懲戒判決處分者，自無一行爲二罰之問題，爰明定除本辦法另有規定外，分別執行之（執行12）。例如：先後受二次撤職處分，則應自第一次撤職處分停止任用期間屆滿後，另行計算第二次撤職處分之停止任用期間。但本辦法就懲戒種類之性質，另有併罰規定（執行13）：

1. 公務員受免除職務處分後，另受他懲戒處分者，不執行他懲戒處分；但另受剝奪、減少退休（職、伍）金、罰款處分者，不在此限。

2. 公務員受撤職、休職、降級、減俸處分後，另受免除職務處分者，應逕執行免除職務處分。

3. 公務員受撤職處分後，另受休職、降級或減俸處分者，其休職、降級或減俸，應於再任時執行之。

4. 公務員受休職處分後，執行完畢前，另受撤職處分者，應逕執行撤職處分；其休職，應於再任時繼續執行之。

5. 公務員受休職處分後，另受降級或減俸處分者，其降級或減俸，應於復職時執行之。

6. 公務員受降級或減俸處分後，執行完畢前，另受撤職或休職處分者，應逕執行撤職或休職處分；其降級或減俸，應於再任或復職時繼續執行之。

第六節　法官與檢察官之評鑑與懲戒

法官爲憲法上之職務（位）或公務人員，名崇位重，其進用、養成、去留事項自應以法律定之，尤其是「適任與否」，不但關係國家制度、人民權利義務，甚至於法官個人服公職之工作權（憲15、18）。因此，必須有一套鑑定其「適任」之有關制度或措施，法官（檢察官）之評鑑即因之而設。

爲此，司法院於民國85年1月30日八五院台人一字第02567號函訂定發布「法官評鑑辦法」，當時有關法官之法律，如：「法院組織法」、「司法人員人事條例」上並無評鑑之規定，但基於事實之需要，司法院以「職權立法」之方式訂定發布，經民國88年、89年、95年等三年四次修正。民國100年7月6日「法官法」公布制定，依該法規定，其第五章法官評鑑自公布後半年施行。司法院遂於民國101年1月9日院台人一字第1010001123號令發布廢止該評鑑辦法，並自1月6日生效。

至於法官、檢察官之懲戒，原係適用「公務員懲戒法」，以「會議」方式審議，而後做成議決（原公懲27）。「法官法」仿德、奧之制，規設「職務法庭」，以「訴訟」方式審理，再作成判決。是以，「法官法」施行後，法官、檢察官之懲戒改由司法院「職務法庭」審理，可由提懲、受懲雙方當事人對質辯論，予職務法庭之法官審判，其程序多所準用「行政訴訟法」之規定。至於其懲戒之種類，「法官法」規定有五，與原公務員懲戒之種類有六，多所不同，以去、免爲主；民國104年5月20日公布修正「公務員懲戒法」全文，除增列審理程序外，修正懲戒之種類爲九種，兩者規定亦有所不同。但因「法官法」係特別法（公懲1Ⅰ），自然先於普通法之「公務員懲戒法」而予適用。茲述法官、檢察官之評鑑與懲戒如次：

一、法官（檢察官）之評鑑

(一) 評鑑之事由：法官（檢察官）有下列各款情事之一者，應付**個案評鑑**，但適用法律之見解，不得據爲法官（檢察官）個案評鑑之事由（法官30Ⅱ、Ⅲ、89Ⅳ、Ⅴ）：

1. 裁判確定後或自第一審繫屬日起，已逾六年未能裁判確定之案件（或爲不起訴處分或緩起訴處分確定之案件），有事實足認因故意或重大過失，致審判案件有明顯重大違誤，而嚴重侵害人民權益者。

2. 法官關於職務上之事項，違反義務、怠於執行職務或言行不檢，受職務監督人發布命令促其注意，其情節重大（法官21Ⅰ）者。檢察官關於職務上之事項，有廢弛職務、侵越權限或行爲不檢者，受職務監督人加以警告情節重大（法官95Ⅱ）者。

3. 違反「參與各項公職人員選舉，應於各該公職人員任期屆滿一年以前，或參與重行選舉、補選及總統解散立法院後辦理之立法委員選舉，應於辦理登記前，辭去其職務或依法退休、資遣」、「違反前項規定者，不得登記為公職人員選舉之候選人」（法官15Ⅱ、Ⅲ）規定者。

4. 違反下列規定，情節重大者：

(1) 任職期間不得參加政黨、政治團體及其活動；任職前已參加政黨、政治團體者，應退出之（法官15Ⅰ）。

(2) 不得兼任之職務或業務（中央或地方各級民意代表，公務員服務法規所規定公務員不得兼任之職務，司法機關以外其他機關之法規、訴願審議委員會委員或公務人員保障暨培訓委員會委員，各級私立學校董事、監察人或其他負責人，其他足以影響法官獨立審判或與其職業倫理、職位尊嚴不相容之職務或業務）（法官16）。

(3) 不得為有損其職位尊嚴或職務信任之行為及洩漏職務上之秘密（法官18）。

5. 嚴重違反辦案程序規定或職務規定，情節重大者。

6. 無正當理由遲延案件之進行，致影響當事人權益，情節重大者。

7. 違反法官倫理規範，情節重大者。

(二) 評鑑之組織：司法院設法官評鑑委員會（法務部設檢察官評鑑委員會），由法官（檢察官）三人、檢察官（法官）一人、律師三人、學者及社會公正人士四人組成（法官33、89Ⅲ）。評鑑委員任期為二年，得連任一次（法官34）。

法官評鑑委員會會議之決議，依法官法第41條第1項之規定：除本法另有規定外，以委員總人數二分之一以上出席，出席委員過半數之同意行之。所稱「本法另有規定外」係指第2項：法官評鑑委員會為第37條「不付評鑑」之決議，得以三名委員之審查及該三名委員一致之同意行之。該三名委員之組成由委員會決定之；與第3項：法官評鑑委員會為第38條「評鑑不成立」、第39條「評鑑成立」之決議，應以委員總人數三分之二以上出席，出席委員過半數之同意行之。惟第1項、第3項委員總人數，應扣除未依規定推派、票選或任期中解職、死亡致出缺之人數，但不得低於八人（法官41Ⅳ）。

(三) 評鑑之請求：

1. 請求權者：法官有應受評鑑情事之一者（法官30Ⅱ），下列人員或機關、團體認為有個案評鑑之必要時，或經當事人、犯罪被害人之書面陳請，得請求法官評鑑委員會進行個案評鑑（法官35Ⅰ）：

(1) 受評鑑法官所屬機關法官三人以上。

(2) 受評鑑法官所屬機關、上級機關或所屬法院對應設置之檢察署。但就評鑑情事之一（法官30Ⅱ），法官認有澄清之必要時，亦得陳請所屬機關請求法官評鑑委員會個案評鑑之（法官35Ⅳ）。

(3) 受評鑑法官所屬法院管轄區域之律師公會或全國性律師公會。

(4) 財團法人或以公益爲目的之社團法人，經許可設立三年以上，財團法人登記財產總額新臺幣一千萬元以上，或社團法人之社員人數二百人以上，且對健全司法具有成效，經目的事業主管機關許可得請求個案評鑑者，如：民間司法改革基金會。

至於檢察官有「廢弛職務、侵越權限或行爲不檢者，加以警告」（法官95），情節重大者，監督權人（法官94）得以所屬機關名義，請求檢察官評鑑委員會評鑑，或移由法務部得逕行移送監察院審查；移送前，應予被付懲戒檢察官陳述意見之機會，並經法務部人事審議委員會決議（法官96Ⅰ、51Ⅱ、Ⅲ）。其經警告後一年內再犯，或經警告累計達三次者，視同「情節重大」（法官96Ⅱ）。

2. 求評時效：法官個案評鑑之請求，應於二年內爲之。該期間，無涉法官承辦個案者，自受評鑑事實終了之日起算；牽涉法官承辦個案者，自該案件辦理終結之日起算。但「裁判確定後或自第一審繫屬日起已逾六年未能裁判確定之案件，有事實足認因故意或重大過失，致審判案件有明顯重大違誤，而嚴重侵害人民權益者」（法官30Ⅱ），自裁判確定或滿六年時起算（法官36）。

(四) 評鑑之審理：法官評鑑委員會行使職權，應兼顧評鑑功能之發揮及受評鑑法官程序上應有之保障，且不得影響審判獨立（法官41Ⅷ）。

1. 先行之審查：個案評鑑事件之請求，應先審查有無應不付評鑑之情事，如有，則應作成「不付評鑑」之決議，而不得逕予調查或通知受評鑑法官陳述意見（法官35Ⅴ）。所稱「不付評鑑之情事」係指（法官37）：

(1) 個案評鑑事件之請求，請求者不合規定（法官35）。

(2) 個案評鑑事件之請求，逾二年期間（法官36）。

(3) 對不屬法官個案評鑑之事項，請求評鑑。

(4) 就法律見解請求評鑑。

(5) 已爲職務法庭判決、監察院彈劾，或經法官評鑑委員會決議之事件，重行請求評鑑。

(6) 受評鑑法官死亡。

(7) 請求顯無理由。

此雖係先作程序審查，與一般爭訟程序之「不受理」予以駁回相似，然卻於字裡行間顯現對法官（檢察官）之尊重。

2. 程序之暫停：個案評鑑事件牽涉法官承辦個案尚未終結者，於該法官辦理終結其案件前，停止進行評鑑程序（法官41Ⅵ）。此為對法官按憲法第80條「依據法律獨立審判，不受任何干涉」之尊重，以免先行造成違憲之爭。

3. 程序不公開：評鑑職權之行使，非經受評鑑法官之同意或法官評鑑委員會之決議，不得公開（法官41Ⅸ，公懲44Ⅰ）。此為司法體系內之人事事項，自以不公開為原則，以示對法官之尊重。

4. 資料之調查：評鑑資料，評鑑委員會得為必要之調查，或通知關係人到會說明；調查所得資料，除法令另有規定外，不得提供其他機關、團體、個人或供人閱覽、抄錄（法官41Ⅴ）。此亦為一般之「調查不公開」原則。

5. 陳述之機會：評鑑決議作成前，應予受評鑑法官陳述意見之機會（法官39Ⅱ）。此為一般人事處分或爭訟之原則。

(五) 評鑑之決議：

1. 不付評鑑：個案評鑑事件之請求，有下列情形之一者，法官評鑑委員會應為不付評鑑之決議（法官37）：

(1) 個案評鑑事件之請求，不合第35條「請求個案評鑑」之規定。

(2) 個案評鑑事件之請求，逾前條所定「二年」期間。

(3) 對不屬法官個案評鑑之事項，請求評鑑。

(4) 就法律見解請求評鑑。

(5) 已為職務法庭判決、監察院彈劾、或經法官評鑑委員會決議之事件，重行請求評鑑。

(6) 受評鑑法官死亡。

(7) 請求顯無理由。

2. 請求不成立：評鑑委員會認法官無評鑑事由所列情事之一者（法官30Ⅱ），應為請求不成立之決議；必要時，並得移請職務監督權人為「令其注意」或「加以警告」（法官21）之適當處分（法官38）。

3. 請求成立：法官評鑑委員會認法官有評鑑事由所列情事之一者（法官30Ⅱ），得為下列決議（法官39）：

(1) 有懲戒之必要者，報由司法院移送監察院審查，並得建議懲戒之種類。

(2) 無懲戒之必要者，報由司法院交付司法院人事審議委員會審議，並得建議處分之種類。此乃司法院（法務部）設人事審議委員會，依法審議法官（檢察官）之任免、轉任、解職、遷調、考核、獎懲、專業法官資格認定或授與、法院院長（檢察長）與庭長延任事項及其他法律規定應由司法院（法務部）人事審議委員會審議之事項（法官4Ⅰ、90）。

二、法官之懲戒

法官之懲戒，原由公務員懲戒委員會以「會議」方式審議，得命受懲人提出申辯書，或必要時得通知被付懲誡人到場申辯，再作議決（原公懲20、27）。民國101年7月6日「法官法」第五章「法官評鑑」施行後，法官之懲戒，改由「職務法庭」以訴訟方式審理，提懲、受懲雙方得對簿公堂，進行辯論，再作判決。茲述其大要如次：

(一) 職務法庭：

1. 審理事項：司法院設職務法庭，審理下列事項（法官47Ⅰ、89Ⅷ）：

(1) 法官（檢察官）懲戒之事項。

(2) 法官（檢察官）不服人事審議委員會撤銷任用資格、免職、停止職務、解職、轉任法官（檢察官）以外職務或調動之事項。

(3) 職務監督影響法官審判獨立之事項。

(4) 其他依法律應由職務法庭管轄之事項。

對職務法庭之裁判，不得提起行政訴訟（法官47Ⅱ）。亦即「一級一審」，除非有「再審」之事由（法官61），但再審之訴專屬職務法庭管轄（法官62）。

檢察官之懲戒，由司法院職務法庭審理之（法官89Ⅶ），其移送及審理程序準用法官之懲戒程序。

2. 法庭組成：職務法庭之審理及裁判，以公務員懲戒委員會委員長爲審判長，與法官四人爲陪席法官組成「合議庭」行之，該陪席法官至少一人但不得全部與當事人法官爲同一審級；各法院院長不得爲職務法庭之成員。但如審理司法院大法官懲戒案件時，應全部以最高法院、最高行政法院法官或公務員懲戒委員會委員充之（法官48）。

(二) 提懲權者：

1. 監察院：法官之懲戒，應由監察院彈劾後移送職務法庭審理（法官51Ⅰ）。

2. 司法院：司法院認法官有應受懲戒之情事時，除依法官評鑑之規定辦理外，得逕行移送監察院審查；但移送前，應予被付懲戒法官陳述意見之機會，並經司法院人事審議委員會決議（法官51Ⅱ、Ⅲ）。

(三) 審理原則：

1. 懲戒之必要：法官（檢察官）有應付個案評鑑事由之一（法官30Ⅱ），且有懲戒之必要者，應受懲戒（法官49Ⅰ，公懲2）；但適用法律之見解，不得據爲法官懲戒之事由（法官49Ⅱ）。

2. 一事不二懲：法官應受懲戒之同一行為，不受二次懲戒；同一行為已經職務法庭為懲戒、不受懲戒或免議之判決確定者，原懲處失其效力（法官49III，公懲22Ⅰ、56，公懲執行10）。

3. 刑行懲並罰：法官應受懲戒之同一行為已受刑罰或行政罰之處罰者，仍得予以懲戒；其同一行為不受刑罰或行政罰之處罰者，亦同。但情節輕微，如予懲戒顯失公平者，無須再予懲戒（法官49IV，公懲22II）。

4. 審理不公開：職務法庭審理案件均不公開；但職務法庭認有公開之必要，或經被移送或提起訴訟之法官請求公開時，不在此限（法官57，公懲44Ⅰ）。

5. 行懲之時效：法官應受懲戒行為，自行為終了之日起，至案件繫屬職務法庭之日止，已逾十年者，不得為免除法官職務，轉任法官以外之其他職務之懲戒；已逾五年者，不得為罰款或申誡之懲戒（公懲20）。但「裁判確定後或自第一審繫屬日起，已逾六年未能裁判確定之案件，有事實足認因故意或重大過失，致審判案件有明顯重大違誤，而嚴重侵害人民權益者」（法官30II），自依本法得付個案評鑑之日起算。所稱「行為終了之日」，係指法官應受懲戒行為終結之日；但應受懲戒行為係不作為者，自法官所屬機關知悉之日起算（法官52）。

(四) 審理程序：

1. 必要處置：

(1) 先行停職：職務法庭審理法官懲戒案件，認為情節重大，有先行停止職務之必要者，得依聲請或依職權裁定先行停止被付懲戒法官之職務，並通知所屬法院院長；其裁定前，應予被付懲戒法官陳述意見之機會（法官59，公懲5）。

(2) 不得退離：法官經監察院移送懲戒者，除經職務法庭同意外，在判決前，不得資遣或申請退休。但於判決時已逾七十歲，且未受撤職以上之處分，並於收受判決之送達後六個月內申請退休者，計算其任職年資至滿七十歲之前一日，得準用相關規定給與退養金（法官55Ⅰ、78Ⅰ）。職務法庭於受理前述移送後，應將移送書繕本送交被移送法官所屬法院及銓敘機關（法官55II）。

2. 準備程序：職務法庭審判長於必要時，得命受命法官先行準備程序，闡明起訴之事由（法官58II）。

3. 調查證據：受命法官經審判長指定調查證據，以下列情形為限（法官58III）：

(1) 有在證據所在地調查之必要者。

(2) 依法應在法院以外之場所調查者。

(3) 於言詞辯論期日調查，有致證據毀損、滅失或礙難使用之虞，或顯有其他困難者。

4. 言詞辯論：職務法庭之審理，除法律另有規定外，應行言詞辯論（法官58Ⅰ）。各該當事人（監察院、司法院、各法院或分院、法官）應到庭陳述意見或辯論；若係法官評鑑委員會報由司法院移送監察院彈劾之案件，應通知法官評鑑委員會派員到庭陳述意見（法官56）。

5. 其他程序：準用「行政訴訟法」之規定（法官60）。

(五) 作成判決：

1. 免議之判決：懲戒案件有下列情形之一者，應爲免議之判決（法官49Ⅴ，公懲56）：

(1) 同一行爲，已受懲戒判決確定。

(2) 受褫奪公權之宣告確定，認已無受懲戒之必要。

(3) 已逾懲戒權行使期間（法官52，公懲20）。

(4) 已受刑罰或行政罰之處罰，但情節輕微，如予懲戒顯失公平者，無須再予懲戒（法官49Ⅳ）。

2. 懲戒之判決：職務法庭經審理，認爲受移付懲戒之法官（檢察官）具有應受懲戒之情事，且有懲戒之必要（法官49Ⅰ、89Ⅶ，公懲2）者，應爲適當懲戒種類之判決；其依應受懲戒之具體情事足認已不適任法官者，應予撤職以上之處分。其懲戒種類如次（法官50）：

(1) 免除法官職務，並喪失公務人員任用資格，且不得充任律師；其已充任律師者，停止其執行職務。

(2) 撤職：除撤其現職外，並於一定期間停止任用，其期間爲一年以上五年以下，且不得充任律師；其已充任律師者，停止其執行職務，亦不得回任法官職務。

(3) 免除法官職務，轉任法官以外之其他職務，亦不得回任法官職務。

(4) 罰款：其數額爲現職月俸給總額或任職時最後月俸給總額一個月以上一年以下。

(5) 申誡：以書面爲之。

(六) 再審救濟：對職務法庭之裁判，不得提起行政訴訟（法官47Ⅱ），但如有重大情事致其原判決以失合法性或妥當性，亦不得救濟，則失之過嚴，制度上顯然有失合理性。是以應略有調整之機制，規設「再審」之救濟途徑，以健全制度。

1. 再審之提起：職務法庭之判決，有下列各款情形之一者，當事人得於各該期間內，提起再審之訴，惟專屬職務法庭管轄（法官61、62、63）：

(1) 適用法規顯有錯誤。其應自判決書送達之翌日起三十日內提起。

(2) 依法律或裁定應迴避之法官參與審判。其應自判決書送達之翌日起三十日內提起。

(3) 原判決所憑之證言、鑑定、通譯或證物，已證明係虛僞或僞造、變造。此情形之證明，以經判決確定，或其刑事訴訟不能開始或續行非因證據不足者爲限，得提起再審之訴（法官61 II），並應自相關之裁判或處分確定之翌日起三十日內提起。

(4) 參與裁判之法官關於該訴訟違背職務，犯刑事上之罪已經證明，或關於該訴訟違背職務受懲戒處分，足以影響原判決。此情形之證明，以經判決確定，或其刑事訴訟不能開始或續行非因證據不足者爲限，得提起再審之訴（法官61 II），並應自相關之裁判或處分確定之翌日起三十日內提起。

(5) 原判決就足以影響於判決之重要證物漏未斟酌。其自判決書送達之翌日起三十日內提起。

(6) 發現確實之新證據，足認應變更原判決。其應自發現新證據之翌日起三十日內提起。

(7) 爲判決基礎之民事或刑事判決及其他裁判或行政處分，依其後之確定裁判或行政處分已變更。其應自相關之裁判或處分確定之翌日起三十日內提起。

(8) 確定終局判決所適用之法律或命令，經司法院大法官依當事人之聲請，解釋爲牴觸憲法。其應自解釋公布之翌日起三十日內提起，惟原判決執行完畢後，亦得提起之（法官61III，公懲64III）。

但爲受懲戒法官之不利益提起再審之訴，於判決後，經過一年者不得爲之（法官63 II）。一般而言，提再審之訴係爲受判決者之利益（公懲70），而此條文卻揭示：爲受判決者之不利益而提，其意旨莫非再加強審判之倫理或紀律，甚至於維持法官之「適任性」，並亦不宜無限擴張，使原判決處於不確定狀態，因此，也需做適當之時間限制。

2. 提再審效力：提起再審之訴，無停止裁判執行之效力（法官64）。

3. 再審之範圍：再審之訴之辯論及裁判，以聲明不服之部分爲限（法官67）。

4. 再審之撤回：再審之訴，於職務法庭裁判前得撤回之；經撤回或裁判者，不得更以同一原因提起再審之訴（法官68）。

5. 再審之判決：

(1) 裁定駁回：職務法庭認爲再審之訴不合法者，應以裁定駁回之（法官65）。

(2) 判決駁回：職務法庭認爲再審之訴顯無再審理由者，得不經言詞辯論，以判決駁回之；其雖有理由，但職務法庭如認原判決爲正當者，應以判決駁回之（法官66）。

6. 再審之效力：再審之訴，經裁判者，不得更以同一原因提起再審之訴（法官68Ⅱ），亦即有確定之效力。

(七) 執行判決：職務法庭於裁判後，應將裁判書送達法官所屬法院院長，院長於收受裁判書後應即執行之；但無須執行者不在此限（法官69）。

(八) 附提：按法官之懲戒，於「法官法」中設有第七章「職務法庭」一章（第47條至第70條），而「檢察官之懲戒，依法官法第十章第89條第7項之規定：「由司法院職務法庭審理之。其移送及審理程序準用法官之懲戒程序。」雖該條第1項僅列準用第49、50條之懲戒事由、懲戒種類之實體事項，再觀第7項之程序規定，亦不難得知檢察官之懲戒幾乎全部準用「職務法庭」一章之規定，在閱讀該法時，仍應存有法官、檢察官係分屬「審」「檢」兩業務系統，不可混淆其人事事項之規設。

三、大法官之懲戒

司法院大法官之懲戒，得經司法院大法官現有總額三分之二以上之出席及出席人數三分之二以上之決議，由司法院移送監察院審查。監察院審查後認應彈劾者，移送職務法庭審理（法官70）。

四、異議處理

附帶說明，職務法庭審理事項(2)：「法官不服撤銷任用資格、免職、停止職務、解職、轉任法官以外職務或調動之事項」（法官47），此乃因上述之人事事項係為司法院人事審議委員會審議所做成之處分，當事法官不服，應於收受人事令翌日起三十日內，以書面附具理由向司法院提出異議（法官53Ⅱ）；又法官認職務監督影響審判獨立時，應於監督行為完成翌日起三十日內，以書面附具理由向職務監督權人所屬之機關提出異議（法官53Ⅰ）。對此兩種異議，司法院或受理異議機關應於受理異議之日起三十日內，作成決定（法官54Ⅰ）。上述機關未於該三十日內依原決定程序作成決定時，法官得逕向職務法庭起訴；又法官不服前述機關應依原決定程序為決議所作之決定，應於決定書送達翌日起三十日內，向職務法庭起訴（法官53、54）。惟此規定檢察官並不準用（法官89Ⅰ）。

第七節　當前考績與獎懲制度之基本問題

一、考績列甲等人數浮濫問題

我國公務人員考績制度中當前最嚴重之問題，莫過於考績評分過於寬濫。各機關年終考績評列甲等人數，在民國89年之前，常在百分之八十以上，已失考績眞意，功效薄弱。茲就此一情形之形成過程，及其演變之原因，扼要舉述如後：

(一) 考績之兩種基本方法：考績之要義，重在綜覈名實，信賞必罰，獎優汰劣，提高行政效率，爲國培才，爲民服務。爲貫徹此一宗旨，基本實施方略有二：**一為建立考評之客觀絕對標準**，例如：我國現行「公務人員考績法」及其施行細則中分別所列考列甲、丁兩等之具體條件，有如樹立一標準尺度，以衡量人員成績之長短分寸；**二為以人員相互比較高低**，例如：我國民國76年1月以前考績法之授權機關首長核定，以求得自最優至最劣之常態分配人數。但由於兩者各有利弊，故似以混合運用較爲允當。何也？因有客觀絕對標準，則可建立客觀公正之是非判斷；再有相互比較，則優劣對照分明，眾所共見。通常採混合方式時，多以兩者之一爲主體，而以另一爲輔，此種混合方式兩者間成分比率，應視觀點與需要而定。

(二) 最優與最劣人數限額制度：民國24年公布之「公務員考績法」規定，各機關每年年考與三年總考結果，均應有一定比率之人數列爲劣等並予以解職。民國32年冬公布之「非常時期公務員考績條例」開始規定，年考列八十分以上（甲等）之人數，不得超過本機關參加考績人員總數三分之一，自此以後，該法歷經民國34年、37年、43年、51年等多次修正，三分之一限額規定均能繼續維持，迄至民國59年將考列甲等人數限額三分之一規定取消。時任總統府秘書長張岳軍先生，深以爲憂，因而邀集五院秘書長共商，經決定：「考列甲等人數，以三分之一爲原則，最多不得超過二分之一。」並交由銓敘部以公函通知各機關執行，全國各機關考列甲等總人數始得勉強維持爲百分之四十八點三六（由於原定三分之一限額，最初係出自蔣總統之意；故此次岳軍先生之此一舉措，依合理之推論，至少事先或事後定必爲蔣總統所知）。

(三) 限額取消形成災難：上述措施繼續至民國76年1月，官職併立之新人事制度考績法實施後，不幸竟又返回氾濫原狀，由於部分人員之堅持鼓吹，多年形成一種有效之力量，而促使官職併立新人事制度之考績法在立法院立法過程中，被迫將考列甲等人數之限制取消，改採現行規定，對考列甲、丁兩等者，在施行細則中列舉具體考評標準（但考列丁等標準，後於民國90年改於本法中規定）。其中有關甲等之標準，因有兩款規定較寬，於是，各機關一律利用此兩款規定，濫事評分，於新制施行之首年，亦即民國76年年終考績考列甲等之人數，全國平均達百分之七十九。而不少個別機關，其人員考列甲等者，且高至百分之九十以上，甚至更有高至百分之百者；後經銓敘部以公文「勸告」後，各機關考列甲等人數大致仍恆在百分之八十四以上。似此情形，已將考績制度綜覈名實之基本精神，完全遺棄喪失（詳閱本書原著者所著《官職併立制度之理論與結構》頁216至229，商務版），破壞國家制度，廢棄公正是非標準，始作俑者，罪莫大焉！

民國79年考績法修正時，本書原著者尚在銓敘部任職，力主增列甲等人數限制，於所主持之修訂會議中，勉強克服部分與會機關代表之反對，但機關代表仍堅持限額應爲百分之八十五。似此寬濫之條文，至立法院審議時，該限額條款竟仍遭刪除，以致至今仍無限制。據統計，民國83年之年終考績考列甲等人數，全國平均仍爲百分之八十四。茲摘錄歷年考列甲等人數統計如下表15-1，以供參考。

(四) 必須限制甲等人數：欲求有效改善，滌除上述寬濫流弊之最切實際辦法，除修訂或強化現行之甲、丁等考評標準外，仍必須恢復考列甲等人數百分比限制，並以考列甲等人數最合理比率爲最多三分之一，縱然妥協讓步，也應最多不超過三分之一爲宜。至於應否硬性規定應有一定比率人數考列丁等一節，似應考量各時期實況，另行細加斟酌。

民國97年9月1日，第十一屆考試委員上任後，積極穩建文官制度，於民國98年2月11日召開第一次「考試院文官制度興革規劃小組」會議，開始研擬「考試院文官制度興革規劃方案」，經民國98年6月18日第十一屆第三十九次會議決議通過，其中「落實績效管理，提升文官效能」案，即有「研修公務人員考績制度」一項。案經再研議，提出年終考績案等及其百分比等之修正案，增列優等比率，最高不得超過百分之五，甲等比例不得超過百分之六十五，考列丙等人數不得低於百分之三。並據以向立法院提出修正草案（民國99年4月6日）。乍看之下，考列甲等以上之比率似不超過百分之七十，較現況之百分之七十五略低，但其間引起社會輿論爭議者，並不在於此，反而落在考列丙等的比率，尤其是全國公務人員協會，反對規定丙等之百分比，但贊成明列丙等之條件。立法院初審時，亦修正爲百分之一至百分之三，考試院僅能謂之「尊重」，惟於該屆立法院，並未完成審查，依「立法院職權行使法」第13條之規定「屆期不續審」原則，「公務人員考績法」退回考試院。顯然考績制度的改革，是一艱鉅的工程。

表15-1　全國公務人員歷年考績甲等人數統計表　製表人：徐有守

年次	考列甲等總人數	參加考績總人數	考列甲等人數百分比
58年	32,576人	88,542人	36.80%（自民國32年冬起法定甲等限額為1/3）
59年	34,415人	71,160人	48.36%（法定考列甲等人數限額取消，但另以命令限甲等為1/2）
60年	39,501人	79,952人	49.40%（同上）
65年	37,202人	72,719人	51.16%（同上）
70年	64,004人	124,658人	51.34%（同上）
75年	75,776人	147,662人	51.30%（仍在命令考列甲等人數限為1/2期間）
76年	124,136人	157,098人	79.00%（1/2限額取消之首年，而成無限額狀態）
80年	151,211人	184,202人	82.10%（同上）
83年	186,071人	220,418人	84.40%（同上）
85年	206,953人	244,026人	84.80%（同上）
86年			85.28%（銓敘部修正考績法擬恢復考列甲等人數上限失敗）
87年			86.00%
88年			86.68%
89年			86.70%
90年	195,035人	261,495人	74.60%（經銓敘部勸說各機關勿超過75%）
91年	194,997人	261,723人	74.50%（同上）
92年	197,216人	263,890人	74.70%（同上）
93年	193,392人	258,643人	74.80%（同上）

資料來源：民國94年銓敘統計年報及網路資料。

說明：表中所列，自民國90年後歷年考列甲等人數百分比驟降至75%以下，乃緣於政府目睹甲等人數寬濫情形，深知應謀改善，除一方面進行修法外，並先依行政途徑有所勸說。民國90年9月6日經總統府舉行之總統府暨五院秘書長第五次會談決定五點，在未完成修法前，先依行政途徑，由各機關首長採漸進方式，自民國90年起，考列甲等人數比例先以50%為原則，最多不超過75%，並由銓敘部及人事行政局共邀全國各機關人事機構主管人員協商後，經銓敘部及人事行政局據此分函各機關辦理。此一做法，與民國60年10月總統府秘書長張岳軍先生召集五院秘書長會談之下列決定如出一轍：「考績列甲等者，以參加考績（成）人數1/3為原則，最多不得超過1/2。但民國90年所決定之限額75%仍屬偏高，誠屬無可奈何之事，期望維續有進一步之改善。

二、研究建立機關工作考評及配額制

目前考績制度中之基本原則，係以每一機關作爲一個單元，除考列甲、丁兩等人員依法定之考評條件評分外，其餘乙、丙兩等，則以本機關內部同官等人員互相比較評分。「公務人員考績法」規定：「公務人員之考績，除機關首長由上級機關長官考績外，其餘人員應以本機關內同官等人員爲考績之比較範圍」（考績9），此種以本機關同官等人員互相比較，爲切實可行之辦法；因若欲以全國所有同官等人員互相比較，自爲事實之所難能。但若從另一角度考慮，完全以本機關內部人員相互比較，則縱果有甲等人數之統一限制，理論上似又有欠公允。茲說明如下：

(一) 現行考績制度之不平：此種以每一機關爲一單元，內部人員自行互相比較之方法，卻產生機關與機關間之不公平現象。各「機關」每年工作成果，相互間當然有優劣之別，但依現行考績法規定，卻均平等可不受考列甲等人數限制，而將甲等人數充分評列，高達百分之八十、百分之九十，甚或百分之百，亦不違法。但縱依以前考績法規定，雖每機關內部考列甲等人數有一定比率限制時，各機關亦均可享考列甲等同一比率人數之利益，其結果，形成A機關考列甲等人員之實際工作成績，極可能遠不如B機關考列乙等人員之工作成績。設若有一腐敗至極之機關在此，整個機關全年實乏工作成績之可言，但依考績法規定，年終考績仍可享有與其他機關相同之以百分之八十，或百分之百，或二分之一，或三分之一人數評列甲等，顯屬十分不平。

(二) 建立機關工作考評及配額制：糾正上述不平現象，除如上所述應恢復考列甲等人數限制外，並可另行考慮再建立機關年度工作成績評量制度。規定每年應先評定各機關之工作總成績，並對評列不同等次之機關，規定其該年年終考績所得評列甲等人數之不同最高限額。例如：考列甲等之機關，最多可有三分之一人員考列甲等；考列乙等之機關，至多僅可有四分之一人員考列甲等；考列丁等機關，至多僅可有五分之一人員考列甲等。此外，甚至是否可以同時更考慮，機關年度總成績評列丙等者，該年度該機關至少應有多少比率人員應考列丁等，予以淘汰免職。此種考評方法，昔臺灣地區省（市）營事業機構人員早已採用，但其所定得評列甲等人數之百分比過高，以致績效不彰，機構年度工作成績最優評列甲等者，其得評列甲等之人可高至百分之七十五，乙等百分之六十五，丙等百分之四十五，甚至丁等者且得享有百分之三十五。此與現行各行政機關考績列甲等之人數全無限制之情形，相去不遠，而使此種機關評分失其意義。採行本方法欲期成功，其要件有二：一爲對機關之年度工作評量，必須落實，不得一律從優從寬評量；二爲必將甲等人數定額大量降低，始有意義。

上述考績方法，因係按機關年度工作總成績之不同，分別規定其年終考績所得考列甲等之最高限額人數，本書原著者以為，似可稱為「機關工作考評及人員考績配額制」。

(三) 建立機關配分制：另一種方法，同樣係以機關工作總績效考評制度為基礎，但非採上述配額方式，而係按機關考評後所列等次之不同，分別配給不同之人員考績總分，故淺見以為似可稱之為「機關配分制」，與上述配額制有所不同。其法係按各該機關工作年度工作績效總成績評定之不同等次，給予機關不同之總配分；總配分之構成，先按機關被評定之等次，配給每一人員平均分數，再乘以該機關參加年終考績之人數，即為該機關所配給之總分數。機關首長有權對本機關任何人員評給各種等次不同之分數，但全體人員所得考績分數總和，不得超過本機關所配給之總分。

例如：假定機關績效總評列乙等者，規定為配給每人分數七十五分，而此機關本年參加考績之職員總數為一百人，則本機關今年機關人員考績總分為七千五百分；機關長官對本機關每一人員所評給分數之總和，不得超過七千五百分。

在此情形下，此種機關績效總評為乙等之機關，縱然以最技巧方式處理其人員個別評分，最多亦僅能有考列甲等人員五十人，其餘五十人則皆為乙等。其情形如下：

80分×50人＝4000分

75分×50人＝3500分

4000分＋3500分＝7500分（本機關全體參加考績人員分數總和）

如有意必須給予第五十一人甲等，則必另有一人評列丙等，餘類推；其他變化尚多，請自行推算。以上僅構想之輪廓，實際採行時，必須縝密設計，並應有配套措施，例如：考列甲等之人數必須限制最多不超過三分之一；又如對個別人員評分增減所形成之變化頗多，且利弊不一，應注意如何存利去弊。

以上係假定機關年度工作績效總評分列為乙等者，其機關配分為每人七十五分。現進一步假定：機關總評分為甲等者，每人配分或可定為八十分；機關總評分丙等者，每人配分或可定為七十分。此純係舉例以明制度之運作方法，實際具體配分做法，應另行詳加研究設計訂定。但仍不得濫做好人，將標準定成過於寬泛，有如上述臺灣省（市）營事業機構做法（雖然是被迫如此）。孟子（離婁篇）有言：「徒善不足以為政。」此之謂也。

上述配分制度之好處如下：

1. 可以限制各機關甲等人數比率。

2. 有上述機關配額制之優點，而無配額制之缺點。

3. 公平顯示，因機關工作總績效優劣不同，則其考績甲等人數亦有不同。

4. 仍授予機關長官在一定範圍內相當之考績權。

此種制度，並無執行技術上困難，但手續稍繁，主要在於增加各上級主管機關對所屬機關需先作一次年度工作績效評鑑。介述於此，以供參考。

考試院第十一屆考試委員之「文官興革方案」（98.6.18.）中列有「落實績效管理，提升文官效能」一案，即有「研修公務人員考績制度」一項。隨即於民國99年4月6日向立法院提出「公務人員考績法修正草案」，將機關工作考評及配額，增列入法，其第9條之3規定：

主管機關應視所屬各機關業務特性及需要，辦理所屬機關間之團體績效評比，並於每年辦理考績前，依團體績效評比結果，彈性分配所屬各機關受考人考列甲等以上及丙等人數比率，必要時，各官等與主管人員考列甲等以上人數比率及主管機關受考人考績等次人數比率，亦得併入上開調整機制辦理。但甲等以上人數比率以增減百分之十；丙等人數比率以增減百分之三爲限，且主管機關及所屬各機關考列甲等以上及丙等人數比率總計，仍以第9條之1第1項所定之人數比率爲限。

各機關應視其業務特性及需要，辦理內部單位間之團體績效評比，評比結果應作爲評定單位人員考列甲等以上及丙等人數比率之依據。

各機關辦理團體績效評比之範圍、標準、程序及有關事項，由考試院會同行政院以辦法定之。

但因年終考績丙等之規設，有所爭議，而有所耽擱。然卻於民國100年6月14日通過制定「法官法」，將機關工作考評，增列入法，其第32條規定：

司法院應每三年一次進行各級法院之團體績效評比，其結果應公開，並作爲各級法院首長職務評定之參考。

前項評比之標準、項目及方式，由司法院定之。

經總統於民國100年7月6日公布，初次建立機關工作之評比。惟可惜的是：僅作爲法院首長職務評定（相當考績）之參考，而未能作爲該法院法官職務評定及其他司法人員年終考績等第分配之依據。

「公務人員考績法修正草案」嗣因未能在立法院第七屆立法委員任期內完成審議，依「立法院職權行使法」第13條：「屆期不續審」，而遭退回考試院。經考試院再檢討，略作文字修正（刪除第1、2項之「及需要」，修正第1項之「丙等人數比率以增減百分之三爲限」爲「丙等人數比率以增減百分之一至百分之三爲限」）後，於民國101年10月18日再函送立法院審議，卻又未能於第八屆立法委員任期內完成審議，再遭「屆期不續審」退回。但第九屆立法委員於審查民國106年度預算時，黃國昌委員有所催促。民國107年9月25日，考試院再函送立法院審議。

三、落實公務人員勳獎獎金制度

我國政府機關現行勳獎制度，輕重不一，多有不切實際之處，亟待改進。

(一) 現行勳獎之種類：目前經法規規定頒發文職人員之勳獎，計有四種：

1. 依「褒揚條例」規定由總統題頒匾額，或在其身後命令褒揚。

2. 依「勳章條例」頒發之勳章，由總統、院長，或部會首長授予。

3. 依「獎章條例」頒發之獎章，由各該主管院院長授予；但專業獎章亦得授權各該主管機關首長授予。

4. 依有關激勵辦法頒發之獎狀、獎座。

5. 依各種專業獎章辦法頒發之各種專業獎章，由各該中央專業主管機關（部會）首長授予。

世界各國之勳獎，所代表者均為榮譽，但許多情形之下，並附有金錢與地位。例如：希特勒時代，德國所頒發之勛章，不僅確為黃金鑄成，且每一勛章必附以一筆可觀之金錢，故其勛章至為可貴。此外，受有勛章者，亦常可晉陞，此所以更為可貴。

我國之頒發勳章，一般而言，尚稱慎重；但獎章則有部分稍嫌寬濫，而最濫者莫過於服務獎章與各類專業獎章。請問有誰曾見任何公務員佩戴獎章者？更有誰曾佩戴服務獎章者？且其質地粗劣，似亦不宜於佩戴。率直言之，雖然國家已表達激勵忠勤之意，但服務獎章過於普遍，實效既低，已成為浪費，鮮有意義，是以民國95年予以修正。至於專業獎章，各主管機關於其所屬人員退休調職等即頒贈，頗具人情酬庸之意，寬濫自不言而喻。

(二) 現行勳獎獎金：更有不可解者，考試院昔定有「政務人員退職撫卹勳績給與標準」及「公務人員領有勳章獎章榮譽紀念章發給獎勵金實施要點」，依據此兩規章規定，領有勛章、獎章、榮譽紀念章者，於退休時或死亡撫卹時，可以發給數目不等之獎勵金。自民國85年10月8日，考試院調整提高後，現行獎勵金中之最高者為中山勳章，計為獎勵金六萬元；最低者為三等專業獎章與三等服務獎章，為三千六百元。

獲頒中山勳章之條件，需為統籌大計者，或安定國家者，或枚平禍亂者，無一非重大之豐功偉績；但僅值區區六萬元，或可購買一、二瓶稍好之紅葡萄酒，或買半套普通沙發，或購買一套稍好之衣服，但絕不足以在臺北市任何小巷中購買半坪舊屋。至於三千六百元，需連續服務政府十年成績優良者，或例如人事人員，需研訂人事法制及推動人事業務有「特殊貢獻」者，始有可能獲得；但三千六百元則或可供夫妻二人同赴飯店小吃一頓；又臺北市現有牛肉麵店每碗售價一百元甚至九百九十元者，則五口之家，連同計程車往返車資，每人購買牛肉麵一碗足矣，甚至不足購食一碗之資。國家以似此微小之款，而竟誇稱之為所謂「勳績獎勵金」，名實不符，聽來似頗滑稽，實則並不滑稽，而屬可悲。較之考試院所頒布之另一行政規章，名為「公務人員品德修養及工作績效激勵辦法」者所規定各機關每年得遴選模範公務人員，所給予當選者獎勵規定，更覺輕重倒置，其當選資格之一為：具有特殊優良事蹟足為公務人員表率者。當選者給予獎金五萬元、獎狀一幅、公假五日。另依上述辦法及銓敘部函頒之「公務人員傑出貢獻獎選拔及表揚作業要點」（88.7.9.發布，104.5.1.修正）所規定，當選傑出貢獻獎之公務人員，給予獎金新臺幣二十萬元及獎座一座。相形之下，勳績更是不值一顧矣，以致原本崇隆之事，竟令人深覺可悲。

勳獎制度實應改善，重新釐定其高低地位。

四、考績與獎金、訓練進修、陞遷之關係

考績的後果，依「公務人員考績法」規定觀之，約有晉敘俸級、發給獎金、取得晉升官等職務的資格、留原俸級、免職等。其作用或目的為何？考績法上僅原則性規定為「綜覈名實，信賞必罰」，亦即具獎功懲過，以彰行政效率之意，但無進一步較具體規定。惟一般的認知，歷來考績素有「考功黜陟」之語，應可推知，考績之作用或目的，更在於「擢優汰劣」，為國培植與拔擢人才，才能符合本「功績原則」評定陞遷之旨（陞遷5）。若無考績，何從知其功績？民國100年前後之「考績制度改革」案研議內容，主要係在加強「擢優汰劣」。昔不乏學者主張公務人員有參加考績之權利，亦即主張公務人員有要求國家承認其功績之權利，似非完全無理。因參加考績若被列為「丙等或丁等」，公務人員亦有必須接受之義務；若考列乙等，則可晉俸一級並有半個月獎金；而考列甲等，則獎金為一個月，均可成為將來法定陞遷條件之一，關係重大，此所以公務人員重視考績之原因。又從考績申訴案之多，即可明瞭。且係以「管理措施」（保障77）處理，因此，雖名為權利，但實質之內容，正如同「應考試服公職」、「陞遷」一樣，只能解釋為程序上的權利，或俗謂之「機會」。是以，而後考試院前院長關中有謂：「公務人員考績是管理事項，不是權利」（102.7.20.中央社記者蘇龍麒報導：「關中：考績不是公務人員的權利」）。

民國80年代初、中期，政府曾考慮取消考績獎金，後因多方反對而無結果，只好遷就現況，轉移努力方向，一則回歸考績本旨「擢優」陞遷，一則為保障公務人員服公職之權利。對於考績不佳者，施以訓練進修，期能藉由訓練進修以增進公務人員工作能力，此亦為「公務人員陞遷法」與「公務人員訓練進修法」制定原因

之一。但綜觀「公務人員訓練進修法」全文，卻僅有「服務成績優良，具有發展潛能者」（訓練9），得被選送進修，且訓練進修之成績，列爲考核及陞遷之評核要項（訓練19），尚無因學能不足致考績不佳而應施以訓練進修之規定。參考昔「監察院職員國內訓練進修實施要點」（87.8.12.訂定，89.9.7.、101.5.16.、103.3.31.修正）第7點列有：「但前一年因學能不佳致考績考列乙等而有具體事實者……經秘書長核可者」得遴薦進修。此項規定發布施行後，亦未能落實，究其原因，理念與實務間，顯然仍存有差距與困難。

從上述說明，應更可得知：

(一) 物質金錢的獎勵，對一般公務人員而言，最爲直接有效。在未形成共識之前，輕言廢除，恐反增糾紛，當今之計，仍應維持。

(二) 考績與訓練進修，應相輔相成，對學能不足以致考績不佳者，應予以訓練進修機會，並嚴加考核其訓練進修成績，俾獲實效。

(三) 考績所產生之效果，當然應擇優拔擢，予以陞任較高官職等及較重要職務，藉以服眾，鼓舞士氣，凝聚向心力，亦可爲國培才，並使人盡其才，蔚爲國用，更免其反爲國害國禍，事豈小焉哉。

前述(二)之理念，已爲「公務人員考績法」修正草案（民國99年及101年）所接受，其第7條規定：「丙等：留原俸級，並輔導改善。」而公務人員保障暨培訓委員會於民國100年10月20日訂有「公務人員考績考列丙等人員輔導訓練實施計畫」（104.10.30.修正），對因工作能力或工作態度不佳者，施以訓練之措施規定。但考績法未完成修法程序，此種美意，仍有待努力。

五、懲戒制度之問題商榷

從前述我國懲戒制度建立之沿革以及現制內容之瞭解，不難發覺我國公務員懲戒有下列諸事項值得探討：(一)懲戒法上公務員之範圍。(二)懲戒權之歸屬。(三)懲戒與彈劾之關係。(四)懲戒與考績懲處之關係。(五)懲戒與刑罰及行政罰之關係。(六)懲戒法究應爲實體法或程序法。茲分別論述如次：

(一) 懲戒法上公務員之範圍

北京政府時期，民國2年1月9日公布之「文官懲戒法草案」、7年1月17日公布之「文官懲戒條例」中並無對「文官」範圍作明文界定，「司法官懲戒法」（4.10.15.）中對「司法官」之範圍，亦無明文界定。

國民政府時期，民國15年2月17日公布之「懲戒官吏法」中對於「官吏」界定爲「文官、司法官及其他公務員」（第1條），民國20年6月8日公布之「公務員懲戒法」卻無對「公務員」之範圍作明文界定，但一般卻以民國28年10月23日公布之

「公務員服務法」第24條之「受有俸給之文武職公務員及其他公營事業機關服務人員」爲範圍。軍職人員已依司法院釋字第262號解釋（79.7.6.）回歸公務員懲戒體系；但前大法官林紀東認爲：不宜納入，應由軍事機關辦理爲宜[3]。文職人員至少包括常任事務官之「公務人員」，以及特任、特派之「政務人員」，與民選直轄市、縣市、鄉鎮市首長（歷年也有實務案例）。這些均爲憲法上最廣義之官吏或公務員。

1. 政務人員：政務人員之懲戒，昔公務員懲戒法第9條規定僅得爲「撤職」、「申誡」非無其例，如：民國98年國安會秘書長邱○○、前外交部長黃○○被彈劾受懲戒撤職並停止任用二年。依今之懲戒法第9條第3項規定，「休職」、「降級」、「記過」不適用於政務人員，只能爲「免除職務」、「撤職」、「剝奪減少退休（職、伍）金」、「申誡」之懲戒處分，乃因其依政治考量，隨政策而進退，隨時得下台、退離。惟前大法官林紀東認爲：可由議會或所屬政黨促其辭職，不宜作司法懲戒[4]。如間接推論，則亦屬該法「公務員」之範疇。此於「公務人員基準法」草案（101.3.27.第3條）亦將之納入。

2. 民選首長：地方民選首長在昔懲戒實務上，亦適用本法，如：民國68年桃園縣長許○○被彈劾受懲戒休職二年，民國98年臺東縣縣長鄺○○被彈劾受懲戒記過二次。但其並非「政務人員退職撫卹條例」第2條所列之「政務人員」，因此在學理上，如其有重大違法失職情事，究應爲懲戒或罷免，使其去職？亦非無研酌之餘地。但依「地方制度法」第84條規定：「直轄市長、縣（市）長、鄉（鎮、市）長適用公務員服務法；其行爲有違法、廢弛職務或其他失職情事者，準用政務人員之懲戒規定。」而「公務人員基準法」草案（101.3.27.第2條）則將其排除在外。

3. 公營事業人員：公營事業人員雖爲服務法第24條所明定，惟其應不包括「純勞工」身分人員，僅及於職員。

因此，有謂本法亦應有一條文界定「公務員」之適用範圍，尚非無理。

(二) 懲戒權之歸屬

懲戒爲處罰之性質，其目的在維持官紀，促進效率，以利國政之推行。其作用一則在保障公務員服公職之權利，非依法律不受懲戒，以免墜入「特別權力關係」之濫權中；二則在於規範主管長官，防止恣意妄爲，無端侵害公務員權利。因此，懲戒權之歸屬，在「整體」與「個體」、「長官」與「部屬」之間如何衡平，以建

---

3 林紀東：《中華民國憲法逐條釋義（三）》，臺北，三民，80.11.，頁27。
4 林紀東：《中華民國憲法逐條釋義（三）》，臺北，三民，80.11.，頁25、27。

立法制，從我國建制立法的沿革，亦可得知歷來曾有相當斟酌，但施行迄今亦非無爭端。茲歸納一般意見如次：

1. 歸於「行政」：行政有其目的，具有主動性，要與時俱進，適時採取適切之措施，以應時局之變遷。因此公務員之行政行爲若何？主管之行政長官知之最稔，有無獎懲賞罰之必要，亦慮之最詳，當然應歸於「行政」，例如：日本之制，歸於「任命權者」（日本國家公務員法第84條第1項），以免分割指揮監督之「賞罰權」。此再觀「公務員考績獎懲條例」（24.11.1.）之「獎勵」與「懲處」並列自明，迄今仍爲考績法之重要內容。

2. 歸於「司法」：司法雖是被動之「不告不理」，但其特質在於依據法律，公正、公平、公開之獨立審判，不受干涉。「公務員」爲國家名器，僅授予由獨立機構「特別考選」之人，程序愼重，茲欲剝奪此名器，自應由獨立之司法機關審理，以昭愼重與公正。此觀民國以來，對文官之懲戒即另組委員會，亦有司法人員之參與，獨立審判不受干涉，以致於立憲定制，劃歸司法。惟司法審理，曠日廢時，難符時需。

3. 歸於「考試」[5]：有謂憲法上之「考試院」等同外國獨立之人事機關（如日本之「人事院」），懲戒係屬人事事項，亦應歸考試院主管。例如：日本公務員法第84條第1項雖規定：「懲戒處分由任命權者爲之」，其第2項又規定：「人事院得經本法規定之調查後，將公務員交付懲戒手續。」且於第55條規定：「有任命權者，除法律另有規定外，於中央爲內閣、各大臣、人事院總裁及各外局首長。」考試院亦有獨立性（憲88），且「保障」業務爲考試院職掌，懲戒爲消極之保障，權歸考試院，亦非無理。又有謂懲戒係行業團體內規律上之處罰，如：「律師法」第44條、「會計法」第62條、「建築師法」第40條、「醫師法」第25條之1、「地政士法」第43條，對其執業均有懲戒之規定。以此論之，公務員職務行爲之懲戒，劃歸「行業團體」考試院，亦非不可。

4. 歸於「監察」：監察源於古代之御史，具有糾彈之權，在政府中具有「防腐」之功能，以「澄清吏治」、「整飭官箴」，此觀民國25年之「五五憲草」（第87條），將「彈劾」與「懲戒」均歸於監察院，亦可窺見其理。今監察院僅有提懲之「彈劾權」，形如檢察官之起訴，卻無實質之「懲戒權」，常自嘆爲「無牙老虎」難發揮監察功能。

5. 歸於「立法」：「立法」係政治競爭之另一場合，在國外僅針對政務官或

5　展恒舉：《中國近代法制史》，臺北，臺灣商務印書館，62.7.，頁347至348。

特別任命者爲「彈劾」，成立彈劾案，即實質令受彈劾者去職，對於經「特別考選」任用之事務官者，並不適用之。茲憲法增修條文第4條第7項，亦僅規定：「對總統、副總統之彈劾案，須經全體立法委員二分之一以上之提議，經全體委員三分之二以上之決議，聲請司法院大法官審理。」亦可見其「政治性」。將來似可考慮政治性之官吏，如：政務人員或其以上之官吏，或民選首長之彈劾，由各該議會提出，促其去職，或提請大法官審理。

(三) 懲戒與彈劾

從民國以來，「懲戒」由隸屬於大總統之平政院執掌，平政院下有「肅政廳」掌「糾彈」。「五五憲草」（第87條）仿之，將「彈劾」與「懲戒」均列歸監察院，有譏此乃集「球員」與「裁判」於一身。行憲後，公務員之懲戒，除機關移送者外，重要大案爲監察院所提之「彈劾案」，再移送公務員懲戒會審理，形同檢察官之「起訴」。但此起訴之說，監察院不以然，甚且長久以來有「重重舉起」之彈劾，結果卻是「輕輕放下」之懲戒，甚爲慨嘆！

按：民主先進國家之「彈劾」爲政治性，係國會之實體職權，針對政務官追究政治責任，亦即促其負責下台，不棧戀該職；「懲戒」則係對於常任文官之公務員。兩者之任免條件與程序均不相同，如其有違失損譽之行爲，自不宜以同一方式令其去職。

(四) 懲戒與懲處

「懲處」係相對於「獎勵」之概念，可溯自民國24年11月1日，依同年7月16日公布「公務員考績法」（11月1日施行）第7條制定公布施行之「公務員考績獎懲條例」，其第3條：「公務員考績之懲處，依左列之規定：解職、降級、記過。」爲該法第2條規定之一年「年考」、三年「總考」之結果。依該法第3條及民國24年11月1日公布施行之「考績委員會組織通則」第4條，「年考」、「總考」係由直接上級長官執行「初覈」，再上級長官執行「覆覈」，提交考績委員會「彙核」後，報由主管長官執行「最後覆覈（核）」。從其懲處之種類觀之，自民國20年6月8日公布施行之「公務員懲戒法」第3條所規定之懲戒處分「免職」、「降級」、「減俸」、「記過」、「申誡」中，考績法僅無「減俸」、「申誡」之差而已，實質結果並無不同（解職、免職均在使其去職），何以將懲罰分爲「懲戒」與「懲處」，以迄於今，實耐人尋味。

當今一般認爲「懲戒」與「懲處」兩者有下列不同：

1. 法源不同：懲戒係依「公務員懲戒法」；懲處，係依「公務人員考績法」。

2. 性質不同：懲戒爲司法性；懲處爲行政性。

3. 機關不同：懲戒機關爲司法院之公務員懲戒委員會；懲處爲各服務機關或主管機關。

4. 事由不同：懲戒爲「違失損譽」兩款，較爲籠統概括；懲處除年終考績丁等與一次記二大過專案考績之免職，具法定數款情事，稍略具體詳細規定外，其餘「獎懲標準」之情事，委諸行政命令詳加訂定。其具懲戒之事由可籠統囊括懲處之事由，但其實質情事無甚差別，易有「競合」之情。

5. 種類不同：今懲戒有九種；懲處卻仍僅有三種（記大過、記過、申誡）。

6. 提懲不同：提請懲戒，可由監察院提彈劾案，或主管機關移送薦任第九職等以下人員；「懲處」則均由各機關行之。

7. 停職不同：懲戒「繫屬」中，公務員懲戒會或主管機關認爲有必要則可先停止被付懲戒人職務；懲處則對考績免職人員「在未確定前」，可先停止職務（考績18Ⅱ）。

8. 審議不同：懲戒因「法庭化」，得行言詞辯論；懲處則在機關考績委員會中得予陳述意見。

9. 效果不同：懲戒，不得以前後功績相抵；懲處，「除專案考績」外，前後功過得於年終考績時相抵計分。

10. 救濟不同：懲戒處分之救濟向公務員懲戒委員會提再審；懲處除「免職」向公務員懲戒委員會提請救濟外，均依「保障法」之規定向服務機關提申訴，不服其決定再向公務人員保障暨培訓委員會提再申訴。

11. 執行不同：懲戒處分於判決書正本於送達受懲戒人主管機關之翌日起發生懲戒處分效力（公懲74Ⅰ，執行2Ⅰ），開始執行，其受「降級」、「減俸」者，於未執行前或執行完畢前離職，於其再任時，依其再任職之級俸執行或繼續執行之；受「免除職務」者，即免其現職，不得再任用；受「撤職」、「休職」者，有其不能任職之期限。懲處受「免職」者，在經「保障程序」爲確定前，先行停職（考績18Ⅱ），一經確定，雖於本機關去職，但仍得立即於他機關再任，無期間之限制。

綜上所述，不難發現如有同一「違失損譽」之事實，即得由主管（服務）機關爲考績懲處，亦得移送司法懲戒，其可能產生競合現象[6]。

1. 積極競合：同一行爲事由即作考績「懲處」，同時又移送司法「懲戒」，則有違「一事不兩罰」（一事不再理）原則，蓋考績法上之「懲處」，實質上屬於

6　吳庚：《行政法之理論與實用》，臺北，三民，98.8.增定十版，頁278、279註83。

懲戒之性質（參照75.7.19.釋字第243號解釋理由書，應指「免職」之改變公務員身分關係，影響服公職之權利。而後93.9.17.釋字第583號：「公務人員考績法第12條第1項第2款規定所爲免職之懲處處分，實質上屬於懲戒處分，爲限制人民服公職之權利。」又公懲法修正前之第9條第3項規定：「九職等或相當於九職等以下公務員之『記過』與『申誡』，得逕由主管長官行之。」考績法上亦有「記過」、「申誡」，似亦得認爲係懲戒之性質乎？實務上，服務機關之懲處，均引據考績法，恐尚無引據懲戒法之例。惟新修正之公務員懲戒法已無此授權之規定），因此，民國77年2月15日司法院與考試院會同發布「稽核公務員懲戒處分辦法」其第6條規定：「同一事件，經主管長官已爲處分後，復移送公務員懲戒委員會審議者，其原處分失其效力。」即在避免重複處罰，並尊重司法。茲「公務員懲戒判決執行辦法」第10條承續此原則，規定爲：「同一行爲經主管機關或其他權責機關爲處分後，復移送懲戒，經公務員懲戒委員會爲懲戒處分、不受懲戒或免議之判決確定者，其原處分失其效力。」

2. 消極競合：即同一事件，經公務員懲戒委員會爲不予懲戒者，主管長官可否再予懲處。昔採肯定說，認爲依懲戒法第1條：「但法律另有規定者不在此限」是以不經懲戒程序逕依考績法爲之免職，應屬合法[7]。但自民國75年7月19日釋字第243號解釋公布後，行政院法規會曾作成不得再依考績法爲免職以外處分之結論（行政院人事行政局77.10.26.局三字第41916號函附件），惟主管機關仍主張：「雖不得爲免職處分，但不妨害依考績法爲免職以外之其他懲處措施」（行政院人事行政局79.1.12.召集各關開會之結論）[8]。此則宜分別而論：(1)如一行爲違反一項義務者，服務機關自應避免適用行政、司法予以兩種懲罰，以免造成兩種懲罰程度高低不同之結果[9]，是以，不得再予懲處。(2)如一行爲事實，違反多項義務者，爲「想像競合」現象，即經公務員懲戒委員會判決不受懲戒，自不得另引他法再作懲處。(3)如數行爲事實違反多數義務者，爲「實質競合」，就應各行爲事實研析，其中經公務員懲戒委員會判決爲不懲戒之行爲事實，自不應再予懲處，其他行爲部分仍得懲處[10]。

此間，懲戒法第1條雖規定：「公務員非依本法不受懲戒。但法律另有規定者，從其規定。」惟除「法官法」（第47至70條）有懲戒之規定外，尚無其他公務

7 張金鑑：《中國現行人事行政制度》，臺北，臺灣商務印書館，57.5.，頁153。

8 同註5。

9 同註6。

10 同註5。

員法律有懲戒之規定。

(五) 懲戒與刑罰及行政罰

懲戒與刑罰都是對違法行爲之處罰，只是其處罰之種類或方式有所不同，且懲戒爲行政責任之追究，刑罰則爲刑事責任（道德責任法律化）之追究，兩者之關係，歷來各國之法例：有併罰主義，如日本（國家公務員法第85條）；有併罰兼採吸收主義，如德國、奧地利。一般言之刑罰較懲戒爲重，因此，也有「一事不再理」或「一事不兩罰」原則之適用，以避免重複處罰，除非有「特別預防之考慮」。

我國自民國2年1月9日公布之「文官懲戒法」草案第3條：「應付懲戒之事件，在刑事法院繫屬中，對於同一事件，不得開懲戒委員會」、「於懲戒委員會議決前，對於應付懲戒之人開始刑事訴訟之時需停止會議，待刑事判決終了，再行續開」；民國7年1月17日之「文官懲戒條例」第3條延襲之。民國20年6月8日公布之「公務員懲戒法」第23條：「同一行爲已在刑事偵察或審判中者，不得開始懲戒程序。」第24條：「同一行爲在懲戒程序中開始刑事訴訟程序時，於刑事確定裁判前停止其懲戒程序。」第25條：「同一行爲已爲不起訴處分或免訴或無罪之宣告時，仍得爲懲戒處分。」第26條：「同一行爲雖受刑之宣告而未褫奪公權者，仍得爲懲戒處分。」均爲「刑懲並罰」之具體條文，但作業程序則「刑先懲後」。惟民國29年4月22日司法院院字第1986號解釋認爲：「同一行爲，既經褫奪公權，縱令宣告緩刑，亦不得再爲懲戒處分。」至民國74年5月3日修正公布之「公務員懲戒法」第30條：「同一行爲，在刑事偵查審判中者，不停止懲戒程序。但懲戒處分應以犯罪是否成立爲斷，公務員懲戒委員會認爲有必要時，得議決於刑事裁判確定前，停止審議程序。」第32條：「同一行爲已爲不起訴處分，或免訴或無罪之宣告者，仍得爲懲戒處分，其受免刑或刑之宣告而未褫奪公權者，亦同。」雖未變更刑懲並罰之制，但在作業程序上已改採「刑懲並行」爲原則，「刑先懲後」爲例外。民國104年5月20日修正公布之「公務員懲戒法」第22條第2項：「同一行爲已受刑罰或行政罰之處罰者，仍得予以懲戒。其同一行爲不受刑罰或行政罰之處罰者，亦同。」第39條第1項：「同一行爲，在刑事偵查或審判中者，不停止審理程序。但懲戒處分牽涉犯罪是否成立者，公務員懲戒委員會合議庭認爲有必要時，得裁定於第一審刑事判決前停止審議。」仍採「刑懲並罰」之制，程序上仍維持「刑懲並行」爲原則，「刑先懲後」爲例外。

至於如亦有「行政罰」者，民國104年5月20日修正之「公務員懲戒法」第22條第2項，已有增列並罰之規定，如同刑罰，茲不贅述。

(六) 懲戒法究應為實體法或程序法

綜觀懲戒法上懲戒之事由，歷來均係抽象籠統。以現行法爲例，自民國20年以迄104年修正前，其第2條規定受懲戒之事由均爲：「一、違法。二、廢弛職務或其他失職行爲。」民國104年修正爲：「一、違法執行職務、怠於執行職務或其他失職行爲。二、非執行職務之違法行爲，致嚴重損害政府之信譽。」新修正之第1款可謂將原第1、2款合而爲一修正文字，爲職務上違法行爲之較具體化；第2款可謂將歷年來非職務上之違法行爲受懲戒之案例歸納訂之，如違反服務法倫理品位規範之重大不檢行爲予以納入；再者規定停職、復職、懲戒種類等實體規定；其餘所規定之審判程序與執行程序，在全文八十條中占五十二條之多。新舊法均爲實體與程序並列。然再觀公務員懲戒委員會所作之懲戒議決書，則不難發現：「甚少引用公務員服務法或其他公務員義務之法規，此種情形是否符合嚴格意義之『處罰法定主義』？並非毫無疑問。」[11]深究之，即其（第2條）處罰之實體構成要件不甚明確。如昔仲肇湘教授有謂[12]：

現在的公務員懲戒法，可以說祇是一種程序法，而非懲戒的實體法。公務員懲戒法規定懲戒的事項，僅僅違法與失職兩大項目。至於違法、失職的內容，則不著一字，所以懲戒的輕重，就沒有標準。……現在有的公務員服務法，規定公務員如何服務的準則，可惜都是提示性的立法。祇規定應當如何如何，但違反了它，怎樣處分，除了第10條對於公務員經營商業或投機事業，明白規定要撤職外，其他便沒有規定。……公務員懲戒法的「違法失職」，範圍實在太寬泛。所以，公務員懲戒委員會與機關首長之間對於一個案件懲處，可以有很大的距離，原因就在祇有程序法而沒有實體法。如果有了懲戒的實體法，爲行政機關的懲處與懲戒機關的懲處（戒）的共同標準，就不會再有這種現象。所以我認爲當前公務員懲戒制度的基本問題在乎要建立一個懲戒制度的實體法。

此言述之於近六十年前，於茲尚有參考之價値。今公務員懲戒委員會對於歷年承審之案件，亦著有議決書分類編輯刊印，或可由昔之案例歸納出較具體之行爲態樣，予以類型化，書列法條之構成要件與處罰種類。雖因環境之變遷，行政法規之更迭，難以一一如列，但至少亦將之「例式化」；雖不得以抽象之事由做爲懲戒之構成要件，但亦非不得以「不確定法律概念」爲其要件，賦予公務員懲戒委員會委員有「判斷餘地」。此觀各主管機關訂有「獎懲標準」可資參酌，何難之有？行爲

---

11 同註5。

12 仲肇湘教授於民國52年12月1日，中國人事行政學會第三次學術座談會之發言，主題爲「懲戒與行政處分問題」。載於該學會：《人事行政》，臺北，53.4.，第16期，頁100。

多樣化乎？

(七) 法官、檢察官之懲戒

「公務員懲戒法」原爲懲戒公務員之基本法，亦係普通法。「法官法」制定施行後，法官、檢察官之懲戒，則依法官法行之，爲「公務員懲戒法」之特別法，此觀新舊「公務員懲戒法」第1條第1項：「公務員非依本法不受懲戒。但法律另有規定者，從其規定。」自明。但兩法之關係非無澄清或探討之處。

1. 程序事項：「法官法」上所列有關法官（檢察官）懲戒之條文，較懲戒法甚少，是以有準用「行政訴訟法」之規定（法官60Ⅱ），其係於民國100年7月6日制定公布；而新修正之「公務員懲戒法」係於民國104年5月20日公布，其所未規定且在與懲戒案件性質不牴觸者，亦得準用「行政訴訟法」之規定（公懲76）。雖「先特別法仍優於後普通法」、「基本法補充特別法」，但於審判程序上，原則原理係屬相通。「法官法」上所未規定之程序事項，亦非不得適（準）用「公務人員懲戒法」，如迴避（公懲27至32）。

2. 實體事項：實體事項不外乎「構成要件」之懲戒事由，與「法律效果」之懲戒種類。

(1) **構成要件**：對於懲戒事由，懲戒法第2條之兩款規定甚爲籠統，「法官法」第30條第2項之七款規定較具體明確，甚且可爲懲戒法所涵蓋，若有實案之爭議，解釋上亦非無「判斷餘地」，如：懲戒法上之「非執行職務之違法行爲，致嚴重損害政府之信譽」與「法官法」上之「違反法官倫理規範，情節重大」，能否相當，亦值斟酌。

(2) **法律效果**：懲戒法第9條規定有「免除職務」、「撤職」、「剝奪、減少退休（職、伍）金」、「休職」、「降級」、「減俸」、「罰款」、「記過」、「申誡」等九種；「法官法」第50條第1項規定有「免除法官職務，並喪失公務人員任用資格」、「撤職」、「免除法官職務，轉任法官以外之其他職務」、「罰款」、「申誡」等五種，除「免除法官職務，轉任法官以外之其他職務」爲懲戒法所無外，並無如懲戒法「剝奪、減少退休（職、伍）金」、「休職」、「降級」、「減俸」、「記過」之懲戒。設使某一法官（檢察官）已自願退休或辭職後，爆發在職時有重大違法失職之貪瀆行爲，應受懲戒，則如何作懲戒之判決？恐怕僅能依「法官法」爲「罰款」（其數額爲現職月俸給總額或任職時最後月俸給總額一個月以上一年以下）之懲戒，如其違法所獲之「價値」或「數額」高於「罰款」，顯然不符「比例原則」，則恐失懲戒之實效。此時得否再準用懲戒法之「剝奪、減少退休（職、伍）金」，予以懲戒？在「法律保留原則」之「懲戒法定主義」下，恐有爭議而難予準用。又如其在職期間涉犯「貪汙治罪條例」或刑法瀆職罪章之罪，而未經停職或免職，或未經依「法官法」第51條規定移送監察院審查者，於自願退休、資遣或離職後始經判刑確定時，雖應依民國105年5月11日修正公布之「公務人員退休法」第24條之1（現爲公務人員退休資遣撫卹法第79條）規定，剝奪或減少退離給與；其已支領者，照應剝奪或減少之全部或一部追繳之。但在法制上，根本之計，應於研修「法官法」時，予以深入審酌三法間之輕重與妥當性問題。

第16章　公務員服務制度

考試及格初任公務人員，自「報到日」或「生效日」起，即具有公務人員身分，受到公務人員有關法律之保障，亦受公務人員法律之規範。保障者，最基本者即給予俸給，以維生活；規範者，則要受行政行爲法或作用法，甚至受刑事法律之拘束，依法行政更要受到不成文行政倫理之制約，其目的在企求實質行政效能與效率。因此，自應有一服務行爲之準據（則），該準據（則）以現行法制而言，似仍以現行「公務員服務法」爲準，如其行政行爲表現良好，則有考績法上之嘉獎、記功、記大功，被選爲模範公務人員、受頒傑出貢獻獎、受頒獎章勳章，甚至於受拔擢晉陞職務，揚名立世。但若其（行政）行爲不檢，則將受考績法之申誡、記過、記大過之懲處，或受監察院彈劾移送公務員懲戒委員會懲戒，重者免除現職，終身不得再任公務人員，輕者申誡，或更重者受刑法處分（亦可能褫奪公權、終身不得爲公務人員）。其榮敗之關係得以圖16-1示之。是以，讀者在觀念上，不得忽視「服務」與「考績與獎懲」之關係。茲繼「考績與獎懲制度」章後述爲「考績與獎懲」基礎之「服務制度」。

第一節　有關服務制度之法規與名詞

一、何謂公務員服務

公務員服務一詞，習慣簡稱爲服務。我國之「公務員服務法」雖以公務員服務名之，但對公務員服務一詞，並無條文予以界說，其他有關法規亦無任何解釋。若就目前我國人士對此一名詞使用習慣所表現之觀念衡酌，公務員服務一詞，大致係概指公務員從事公務期間之地位、身分、權利、義務、責任、立場、態度、紀律、保障、倫理等有關事項之行爲舉止而言。現行各有關法規，對諸此項目，各別有片段分散之規定，但對若干項目仍尚無系統性的具體規定。

若持另一觀點，認爲舉凡人員進入政府機關後，在任職期間凡各有關事項，諸如任用、陞遷、調任、俸給、考績，以至於撫卹、退休等，因無一不爲其服務條

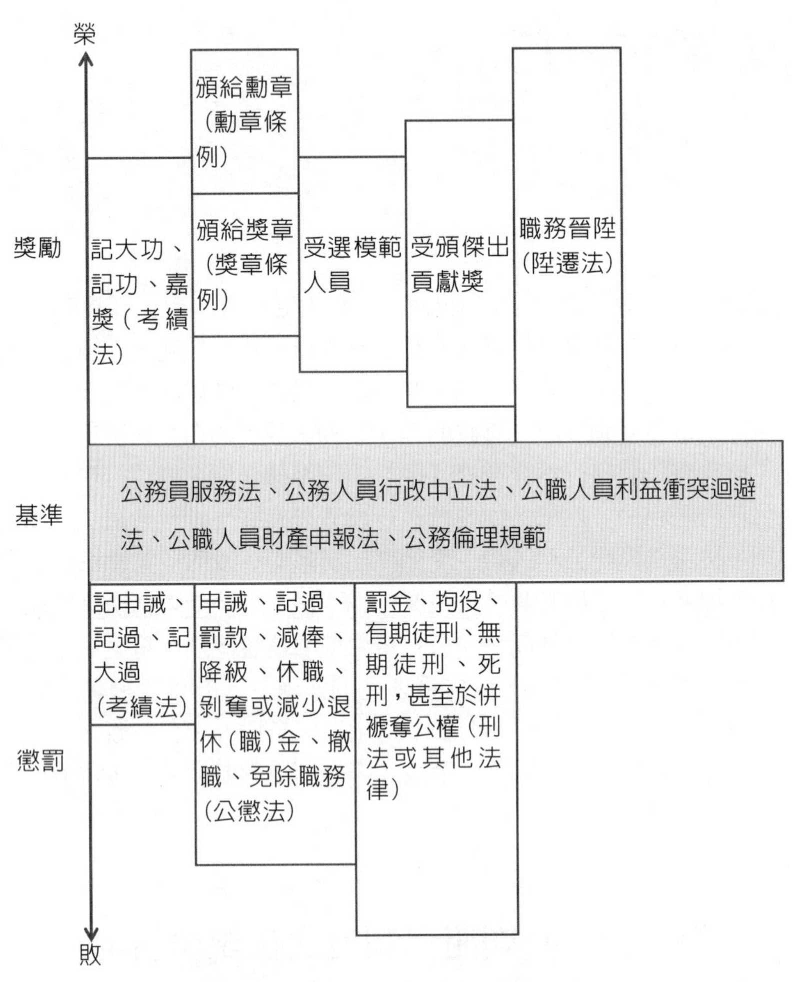

圖16-1　公務人員榮敗關係圖　　製圖人：郭世良

件（工作條件），而均予列入所稱服務範圍，似亦無不可；但若如此，必使此一項目過於複雜，故本章不擬如此列述。本章析述範圍，擬仍以有關人員服務之基本事項，如上述第一段內容所述，且以我國法規已有規定者為限。

二、主要法規

我國以往習慣，將公務人事管理法規區分為「官制」與「官規」兩大類，有關服務之法規，則歸入官規類，因服務法規亦即公務員「行為規範」之法規。目前我國有關服務之法規為數有限，且多係將公務人員以及其他服公務之人員合併納入適用，故本章標題稱「公務員服務」，而非「公務人員服務」。現將有關法規予以列舉，並略加說明如下。

(一)「宣誓條例」：公務員之服務，始於到職，而到職之初，應宣誓以示承諾其遵守義務之意願，故有該條例之制定。該條例頒行於民國19年5月27日，迭經九次修正，最近一次修正為民國95年5月17日。該條例對宣誓之官員、時間，地點、監誓、誓詞、效力及罰則等均有規定。

(二)「公務員服務法」：該法制定於民國28年10月23日，曾經四次修正，其第四次修正亦即最近一次修正，為民國89年7月19日。本法內容多屬公務員應盡義務以及應遵守之行為規範，性質與西方國家之行政倫理法規相當接近。

(三)「公職人員財產申報法」及其施行細則：該法於民國82年7月2日制定公布施行，全文十七條。經民國83年7月20日、84年7月12日、96年3月21日、97年1月9日、103年1月29日等五度修正，對於應依本法申報財產之人員，應申報之財產項目、受理申報機關、申報資料之審核及查閱，以及罰則等事項，均有所規定；其第7條係有關申報與信託之規定。其施行細則係於民國82年8月20日由行政、考試、監察三院會銜發布，經民國85年1月22日、89年1月12日、91年3月20日、97年7月30日等四次修正迄今。

(四)「公務人員交代條例」及其施行細則：該條例係於民國20年12月19日公布，全文十五條，歷經四度修正，最後一次修正於民國42年12月29日。對機關首長、主管人員，及經管人員，所應交代之事項、交代限期，及有關程序等，均有所規定。其施行細則由各主管機關分別訂定，其屬於中央機關者，送主管院備查；屬於省（市）以下機關者，送省（市）政府備查，各縣市均訂有施行細則。

(五)「公務人員請假規則」：該規則係依「公務員服務法」第12條訂定，於民國36年8月2日頒布施行，迭經十六次修正，最近一次係於民國107年12月16日修正。對於假別、各種假別每年最多日限、病假、留職停薪及申請復職、不能銷假之處理，以及有關休假事項等，均有所規定。

(六)「公職人員利益衝突迴避法」及其施行細則：該法制定公布施行於民國89年7月12日，全文二十四條，民國107年6月13日公布修正全文二十三條，並且公布後六個月施行。民國91年3月20日行政、考試、監察三院會銜發布施行細則全文十一條，並自當日施行。

(七)「公務人員行政中立法」及其施行細則：該法制定公布施行於民國98年6月10日，全文二十條，民國103年11月26日公布修正第5、9、17條。民國98年11月13日考試院發布施行細則十一條，民國104年2月9日發布修正第6、9條，民國107年5月7日發布修正第2條。

從上述七種法規以觀，我國目前對於規範服務之法制，尚稍欠完備。

除上述各法規外，多年來研議中之「公務人員基準法草案」及「政務人員法草案」，均係與人員服務關係密切之法律，雖起草完成，且曾先後送請立法院審議，但迄未能完成立法程序。

三、常用名詞

茲將上述各有關法規所使用之主要名詞，簡釋於下：

(一) 宣誓人：「宣誓條例」、「公務員服務法」與「公務人員任用法施所細則」等均有有關宣誓人之規定，但各法規所適用之對象範圍略有不同。「宣誓條例」所規定之宣誓人，經列舉十一款，包括各級民意代表、各級民意機關正副首長、中央政府各級機關政務官、正副首長、第十職等（或簡任）以上單位主管人員、大法官、考試委員、監察委員、監察院院長與副院長、駐外大使、公使館公使、代辦、總領事、領事館領事及其相當之駐外機構主管人員、各級法院法官、檢察官、行政法院法官、公務員懲戒委員會委員、直轄市政府首長與委員及其所屬各機關首長、縣市政府首長及其所屬各機關首長、鄉鎮市長、各級公立學校校長、相當於簡任第十職等以上之公營事業機構或其所屬機構首長，及其董事、理事、監事、監察人等。至於「公務人員任用法施行細則」規定，公務人員均應塡服務誓言，僅適用於依「公務人員任用法」任用及派用、聘用人員，與諸多特種人員任用法規任用之人員，不限於主管人員，亦不限於簡任第十職等以上人員；但不包括非依「公務人員任用法」任用之其他人員。至於「公務員服務法」則僅言：「公務員應遵守誓言」，並未規定何人爲宣誓人（宣誓2，任用細3，服務1）。

由於對象既然有所不同，宣誓人所負責任不同，故兩法隨之亦分別定有內容不同之誓詞。且於宣誓條例稱「誓詞」，於任用法施行細則稱「服務誓言」（宣誓2，任用細3）。

(二) 機關首長：一機關之法定主持人，依法對外代表本機關，對內綜攬本機關業務與事務，指揮監督本機關全體工作人員，並負本機關行爲之責任。「公務人員交代條例」規定機關首長於離職時，應辦理交代（宣誓2，交代2、4）。

若干法規或稱機關首長爲機關長官，乃異詞而同義。

(三) 主管人員：所稱主管人員，依「公務人員交代條例」規定，指本機關內機關首長所屬主管各級單位事務之人員（交代3），此即目前行政界習稱之爲單位主管者。

至於常有人稱「各機關」爲「各單位」，稱「機關首長」爲「單位主管」，均係錯誤用詞，應加辨正，不宜妄從。

(四) 經管人員：所稱經管人員，依「公務人員交代條例」解釋，指本機關內直接經辦管理某種財物或某種事務之人員（交代3）。

第二節　宣誓與交代

一、宣誓之意義

誓，據《禮、曲禮下》稱：「約信曰誓」又《禮、文王世子》注：「誓，謹也，皆使謹習其事。」我國自古以來，政治上向有宣誓或誓約之事，例如：《書經》有「湯誓」及「甘誓」等篇；西方政治界亦向有宣誓之舉。公職人員的宣誓，其實質乃人員對其與職務有關之言行，明白宣示願受法律拘束或道德規範。少數人士或以爲宣誓係我國往昔黑社會秘密結社時所採用宣示效忠手續之一，故不宜於政治界云，似有誤會。因西方政治社會亦有宣誓之舉，非我國黑社會所獨有也；反之，實則是黑社會模仿政府之行爲。

二、宣誓法規

目前我國法律中，涉及宣誓一事者，除各該專供部分公職人員適用者，例如：憲法第48條有總統專用之誓詞；又如：前國民大會代表依前「國民大會組織法」所規定之誓詞。其他屬於普遍共同使用有關宣誓之法律，有下列三種：

(一)「宣誓條例」：其第1條稱：「本條例所列公職人員之宣誓，除法律另有規定外，依本條例所之。」第9條稱：「宣誓人如違誓言，應依法從重處罰。」

(二)「公務員服務法」：其第1條稱：「公務員應恪守誓言」第22條稱：「公務員有違反本法者（按、當然包括上述第1條），應按情節輕重，分別予以懲處……。」

(三)「公務人員任用法」及其施行細則：任用法第4條稱：「各機關任用公務人員，應注意其品德及對國家之忠誠……。」其施行細則第3條稱：「擬任機關於擬任公務人員前應負責切實調查，並通知其塡送服務誓言……。」

三、宣誓之性質與效力

綜合各種法定誓詞內容以及上述各有關事項觀之，宣誓之性質，乃公職人員於服任一項公職之初，爲明確表示其對國家忠誠、善盡其職責，以及注意其品德起見，依法所爲之一種公開宣示，並承諾自願信守不渝；如有違背，願受制裁（宣誓2、6、7、9）。

宣誓不僅爲一種道德上之宣示與承諾，且更具有法律效力。除前國民大會代表依「國民大會組織法」（國組4）規定，係應於集會首日宣誓；因故未宣誓者，得另定日期一次補行宣誓外；其他依「宣誓條例」規定應宣誓人員未宣誓者，均視爲未就職。又各級民意代表，如有因故未能於規定之日宣誓者，應另定日期舉行宣誓；屆時仍未依規定宣誓者，視同缺額。其他依法應宣誓人員，因特殊情形先行任事者，應於三個月內補行宣誓；屆時仍未補行宣誓者，視同辭職（宣誓3、8）。

至於依「公務人員任用法」任用之人員，依該法規定，應由擬任機關於擬任前負責切實調查，並通知其塡送「服務誓言」。故其公務人員之身分與地位，並非始於塡寫服務誓言（任用4，任用細3）。

據上析述，宣誓雖爲公職人員所必須履行之義務，但卻並不能作爲公務員或公務人員身分地位起始之法定標準時間，而應另依其他有關規定認定。

四、法定應宣誓人員

依據現行各有關法規規定，我國政府人員中應宣誓者，有下列各類：

(一) 依憲法規定應宣誓人員：總統（憲48）。民國43年5月13日有「總統副總統宣誓條例」之公布。

(二) 依民國95年5月17日修正之「宣誓條例」規定應宣誓的人員：大致包括（宣誓2）：

1. 自中央以至地方鄉（鎮、市）各級民意機關正、副首長及民意代表。

2. 所有各級機關首長或非首長之政務人員。

3. 中央政府、直轄市政府、縣（市）政府首長、鄉（鎮、市）長及各其所屬各機關首長、副首長、委員、中央簡任第十職等以上單位主管人員。

4. 大法官、考試委員、監察委員、監察院院長、副院長。

5. 領事館以上駐外館（處）首長、駐外大使、公使館公使、代辦、總領事、領事館領事或其相當之駐外機構主管人員。

6. 各級法院法官、檢察機關檢察官、行政法院法官、公務員懲戒委員會委員。

7. 各級公立學校校長。

8. 相當於簡任第十職等以上之公營事業機構或其所屬機構首長、董事、理事、監察人、監事。

(三) 依「公務人員任用法」任用的公務人員：依「公務人員任用法施行細則」規定，凡依該法任用人員，均應塡送服務誓言（任用4，任用細3）。

(四) 依特種任用法律任用人員：部分特種任用法律明文規定，依各該法任用之人員應宣誓。例如：「警察人員管理條例」即有此規定（警人7）。

(五) 準用「公務人員任用法」規定人員：依特種任用法律任用人員，其任用法律雖未明文規定應宣誓，但仍規定其所未規定事項，適用或準用「公務人員任用法」之規定。計包括下列人員：司法人員、關務人員、主計人員、政風人員、審計人員、駐外外交領事人員、派用人員、聘用人員，亦均應分別依宣誓條例宣誓，或依「公務人員任用法施行細則」填送服務誓言（見各該人員管理法律或任、遴用法規）。

(六) 其他：民國94年6月10日總統公布修正之憲法修正條文第1、2條，雖停止適用憲法第25至34條，但國民大會組織法並未明令廢止，其規定之國民大會代表應宣誓（國組4）。

據上以觀，未規定應宣誓或填送服務誓言者，有各級公立學校教師、國營事業機構一般人員及相當公務人員第九職等以下首長、董事、監事、理事等人員。

五、誓詞內容

定有誓詞之法律，有「憲法」、「宣誓條例」、「國民大會組織法」、「公務人員任用法施行細則」、「警察人員管理條例」等法律。各該誓詞內容，互有差別，但均與宣誓人所任職務性質有直接關係。總統職務性質爲國家元首，故其誓詞重點在：「遵守憲法，盡忠職務，爲人民謀福利，及保衛國家」（憲48）；副總統之誓詞重點在：「必遵守憲法，效忠國家」（總統副總統宣誓3）。國大代表職務在代表人民行使政權，權力項目簡明，所以其誓詞僅言：「恪遵憲法，代表中華民國人民行使職權」（國組4）。各級民意代表職務性質在受人民委託，監督政府，故其誓詞重點在：「恪遵憲法，效忠國家，代表人民，依法行使職權，不徇私舞弊，不營求私利，不受授賄賂，不干涉司法」等詞句（宣誓6）。至於各級民意機關正副首長、各級政府首長、各級行政機關正副首長、政務官、大法官、考試監察兩院正副院長及委員、各級簡任官、司法人員、駐外機構首長、學校校長等人員之誓詞，重點爲：「恪遵國家法令，盡忠職守，報效國家，不妄費公帑，不濫用人員，不營私舞弊，不受授賄賂」等詞句（宣誓6）。此外，依「公務人員任用法」任用之一般公務人員，均爲從事公務之一般人員，所以誓言重點在：「奉行憲法，恪遵政府法令，忠心努力，切實執行職務，不營私舞弊，不受授賄賂」等詞句（公務人員服務誓詞）。而警察人員有其特定誓詞，則係因其持有械具，性質顯有不同，故其誓詞中特有「勤謹謙和」之句（警人7）。不過民國90年代初期，研修宣誓條例之際，曾有認爲以往之誓詞偏向消極性，而未能顯現將要如何積極作爲，以謀利國利民，於茲並提供參考。

六、宣誓程序

依宣誓法規規定，有關宣誓之程序如下：

(一) 監誓人：因宣誓人身分之不同，而分別由下列不同人員監誓（總統副總統宣誓4，司組3，宣誓4，任用細3、28）：

1. 大法官會議主席（司法院院長）監誓：總統。

2. 大法官一人監誓：國大代表、立法委員及立法院院長、副院長。

3. 同級法院法官一人監誓：直轄市及縣（市）議會議員、議長、副議長。

4. 自治監督機關派員監誓：鄉（鎮、市）民代表會代表、主席、副主席。

5. 總統監誓或派員監誓：中央政府各機關政務人員、大法官、考試委員、監察委員、監察院院長、副院長、駐外大使、公使館公使。

6. 各機關首長或其監督機關首長監誓或派員監誓：其他非政務職之人員或機關首長。

7. 無需監誓：依「公務人員任用法」任用之上述以外公務人員，依規定僅需填寫誓言，且無必須舉行宣誓儀式之規定，其誓言書上亦無監誓人（宣誓4，任用細3、28）。

(二) 宣誓時間與地點：因職務之不同而有別如下：

1. 總統：總統應於就職日在就職任所宣誓（憲48，總統副總統宣誓2）。

2. 國民大會代表：依「國民大會組織法」規定，於當選後，應於集會首日宣誓；其因故未宣誓者，得另定日期補行宣誓（國組4）。

3. 其他人員：依「宣誓條例」規定應行宣誓之人員中，除上述人員外，其他人員應於就職時在就職任所或上級機關指定之地點公開宣誓。但因特殊情形先行任事者，應於三個月內補行宣誓（宣誓3、5、8）。

4. 公務人員：「宣誓條例」所列舉人員以外之公務人員，依「公務人員任用法」規定，應由該擬任機關於擬任該公務人員前，令其填送服務誓言（任用細3，「公務人員服務誓言」說明1、2）。

七、交代之涵義與性質

所謂交代，意爲前者交出，後者瓜代之，亦即任期屆滿時職務權責移交與接管之意。公務人員任職後，以至其離卸該職時，爲清結其任職期間之權利、義務與責任關係，以及便利後任接理起見，法律規定，前任應辦理移交，後任應辦理接收，俾在法律上確立前任權利、義務及責任之結束，與後任權利義務及責任之開始的一手續與時間。

規範交代之法律為「公務人員交代條例」，公布於民國20年12月19日，全文十五條。嗣經於民國28年10月21日、34年10月16日、36年3月5日及42年12月29日四度修正公布施行至今，全文二十一條。

八、各等級人員辦理交代之項目

公務人員交代，區分為三個等級如下：(一)機關首長。(二)主管人員。(三)經管人員（交代2）。

此種區分，完全依據實際狀況需要，因無論就有形之業務與財產，或就無形之權利義務與責任而言，此三層級人員均具決定性作用。其中經管人員為實際經辦管理之人；主管人員則為實際負責掌理該單位內各有關事項之人員；而機關首長則為負最後責任人員。在此三者之間，常可能另有若干中間過手層級或中間過手人員，但均非眞正負實際責任者。

當機關首長辦理移交時，其下各個有關單位主管人員以及經管人員，並應各就其所管部分，分別連帶具名，辦理移交；當單位主管人員移交時，其各經管人員亦應各就所管部分，分別連帶具名，辦理移交；當個別經管人員移交時，則僅由其本人具名辦理移交（交代4至6）。

九、交代事項

上述三層級人員，因所負責任不同，故其個人離開現職辦理交代時，所應交之事項亦有所不同如下：

(一) 機關首長

所應移交事項如下（交代4）：

1. 印信。
2. 人員名冊。
3. 交代月份截至交代日止，與月報相同之會計報告及其存款。
4. 未辦或未了之重要案件。
5. 當年度施政或工作計劃及截至交代時之實施情形報告。
6. 各直屬主管人員主管之財物、事務總目錄。但該總目錄如有錯誤時，各直屬主管人員應負其責任。

(二) 主管人員

應移交之事如下（交代5）：

1. 單位章戳。
2. 未辦或未了案件。

3. 所屬次一級主管人員或經管人員主管或經管之財物、事務總目錄。但該總目錄如有錯誤時，所屬次一級主管人員或經管人員應負其責任。

(三) 經管人員

應移交事項如下（交代6）：

按其經管財物或事務，分別造冊，其種類名稱，由各機關依各經管人員職掌範圍及其經管情形，分別規定之。

十、交代程序

茲就程序上主要數事，說明如下：

(一) 辦理移交人員

各級人員移交，應親自辦理。但其係因職務調動，必須離開原職所在地不能親自辦理者，或有其他特別原因不能親自辦理者，經該管上級機關或其機關首長核准，得指定負責人代爲辦理交代；惟所有一切責任，仍由原移交人負責。如遇移交人死亡或失蹤，由該管上級機關或其機關首長指定負責人代爲辦理交代；但失蹤人嗣後發現時，仍應由其負責（交代16）。

(二) 監交

交代係移交人與接收人兩造間之事，爲資徵信與鄭重起見，應在第三者監督下行之，是爲監交。各級交代之監交人員，經規定如下（交代7）：

1. **機關首長交代**：應由該管上級機關派員監交。

2. **主管人員交代**：應由機關首長派員監交。

3. **經管人員交代**：應由機關首長派員會同該管主管人員監交。

(三) 交代及核定時間

有關交代時間，經分別規定如下：

1. **機關首長交代**：前任應於交卸當日，將印信、人員名冊、會計報告、存款、未辦或未了之重要案件，移交完畢；其餘規定應移交事項，於五日內移交完畢。後任應會同監交人，於前任移交後五日內，接收完畢，並與前任會銜呈報該管上級機關。上級機關應於十日內予以核定，並分別行知（交代9、13）。

2. **主管人員交代**：前任應於交卸當日，將單位章戳及未辦或未了案件，移交完畢；其餘規定應移交財物事項及事務總目錄，於三日內移交完畢。後任應會同監交人，於前任移交後三日內，接收完畢，並與前任會銜呈報機關首長。機關首長應於十日內予以核定，並分別行知（交代10、14）。

3. **經管人員交代**：前任應於交卸十日內，將所規定應移交事項，移交完畢。如所管財物特別繁夥者，得經機關首長核准，酌予延長至一個月爲限。後任應會同監交人及該管主管人員，於移交後十日內，接收完畢，並與前任會銜呈報機關首長。機關首長應於十日內予以核定，分別行知（交代11、15）。

4. 派駐國外人員交代：派駐國外公務人員之交代，亦適用本條例之規定。其卸任之機關首長，除另有奉派之國外任務者外，應於交代清楚後三個月內回國，向其主管機關報告交代情形（交代19）。

十一、交代爭執

交接如發生爭執，應由移交人或接收人，會同監交人，擬具處理意見，呈報其上級主管機關或本機關首長核定之（交代8）。

十二、罰則

各級移交人逾期不移交者，或移交不清者，其上級機關或本機關首長，應責令其於最多一個月限期內交代清楚；如再逾限，應即移送懲戒。如其卸任後已任他職者，懲戒機關得通知其現職之主管長官，先行停止其職務；如為財物移交不清者，並得移送該管法院，就其財產強制執行（交代17、18）。

第三節　公務人員倫理

一、公務人員倫理研究之背景

我國自古以來，政治與行政不分。諸子百家論為政之道，亦即治國之道時，多自個人修養談起。尤其儒家，言誠心、正意、格物、致知、修身、齊家、治國、平天下之道，甚至一以貫之，以至於天人合一。但以上所述一切，仍從個人修為做起，將倫理與政治合為一體亦不分。此所以我國官吏，自古以來講求品德節操，其彪炳史冊者，所在多有，非西方民族之所能。

西方國家原本亦係行政與政治不分，後為規範政府人員施政行為起見，歐洲先有行政法之出現。及至19世紀末，美國發現徒有行政法，僅能消極規範行政人員不逾矩，但不足積極幫助行政人員發揮最大能以施政成事，故有講求行政方法之必要。於是而有威爾遜總統於1887年任職普林斯頓大學教授時，首先提出「行政之研究」（The Study of Administration）論文，以開行政學研究之先河。此後，隨而有懷特教授（D. H. White）與威勞貝教授（W. F. Willoughby）等之行政學著書出現。但至二次大戰後，更發現行政法僅可有形防弊，行政學亦不足以促使人員主動興利，於是而知有講求行政倫理之必要。

無論我國或西方，雖均知行政倫理之重要，但至今均尚未能確立行政倫理學完整之體系，而仍有待學者努力繼續發展。

二、何謂公務人員倫理

倫、義與類同，與輩同。倫理即不同及相同輩份類別間應有之次序道理，亦即人類相互間，因不同關係而所應有不同相處之道；換言之，亦即相處之道德。公務人員奉公任事，誠有法律規章管理；但法律有所不足與有所不能，故更應有公務人員之倫理以彌補之。而所稱公務員倫理者，實即現代所稱之**行政倫理**；故公務人員倫理，亦即人員於具有公務人員身分時，其公私行爲所應遵行之道德規範。

但國家公務人員眾多，欲期每一公務人員均能確守道德，亦有困難。故西方若干國家近若干年來先後訂有關於公務員倫理之法律施行。至於我國，則早在民國28年10月23日國民政府時代，即已公布「公務員服務法」施行，其內容即爲有關公務員行事之基本規範。此法至今爲時已八十年，其大部分條文尚稱合理，但小部分則不無過時之感。故考試院已在其「公務人員基準法草案」中另行擬就有關條文，擬取代「公務員服務法」；但「公務人員基準法」尚未完成立法程序，「公務員服務法」則畢竟爲現行有效法律，故仍應在此說明「公務員服務法」內容。

三、「公務員服務法」內容

該法最大特色，在其內容爲要求公務員善盡其義務，並履行所規定之限制或禁止事項，但不及公務員權利事項，是所不足。該法主要內容如下：

(一) 適用對象

該法於受有俸給之文武職公務員，及其他公營事業機關服務人員，均適用之（服務24）。所稱「俸給」，不僅指現行文官官等官俸表所定級俸而言，其他法令所定國家公務員之俸給亦屬之，不以由國家開支者爲限，國家公務員之俸給由縣市或鄉鎮自治經費內開支者，亦包括在內（司法院35.7.18.院解字第3159號解釋）。換言之，凡公務機關（構）負有業務任務領受政府薪資之正式編制人員，均應適用，是以機關之公務員（執行公權力）、軍人、公營事業機構之職員均含括在內，但並不包含雇傭之純勞工（銓敘部92.6.20.部法一字第0922259031號令）。然而對於教師，司法院民國81年11月13日釋字第308號解釋認爲：「公立學校聘任之教師不屬於公務員服務法第24條所稱之公務員。惟兼任學校行政職務之教師，就其兼任之行政職務，則有公務員服務法之適用。」並於理由書中進一步闡釋：「公立學校聘任之教師係基於聘約關係，擔任教學研究工作，與文武職公務員執行法令所定職務，服從長官監督之情形有所不同，故聘任之教師應不屬於公務員服務法第24條所稱之公務員。惟此類教師如兼任學校行政職務，就其兼任之行政職務，仍有公務員服務法之適用。」

(二) 基本義務

1. 按時到職服務：公務員接奉任狀後，除程期外，應於一個月內就職，但具有正當事由，經主管高級長官特許者，得延長之，其延長期間以一個月爲限（服務8）。公務員辦公，應依法定時間，不得遲到早退，其有特別職務經長官許可者，不在此限；但每週應有二日之休息，作爲例假；業務性質特殊之機關，得以輪休或其他彈性方式行之。公務員除因婚喪、疾病、分娩或其他正常事由外，不得請假；公務員請假規則，以命令定之（服務11、12）。因此，公務員未奉長官核准，不得擅離職守，其出差者，亦同（服務10）。所稱「一個月」期間之計算，則爲扣除期程外，依「行政程序法」第48條規定辦理。

2. 忠實執行職務：公務員應遵守誓言，忠心努力，依法律命令所定，執行其職務（服務1）；執行職務，應力求切實，不得畏難規避，互相推諉，或無故稽延（服務7）。奉派**出差**，至遲應於一星期內出發，不得藉故遲延，或私自回籍，或往其他地方逗留（服務9）；是以「出差」未奉長官核准，自然不得擅離職守（服務10）。標題綜稱之「忠實執行職務」，依最高法院民國91年台上字第2656號判決認爲：「公務員基於公法上之規定，關於職務上之行爲，如有意圖爲自己或第三人不法之利益，或損害其服務機關之利益而爲違背其職務之行爲，致生損害於服務機關之財產或其他利益者，雖因不符合貪汙治罪條例或其他瀆職特別規定之構成要件，而不成立瀆職罪名，仍非不可以背信罪相繩（民國28年上字第2464號判例）。再者刑法第342條背信罪之所謂『違背其任務』，係指違背他人委任其處理事務應盡之義務（民法第535條），內涵誠實信用之原則，積極之作爲及消極之不作爲，均包括在內。」是以，「行政程序法」第8條規定：「行政行爲，應以誠實信用之方法爲之，並應保護人民正當合理之信賴。」所稱**誓言**，係指「宣誓條例」第6條第2款所定之誓詞，或依「公務員服務法」第1條、「公務人員任用法施行細則」第3條及第29條規定所訂定之公務人員服務誓言。所稱**執行職務**，不待當事人主張，即應依其職務相關之法律或命令規定執行。所稱**法律命令**，包括司法院對法律或命令所爲之解釋；所稱**命令**，依「行政程序法」第159條規定之行政規則，如有涉及規範公務員執行職務者（如口頭命令），亦屬服務法第1條規定所稱之「命令」。**不得擅離職守**之意涵包括「不得罷工」，對於「勞動基準法」第84條：「公務員兼具勞工身分者」因其基本身分（本職）仍係公務員，是以仍不得參加工會之罷工。民國106年春節，臺灣鐵路管理局三百三十一人「集體依法請假」受懲處，其法理基礎即依本法第10條。又女性公務人員如合於「性別平等法」第18條之法定構成要件者，其上下午各三十分之哺乳時間視爲工作時間。但公務員居家受重大天然災害之侵襲，如民國88年之「921大地震」，不克到班執勤，因非可歸責於自己之事由，爲「不可抗力」之情事，則不被認爲「擅離職守」。爲此，行政院依其職權訂有「天然災害停止辦公及上課作業辦法」（89.7.12.臺八十九院人政考字第200564號令發布），以資全國適用。

3. 依法服從命令：長官就其監督範圍以內所發命令，屬官有服從之義務；但屬官對於長官所發命令，如有意見，得隨時陳述意見（服務2）。對於兩級長官同時所發命令，以上級長官之命令爲準，主管長官與兼管長官同時所發命令，以主管長官之命令爲準（第3條）。此之「服從命令」，並非絕對服從而無置喙之餘地，蓋依刑法第21條第2項：「依所屬上級公務員命令之職務上行爲，不罰。但明知命令違法者，不在此限。」是以，「公務人員保障法」第17條，更細膩規定：「公務人員對於長官監督範圍內所發之命令有服從義務，如認爲該命令違法，應負報告之義務；該管長官如認其命令並未違法，而以書面署名下達時，公務人員即應服從；其因此所生之責任，由該長官負之。但其命令有違反刑事法律者，公務人員無服從之義務。」並規定：「前項情形，該管長官非以書面署名下達命令者，公務人員得請求其以書面署名爲之，該管長官拒絕時，視爲撤回其命令。」此所稱之「命令」，除各機關依其法定職權或基於法律授權訂定之命令外，長官就其指揮監督範圍以內所發之書面或口頭命令，亦包括在內。

4. 保守職務秘密：公務員有絕對保守政府機關機密之義務，對於機密事件，無論是否主管事務，均不得洩漏，退職後亦同；未得長官許可，不得以私人或代表機關名義，任意發表有關職務之談話（服務4）。公務員雖亦有憲法第11條之言論自由，但於其著作，或因主管業務接受媒體訪問或上節目述說政令時，亦不應述及所知悉之業務秘密；若有違反，則依「刑法」第109條「洩漏交付國防秘密罪」、第110條「過失洩漏交付國防秘密罪」、第132條「洩漏交付國防以外秘密罪」論處，或更以違反「國家機密保護法」之規定（國家機密文書區分爲「絕對機密」、「極機密」、「機密」），按其情節，依該法第32至38條判處刑罰，或依法予以懲戒或懲處；軍人則依「陸海空軍刑法」第20條「洩漏軍事機密罪」、第21條「洩漏職務所持有之軍事機密罪」論處。以上之罪，重則可判死刑或無期徒刑，公務員服勤不可不慎。

近年來「共諜案」時有所聞。陸軍司令部通資處少將處長羅○○，於外派期間，中大陸「美人計」，交付情資，被判處無期徒刑，褫奪公權終身（100.7.）。民國97年總統府專門委員王○○將當時正副總統宣誓就職籌備資料，洩漏給他人轉傳眞給大陸情報部門，經檢調初步偵辦發現他在近兩年蒐集近百件總統府公文，被依違反「國家機密保護法」、「國家安全法」等罪起訴，臺灣高等法院審理後，經三審，最高法院確定判處有期徒刑二年、褫奪公權二年全案定讞，發監執行（102.4.）。前副總統呂秀蓮隨扈、前國安局特勤中心警安組少校王○○，退伍後赴陸經商被吸收為共諜，返臺後遭逮捕，經收押禁見（106.3.）。又公務員業務上所掌之「政府採購案」資料，或個人資料（姓名、地址、出生日期、電話、身分證字號），洩漏於有關廠商或他人，則依其情節按刑法「洩漏交付國防以外秘密罪」或「政府採購法」、「個人資料保護法」（第44條：加重其刑二分之一）上之罪刑論處。實務上亦有其案例。至於違反列為一般「密」等公務機密，仍會依其情節被懲處、懲戒或刑事處罰。

5. 保持品位聲譽：公務員服務法第5條規定：「公務員應誠實清廉，謹愼勤勉，不得有驕恣貪惰，奢侈放蕩，及冶遊賭博吸食煙毒等，足以損失名譽之行為」。該條吸取先人為官之經驗智慧，將「清」、「愼」、「勤」三字納入條文中。據悉此早於春秋戰國時期，即作為為官箴言，而後西晉李秉《家誡》載：「司馬炎對大臣云：『為官長當清、當愼、當勤。修此三者，何患不治乎？』」宋呂本中《官箴》云：「當官之法，唯有三事：曰清、曰愼、曰勤。知此三者，可以保祿位，可以遠恥辱，可以得上之知，可以得下之援。」明人《功過格輯要》卷十五載：「操持不外清、愼、勤三字。清者大節，愼者無誤，勤則能理，昔人所謂三字元也。」清康熙帝更常親書此三字，刻石賜內外大臣，用以激勵官吏約束自己。惟此三字亦為當今為政者所常言，但卻鮮少引述該法條。行政院前為革新政治風氣，加強執行該條規定，曾於民國57年12月4日令頒「行政院禁止所屬公務人員冶遊賭博辦法」（臺五十七人政參字第17563號令，現已廢止），所稱「冶遊」，似為「狎妓等泛指足以損失名譽之行為」。對於公務員賭博之處置，行政院亦曾函頒「行政院所屬軍公教人員涉及賭博財物處分原則」（72.6.30.臺七十二人政參字第17134號函），重者依考績法一次記二大過免職，並依刑法賭博罪論處（第266至270條），其中公務員包庇賭博者加重其刑二分之一。實例上有：公務員執行職務期間，有態度不良或辱罵當事人，或動手傷害他人身體，或竊取私人財物、酒後駕車，均有違「謹愼」之旨，公務員懲戒委員會著有議決書；民國100年1月，公務員懲戒委員會對高等法院法官風紀案首波開鍘，有高院法官楊○○因召妓、蹺班、賭博、做生意等行為，公懲會認其行為失檢、違反法官守則，依「公務員服務法」、「公務員懲戒法」等規定，議決撤職並停止任用一年；另依統計民國100年至102年警察遭懲戒處罰最多原因為酒駕和賭博。至於吸毒事項，民國100年1月，臺北市政府警察局對其偵查佐葉○○與毒販有所聯繫，吸食二級毒品「安非他命」，將之一次記二大過免職；民國105年12月，高雄市消防局隊員陳○○被查獲毒品，將視情節輕重移送考績委員會辦理懲處，並視法院判決結果，最重將予以免職；民國106年2月，臺中空軍清泉崗基地，在營區作業區車道旁拾獲多包疑似安非他命毒品的小包裝毒品粉末及一支吸食器，經檢察官主動指揮偵辦，全營官兵驗尿，有二十人初驗呈現陽性反應。前清鴨片毒害，影響國計民生甚鉅，史有明鑑，不可不戒。綜上所述情形，在刑法上，公務員犯「鴉片罪」（第256至265條）、「賭博罪」（第266至270條），雖有依其情節或態樣，加重其刑二分之一，但公務員如利用權勢強迫他人犯栽種與販賣罌粟種子者，則處死刑或無期徒刑，亦可知其行爲惡性之大，處罰甚重。惟近年來，毒品泛濫，有關毒品之栽種、製造、持有、施用、轉讓……等之行爲，均依「毒品危害防制條例」論處，刑度亦較刑法爲重，公務員犯此罪，自當更重。凡此「嚴重損害政府之信譽」之行爲，亦爲懲戒之事由，應同時移付懲戒（公懲2）。

(三) 禁止行為

1. 限制經商：公務員不得經營商業或投機事業，但投資於非屬其服務監督之農、工、礦、交通或新聞出版事業，爲股份有限公司股東，兩合公司之有限責任股東，或非執行業務之有限公司股東，而所有股份總額未超過其所投資公司股本總額百分之十者，不在此限。非依法不得兼任公營事業機構或公司代表官股之董事或監察人，違反者，應先予撤職（服務13）。所謂**經營商業**，依行政院之令釋，應包括實際發生營業行爲及申請商業執照之行爲在內（52.5.28.臺五二人字第3510號令），而後銓敘部認爲除採實質之認定外，尚包括形式之認定，如：公司尚未正式對外營業前申請商業執照行爲及借名投資違反百分之十之規定者（103.4.29.部法一字第1033843029號函）；所謂**投機事業**，係指利用時機投資博取不正當之利益而言（司法院32.4.21.院解字第2504號解釋、37.6.21.院解字第4017號解釋）。所謂**先予撤職**，即係先行停職之意，撤職後仍應依法送請懲戒（司法院37.6.21.院解字第4017號解釋）。又如公務員依法繼承父母親屬出資之股份逾百分之十之限制，且不擔任執行股東，雖爲法所不禁，但恐有嫌疑之困擾，應盡早妥善處理；再如爲自己算計，以未成年子女之法定代理人，而持有未成年子女之股份者，其持股總計仍應受百分之十之限制。另外公務員發表或著作書籍出版收受報酬，尚無違反該法第13條第1項規定；惟公務員參加出版社所舉辦之促銷活動，如有兼售書籍或從事具商業宣傳之行爲，則仍有違「不得經營商業」之規定。

2. 濫權圖利：公務員不得假借權力，以圖本身或他人之利益，並不得利用職務上之機會，加損害於人（服務6）。公務員利用權力、公款或公務上之秘密消息而圖利者，依刑法第131條「公務員圖利罪」處斷，其他法令有特別處罰規定者，依其規定；其離職者，亦同；其在職違反者，應先予撤職（服務13）。刑法第131

條規定：「公務員對於主管或監督之事務，明知違背法令，直接或間接圖自己或其他私人不法利益，因而獲得利益者，處一年以上七年以下有期徒刑，得併科七萬元以下罰金。」並規定：「犯前項之罪者，所得之利益沒收之。如全部或一部不能沒收時，追徵其價額。」公務員之違法圖取私利，收受賄賂，除依刑法之瀆職罪、侵占罪論處外，更特別制定「貪汙治罪條例」爲特別優先加重論處。其中，公務員犯瀆職、妨害風化、賭博、組織犯罪、走私、毒品、販運人口、槍砲彈藥刀械、藥事、包庇他人犯兒童及少年性剝削，或其他假借職務上之權力、機會或方法所犯之罪嫌者，檢察官於偵查中，發現公務員本人及其配偶、未成年子女自公務員涉嫌犯罪時及其後三年內，有財產增加與收入顯不相當時，得命本人就來源可疑之財產提出說明，無正當理由未爲說明、無法提出合理說明或說明不實者，處五年以下有期徒刑、拘役或科或併科不明來源財產額度以下之罰金，是爲**財產來源不明罪**。所謂**先予撤職**，即係先行停職之意，撤職後仍應依法送請懲戒（司法院37.6.21.院解字第4017號解釋）。至於**加害於人**含對同事或服務之相對人；惟毆打傷害、性侵性騷、謾罵侮辱等，實務上，非無此事，公務員懲戒委員會著有議決。又如：民國99年7月，桃園機場中央控制中心督導李○○，在控制中心與外包廠商女員工飲酒作樂、親密摟抱遭撤職；民國103年9月，桃園縣某鄉鎮市公所曾○○、葉○○兩公務人員，以迎新爲由邀被害女同事外出餐宴，下藥性侵，經移送法辦；民國104年11月，某林姓副典獄長在辦公室性侵女下屬，次年10月經監察院彈劾，移送公懲會，該會於民國106年1月判決撤職並停止任用一年確定。綜上所述情形，觀之刑法，公務員犯「妨害性自由罪」（第221至229條之1）、「利用權勢性交或猥褻罪」、（第227條之1）（處六月以上五年以下有期徒刑）、「圖利強制使人爲性交猥褻罪」（第231條之1）（最低處七年以上有期徒刑），甚者加重其刑，刑責甚重。

3. 兼職兼薪：公務員非依法不得兼任公營事業機關或公司代表官股之董事或監察人，違反者，應先予撤職（服務13）；除法令所規定外，不得兼任他項公職或業務；其依法令兼職者，不得兼薪及兼領公費。依法令或經指派兼職者，於離去本職時，其兼職亦應同時免兼（服務14）。但如兼任非以營利爲目的之事業或團體之職務，受有報酬者，應經服務機關許可，機關首長應經上級主管機關許可（服務14之2）；至於兼任教學或研究工作或非以營利爲目的之事業或團體之職務，亦應經服務機關許可，機關首長應經上級主管機關許可（服務14之3）。是則對於所兼之「公職」或「執行業務」，司法院大法官會議有多號解釋，如：「公務員對於新聞紙類及雜誌之發行人、編輯人，除法令別有規定外，依公務員服務法第14條第1項之規定，不得兼任」（41.9.29.釋6）、「至社長、經理、記者及其他職員，依公務員服務法第14條第1項之規定，自亦不得兼任」（41.11.22.釋11）、「醫務人員，既須領證書始得執業，且經常受主管官廳之監督，其業務與監察職權顯不相容，應認係同條（憲法第103條）所稱之**業務**。公立醫院爲國家或地方醫務機關，其院長及醫生並係公職，均在同條限制之列」（42.7.10.釋20）、「憲法第18條所稱之公職涵義甚廣，凡各級民意代表、中央與地方機關之公務員及其他依法令從事於公務者皆屬之」（43.11.17.釋42）、「公務員服務法第14條第2項所謂依法令兼職者不得兼薪及兼領公費，當係指兼職之公務員僅能支領本職之薪及公費而言。其本職無公費而兼職有公費者自得支領兼職之公費」（45.12.5.釋69）、「公務員於公餘兼任外籍機構臨時工作，衹須其工作與本職之性質或尊嚴有妨礙者，無論是否爲通常或習慣上所稱之業務，均應認爲該條精神之所不許」（46.1.9.釋71）、「民營公司之董事、監察人及經理人所執行之業務，應屬於憲法第103條所稱執行業務範圍之內」（47.12.17.釋81）、「新聞紙雜誌發行人執行之業務，應屬於憲法第103條所稱業務範圍之內」（56.3.1.釋120）、「公務員服務法上之公務員，不得兼任私立學校之董事長或董事，但法律或命令規定得兼任者，不在此限」（60.9.24.釋131）。所稱非以營利爲目的之事業或團體之「職務」，係指各該非營利爲目的之事業或團體設立章程（或規程）所定之職稱（銓敘部90.11.5.法一字第2084367號函）。所稱之**教學**，係指學校、補習班、訓練機構，或民間傳授專業知識或生活技能，惟於上班時間兼任教學工作者，每周以四小時爲限（銓敘部98.6.24.法一字第09830745542號函）。由此可知，服務法第14條第1項立法意旨，除要求公務員一人一職，專心於本職工作外，亦顧及維護公務員之身心健康及尊嚴。因此公務員於休職（或因案停職）期間，不得執行其職務，並不發生專心從事職務或身兼他職之問題，故基於因案停職人員基本生計考量，是類人員於休職（停職）期間，雖得許其於民間機構任職，以謀生計，惟如工作之性質足以影響公務員榮譽者，仍不得爲之（公懲會83.6.27.八三年度第五次法律座談會）；甚至於育嬰留職停薪期間，雖得兼職賺取生活費用，惟其兼職仍不得與本職工作之性質或尊嚴顯不相容之民間工作。因兼職之態樣甚多，不甚枚舉，爲此考試院訂有「公務員兼任非營利事業或團體受有報酬職務許可辦法」（85.8.29.八五考臺組貳一字第04339號令發布），作更原則性、準據性之規定。如其第5條規定：「公務員之兼職有下列情形之一者，服務機關或上級主管機關應不予許可：(一)對本職工作有不良影響之虞。(二)有損機關或公務員形象之虞。(三)有洩漏公務機密之虞。(四)有營私舞弊之虞。(五)有職務上不當利益輸送之虞。(六)有利用政府機關之公務或支用公款之虞。(七)有違反行政中立規定之虞。(八)有危害公務員安全或健康之虞。(九)與本職工作性質不相容。」然民國104年3月，審計部調查花蓮縣某鄉長兼職案，卻突然接獲監察院指示改爲「全國徹查」，而後發現有千餘名公務員違法兼職，遂進行專案調查，而後亦有多名人員因此遭受彈劾，移送懲戒。

4. 關說請託：公務員對於屬官不得推薦人員，並不得就其主管事件，有所關說或請託（服務15）。此爲公務人員利用職權之機會，以柔和之方式，驅使屬官（員）爲自己之利益，爲某一定之行爲之謂。所謂「對於屬官不得推薦人員」，或防戒昔之「政黨分肥」、「裙帶關係」之類事情發生，以壞行政。參照「公職人員利益衝突迴避法施行細則」第4條：「本法第8條所稱關說、請託，指其內容涉及機關業務具體事項之決定或執行，且因該事項之決定或執行致有不當影響特定權利義務之虞者。」爲此，行政院於民國101年9月4日核頒「行政院及所屬機關機構請託關說登錄查察作業要點」（院臺法字第1010142274號），以資適用。又與請託關說類似者爲**遊說**，依「遊說法」第2條之定義爲「指遊說者意圖影響被遊說者或其所屬機關對於法令、政策或議案之形成、制定、通過、變更或廢止，而以口頭或書面方式，直接向被遊說者或其指定之人表達意見之行爲。」雖該法第5條規定「公務員依法執行職務之行爲」不適用「遊說法」，但對於機關所職掌之法令、政策或議案之「形、定、變、廢」，與公務員職務之執行有關，因此，該法第14條規定：「被遊說者所屬機關應指定專責單位或人員，受理遊說之登記。」第15條規定：「依本法規定不得遊說而進行遊說者，被遊說者所屬機關應不受理其登記。」並規定：「對於得遊說而未依法登記之遊說，被遊說者應予拒絕。」第20條規定：「被遊說者所屬機關於遊說者登記遊說期間內，舉辦與遊說內容有關之公聽會時，應通知遊說者出席。」此不得不注意。

5. 饋贈招待：公務員有隸屬關係者，無論涉及職務與否，不得贈受財物；於所辦事件，亦不得收受任何餽贈（服務16）；更不得利用視察調查等機會，接受地方官民之招待或餽贈（服務18）。該規定似乎過於嚴苛，不近人情與習尙，因此，行政院於民國97年6月26日函訂「公務員廉政倫理規範」（院臺法字第0970087013號函）稍釋放寬，如公務員不得參加與其職務有利害關係者之飲宴應酬，但因訂婚、結婚、生育、喬遷、就職、陞遷異動、退休、辭職、離職等之餽贈，或參加所舉辦之活動，而未超過正常社交禮俗標準三千元不在此限；公務員於視察、調查、出差或參加會議等活動時，不得在茶點及執行公務確有必要之簡便食宿、交通以外接受相關機關（構）飲宴或其他應酬活動。又該規範之內容，可謂將服務法之大部分主要內容，更具體詳細之規定。但如此之規定卻與法條「不得」之強制規定不協和，有必要檢討修法，使之協和。臺灣鐵路局在民國102年間，爆出全國有八項工程涉及採購弊案，前副局長鍾○○、前臺中工務段副段長鄭○○、前工務處副處長李○○及材料股工務員曾○○、前臺中工務段段長胡○○、臺東工務處職員張○○，及其他職員等多人，多年多次接受廠商招待喝花酒或性招待，經監察院於民國103年4月提出彈劾，並經檢察官起訴，於民國105年8月分別受判處七年至十七年之徒刑；民國106年3月水利署第五河川局前局長洪○○、政風室主任翁○○及工務課職員洪○○、徐○○、方○○、李○○等人接受廠商招待喝花酒後，由廠商以低價搶標，經檢察官收押、交保、起訴。有關工程單位人員接受廠商招待之情事，時有所傳。

6. **挪用款物**：公務員非因職務之需要，不得動用公物或支用公款（服務19），如利用公有設施作私人非職務性之使用，應爲法所不許；如有違反者，即構成刑法第336條「公務侵占罪」。在此，需特別強調，公務員如觸犯「公務侵占罪」，多優先適用特別法「貪汙治罪條例」，依該條例第4條第1款竊取或侵占公用或公有器材、財物者，處無期徒刑或十年以上有期徒刑，得併科新臺幣一億元以下罰金，刑度非常重。公務機關員工，將公款存入私人帳戶之案例時常發生，只要將其經手之公款挪用，其犯罪即告成立。如：民國104年11月，恆春鎮公所約僱人員盧○○，因好賭博，欠下大量賭債，竟多次私吞公款一百三十四萬多元，隨後遭到法辦，法官依業務侵占罪判盧員一年八個月有期徒刑；又如：「某鄉長涉嫌將大批921賑災物品據爲己有」、「某議長涉嫌將921捐款三百萬元存進銀行私人帳戶」、「某校長、教務主任涉嫌將學生推廣教育輔導費存入私人帳戶，並挪爲個人不動產買賣，涉嫌侵占逾億元」等。另外對於職務上所保管之文書財物，應盡善良保管之責，不得毀損變換私用或借給他人使用（服務20），即使離職時，對於職務上所經辦之業務及經管之文書、財物，亦應妥爲交代；尤如未盡善良保管之責，亦可能犯刑法「毀棄損壞罪」（第352至356條），受懲處或移送懲戒。

7. **不法互利**：公務員對於下列各款，與其職務有關係者，不得私相借貸，訂定互利契約，或享受其他不正利益（服務16）：

(1) 承辦本機關或所屬機關之工程者。

(2) 經營本機關或所屬事業來往款項之銀行錢莊。

(3) 承辦本機關或所屬事業公用物品之商號。

(4) 有官署補助費者。

按「借貸」可分爲「使用借貸」與「消費借貸」，依民法之規定：「稱使用借貸者，謂當事人一方以物交付他方，而約定他方於無償使用後返還其物之契約」（民法464）、「稱消費借貸者，謂當事人一方移轉金錢或其他代替物之所有權於他方，而約定他方以種類、品質、數量相同之物返還之契約。當事人之一方對他方負金錢或其他代替物之給付義務而約定以之作爲消費借貸之標的者，亦成立消費借貸」（民法474）。**訂定互利契約**有如刑事法律上之**期約圖利**之行爲（刑法121至123，貪汙治罪條例4、5），所謂期約即雙方約定、共同信守之行爲。又「所謂**不**

正利益，係指賄賂以外，足以供人需要，或滿足人慾望一切有形無形之利益而言」（最高法院21.1.1.二十一年上字第369號判例）。凡此應予慎戒。

8. **職務旋轉**：公務員於其離職後三年內，不得擔任與其離職前五年內之職務直接相關之營利事業董事、監察人、經理、執行業務之股東或顧問（服務14之1），此規定即俗稱之「旋轉門條款」（Revolving Door Regulations）。所稱「離職」，係指退休（職）、辭職、資遣、免職、調職、停職及休職等原因離開其職務，而離開前之職務與營利事業有直接相關者而言。所稱**營利事業**，以「公司法」第1條、「商業登記法」第2條（現爲第3條）及「所得稅法」第11條第2項規定爲範圍，亦即指以營利爲目的之事業，無論公、私營或公私合營均包括之，其組織型態不以公司爲限，凡獨資、合夥或以其他方式組成的事業皆屬之（銓敘部104.3.5.部法一字第1043944759號電子郵件）。

此項規定目的之一在防止因爲以公務上人事派任公營事業，或受服務機關投資或監督關係的事業機構所造成的人事利益輸送，或退休後酬庸造成該事業人事及推動業務呆化等弊端。在民國89年7月12日「公職人員利益衝突迴避法」公布後，適用「公職人員財產申報法」第2條第1項之申報「主管人員」，就不能參與任何機關內部派任所屬或監督之公營事業，或操控的公股公司的人事作業流程。媒體曾報導：「教育部官員退離後轉任私立學校擔任要職者多——充當**門神**，經全國教師工會總聯合會抗議」（105.11.、106.2.）。

按公務員退離，已是單純人民身分，仍應受憲法上「工作（職業）自由」之保障（第15條）。該條之限制規定與憲法第23條：「除爲防止妨礙他人自由、避免緊急危難、維持社會秩序，或增進公共利益所必要者外，不得以法律限制之。」有否牴觸？又學者間或實務間亦有所爭議，若有必要限制，則究應爲**特定職務禁止**？或職務不禁止但**特定行為禁止**？此經司法院大法官會議釋字第637號解釋（97.2.22.）認爲：「公務員服務法第14條之1規定……旨在維護公務員公正廉明之重要公益，而對離職公務員選擇職業自由予以限制，其目的洵屬正當；其所採取之限制手段與目的達成間具實質關聯性，乃爲保護重要公益所必要，並未牴觸憲法第23條之規定，與憲法保障人民工作權之意旨尚無違背。」其理由有三：

(1)「公務員離職後與國家間公法上職務關係雖已終止，惟因其職務之行使攸關公共利益，國家爲保護重要公益，於符合憲法第23條規定之限度內，以法律課予特定離職公務員於一定條件下履行特別義務，從而對其選擇職業自由予以限制，尚非憲法所不許」。

(2)「公務員服務法第14條之1規定……旨在避免公務員於離職後憑恃其與原任職機關之關係，因不當往來巧取私利，或利用所知公務資訊助其任職之營利事業從事不正競爭，並藉以防範公務員於在職期間預爲己私謀離職後之出路，而與營利事業掛鉤結爲緊密私人關係，產生利益衝突或利益輸送等情形，乃爲維護公務員公正廉明之重要公益，其目的洵屬正當」。

(3)「因上開規定限制離職公務員於一定期間內不得從事特定職務，有助於避免利益衝突或利益輸送之情形，且依上開規定對離職公務員職業自由之限制，僅及於特定職務之型態，尚非全面禁止其於與職務直接相關之營利事業中任職，亦未禁止其自由選擇與職務不直接相關之職業，而公務員對此限制並非無法預見而不能預作準備，據此對其所受憲法保障之選擇職業自由所爲主觀條件之限制尚非過當，與目的達成間具實質關聯性，乃爲保護重要公益所必要，並未牴觸憲法第23條之規定，與憲法保障人民工作權之意旨尚無違背」。

顯然大法官係採「特定職務禁止」之觀點，蓋「特定行爲禁止」之標準在何？難以掌控。

(四) 利益迴避

公務員執行職務時，遇有涉及本身或其家族之利害事件，應行迴避（服務17）。此「家族」係以血統關係爲基礎而形成的群體，包括血親家族及姻親家族（銓敘部102.7.4.部法一字第1023745597號函）。按「迴避」者，古來即有，旨在避免執事者之人情尷尬、不公或因此而受攻訐，是以任用法第26條，保障法第7條、「行政程序法」第32、33條、「訴願法」第55條、「行政訴訟法」第19至21條、「民事訴訟法」第32至39條、「刑事訴訟法」第17至26條等均有迴避之規定，甚至於民國89年7月12日制定「公職人員利益衝突迴避法」，於第6條至第13條規列多項利益衝突之情形，應予迴避，亦可得知「迴避」之重要性。

(五) 處罰規定

公務員有違反該法者，應按情節輕重，分別予以懲處，其觸犯刑事法令者，並依各該法令處罰（服務22）。離職公務員違反該法第14條之1之「旋轉門條款」者，處二年以下有期徒刑，得併科新臺幣一百萬元以下之罰金，所得之利益沒收之，如全部或一部不能沒收時，追徵其價額（服務22之1）。公務員有違反該法之行爲，該管長官知情不依法處置者，應受懲處（服務23），此爲強調「團隊」之「連坐法」。

(六) 修正草案

「公務員服務法」是民國最古老法律之一種，早在民國28年10月23日公布施行，經民國32年、36年、85年及89年四度修正。考試院復於民國94年10月3日院會通過第五次修正草案，函送立法院審議，共修正第2、4、6、11、13、14、14之1、14之2、14之3、14之4、16、22、24之1條等十三條。惟立法院審查時，爭議仍多，有所保留，究應制定「公務人員基準法」或修正「公務員服務法」，政策方向似宜確定；嗣因第六屆立法委員任期屆至，不再續審，退回原擬機關銓敘部。銓敘部再行研擬，於民國97年底，再報考試院，時爲第十屆考試委員，審查時，亦多所研析，當以推動基準法之制定爲政策方向。惟迄至第十一屆考試委員時，已與行政院五度會銜函送立法院審議，但均未完成立法。轉而再先修正公務員服務法，於民國107年底報送考試院審查。

(七) 結語評述

「國家之敗，由官邪也。官之失德，寵賂章也」（左傳桓公二年），公務員制度體系之健全，係國家穩定富強之基石，公務員服務之良窳，關係國家之興敗與行政之隆汙。其不成文之倫理規範尤勝於成文之法律規範之多，法律條文有限，僅能規定其重要者，自應要能舉一反三、善體其意；又合法之法律作爲，若不能輔以倫理上溫馨之服務，則難得人民衷心之信服。是以本文不憚其煩予以增列補述有關實務之判解、函釋、案例，甚至於媒體報導之事件，其目的在幫助讀者瞭解服務法之公務（行政）倫理規範之旨趣，從而走向成功之路，以免跨越雷池，遺憾終身。準此，來回顧檢討服務法之內容與施行，則有兩點值得注意：

1. 特別權力關係濃厚：特別權力關係之主要特徵爲：(1)兩當事之地位不對等。(2)相對人應服不確定分量勤務之義務。(3)有特別規則拘束相對人，而無「法律保留」原則之適用。(4)違背義務者，得以特別規定懲罰。(5)兩者間無爭訟救濟可言。綜觀服務法全文，均規定公務員之「義務」，甚至於違反義務之「處罰」責任。此在上述(二)「基本義務」中之「到職服務」、「服從命令」、「忠實執行」，及(三)「禁止行爲」、(五)「處罰規定」，相當程度地顯示：兩當事者之地位不對等，公務員須服不確定分量勤務之義務，且有特別規則拘束公務員，違背義務者，得以特別規定懲罰。雖自民國73年5月18日司法院公布釋字第187號解釋，爲公務人員「特別權力關係」開啓爭訟之門，亦立下檢討之機，而後多號解釋逐漸緩和此種關係，以迄於民國85年2月2日公布釋字第395、396號解釋，改訂爲「公法上職務關係」，繼而基於憲法上「基本人權」觀點，再以多號解釋充實其應有之內容，亦引導行政部門做「人性管理」。公務員服務法之存廢，或將以「公務人員基準法」取代，雖其目的在求國家「公務利益」，但仍應作「人權」與「人性」之考量。

2. 行政倫理色彩明顯：此在上述(二)「基本義務」中之「到職服務」、「服從命令」、「忠實執行」、「保守秘密」、「保持品位」，及(三)「禁止行爲」，均屬爲人處世之「本分」修養，原無待於法律之規定；然基於「事理」或「事務之本質」，亦相當程度地顯示公務行政倫理之色彩，爲追求「公務利益」所必需之基本管理措施或「自我修為（節制）」。蓋法律是倫理道德之最後一道防線，具有嚇阻為非之功能作用，在「依法行政」為裁量之時，亦非不可作「社會妥當性」之考量，或為「柔性處理」，此為「敬業態度」之修養範疇——除「盡己之心」外，尚需「盡己之情」，溫馨服務。

公務員在瞭解服務法之旨趣，則應自期勉哉。

近年來政府對於公務員服務觀念之建設，行政院頒布有：1.「公務員廉政倫理規範」（97.6.26.院臺法字第097008713B號函）。2.公務人員核心價值「廉正、專業、效能、關懷」（97.11.4院授人企字第0970064368號）。3.「國家廉政建設行動方案」（98.7.8.院臺法字第0980087657號函）。考試院則依其「考試院文官制度興革規劃方案」（98.6.18.第十一屆第三十九次會議通過）第一案「建基公務倫理、型塑優質文化」，函頒當前文官應具備之核心價值為「廉正、忠誠、專業、效能、關懷」（98.11.3.考授銓法一字第0983119276號函），據之函頒「公務人員服務守則」十點（99.3.17.考臺組貳一字第09900019811號函），繼之銓敘部再函訂「人事人員服務守則」。司法院先前訂有「法官守則」（84.8.22.八四院臺廳司一字第16405號令），而後配合「法官法」之施行修訂為「法官倫理規範」（101.1.5.院臺廳司一字第1010000646號）；法務部亦訂有「檢察官倫理規範」（101.1.4.）；各機關得依其業務性質據之訂定其人員之服務守則，報銓敘部備查。總之其內容均不離服務法第5條「清」、「慎」、「勤」之闡釋與演繹，使行政之作為能呈現眞實、善施、美意，以嘉惠全民。

第四節　請假

一、名詞涵義

假，兼有借貸、寬容、給予，或休告等意思。「晉書」王尼傳言：「護軍與尼長假」，即係用為休告之意，故「假期」一語，有其淵源。今人稱請假，意為請求准許有一定期寬假其職務責任之意。由於請假為公務人員工作條件中重要事項之一，所以遠在民國36年，政府已頒布「公務員請假規則」施行，且為配合日新月異之社會發展實況起見，先後迭經十六次修正，最近一次為民國107年11月16日。其間於民國45年5月11日修正時，更名為「公務人員請假規則」。近年之修正，且多有參採「勞動基準法」內容之處。至於歷次修正方向，概括言之，主要有二：(一)假別增加。(二)假期權益緊縮。

本規則在民國101年8月28日修正，增列政務官及民選地方行政首長未具十四日休假資格者，一律每年給休假十四日。

民國107年11月16日修正本規則，將事假每年准給日數由「五日」增加為「七日」；休假、婚假及喪假計算單位由「半日計」改為「得以時計」（請假3、10）。此乃公務人員於民國106年在國家發展委員會公共政策網路參與平台連署滿五千人，建議：修改「公務人員請假規則」第10條第1項後半段「每次休假，應至少半日」之規定，修正為休假「得以（小）時計」，使休假時間更能彈性運用。當局作業時，稍事擴張至婚假、喪假。

二、假別十三種

「公務人員請假規則」所定之假別，共有十三種如下：(一)事假。(二)家庭照顧假。(三)病假。(四)女性生理假。(五)婚假。(六)產前假。(七)娩假。(八)流產假。(九)陪產假。(十)喪假。(十一)捐贈骨髓或器官假。(十二)公假。(十三)休假（請假3、4、7）。

以上十三種假別，各有其不同之性質和假期，下文將分別予以說明。

三、事假

事假之所以列於第一位，係由於事假為實際上需用最頻繁之假別。依規定，公務人員因有私自生活上之事務而必須離開現職工作崗位，以便親自處理，所得請之假，稱為事假。茲公務人員每年准給事假七日，免扣俸（薪）給；但超過日數之事假，應按日所除俸（薪）給（請假3，俸給3、22）。又昔有曾規定給予事假二十一日者。

四、家庭照顧假

公務人員因家庭成員預防接種、發生嚴重疾病或其他重大情事須親自照顧時，得請家庭照顧假。每年准給七日，併入事假計算；超過規定日數之事假，應按日扣除俸（薪）給（請假3），但不得以之為年終考績等次因素之考量（考績細4Ⅴ）。所以基本上仍屬事假。

五、病假

為保護公務人員健康起見，對公務人員患病，自應給予醫療或休養便利，故公務人員因病必須治療或休養，所得請之假別為病假。依規定，一公務人員每年合計准給病假二十八日；超過期限者，可以事假抵銷。但患重病非短時間所可治癒者，經機關長官核准，得延長之，所得延長之時間，自第一次延長病假之首日起算，二年內合併計算不得超過一年；但銷假上班一年以上者，其**延長病假**得重新起算（請假3）。

請病假已滿上述延長之期限仍不能銷假者，應予留職停薪（請假5），此一留職停薪人員，自留職停薪日起已逾一年仍未痊癒者，應依法辦理退休、退職或資遣；但其留職停薪係因執行職務且情況特殊者，得由機關長官酌情延長最多一年（請假5）。留職停薪人員於期間病癒者，得申請復職（請假6）。

六、女性生理假

女性公務人員因生理日致工作有困難者，每月得請生理假一日，其日數併入病假計算（請假3）。此係依「性別工作平等法」（原「兩性工作平等法」，民國91年1月16日制定公布，民國97年1月16日修正公布，名稱修正爲現名）第14條之規定增列。但不得以之爲年終考績等次因素之考量（考績細4Ⅴ）。所以基本上仍屬病假。

七、婚假

結婚爲人生大事，事先需有時間作必要之布置與準備，事後需有短期休憩，故有婚假之規定。公務人員爲結婚所得享有之假期，爲十四日，應自結婚之日前十日起三個月內請畢；但因特殊事由經機關長官核准者，得於一年內請畢（請假3）。又因辦理「結婚登記」等瑣事，新修正規定亦得以「時」計。

八、產前假

公務人員懷孕者，於分娩前給產前假八日，得分次申請，不得保留至分娩後（請假3）。其作用係供其產前檢查，保護婦幼（憲156），但不得以之爲年終考績等次因素之考量（考績細4Ⅴ）。

九、娩假

女性公務人員分娩後，必須有適當時間休養調適，以維護其身體健康，故有娩假。依規定，其所得享有之娩假爲四十二日，但不得以之爲年終考績等次因素之考量（考績細4）。分娩前已請畢產前假者，必要時得於分娩前先申請部分娩假，並以十二日爲限，不限一次請畢（憲156，請假3）。

十、流產假

懷孕流產者雖未分娩產下嬰兒，但其身心之需要休養調適，則與足月產下嬰兒者相近，甚或猶有過之，故對流產者亦給分娩流產假。其假期爲懷孕滿五個月以上流產者，給流產假四十二日；懷孕十二週以上未滿二十週流產者，給流產假二十一日；懷孕未滿十二週流產者，給流產假十四日。娩假及流產假應一次請畢，流產者，其流產假應扣除先請之娩假日數（憲156，請假3），但不得以之爲年終考績等次因素之考量（考績細4Ⅴ）。

十一、陪產假

因配偶分娩或懷孕滿二十週以上流產者，給陪產假五日，得分次申請，但應於配偶分娩日或流產日前後合計十五日（含例假日）內請畢（憲156，請假3），但不得以之爲年終考績等次因素之考量（考績細4Ⅴ）。

十二、喪假

我國文化特爲重視生命，故自古重視喪葬禮儀，且治喪與盡哀均需時間，但仍應視逝者與公務人員親疏關係不同而有所差別。因此，我國給予公務人員之喪假期日，分別規定如下，並可由公務人員自行視事實需要，於喪事發生一百日內分次申請給假：

(一) 因父母、配偶死亡者，給喪假十五日。

(二) 繼父母、配偶之父母、子女死亡者，給喪假十日。

(三) 曾祖父母、祖父母、配偶之祖父母、配偶之繼父母、兄弟姐妹死亡者，給喪假五日。

以上因繼父母及配偶之繼父母死亡之給假，應以公務人員或其配偶於成年前受該繼父母扶養或於該繼父母死亡前仍共居者爲限。又新修正規定亦得以「時」計（請假3）。

十三、捐贈骨髓或器官假

公務人員因捐贈骨髓或器官者，視實際需要給假（請假3）。

十四、公假

公務人員之公假，係基於公務需要，而非因個人私事；故公假期日之長短，由機關視實際需要以定之，而非公務人員本人所得決定。公假之事由，經規定十一項如下：

(一) 奉派參加政府召集之集會。

(二) 參加政府舉辦與職務有關之考試經奉准者。

(三) 兵役召集。

(四) 參加政府主辦之各項投票。

(五) 因執行職務或上下班途中發生危險以致傷病，必須休養或治療，其期限在二年以內者（俗稱「公傷假」）。

(六) 奉派或奉准參加與其職務有關之訓練進修不逾一年者；但公務人員訓練進修法規另有規定者，從其規定。

(七) 奉派考察或參加國際會議。

(八) 應國內外機關團體邀請參加與其職務有關之會議或活動，或基於法定義務作證、答辯，經機關長官核准者。

(九) 參加本機關舉辦之活動，經機關長官核准者。

(十) 因法定傳染病經依規定認定應強制隔離者，但可歸責於當事人而罹病者，不在此限。

(十一) 依考試院訂定之激勵法規規定給假者。

上述第(五)項因執行職務受傷休養治療之二年公假期滿仍不能銷假者，應予留職停薪；自留職停薪之日起已逾一年仍未痊癒者，應依法規規定辦理退休、退職，或資遣；但其留職停薪係因執行職務且情況特殊者，得由機關長官審酌延長其留職停薪最多一年（請假4至6）。

臺灣多颱風與地震等天然災害，爲維護公務員及學校教職員學生安全起見，行政院於民國63年7月8日發布「天然災害時停止辦公及上課作業辦法」一種，而後迭經多次修正，民國89年7月12日改訂爲「天然災害停止上班及上課作業辦法」，迄民國104年6月29日作第九次修正迄今。其規定於發生颱風、地震、洪水天然災害到達規定標準時，由直轄市及各縣市長決定機關學校停止辦公及上課，但颱風暴風半徑於四小時內可能經過之地區，平均風力可達七級以上或陣風十級以上時，其停止辦公上課，由各該機關學校首長斟酌自行決定（天然4、9）。由於該辦法所稱者爲「停止辦公及上課」，並非給予公假、事假或任何名目假，故與「公務人員請假規則」無關；因此，目前習慣所稱之「放颱風假」云云，乃一錯誤用詞，因其根本並非放假，當然亦非放颱風假。

十五、休假

顧名思義，休假係供公務人員休憩之假期，是一種享受性之工作條件，而非爲任何必要情事之請假。

(一) 休假日數之核給：休假為一種權利，亦為一種法定享受，其構成，依任職公務人員之期日長短定之，且新修正得以「時」計。規定如下（請假7、10）：

1. 連續服務滿一年者，第二年起，每年應給休假七日。
2. 服務滿三年者，第四年起，每年應給休假十四日。
3. 服務滿六年者，第七年起，每年應給休假二十一日。
4. 服務滿九年者，第十年起，每年應給休假二十八日。
5. 服務滿十四年者，自第十五年起，每年應給休假三十日。
6. 政務官或民選地方行政首長未具十四日休假資格者，每年應給休假十四日。

(二) 因公不休假之獎勵：公務人員依規定每年休假在十四日以下者，應全部休畢；在十四日以上者，至少應休十四日，並得酌予休假補助；確因公務需要經機關長官核准無法休假者，酌予獎勵。如當年應休假至少十四日以外之休假未休且又未予獎勵者，得累積保留至第三年實施，如仍未休畢者，視為放棄（請假10）。

休假補助之最高標準，規定由行政院人事行政局（現為行政院人事行政總處）會商銓敘部定之（請假10）。至於對未休假之所謂「酌予獎勵」，其具體方式與標準，請假規則現無明文規定。惟常年來均以「不休假加班費」獎勵。

(三) 休假年資之併計：公務人員因轉調（任）或因退休、退職、資遣、辭職再任年資銜接者，其休假年資得前後併計。因辭職、退職、退休、資遣、留職停薪、停職、撤職、休職或受免職懲處，再任或復職者，其休假年資雖得前後併計但當年無得休假，第二年之休假日數，則依第一年服務月數比例計算，第三年始得併計以往年資給假。但侍親、育嬰留職停薪者，其復職當年度及次年度休假，均按前一在職年度實際任職月數比例核給（請假7、8）。

十六、請假時間計算方法

公務人員請假期日之計算，早年以星期為單位計稱，稱給假一星期或二星期；民國76年修正請假規則時，改以日為單位計算，稱給假若干日，此一變更，非關形式而有其實質意義。為資明確起見，並特於該規則中予以明文規定：「假期之核給，扣除例假日。但因公傷病請公假或因病延長假期者，例假日均不予扣除。按時請假者，以規定辦公時間為準」（請假15），對於「扣除例假日」一語，目前實際執行情形為扣除星期六、星期日、國定假日、紀念日、民俗節日，以及所有公定假日。因此，實際所得享受之假日，係以請假日數再增加期間此規定所扣除之例假日數，合併計算後之日數。例如：以前稱請病假一星期者，其計算係包括例假日、國定及公定假日在內之一星期；現在稱請假七日者，則如自本星期一起算，在全星期期間七日內，應扣除週末例假二日，至下星期二晚間止，合計實際可以享受連續九日之假期，期間如遇有一天爲國定假日，則其假期實際至下星期三晚間止，而可連續享受十日之假期。此種計算方法，在落實公務人員本應享有之法定權利（請假15），進言之，此所得請假之日，即指「實際工作日」而言。茲休假、婚假、喪假新修正爲得以「時」計。

十七、曠職

凡未辦理請假奉准、公假或休假手續而擅離職守，或假期已滿仍未銷假，或請假有虛僞情事者（亦即辦公時間內無故不到職者），均以曠職論，此爲曠職之法定解釋（請假13）。

對曠職人員之處分，按時計算，累積滿八小時以一日計。除應按日扣除俸（薪）給外（俸給3、22），並應依「公務人員考績法」有關規定懲處。曠職繼續達四日或一年累積達十日者，予以一次記二大過處分（考績12）；所稱日期之計算，亦應扣除其期間之例假，但仍以繼續曠職論（請假13、14）；又曠職一日或累積達二日者，年終考績不得考列甲等（考績細4Ⅴ）。

十八、請假制度規範之檢視

按公務人員服勤狀況之好壞，最基本的首要因素爲差勤假期，依「公務人員考績法施行細則」第4條之規定：「全年無遲到、早退或曠職紀錄，且事病假合計未超過五日者」，始得考列甲等；「曠職一日或累積達二日者」或「事病假超過十四日者」，不得考列甲等。又依統計與經驗見解，以前述條件爲考列甲等條件之一者，比率甚高，且以後者爲爭取考列甲等之基礎界線，可見「請假」關係之重大，不可不愼。惟以此嚴格之規定則有違憲法第156條保護婦幼政策之虞，是以又例外規定，不得以家庭照顧假、生理假、婚假、產前假、娩假、流產假、陪產假及因安胎事由所請之假，作爲考績等次因素之考量（考績細4Ⅴ）。茲在法規層面上，已經做到符合憲法基本國策之要求，但是否實惠？仍有令人質疑之處，因此有必要剖析闡明差勤假期之眞諦。

依憲法第18條所規定之「服公職」，係提供勞務爲民服務，以之授給薪酬，以維其生存（憲15）。提供勞務爲「服公職」之基本要務，但有公事，自難免有私事，整體與個體之間必須調和，是以有事、病假之基本規設（早期曾有事假二十一日、病假二十八日），要之不以假期而害公職之服務。惟爾後隨勞動福利思想之潮流，遂發展出「休假」（最高給三十日）以紓解工作之壓力而免於「過勞死」之不幸，立意甚佳。惟如果以事、病、休假和例假日計一年最高可給一百八十三日之假，已是一年之半，更何況於其他個人因素之假（婚、娩、喪），是以在其他假期因時間、政策不斷延伸，如家庭照護假、生理假、產前假、陪產假、捐贈骨髓或器官假……之下，事假遂由原二十一日減爲七日，再減爲五日，再恢復爲七日。此之發展演變過程，仍以「服公職」爲主軸之考量，再兼及公務人員個人事項，或謂福利減失，然而當失去「服公職」時，又有何服公職之福利？孰重孰輕，不言自喻。蓋以假期之多寡適當，應配合社會、經濟、產業之狀況，尤其是應與「勞動基準法」保持一定的衡平關係，方不至於被輿論詬病。因此，在現今考績法制及給假的日數下，再加上強制休假之措施，實務上，公務人員大多數以休假充當事、病假用者，履見不鮮。

瞭解上述情況之後，所應探討者爲請假「規範」的法制結構問題，例如：

(一) 每年給家庭照護假七日，併入事假計算。惟事假原僅給五日，不扣俸（薪）給，超過之日數，應扣俸（薪）給（請假3，俸給22），則超過二日之家庭照護假必扣俸（薪）給，是以，給家庭照護假之意義何在？本質上仍然是事假，只不過是不得作爲年終考績等次因素之考量，但考績之評擬存在乎主觀之認定，在考績作業中，顯示以「家庭照護假」爲考量者，於救濟程序中，必遭撤銷，實務上，如此作業者，微乎極微，所爲者必移轉隱藏於其他因素之中。因此，被譏爲「看得到吃不到」的措施，幾無實惠可言。如此，是否產生憲法第18條「服公職」與第156條之保護婦幼（如照顧幼兒）間的矛盾、競合？法制作業上有必要再思索精進。

(二) 在「勞動基準法」上，勞工請假超過一定限制之日數，則不給薪水；但公務人員因病請畢（完）休、事、病假，仍未痊癒而有必要繼續治療休養者，卻仍不扣俸（薪）給。此雖傳統上，源於昔之公務人員單薪維持家計與待遇微薄，政府基於「留才」等因素所作之給與；但時至今日，經濟蕭條，失業率提高，薪資水準倒退一、二十年的狀況下，也屢受輿論之抨擊。因此，延長病假給與俸（薪）給與否，也成爲大家應思索的問題，此亦有待國人從「衡平」的觀點，作合理而必要之差異調整，以維「服公職」之基本尊嚴。

上述(一)之情形，於民國107年11月16日發布修正該規則，由「五日」修正爲「七日」，以緩和其爭議。

第五節　財產申報

左傳桓公二年云：「國家之敗，由官邪也。官之失德，寵賂章也。」國政之敗壞，乃源於吏治之汙穢，吏治之汙穢乃源於文官之自肥貪墨，侵蝕國計民生，是以反貪倡廉爲古今中外吏治之要務。

文官之自肥貪墨，最直接反映在其財產明顯不當之增加，考其原由，則爲面臨利益，必思其利害關係，在有形或無形中，假藉職務之權勢或機會，以不當方法或手段上下其手，中飽私囊，時而見報者，如：工程案、採購案之收取回扣，金額之大，往往百十倍於薪資所得，以至於行政績效不彰，浪費公帑，全民遭殃。因此自應有法律之依據，去瞭解各該公職人員之財產狀況。

要瞭解公職人員財產變動之狀況，其方法有二：一爲強制公職人員自行公開，或可謂之**申報制**；二爲由權責機關或單位主動調查，或可謂之**查核制**。依2005年12月14日生效之「聯合國反貪腐公約」第8條第5項之規定：「各締約國均應依其國家法律之基本原則，酌情努力訂定措施和建立制度，要求公職人員特別對可能與其職權發生利益衝突之職務外活動、任職、投資、資產及貴重之饋贈或重大利益，向有關機關陳（申）報。」揭示職務上及非職務上有「利益衝突」之情形，經由「財產申報」，作爲「公共監督」，以嚇阻貪腐。在此之前，美、加、日、韓等國既有公職人員財產申報之制，甚且，大陸亦於2007年9月13日成立「國家預防腐敗局」，以藉鑑國際經驗，建立申報制度。

我國公職人員財產申報制度，源於立法院立法委員於民國80年左右，先後提出多版財產申報法案，迫使政府提出對案，完成立法，於民國82年7月2日公布施行，經民國83年7月20日、84年7月12日、96年3月21日、97年1月9日、103年1月29日，五次修正迄今。按其原意，係以民意代表、民選首長、政務人員及高級常任文官等爲主要對象，但立法施行之後，常任文官卻成爲適用之大宗。近年受理申報之件數，監察院爲約八千六百件、法務部廉政署所屬政風機構（單位）爲約五萬三千件。

其實我國公務員財產申報之措施，早在民國60年代（或更早），財稅人員於初任時，即應填報財產資料，密封交財政部，俾必要時，非由部長核准，不得拆封查閱，尙非公開之制；申報法施行後，則擴及其他重要關鍵職務人員，且採公開之制。茲就「公職人員財產申報法」之內容分述如次：

一、財產申報之目的

爲端正政風，確立公職人員清廉之作爲（財申1）。

二、財產申報人之範圍

依公職人員財產申報法第2條規定約有十六類之多：

(一) 總統、副總統。

(二) 行政、立法、司法、考試、監察各院院長、副院長。

(三) 政務人員。

(四) 有給職之總統府資政、國策顧問及戰略顧問。

(五) 各級政府機關之首長、副首長及職務列簡任第十職等以上之幕僚長、主管；公營事業總、分支機構之首長、副首長及相當簡任第十職等以上之主管；代表政府或公股出任私法人之董事及監察人。

(六) 各級公立學校之校長、副校長；其設有附屬機構者，該機構之首長、副首長。

(七) 軍事單位上校編階以上之各級主官、副主官及主管。

(八) 依「公職人員選舉罷免法」選舉產生之鄉（鎮、市）級以上政府機關首長。

(九) 各級民意機關民意代表。

(十) 法官、檢察官、行政執行官、軍法官。

(十一) 政風及軍事監察主管人員。

(十二) 司法警察、稅務、關務、地政、會計、審計、建築管理、工商登記、都市計畫、金融監督暨管理、公產管理、金融授信、商品檢驗、商標、專利、公路監理、環保稽查、採購業務等之主管人員；其範圍由法務部會商各該中央主管機關定之；其屬國防及軍事單位之人員，由國防部定之。

(十三) 其他職務性質特殊，經主管府、院核定有申報財產必要之人員。

(十四) 前述各款公職人員，其職務係代理者，亦應申報財產；但代理未滿三個月者，毋庸申報。

(十五) 總統、副總統及縣（市）級以上公職之候選人（準用本法之規定）。

(十六) 上述以外之公職人員，經調查有證據顯示其生活與消費顯超過其薪資收入者，該公職人員所屬機關或其上級機關之政風單位，得經中央政風主管機關（構）之核可後，指定其申報財產。

三、申報財產之範圍

申報法所稱之「財產」，有其特定範圍，包括申報人及其配偶與未成年子女在我國境內、境外之下列三項全部財產（財申5，財申細11）：

(一) 不動產、船舶、汽車及航空器。並應一併申報其取得或發生之時間及原因，如係於申報日前五年內取得者，並應申報其取得價額。

(二) 一定金額以上之現金、存款、有價證券、珠寶、古董、字畫及其他具有相當價值之財產。

(三) 一定金額以上之債權、債務及對各種事業之投資。並應一併申報其取得或發生之時間及原因。

四、辦理財產之信託

(一) 應辦理財產信託之人員

總統、副總統、行政、立法、司法、考試、監察各院院長、副院長、政務人員、公營事業總、分支機構之首長、副首長、直轄市長、縣（市）長於就（到）職申報財產時，其本人、配偶及未成年子女之財產，應自就（到）職之日起三個月內信託予信託業。此外應依本法申報財產之公職人員，因職務關係對信託財產具有特殊利害關係，經主管府、院核定應依前項規定辦理信託者，亦同（財申7Ⅰ、Ⅱ）。

上述人員於完成信託後，有另取得或其財產成為應信託財產之情形者，應於三個月內辦理信託並申報；依規定不須交付信託之不動產，仍應於每年定期申報時，申報其變動情形（財申7Ⅲ）。所定信託期限內，檢附本人、配偶及未成年子女之信託契約及財產信託移轉相關文件，併同公職人員財產申報表（含信託財產申報表），向該管受理申報機關提出。信託契約期間，委託人或其法定代理人對信託財產之管理或處分欲為指示者，應事前或同時通知該管受理申報機關，始得為之（財申9Ⅲ）。

(二) 應交付信託之財產項目

即應「信託財產」之財產，包括（財申7Ⅰ）：

1. 不動產。但自擇房屋（含基地）一戶供自用者，及其他信託業依法不得承受或承受有困難者，不包括在內，惟仍應於每年定期申報其變動情形。完成信託之財產，應於每年定期申報，其變動情形，卸職時仍應申報。

2. 國內之上市及上櫃股票。

3. 其他經行政院會同考試院、監察院核定應交付信託之財產。

五、財產申報之程序

(一) 申報時間（財申3）

1. 就職申報：公職人員應於就（到）職三個月內申報財產。

2. 定期申報：每年並定期申報一次。同一申報年度已辦理就（到）職申報者，免為該年度之定期申報。

3. 卸職申報：公職人員於喪失應申報財產之身分起二個月內，應將卸（離）

職或解除代理當日之財產情形，向原受理財產申報機關（構）申報；但於辦理卸（離）職或解除代理申報期間內，再任應申報財產之公職時，應僅辦理就（到）職申報，而免卸（離）職或解除代理申報。

總統、副總統及縣（市）級以上公職之候選人應準用本法之規定，於申請候選人登記時申報財產（財申2III）。

(二) 受理機關（財申4）

1. 監察院：受理總統、副總統、行政、立法、司法、考試、監察各院院長、副院長、政務人員、有給職之總統府資政、國策顧問及戰略顧問、軍事單位上校編階以上之各級主官、副主官及主管、依「公職人員選舉罷免法」選舉產生之鄉（鎮、市）級以上政府機關首長、職務列簡任第十二職等或相當簡任第十二職等以上各級政府機關首長、公營事業總、分支機構之首長、副首長及代表政府或公股出任私法人之董事及監察人、公立專科以上學校校長及附屬機構首長、軍事單位少將編階以上之各級主官、本俸六級以上之法官檢察官等之申報。

2. 各級選舉委員會：受理總統、副總統及縣（市）級以上公職候選人之申報。

3. 各機關政風單位：受理上述以外人員之申報；無政風單位者，由其上級機關（構）之政風單位或其上級機關（構）指定之單位受理；無政風單位亦無上級機關（構）者，由申報人所屬機關（構）指定之單位受理。

(三) 審核查詢

各受理財產申報機關（構）應就有無申報不實或財產異常增減情事，進行個案及一定比例之查核。受理財產申報機關（構）爲查核申報財產有無不實、辦理財產信託有無未依規定或財產異常增減情事，得向有關之機關（構）、團體或個人查詢，受查詢者有據實說明之義務。監察院及法務部並得透過電腦網路，請求有關之機關（構）、團體或個人提供必要之資訊，受請求者有配合提供資訊之義務（財申11 I 、II）。受理申報機關亦得隨時查核受託人處分信託財產有無違反「受託人除委託人或其法定代理人依前項規定爲指示或爲繳納稅捐、規費、清償信託財產債務認有必要者外，不得處分信託財產」之規定（財申11IV、VI）。

(四) 查閱公告

1. 審畢公告：受理申報機關（構）於收受申報二個月內，應將申報資料審核，彙整列冊，供人查閱。總統、副總統、行政、立法、司法、考試、監察各院院長、副院長、政務人員、立法委員、直轄市長、縣（市）長等人員之申報資料，應於收受申報十日內，予以審核彙整列冊，供人查閱，並應於完成審核後三個月內，送登政府公報並上網公告。申報資料之審核及查閱辦法，由行政院會同考試院、監察院定之（財申6Ⅰ、Ⅱ，財申細16）。

2. 處罰公告：有申報義務之人或信託義務之人，受該法處罰確定者，由處分機關公布其姓名或名稱及處罰事由，於資訊網路或刊登政府公報或新聞紙（財申12Ⅵ、13Ⅳ）。

六、違反申報之處罰

(一) 對申報人

1. 故意隱匿財產：申報義務之人故意隱匿財產為不實之申報者，處新臺幣二十萬元以上四百萬元以下罰鍰（財申12Ⅰ）。

2. 不明財產增加：申報義務之人其前後年度申報之財產經比對後，增加總額逾其本人、配偶、未成年子女全年薪資所得總額一倍以上者，受理申報機關（構）應定一個月以上期間通知有申報義務之人提出說明；無正當理由未為說明、無法提出合理說明或說明不實者，處新臺幣十五萬元以上三百萬元以下罰鍰（財申12Ⅱ）。

3. 未依期限申報：申報義務之人無正當理由未依規定期限申報或故意申報不實者，處新臺幣六萬元以上一百二十萬元以下罰鍰；其故意申報不實之數額低於罰鍰最低額時，得酌量減輕（財申12Ⅲ）。

4. 仍未申報補正：申報義務之人受上述之處罰後，經受理申報機關（構）通知限期申報或補正；無正當理由仍未申報或補正者，處一年以下有期徒刑、拘役或科新臺幣十萬元以上五十萬元以下罰金（財申12Ⅳ）。

5. 未依規定信託：有信託義務之人無正當理由未依規定期限信託，或故意將規定財產未予信託者，處新臺幣六萬元以上一百二十萬元以下罰鍰；其故意未予信託之財產數額低於罰鍰最低額時，得酌量減輕。有信託義務之人受前項處罰後，經受理申報機關（構）通知限期信託或補正；無正當理由仍未信託或補正者，按次連續處新臺幣十萬元以上二百萬元以下罰鍰（財申7、13Ⅰ、Ⅱ）。

(二) 對其他人

1. 拒絕查詢者：受查詢之機關（構）、團體或個人無正當理由拒絕說明或為不實說明者，處新臺幣二萬元以上十萬元以下罰鍰；經通知限期提出說明，屆期未提出或提出仍為不實者，按次連續處新臺幣四萬元以上二十萬元以下罰鍰。受請求之機關（構）、團體或個人無正當理由拒絕配合提供或提供不實資訊者，亦同（財申11Ⅲ）。

2. 不當使用者：對於申報之資料，基於營利、徵信、募款或其他不正目的使用者，處新臺幣十萬元以上二百萬元以下罰鍰（財申12Ⅴ）。

(三) 裁罰機關

依本法所處之罰鍰，由下列機關為之（財申14）：

1. 受理機關為監察院者，由該院處理。
2. 受理機關（構）為政風單位或經指定之單位者，移由法務部處理。

(四) 財罰時效

依本法所為之罰鍰，其裁處權因五年內不行使而消滅（財申15）。

七、申報資料之保存

申報人喪失所定應申報財產之身分者，其申報之資料應保存五年，期滿應予銷毀；但經司法機關或監察機關依法通知留存者，不在此限。其期限，自申報人喪失所定應申報財產身分之翌日起算（財申16）。

八、財產申報之特點

依上所述，公職人員財產申報法之內容可歸納下列五點特色：

(一) 非所有之公務員均適用，僅重要關鍵性職務或職務性質特殊者，始予適用。

(二) 非所有財產均予申報，僅其價值重大者，始予申報。

(三) 非所有申報者均予查核，近年約每年僅抽查約百分之二十五（監察院）。

(四) 重要關鍵職務人員應向監察院申報，職務性質特殊人員則向各該機關政風單位申報。

(五) 對於違反申報規定者，採行「行政罰」，且亦得連續處罰，再違反者，則採行「刑罰」。

九、財產申報之檢討

(一) 是否違憲之爭議

按財產之隱私為憲法第15、22條所保障，非依其第23條之「除為防止妨礙他人自由、避免緊急危難、維持社會秩序或增進公共利益所必要者」，不得以法律限制之。茲以法律規定公職人員財產之申報制度，並授權行政院、考試院、監察院訂定審核及查閱辦法，亦符合「法律保留原則」之適用，其內容自應有相當之節制。因此，應不構成違憲之問題。

(二) 主管機關之商榷

本法並無明文規定主管機關，但依第6條第3項「申報資料之審核及查閱辦法，由行政院會同考試院、監察院定之。」第7條第1項「三、其他經行政院會同考試院、監察院核定應交付信託之財產。」第19條「本法施行細則，由行政院會同考試院、監察院定之。」第20條「本法施行日期，由行政院會同考試院、監察院以命令定之。」則應以行政院領銜考試、監察兩院主管；又依其實際作業，受理申報與裁罰之機關，在行政院方面爲「各級選舉委員會」、「中央政風主管機關（構）」與「法務部」，此外則屬「監察院」（財申2、4、14），所以歷來有關疑義之釋示，亦以法務部爲主。於是問題即產生：中央一級機關之監察院，向二級機關之法務部請示（中組基準2），於體制有所不合，此廉政（財產申報）事項應歸何機關主管？爭議已久。有謂：「監察院『監察委員須超出黨派以外，依據法律獨立行使職權』（憲增7），符合『聯合國反貪腐公約』第6條反貪腐機構獨立性；且得依憲法第96、97條行使其糾正、彈劾、糾舉之權，甚至於監察之意義即是防貪腐；法務部並非具有獨立機關之屬性，因此，應歸於監察院主管。」但亦有謂：「法務部執掌廉政（政風）多年，此亦依憲法接受監察院之監察；若將財產申報業務劃歸監察院主管，則既執掌業務，又接受自己監察，則有『球員兼裁判』之嫌。」雙方所言非均無理，允宜深思。

(三) 施行成效之檢視

1. 作業流程：自申報人整理資料（含配偶、未成年子女），塡表申報，以迄受理機關或單位之受理、查核、比對、裁罰、訴願……等，程序冗長繁複，各方耗時耗力，不甚經濟。

2. 裁罰現象：申報人因需依法就重大價值之財產作申報，常有資料不足或逾時申報之情，卻受以「間接故意」爲裁罰，更需補報，常因此不堪其擾，怨聲載道；更有甚者，亦阻礙人才之登進。

3. 成效審酌：公職人員財產申報，自民國82年7月施行二十多年，重大之貪瀆弊案似非來自財產申報之檢點，而係受舉發；「道高一尺、魔高一丈」、「上有政策、下有對策」，財產之申報，不能顯現眞正之財產，徒增人員之作業，有失「公共監督」之目的。果其然乎？全無其效乎？或有謂：「應擴大其親屬範圍，再提高抽查比率，使用網路申報，以求其效。」

公職人員財產之申報，爲當今世界各國對「防貪腐」所採行之普遍制度，亦明定於「聯合國反貪腐公約」中，其中心意旨在於作業技術上應採何作爲，才能主動積極發掘弊案，打擊貪瀆、嚇阻腐化，並使申報者樂於申報。

第六節　公職人員利益衝突迴避

一、制度目的

規範公職人員利益衝突迴避制度者係民國89年7月12日新制定之「公職人員利益衝突迴避法」全文二十四條，該法開宗明義揭示其目的為：促進廉能政府，端正政治風氣，建立公職人員利益衝突迴避之規範，有效遏阻貪汙腐化暨不當利益輸送（迴避1）。而後於民國103年11月26日公布修正第15條。民國107年6月13日公布修正全文二十三條，並自公布後六個月施行。

二、適用範圍

「公職人員利益衝突迴避法」所稱之公職人員，即所規範的人員，或所適用的對象，為「公職人員財產申報法」第2條第1項所定之人員。其範圍如次（迴避2）：

(一) 總統、副總統。

(二) 各級政府機關（構）、公營事業總、分支機構之首長、副首長、幕僚長、副幕僚長與該等職務之人。

(三) 政務人員。

(四) 各級公立學校、軍警院校、矯正學校校長、副校長；其設有附屬機構者，該機構之首長、副首長。

(五) 各級民意機關之民意代表。

(六) 代表政府或公股出任其出資、捐助之私法人之董事、監察人與該等職務之人。

(七) 公法人之董事、監察人、首長、執行長與該等職務之人。

(八) 政府捐助之財團法人之董事長、執行長、秘書長與該等職務之人。

(九) 法官、檢察官、戰時軍法官、行政執行官、司法事務官及檢察事務官。

(十) 各級軍事機關（構）及部隊上校編階以上之主官、副主官。

(十一) 其他各級政府機關（構）、公營事業機構、各級公立學校、軍警院校、矯正學校及附屬機構辦理工務、建築管理、城鄉計畫、政風、會計、審計、採購業務之主管人員。

(十二) 其他職務性質特殊，經行政院會同主管府、院核定適用本法之人員。

(十三) 依法代理執行上述公職人員職務之人員，於執行該職務期間亦屬本法之公職人員。

三、關係人

「公職人員利益衝突迴避法」中有「關係人」一詞，經明文規定其特定其指範圍爲（迴避3Ⅰ）：

(一) 公職人員之配偶或共同生活之家屬。

(二) 公職人員之二親等以內親屬。

(三) 公職人員或其配偶信託財產之受託人。但依法辦理強制信託時，不在此限。

(四) 公職人員、與上述(一)、(二)所列人員擔任負責人、董事、獨立董事、監察人、經理人或相類似職務之營利事業、非營利之法人及非法人團體。但屬政府或公股指派、遴聘代表或由政府聘任者，不包括之。

(五) 經公職人員進用之機要人員。

(六) 各級民意代表之助理。指各級民意代表之公費助理、其加入助理工會之助理及其他受其指揮監督之助理（迴避3Ⅱ）。

四、利益及利益衝突

所稱「利益」有兩類如下，均爲應迴避發生利益衝突者（迴避4）：

(一) 財產上之利益：1.動產、不動產。2.現金、存款、外幣、有價證券。3.債權或其他財產上之權利。4.其他具有經濟價值或得以金錢交易取得之利益。

(二) 非財產上之利益：指有利公職人員或其關係人在第2條第1項所列之機關（構）團體、學校、法人、事業機構、部隊（以下簡稱機關團體）之任用、聘任、聘用、約僱、臨時人員之進用、勞動派遣、陞遷、調動、考績及其他相類似之人事措施。

所稱「利益衝突」，指公職人員執行職務時，得因其作爲或不作爲，直接或間接使本人或其關係人獲取利益者（迴避5）。

五、迴避之類型

有關公職人員迴避之類型有三：

(一) 自行迴避：公職人員知有利益衝突者，應自行迴避（迴避6Ⅰ）。其情形，公職人員應以書面依下列規定辦理（迴避6Ⅱ）：

1. 民意代表應通知各該民意機關。

2. 前述「二、適用範圍」之(六)、(七)之公職人員，應通知指派、遴聘或聘任機關。

3. 其他公職人員，應通知其服務之機關團體。

前述之公職人員爲首長者，應通知其服務機關團體及上級機關團體；無上級機關者，通知其服務之機關團體（迴避6III）。

(二) 申請迴避：利害關係人認公職人員有應自行迴避之情事而不迴避者，得向上述「(一)自行迴避」之受通知機關團體申請迴避。前述機關團體對收受申請權限之有無，應依職權調查；其認無收受申請權限者，應即移送有收受申請權限之機關團體，並通知申請人。但利申請人不服機關團體之駁回決定者，得於五日內提請上級機關團體覆決，受理機關團體除有正當理由外，應於十日內爲適當之處置；無上級機關團體者，提請前述之機關團體覆決（迴避7）。

(三) 命令迴避：

其情有二：

1. 前述(一)、(二)受通知或受理之機關團體認該公職人員無須迴避者，應令其繼續執行職務；認該公職人員應行迴避者，應令其迴避（迴避8）。

2. 公職人員服務之機關團體、上級機關、指派、遴聘或聘任機關知公職人員有應自行迴避而未迴避情事者，應依職權令其迴避（迴避9 I）。

上述規定之令繼續執行職務或令迴避，由機關團體首長爲之；應迴避之公職人員爲首長而無上級機關者，由首長之職務代理人爲之。但法律另有規定者，從其規定（迴避9II）。

公職人員依上述三種類型規定迴避者，應依下列規定辦理：

1. 民意代表，不得參與個人利益相關議案之審議及表決。

2. 其他公職人員應停止執行該項職務，並由該職務之代理人執行。必要時，由各該機關團體指定代理執行該職務之人。

六、迴避之規範

本法之目的在於公職人員利益衝突之迴避，自應有其規範，其規定如次：

(一) 公職人員不得假借職務上之權力、機會或方法，圖謀其本人或關係人之利益（「藉勢圖利」）（迴避12）。

(二) 公職人員之關係人不得向公職人員服務或受其監督之機關團體人員，以請託關說或其他不當方法，圖其本人或公職人員之利益。所稱「請託關說」，指不循法定程序，而向前項機關團體人員提出請求，其內容涉及該機關團體業務具體事項之決定、執行或不執行，且因該事項之決定、執行或不執行致有違法或不當而影響特定權利義務之虞者（迴避13）。

(三) 公職人員或其關係人，不得與公職人員服務或受其監督之機關團體爲補助、買賣、租賃、承攬或其他具有對價之交易行爲。但有下列情形之一者，不在此限（迴避14Ⅰ、Ⅳ）：

1. 依政府採購法以公告程序或同法第105條不適用招標、決標（如戰爭、天災、重大變故、緊急危難時）辦理之採購。

2. 依法令規定經由公平競爭方式，以公告程序辦理之採購、標售、標租或招標設定用益物權。

3. 基於法定身分依法令規定申請之補助；或對公職人員之關係人依法令規定以公開公平方式辦理之補助，或禁止其補助反不利於公共利益且經補助法令主管機關核定同意之補助。

4. 交易標的為公職人員服務或受其監督之機關團體所提供，並以公定價格交易。

5. 公營事業機構執行國家建設、公共政策或為公益用途申請承租、承購、委託經營、改良利用國有非公用不動產。

6. 一定金額以下之補助及交易。此一定金額，由行政院會同監察院定之。

公職人員或其關係人與公職人員服務之機關團體或受其監督之機關團體為上述但書1.至3.補助或交易行為前，應主動於申請或投標文件內據實表明其身分關係；於補助或交易行為成立後，該機關團體應連同其身分關係主動公開之；但屬前項但書第3款基於法定身分依法令規定申請之補助者，不在此限。所稱公開，應利用電信網路或其他方式供公眾線上查詢（迴避14Ⅱ、Ⅲ）。

七、資料查詢之權義

監察院、法務部及公職人員之服務或上級機關（構）之政風機構，為調查公職人員及其關係人違反本法情事，得向有關之機關（構）、法人、團體或個人查詢，受查詢者有據實說明或提供必要資料之義務（迴避15）。

八、行政罰鍰

公職利益衝突迴避法對違反規定者之處罰有下列情形：

(一) 違反第6條第1項「應自行迴避之情事」規定者，處新臺幣十萬元以上二百萬元以下罰鍰（迴避16Ⅰ）。

(二) 經依第8條或第9條令其迴避而不迴避者，處新臺幣十五萬元以上三百萬元以下罰鍰，並得按次處罰（迴避16Ⅱ）。

(三) 違反第12條「藉勢圖利」或第13條第1項「請託關說」規定者，處新臺幣三十萬元以上六百萬元以下罰鍰（迴避17）。

(四) 違反第14條第1項「不得與公職人員服務或受其監督之機關團體為補

助、買賣、租賃、承攬或其他具有對價之行爲」規定者，依下列規定處罰（迴避18Ⅰ）：

1. 交易或補助金額未達新臺幣十萬元者，處新臺幣一萬元以上五萬元以下罰鍰。

2. 交易或補助金額新臺幣十萬元以上未達一百萬元者，處新臺幣六萬元以上五十萬元以下罰鍰。

3. 交易或補助金額新臺幣一百萬元以上未達一千萬元者，處新臺幣六十萬元以上五百萬元以下罰鍰。

4. 交易或補助金額新臺幣一千萬元以上者，處新臺幣六百萬元以上該交易金額以下罰鍰。

上述交易金額依契約所明定或可得確定之價格定之。但結算後之金額高於該價格者，依結算金額。

(五) 違反第14條第2項之採購或補助規定者，處新臺幣五萬元以上五十萬元以下罰鍰，並得按次處罰（迴避18Ⅱ）。

(六) 違反第15條資料查詢義務規定，受查詢而無正當理由拒絕或爲不實之說明、提供者，處新臺幣二萬元以上二十萬元以下罰鍰；經限期通知配合，屆期仍拒絕或爲不實之說明、提供者，得按次處罰（迴避19）。

九、裁罰機關

上述之罰鍰，由下列機關處罰之。依法代理執行公職人員職務之人員，亦同（迴避20Ⅰ）：

(一) 監察院：

1. 該法第2條第1項第1款之總統、副總統，第3款政務人員，第5款至第8款之各級民意機關之民意代表，各級民意機關之民意代表、公法人之董事、監察人、首長、執行長與該等職務之人、政府捐助之財團法人之董事長、執行長、秘書長與該等職務之人。

2. 該法第2條第1項第2款之行政、立法、司法、考試、監察各院院長、副院長、職務列簡任第十二職等或相當簡任第十二職等以上之首長、副首長、幕僚長、副幕僚長及依公職人員選舉罷免法選舉產生之鄉（鎮、市）級以上各級政府機關首長。

3. 該法第2條第1項第4款專科以上學校校長及附屬機構首長。

4. 該法第2條第1項第9款本俸六級以上之法官、檢察官。

5. 該法第2條第1項第10款少將編階以上之人員。

6. 上述1.至5.之公職人員之關係人。

(二) 法務部：上述以外之公職人員及其關係人。

該法第19條所定之罰鍰，受監察院查詢者，由監察院處罰之；受法務部或政風機構查詢者，由法務部處罰之（迴避20II）。

依該法裁處罰鍰確定者，由處分機關刊登政府公報，並公開於電腦網路（迴避21）。

第七節 公務人員行政中立

一、立法緣由

「行政中立」關係「政治」，而「政治」之基礎在於政治體系或制度之健全，俾作為「政黨競爭」基礎之遊戲規則。

晚近我國政治體系或制度改革之重要時點，幾乎均落在民國60年代重大情事之後，如：民國60年10月25日退出聯合國、61年9月29日臺日斷交、68年1月1日臺美斷交、68年12月10日美麗島事件。當時擴大「政治參與」、「行政參與」，舉辦「國建會」等蔚為風氣，也促進政治進步、社會安定與經濟繁榮。而後各項革新法案措施亦陸續開展，如審檢分隸之實行、「國家賠償法」、「公職人員選舉罷免法」、「省縣自治法」、「直轄市自治法」等之制定施行，以迄於解嚴、修憲、總統直選。

此後人民對「政治參與」或「行政參與」之機會增多，權利意識亦漸漸提高，尤其是對於「選舉」之參與更為熱絡。公務人員也無形中介入「選舉活動」，支持其心儀之候選人。但於選舉期間，有以「行政」圖利某方候選人之虞，於選後有遭調職清算者，致使公務人員於憲法第17條之「參政權」與第18條之「服公職權」受到影響，也使得政府機關之「行政」受到影響，輿論譁然。為維護政府機關行政之中立、超然與穩定，以促進公共利益，保障公務人員憲法上參政之權利與服公職之權利，自有依憲法第23條，以法律規範公務人員行使上述兩權利之必要，使之得依其自由意識、有效行使，而免於遭受不利處分之恐懼疑慮。同時，亦約制公務人員之政治意識，維護文官體系之意義與價值，於日常行政行為上，要隱藏自己的政治意識，依法行政，執法公正，不偏袒政治競爭之任一方，以建立人民對政府機關中立之信賴。

又當今世界各國之人民，依其憲法或法律之規定，均有參與政治活動之自由與權利；公務人員基本上就是人民，自然享有參與政治活動之自由與權利。但考量公務人員因其職務，掌握公權力（或政治權力）、行政資源及機會，爲免其不當之行使與利用，偏頗圖利某方政治團體或個人，造成政治上競爭之不對等、不公平，各國亦均以立法方式，來合理規範或限制公務人員之政治行爲或參與政治活動，以確保政府公權力之公正運行、行政資源之不被濫用。其法律有單獨立法者，如美國之「赫奇法案」（The Hatch Political Activities of August 2, 1937），其他如英國、德國、日本等國，其規範則散見於憲法或「公務員法」或「文官法」中，或其他有關政治或選舉法律中。

或有謂：「我國公務人員參與政治活動，應受『公務員服務法』之規範。」本應如此，但細觀服務法之內容，制定於民國28年，於茲時遷境移，差距太大，早有另擬「公務人員基準法」以取代之議。對於公務人員政治活動之規範，其條文間之運用，又似有相互矛盾（服務1、2、3、6、7、17、19、20）之虞，自不宜間接推理適用，而應有直接明確具體之規範。再者，服務法之條文規範籠統抽象，政治競爭事項小關鍵、大影響，瞬息萬變，亦應有更明確之項目內容，作更細膩之規範。因此，我國採行單獨立法之道，應爲適當。

二、立法經過

「公務人員行政中立法」之研議，約自民國80年左右，銓敘部經計畫蒐集英國、美國、法國、德國、日本等有關文官中立之規定或作法，研擬「先進民主國家文官中立之研究」一文，提民國81年11月人事制度研究改進委員會請專家學者指教。民國82年4月，考試院院長邱創煥於就任記者會上宣布：「建立行政中立法制爲其施政之首要」。嗣當年10月全國人事主管會報，銓敘部研提「如何建立行政中立法制案」作爲中心議題。民國83年3月31日考試院審查「公務員基準法」草案第36條條文，通過行政中立之原則爲：(一)公務員執行職務應超出黨派，爲全民服務；(二)不得利用職權，推展政治團體之活動或募款政治捐助；(三)除政務官外，不得於上班時間從事政治團體之活動；(四)有關行政中立事項，另以法律定之。確立行政中立單獨立法之政策。銓敘部隨即研擬法案初稿，於同年7月26日，函送中央暨地方各主管機關表示意見；10月舉行三次學術座談會及一次人事制度研究改進委員會，凝聚共識；11月10日正式向考試院提出草案，經考試院審查通過後，於民國83年12月30日函送立法院審議。當時究爲「行政中立」抑或「政治中立」，於立法審議期間爭議仍多。民國85年10月立法院法制委員會初審更改名稱爲「政治中立法」，12月考試院再提「修正版」，卻遭退回。銓敘部仍繼續研擬草案，經於民國92年9月19日、94年10月13日、97年12月30日考試院再三次函送立法院，終獲三讀通過，總統於民國98年6月10日公布全文二十條，11月13日考試院發布施行細則十一條，付諸施行。自此公務人員始有行政中立之基礎性、專門性之法律規範，保障政府機關與公務人員不受政治干擾的穩定形象、中立立場與超然地位。民國103年11月26日公布修正第5、9、17條。

三、法律內容

(一) 立法目的：為確保公務人員依法行政、執行公正、政治中立，並適度規範公務人員參與政治活動。但如其他法律對公務人員之政治活動有更嚴格之規定者，則適用該嚴格之法律（中立1）。此嚴格之法律，例如：憲法第80條之「法官需超出黨派，依據法律獨立審判，不受任何干涉」，嗣「法官法」第15條規定：「法官於任職期間，不得參加政黨、政治團體及其活動，任職前已參加政黨、政治團體者，應即退出之。」（第1項）、「法官參加各項公職人員選舉，應於各該公職人員任期屆滿前一年以前，或參與重行選舉、補選及總統解散立法院後辦理之立法委員選舉，應於辦理登記前，辭去其職務或依法退休或資遣。」（第2項）、「法官違反前項規定者，不得登記為公職人員選舉之候選人。」（第3項）。檢察官亦準用之（法官89Ⅰ）。

(二) 適用對象：為公務人員，即法定機關依法任用、派用之有給專任人員及公立學校依法任用之職員（中立2）。

(三) 準用對象（中立18）：

1. 政務人員：依憲法或法律規定，須超出黨派以外，依法獨立行使職權之政務人員有：

(1) 憲法所規定之法官、考試委員、監察委員（憲80、86，憲增7）。

(2) 各組織法律所特別規定之人員：中央選舉委員會委員（中選會組5）、公平交易委員會委員（公交會組8）、國家通訊傳播委員會委員（國傳會組8）、公務人員保障暨培訓委員會委員（保訓會組6）。

2. 其他人員（中立17，中立細9）：

(1) 公立學校校長及公立學校兼任行政職務之教師。

(2) 「教育人員任用條例」公布施行前，已進用未納入銓敘之公立學校職員，及私立學校改制為公立學校未具任用資格之留用職員。

(3) 公立社會教育機構專業人員及公立學術研究機構兼任行政職務之研究人員。

(4) 各級行政機關具軍職身分之人員及各級教育行政主管機關軍訓單位或各級學校之軍訓教官。

(5) 各機關及公立學校依法聘用、僱用人員。

(6) 公營事業機構對經營政策負有主要決策責任之人員（指董事長、總經理、代表公股之董事、監察人及其他對經營政策負有主要決策責任等人員）。

(7) 經正式任用為公務人員前，實施學習或訓練人員。

(8) 行政法人有給專任人員（指有給專任之董事長、理事長、首長、董事、理事、監事、繼續任用人員及契約進用人員）。

(9) 代表政府或公股出任私法人之董事及監察人。

此間宜特別敘明，依「審計法」第10條規定：「審計人員依法獨立行使其審計權，不受干涉。」其所謂之審計人員包括審計長（政務人員）、政務副審計長、常務副審計長及一般公務人員身分之審計人員。

(四) 規範事項：

1. 行政作為：各機關或公務人員於日常行政中應保持中立之作為。

(1) 依法行政：公務人員應嚴守行政中立，依據法令執行職務，忠實推行政府政策，服務人民（中立3）。

(2) 執法公正：公務人員應依法公正執行職務，不得對任何團體或個人予以差別待遇（中立4）。

(3) 平等對待：公務人員於職務上掌管之行政資源（指行政上可支配運用之公物、公款、場所、房舍及人力等），受理或不受理政黨、其他政治團體或公職候選人依法申請之事項，其裁量應秉持公正、公平之立場處理，不得有差別待遇（中立12）。

(4) 長官分際：公務人員之長官，不得要求公務人員從事行政中立法禁止之行為（中立14）。此為「公務人員保障法」第16條：「公務人員之長官或主管對於公務人員不得作違法之工作指派，亦不得以強暴脅迫或其他不正當方法，使公務人員為非法之行為。」之更具體化之一事項。

(5) 謝絕拜票：各機關首長或主管人員，於選舉委員會發布選舉公告日起至投票日止之選舉期間，應禁止政黨、公職候選人或其支持者至該機關造訪活動；並應於辦公、活動場所之各出入口明顯處所張貼禁止競選活動之告示，以維機關中立（中立13）。

2. 政治行為：綜括所有被認為有政治意識傾向之活動。

(1) 僅得參加政黨：公務人員本即是人民，自有憲法第14條即參與結社之權利，因此亦得加入政黨或其他政治團體。惟因身分關係，而應受到某些限制，以保持其服公職之權利，是以不得兼任政黨或其他政治團體之職務，更不得利用職務上之權力、機會或方法介入黨派紛爭，尤其是不得兼任公職候選人競選辦事處之職務

（中立5）。而法官（檢察官）更不得參加政黨（法官15Ⅰ、89）。

(2) 不得引介入黨：公務人員不得利用職務上之權力、機會或方法，使他人加入或不加入政黨或其他政治團體；亦不得要求他人參加或不參加某政黨（中立6）。

(3) 禁止政黨活動：指政黨或其他政治團體所召集之活動，包括於政府機關內部成立或運作政黨之黨團及從事各種黨務活動（中立細4）。公務人員既得加入政黨，原得參加政黨活動，否則無其意義，但從事政黨活動，如有妨害、牴觸「服公職」、「為民服務」之意涵，自應有所限縮、規避或禁止，以免有「假公濟私」之嫌。其不得參加政黨活動或行為，經法律規定如下：

①兼任政黨職務之禁止：公務人員係為國為民服務奉獻，而非為一黨服務，兼任黨職，有違「公務員服務法」第1、14條之意旨，自為不許（中立5Ⅰ）。

②介入黨派紛爭之禁止：民主政治，有政黨競爭，自有黨派紛爭，此亦為黨派活動之一；禁止之，以免假借權力、機會圖利或加害其他黨派（中立5Ⅱ，服務6）。

③值勤期間活動之禁止：公務人員不得於上班或勤務時間，從事政黨或其他政治團體之活動；但依其業務性質，執行職務之必要行為，不在此限（中立7）。

④利用職權捐募之禁止：公務人員不得利用職務上之權力、機會或方法，為政黨、其他政治團體要求、期約或收受金錢、物品或其他利益之捐助；亦不得阻止或妨礙他人為特定政黨、其他政治團體依法募款之活動（中立8）。

⑤公私行為事項之禁止：公務人員不得為支持或反對特定之政黨、其他政治團體，從事下列政治活動或行為（中立9）：

A. 動用行政資源（指行政上可支配運用之公物、公款、場所、房舍及人力等）編印製、散發、張貼文書、圖畫、其他宣傳品或辦理。

B. 在辦公場所懸掛、張貼、穿戴或標示特定政黨、其他政治團體或公職候選人之旗幟、徽章或服飾。

C. 主持集會、發起遊行或領導連署活動。

D. 在大眾傳播媒體具銜或具名廣告，但為公職候選人之配偶及二親等以內血親、姻親只具名不具銜者，不在此限。

E. 對職務相關人員或其職務對象表達指示。

F. 公開為公職候選人站台、遊行或拜票，但為公職候選人之配偶及二親等以內血親、姻親，不在此限。

(4) 限制選舉活動：

①事項範圍：政黨或其他政治團體有關選舉活動之範圍界定為（中立細3）：

A.「總統副總統選舉罷免法」及「公職人員選舉罷免法」規定之選舉、罷免活動。

B.推薦公職候選人所舉辦之活動。

C.政黨或政治團體內部各項職務之選舉活動。

②對候選人：行政中立法上之候選人係指依上述A.之兩法律登記爲候選人之人員。公務人員對候選人之禁止事項有：

A.利用職權捐募之禁止：公務人員不得利用職務上之權力、機會或方法，爲政黨、其他政治團體或擬參選人要求、期約或收受金錢、物品或其他利益之捐助；亦不得阻止或妨礙他人爲特定政黨、其他政治團體或擬參選人依法募款之活動（中立8）。

B.擔任競選職務之禁止：公務人員不得兼任公職候選人競選辦事處之職務（中立5）。

C.公私行爲事項之禁止：公務人員不得爲支持或反對特定之政黨、其他政治團體或公職候選人，從事下列政治活動或行爲（中立9）：

a. 動用行政資源（指行政上可支配運用之公物、公款、場所、房舍及人力等）編印製、散發、張貼文書、圖畫、其他宣傳品或辦理相關活動。

b. 在辦公場所懸掛、張貼、穿戴或標示特定政黨、其他政治團體公職候選人之旗幟、徽章或服飾。

c. 主持集會、發起遊行或領導連署活動。

d. 在大眾傳播媒體具銜或具名廣告，但公職候選人之配偶及二親等以內血親、姻親，不在此限。

e. 對職務相關人員或其職務對象表達指示。

f. 公開爲公職候選人站台、助講、遊行或拜票，但公職候選人之配偶及二親等以內血親、姻親，不在此限。

③對投票人：公務人員對於公職人員之選舉、罷免，不得利用職務上之權力、機會或方法，要求他人不行使投票權或爲一定之行使（中立10）。

(5) 保障參選：公務人員登記爲公職候選人者，自候選人名單公告之日起至投票日止，應依規定請事假或休假（中立11），亦即暫停其職務之執行。法官（檢察官）更應於前一年辭離職務（法官15II、89）。其依規定請假，服務機關長官不得拒絕（中立11），以保障其憲法上參選之權利（憲17）。

(6) 公投活動：公務人員對於依「公民投票法」所辦之公民投票，不得利用職務上之權力、機會或方法，要求他人不行使投票權或爲一定之行使（包括提案、不提案、連署、不連署）（中立10，中立細7）。

(五) 保障中立：

1. 對上級長官提出報告：長官不得要求公務人員從事行政中立法禁止之行爲。長官如有違反，公務人員得檢具相關事證，向該長官之上級長官提出報告，並由上級長官依法處理；該上級長官未依法處理者，以失職論。公務人員並得因之向監察院檢舉（中立14，保障16），監察院甚且得提出彈劾，依「公務人員懲戒法」移送懲戒（公懲2）。

2. 對不利處分提出救濟：公務人員依法享有之權益，不得因拒絕從事行政中立法禁止之行爲，而遭受不公平對待或不利處分。如有此情形時，得依「公務人員保障法」及其他有關法令之規定，請求救濟（中立15）。

(六) 對違反中立之處罰：公務人員違反行政中立法所規定之事項者，應按情節輕重，依「公務員懲戒法」、「公務人員考績法」或其他相關法規予以懲戒或懲處；其涉及其他法律責任者，依有關法律處理之（中立16）。

(七) 中立訓練：爲確保公務人員嚴守行政中立，貫徹依法行政、執法公正，不介入黨派紛爭，依民國91年1月制定公布之「公務人員訓練進修法」第5條規定：「由公務人員保障暨培訓委員會辦理行政中立訓練及有關訓練」。各機關學校辦理公務人員各項訓練時，亦得列入行政中立相關課程，加強宣導講習。行政中立訓練辦法由考試院訂之（訓練進修5，中立細10）。嗣於同年6月12日考試院發布「公務人員行政中立訓練進修辦法」，顯見考試院對公務人員「行政中立」之推行，遠較行政中立法之公布施行爲早，亦可見行政中立爲文官體系中「倫理」價值之重要觀念，應爲文官制度建制內涵之一。

(八) 中立釋疑：爲順利推動公務人員行政中立，解決適用行政中立法及其施行細則之疑義，主管機關銓敘部必要時得邀請學者專家或相關機關組成諮詢小組，提供諮詢意見（中立細10）。

四、施行檢討

行政中立法於民國98年6月10日總統公布，11月13日考試院發布施行細則，付之施行。經歷當年年底之地方縣市長、縣議員選舉，民國99年、103年直轄市長、市議員選舉，民國101年、105年之總統、副總統、立法委員大選，以迄於民國107年11月之地方「九合一」選舉，雖有以「行政中立」爲話題之攻防宣傳戰，但行政中立法之施行，尚無大礙，亦有成效。不過雖無大礙，但對行政中立法之內容，亦非絕無檢討商榷之處，蓋到底應名之爲「行政中立」或「政治中立」早就存有爭議，立法亦只不過爲一種妥協。而「道高一尺，魔高一丈」，政黨競爭遊戲規則之實質核心議題，卻仍然如故，未有變更。然就內容觀之，值得商榷之重要者，曾有三大事項：

(一) 機關（構）之中立

公務人員依法行政中立，則由一群公務人員組成之機關或政府，應即能行政中立，此「理論」推演應爲適當。惟「經驗」並非如此，政府、機關內部尚有非依任用法律任用之人員（中立2），如：聘用人員、僱用人員，雖爲準用對象，但屬於「勞工」之技工、工友，並非適用或準用之人員，是否亦應中立，仍有審思之餘地。然法律或其施行細則並無規範，僅原施行細則第9條規定：「本法第十七條所稱公營事業人員，不包括公營事業機構之純勞工」（此文已刪除），如該勞工未能於該機關或機構內維護該機關（構）之中立，則行政中立之立法規範恐將功虧一簣。

(二) 親屬之助選

公務人員之配偶或一親等直系血親爲公職候選人時，公務人員得否以眷屬身分站台、助講、遊街、拜票，此似乎爲行政中立法立法過程中，未曾被討論之冷僻題，亦無明文之規範。但卻在民國98年的地方選舉中，出現公務人員之夫爲公職候選人，可否爲夫站台、助講、遊街、拜票之疑義。此就爲「法律漏洞」或「立法（政策、技術）疏失」？不無探討之空間。所幸原施行細則第6條有明文排除此情「不包括」在內，尚符「情理」，未成實務之爭議。然以施行細則（行政命令）所爲之「情理」推論，來限縮法律本文文義規範之範圍，邏輯上甚難順通，未若採「重要性理論」，以「實定法」之立法方式，明確規定於本法中較妥。因此，民國103年11月修正行政中立法時，於第9條第1項第4、6款增列「但公職候選人之配偶或二親等直系血親爲公職候選人者，不在此限」。

(三) 學者之表見

依憲法第11條規定：「人民有言論、講學、著作及出版之自由。」此爲「表現意見之自由」，一般人民如是。但對以研究爲職業（憲法第15條之工作權）之學者，尤其是「公立學術研究機構之研究人員」適用否？經查考試院民國97年原提案版本僅對「公立學術研究機構兼任行政職務之研究人員」作準用行政中立之規定。然於立法院審議時卻將其中之「兼任行政職務」六字刪除，以至於所有研究人員均一律準用。蓋其兼任行政職務者，形如公務人員（司法院釋字第308號參照）之握有若干行政權能與資源準用者，尚非無理。但對於無兼行政職務之純教學、研究人員，則於其研究之表見——支持、認同或反對某黨或某候選人之政見，亦列爲準用，是否侵犯其工作權，或表現其意見之自由？亦非無進一步深酌之處。此已有學者、研究人員於報章媒體披露，當局自應正視，予以研酌修正、妥善處理之必要。遂於民國103年11月修正行政中立法第17條第3款時限定爲「公立社會教育機構專業人員及公立學術研究機構兼任行政職務之研究人員」，以杜爭議。

第八節　當前公務員服務制度之基本問題

一、公務人員在法律上之基本地位

本章開始時曾述及有關公務人員服務之若干基本事項，諸如：公務人員之身分、地位、權利、義務、責任、立場等，迄今我國尚無一法律予以統一規定。但已經在研議中之**公務人員基準法**草案，則與諸此事項密切有關；另外，**政務人員法**草案與此亦有部分關係。

依立法院議事制度規定，立法院每一屆任期收到之法案，如於該屆任期內未經作成決議者，任期屆滿後，次一屆任期即不再處理該法案。此種制度美國國會行之已久，美俗稱之爲「埋葬」（bury）法案；我國現則俗稱之爲「屆期不再審」之法案（立法院職權行使法13）。上述二種法律草案送立法院均不僅一次，而歷次均未能審議通過，致屢遭「埋葬」之命運。現考試院仍於每屆立法院任期之始，繼續檢討研擬，再送請審議。

上述二種法律草案由於均未完成法律程序，故本書未便論述介紹，於此僅擬簡要略述其進行經過與主要意旨。

(一)「公務人員基準法」草案：早在民國54年5月，時任銓敘部部長石覺先生，於任職初期即擬就「公務人員法」草案一種，經考試院院會通過後，送請立法院審議。該草案所涉範圍，包括行政、教育、公營事業等三類人員；並對公務員之考選、任用、俸給，考績、陞遷、退休、撫卹等人事管理各項，均作原則性規定。草案送立法院後，在法制委員會遭遇障礙而擱置，而後考試院主動撤回。

約二十年後之民國74年、75年間，銓敘部重拾舊議，再度研擬「公務人員基準法」草案。幾經商酌，始於民國79年初次呈報考試院，在考試院又牽延五年九個月之久，於民國84年12月7日始經院會通過，並函送行政院會商，於民國89年4月24日、91年10月30日、95年6月16日、100年5月18日四度函送立法院審議，民國101年3月27日，再由兩院會銜第五次送立法院審議，但仍無法完成立法。

其間，民國75年9月，行政院研究發展考核委員會委請臺灣大學政治系教授吳庚主持，進行「公務員基準法」專案研究，於民國79年4月提出「公務員基準法」草案，凡十三章二百八十條。當然，銓敘部研擬版本也參考該版內容。

銓敘部重拾舊議之原因，主要爲：

1. 日、韓、德、法、奧等國有統一公務人員基準法典。

2. 民國73年5月18日司法院公布釋字第187號解釋，認爲公務人員本有憲法第16條之訴願、訴訟權，打破原來嚴格「特別權力關係」封閉體系，首開一扇小門縫，繼而各號解釋，逐漸擴張此一門縫。甚且釋字第395號、第396號揭櫫「公法上職務關係」，公務人員之權利義務有必要重新整理建構。

3. 「公務員服務法」自民國28年公布施行迄今，倫理性高，太過於抽象，且僅規定義務而無權利之規定。因此，必須在憲法與各公務人員單項法律之間，統攝一權利義務之基準規定，有如「勞動基準法」。

按公務人員與國家間之「特別權力」關係，自第二次世界大戰後，已逐漸爲各國所揚棄，而認爲公務人員事項亦應：1.有「法律保留」原則之適用，不得以命令取代法律。2.因公務人員身分所產生之權利爭執，應可循公法爭訟途徑，以謀救濟。因此對於原「特別權力關係」之內涵特徵：1.當事人地位不對等。2.義務不確定。3.有特別管制規則。4.有懲戒罰。5.不得爭訟，則修正爲「公法上職務關係」（釋395理由書、釋396）。其內涵特徵爲：

1. 有當事人之對立及相互間權利義務的存在，不再以單方「權力」爲特色。

2. 義務之履行及權利之享有，非絕對而是相對之對價關係，但加諸公務人員之義務不僅應有法律的依據，亦且必須明確（修正傳統之義務不確定）。

3. 爲維持公務有效運作，仍得存有「特別規則」，但必須符合兩要件：(1)目的的合理。(2)涉及公務員基本權利事項，仍受「法律保留」原則的支配。亦即不應以行政規章代替國家立法機關所制定之法律。

4. 公務人員權益受侵害時，並非不得爭訟，尤其當公務人員憲法上所保障之權利受到不法侵害，得依法定程序尋求訴訟救濟，絕不因公務人員身分而受影響。

此理論之建基，吳庚版「公務員基準法」草案與銓敘部版「公務人員基準法」草案，完全一致，並無不同。惟吳庚版多達十三章二百八十條，而銓敘部（民國101年版）卻只有五章七十一條，差距頗多，應屬「立法密度」酌量事宜。

(二)「政務人員法」草案：爲釐清政務常務之分際，務使政務人員之範圍、任免、行爲規範及俸給等事項，有一完整之法律規範，銓敘部經長久研究研究規劃後前曾研擬「政務人員法草案」及「政務人員俸給條例草案」。其中政務人員法草案前經考試、行政兩院分於民國87年9月21日、89年1月12日、94年7月28日、98年4月3日及101年6月25日五次會銜函請立法院審議。至於政務人員俸給條例草案，則經考試、行政兩院於民國89年10月20日、94年7月28日、98年4月3日及101年6月25日四次會銜函請立法院審議。惟上開政務二法草案因均未能於立法院第八屆委員任期屆滿前完成三讀程序，依立法院職權行使法第13條法案屆期不續審之規定，退回考試院，銓敘部爰予重行研擬。銓敘部仍與有關機關繼續研擬，為求立法之經濟將原兩法草案合併為一法，於民國107年12月25日部法一字第1074680510號函報考試院審議。全文分為五章，計二十八條，惟考試院仍認為應分兩法較妥。

該草案第3條條文規定政務人員區分為三級。按我國政務官在現行法律規章中至今均尚無等級之區分，但早已先後出現六個或五個等級之事實。而最早發現此一現象並予以整理後系統化提出者，乃為本書原作者在民國86年6月出版之本書初版第三章第四節第二目，將政務官區分為六級，經該草案採納制成法條，並於民國94年7月26日由考試、行政兩院會銜函送立法院審議。原著者當然樂觀其成，俾有助於實務處理，本書本修正第三版仍保存有該目，請參閱。惟民國98年4月3日兩院會銜函送立法院之版本，改為「特任」及「政務」三級，合計為四級，民國101年版承襲之。但民國107年12月報考試院之「政務人員法草案」第3條，則將政務人員區分為「特任」（院長、副院長、部長、政務委員、考試委員、監察委員）及「政務」一級與二級，合計三級。

二、公務員服務倫理規範之探討

所稱公務員服務規範，大致相當於我國往昔所稱之官箴及現今所稱之部分官規，概指公務員執勤行為應符合人民所期待之正軌要求，亦即要求其行為必須「合法」、「合理」，且更應有「合情」之正當性。

我國目前規範公務員行為的法律，就一般行為規範而言，主要有「刑法」、「貪汙治罪條例」、「公務員懲戒法」、「公務員服務法」、「行政程序法」、「公職人員財產申報法」、「公職人員利益衝突迴避法」等多種。上述最後三法律都屬於俗稱之為「陽光法律」，而前四法則為較傳統的法律。「刑法」規定犯罪行為之構成要件與處刑之標準；「貪汙治罪條例」係刑法瀆職罪之特別法；「公務員懲戒法」對於違法與廢弛職務或其他失職行為，以及嚴重損害政府信譽之行為等兩類行為，即通稱為「違失損譽」行為之構成要件，其懲戒處分種類，均有具體明確規定。雖該兩法於「公務員服務法」所規定事項之針對性甚強，但「公務員服務法」，除僅有後增之第22條之1對違反該法第14條之1（「旋轉門條款」）定有處刑及罰金之具體規定，以及原第22條有：「違反本法者，應按情節輕重，分別予以懲處。」此種籠統而不易執行之條文外，通篇無施處權責規定及程序與標準之設定，亦無有關權利義務的規定。是曾有謂該法之抽象性、倫理性或宣示性太強，難謂符合立法技術之基本要求，更不易實現其所期望之法治原則。

按我國規範公務員行為之「刑法」、「公務員懲戒法」或「公務員服務法」，係屬流行特別權力關係學說時期之產物，公務員無「法律保留」原則之適用，且必須服不定量勤務，此與現代觀念對公務員應有之基本權利保護原則不符，在民國70年代初期面臨了法學界的檢討。民國73年司法院釋字第187號解釋，開啓我國公務員得有行政爭訟權之道路後，舉凡有關適用特別權力關係學說之各種法制遂迭經司法院大法官解釋而予以緩和。當時有謂「公務員服務法」因其既無對違反者施處的規定，又無制裁的機制，更無權利與義務對待的規定，不符法律應有之基本條件，故其僅爲一種倫理規範而非行爲規範，因而始另行研擬「公務人員基準法」以規定公務人員基本權利義務。直至民國85年修正「公務員服務法」時，始修正第13條，並增訂第14條之1（旋轉門條款）、第22條之1等條文，並增列對違反者之罰則，「公務人員服務法」始有法律制裁效果的規定。與此同屬陽光法案之民國82年制定公布之「公職人員財產申報法」，及民國89年制定公布之「公職人員利益衝突迴避法」，均基於上述同一認識而均有罰則的規定。顯然，在民國80年代，對違法服務行爲應予制裁之觀念，已至爲明確而成爲共識，符合實現法治所應具條件的要求。

民國95年間，政府機關人員連連爆發弊案，成爲全國關注焦點。輿論對公務員的行爲，不只要求其合法，更要求其應有的「高道德標準」；但所謂「高道德標準」，實質也只是要求公務員切實奉公守法，潔身自愛，爲民表率，並非有何格外要求。再細察眾多弊案的性質，概言之，莫非貪、賭、賄、緋四字，以致行政績效低落，爲眾所詬病。若公務員人人皆能注意服務倫理，恪遵「公務員服務法」各條文之規範以自律，政風當不致如此敗壞。

民國97年5月第二次政黨輪替，6月行政院發布「公務員廉政倫理規範」；8月爆發頂層涉貪案，舉世譁然；11月4日行政院發布「公務人員核心價值——廉正、專業、效能、關懷」，以澄清吏治；9月第十一屆考試院考試委員就任。民國98年6月18日考試院第三十九次院會通過「考試院文官制度興革規劃方案」六案，依其第一案「建基公務倫理，型塑優質文化」，於11月3日發布「文官核心價值——廉正、忠誠、專業、效能、關懷」，民國99年3月17日發布「公務人員服務守則」十條，以奠基公務倫理，並期公務人員發揮服務功效。然而民國101年6月、8月爆發高層林○○、黃○○索賄案，同時期，多位縣長亦各涉弊案，震驚社會。尤其是民國103年6月3日爆發桃園縣副縣長葉○○涉「合宜住宅」索賄案，葉○○曾任某部所屬機關首長，曾以該住宅之興建，被選爲模範人員；6月5日，考試院院長關中於院會中痛陳：「『操守品性不佳』還能獲選模範公務人員是莫大的諷刺，模範公務人員的選拔制度，是否浮濫、流於形式，或過於鄉愿，應予檢討」、「模範公務人員選拔首重品德修養，本院98年提出的『文官制度興革規劃方案』第一案更是建立文官的核心價值，其中『廉正』更是首要標準。因爲我們深信人民的信賴是政府最重要的資產，而貪腐是侵蝕這個信賴最強烈的腐蝕劑。當政府因貪腐而失去人民信賴時，再好的政策也難推動」、「模範公務人員選拔的目的是鼓勵現職人員，葉○○在申請退休時，還要爭取這個榮譽，不但有自己提名自己的私心，簡直就是沽名釣譽、不知廉恥」。亦可知公務倫理之重要，仍有待加強。

至於宣誓之舉，雖然源自宗教，但西方政界自來即採行，以期政府人員公開宣示其從政之基本信念，將之運用在宣示與承諾其公務行爲信守法規與倫理規範上，自有其價值。我國法規規定，除政務官、民選公職人員、各級學校校長、相當於簡任第十職等事業人員，於就職時均需宣誓外，其他所有公務人員於就任之初，也需塡簽「公務人員服務誓言」（任用細3、29，服務1）。由於「宣誓條例」所規定之「誓詞」與「公務人員任用法施行細則」授權銓敘部訂定之「公務人員服務誓言」，內容主要均爲遵守憲法、遵守法律、盡忠職守、不循私舞弊等詞句，以致有人認爲僅屬消極性之宣示，而缺乏積極性與建設性精神，但仍不失爲最基本之倫理性宣示，有其價值與必要。故宣誓之舉具有相當程度之公務倫理規範功能。

第一節　有關訓練進修保障之主要法規與名詞

本書之將訓練、進修與保障三事合併一章討論，係基於考試院設有公務人員保障暨培訓委員會，將此三事一併委由該會辦理。為討論便利起見，故從其處理。

一、主要法規

最主要之法規如下：

(一)「公務人員保障暨培訓委員會組織法」：此為有關公務人員訓練進修暨保障業務法律之一，於民國85年1月26日公布全文十六條。嗣於民國91年1月30日增訂第3條之1，修正第2、10、16條等三條條文。民國98年11月18日修正公布全文十條。對於作為公務人員訓練進修暨保障管理機關之該會組織，有具體規定（以下簡稱保訓會）。

(二)「公務人員訓練進修法」及其施行細則：此為我國有史來第一部有關訓練之法律，於民國91年1月30日公布二十一條施行。在此之前，考試院曾於民國79年8月17日函送「公務人員進修法」草案請立法院審議，後經撤回。民國102年12月11日第一次小幅修正。

(三)「公務人員訓練進修協調會報設置及實施要點」：民國以來，政府中央及地方各機關學校以行政命令辦理之訓練眾多，來臺後情況並未變更。現為加強共同規劃、協調，與執行成效起見，經依「公務人員訓練進修法」第3條之規定，於民國92年5月13日由保訓會與行政院人事行政局共同發布施行該要點，民國95年9月15日、100年2月9日及101年5月7日修正。

(四)「國家文官學院組織法」：該組織法原係民國87年11月11日公布之「國家文官培訓所組織條例」全文十二條。民國98年11月18日修正為「國家文官學院組織法」全文，於民國99年3月26日施行。又國家文官學院中區培訓中心，原係國家文官培訓所之「中部園區」，為培訓所之內部單位，民國99年3月26日「國家文官學院」成立，依該學院組織法成立「中區培訓中心」，為學院之附屬機構。

(五)「公務人力發展學院組織法」：該組織法原係依據「行政院人事行政局組織條例」第18條之規定而立法，於民國85年1月3日公布「公務人力發展中心組織條例」全文十二條，規定該中心之職掌爲行政院所屬公務人員之業務講習、中、高級公務人員之管理發展訓練等事項。民國100年11月14日制定公布「行政院人事行政總處組織法」，並經行政院令於民國101年2月6日施行，原行政院人事行政局蛻變轉化爲政府組織改造後的「行政院人事行政總處」，將所屬「公務人力發展中心」及「地方行政研習中心」兩組織法整併爲「公務人力發展學院組織法」，於民國106年3月31日經立法院三讀通過，4月19日公布，7月7日正式成立。該學院分爲臺北、南投二院區，組織定位係以中央政府爲主體的訓練服務機構，服務項目之提供則分別在臺北、南投兩地進行。

(六)「公務人員考試錄取人員訓練辦法」：該辦法係依據「公務人員考試法」規定，由考試院會同行政院、司法院於民國86年7月25日發布全文十八條，並先後廢除原有各種個別性之訓練辦法。迄今經十五次修正，最近一次爲民國106年6月6日。該辦法於民國97年4月2日修正發布全文四十六條，而後多次增刪，今爲四十八條。對於經公務人員高、普、初考及特種考試錄取人員，於完成考試程序前之各有關訓練事項，有統合性之規定。

(七)「公務人員保障法」：「公務人員保障暨培訓委員會組織法」係設立培訓暨保障機關之法律；保障法係有關公務人員保障之實作法律，於民國85年10月16日公布全文三十五條施行。嗣於民國92年5月28日修正公布全文一百零四條施行。民國106年6月14日增修三十二條。

(八)「公務人員安全及衛生防護辦法」：該辦法之前身爲「公教員工安全維護辦法」，由考試院會同行政院於民國84年9月26日發布施行。該辦法之背景，乃因民國83年7月銓敘部在起草「公務人員保障法」期間，陸續發生多件公務人員或司法官於上下班途中遭受侵害事故，震驚社會。銓敘部有感於當時公務人員執勤安全法制之不足，所採取「職權立法」之「危機處理」措施，在「公務人員保障法」尚未完成立法前，爲適應迫切需要，故先於民國84年9月26日由考試院、行政院會銜發布「公教員工安全維護辦法」，以保障執勤與居家安全。嗣民國85年10月16日「公務人員保障法」公布施行，其第11條僅有執勤安全保障之宣示性規定，但無具體執行辦法。於是，民國92年5月28日修正公布之「公務人員保障法」第19條，除承續上述原第11條之規定外，並增列規定：「其有關辦法，由考試院會同行政院定之。」賦予法源。保訓會乃依該條款規定，修正原辦法，並改名爲「公務人員安全及衛生防護辦法」，充實其內容，於民國94年10月31日發布施行。其內容係有關維護公務人員執行職務之安全事項，與社會安全無關。

(九)「訴願法」：該法初於民國19年3月24日由國民政府公布。其作用，原爲「人民」對政府所爲之行政處分認爲有違法或不當者，得依該法提起訴願，以資救濟；歷來多則司法判解不許公務人員訴願。但於民國70年代中期後，由於大法官會議迭有解釋，公務人員就某些事項亦得適用該法提起訴願；因之，該法遂亦成爲保障公務人員權利法律之一種。但依民國85年制定公布之「公務人員保障法」第34條規定，該法公布施行後對於原依各有關法律所爲之復審、再復審，或訴願、再訴願審理中之案件不生影響。現行之第103條規定，對於原依相關法律審理中之訴願事件，其以後之程序，應依該法修正後之有關復審程序規定終結之。該法修正後，依該法所定程序提起復審者，不得復依其他法律提起訴願或其他類似程序。

(十)「行政訴訟法」：該法原亦僅限於人民身分者適用，而不適用於具特別身分之公務人員。但如上所述，大法官會議既已解釋，有關公務人員之若干事項，亦得適用「訴願法」以提起訴願；而該法爲有關訴願後之進一步救濟途徑，故公務人員對於大法官會議所已解釋之若干事項，亦得於依保障法復審之後，有所不服，提起行政訴訟。故該法現亦成爲保障公務人員權利法律之一種。

(十一)「刑法」：刑法第二編「分則」第五章「妨害公務罪」（第135至141條）雖係對妨害公務者處以刑罰，亦有其嚇阻妨害行爲之功能，間接保護公務人員執勤之安全。

(十二)「警械使用條例」：警察人員執行職務，於生命、身體、自由、裝備等遭受強暴脅迫時，或基於急迫需要，在不逾越必要的程度內，得合理使用警棍、警刀或槍械。

二、常用名詞

訓練進修與保障之常用名詞如下：

(一) 進修：公務人員進修，乃公務人員在職期間，以公餘時間或部分辦公時間或全時從事有關進德修業之活動，包括入學進修，或選修學分，或國內外機關（構）學校專題研究，及在國內外其他機關（構）進修（公訓8，公訓細3）。用以達成公務人員道德、倫理、精神、思想、知識、技能，以至於體能等各方面之增進，以期提高公務人員工作效率。

(二) 訓練：訓練，通常係採集體或個別方式，使用一定期間，密集傳授一定範圍和一定目的之知識或技術，或灌輸一定觀念與思想，以期集中人員意志，或統一人員思想，或煥發人員精神，或加強人員工作技能，促進行政效率。訓練與學校正規教育或與進修之區別，大致而言，在於學校教育及進修爲期較長，且大學以次各級學校教育所授智識，多較偏重於基礎性知識，範圍較爲廣泛；研究所以上學校教育大多更富研究性與學術性，而較少實用性。但訓練則不然，通常爲期較短以求速效，其性質多爲較小範圍專門智能技術之密集灌輸。我國公務人員訓練，種類甚多，依現行法規規定，大致有下列各種人員之訓練：公務人員考試錄取人員訓練、初任公務人員訓練、升任官等人員訓練、高階公務人員中長期發展性訓練、初任各官等主管訓練、行政中立訓練、專業訓練，以及一般管理訓練（公訓4、5、6）。

(三) 公務人員保障：我國憲法特別規定公務人員應予保障（憲83）。公務人員保障之涵義，爲對公務人員依法所享有之權利及所應有之尊重，不容侵奪；如遇侵奪情事發生，公務人員並得依法定程序請求救濟。依據憲法規定，我國現今並定有「公務人員保障法」施行。該法內容係規定應受保障之事項以及實施保障之救濟程序；並在考試院設有「公務人員保障暨培訓委員會」掌理有關事宜（公障2）。

(四) 訴願與申請再審：我國早在民國19年即定有「訴願法」施行。原規定僅人民身分者有該法之適用，換言之，亦即將具有特別身分之公務人員排除在適用範圍之外，不得據該法提出訴願。迄至民國70年代中期後，司法院大法官會議再三解釋，具有公務員身分者，於某些特定事項亦有該法之適用；因而該法亦爲有關公務人員保障法律之一種。依該法規定，訴願之程序，分爲訴願與申請再審兩種。亦即經提出訴願後，對其決定認爲有違「訴願法」第97條所規定各款情事之一者，得對確定之訴願決定申請再審。至於不服訴願決定，則可依「行政訴訟法」之規定提起行政訴訟（行訴4、5），以資救濟。

(五) 行政訴訟：我國之「行政訴訟法」亦係早於民國21年即已制定施行，原僅爲有關人民權利保障法律之一種，依其規定，限人民身分者始有其適用。但修正後之該法現行規定，人民於經訴願程序後，仍不服訴願之決定者，得依該法規定，向行政法院提起行政訴訟，以資救濟（行訴4、5）。現行保障法規定，不服保訓會之復審決定者，得提行政訴訟以爲救濟。

第二節　公務人員訓練與進修制度

一、訓練進修之涵義

訓練與進修二者意義有別，已見上節所述。但總而言之，二者亦有其共同之處，目的均在增進在職公務人員工作知識及技能，以提高行政效率，故在我國法律及實務上常以二者並稱。所不同者，一般言之，二者時間長短有別，實施方式有別，所授知能之專業性與基礎性有別，目的有別。其中訓練一事，我國用之尤廣。

考試院已設立「公務人員保障暨培訓委員會」職司訓練進修之事，且亦定有我國第一部有關訓練之法律，以及多種進修規章。本書僅就現有各項法規，析述各該有關體制。

二、訓練進修行政體系之建立

我國政府辦理公務員之訓練，始自北伐成功，建都南京後。國家為應建國之初各方面事實需要，而由中央及各級政府機關自行各別辦理各種性質不同之訓練—補習教育，或指派人員個別進修，既無法規規範，亦無系統性之規劃。且訓政時期之部分機關與地方首長或不無門戶之見，而難免藉辦理訓練與指派人員進修，以培養一己之派系力量，中央政府亦難以多所過問。此先於民國22年3月23日考試院公布之「公務員補習教育通則」，後來雖於民國32年勉強制定「公務人員進修及考察選送條例」，內容亦未能多所規範，該條例尤其對公務人員訓練一事更未觸及，以致舉辦訓練之事仍紛亂如故。茲略述當時情形於次：

在**補習教育**方面[1]，各機關係依「公務員補習教育通則」辦理。其依據為銓敘部組織法第7條第3款，乃銓敘部育才司之職掌事項。中央及各省政府或院轄市所在地之各機關，應分別籌設或聯合籌設，市縣各機關應聯合籌設，並得由省政府主辦講習會，輪流調省補習，或派員巡行各地講授。凡公務員應一律受補習教育，補習教育分「基本科」（注重一般公務員應有之學識）與「專門科」（注重各機關特殊需要之專門學識）。其期限，由各機關依其需要及學科之性質酌定之。補習教育之講師，由各機關長官或聯合各機關長官選派各該機關職員或聘請專門學者充任之。補習教育每半年考試一次，其考試成績並作為考績成績之一部分，每學科在八十分以上者，酌予獎狀或獎金獎品，其成績優異者，得予進敘。各機關補習教育舉辦後應於一月內將詳細情形報告銓敘部或地方銓敘機關備查；並每半年將辦理情行詳細報告一次。

該通則公布後，各機關依該通則訂定施行細則或規章者，有如：湖南省教育廳、華北水利委員會、江西省會公安局、實業部漢口商品檢驗局、太原縣政府、永濟縣、湖北省第六區行政專員公署、實業部漢口商品檢驗局萬縣檢驗分處、陝西財政廳與財政特派員公署（聯合）、國民政府文官處等等。

至於考試院、會、部亦依通則組成補習教育委員會，予以推行。其補習教育學科如次：

1　銓敘部：《銓敘年鑑（民國二十年至二十二年）》，頁346至362。

(一) **基本科**：建國大綱、憲法（未公布前爲「約法」）、法學通論、行政法、行政管理、政治學概要、經濟學概要、中國歷史、中國地理、國際法、國文。

(二) **專門科**：中國考試制度、中國銓敘制度、各國考試制度、各國銓敘制度、蒙藏等地方各種特殊制度、各國學位制度、各國政治制度。

在**進修考察**方面，國民政府於民國32年6月10日，公布「公務員進修及考察選送條例」，民國35年5月25日修正。又民國35年12月22日，考試院公布「公務員進修規則」，規定公務員在同一機關繼續任職滿五年者，有三次考績總分數均在八十分以上，並兼具對於工作有特殊表現、學識堪資深造、品行優良、體格健全等條件，得選送國內或國外進修或考察；但選送國外進修或考察人員，以曾經高等考試及格、或曾在公立或教育部立案、或經認可之國內外專科以上學校畢業，並通曉該國文字者爲限。國內外進修或考察人員，由各機關每年就其考績人員中，合於上述規定者選送之；但選送國外進修或考察之機關，以國民政府五院各部會署各省政府及院轄市政府爲限。各機關參加考績人員，滿五十人得選送一人，每多五十人得加送一人，但至多以五人爲限。派赴地點或國別，主要研究科目或考察事項，由考試院會商行政院定之。各機關選送進修考察人員時，應於考績核定通知到達後三個月內，依規定標準擬定人選，並預擬研究科目或考察事項及派赴地點或國別，送請銓敘部查核存記，由銓敘部彙報考試院。至每年應選派進修考察之總員額、派赴地點或國別、主要研究科目或考察事項，由考試院會同行政院定之。考察期間：國內爲半年，國外爲一年；進修期間，國內外均爲二年。經派送進修及考察期間，除由原機關給予原薪外，其所需旅費或用費，在國內者由原送機關酌給，在國外者由原送機關會同銓敘部另編預算呈請核發。國內外進修人員，於每滿一年，應就研究所得提出報告，呈原送機關核備。研究期滿之成績，並應由本人請求進修處所給予證明，呈由原送機關轉送銓敘部備查。國內外考察人員應於考察期滿後三個月內，將考察結果提出報告，呈原送機關核轉銓敘部備查。進修或考察期滿，應回原職或另調其他與其進修或考察有關之相當職務，在三年內，不得改任其他機關職務；但經原送機關主管長官核准者，不在此限。進修成績優良者，得另調較高職務；但以具有法定資格者爲限。

民國36年依該條例辦理選送，審查合格者計三十三人，其中選送國外者計二十二人，選送國內者計十一人[2]。

該條例於民國91年5月22日總統明令廢止。取而代之者爲「公務人員訓練進修法」。

---

2 考試院考銓叢書指導委員會：《建國七十年之考銓制度》，臺北，正中，70.10.，頁76。

附帶說明，民國28年6月15日中央第一百二十三次常會通過：中央政治學校改以訓練公務員爲宗旨。8月10日，國民政府令行高等考試分爲初試、再試並加以訓練辦法，此後高普考初試及格者之訓練以在中央政治學校爲主，此外該校尚有人事人員訓練，考試院院長戴傳賢還兼人事行政人員訓練班班長[3]。

茲因公務人員訓練，屬於公務人員管理事項之一環，依憲法五權分立制度之精神，當然屬於考試權之部分。但政府在臺多年來實際狀況，則幾乎百分之九十訓練機構都設置在行政院之下，且行政院有關機關仍繼承其初創時期之餘勢，而不欲訓練進修事項受考試院依法應有之管理。

民國85年1月，「公務人員保障暨培訓委員會組織法」公布施行，該會隨即於6月1日成立，以及民國91年1月30日「公務人員訓練進修法」制定公布，紛亂情形似乎應有改善，但實則改善十分有限，細讀訓練進修法之諸多內容遷就現實與妥協之規定即知。猶憶訓練進修法制定之初，對於如何統一事權，以便建立全國性之訓練體系，頗費斟酌。這種情形，在現行訓練進修法中已有表現。例如：爲期統合全國訓練機構步調與方向而設計設置一項名爲「協調會報」之組識，且會報以行政院人事行政局（現爲行政院人事行政總處）爲主體，而將作爲主管機關之考試院保訓會列爲次位，與體制實有欠合。

依有關法律規定及事實表現，現行政府公務人員訓練進修業務，仍然停留在分權狀態，並無全盤規劃。所獲些微改善者，似僅有如下二事：一爲開始有一個中央管理規劃訓練進修之專責機關，雖然仍未確立其主管機關地位，但較以前之完全無管理機關之情形，畢竟稍勝一籌；二爲開始有一部規範訓練進修事項之專法，但所規範之事項有限，除行政中立訓練係以政府所有人員爲施行對象者外，其餘考試院所得舉辦之訓練，均限於與國家各種考試直接有關，以及中、高級人才之儲備（行政院部分亦有之）、晉升，尙不及於專業訓練，故其訓練事項，非對全國公務人員訓練業務之完整規劃，但畢竟亦稍勝於以前之全無狀態。百丈高樓平地起，但望在繼續努力下，今後逐漸有所改進。

惟民國108年4月立法院司法暨法制委員會併案審查立法委員所提數版「考試院組織法修正草案」及「公務人員保障暨培訓委員會組織法修正草案」，擬將「培訓（訓練）」部分刪除，此對現制衝擊甚大，將來如何？仍有待觀察。

三、訓練進修法之內容與體制

(一) 主管機關：國家任何政務，必有主管機關，以明權責，期赴事功。但依現

3　考試院秘書處：《考試院六十年大事記》，81.1.，頁48、49、58。

行法規規定，有關訓練進修業務則似難謂已有主管機關。法律僅有業務分工規定與協調組織之設置（公訓3、6），現僅明定公務人員訓練進修法制之研擬，事關全國一致之性質者由公務人員保障暨培訓委員會辦理之（公訓2）。

(二) 有關訓練進修之協調組織及通報系統：爲補救上述無主管機關之缺失，及加強公務人員訓練進修計畫之規劃、協調與執行成效，現有關法規規定由行政院人事行政總處與公務人員保障暨培訓委員會會同有關機關，成立協調會報，建立訓練資訊通報及資源共享系統，有關協調會報辦法，包括會報之辦理方式、時間、研討主題、分工及程序等事項，由協調會報各相關機關協商定之（公訓3，公訓細5）。

(三) 何謂訓練進修：所稱訓練，乃爲因應業務需要，提升公務人員工作效能，由各機關（構）、學校主動提供現職或未來職務所需知識技能之過程。所稱進修，指爲配合組織發展或促進個人自我發展，由各機關（構）選送或由公務人員自行申請參加學術或其他機關（構）、學校學習或研究，以增進學識及汲取經驗之過程（公訓細3）。

(四) 辦理訓練機構：舉辦訓練仍採分工原則處理。法律僅明文規定，公務人員考試錄取人員訓練、升官等訓練、高階公務人員中長期發展性訓練及行政中立訓練，均由保訓會辦理，或委託相關機關（構）、學校辦理（公訓2II）。至於專業訓練、一般管理訓練、進用初任公務人員訓練及上述以外之公務人員在職訓練與進修事項，由各中央二級以上機關、直轄市政府或縣（市）政府（以下簡稱各主管機關）辦理或授權所屬機關辦理之（公訓2III）。各主管機關爲執行訓練進修法規定事項，得以命令另定辦法；各種專業訓練之訓練計畫由各主管機關定之（公訓2IV）。

(五) 訓練種類及方式：訓練種類現區分爲：公務人員考試錄取人員訓練、初任人員訓練、升官等訓練、高階公務人員中長期發展性訓練、行政中立訓練、（各種）專業訓練、初任各官等主管人員訓練、一般管理訓練等。如按接受訓練人員之身分區分，則有職前訓練及在職訓練兩種。所稱「高階公務人員中長期發展性訓練」，指爲增進簡任第十職等，或相當職務以上公務人員未來職務發展所需知能之訓練（公訓2、4至7，公訓細4）。而專業訓練及一般管理訓練得按官職等、業務需要或工作性質分階段實施（公訓6 I）。各機關學校業務變動或組織調整時，爲使現職人員取得新任工作之專長，得由各主管機關辦理專業訓練（公訓6II）。

(六) 進修種類及方式：計區分爲入學進修、選修學分，及專題研究三種。其辦理方式則爲國內外專科以上學校入學進修或選修學分、國內外機關（構）學校專題研究，以及國內外其他機關（構）進修。分別得以公餘、部分辦公時間，或全時進修行之（公訓8）。

(七) 訓練及進修計畫：公務人員各種訓練之訓練計畫，由各主管機關定之（公訓7Ⅰ）；公務人員進修計畫，應由各機關視業務需要擬定，循預算程序辦理，經核定後應按計畫確實執行，未經報准各主管機關核准不得變更（公訓13）。

(八) 訓練進修對象：公務人員接受訓練進修是一種義務，也是一種權利，所以經明確規定其對象有三（公訓細2、26）：

1. 各機關（構）學校組織編制中依法任用、派用之有給專任人員。但依法聘用人員，於必要時，由各主管機關商得公務人員保障暨培訓委員會同意後，亦得準用該法之規定接受訓練進修。

2. 各機關（構）學校除教師外，依法聘任、僱用人員。

3. 公務人員考試錄取人員。

(九) 選送進修人員應具之基本條件：基本條件有二（公訓9，公訓細13、14），如下：

1. 服務成績優良，具有發展潛力者。亦即最近二年年終考績（成）一年列甲等，一年列乙等以上，並未受刑事處罰、懲戒處分，或平時考核記過以上懲處者，且在任職期間工作績效優良，有具體事蹟者。

2. 具有外語能力，且符合擬往進修之學校、機構所定語文能力條件者，或經所指定之測驗機構，按訂定之測驗標準測驗合格者。但國內進修及經各主管機關核准之團體專題研究者不在此限。

(十) 訓練進修之選送與申請：公務人員從事與職務有關之訓練與進修，均得由各機關（構）學校基於業務需要，主動推薦或指派參加，或由公務人員自行主動向服務機關（構）學校申請參加與職務有關之訓練或進修（公訓細7）。

(十一) 訓練及進修期限：各種訓練之訓練期間，依各該訓練辦法或計畫辦理（公訓7）。

1. 國內進修：全時進修期間爲二年以內，得經各主管機關核准最多延長一年，全時進修人員於寒、暑假期間應返回機關上班。但因進修研究需要，經各主管機關核准者，不在此限（公訓11）。

2. 國外進修期間規定如下（公訓10）：

(1) 入學進修或選修學分之期間爲一年以內。但經各主管機關核准延長者，最多得延長一年。

(2) 專題研究期間爲六個月以內，必要時得依規定申請延長最多三個月。

(3) 經中央一級機關專案核定國外進修人員，進修期間最長四年。

(十二) 訓練及進修人員之待遇：奉派接受訓練人員在受訓期間之待遇，雖然法無明文規定，但從訓練進修法其他有關條文合併觀之，以及按實際辦理之事實言之，其俸給照支。訓練期間之訓練津貼支給標準、請領證書費用等，則依各該訓練辦法或計畫辦理（公訓7Ⅰ）。

綜合上述對進修人員之待遇或補助，規定如下（公訓12）：

1. 選送全時進修人員，在核定進修期間，准予帶職帶薪，並給予相關補助。

2. 選送公餘或部分辦公時間進修人員，於核定進修期間，得給予相關補助（當然不變更其薪給）。

3. 自行申請全時進修人員，其進修項目經服務機關學校認定與業務有關，並同意其前往進修者，得准予留職停薪，期間為一年以內（留停4）。但經各主管機關核准者，延長最多一年；其進修成績優良者，並得給予部分費用補助。

4. 自行申請以公餘時間或部分辦公時間參加進修之人員，經服務機關學校認定與業務有關，並同意其前往進修，且成績優良者，得給予部分費用補助。

以上所稱各項費用補助之範圍如下：學費、學分費或雜費，出國期間之生活費、交通費及保險費，及其他必要費用。均由各機關（構）學校視其預算經費狀況，酌予補助（公訓細19）。

(十三) 訓練進修經費：各訓練機構辦理各項訓練進修所需經費，除編列預算支應外，得向受訓人員或其服務機關收取費用（公訓18）。其向受訓人員收費者，如升簡任或升薦任官等訓練之被廢止資格或成績不及格者，於重新參加該訓練者，應全額自費受訓（升簡19，升薦19）。

(十四) 對接受訓練進修人員之考核：各機關學校應將公務人員接受各項訓練進修之情形及其成績，列為考核及升遷之評量要項。依專才、專業、適才、適所之任用本旨，適切核派職務及工作，俾發揮公務人員訓練及進修之最大效能（公訓19）。

(十五) 進修人員的義務：經機關學校選送或自行申請全時進修之公務人員，於進修期滿，或期滿前已依計畫完成進修，或因故無法完成者，應立即返回機關學校繼續服務（公訓14）。其為帶職帶薪全時進修返原機關學校服務者，其繼續服務期間應為進修期間之二倍，但不得少於六個月，留職停薪全時進修結束，其繼續服務期間應與留職停薪時間相同。但經各主管機關依法同意商調至他機關服務者，其應繼續服務期間得合併計算（公訓15Ⅰ）。

(十六) 罰則：各機關學校選送或自行申請之全時進修公務人員，有下列情事之一者，除由服務機關學校依有關規定懲處外，並分別採取下列處理；如進修人員拒不依所通知之限期辦理繳款者，依法移送強制執行（公訓16）：

1. 未依規定向服務機關學校提報告者（公訓12Ⅱ），或擅自變更執行其進修計畫者，應賠償其所領進修補助（公訓13Ⅱ）。

2. 結束進修後，未遵照規定立即返回服務機關學校繼續服務者，應賠償進修期間所領俸（薪）給及補助（公訓14）。

3. 返回原服務機關學校繼續服務期間不足規定期間者，應按未履行義務之期間比例，賠償進修期間所領俸（薪）給及補助（公訓15 I）。

(十七) 建立人才資料庫：簡任第十職等或相當職務以上公務人員，經高階公務人員中長期發展性訓練，其成績經評鑑合格者，由保訓會依工作性質或所具學識專長，建置分類之資料檔案，以備各機關需求時，得申請查詢（公訓4 II，公訓細6III、IV）。

四、考試錄取人員訓練

民國2年1月9日，北京政府制定公布「關於文官任免執行令」，有關文官法律草案凡九種，即日適用之。其中「文官考試法草案」第11條規定：文官考試初試及格者，授以學習員證，由國務院總理咨送各官署學習，學習期間以二年爲滿。1月10日，國務院制定公布「文官學習規則」凡九條，規定：文官考試初試及格得有學習員證者，分配中央及地方各行政官署學習；該規則施行前已分派各行政官署學習者，準用該規則之規定。又該學習以扣足二年爲限，由各行政官署長官指定指導長官隨同學習，學習員應將學習事件逐日作成日記；其成績優良者，隨時派充職務（第1、2、3、8、9條）。此或爲民國以來，公務員考試及格應予學習（或訓練）法制之濫觴。

民國28年8月10日，國民政府令行高等考試分爲初試、再試並加以訓練辦法。

政府遷臺後，原只有司法官考試及格人員的訓練，以及臺灣省基層建設人員考試及格人員的學習（實即訓練），或一些特考才附加學習或實習，爲考試程序之一。及至民國75年，官職併立的新人事制度之「公務人員考試法」公布施行，才開始規定： 公務人員高、普考試錄取人員必須經過訓練及格始爲考試及格。到民國85年「公務人員考試法」修正施行 ，才規定凡公務人員高等、普通、初等和特種考試各等級考試（筆試）錄取人員，都應該接受訓練，訓練期滿成績及格者，發給證書，分發任用（考試20）。

依現行「公務人員考試法」第21條第2項規定，經國家公務人員考試錄取後，必須再完成一次訓練及格，才認爲是完成了整個法定考試程序而成爲考試及格，由國家發給考試及格證書，這種訓練，稱爲考試錄取人員訓練。這種訓練的最大特性，就是規定訓練爲考試程序的一部分，而且成爲現行各種公務人員訓練中最主要的一種訓練；因此，雖經考（筆）試錄取而未經訓練及格者，仍爲考試未及格。具體規範這一訓練的法規爲「公務人員考試錄取人員訓練辦法」，該辦法最初於民國

86年7月25日，考試、行政、司法三院會銜發布，全文十八條。民國97年4月2日第七次修正公布全文四十六條，民國106年6月6日作第十五次修正。該辦法主要規定如下。

(一) 訓練機關（考訓6）：

1. 基礎訓練：由公務人員保障暨培訓委員會所屬國家文官學院（以下簡稱文官學院）辦理或委託訓練機關（構）學校辦理（考訓6 I ）。

2. 實務訓練：由保訓會委託各用人機關（構）學校辦理。但實務訓練期間，得實施集中訓練，並由保訓會委託相關機關辦理（考訓6 II ）。

3. 性質特殊訓練：得由保訓會委託申請舉辦考試機關辦理（考訓6III）。

上述訓練得按錄取等級、類科或考試錄取分發區集中或分別辦理（考訓6IV）。

(二) 訓練經費（考訓7）：

1. 基礎訓練所需經費，由文官學院編列預算支應。

2. 實務訓練所需經費，由各用人機關（構）學校編列預算支應。

3. 性質特殊訓練，如屬另定其他訓練者，其所需經費，由申請舉辦考試機關或訓練機關（構）學校編列預算支應。

(三) 訓練內容（考訓3、5、6、11）：

1. 基礎訓練：以充實初任公務人員應具備之基本觀念、品德操守、服務態度及行政程序與技術為重點（考訓5 I ）。其課程，由保訓會訂定之（考訓11 I ）。

2. 實務訓練：以增進有關工作所需知能及考核品德操守、服務態度為重點（考訓5 II ）。受訓人員於實務訓練期間，各用人機關（構）學校，應指派專人輔導之。實務訓練分實習及試辦二階段實施，自向實務訓練機關（構）學校報到接受訓練日起一個月為實習階段，其餘時間為試辦階段，但實習階段時間不含基礎訓練（考訓32 I 、II）：

(1) 實習階段：實務訓練機關（構）學校應安排受訓人員以不具名方式協助辦理所指派之工作（考訓32III）。

(2) 試辦階段：實習階段以外的時間為試辦階段。受訓人員應在輔導員輔導下具名試辦所指派之工作（考訓32III）。

3. 特殊訓練：性質特殊之高等及普通考試類科或特種考試錄取人員訓練，如：司法官、外交領事人員、警察人員、交通事業人員等特考，得另定訓練計畫。其課程由保訓會協調有關機關訂定之（考訓11 II ）。

(四) 訓練方式：

1. 占缺訓練：考試錄取之受訓人員經分配各用人機關（構）學校占編制職缺

訓練。

2. 未占缺訓練：考試錄取之受訓人員未占編制職缺訓練。

此為民國105年2月5日修正該辦法前之第4條條文，修正時予以刪除占缺訓練，民國106年1月1日起全面施行不占缺訓練。政策上欲使筆試錄取者均能參加訓練，訓練合格完成考試程序，發給考試及格證書，並予分發任用（考訓43）。惟是否均係如此，仍要視各該考試之「考試規則」規定，以瞭解其性質與政策之規劃。

(五) 訓練安排：

1. 訓練期間：為四個月至一年。但性質特殊，其期間逾一年者，得於訓練計畫另定之（考訓13）。訓期之計算，以考試錄取人員向各用人機關（構）學校或訓練機關（構）學校報到之日起，算至訓練屆滿之日止（考訓25Ⅰ）。

2. 擇一參訓：受訓人員應同一種考試不同等級、同等級不同類科同時錄取或復應其他公務人員考試錄取，如訓期重疊，應選擇一種考試之等級或類科接受訓練（考訓14）。

3. 保留資格：正額錄取人員因服兵役，進修碩士、博士，或疾病、懷孕、生產、父母病危、子女重症、養育三足歲以下子女或其他不可歸責事由，致無法立即接受分配訓練者，得於榜示後完成分配訓練作業前，檢具證明文件向保訓會申請保留受訓資格，逾期不予受理。養育三足歲以下子女之事由，如其配偶為公務人員，且依法已申請育嬰留職停薪者，不得申請保留受訓資格（考試5Ⅲ，考訓15）。

4. 申請補訓：正額錄取人員無法立即接受分配訓練者，得檢具事證申請保留錄取資格（考試4）。正額錄取人員於分配訓練前經核准保留受訓資格者，應於保留期限屆滿後三個月內，向保訓會申請補訓。如保留期限屆滿前，保留原因消滅者，應於保留原因消滅後三個月內，檢具證明文件申請補訓（考試5Ⅱ，考訓16Ⅰ）。補訓人員由保訓會通知分發機關或申請舉辦考試機關遇缺調訓。補訓時除訓練計畫另有規定者外，應依參加訓練當年度訓練計畫辦理（考訓16Ⅱ）。

5. 申請重訓：受訓人員之基礎訓練成績經保訓會核定為不及格者，仍留原分配機關（構）學校接受實務訓練，並得於一個月內向保訓會申請自費重新訓練一次（考訓38）。其訓期之計算，應自原訓期屆滿日之翌日起，加計該重新訓練訓期，為其重新訓期屆滿日。如變更梯次事由，致該訓練重新訓期屆滿後始結訓者，其訓練期滿日，應追溯自重新訓期屆滿日生效（考訓25Ⅲ）。

6. 變更梯次：應於規定時間內接受基礎訓練人員，因婚、喪、分娩、流產、重病或其他重大事由未能如期參訓，經實務訓練機關（構）學校核轉文官學院核准變更其調訓梯次者，應另依文官學院或訓練機關（構）學校規定之訓練日期，前往報到受訓（考訓17）。如因此致訓練原定訓期屆滿後始結訓者，其訓練期滿日，應追溯自原訓期屆滿日生效（考訓25 II）。

7. 免除基礎訓練：受訓人員具有下列情形之一者，應由實務訓練機關（構）學校於其報到後七日內，依報到時所填載之資料，函送保訓會核准免除基礎訓練（考訓18 I）：

(1) 經公務人員考試錄取，最近二年內曾受同等級以上考試錄取人員基礎訓練成績及格。

(2) 經公務人員考試錄取，最近二年內曾受次一等級以下，且訓練期間相同或訓練課程相當之考試錄取人員基礎訓練成績及格。

性質特殊訓練得於訓練計畫另定之（考訓18 II）。其所定免除基礎訓練資格條件，由保訓會認定之（考訓18 III）。經核准免除基礎訓練時，該免除之訓期不得併入本訓練期間計算訓練期滿日（考訓25 IV）。雖不參加基礎訓練，但總訓練期間仍不變更，亦即均進行實務訓練。

8. 縮短實務訓期：現任或曾任公務人員，最近四年內具有與考試錄取類科擬任職務同職系之資格，其期間四個月以上者，並有下列情形之一，得於分配機關（構）學校報到後一個月內，檢具相關證明文件，向實務訓練機關（構）學校提出申請，轉送保訓會核准縮短實務訓練，逾期不予受理（考訓20 I）：

(1) 低一職等以上之資格及工作經驗。

(2) 與低一職等職責程度相當以上之資格及工作經驗。

(3) 擔任高於或同於擬任職務列等之職務。

上述縮短實務訓練後之訓練期間，應於訓練計畫訂定之，但不得少於二個月。至於性質特殊訓練得於訓練計畫另定之（考訓20 II、III）。

(六) 訓練權益：

1. 津貼：

(1) 一般人員：各用人機關（構）學校、訓練機關（構）學校或申請舉辦考試機關，得依下列標準發給受訓人員津貼（考訓26 I）：

①高等考試一級考試或特種考試一等考試錄取者比照薦任第八職等本俸四級俸給。

②高等考試二級考試或特種考試二等考試錄取者比照薦任第六職等本俸三級俸給。

③高等考試三級考試或特種考試三等考試錄取者比照委任第五職等本俸五級俸給。

④普通考試或特種考試四等考試錄取者比照委任第三職等本俸一級俸給。

⑤初等考試或特種考試五等考試錄取者比照委任第一職等本俸一級俸給。

分配在公營事業機構者，從其規定比照相當等級發給津貼。性質特殊訓練之津貼發給標準，得於訓練計畫另定之（考訓26II、III）。受訓人員於訓練期間曠課、曠職或請事假超過規定日數時，應按日扣除其曠課、曠職或事假超過規定日數之津貼。曠課、曠職或請事假，均以時計算，累積滿八小時以一日計（考訓26之1）。

(2) 現職人員：現任或曾任公務人員參加考試錄取，具擬任職務之法定任用資格，經銓敘部銓敘審定者，其訓練期間之權益依下列標準辦理（考訓29 I）：

①津貼：分配至納入銓敘之機關（構）學校訓練，其原敘級俸高於考試取得資格之級俸時：

A.級俸：仍准支原敘級俸。

B.加給：如原敘職等在擬任職務列等範圍內，仍依原敘職等標準支給；如原敘職等高於擬任職務最高職等時，按該擬任職務之最高職等標準支給；如原敘職等低於擬任職務最低職等時，按擬任職務最低職等標準支給。

②休假及其他權益：

A.如與原任職年資銜接者，得繼續併計其年資給予休假。

B.其基於現職公務人員身分應享有之各項權益，依現職公務人員有關法令辦理。

現任或曾任公務人員參加考試錄取，具擬任職務之法定任用資格，經分配至公營事業機構或未納入銓敘之機關者，其訓練期間之權益，依各該機關（構）適用之人事法規辦理（考訓29II）。

2. 福利：一般受訓人員訓練期間，得比照用人機關（構）學校現職人員支給婚、喪、生育、子女教育補助，及比照用人機關（構）學校現職人員撫卹相關規定之標準支給遺族撫慰金，並參加全民健康保險、公教人員保險（考訓27 I）。民國103年1月13日該辦法修正前規定，考試（筆試）錄取人員參加公保；修正後自103年度起，不參加公保，改爲參加一般（商業）保險；但自民國105年10月12日修正，恢復參加公保。又自103年度起考試（筆試）錄取人員不再參加公務人員退休撫卹基金（銓敘部102.7.23.部退三字第1023743222號參照）。至於現職人員，自仍保有現職之福利。

(七) 訓練管理：

1. 請假：訓練期間，受訓人員得參照公務人員請假規則請假。但有特別規定者從其規定：

(1) 基礎訓練其間：受訓人員得請公假、事假、喪假、娩假、產前假、陪產假、流產假及病假，請假缺課時數不得超過課程時數百分之二十。其於正課時段請假，應由基礎訓練機關（構）學校函送受訓人員實務訓練機關（構）學校，併入實務訓練請假紀錄。其所稱之公假限參加國家考試、後備軍人及補充兵之召集、參加政府依法主辦之各項投票、基於法定義務出席作證、答辯，及因公受傷，經訓練機關（構）學校核准者（考訓30）。

(2) 實務訓練期間：受訓人員得請事假、病假、婚假、喪假、娩假、流產假及休假日數，應按實務訓練月數占全年比例計算，未滿半日者以半日計，超過半日未滿一日者，以一日計，請假超過之日數仍應相對延長其實務訓練期間。延長病假不得超過實務訓練期間二分之一，經銷假繼續訓練者，應相對延長其實務訓練期間。捐贈骨髓或器官者，依實際需要給假，其期間超過十四日者，應相對延長其實務訓練期間。上述假期結束日逾原定實務訓練期滿日者，應自受訓人員銷假日起，就原定實務訓練期間內請假超過之日數，相對延長其實務訓練期間。其餘實務訓練期間之請假規定，比照公務人員請假規則辦理。但分配公營事業機構實施實務訓練者，從其規定（考訓31）。

2. 獎懲：訓練機關（構）學校或各用人機關（構）學校於訓練期間，得考核受訓人員訓練表現辦理獎懲。獎勵分嘉獎、記功、記大功；懲處分申誡、記過、記大過。獎懲得互相抵銷，但紀錄不得註銷（考訓33）。

(八) 停止訓練：受訓人員有下列情形之一，應予停止訓練（考訓34、35）：

1. 於基礎訓練期間，因喪假、分娩、流產、重大傷病或其他不可歸責事由，致無法繼續訓練者，得於事由發生後三日內，檢具證明文件向保訓會申請停止訓練。又因上述事由或公假致請假超過規定缺課時數者，應予停止訓練（考訓34）。

2. 受訓人員於分配訓練期滿成績及格分發任用前，因服義務役、替代役，或比照公務人員請假規則第4條第5款請公假，致無法繼續接受訓練者，得於事由發生後十日內檢具證明文件，經各用人機關（構）學校、訓練機關（構）學校或申請舉辦考試機關轉送保訓會核准停止訓練（考訓34之1）。

3. 經有期徒刑、拘役以上刑之執行、易服勞役或易服社會勞動者。但宣告緩刑或執行易科罰金者，不在此限（考訓35）。

4. 依毒品危害防制條例施予觀察、勒戒、強制戒治者（考訓35）。

5. 經司法機關執行拘留、拘提、羈押、留置或管收者（考訓35）。

上述情形於停止訓練原因消滅後十五日內向保訓會申請重新訓練或恢復訓練；其經核准重新訓練人員，仍留原分配機關（構）學校接受訓練，訓練期間應重新起算。此除訓練計畫另有規定者外，應依參加訓練當年度訓練計畫辦理（考訓35之1）。

上述3.至5.情形並依第44條第1項第14款：「品德操守不良，情節嚴重，有具體事證。」予以廢止受訓資格（考訓35）。

(九) 成績考核（考訓36、37）：

1. 考核項目：按其本質特性及課程成績二項評分（考訓36 I）。

2. 考核配分：基礎訓練與實務訓練成績之計算，各以一百分爲滿分，六十分爲及格（考訓37 I）。

(1) 基礎訓練成績（考訓36 I）：

①本質特性：百分之二十。包括品德、才能及生活表現。

②課程成績：百分之八十。其中專題研討成績占百分之三十，測驗成績占百分之五十。

(2) 實務訓練成績（考訓36 II）：

①本質特性：百分之四十五。其中品德占百分之二十，才能占百分之十五，生活表現占百分之十。

②服務成績：百分之五十五。其中學習態度占百分之三十，工作績效占百分之二十五。

(3) 加減獎懲分數：基礎訓練或實務訓練期間所受獎懲，應於訓練期滿時分別併計該訓練成績加減總分。嘉獎一次加零點五分，記功一次加一點五分，記大功一次加四點五分；申誡一次扣零點五分，記過一次扣一點五分，記大過一次扣四點五分（考訓37 II）。

(十) 成績評定：各受委託辦理訓練機關（構）學校，應於辦理訓練完畢後，將受訓人員成績列冊函送保訓會核定（考訓37 V、39、42）。受訓人員如對成績有所疑義，得依下列規定申請複查：

1. 基礎訓練成績複查：受訓人員申請成績複查，應於接到成績單之次日起十五日內，以書面向保訓會提出，逾期不予受理，並以一次爲限。保訓會於收到複查成績之申請後，應於十五日內查復之。遇有特殊原因不能如期查復時，得予延長十日，並通知受訓人員。基礎訓練各項成績登記或核算錯誤，經重新計算後成績達及格標準者，由保訓會補行及格（考訓37 IV、V）。

2. 實務訓練成績評定（考訓39）：

(1) 初核為不及格：受訓人員實務訓練成績經單位主管初核爲不及格者，應先交付實務訓練機關（構）學校考績委員會審議。審議時應給予受訓人員陳述意見之機會，並作成紀錄，再送實務訓練機關（構）學校首長評定。實務訓練機關（構）學校首長如對考績委員會審議結果有意見時，應退回考績委員會復議，對復議結果仍不同意時，得加註理由後變更之（考訓39 I）。

(2) 初核為及格：受訓人員實務訓練成績經單位主管初核爲及格，送實務訓練機關（構）學校首長評定，首長對初核結果有意見時，應交付實務訓練機關（構）

學校考績委員會審議。審議時應給予受訓人員陳述意見之機會，並作成紀錄，再送實務訓練機關（構）學校首長評定。實務訓練機關（構）學校首長如對考績委員會審議結果仍不同意時，得加註理由後變更之（考訓39 II）。

(3) 保訓會處理：經實務訓練機關（構）學校評定爲實務訓練成績不及格者，由實務訓練機關（構）學校函送保訓會，依下列方式處理（考訓39III）：

①核定爲成績不及格。

②成績評定如有違反訓練法令或不當之情事，得敘明理由退還原訓練機關（構）學校重新評定、准予延長實務訓練期間或逕予核定爲成績及格。

A.其退還重新評定實務訓練成績者，原訓練機關（構）學校，應於文到十五日內，依退還意旨重新評定成績。未依限或未依退還意旨重新評定時，保訓會得逕予核定爲成績及格（考訓41）。

B.其准予延長實務訓練期間者，由保訓會視事實狀況酌予延長，其期間自文到次日起算，不得逾原訓練期間，並以一次爲限。延長訓練期滿成績仍評定爲不及格者，如有違反訓練法令或不當之情事，保訓會得敘明理由，退還原實務訓練機關（構）學校重新評定，或逕予核定爲成績及格（考訓42）。此時即有明顯違反訓練法令或不當之情事，似宜逕予核定爲成績及格爲妥，不必再退還原實務訓練機關（構）學校重新評定。

保訓會依規定處理前，應派員前往實務訓練機關（構）學校調閱相關文件與訪談相關人員，實務訓練機關（構）學校與受訪談人員應予必要之協助（考訓40）。此間在保訓會核定實務訓練成績前，視爲訓練期間，受訓人員仍留原訓練機關（構）學校訓練（考訓40之1 II）。

在總訓練期間辦理成績考核相關人員，於其本人、配偶、前配偶、三親等內之血親、姻親參加訓練之評量時，應自行迴避（考訓42之1）。

(十一) 自費訓練：受訓人員之基礎訓練成績經保訓會核定爲不及格者，仍留原分配機關（構）學校接受實務訓練，並得於一個月內向保訓會申請自費重新訓練一次（考訓38）。

(十二) 訓練及格：受訓人員訓練期滿並經核定成績及格者，始完成考試程序，由各用人機關（構）學校或訓練機關（構）學校函保訓會轉請考試院發給考試及格證書，並函請分發機關或申辦考試機關分發任用（考試21，任用10，考訓43）。

(十三) 廢止訓練：

1. 函送廢止受訓資格：受訓人員有下列情形之一，由各用人機關（構）學校或訓練機關（構）學校函送保訓會廢止受訓資格（考訓44）：

(1) 自願放棄受訓資格、未於規定之時間內報到接受訓練或訓練期間中途離訓者。

(2) 基礎訓練成績不及格人員經核准重新訓練，成績仍不及格者。

(3) 基礎訓練期間除因公假、喪假、分娩、流產、重大傷病或其他不可歸責事由外，請假缺課時數超過課程時數百分之二十者。

(4) 基礎訓練期間曠課時數累計達課程時數百分之五，或實務訓練期間曠職累計達三日者。

(5) 訓練期間經發現冒名頂替、持用僞造或變造之證件者。

(6) 基礎訓練測驗時，以詐術或其他不正當方法發生舞弊情事，情節嚴重，有具體事證者。

(7) 實務訓練成績不及格者。

(8) 實務訓練期間經核准延長病假期滿，仍不能銷假繼續訓練者。

(9) 實務訓練期間除因娩假、流產假、骨髓捐贈或器官捐贈假外，請假日數累積超過訓練期間二分之一。但延長病假請假日數不與其他假別合併計算。

(10) 訓練期間獎懲相互抵銷後，累積已達一大過者。但分階段辦理之性質特殊訓練得分階段計算之。

(11) 訓練期間對訓練機關（構）學校講座、長官或其他人員施以強暴脅迫，有具體事證者。

(12) 訓練期間依規定應體格複檢，經檢查不合格，或逾期不繳交體格檢查表者。

(13) 性質特殊訓練依各該訓練計畫相關請假、獎懲、成績考核等規定，未達及格標準，有具體事證。

(14) 其他足認爲品德操守不良，情節嚴重，有具體事證者。

保訓會依前述(1)規定處理前，得爲必要之查處，並得派員前往訓練機關（構）學校調閱相關文件與訪談相關人員，訓練機關（構）學校與受訪談人員應予必要之協助（考訓44II、III）。

惟公務人員考試錄取人員於分配訓練前放棄受訓資格者，由分發機關或申請舉辦考試機關函送保訓會廢止受訓資格。

(十四) 喪失考試錄取資格（考試5，考訓45 I）：

1. 正額錄取人員：除保留錄取資格者外，應於規定時間內向實施訓練機關報到接受訓練，逾期未報到並接受訓練者，即喪失考試錄取資格（考試5 I）。

2. 保留錄取資格者：於保留原因消滅後或保留期限屆滿後三個月內，應向保訓會申請補訓；但保留期限屆滿前，保留原因消滅者，應於保留原因消滅後三個月內，檢具證明文件申請補訓（考訓16 I）；並由保訓會通知分發機關或申請舉辦考試機關依遇缺調訓。逾期未提出申請補訓，或未於規定時間內，向實施訓練機關報到接受訓練者，即喪失考試錄取資格（考試5II，考訓16 I）。

3. 列入候用名冊之增額錄取人員：因服兵役未屆法定役期或因養育三足歲以下子女，無法立即接受分配訓練者，得於規定時間內檢具事證申請延後分配訓練。經分配訓練，應於規定時間內，向實施訓練機關報到接受訓練，逾期未報到並接受訓練者，或於下次該項考試放榜之日前未獲分配訓練者，即喪失考試錄取資格（考試5III）。

(十五) 廢止受訓資格（考訓45 II）：公務人員考試錄取人員有下列情形之一者，由保訓會廢止其受訓資格：

1. 基礎訓練成績不及格人員，未於於一個月內向保訓會申請自費重新訓練一次（考訓38）。

2. 停止訓練原因消滅後，未於停止訓練原因消滅後十五日內向保訓會申請重新訓練（考訓35之1 I）。

(十六) 小結：有關考試錄取人員訓練，本文不憚其煩地敘述有關重要規定，乃因考試取才爲國之大事，一則事涉將來政府機關行政之良窳，二則事涉人民「應考試服公職」以維持其工作、生存之權利（憲15、18），公私之間應得適當之衡平。因此，本訓練辦法既有政策性意涵，又有技術性的措施，以資落實。此觀考試院民國99年12月2日第十一屆第一百一十四次會議通過（民國101年5月10日第一百八十七次會議修正）之「強化文官培訓功能規劃方案」第一案「增加錄取名額，落實選訓功能，完善考選機制。」其作法即在「增加錄取名額，訓練後擇優任用。」以達「建置考訓結合新制，篩選適格公務人員。」之目標。深思之，亦不難瞭解「訓練」仍有實質考核才能品德之功能，因此，也要有淘汰機制，主政人員不可不愼，而受訓者尤應勤愼研習。

五、晉升官等訓練

依「公務人員任用法」第17條規定，公務人員之晉升官等，除經考試途徑外，並可免經考試而僅經由考績併同年資等條件晉升。但經由非考試途徑者，必須先經晉升官等訓練，以補其知能之不足。這種免試晉升官等者，計有晉升薦任官等及晉升簡任官等兩種，所以晉升官等訓練也隨之而有晉升簡任官等訓練與晉升薦任官等訓練兩種。兩種官等等級既有所不同，訓練內容隨之亦有所不同，考試院也分別訂定有「薦任公務人員晉升簡任官等訓練辦法」及「委任公務人員晉升薦任官等訓練辦法」兩種。前者於民國91年6月28日發布施行，民國106年4月24日第六次修正迄今；後者於民國86年5月21日發布施行，民國107年3月23日第十四次修正迄今。

警察人員及交通事業人員亦有類似之晉升官等及晉升資位訓練，考試院於民國86年10月27日發布「警佐警察人員晉升警正官等訓練辦法」，民國107年3月23日第十三次修正；民國97年3月11日發布「警正警察人員晉升警監官等訓練辦法」，民國106年4月24日第五次修正。民國89年11月29日發布行政、考試兩院發布「交通事業人員員級晉升高員級資位訓練辦法」施行，民國107年3月23日第十一次修正；民國89年11月29日行政、考試兩院發布「交通事業人員佐級晉升員級及士級晉升佐級資位訓練辦法」施行，民國103年3月27日第二次修正。

因上述各辦法之內容，均仿公務人員之升官等訓練辦法，大同小異。現僅就公務人員之晉升簡任及薦任官等兩種訓練辦法內容要項，綜合簡述如下。

(一) 訓練機關：由保訓會及所屬文官學院辦理。必要時得委託訓練機關（構）或公私立大學校院辦理（簡訓3，薦訓3）。

(二) 訓練方式：採密集訓練方式辦理（簡訓4Ⅰ，薦訓4Ⅰ）。

(三) 訓練期間：升簡任訓練四週（簡訓4Ⅱ），升薦任訓練四週（薦訓4Ⅱ）。

(四) 課程目的：以增進受訓人員晉升簡任、薦任官等所需工作知能爲目的，並由保訓會另定之（簡訓4Ⅲ，薦訓4Ⅲ）。

(五) 訓練資格（任用17，簡訓6，薦訓6）：

1. 晉升簡任：經銓敘部銓敘審定合格實授現任薦任第九職等職務人員，具有下列資格之一，且其以該職等職務辦理之年終考績最近三年二年列甲等、一年列乙等以上，並已晉敘至薦任第九職等本俸最高級者（任用17Ⅱ，簡訓6Ⅰ）：

(1) 經高等考試、相當高等考試之特種考試或公務人員薦任升官等考試、薦任升等考試或於「公務人員任用法」施行前經分類職位第六職等至第九職等考試或分類職位第六職等升等考試及格，並任合格實授薦任第九職等職務滿三年。

(2) 經大學或獨立學院以上學校畢業，並任合格實授薦任第九職等職務滿六年。

2. 晉升薦任：經銓敘部銓敘審定合格實授現任委任第五職等職務人員，具有下列資格之一，且其以該職等職務辦理之年終考績最近三年二年列甲等、一年列乙等以上，並已晉敘至委任第五職等本俸最高級者（任用17Ⅵ，薦訓6）：

(1) 經普通考試、相當普通考試之特種考試或相當委任第三職等以上之銓定資格考試，或於「公務人員任用法」施行前經分類職位第三職等至第五職等考試及格，並任合格實授委任第五職等職務滿三年。

(2) 經高級中等學校畢業，並任合格實授委任第五職等職務滿十年，或專科學校畢業，並任合格實授委任第五職等職務滿八年，或大學、獨立學院以上學校畢業，並任合格實授委任第五職等職務滿六年。

上述參加晉升簡任、薦任訓練所定資格條件均採計至當年度3月31日止（簡訓

6II，薦訓6II）。

依「公務人員考績法」相關法規規定不得作爲晉升職等，及在同官等內調任低職等職務仍以原職等任用之考績、年資，均不得作爲上述規定之考績、年資（任用17Ⅷ，簡訓6III，薦訓6III）。

(六) 訓練名額：升官等考試，以具有報考資格者（升官3、4）自由報考，並以到考人數之百分之三十三擇優錄取（升官9）。爲維持升官等考試與升官等訓練取得升官等資格間之適當平衡，自不可能凡具有升薦任官等訓練資格者，人人均能受訓晉升，更何況在行政上，亦必須考量受訓之容量與機關業務之遂行，因此，適當名額之規劃與分配，乃屬必要。保訓會得調查統計各機關之需求，平衡考用，擬定年度之訓練人數，依據當年度預定之訓練人數及各主管機關所提供符合受訓資格人數，按調訓比例分配受訓名額及加列百分之十之備選名額。分配之受訓名額不足一人部分，得於每年度以累計方式計算分配受訓名額（簡訓7，薦訓7）。

(七) 訓練遴選：各主管機關應按保訓會分配之受訓名額及備選名額遴選受訓人員及備選人員，造冊函送保訓會據以調訓。遴選應就遴選評分標準表所定職務年資、考績、獎懲及綜合考評項目加以評定，各項評分採計至前一年度12月31日止，積分高者優先遴選受訓（簡訓8 I 、II，薦訓8 I 、II）。各服務機關、學校及各主管機關應召開甄審委員會，詳加審核符合受訓資格人員之資格條件及各項評分，並排定受訓序列。各主管機關應請受訓人員確認受訓資格並塡具資格確認暨同意書，留存各主管機關備查。如有資格條件不符而參加訓練情事，由各服務機關、學校及各主管機關依法議處相關人員（簡訓9，薦訓9）。

(八) 訓程安排：

1. 按時訓練：受訓人員應於規定時間內向訓練機關（構）、學校報到接受訓練（簡訓11，薦訓11）。

2. 延後訓練：因婚、喪、懷孕、分娩、流產、重病、駐外服務或其他重大事由，得於開訓前，檢具相關證明文件，由服務機關、學校函報各主管機關向保訓會申請延後訓練並經同意者，不在此限（簡訓11，薦訓11）。

3. 停止訓練：受訓人員於訓練期間，因婚、喪、懷孕、分娩、流產、重病或其他重大事由，致無法繼續訓練者，得於事由發生後三日內，檢具相關證明文件，經由訓練機關（構）、學校向保訓會申請停止訓練。但因該等事由致請假缺課時數超過課程時數百分之二十者，應予停止訓練（簡訓12，薦訓12）。

4. 廢止訓練：受訓人員於訓練期間，應遵守有關訓練規定。有下列情事之一者，由訓練機關（構）、學校函送保訓會廢止其當年度受訓資格（簡訓13，薦訓13）：

(1) 未於規定之時間內報到或經核准中途離訓。

(2) 除上述停止受訓事由外，請假缺課時數合計超過課程時數百分之二十。

(3) 未經核准中途離訓。

(4) 曠課。

(5) 冒名頂替。

(6) 對訓練機關（構）、學校講座、長官或其他人員施以強暴脅迫，有確實證據。

(7) 參加該訓練課程測驗，違反保訓會及所屬機關辦理各項訓練測驗試務規定，經扣考處分。

(8) 其他具體事實足以認爲品德操守不良，情節嚴重，有確實證據。

5. 直接調訓：符合前述受訓資格條件人員，經發現其遴選之評定項目漏未評分或各項評分及積分計算錯誤者，致應列入而未列入當年度受訓時，除有可歸責其本人之事由者外，得經各服務機關、學校及各主管機關應召開甄審委員會審核後，由各主管機關函經保訓會同意於次年度直接調訓。但其名額應計入各主管機關次年度分配受訓之名額（簡訓10，薦訓10）。

(九) 成績計算：

1. 晉升簡任：各該項目訓練成績之計算，各爲一百分，按比例合計後之成績總分達七十分爲及格（簡訓15）：

(1) 生活管理、團體紀律及活動表現之成績占訓練成績總分之百分之十。

(2) 課程成績占訓練成績總分之百分之九十。評分項目及配分比例如下：

①專題研討：占百分之五十。

②案例書面寫作：占百分之五十。

受訓人員於訓練期間，因喪假、分娩、流產、重大傷病或其他不可歸責事由請假，致無法參加案例書面寫作測驗，且結訓前請假缺課時數未達第12條但書規定之課程時數百分之二十應予停止訓練者，得於事由發生後三日內，檢具證明文件，經訓練機關（構）學校轉送保訓會核准調整測驗時間（簡訓15之1）。

2. 晉升薦任：各該項目訓練成績之計算，各爲一百分，按比例合計後之成績總分達六十分爲及格（薦訓15）：

(1) 生活管理、團體紀律及活動表現之成績占訓練成績總分之百分之十。

(2) 課程成績占訓練成績總分之百分之九十。評分項目及配分比例如下：

①專題研討：占訓練成績總分百分之三十。

②測驗成績：占訓練成績總分百分之六十。其測驗題型如下：

A.選擇題：占訓練成績總分百分之二十四。

B.實務寫作題：占訓練成績總分百分之三十六。

(十) 成績複查：受訓人員申請成績複查，應於接到成績單之次日起十五日內，向保訓會提出，逾期不予受理，並以一次爲限。保訓會於收到複查成績之申請後，應於十五日內查復之。但有特殊原因得酌予延長十日，並通知受訓人員。該訓練各項成績登記或核算錯誤，經重新計算後成績達及格標準者，由保訓會補行及格（簡訓16，薦訓16）。

(十一) 訓練及格（簡訓20Ⅰ、Ⅵ，薦訓20Ⅰ、Ⅵ）：

1. 受訓人員訓練期滿並經核定成績及格者，由保訓會報請考試院發給訓練合格證書，並函知各主管機關及銓敘部。

2. 訓練及格資格經撤銷，而其撤銷因不可歸責於受訓人員之事由者，於保訓會撤銷函送達之次日起三年內，符合受訓資格時由各主管機關依規定重新遴選後，塡具免訓申請書函送保訓會，經核准後，視同訓練合格，由保訓會於同一年度統一報請考試院發給訓練合格證書。

(十二) 保留資格：受訓人員有前述經保訓會同意延後訓練或停止訓練者，得保留受訓資格（簡訓18Ⅰ，薦訓18Ⅰ）。

(十三) 補行訓練：受訓人員於訓練前經核准延後訓練、或於訓練期間經核准停止訓練者，應於原因消滅後三個月內，檢具相關證明文件，由服務機關、學校函經各主管機關向保訓會申請補訓，並由保訓會視年度辦理時程，於當年度或次年度調訓，逾期未提出申請者，視同放棄補訓及上述保留之受訓資格；經核准延後訓練或停止訓練者，其所遺當年度缺額未經遞補者，不計入核准補訓年度各主管機關分配受訓之名額（簡訓18Ⅱ、Ⅲ，薦訓18Ⅱ、Ⅲ）。

(十四) 退其訓練：受訓人員於訓練期間發現有受訓資格不符情事者，由保訓會予以退訓；其涉及行政或刑事責任者，依法處理（簡訓20Ⅱ，薦訓20Ⅱ）。

(十五) 註銷證書：受訓人員訓練期滿經核定成績及格後，發現有受訓資格不符情事者，由保訓會撤銷訓練及格資格並報請考試院註銷訓練合格證書；其涉及行政或刑事責任者，依法處理（簡訓20Ⅳ，薦訓20Ⅳ）。

(十六) 重新遴訓：

1. 備選人員，於各主管機關原提送之當年度受訓人員因故無法受訓時、依序遞補之；其於當年度內未遞補受訓者，於次年度起符合受訓資格時，由各主管機關依本辦法重新遴選（簡訓8Ⅲ，薦訓8Ⅲ）。

2. 受訓人員訓練成績經評定不及格者，於次年度起符合受訓資格時，得由各主管機關重新依規定遴選後，函送保訓會參加該訓練（簡訓19Ⅰ，薦訓19Ⅰ）。

3. 受訓人員經依廢止當年度受訓資格者，應依第13條各款情事分別間隔一、

三、五年度後，始得由各主管機關重新依規定遴選後，函送保訓會參加該訓練（簡訓19II，薦訓19II）。

4. 退訓人員，於次年度起符合受訓資格時，由各主管機關依規定重新遴選後，函送保訓會參加本訓練（簡訓20III，薦訓20III）。

5. 訓練及格資格經撤銷者，於保訓會撤銷函送達之次日起，符合受訓資格時，由各主管機關依規定重新遴選後，函送保訓會參加該訓練；但其撤銷有可歸責於受訓人員之事由者，應全額自費受訓。（簡訓20V，薦訓20V）。

(十七) 訓練經費（簡訓13、19、20、21，薦訓13、19、20、21）：

1. 編列預算：由文官學院編列預算支應。

2. 收取費用：得向受訓人員或其服務機關、學校收取必要之基本費用。但受訓人員訓練成績經評定不及格者、經廢止當年度受訓資格者、因可歸責於自己之事由經退訓者、因可歸責於自己之事由致訓練及格資格經撤銷者，再經遴選參加訓練，應全額自費受訓。

六、行政中立訓練

隨同臺灣民主化的推展，行政中立觀念同時興起，因而也就要求行政人員應具行政中立知識。政府除於民國91年1月公布之「公務人員訓練進修法」中規定有行政中立訓練外，並且隨即於6月13日由考試院發布「公務人員行政中立訓練辦法」十四條。民國95年2月23日修正全文爲十五條，民國99年2月5日配合「公務人員行政中立法」之施行作第二次修正，全文仍爲十五條。現將該辦法要項舉述於後。

(一) 訓練性質：該項訓練爲一種普遍性與強迫性之訓練，對規定範圍內之對象普遍強迫訓練。自民國91年6月13日起三年內，各機關（構）學校所屬人員，均需接受本訓練一次。無故不接受者，由各機關（構）學校列入年終考績（成）之參考。民國95年修正該辦法後，則由各機關（構）學校，適時安排所屬人員參訓，無故不參加者列入年終考績參考（中立訓9）。

(二) 訓練對象：訓練對象規定爲：各機關（構）學校，組織編制中依法任用及派用之有給專任人員（中立訓3，中立2）。但下列人員亦得準用訓練有關規定：公立學校校長及兼任行政職務之教師、公立學校職員、公立社會教育機構專業人員、公立學術研究機構研究人員、各級行政機關具軍職身分之人員、軍訓單位人員、軍訓教官、公營事業機構人員、考試錄取之學習或訓練人員、行政法人有給專任人員、代表政府或公股出任私法人之董事及監察人（中立17）。

(三) 辦理訓練機構：由保訓會、國家文官學院，或該會所委託各機關（構）學校辦理（中立訓4）。

(四) 施訓方式：除保訓會辦理外，各機關（構）學校應適時安排所屬人員參加本訓練，並酌就下列方式辦理，且於辦理後之次年1月10日前將辦理情形報由中央二級以上機關、直轄市政府、直轄市議會或縣（市）政府或議會彙整後提送保訓會（中立訓5、12）：

1. 專班訓練：開辦訓練專班。
2. 隨班訓練：在辦理各項訓練時，列入有關行政中立課程。
3. 專題演講及座談：利用集會等活動舉辦有關行政中立演講、座談或研習。
4. 數位學習：於保訓會指定之網站上或媒體上學習有關行政中立課程。

(五) 訓練師資：應具備行政中立相關課程之素養，授課時並不得違反行政中立精神，並由保訓會薦介，以為各機關（構）學校遴聘之參考（中立訓8）。

(六) 經費：該訓練所需經費，由保訓會及文官學院編列預算支應。

(七) 績效考核：各機關（構）學校辦理情形，列入人事機構業務績效考核（中立訓11）。

第三節　公務人員保障制度

一、公務人員保障法制定沿革

憲法第83條及增修條文所規定公務人員之「保障」，只是宣示性和原則性的規定，國人久已期待其能具體化實現。政府終於民國85年6月1日成立公務人員保障暨培訓委員會，職司保障等事項，續於民國86年10月16日公布制定「公務人員保障法」全文三十五條。我國公務人員保障法制始告正式建立。

實則，我國之注意公務人員保障，起始於民國初年。所憾有關我國保障制度的早期歷史資料，坊間諸書，罕有敘及。茲就所知，簡介一二於次。

民國2年1月9日，北京政府第243號令，公布「國家文官任免執行令」凡三條，計九種法規草案，作為文官考試、任用、保障、懲戒、甄別等之暫行依據，並自當日施行。其中**文官保障法草案**全文十條，其內容約略為[4]：

(一) 免官依據：凡文官非受刑法之宣告、懲戒法之處分及依據該法，不得免官（第2條）。

---

4 (1)《政府公報》，北京，2.1.9.第243號命令，頁165、174至176。
(2)國史館：《中華民國史事記要初稿——民國2年1月至6月》，臺北，70.2.，頁28、40至42。

(二) 免官情事（第3條）：

1. 因身體殘廢、精神衰弱或年老不勝職務者。其為簡任、薦任官須付高等文官懲戒委員會審查，委任官須付文官普通懲戒委員會審查（第4條第1項）。

2. 因自己之便宜，自請免官者。

(三) 降官轉任：凡文官非得其同意，不得轉任同等以下之官（第5條）。

(四) 得命休職（第6條）：

1. 依懲戒法之規定付懲戒委員會審查者，以審查完竣為滿。

2. 關於刑事案件被告訴告發者，以法院確定為滿。

3. 因官制之變更有官署或額缺裁廢合併者。其在簡任、薦任官以二年為滿，委任官以一年為滿；休職內遇有相當職缺，應即敘補（第7條第2項），但休職期滿時，當然退官（第8條）。

北伐統一，民國19年1月6日考試院及所屬考選委員會、銓敘部同時成立。民國20年4月行政院第十九次國務會議議決，交內政部擬具「公務員保障法草案」。民國20年10月，考試院銓敘部對該草案提供修正意見；再經行政院第四十七次國務會議決議通過，於12月30日，由考試院會同行政院咨請立法院審議。此**公務員保障法草案**全文十條，其內容約略為[5]：

(一) 適用範圍：該法除政務官及其他法律有特別規定者外，凡公務員以依照中央考試或甄別或考績各法令取得公務員資格，並經合法任用者均適用之（第1、2條）。

(二) 免職依據：公務員非依該法規定，不得免職（第3條）。

(三) 不得降調：公務員非得其同意，不得轉任同等以下之職。但因其學識經驗，得以同等之職調任之（第4條）。

(四) 免職情事（第5條）：

1. 依懲戒處分或考績處分應免職者。

2. 受刑法之宣告者。

3. 身體殘廢，不能視聽動作者。

4. 身體衰弱或心神喪失，難以任事者。

5. 年老力衰不堪勝任者。

6. 依據法令應裁減員額者。

7. 自請免職者。

---

5 房列曙：《中國近現代文官制度（下）》，北京，商務印書館，105.1.，頁851至853。

(五) 停職情事（第8條）：

1. 依懲戒法交付懲戒，正在審查中者。

2. 被刑事告訴或告發，正在偵查及審判中者。

前項停職，在懲戒案未完結或刑事案未判決前，得於三個月內支原俸三分之一。公務員停職後，如未受懲戒之免職處分或刑事之宣告時，仍得復職。

民國23年6月18日，立法院法制、自治法委員會聯席會議以：「普通考試既未普遍舉行，高等考試錄取額亦屬有限，而銓敘任用之人員程度亦參差不齊，就現狀論公務員之資格，多未依據『考試法』及『公務員任用法』而取得，事實上尚未達保障之程度，應俟各種考試人才普遍錄用，『公務員任用法』施行著有成效後，再行制定『公務員保障法』。」而未能完成立法。

民國23年11月1至5日，考試院召開「全國考銓會議」，有浙江、安徽、河南三省政府及青島市政府提制定「公務員保障案」[6]，經大會決議：「……爲使在職人員安心服務、並增加行政效率起見，應制定公務員保障法……。」經於12月7日報中央政治會議，22日報國民政府，嗣國民政府訓令通飭各機關遵照，並令考試院議訂「公務員保障法」，呈候公布施行，及立法院議訂「公務員保障法」呈核[7]。

民國24年1月24日，河南省政府公布**河南省公務人員保障暫行條例**全文十二條，其內容要旨爲[8]：

(一) 法令保障：非依該條例不得免職、停職、降級、減俸、轉職之處分（第2條）。

(二) 保障現職：除依法令應由各該機關長官遴選外，其餘人員不隨前任長官爲去留（第3條）。

(三) 免職情事（第4條）：

1. 貪汙瀆職經查明確有重大嫌疑者。

2. 呈請辭職者。

3. 因殘廢或精神衰弱不堪任職者。

4. 因久病不能供職者。

(四) 停職情事（第5條）：

1. 爲刑事被告人，或依公務員懲戒委員會審查而認情節重大者。

2. 因官制變更或事務減少，有裁員之必要者。

---

6 考試院書處：《考試院施政編年錄（民國23年）》，23.11.1.及17.，頁315至318。

7 《國民政府公報》，24.1.5.，第1631號，訓令，頁6至7。

8 河南省政府，29.12.2.，民一洛字第216號咨銓敘部附件（油印本）（銓敘部檔案）。

(五) 不得降調：不得違反其意思調任同官等以下官職（第5條）。

(六) 復職規定：經公務員懲戒委員會議決未予免職處分，及刑事事件經法院宣告不起訴處分或無罪者，應許其復職；經裁員者，如機關員額缺出時，應儘先補用（第6條）。

(七) 保障俸級：非經懲戒委員會之議決，不得爲降級或減俸之處分（第7條）。

民國28年，爲配合第二期戰時行政計劃，奉執政黨總裁指示，應提高縣長待遇並制定保障辦法，爰內政部起草「縣長任用及保障條例草案」，及修正「縣長任用法草案」，10月中先後函送考試院交銓敘部研議。其時縣長係屬應受銓敘審查之公務員，兩草案之內容，對縣長之任用，均有其年齡、學歷、經歷等積極資格條件之規定，亦有其消極條件之規定，並且需經「試署」、「考核」、「實授」之程序。其中有保障之規定者約略爲[9]：

1.「縣長任用及保障條例草案」：

(1) 縣長在試署期內，各省政府認爲應予停職或免職時，應先開列事實，專案咨請內政部核定行之，並轉銓敘部備案，但情節重大者，得由省政府先予停職，再行報部（第15條）。

(2) 實授縣長，在任期內非依「考績法」或「公務員懲戒法」應停職或免職，不得停職或免職（第16條）。

(3) 實授縣長，在任期內，非有特殊情形，經內政部核准者不得調任（第17條）。

2. 修正「縣長任用法草案」：

(1) 縣長在試署期內，省政府認爲應予停職或調署他縣時，應先開列事實，並加具切實考語，咨請內政核呈行政院，轉請國民政府明令行之。並由內政部轉知銓敘部備案，但情節重大者，得由省政府先予停職，再行報部核辦（第11條）。

(2) 實授縣長，在任期內，非依「考績法」或「公務員懲戒法」應停職或免職者，不得停職或免職（第14條）。

(3) 實授縣長，在任期內，非有特殊情形，經內政部核准者，不得調任（第15條）。

(4) 實授縣長黜陟事宜，應由省政府於各該實授縣長任期屆滿三個月前，開列事實，並加具考語，咨請內政部核呈行政院，轉請國民政府明令行之，並由內政部轉咨銓敘部備案（第15條）。

9　考試院，28.10.9.，第346號訓令，及28.11.1.，第398號訓令及附件（銓敘部檔案）。

民國35年2月20至26日，銓敘工作檢討會，有交通部、行政院水利委員會、考選委員會、內政部等四個機關提五項有關制定「公務員保障法」之議案[10]，經合併討論後決議爲：「爲謀保障公務員、增加行政效率，……擬請送銓敘部於制定保障法時參酌辦理……。」

制憲時期，民國25年5月5日公布之「中華民國憲法草案」（俗稱「五五憲草」），其中第四章「中央政府」第五節「考試院」之第83條，將考試院之職權概括規定爲：「考試院爲中央政府行使考試權之最高機關，掌理考選、銓敘。」其他於第五章「地方制度」中，省、縣、市並無文官制度之立法或執行事項。民國35年11月23日，國民政府依政治協商會議結果修正「五五憲草」，27日向國民大會提出「中華民國憲法草案」（即「政協憲草」），其第八章「考試」之第88條，有關考試院之職權，採較詳細之例示規定：「考試院爲國家行使考試權之最高機關，掌理考試、任用、銓敘、考績、薪給、陞遷、退休、養老等事項。」第十章「中央與地方權限」之第110條規定：「左列事項，由中央立法並執行，或交由省縣執行之：……九、中央及地方官吏之銓敘任用、糾察及保障……[11]。」顯然政協憲草對於公務人員之保障，僅規定中央立法，交由中央或省縣執行，並未明確劃歸何院主掌，經國民大會第四審查委員會修正爲：「考試院爲國家最高考試機關，掌理考試、任用、銓敘、考績、級俸、陞遷、保障、褒獎、撫卹、退休、養老等事項。」修正「薪給」爲「級俸」，並增列「保障」、「褒獎」、「撫卹」三項，復輔以例示之「等事項」一語；第十章「中央與地方權限」之第111條對「中央立法並執行，或交由省縣執行之」之事項，雖增二款，但對「中央及地方官吏之銓敘、任用、糾察及保障」一款，並無修正。而後大會通過該兩條文，調整爲第83與108條，於民國35年12月25日完成制定程序，民國36年1月1日公布， 12月25日施行，此即現行「中華民國憲法」原本條文之第83與108條。

民國36年3月4日，浙江省政府頒行「**浙江省公務員保障及流動限制辦法**」，全文十二條，略以[12]：

(一) 凡經銓敘合格的公務員，及核准登記的雇員，應依法切實予以保障，除有重大過失或違法事實，及依照現行法令經考績考成考核結果，應予免職外，各機關

---

10 銓敘部：《中華民國35年銓敘工作檢討會紀錄彙編》提案說明，頁127、128、183至186。

11 繆全吉：《中國制憲史資料彙編——憲法篇》，臺北，國史館，78.6.，頁597、606。

12 房列曙：《中國近現代文官制度（下）》，北京，商務印書館，105.1.，頁850。該書引自《浙江省政府公報》，民國36年第3423期，命令，頁7。

長官不得任意撤換。

(二) 各級公務員如無故遭到撤換，得向省政府申訴，請求復職。

(三) 凡經依法任用之各級公務員，非有特殊重大事故，不得請求辭職。

民國37年11月1日，考試院將**公務人員保障法草案**全文十條（銓敘部檔案僅存油印本），函請立法院審議，或因動員戡亂，而無下文。其內容要旨爲：

(一) 適用範圍：經依法任用之公務人員（第2條），政務官及依法不受任用資格限制之人不適用之（第9條）。

(二) 保障職俸：各機關長官非依法不得爲撤職、休職、降級或減俸之處分（第2條）。

(三) 陳述機會：各機關長官對所屬職員爲撤職、休職、降級或減俸之處分前，應予被處分人陳述事實之機會（第3條）。

(四) 救濟管道：公務人員對其服務機關之違法處分，得準用「訴願法」提起訴願，並得準用「行政訴訟法」提起行政訴訟（第4條）。

(五) 救濟效力：因訴願決定或行政訴訟判決而撤銷或變更原處分者，其原處分自始無效。公務人員因原處分所受之損害，並應由原處分機關補償之；受撤職、休職處分而停止職務者，應予復職。其停職職務期間之年資視爲不中斷，復職時其主管長官得呈請上級機關予以調任（第6條）。

(六) 裁員補償：公務人員因其服務機關裁撤或員額縮減而去職者，應給予遣散費或生活費，其辦法由考試院會同行政院定之（第7條）。

上述資料，雖屬有限，但其於民國以後之源流、脈絡，大體已現。

雖然如此，保障之事，畢竟不能僅憑憲法條文中列有此項職權即可具體施行。但以憲法施行之初即逢政局鉅變，國民政府自大陸播遷來臺，並實施戒嚴，對公務人員更採取與政府間「特別權力關係學說」以行事，雖民國40年代，有建議制定保障法之議，銓敘部亦以民國37年之保障法草案爲藍本，進行研議，惟至民國50年代中期而納入「公務員法草案」。而後似乎即淡化，但仍停留於僅有「公務員懲戒法」之「非依本法不受懲戒」之傳統有限保障方式。直至民國73年5月18日，司法院公布釋字第187號解釋，配合世界思想溯流，對公務人員與政府間之公務關係，得爲退休事項提起爭訟，開啓公務人員依法訴願、訴訟之門徑，因而觀念開始轉變。當時考試院（銓敘部）即有依輿論研擬「申訴」制度之議。民國75年1月3日，司法院發布釋字第201號解釋，承續前釋字187號之見解。民國78年7月19日，發布釋字第243號解釋，明示對於因考績受免職處分之公務人員，自得行使憲法第16條之訴願權及訴訟權。而後歷經多號解釋（詳後敘），均繼續肯定公務人員就其對政府間之公務關係事項得予爭訟，並且由程序上權利的肯定，進而及於實體上權利的肯定。

此時，考試院第七屆考試委員任期內，考試院銓敘部亦著手擬就**公務人員保障法草案**初稿條文十八條，並於民國79年9月1日函送立法院審議。主要內容爲保障公務人員之身分地位與工作權，除考績事項得以訴願程序行之外，其餘均以「陳述意見、申訴、再申訴」行之，內容仍稍簡單。嗣第八屆考試委員任期內仍繼續研究。考試院亦曾成立專案小組進行研究，其結論大要爲：(一)有關保障項目：公務人員基本身分、工作條件、官職等級、待遇俸給等。(二)有關救濟程序：對行政處分事項採複審、再復審（形同訴願、再訴願）。複審向服務機關提起，再復審向公務人員保障暨培訓委員會提起，如不服，仍可進而提起行政訴訟；對非行政處分者，向保訓會提起申訴，保訓會作成決定後，全案即告終結。以上所述各要項，經銓敘部代考試院該專案小組擬具具體條文草稿九十二條，於民國83年7月報院，內容綱目爲：第一編、總則；第二編、保障事項：基本身分、工作條件、官職等級，待遇俸給之保障；第三編、保障程序：分複審、再復審、申訴、執行。經考試院幕僚會議研議決定，有關複審程序準用訴願法程序即可，遂再調整精簡草稿條文，並由考試院邀集各主管機關研商，修正申訴爲：「對非行政處分者，向服務機關提出申訴，如不服服務機關所爲處置，則向保訓會提起再申訴，保訓會作成決定後，全案即告終結。」提報考試院院會通過，草案全文簡化成三十六條，由考試院於民國83年11月14日函送立法院審議，並撤回民國79年所送之前草案，經立法院三讀審議通過，刪除有關福利之條文一條，咨請總統於民國85年10月16日公布全文三十五條施行。在此之前，有關公務人員權利之救濟，則依「訴願法」、「行政訴訟法」行之。

施行後，保訓會覺其條文主要有關程序方面之規定欠詳，如何完全準用「訴願法」之條文，亦多所不適不便，有關保障事項之實體與程序，均有增補俾使之更明確之必要。遂再央請臺灣大學政治系教授吳庚主持專案，詳加研擬，並配合「訴願法」與「行政訴訟法」之修正，而後提出修正案，恢復原先由銓敘部代擬但被考試院幕僚會議刪除之各有關程序性規定，並增調處規定。經送立法院完成三讀程序予以修正，於民國92年5月28日公布全文一百零四條施行，民國104年12月23日公布修正一條條文，民國106年6月14日修正，增修三十二條條文，此即現行全文一百零九條之「公務人員保障法」條文。

二、「公務人員保障法」制定前有關保障之規定

公務人員保障之事，載之於憲法第83條及其增修條文第6條，但遲至民國85年始有「公務人員保障法」之制定施行。有關公務人員保障之規定，在「公務人員保障法」制定前，分別散見於多種有關公務人員管理之法規中，頗爲紛繁卻不完備。

茲將民國85年10月前各法律有關條文錄列於下：

(一) 憲法：第7至24條均屬之，恕不一一抄錄以免冗繁。其中第15條言：「人民之生存權，工作權……應予保障。」第18條：「人民有應考試、服公職之權。」第32條：「國民大會代表在會議所為之言論及表決，對會外不負責任。」第73條：「立法院委員在院內所為之言論及表決，對院外不負責任。」第74條：「立法委員除現行犯外，非經立法院許可，不得逮捕或拘禁。」但憲法增修條文第4條第8項新規定：「立法委員除現行犯外，在會期中，非經立法院許可，不得逮捕或拘禁。憲法第74條之規定停止適用。」第80條：「法官……依據法律獨立審判，不受任何干涉。」第81條：「法官為終身職，非受刑事或懲戒處分或禁治產之宣告，不得免職；非依法律不得停職、轉任，或減俸。」第88條：「考試委員……依據法律獨立行使職權。」第101條：「監察委員在院內所為之言論及表決，對院外不負責任。」第102條：「監察委員除現行犯外，非經監察院許可，不得逮捕或拘禁。」但憲法增修條文第7條第6項新規定：「憲法第101條及第102條之規定，停止適用。」

(二) 「公務人員考試法」：第7條：「中華民國國民，年滿十八歲，具有本法所定應考資格者，得應本法之考試（下略）。」

(三) 「公務人員升等考試法」：民國85年以前之升等考試尚有雇員升委任級之考試，所以其時之升等考試區分為三級並分別以一個條文規定如下：

第3條規定：「現任薦任第九職等職務，或具有法定任用資格現任相當於薦任第九職等職務一年以上，已敘第九職等本俸最高級者，得應簡任升等考試。」

第4條規定：「現任委任第五職等職務，或具有法定任用資格現任相當於委任第五職等職務一年以上，已敘第五職等本俸最高級者，得應薦任升等考試。」

第5條規定：「現職雇員已支雇員本薪最高薪點滿一年者，得應委任升等考試。」

其他有關升等考試權利有關之規定如下：

第9條規定：「現職人員最近三年考績或考成成績，一年列甲等，二年列乙等以上者，其成績得併入升等考試之總成績計算。比重為百分之三十。」第10條規定：「合於第三條、第四條及第五條規定之現職人員，奉准留職停薪，在國內外進修與現職有關之科目者，於學成回原機關服務應升等考試時，其論文或學業成績得視為考績成績，但最多以計算三年為限。」

(四) 「公務人員任用法」：第10條規定：「初任各職等人員，除法律別有規定外，應就公務人員考試……及格人員分發任用……。」第12條：「……考試及格者，應由分發機關分發各有關機關任用……。」第18條：「（上略）經依法任用人員，除自願者外，不得調任低一官等之職務。」

(五)「公務人員任用法施行細則」：第23條：「公務人員經依第二十一條規定程序審定後，如有異議得於文到一個月內提出確實證明或理由，呈由本機關長官，依送審程序轉請復審。復審以一次為限。」

(六)「公務人員俸給法」：第3條：「公務人員之俸給，分本俸、年功俸及加給，均以月計之。」第16條：「銓敘機關敘定之等級，非依公務員懲戒法及其他法律之規定，不得降敘。」

(七)「公務人員俸給法施行細則」：第13條：「公務人員俸級經銓敘機關敘定後，應按敘定之俸級支給……。」

(八)「公務人員考績法」：第4條：「公務人員任現職經銓敘審定合格實授至年終滿一年者，予以考績；不滿一年者，得以前經銓敘有案之同官等或高官等職務合併計算，但以調任並繼續任職者為限。」

(九)「公務人員考績法施行細則」：第25條：「各機關或受考人，於收受銓敘機關核定考績結果通知後，除考列丁等或專案考績受免職處分者，依本法第17條規定辦理外，如有疑義，得於收受通知次日起，三十日內詳敘理由，檢同有關證明文件，申請復審。其由受考人申請者，應經原機關核處或核轉。申請復審以一次為限。」

(十)「公教人員保險法」：第3條：「公務人員保險分為生育、疾病、傷害、殘廢、養老、死亡及眷屬喪葬七項。」第6條：「公務人員應一律參加本保險為被保險人。其保險期限自承保之日起至離職之日止。」第7條：「被保險人之受益人為其本人或其法定繼承人；如無法定繼承人時，得指定受益人。」第12條：「被保險人繳付保險費滿三十年後，得免繳保險費。如發生第三條所列保險事故時，仍得依本法規定享受保險給付之權利。」第13條，（係規定有關承保機關應負擔醫療費用）第14條：「被保險人在保險有效期間，發生殘廢、養老、死亡、眷屬喪葬四項保險事故時，予以現金給付。其給付金額，以被保險人當月俸（薪）給為計算給付標準。」第15條至第18條等四條則分別規定有關殘廢給付、養老給付、死亡給付及喪葬費等四項現金給付之給付條件等。第22條更規定：「依本法支付之現金給付，經承保機關核定後，應於十五日內給付之；如逾期給付歸責於承保機關者，其逾期部分應加給利息。」

(十一)「公務人員退休法」：第3條：「公務人員之退休，分自願退休及命令退休。」第4條：「公務人員有左列情形之一者，應准其自願退休：一、任職五年以上滿六十歲者。二、任職滿二十五年者。前項第一款所規定之年齡，對於擔任具有危險及勞力等特殊性質職務者，得由銓敘部酌予減低，但不得少於五十歲。」

第5條：「公務人員任職五年以上，有左列情形之一者，應命令退休：一、年滿六十五歲者。二、心神喪失或身體殘廢不堪勝任職務者。前項第一款所規定之年齡，對於擔任具有危險及勞力等特殊性質職務者，得由銓敘部酌予減低，但不得少於五十五歲。」第6條：「退休金之給與如左：（下略）。」第9條：「請領退休金之權利，自退休之次月起，經五年不行使而消滅之。但因不可抗力之事由，致不能行使者，自該請求權可行使時起算。」第14條：「請領退休金之權利，不得扣押、讓與或供擔保。」

(十二)「公務人員撫卹法」：第3條：「公務人員有左列情形之一者，給與遺族撫卹金：一、病故或意外死亡者。二、因公死亡者。」第12條：「請卹及請領各期撫卹金權利之時效，自請卹或請領事由發生之次月起，經過五年不行使而消滅。但因不可抗力之事由，致不能行使者，其時效中斷。時效中斷者，自中斷之事由終止時，重行起算。」第13條：「領受撫卹金之權利及未經遺族具領之撫卹金，不得扣押、讓與或供擔保。」第14條：「公務人員在職亡故者，應給與殮葬補助費。其標準由考試院會同行政院定之。」

在各有關法規中，除以上抄錄之條文外，另有若干條文未及一一錄介；復有若干條文似稍為間接亦未予引介。

三、原有保障規定稍欠周備

按公務人員之「保障」，得概括分為：「生活保障」與「職務（身分）保障」。前者乃食衣住行之所資，有賴適當之工作薪酬，並以維持適當之社會地位之尊嚴；後者則與其工作能力之地位有關，不應非法無故變更（降低）或令其去職。而失其工作權益，以致影響其生活與尊嚴。兩者雖其實體有所不同，但在形式上應有其救濟之途，則是同一，前者重於實質給與措施之補助，而後者重在有扳正之方式。

以上各該有關法規，對於公務人員保障之規定，無論在實體上或程序上，均有欠周詳，亦不甚具體。例如：有關公務人員職務之保障，任用法中竟無「非依法不得免職」之類規定；退休法及撫卹法對於退休金或撫卹金之計算，如有錯誤，究應如何救濟？得否申請復審？（24.5.29.司法院院字第1285號解釋：已退休之公務員關於養老金支給數額及其方法，……要不得依訴願法第1條提起訴願），竟無一字之規定；辦理考績如有不當或違法時，除列丁等者或免職者得申請復審、再復審外，非列丁等者竟僅得申請復審一次。至於人事機構及行政機關如有不當處分或其他違法處分，則多年來，均無救濟之途徑。而後始略為修正「公務人員任用法施行細則」第24條及「公務人員考績法施行細則」第25條，而有較明確合理之規定，均係保障法施行後之補救措施。

四、現行保障與救濟制度

「公務人員保障法」於民國85年10月16日公布制定全文三十五條，嗣於民國92年5月28日公布修正全文一百零四條，修正規模甚大。民國104年12月23日公布修正第76條，刪除對警察機關之囑託送達。民國106年6月14日公布修正條文三十二條（修正二十七條、新增五條），計一百零九條。

「公務人員保障法」之制定施行，在我國公務人員保障史上，實爲一重要里程碑。可謂對政府機關之從業人員均予保障，其人員包括：

(一) 適用人員：係指法定機關（構）及公立學校依公務人員任用法律任用之有給專任人員（第3條）。

(二) 準用人員（第102條）：

1. 教育人員任用條例公布施行前已進用未經銓敘合格之公立學校職員。

2. 私立學校改制爲公立學校未具任用資格之留用人員。

3. 公營事業依法任用之人員。

4. 各機關依法派用、聘用、聘任、僱用或留用人員。

5. 應各種公務人員考試錄取參加訓練之人員，或訓練期滿成績及格未獲分發任用之人員。但應各種公務人員考試錄取參加訓練之人員，不服保訓會所爲之行政處分者，有關其權益之救濟，依訴願法之規定行之。

又其在有關保障事項上，包括所保障之實體及施行保障之程序兩部分，均頗爲周備。茲分述如下：

(一) 第一章、總則（第1至8條）：

1. 例示保障之權益：公務人員保障之權益爲之身分、官職等級、俸給、工作條件、管理措施等（第2條）。「管理措施」係民國92年修正時所增列。

2. 權益救濟之程序：救濟程序以復審、申訴、再申訴行之（保障4）。

3. 提救濟者之保護：保訓會不得於救濟（不服）範圍內爲更不利之處分（保障5）。機關不得因公務人員提救濟，而予以不利之行政處分、或不合理之管理措施或工作條件之處置（保障6）。

4. 增列迴避之情事：審理人員或協辦人員自行迴避或受申請迴避之情事，民國92年修正時，由三款增列爲五款，以期獨立超然行使職權。明知應迴避而不迴避者，應依法移送懲戒。其應迴避之情形爲（第7條）：

(1) 與提起保障事件之公務人員有配偶、前配偶、四親等內血親、三親等內姻親、家長、家屬或曾有此關係者。

(2) 曾參與該保障事件之行政處分、管理措施、有關工作條件之處置或申訴程序者。

(3) 現為或曾為該保障事件當事人之代理人、輔佐人者。

(4) 於該保障事件，曾為證人、鑑定人者。

(5) 與該保障事件有法律上利害關係者。

5. 調閱訪談查證權：審理案件有必要時，得經保訓委員會議之決議，派員調閱相關文件及訪談有關人員，受調閱機關及受訪談人員應為必要之協助（保障8）。保訓會必要時，得依職權或依復審人之申請，命文書或其他物件之持有人提出該物件，並得留置之；公務人員或機關掌管之文書或其他物件，保訓會得調閱之；其情形，除有妨害國家機密者外，該公務人員或機關不得拒絕（保障56）。但並無如監察法第27條「必要時得臨時封存有關證件或攜去其全部或一部」之規定，故不得封存或攜帶有關證件，充其量，僅得帶走影本。

(二) 第二章、實體保障（第9至24條）：

1. 身分權益之保障：公務人員之身分，非依法律不得（被）剝奪。基於身分之請求權，其保障亦同（保障9）。非依法律不得予以停職。公務人員於停職、休職、留職停薪期間仍具公務人員身分，但不得執行職務（保障9之1）。停職事由消失或其處分經撤銷，應予回復原職或與原職相當之職務或俸給。停職、休職、留職停薪人員於復職報到後回復其應有之權益（保障10、11、11之1、11之2）。

2. 機關裁員之處置：機關裁撤、組織變更或業務減縮，應予轉任、派職或輔導訓練（保障12）。

3. 公務人員辭職權：公務人員之辭職，應以書面為之。除有危害國家安全之虞或法律另有規定者外，服務機關或其上級機關不得拒絕之（保障12之1）。此乃基於憲法第15條「工作權」之「職業自由」。

4. 官職俸給之保障：公務人員之官職等級與俸給非依法律不得變更、降級或減俸，加給亦同（保障13至15，公懲9、15、16）。

5. 禁止違法之指派：公務人員雖有服從之義務，但不得對公務人員為違法之工作指派，或以強暴脅迫或其他不正當方法，使其為非法行為（保障16，服務2、3，中立14，刑法21）。此情公務人員得請求書面下達，長官如認其命令並未違法，以書面再次下達時，應署名負責，始得課予公務人員應服從之義務；但違反刑事法律者，公務人員無服從之義務（保障17）。

6. 執勤安全之保障：公務人員執行職務之安全應予保障。各機關應提供執行職務必要之機具設備及良好工作環境（保障18），以及安全衛生之防護措施（保障19）。遇危險時，現場長官得視危險情況，暫停執行（保障20）。如致公務人員生命、身體、健康受損，得請求國家賠償。執行職務時，發生意外致受傷、失能或死亡者，應發給慰問金（保障21）。如因執行職務而涉訟時，應輔助其延聘律師爲其辯護及提供法律上之協助，但如爲公務人員故意或重大過失所致，機關應向公務人員求償（保障22）。

7. 超勤工作之補償：正常上班時間外之執勤，應給予加班費、補休假獎勵或其他補償（保障23）。

8. 代墊費用之償還：公務人員執行職務墊支之必要費用，得請機關償還（保障24）。

9. 公法財產請求權：公務人員之公法上財產請求權，其消滅時效期間爲十年（保障21之慰問金、22之涉訟輔助之費用）、二年（一般健康檢查之費用、加班費、執行職務墊支之必要費用）（保障24之1）。

(三) 第三章、復審程序（第25至76條）：

1. 復審之提起：公務人員受服務機關或人事主管機關之違法或顯然不當之行政處分，致損害其權益或利益，得經由原處分機關向保訓會提起復審；基於原公務人員身分之請求權（含退離、撫卹遺族）亦同（保障25、44Ⅰ）。公務人員因原處分機關對其依法申請之案件，於法定期間內應作爲而不作爲，或予以駁回，認爲損害其權利或利益者，得提起請求該機關爲行政處分，或應爲特定內容之行政處分之復審（保障26），此即「課以義務之訴」。公務人員應於收到處分書之次日起三十日內提起復審（保障30）。機關受理之申請案件，於法定期間應作爲而不作爲，自其受理之日起二個月亦得提起復審。行政處分所附「訓示」告知之復審期間有誤，應予更正，並自更正送達之日起算（保障27）。

2. 機關之認定：以處分時之名義爲準，上級機關交付下級機關執行者，仍以該上級機關爲處分機關（保障28）。但機關裁撤或改組，以其承受業務之機關爲處分機關（保障29）。

3. 期間與期日：復審之提起，自行政處分到達之次日起三十日內爲之（保障30）；因天災或其他不應歸責於己之事由，致遲誤期間者，於該原因消滅後十日內，向保訓會申請回復原狀，但超過一年則不得爲之（保障31）；申請回復原狀，應同時補行期間內應爲之復審行爲。又法定期間應扣除「在途期間」（保障32），餘則準用「行政程序法之規定」（保障33）。

4. 復審當事人：能獨立以法律行爲負義務者，有復審能力。無復審能力者，由「法定代理人」代理之（保障34Ⅱ）。多數人共同提復審者，得選定三人代表之（保障35），並得委任熟諳法律或專業知識之人爲代理人（保障38）。按國民十八歲得應考試服公職負刑法上之責任（考試12，刑法18）。此之復審能力似僅宣示作用，但其「無復審能力」則似指受監護之宣告者（民法15）。

5. 卷宗與閱覽：復審之文書，保訓會應編為卷宗保存（保障41）。復審人或其代理人得申請閱覽（保障42、59II）。

6. 復審書格式：復審書應載明復審人或其代理人、原處分機關、請求事項及其事實理由證據、日期等法定之內容項目（保障43）。保訓會認為其不合格式者，應通知復審人於二十日內補正（保障49）。

7. 復審之繼受：復審人死亡或喪失復審能力者，得由其繼承人或依法得繼受原行政處分之利益人，繼受復審程序（保障48）。

8. 陳述與備詢：保訓會必要時，得通知復審人或有關人員陳述意見並接受詢問；並得指定副主任委員、委員聽取上述到場人員之陳述（保障50、51）。

9. 開言詞辯論：保訓會必要時依職權或復審人之申請，通知復審人或其代理人、代表人作言詞辯論（保障52）。復審人得提出證據書類或證物，必要時，保訓會得依職權或囑託有關機關等為檢驗、鑑定等（保障57）。

10. 復審不受理：復審事件有下列情形之一者，應為不受理之決定（保障61）：

(1) 復審書不合法定程式不能補正或不補正者。

(2) 復審逾法定期間者。

(3) 復審人無復審能力，而未有法定代理人為復審。

(4) 復審人不適格。

(5) 行政處分已不存在。

(6) 對已決定或已撤回之復審事件重提復審。

(7) 對不屬於復審救濟範圍內之事項，提起復審。

11. 數復審併辦：數宗復審案件係基於同一或同種類之事實或法律上之原因，保訓會得合併審議並合併決定（保障62）。

12. 復審之決定：

(1) 復審無理由，保訓會應予駁回。如其原行政處分所憑之理由，雖屬不當，但依其他理由認為正當者，仍應以復審無理由（保障63）。

(2) 為情況裁決：

①因復審之提起逾法定期間而為不受理之決定時，原處分顯屬違法或不當者，保訓會應於決定理由中指明（保障64）。

②原處分雖屬違法或顯然不當，但其撤銷或變更於公益有重大損害，經斟酌復審人之損害賠償程度、防止方法及其他一切情事，認為原處分之撤銷或變更，顯然違背公益時得駁回之，但應於主文中載明原處分違法或顯然不當（保障67）。並

於決定理由中載明由原處分機關與復審人進行賠償協議（保障68）。

(3) 復審有理由：

①保訓會應於復審人表示不服範圍內，撤銷原處分之全部或一部。並得視其情節，發回原處分機關另為處分。原處分機關於復審人表示不服之範圍內，不得為更不利益之處分；又其未於規定期限內依復審決定意旨處理，經復審人再提復審時，保訓會得逕為變更之決定（保障5、65）。

②申請案件因原處分機關於法定期間內應作為而不作為，而提起復審者，保訓會認為有理由，應指定相當期間命該機關速為處分。其在保訓會決定前已為行政處分者，應以復審無理由駁回之（保障66）。

13. 決定之期間：保訓會應於收受原處分機關檢卷答辯或補正之次日起算三個月內為之，必要時得延長一次，最長不逾二個月，並通知復審人（保障69）。

14. 審議之停止：復審之決定以他法律關係是否成立為準時，在該法律關係爭訟未確定前，得停止復審程序之進行，並即通知復審人。其決定期間，自該法律關係確定之日起，重行起算（保障70）。

15. 復審決定書：應記載復審人及其代理人、主文、事實、理由、決定機關及其首長、決定日期等，並應記載聲明不服得於決定書送達之次日起二個月內，向司法機關請求救濟。此應於決定後十五日內送達復審人及原處分機關（保障71 II、72）。

16. 復審不處理：復審事件無具體事實內容或未具真實姓名、服務機關或住所者，不予處理（保障73）。

17. 復審之送達：復審文書應向復審人、法定代理人、原處分機關為郵務送達或囑託送達，並準用「行政程序法」之規定（保障76）。

(四) 第四章、申訴及再申訴程序（第77至84條）：

1. 申訴之提起：公務人員對於服務機關所為之管理措施或有關工作條件之處置，認為不當，致影響其權益者，於該措施或處置達到之日起三十日內，向服務機關提申訴，不服服務機關所為函復者，得於收到函復之次日起三十日內向保訓會提再申訴（保障77、78）。

2. 申訴書格式：申訴書應記載申訴人、請求事項、事實及理由、證據、管理措施或工作條件之處置、達到之日期、提起之日期，並由申訴人或其代理人簽名或蓋章（保障80）。

3. 查詢之回復：各機關對保訓會查詢之再申訴案件，應於二十日內將事實、理由及處理意見附有關資料，回復保訓會（保障82）。

4. 決定之期間：服務機關對申訴案件，應於收受申訴書之次日起三十日內函復，必要時得延長二十日（保障81）。逾期未函復，申訴人得向保訓會提再申訴。保訓會應於收受再申訴書之次日起三十日內為再申訴之決定，必要時得延長三十日。延長時，均應通知申訴人、再申訴人（保障81）；服務機關未於保訓會查詢之二十日內回復者，保訓會得逕為決定（保障82）。

5. 再申訴決定：其決定書應載明：

(1) 再申訴人及其代理人。

(2) 主文、事實及理由。

(3) 決定機關首長及日期。

(4) 附註不得以同一事由再提再申訴（保障83）。

6. 程序之準用：申訴、再申訴，除本案規定外，準用第三章「復審程序」之若干規定（保障84）。

(五) 第五章、調處程序（第85至88條）：

1. 調處之必要：保障案件係機關與公務人員間之權益爭執，為兼顧公私利益平衡，機關內部團結和諧，對於保障事件，保訓會得依職權或依申請，指定副主任委員或委員進行調處（保障85），以免機關與公務人員過度對峙，並妥為解決問題。所稱之「保障事件」，當然不止於再申訴，亦包括復審（保障86）。

2. 調處之進行：應以書面通知復審、再申訴人或其代表人、代理人及有關機關，於指定期日到達指定地點行之。其無正當理由於調處期日均不到場者，視為調處不成立；但保訓會認為有成立調處之可能者，得另定期日調處。調處應將過程及結果詳作紀錄（保障86）。

3. 調處之成立：調處成立者，應製作調處書，記載：

(1) 再申訴人及其代理人。

(2) 參與調處之副主任委員或委員。

(3) 調處事由。

(4) 調處成立之內容。

(5) 調處之時地。

保訓會並終結再申訴事件之審理程序（保障87）。調處不成立者，保訓會應逕依復審程序或再申訴程序為審議之決定（保障88）。

(六) 第六章、執行（第89至93條）：

1. 原處分不停止執行：原行政處分、管理措施或有關工作條件之處置，不因保障程序之進行而停止執行，但其合法性顯有疑義，或執行將發生難以回復之損害，且有急迫情事，並非維護重大公共利益所必要者，保訓會、原處分機關或服務機關得依職權或依申請就原處分、措施或處置之全部或一部停止執行。其停止原因消滅或有其他情事變更之情事，亦得依職權或申請撤銷停止執行（保障89、90）。

2. 決定之效力與執行：保訓會所為保障事件之決定，有拘束各機關之效力，調處成立亦同。原處分機關或服務機關應於復審或申訴確定之次日起二個月內，將處理情形回復保訓會，必要時得延長，但不超過二個月，並通知復審人或再申訴人及保訓會。惟保障事件經調處成立者，原處分機關或服務機關應於收受調處書之次日起二個月內，將處理情形回復保訓會（保障91）。原處分機關或服務機關於法定期限內未處理者，保訓會應檢據將違失人員移送監察院依法處理，但違失人員為薦任第九職等以下人員，則通知其上級機關依法處理。如違失人員為民意機關首長，則處新台幣十萬元以上一百萬元以下罰鍰，並公布違失事實；又其未依通知期限繳納，則依法移送強制執行（保障92）。保障案件之決定書及其執行情形應定期刊登公報（保障93）。

(七) 第七章、再審議：

1. 再審議事由：復審案件經保訓會決定，於確定後有下列事由之一者，原處分機關或復審人得向保訓會申請再審議，如其於原行政處分、原管理措施、原工作條件之處置及原決定執行完畢後，亦得申請（保障94）：

(1) 適用法規顯有錯誤者。

(2) 決定理由與主文顯有矛盾者。

(3) 決定機關之組織不合法者。

(4) 依本法應迴避之委員參與決定者。

(5) 參與決定之委員關於該復審事件違背職務，犯刑事上之罪者。

(6) 復審之代理人或代表人，關於該復審有刑事上應罰之行為，影響於決定者。

(7) 證人、鑑定人或通譯就為決定基礎之證言、鑑定或通譯為虛偽陳述者。

(8) 為決定基礎之證物，係偽造或變造者。

(9) 為決定基礎之民事、刑事或行政訴訟判決或行政處分，依其後之確定裁判或行政處分已變更者。

(10) 發見未經斟酌之證物或得使用該證物者。但以如經斟酌可受較有利益之決定者為限。

(11) 原決定就足以影響於決定之重要證物漏未斟酌者。

2. 再審議期間：再審議應於復審決定或在申訴決定確定之時起三十日之不變期間內提起，但再審議之理由知悉在後者，自知悉時起算。惟如逾五年，則不得提起（保障95）。

3. 提起再審議：應以書面敘述理由，除具繕本連同原決定書影本及證據，向保訓會提起（保障96）。

4. 撤回再審議：再審議於保訓會作成決定前得撤回之，經撤回者，不得更以同一原因申請再審議（保障97）。

5. 再審議決定：保訓會對申請再審議程序不合法者，應爲不受理之決定（保障98）；認爲無理由者，應駁回之，並不得以同一原因申請再審議（第99條）；認爲有理由者，應撤銷或變更原復審決定（保障100）。

6. 程序之準用：再審議除本章之規定外，準用第三章「復審程序」及第六章「執行」之規定（保障101）。

(八) 第八章、附則：

1. 準用人員：前已敘述（保障102）。

2. 程序從新：該法修正施行前，尚未終結之保障事件，其以後之程序，依修正之本法規定終結之（保障103）。

(九) 保障法之績效：「公務人員保障法」之制定，是國家進步與現代化之重要里程碑，所以特別爲公務人員所關切。但徒法不足以自行，考試院保訓會同仁，尤其是會內保障處同仁，歷年來之認眞努力執行，使保障法之績效爲之彰顯，殊堪欽佩。茲依據該會發布之統計資料，摘述其自民國85年10月16日至94年底止，九年又二個半月的工作數量於下，以見一斑（保訓會頁11、12）：

1. 歷年收案件數：期間所收各類保障案件總數五千六百七十二件，平均每年約六百一十五件。歷年件數如下：民國86年三百二十八件、87年四百八十件、88年五百三十八件、89年五百一十件、90年五百四十三件、91年六百五十八件、92年九百件、93年八百件、94年九百一十五件。顯示歷年數量累增趨勢，民國94年數量幾近86年之三倍。

2. 歷年收案分類件數：再申訴案二千九百九十七件、復審案一千二百八十八件、再復審案一千三百五十四件、再審議案三十三件（民國92年5月28日「公務人員保障法」修正後，將原有之再復審案程序取消，而另行新定再審議案程序）。

3. 案件處理情形：經審議決定者四千六百七十七件（87%）、移轉管轄者四百一十六件（8%）、以行政公函復知者二百三十四件（4%）、待決者一百八十一件（3%）、經機關自行撤銷者二件（0%）。以上共五千三百二十九件（百分之百）。

4. 審議案決定情形：

(1) 再申訴案：不受理者九十四件（4%）、撤銷者五百六十三件（22%）、駁回者一千八百五十七件（74%）。

(2) 復審案：不受理者二百四十四件（23%）、撤銷者七十一件（7%）、駁回者七百四十三件（70%）。

(3) 再復審案：不受理者一百五十一件（14%）、撤銷者一百七十七件（17%）、駁回者七百四十五件（67%）。

依該會之統計，民國97年至106年，每年新收案件合計九千四百三十三件，駁回率平均約七成左右。撤銷（程序及實體）約三成左右，與上述十年間之情形相當，茲不贅述。

五、大法官會議有關保障之解釋

我國早在民國19年及21年，即已先後分別公布「訴願法」與「行政訴訟法」，以保障人民權利。依該兩法規定，均明定人民均有該兩法之適用（試讀兩法起始各條文之措詞可明），揣其原意，似乎可能意在「凡」具「我國」人民身分者，即得適用，應屬善意。但不幸竟被解釋為具有排除公務員身分人之意。惟以公務員畢竟本即人民身分，且由於時代進步及公務員與政府機關間關係觀點漸有爭議，當公務員與政府發生爭議時，竟缺乏救濟途徑，於是不得不試循訴願與行政訴訟兩途以行，但遭拒絕。究其思想背景，乃基於在當時「特別權力關係」觀念下，認為公務員既具特別身分，有別於一般人民，故不得適用該兩法以求救濟。

二次大戰後，「特別權力關係」學說逐漸沒落，我國亦受啓發。先是司法院於民國73年5月18日公布釋字第187號解釋，開啓公務人員得提起行政爭訟之一道小門。自此以後，司法院歷年幾均有作成與考銓制度相關之解釋，也激起考銓法規的修正與變革。迄民國106年底為止，大法官所作有關考銓法制之解釋，約有六十一號之多。其中有關「考選」者大部分為對應考者之「人民」身分所為之解釋，或為應考資格條件者（釋268、411、546、547、618、655、682、750），或為考試程序中有關典試者（釋319）與訓練者（釋429），雖尚無直接涉及公務人員之權益事項，但亦間接促使公務人員甚或全體國民注意及執行業務所必具之適當技能，甚至應有之道德水準，在社會生活中不容墮落，因其均「與公共福祉有密切關係」（釋412解釋理由書），尤其專業技術人員，如醫師、建築師等為然。至於有關公務人員制度或權益之解釋，就其重要者而言，約可歸納為下列(一)、(二)兩項連同(三)「信賴利益之保護與過渡條款」，一併說明：

(一) 關於程序上之權利：自釋字第187號解釋，對「退休」事項「在程序上非不得依法提起訴願或行政訴訟」，釋字第201號再重申此意。續復有釋字第243號解釋：「依公務人員考績法或相關法規之規定，對公務員所為之免職處分，直接影響其憲法所保障之服公職權利，受處分之公務員自得行使憲法第十六條訴願及訴訟之權。……記大過處分，並未改變公務員身分，不直接影響人民服公職之權利，……不許其以訴訟請求救濟，與憲法尚無牴觸。」換言之，亦即公務員受免職處分「得請求司法救濟」（釋298）。另釋字第323號肯定，對於「任用審查認爲不合格或降低原擬任之官等者，……自得依法提起訴願或行政訴訟，以謀求救濟。」釋字第395號揭示公務員有「法律保留原則」之適用。釋字第396號更認定：「公務員因公法上職務關係，而有違法失職之行爲，應受懲戒者，……應本正當法律程序之原則，對付懲戒人予以充分之程序保障。」尤其受懲戒者，在其聲請再議期間，「應自裁判書（議決書）送達之次日起算」（釋446）。嗣釋字第491號出現，更總結程序上與實體上權利作如下之各種敘述：「免職之懲處處分，爲限制人民服公職之權利，實質上屬於懲戒處分。其構成要件應由法律定之，方符憲法第二十三條之意旨。」（法律保留原則），「懲戒處分之構成要件，法律以抽象概念表示者，其意義要非難以理解，且爲一般受規範者所得預見，並可經由司法審查加以確認，方符合法律明確性原則。」（明確性原則），又：「對於公務人員之免職處分，既依現制憲法保障人民服公職之權利，自應踐行正當法律程序。」（正當法律程序原則），又：「處分前並予受處分人陳述及申辯機會」（表述意見原則），又：「處分書應附記理由，並表明救濟方法，期間及受理機關等相關制度予以保障。」（訓示救濟原則）。諸此種種，顯然均在保障公務員遭受政府機關不利之行政處分時，明確禁止政府機關不能違反正當法律程序，以及禁止採取以公務員所不能參與之程序而爲突襲性之處分，且均係闡明與發揚所規定公務員於程序上仍有之權利。又對公務員違法失職行爲之是否懲罰，不應處於長期不確定狀態，如「經過相當時間不行使者，即不應再追究，以維公務員權益及法律秩序之安定。」（釋583），亦即提示應有「追訴時效」的規劃概念。另對於公保「養老給付」僅規定依法退休人員有請領之權，對於其他離職人員則未規定，與憲法第15條保障人民財產權之意旨不符，應即檢討修正（釋343）。

(二) 關於實體上之權利：憲法第15條稱：「人民之生存權、工作權及財產權，應予保障。」憲法對此三項權利之所以合併規定，顯然係因工作獲得財產，財產之目的即在求生存，三者當然有其連貫性之密切關係。基此認識，茲依憲法之如此規定，就公務人員之實體權利，以工作權、財產權，分類述說大法官會議有關解擇之內容於次：

1. 工作權：公務人員具有法定任用資格及服務技能者，即應依法享有公務人員之工作權。工作權除涉及工作報酬外，亦涉及社會生活之榮譽與尊崇。

(1) 任用：肯定考試院得對公立學校職員，以考試定其資格（釋278、405），而對任用資格之審查，學校職員自得提起行政爭訟（釋323）。又對「後備軍人轉任公職考試比敘條例」授權考試院所作有關任用資格與俸級比敘之規定，亦認定與憲法有關工作權之平等保障，並無牴觸（釋412）。進而更明確認定公務人員「依法銓敘取得之官等……非經懲戒機關依法定程序之審議決定，不得降級……，此乃憲法上服公職權利所受之制度性保障。」（釋483）。

對於依「臺灣地區與大陸地區人民關係條例」經許可進入臺灣地區之大陸地區人民，非在臺灣地區設有戶籍滿十年，不得擔任公務人員部分，「乃係基於公務人員經國家任用後，即與國家發生公法上職務關係及忠誠義務，……鑒於兩岸目前仍處於分治與對立之狀態，且政治、經濟與社會等體制具有重大之本質差異，爲確保臺灣地區安全、民眾福祉暨維護自由民主之憲政秩序，所爲之特別規定，其目的洵屬合理正當。……設籍臺灣地區未滿十年者，對自由民主憲政體制認識與其他臺灣地區人民容有差異，……予以區別對待，亦屬合理，與憲法第七條之平等原則及憲法增修條文第十一條之意旨尚無違背。……須在臺灣地區設有戶籍滿十年……實乃考量……對自由民主憲政體制認識之差異，及融入臺灣社會需經過適應期間，……尤需有長時間之培養，……其手段仍在必要及合理之範圍內，立法者就此所爲之斟酌判斷，尚無明顯而重大之瑕疵，難謂違反憲法第二十三條規定之比例原則。」（釋618）。「機關因改組、解散或改隸致對公務人員之憲法所保障服公職之權利產生重大不利影響，應設適度過渡條款或其他緩和措施，以資兼顧。」（釋575）。

「國籍法第二十條第一項及醫事人員人事條例，未就具中華民國國籍兼具外國國籍者，設例外規定，以排除其不得擔任以公務人員身分任用之公立醫療機構醫師之限制，與憲法第七條保障平等權之意旨，尚無違背。」（釋768）。

但「依公司法設立之公營事業中，除前述特定人員以外，其他人員與其所屬公營事業間之法律關係爲私法關係。」（釋759理由書）。

「公營事業人員中具公務人員身分者與國家間之關係，如因事業性質之改變致其服公職權受有不利之影響，國家自應制定適度之過渡條款或其他緩和措施，以兼顧其權益之保障。」（釋759理由書）。

(2) 陞遷：「憲法第十八條保障人民服公職之權利，包括公務人員任職後依法令晉敘陞遷之權。晉敘陞遷之重要內容應以法律定之。主管機關依法律授權訂定施行細則時，爲適用相關任用及晉敘之規定而作補充性解釋，如無違於一般法律解釋方法，於符合相關憲法原則及法律意旨之限度內，即與法律保留原則無所牴觸。」（釋611）。換言之，陞遷之決定，應依法律規定或法律授權行政機關所作之規定行之，符合規定者，當然即具有得被拔擢陞遷的權利。

「憲法第十八條規定人民有應考試服公職之權，旨在保障人民有依法令經由公開競爭之考試程序，取得擔任公職之資格，進而參與國家治理之權利。應考試服公職之權爲廣義之參政權，人民應有以平等條件參與公共職務之權利與機會。爲實踐此一憲法意旨，國家須設有客觀公平之考試制度，並確保整體考試結果之公正，其保障範圍包含公平參與競試與受訓練完足考試程序以取得任官資格、職務任用資格、依法令晉敘陞遷，以及由此衍生之身分保障、俸給與退休金等權利（釋字第429號、第575號、第605號、第611號、第682號及第715號解釋參照）。……警察人員考試開放一般生報考後，針對同一考試之錄取人員，國家自應提供其得任用職務所需之訓練，完足考試程序，以取得相同之官等及職務任用資格，始符合憲法保障人民得以平等條件參與公共職務之意旨。……100年之前警察三等特考及格之一般生依法既與警大或警官學校畢業生相同取得警正四階之任官資格，則兩者間之職務任用與陞遷機會即應相同。」（釋760理由書）。

(3) 免職：免職即喪失所具現職公務人員身分，亦即「服公職工作權」之喪失，因而無從取得服公職之報酬（俸給），亦即喪失此種財產取得權，進而更有喪失生存權之虞。是以應許其有提起司法救濟之權能（釋243、289、491）。

(4) 服務：「因案停止職務，乃因其暫不宜繼續執行……職務，此為增進公共利益所必要，……惟確定為無刑事及行政責任，……其中斷期間所失之權益，如何予以補償，應由主管機關檢討處理之。」（釋301）。

對「公務員服務法」第14條之1所規定之「旋轉門條款」，認為「旨在維護公務員公正廉明之重要公益，而對離職公務員選擇職業自由予以限制，其目的洵屬正當；其所採取之限制手段與目的達成間具實質關聯性，乃為保護重要公益所必要，並未牴觸憲法第二十三條之規定，與憲法保障人民工作權之意旨尚無違背。」（釋637）。

「公職人員利益衝突迴避法第九條規定：『公職人員或其關係人，不得與公職人員服務之機關或受其監督之機關為買賣、租賃、承攬等交易行為。』尚未牴觸憲法第二十三條之比例原則，與憲法第十五條、第二十二條保障人民工作權、財產權及契約自由之意旨均無違背。」（釋716）。

2. 財產權：財產權係屬具體直接影響公務人員實質權益之事項。正如釋字第312號所示：「公務人員公法上之財產請求權遭受侵害時，得依訴願或行政訴訟程序請求救濟。」

(1) 俸給：「國家對於公務員有給予俸給、退休金等維持其生活之義務。」（釋455，並參釋614、658之理由書），但「一人不得兩俸」（釋464），「憲法第十八條規定人民有服公職之權利，旨在保障人民有依法令從事於公務，暨由此衍生享有之身分保障、俸給與退休金等權利。」（釋575），「公務人員依法銓敘取得之官等俸級，基於憲法上服公職之權利，受制度性保障。」（釋605），「公務人員依法銓敘取得之官等俸級，非經公務員懲戒機關依法定程序之審議決定，不得降級或減俸，此乃憲法上服公職權利所受之制度性保障。」「公務人員調任為較低官等或職等之職務；惟一經調任，依公務人員俸給法第十三條第二項及同法施行細則第七條之規定，此等人員其所敘俸級已達調任職等年功俸最高級者，考績時不再晉敘，……則調任雖無降級或減俸之名，但實際上則生類似降級或減俸之懲戒效果，與首開憲法保障人民服公職權利之意旨未盡相符。」（釋483）。又「司法院大法官……在任期中均應受憲法第八十一條關於法官『非受刑事或懲戒處分，或禁治產之宣告，不得免職。非依法律，不得停職、轉任或減俸』規定之保障。」「司法院大法官之俸給，依中華民國三十八年一月十七日公布之總統副總統及特任人員月俸公費支給暫行條例第二條規定及司法院組織法第五條第四項前段、司法人員人事條例第四十條第三項、第三十八條第二項之規定以觀，係由本俸、公費及司法人員專業加給所構成，均屬依法支領之法定經費。立法院審議九十四年度中央政府總預算案時，刪除司法院大法官支領司法人員專業加給之預算，使大法官既有之俸給因而減少，與憲法第八十一條規定之上開意旨，尚有未符。」（釋601）。

(2) **考績獎金**：「公務人員基於已確定之考績結果，依據法令規定為財產上之請求而遭拒絕者，影響人民之財產權……尚非不得依法提起訴願或行政訴訟。」（釋266）。

(3) **保險給付**：「公務人員保險係國家為照顧公務人員生老病死及安養、運用保險原理而設計之社會福利制度。」（釋434），又「公務人員之退休及養老，依法有請領退休金及保險養老給付之權利，惟其給付標準如何，乃屬立法政策事項，仍應由法律或由法律授權之命令定之。」（釋246）。而「公務人員保險法規定之保險費……經繳付後，該法未規定得予返還，與憲法並無牴觸。……關於養老保險部分，……承保機關……應提撥一定比例為養老給付準備，此項準備之本利，類似全體被保險人存款之累積。」（釋434），又依法請求保險金之權利，其「請求權之消滅時效，應以法律定之，屬於憲法上法律保留事項。」（釋474）。

(4) **退休（職）給與**：「國家對於公務員有給予俸給、退休金等維持其生活之義務。」（釋455，並參釋614、658之理由書）。「公務人員依法辦理退休請領退休金，乃行使法律基於憲法規定所賦予之權利，應受保障。其向原服務機關請求核發服務年資或未領退休金之證明，未獲發給者，在程序上非不得依法提起訴願或行政訴訟。」（釋187、201）。「計算政務官退職酬勞金基準之『月俸額』，除月俸外亦應包括『其他現金給與』部分。」（釋447）。而「其他現金給與」之「給付標準若何？乃屬立法政策事項。」（釋246，並參釋525）。雖「一人不得兩俸（退休金）」（釋464），但「領取一次退休金之公教人員，再任依契約僱用而由公庫支給報酬之編制外員工，其退休金及保險養老給付之優惠存款每月所生利息，如不能維持退休人員之基本生活（例如：低於編制內委任一職等一級公務人員月俸額），其優惠存款自不應一律停止。」（釋280）。「軍人爲公務員之一種，自有依法領取退伍金、退休俸之權利，或得依法以其軍中服役年資與任公務員之年資合併計算爲其退休年資。」（釋455）。公務人員曾任公營事業人員者，其服務於公營事業之期間，得否併入公務人員年資，以爲退休金計算之基礎，依「主管機關依法律授權訂定之法規命令，或逕行訂定相關規定爲合理之規範以供遵循者，因其內容非限制人民之自由權利，尚難謂與憲法第二十三條規定之法律保留原則有違。惟曾任公營事業人員轉任公務人員時，其退休相關權益乃涉及公共利益之重大事項，仍應以法律或法律明確授權之命令定之爲宜。」，「主管機關依法律授權所訂定之法規命令，其屬給付性質者，亦應受相關憲法原則，尤其是平等原則之拘束（釋542解釋參照）。……施行細則第十二條第三項，就公營事業之人員轉任爲適用公務人員退休法之公務人員後，如何併計其於公營事業任職期間年資之規定，……所爲之合理差別規定，尚難認係恣意或不合理，與憲法第七條平等原則亦無違背。」（釋614）。至於退休後再任、再退休，其年資之採計與給與之事項，則認爲：「公務人員退休法施行細則第十三條第二項有關已領退休（職、伍）給與或資遣給與者再任公務人員，其退休金基數或百分比連同以前退休（職、伍）金基數或百分比或資遣給與合併計算，以不超過公務人員退休法第六條及第十六條之一第一項所定最高標準爲限之規定，欠缺法律具體明確授權；且其規定內容，並非僅係執行公務人員退休法之細節性、技術性事項，而係就再任公務人員退休年資採計及其採計上限等屬法律保留之事項爲規定，進而對再任公務人員之退休金請求權增加法律所無之限制，與憲法第二十三條法律保留原則有違，應自本解釋公布之日起至遲於屆滿二年時失其力。」（釋658、730）。

(5) 福利互助：「公務人員退休依據法令規定請領福利互助金，乃爲公法上財產請求權之行使，如有爭執，自應依此意旨辦理。」（釋312）。

3. 信賴利益之保護與過渡條款：任何制度，在時間之長流中，均易有所變革，以適應環境變遷。政府機關之法規亦然。對於因知悉原法規，進而確信該法規上之權益內容者，或因此有所作爲者，於法規之修正變更中，如何保障其於原法規上之權益，或對原法規之認知、確信，進而有所作爲之權益，此種情形稱之爲「信賴利益之保護」。爲維護法律秩序的安定起見，將對舊法規之信賴利益轉爲對新法規之信賴利益，則需有轉換措施，此種轉換措施，在法制作業上稱之爲「過渡條款」。對此，司法院大法官會議有三號相當重要的解釋：

(1) 釋字第525號：民國64年6月，銓敘部函釋，將「後備軍人轉任公職比敘條例」之適用對象，由常備軍官擴及於志願服四年預備軍官役現役退伍後之後備軍人，但84年6月又將該函停止適用，致引起爭訟。民國90年5月，大法官會議作出釋字第525號解釋，認為：「信賴保護原則攸關憲法上人民權利之保障，公權力行使涉及人民信賴利益而有保護之必要者，不限於授益行政處分之撤銷或廢止，即行政法規之廢止或變更亦有其適用。行政法規公布施行後，制定或發布法規之機關依法定程序予以修改或廢止時，應兼顧規範對象信賴利益之保護。除法規預先定有施行期間或因情事變遷而停止適用，不生信賴保護問題外，其因公益之必要，廢止法規或修改內容，致人民客觀上具體表現其信賴而生之實體法上利益受損害，應採取合理之補救措施，或訂定過渡期間之條款，俾減輕損害，方符憲法保障人民權利之意旨。至經廢止或變更之法規有重大明顯違反上位規範情形，或法規（如解釋性、裁量性之行政規則）係因主張權益受害者以不正當方法或提供不正確資料而發布者，其信賴即不值得保護；又純屬願望、期待而未有表現其已生信賴之事實者，則欠缺信賴要件，不在保護範圍。」又「……未有過渡期間之設，可能導致服役期滿未及參加考試，比敘規定已遭取消之情形，衡諸首開解釋意旨固有可議。惟任何行政法規皆不能預期其永久實施，受規範對象須已在因法規施行而產生信賴基礎之存續期間，對構成信賴要件之事實，有客觀上具體表現之行為，始受信賴之保護。是以在有關規定停止適用時，倘尚未有客觀上具體表現信賴之行為，即無主張信賴保護之餘地。」

(2) **釋字第589號**：民國88年2月1日第三屆監察委員就職，至民國94年1月31日任期六年屆滿卸職。其間有關政務人員之退職，即有三種法律同時施行：1.就職當時適用之民國74年12月11日公布之「政務官退職酬勞金給與條例」，此條例並無落日條款之規定，對政務官之退職規定採恩給制，對退職給與方式，設有一次退職金與月退職金兩種以供依法選擇。2.民國88年6月30日，該條例修正公布為「政務人員退職酬勞金給與條例」，在實質內容上，將原採行之恩給制改為採共同提撥制，與公務人員退休制度相同，政務人員亦需依規定費率繳付退休撫卹基金費用，並規定亦得選擇「一次退職金」或「月退職金」，惟卻增列了「追溯條款」，溯自民國85年5月1日起施行，及增列落日條款：「本條例自修正條文公布之日起一年六個月後失其效力」。考試院銓敘部於是另行研擬新政務人員退職法律草案送立法院審議，但立法院卻未完成審議程序，於是民國89年12月15日在原條例第19條增列第4項文字：「本條例施行期限，經立法院同意，得再延長一年。」據此，經已延長三次即三年。3.民國92年底，立法院仍未完成新擬「政務人員退職條例草案」之審查，於是考試院銓敘部第四度函請延長，但立法院並未同意。考試院逐急迫研擬「政務人員退職撫卹條例草案」，採「離職儲金」方式辦理，並取消「月退休金」之規定，終得完成立法程序，於民國93年1月7日公布，並追溯自同年1月1日起施行。第三屆監察委員於民國94年1月31日退職前，因新制定施行之「政務人員退職撫卹條例」已無得選擇月退休金之規定，致使於民國94年1月31日任期屆滿時，合計服務年資滿十五年者，原所信賴之「政務人員退職酬勞金給與條例」或更前之「政務官退職酬勞金給與條例」所規定得選擇月退休金之法定權利，將因新法之施行而喪失得擇領月退休金之權利。新條例雖有過渡條款之規定，但對新條例公布前後繼續任職恰好滿十五年者，卻無法擇領月退職金，以致如何保障其對原條例之信賴利益一事，產生危機，遂聲請大法官解釋。經司法院於民國94年1月28日公布釋字第589號解釋，認爲：「對於受有任期保障以確保其依法獨立行使職權之政務人員，於新退撫條例公布施行前後，繼續任職年資合計十五年者，卻無得擇領月退休金之規定，顯對其應受保護之信賴利益，未有合理之保障。……有關機關應即……使前述人員於法律上得合併退撫條例施行前後軍公教年資及政務人年資滿十五年者，亦得依上開『政務官退職酬勞金給與條例』及……『政務人退職酬勞金給與條例』之規定，擇領月退職金，以保障其信賴利益。」是以「行政法規修正或公布後，制定或發布法規之機關依法定程序予以修改或廢止時，應兼顧規範對象信賴利益之保護。」以「重人民權利之維護、法律秩序之安定與信賴保護原則之遵守。」

(3) 釋字第717號：民國88年「九二一地震」後，政府調整預算支出，全力復建，此後政府財政漸漸吃緊。民國89年政黨輪替，民國90年後媒體時而報導退休所得趨近於在職所得，甚且高於在職所得。其中公保優惠存款利息百分之十八過高爲其重要關鍵因素之一，其時一般存款利率亦只不過百分之二至三而已，銓敘部遂研擬降低退休所得之方案措施。但因民國94年地方「三合一選舉」執政之民進黨或爲此而大敗，遂修正原擬方案內容，稍有緩和，於民國95年1月17日增訂發布之「退休公務人員公保養老給付金額優惠存款要點」（現已廢止）第3點之1第1至3、7、8項，而教育部亦於1月27日增訂發布「學校退休教職員公保養老給付金額優惠存款要點」（現已廢止）第3點之1第1至3、7、8項，其有關已支領月退休金人員之每月退休所得，不得超過依最後在職同等級人員現職待遇計算之退休所得上限一定百分比之方式，減少其公保養老給付得辦理優惠存款金額之規定，均自2月16日施行。退休人員因此而提爭訟，均被駁回，遂提請大法官解釋。經司法院於民國103年2月19日公布釋字第717號解釋，認爲該兩要點增列之規定「尙無涉禁止法律溯及既往之原則。上開規定生效前退休或在職之公務人員及學校教職員對於原定之優惠存款利息，固有值得保護之信賴利益，惟上開規定之變動確有公益之考量，且衡酌其所欲達成之公益及退休或在職公教人員應受保護之信賴利益，上開規定所採措施尙未逾越必要合理之程度，未違反信賴保護原則及比例原則」。其理由約爲：「授予人民經濟利益之法規預先定有施行期間者，在該期間內即應予較高程度之信賴保護，非有極爲重要之公益，不得加以限制；若於期間屆滿後發布新規定，則不生信賴保護之問題。其未定有施行期間者，如客觀上可使規範對象預期將繼續施行，並通常可據爲生活或經營之安排，且其信賴值得保護時，須基於公益之必要始得變動。凡因公益之必要而變動法規者，仍應與規範對象應受保護之信賴利益相權衡，除應避免將全部給付逕予終止外，於審酌減少給付程度時，並應考量是否分階段實施及規範對象承受能力之差異，俾避免其可得預期之利益遭受過度之減損。」「按新訂之法規，原則上不得適用於該法規生效前業已終結之事實或法律關係，是謂禁止法律溯及既往原則。倘新法規所規範之法律關係，跨越新、舊法規施行時期，而構成要件事實於新法規生效施行後始完全實現者，除法規別有規定外，應適用新法規（釋620解釋參照）。此種情形，係將新法規適用於舊法規施行時期內已發生，且於新法規施行後繼續存在之事實或法律關係，並非新法規之溯及適用，故縱有減損規範對象既存之有利法律地位或可得預期之利益，無涉禁止法律溯及既往原則……。」「公教人員退休制度，目的在保障退休公教人員之生活條件與尊嚴，俾使其於在職時得以無後顧之憂，而戮力從公。相關機關檢討退休人員優惠存款之規定時，除應符合本解釋意旨外，亦應避免使其退休所得降低至影響生活尊嚴之程度。在衡量公教人員退休所得合理性時，對較低階或情況特殊之退休公教人員，應通過更細緻之計算方式，以減緩其退休後生活與財務規劃所受之衝擊。」

此解釋公布時，已第二次政黨輪替，國民黨執政，考試院（銓敘部）已修正「公務人員退休法」全文，並賦予優惠存款之法源，於是行政、考試兩院發布「退休公務人員一次退休金與養老給付優惠存款辦法」，自民國100年1月1日施行，讓原依民國95年「方案」被減少優惠存款之公保養老給付數額者，得以大幅度地「回存」其原被減少之優惠存款之數額。不料卻又引起輿論的評擊。民國100年2月1日兩院廢止原辦法，同時公布與原辦法同名之新辦法，並自該日施行，再調降公保養老給付之優惠存款數額，但仍維持年利率百分之十八。然政府之退撫財政並未改善，退撫基金入不敷出之情況亦未見好轉，民國102年4月11日，考試院向立法院提出「公務人員退休撫卹法草案」，大幅改革現行退撫財務支給事項，但亦無結果。公、勞之退撫基金面臨破產之警訊時傳。民國105年第三次政黨輪替，民進黨執政，6月底即召開年金改革委員會，規劃改革事項，以迄於民國106年4月考試院再提出「公務人員退休撫卹法草案」，立法院審查期間，退休人員示威抗議連連。6月底完成三讀程序，8月9日公布。在公務人員退休資遣撫卹法通過後，立法院即有聲請釋憲之舉，民國107年10月，監察院對此亦通過申請釋憲。民國108年5月，臺北高等行政法院七位法官因年改訴訟案聲請釋憲，其重點之一即「信賴利益保護」、「不得追溯既往」。

按欲變更原確定之退休給付，自民國90年初期，已有「信賴利益保護」不得變更之辯，近又有「不得追溯既往」之爭，本號解釋亦成為年金改革中，正反雙方爭辯所引據之資料。

民國107年7月1日施行之「年金改革」法律，降低已退休人員及將退休人員之退休給與，立法院、監察院、退休人，已依程序提起釋憲，其爭執之重點，仍在於「信賴利益保護」及「不得追溯既往」。

六、安全及衛生防護

(一) 安全及衛生防護法制之確立

「職業災害」之發生，古今中外皆有，近代視為「社會安全」之一環，一則重其事後之給予補償，以保其身後家屬之生計，一則引以為戒，重其事前之預防，以免悲劇再度發生。1981年國際勞工組織（ILO）第155號「職業安全衛生公約」，揭櫫「人人享有安全衛生之工作環境」，即有事前預防重於事後補償的意涵。

我國勞工法制，原於「工廠法」、「勞工保險條例」有職業災害之補償規定，但適用之普遍度不足。嗣於「勞動基準法」（73.7.30.）上予以補強，提高全面適用之程度。至於職業災害之預防，則有「勞動檢查法」（82.2.3.修正公布，原為20.2.10.公布之「工廠檢查法」）、「職業安全衛生法」（102.7.3.修正公布，原為63.4.16.制定公布之「勞工安全衛生法」）及其他工安之行政措施，勞基法公布後，也規定某些預防保護（如工時）之事項。

公務人員之執勤體系，「因公」傷病以致殘廢死亡者，即屬勞動法制上之職業災害，歷來在退撫保險法令上，均有較優渥之補償給予規定，但卻無法律明文之預防保護規定，若有，亦僅在一些單行規定（如警察）之措施，尚難言及法制。如有事故發生，亦配合新聞，吵吵「因公給與」之不足，溫溫熱度而已，更遑言預防保護，以戒事故之再發生。

馬斯洛（A. H. Maslow）「需要五層次」之說，雖有修正，但最基本之「生理的需求」、「安全的需求」，又何嘗不能謂為「生命之維持或保障」，如喪其生命，失其身體，則何言前途、貢獻？危險使人望之卻步，是人力資源與行政績效的殺手，是以，在公務人事上「用才」、「留才」，即在「免於危險之恐懼」、「免其後顧之憂」，以之用於執勤安全之保障，應甚恰當。

此在整體公務人員法制中，如何去做？往昔幾偏重於「錢財」補償了事，至於預防保護之法制，長久以來卻付之闕如。直至民國83年11月14日考試院向立法院提出「公務人員保障法草案」，始於其第11條規定：「公務人員執行職務之安全應予保障。各機關對於公務人員之執行職務應提供安全及衛生之防護措施。」立下原則性之執勤安全保護之根基。

其間，民國83年7月23日銓敘部將該法案初稿（代擬）報送考試院後，8月3日發生行政院新聞局科員張○安上班途中被砍，4日新聞大幅報導，當晚在台視新聞上，銓敘部政務次長謝瑞智出示保障法初稿第11條執勤安全保障之條文，5日各媒體新聞繼而報導。而後亦發生幾件駭人新聞之公務人員受攻擊事件，政府機關有提高「保險」之議。民國84年5月底立法院法制委員會召開審查會，民國85年立法院依原條文等三讀通過，經總統於10月16日公布施行。民國92年5月28日公布修正全文一百零四條，將原第11條改列爲第19條，並增列後段「其有關辦法，由考試院會同行政院定之」，從此開展執勤安全預防之法規脈絡。

(二) 安全及衛生防護辦法之訂定

民國83年12月21日晚，臺灣高等法院臺中分院法官張○華在家門口遭潑硫酸；民國84年1月10日，臺灣高雄地方法院檢察署檢察官張○塗在家門口被槍擊，均成駭聞。甫於民國83年9月1日接任銓敘部部長的關中，乃於民國84年1月12日考試院院會中臨時提案：「邇來公務員迭遭暴力侵害，本院本於爲全國公務員服務之立場，亟應謀求有效保障，以維公務員權利。」經院會決議：「公務人員相關保障法律尚未完成立法程序前，有關發生暴力事件時，如何對公務員及其眷屬予以保障一節，交銓敘部協商有關機關擬定辦法，報院審議。」銓敘部乃以「危機處理」之作爲，緊急召集有關機關研商，以「職權立法」之方式，提出「加強公教安全維護辦法」，於民國84年1月26日提報院會，經交付審查，修正爲「公教安全維護辦法」，並於2月23日院會通過後，函請行政院會銜發布。不料民國84年1月28日卻又發生台南市國宅局局長張○林受擊。此間，政府尚有「加強保險」或發給特別「慰問金」之議。民國84年9月26日，兩院會銜發布全文十條。民國92年5月28日，總統公布修正「公務人員保障法」，將原第11條改列爲第19條，並增列後段「其有關辦法，由考試院會同行政院定之。」明確責成兩院訂定辦法，保障公務人員執勤之安全。民國94年10月31日，兩院據以會銜發布修正該辦法爲「公務人員安全及衛生防護辦法」全文二十二條，大幅增列其安全衛生防護具體措施。民國103年1月7日兩院再度發布修正該辦法全文三十三條。此次修正乃參考「公民與政治權利國際公約」、「經濟社會文化國際公約」、「性別平等法」、「職業安全衛生法」、「國際勞工組織第155號職業安全衛生公約」等，再大幅細緻化增修其內容，以期各政府機關落實公務人員執勤之安全保障。據悉新近又有研修之舉。

(三) 安全及衛生防護辦法之要旨

1. 預防保護措施事項：保障法第19條規定各機關提供公務人員執行職務之安全及衛生防護措施，指各機關對公務人員基於其身分與職務活動所可能引起之生命、身體及健康危害，應採取必要之預防及保護措施。所定預防及保護措施應包括下列事項（保障19，安衛3Ⅰ、Ⅱ）：

(1) 重複性作業等促發肌肉骨骼疾病之預防。

(2) 輪班、夜間工作、長時間工作等異常工作負荷促發疾病之預防。

(3) 執行職務因他人行爲遭受身體或精神不法侵害之預防。

(4) 避難、急救、休息或其他爲保護公務人員身心健康之事項（安衛3）。

2. 組織防護小組規劃督導：各機關應指定適當人員，並得聘請相關專家學者，組成安全及衛生防護小組（以下簡稱防護小組），負責下列事項（安衛4）：

(1) 規劃並督導安全及衛生防護。

(2) 督導辦理辦公場所建築、設施及設備之維護及檢修。

(3) 檢視各項安全及衛生防護措施，並作成年度書面報告，公布周知。

(4) 督導健康管理之宣導及實施。

(5) 督導安全及衛生防護訓練及宣導。

(6) 督導本機關人員遭受騷擾、恐嚇及威脅等情事之處理。

(7) 督導本機關人員遭受生命、身體及健康危害等情事之處理。

(8) 督導侵害事故發生原因之調查及檢討改造。

(9) 其他涉及公務人員安全及衛生之防護。

綜上所述，防護小組負責事項包含：人、事、時、地、物之宣導、檢查、維護、防護、處理、檢討、改進。

3. 安全衛生設施及防護：對建物、辦公處所、機具、電氣、化學、輻射、氣體、天災、動植物……等，應符合各該規定之安全衛生，以消除多種之危害。尤其要注意危險之來源及事項：

(1) 工作場所、位置之建置與裝設。

(2) 執行職務之過程與時間。

(3) 執行職務之資格與能力。

各機關應定期做「安全衛生防護訓練」，指導正確執勤方式，並訂定標準作業程序，執行危險職務，更應做好聯繫之管道（安衛6至8、10至17）。

4. 健康防護：各機關對於公務人員得實施一般健康檢查；對於經常暴露於有危害安全及衛生顧慮環境，致影響其身心健康之虞之公務人員，得定期實施特定項目之健康檢查（安衛19Ⅰ）。

5. 傷害事故之處理：各機關於公務人員執行職務遭受生命、身體及健康之侵害時，應考量執行職務場所、活動類型、在場人數及對第三人之影響等因素，立即採取下列措施（安衛22）：

(1) 急救、搶救及必要之消防、封鎖、疏散等緊急措施。

(2) 通知該公務人員之緊急聯絡人，並通報首長及有關人員。

(3) 通報警察或相關機關派員處理，並提供相關資訊。必要時，與消防、空勤或其他緊急醫療照顧機關保持聯繫。

(4) 其他必要之措施。

另亦應先墊付醫療費用、協助破案、提供法律上之協助、即時辦理核發慰問金、協助辦理請假保險退休撫卹等事宜，甚至於應協助轉介專業機構進行心理諮商輔導、醫療照護或其他必要之措施（安衛23）。

6. 通報與建議：公務人員執行職務時，除應依「公務員服務法」及其他有關法令之規定外，並注意自身及同事之安全，且應隨時提高警覺，加強應變制變能力。如有事故之虞慮或發生，應立即通報防護小組或長官，亦可提出處理之建議。機關對於該建議事項，應於三十日內回覆辦理情形（安衛25至28）。

7. 保障母體：各機關提供公務人員執行職務與辦公場所之安全及衛生防護措施，應考量基於職務性質、性別、年齡、身心障礙，尤其是要考慮女性妊娠中及分娩後未滿一年等因素之特殊需要（安衛5，憲153）。

(四) 小結

「徒善不足以爲政，徒法不足以自行」，公務人員執行職務之安全保障立法甚晚，但保障法原第11條：「公務人員執行職務之安全應予保障。各機關對於公務人員之執行職務，應提供安全及衛生之防護措施。」提出之後，視之似爲「宣示條款」，喊喊口號，聊備一格，無其紮根之規設。然細索之，以當時之環境，立法殊屬不易。此條文，立意正確簡明，易得贊同；執行上，責成各機關應依其業務性質而爲適當之防護，逕以之編列預算，此觀法文之「應」字自明，自不待於再行函令釋示。又因「公教員工安全維護辦法」業已發布，實質上已成法制之脈絡，所以均無異議，順利通過。直至民國92年修正時該法，增列後段授權考試、行政兩院訂定辦法，完成形式體系。保訓會據之增修原辦法報請會銜發布，民國103年再予增修發布實行。爲保公務人員執勤之安全與行政之進步，主政當局之用心，各機關、各公務人員實應鑒之，妥組小組、勵行訓練防護等措施，切莫遲疑，誤將「未雨綢繆」視爲「杞人憂天」之舉，則國家是幸，公務人員是幸。

又該安衛辦法之法據爲保障法，原保障法第3條第2項（民國106年修法已刪除）或第102條所定之「適用」或「準用」人員，原即無「政務人員」及「民選公職人員」，但在該辦法第32條卻規定「比照本辦法之規定」，甚至於公營事業依法任用人員、軍職人員，亦得「比照」，如不作如此知規定，則其恐無執勤安全衛生之法令依據，顯見本辦法之重要。雖法制作業上有矛盾之瑕疵，但仍「瑕不掩瑜」，著重於事實之需要。近悉該辦法，當局有研修之意。

惟該防護辦法之存在，究有幾個機關、幾個人知曉？更別談其內容之實施。

七、因公涉訟輔助

民主法治社會可貴現象之一為「民可告官」。如因此而興訟，並不代表公務人員即有錯誤，而必經過法院依法審理。而訴訟係專門技能，非一般公務人員得自己行之，服務機關必須給予輔助，主要仍在延聘律師。

政府機關為輔助所屬人員因公涉訟，行政院早在民國50年3月15日發布「公務員工因工涉訟輔助辦法」以為適用，並經民國72年6月18日、79年6月6日、84年6月26日三度修正。唯其為「職權立法」，尚無法源依據。民國79年版之「公務人員保障法草案」始將因公涉訟事項納入，賦予訂定之法源依據；民國83年版草案承續之，以至於民國85年完成立法。經考試院、行政院於民國87年3月17日會同發布「公務人員因公涉訟輔助辦法」全文十條，民國92年12月19日兩院修正發布全文二十三條，民國102年1月15日修正七條條文，迄今。茲略述其內容如次：

(一) 適用之對象

該辦法所適用之公務人員為：法定機關依法任用之有給專任人員及公立學校編制內依法任用之職員；而準用保障法人員：1.未經銓敘合格之公立學校職員。2.私立學校改制為公立學校之留用人員。3.公營事業依法任用之人員。4.依法派用、聘用、聘任、僱用或留用人員。5.考試錄取占編制職缺參加學習或訓練之人員（輔助2，保障3、102），如有因公涉訟之情事，亦依本辦法行之。又公務人員依法執行職務或涉訟時死亡，其依法律得提起或承受訴訟之人，其涉訟輔助準用本辦法之規定（輔助20）。

(二) 因公之認定

「因公」係指保障法第22條之「執行職務」，應由服務機關就該公務人員之職務權限範圍，認定是否依法令規定，執行其職務（輔助3）。長官依本法第17條第1項規定，所下達之書面命令執行職務涉訟者，視為依法執行職務；但其命令有違反刑事法律者，不得視為依法執行職務（輔助4，刑法21）。

(三) 涉訟之認定

「涉訟」，指依法執行職務，而涉及民事為原告、被告或參加人，刑事訴訟在偵查程序或審判程序為犯罪嫌疑人或被告之案件（輔助5）。

(四) 輔助之內容

依保障法第22條第1項：「延聘律師為公務人員辯護及提供法律上之協助」指延聘律師為公務人員提供法律諮詢、文書代撰、代理訴訟、辯護、交涉協商及其他法律事務上之必要服務（輔助6）。

(五) 律師之延聘

1. 公聘：公務人員依法執行職務涉訟，服務機關應為其延聘律師。其人選應先徵得該公務人員之同意。但因故無法徵得其同意者，不在此限（輔助7Ⅰ）。

2. 自聘：其情形有二：

(1) 公務人員不同意機關為其延聘律師或延聘律師之人選，得自行延聘，並檢具事證以書面向服務機關申請核發費用（輔助7Ⅱ）。

(2) 公務人員認其係依法執行職務涉訟，服務機關未辦理涉訟輔助者，公務人員得以書面敘明事由，向服務機關申請為其延聘律師，或核發其逕行延聘律師之費用。服務機關，應於受理之次日起一個月內作成決定。未能於期限內決定者，得延長之，並通知申請人；延長以一次為限，最長不得逾一個月。同意後，應依前述公聘之規定辦理（輔助8）。公務人員以書面表示放棄延聘律師者，該機關得免予延聘律師（輔助9）。又公務人員與其服務機關涉訟者，自不得給予涉訟輔助（輔助10）。

上述之「公聘」、「自聘」於民國106年修法時，改為「服務機關應『輔助』其延聘律師」，蓋因涉訟公務人員絕大部分自行延聘律師，機關多所尊重。顯然公務人員與機關之間必有相當之洽商。

(六) 輔助之審核

涉訟輔助由機關內人事、政風、法制、該涉訟業務單位及其他適當人員組成審查小組，審查之（輔助13）。

(七) 費用之申請

輔助延聘律師之費用，應檢據覈實報支，於偵查每一程序、民事或刑事訴訟每一審級，每案不得超過前一年度稽徵機關核算執行業務者收入標準之二倍（輔助14Ⅰ）。此請求權，自得申請之日起，原為「五年」間不行使而消滅（輔助14Ⅲ），但保障法民國106年修正時，配合「行政程序法」第131條之修正，定為「十年」，此後自應依保障法行之；但因不可抗力之事由，致不能行使者，自該請求權可行使時起算（輔助14Ⅲ）。

(八) 輔助之重申

公務人員經服務機關認定非依法執行職務不予涉訟輔助後，其訴訟案件有下列各款情形之一者，得於確定之日起檢具事證，以書面重行向服務機關申請輔助延聘律師之費用（輔助15Ⅰ）：

1. 經不起訴處分確定。但不包括依「刑事訴訟法」第253條之以不起訴處分為當者；蓋其仍係輕微之罪。

2. 經裁判確定，認無民事或刑事責任。

服務機關受理上述申請，應自受理之次日起一個月內作成決定。未能於期限內決定者，得延長之，並通知申請人；延長以一次為限，最長不得逾一個月（輔助15Ⅱ）。

公務人員經依法移付懲戒或移送監察院審查者，其依上述規定重行申請輔助延聘律師之費用時，服務機關應俟懲戒機關審理結果或監察院審查彈劾不成立後，再行認定是否給予涉訟輔助（輔助15Ⅲ）。

上述重行申請輔助延聘律師費用之請求權，自不起訴處分或裁判確定之日起，因五年間不行使而消滅。但因不可抗力之事由，致不能行使者，自該請求權可行使時起算（輔助15Ⅳ）。

(九) 費用之還返

經服務機關審核准予涉訟輔助者，有下列情事之一者，涉訟輔助機關應以書面限期命其繳還涉訟輔助費用：

1. 所涉訴訟案件，其律師費用依法或依約定全部或一部應由他造負擔者，就他造已給付部分應繳還之（輔助16）。

2. 於訴訟案件依「刑事訴訟法」第253條予以不起訴處分或依第253條之1予以緩起訴處分確定者（輔助17Ⅰ）。

3. 其訴訟案件於其他不起訴處分、裁判或懲戒議決確定後，涉訟輔助機關認定其有故意或重大過失者（輔助17Ⅱ）。

(十) 還返之執行

公務人員依規定應繳還涉訟輔助費用而未能一次繳還者，經涉訟輔助機關同意，得以分期方式攤還（輔助18）。其經輔助機關以書面限期繳還涉訟輔助費用，屆期不繳還者，依法移送強制執行（輔助19）。

(十一) 比照之人員

下列人員依法執行職務之涉訟輔助，比照本辦法之規定（輔助21）：

1. 政務人員。

2. 民選公職人員（輔助22）：

(1) 直轄市長、縣（市）長因自治事項涉訟之輔助事項，直轄市長由行政院決定之；縣（市）長由中央各該業務主管機關決定之。

(2) 直轄市議會議長、縣（市）議會議長執行職務涉訟之輔助事項，直轄市議會議長由行政院決定之；縣（市）議會議長由中央各該業務主管機關決定之。

(3) 鄉（鎮、市）長因自治事項涉訟之輔助事項，由縣政府決定之。鄉（鎮、市）民代表會主席執行職務涉訟之輔助事項，由縣政府決定之。

(4) 直轄市長、縣（市）長、鄉（鎮、市）長因委辦事項涉訟之輔助事項，由委辦機關決定之。

3. 依「教育人員任用條例」任用非屬第二條規定之教育人員。

4. 其他於各級政府機關、公立學校、公營事業機構依法令從事於公務之人員及軍職人員。

(十二) 小結

該輔助辦法之法據爲保障法，原保障法第3條第2項（民國106年修法已刪除）或第102條所定之「適用」或「準用」人員，原即無「政務人員」及「民選公職人員」，但在該辦法第21、22條卻規定「比照本辦法之規定」，甚至於公營事業依法任用人員、軍職人員，亦得「比照」，如不作如此之規定，則其恐無涉訟輔助之法令依據，顯見本辦法之重要。雖法制作業上有矛盾之瑕疵，但仍「瑕不掩瑜」。

第四節　當前訓練進修與保障制度之基本問題

一、建立全國訓練進修系統問題

「公務人員訓練進修法」雖然已經公布施行，但正如本章上文所述，該法內容主要僅在規範幾種特定訓練之辦理，而對全國性訓練行政體系之建立，則尚有待繼續努力。

近年來，我國由於政治開放，大眾對任何事項，幾乎均以多元化與自由化原則加以衡量，以致不同意見甚多。多元社會可以促成競爭，有競爭而後始有進步，自應鼓勵；但多元、競爭、進步，均須在有秩序之社會中始有可能順利進行。若在一混亂社會中，安全與生存猶發生困難，更有何進步之可言？故在多元與競爭之中，仍必須同時有一足以維持競爭與多元秩序之體系。唯有在國家、主權與法律之下，民主與自由社會始有存在之可能。

我國政府體制，自大陸時期開始，即有各級訓練機構之設置，但不甚構成系統，且亦無可資共同循行之統一訓練法規。此種情形，可能有其時代政治背景，因爲依據傳統做法，早年在大陸時期，除政府主辦之訓練外，多有野心家用以爲其培養私人權力系統之手段，政府對之且難免有所顧忌。但今日政府在臺，情勢已完全不同，似應考慮系統化整併各訓練機構，建立訓練體系，以期發揮統合與競爭之雙重功能。此種感觸與觀點，完全係基於國家利益及作爲統一國家應有之制度而言，並非個人私見。國家最高民意機關亦有鑑於此，而於民國92年1月10日審查「公務人員保障暨培訓委員會」92年度總預算案時，作成下列之主決議：「第四項第二目：中央政府各機構目前爲培訓公務人員各項專業能力，各自設立訓練機構，造成軟硬體設備、人力等資源浪費，多年來要求改善，未見成效。公務人員保障暨培訓委員會掌理公務人員訓練進修等業務，因此，考試院應於一年內協調行政院相關單位，整併各訓練機構，並提出具體改造方案，以撙節開支，減少資源浪費。」（民國93年、95年、96年亦有類此之決議）。此決議至今已近二十年，訓練機構紛歧依舊未能有絲毫改進，考試院應爲執行此一決議確實努力。

爲肆應多元與競爭之要求起見，本書原著者以爲似可在各級政府分設各級訓練進修業務行政機關。並訂定周詳完備而具有可供選擇之通則性訓練法律，故最好之考慮，似宜採「通則」方式制定。法律之名「通則」者，其特徵之一，在其常可備有多種形式併列以供選擇適用。並以大量授權各級政府以及各機關，在列有多種選擇之規定下，自行辦理各種切合各自需要之訓練；各級訓練進修行政機關，僅從事必要之聯繫、溝通、協調、服務，以及有限度之必要性規範工作，俾加強訓練功能。但各級訓練進修行政機關應統合在考試院保訓會之下。

爲此，在全國性之訓練進修體系中，更必須對此最高統合機關，合理確定其權責。今日之保訓會組織法中有關權責之規定，似有待加強。

基於上述說明，檢視近二十年來，全國公務人員訓練進修之辦理，考試院爲統一全國訓練進修事權，原亦有設立「國家文官學院」之議，擬統合各訓練機構之訓練計畫或訓練業務。但事與願違，迄今亦僅達成二事：一爲設置一個作爲中央（全國）訓練施政主管機關之保訓會僅能奉陪副座，無權掌握，不倫不類之所謂「公務人員訓練進修協調會報」。二爲民國88年7月26日成立「國家文官培訓所」，民國99年3月26日依法改制爲「國家文官學院」而已，雖掌理若干法定事項，如考試程序中之訓練、升官等訓練，但此兩訓練在人員進用與晉升官等上之重要與趨勢，距離理想甚遠。民國92年11月監察院一份調查報告提出目前辦理公務人員訓練研習業務之缺失約爲：(一)在組織上，有疊床架屋的情形。(二)在計畫上，缺乏前瞻性整體規劃。(三)在執行上，訓練數量偏低且欠均衡，與民間訓練機構之聯繫互動亦不足。(四)在考核上，對訓練機構設立之合理性，未能早予評鑑、裁併，難期切實。凡此在在顯示統合訓練體系及其作爲，實爲當前之要務。期望當局能設法突破困難，有所改善。此情於民國98年11月18日公布修正保訓會組織法時，將原有之「培訓處」，改設爲「培訓發展處」及「培訓評鑑處」，稍事改善，但有待努力者仍多。

二、訓練在進用人員與晉升官等上之重要性

(一) 考試用人程序中之訓練

以考試進用人員，雖行之已久，但以訓練作為考試程序之一，雖昔有之，但確立於民國75年1月24日公布修正之「公務人員考試法」（第21條）。在此之前，高、普考或因「分區錄取」之故，錄取人數相對於今，似乎較少，因此有志於「公務人員」者，隨即投入特考，而特考錄取者往往依其考試規則，必須分發機關經一段時間之學（實）習，成績合格，始發給考試及格證書，如：地方特考、關稅特考。如此之訓練，也可補筆試測驗對實作選錄與品德評核之不足，實質上也有若干功效。民國75年確立訓練為考試程序之一後，初期較類似「職前訓練」——加強其基礎公務智識與瞭解實作技能，不過在訓練上卻從嚴考核，強迫學習以加強其工作技能，若訓練不合格，即無從取得考試及格證書，必須重頭再行參加考（筆）試，也造成受訓人員的壓力。但從長遠觀之，學以致用，對於受訓人或政府機關，應有正面的功效。

(二) 晉升官等程序中之訓練

1. 晉升薦任官等突破考試的關隘：民國76年施行兩制合一之新人事制度，為維持中高文官應有之素質，延續前簡薦委公務人員制度及分類職位公務人員制度，設定在公務人員體系內晉升簡任官等，除經由簡任升官等考試及格晉升外，亦得由考績（年資）晉升；但晉升薦任官等，則仍僅有升薦任官等考試一途，以維薦任應有之素質。從法制表面觀之，容易引起對同一體系內兩者晉升途逕之不平。在民國85年修正「公務人員任用法」時，正值省縣、直轄市自治法律甫施行與修憲之際，同時考試院亦研擬調整地方機關職務列等，地方機關公務人員北上立法院陳情，爭取提高列等，並要求晉升薦任官等能比照晉升簡任官等，亦得以免經升官等考試，而以考績（年資）升任之。有立法委員引領附合，遂於行政、立法、考試各部門妥協下，於任用法第17條增列「升薦任官等訓練」，設定其資格、年資、考績……等條件，並限制其僅能晉升任列薦任第七職等職務。民國94年修正放寬為「具有碩士以上學位且最近五年薦任第七職等職務年終考績四年列甲等，一年列乙等以上者，得擔任八職等以下職務。」施行初期因有全國性名額規劃分配，各政府機關評比遴薦，受訓名額僧多粥少，競爭激烈。所能受訓者，皆是資深人員，且幾乎全數通過測驗，輿論詬病。而後受訓者年齡逐漸下降，且訓練成績之考核亦趨嚴格，合格率也稍有下降，已非人人均能通過。由於年年辦理而非如升官等考試之二年辦一次，因此，升薦任官等訓練人數急遽增多，似乎也成為取得薦任資格之主流途徑。

2. 晉升簡任官等增列訓練要件：晉升簡任官等，長久以來均以簡任升官等考

試及考績（年資）晉升。就以考績而言，昔只要高考及格幾可扶搖直上，聊無障礙，且兩途逕之基本資格不甚差別，所以，參加升簡任考試者相對的較少。民國89年7月16日「公務人員陞遷法」制定施行，其第14條第1項規定：「公務人員陞任高一官等之職務，應依法經陞官等訓練。」並於民國91年1月29日公布修正之「公務人員任用法」第17條，增列晉升簡任官等應經「晉升簡任官等訓練合格」，確立「升簡任官等訓練」之法制。據悉，此法制之構想，源於當時之考試院院長邱創煥，彼時亦曾以「行政措施」爲已晉升簡任人員辦理訓練，以增強其工作智能。制度確立之後，當然依法辦理，因其受訓之資格條件，非如升薦任官等訓練之多且嚴，而無名額之限制，僅具有一定考績、年資即得參訓，因此初期合格率幾近百分之百。但近年訓練考核測驗均趨嚴格，合格已降至約百分之九十，若非認眞研習，恐難合格以取得簡任晉升之資格。依所附表17-1「簡任人員取得資格途徑之比較表」觀之，近年經由晉升簡任官等訓練合格，取得簡任資格者，每年千餘人，而每二年舉辦一次的簡任升等考試之及格人數僅區區幾十人而已，升簡任訓練似乎取代了升等考試，而成爲晉升簡任官等的主要途徑。但參加簡任升等考試之資格較升簡任訓練資格略寬，且較純以訓練取得晉升資格略快，非無快速掄拔人才之效。

表17-1　簡任人員取得資格途徑之比較表　　製表人　郭世良

年度	簡任升官等訓練			簡任升官等考試			
	訓練人數	合格人數	合格率%	報考人數	到考人數	及格人數	及格率%
93	1,233	1,200	97.3	—	—	—	—
94	1,212	1,148	97.7	176	120	65	54.2
95	1,447	1,423	98.3	—	—	—	—
96	1,336	1,255	91.9	106	73	42	57.5
97	1,331	1,209	90.8	—	—	—	—
98	1,408	1,297	90.8	89	69	39	56.5
99	1,380	1,262	91.4	—	—	—	—
100	1,513	1,352	89.4	97	76	44	57.9
101	1,497	1,134	90.9	—	—	—	—
102	1,316	1,183	89.9	93	55	40	72.7

說明：本表依考選統計與民國102年公務人員保障暨培訓統計整理。

3. 訓練晉升官等逐漸取代升官等考試：民國80年代亦即考試院第八、九屆考試委員任期期間「考訓用」合一之論盛行，也形成考試院之政策，始有保訓會之成立與訓練進修法之研擬制定。

當「升官等訓練」法制確立之後，晉升官等之途徑有二：一則升官等考試及格，一則升官等訓練合格。公務人員符合條件時自然有所選擇。然而仔細思索二者確有不同：升官等考試每兩年舉辦一次，其報考資格條件雖較「升官等訓練」寬鬆，對於考試科目必須自己長時間自費進修，錄取率僅為到考率之百分之三十三中擇優錄取（升官考9）。但升官等訓練則年年辦理，受訓人員雖須經評薦遴選資格條件，甚至於程序較嚴，但訓練期短，並得公假受訓。訓練之考核、測驗近年來雖趨於嚴格，但合格率卻達百分之九十左右，相形之下升官等考試報考人數與升官等訓練人數卻有天壤之別，此究為政策制度之使然，抑或人性之使然，實有深思之餘地。

考試院第十一屆考試委員鑒於「公務人員升官等條件寬鬆、缺乏擇優機制」，遂於民國98年6月18日第三十九次院會通過「文官制度興革規劃方案」，其中之第四案「健全培訓體制、強化高階文官」中，要建構陞遷訓練與訓練培育結合體制，重新設計晉升官等職等之條件，建立快速陞遷機制，並且限期廢止升官等考試。然而升官等考試法尚未廢止，而升官等訓練卻加大力度地進行，甚且升薦任官等合格人員，仍得參加升官等考試以取得晉升第八、九職等以上之任用資格，是則以升官等訓練取代升官等考試之政策，仍有繼續精進配套措施之必要。此間，依升官等考試法律取得升官等資格者，於晉升官等之際，似仍得依陞遷法第14條：「公務人員陞任高一官等之職務，應依法經陞官等訓練。」給予升官等考試及格、且優秀之公務人員，加強智能之訓練，亦可達快速陞遷的政策需求。民國104年1月7日，公布修正之「公務人員升官等考試法」第2條規定：「但簡任升官等考試於本法中華民國一百零三年十二月二十三日修正之條文施行之日起五年內辦理三次為限。」亦即到民國108年底，「簡任升官等考試」要走入歷史。

在公務人員「升官等訓練」確立之後，特種人事制度之警察人員升官等、交通事業人員升資、關務人員升官等，亦均比照辦理，茲不贅述。

三、發揚保障制度效能

我國以往數千年帝制時期，政府幾乎具有絕對權威，官吏權力之大，亦足以為所欲為。在此種專制體制之下，官吏可魚肉人民，人民常無可奈何；高級官吏亦可欺壓低級官吏，低級官吏亦常無可奈何；帝王當然更可以為所欲為，生死予奪以對臣僚及人民，臣僚及人民當然更無可奈何。故遇一不良君主（暴君更無論矣），人民固不聊生，臣僚亦不聊生，同皆無所保障。故俗謂「君要臣死，臣不死，謂之不忠」，正可諭系專制時期「特別權力關係」之寫照。

由此傳統背景之故，益以民國以來數十年間，迄仍動盪不安，故政府實尚無暇注意官吏權利保障之事。憲法雖已於民國36年施行，並列有關於公務人員保障之條文，但遲遲至半個世紀後之民國85年始據而制定「公務人員保障法」施行，堪稱得來非易。施行二十餘年來，在保訓會主辦同仁認眞努力之下，績效卓著，値得欽佩。但仍有足資繼續努力者自多。目前最重要者似爲下列三事：

(一) 澄清有關公務人員保障權責：目前與保障公務人員權益有關之機關，有司法院、監察院、行政法院、公務員懲戒委員會、法院、各行政機關、考試院公務人員保障暨培訓委員會，銓敘部等。依「公務人員保障法」規定，現似已賦予保訓會主要權責。但依據上文所述，保訓會在此方面與上述其他機關相互間之權責關係，似應予以確實澄清與劃分，以發揮保障制度之實效。

(二) 樹立保障制度之權威：孟子（離婁篇）言：「徒法不足以自行，徒善不足以爲政」，此二語正可以之奉贈今日之保訓會，以助公務人員保障制度之建立。凡事之開創，必先立信與立威，主事者應爲其所當爲而無所畏懼。立信則公務人員權益得所保障；立威則各機關行事知所警惕。事在人爲，何事不成？

(三) 保障之道在行政而非救濟或補償：現行保障業務似乎重在法律之救濟，累積案件不少，對若干案件，亦有開創性之見解，扳正行政之繆誤，甚爲可喜。但此之案件終究係屬極少數，在總救濟案中，不成比率。就此而言，救濟案多即表示行政不好（含相對人之誤解法令），所以有所爭訟。朱柏廬公治家格言謂：「居家戒爭訟，訟者終凶。」論語顏淵篇上亦言：「聽訟，吾猶人也，必也使無訟乎。」爭訟多，無暇顧及他事，拘拌行政之發展。行政不能製造錯誤第一步，應依法確實，而「保障程序」，應快速確實，才是保障之道。蓋「遲來之正義非正義」。

第18章　公務人員保險制度

公保、退休、撫卹三者有其交集相關之處，是以本書本版將之調整爲連續之章，俾便讀者易於閱讀，以瞭解其相關性。

又由於公保法、退撫法，及其施行細則之條文文字冗長繁複，不易瞭解，是以，本書僅就其重要者，提綱挈領地介紹，引導讀者入門，尚難作全部條文一一說明。因此，讀者在閱讀此章節之際，亦應對照各法及其施行細則全文，方不致疏漏。

第一節　有關公保制度之主要法規與名詞

一、主要法規

公務人員保險法規原本繁多，但自全民健康保險於民國84年3月1日實施後，公務人員保險原有有關醫療給付各項目之保險，包括生育、疾病、傷害三項給付，已併入全民健康保險。因此，公務人員保險範圍大爲縮小，舉凡其原來有關醫療保險之法規，亦均隨之廢止。現行有關公務人員保檢之主要法規爲數不多，茲舉述如下：

(一)「公教人員保險法」及其施行細則：該法爲公教人員保險制度之基本法律，原名「公務人員保險法」，於民國47年1月29日制定公布施行。本已包括公立學校教育人員在內。嗣於民國63年1月29日、84年1月28日、88年5月29日、89年1月26日、91年6月26日、94年1月19日、98年7月8日、103年1月29日、104年6月10日、104年6月17日、104年12月2日先後十一次修正，其中民國88年修正時，將法律名稱修改爲「公教人員保險法」。現該法所規範者，僅有關於現金給付之各項目保險。至於其施行細則，於民國47年8月8日訂定發布，後於民國51年、55年、58年、66年、76年、82年、84年、89年、91年、94年（兩次）、96年、103年、104年、105年等十五次修正。

(二)「退休人員保險辦法」：公務人員退休後得繼續參加公保，始於此一辦法之規定。該辦法於民國53年3月20日經考試院發布施行，係在「公務人員保險法」施行後六年，後於民國54年、64年、84年、94年、103年等作五次修正至今。至民國107年6月底，僅餘要保機關七十一個，加保人數八十三人。

(三)「公教人員保險失能給付標準」及其附表：該標準及其附表，原係民國48年12月5日由銓敘部發布施行之「公教人員保險殘廢給付標準表」，後經該部八次修正發布施行。民國103年6月6日，配合公教人員保險法之修正，改訂爲「公教人員保險殘廢給付標準」全文十條，及其所附之「公教人員保險殘廢給付標準表」。民國105年1月8日，修正名稱爲「公教人員保險失能給付標準」，及全文十條，並修正附表爲「公教人員保險殘廢給付標準附表」。

(四)「公教人員保險準備金管理及運用辦法」：原先有「公教人員保險準備金管理及運用要點」施行，而於民國94年7月13日廢止，同日發布該辦法以取代施行，而後至104年11月15日止，計有三次修正。該辦法規定本準備金之主管機關爲銓敘部，基金之管理與運用則由承保機關辦理。

至於「全民健康保險法」雖亦爲包括公務人員醫療保險在內之保險法律，但因其已非公務人員專業保險，不在考銓制度範圍之內，故本書不予敘述。

二、常用名詞

茲將公務人員保險制度中現所常用之主要名詞，扼要說明於下：

(一) 保險費率：公教人員保險之被保險人，按其每月保險俸（薪），繳納法定百分比率之保險費用，此一百分比率，稱爲保險費率。現行公教人員保險體系之公教人員保險，規定爲百分之七至百分之十五，退休人員保險費率則固定爲百分之八（公保8，退人保5）。

(二) 保險費：被保險人參加保險後，依規定費率折算成一定之現金保險數額，由政府及被保險人按法定比率分擔，按月繳付承保機關，此一費用數額稱爲保險費。現行之分擔比率定爲被保險人自付百分之三十五、餘百分之六十五在公務人員及公立學校教職員悉由政府負擔，在私立學校教職員則由政府及學校各分擔其半數，保險費應按月繳付，由服務機關學校於每月發薪時代扣（公保9Ⅰ、Ⅱ、Ⅲ）。

(三) 現金給付：公教人員保險之被保險人，在其保險有效期間，發生失能、養老、死亡、眷屬喪葬、生育、育嬰留職停薪等六種保險事故時，承保機關依法所給予被保險人規定數額之現金，謂之現金給付（公保12）。

(四) 俸（薪）給數額：「公教人員保險法」所稱之俸（薪）給數額，係指以公務人員及公立學校教職員俸（薪）給法規所定本俸（薪）或年功俸（薪）額爲準，私立學校教職員比照公立同級同類學校同薪級教職員保險薪額為準釐定。但機關（構）學校所適用之待遇規定與公務人員或公立學校教職員俸（薪）給法規規定不同者，其所屬被保險人之保險俸（薪）額，由本保險主管機關比照公務人員或公立學校教職員之標準核定之（公保8Ⅳ）。以之乘以保險費率，即得保險費。

(五) 被保險人：依「公教人員保險法」規定參加公教人員保險之人員，稱為被保險人（公保6Ⅰ），即公教人員本人。

(六) 受益人：公教人員保險被保險人，於發生保險事故時，依「公教人員保險法」規定，有權領受所規定保險給付之人，謂之受益人。在殘廢、養老、死亡、眷屬喪葬、生育、育嬰留職停薪等六種保險事故發生後，除死亡給付之受益人為被保險人之法定繼承人者，或無法定繼承人時，其指定之親友或公益法人者外，其他五項給付之受益人，皆為被保險人本人（公保7，公保細18至19）。

(七) 平均保俸額：公教人員保險養老給付及死亡給付，按被保險人發生保險事故當月起，前十年投保年資之實際保險俸（薪）額平均計算，簡稱平均保俸額；但加保未滿十年者，按其實際投保年資之保險俸（薪）額平均計算（公保12Ⅰ）。

(八) 要保機關：公教人員經由其任職機關或學校，向承保機關辦理參加公教人員保險手續，並繼續經由任職機關與公保維持法定關係時，其任職之機關或學校為公保之要保機關（公保11Ⅳ，公保細25至28）。

(九) 加保：「公教人員保險法」對參加保險之行為，簡稱為加保（公保6Ⅰ、Ⅱ）。

(十) 退保：被保險人離職之日或死亡之次日，公保關係終止。亦即退出本保險，簡稱為退保（公保6Ⅰ、Ⅷ、10Ⅲ、Ⅴ、11Ⅲ，公保細28）。

(十一) 保險年資：公教人員加保後，依規定按月繳納保險費，至其退保時止，此一加保繳費之期間，為該公務人員參加本保險之保險年資（公保6Ⅴ、Ⅵ、Ⅶ、Ⅸ）。

(十二) 保險事故：被保險人因發生本保險法所規定之殘廢、養老、死亡、眷屬喪葬、生育、育嬰留職停薪等六種情事之一後，得依規定請求給付。此種情事，為本保險之保險事故（公保3）。

(十三) 眷屬：公教人員保險制度規定，因生父母、配偶、子女、養父母、繼父母死亡，被保險人得申請眷屬喪葬津貼。公保法上所稱之眷屬，以上述列舉之五種關係為限。但被保險人居住於大陸地區之上述眷屬，於民國82年4月23日後亡故者，得檢具大陸地區製作之死亡及眷屬身分證明文件，經行政院設立或指定之機構或委託之民間團體驗證後，向承保機關請領眷屬喪葬津貼（公保17，公保細58、59）。

第二節　公教人員保險制度之內容

一、公保法制沿革

我國公務人員保險制度，規劃甚早，遠在民國23年考試院主辦全國第一次考銓會議中，即有「建立公務人員生活保險案」之提出，並經通過建立原則。因受抗戰軍事影響，延至勝利後之民國36年，考試院始擬具「公務員保險法」草案送立法院審議，但又因中共發動軍事行動之影響，而未能審議。政府來臺後，考試院乃另行擬就「公務人員保險法」草案，於民國44年11月送立法院審議，經三讀通過，於民國47年1月29日公布施行，公務人員保險制度於焉建立，該法迄今經十一度修正。

公保原規定之保險事項有醫療給付及現金給付兩部分，包括生育、疾病、傷害、殘廢、養老、死亡、眷屬喪葬等共七種保險項目，辦理十分成功。

至民國84年3月1日，政府實施全民健康保險，將政府所辦理之各種強制保險中除軍人保險外之醫療保險，一律予以合併於全民健康保險內。民國88年，又將私立學校教職員保險併入，並將該法更名爲「公教人員保險法」。現行公教人員保險制度中，僅有現金給付部分之保險，而不再有醫療給付部分保險。

嗣再經民國89年、91年、94年、98年修正，以迄民國103年1月29日公布修正全文五十一條。主要係因私立學校教職員無退撫年金制度，是以，規設將公保養老給付、死亡給付年金化，予以老年、遺屬經濟生活之保障，並追溯自民國99年1月1日實施。至於公教人員養老給付、死亡給付年金化之規劃實施，但需配合其退撫法律及本法之再修正後，再行實施（公保48Ⅰ）。

民國104年6月10日公布修正第36條，增列第3項：「被保險人分娩或早產爲雙生以上者，生育給付比例增給。」亦即依嬰兒胎數計給每胎二個月生育給付，以鼓勵生產報國，解決少子化問題。

民國104年6月17日公布修正第48條，增列使未具有月退撫（職）金或優惠存款制度之公營事業人員及駐衛警有基本年金之給與之保障，但公教、政務、民選公務人員仍不適用之。

民國104年12月2日公布修正第3、12之1、15、18、33、5條及第二節章名，主要係將「殘廢」一語配合勞工保險條例等用語，修正爲「失能」。

民國106年5月11日，考試院再提出修正草案，主要配合「年金改革」之退撫法律而修正，但大部分條文係延用原條文或將原一條文拆分成數條文，或作文字修正。其內容要旨爲：(一)將養老年金給付，定位爲「基礎年金」。(二)將本保險年金規定擴及全體被保險人。惟民國107年7月1日「年金改革」法案施行時，並未完成立法。

二、保險原理與其關係結構

(一) 保險原理

保險發端於歐洲羅馬時代之貧民喪葬基金組合（Collegia Tenuiorum）及以船舶抵押借款之冒險貸借（Bottomry）。十三世紀末意大利商人開啓海上保險營利之制，法、英、德等國繼之；1804年至1807年拿破崙編訂法律，將海上保險納入商事法典中。又因此時「工業革命」，雖促進利得，但也造成「工傷」後之「社會安全問題」，使得弱勢者生活陷於困難，1883年後，德國首相俾士麥陸續開辦「社會保險」，如1884年施行疾病保險法、1891年施行薪俸生活者保險法，而後各國陸續仿效訂法施行。

保險依實務運作之歸結，可謂係對平常生活中存在不確定發生之危險，集資收取保險費用，預擬該危險之發生釀成災害（保險事故發生）時，予以給付，以減免痛苦（即補償、賠償），來安定生活之經濟法律制度或措施，亦即一般所稱「自助互助」，運用眾人的財力，分攤少數人災害的痛苦。至於如何「分攤」，乃集合同類危險災害發生之情況（或然率、概率），合理計算（精算）損害總數額，公平分配其他多數人之平時負擔。其利益作用有二：一則事前減免損害之恐懼，二則事後彌補實質之損失。

(二) 關係結構

依保險法第1條規定，保險爲「當事人約定，一方支付保險費於他方，他方對於因不可預料或不可抗力之事故，所致之損害負擔賠償財務之行爲。」依此所訂之契約爲「保險契約」。其「不可預料或不可抗力之事故」，即「保險（危險）事故」，亦爲「保險標的」。所明示之當事人，即「保險契約之主體」有二：一爲「交付保費之一方」爲「要保人（投保人）」，亦即「對於保險標的具有保險利益，向保險人申請訂立保險契約，並負有交付保險費義務之人」（保險3）；二爲「收受保險費，並於保險事故發生時負擔損害賠償財務者」爲「保險人」，亦即「經營保險事業之各種組織，在保險契約成立時，有保險費之請求權，在承保危險事故發生時，依其承保之責任，負擔賠償之義務」（保險2）。未明示而含隱者爲「保險契約之客體（對象）」，亦即保險事故發生時，遭受損害享有請求權之人，是爲「受益人」，如客體爲物（財產），其損害請求權人則爲物之所有人或管理人，但被保險人或要保人亦得約定以第三人爲「受益人」，享有賠償請求權；要保人得爲被保險人，而被保險人亦得爲「受益人」（保險4、5）。以上所述，亦可謂：保險係以保險事故爲連結因素，用契約維繫保險當事人間財務往返之權利義務關係。

茲宜補述者爲何謂**保險利益**？愼思之，爲何參加保險？其功能作用、目的爲何？宏觀而言，即危險分攤、保障安全；但從微觀而言，莫非對於被保險人（物）有「保險利益」。所謂之保險利益，保險法並未作明文定義，但觀其相關條文可謂：「要保人對於保險標的之現有利益或其期待利益，有保險利益」（保險14），亦即對於保險標的，或保險對象之存喪傷害，具有財產上之損益關係。就以人身保險而言，保險法第16條規定：「要保人對於左列各人之生命或身體有保險利益：一、本人或其家屬。二、生活費或教育費所仰給之人。三、債務人。四、爲本人管理財產或利益之人。」如要保人對於保險之客體或標的無保險利益者，保險契約無效；訂約之初有保險利益，嗣後無之，則保險契約失效（保險17）。如以「死亡」保險爲例，被保險人因死亡之保險事故發生，影響受扶養者（家屬等正常生活）經濟（財產）上之利益，自可謂對被保險人之健在，有其保險利益，保險人於事故發生後，自應賠償，給付受益人因被保險人死亡所失受扶養之利益（理賠）；反言之，爲預防因被保險人之死亡，以致於喪失生活所資，亦非無保利益。所應進言者，不能單僅以死亡之後所能獲得保險金額之給付，爲形式目的之考量，希冀獲得理賠，否則就喪失保險之本質意義，反而易形成**道德危險**，戕害被保險人，不但有違公序良俗，更是違法行爲，此亦得舉一反三，適用於各保險事故。然自實務以觀，似卻非以事前出資購買保險、預爲分攤事故之害爲重，而係重於事後之理賠（尤其是爭議），蓋因保險之射倖性。

因此，對於保險標的（人、物）所存在之保險利益，實爲保險契約之精髓，爲建構保險契約之重要因素，對釐定要保人、被保人、受益人之關係密切且重大。此於公保法上雖無明文規定，但要保之服務機關對所屬公務人員之平安，對其機關業務推展之順遂，關係甚大，自然有其保險利益。此原理相通，殊値參酌，不可忽視。

三、公保之目的宗旨

「公教人員保險法」第1條開宗明義規定：「爲安定公教人員生活，辦理公教人員保險」，亦即以公保來安定公教人員生活、使其能安心於公務，爲政府「留才」之人事管理政策，亦爲社會政策之一，而非如商業保險之營利射倖。

四、公保之特性

公保之特性有下列八點：

(一) 社會保險

社會保險具有全民性、普遍性，其主要係保障必然發生、但卻不確定何時發生之「生老病死」之情，具有危險分攤、自助互助之性質，不期待於理賠等於損害，而重於補償，使迅速恢復正常生活。公保之保險項目（事故）爲失能、養老、死亡、眷屬喪葬、生育及育嬰留職停薪等六項（公保3），均與「生老病死」相關。又因其爲「自助互助」之性質，不企求對等之回饋，因此，給付之數額，不當然等於繳付保險費之總額，可能大，亦可能小。另公保法對於勞工保險、軍人保險、農民健康保險……等保險簡稱爲「其他職域社會保險」，反推之，即可得知公保亦爲社會保險（公保6）。

(二) 職域保險

在社會保險中爲適應各職業領域之性質，而有勞工保險、軍人保險、農民健康保險……等各職業人員保險之劃分。公教人員保險則以「公務、教育」爲職域，爲該從業之公教人員所辦理之保險，自屬一種職域保險（公保2、6）。

(三) 強制保險

凡從事公務、教育之編制內有給專任人員，均應一律參加公保，由其服務機關、學校（要保機關）爲其辦理公教人員保險，具有公的強制力，爲強制保險（公保2、6Ⅰ，公保細11、12）。

(四) 全程保險

凡依規定應參加公保者，自其任職之日起參加公保，至其離職或死亡，退出公保前一日止，其任職服務期間除法律另有規定外，應一律參加公保，是爲全程保險（公保6Ⅰ，公保細26、27）。

(五) 公法保險

保險是一種契約的關係，社會保險本即社會大眾共同之事，具有「公」的性質，公保契約係以公教人員保險法爲內容之契約。被保險之公教人員係依公務人員、教育人員任用法律任用、聘用，具一定資格、條件始得擔任，並強制參加公保，與國家或政府機關之關係，自爲公法（職務、契約）關係。又保險費之負擔，政府機關補助百分之六十五，公教人員自付百分之三十五，雖有「私權」成分，但「公權」部分大於「私權」部分；且開辦迄今，有爭議者，係依訴願、公務人員保障程序（復審）、行政訴訟處理之。依此種種觀之，公保自屬公法保險（公保6、8Ⅰ、47Ⅰ，保障25，釋466）。

(六) 人身保險

公保之保險標的爲失能、養老、死亡、眷屬喪葬、生育及育嬰留職停薪等六項，均與「人身」有關，而無涉及財產物品，是爲人身保險（公保3）。

(七) 射倖保險

公保保險事故項目中「養老」、「死亡」係人人均必然會發生之事，但除此之外，則非人人均會必然發生，因此對於該部分之保險則有「倖」與「不倖」之情，套句俗話說就是「運氣」，發生則可獲得「理賠」之保險金，不發生則無。而此理賠之保險金額，亦不必然等於所繳付之保險（項目）費用之總額，有可能大，亦可能小，如同賭博之僥倖，是爲射倖保險。

(八) 綜合保險

公保之保險事項多達六項，較民間商業保險之壽險、防癌險……等之單一保險而言，其多樣性，似可謂爲綜合保險。

五、公保之當事人與關係人

公保關係之原理與建構，一如商業保險，可析分爲：契約之當事人（主體）——係締約之要保機關（公保11Ⅳ）與承保機關（構）（保險人）（公保5Ⅰ），被保險人與受益人非締約之主體，而係契約之客體與關係人，然而一般卻概言爲公務人員之權利。不過公保之要保機關絕非得爲被保險人或受益人（公保細18）。茲分述如下：

(一) 要保機關

要保，即要約保險之意，而要約則爲向相對人作訂定契約之意思表示。要保機關（公保11Ⅳ）與「勞工保險條例」上之投保單位（勞保6Ⅰ）、「農民健康保險條例」上之投保單位（農保5Ⅰ），均同意義，即公教人員所服務之法定機關、學校，包括：1.總統府、國家安全會議、五院及其所屬機關。2.各級民意機關。3.地方行政機關。4.公立學校及教育文化機構。5.衛生及公立醫療機關（構）。6.公營事業機構。7.私立學校。8.其他依法組織之機關（構）。之所以要界定「要保機關」乃在於機關之成立必須有法規之依據，其組織與編制員額及其變更等事項，需經考試院核定（中央政府機關總員額法6，地方制度法54、62），以免有假冒或非編制員額者參加，此亦涉及政府補助保險費用之財政負擔。公保法第6條第2項所稱「被保險人應在其支領全額俸（薪）給之機關加保」，此機關自當爲法定編制所在之服務機關，即「要保機關」。

要保機關之認可與變更，除私立學校另依公保法施行細則第12條規定辦理外，應由要保機關敘明經權責主管機關准予成立或變更之名稱與生效日期，以及組織編制之公（發）布與核備或備查文號，報本保險主管機關認定之（公保細11Ⅱ）。如要保機關之組織編制未及經考試院核備或備查前，得敘明理由報本保險主管機關先予認定，日後應將考試院核備或備查結果另函知承保機關（公保細11Ⅲ）。

公營事業機構辦理要保機關之認可與變更作業，由要保機關比照前述規定，報經其組織編制核定權責機關函轉該保險主管機關認定，並敘明其適用之退休、撫卹、資遣法規之名稱及其核定機關（公保細11Ⅳ）。

私立學校參加該保險，應敘明下列事項，報經主管教育行政機關函轉該保險主管機關認定為要保機關；變更時亦同（公保細12Ⅰ）：

1. 經法院發給之財團法人登記證書字號。
2. 主管教育行政機關核准設立或變更之名稱與生效日期。
3. 主管教育行政機關核准備查之編制員額表文號。

私立學校之附設單位，不得單獨為要保機關（公保細12Ⅱ）。

(二) 承保機關

公保之承保機關，係由考試院會同行政院指定之機關（構）辦理（公保事項）（公保5Ⅰ）。公保自民國47年開辦以來由中央信託局（公保部）承辦，嗣於民國96年7月因政府組織精簡業務合併，中央信託局業務遂併入臺灣銀行，該行仍維持「公保部」，以辦理承保（受理保險）、現金給付、財務收支及保險準備金管理運用等保險業務（公保細84、85）。

(三) 被保險人（公保2，公保細14、15、17）

即保險對象，為法定機關、學校或經主管教育行政機關核准立案之私立學校，編制內依法任用、聘用之有給專任公教人員；至於公營事業機構職員之參加，須經主管機關——銓敘部認定始可，其中包括法定機關編制內民選公職人員與外國人（教師）（公保16、45）；但不包括法定機關於民國103年6月1日公保法修正施行後之新進編制內聘用人員（公保2Ⅱ）。又如不符參加公保之資格而加保者，取消被保險人資格，僅得退還自付之保險費；期間如領有公保給付，則自退還之自付部分保險費中扣抵，不足部分應向該員追償（公保6Ⅹ）。

公立學校及私立學校教師參加本保險者，應具備「教育人員任用條例」所定之任用資格（公保細15Ⅰ）。

私立學校職員參加本保險者，應符合教育部所定私立學校職員參加本保險資格之規定（公保細15Ⅱ）。其於中華民國73年5月31日前已參加原私立學校教職員保險而其資格與規定不符者，准在原校原職等範圍內，參加本保險（公保細15Ⅲ）。

(四) 受益人（公保7、28，公保細18）

公保保險項目：失能、養老、死亡、眷屬喪葬、生育及育嬰留職停薪等六項中，除「死亡」給付外，其餘各項現金給付均由被保險之公教人員本人領受，亦即被保險人即為受益人（公保7Ⅰ）。但死亡給付之受益人，則為配偶及依親等與生活所仰給規列優先順位之子女、父母、祖父母、兄弟姐妹四者之一，共同領受，亦得由被保險人生前就上述受益人中以遺囑指定領受人（指定受益人）（公保28Ⅰ、Ⅶ）；如無其受益人時，亦得由被保險人指定親友或國內公益法人為受益人（公保細18）。

六、主管機關

公保之主管機關爲何？因公保具有社會性，籌劃之初究爲內政部或銓敘部，有所爭議。當時考試院代理院長紐永建曾致函行政院院長陳誠表達立場謂：「易地而處，先生必有同情。」而後在立法過程中經表決，獲得絕大多數立法委員的支持，以銓敘部爲主管機關，迄今如是（公保4）。

銓敘部於其組織中（現於退撫司中）設有一科，掌理：公教人員保險制度之研究發展、保險業務之督導稽核、保險俸給暨要保要件之處理與有關法令之擬議解釋（銓敘處務11）。

七、監理機關

爲監督公保業務，公保法規定由主管機關銓敘部邀請有關機關（政府代表七人：財政部、教育部、審計部、行政院主計總處、行政院人事行政總處各派一人，地方機關輪派二人）、專家學者（六人：由銓敘部遴選專家四人、學者二人）及被保險人代表（八人：中華民國全國公務人員協會及中華民國全國教師會各派二人，餘由有關機關遴送，銓敘部核聘），組成監理委員會，掌理：年度業務計畫、業務報告之審議、預算、結算、決算之審議及考核、準備金管理狀況之審核、業務、財務、會計之稽核及檢查、各項給付及其他爭議之審議、法規、費率業務之興革研究建議等事項（公保4，公保細84、85，公保監理委員會組織規程3、4）。

八、保險事故

保險事故（危險）係「保險標的」，爲保險制度實質上連結保險當事人、關係人相互間關係之核心因素。

公保之「保險範圍」列有失能、養老、死亡、眷屬喪葬、生育及育嬰留職停薪等六項（公保3），公保法條文中有引保險學理稱之爲「保險事故」（公保6II、III、12 I），惟細索文字所代表之意義，「事故」一般係指災難之類負面情事，但養老、生育、育嬰留職停薪，並非負面之情事，而係有儲蓄預籌備用之積極意義，是以，未若稱爲「保險事項」爲宜。

九、公保財務

保險係集合已發生之同類危險事故，合理計算其損害之「金錢」數額，分予參加保險之人員負擔，並爲籌措預防準備將來不確定發生危險之給付資金。資金充裕、財務健全，給與無虞，則能提高保障的程度，使保險有關人員更有安全感，此即爲保險財務事項。如何分擔？參加保險之人應負擔多少費用？即繳付若干保險費之事宜。此保險費一般即以被保險者之一定價值之數額爲基礎（如薪資所得），再依合理計算所應負擔之比率（保險費率），兩者相乘，即爲保險費。而其合理之計算要深入確實，也要隨經濟社會環境之變遷，隨時計算覆核，此即爲「精算」之功夫。

(一) 保險費

公保之「保險費」係以被保險人每月保險俸（薪）額，爲基礎，依精算所得之「費率」計算得出之數額。此「保險俸額」係以公教人員俸（薪）給法規所定之俸（薪）額爲準（公保8Ⅰ），即依「全國軍公教員工待遇支給要點」所定支給俸（薪）額爲準（公保細20）；但民國103年6月1日公保法修正施行後，以不超過部長級之月俸爲限（公保8Ⅴ）。「保險費率」則依精算結果釐定（公保8Ⅱ），民國103年6月1日公保法修正施行前法定費率爲百分之四點五至百分之九，修正施行後之法定費率迄今爲百分之七至百分之十五，但必須每三年精算一次，一次精算五十年（公保8Ⅱ）。如精算之結果，費率與當年費率相差幅度超過正負百分之五，或者有增減給付項目、給付內容、給付標準，以致於影響公保財務者，主管機關之銓敘部應報請考試院會同行政院核實釐訂調整之（公保8Ⅲ）。

民國84年3月之前實際費率爲百分之九；同年3月1日全民健保開辦，原免費醫療部分移歸全民健保，其費率爲百分之四點二五，於是調整公保費率爲百分之四點七五，總計仍維持百分之九。民國86年調整爲百分之六點四，民國90年調整爲百分之七點一五，民國102年調整爲百分之八點二五。民國105年1月1日起，調整費率：不適用年金規定者爲百分之八點八三迄今；適用年金規定者，分三年逐步調整：民國105年1月1日爲百分之十點二五，民國106年1月1日爲百分之十二點二五，民國107年1月1日爲百分之十三點四。之所以調整費率，乃因虧損，或平衡財物之收支。民國107年12月7日，考試院會同行政院會銜重行調整公保之保險費率，自民國108年1月1日起實施。其調整保險費率如下：(一)不適用年金規定之被保險人調整爲百分之八點二八；(二)適用年金規定之被保險人調整爲百分之十二點五三。

依公保法規定保險費由被保險人自付百分之三十五，政府（服務機關）補助百分之六十五，由各該服務機關於每月發薪時，代爲扣繳，彙送承保機關（公保9Ⅰ、Ⅱ、Ⅲ）。但如被保險人依法退休（職）請領養老給付，於民國103年6月1日以後再任公教人員，再行加保者，則由被保險人自付百分之六十七點五，服務機關學校僅補助百分之三十二點五（公保9Ⅳ）。至於新人到職，或公教人員之留職停薪、休職、停職（聘）原因消滅而復職復薪，要保機關應於其到職日、或復薪日、或復職日起四十五日內，將保險費連同邀保表件送承保機關核處（公保細26）。又公保法所定繳納保險費之規定，於「身心障礙者權益保障法」或「性別工作平等法」另有規定者，從其規定（公保10Ⅶ）。

為便於瞭解每一公教人員之保險費總額、自付數額、政府補助數額各若干，茲列保險費計算公式如次：

1. 保險費數額＝保險俸額（本俸或年功俸）×保險費率
2. 自付保險費數額＝保險費數額×35%
3. 政府補助數額＝保險費數額×65%

至於被保險人保險俸（薪）額之調整，應由要保機關填具異動名冊，送承保機關辦理變更。其考績（成、核）晉級案經權責主管機關審（核）定後，應由要保機關逕送承保機關辦理變俸（薪）；其與銓敘機關審定結果不符者，應再通知承保機關自原報變俸（薪）生效日更正之；其有溢領給付者，由要保機關負責追償（公保細33）。

(二) 財務責任

公保財務責任，係指其盈虧與撥補之責任歸屬，使之能永續經營，以安定公教人員生活（公保1）。民國88年5月30日修正公保法施行之前，公保之虧損由財政部審核撥補，5月31日後之虧損，則由調整費率挹注（公保5Ⅱ），以確立「自給自足」之制。承保機關應分別核計保險給付之支出（公保細3Ⅰ）。所謂之「虧」當然是其支出大於收入；所謂之「盈」當然是支出小於收入，有所結餘，則應提列為保險準備金（公保5Ⅲ）。

公保之收入來源有三：1.保險費收入。2.財務收入（如準備金孳息）。3.政府依法撥補之款項（公保5、8、9）。

公保之支出主要有二：1.法定保險項目應支出之現金給付。2.承保機關辦理公保之事務費。前者由保險費中支付（自給自足）；後者由主管機關銓敘部編列預算撥付，其金額不得超過年度保險費總額之百分之三點五（公保5Ⅴ）。

公保財務收支如有結餘，即每月保險收入扣除保險支出後之餘額（公保4Ⅰ），則全部提列為公保準備金（公保5Ⅲ），財務收支有短絀時，先由保險準備金支應（公保4Ⅱ）。銓敘部訂有「公教人員保險準備金管理及運用辦法」（94.7.13.），而準備金來源除「結餘」外，尚有準備金運用之收益與其他經核定之收入（即前述之財務收入）。準備金之運用範圍為：1.支應保險財務支出之短絀。2.計息墊付民國88年5月30日前公保潛藏負債（即尚未支付之保險年資所應付之給與）之給付支出（以待財政部審核撥補）。3.存放國內外金融機構（孳息）。4.投資國內外票券、債券、股票、基金、資產證券化商品。5.從事國內外有價證券出借交易，衍生性金融商品交易。6.其他核准之專案運用（公保5，準備金3）。

十、重複加保（複保險）

編制內之有給公教人員，應一律參加公保（公保6Ⅰ），原則上不得另行參加其他職域社會保險（勞工保險、軍人保險、農民健康保險）或國民年金保險（本法稱爲重複加保，保險法稱爲複保險）；但本法另有規定者，不在此限（公保2、6Ⅳ），亦即公保法如有特殊規定，允許參加其他職域社會保險者，仍無不可。此乃立意於銓敘部民國96年5月11日部退一字第09602774923l號令釋：「爲避免社會資源重複配置及政府對於同一人作重複補貼」至於所謂「本法另有規定」係指被保險人服兵役（公保10），以及「依規定得另受僱於固定僱主，擔任具有固定工作及薪給之職務」，亦即另受僱於財團法人、社團法人、行政法人、公法人、公立學校政府機關（構），實際從事工作並定期支領固定報酬之職務（公保6Ⅷ，公保細29）。後者依立法說明之示例，如：立法委員係經由選舉產生爲法定機關編制之人員（憲增4），又因其爲民意代表自有民間（私）機構之業務從事，自不應其當選立法委員而喪失民間從業之身分或資格；又憲法第57條僅限制「立法委員不得兼任官吏」，並無如監察委員之再爲「不得執行業務」之限制（憲103），是以，其仍然得保有民間之從業職務，及依其業務所應參加之職域社會保險。另因其他社會保險（如勞工保險），並未規定兼職者得擇一加保，致無從評估選擇較有利之保險加保，爰基於保障是類人員老年經濟安全，兼顧社會資源不宜重複配置之原則，所以增訂於民國103年6月1日公保法修正施行後，得選擇退出本保險。此未退出公保，而重複參加其他職域社會保險者，須實際受僱於「固定僱主」，從事「固定工作」，且每月受有「固定薪給」，此職務應由服務機關學校核實認定。換言之，公務人員本即「編制內有給專任」，其如有「兼職」情事，應依「公務員服務法」第14條及「公務員兼任非營利事業或團體受有報酬職務許可辦法」之規定審核。但如因「兼職」僅參加「勞工保險職業災害保險」者，因該保險係特殊之保險，非如公保給付之與勞保普通事故保險給付相類同，尚不生資源重複配置問題，爰不受「不得另行參加其他職域社會保險」之限制（公保6Ⅳ、Ⅷ，公保細29Ⅳ）。

十一、公保年資

(一) 年資意義

公保之保險年資，從承保機關之立場觀之，即指依法參加公保，繳付保險費期間之長短。繳三個月公保保險費，即有三個月的公保年資，繳七年公保保險費，即有七年的公保年資。因公保爲強制保險，公教人員自「依法」任用、聘用（任）到職之日起，服務機關即應爲其辦理公教保險（要保、投保），以迄於離職退保之日爲止（公保6Ⅰ），其間所繳付公保保險費之長短久暫，即爲其公保年資。依此而論，服務（任職）公務年資與公保年資兩者應屬相等，但依實務之經驗，昔曾有因依法退休請領公保養老給付時，卻發現公保年資與計算退休之服務年資不相等（不相當）之情，其中乃因誤辦、遲辦、漏辦，影響養老給付給予之月數，事隔多年，尚難追究原因，只能勉而重新補辦，以免損減公保之良法美意。

(二) 年資作用

1. 作為計算給付基數之要素：依公保法第16、17、27條之規定保險年資爲計（換）算養老給付（一次金給予之月數、年金給予之百分比）與死亡給付（一次金之月數、遺屬年金給與之百分比）之重要關鍵因素，年資長給與多，年資短給與少。

2. 作為給付之基本條件之一：

(1) 請領養老給付須加保年資十五年：被保險人依法退休、資遣，需「繳付保險費滿十五年」，且年滿五十五歲以上，於離職退保，始給與養老給付（公保16Ⅰ）。如公保年資未滿十五年，則不予給付，只能保留年資（公保23Ⅰ、24Ⅰ、26Ⅰ），俟依法再任再加保，再辦退離時，再併計前後保險年資，以成就公保給付條件，予以給付（公保23Ⅰ、Ⅴ）；或保留至年滿六十五歲時併計其未滿十五年之勞保年資再請領公保養老年金給付（公保49）。另被保險人因公傷病致不堪勝任職務而命令退休，或符合公保失能標準之全失能，且經評估爲終身無工作能力而退休或資遣者，亦必須具備十五年以上保險年資，始得請領養老年金；如其加保年資未滿十五年者，法律擬制以十五年計（擬制年資）（公保18Ⅱ），以示優惠，使其能順利退休養老。

(2) 請領育嬰留職停薪津貼：公保被保險人員因育嬰之需要，依規定留職停薪（留職停薪2、4），其基本條件則必須要「加保年資滿一年以上」，始得請領（公保35Ⅰ）；如未具此一年上之加保年資，則雖得依規定申請育嬰留職停薪，但仍不得請領該津貼。

3. 作為釐訂給付標準之要素：公保給付「月」或「百分比」內涵之「平均保俸」，即以前十年或前六個月之平均保險俸額計算之（公保12Ⅰ）。

(三) 擬制年資

公保被保險人如因公傷病（職業災害），致不堪勝任職務而依法命令退休，或符合公保失能標準之全失能，且經評估爲終身無工作能力而退休或資遣者（公保18Ⅱ，公保細61），其請領養老年金給付，或被保險人因公死亡（職業災害），遺屬請領遺屬年金給付者（公保27Ⅰ、Ⅲ），此請領養老給付與死亡給付之被保險人保險年資，如未滿十五年者，則法律規定「以十五年」計其養老年金給付或遺屬年金給付。此「未滿十五年，以十五年計」（公保18II）之「以十五年計」即爲「擬制年資」（退休13，撫卹5，退撫32 I 、55III）。法律之所以作擬制規定，仍因公保給付係以公保年資作爲基礎條件（要素）計（換）算公保給付，如年資短者「因公」退撫與保險給付，必然所得之數額甚少，尚難養其以後之生活，爲符社會安全之保障，補償公教人員「職業災害」損失，由法律作年資之擬制計算給付。因此而給付養老年金或遺族年金，其屬於基本給付率計得之金額，由保險準金支付（公保細3IV）。

(四) 有效期間（公保12 I ）

附帶必須說明者爲與公保年資相關之公保「有效期間」，例如：有應爲給付之失能、眷屬喪葬、生育保險事故發生，則其發生之時點，必須在公保「有效期間」內，始得審核給付，如依法不應參加公保而爲誤保繳費，則此誤保期間發生保險事故，則自不應爲給付（公保6V、X）。又如於應依法參加公保期間，尚未辦妥要（投）保或承保事項，亦未繳付保費，該期間有保險事故發生，則仍應依法補繳保費，始能依法給付（公保9II）。但「重複加保期間」，除公保法另有規定外，不予給付，該段年資不予採認，其所繳之公保保費，概不退還（公保6V），顯然重複加保期間並非即爲公保之「有效期間」。

(五) 年資採認

年資之主要作用即做爲給付之條件之一與計（換）算給付，是以依法繳付保險費之年資，自應採認計算。但對於「重複加保（複保險）」者，事涉保險事故發生時，是否均在「有效期間」內，而得重複採認、給付？蓋不論公保或其他職域之社會保險，均以「社會安全」爲考量，政府資源有所挹注，被保人（受益人）重複加保，則亦必重複繳付保險費，關係權益甚大，如何處理始臻妥適，自應形成共識，以法律明文規定，較無爭議。

公保法上有關年資之採認規定如次：

1. 正保：保險期間年資計算，以被保險人到職起薪之日起承保生效，至離職之日或死亡之次日退出本保險。亦即依法任用、聘用（任）爲編制內有給專任公教職務所繳付公保費用期間，均屬有效應予採認之年資（公保6 I 、16 I ，公保細26 I 、28 I ）。

2. 誤保：不符合公保加保資格而加保者，其間雖有繳付保險費，但因原即無資格參加公保自應「自始無效」，該段年資自不予採認，所繳保費亦不得退還。但如非可歸責於服務機關（構）學校或被保險人之事由所致者，仍得退還其所繳之保險費。若於其間領有保險給付，得自退還之自付保險費中扣抵，不足部分應向被保險人追償（公保6Ⅴ、Ⅹ）。

3. 複保：

(1) 被保險人重複參加其他職域社會保險或國民年金保險期間，發生公保保險事故，公保不予給付，該段年資亦不予採認，其所繳之公保險費，概不退還。但非可歸責於服務機關（構）學校或被保險人之事由所致者，得退還其所繳之保險費（公保6Ⅴ、Ⅹ）。該年資雖不被採認給付，惟得併計成就請領公保養老給付條件（公保6Ⅶ）。

(2) 公保法之修正於民國103年6月1日施行後，依規定得重複參加其他職域社會保險者，自其加保之日起六十日內，得選擇溯自參加該職域社會保險之日起退保，一經選定後不得變更；逾期未選或選擇不退出公保者，其重複加保期間，發生保險事故，除公保法另有規定外，不予給付，該段年資亦不採認（公保6Ⅷ）。但得併計成就養老給付之條件（公保6Ⅶ），其給付數額，公保之給付與其他職域之社會保險之給付有差額者，僅得計給該差額（公保12Ⅱ，公保細36）。

前述所定被保險人依規定得另受僱於固定雇主，擔任具有固定工作及薪給之職務，包含被保險人另受僱於財團法人、社團法人、行政法人、公法人、公立學校或政府機關（構），實際從事工作並定期支領固定報酬之職務（公保細29Ⅰ）。該職務應由其服務機關（構）學校依相關法規、內部管理規定或聘僱契約，覈實認定並出具證明（公保細29Ⅱ）。但該職務不含下列各款情形之職務（公保細29Ⅲ）：

①自營作業。

②臨時性工作。

③按日、按次或按件計酬之工作。

④未支有薪給。

⑤依「勞工保險條例」第6條第5款至第8款、第9條及第9條之1等規定參加勞工保險。

被保險人僅參加勞工保險職業災害保險者，不受本法第6條第4項規定之限制（公保細29Ⅳ）。

(3) 被保險人有下列兩情事之重複加保年資，仍得採認：①民國94年1月20日以前之重複加保年資。②因其他職域社會保險之保險效力起算規定，與公保不同所致，且不超過六十日之重複加保年資（公保6Ⅵ、Ⅷ、10Ⅲ）。

4. 再保：被保險人領受養老給付已達「養老給付上限」（最高採計三十五年年資，如：給與一次養老給付最高四十二個月、或給與養老年金給付最高百分之四十五點五）（公保16Ⅱ、24Ⅰ）後，再任再加保者，於再離職退出公保時，不再發給養老給付；但加保期間未領取其他公保給付者，則就其自付之保險費總額加計利息發還（公保23Ⅱ）。換言之，在權益衡平下，雖該年資不核予養老給付，但「領取其他公保給付」及「自付之保險費總額加計利息」發還之規定，並未抹煞其公保「有效期間」之年資。

十二、加退保選擇權

公教人員本即應參加公保，但亦有依法律規定得參加其他職域社會保險（公保6Ⅰ、Ⅳ、Ⅷ、10Ⅲ）。如公務人員留職停薪其間仍具有公務人員身分（留職停薪10），亦仍保有其編制缺，而非不得參加公保；再如：停職（聘）、休職或失蹤，則其是否仍保有其職，雖仍有可議之處，但亦非不得參加公保，只是措施應如何規劃始為妥當？其間即有選擇之事宜，茲分述如次：

(一) 重複參加其他職域社會保險「退出」公保選擇權

被保險人於公保法之修正於民國103年6月1日施行後，依規定得重複參加其他職域社會保險者，自參加其他職域社會保險之日起六十日內，得選擇溯自參加其他職域社會保險之日起退出公保，一經選定，不得變更。逾期未選擇者或選擇不退保者，其重複加保期間如發生保險事故，除公保法另有規定外，不予給付，該段年資亦不採認，所繳保費不予退還，但得併計成就構成請領本保險養老給付之條件（公保6Ⅳ、Ⅴ、Ⅷ、Ⅸ）。

(二) 留職停薪之全額自費「續保」或「退保」選擇權

被保險之公教人員依「公務人員留職停薪辦法」、「教育人員留職停薪辦法」辦理留職停薪，除依法徵服兵役者於服務期間之自付部分保費，由政府或私立學校負擔（公保10Ⅰ）繼續加保外，其他各事項之留職停薪者，應在申請留職停薪起六十日內，選擇於留職停薪期間退保或繼續加保，一經選定，不得變更（公保10Ⅱ，公保細30Ⅰ）。其以同一事由申請或連續多次申請留職停薪，應以第一次選擇作為認定退保或繼續加保之依據；但以不同事由，或同一事由而要保機關不同，或同一事由而未連續申請留職停薪者，不在此限（公保細30Ⅱ）。被保險人依該法第11條規定選擇退保或繼續加保者，其因不同事由或適用法規不同而連續停職（聘）或休職時，不得重作選擇（公保細30Ⅲ）。

1. 繼續參加公保：選擇繼續加保者，保險費全額自付，政府不予補助，如有調整時並依同等級公教人員保險俸（薪）額調整（公保10Ⅱ、Ⅵ）。選擇繼續加保之被保險人，要保機關於辦理其續保時，應於相關表件載明其法定屆齡退休之日或任期屆滿之日（公保細30Ⅴ）。

2. 退出公保：退保者當然不再繳付保費，於回職復薪時再行加保。

惟仍有下列二種情形之退保應予注意：

(1) 複保：被保險人於留職停薪期間選擇繼續加保，又同時參加其他職域社會保險者，應自重複加保之日起六十日內，申請溯自參加其他職域社會保險之日起退出公保，並得退還所繳之保險費，退出後不得再選擇加保；未申請退保或逾限申請者，其重複加保期間發生保險事故，不予給付，該段年資除公保法另有規定外，不予採認，其所繳之保險費亦不予退還；惟未申請退保或逾限申請者之重複加保年資，得併計成就構成請領養老給付之條件，但不予作爲換算給付之年資（公保10III、IV）。

(2) 續保未繳保費：被保險人於留職停薪期間，選擇繼續加保，卻逾六十日未繳納自付之保險費，或未繳納依法遞延繳納之自付保險費者，溯自未繳納保險費之日起，視爲退保；於該欠繳保費期間發生保險事故所領取公保給付應依法追還（公保10V）。

(三) 停職（聘）、休職之「退保」或全額自費「續保」選擇權

停職（聘）、休職之被保險人，仍具有公務人員身分（83.6.27.公務員懲戒委員會83年度第五次法律座談會決議，保障9之1），得比照留職停薪之情形，於六十日內選擇於該停職（聘）、休職期間退保或自付全部保費繼續加保，一經選定，不得變更（公保11 I，公保細30 I）：

1. 選擇退保者：於停職（聘）原因消滅，或休職期滿者，應自復職之日起續辦加保，並且接算其保險年資（公保11 II）。

2. 選擇續保者：如於該應停職（聘）、休職期間離職，或達屆齡退休條件者，即應退保（公保11III）。惟依法停職（聘）期間選擇自付全部保費繼續加保，而後依法復職並補發俸（薪）者，服務機關學校應依正常情形計算停職期間所應負擔補助之保費，由要保之服務機關發還，亦即發還政府原即應負擔補助百分之六十五部分之保費（公保11IV）。惟因休職係懲戒處分，則無此發還之規定，蓋休職期間，休其現職，停發薪給，並不得在其他機關任用（懲戒14），係屬處罰之性質。然在民國103年6月1日公保法修正施行前停職（聘）或休職則依修正施行前之規定辦理，如於該停職（聘）、休職期間已參加其他職域之社會保險者，該段參加各該保險之年資，則不得於復職（聘）補俸（薪）時追溯停職（聘）、休職期間辦理加保（公保11V）。

至於被保險人失蹤，則失蹤期間，應予退保（公保11 I）。

十三、現金給付計算標準

公保被保險人於保險有效期間內發生失能、養老、死亡、眷屬喪葬、生育或育嬰留職停薪之保險事故，均以「保險事故發生時」爲「基準時點」之規定，予以現金給付（公保12）。給付多少則依法定月數或百分比（如同基數）給與，例如：因傷病成全殘者給付三十個月，此「月」（基數）值若干數額，則必須有一「計算標準」來確定其內涵數額。此內涵數額之釐定基本上仍須經「精算」始能定於法律之中。茲公保經精算結果採**平均保俸額**計算，其給付之標準如次（公保12Ⅰ）：

(一) 養老給付及死亡給付：以被保險人發生養老及死亡事故當月起，前十年投保年資之實際保險俸（薪）額平均計算；但加保未滿十年者，按其實際投保年資之保險俸（薪）額平均計算。

(二) 育嬰留職停薪津貼：以被保險人育嬰留職停薪當月起，往前推算六個月保險俸（薪）額平均數之百分之六十計算。

(三) 失能給付、生育給付及眷屬喪葬津貼：以被保險人發生失能、生育、眷屬喪葬等保險事故當月起，往前推算六個月保險俸（薪）額之平均數計算；但加保未滿六個月者按其實際加保月數之平均保俸（薪）額計算。

茲値特別一提者爲：依規定得「重複加保」（複保險）者，其給付之「計算標準」如何？按保險原理，複保險之各保險人，對於保險標的之全部價值，僅就其所保金額，負比例分攤之責，但賠償總額，不得超過保險標的之價值（保險38）。依此，公保法第12條規定：養老給付乃按「平均保俸（薪）額」扣除（減去）已領受其他職域社會保險與公保養老給付性質相近給付（即簡稱爲其他性質相近給付，即勞工保險之老年給付或失能年金給付、軍人保險之退伍給付）（公保細56），所據以投保金額計算；但於領受其他性質相近給付前死亡者，其重複加保期間不再計給（公保12Ⅱ、Ⅳ）。換言之，公保平均保俸額大於其他性質相近給付所據之投保金額，則依其重複加保年資應得之基數或百分比補發其差額；如小於或等於時，則無補發之事。此情則自領受其他性質相近給付之日起發給，但公保養老給付核定之前，已領受其他性質相近給付者，應自公保養老給付核定之日發給（公保12Ⅲ）。然而如於領受其他性質相近給付前死亡者，其重複加保期間不再計給（公保12Ⅳ）。是以重複加保期間年資之養老給付計算公式得列如次：

（公保平均保俸－其他職域社會保險投保金額）×給付標準（月或百分比）×重複加保之年資＝重複加保期間年資應得之養老給付

十四、失能給付

被保險人發生傷害事故或罹患疾病，經醫治後，症狀固定，再行醫治，身體仍遺留無法改善之障礙，而符合失能標準，並經中央衛生主管機關評鑑合格之醫院鑑定爲永久失能者，按其確定永久失能日當月往前推算六個月保險俸（薪）額之平均數，依下列規定核給失能給付（公保12Ⅰ、13Ⅰ，公保細49）：

(一) 因公給付：因執行公務或服兵役致成全失能者，給付三十六個月；半失能者，給付十八個月；部分失能者，給付八個月。

(二) 一般給付：因疾病或意外傷害致成全失能者，給付三十個月；半失能者，給付十五個月；部分失能者，給付六個月。所定意外傷害，不包含本法第39條或第40條所定因犯罪或詐欺行爲引起之外來突發事故所致者（公保細39）。所稱全失能、半失能、部分失能之標準，依主管機關銓敘部所定「公教人員保險失能給付標準」認定之。

由於因公給付較一般給付優渥，爲期公允合法，承保機關對請領失能給付之案件，當然得施以調查、複驗、鑑定後，審核認定之（公保13Ⅳ）。其審核認定之事項有二：

(一) 永久失能日之認定（公保15）

1. 手術切除器官，存活一個月以上者，以該手術日期爲準。

2. 醫療或手術後，仍需施行復健治療者，須以復健治療期滿六個月仍無法改善時爲準；其他需經治療觀察始能確定成失能者，經主治醫師敘明理由，以治療觀察期滿六個月仍無法改善時爲準。

3. 失能標準已明定治療最低期限者，以期限屆滿仍無法改善時爲準。

4. 失能標準明定治療最低期限屆滿前即辦理退休、資遣或離職退保，且於治療達規定期限以上仍無法矯治者，以退保前一日爲準。

(二) 給付之核辦（公保14）

1. 在加入本保險前已失能者，不得請領本保險失能給付。

2. 同一部位之失能，同時適用二種以上失能程度者，依最高標準給付，不得合併或分別請領。

3. 不同部位之失能，無論同時或先後發生者，其合計給付月數，以三十個月爲限；因公致失能者，以三十六個月爲限。

4. 原已失能部位復因再次發生疾病或傷害，致加重其失能程度者，按二種標準之差額給付。

5. 手術切除器官者，須存活期滿一個月以上，始可請領失能給付。被保險人確定永久失能日係於死亡前一個月內，或彌留狀態期間，不得據以請領失能給付。

至於有此確定失能情事請領失能給付，自得於請求權可行使之日起，因十年間不行使而當然消滅（公保38Ⅰ）。此所謂「得於請求權可行使之日」，一般係指「確定失能日」，自該日起算。

十五、養老給付

(一) 養老給付之基本條件、種類、方式與給付之基準時點

養老給付顧名思義乃給付爲養老之資，因此，給付必須要有基本的條件，也要考慮如何給付與其給付之多寡等，始能符合養老之意旨。

1. 給付之基本條件：公保養老給付之基本條件有二（公保16Ⅰ）：(1)爲被保險人依法退休（職）、資遣。(2)爲繳付保費滿十五年且年滿五十五歲以上而離職退保。亦即符合此兩條件之一而離開公職（務）退出公保之被保險人，得請求承保機關給與養老給付。

2. 給付之種類與方式：如何給付？政府規劃有二種類之給付方式（公保16Ⅱ），被保險人有選擇權：

(1) 一次養老給付：即承保機關結算應給付之金額，一次付清，如何運用，悉聽被保險人尊便。

(2) 養老年金給付：即符合請領條件之日起按月（定期）給付一定之金額，以供被保險人老年生活之用，至其死亡當月止（公保22Ⅰ）。

一次性給付，因有一筆數額較大之資金可供運用，但恐易因理財不善或經濟變動，而致晚年匱乏之虞；定期年金給付則每過一段時間，即有一筆小數額收入，可源源不斷，但如遇急需，則難以敷應。二者各有利弊，端賴被保險人個人之情況而作抉擇，不過從近四十年來退撫給與之觀察，定期給付已成爲趨勢，也符合世界之潮流，甚且，擇領定期給付之年金者，已遠遠超過擇領一次金者，幾近於百分之百。

然而，我國公保養老給付，雖於民國103年6月1日施行修正之公保法，始規設「養老年金給付」，惟爲配合全國「年金改革」，在公務人員退撫法律未完成年金規劃之檢討修正前，公保被保險人中，僅由並無任何退撫年金給付制度之私立學校教職員先行實施（公保16、17Ⅵ），並追溯自民國99年1月1日（公保48Ⅰ、Ⅱ），使其能享有最起碼之「基礎年金」，保障其最基本之老年生活。民國104年6月17日公布修正公保法第48條，給予未有任何年金給付之國（公）營事業人員、駐衛警等，亦有年金制度可資適用；同年10月7日考試院、行政院會同發布施行令，追溯自同年6月19日施行。是以，現行公保之「養老年金給付」對公務人員尚未施行，但爲配合「年金改革」，考試院於民國106年5月已向立法院提出公保法修正草案，原擬於民國107年7月1日與「年金改革法案」同步施行。但因未完成立法，以致於公務人員「年金改革法案」之施行，並無公保養老金法案得予施行（公立學校教職員亦同）。

至於養老給付之基準時點爲「離職退保時」（公保16Ⅰ、38Ⅱ），原則上與一般「退休（資遣）生效日」同時。但養老年金給付爲因應被保險之受益人個別需要，而設計**展期養老年金給付**與**減額養老年金給付**（公保16Ⅲ、18Ⅲ、Ⅵ）兩種。如其選擇「展期養老年金給付」者，顧名思義，自以其展期至所應給付之日爲基準日——起支年齡之日（見後述之「年資歲別條款」）（公保18Ⅲ），支給養老年金。如因退保而參加其他職域社會保險，並保留年資者，則以其退出其他職域社會保險或年滿六十五歲得申請養老年金給付時，則以「申請之日」爲準（公保26，公保細59）。至於「減額養老年金給付」，顧名思義，固爲減其支給數額，但不影響退離時之起支時日（公保18Ⅵ，退撫31Ⅳ）。

(二) 養老給付給與之標準與計算

養老給付之給與種類、方式，雖有一次金與年金之選擇，但並非人人數額一致。蓋參加公保繳費之年資與標準，因被保險人之保險年資、職務等階而有差異。不過依保險原理原則所定之給付公式，則爲一致，均以被保險人之每月保險俸（薪）額（公保8Ⅰ、Ⅳ）爲其基數「月」之內涵數額，乘以依其保險年資換算基數「月」數，所得之數額多寡給與。其情形如次：

1. 一次養老給付：公保年資每滿一年，給付一點二個月，最高給付四十二個月爲限；但如辦理「優惠存款（利率百分之十八）」者，則最高給與三十六個月（公保16Ⅱ）。亦即切結拋棄辦理「優惠存款」者（公保細55Ⅱ），始得享有最高四十二個月養老給付之權利，惟該措施雖自民國103年6月1日施行，但要到民國108年6月1日起，始有得領四十二個月之情（公保16Ⅸ、Ⅹ）。

2. 養老年金給付：公保年資每滿一年，在「基本年金率百分之零點七五」與「上限年金率百分之一點三」間核給養老年金給付，最高採計三十五年，其總給付率最高爲百分之四十五點五（公保16Ⅱ）。

前述規定計算給付月數或給付率之年資，有畸零月數及未滿一個月之畸零日數，均按比例發給（公保16Ⅱ）。惟所稱公保年資，係含民國88年5月31日「公教人員保險法」修正施行前，參加原公務人員保險及原私立學校教職員保險之年資（公保21Ⅰ、23Ⅰ、24Ⅰ、26Ⅰ）。蓋其承保機關、主管機關與其保險宗旨目的、內容等均同一，是爲同一保險。

(三) 養老年金給付領受權利之規範

1. 特定條款：

(1) 年資歲別條款：公保被保險人請領養老年金給付，除基本條件（公保16Ⅰ）外，尚需符合下列附加之年資、年齡的條件規定，始得請領（此起支年齡與退撫法第31條第2項、第3項之規定不同）（公保16Ⅲ）：

①加保公保十五年以上，且年滿六十五歲。

②加保公保二十年以上，且年滿六十歲。

③加保公保三十年以上，且年滿五十五歲。

(2) 限定給付率條款：公保被保險人請領養老年金給付，每具一年年資本應依「基本年金率百分之零點七五」至「上限年金率百分之一點三」間，計算核給養老年金給付，但有下列特殊情形，則限定於僅依**基本年金率**核算發給（公保16Ⅱ、Ⅳ）：

①依法資遣者。

②投保十五年以上而離職退保者。

③所支（兼）領之月退休（職、伍）給與係由政府機關或學校，或政府機關或學校與被保人共同提儲設立之基金（但所設之基金屬於個人帳戶者，不在此限），負最財務責任。

(3) 天花板條款：依前述限定條款所定基本年金率計給養老年金給付之被保險人，其每月退休（職、伍）給與，加計每月可領養老年金給付之總和（即退休總所得），不得超過其最後在職加保投保俸（薪）額二倍之百分之八十退休所得替代率（**退休年金給與上限**）（公保16Ⅷ、17Ⅰ）；但因公傷殘命令退休者計給養老年金給付者，則不受此限制（公保細59Ⅳ）。依此給付上限之計算為：1.保險年資十五年以下，每滿一年，以百分之二計；第十六年起，每滿一年，以百分之二點五計，最高增至百分之八十。2.保險年資未滿六個月者，以六個月計；滿六個月以上未滿一年者，以一年計（公保17Ⅲ）。

(4) 調降給付率條款：

①如被保險人之退休（職、伍）之總所得超過上述百分之八十天花板條款之限制者，應調降養老年金給付，或選擇不請領養老年金給付，而改請領一次養老給付。但一經領受，則不得變更（公保16Ⅷ）。

②被保險人依「年資歲別條款」（公保16Ⅲ）請領養老年金給付，再支（兼）領「限定給付率條款」（公保16Ⅳ）所定之月退休（職、伍）給與時，其原經承保機關審定之養老年金給付，應自再支（兼）領月退休（職、伍）給與之日起，改依限定條款之基本給付率，及依上述1.之(3)之天花板條款調降給付率計給（公保16Ⅴ、Ⅷ）。惟此之以基本年金率計給，似有重複規定之虞。

綜上之「天花板條款」與「調降給付率條款」可得知退休（職、伍）所得計算間之消長關係，可以圖18-1示之：

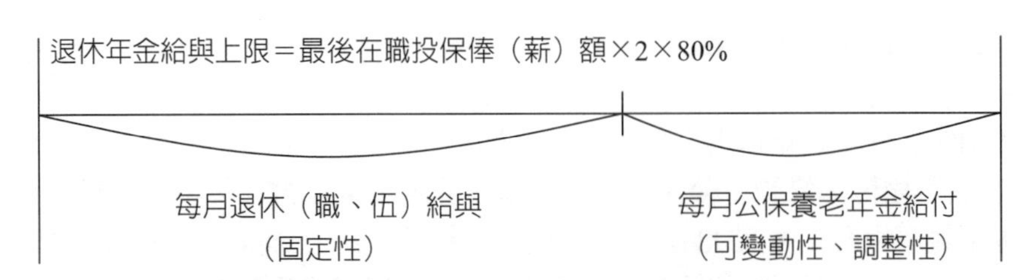

圖18-1 天花板條款內涵消長關係圖 製圖人：郭世良

(5) 限制給付種類條款：被保險人有下列情形之一者，僅得請領一次養老給付，不得請領養老年金給付（公保16Ⅵ）：

①未符合請領養老年金給付條件（公保16Ⅲ，年資歲別條款）。

②犯「貪汙治罪條例」之罪，或犯刑法之瀆職罪，或於動員戡亂時期終止後犯內亂罪、外患罪經判刑確定。

③準用本法之外國人（如外籍教師）（公保45）。

(6) 優惠條款：

①被保險人擔任具有危險勞力等特殊職務而屆齡退休者（指降齡退休），其加保滿十五年以上，即可請領養老年金給付，不受「年資歲別條款」（公保16Ⅲ）之年齡限制，乃其屆退年齡與起支年齡同爲五十五歲（公保18Ⅰ，退撫33）。

②被保險人因公傷病，致不堪勝任職務而命令退休者，或符合公保失能給付標準表（公保13Ⅱ）所定之全失能，且經評估爲終身無工作能力而退休（職）或資遣者，其請領養老給付不受「年資歲別條款」（公保16Ⅲ）之限制。其加保年資未滿十五年者，以十五年計（擬制年資）（公保18Ⅱ，退撫32）。

(7) 停權條款：領受養老年金給付者，有下列情形之一者，應即停止其領受權利，俟原因消滅後恢復（公保22Ⅱ）：

①再加保。

②卸任總統、副總統享有禮遇期間。

(8) 喪權條款：領受養老年金給付者，有下列情形之一者，應即喪失其領受權利（公保22Ⅲ）：

①死亡。

②因公命令退休以擬制年資（未滿十五年，以十五年計）之規定，請領養老給付者，再參加其他職域之社會保險或公保，此類人員有再任職之事實，而未依其身分參加社會保險者，亦同。亦即其已恢復工作能力，能依工作所得維生，因此改給與依其實際加保年資應給與一次養老給付之餘額；已無餘額者，不再計給（公保

22Ⅴ）。

③喪失中華民國國藉。但改給與一次養老給付之餘額；已無餘額者，不再計給（公保22Ⅵ）。

④犯「貪汙治罪條例」之罪，或犯刑法瀆職罪或於動員勘亂終止後犯內亂罪、外患罪，經判刑確定。改給與一次養老給付之餘額；已無餘額者，不再計給（公保22Ⅵ）。

發生喪權情事，其後續之處理如下：

①死亡者：轉爲遺屬擇領「一次養老給付之餘額」（扣除已領受養老年金給付總額）或「遺屬年金給付」（公保22Ⅳ）。

②因公命令退休以擬制年資請領養老給付者，有再任職之事實者：改給與依其實際加保年資應給與一次養老給付之餘額；已無餘額者，不再計給（公保22Ⅴ）。

③喪失中華民國國藉者：改給與一次養老給付之餘額；已無餘額者，不再計給（公保22Ⅵ）。

④犯「貪汙治罪條例」之罪，或犯刑法瀆職罪，或於動員勘亂終止後犯內亂罪、外患罪，經判刑確定者：改給與一次養老給付之餘額；已無餘額者，不再計給（公保22Ⅶ）。

(9) 便宜條款：

①**展期養老年金給付**：被保險人未符合「年資歲別條款」之年齡規定者（公保16Ⅲ），得選擇至年滿養老年金給付「起支年齡」之日起，始領受養老年金，但一經領受，即不得變更（公保18Ⅲ）。

②**減額養老年金給付**：被保險人保險年資滿十五年，但未符合「年資歲別條款」之年齡規定者（公保16Ⅲ），得提前五年請領養老年金給付，每提前一年，則依年資與給付率計得之給付金額，減百分之四，最多減給百分之二十（公保18Ⅵ，退撫31Ⅳ）。

③**超額年金給付**：依世界銀行養老退休所得之原三層年金設計下，第一層爲「基礎年金」保障被保險人最低基本生活，由國家強制保險；第二層則爲「職業年金」，係由雇主提供；第三層「商業年金」由個人儲蓄或購買。

公保養老（年金）給付原被定位爲第一層基礎年金，月退休金被定位爲第二層之「職業年金」。在「退休年金給與上限」數額之規範（即「天花板條款」）下，職業年金之月退休（職）金，採固定「常數」之設計，則基礎年金之公保養老年金給付必採「變數」之設計，始能達成最高退休「年金給與上限」之規範。因此，其消長關係爲：固定職業年金所得較大，則基礎年金所得必然較少，此時應給付之基礎年金數額，反推計算所得之年金給付率較一般給付率為低，顯然產生「繳付」與「領受」之間不平衡時，則必須有調整之機制，亦即要提高年金之給付率，至某一定水準，依此提高給付率所計得之金額，即為「超額年金」。

在瞭解年金制度規劃原理原則之後，來看公保養老年金給付之規定，則較易瞭解。按公保被保險人在「退休年金給與上限」（加保投保俸薪額二倍之百分之八十）（公保16Ⅷ、17Ⅰ）數額下，扣除其固定之月退休金數額，即得公保養老年金給付之數額，依此數額反推計算其年金給付率，如低於基本年金給付率百分之零點七五，則以基礎年金率計算金額給與，仍由公保承保機關支付。如果超過基本年金率百分之零點七五時，其超過部分之給付率所計得之金額，即公保法上之「超額年金」，則由最後服務機關（構）學校支付，承保機關不負財務責任，但私立學校之被保險人所領之超額年金，則由政府及學校各負百分之五十之責任（公保20Ⅰ）。如反推計得之年金給付率，超過「上限年金給付率」時，僅得依此「上限年金給付率」按上述方式負責計給。顯然此超額年金之給付率，則定在基本年金給付率百分之零點七五與上限年金給付率百分之一點三之間。此種情形據悉初估可能會發生在公營事業機構人員或私立學校教職員身上，因該類人員尚無月退休（職）金給與之法令規定，而僅有「一次性離退給與」（即一次退休金），因此必須以「平均餘命」作為攤提其一次性離退給與，計算每月之所得，再與公保養老年金給付合併計算、比較、調整。

然而公務人員、公立學校教職員，僅能依基本年金率計給養老給付之數額，與每月應領之月退休金（含優惠存款利息）之總和超過最高「退休年金給與上限」（天花板條款）時，則需要調降養老年金給付，或僅能請領一次養老給付（公保16Ⅷ），相較之下，公教人員之給付率似未全然受到「基本年金率」之保障。惟民國103年6月1日施行修正之公保法規定，養老年金給付，限於私立學校被保險人適用，其他公教（事業）人員之適用退撫法律與公保法相配合修正通過後再施行（公保16XIII、17VI、48Ⅰ），因此，公教部分尚未適用該規定實行年金，所以無實例可資驗證。即使公保養老年金給付之規定先適用於私立學校教職員，但施行若何？甫施行之際，難以言表，仍有待觀察。

(四) 一次養老給付基數計算之規範

1. 分段計給條款：民國103年6月1日公保法施行修正後，一次養老給付雖最高可給付四十二個月（辦理優惠存款者僅給付三十六個月）（公保16Ⅰ、II、X），但在此修正施行前之保險年資換算之給付，最高仍以三十六個月為限（公保21II）。其間民國88年5月31日施行修正前之年資，應合併計算發給（公保24Ⅰ），依原「公務人員保險法」或原「私立學校教職員條例」規定之標準計算，其未滿五年者，每滿一年給付一個月，未滿一年之畸零數比例發給；民國103年6月1日施行修正後之保險年資，則依新修正之規定計算（公保16Ⅹ）。其分段計給之規定可以圖18-2示之：

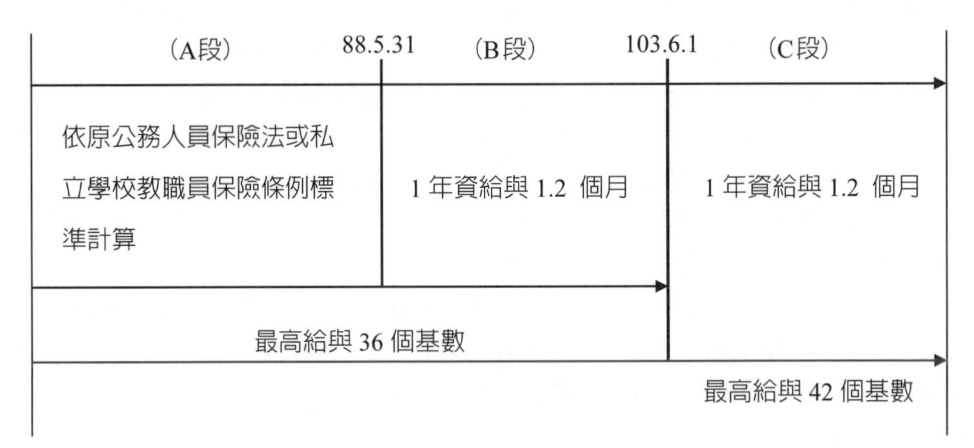

圖18-2　公保年資分段計給圖　　製圖人：郭世良

2. 回溯條款：民國103年6月1日施行修正之公保法前已退保而未再加保，並依「天花板條款」（退休年金給與上限）（公保16Ⅷ、17Ⅲ）規定之限制，而擇領一次養老給付被保險人，其超過三十年之保險年資，每滿一年加給一點二個月，合併最高給付四十二個月爲限；畸零月數及未滿一個月之畸零數均按比例發給，但被保險人所領之一次養老給付依規定得辦理優惠存款者，則不適用此規定（公保16Ⅺ）。又此加給之養老給付金額，應由承保機關依公保法審定後通知最後服務機關學校負擔財務責任，並支給被保險人（公保16Ⅻ）。按此條文係指私立學校教職員始有適用，追溯自民國99年1月施行（公保48）。

3. 補差額條款：被保險人於民國88年5月31日公保法修正生效前後保險年資，合計十二年六個月以上者，其一次養老給付之平均養老給付月數未達一年一點二個月時，以一點二個月計算；保險年資合計未滿十二年六個月者，其一次養老給付月數未達原「公務人員保險法」或原「私立學校教職員保險條例」規定標準時（即保險年資滿五年者，給付五個月；超過五年者，自第六年至第十年，每超過一年，增給一個月；超過十年者，自第十一年至第十五年，每超過一年，增給一點二個月；超過十五年者，自第十五年至第十九年，每超過一年，增給三個月；超過二十年者，給付三十六個月），補其差額月數（公保21Ⅲ）。

(五) 退保後再任再加保年資之併計與給付

公保被保險人符合請領養老給付之條件，離職退保領受養老給付之後，非不得再任爲公教人員，如依規定再任公教人員再參加公保，因公保具有「社會性」，政府有財政之挹注，首重資源之公平、妥當分配。是以，再任再加保人員之公保採認年資，亦應與一般人員同受最高採計三十五年年資之限制，如給與一次養老給付則受最高四十二個月的限制，如給與養老年金給付則受最高給與百分之四十五點五之限制，即「養老給付上限」（公保16II、24 I），此爲處理離職退保再任再加保之前提原則。在此原則下，處理有關再加保之情事，則有下列之技術規範：

1. 再任再加保者，停止原領受之養老年金給付，原領之養老給付（一次金、年金）不得繳回；再離職退保時原有之年資，不得與再加保之年資合併計發給付，僅得依再加保之年資計發養老給付；惟合併各次養老給付，不得超過養老給付上限（公保23 I），如再任前已計發之公保年資二十八年，再任後之公保年資爲十年，則再離職退保時，僅得採七年，計發一次養老給付，另餘三年，則不計發，亦不退費，並恢復原領之養老年金給付。

2. 再任前領受之養老給付，已達養老給付之上限，再任再加保者，於再離職退保時，不再發給養老給付；但再加保期間未領取公保其他給付者，再加保期間所繳自付部分保險費加計利息發還（公保23II）。其利息之計算，以應負繳費義務當年臺灣銀行每月第一個營業日牌告一年期定期存款固定年利率之平均數，爲當年之年利率，按年複利計算至退保或離職前一日止。繳費未滿一年者，按實際繳費各月臺灣銀行第一個營業日牌告一年期定期存款固定年利率之平均數計算之（公保細9）。

3. 被保險人符合請領本保險養老給付條件者，應自符合條件之日起三個月內選擇請領或不請領；逾期未作選擇者，視同選擇不請領，但仍得於第38條所定十年時效內請領。惟如屬於再加保者，於再次退保前，不得請領原有保險年資之養老給付。然於再退保時，得併計原保險年資及再加保年資後，符合請領養老給付者，按再退保時之平均保俸額計發養老給付，並自再退保之日發給；如未符合請領養老給付條件者，得請領原未請領之養老給付（公保23III、IV、V）。此末段之再任「未符合請領養老給付條件者，得請領原未請領之養老給付」之前提爲被保險人原即「符合請領養老給付，離職退保時……」並未請領，則「再任再加保後，再離職退保」之年資自得併計前「符合請領養老給付條件之年資」應更符合請領養老給付條件，又何來「未符合請領養老件者，得請領原未請領之養老給付」？法條意旨爲何？不甚明瞭。

4. 被保險人離職退保時，未符合請領養老給付條件，而不能請領養老給付者，於再任再加保後，再離職退保，其前後之保險年資，得合併計算（公保21Ⅰ、23Ⅰ、26Ⅰ）。如符合請領養老給付條件，則可請領養老給付；如仍不符合請領養老給付條件，而不能請領養老給付者，則其年資得予保留。俟再任再加保後，再離職退保，再依上述規定併計採認給付，或保留至年滿六十五歲時，併計其曾參加勞工保險之保險年資，請領本保險養老年金給付（公保49Ⅰ）。

5. 被保險人於民國88年5月31日公保法修正生效前，已依「公務人員保險法」規定請領養老給付，並再參加私立學校教職員保險者，或已依「私立學校教職員保險條例」規定請領養老給付，並再參加公務人員保險者，其再參加各該保險之年資，均得合併計算，依本法之規定請領養老給付（公保24Ⅰ、Ⅱ），當然也有上述作業規範之適用。蓋原公務人員保險、原私立學校教職員保險係同一保險。

(六) 職務停留與回復之養老給付事項

被保險人因依法停職（聘）、休職或留職停薪時，得選擇於該期間退保或自付全部保費繼續加保（公保10、11）；於復職後，當然繼續加保接算（續）年資。其停職（聘）期間選擇繼續加保自負全部保險費者，服務機關學校應計算發還政府所應負擔之保險費用（公保11Ⅳ），接續停職（聘）期間之年資；但休職再復職，則無發還政府所應負擔之保險費用之規定，乃因休職係懲戒（處罰）處分。如選擇退保者，應自復職之日辦理加保，並自該日起接算（續）年資（公保11Ⅱ）。其間如遇退休、資遣之情，究應如何處理？公保法規定為：

1. **曾選擇退保者**：於復職（聘）同日辦理退休或資遣者，應以停職（聘）、休職或留職停薪退保當時之保險年資及平均保俸，依復職當時規定，請領養老給付（公保25Ⅰ）。

2. **曾選擇續保者**：於加保期間達屆齡退休條件應予退保者，依下列規定請領給付（公保25Ⅱ）：

(1) 依法補辦退休者，以達屆齡退休條件而應退保當時（即退休生效日）之保險年資，及依原因消滅當時（及復職時）之規定，請領養老給付金額。

(2) 如依法辦理退休期限屆滿前死亡者，或於原因消滅前死亡者，應由其遺屬以被保險人達屆齡退休條件，而退保當時（及退休生效日）之保險年資，及依原因消滅或死亡當時之規定，請領一次養老給付；如被保險人係於公保法民國103年6月1日施行修正後死亡，且已符合請領養老年金給付條件者（公保16Ⅰ、Ⅱ），其遺屬得請領其一次養老給付，或選擇遺屬年金給付（即改按其原得領養老年金給付金額之半數，按月發給）。但一經領受，即不得變更。

(七) 保留公保年資請領養老給付

公務人員參加公保，於離職退保時，未請領養老給付之公保年資，俟再任公務人員再加保後，依法退休、資遣，再併計年資請領養老給付（公保21Ⅰ、24Ⅰ）；但如未再任再加保，則即喪失請領養老給付之權利，反而有失社會生活養老之基本保障，亦與權義不平。民國103年6月1日公保法施行修正後，有此離職退保之情事，則明定公保年資應予保留，俟其符合下列條件之一時，得由原服務機關（構）學校，以其退保當時之保險年資，依退保當時之規定，請領養老給付（公保26Ⅰ）；其如符合請領養老年金給付者（公保26Ⅲ），並自申請之日發給。但該保留年資已領取補償金者，則不適用（公保26Ⅰ、Ⅱ）：

1. 於參加勞工保險或軍人保險期間依法退休（職、伍）（勞保58，軍保16）。

2. 領受國民年金保險給付（國保29）。

3. 年滿六十五歲。

茲所稱「申請之日」，指被保險人依規定填具現金給付請領書，並檢證送達退出本保險時之要保機關之當日（公保細66）。

(八) 公保勞保併資請領養老年金給付（年資轉銜）

公保、勞保均爲社會保險，爲保障具有勞工保險年資之公保被保險人晚年無虞，民國103年6月1日施行修正之公保法特別規定，以退保但未領受養老給付之被保險人得於六十五歲時，併計其勞保年資，以成就公保請領養老給付之條件，請領公保養老年金給付；但勞保之年資公保不計發養老給付，僅公保年資得核發養老給付。其併計年資之情形（條件）如次（公保49Ⅰ、Ⅱ、Ⅶ）：

1. 民國99年1月1日以後退出公保。

2. 公保年資未滿十五年，勞保年資未滿十五年，兩者合計達十五年以上。

3. 符合請領養老給付之條件。即依法退休（職）、資遣或加保滿十五年且年滿五十五歲而離職退保（公保16Ⅰ）、參加勞保軍保期間依法退休（職、伍）、領受國民年金保險老年給付及年滿六十五歲（公保26）。

4. 惟有下列情形之年資，不予併計（公保49Ⅲ）：

(1) 已領勞工保險老年給付。

(2) 已領公保養老給付。

(3) 已領公保、勞保之年資補償金。

依上述情形請領養老年金給付者，依退出本保險時之「平均保俸額」（公保12Ⅰ），依基本年金率（公保16Ⅱ）計給養老年金給付，並自申請之日發給（公保49Ⅴ）；所稱「申請之日」，指被保險人依規定填具現金給付請領書，並檢證送達退出本保險時之要保機關之當日（公保細66）。

不過已退保之被保險人有下列情形之一，則上述之情形即不適用（公保

49IV）：

1. 犯「貪汙治罪條例」之罪，或犯刑法瀆職罪，或於動員勘亂時期終止後犯內亂罪、外患罪，經判刑確定。

2. 依所適用之人事法令應予免職、解聘或撤職，於處分前離職，亦同。

3. 依所適用之人事法令應停職（聘）或休職，且未依法復職；於處分前離職者，亦同。

(九) 公保年資之採認、併計與給付之計算標準

所謂之公保年資，如前述，即凡參加公保繳付保險費之年資，包含前依「私立學校教職員保險條例」參加公保之年資，均應被採認併計（公保21Ｉ、23Ｉ、24Ｉ、26Ｉ）。惟所能作爲計算給付之年資，則受到最高三十五年之限制（公保16II），雖其服務公職參加公保而繼續繳付公保費用超過三十五年，亦僅採計三十五年爲止，其他多餘年資，則不採計。茲分述如次：

1. 構成請領養老給付條件之年資：須參加公保滿十五年（且滿五十五歲）；如未滿十五年者，則以其參加公保繳費至其依法退休（職）、資遣或離職而退保（公保16Ｉ、26Ｉ）時爲止，計其年資。其間之年資不以連續爲必要，離職退保，再任再加保之中斷前後之年資均得併計採認（公保21Ｉ、23Ｉ、24Ｉ、26Ｉ），惟最高受採計三十五年之限制（公保16II、26Ｉ）。此間如有重複參加其他職域之社會保險（重複加保），並未退出公保之公保年資，雖得併計爲請領養老給付條件之基本年資，但不計給養老給付（公保16IV、V）。

2. 構成請領養老年金給付條件之年資：

(1) 依前述請領公保養老年金給付受「年資歲別條款」（公保16III）之限制，至少不得少於十五年之基本年資，雖因危勞職務依法屆（降）齡退休者（公保18Ｉ）或請領減額年金者（公保18IV）亦同。

(2) 因公傷病致不堪勝任職務而命令退休，或經評估爲全失能且經評估爲終身無工作能力而退休或資遣者，其請領養老年金給付雖不受「年資歲別條款」之限制，但其加保未滿十五年，則仍以十五年擬制計資，以示優惠（公保18II）。

(3) 依法離職退保領受養老年金者，如再任公職再參加公保，而後再依法離職退保者，因再任時不需繳回已領之養老給付，其再任前之公保年資自不再採認計給養老給付（公保23Ｉ），如爲養老年金給付，則僅得恢復原請領之養老年金給付（公保22II）。惟再任後之再加保年資，則另行依再離職退保時之規定標準計算養老給付（公保38II），此再任之年資與其前之年資總和，仍不得超過「養老給付上限」，並受最高三十五年數之限制（公保16II、23Ｉ）。例如：前次依法離職退保採計十九年，再任再加保十八年，再離職退保，則後次之十八年年資僅能採計十六年（已達請領養老年金之十五年基本年資，則得再請領養老年金）；又如前次採計二十三年，則後次僅能採計十二年（未達請領養老年金之十五年基本年資，不得再請領養老年金給付，僅得請領一次養老給付）。

(4) 民國99年1月1日以後退保之被保險人（私校教職員）公保年資未滿十五年者，得於六十五歲時，併計其未滿十五年之勞保年資，合計達十五年以上者，即符合請領養老年金給付之基本條件，或依法退休（職、伍）時，亦得請領公保養老給付（公保16Ⅰ、26Ⅰ、49Ⅰ）。但公保僅採其公保年資計算養老年金給付，而不計勞保年資作給付（公保49Ⅰ、Ⅱ、Ⅲ）。又上述之公保年資或勞保年資，均以未請領養給付或老年給付或年金補償金者，始得採認（公保26Ⅲ）。

(5) 至於參加公保期間，又有重複參加性質相近之其他職域社會保險（重複加保）者，該段公保年資仍得採計作爲養老給付之基本條件，但該段年資公保不予給付（公保6Ⅴ、16Ⅳ）。

3. 計算養老給付之年資：

(1) 僅以未請領公保養老給付之公保年資予以給付，參加其他職域社會保險（重複加保）之年資，均不採計發給（公保6Ⅴ）。

(2) 再任再加保之公保年資，與前次計發養老給付之年資，合計不得超過三十五年，亦即再任再離職退保，僅補足前次離職退保給與養老給付之年資至三十五年止（公保21Ⅰ），如有多餘之年資則不計給。

(3) 已被採計最高三十五年年資之被保險人，如再任再加保者，於再離職退保時，不再發給養老給付。但加保期間未領取其他公保給付者，則就其自付之保險費總額加計利息發還（公保23Ⅱ）。

4. 公保養老給付年資給付之俸額標準：

(1) 公保養老給付之給付標準，以其「離職退保時」爲基準時點（公保16Ⅰ、25Ⅰ、38Ⅱ）。亦即以其退保前十年之「平均保俸額」爲給付標準（年資未滿十年者，以實際加保年資計其平均俸額）（公保12Ⅰ）。此「離職退保」係指依法退休、資遣，或因案停職（聘）、留職停薪選擇退保。

(2) 若使其於停職（聘）、休職期間選擇自付保費繼續加保，其間達屆齡退休（職）條件而依法應予退保者，於該停職休職原因消滅後，補辦退休，應以達屆齡退休時之平均保險俸額及年資計給養老給付（公保25Ⅱ、38Ⅱ）。

(3) 如於退休離職退保，領取養老給付後，再任再加保，嗣再退休離職再退保，此時因前次退保，已核領養老給付，其前之公保年資自不再採認給付（公保23Ⅰ）。是以，再加保再退保間之年資，如依規定應予給付，則再給付之俸額標準，自以再離職退保時爲基準時點（公保38Ⅱ），依前述計算「平均保俸額」。

(十) 養老年金之遺屬給付

領受公保養老年金給付者死亡，則仿退休人亡故後對其遺屬「撫慰」之制，其遺屬得依公保法第22條第4項規定，就下列給付擇一請領，一經領受，不得變更：

1. 一次養老給付之餘額：應扣除已領受養老年金給付總額（減數）發給其餘額。其計算之標準爲：以其死亡時最近一期核付養老年金給付所據平均保俸（薪）額爲準（公保細63Ⅰ）。

2. 遺屬年金給付：按原領養老年金給付金額之半數，繼續發給至其「喪失領受權」爲止（即死亡等）。

請領展期養老年金給付者，於領受前死亡，則由其遺屬請領原應請領之一次養老給付金額；如遺屬符合「請領遺屬年金給付條件」者，不請領一次養老給付金額時，得選擇按原領養老年金給付金額之半數，改領遺屬年金給付，一經領受，不得變更（公保22Ⅶ）。

此遺屬之範圍、條件、順序與分配，於該法「養老給付」節中並無規定，而係「比照」「死亡給付」節中之第28條第8項辦理，其範圍與條件爲：配偶、子女、父母、祖父母、兄弟姊妹。如選擇一次養老給付之餘額者，僅規定配偶領受二分之一，其餘由受益人依序（子女、父母、祖父母、兄弟姊妹）平均領受之（公保28Ⅰ）；如選擇遺屬年金給付者，其遺屬範圍僅限於具中華民國國籍之配偶、子女或因其喪失或拋棄領受權由其子女**代位**領受者（孫）、父母，且需符合下列條件（公保22Ⅵ、Ⅶ、25Ⅱ、28Ⅱ、Ⅲ、Ⅴ）：

1. 配偶：須未再婚且符合下列條件（限制）之一：

(1) 年滿五十五歲，且婚姻關係於被保險人死亡時，已存續二年以上；未滿五十五歲者，得自年滿五十五歲之日起支領。

(2) 因身心障礙而無謀生能力，且婚姻關係於被保險人死亡時已存續二年以上。

2. 子女或其代位領受者：須符合下列條件之一：

(1) 未成年。

(2) 因身心障礙且無謀生能力之成年人。

3. 父母：須年滿五十五歲且每月工作收入未超過「公務人員俸給法」所規定280俸點折算之俸額；未滿五十五歲者，得自年滿五十五歲之日起支領。

至於**祖父母、兄弟姊妹**並無規定得請領遺族年金，似僅得請領「一次養老給付之餘額」（公保28Ⅰ、Ⅱ、Ⅷ）。

是則關於其順序與分配如下（公保22Ⅳ、28Ⅰ、Ⅱ、Ⅴ）：

1. 配偶：應分配領受二分之一；如無子女、父母、祖父母，則單獨領受全部數額，兄弟姊妹不與焉。

2. **其他順序遺屬**：無配偶時，依序由子女（或其代位領受者）、父母、祖父母、兄弟姊妹領受。同一順序受益人有數人時，應共同具名平均領受；有喪失或拋棄領受權者，由同一順序其他受益人平均領受。但第一順序之領受人（子女）喪失或拋棄領受權者，則由其子女（即孫子女）代位領受之。

3. **遺囑指定受益人**：被保險人生前預立遺囑，於前述受益人（配偶、子女、父母、祖父母、兄弟姊妹）中指定領受人者，從其遺囑。無遺屬時，得由被保險人指定親友或國內公益法人為受益人（公保28Ⅶ，公保細18），但如何擇領及分配，法無明文，則仍為「從其遺囑」分配乎？此「指定受益人」原為民國47年公保建制立法時既有之規定，而後實務上有以「遺囑」指定受益人。民國60年修正公務人員撫卹法，將「遺囑指定領受人」納入撫卹法中，並作「從其遺囑」之規定；民國103年修正施行之公保法又仿撫卹法，始將「遺囑指定領受人」納入公保法（公保28Ⅶ）中。

依上述規定觀之，公保養老年金之遺屬給付方式，部分類似原退休公務人員遺屬之一次撫慰金與月撫慰金之選擇（退休18，退撫43至48），部分類似原撫卹之「遺囑指定領受人」（撫卹8，退撫62至63），但仍有些微差異（如應具中華民國國籍）。惟其中或尚有本法與施行細則並無明文規定，似易形成「法律漏洞」，有待釐清填補之處，更期修法予以明確規定：

1. 計算一次養老給付之餘額時，所被扣除已領受養老年金給付總額「減數」之原應領之一次養老給付數額「被減數」，如何計得？施行細則第63條第1項僅規定計算標準：「以最近一期核付養老年金給付所據保險俸（薪）額為準」，其他尚無明文規定。解釋上似得考量公保財務責任之權義關係與立法之目的宗旨，「類推適用」公務人員退休資遣撫卹法第44條（原退休18）之規定，雖可解為以其死亡時，最近一期核付養老年金給付所據平均保俸（薪）額為準（公保細63），作為「被乘數」，但仍應依其原有所採計之公保年資，換算應得之一次養老給付之「月」數，作為「乘數」，兩者相乘，所得之數額作為「被減數」。

2. 遺屬擇領「一次養老給付之餘額」，如依死亡當時之平均保俸（薪）額與原有公保年資，計算應領之一次養老給付數額（被減數），扣除已領受養老年金給付總額（減數）後，無餘額時，或甚至於超過得領一次養老給付之金額，而形成負數時，如何處理？亦無明文規定。雖未若退休法上一次撫慰金給與計算之再給六個基數之撫慰金（退休18，退撫44），但此時似仍宜先「類推適用」公保法第22條第5、6項之「已無餘額者，不再計給」，較符合現公保經營（財務）狀況。

3. 此遺屬「停權」、「喪權」係屬根本重要之權利事項，除公保法第28條第

2項之應「具中華民國國籍」外，法無明文規定，與上述技術性事項，依其涵義有解釋空間得「類推適用」，有所不同，得否「比照」、「準用」該法第29條第2、3項「領受遺屬年金給付之受益人」之「停權」、「喪權」規定，予以適用，即將第22、25條之「養老年金給付領受者死亡之遺屬年金給付」等同第29條第2、3項在職死亡者之「遺屬年金給付」，恐有深入斟酌之餘地。蓋「養老年金給付領受者死亡之遺屬年金給付」仿自「撫慰金」制度，而與「撫卹金」制度有所差別，與在職死亡者之「遺屬年金給付」，雖本質相近，但終非相同，以致於在規範上似應有所差異，此觀「撫慰」與「撫卹」自明。在缺乏明文規定得「比照」、「準用」（公保28Ⅷ、29）下，尤其是「侵（剝）權行爲」，自不應隨意解釋「比照」、「準用」。又在「法律（侵害）保留原則」（中標5）、「明確原則」（行政程序5）下，甚至於「信賴利益保護原則」（行政程序8，行政法院75.9.2.七十五年度判字第1644號），自應於法律中明文規定較妥。

任何人依「法感」觀此法律文本自可明瞭，即使有事實之不合理，亦不得予以附加妄用，否則即有「增加法律所無之限制」，造成違法之虞，此情唯有循修法之一途。

(十一) 公保養老給付之給付時點與其請領時效

公保被保險人依法退休（職）、資遣，或繳付公保保險費滿十五年且年滿五十五歲以上，而離職退保時，得請求公保養老給付（公保16Ⅰ），亦即得以「離職退保時」爲給付請求權發生之「基準時（始）點」。但經承保機關核定後，應於十五日內給付之；逾期給付如可歸責於承保機關，或最後服務機關（構）學校、政府者，其逾期部分應加給利息。利息之計算，以應負繳費義務當年臺灣銀行每月第一個營業日牌告一年期定期存款固定年利率之平均數爲當年之年利率，按年複利計算至退保或離職前一日止（公保41Ⅰ，公保細9Ⅰ）。一次養老給付自當如此適用。

至於養老年金給付除本法另有規定外，應自符合請領條件之日起，按月發給（公保22Ⅰ），爲定期給付，除核定當期外，各期給付至遲於次月底前發給；但本法及其施行細則另有規定者，不在此限（公保41Ⅱ）。又被保險人或其受益人赴國外、香港、澳門等地區超過一個月者，得申請改爲每滿六個月發給一次（公保41Ⅲ），當然亦有其每期「基準時點」之適用。查「至遲於次月底前發給」係參考「勞工保險條例施行細則」第49條、與「國民年金法施行細則」第29條訂定，按公務人員退撫金之發放歷來均當期當月發放，本法卻引該兩細則之規定入法，妥否？實有待深思。

養老給付之請求權時效，自此「基準時點」起三個月內選擇請領或不請領（即保留年資），逾其不選擇者，視同選擇不請領（公保23Ⅲ），惟仍得於此時起法定十年時效內請領，如不行使者，當然消滅（公保38Ⅰ，行政程序131）。若為定期發給之給付（養老年金給付、遺族年金）公保給付之權利人之各期請求權時效，則自該期可行使請求權之日起十年間不行使而當然消滅（公保38Ⅲ）。

此間值得探討的是公保法第38條第1項：「請領本保險給付之權利，自請求權可行使之日起，因十年間不行使而當然消滅。」果眞如此而消滅乎？查公保法第23條第5項：「前項人員於再次退保時，併計原有保險年資及再加保年資後，……未符合請領本保險養老給付條件者，請領原未請領之養老給付……。」第26條第1項：「被保險人於本法中華民國九十四年一月二十一日修正生效後退保而未請領本保險養老給付者，除第四十九條另有規定外，其保險年資予以保留，俟其符合下列條件之一時，得由原服務機關（構）學校，以其退保當時之保險年資，依退保當時之規定，請領本養老給付：一、於參加勞工保險或軍人保險期間依法退休（職、伍）（勞保58，軍保16）。二、領受國民年金保險老人給付（國民年金29）。三、年滿六十五歲。」第49條第1項：「被保險人符合下列情形者，得於年滿六十五歲時併計其參加勞工保險之保險年資，請領本保險養老年金給付：一、中華民國九十九年一月一日以後退保。二、繳付本保險保險費及曾參加勞工保險各未滿十五年之保險年資合計達十五年以上。三、符合第十六條第一項或第二十六條所定養老給付請領條件。」第2項：「前項被保險人應按退出本保險當時之平均保俸額，依基本年金率計給養老年金給付，該參加勞工保險之保險年資不計給本保險養老給付。」又查第26條條文之立法說明：「……至如不合請領本保險養老給付條件或退保時符合請領條件，逾法定請求權期限未請領者之保險年資均予保留，俟確定離開職場後再請領。又為保障退出本保險後未具有其他職域社會保險或國民年金保險年資者之老年經濟安全，爰參考上述社會保險老人給付請領年齡，配合增訂於年滿六十五歲時，得請領之規定。」相互對照以觀，為達成老人經濟安全與權益之對等原則，則前述十年之消滅時效完成後，請求權似並未當然消滅，仍得延至六十五歲時請求。蓋此「十年間不行使而當然消滅」乃立法逕行抄襲「行政程序法」第131條文字，不探究該法條規設之義理與本法保險政策宗旨、目的之「事務本質」，以至於不能作妥當規劃合理之請求權時效耳。

又條文之「自請求權可行使之日起」似不僅於「基準時點」起，如該時有「不可行使」之情，必延至「可行使之日起」行使，此即「時效中斷」或「時效不完成」的問題。

查公保法於民國88年修正全文時增列第19條規定：「領取保險給付之請求權，自得請領之日起，經過五年不行使而消滅。但因不可抗力之事由，致不能行使者，自該請求權可行使時起算。」末段但書規定「時效中斷」事宜，民國103年修正施行之條文將之刪除，其立法理由爲：「現行公法上請求權消滅時效，除行政程序法或其他法律有特別規定者外，復得類推適用民法有關消滅時效中斷及不完成等相關規定，以補充法律規定之不足；是被保險人或其受益人如有原第一項但書情事，得類推適用民法第一百三十九條有關時效不完成規定，自該事由消滅時起，一個月內提出申請。至於本保險各項給付請求權可行使之日，係指受益人符合各項給付請領條件之日。」又查此「得類推適用民法有關消滅時效中斷及不完成等相關規定」係源於司法院釋字第474號（88.1.29.）大法官對於民國47年制定之公保法未規定「時效」而於其施行細則規定，有違「法律保留原則」所做之解釋，但爲解決實務問題並釋述：「在法律未明定前，應類推適用公務人員退休法、公務人員撫卹法等關於退休金或撫卹金請求權消滅時效期間之規定。至於時效中斷及不完成，於相關法律未有規定前，亦應類推適用民法之規定，併此指明。」換言之，「於相關法律未有規定前」始得「類推適用民法之規定」。民國88年修正公保法全文始增列第19條時效之規定，奈何民國103年6月1日施行修正之公保法，卻仿民國101年修正施行之退休法第27條、撫卹法第12條將原退休法第9條、原撫卹法第12條之但書「時效中斷」之規定刪除，以規列本條文。再查退休法、撫卹法時效中斷規定之刪除理由，又係「參酌司法院釋字第474號解釋意旨，該條有關請求權時效之中斷及不完成，應類推適用民法之相關條文。」立法上完全誤解釋字第474號意旨，捨棄該號解釋之大前提「法律保留原則」，而將原規定刪除，形成「法律未規定」之漏洞情形，再來類推適用。此觀該條立法理由之「得類推適用民法有關消滅時效中斷及不完成等相關規定，以補充法律規定之不足」，實有本末倒置之情。怪哉！殊非正辦。

至於前述「亡故領受養老年金給付者之遺屬年金給付」給付之「基準時點」，法無明文規定，自應「類推適用」以「死亡時」爲給付之基準時點（公保38Ⅱ）。

十六、死亡給付

(一) 給付之基準時點、種類、計算與特別規定

被保險人在職死亡，其受益之遺屬得依該被保險人「死亡時」之規定，選擇請領下列死亡給付（公保12Ⅰ、27Ⅰ、Ⅱ、Ⅷ、38Ⅱ）：

1. 一次死亡給付：

(1) 因公死亡者，給與三十六個月平均保俸額。

(2) 病故或意外死亡者，給與三十個月平均保俸額；但繳付保險費二十年以上者（包含已領養老給付之保險年資，此情再任再加保中死亡），給與三十六個月平均保俸額。

2. 遺屬年金給付：依平均保俸額，以保險年資滿一年，按百分之零點七五給付率計算，最高以給付百分之二十六點二五爲限（亦即年資最高採計35年）；畸零月數及未滿一個月之畸零日數，按比例發給。

被保險人加保年資未滿十五年而因公死亡者，其遺屬請領遺屬年金給付時，得以十五年計給（公保27III），即以「擬制年資」計給。

茲特別規定者有四：

1. 被保險人，包含失蹤退保之被保險人（公保11Ⅰ），其遺屬得於其死亡或受死亡宣告之日起，按退保當時之保險年資，依死亡或受死亡宣告當時之規定，請領一次死亡給付或遺屬年金給付（公保27Ⅴ）。

2. 給付之限制：被保險人曾領取本保險或公務人員保險或私立學校教職員保險之養老給付者（即再任再加保之被保險人），其遺屬依規定請領一次死亡給付或遺屬年金時，應扣除已領養老年金給付之年資或給付月數後，發給之；其合併前後給付，不得超過養老給付上限（公保21Ⅰ），即最高給付一次金四十二個月，或最高採計年資三十五年給予遺屬年金百分之二十六點二五（公保27Ⅳ）。其換算公式，施行細則第75條有所規定，但對於已領超額年金之給付金額，則不計列。

3. 請領本保險展期養老年金給付之被保險人，於再加保期間死亡者，其遺屬不請領遺屬年金給付，或不合請領遺屬年金給付條件時，應就該法第27條第6項所定一次死亡給付或一次養老給付金額，擇一請領；一經領受，不得變更。

4. 停止領受養老年金給付者（公保22Ⅱ），於再加保期間死亡，其遺屬不請領遺屬年金給付，或不合請領遺屬年金給付條件時，應就一次死亡給付或一次養老給付之餘額，擇一請領；一經領受，不得變更（公保27Ⅶ）。

上述3.、4.兩項所謂之「遺屬年金給付」究指：因「亡故領受養老年金給付者之遺屬年金給付」或因「在職死亡者之遺屬年金給付」，語焉不詳，細則又無補充規定，且其給付涉及到如何計算與前後年資之採計問題，事關公保財務支付與遺屬權利，均有待法律明文規定。雖均得做「選擇權」之規設，但均須一一詳加驗算，相互比較，始能抉擇，惟實務上卻將之視爲同一，此不可不察。

又依前述規定，再任再加保，而後再退保之情，僅得增訂未符最高採計上限之年資，或最高給付上限之月數或百分比。但若再任中有「因公」情事發生，依前述規定，似乎亦受最高採計上限之年資，或最高給付上限之月數（三十六個月）或百分比（百分之二十六點二五）之限制，予以計給，則「職業災害之補償」何在？條文之規定，隱晦不明，似宜明確訂定。

(二) 遺屬之範圍、順序與條件

遺屬領受死亡給付，因一次給付與年金給付之範圍、（優先權）順序與條件之規定，均有所不同，茲分述如次：

1. 一次死亡給付：應由亡故被保險人之配偶領受二分之一，其餘依序由下列受益人平均領受之（公保28Ⅰ）：

(1) 子女（含將來非死產之胎兒）（民法7）。

(2) 父母。

(3) 祖父母。

(4) 兄弟姐妹。

被保險人生前預立遺囑，於前述遺屬中指定受益人者，從其遺囑。無遺屬時，得由被保險人指定親友或國內公益法人為受益人（公保28Ⅶ，公保細18）。

對於領受死亡給付一次金之遺屬，並無如領受遺屬年金之需「具中華民國國籍」條件（公保28Ⅰ、Ⅱ）之規定。

2. 遺屬年金給付：具中華民國國籍之遺屬為配偶，及子女（含胎兒）或因喪失或拋棄領受權由其子女代位領受者（孫）、父母，得選擇請領遺屬年金給付，並應由未再婚配偶領受二分之一。其餘領受順序依前述1.之規定（公保28Ⅱ）。但祖父母、兄弟姊妹不得領受遺屬年金。

上述遺屬請領遺屬年金給付時，須符合下列條件（公保28Ⅲ）：

(1) 配偶須未再婚，且符合下列條件之一：

①年滿五十五歲，且婚姻關係於被保險人死亡時已存續二年以上；未滿五十五歲者，得自年滿五十五歲之日起支領。

②因身心障礙而無謀生能力，且婚姻關係於被保險人死亡時已存續二年以上。

以上所定配偶領取遺屬年金給付之婚姻存續關係，依戶籍記載認定之（公保細76Ⅱ），蓋現行民法對婚姻係採「登記制」（民法982）。

(2) 子女或其代位領受者（孫），須符合下列條件之一：

①未成年。

②因身心障礙且無謀生能力之成年人。

(3) 父母須年滿五十五歲，且每月工作收入未超過公務人員俸給法規所定280俸點折算之俸額；未滿五十五歲者，得自年滿五十五歲之日起支領。

上述所稱「無謀生能力」之範圍，指經鑑定，符合中央衛生主管機關所定身心障礙等級為重度障礙以上之等級，且未實際從事工作，亦未參加本保險或其他職域社會保險者；所稱已有謀生能力，指無前述所定情形（公保細76Ⅰ、Ⅳ）。

被保險人**生前預立遺囑**，於配偶、子女、父母、祖父母、兄弟姊妹中指定受益人者，從其遺囑；無遺屬時，得由被保險人指定親友或國內公益法人為受益人（公保28Ⅰ、Ⅶ）。惟前述領受年金給付之遺屬中，並無祖父母、兄弟姊妹之規定，換言之，祖父母、兄弟姊妹不得領受該年金，然而卻得被指定爲遺囑受益人領受遺屬年金。其前後條文之規定矛盾乎？競合乎？其前後法律邏輯關係如何？立法對祖父母、兄弟姊妹應否領受之決擇如何？甚難理解，殊有待釐清。又所謂之「從其遺囑」，得否於遺囑中預定給付之種類及如何分配，均有待審酌。

(三) 死亡給付之分配與請領

依實務之經驗，公務人員亡故，其遺屬對其遺產、撫卹金、保險金之繼承、領受，時有爭執，是以法律依其立法（社會）目的，自應對其分配與請領，有所規定，以保障應領受之受益人。

1. 分配：亡故者無子女、父母、祖父母等受益人時，由配偶單獨領受，此情兄弟姊妹不得領受；無配偶時，其領之一次死亡給付或遺屬年金給付，由子女、父母、祖父母（不得分配養老年金）、兄弟姊妹（不得分配養老年金）依序領受。同一順序受益人有數人時，應共同具名並平均領受；有喪失或拋棄領受權者，由同一順序其他受益人平均領受。但子女喪失或拋棄領受權者，由其子女（即孫）代位領受之（公保28Ⅴ）。

2. 請領：同一順序受益遺屬有數人時，得委任其中具有行爲能力者一人代爲申請；受益人均無行爲能力者，由各受益人之法定代理人推派一人代爲申請；因故無法共同請領時，其他受益人得分別按其擇領種類及本條規定之比例請領。承保機關核付後，另有未具名之同一順序受益人申請時，由具領之受益人負責分與之（公保28Ⅳ）。

遺屬之一次金自何時發給，法無明定，雖以其死亡時給與（公保27Ⅰ），但非即時申請即時核發，實務上亦有事實之不能或不當，然仍得推知應迅速發給，此乃一般無可爭議之見解，實務作業亦如此。惟年金給付則法有明定，應自符合請領條件之日起，按月發給，至受益人死亡當月止（公保29Ⅰ）。除核定當期外，各期給付至遲於次月底前發給；但本法及其施行細則另有規定者，不在此限。又被保險人或其受益人赴國外、香港、澳門等地區超過一個月者，得申請改爲每滿六個月發給一次（公保41Ⅱ、Ⅲ）。

(四) 權利規範與請求權時效

1. 停權條款（公保29Ⅱ）：領受遺屬年金給付之受益人有下列情形之一，停止其領受之權利，俟原因消滅後恢復（公保29Ⅱ）：

(1) 入獄服刑、因案羈押或拘禁。

(2) 失蹤。

(3) 無謀生能力之配偶、子女已有謀生能力。

2. 喪權條款（公保29Ⅲ）：領受遺屬年金給付之受益人有下列情形之一，喪失其領受之權利：

(1) 死亡。

(2) 喪失中華民國國籍。

(3) 動員戡亂時期終止後，犯內亂罪、外患罪，經判刑確定。

(4) 配偶再婚。

(5) 子女已成年。

上述遺屬年金給付與月撫慰金、年撫卹金、月撫卹金、亡故領受養老年金給付者之遺屬年金給付性質相近，均是定期給付。領受月撫卹金或遺屬年金之遺屬之停權情事包含括「褫奪公權尚未復權」（退休23，撫卹11，退撫67Ⅱ）；喪權情事包括「褫奪公權終身」（退休25，撫卹10，退撫75Ⅰ、Ⅱ），公保法上之兩種遺屬年金給付卻均無「褫奪公權尚未復權」停權情事之規定，也均無「褫奪公權終身」喪權情事之規定。經查該條提案之立法說明，有關此停喪情事係參考原退休法第23、25條及「勞工保險條例」第63條之4（停權）之規定，而僅該條例卻無此喪權情事之規定（原退休法第23、25條均有規定），顯然政策之抉擇係參採「勞工保險條例」之規定。換言之，領受遺屬有「褫奪公權」之情事，則不停喪其領受權。其立意或將作為第一層之「基礎年金」，為事實生活之所需，但仍有待審究。

3. 請求權時效：死亡給付之請求權時效，自請求權可行使之日起，因十年間不行使而當然消滅（公保38Ⅰ）。一次給付，應如此，定期之年金給付，其各期請求權時效，則仍有其適用，應自請求權可行使之日起計算（公保38Ⅲ）。至於「時效中斷」「時效不完成」，如同「養老給付」之請領時效，資不贅述。

十七、養老年金給付之請領及因公條件認定

(一) 養老年金給付之請領與發給

公保法第30條第1項規定：「亡故被保險人之遺屬具有領受二個以上遺屬年金給付之資格時，應擇一請領。」係參考勞保條例第63條之3第1項：「遺屬具有受領二個以上遺屬年金給付之資格時，應擇一請領。」經查該條例該條項之立法說明，即是該條項之條文，而其細則亦無補充規定。依條文之文義，對領受者而言，既然是擇一請領，則必是「同時」存在，始能選擇。如子女請領父或母死亡之遺屬年金，僅能擇一請領，而不論是「養老年金者之遺屬年金」或「在職死亡者之遺屬年金」。

又公保法第30條第2項規定：「被保險人或其受益人同時符合請領養老年金及遺屬年金給付條件時，應就養老年金或遺屬年金給付擇一請領。」亦係參考勞保條

例第65條之3：「被保險人或其受益人符合請領失能年金、老年年金或遺屬年金給付條件時，應擇一請領失能、老年給付或遺屬津貼。」該條例該條之立法說明爲：「基於社會保險給付不重複保障之原則，並配合失能、老年及遺屬年金轉銜與年金給付及一次給付選擇請領規定，明定符合年金給付條件時，擇一請領相關給付之規定。」而本法本條之立法說明爲：「基於不重複補貼原則，並參考勞工保險條例第63條之3及第65條之3有關擇一請領規定，規定被保險人或其受益人如有符合養老年金或遺屬年金給付條件情形，應由其擇一請領，不得同時領受二個以上年金。」對於生存的受益遺屬，雖其受益來自兩個被保險人之保險給付，但公保或勞保均爲社會保險，僅保障其最基本之生活，自不宜享有重複補貼之保障，只能擇一請領，不得同時領受二個以上年金，立法原則應可以接受。惟如被保險人於加保期間，已爲其他被保險人死亡遺屬年金之受益人，而後依法離職退保時，即形成「同時」具有兩公保年金之請求權，須擇一請領，或放棄原領之遺屬年金，或放棄自己本應領之養老年金，此情之發生，需再詳細計算兩種年金之數額，予以評比始能選擇。

上述兩項規定，依條文觀之，可明確得知：受益人具有領受兩份年金以上之資格條件時，僅得就擇一領受。但得否均不選擇年金，而均改爲一次金？或擇一年金，而其他則擇領一次金？此事關權利事項，易成爭執，也涉及財務負擔與建制宗旨，應於本法中明確規定（中標5，行政程序5）。

至於養老給付之發給「基準時點」，爲經承保機關核定後，應於十五日內給付之。逾期給付係歸責於承保機關，或最後服務機關（構）學校、政府者，其逾期部分應加給利息，其利率於本法施行細則定之。按月定期給付之養老年金，除核定當期外，各期給付至遲於次月底前發給；但本法及其施行細則另有規定者，不在此限。又被保險人或其受益人赴國外、香港、澳門等地區超過一個月者，得申請改爲每滿六個月發給一次（公保41）。此之時點與請求權時效之起始點，恐有些微之差距，但願實務作業上能調合此差距，使之不成爭執。

(二) 年金給付金額之調整

公保年金給付金額，於中央主計機關發布之消費者物價指數累計成長率達正負百分之五時，由考試院會同行政院，考量國家經濟環境、政府財政與本保險準備金之財務盈虧，另定調整比率（公保31Ⅰ）。

被保險人或其遺屬有下列情形之一者，得比照上述規定辦理（公保31Ⅱ）：

1. 請領展期養老年金給付。
2. 停權（再加保）後恢復領受養老年金給付（公保22Ⅱ）。
3. 再加保再退保，請領原未請領之養老年金給付（公保23Ⅴ後段）。
4. 停權後恢復領受遺屬年金給付（公保29Ⅱ）。

又「領受養老年金給付者亡故，其遺屬之遺屬年金給付」似亦在「公保年金給付」範圍中。

(三) 停發與追繳

依公保法領受養老年金或遺屬年金給付者，停止或喪失領受權利時，本人或其遺屬應自事實發生之日起三十日內，檢具相關文件資料，經原服務機關（構）學校轉陳或直接通知承保機關，自事實發生之次月起，停止發給年金給付（公保32Ⅰ）。

前述人員溢領年金給付時，承保機關應以書面通知溢領人於三十日內繳還；逾期未繳還者，承保機關得自匯發年金給付帳戶餘額中，追回溢領之年金給付金額（公保32Ⅱ）。

以上(一)至(三)所述之內容，包含「養老年金給付」與兩種「遺屬年金給付」，但本法第三章第五節標題卻標為「養老年金給付之請領……」題文未盡相符，茲係從其實質內容述之。

(四) 因公條件認定

公保法、退撫法上所稱之「因公」給與，即為勞動法上所稱之「職業（勞動）災害」補償，亦即執行職務所受傷病，以致傷殘死亡，其間必須有因果關係之聯繫。其所謂之「執行職務」判斷基準因素有三：1.工作之隸屬性，是其職務之範圍；2.工作之起因性，是傷病與職務有必然之關聯；3.工作之執行性，是有執行職務之事實。因此在建構「因公」之情事，則必須予具體例示，俾便執行。

公保法第13條第1項第1款所稱因執行公務或服兵役致成失能者及第27條所稱因公死亡者，指下列情形之一，且具有相當因果關係者（公保33Ⅰ）：

1. 因執行職務發生危險：係指於執行職務時，遭受暴力、發生意外或危險，以致失能或死亡（公保細40）。

2. 因公差遭遇意外危險或罹病：係指被保險人經服務機關（構）學校指派，執行一定之任務或代表機關參加活動，自出發以迄完成指派任務或參加活動，返回辦公場所或住（居）所止之期間內，有下列情事之一者（公保細41）：

(1) 遭受暴力、發生意外或危險，以致失能或死亡。

(2) 因執行公差任務，遭受感染，引發疾病，以致失能或死亡。

3. 因辦公往返或在辦公場所遇意外危險：所稱「在辦公場所遇意外危險」係指在處理公務之場所，於辦公時間內或指定之工作時間內，因處理公務而發生意外事故，以致失能或死亡。所稱「辦公往返」，指被保險人於工作日或指定加班日，為辦理公務，在合理出、退勤時間，於住（居）所與辦公場所間必經路線往返。其「必經路線」，包含下列情形：

(1) 自住（居）所前往辦公場所上班途中。

(2) 在工作日或指定加班日之用膳時間，自辦公場所前往用膳往返途中。

(3) 自辦公場所退勤，直接返回住（居）所途中。

(4) 自辦公場所退勤，直接返鄉省親或返回辦公場所上班途中。

被保險人依規定上班之往返辦公場所必經路線，因道路交通情事繞道行駛，途中猝發疾病、發生意外或危險，經就其起點、經過路線、交通方法、行駛時間各因素查證後，屬客觀合理者，視為必經路線（公保細42）。

4. 奉召入營或服役期滿，在往返途中遇意外危險：所稱「往返途中」係比照上述3.「辦公往返」之規定認定（公保細42）。

5. 於執行職務、服役、公差、辦公場所，或因辦公、服役往返途中猝發疾病。其「服役往返途中」係比照上述3.「辦公往返」之規定認定（公保細42）。

6. 因盡力職務，積勞過度。

7. 在服役期內，因服役而積勞過度，或在演習中遇意外危險。

前述所定「積勞過度」，應由服務機關（構）學校列舉因公積勞之具體事實及負責出具證明書，並繳驗醫療診斷書。亦即應同時符合下列條件（公保33II，公保細43）：

(1) 盡力職務：被保險人最近三年年終考績（成）或成績考核一年列甲等，二年列乙等以上，或職務評定良好；未辦理考績（成）或成績考核者，應附服務成績優良證明文件。但已因病連續請假者，以其開始連續請假前三年之年終考績（成）、成績考核或服務成績證明認定之。此考績之規定，似人人可得，意義不大。

(2) 積勞過度：服務機關（構）學校應舉證其職責繁重，足以使之積勞過度。

(3) 因盡力職務，積勞過度所生疾病：被保險人因公致失能或死亡之傷病應由服務機關（構）學校查明其病症與工作關係，並應以中央衛生主管機關評鑑合格之醫院，開具之失能證明書所載疾病傷害原因，證明其因果關係；死亡者則以開具之死亡診斷證明書所記載疾病傷害原因證明之。

前述3.、4.、5.所稱「辦公往返」或「服役往返途中」，學理上稱為「通勤災害」；但因被保險人本人之交通違規行為所致失能或死亡者，不適用（公保33III）。所稱「交通違規行為」，指被保險人有下列情形之一者（公保細44）：

(1) 未領有駕駛車種之駕駛執照而駕車。

(2) 受吊扣駕駛執照期間或吊銷駕駛執照處分而駕車。

(3) 闖越鐵路平交道。

(4) 酒精濃度超過規定標準、吸食毒品、迷幻藥或非治療用之藥品致影響行車安全而駕車。

(5) 駕駛車輛不按遵行之方向行駛或在道路上競駛、競技、蛇行或以其他危險方式駕駛車輛。

(6) 依「道路交通管理處罰條例」規定，其交通違規行爲處罰鍰下限爲新臺幣六千元以上。

但交通違規行爲，如屬執行職務所需且依相關法規規定爲合法者，仍得視爲因公（公保細44，退撫細23）。按此情似指：執行緊急任務中之消防車、救護車、警備車、工程救險車、禮賓車、郵車、垃圾車等，得以聲光等向其他車輛示警，優先使用道路（道路交通安全規則98、101、113、129，高速公路及快速公路交通管制規則9）。

依上所述，略加思考，不難發現有下列疑問：

1. 公保法第33條第1項所列之「七款情形」，即是第13條第1項第1款所稱「因執行公務或服兵役」致成失能者，及第27條所稱「因公」死亡者，均係「職業災害」之核心概念，一般稱爲「因公」情事，何以條文卻要兩種不同之字詞來表述？

2. 有關「服役中及其往返途中猝發疾病」，或「在服役期內，因服役而積勞過度，或在演習中遇意外危險」列爲因公情事，然而再觀後述第39條之因戰爭而發生保險事故者，概不給付，則恐令人以爲：服役之目的或作用爲「保家衛國」，因此而有攻防之重大戰事行爲，以致傷殘死亡，公保卻不予給付，反而非戰事行爲之勞病或遇意外危險者，則予給付，顯有輕重失衡之感。

又民國103年修正施行之公保法，有關因公情事之「書列」，延襲舊法之形式，但民國107年7月1日施行之「公務人員退休資遣撫卹法」對有關因公情事之「書列」，則有新的形式，惟其內容則相似，詳細內容後述。

十八、眷屬喪葬津貼、生育給付及育嬰留職停薪津貼

(一) 眷屬喪葬津貼

被保險人之眷屬因疾病或意外傷害而致死亡者，給與喪葬津貼。其標準如下（公保34Ⅰ）：

1. 父母及配偶，給與三個月。

2. 子女之喪葬津貼如下：

(1) 年滿十二歲，未滿二十五歲者，給與二個月。

(2) 已爲出生登記且未滿十二歲者，給與一個月。

符合請領同一眷屬喪葬津貼之被保險人有數人時，應自行協商，推由一人檢證請領，具領之後，不得更改；有協商不實，致損及其他被保險人權益時，由具領人

負責（公保34II）。蓋一事故一補償。

被保險人之生父（母）、養父（母）或繼父（母）死亡時，其喪葬津貼應在不重領原則下，擇一請領（公保34III）。

(二) 生育給付

被保險人有下列情形之一者，得請領（給與）二個月生育給付（公保36）：

1. 繳付本保險保險費滿二百八十日後分娩。
2. 繳付本保險保險費滿一百八十一日後早產。

查公保「生育」之醫療給付，原於民國47年立法開辦時即有規定：「被保險人本人或配偶產前檢查及分娩之醫療費用，由承保機關負擔。」民國84年1月28日修正公布時明定：「於全民健康保險施行（即民國84年3月1日起）後，停止適用。」民國103年6月1日修正施行之公保法，乃因「少子化」已造成國家安全問題，爲鼓勵生育，乃參照勞保條例（民國68年）第32條之規定，予以增列「生育給付」。依此條文觀之，似僅限於女性被保險人，男性不與焉。

(三) 育嬰留職停薪津貼

此津貼乃因「少子化」已造成國家安全問題，爲鼓勵生育，於民國98年修正時增列第17條之1規定，103年修正改列爲第35條。

被保險人加保年資滿一年以上，養育三足歲以下子女，辦理育嬰留職停薪並選擇繼續加保者，得請領育嬰留職停薪津貼。此項津貼，自留職停薪之日起，按月發給，最長發給六個月；但留職停薪期間未滿六個月者，以實際留職停薪月數發給；未滿一個月之畸零日數，按實際留職停薪日數計算（公保35Ｉ）。其計算標準爲：按被保險人育嬰留職停薪當月起，往前推算六個月保險俸（薪）額之平均數百分之六十計算（公保12）。

同時撫育子女二人以上者，以請領一人之津貼爲限。夫妻同爲本保險被保險人者，得在不同時間分別辦理同一子女之育嬰留職停薪，並選擇繼續加保時，得分別請領（公保35II、III）；是以，如生雙胞胎，則夫婦得分別先後各請兩次留職停薪。

惟公保被保險之公務人員育嬰留職停薪，「以二年爲限，必要時得延長一年」，而此公保育嬰留職停薪津貼卻只給予六個月，甚有差距，如財務健全充裕，非不得提高津貼給付，或延長給付時間。然而如夫婦兩人輪流請育嬰留職停薪假，則亦得有計十二個月之津貼，非無小補。

以上三種公保給付，「眷屬喪葬津貼」與「生育給付」自請求權可行使之日起，因十年間不行使而當然消滅（公保38Ｉ），其起算日應爲該事實發生之日；而「育嬰留職停薪津貼」則應自「申請日」起算。

十九、其他權利規範

前述養老給付、死亡給付有其個別權利規範外，對於公保業務一般性之權利規範，於公保法「附則」中尚有其他規定如次：

(一) 保障條款（公保37）

被保險人或其受益人領取各項保險給付之權利，不得作爲讓與、抵銷、扣押或供擔保之標的。但被保險人有下列情形之一者，承保機關得自其現金給付或發還之保險費中扣抵：

1. 欠繳保險費。
2. 欠繳依法遞延繳納之自付部分保險費。
3. 溢領或誤領保險給付。

(二) 兵變條款（公保39）

公保法第39條規定：「戰爭變亂……以致發生保險事故（傷殘死亡）者，概不給與保險給付。」此在實務上爲一般保險之例。

查舊公保法（47.1.17.）第15、17條規定，被保險人因「服兵役」致成全失能、死亡者，均給付最高之三十六個月；其施行細則第55條第1項將之解爲：「奉召入營或服役期滿，在往返途次遇意外危險」、「在服役期內因服役積勞過度」、「在演習中遇意外危險」，即行給付。但第19條第2款卻規定：「被保險人因戰爭災害致成死亡或失能」，不予給付。從其文義之表述，似乎戰事攻防之相關行爲不爲給付（未悉是否有更高之其他給付）；但依銓敘部之函釋：「惟爲顧全國家戰爭及兵役政策，對於部分被保險人，如防空、醫護、消防或治安等足以證明當時確須冒戰爭之危險以執行公務者，以及本保險法第十條所稱依法徵服兵役之部分被保險人，因係負有戰爭特定職務，其因執行職務所生之危險以致死亡或失能者，應適用本法施行細則第五十五條第一款（因執行職務所生之危險以致失能或死亡）之規定分爲本法第十五條及第十七條第一款之給付。」（48.8.21.四八臺特四字第07410號函）、「公務人員保險法第十九條第二款所稱『戰爭災害』，應指由交戰行爲所發生之災難損傷而言，與此無直接關係之備戰行爲或演習所生之損失，雖常涉及防空、醫護、治安等措施，如非發生於武裝戰鬥行爲中，尚難謂戰爭災害。現行金門馬祖公務人員爲砲彈所傷亡者，係備戰行動所發生之傷亡，仍應予以給付。」（66.2.8.六六臺謨特二字第14973號函）。銓敘部函釋之「負有戰爭特定職務，其因執行職務所生之危險以致死亡或失能者」及與「交戰行爲直接關係之備戰行爲或演習所生之損失」，運用「因公」各款所作之解釋，甚爲合理，但似乎與該第19條之規定仍有所差距。

現行公保法第33條將第13條第1項第1款之「服兵役」致成失能及第27條之「因公」死亡兩者解爲：「奉召入營或服役期滿，在往返途中遇意外危險」、「服役往返途中，猝發疾病」、「在服役期內，因服役而積勞過度，或在演習中遇意外危險」即得給付最高之三十六個月。然而第39條又規定：「戰爭變亂……以致發生保險事故（傷殘死亡）者，概不給與保險給付。」與舊法之規定，幾乎相同，僅其卻加強「概不給與保險給付」之意旨。

按保險法第32條「保險人對於因戰爭所作之損害，除契約有相反之訂定外，應負賠償責任。」但一般保險卻鮮少涵蓋兵險的責任，如有則係特別保險。公保法係保險法之特別法，自得爲特別之規定，若使公務人員依法服役，由政府負擔全額保費（公保10Ⅰ），遇有攻防戰事行爲，而發生傷殘死亡之保險事故者，乃其執行職務之行爲，以致傷殘死亡，依第39條之規定，概不予給付，反而非與戰事直接行爲之勞病或遇意外危險者（公保33Ⅰ），則予給付，似不合理。此第39條之規定似宜檢討。

(三) 道德條款（公保39，公保細86）

因被保險人或其父母、子女、配偶、祖父母、兄弟姊妹等受益人故意犯罪行爲，以致發生傷殘死亡之保險事故者，概不給與保險給付。此亦爲一般保險原則（保險29、121、128、133）。

(四) 追繳條款（公保40）

被保險人或其受益人以詐欺行爲領得各項給付，除依法治罪外，應追繳其領得保險給付之本息。

(五) 優先條款（公保42）

爲使公保能永續經營，保障整體被保險公務人員之權利，本保險就下列情形有最優先受清償之權：

1. 服務機關（構）學校或被保險人積欠之保險費。
2. 被保險人或其受益人應繳還溢領或誤領之給付。

被保險人或其受益人就私立學校未依第20條規定負擔之「超額年金」給付，亦有最優先受清償之權。

二十、救濟

被保險人或其受益人對於承保機關現金給付案之審定結果，如有不服，得按其身分，分依「公務人員保障法」或「訴願法」之規定，提起救濟（公保47Ⅰ）。亦即受益人爲被保險之公務人員本人者，則依保障法向保訓會提起復審；如爲被保險公務人員之遺屬者，則基於該公務人員身分所生之公保給付請求權，則仍依保障法向保訓會提起復審（保障9、25）；但被保險人爲公私校教職員，則依「訴願法」向銓敘部提起訴願；相對人均爲銓敘部。惟如對其審定結果有顯然錯誤，或有發生新事實、發現新證據等行政程序再開事由，則得依「行政程序法」第128條相關規定辦理，較上述救濟程序簡便（公保47Ⅰ）。

第20條所定應負最後支付責任之機關（構）學校或政府，未支付或逾期支付超額年金或遺屬年金給付時，該給付之領受人得以應負最後支付責任之機關（構）學校或政府爲相對人，依法提起救濟（公保47Ⅱ）。

第三節　當前公保制度之基本問題

公教人員保險制度初創於民國47年1月之臺灣，至今已逾六十載，實爲我中央政府遷臺後重要施政中最成功之一項；成功之主要原因，在其不僅醫療負擔幾形同免費，且醫療水準甚高，有病看公保成爲當然之事，公務人員對之均有莫大信心。各地普設之公保特約醫院或門診中心，無不嚴挑慎選，集中當地最負盛譽之優良醫師參加工作；而各地之最著名醫師亦莫不以能列身公保門診中心醫師之一爲榮，否則即不足證明其爲當地優秀之醫師，創建後最初數十年間，確曾風光一時。其時公教人員待遇菲薄，無論高階或低階人員，在均貧情形下，幾不能維生，但社會精英仍多投身公職者，以有公保醫療便利，竟成爲眾口一詞之理由。

民國83年「全民健康保險法」公布，次年3月1日全民健保開辦，公保之醫療給付於是年遂併入全民健保，僅餘存包括養老給付在內之四項現金給付，雖無復當年風光，但各項現金給付仍極有價值。

公教人員保險制度之建立，過程不無艱辛，當時且遭受挑戰，但不僅終能樹立制度，且辦理十分成功。追溯往事不免懷念當時致力籌劃與建立公保制度之時銓敘部長雷法章；而醫療給付制度之圓滿建立，則當時中央信託局公務人員保險處經理王克之精心擘劃，與有功焉。

惟公保自始至今，仍有部分人士對其性質缺乏瞭解，茲於此略述其要，以供參考。

一、公保設計與辦理均甚成功

試觀其他行政法規，尤以創建一種新制度之法規而言，初訂之後，常易在短期內修正，以改正初訂時因缺乏實際經驗所造成之疏失，或補正所形成之疏漏。但「公務人員保險法」則不然，於民國47年初次頒行，經十六年後，至民國63年始作第一次個別條文之技術性小修正。再二十一年後之民國84年，始因全民健保之開辦，合併各種公辦保險中之醫療保險，而不得不將公保有關醫療保險之條文刪除，始有自立法以來之第二度修正，由此充分證明，考試院當年對公保制度設計之周妥。而公保開辦以來，在實際營運上確亦十分成功，有病看公保，成爲公務人員共同所最信賴不疑之事，因醫療水準甚高。早年不少公務人員表示，願意成爲公務人員原因之一，係因有公保醫療，對身體健康有保障。就公保與其他數種公辦強制保險互相比較，其優良程度，公保似非第二。

二、特種保險或一般社會保險性質之爭

公保惟其辦理成功，所以自始遭遇嚴重挑戰，爭執主題爲：公保屬性爲何？屬於全民社會安全制度一環之普通社會保險？抑或專爲公務人員所辦理之一項特種保險？此一爭議之出現，實際係因其涉及業務管轄權所屬問題。如屬前者，則應屬內政部主管；如屬後者，則應由銓敘部主管。此事在公保創辦之初，爭執甚熱，結果確定應由銓敘部主管。

當其爭論時，雙方所涉及之理論，主張屬於社會安制度一環之一方，所持理由大致可代爲歸納如下：

(一) 公教人員亦爲全國人民全體中之一部分。

(二) 政府辦理有關國民強制性保險，應屬社會安全施政之一部分。

(三) 醫療、殘廢、養老、死亡等救助事項，屬於社會安全範圍。

(四) 依據憲法第十三章「基本國策」之第四節「社會安全」，所列第155條及第157條規定，社會福利、社會保險制度、人民之老弱、殘廢、保健事業，及公醫制度，似均屬社會安全施政範圍。

至於主張其係專爲公務人員所辦理之一項特種保險之一方，所持理由則可代爲大致歸納如下：

(一) 公務人員並非一般國民，而係在特別法律規範下，爲政府服勤，具有公法上特別身分之人員。

(二) 公保係政府特爲全國國民中此一部分特別身分人員所辦理之保險，非屬一般社會保險。

(三) 在五權分立政治制度之下，有關公務人員之一切管理事務，均屬考試權之部分，而非一般國民事務，作爲公教人員福利之公保制度當然係公務人員管理事務之部分。

(四) 公保係爲保障公教人員在職之健康及退休後之養老而辦理，屬於憲法第83條考試院職掌中保障及養老範圍內事項。

三、公保究為公法關係抑或私法關係

另一爭執於民國80年代初期始出現。在公保制度中，主管及辦理公保之政府一方，與被保險人之公務人員一方，雙方究係公法關係抑或私法關係？此事數十年以來，從未成爲問題。大約民國80年間，因有一項公保殘廢給付爭訟事件而引發，有一被保險人捨棄數十年來循訴願及隨後向行政法院提起「行政訴訟」之途徑不由，而改循民事程序，經由普通法院途徑提起「民事訴訟」，最後由最高法院判決確定（最高法院85年度台上字第221號判決）。如循行政訴訟途徑爲正確，則爲公法關係；如循普通法院途徑爲正確，則爲私法關係。

雙方爭執所持之見解，主張循普通法院途徑爲正確者，最大理由在公保之費用，雖由政府負擔百分之六十五，但作爲被保險人之公務人員仍需負擔百分之三十五，所以雙方屬於一種私法契約關係。既係私法關係，自得循普通法院途徑謀求救濟。

至於主張循行政訴訟途徑爲正確者，理由則爲：

(一) 有如上述，公保係政府專爲具有特別身分之公務人員所辦理之特種保險，係政府爲特定人員所辦理之一種福利措施，並非普通人民與商業性保險機構間之保險關係。

(二) 公務人員雖繳有少量費用，但僅居百分之三十五，而政府所負擔之費用爲百分之六十五，且（依以前規定）如有虧損，由政府負責撥補。則公法關係顯然遠多於私法關係。

(三) 數十年來，凡有爭訟事件，均係循行政訴訟途徑謀求救濟，從未有循普通法院途徑之先例。

至於本書原著者之看法偏向於其爲公法關係之一項特種保險。

此案銓敘部雖仍依最高法院之判決，令中央信託局公保處予以給付，但也陳報考試院向司法院大法官會議請求解釋，究竟公保爭議應循行政訴訟程序解決或循民事訴訟程序解決爲當。

經司法院於民國87年9月25日公布釋字第466號解釋略以：「公務人員保險法爲社會保險之一種，具有公法性質，自應循行政爭訟程序解決。惟在現行法制下行政訴訟除附帶損害賠償之訴外，並無其他給付類型之訴訟，致公務人員保險給付爭議，縱經行政救濟確定，當事人亦非必然即可獲得保險給付，有關機關應儘速完成行政訴訟制度之全盤修正，於相關法制未完備以前，爲提供人民確實有效之司法救濟途徑，有關給付之部分，經行政救濟程序之結果不能獲得實現時，應許向普通法院提起訴訟謀求救濟，以符憲法人民有訴訟權之旨。」

本號解釋肯定公保爲公法性質，但卻承認了當時訴訟法制下的行政訴訟法效不周，允許本案續循民事訴訟途徑解決，則涉及損害賠償或給付之案件即延伸轉變爲私法關係，此舉也爲司法院早已在所提送立法院審議之「行政訴訟法」修正草案中予以期許，更向立法院催促。民國87年10月2日，立法院第三屆第六會期第二次會完成「行政訴訟法」修正草案三讀程序，經總統於10月28日公布，並續經司法院於民國88年7月8日明令於民國89年7月1日施行。所以目前有關公保爭議之訴訟，均應循新行政訴訟程序辦理，亦即認定公保爲純粹公法關係；而有關公保給付之訴，自然也應依新「行政訴訟法」上「給付之訴」的規定審理。有關之概括規定載於該法第8條第1項：「人民與中央或地方機關間，因公法上原因發生財產上之給付或請求作成行政處分以外之其他非財產上之給付，得提起給付訴訟。因公法上契約發生之給付，亦同。」

四、公保實質為公教人員福利制度

本書原著者認爲，公保之部分問題實產生於其名稱爲「保險」。由於時代之演變，原本毫無疑義之事項，至今竟亦遭致疑惑。

保險制度之基本原則爲全體被保險人相互間之危險分擔，但公保自始至今，極少危險分擔之實際；亦即公保之性質，自始即不符合保險所持之危險分擔原理。理由如下：

(一) 當年公保初創之時，保險項目有現金給付與醫療給付兩部分，就其醫療給付而言，各人健康情形相互有別，患病之有無及輕重久暫，亦均有別，尙差強有所謂危險分擔之事實存在。但至今醫療給付已合併於全民健保之中，所留存者僅爲現金給付。其中養老給付、眷屬喪葬補助、死亡給付三項，幾乎所有被保險人均會發生之事實，並無所謂危險分擔情形，僅殘廢（失能）給付一種有之，但此種事項發生不多，故其作用在整個公保中所居百分比甚小。

(二) 公保費用之基本來源，百分之六十五來自政府預算，僅有百分之三十五來自被保險人，基本上已不符合保險原理。

據上述二項理由，似可認定公保之稱爲保險，實有牽強之處。實際上係屬一種專供公務人員享受之福利制度，僅有公務人員始有資格享受，故又爲公務人員始得享受之一種權利。

此一制度極有意義，絕對仍須繼續維持；但爲資徹底解決爭論起見，似可考慮於必要時將保險之名稱廢除，改以其他福利制度之名名之而繼續辦理。如此不僅當然爲一種公法關係，且其性質亦易於顯示非屬一般社會保險。既非一般社會保險，而爲福利，既爲安全福利措施支出，則自亦無所謂盈虧問題。

儒家言：「名不正，則言不順，言不順，則事不成。」反之，名正言順，則理直氣壯。此一根本問題，應於適當時機作根本性之改變，以資解決，而免後患。

惟近年來經濟不景氣，幾度公保法之修正，已使公保走向「財務自主」、「自給自足」，恐難走向「福利」之途，然「福利」之屬性亦難以抹滅。

五、健全公保財務之展望

有關公保辦理成功的價值，最明顯事實之一為：其在臺灣各重要都市甚至花蓮偏遠地區廣設公保特約醫院或門診中心，且延攬幾乎當地各科所有名醫加入公保醫療體系，定期門診，竟使各地醫師之是否被延為公保門診駐診醫師，成為其是否良醫或名醫之區別標準，堪稱奇蹟。事實之二為：赴診病人，手續方便簡單，便於選擇心目中認為最堪信賴之名醫。事實之三為：當年公教待遇奇低，但公教人員有口皆碑，謂因有公保免費醫療，故仍樂為公教人員云。在此背後尤值得一提者，乃政府為此亦付出不少財力。

原「公務人員保險法」於民國47年1月29日公布時，採固定費率百分之七開辦，由公務人員及政府各分擔其百分之三十五與百分之六十五。民國63年1月29日修正公布該法，改採「彈性費率」為百分之七至百分之九以供適當時在範圍內斟酌調整；但實際則係至民國66年7月調整公務人員待遇時，始將公保費率調整為百分之八，後復於民國69年8月調整為百分之九，已達最高限。當時之所以從固定費率改為「彈性費率」，嗣復逐次調整為最高限額費率百分之九者，原因乃在於公保實際總支出已超出所收入之保費總數，承保機關中央信託局歷年公保結算連續出現「虧損」。為維持公保制度於不墜起見，自必謀求補救，以穩固其財務基礎。其間除開辦之初的一、二年之財務尚稱穩定外，其他各年均有不敷支出之情形，依法均由財政部審核撥補，但財政當局認為如此終非長久之計。

民國84年3月，全民健康保險開辦，公保之免費醫療業務（包括生育、疾病、傷害三種）全部併入全民健保接辦，公保並配合自行調整費率降為百分之四點七五。此並非代表公保財務大有改善，而係因公保業務減少，合理配合減少公務人員及政府之保費負擔。由於全民健保之費率定為百分之四點二五，而將公保費率降為百分之四點七五者，乃正巧兩者相加後恰仍為百分之九。後因虧累，始於民國86年調整為百分之六點四，民國90年復調整為百分之七點一五，民國102年調整為百分之八點二五。民國103年修正時，將公保費率訂為百分之七至百分之十五，並刪除繳費滿三十年免繳公保費用與健保費用之規定，致使現職原繳費滿三十年而免繳公保費用與健保費用之人員，亦應再行繳付公保費用與健保費用。民國105年1月1日起，調整費率：(一)不適用年金規定者為百分之八點八三；(二)適用年金規定者，分三年逐步調整：民國105年1月1日為百分之十點二五，民國106年1月1日為百分之十二點二五，民國107年1月1日為百分之十三點四。民國108年1月1日起調整保險費率如下：(一)不適用年金規定之被保險人調整為百分之八點二八；(二)適用年金規定之被保險人調整為百分之十二點五三。

顯然全民健保開辦後之公保，雖減少免費醫療部分的支付，但對於所保存之現金給付保險（殘廢、養老、死亡、眷屬喪葬四種）仍有不敷支出之情形，需要撥補。而全民健保也有虧損待補之情。

然而近二十年來，政府財政拮据，對於公保財務之撥補更顯困難，尤其是對於退休人員之公保養老給付，已形成重大「潛藏負債」。民國88年5月29日，修正「公務人員保險法」為「公教人員保險法」，並於第5條規定：「屬於中華民國八十八年五月三十日以前之虧損及潛藏負債部分，由財政部審核撥補，其屬於中華民國八十八年五月三十一日以後之虧損部分，應調整費率挹注。」目前財務狀況大致穩定。

綜上所述，從公保財務狀況之演變，年年短絀，端賴財政部撥補，民國88年修法，切斷對往後財務之撥補，改由調整費率之方式來彌補短絀。民國103年修法，更提高法定費率至百分之十五，並令原繳費滿三十年而免再繳者，重新再行繳付公保費用；如再有所不足，則得調整費率挹注。顯然，近二十年來之措施，已使原來公保之由政府提供「福利」之性質，轉變回歸為「自給自足」、「自助互助」之保險本質。

際茲近年國家經濟不景氣，政府百般搜羅取財狀況下，回顧公保開辦於民國47年政府財政十分困窘之時，篳路藍縷，艱困萬端，當時政府實已克盡照顧公務人員之責。如今唯有期待公保承辦機構對公保財務能作最有效運用，避免「虧損」，穩定發展，以保障公務人員權益，使公務人員能安心工作。同時也期待凡我公務人員均能體認公保屬性，發揮「自助人助」精神，使公保永遠健全成功。

第一節　有關公務人員退撫制度之主要法規與名詞

一、主要法規

茲將有關公務人員退休資遣撫卹主要法規舉述如下：

(一)「公務人員退休資遣撫卹法」及其施行細則：該法於民國106年8月9日公布制定，全文九十五條。除第7條第4項及第69條於公布日施行外，其餘條文於民國107年7月1日施行。實則合民國100年1月1日施行修正之「公務人員退休法」（含資遣）、「公務人員撫卹法」合於一法中，內容仍爲民國84年7月1日施行之退撫新制「共同提撥制」或「共同儲金制」，而作大幅技術性之修正。原該兩法於民國107年11月21日公布廢止。更進而言之，乃退撫新制實施後屢傳退撫基金破產警訊，非作給付內容之調整不可，俾基金能延續經營。其最重要內容爲：1.以「所得替代率」（replace rate）匡限退休所得最高上限，已退休人員與將退休人員一體適用。2.將「百分之十八優惠存款」盡速停止。3.將月退撫金數額固定，不再隨現職人員薪俸調整而調整。其施行細則經考試院於民國107年3月21日發布，全文一百三十一條，除第7條及第105條自民國106年8月11日施行外，其餘條文自民國107年7月1日施行。是「年金改革」最主要法案。

(二)「公務人員退休撫卹基金管理條例」及其施行細則：公務人員新退撫制度係於民國84年7月1日實施；該條例則係配合新退撫制度所制定法律之一，於民國83年12月28日公布，全文十二條；並依該條例最後一條規定，另由考試院會同行政院以命令規定，於民國84年7月1日施行。其施行細則係於民國84年7月11日由兩院另以命令發布施行。

(三)「公務人員退休撫卹基金管理委員會組織條例」：該條例亦係配合新退撫制度制定，於民國84年1月25日公布，全文十六條，並經考試院另以命令規定，於同年5月1日施行。

(四)「公務人員退休撫卹基金監理委員會組織條例」：該條例同爲配合新退撫

制度制定，於民國84年1月15日公布，全文十三條，並由考試院另以命令規定，於同年5月1日施行。

(五)「公立學校教職員退休資遣撫卹條例」及其施行細則：該條例於民國106年8月9日制定公布，全文一百條，除第8條第4項及第69條自公布日施行外，其餘條文自民國107年7月1日施行，原「學校教職員退休條例」及原「學校教職員撫卹條例」不再適用。實則合原該兩條例於一法中，內容仍爲民國85年2月1日施行之退撫新制「共同提撥制」或「共同儲金制」，而作大幅技術性之修正，內容幾與公務人員退休資遣撫卹法相同。其施行細則經教育部於民國107年5月14日發布，全文一百二十九條，除第7及105條自民國106年8月11日施行外，其餘條文自民國107年7月1日施行。亦爲「年金改革」主要法案之一。

(六)「政務人員退職撫卹條例」：早年政務官退職，並無退休金或退職金或類似酬勞金之給與法律。至民國61年2月5日「政務官退職酬勞金給與條例」公布施行，始建立酬勞金制度，並經民國68年12月24月、74年12月11日兩度修正。民國84年7月，公務人員新退撫制度實施，遂配合於民國88年6月30日修正該條例，改稱爲「政務人員退職酬勞金給與條例」，並於第19條規定，溯自民國85年5月1日施行，惟該條例應於修正條文公布後一年六個月失效。

其時，政府爲建立政務人員退撫制度，經另行研擬與公務人員新退撫制度不同之個別離職儲金制度（不參加公務人員之退撫基金）之「政務人員退休撫卹條例草案」，送立法院審議。但迄民國89年底仍未能完成立法程序。爲免無法可用，於是乃由立法院修正「政務人員退職酬勞金給與條例」第19條，增訂爲：「經立法院同意後，得延長施行期限一年。」據此，經連續兩度同意延期，亦即延期二年，直至民國92年底，立法院不再同意延長。於是乃不得不加速通過「政務人員退職撫卹條例」，而於民國93年1月7日公布，追溯93年1月1日施行。

該退職撫卹條例亦係取消恩給制，而改採共同分擔之「離職儲金制」，但不參加公教人員退撫基金，而另行個別管理其儲金。且政務人員依該條例退職時，所領取之給與稱爲「離職儲金」，而非「退職酬勞金」或「退職金」。但該條例僅適用於退職政務人員在該條例公布施行後之任職年資，其前之任職年資仍適用其前之原「政務人員退職酬勞金給與條例」規定辦理。

在配合「年金改革」之同時，爲使政務人員亦能享有適當退撫之權利，對其退撫制度內容作結構性之改變：由軍公教之常務人員轉任政務人員者，仍得適用其原即適用之退撫法律，例如：由公務人員轉任者，則仍繼續適用公務人員退撫法律，俾得享有年金之權利。但如非由常務人員轉任者，則適用「離職儲金」。該條例經總統於民國106年8月9日公布修正，全文四十條，除第19至23、25、26、34至

36條，自民國107年7月1日施行外，其餘條文自公布日施行。其施行細則經考試、行政兩院於民國107年3月21日發布，全文六十四條，除第26至44、58至61條自民國107年7月1日施行外，其餘條文自民國106年8月11日施行。該條例亦爲「年金改革」主要法案之一。

(七)「財政部所屬國營金融保險事業人員退休撫卹及資遣辦法」：該辦法爲財政部所屬金融、保險事業人員有關退休、撫卹及資遣事宜之單行規章，其內容所規定者，係配合其所實施用人費率薪給制度之退撫制度。該辦法於民國69年4月10日經銓敘部核備有案，同年5月30日由財政部發布施行。最近一次於民國104年5月1日修正。

(八)「經濟部所屬事業人員退休撫卹及資遣辦法」：該辦法係經濟部所屬各事業機構人員，有關退休、撫卹及資遣事宜之單行規章。其內容係配合其事業機構人員所採試行職位分類制度訂定，由經濟部於民國64年5月26日發布施行，並於民國80年2月27日經銓敘部核備。最近一次於民國101年10月19日修正。

(九)「交通部郵電事業人員退休撫卹條例」：該條例於民國92年2月7日公布，並自同年1月1日施行。依其第35條規定，該條例僅適用於具有資位之郵電人員，而非資位制之現職人員原可依「交通部所屬郵電事業人員退休規則」及「交通事業人員撫卹規則」辦理退休或撫卹或撫慰者，其退休、撫卹與撫慰事項仍比照該二規則原規定辦理。

(十)「交通部所屬郵電事業人員退休規則」：該規則初訂於民國45年12月26日，迭經七次修正，第七次亦即最後一次修正於民國88年9月21日。郵電事業爲交通事業人員中歷史最悠久而且堅持以其自創之「資位職務分立制」爲其主體人事制度之交通事業。依「交通部郵電事業人員退休撫卹條例」第35條第2項規定，原已依此一退休規則辦理退休之人員，於該退撫條例施行後，仍適用此一退休規則之規定辦理有關事項。

(十一)「交通事業人員撫卹規則」：該規則初訂於民國45年5月13日，迭經十次修正，第十次亦即最後一次修正於民國88年9月21日迄今。原適用於各業人員。依「交通部郵電事業人員退休撫卹條例」第35條第2項規定，該條例施行前，原已依該規則辦理撫卹之人員，於該條例施行後，仍適用此一撫卹規則之規定辦理有關事項。

(十二)「法官退養金給與辦法」：依民國78年12月公布施行之「司法人員人事條例」第41條規定，實任司法官於符合「公務人員退休法」而自願退休時，除依該法規定領受退休金外，並另加給退養金。退養金有關辦法，由司法院會同考試院、行政院另以命令定之。但行政院原已先於民國63年6月19日訂有「司法官退養金給與辦法」一種施行（並曾於民國73年5月18日及74年12月31日兩次修正）；至此，遂由司法院會同考試、行政兩院，就該原辦法予以修正，於民國79年11月30日發布施行。並於民國85年8月21日及91年1月24日，由司法、行政、考試三院兩度會銜發布修正。修正後之第2條規定，有關退養金發給數目有所減少。民國100年7月6日「法官法」制定公布，民國104年4月27日，行政、司法、考試三院會銜，依「法官法」發布「法官退養金給與辦法」。

(十三)「支領月退休給與之公務人員赴大陸地區長期居住改領停領及恢復退休給與處理辦法」：該辦法係依據「臺灣地區與大陸地區人民關係條例」第26條第5項之規定，於民國93年2月13日發布，3月1日施行。在此之前，原有「退休公務人員赴大陸地區定居申請改領一次退休金注意事項」之施行，因臺灣地區人民赴大陸探親甚至定居者漸增。為配合事實需要起見，經考試院於民國82年2月23日發布該注意事項施行。原注意事項已於該辦法發布施行之同時，停止適用。又該辦法並於民國96年9月10日作過修正。

(十四)「公務人員遺族照護辦法」：該辦法由考試院於民國67年12月12日發布施行，用輔助「公務人員撫卹法」有關照顧遺族規定之不足。

(十五)「公務人員執行職務意外傷亡慰問金發給辦法」：該辦法之前身最早為「公教員工因執行職務遭受危險事故致殘廢死亡發給慰問金實施要點」，由行政院與考試院會同於民國83年9月7日發布施行，亦係用以補充有關執行職務遭受危險事故，以致殘廢死亡者，於公保退撫法律所規定給與之不足。民國90年7月2日經考試院會同行政院改訂為「公教員工因公傷殘死亡慰問金發給辦法」。復配合民國92年5月28日「公務人員保障法」之修正公布施行，據保障法第21條之規定內容，由考試、行政兩院重行另訂「公務人員因公傷殘死亡慰問金發給辦法」，於民國92年12月9日發布施行，後並於民國94年12月8日修正。民國106年1月10日，兩院會銜發布修正全文十四條，並修正名稱為「公務人員因公傷亡慰問金發給辦法」。民國107年6月27日兩院配合民國106年6月14日公布修正之保障法（第21條），再發布修正全文十六條，並修正名稱為「公務人員執行職務意外傷亡慰問金發給辦法」。

二、主要名詞

茲將退休資遣撫卹法規中所常用之主要名詞，略予說明如下：

(一) 退休：退休制度，我國自古有之，但所用名詞與制度則歷代不一。諸如告老、歸老、歸養、致仕、致事、致政、休致等均是，而涵義則一，同為現今我人所稱退休之意，惟制度則各別。

日常所稱之退休，指人員退離其經繼續若干年月從事之主要工作場所或主要工作事項，未必附有任何條件。但在公務管理上或私人企業管理上，所稱退休，則有其一定之意義，且通常皆規定有條件，例如：工作至某一規定年齡，或某一規定期限，或工作人員出現某種規定狀態時，即應或即得自動退離其所任職務。而所稱年齡、限期或狀態等情形，通常固然應爲法定者，但我國歷史上亦有非法定者。政府對退休人員通常均給予退休金或其他物質或其他精神酬獎。

我國政府自民國以來，即有法定之公務員退休制度，定有退休條件及退休給與。現行制度明定有自願退休、屆齡退休與命令退休三種，均有年齡、任職年資，及健康狀態等條件之規定，而對退休後之退休金給與亦定有明確之計算方法。

(二) 退休金：公務人員依據法律規定之條件退出公職時，政府依規定所給予之現金給與，謂之退休金（退休9）。

(三) 「遺屬一次金」與「遺屬年金給付」：依原「公務人員退休法」規定，依法支領或兼領月退休金人員死亡時，其月退休金不再發給，但另行發給其遺族一次之現金給與，名爲「一次撫慰金」；民國84年7月1日退撫新制施行後，增列其符合法定條件者，並得請准改發「月撫慰金」（退休18）。民國107年7月1日施行之「公務人員退休資遣撫卹法」將之名稱改爲「遺屬一次金」與「遺屬年金給付」。

(四) 自願退休：歷來依公務人員退休法律規定，公務人員任公職符合一定條件，如現行「公務人員退休資遣撫卹法」第4條規定：任職滿二十五年者或滿六十歲且任職五年以上者，均得自行申請退休，並領取退休金。此種完全出於公務人員本人意願，而非出於任何他人或外力促使之退休行爲，稱爲自願退休。

(五) 屆齡退休：公務人員任職滿一定年限或至一定年齡，即應退離職場，不再任職，如依原「公務人員退休法」第4條規定：五年以上，年滿六十五歲者，依即應辦理退休離開公務職場，昔稱爲「命令退休」，民國100年1月1日施行之修正後之退休法，改稱爲「屆齡退休」（退休5）。現行「公務人員退休資遣撫卹法」延續之。

(六) 命令退休：依原「公務人員退休法」第5條亦規定：公務人員心神喪失、身體殘廢、不堪勝任職務者，不論其是否因公所致，政府均應命令其退休。以爲機關之新陳代謝，是爲命令退休（退休5），俗亦稱之爲強迫退休。如其係因公執行職務所致，則有較優渥之給與。依民國100年1月1日施行之修正「公務人員退休法」則專指因身心傷病或障礙，以致不能從事工作（退休8），而不論其是否因公所致。今之「公務人員退休資遣撫卹法」延襲之。

(七) 具有危險及勞力等特殊性質職務降齡退休：公務人員退休法律中有危險及勞力二詞（退休4、5）。所稱危險，指公務人員職務上所可能遭遇之危害風險；所稱勞力，指公務人員所任之職務較其他職務更需勞耗體力。法律規定，具有危險或勞力情形之職務，其任職人員之退休年齡應予降低。法律上所稱之危險或勞力職務，應由各機關就其職務性質具體規定危險及勞力範圍，送經銓敘部認定。因該職務之執行，身心負擔較重，爲保職務之年輕化及執事者之身心健康，於自願退休或屆齡退休，均予降低年齡若干歲，使之退休，謂之「降齡退休」。民國107年5月11日，考試院、行政院依民國107年7月1日施行之「公務人員退休資遣撫卹法」第17條第4項及第19條第3項之規定，發布「公務人員危勞職務認定標準」，以資適用。

(八) 心神喪失或身體殘廢：依公務人員退休法律規定，公務人員心神喪失不堪勝任職務者，或身體殘廢不堪勝任職務者，政府均應予以命令退休。心神喪失及身體殘廢之認定，歷來均指依合格醫院按「公保法」規定所訂定之「公教人員保險失能（原爲殘廢）給付標準」附表所定之全失能或半失能爲準。

(九) 不能從事本職工作，亦無法擔任其他相當工作：即原「公務人員退休法」中所稱「不堪勝任職務」。民國84年7月1日退撫新制施行，始定爲「不能從事本職工作，亦無法擔任其他相當工作。」惟其意旨應重在「不堪勝任職務」，應經一定程序之認定。民國100年1月1日施行修正之退休法施行細則第5條，曾以請假之日數或言行異常認定之。現行退撫法施行細則第16條規定，爲指公務人員經機關首長就所任職務等級相當且工作性質相近之其他人員（以下簡稱相當等級人員）工作表現質量進行評比，其工作績效與態度顯與一般質量表現有所差距，並有具體事證，且於本機關已無職等相當、工作性質近之職務可予調任。較爲合理。

(十) 一次退休金：公務人員辦理退休，依其所具法定條件所得支領之退休金，應予一次發給完畢，而非逐年逐月或分期支領者，稱爲一次退休金。

(十一) 月退休金：月退休金爲公務人員辦理退休，依其所具法定條件，所得自行選擇支領三種退休金方式中之一種，其退休金係按月核計發給者，稱爲月退休金。爲簡化手續及便利公務人員起見，原規定每六個月預發一次，現規定每月發放一次，以迄此一公務人員死亡爲止。但如其喪失國籍，則喪失領受權；褫奪公權期間，或再任公職，其月退休金均應予停止支領。

(十二) 退休金基數：爲便於計算與處理各項有關作業，公務人員一次退休金之計算，以基數爲給與之計算單位。依舊制退休法規定，以退休人員最後在職之月俸額及本人實物代金之和爲一基數內涵；依新制退休法規定，以退休人員退職生效日在職同等級人員之本俸加一倍爲一基數內涵。兩者內涵顯有不同。

至於月退休金，舊法無基數之名稱；新法則以基數爲基礎，按年資核計：一次退休金每一年資給予一點五個基數；月退休金則每一年資給予百分之二個基數。至於基數之內涵，則爲本（年功）俸之兩倍（退休9、31，退撫27）。

(十三) 退離給與、年資給與、退撫給與：公務人員因符合某條件，以退休或其他方式離開職務，政府給予一筆錢，以爲生活安家之用，習謂「退離給與」。該給與一般以其任職年資換算給與之月數（基數）或數額，習謂「年資給與」。退撫給與亦即政府依法按年資計算退撫金給與退撫權利人，習謂「退撫給與」。現依新舊兩制公務人員退撫法律規定，退休金之給予方式有：一次退休金、月退休金，及兼領二分之一之一次退休金與二分之一之月退休金等三種，撫卹金則有一次撫卹金、一次撫卹金及月撫卹金（原年撫卹金）兩種。

(十四) 再任有給之公職、再任公務人員：依新舊制退休法及其施行細則、與現行退撫法及其施行細則規定，退休人員再任有給公職者，應停止支領月退休金或停止其公保養老給付儲存優惠存款。再任公職之範圍概指凡由公庫支給薪俸、待遇或公費之職務（例如有給之教師）皆屬之；但復規定，再任有給公職之工作報酬，每月未達委任第一職等本俸最高俸額及專業加給合計數額者，不在此限（釋280）。

第二節　公務人員退撫制度之沿革

我國官吏之退休撫卹制度，自古有之。但均屬「恩賞」性質。退休，歷代有稱之爲告老、休致、致仕者，名稱雖不同，但制度內容則大同小異。大抵以七十歲退休，其之給與，或爲賜祿、加官、給俸、賜錢帛宅第等，但非屬定規，直至明清，制度始稍具備。

撫卹，古時多對死者「明彰功勳」，少對生者「安撫遺孤」，其方法大致爲追贈諡號、世襲爵位、廕任子孫、追封後代、致贈賻金，亦無一定制度，且屬高官重臣。

清末，受德、日列強之影響，而有立憲立法之議。民國成立，南京臨時政府設有「銓敘局」，其職掌之一即爲「賞卹」。「賞卹」依當時之意，係屬恩給（退休）撫卹之給與。民國元年1月28日，新臨時參議院成立，2月15日，選袁世凱爲新任臨時大總統，3月10日，袁世凱在北京就任臨時大總統，次日，南京臨時政府公布「中華民國臨時約法」。4月1日，孫中山先生辭臨時大總統，中華民國臨時政府北遷，俗稱「北京政府」。民國元年7月20日，北京政府頒布新官制，仍有「銓敘局」之設，恩給與撫卹仍爲其職掌之一，9月12日，公布「警察官吏卹金給與條例」及「陸軍平時卹賞暫行簡章」，但僅適用於警察官與陸軍。民國3年3月2日，公布「文官卹金令」二十四條，合文官之退休撫卹於一法之中。

迄今，百餘年來我國退休、撫卹之制度規劃與法律建構，約可分爲三個時期：(一)退撫同屬一法。(二)退撫分列兩法。(三)退撫再併一法。茲略述如次：

(一) 退撫同屬一法（民國32年11月5日之前）

民國3年3月2日，公布「文官卹金令」全文二十四條，對於退撫之給與均稱爲「卹金」，分爲：1.終身卹金，猶如現今定期給付之月退休金。2.一次卹金，如現今之一次退休金。3.遺族卹金（終身、一次），猶如現今之撫卹金。文官於任職滿十年以上，因自請免官（自願退休）、身體衰殘不勝職務、休職期滿等，給予終身卹金；受終身卹金之退職者死亡時，給予遺族卹金（終身卹金之二分之一，至妻亡子成年）；並有「卹金計算方式」、「因公傷殘退職」之加給規定。其他對於「任職年資」之採計、「再任再退職」、「褫奪終身卹金」、「停止終身卹金」均有所規定。至於撫卹給與之「遺族卹金」亦有其「數額」（終身、一次）、在職未滿十年「因公死亡」之加給終身卹金之三分之二、如「從征陣亡或因職務罹難致死」並加給三個月俸額內之一次卹金，甚至於有「領受遺族之順序」、「父母配偶之給與終身」、「子女至成年」之規定，可謂已具有現代退撫制度之雛型。

民國16年9月9日國民政府公布「官吏卹金條例」十六條，內容約承襲「文官卹金令」，仍分：終身卹金、一次卹金、遺族卹金，重定給予數額。並有領受終身卹金未滿五年而亡故者，給予遺族年卹金之規定，惟遺族領受卹金應按其人數勻給之。

民國23年3月26日，國民政府公布「公務員卹金條例」全文二十三條，所稱之「公務員」謂「文官、司法官、警官及長警」，卹金則分爲「公務員年卹金」、「公務員一次卹金」、「遺族年卹金」、「遺族一次卹金」等四種。至於自請退職之任職年資，則以「十五年」滿六十歲，或身體殘廢不勝職務爲條件；不但有「三年內不請求時，其權利消滅」之時效規定，亦有「不得扣押讓與或供擔保」之保障規定；其餘項目之規範，亦約承襲前法，作技術性修正。

(二) 退撫分列兩法（民國32年11月6日至107年6月30日）

民國32年11月6日國民政府公布「公務員退休法」、「公務員撫卹法」開退休、撫卹兩制分列兩法之先。

1. 退休

民國32年11月6日公布之「公務員退休法」全文十八條，明定自願退休之條件爲「任職滿十五年以上、滿六十歲」、「任職二十五年以上成績昭著」；命令退休條件爲「已達六十五歲」、「心神喪失或身體殘廢致不勝職務」，並有「一次退休金」、「年退休金」（定期給付）之給予條件、額度計算、停權喪權之規定，更有「因公加給」擬制年資、「延長服務」、「請領時效」、「回籍旅費」、「請領權利保障」等之規定。

民國36年6月26日公布修正「公務員退休法」全文十八條，自願退休條件之一修正為「任職三十年以上」，餘作技術上之修正。

民國37年4月10日，公布修正「公務員退休法」第8條條文，為一次退休金「給與條件及額度」之修正。

民國48年11月2日，總統公布修正名稱為「公務人員退休法」，全文十八條，此乃配合憲法所作之名稱修正，將自願退休條件之一，恢復為「任職滿二十五年」。一次退休金之給與條件為「任職未滿十五年」；月退休金給與條件為「任職十五年以上」，並得擇領一次退休金。又給與額度之計算，一次退休金最高採計任職年資三十年，給與六十一個基數（本俸），月退休金任職十五年給與百分之七十五（本俸），最高採計三十年給與百分之九十。並有「其他現金給與」列入「月俸額」計算退休金之規定，以及「因公退休」優惠給與之規定。

民國68年1月24日，公布修正之「公務人員退休法」第6、8、13條，並增列第13條之1。其內容主要為：(1)在一次退休金與月退休金之外，增列得有三種兼領一次退休金及月退休金比例之選擇。(2)增列領月退休金人員亡故後，得給與一次撫慰金之規定。此乃民國36年之「公務人員撫卹法」中領受年卹金人員亡故，給與遺族年卹金或一次卹金之規定，於民國60年修法時刪除，以致於退休人不擇領月退休金，多轉而擇領一次退休金。雖一次退休金得優惠存款，但因本金少，利息相對不多，以至於仍難維持其晚年生活，因此，修法給予亡故領月退休金者之遺族一次撫慰金，引導退休人擇領月退休金。

民國82年1月20日，總統公布修正之「公務人員退休法」變更原由政府編列預算支付退休金之「恩給制」，改為依保險原理精算費率，由政府與公務員比例分擔、共同儲建基金之「共同提撥制」，並調整給與額度，及增列「月撫慰金」、「分齡退休」之加給（五五專案），更規定月退休金之起支年齡為五十歲，並限制年滿六十五歲而延長服務者之領月退休金或兼領月退休金。此即俗謂之「退撫新制」，於民國84年7月1日施行。

民國84年1月28日，總統公布修正之「公務人員退休法」第11條，此乃配合戒嚴時期人民受損權利回復條例之同日公布制定，係由立法院主動修正，使如有依該條例回復權利之領受月退休金者，得恢領受月退休金之權利。

民國97年8月29日，總統公布修正之「公務人員退休法」第16條之1，乃立法院立法委員提案修正，地方托兒所「保育員」之年資採認併為退休條件之年資，但不得計發退休金。

民國99年8月4日，總統公布修正之「公務人員退休法」全文三十七條，將「資遣」事項與其施行細則中之權利義務事項提至該法中規定，並延長月退休金之起支年齡為六十歲（由「七五制」改為「八五制」），及刪除延長服務之規定，於民國

100年1月1日施行。

民國105年5月11日，總統公布修正之「公務人員退休法」第21、23條條文，並增訂第24條之1，爲立法院立法委員提案修正，主要在退休公務人員於在職時涉嫌貪瀆案、於退休後被判刑確定，增列自始應剝減其退離給與，以端正政風。

2. 撫卹

民國32年11月6日，國民政府公布「公務員撫卹法」全文十七條，主要項目之規範，延襲公務員卹金條例酌作技術性規定，並對遺族中有「未成年及已成年而殘廢不能謀生」之子女、孫子女作給與之規定，甚且其超過三人者，年撫卹金再加百分之十給與。

民國36年6月25日國民政府公布修正之「公務員撫卹法」全文二十條，「因公死亡」及「在職十五年以上病故」給與遺族年撫卹金及一次撫卹金，年撫卹金之給與，最多以二十年爲限。在職三年以上，十五年未滿病故者，給與遺族一次撫卹金，其餘項目酌作技術性修正。

民國60年6月4日總統公布修正名稱爲「公務人員撫卹法」，全文十九條，仍維持「一次撫卹金」與「一次撫卹金及年撫卹金」給與之規定，並列有「因公」之情事，增列「遺囑指定改領一次退休金標準計給一次撫卹金」、「受有勳章或特殊功績」之加給一次撫卹金、「殮葬補助費」及「準用人員」。惟刪除領受年退休金人員亡故給與遺族一次撫卹金之規定。

民國70年12月4日，總統公布修正之「公務人員撫卹法」第4、5、9條，對因公死亡者，提高擬制年資，增給撫卹金。

民國82年1月20日，總統公布修正之「公務人員撫卹法」，計修正六條，增列二條，此乃配合「退休」之儲建基金而同步修正。調整給與額度，修正前、後之年資均以新制之標準計給，其餘酌作技術性修正。於民國84年7月1日施行。

民國84年1月28日總統公布修正「公務人員撫卹法」第10條，乃配合「戒嚴時期人民受損權利回復條例」而作修正，使如有依該條例回復請領撫卹金者，得回復其撫卹權利。

民國99年7月28日總統公布修正之「公務人員撫卹法」全文二十二條。遺族之範圍，酌採民法繼承篇之規定（民法1138、1144）。並調整因公撫卹各情事之加給與給卹年限，餘則將施行細則之規定提升至該法或酌作技術性修正。

(三) 退撫再併一法（民國107年7月1日）

民國106年8月9日總統公布「公務人員退休資遣撫卹法」全文九十五條，乃將原退休法、撫卹法合併爲一法。除第7條第4項及第69條作業性條文自公布日施行外，其餘條文自民國107年7月1日施行。其修正理由乃：1.退撫新制（「共同提撥制」）施行後，基金財務吃緊，有破產之虞。2.退休人員月退休所得超過於在職所得，甚不合理。3.社會高齡化、少子化，領受退撫給與時間長，財務不堪負荷。因此，必須調整費率，重新釐定「所得替代率」，以降低給與及延後月退休金之起支年齡，此即「繳多、領少、延退」之「年金改革」。

按此改革研議甚久，民國102年4月考試院曾向立法院提出「公務人員退休撫卹法修正草案」，因有公務人員協會等之不同意見，以至於無結果。民國105年政黨輪替，6月底政府重啓研議修正，然退休軍公教人員卻亦大舉走向街頭，抗議「追溯既往」、「黑箱作業」、「亂改」，直至民國106年6月，在立法院內有爭議、外有抗議聲中完成立法。

又依「公務人員退休資遣撫卹法」第93條規定：「中華民國一百十二年七月一日以後，初任公務人員者，其退撫制度由主管機關重行建立，並另以法律定之。」亦即退撫法施行五年後之民國112年7月1日起，應爲初任之公務人員重行規設退撫法制。其內容之建構，吾人拭目以待。

(四) 小結

從上述公務人員退撫法制之沿革觀之，於民國初年已具現代內容項目之雛型，歷經各次修正、附加、調整，以成其制。惟在大陸時期，因時局動盪，施行雖未成具文，但亦難普遍落實。遷臺之初，行政改革，以其所得微薄，應退而不忍其退，遂有民國48年之修正，略提高退休給與，以促進新陳代謝。但行諸多年，仍有無以安養其晚年生活之情事，且政府退撫支出亦趨龐大，逐有「退撫改革」之議，擬再提高退撫所得，以安養晚年，並儲建基金，以減低政府財政負擔。不料施行不久，卻因退休所得趨近在職所得，擇領月退休金者大增，以致退撫基金面臨破產之虞，又不得不作「年金改革」之議。退撫制度與法律，就在此長河中，以其「事由」、「財政」、「給與」、「領受規範」之屬性，或有異同而分合。至少從「公務人員退休資遣撫卹法」之制定——合併退休法與撫卹法觀之，乃基於「財務基礎同一」、「給與規範相若」，合則立法修法精簡方便，分則性質明確，各有所據，要其以法律條文記述其制度內容，確定政府與公務人員之權利義務，則爲現今行政之共同意識。

第三節　公務人員退撫制度之概觀

一、現行兩種制度之基本差異

在未析述現行新退撫制度前，特先將新舊兩制的基本差異，作一扼要概括說明如下，以利瞭解：

(一) 理論基礎不同：我國舊退休制度，係承襲我民族文化數千年來傳統中最寶貴思想，亦即崇功報德與敬老卹孤思想而制定。政府對已退休不工作之人員，雖似已無給予報酬之責任，但基於國家對人民與敬老卹孤的責任感，和道義與眷念，而有照顧之情義，因而給予退休給與，此所以被學術界稱之爲「恩給制」之原因。

但依西方退休理論而言，對人員退休後之退休給與，全部由政府負擔之舉，則不認爲其性質係政府之恩惠，而認爲退休給與，乃公務人員奉獻其生命之部分或全部予政府後，所應得薪俸外之另一部分報酬，故退休給與乃公務人員俸薪之「延長給付」，爲應有權利之部分，並非政府之恩給。

我國現行稱爲「共同儲金制」或「共同提撥制」之退撫新制，係參考西方之年金制設計而成，主要爲退撫給與悉由退撫基金支付，而退撫基金之儲建則由政府與在職公務人員雙方比率分擔。此種方式，有多種不同理論支持。但無論其理論如何，其基本精神，仍爲工商業社會勞資交換與權利義務對等觀念甚明。

(二) 負擔退休金之主體不同：由於上述兩種制度理論基礎之不同，所以我國原行「恩給制」，其退休金財源，悉由政府逐年專列預算項目支應，退休人員於退休前或退休後，均無需繳付任何費用。而我國現行新制，銓敘部歷年來先後稱之爲「儲金制」或「共同提撥制」者，則源自西方年金制，其最根本措施，爲設置一項退休撫卹基金，由勞資雙方平時按月分別繳付費款，以共同建立此一基金，人員之退撫金均由此一基金負擔（但基金中一定額度之百分比仍由政府逐年以預算款撥入），而非由政府直接專列公教人員退撫給與項目預算負擔。在此一制度下，勞方（公教人員）平時按月分擔繳付之費款，係自其每月薪俸中扣繳，資方（政府）所分擔繳付之費款，實質亦係其對勞力所應支付之人事費用（對勞力之報酬）之部分。所以，雖在手續上係勞資雙方平時分擔，實質上均屬勞方所應得薪俸中部分之延長給付。換言之，兩者基本之不同，在於公務人員從原來完全無需支付費用，改爲應自付部分費用。此兩者各有其不同之理論爲之依據。

(三) 退撫金核計方法不同：新舊兩種退撫制度，對於退撫金之基數（或月俸額）之構成、基數內涵、基數金額、年資採計、退撫年資及退撫基數最高限額等有關核計規定，前、後均有所不同。如：舊制，基數內涵基本上以本（年功）俸爲準（一次退休金另加實物代金九百三十元），年資採計最高三十年，退休則一次退休金最高給予六十一個基數，月退休金最高給予百分之九十（再給予實物代金九百三十元）；撫卹則「一次撫卹金與年撫卹金」，一次撫卹金最高給予三十一個基數，年撫卹金每年給予六個月（基數），依其亡故情事給予十至二十年。新制施行初期，基數內涵以本（年功）俸加一倍爲準，年採計最高三十五年，退休，則一次退休金最高給予五十三個基數，月退休金最高給予百分之七十；撫卹，則「一次撫卹金與年撫卹金」，一次撫卹金最高給予二十五個基數，年撫卹金每年給予五個月（基數），依其亡故情事仍給予十、十五、二十年。

(四) 加強對遺族優待：退休新舊法均規定：退休人員死亡，另給遺族一次撫慰金，但新法更增列規定，遺族如為配偶、父母或未成年子女得給與月撫慰金。撫卹新舊法均規定，遺族受領年撫卹金，均有一定年限；且遺族如係獨生子女之父母者，或無子女之寡妻者，年撫卹金得給予終身。但新法更增列規定，無子女之鰥夫，亦得給予終身；又年卹金年限屆滿時，如子女尚未成年者，得繼續給至成年；或子女雖已成年，但學校教育未中斷者，得繼續給卹至其大學畢業止。

綜合以上比較，新制較舊制之不同，在其整個制度設計下所產生之最後結果有二：1.公務人員本人從原不必繳費變為應繳費。2.退撫金增加。

由於新制退撫金有所增加，甚至於趨近在職所得，造成基金屢傳「破產」警訊，遂有民國100年1月1日退撫兩法之大幅作技術性修正，以及民國102年年金改革研議，乃致於民國105年、106年之「年金改革」及107年之施行。

二、退撫制度之意義

(一) 退撫制度之宗旨：退撫制度之宗旨，在法律上並無明文。依一般之見解為：對公務人員「扶老卹孤」，使公務人員及其遺族「老有所終」、「幼有所長」、「鰥寡孤獨廢疾者，皆有所養」，免其後顧之憂，而能戮力從公。其中亦隱含「清廉其身」之意。

(二) 退撫制度之理論：退休之理論甚多，有從機能、財政、生活之觀點設說，均與退撫法律之內容建構有關，茲錄數說以資參考：

1. 人事機能說：此說認為生老病死、新陳代謝為生物之自然現象與社會之普遍現象，組織亦是，青壯新健替代老殘病弱之工作，以維持組織之永續生存。因此不但注重「進」之政策，同時亦注重「退」之政策。此說為最基礎之理論。

2. 功績報酬說：此說認為退休給與，乃酬謝退休者在職之忠誠貢獻，以安養晚年，而非全取決於個人感情之「恩賞」。此種觀念成為日本明治維新，建立「恩給制」之主要論據。甚或與「特別權力關係」之理論，相為配當。

3. 延付薪資說（deferred wage concept）：此說認為員工之退休給與，原係員工在職時之薪資報酬之一部分，由雇主保留至退休離職時，再行給與；換言之，本即經營者僱用人力應支付之成本。從而可得認為退休之給與為「私有財產」之權利概念，退休人之請求支付退休金，亦是一種「本份」，而非經營者對退休員工照顧之賞賜或社會職務，充其量亦僅為經營者強制為員工代管，以成儲蓄部分薪資而已。但在政府機關中，卻有如交付政府機關之擔保品，促使公務人員盡忠職守，保持品位，具有澄清吏治之功能。此種觀念，亦曾爲大多數人所接受，影響到員工薪資給付之規劃、政府支付公務人員退休給與之「潛藏負債」與財政預算，甚且退休給付之水準。又時下勞工或退休公務人員對「退休金」事項之抗爭，造成社會震撼，或受此觀念影響。致使是否爲延付薪資，學界與實務界亦曾有討論。然細索之，現今退撫「共同提撥儲建基金」之制，乃自每月薪俸中扣繳，其數額有帳可稽，形若強迫儲蓄，難謂採行此說。

4. 商業權益說（the business dependiency concept）：此說認爲退休金之發給，爲經營者辭退員工、提升競爭力之管理手段，促使發揮新陳代謝之目的，以降低人事成本，提高工作率，增加產值。原功績報酬係「人退酬與」，重視員工退休後生活保障，而本說卻「以錢驅人」，純以經營者本身利益爲依歸。是以此說與人事機能說對照觀之，對於員工退離、施受財物，從目的之考量，關係重大，不得不愼。近之「政府再造」，以「彈性退休」、「精簡退休」之較優渥給與，使公務人員自動離職，基本上似爲本說之運用。

5. 適當生活維持說（adequate living-maintence hypothesis）：此說認爲員工於達到一定年齡及資格條件時，所受領之老年年金金額，應足以維持其退休後之適當生活水準，與相當消費能力，並以維持與退休前相當「所得替代率」（replacement value, replacement ration）爲準。換言之，即係「最基本生活保障」問題，亦係「退休給與水準」問題。

6. 人生過程儲蓄（the life-cycle hypothesis of saving）：此說認爲欲使退休後維持一定之生活水準與消費水準，必須先行「儲蓄」，作爲退休之資。啓發「強制儲蓄」以籌退休財源之念。

7. 安全保障說：此說係以「社會安全」之觀念，透過國家之力量，保障國民最低生活，以實現「生存權」。其具體之措施係以「社會保險」方式籌集公共基金，作給付之準備，而將來以分期付款方式，即一般所謂「年金」方式，來支給退休金，使領受者之老年生活，獲得充分之保障。

(三) 退撫制度之法據：憲法第83條規定：「考試院爲國家最高考試機關，掌理考試、任用、銓敘、考績、級俸、陞遷、保障、褒獎、撫卹、退休、養老等事項。」民國81年5月28日公布修正之憲法增修條文第14條（現爲第6條）第1項規定：「考試院爲國家最高考試機關，掌理左列事項，不適用憲法第八十三條之規定：一、考試。二、公務人員之銓敘、保障、撫卹、退休。三、公務人員任免、考績、級俸、陞遷、褒獎之法制事項。」明白把「退休」列爲有關公務人員之事項。顯然，「退休」係國家公務人員制度之次級制度，爲憲法上之「制度性保障」

（Einrichtungsgarantie）。惟在政府治理上，有義務、亦有責任，依「誠實信用原則」去規設完善之制度，不宜草率爲之，否則將有「爲德不卒」之憾，造成「制度害人」之後遺症可能更大。因此，自不待法律宣示「由政府負最後支付保證責任」。至於撫卹之理論亦與上述相若。

(四) 退撫制度之設計：退撫制度之內容，一般而言，主要係就其業務性質，依其「年齡」、「工齡（服務年資）」來規劃其給與。如何給予，一般情形有四：

1. 分段遞增：如：民國88年5月30日修正前之公保法第16條規定，養老給付：(1)繳付保險費滿五年者，給付五個月。(2)繳付保險費超過五年者，自第六年起至第十年，每超過一年增給一個月。(3)繳付保險費超過十年者，自第十一年起至第十五年，每超過一年增給二個月。(4)繳付保險費超過十五年者，自第十六年起至第十九年，每超過一年增給三個月。(5)繳付保險費二十年以上者，給付三十六個月。如此分段遞增之設計，係鼓勵久任。

2. 分段遞減：如：交通部所屬郵電事業人員退休規則（88.9.21.）第8條規定，退休金之給與：(1)一次退休金：服務一至二十年者，每滿一年給予一個月退休金，二十一年以上每滿一年加給半個月退休金。(2)每月退休金：服務一至二十年者，每滿一年按月給予一個月退休金百分之二點五，二十一至三十年，每滿一年加給百分之一點五，三十一年以上每滿一年加給百分之零點五。如此分段遞減之設計，係在促進新陳代謝（並參交通部所屬郵電事業人員退休撫卹條例第12條）。

3. 基礎遞增：如：民國84年6月30日退撫新制施行前之退休法第6條第4項規定，月退休金，任職滿十五年者，按月照在職之同職等人員月俸額百分之七十五給與，以後每增一年，加給百分之一，但以增至百分之九十爲限。以此十五年服務年資給予百分之七十五之月退休金，係維持其基本生活之所資。

4. 等值計給：如：民國84年7月1日退撫新制施行後之退休法第6條第4項規定，一次退休金，每任職一年給與一點五個基數；月退休金，每任職一年，照基數百分之二給與。民國88年5月31日後之公保法第14條規定，養老給付，依其保險年資每滿一年給付一點二個月，最高以三十六個月爲限。

三、退撫給與之內涵項目

(一) 退撫給與之意義：按國家對於公務員有給予俸給、退休金等維持其生活之義務，公務員退休法制之基本精神，在於國家應保障公務員退休後之生活，並以酬謝其長期之辛勞，故凡依法令或經任用程序，與國家間發生公法上職務關係者，均應享有領取退休金等之權利（釋455翁岳生協同意見書）。

(二) 退撫給與之項目：退撫給與之項目，主要爲：退休金、資遣給與、退撫基金費用本息、撫卹金、遺屬一次金或遺屬年金（退撫5），其他尚有勳章獎章獎金……等。

(三) 退撫所得之模式：退休之給與究應若干？經濟學上，對於所得或消費有一基式：

$$C(Y) = a + by$$

C是消費，Y是所得，a為一常數，代表一般維持生活之基本數額或固定數額，b亦為一常數，代表邊際消費傾向（marginal propensity to consume）。其基本假設為：如收入之所得完全消費，則消費中，必然支出一筆基本生活之固定費用，以及因所得增加而增加消費之數額。此一基本公式，或亦得啓發思考退休給與之水準如何釐定之問題。蓋「最基本生活之保障額」似為食衣住行維持生存之基本需要，而非奢望，似應為a之常數，而b y或可解為一般所謂「養尊」、「養望」之所需或其他之生活上必要輔助之支出，兩者構成退休之所得。

(四) 退休所得替代率（退撫4、37、38、67）：退休後之總所得與退休前之總所得相比較，即所謂之「所得替代率」。一般言之，退休之所得替代率約為百分之五十至百分之七十左右。依此言之，則世界銀行對於老人所得保障之三層體系之最基層者，即指a基本生活之固定費用，尚有第二層之「職業年金」，第三層自購之「商業年金」。公務人員年金改革之公保法修正草案（106.5.11.考試院、行政院會銜函送立法院審議），擬於退撫法於民國107年7月1日施行後，將公保養老給付定位為第一層「基礎年金」，將退休給與定位為第二層「職業年金」。基礎年金不予變動，為上述公式中之a，其與退休給與構成退休之總所得，以之與退休前之總所得相比，所得之百分比，即為「退休所得替代率」。惟該公保法修正草案尚未完成立法。現行法將此相比所得之百分比，如高於法定「退休所得替代率」百分比，則降低退休給與數額（退撫4、37至39）。

四、退撫制度之主管機關

退撫法制之主管機關，依公務人員退休資遣撫卹法第2條規定為銓敘部。

五、適用對象與其範圍

退撫法適用於依「公務人員任用法」及其相關法律任用，並經銓敘審定之人員。此人員退休、資遣或撫卹之辦理，除該法另有規定外，以現職人員為限（退撫3）。所稱現職人員，指上述人員於退休、資遣或死亡時，具有現職身分，並依公務人員俸給法律核敘等級及支領俸（薪）給之編制內有給專任人員（退撫細2II）。

六、退撫經費之財務建構

退撫新制特點之一爲儲建基金，重新確立退撫經費之財務收支責任。詳分述如次：

(一) 財務建構概述：

1. 退撫經費之籌措：退撫經費之籌措方式，一般言之有二：

(1) 隨收隨付制（pay-as-you-go system）：在退撫「恩給制」下，由政府獨力每年編列預算經費，以因應當年退撫之支出。

(2) 基金準備制（funding system）：在退撫「儲金制」下，依保險原理精算，平時即行提存，以備將來退撫之需。又可爲：

①「完全提存準備制」（full funding system）：事先完全足額提存，如現行之公保。

②「部分提存準備制」（partially funding system）：事先做部分提存，如現行之退撫基金。

現今世界先進國家有關「退撫經費」之籌措，已從「恩給制」大步向「儲金制」邁進。

我國84年7月1日施行之退撫新制，爲解決政府財政之重大負擔，改採「儲金制」：由政府與公務人員依精算費率，比率分擔（公務人員百分之三十五，政府百分之六十五），共同提撥，建立基金，預儲退撫經費，並提高退撫所得。但不料卻於民國90年左右，出現退休所得幾近或甚至於超過在職之所得，同時依精算亦開始出現基金有破產之警訊，幾經研擬解決方案，民國100年後「年金改革」之聲遂起，經歷民國102年之「公務人員退休撫卹法草案」、「多繳、少領、延退」，乃再度研擬，以迄民國107年7月1日「公務人員退休資遣撫卹法」施行，稍解基金破產之危機。

2. 監管機關之隸屬：退撫現制於研擬改革之初，原擬將「退撫基金」管理權責歸行政院財政部，監理權責由有關機關組成，以銓敘部部長爲主任委員，換言之，監理機關歸考試院下之銓敘部。而後行政院政策改變，於是改弦更張，管理事項歸銓敘部主掌，監理事項歸考試院主掌。民國85年1月25日公務人員退休撫卹基金監理、管理兩委員會組織條例制定公布，5月1日兩會正式成立，開始運作，規劃基金監理、管理事項，考試院職掌增加財經性之退撫基金事項。源自於行政院之「退撫改革」案，卻就此轉移重心到考試院，或有謂此乃依憲法增修條文，退撫事項之法制權與執行權全係考試院之執掌。

(二) 重訂財務責任：退撫之財務責任，於民國84年6月30日之前，全由各級政府依其當年將退休之人數，估計退休金數額，籌編預算支付，習稱「恩給制」。但積年累月，退撫經費占預算比率甚大，影響施政，甚至於地方政府編不出此預算。爲解決此問題，自民國84年7月1日之後，改爲「共同儲金制」或「共同提撥制」，由在職之公務人員與政府依精算出之費率，比率分擔（公務人員百分之三十五，政府百分之六十五），共同提撥預儲基金，以供將來退撫之用。並爲區分前後「年資給與」之財務責任，維持行政穩定及保障公務人員原有權利。即對於民國84年6月30日以前之舊制退撫「年資給與」及優惠存款，仍由政府負擔；同年7月1日以後新制「年資給與」，則由新建立的退撫基金負擔（退撫6），並由政府負最後支付保證責任（退撫7Ⅰ，基管8，教退撫8Ⅰ，軍役29Ⅰ，軍撫21Ⅰ）。新舊制年資之財務責任明確劃分（退撫6，教退撫6，軍役26，軍撫21Ⅰ）。民國107年7月1日「年金改革」法案施行，仍維持如此體制（退撫6、7，教退撫7至9）。

(三) 明定基金用途：退撫基金之用途依法僅在於支付軍公教退撫給與之用（基管4）。至於基金之管理及監理所需之費用，則由政府編列預算支付（基管10）。

(四) 參加基金人員：公務人員、教育人員、軍職人員均參加退撫基金。

政務人員原依民國88年6月30日公布修正之「政務人員退職酬勞金給與條例」，參加退撫基金，追溯自民國85年5月1日施行。民國93年1月7日制定公布「政務人員退職撫卹條例」，追溯自同年1月1日生效，對常任人員轉任政務人員者施行「離職儲金制」，不再參加退撫基金。但民國106年8月9日修正公布之「政務人員退職撫卹條例」，對常任人員轉任政務人員者規定應繼續適用原公務人員退撫制度，而非由常任人員轉任者，則參加「離職儲金制」（政退撫2Ⅱ、4）。

又因機關改制或其他原因而加入退撫基金者（退撫6Ⅱ），有：

1. 交通部電信總局自民國85年7月1日起實施退撫新制。

2. 交通部臺灣鐵路管理局自民國88年1月1日起實施退撫新制。

3. 金融監督管理委員會及經濟部能源局均自民國93年7月1日起實施退撫新制。

4. 衛生福利部中央健康保險署自民國99年1月1日起實施退撫新制。

5. 勞動部勞工保險局自民國103年2月17日起實施退撫新制。

(五) 基金管理機關：銓敘部下設公務人員退休撫卹基金管理委員會負責基金之收支、管理及運用（基管2Ⅰ），依此制定「公務人員退休撫卹基金管理委員會組織條例」。

1. 組織：公務人員退休撫卹基金管理委員會隸屬於銓敘部。置主任委員一人，由銓敘部部長兼任，綜理會務；副主任委員一人，職務列簡任第十三職等，襄理會務。置委員十三人至十七人，由銓敘部遴聘國防部、財政部、教育部、行政院主計處、行政院人事行政局（現為行政院人事行政總處）、臺灣省政府、臺北市政府、高雄市政府業務主管各一人，及專家學者組成之。委員均為兼任，其由專家學者擔任者任期為二年（基管2、6、7）。

2. 運作：

(1) 基金採統一管理，按政府別、身分別，分戶設帳，分別以收支平衡為原則（基管8）。

(2) 退撫基金之會計年度應與政府會計年度一致。依預算法規定，應屬特種基金（信託），並編製附屬單位預算。有關預算編製、預算執行、決算編造，除應依照預算法、會計法、決算法及審計法規定辦理外，應由該會依下列程序辦理（基管6）：

①年度開始前應訂定運用方針編製收支預算，提基金監理委員會覆核。

②年度終了應編具工作執行成果報告暨收支決算，提經該基金監理委員會審議公告之。

(3) 該會委員會議以每月開會一次為原則，由主任委員為主席；主任委員未能出席時，由副主任委員為主席：主任委員及副主任委員均不能出席時，由委員互推一人為主席。會議並得邀請有關機關派員列席（基管12）。

(六) 基金監理機關：考試院下設公務人員退休撫卹基金監理委員會，負責公務人員退休撫卹基金收支、管理、運用之審議、監督及考核（基管2II，監理會2），依此制定「公務人員退休撫卹基金監理委員會組織條例」。

1. 組織：公務人員退休撫卹基金監理委員會隸屬考試院。置主任委員一人，由考試院副院長兼任，綜理會務；並置委員十九人至二十三人，由中央與地方政府有關機關代表及軍公教人員代表組成，均由考試院院長聘兼；其產生辦法由考試院定之。其中軍公教人員代表不得少於委員總額三分之一，任期二年（監理會5）。

2. 運作：該會每三月舉行會議一次，必要時得召開臨時會議。會議由主任委員擔任主席，主任委員不能出席時，得由主任委員指定委員一人代理之。必要時得邀請有關人員列席（監理會11）。

(七) 基金來源項目：基本上由政府與軍、公、教人員共同提撥建立基金（退撫7，教退撫8，軍役27，軍撫20）。其詳細來源如下（基管3）：

1. 各級政府依法撥繳之費用。即按公務人員本（年功）俸加一倍之百分之十二至百分之十八之費率，政府撥繳百分之六十五。民國107年7月1日施行之退撫法刪除原「撥繳滿四十年後免再撥繳」（退撫7II，教退撫8II，軍役27II）。

2. 公務人員、教育人員及軍職人員依法自繳之費用。即按公務人員本（年功）俸加一倍之百分之十二至百分之十八之費率，公務人員繳付百分之三十五。民國107年7月1日施行之退撫法刪除原「撥繳滿四十年後免再撥繳」（退撫7Ⅱ，教退撫8Ⅱ，軍役27Ⅱ）。

3. 該基金之孳息收入及其運用之收益，係指基金管理會依基金管理條例第5條規定，存放銀行、購買公債、庫券、短期票券、公司債及有關貸款之利息收入，以及投資於受益憑證、上市公司股票、福利設施及經濟建設或委託經營之運用收益（基管細4）。

4. 經政府核定撥交之補助款項，係指（基管細5）：

(1) 由國庫撥款補足之差額（基管5Ⅲ）。

(2) 基金不足支付時，由政府撥款之補助（基管8）。

(3) 其他由政府補助之款項。

5. 其他有關收入：係指（基管細6）：

(1) 參加基金人員中途離職、因案免職或失蹤，未申請發還其本人原繳付之基金費用。

(2) 前款人員，政府按月撥繳之基金費用。

(3) 參加該基金人員在職死亡無遺族，其在職期間本人繳付及政府撥繳之基金費用。

(4) 領受退休金人員，非因不可抗力之事由，逾五年未經申請領取之退休金。

(5) 其他非屬以上各款之收入。此包括於民國107年7月1日退撫法施行後，依第36至38條規定降低退休公務人員退休所得後，各級政府每年所節省之退撫經費支出，挹注退撫基金之數額（退撫40）。

(八) 基金運用範圍：基金為永續經營，以保障軍公教人員之退撫權益，自然要活化基金、運用基金來孳息收益。其運用範圍如下（基管5）：

1. 購買公債、庫券、短期票券、受益憑證、公司債、上市公司股票。

2. 存放於該基金管理委員會所指定之銀行。

3. 與軍公教人員福利有關設施之投資及貸款。

4. 以貸款方式供各級政府或公營事業機構辦理有償性或可分年編列預算償還之經濟建設或投資。

5. 經該基金監理委員會審定通過，並報請考試、行政兩院核准有利於該基金收益之投資項目。

(九) 基金運用責任：基金之運用及委託經營，由基金管理委員會擬訂年度計畫，經基金監理委員會審定後行之，並由政府負擔保責任（基管5Ⅱ）。基金之運用，其三年內平均最低年收益，不得低於臺灣銀行二年期定期存款利率計算之收益。如運用所得未達規定之最低收益者，由國庫補足其差額（基管5）。

(十) 基金之支付：

1. 支付之範圍：公務人員於退撫新制實施前、後均有任職年資者，其退撫新制實施前任職年資應領之退撫給與及優惠存款利息，由各級政府編列預算支給；退撫新制實施後任職年資應領之退撫給與，由退撫基金支給（退撫6、68）。因此，基金之用途依法僅在於支付公務人員、教育人員及軍職人員之退休金、退伍金、退休俸、贍養金、撫卹金、遺族年金、遺族一次金、資遣給與及中途離職退費等九項之用。但下列各項加發仍應由各級政府另行編列預算支付（基管4，退撫68）：

(1) 因公或作戰傷病成殘加發之退休（職）（伍）金（退撫32Ⅱ）。

(2) 因公死亡加發之撫卹金（退撫55Ⅲ、57）。

(3) 殮葬補助費、勳章、獎章及特殊功績加給之退休（職）（伍）金、撫卹金（退撫61）。

(4) 公務人員於年滿五十五歲時，自願提前退休加發之退休金（民國100年1月1日退休法修正施行，已刪除此加給，但基金管理條例未及配合修正）。

(5) 依「公務人員退休法」第16條之1第5、6項規定加發之一次補償金（但民國107年7月1日施行之退撫法第34條已明定刪除此「年資補償金」）。

(6) 依軍人撫卹條例規定加發之撫卹金（軍撫12、17、37）。

(7) 因政府精簡，而自願退休，加發之慰助金（退撫41）。

(8) 任職未滿十年者亡故，給予十五個基數之一次撫卹金，依其任職年資計得之基數所加發之一次撫卹金（退撫54Ⅱ）。

上述(1)、(2)係屬「職業災害」補償性質，理應由政府編列預算，全額支付，以區分責任。

2. 支付之類型：

(1) 確定給付制（the defined benefit plan, DB）：係指雇主承諾員工於退休時，按約定退休辦法支付定額之退休金或分（定）期支付一定數額之退休金。至於平時雇主與員工提撥之退休準備金之多寡，與退休給付金額之多寡，並無必然之關係。實際退休金數額之決定，與員工薪資水準及服務年資有關，亦即依其服務年資換算給予退休金之若干個基數或百分比，而基數之內涵一般即爲薪資數額之水準，兩者相乘之積即爲退休金之數額。此種制度對雇主而言，性質屬於長期給付承諾，且雇主所承諾之退休金，在目前由精算統計方式得到估計值，較未來實際給付之退休金數額，兩者間具有不確定性，因此雇主易遭實質薪資水準變動之財務風險；但就員工而言，則在未來退休時，可依明確之退休金計算辦法或公式，獲悉其所可得之退休金數額。因此，每經過一段時間必須作財務精算，衡平提撥數額與領得數額之對當關係，以確定適當之提撥率。

(2) 確定提撥制（the defined contribution plan, DC）：又稱為「現金購買退休金計劃」（money purchase pension plan）。係指雇主或員工依退休辦法每年（月）提撥一定數額之退休基金，交付信託人保管運用，於員工退休時將員工與雇主共同提撥之資金和運用孳息給付給退休之員工。此種辦法，員工所能領取之退休金決定於提撥之多寡及退休基金孳息之大小，雇主無法保證退休金給付之數額。就雇主而言，此制無須複雜之精算技術，可節省管理費用，但員工卻須承擔通貨膨脹致使實質退休所得下降之風險。

我國過去與現今之退撫給付均採「確定給付制」，惟過去係「恩給制」，退撫經費全由政府預算支付，無提撥率精算之情事；但現今「共同提撥制」之退撫新制，則有必要每經過一段時間作一次精算提撥率。又退撫新制開辦，採行「確定給付制」，提撥率定為百分之八，為不足額之提撥，有謂此建制係屬「部分提存準備制」（partially funding system）。然經歷次精算顯示，基金提撥不足，有破產之虞，此乃「年金改革」原因之一。

(十一) 基金之退費：退撫現制規定：基金之建構按公務人員本（年功）俸加一倍之百分之十二至百分之十八之費率，政府撥繳百分之六十五，公務人員繳付百分之三十五。而退休（資遣）年資之採認，以依法繳付退撫基金之實際日數計算，最高採計四十年（月退休金）、四十二年（一次退休金）；曾經申請發還退撫基金費用本息、曾由政府編列預算或退撫基金支付退離給與之年資，均不得採計（退撫12），且新舊年資之取捨併計，由公務人員自己決定（退撫14II）；其間亦有依規定不合退休、資遣於「中途離職（辭職、撤職）」者，是以，繳付基金費用而未依法領取退休（資遣）之「年資給與」者，自應有退還其自繳金額之規設，以免基金有「不當得利」之嫌。凡此法律規定有下列情事之一者，一次發還其原繳付之退撫基金費用本息：

1. 年資退費：辦理退休、資遣或撫卹時，其依該法規定繳付退撫基金費用而未予併計發給退休金、資遣給與或撫卹金之年資，由退撫基金管理機關按未採計年資占繳費年資之比率計算後，一次發還其本人原繳付之退撫基金費用本息（退撫9 I）。所稱本人原繳付之退撫基金費用本息，指本人原繳付之退撫基金費用及運用收益之孳息收入（退撫細8 I）。

2. 離職退費：公務人員不符合退休或資遣條件而離職者，得申請一次發還本人原繳付之退撫基金費用本息（退撫9II）。

3. 不予撫卹退費：公務人員犯罪，經判刑確定後，於免職處分送達前自殺，而不予撫卹之情形者（退撫52II），得由該第62條所定遺族（配偶、子女、父母、祖父母、兄弟姊妹），申請一次發還其本人原繳付之退撫基金費用本息（退撫

9III）。其一次發還公務人員或其遺族退撫基金費用本息時，以臺灣銀行股份有限公司一年期定期存款利率加計利息；其利息按年複利計算至離職之前一日止或死亡當月止（退撫細9 I ）。

公務人員依該法繳付退撫基金費用之年資已支領退離給與者，不適用上述2、3發還退撫基金費用本息之規定（退撫9IV）。亦即「一資不二採」或「一資不兩付」。

(十二) 基金費率精算：退撫基金之收支，關係到政府財政能力與公務人員薪俸之負擔，亦涉及壽命之長短（餘命）、生活水準，因此必須隨經濟狀況而作定期精算（公退撫8），以評估基金之財務負擔能力，來平衡收支。精算頻率「採每三年精算一次，每次精算五十年」（退撫8III，基管細17）。依此定期財務精算結果，退撫基金費用之實際提撥費率，由考試院會同行政院，共同釐定並公告之（退撫8 I ）。惟財務精算結果之不攤提過去未提存負債最適提撥費率超過現行實際提撥費率達一點五倍以上時，考試院應於三個月內會同行政院提高提撥費率至少百分之一，但不得超過提撥費率上限百分之十八（退撫8 II ）。

(十三) 基金支付責任：基金採統一管理，按政府別、身分別，分戶設帳，分別以收支平衡為原則，年度決算如有賸餘，全數撥為基金。如基金不足支付時，應由基金檢討調整繳費費率，或由政府撥款補助，並由政府負最後支付責任（退撫7 I ，基管8）。

(十四) 特殊處理：

1. 借調留職停薪：公務人員依法令辦理留職停薪，借調至其他公務機關占缺並依公務人員俸給法令支薪者，其留職停薪期間之退撫基金費用撥繳事宜，由借調機關按其銓敘審定之官職等級，依前述規定按月繳費。即借調機關撥繳百分之六十五，公務人員繳付百分之三十五（退撫7III）。

2. 育嬰留職停薪：該法公布施行（106.8.11.）後，公務人員依法令辦理育嬰留職停薪，應併同選擇是否依其育嬰留職停薪期間所敘之俸級，按在職同等級公務人員本（年功）俸（薪）額計算，全額自費負擔，並繼續繳付退撫基金費用（退撫7IV），一經選擇不得變更（退撫細7 II ）。選擇繼續自負全額退撫基金費用者，其應繳付之退撫基金費用，按月交由服務機關併同其他參加退撫基金人員之退撫基金費用，一併繳付基金管理會（退撫7IV）；遲延繳付者，加計利息。該繳付退撫基金費用之年資得採計為退休、資遣或撫卹年資，計發給與（退撫12）。如其於民國106年8月10日以前已申請育嬰留職停薪者，得於銓敘部繳費選擇通知（銓敘部106.8.18.部退三字第1064252334號函）送達服務機關之日起三個月內，選擇自民國106年8月11日以後，繼續繳付全額退撫基金費用或停止繳費。其自民國106年8月11日至繳付當月之退撫基金費用，應一次繳清後，再依上述規定，按月繼續繳付。

(十五) 基金面臨之問題：

1. 基金入不敷出：

現行退撫新制之支付，採行「確定給付」，隨時得以其服務年資與俸級數額，依一定之公式計算退休金之總數額。此公式與基金之提撥率無甚關係，所以領受退休金之數額不一定相當於提撥之數額，可能多亦可能少，當然如果少，則無人會參加基金。然而提撥率卻是基金財務來源之重要因素。原退撫新制研議規劃之精算，提撥率約百分之十八，但立法卻定爲百分之八至百分之十二，施行之初卻以百分之八收繳，雖逐年調高至今之百分之十二，但仍與原精算之百分之十八，差距甚大，爲不足額之提撥。即是不足額提撥，又要「確定給付」，當然會產生「繳少」、「領多」之情，自然入不敷出，甚至必需由政府預算撥補（退撫7）。更何況醫學進步，人之生命延長，請領月退休金者多（月退休金之成本約爲一次退休金之二至三倍），基金支出也就多了；又政府精簡員額，退休者多，新進用者少，正常之基金收入自然減少。此種種因素造成基金入不敷出。

2. 營運機制不良：

金融情勢瞬息萬變，投資工具日益多元化及國際化。而基金運用範圍係採列舉方式明訂於基金管理條例第5條，以致於無法隨金融情勢之變化與實際投資之需要，適時加以調整。又因合議制之決策時間較長，對專業投資因應之及時性產生影響。另現行基金管理人員限制爲公務人員（歸系以財稅行政爲主），影響專業人才之延攬，且受編制員額限制，無法彈性調整合宜專業人力投入基金業務。復以薪酬適用行政機關一般人員待遇，僵化無法調整，更缺乏獎勵機制，難以留住人才。雖有委託經營之辦法，可資運用，予以補強，但終非根本之計。蓋基金如營運良好，自得彌補日常費用收繳之不足，對基金財務之穩定、永續經營，應有相當之助益。

上述之入不敷出問題，則於制定「公務人員退休資遣撫卹法」、「公立學校教職員退休資遣撫卹條例」，修正「陸海空軍軍官士官服役條例」，予以提高基金費率，或稍可彌補。最重要者或要改善營運機制之不良，此則考試院已於民國108年1月9日向立法院提出「公務人員退休撫卹基金管理條例」修正草案、「公務人員退休撫卹基金管理委員會組織條例」修正草案，調整營運機制，使之專業化、彈性化，以應社會與政經環境之變遷，尤其是主任委員將由現行之銓敘部部長兼任，改由財經專業人員專任，並增加委員遴聘之彈性，以強化委員會之運作，提升決策功能，來適應瞬息萬變之財經情勢，增加營運收入，確保永續經營。

七、退撫年資之採計

(一) 年資之性質（工齡）：按國家對於公務人員有給予俸給、退休金等維持其生活之義務，公務員退休法制之基本精神，在於國家應保障公務員退休後之生活，並以酬謝其長期之辛勞，故凡依法令或經任用程序，與國家間發生公法上職務關係者，均應享有領取退休金等之權利，不因職務之性質而有不同。基此，凡為國家、即為全體國民服勤務之人，其為國家服務之期間，均應計入退休年資，以為退休金計算之基礎（釋455翁岳生協同意見書）。

(二) 舊制年資之採計：公務人員依該法辦理退休、資遣或撫卹時，其所具下列退撫新制實施前之未曾領取退離給與之年資，得予採計（退撫11）：

1. 曾任編制內有給專任且符合第3條第1項規定之公務人員銓敘審定有案年資（退撫細2Ⅰ）。

2. 曾任編制內有給專任之軍用文職人員年資，經銓敘部登記有案或經國防部或其他權責機關覈實出具證明者。

3. 曾任志願役軍職年資，經國防部或其他權責機關覈實出具證者。

4. 曾任編制內雇員、同委任及委任或比照警佐待遇警察人員年資，經原服務機關覈實出具證明者（退撫細11）。

5. 曾任公立學校編制內有給專任且符合教育人員任用條例規定之教職員，經原服務學校覈實出具證明者。

6. 曾任公營事業具公務員身分之編制內有給專任職員，經原服務機構覈實出具證明者。

7. 其他曾經銓敘部核定得予併計之年資。

8. 曾任義務役年資，未併計核給退離給與者。

惟公務人員於退撫新制實施前，曾任工友、駐衛警察、職務代理人、學校代理（課）教師或其他非經銓敘審定之年資，均不得採計為退休、資遣或撫卹年資。但該法公布施行前，經銓敘部核准採計者，於未重行檢討停止適用前，仍得依原核准規定辦理（退撫11Ⅲ）。

(三) 新制年資之採計：公務人員於民國84年7月1日退撫新制施行後，服務年資之採認，以其「繳付基金費用」之年資為限，以迄於民國107年7月1日退撫法施行後亦是。是以其辦理退休、資遣或撫卹時，所具退撫新制實施後之任職年資採計，依下列規定辦理（退撫12）：

1. 按日撥繳計資：應以依法繳付退撫基金費用之實際繳付日算。

2. 移撥計資：退撫新制實施後，曾任政務人員、公立學校教育人員或軍職人員且已撥繳退撫基金費用之年資，於轉任公務人員時，應由退撫基金管理機關將其與政府共同撥繳而未曾領取之退撫基金費用本息，移撥公務人員退撫基金帳戶，以併計年資。

3. **補繳計資（退撫13，釋614）：**

(1) **義務役年資**：公教人員於退撫新制實施後之義務役年資，未併計核給退離給與者，由服務機關與公務人員比照第7條第2項規定之撥繳比率（公務人員百分之三十五，政府百分之六十五），共同負擔，並一次補繳退撫基金費用本息後，始得併計年資。

(2) **法定轉任或復職復薪之年資**：公務人員所具下列未曾領取退離給與之退撫新制實施後任職年資，除該法另有規定外，得於轉任公務人員到職支薪或復職復薪之日起十年內，依其任職年資及等級，對照同期間相同俸級公務人員之繳費標準，換算複利終值總和，由申請補繳人一次全額補繳退撫基金費用本息後，始得併計年資：

①依其他法律規定，得予併計之年資。例如：「臺灣地區與大陸地區人民關係條例」第4條之1第1項規定，公務員轉任行政院設立處理臺灣地區與大陸地人民往來有關事務之機構，或行政院大陸委員會委託處理類此事務之民間團體者，其回任公職之權益應予保障，在該機構或團體之服務年資得予採計爲公務人員年資人員年資，但仍應予一次補繳基金費用，始得採計。又公營事業人員轉任公務人員者，其服務公營事業之年資，於轉任公務人員時，亦應應予一次補繳基金費用，始得採計（釋614）。

②依「公務人員留職停薪辦法」第4條第1項第4款「配合國策奉派國外協助友邦工作」，及第6款「配合國家重點科技、推展重要政策或重大建設借調至公民營事業機構、政府捐助經費達設立登記之財產總額百分之五十以上之財團法人服務」辦理留職停薪之年資，於復職復薪後，應予一次補繳基金費用，始得採計。

③依法停職而奉准復職者：其依公務人員俸給法規定補發停職期間未發之本（年功）俸（薪）額時，應由服務機關與公務人員比照第7條第2項所定之撥繳比率（公務人員百分之三十五，政府百分之六十五），共同負擔，並一次補繳停職期間之退撫基金費用本息，以併計年資。

上述補繳退撫基金費用本息，自初任或轉任到職支薪或復職復薪之日起算，逾三個月後始申請者，應另加計利息。其期限之計算，不因公務人員離（免）職而中斷（退撫13Ⅰ、Ⅱ）。

(3) **不得採計之年資**：曾經申請發還退撫基金費用本息、曾由政府編列預算或退撫基金支付退離給與之年資，均不得採計。

(4) **義務役軍職年資之處理（釋455）：**

①舊制（退撫11Ⅱ）：公務人員於民國87年6月5日司法院釋字第455號解釋公布以後退休、資遣生效或死亡，其退撫新制實施前曾任義務役年資，未併計核給退

離給與者，得採計爲退休、資遣及撫卹年資。

②新制（退撫12）：

A.具有退撫新制實施後之義務役年資，未併計核給退離給與者，應於初任到職支薪或復職復薪之日起十年內，依銓敘審定等級，由服務機關與公務人員比照第7條第2項規定之撥繳比率（公務人員百分之三十五，政府百分之六十五），共同負擔並一次補繳退撫基金費用本息後，始得併計年資。

B.由公立學校教育人員轉任公務人員者，其所具退撫新制實施後之義務役年資，應依轉任公務人員前適用之退休法令規定，補繳退撫基金費用本息，並依前述2.之規定辦理移撥後，始得併計年資。

以上該法所定任職年資，除第14條所定「退休最高年資採計上限」、第28及29條所定「退休金給與標準」、第54條第2項各目所定「撫卹金給與標準」外，均按日十足計算（退撫細10）。

(四) 年資併計：公務人員退撫年資之併計，以其任職服務或繳納基金費用之年資爲準，但不以連續爲必要，辭職後，如符法定任用條件，仍得再任爲公務人員，再依規定辦理退休，但應受最高採計年限之規範，且「一資不二採（給）」。即使是退休、資遣後再任，而後再退休，亦同樣受此規範（退撫15Ⅰ，釋658、730）。

1. 退休（資遣）：

(1) 年金改革前（退撫14Ⅰ）：

民國107年6月30日退撫法施行前退休生效公務人員，於退撫新制實施前、後均有任職年資者，應前後合併計算。其中屬於舊制年資，最高採計三十年；新制年資最高採計三十五年，新舊制年資可連同併計，但最高採計三十五年（退撫14Ⅰ）。亦即適用退休當時之退休法採計年資，計算給與。該法施行前已退休生效，領受退休金，於此再規定年資採計之上限，何義？或爲重新依所得替代率核定其退休金數額乎？

(2) 年金改革後（退撫14Ⅱ）：

民國107年7月1日退撫法公布施行後退休生效公務人員，其舊制年資最高仍採計三十年。新舊制年資可連同併計：擇領月退休金者，最高採計四十年；擇領一次退休金者，最高採計四十二年。任職年資併計後逾年資採計上限者，其新舊制年資之採計，由當事人自行取捨。如不依前項規定取捨年資時，由退休案審定機關逕予取捨審定之（退撫14Ⅱ、Ⅲ）。

2. 再任再退休：公務人員曾依法令領取由政府編列預算，或退撫基金支付退離給與，或發還退撫基金費用本息之下列年資者，其再任公務人員時，不得繳回原已領取之退離給與或退撫基金費用本息（退撫15Ⅰ、Ⅱ）：

(1) 公務人員年資。

(2) 公立學校教職員年資。

(3) 政務人員年資。

(4) 公營事業人員年資。

(5) 民選首長年資。

(6) 民國84年7月1日退撫新制實施後轉任之軍職人員或其他公職人員年資。

上述再任人員依該法重行退休、資遣或辦理撫卹時，不再核發該段年資之退撫給與。但應與再任年資合併計算，總年資不得超過上述所定最高年資採計上限，且不得超過該法第28條、第29條所定給與上限（退撫15Ⅰ、Ⅱ）。其上限依重行退休人員擇領之退休金種類認定之（退撫細14Ⅱ）。

3. 撫卹：公務人員於退撫新制實施前、後均有任職年資者，其撫卹年資應合併計算。但舊制年資，最高採計三十年；新制年資，可連同併計，併計後不得超過四十年。兩者之取捨，應優先採計新制年資（退撫55Ⅰ、Ⅱ）。

第四節　公務人員退休資遣制度之內容

一、退休種類

現行退撫法所規定之退休種類有三：自願退休、屆齡退休、命令退休（退撫16Ⅰ），且法律規定「應准其自願退休」（退撫17Ⅰ、Ⅱ、18）。其中屆齡退休、命令退休不適用於法官（檢察官），但法官（檢察官）合於該法所定退休條件者，得申請退休（意指自願退休）（退撫16Ⅱ、19、20）。又其退休條件一般以「年齡」、「工齡」（任職年資）爲要素，民國107年7月1日退撫法施行後增列一些特殊情事條件。茲分述如次：

(一) 自願退休

1. 一般自願退休（退撫17Ⅰ）：

(1) 任職滿五年，年滿六十歲。

(2) 任職滿二十五年。

2. 失能自願退休：公務人員任職滿十五年，有下列情形之一者，得不受上述年齡之限制，應准其自願退休（退撫17Ⅱ）：

(1) 出具經中央衛生主管機關評鑑合格醫院（以下簡稱合格醫院）開立已達公教人員保險失能給付標準（以下簡稱公保失能給付標準）所訂半失能以上之證明，

或經鑑定符合中央衛生主管機關所定身心障礙等級爲重度以上等級。

(2) 罹患末期之惡性腫瘤或爲「安寧緩和醫療條例」第3條第2款所稱之末期病人，且繳有合格醫院出具之證明。

(3) 領有權責機關核發之全民健康保險永久重大傷病證明，並經服務機關認定不能從事本職工作，亦無法擔任其他相當工作。

(4) 符合法定身心障礙資格，且經依「勞工保險條例」第54條之1所定個別化專業評估機制（退撫細17），出具爲終生無工作能力之證明。

3. 危勞自願退休：上述自願退休年齡，於擔任具有危險及勞力等特殊性質職務（以下簡稱危勞職務）者，應由其權責主管機關就所屬相關機關相同職務之屬性，及其人力運用需要與現有人力狀況，統一檢討擬議酌減方案後，送銓敘部核備。但調降後之自願退休年齡不得低於五十歲。其危勞職務之認定標準，經考試院會同行政院於民國107年5月11日訂定發布「公務人員危勞職務認定標準」（第2條），以危勞職務，應本於專業知能，從事兼具危險性工作（指從事具有危害身心健康或生命安全之工作），及勞力性工作（指從事須輪班、夜間工作、工作時間因職務特性必須超過一般勤務時間或具高度變動性，致超越一般公務人員執行職務工作負荷之工作）。該認定標準及送銓敘部核備之危勞職務範圍、年齡，應予公告（退撫17Ⅲ、Ⅳ、Ⅴ）。

4. 原民自願退休：公務人員具有原住民身分者，自願退休年齡降爲五十五歲。但本法公布施行後，應配合原住民平均餘命與全體國民平均餘命差距之縮短，逐步提高自願退休年齡至六十歲，並由銓敘部每五年檢討一次，報考試院核定之。原住民身分之認定，依其戶籍登載資料爲準（退撫17Ⅵ、Ⅶ）。

5. 彈性自願退休：公務人員配合機關裁撤、組織變更或業務緊縮，經其服務機關依法令辦理精簡，並符合下列情形之一者，應准其自願退休（退撫18）：

(1) 任職滿二十年。

(2) 任職滿十年而未滿二十年，且年滿五十五歲。

(3) 任本職務最高職等年功俸最高級滿三年，且年滿五十五歲。

此情有謂係「彈性退休」，亦有稱之爲「精簡退休」。

(二) 屆齡退休（退撫19）

1. 一般屆齡退休：公務人員任職滿五年，且年滿六十五歲者，應辦理屆齡退休（退撫19Ⅰ）。

2. 危勞屆齡退休：上述屆齡退休年齡，於擔任危勞職務者，應由其權責主管機關就所屬相關機關相同職務之屬性，及其人力運用需要與現有人力狀況，統一檢討擬議酌減方案後，送銓敘部核備。但調降後之自願退休年齡不得低於五十五歲。

其危勞職務之認定標準，由考試院會同行政院於民國107年5月11日訂定發布「公務人員危勞職務認定標準」（如前述）。該認定標準及送銓敘部核備之危勞職務範圍、年齡，應予公告（退撫19Ⅱ、Ⅲ、Ⅳ）。

(三) 命令退休

1. 一般傷病失能命令退休（退撫20）：公務人員任職滿五年、且有下列情事之一者，由其服務機關主動申辦命令退休：

(1) 未符合上述所定自願退休條件（退撫17），並受監護或輔助宣告尚未撤銷。

(2) 有下列身心傷病或障礙情事之一，經服務機關出具其不能從事本職工作，亦無法擔任其他相當工作之證明：

①繳有合格醫院出具已達公保失能給付標準之半失能以上之證明，且已依法領取失能給付，或經鑑定符合中央衛生主管機關所定身心障礙等級爲重度以上等級之證明。惟服務機關主動申辦公務人員之命令退休前，應比照「身心障礙者權益保障法」第33條規定，提供職業重建服務（退撫20Ⅱ，退撫細18）。

②罹患第三期以上之惡性腫瘤，且繳有合格醫院出具之證明。

2. 因公傷病失能命令退休（退撫21Ⅰ）：上述人員受監護或輔助宣告或身心傷病或障礙，係因執行公務所致（簡稱因公傷病）者，其命令退休不受任職年資滿五年之限制。

二、退休給與

(一) 退休金種類

退休人員之退休金分下列三種（退撫26）：1.一次退休金；2.月退休金；3.兼領二分之一之一次退休金與二分之一之月退休金，各依其應領之一次退休金與月退休金，按比率計算之。茲分述如次：

1. 一次退休金（一次給付）：

(1) 基數內涵：

①年金改革前：民國107年6月30日退撫法施行前退休之公務人員，其「一次退休金」計算基數內涵（退撫27Ⅰ）：

A.舊制年資之給與：以最後在職同等級人員之本（年功）俸（薪）額加新臺幣九百三十元爲基數內涵。

B.新制年資之給與：以最後在職同等級人員之本（年功）俸（薪）額加一倍爲基數內涵。

②年金改革後：民國107年7月1日退撫法施行後退休之公務人員，其退撫新制

實施前、後年資應給之「一次退休金」，依下列規定計算基數內涵（退撫27II）：

A.舊制年資：依表19-1所列退休年度適用之平均俸（薪）額，加新臺幣九百三十元為基數內涵。

B.新制年資之給與：依表19-1所列各年度平均俸（薪）額加一倍為基數內涵。

(2) 基數計算：

①舊制年資應給與之一次退休金：任職滿五年者，給與九個基數；以後每增一年，加給二個基數；滿十五年後，另行一次加發二個基數；最高總數以六十一個基數為限。其退休年資未滿一年之畸零月數，按畸零月數比率計給；未滿一個月者，以一個月計（退撫28）。

②新制年資應給與之一次退休金：按照任職年資，每任職一年，給與一點五個基數，最高三十五年，給與五十三個基數；退休審定總年資超過三十五年者，自第三十六年起，每增加一年，增給一個基數，最高給與六十個基數。其退休年資未滿一年之畸零月數，按畸零月數比率計給；未滿一個月者，以一個月計（退撫29）。

表19-1　公務人員退休資遣撫卹法第二十七條第二項附表——本法公布施行後退休公務人員退休金給與之計算基準彙整表

實施期間	退休金計算基準
中華民國一百零七年七月一日至一百零八年十二月三十一日	最後在職五年之平均俸（薪）額
中華民國一百零九年一月一日至一百零九年十二月三十一日	最後在職六年之平均俸（薪）額
中華民國一百十年一月一日至一百十年十二月三十一日	最後在職七年之平均俸（薪）額
中華民國一百十一年一月一日至一百十一年十二月三十一日	最後在職八年之平均俸（薪）額
中華民國一百十二年一月一日至一百十二年十二月三十一日	最後在職九年之平均俸（薪）額
中華民國一百十三年一月一日至一百十三年十二月三十一日	最後在職十年之平均俸（薪）額
中華民國一百十四年一月一日至一百十四年十二月三十一日	最後在職十一年之平均俸（薪）額
中華民國一百十五年一月一日至一百十五年十二月三十一日	最後在職十二年之平均俸（薪）額
中華民國一百十六年一月一日至一百十六年十二月三十一日	最後在職十三年之平均俸（薪）額
中華民國一百十七年一月一日至一百十七年十二月三十一日	最後在職十四年之平均俸（薪）額
中華民國一百十八年一月一日以後	最後在職十五年之平均俸（薪）額
一、本表之適用對象，其退休金應按其退休年度，依本表所列各年度退休金計算基準計算之後不再調整。 二、本表所定「平均俸（薪）額」，依退休公務員計算平均俸（薪）額之各該年度實際支領金額計算之平均數額。	

2. 月退休金（定期給付）：

(1) 基數內涵：

①年金改革前（退撫27Ⅰ）：年金改革前已退休之公務人員，給與之基數內涵：

A. 舊制年資之給與：以最後在職同等級人員之本（年功）俸（薪）額為基數內涵，另十足發給新臺幣九百三十元。

B. 新制年資之給與：以最後在職同等級人員之本（年功）俸（薪）額加一倍為基數內涵。

②年金改革後（退撫27Ⅱ）：

A. 舊制年資之給與：依表19-1所列退休年度適用之平均俸（薪）額為基數內涵；另十足發給新臺幣九百三十元。

B. 新制年資之給與：依表19-1所列各年度平均俸（薪）額加一倍為基數內涵。

③過渡措施：於該法公布施行前，已符合法定支領月退休金條件而於該法公布施行後退休生效之公務人員，其退撫新制實施前、後年資應給之退休金仍按上述1.所定退休金計算基準與基數內涵計給之（退撫27Ⅲ，退撫細28），此乃為避免新法計算公務人員退休金給與之計算基準修正，造成現職公務人員搶著退休，爰規定公務人員於該法公布施行前，已成就支領月退休金條件，而於該法公布施行後退休者，其退撫新制實施前、後年資應給之退休金，保障其得按年金改革前（退撫27Ⅲ）所定退休金計算基準與基數內涵計給。話雖如此，但其計算之結果仍受第38條第1項：「本法公布施行後退休生效者之每月退休所得，不得超過依替代率上限計算之金額」之限制。

(2) 百分比之計算：

①舊制年資：每任職一年，照基數內涵百分之五給與；未滿一年者，每一個月給與一仟二百分之五；滿十五年後，每增一年給與百分之一，最高以百分之九十為限。其退休年資未滿一年之畸零月數，按畸零月數比率計給；未滿一個月者，以一個月計（退撫28）。

②新制年資：按照任職年資，每任職一年，照基數內涵百分之二給與，最高三十五年，給與百分之七十；退休審定總年資超過三十五年者，自第三十六年起，每增一年，照基數內涵百分之一給與，最高給與百分之七十五。其退休年資未滿一年之畸零月數，按畸零月數比率計給；未滿一個月者，以一個月計（退撫29）。

3. 兼領二分之一之一次退休金與二分之一之月退休金者，依上述之基數內涵並依年資計算基數，比率支給。

綜上所述，退撫新制施行前後、年金改革前後之退休基數內涵、基數計算及年資採計情形，如表19-2、表19-3。

表19-2　民國107年6月30日年金改革前基數內涵與計算及年資採計情形表

	民國84年6月30日以前	民國84年7月1日至107年6月30日
基數內涵	**一次退休金**：以最後在職同等級人員之本（年功）俸（薪）額加新臺幣九百三十元為基數內涵（退撫27Ⅰ）。	以最後在職同等級人員之本（年功）俸（薪）額加一倍為基數內涵（退撫27Ⅰ）。
	月退休金：以最後在職同等級人員之本（年功）俸（薪）額為基數內涵，另十足發給新臺幣九百三十元（退撫27Ⅰ）。	
基數計算	**一次退休金**：任職滿五年者，給與九個基數；以後每增一年，加給二個基數；滿十五年後，另行一次加發二個基數，最高總數以六十一個基數為限。其退休年資未滿一年之畸零月數，按畸零月數比率計給；未滿一個月者，以一個月計（退撫28）。	**一次退休金**：按照任職年資，每任職一年，給與一點五個基數，最高三十五年，給與五十三個基數；退休審定總年資超過三十五年者，自第三十六年起，每增加一年，增給一個基數，最高給與六十個基數。其退休年資未滿一年之畸零月數，按畸零月數比率計給；未滿一個月者，以一個月計（退撫29）。
	月退休金：每任職一年，照基數內涵5%給與；未滿一年者，每一個月給與5/1200；滿十五年後，每增一年給與1%，最高以90%為限。其退休年資未滿一年之畸零月數，按畸零月數比率計給；未滿一個月者，以一個月計（退撫28）。	**月退休金**：按照任職年資，每任職一年，照基數內涵2%給與，最高三十五年，給與70%；退休審定總年資超過三十五年者，自第三十六年起，每增一年，照基數內涵1%給與，最高給與75%。其退休年資未滿一年之畸零月數，按畸零月數比率計給；未滿一個月者，以一個月計（退撫29）。
年資採計	最高採計三十年（退撫14Ⅰ）。	最高採計三十五年（退撫14Ⅰ）。
	新舊制年資合併最高採計三十五年（退撫14Ⅰ）。未予併計發給退休金、資遣給與或撫卹金之年資，由退撫基金管理機關按未採計年資占繳費年資之比率計算後，一次發還其本人原繳付之退撫基金費用本息（退撫9Ⅰ）。	

資料來源：銓敘部。

表19-3　民國107年7月1日年金改革後基數內涵與計算及年資採計情形表

	民國84年6月30日以前	民國84年7月1日至107年6月30日	民國107年7月1日以後
基數內涵	**一次退休金**：依本書表19-1所列退休年度適用之平均俸（薪）額，加新臺幣九百三十元為基數內涵（退撫27Ⅱ）。	依本書表19-1所列各年度平均俸（薪）額加一倍為基數內涵（退撫27Ⅱ）。	
	月退休金：依本書表19-1所列退休年度適用之平均俸（薪）額為基數內涵（另十足發給新臺幣930元）（退撫27Ⅱ）。		

表19-3　民國107年7月1日年金改革後基數內涵與計算及年資採計情形表（續）

<table>
<tr><th></th><th>民國84年6月30日以前</th><th>民國84年7月1日至107年6月30日</th><th>民國107年7月1日以後</th></tr>
<tr><td rowspan="2">基數計算</td><td>一次退休金：任職滿五年者，給與九個基數；以後每增一年，加給二個基數；滿十五年後，另行一次加發二個基數，最高總數以六十一個基數為限。其退休年資未滿一年之畸零月數，按畸零月數比率計給；未滿一個月者，以一個月計（退撫28）。</td><td colspan="2">一次退休金：按照任職年資，每任職一年，給與一點五個基數，最高三十五年，給與五十三個基數；退休審定總年資超過三十五年者，自第三十六年起，每增加一年，增給一個基數，最高給與六十個基數。其退休年資未滿一年之畸零月數，按畸零月數比率計給；未滿一個月者，以一個月計（退撫29）。</td></tr>
<tr><td>月退休金：每任職一年，照基數內涵5%給與；未滿一年者，每一個月給與5/1200；滿十五年後，每增一年給與1%，最高以90%為限。其退休年資未滿一年之畸零月數，按畸零月數比率計給；未滿一個月者，以一個月計（退撫28）。</td><td colspan="2">月退休金：按照任職年資，每任職一年，照基數內涵2%給與，最高三十五年，給與70%；退休審定總年資超過三十五年者，自第三十六年起，每增一年，照基數內涵1%給與，最高給與75%。其退休年資未滿一年之畸零月數，按畸零月數比率計給；未滿一個月者，以一個月計（退撫29）。</td></tr>
<tr><td rowspan="2">年資採計</td><td>最高採計三十年（退撫14Ⅰ）。</td><td>最高採計三十五年（退撫14Ⅰ）。</td><td>擇領月退休金者，最高採計四十年；擇領一次退休金者，最高採計四十二年（退撫14Ⅱ）。</td></tr>
<tr><td colspan="3">擇領月退休金者，新舊制年資合併最高採計四十年；擇領一次退休金者，新舊制年資合併最高採計四十二年（退撫14Ⅱ）。未予併計發給退休金、資遣給與或撫卹金之年資，由退撫基金管理機關按未採計年資占繳費年資之比率計算後，一次發還其本人原繳付之退撫基金費用本息（退撫9Ⅰ）。</td></tr>
</table>

資料來源：銓敘部。

(二) 退休生效日與擇領條件

1. 退休生效日：

(1) 屆齡退休生效日（退撫19Ⅵ）：

①於1月至6月間出生者，至遲爲7月16日。

②於7月至12月間出生者，至遲爲次年1月16日。

(2) 自願退休生效日：退撫法並無規定，一般而言，在不耽誤其業務下，公務人員得有選擇權。

(3) 命令退休生效日：退撫法亦無規定，一般而言，在確定失能後，無法從事本職或他職之工作，則由機關與當事人或其家屬共商酌定較妥。

2. 擇領條件：退休金有其種類之區分，自然應有其擇領之條件，擇一支領，以符社會之妥當性。其擇領之條件一般以「年齡」與「工齡（任職年資）」相互搭配設計，並亦有其特殊情事之彈性措施。

民國84年6月30日退撫新制施行前，公務（教）人員服務滿二十五年者，得自願退休，即符合擇領月退休金條件（任職年資十五年），不論其年齡，均得擇領月退休金。設使十八歲、二十歲開始任公教人員（如高中畢業任公職，或師範畢業任教職）服務二十五年，至四十五歲左右自願退休，擇領月退休金，因醫藥保健之進步，使人之生命延長，超過七十五歲，形成服務二十五年之後，國家要支付其二十五年以上之月退休金，兩者相比，顯有失衡，造成政府財政負擔，更何況其另再行就業，掙得「雙薪」過活，於國家社會之資源分配，亦有不平。民國84年7月1日退撫新制施行，雖無變更自願退休條件，但卻規定「年齡未滿五十歲具有工作能力而自願退休者」不得擇領月退休金；換言之，即以五十歲爲月退休金之「起支年齡」，以此「五十」歲與自願退休條件之「二十五」年之和「七十五」爲指標數，俗稱「七五制」。民國100年1月1日退休法修正施行，雖不變更自願退休條件，但「起支年齡」修正爲「年滿六十歲」或「任職年資滿三十年以上且年滿五十五歲」，年歲相加之和爲「八十五」，俗稱「八五制」；並對施行時，原已任職年資滿二十五年以上且年滿五十歲者，依指標數，規設由「七五制」逐年加一，以十年緩衝期之「過渡措施」，到「八五制」；其間爲因應公務人員之個別需要，亦搭配設計「展期月退休金」（延至法定起支年齡再行請領）及「減額月退休金」（減其數額之百分比，於退休生效日即得支領）。而後之年金改革方案均以「繳多、領少、延退」爲主軸，進行規劃。民國107年7月1日退撫法施行，沿襲前退休法設制之原則，不變自願退休條件，仍設「展期月退休金」及「減額月退休金」，但起支年齡則逐漸延後，由民國110年之六十歲，仍延續「每年提高一歲」，「指標數逐年加一」之方式，至民國115年過渡爲六十五歲起支年齡。

茲述退撫法擇領退休金之規定如次：

(1) 應支領一次退休金：公務人員任職年資未滿十五年而依該法辦理退休者，除該法另有規定外，應支領一次退休金（退撫30Ⅰ、33）。

(2) 擇一支領月退休金或一次退休金：公務人員任職滿十五年而依該法辦理退休（失能自願退休、命令退休、屆齡退休、因公退休）（退撫17Ⅱ、19至21），除該法另有規定外，得就月退休金、一次退休金、兼領二分之一月退休金及二分之一一次退休金（退撫26），擇一支領（退撫30Ⅱ、33）。

(3) 擇領月退休金之「起支年齡」、「任職年資」與其他條件為：

①任職滿十五年者，辦理「一般自願退休」（任職滿五年且年滿六十歲，

或任職滿二十五年，退撫17Ⅰ），符合下列規定，得擇領全額月退休金（退撫31Ⅰ）：

A.民國109年12月31日以前退休，年滿六十歲，或任職年資滿三十年且年滿五十五歲者。亦即「八五制」。

B.民國110年退休者，應年滿六十歲，其後每一年提高一歲，至民國115年1月1日以後為六十五歲。

②「失能自願退休」者，年滿五十五歲，得擇領全額月退休金（退撫17Ⅱ、31Ⅱ）。

③具「原住民退休」者，其任職滿二十五年，年滿五十五歲，得擇領全額月退休金；但於民國110年後退休者，其後每一年提高一歲，至民國115年1月1日以後為六十歲（退撫17Ⅵ、31Ⅲ）。

④上述三款人員於未達月退休金起支年齡前，或擔任危勞職務年資滿十五年而未滿五十五歲之自願退休者，得就下列方式，擇一請領退休金（退撫31Ⅳ、33）：

A.支領一次退休金。

B.支領**展期月退休金**：至年滿月退休金起支年齡之日起，才能領原應領之全額月退休金。

C.支領**減額月退休金**：提前於年滿月退休金起支年齡前，開始領取月退休金；每提前一年，減發百分之四，最多得提前五年，減發百分之二十。

D.支領二分之一之一次退休金，並至年滿月退休金起支年齡之日起，領取二分之一之月退休金。

E.支領二分之一之一次退休金，並提前於年滿月退休金起支年齡前，開始領取二分之一之月退休金，每提前一年減發百分之四，最多得提前五年減發百分之二十。

⑤特殊規定：公務人員任職滿十五年，辦理一般自願退休（任職滿五年且年滿六十歲，或任職滿二十五年）（退撫17Ⅰ），而有下列情事之一者，得擇領或兼領全額月退休金者，不受上述月退休金起支年齡（年滿六十歲，或任職年資滿三十年且年滿五十五歲）之限制（退撫31Ⅵ）：

A.曾依公教人員保險法規定領有失能給付，且於退休前五年內有申請延長病假致考績列丙等或無考績之事實。

B.退休生效時，符合下列年齡規定，且可採計退休年資與實際年齡合計數大於或等於表19-4、表19-5、表19-6所定年度指標數、起支年齡，予以過渡：

a. 民國109年12月31日以前退休者，應年滿五十歲。

b. 民國110年1月1日至114年12月31日退休者，應年滿五十五歲。

c. 民國115年1月1日以後退休者，應年滿六十歲。

上述B.所定退休年資與實際年齡合計數，應以整數年資及整數歲數合併計算之；未滿一年之畸零年資或歲數均不計（退撫31Ⅶ）。

⑥危勞職務辦理危勞職務自願退休者，其退休金依下列規定給與（退撫17Ⅲ、33）：

A.退休年資未滿十五年者，給與一次退休金。

B.退休年資滿十五年且年滿五十五歲者，得依該法第26條所定之一次退休金、月退休金、兼領二分之一之一次退休金與二分之一之月退休金等三種，擇一支領。

C.退休年資滿十五年而未滿五十五歲者，依第31條第4項規定之一次退休金、月退休金（全額、展期、減額）、兼領二分之一之一次退休金與二分之一之月退休（展期、減額），擇一支領退休金。

3. 兼領月退休金者之退休生效日與擇領條件，依上述規定辦理。

表19-4　公務人員退休資遣撫卹法第31條第6項第2款附表——自願退休人員年資與年齡合計法定指標數

適用期間	指標數
中華民國一百年一月一日至一百年十二月三十一日	七十五
中華民國一百零一年一月一日至一百零一年十二月三十一日	七十六
中華民國一百零二年一月一日至一百零二年十二月三十一日	七十七
中華民國一百零三年一月一日至一百零三年十二月三十一日	七十八
中華民國一百零四年一月一日至一百零四年十二月三十一日	七十九
中華民國一百零五年一月一日至一百零五年十二月三十一日	八十
中華民國一百零六年一月一日至一百零六年十二月三十一日	八十一
中華民國一百零七年一月一日至一百零七年十二月三十一日	八十二
中華民國一百零八年一月一日至一百零八年十二月三十一日	八十三
中華民國一百零九年一月一日至一百零九年十二月三十一日	八十四
中華民國一百十年一月一日至一百十年十二月三十一日	八十五
中華民國一百十一年一月一日至一百十一年十二月三十一日	八十六
中華民國一百十二年一月一日至一百十二年十二月三十一日	八十七
中華民國一百十三年一月一日至一百十三年十二月三十一日	八十八
中華民國一百十四年一月一日至一百十四年十二月三十一日	八十九

表19-4 公務人員退休資遣撫卹法第31條第6項第2款附表——自願退休人員年資與年齡合計法定指標數（續）

適用期間	指標數
中華民國一百十五年一月一日至一百十五年十二月三十一日	九十
中華民國一百十六年一月一日至一百十六年十二月三十一日	九十一
中華民國一百十七年一月一日至一百十七年十二月三十一日	九十二
中華民國一百十八年一月一日至一百十八年十二月三十一日	九十三
中華民國一百十九年一月一日至一百十九年十二月三十一日	九十四
註記： 本表所定過渡期間指標數之年齡，在中華民國一百零九年以前退休者，須年滿五十歲；中華民國一百十年一月一日至一百十四年十二月三十一日退休者，須年滿五十五歲；中華民國一百十五年以後退休者，須年滿六十歲。	

表19-5 民國107年7月1日退撫法施行後月退休金起支年齡表

退休種類及其條件		領受月退休金之條件		
		年資	起支年齡	
			民國109年以前	民國110年至115年以後
屆齡退休（退撫19Ⅰ）		15	※	※
命令退休（退撫20、21）		15	※	※
自願退休	任職滿五年，年滿六十歲（退撫17Ⅰ）	15	60	60至65
	任職滿二十五年（退撫17Ⅰ）	25/30	60/55	60至65
	失能退休（退撫17Ⅱ）	15	55	55
	危勞職務退休（退撫17Ⅲ）	15	55	55
	原住民公務人員（退撫17Ⅵ）	25	55	55至60
精簡退休	任職滿二十年（退撫18）	20	60	60
	任職滿十年而未滿二十年，且年滿五十五歲（退撫18）	15	60	60
	任本職務最高職等年功俸最高級滿三年，且年滿五十五歲（退撫18）	15	65	65

資料來源：銓敘部。

說明：本比較表係依退撫法第17至21，及36條第1至3項調製。

表19-6　民國107年7月1日退撫法施行後月退休金起支年齡過渡緩衝比較表

退休年度	緩衝期間之過渡年齡（退撫31 Ⅰ）	緩衝期間之過渡指標與年齡（退撫31 Ⅵ）	
		指標數	基本年齡
107年	任職25至30年為六十歲 任職三十年以上為五十五歲	82	滿五十歲
108年		83	
109年		84	
110年	六十歲	85	滿五十五歲
111年	六十一歲	86	
112年	六十二歲	87	
113年	六十三歲	88	
114年	六十四歲	89	
115年	六十五歲	90	滿六十歲
116年		91	
117年		92	
118年		93	
119年		94	
120年	六十五歲		

資料來源：銓敘部。

說明：本比較表係依退撫法第17至21，及36條第1至3項調製。

(三) 優惠存款（退撫35、36）

1. 源起與經過

退休軍公教人員優惠存款，是政府設置，讓軍公教人員將退休金以及公保養老給付，存在臺灣銀行所能享受的特別優惠利息待遇。源自於民國47年由國防部與財政部會銜發布沒有法律授權的行政命令——「陸海空軍退伍除役官兵優惠儲蓄存款辦法」。後來此優惠存款擴大延伸適用至公務人員及教師，是爲照顧軍人、公務人員及教師的退休生活而設置的制度。在民國84年實施退撫新制後，新進人員不適用此優惠，但是擁有民國84年以前的服務年資者，在退休後，其一次退休金及公保養老給付仍可辦理優惠存款。由於民國84年以前的退休軍公教優惠存款利率爲年息百分之十八，故此制度常被簡稱爲軍公教百分之十八（口語讀法爲「軍公教十八趴」）。

政府遷臺後，公務人員退休所得微薄，難以維生，因而考試院銓敘部經多方設法以求彌補。先於民國47年開辦公保，予以養老給付，繼而開辦一次退休金、公保養老給付之優惠存款，實施以來不斷改進，尤其是自民國73年明文規定年利率固定不得低於百分之十八以來，退休人員勉強維生。但國家財政負擔亦急劇加重，乃有民國84年之「退撫改革」。而後，新退休人員所得大幅提升，幾乎相當於在職之所得。在長期經濟不景氣，利率不斷下降僅約百分之一之時期，在輿論評比軍公教勞退休所得之下，「百分之十八」優惠存款之存廢屢成爲抨擊的焦點。

退休公務人員一次退休金優惠存款制度之訂定，係依立法院法制委員會於民國48年7月15日審查「公務人員退休法修正草案」之決議，經銓敘部邀集相關機關會商後決定，比照軍職人員辦理優惠存款，並經考試院函徵行政院同意後，於民國49年1月1日公布之「公務人員退休法施行細則」第31條規定：「退休人員或重行退休人員之退休金，自願儲存時，得由政府金融機關受理優惠儲存，其辦法由銓敘部會同財政部定之。前項優惠儲存以所領之一次退休金爲限。」10月31日銓敘部與財政部會銜發布「退休公務人員退休金優惠存款辦法」，其第3條規定：「退休金儲存依退休人員自願爲之，期限爲一年，期滿並得依退休人員自願續存。」第5條第1項規定：「存款利率特予優惠，由財政部專案呈請行政院核定之。」並未即固定優惠利率或其下限。

民國59年10月28日兩部會銜發布修正該辦法，其第3條規定：「退休金之儲存，除期滿可續存外，其期限定爲一年及二年兩種，利息均按行政院核定比照一年期存款利息加百分之五十優惠利率計算。」自此，法規始約略定出其優惠之額度。

迄至民國66年一般年期定期利率幾度降低，並有續降之勢。民國68年7月5日，兩部再修正發布該辦法，於第3條之末增列「但最低不得低於年利率百分之十四點二五」一句，自此，始有優惠利率最低下限之規定。

其後一年期定期存款利率雖逐年略有調升，至民國70年間曾高達百分之二十一點七五，但民國71年12月又降至百分之十四點二五，嗣因受優惠存款利率最低百分之十四點二五之保障，始未隨一般一年期定期存款利率而降低。嗣再因貨幣貶値，物價上揚，此優惠利息之收入亦不敷早期退休支領一次退休金人員生活之資，紛紛陳情，各級民意代表亦一再質詢，尋求解決之方。銓敘部乃再會同財政部於民國73年5月16日修正發布該辦法將第3條之但書，修正爲「但最低不得低於年息百分之十八」，即確定「十八趴」優惠利息，並溯自民國72年12月1日施行。

其間銓敘部並於民國63年12月17日發布「退休公務人員公保養老給付金額優惠存款要點」，以資彌補退休金安養之不足，並溯自民國63年1月1日起施行。

考其訂定優惠存款之背景，不外爲退休人員所得微薄，不足以安養餘年，在

「福利國家」、「給付行政」之思維下，甚至於在「維持政府體系之運作」下所訂出之規章，以解決實務之問題，尤以民國50年代、60年代政府力倡「儲蓄」，以籌集國家建設資金，兩者非無配套之功。

然而在民國70年代中期以後，政府對於此「十八趴」之負擔日重，報章雜誌時有披露，而民意代表亦有所質詢，於是在「退撫改革方案中」，採取斷源漸進之措施，終至於民國84年7月1日退撫新制施行後，修正該優惠存款辦法、要點，僅予民國84年6月30日前之舊制年資所換算領得之一次退休金或養老給付（一次性給付），始得優惠存款；7月1日以後之新制年資換算之所得，不再予以優惠存款。雖短暫平息輿論，但因財政負擔仍然加遽沉重，而後亦仍屢爲輿論抨擊或民意代表質詢。

不料約於民國90年左右，卻爆出公教人員退休之總所得（月退休金、公保養老給付優惠存款利息）超過或趨近於在職所得之情，尤以優惠存款利息高於其時一般利率之差距過大。輿論又起，且亦傳出退撫基金將於民國100年後逐漸破產。執政之民進黨政府遂擬檢討原無法源依據之優惠存款措施，予以降低利率，但卻又引起退休人員以「信賴利益保護」之抨擊，與立法院之反對，致使執政之民進黨於民國94年地方「三合一選舉」大敗。民國95年初，銓敘部則修正原主張，另訂「公務人員退休所得合理化方案」，不再有降低「十八趴」之語，而改依所得替代率方式，減少得作優惠存款之公保養老給付數額，修正「退休公務人員養老給付金額優惠存款要點」，於2月16日施行。惟立法院反對聲浪仍大。

民國97年5月20日政黨再次輪替，國民黨重回執政，9月考試院改組，第十一屆考試委員上任後，研訂「文官制度興革方案」，提出退撫法律修正草案，增列優惠存款之法源依據，完成立法程序，經總統於民國99年8月4日公布，考試院定於民國100年1月1日施行。遂據以修正優惠存款事項，經於民國99年11月22日，考試院、行政院會銜發布「退休公務人員一次退休金與養老給付優惠存款辦法」，調整民國95年方案之內容，予退休人員得較大幅度地「回存」原被刪減之養老給付數額，並於民國100年1月1日實施。不料甫經實施即遭輿論抨擊，遂於2月1日廢止原辦法，同日另發布與原辦法同名稱之新辦法，付之實施。

民國101年10月初，突傳出「勞退基金」將「破產」之警訊，輿論檢討國家資源之分配，無端扯上公務人員退休所得超過或趨近於在職所得，「十八趴」當然亦在其評論之列，全國「年金改革」意念遂起。

民國102年4月11日，考試院將「公務人員退休撫卹法草案」函送立法院審議，亦遭退休團體或全國公務人員協會之反對。民國102年5月底雖在立法院司法及法制委員會完成審查，但未有更進一步之進展，終因「屆期不續審」而遭退回。

民國105年5月20日第三次政黨輪替，民進黨執政。6月底，總統府即召開「年金改革委員會」，研商全國年金改革事宜，「十八趴」優惠存款事項亦在其中。自此軍公教退休團體或職業團體群起示威陳情抗議，規模逐漸擴大，甚至「遍地開花」，反對追溯廢除「十八趴」。民國106年1月底「年金改革國是會議」後，「年金改革方案」公務人員部分移考試院辦理。民國106年3月30日考試院院會通過「公務人員退休撫卹法草案」，同日函送立法院審議，惟其內容與「方案」有差別；立法委員亦有數版草案之提出，尤以段宜康委員之版本爲著。而該案於立法院司法及法制委員會審查時，恰爲段委員主持，民國106年5月底完成審查予以修正，送院會審議，於6月召開臨時會進行二讀三讀。終於民國106年6月27日晚，在內有「爭議」、外有「抗議」聲中完成三讀，確定支領月退休金者，其公保一次養老給付之優惠存款利率「十八趴」分二年（次）降息，於民國110年1月1日「歸零」，僅對早期退休人員一次退休金與公保養老給付之利息所得未達三萬二千一百六十元（「樓地板條款」）者，仍予「十八趴」優惠存款，以維持其基本生活。「十八趴」優惠存款將漸漸走入歷史。該法經總統於民國106年8月9日公布，除第7條第4項（依法令辦理育嬰留職停薪之年資，得選擇全額負擔並繼續繳付退撫基金費用）、第69條（退撫給與之領受人，得於金融機構開立專戶）自公布日施行外，其餘條文自民國107年7月1日施行。民國107年3月21日，考試、行政兩院發布新的「退休公務人員一次退休金與養老給付優惠存款辦法」，定於7月1日施行，原同名之辦法（100.2.1.）亦於民國108年4月5日由考試院、行政院發布廢止。

2. 變革與落日

按優惠存款利息本是退休所得之一（退撫4），依歷來年金改革方案，均以「繳多、領少、延退」爲主軸，優惠存款利息之調降、甚或歸零，悉爲改革案中「領少」項目之一。民國107年7月1日施行之退撫法第35、36條列有具體之規定，茲分述如次：

(1) 退休公務人員按其退撫新制實施前任職年資所領取之一次退休金，及退撫新制實施前參加公保年資所領取之一次養老給付，得由臺灣銀行股份有限公司辦理優惠存款。其適用對象、辦理條件、可辦理優惠存款金額、期限、利息差額補助及其他有關優惠存款之事項，由考試院會同行政院以辦法定之（退撫35Ⅰ、Ⅱ），俾「年金改革」後，擇領一次退休金及公保一次養老給付者，得予適用。但該法公布施行前已退休並支領或兼領月退休金人員，其辦理公保一次養老給付優惠存款之「金額」，依該法公布施行前之規定辦理（退撫35Ⅲ），亦即仍依民國100年2月1日之規定辦理。

(2) 退休公務人員支領月退休金者，其公保一次養老給付優惠存款「利率」之調降（退撫36Ⅰ）：

①自民國107年7月1日至109年12月31日止，年息百分之九。

②自民國110年1月1日起，年息爲零。

惟上述人員除支領減額月退休金者外，其公保一次養老給付之優存「利息」，依上述規定計算後，致每月退休所得低於第37條及其附表（表19-7退休所得替代率對照彙整表）所定最末年替代率上限金額時，按該金額中，屬於公保一次養老給付優惠存款利息部分，照年息百分之十八計算其公保一次養老給付可辦理優惠儲存之金額。但依該法公布施行前規定計算之每月退休所得（以下簡稱原金額）原即低於該法第37條及其附表（表19-7）所定最末年替代率上限金額者，依原儲存之金額及年息百分之十八辦理優惠存款（退撫36Ⅱ）。

再者，依上述及第37至39條規定計算後之每月退休所得，低於或等於最低保障金額者，應按最低保障金額（民國107年爲三萬三千一百四十元）（退撫4）中，屬於公保一次養老給付優存利息部分，照年息百分之十八計算其公保一次養老給付可辦理優惠儲存之金額。但原金額原即低於最低保障金額者，依原儲存之金額及年息百分之十八辦理優惠存款（退撫36Ⅲ）。

(3) 退休公務人員支領一次退休金者，其一次退休金與公保一次養老給付之優存「利率」之調整（退撫36Ⅳ）：

①一次退休金與公保一次養老給付合計之每月優存利息高於最低保障金額者：

A.最低保障金額之優存利息相應之本金，以年息百分之十八計息。

B.超出最低保障金額之優存利息相應之本金，其優存利率依下列規定辦理：

a. 自民國107年7月1日至109年12月31日止，年息百分之十二。

b. 自民國110年1月1日至111年12月31日止，年息百分之十。

c. 自民國112年1月1日至113年12月31日止，年息百分之八。

d. 自民國114年1月1日起，年息百分之六。

②一次退休金與公保一次養老給付合計之每月優惠存款利息，低於或等於最低保障金額者，其優惠存款本金以年息百分之十八計息。

(4) 退休公務人員兼領月退休金者，其優惠存款「利率」之調整（退撫36Ⅴ）：

①按兼領月退休金比率計得之公保一次養老給付優惠存款金額，依上述(2)之規定辦理。但最低保障金額及所定最末年替代率上限金額應按其兼領月退休金之比率計算。

②兼領之一次退休金得辦理優惠存款金額，加計按兼領一次退休金比率計得之公保一次養老給付優惠存款金額，依上述(3)之規定辦理。但最低保障金額應按

表19-7　公務人員退休資遣撫卹法第37條附表——退休公務人員經審定退休年資之退休所得替代率對照彙整表

實施期間／比率／任職年資	中華民國一百零七年七月一日至一百零八年十二月三十一日	中華民團一百零九年一月一日至一百零九年十二月三十一日	中華民國一百十年一月一日至一百十年十二月三十一日	中華民國一百十一年一月一日至一百十一年十二月三十一日	中華民國一百十二年一月一日至一百十二年十二月三十一日	中華民國一百十三年一月一日至一百十三年十二月三十一日	中華民國一百十四年一月一日至一百十四年十二月三十一日	中華民國一百十五年一月一日至一百十五年十二月三十一日	中華民國一百十六年一月一日至一百十六年十二月三十一日	中華民國一百十七年一月一日至一百十七年十二月三十一日	中華民國一百十八年一月一日以後
四十	77.5%	76.0%	74.5%	73.0%	71.5%	70.0%	68.5%	67.0%	65.5%	64.0%	62.5%
三十九	77.0%	75.5%	74.0%	72.5%	71.0%	69.5%	68.0%	66.5%	65.0%	63.5%	62.0%
三十八	76.5%	75.0%	73.5%	72.0%	70.5%	69.0%	67.5%	66.0%	64.5%	63.0%	61.5%
三十七	76.0%	74.5%	73.0%	71.5%	70.0%	68.5%	67.0%	65.5%	64.0%	62.5%	61.0%
三十六	75.5%	74.0%	72.5%	71.0%	69.5%	68.0%	66.5%	65.0%	63.5%	62.0%	60.5%
三十五	75.0%	73.5%	72.0%	70.5%	69.0%	67.5%	66.0%	64.5%	63.0%	61.5%	60.0%
三十四	73.5%	72.0%	70.5%	69.0%	67.5%	66.0%	64.5%	63.0%	61.5%	60.0%	58.5%
三十三	72.0%	70.5%	69.0%	67.5%	66.0%	64.5%	63.0%	61.5%	60.0%	58.5%	57.0%
三十二	70.5%	69.0%	67.5%	66.0%	64.5%	63.0%	61.5%	60.0%	58.5%	57.0%	55.5%
三十一	69.0%	67.5%	66.0%	64.5%	63.0%	61.5%	60.0%	58.5%	57.0%	55.5%	54.0%
三十	67.5%	66.0%	64.5%	63.0%	61.5%	60.0%	58.5%	57.0%	55.5%	54.0%	52.5%
二十九	66.0%	64.5%	63.0%	61.5%	60.0%	58.5%	57.0%	55.5%	54.0%	52.5%	51.0%
二十八	64.5%	63.0%	61.5%	60.0%	58.5%	57.0%	55.5%	54.0%	52.5%	51.0%	49.5%
二十七	63.0%	61.5%	60.0%	58.5%	57.0%	55.5%	54.0%	52.5%	51.0%	49.5%	48.0%
二十六	61.5%	60.0%	58.5%	57.0%	55.5%	54.0%	52.5%	51.0%	49.5%	48.0%	46.5%
二十五	60.0%	58.5%	57.0%	55.5%	54.0%	52.5%	51.0%	49.5%	48.0%	46.5%	45.0%
二十四	58.5%	57.0%	55.5%	54.0%	52.5%	51.0%	49.5%	48.0%	46.5%	45.0%	43.5%
二十三	57.0%	55.5%	54.0%	52.5%	51.0%	49.5%	48.0%	46.5%	45.0%	43.5%	42.0%
二十二	55.5%	54.0%	52.5%	51.0%	49.5%	48.0%	46.5%	45.0%	43.5%	42.0%	40.5%
二十一	54.0%	52.5%	51.0%	49.5%	48.0%	46.5%	45.0%	43.5%	42.0%	40.5%	39.0%
二十	52.5%	51.0%	49.5%	48.0%	46.5%	45.0%	43.5%	42.0%	40.5%	39.0%	37.5%
十九	51.0%	49.5%	480%	46.5%	45.0%	43.5%	42.0%	40.5%	39.0%	37.5%	36.0%
十八	49.5%	48.0%	46.5%	45.0%	43.5%	42.0%	40.5%	39.0%	37.5%	36.0%	34.5%
十七	48.0%	46.5%	45.0%	43.5%	42.0%	40.5%	39.0%	37.5%	36.0%	34.5%	33.0%
十六	46.5%	45.0%	43.5%	42.0%	40.5%	39.0%	37.5%	36.0%	34.5%	33.0%	31.5%
十五	45.0%	43.5%	42.0%	40.5%	39.0%	37.5%	36.0%	34.5%	33.0%	31.5%	30.0%

註記：退休公務人員退休審定年資未滿十五年者，其退休所得替代率以十五年計。

其兼領一次退休金之比率計算。

3. 優惠存款辦法

民國107年3月21日，考試、行政兩院發布新的「退休公務人員一次退休金與養老給付優惠存款辦法」，於7月1日施行，原同名之辦法（100.2.1.）廢止。因其關係早期退休支領一次退休金人員之權益甚大，本書不憚其煩述其內容如次，俾實務之瞭解。

(1) 法據與施行日期：該辦法依「公務人員退休資遣撫卹法」第35條第2項規定訂定之（優存1），並定於民國107年7月1日施行（優存20）。

(2) 優惠存款之機構：優惠存款之主管機關爲銓敘部。受理優惠存款機構，則爲臺灣銀行股份有限公司（以下簡稱臺灣銀行）及其所屬國內各分支機構（優存2）。

(3) 辦理優存之條件：依該法辦理退休之公務人員，其所具退撫新制實施前符合下列各款規定之任職年資，所領取之一次退休金與公保一次養老給付得辦理優惠存款（優存3Ⅰ）：

①依「全國軍公教員工待遇支給要點」之公務人員俸額表（以下簡稱公務人員俸額表）支薪，且未曾領取待遇差額、退休金差額，及未支領單一薪給、中美基金、實施用人費率或未實施用人費率事業機構等待遇。

②依公務人員俸額表核計退休金。

上述人員所具退撫新制實施前任職年資未符合上述規定，而於民國99年12月31日所任職務符合下列各款規定，且至退休生效日前均依公務人員俸額表支薪者，其所具退撫新制實施前任職年資領取之一次退休金與養老給付得辦理優惠存款，不受上述(3)之①規定之限制（優存3Ⅱ）：

①適用原「公務人員退休法」。

②任職機關係依公務人員俸額表支薪，且非屬因機關改制、待遇類型變更，或由數個機關整併成立新機關後，始依公務人員俸額表支薪者。

上述所稱退撫新制實施前年資，指民國84年6月30日以前之任職年資。但由公立學校教育人員、政務人員及軍職人員轉任公務人員者，其退撫新制實施前年資，分別指民國85年1月31日、4月30日及12月31日以前之任職年資（優存3Ⅲ）。

按優惠存款條件，原既以最後服務機關：A.依公務人員退休法辦理退休。B.公務人員俸額表支薪，並以之計算退休金。民國100年1月1日修正施行之退休法，加採「全面期間制」之方式認定，即不論退休人員最後服務機關爲何，對新制實施前之年資，分段檢視，如有符合上述A.、B.辦理優惠存款條件之年資，其所得之一次退休金與養老給付即得辦理優惠存款，並自民國101年1月1日施行。

(4) 養老給付優存之月數：依該辦法辦理優惠存款之退休公務人員所具退撫新制實施前公保年資，與養老給付辦理優惠存款最高月數標準，依表19-8規定辦理。

表19-8 退休公務人員一次退休金與養老給付優惠存款辦法第四條附表——公務人員退撫新制實施前公務人員保險年資與養老給付辦理優惠存款最高月數標準表

<table>
<tr><th>退撫新制實施前公務人員保險年資</th><th>優惠存款最高月數</th><td rowspan="21">註記：
一、養老給付可辦理優存金額，以公教人員保險法所定計算養老給付之保險俸（薪）額為計算基準，依本表規定辦理。
二、退撫新制實施前公務人員保險年資未滿一個月之畸零日數，以一個月計；未滿一年之畸零月數，按下列方式計算優惠存款最高月數：
(一)未滿十年者，每一個月計給十二分之一。
(二)十年以上，未滿十五年者，每一個月計給六分之一。
(三)十五年以上，未滿十九年者，每一個月計給四分之一。
(四)十九年以上，未滿二十年者，每一個月計給三分之一。</td></tr>
<tr><td>一</td><td>一</td></tr>
<tr><td>二</td><td>二</td></tr>
<tr><td>三</td><td>三</td></tr>
<tr><td>四</td><td>四</td></tr>
<tr><td>五</td><td>五</td></tr>
<tr><td>六</td><td>六</td></tr>
<tr><td>七</td><td>七</td></tr>
<tr><td>八</td><td>八</td></tr>
<tr><td>九</td><td>九</td></tr>
<tr><td>十</td><td>十</td></tr>
<tr><td>十一</td><td>十二</td></tr>
<tr><td>十二</td><td>十四</td></tr>
<tr><td>十三</td><td>十六</td></tr>
<tr><td>十四</td><td>十八</td></tr>
<tr><td>十五</td><td>二十</td></tr>
<tr><td>十六</td><td>二十三</td></tr>
<tr><td>十七</td><td>二十六</td></tr>
<tr><td>十八</td><td>二十九</td></tr>
<tr><td>十九</td><td>三十二</td></tr>
<tr><td>二十以上</td><td>三十六</td></tr>
</table>

公保年資未滿一年之畸零月數，按比率計算；未滿一個月者，以一個月計（優存4）。

該辦法修正前第3條第1項附表「公務人員退撫新制實施前公保年資及養老給付

辦理優惠存款最高月數標準表」所定得辦理優惠存款之最高月數，係從優逆算，主要係因應退撫新制實施時，對於優惠存款制度採行斷源措施（民國84年7月1日以後之年資不得辦理優惠存款），爲適度保障具有退撫新制實施前任職年資者之優惠存款權益，俾減低優惠存款調整帶來之衝擊，並使退撫新制得以順利推行。但依該表計算結果，對於退撫新制實施前加保年資未滿二十年者，造成其退撫新制實施前，公保年資得辦理優惠存款之最高月數，較實際領取之養老給付月數爲高，例如：某退休人員所具退撫新制實施前加保年資計有十年，依原優存辦法第3條第1項附表計算結果，優惠存款最高月數爲二十六個月，高於其所具該段年資實際領取養老給付月數十個月。此情固有其歷史背景，然時至今日，在公務人員現職待遇與退休所得已明顯改善，金融市場利率逐步走低等情況下，實有配合調整回歸按民國88年5月31日修正施行前之公保法所定養老給付月數計算標準，並以附表對照之。

(5) 優存利率金額之縮減：退休人員每月退休所得依退撫法第36條規定調降優惠存款利息後，仍超出退撫法所定各年度替代率上限，致應依退撫法第39條第1項第1款規定，減少每月所領養老給付或一次退休金優惠存款利息（以下簡稱優存利息）者，以減少優惠存款金額（以下簡稱優存金額）方式辦理，並依下列規定計算養老給付或一次退休金可辦理優惠存款金額（優存5）：

①支領月退休金者：依退撫法第37或38條所定替代率上限計算之金額中，屬於養老給付優惠存款利息部分，按退撫法第36條第1項所定優惠存款利率（以下簡稱優惠存款利率）計算養老給付可辦理優惠存款金額；優惠存款利率爲零或優惠存款利息扣減至零時，養老給付不得辦理優惠存款。

②支領一次退休金者：依退撫法第37或38條所定替代率上限計算之金額，按退撫法第36條第4項所定優惠存款利率，計算一次退休金與養老給付可辦理優惠存款金額（請參表19-9）。

③兼領月退休金者：

A. 兼領之一次退休金可辦理優惠存款金額，加計按兼領一次退休金比率計得之養老給付可辦理優惠存款金額，依上述規定辦理。但替代率上限金額應按兼領一次退休金之比率計算。所稱按兼領一次退休金比率計得之養老給付可辦理優惠存款金額，指兼領月退休金人員之下列金額：

a. 民國107年6月30日以前退休者：儲存於受理優惠存款機構之養老給付優惠存款金額中，屬依該辦法施行前之原「退休公務人員一次退休金與養老給付優惠存款辦法」第2及3條，或原「退休公務人員公保養老給付金額優惠存款要點」第2及3點規定計算之養老給付優惠存款金額，乘以兼領一次退休金比率所得之金額。

b. 民國107年7月1日以後退休者：依上述(3)、(4)規定計算之養老給付優惠存款

表19-9 支領一次退休金者優惠存款計算例示表

支領一次退休金者 （一次退休金公保養老給付合計以3,000,000元本金45,000元利息為例）							
實施期間	等於或低於最低保障金額部分			超過最低保障金額部分			每月利息合計
	本金	利率	利息	本金	利率	利息	
107年7月1日至109年12月31日	2,144,000	18%	32,160	856,000	12%	8,560	40,720
110年至111年	2,144,000	18%	32,160	856,000	10%	7,133	39,293
112年至113年	2,144,000	18%	32,160	856,000	8%	5,707	37,867
114年以後	2,144,000	18%	32,160	856,000	6%	4,280	36,440

資料來源：銓敘部。

金額，乘以兼領一次退休金比率所得之金額。

B.按兼領月退休金比率計得之養老給付可辦理優惠存款金額，依上述A.之a.規定辦理。但替代率上限金額應按兼領月退休金之比率計算。所稱按兼領月退休金比率計得之養老給付可辦理優惠存款金額，指兼領月退休金人員之下列金額：

a. 民國107年6月30日以前退休者：儲存於受理優惠存款機構之養老給付優惠存款金額中，屬上述A.之a.規定以外之金額。

b. 民國107年7月1日以後退休者：依上述(3)、(4)規定計算之養老給付優惠存款金額，乘以兼領月退休金比率所得之金額。

舉例言之：

【例一】某甲係於民國106年7月1日退休並兼領二分之一月退休金，且兼具退撫新制實施前、後任職年資，依原優惠存款辦法第2及3條規定，其養老給付得優惠存款金額爲新臺幣（以下同）一百萬元，其中屬按兼領一次退休金比率計得之養老給付優惠存款金額爲五十萬元（一百萬乘以二分之一），全數得辦理優惠存款；另兼領月退休金比率之養老給付部分，依原優惠存款辦法第4條規定，須受退休所得替代率之限制，爰得優惠存款金額爲二十萬元；是某甲儲存於受理優惠存款機構之養老給付優惠存款金額計七十萬元。因此，依退撫法第39條規定計算某甲之養老給付得優惠存款金額時，其儲存於受理優惠存款機構之七十萬元中，屬按兼領一次退休金比率計得之養老給付優惠存款金額五十萬元，應依該辦法第5條第1項第2款規定辦理；屬按兼領月退休金比率計得之養老給付優惠存款金額二十萬元，應依第1項第1款規定辦理。

【例二】某乙係於民國107年12月1日退休並兼領二分之一月退休金，依該優惠存款辦法第3、4條規定計算之養老給付優惠存款金額爲三十萬元，爰其按兼領一次退休金比率計得之養老給付優惠存款金額十五萬元（三十萬乘以二分之一），應依該辦法第5條第1項第2款規定辦理；按兼領月退休金比率計得之養老給付優惠存款金額十五萬元（三十萬乘二分之一），應依該辦法第5條第1項第1款規定辦理。

又退休人員辦理優惠存款，應按審定機關審定之可辦理優惠存款金額及法定優惠存款利率辦理。但實際儲存之優惠存款金額較審定金額低者，按實際儲存之金額計息（優存7）。此乃考量自民國107年7月1日起，退休人員之退休所得替代率將以十年半之過渡期間逐年調降，支領月退休金人員之優惠存款利率將以二年半之過渡期間歸零，支領一次退休金人員之優惠存款利率將以六年半之過渡期間調降，是退休人員各年度可辦理優惠存款金額及利率，將由審定機關一次審定（如：民國107年6月30日以前退休人員，審定機關將一次審定民國107年7月1日至118年1月1日以後之優惠存款金額）。然以審定機關審定可辦理優惠存款金額，係退休人員辦理優惠存款金額之上限；而退休人員實際辦理優惠存款時，可視其個人意願或其他因素考量，在不高於上限金額之範圍內辦理，並按實際儲存金額計息。

(6) 展期月退優惠存款之計算：民國107年6月30日以前退休並支領展期月退休金人員，自7月1日至開始領取月退休金前之養老給付優惠存款，依下列規定辦理（優存6 I）：

①按審定機關審定之退休年資、退休金計算基準及107年度待遇標準計算之每月月退休金（含月補償金），計入每月退休所得內涵後，依退撫法第36、37、39條及該辦法第5條規定計算養老給付可辦理優惠存款金額。

②依法定優惠存款利率計算每月優惠存款利息。

上述規定，乃考量支領展期月退休金人員於開始領取月退休金前，其每月退休所得僅有優惠存款利息而無月退休金，是其每月退休所得可能低於最低保障金額，而得按年息百分之十八辦理優惠存款；相較於相同退休等級及相同年資辦理退休，並立即支領月退休金人員（因其已開始領取月退休金，並依退撫法第36條第1項調降優惠存款利率，或依退撫法第39條第1項及前條規定調降優惠存款金額），二者權益有失衡平。爰明定支領展期月退休金人員，於開始領取月退休金前，仍應按審定機關審定之退休年資、退休金計算基準及107年度待遇標準計算每月月退休金（含月補償金），計入每月退休所得後，再依退撫法第36、37、39條及前條規定，計算養老給付得辦理優惠存款之金額及利率。

民國107年7月1日以後退休並支領展期月退休金人員，自退休生效日至開始領取月退休金前之養老給付優惠存款，依下列規定辦理（優存6II）：

①按審定機關審定之退休年資、退休金計算基準及退休生效時待遇標準計算之每月月退休金（含月補償金），計入每月退休所得內涵後，依退撫法第36、38、39條及前條規定計算養老給付可辦理優惠存款金額。

②依法定優惠存款利率計算每月優惠存款利息。

兼領展期月退休金人員於開始領取月退休金前，按兼領月退休金比率計得之養老給付，依上述規定辦理（優存6III）。

(7) 辦理優惠存款之手續：

①初存：退休人員辦理優惠存款，應持審定機關核發之退休審定函，至受理優惠存款機構開設優惠儲蓄綜合存款存摺帳戶（以下簡稱優惠存款帳戶）。以直撥入帳方式辦理優惠存款者，應於辦理退休前，親自持開戶聲明書及最後服務機關證明書，至受理優惠存款機構開設優惠存款帳戶，並於退休生效日起二年內，親自持審定機關核發之退休審定函併同國民身分證、原留印鑑及存摺，至原開戶之受理優惠存款機構，辦理優惠存款（優存8Ⅰ、II）。

退休人員一次退休金與養老給付辦理優惠存款，同一利率以一筆爲限（優存8III）。優惠存款最低存款金額爲新臺幣一百元；百元以上，以元爲單位儲存（優存8IV）。

退休人員一次退休金與養老給付優惠存款之計息，以優惠存款金額儲存於優惠存款帳戶之期間爲限，由受理優惠存款機構按月結付利息，並依下列規定辦理（優存8Ⅴ）：

A.優惠存款金額於退休生效日以前存入優惠存款帳戶，並自退休生效日起二年內辦妥優惠存款手續者，自退休生效日起，按優惠存款利率計息；逾退休生效日二年始辦理優惠存款手續者，自辦妥之日起，按優惠存款利率計息。

B.優惠存款金額逾退休生效日始存入優惠存款帳戶，並自款項入帳日起二年內辦妥優惠存款手續者，自款項入帳日起，按優惠存款利率計息；逾款項入帳日二年始辦理優惠存款手續者，自辦妥之日起，按優惠存款利率計息。

②續存：退休人員辦理優惠存款契約之期限定爲二年；但優惠存款金額或利率變動時，依審定機關審定之期限辦理（優存9Ⅰ）。退休人員之優惠存款契約期滿時，由受理優惠存款機構逕依經審定之可辦理優惠存款金額及法定優惠存款利率辦理續存，不必再行換約手續。但退休人員有下列情形之一者，不適用之（優存9II）：

A.喪失優惠存款權利。

B.暫停或停止優惠存款權利。

C.溢領或誤領優惠存款利息。

D.於優惠存款契約期滿時出境，且戶籍經戶政機關辦理遷出登記。

E.優惠存款辦理質借，或以存單辦理優惠存款。

退休人員於優惠存款契約期滿時，有上述B.至E.之情形，致受理優惠存款機構無法辦理續存者，得親自持國民身分證、原留印鑑及存摺，辦理續存手續。但有B.或C.情形者，應俟原因消滅後，始得辦理續存手續（優存9III）。

上述人員無法親自辦理續存手續者，除赴大陸地區者外，得依下列規定辦理（優存9IV）：

①退休人員在臺灣地區者，得檢同下列證件，委託親友代爲辦理：

A.受託人及委託人之國民身分證。

B.退休人員最近一個月內之戶籍資料證明文件，並應列印記事。

C.退休人員最近三個月內親自簽名之委託書。

②退休人員在海外地區者（含港澳地區），得檢同下列證件，委託親友辦理，或書面通訊方式辦理：

A.委託親友辦理：

a. 受託人及委託人之國民身分證。

b. 退休人員最近一個月內之戶籍資料證明文件，並應列印記事。

c. 退休人員最近三個月內經我國駐外使領館、代表處、辦事處、行政院設立或指定之機構或委託之民間團體（以下簡稱駐外館處）驗證之委託書或授權書。

B.書面通訊方式辦理：

a. 退休人員最近一個月內之戶籍資料證明文件，並應列印記事。

b. 退休人員最近三個月內，經我國駐外館處驗證之授權受理優惠存款機構辦理優惠存款續存手續之授權書。

退休人員依上述規定出具之委託書或授權書係於國外製作者，應以中文姓名簽名或蓋章，並應經駐外館處驗證；委託書或授權書爲外文者，應併附經駐外館處驗證或國內公證人認證之中文譯本（優存9V）。

退休人員之優惠存款契約期滿後未續存者，其儲存之金額應改按一般活期儲蓄存款利率計息，並依下列規定辦理（優存9VI）：

①自期滿日起二年內補辦續存手續者，溯自期滿日改按優惠存款利率計息。

②逾期滿日二年始補辦續存手續者，自完成續存手續之日起，按優惠存款利率計息。

③退休人員於優惠存款契約期滿後，未及辦理續存手續即亡故者，其優惠存款利息計至期滿日爲止。

退休人員於優惠存款契約期滿日前亡故者，自其亡故之次日起，終止優惠存款（優存9Ⅶ）。

(8) 年金改革施行日與重定優惠存款契約：民國107年6月30日以前退休人員，與受理優惠存款機構簽訂之優惠存款契約，於7月1日尚未期滿者，以該日爲到期日，依上述規定辦理續存（優存10Ⅰ）。

民國107年6月30日以前退休人員，與受理優惠存款機構簽訂之優惠存款契約，於6月30日以前已期滿而於該日以前未辦理續存者，自7月1日起辦理續存時，應持審定機關之審定函至原儲存之受理優惠存款機構，按經審定可辦理優惠存款金額及法定優惠存款利率辦理；其後下一期期滿之日起，由受理優惠存款機構依上述規定辦理續存（優存10Ⅱ）。

上述人員以存單辦理優惠存款者，自民國107年7月1日起辦理續存時，應持審定機關之審定函至原儲存之受理優惠存款機構，按經審定可辦理優惠存款金額及法定優惠存款利率辦理，同時辦理轉換存摺手續；其後之下一期期滿之日起，由受理優惠存款機構依上述規定辦理續存（優存10Ⅲ）。

綜上所述，亦即所有已退休人員均自民國107年7月1日開始以重新核定之金額與利率辦理優惠存款。

(9) 質借優惠存款金額之條件與手續：優惠存款契約存續期間，退休人員因有急用，得申請質借；質借條件與限制，依下列規定辦理（優存11Ⅰ）：

①限於原開立優惠存款帳戶之受理優惠存款機構辦理質借，且不得作爲其他授信之擔保或爲其他質權設定。

②質借金額不得超過實際儲存優惠存款金額之百分之九十。

③質借利率照法定優惠存款利率計算。

④質借期限以不超過優惠存款契約期滿日爲限；退休人員得於期滿日起二年內，辦理優惠存款之續存及質借之續借手續。

⑤有退撫法所定應暫停、停止或喪失優惠存款權利之情事而應停止辦理優惠存款者，應同時停止質借。

退休人員於民國107年6月30日以前已辦理質借，且質借期限於7月1日尚未期滿者，以該日爲到期日（優存11Ⅱ）。

上述人員自民國107年7月1日起，應持審定機關之審定函至原儲存之受理優惠存款機構，按經審定可辦理優惠存款金額及法定優惠存款利率，辦理優惠存款之續存及質借之續借手續。民國107年6月30日以前質借期限已期滿，而於7月1日以後辦理優惠存款之續存及質借之續借手續者，亦同（優存11Ⅲ）。

退休人員經審定辦理優惠存款金額適用不同優惠存款利率而有二筆以上優惠存款者，應按各筆優惠存款實際儲存金額計算上述②所定比率（優存11Ⅳ）。

綜上所述，質借乃保障優惠存款權利之一暫時措施，最多得取出百分之九十原優惠存款金額（本金），停止優惠存款，以供急用，事後得還返，繼續優惠存款。

(10) 優惠存款金額之提取與回存：退休人員除依法暫停或停止優惠存款權利之期間外，優惠存款一經提取，不得再行存入；其實際儲存期間之計息，包括不足整月之畸零日數。退休人員儲存之優惠存款金額經依法扣押解繳者，得於解繳提取之日起二年內，將優惠存款金額回存至優惠存款帳戶，以恢復優惠存款。因其他特殊情形而提取優惠存款並有具體事證，經銓敘部同意恢復優惠存款者，亦同（優存12Ⅰ、Ⅱ）。

上述人員於提取之日起二年內辦妥優惠存款手續者，自優惠存款金額回存入帳之日起算優惠存款利息；逾提取之日起二年始辦理優惠存款手續者，自完成優惠存款手續之日起算優惠存款利息。經提取後之剩餘款得依規定辦理優惠存款，並自辦妥優惠存款手續之日起算優惠存款利息。辦妥優惠存款手續前，退休人員再行提取該剩餘款之金額者，該提取之金額不得再行存入辦理優惠存款（優存12Ⅲ、Ⅳ）。

(11) 優惠存款金額之扣減：依退撫法第79條第1項第2至4款規定減少發給退離（職）相關給與者，應依退撫法第36至39條及該辦法第5條規定計算可辦理優惠存款金額後，再按扣減比率減少可辦理優惠存款金額。如有二筆以上優惠存款者，其各筆優惠存款應分別按扣減比率減少。依退撫法第79條第2項規定應補發之優惠存款利息，依退休人員停止辦理優惠存款期間儲存於優惠存款帳戶內之金額，按法定優惠存款利率計算。但經審定可辦理優惠存款金額較低者，按經審定可辦理優惠存款金額，補發優惠存款利息（優存13）。

由於是類人員優惠存款金額雖得追溯回復至按扣減比率減少前之額度並補發利息，然基於「有本金始有利息」之概念，爰追溯補發優惠存款利息時，須以退休人員之優惠存款金額儲存於受理優惠存款機構爲前提，如退休人員於此期間已將扣減後不得優惠存款之本金提取，自無法追溯補發利息。此外，由於優惠存款係屬定期性存款契約，同一契約存續期間之存款金額係屬固定，與活期性存款得按每日實際存款金額之變動而採浮動計息之方式有別，是若上開退休人員於受緩刑宣告期間，陸續將部分扣減後不得優惠存款之本金提取他用，致原儲存之優惠存款本金有變動情形，則嗣後其受緩刑宣告期滿而未經撤銷時，僅得就其受緩刑宣告期間固定儲存之金額計給優惠存款利息，至於浮動部分之本金則不得補發優惠存款利息。舉例而言，某甲在職期間涉犯「貪汙治罪條例」之罪，於退休後經判處有期徒刑一年以上，未滿二年，緩刑宣告一年；其原儲存之優惠存款金額新臺幣（以下同）五十萬元，依該法第79條規定減少百分之二十後，僅得按四十萬元辦理優惠存款；扣減後不得辦理優惠存款之十萬元則儲存於優惠儲蓄綜合存款帳戶之活期性存款帳戶中，改按一般存款利率計息。嗣某甲於受緩刑宣告期間，將上開扣減後不得優惠存款之本金十萬元分二次各提取出三萬元，致其優惠儲蓄綜合存款帳戶之活期性存款帳戶內金額，由十萬元先後減少為七萬元及四萬元，是其後某甲受緩刑宣告期滿而未經撤銷時，僅得就受緩刑宣告期間固定儲存之四萬元本金，補發優惠存款利息。

(12) 優惠存款餘額之處置：退休人員優惠存款金額經審定應減少者，其不可辦理優惠存款金額應改按一般活期儲蓄存款利率計息。如經審定應減少至零元者，原開設之優惠存款帳戶應結清銷戶（優存14）。

(13) 優惠存款利息之負擔：優惠存款利息由受理優惠存款機構負擔其牌告一年期定期存款固定利率，及基本放款利率與一年期定期存款固定利率差額之二分之一；各支給機關負擔優惠存款利率與基本放款利率之差額，及基本放款利率與一年期定期存款固定利率差額之二分之一。但經行政院核定另訂負擔比例時，依其規定。各支給機關負擔之利息，由受理優惠存款機構先行墊付予退休人員，並於年度結束後，提供墊付利息之資料，送交各支給機關確認，各支給機關應於次年6月30日以前償還墊款。所稱支給機關，指退休人員請領一次退休金或養老給付辦理優惠存款時，其服務機關繫屬之退撫新制實施前退休金之支給機關（優存15）。

亦即優惠存款利率（如百分之八）與一般利率（如百分之二）之差距（百分之六），則由原支給機關與臺灣銀行各負擔二分之一（即百分之三）。

(14) 優惠存款權利變動之處置：退休人員有該法所定應暫停、停止或喪失優惠存款權利之情事者，退休人員或其遺族應主動通知原服務機關或再任機關，轉報支給機關及受理優惠存款機構，停止辦理優惠存款。於停止原因消滅後，得檢同證明文件，申請繼續發給。其未依規定停止辦理優惠存款者，由原服務機關以書面行政處分，命當事人於三十日內繳還自應暫停、停止或喪失優惠存款權利之日起溢領或誤領之金額；屆期不繳還者，原服務機關應依「行政執行法」相關規定移送強制執行，同時副知支給機關及受理優惠存款機構。必要時，由支給機關依「行政執行法」相關規定移送強制執行（優存16）。

(15) 節省優惠存款利息之處置：該法第40條所定各級政府每年節省之退撫經費支出應全數挹注退撫基金，其中優惠存款利息節省經費，依下列方式計算（優存17）：

①民國107年6月30日以前退休且辦理優惠存款人員：以民國107年6月30日實際儲存之優惠存款金額，按年息百分之十八計算每年得領取之優惠存款利息為基準，

減去其後各年度所領優惠存款利息。

②民國107年7月1日以後退休人員：以其依該辦法施行前之原退休公務人員一次退休金與養老給付優惠存款辦法計得之優惠存款金額，按年息百分之十八計算每年得領取之優惠存款利息爲基準，減去其後各年度所領優惠存款利息。

依前二款規定計算優惠存款利息節省經費時，應扣除第15條第1項所定由受理優惠存款機構負擔之利息。

公務人員年金改革從民國107年7月1日起施行，107年下半年度，中央和各地方政府可節省經費合計六十億七千萬餘元，其中中央政府爲二十九億一千萬餘元；地方政府爲三十一億餘元。於民國108年2月21日由銓敘部陳報考試院院會審查通過，全數挹注退撫基金。這是年改法案施行後第一次辦理挹注退撫基金作業。

(16) 養老給付支票之加註：經審定機關審定養老給付得辦理優惠存款者，臺灣銀行應於所開立之養老給付支票加註：「經審定機關審定得辦理優惠存款之金額，應存入臺灣銀行或其所屬國內各分支機構，始得辦理優惠存款」（優存18）。

(17) 退職政務人員之優惠存款：退職政務人員一次退職酬勞金與養老給付辦理優惠存款，比照該辦法規定辦理。部長及其相當等級以上之退職政務人員支領月退職酬勞金或月退休金者，其養老給付優惠存款金額，依第3、4條及政務人員優惠存款相關規定計算後，不得超過新臺幣二百萬元。兼領月退職酬勞金或月退休金者，其兼領月退職酬勞金或月退休金比率計得之養老給付優惠存款金額上限金額，按兼領比率計算（優存19）。

(四) 所得替代率

退休所得主要在維持退休適當生活之所需，是以，該所得與在職時所得相比之百分比，即爲退休所得替代率。民國107年7月1日施行之退撫法第4條將退休所得替代率定義爲：「指公務人員退休後所領每月退休所得占最後在職同等級人員每月所領本（年功）俸（薪）額加計一倍金額之比率。但兼領月退休金者，其替代率上限應按兼領月退休金之比率調整之。」

年金改革方案之「領少」，即降低退休所得替代率。且爲減低退撫基金「破產」之壓力，及政府財政之重大負擔，對於已退休之軍公教人員亦列爲「領少」改革之對象，並以改革之日實施，爲「不眞正追溯既往」，引致軍公教人員群起反對。

民國107年7月1日退撫法施行後，對於該法施行前、後退休生效者之每月退休所得，均不得超過依替代率上限計算之金額（退撫37Ⅰ、38Ⅰ）。其規定如次：

1. 對民國107年6月30日前已退休者：

(1) 釐定每月退休所得替代率：該法公布施行前退休生效者之每月退休所得替

代率，應依退休人員審定之退休年資，照表19-7所定替代率計算，任職滿十五年者，替代率爲百分之四十五，其後每增加一年，替代率增給百分之一點五，最高增至三十五年，爲百分之七十五。未滿一年之畸零年資，按比率計算；未滿一個月者，以一個月計。該替代率之上限，依退休人員審定之退休年資，照表19-7所列各年度替代率認定。如其有低於最低保障金額者，支給最低保障金額；但原金額原即低於最低保障金額者，依原金額支給。至於選擇兼領月退休金者，各依其兼領一次退休金與兼領月退休金比率計算（退撫37II、III、IV、39II、III）。

(2) 固定計算退休基數內涵之待遇：該法公布施行前退休生效者，應按該法公布施行時之待遇標準，依上述規定重新計算每月退休所得；經審定後，不再隨在職同等級人員本（年功）俸之調整重新計算（退撫37V），除非就國家整理經濟財政衡量，而作整體性之調整（退撫67）。

2. 對民國107年7月1日後為退休者：

(1) 釐定每月退休所得替代率：該法公布施行後退休生效者之每月退休所得替代率，應依退休人員審定之退休年資，照表19-7所定替代率計算；任職滿十五年者，替代率爲百分之四十五，其後每增加一年，替代率增給百分之一點五，最高增至三十五年，爲百分之七十五；超過第三十五年者，每增加一年，增給百分之零點五，最高增至四十年止。未滿一年之畸零年資，按比率計算；未滿一個月者，以一個月計。

該替代率之上限，依退休人員審定之退休年資，照表19-7所列各年度替代率認定。上述所定替代率，於選擇兼領月退休金者，各依其兼領一次退休金與兼領月退休金比率計算（退撫38II、III、IV）。

(2) 固定計算退休基數內涵之待遇：該法公布施行後退休生效者，應按退休生效時之待遇標準，依上述規定計算每月退休所得；經審定後，不再隨在職同等級人員本（年功）俸之調整重新計算（退撫38V），除非就國家整理經濟財政衡量，而作整體性之調整（退撫67）。

3. 再扣減（退撫39 I）：退休人員每月退休所得，依前述調降優惠存款利息後，仍超出表19-7所定各年度替代率上限者，應依下列順序，扣減每月退休所得，至不超過其替代率上限所得金額止（退撫36、39 I）：

(1) 每月所領公保一次養老給付或一次退休金之優惠存款利息。

(2) 退撫新制實施前年資所計得之月退休金（含月補償金）。

(3) 退撫新制實施後年資所計得之月退休金。

4. 再調整：該法公布施行前、後退休生效者，雖依該法釐定每月退休所得替代率，及固定計算退休基數內涵之待遇，但得由考試院會同行政院，衡酌國家整體財政狀況、人口與經濟成長率、平均餘命、退撫基金準備率與其財務投資績效及消費者物價指數調整之，其調整後之給付金額，超過原領給付金額之百分之五，或低於原領給付金額時，應經立法院同意（退撫67）。

5. 例外：該法公布施行前、後因公傷病命令退休人員，有下列情形之一者，不適用第37及38條「所得替代率上限」之規定（退撫32Ⅳ）：

(1) 因執行職務時，發生意外危險事故、遭受暴力事件或罹患疾病，以致傷病。

(2) 因上款以外之情形，以致傷病且致全身癱瘓或致日常生活無法自理。

上述(1)之條文（退撫32Ⅳ）文字與該法第21條第2項「因公情事」四款中之第1款完全相同。另(2)「因上款以外之情形」似指該第21條第2項中之第2至4款，如此始符合該條序文之「本法公布施行前、後，因公傷病命令退休」，甚且需符合原退休法（100.1.1.）第6條第4項：「一、因執行職務發生危險，以致傷病。二、在辦公場所發生意外，以致傷病。三、因辦公往返途中遇意外危險，以致傷病。四、盡力職務，積勞過度，以致傷病。」因公命令退休，本即因其「傷病以致身心障礙（失能）而不堪勝任職務」，與「且致全身癱瘓或致日常生活無法自理」情形幾致相當，該款增列此句，似乎又從嚴予以限縮法意，有無必要？令人質疑。又現行退撫法第21條第2項四款「因公情事」與原退休法第6條第4項四款「因公情事」條文之結構，所述之因公構成要件有所不同，難予對照適用，必也需予闡釋，就事實探求法意。此乃因公構成要件條文之類型化、例示化，既不周延又難以概括之不足，以至於前後條文必擴張或分解構成要件予以適用。

三、資遣

(一) 沿革

民國57年初，政府為實施公務人員職位分類制度，行政院於3月8日以臺（57）人政一字第1609號令頒「行政院所屬各機關加強職位功能作業要點」，先行辦理加強職位功能作業。經設定工作項目、調整工作指派及確定職位職責三步驟，發現部分人員工作量不足，部分人員精簡而編餘，部分人員學能不足，無法勝任工作。再於6月5日令頒「行政院暨所屬各機關公務人員退休資遣及待命進修實施要點」，其「參、資遣」之第8點規定：「各機關組織或業務變更，預算人數減少時，被減人員應另派工作，無工作可派時，得予以資遣。」第9點規定：「各機關公務人員有左列情形之一，而不合退休規定者，得申請資遣，但服務機關認有繼續留任之必要者，得不予辦理：一、未具所任職務之必要專長者。二、實施三考三卡後，經考核而無實際工作者。三、實施職位分類機關，無適當工作，不能歸級者。四、身體衰弱，不勝繁劇者。五、待命進修人員。」第11點規定：「核准資遣人員，比照公務人員退休法第六條規定，發給一次資遣費。任職不滿五年者，按年遞減一個基數。」此為資遣條件及給與之濫觴。

嗣以其加強職位功能作業在力求人與事之密切配合，使人人有事做，事事有人做，以提高行政效率改進人事管理，健全機關組織功能，乃於該年7月20日規定，凡行政院所屬各級機關無論已否列為實施職位分類機關，均應確實辦理加強職位功能作業。換言之，加強職位功能作業已不限於為實施職位分類之先期工作，而成為改進人事管理之重要工具。

在此之前，機關業務緊縮，或機關奉令裁撤，現職人員必須遣散時，發給數個月之遣散（資遣）費，然卻無法規規定，亦無統一發給標準。上述要點頒發後，行政院人事行政局民國61年10月27日六一局肆字第3537號函：「院頒公務人員退休資遣及待命進修實施要點頒布前資遣人員，依本院規定准予併計年資，惟於再任公職辦理退休或資遣，應按已發月薪數資遣（遣散）費扣減其基數。上項年資依公務人員退休法辦理退休時，應按銓敘機關年資採計之規定辦理。」又行政院民國62年10月5日臺（62）人政肆字第2735號函：「公教人員前在大陸各機關任職，其經歷證明載有資遣（遣散）字樣，以當時並無資遣辦法，所發給數個月之資遣（遣散）費，多屬路費性質，其年資從寬准予併計辦理退休或資遣，並核給退休金或保險費。」由此兩函，得窺當時發給資遣費之梗概。

民國58年10月16日，分類職位正式實施後，依各方反應，仍有窒礙難行之處，自應研酌修正。行政院方面乃有增訂「資遣」之議。其理由約為：

1. 對於未達退休年齡之公務人員，或因機關組織變更，或因不適任現職，或因身體衰弱等原因而不能繼續工作者，不能作適當之處理，滋生困擾。為健全機關組織，強化人力運用，特增列資遣規定。並明定此類人員均得準用公務人員退休之規定，予以辦理資遣，藉以促進機關人事新陳代謝。

2. 政府機關為勵行精簡政策，對於機關組織變更、減少，或工作不能勝任等人員，尚無處理之規定，特於任用法明定此類人員無法另派工作時，得予資遣，以便處理時，有所依據。

3. 為增進機關首長領導統御之權能，並解決各機關人事處理上的困難，建議在「公務人員任用法」內增列資遣規定，以處理機關編餘人員與不適任人員之安置，使各機關首長對無法安置人員，或無效人力之處理有資遣之權，以保持用人之彈性。

民國67年11月10日，「分類職位公務人員任用法」修正公布，增列第19條之1，其規定：「各機關公務人員具有左列情形之一者，得報經主管機關核准，予以資遣：一、因機關裁撤、組織變更，或業務緊縮而須裁減人員者。二、現職工作不適任或現職已無工作又無其他適當工作可以調任者。三、經公立醫院證明身體衰弱不能勝任工作者。」（第1項），「資遣人員之給與，準用公務人員退休之規定；其辦法由考試院定之。」（第2項）。據之，考試院於民國68年9月25日發布「分類職位公務人員資遣給與辦法」凡十條，對資遣人員支給與標準、年資併計、申請程序、核定機關、支給機關均有詳細之規定。

民國69年9月26日，考試院修正該辦法第9條規定：「依其他任用法律或經銓敘部備案之單行任用之人員，其資遣情形相同者，得比照本辦法之規定辦理。」

民國69年12月3日修正公布之「公務人員任用法」，增訂第15條之1，仿「分類職位公務人員任用法」第19條之1所規定的內容，增訂資遣之規定。

至此，資遣制度完成立法建制，全面適用於政府機關之公務人員。而後爲民國76年兩制合一之現行「公務人員任用法」第29條所繼受。

本書原著者始終認爲將該條文置入任用法之舉，應屬一種技術上的錯誤。因資遣的性質與退休的性質相近，所以本書原將之納入第十八章第二節有關退休部分討論，以資明確。參證銓敘部民國66年10月編印之《銓敘法規彙編》將「公務人員資遣給與辦法」置於「退休」部分，以及考試院民國85年出版的《考銓法規彙編》亦將之置入「退休」部分，尤爲明確。惟銓敘部民國81年4月初版之「銓敘法規釋例」將上述資遣辦法收錄入任用法規部分，而後民國91年、93年版之《銓敘法規釋例彙編》也只好隨之將其置於任用法規部分。但民國91年8月之「公務人員退休法修正草案」終將資遣條文納入，以迄民國95年2月之退休法修正草案仍予以納入，此更證明本書原著者多年來一貫觀點之正確。因此，有關「資遣」留於原書第十八章「公務人員退休制度」中論述。民國99年7月28日修正之任用法將第29條之「資遣」刪除，民國99年8月4日修正之退休法將資遣納入該法中，兩法均於民國100年1月1日施行。民國107年7月1日施行之「公務人員退休資遣撫卹法」更將「資遣」一詞納入法律名稱中。

「資遣」一詞，在勞動基準法中係指：「雇主非有下列情事之一者，不得預告勞工終止勞動契約（勞基11、13）：1.歇業或轉讓時。2.虧損或業務緊縮時。3.不可抗力暫停工作在一個月以上時。4.業務性質變更，有減少勞工之必要，又無適當工作可供安置時。5.勞工對於所擔任之工作確不能勝任時。6.因天災、事變或其他不可抗力致事業不能繼續，經報主管機關核定者。」因此而終止勞動契約者，雇主應發給勞工資遣費（勞基17）。

但在公務人員法中，資遣之條件原有三：1.因機關裁撤、組織變更，或業務緊縮而須裁減人員者。2.現職工作不適任或現職已無工作又無其他適當工作可以調任者。3.經公立醫院證明身體衰弱不能勝任工作者。與勞工略似。

總之，「資遣」指雇主給予人員金錢，將人員遣離其所任職務之意。通常資遣無關年齡問題，亦不涉及以後再任資格問題，除此之外，其性質與退休大致相彷。故有關資遣之規定，本應納入退休法或與退休有關之法規中爲宜。但我國之前係將之訂定於「公務人員任用法」之中，純係由於該次修正任用法時，有心者操切巧事，貪圖便利，一時乘機插入神來之筆，並非有何高深理論依據也。

(二) 條件

公務人員有下列各款情事之一者，應予資遣（退撫22）：

1. 機關裁撤、組織變更或業務緊縮時，不符該法所定退休條件而須裁減之人員。

2. 現職工作不適任，經調整其他相當工作後，仍未能達到要求標準，或本機關已無其他工作可予調任。但以機要人員任用之公務人員，有此情事者，不適用資遣規定。所稱現職工作不適任，經調整其他相當工作後，仍未能達到要求標準，指公務人員經服務機關依規定進行職務調整，並實施工作表現質量評比後，認定其工作表現與態度較他相當等級人員顯有差距，且具體事證者（退撫細63 I）。所稱本機關已無其他工作可予調任，指本機關已無職等相當、工作性質相近之職務可予調任（退撫細63 II）。案查立法紀錄，該款規定係屬增列該條之主要意旨，其他兩款只是陪襯。

3. 依其他法規規定，應予資遣。

依上述2.、3.規定辦理資遣者，應先經考績委員會初核、機關首長覆核後，再送請權責主管機關或其授權機關（構）審（核）定，再由服務機關檢齊有關證明文件，函送審定機關依該法審定其年資及給與（退撫23 I）。考績委員會初核前，應給予當事人陳述及申辯之機會（退撫23 II，退撫細64 I）。所稱權責主管機關，係比照第17條第8項規定認定之，即於中央指中央二級或相當二級以上機關；於直轄市指直轄市政府及直轄市議會；於縣（市）指縣（市）政府及縣（市）議會（退撫23 III）。

(三) 給與

資遣之給與，準用該法第28條及第29條所定一次退休金給與標準計給（退撫42）。亦即仍依其任職年資計算給與，但只能支領一次性給與，不能擇領分（定）期給與。

四、彈性退休

公務人員配合機關裁撤、組織變更或業務緊縮，經其服務機關依法令辦理精簡，並符合下列情形之一者，得准其自願退休（退撫18）：

(一) 年資給與

彈性（精簡）退休或彈性（精簡）資遣者之給與，仍依其任職年資計算給與。但資遣者，只能支領一次性給與，不能擇領分（定）期給與。其退休者，退休金之給與規定如次（退撫30III）：

1. 任職滿二十年者：

(1) 年滿六十歲，得依該法第26條所定三種退休金，擇一支領。

(2) 年齡未滿六十歲者，得依該法第31條第4項所規定之一次退休金、月退休金（展期、減額）、兼領二分之一一次退休金及二分之一月退休金（展期、減額），擇一支領，並以年滿六十歲爲月退休金起支年齡。

2. 任職滿十五年而未滿二十年，且年滿五十五歲者，得依該法第31條第4項所規定之一次退休金、月退休金（展期、減額）、兼領二分之一一次退休金及二分之一月退休金（展期、減額），擇一支領，並以年滿六十五歲爲月退休金起支年齡。

3. 任本職務最高職等年功俸最高級滿三年且年滿五十五歲者：

(1) 任職年資超過十五年者，得依該法第31條第4項所規定之一次退休金、月退休金（展期、減額）、兼領二分之一一次退休金及二分之一月退休金（展期、減額），擇一支領，並以年滿六十五歲爲月退休金起支年齡。

(2) 任職年資未滿十五年者，應支領一次退休金。

(二) 慰助金

公務人員因配合機關裁撤、組織變更或業務緊縮，依法令辦理精簡而退休或資遣者（彈性）退休或資遣者，除屆齡退休者外，得一次加發最高七個月之俸給總額慰助金（退撫41 I）。但自所訂優惠退離期間起始日起，每延後一個月退休或資遣者，減發一個月俸給總額慰助金（退撫細37 I）。惟已達屆齡退休生效日前七個月者，加發之俸給總額慰助金應按提前退休之月數發給（退撫41 II）；即其加發之俸給總額慰助金，按該法第19條所定至遲退休生效日期往前逆算，每提前一個月，加發一個月俸給總額慰助金（退撫細37 I）。如其於退休、資遣生效日起七個月內，再任該法第77條第1項各款所列有給職務之一，且每月支領薪酬總額超過法定基本工資，應由再任機關扣除其退休、資遣月數之俸給總額慰助金後，收繳其餘額，並繳回原服務機關、改隸機關或上級主管機關（退撫41III，退撫細37III）。

前述人員加發之俸給總額慰助金，依該法第68條第4款規定，於其退休或資遣案經審定後，由服務機關計算並編列預算支給（退撫細37 II）。

五、危勞職務降齡退休

(一) 酌降退休年齡

公務人員擔任具有危險及勞力等特殊性質職務（以下簡稱危勞職務）者，應由其權責主管機關就所屬相關機關相同職務之屬性，及其人力運用需要與現有人力狀況，統一檢討擬議酌減退休年齡方案後，送銓敘部核備；但調降後之自願退休年齡不得低於五十歲，調降後之屆齡退休年齡不得低於五十五歲（退撫17Ⅲ、19Ⅱ）。其危勞職務之認定標準，由考試院會同行政院於民國107年5月11日訂定發布「公務人員危勞職務認定標準」（退撫17Ⅳ、19Ⅲ）；以其危勞職務，應本於專業知能，從事兼具危險性工作（指從事具有危害身心健康或生命安全之工作），及勞力性工作（指從事須輪班、夜間工作、工作時間因職務特性必須超過一般勤務時間或具高度變動性，致超越一般公務人員執行職務工作負荷之工作）。該認定標準及送銓敘部核備之危勞職務範圍、年齡，應予公告（退撫17Ⅴ、19Ⅳ）。

(二) 給與

1. 自願退休：公務人員依該法第17條第3項規定，辦理危勞職務自願退休時，其退休金依下列規定給與（退撫33）：

(1) 退休年資未滿十五年者，給與一次退休金。

(2) 退休年資滿十五年且年滿五十五歲者，得依該法第26條所定之一次退休金、月退休金、兼一次領退休金及月退休金，擇一支領。

(3) 退休年資滿十五年而未滿五十五歲者，依該法第31條第4項規定之展期月退休金、減額月退休金，擇一支領。

2. 屆齡退休：任職年資滿十五年以上者，即得擇領月退休金。

3. 命令退休：

(1) 失能命令退休：危勞職務之公務人員任職滿五年，且有該法第20條之「身心傷病或障礙情事，經服務機關出具其不能從事本職工作，亦無法擔任其他相當工作之證明」之失能情事者，由其服務機關主動申辦命令退休，依其任職年資計算給與（一次退休金或月退休金）；若使任職未滿五年，則予以資遣（退撫22）。其失能情事，指公務人員經機關首長就所任職務職等相當且工作性質相近之其他人員（以下簡稱相當等級人員）工作表現質量進行評比，其工作績效與態度顯與一般質量表現有所差距並有具體事證，且於本機關已無職等相當、工作性質近之職務可予調任（退撫細16）。

(2) 因公命令退休：則以其任職年資或擬制年資計給一次退休金或月退休金，並加發基數（公退撫32Ⅰ、Ⅱ），詳如後述之「因公退撫」。

(三) 評述

依憲法之規定，人民服公職之權利亦有「平等」之適用（憲7、15、18）。同屬依法考試及格人員，政府機關派任職務有「危勞」與否之別，及降齡退休與否之異，違憲乎？

按經濟學上工資源理，擔任「危勞職務」者，應有較高之薪資報酬，觀之現實社會即如此。「公務人員俸給法」上亦規定「工作具有危險性者」給予「職務加給」。對「工作具有危險性」者之「職務加給」部分，行政院依「公務人員加給給與辦法」（90.3.20.考試院、行政院會同發布）第13條規定有如：「刑事鑑識、爆炸物處理暨火災原因調查鑑識鑑定人員危險職務加給表」（99.12.25.修正生效）、「消防、海巡、空中勤務、入出國移民及航空測量機關專業人員危險職務加給表」（原表96.2.1.生效，104.1.1.增列入出國移民及航空測量機關專業人員生效），以資適用。而警察人員則支給「警勤加給」，不再另給「危險職務加給」。此危險職務加給在早期似乎並無此名目之支給，若有，亦列入其所應支給之加給中規列。惟此之「危險職務」與「公務人員退休資遣撫卹法」第17、19條之「危勞職務」僅相當「危」的部分，致於「勞」的部分，卻付之闕如。但是否均有同等薪酬加給之規設？易令人懷疑。在「依法行政」上，有其名目，卻不遵行，雖在其技術或專業加給上，已有考量增給數額，但終無其「正名」，難免令人起疑竇，前有「退休金其他現金給與」之補償案可資炯戒。

又對其降齡退休縮短服務年限，雖符合憲法第23條之「增進公益」之必要，維持政府機關之行政能力，於薪俸或退休給與上之優惠，以資補償，但亦非不得於將屆其降齡退休之前，調整其為非「危勞職務」，以保其憲法上服公職工作權之平等性。凡此均有待當局詳慎檢視。

六、退休後再任、再退休

公務人員退休後，要其無「已屆限齡退休」（任用27）者，非不得再任為公務人員，至相當時間，再依規定退離。於再任期間，即有現職公務人員之身分，享受現職之待遇，得維持適當之生活，自不得再保有退休之權利，以免有「雙薪」，如同「雙職」，造成政府財政之負擔，與社會基本資源分配之不公（87.9.11.釋464參照，亦即領受「雙薪」——資源分配不均的社會問題），則應停止原退休金之權利；於再退離時，再予恢復。此時，如再符合退休給與條件，亦非不得再擇領退休金種類。其間制度之規設，前、後兩段年資之採計，不得超過公務人員退休一般最高採計之年資數，此為制度之本旨。因此，前段年資既已作退離給與，自不得再予採計做年資給與（一資不二給）；後段再任年資之採計給與，則為補足前段年資採計之未達最高數。其得列一公式如次：

再任後年資之採計數≦最高年資採計數－前已作退離給與之年資數

公務人員退休再任之權利規範，昔在退休法及其施行細則之規定甚爲簡單。曾有一再任再退休年資採計與擇領退休金種類之爭訟案，乃因文義未臻明確，銓敘部連遭判敗訴（高行政法院90.8.9.90年度判字第1372號判決、92.11.14.92年度判字第1578號），終以個案處理（臺北高等行政法院95.3.23.94年度訴字第00891號、最高行政法院96.10.30.96年度判字第01910號）。然卻被其他再任再退休者援引，以爲爭訟，但卻均遭敗訴，遂提請大法官解釋，作成釋字第658號解釋（98.4.10.），暫維持現行條文二年之效力，以至於民國100年1月1日修正施行之退休法第17條作詳細之規定（並參104.6.18.釋730——再任公立學校教職員重行退休年資計算案）。民國107年7月1日施行之退撫法第15、77、78條作更進一步詳細之規定。茲述其要如次：

(一) 再任之規範

1. 停止領受月退休金：退休人員經審定支領或兼領月退休金，再任有給職務，且有下列情形時，停止領受月退休金權利，至原因消滅時恢復之（退撫77Ⅰ）：

(1) 再任職務之範圍：

①再任由政府編列預算支給俸（薪）給、待遇或公費（以下簡稱薪酬）之機關（構）、學校或團體之職務且每月支領薪酬總額超過法定基本工資。所稱職務，指由政府預算支給薪酬，或由機關（構）或學校直接僱用，或受委託行使公權力之團體、個人所僱用，或承攬政府業務之團體、個人所僱用之職務。所稱每月支領薪酬總額，指每月因職務所固定或經常領取之薪金、俸給、工資、歲費或其他名義給與等各種薪酬收入之合計數；如同時再任二個以上職務者，其個別職務每月所領薪酬收入，應合併計算之（退撫細109）。

②行政法人或公法人之職務。

③由政府原始捐助（贈）或捐助（贈）經費，累計達財產總額百分之二十以上之財團法人（退撫細110）之職務。

④由政府及其所屬營業基金、非營業基金轉投資，且其轉投資金額累計占該事業資本額百分之二十以上事業（退撫細110）之職務。

⑤受政府直接或間接控制其人事、財務或業務之下列團體或機構（退撫細111）之職務：

A.財團法人及其所屬團體或機構。

B.事業機構及其所屬團體或機構。

⑥再任私立學校職務，且每月支領薪酬總額超過法定基本工資。但該法公布前已有此情形者，自該法公布施行後之下個學年度起施行（退撫77Ⅱ）。

(2) 再任薪酬之限制：退休公務人員再任上述職務，其每月支領薪酬總額超過法定基本工資（民國108年爲二萬三千一百元）者，停止領受月退休金權利，如未超過，自不必停領（退撫77Ⅰ，並參照80.6.16.釋280）。但再任下列職務每月所領薪酬，不適用前述所定不得超過法定基本工資之規定（退撫78）：

①受聘（僱）執行政府因應緊急或危難事故之救災或救難職務。

②受聘（僱）擔任山地、離島或其他偏遠地區之公立醫療機關（構），從事基層醫療照護職務。

(3) 再任年齡之限制：退休人員經審定機關審定支領或兼領月退休金，而再任前述(1)之②至⑤所列機構董（理）事長及執行長者，其初任年齡不得逾六十五歲；其任期屆滿前年滿七十歲者，應即更換。但有特殊考量而經主管院核准者，不在此限（退撫77Ⅳ、Ⅴ）。

2. 停止優惠存款：政府給予優惠存款之辦理，原係補足退休所得難以維生之不足，既已再任，其薪酬似應足以維生，自不應就其一次退休金或公保一次養老給付，再予以優惠存款，即應停止。而於再任原因消失，再行恢復辦理優惠存款（退撫70Ⅲ）。

(二) 規範之執行

公務人員月退休金發放或支給機關查知退休公務人員再於前述所定機關（構）、學校、團體及法人參加保險時，得先暫停發給其月退休金，俟該退休公務人員檢具其再任每月支領薪酬總額未超過法定基本工資（民國108年爲二萬三千一百元）之相關證明申復後，再予恢復發給並補發其經停發之月退休金（退撫77Ⅲ）。

(三) 再退休之規範

1. 恢復原月退休金及優惠存款：再退休爲停止原月退休金及優惠存款之原因消滅，自應恢復原月退休金及優惠存款之辦理（退撫77Ⅰ）。

2. 年資之採計：

(1) 前段已作退離給與之年資，不再採計給予：公務人員曾依法令領取由政府編列預算，或退撫基金支付退離給與或發還退撫基金費用本息者，其再任公務人員時，不得繳回原已領取之退離給與或退撫基金費用本息；其依本法重行退休、資遣或辦理撫卹時，不再核發該段年資之退撫給與（退撫15Ⅰ）。

(2) 後段再任年資之採計與給與之計算：

①再任年資之採計：再任人員前已由政府編列預算或退撫基金支付退離給

與，或發還政府撥付之退撫基金費用或離職儲金本息之下列年資，應與依該法重行退休或資遣之年資合併計算；合計總年資不得超過最高年資採計限（擇領月退休金者，最高採計四十年；擇領一次退休金者，最高採計四十二年）（退撫14，退撫細14II），且不得超過新舊制退休金或月退休金之給與上限（退撫15II、28、29）：

A.公務人員年資。

B.公立學校教職員年資。

C.政務人員年資。

D.公營事業人員年資。

E.民選首長年資。

F.民國84年7月1日退撫新制實施後轉任之軍職人員或其他公職人員年資。

②再任再退休年資之給與（退撫15III）：

A.舊制年資之接續：未曾領取退離給與之退撫新制實施前年資，應接續於前次由政府編列預算支付退撫新制實施前年資之退離給與年資之後，按接續後年資之退休金種類計算標準，核發給與。資遣者，亦同。

B.退休金種類之擇領：再任年資滿十五年者，得擇領一次退休金、月退休金、兼領一次及月退休金（退撫26），並按其審定退休年資，計算退休給與。但擇領或兼領月退休金時，並應分別依其退休種類所定月退休金起支年齡之規定辦理（退撫30、31、33）。

(四) 再任再退休規範之評述

1. 年資採計與給與之計算，同受一般最高採計年資數之限制，計算基數或百分比，其基數之內涵，亦與一般基準相同，應為公平合理。

2. 基本生活之保障，退撫法採最低保障金額（公務人員委任第一職等本俸最高級之本俸額與該職等一般公務人員專業加給合計數額，民國107年為三萬三千一百四十元）（退撫4、36，並參照80.6.16.釋280）。而此之再任每月支領薪酬總額超過法定基本工資（民國108年為二萬三千一百元）者，停止領受月退休金權利。兩者之基準數額不一致。前者為考試院原提草案條文之基準，後者為立法院民進黨所提修正動議之基準，經各黨團協商之結果。其時社會之氛圍，係要阻止退休人員之「雙薪」、「肥貓」現象，但此一改變，卻也阻止一般每月退休所得較低者，再任公務人員委任第一職等本俸一級160俸點（民國107年之本俸俸額一萬一千九百八十五元、專業加給一萬八千二百五十元之總俸給三萬二百三十五元）或相當薪酬之公家機構契約聘雇人員，以補退休所得不足之機會，反而卻淪為極少數得再任公家機構董（理）事長及執行長之指引。

3. 民國100年1月1日修正施行之退休法，對於擇領月退休金之起支年齡已嚴格定爲六十歲；民國107年7月1日施行年金改革之退撫法，對之更嚴格定爲六十五歲，且擇領月退休金之人員幾乎在百分之九十五左右。是以，將來擇領月退休金者之再任，勢必相當減少。

七、離婚配偶分配退休金

民國107年7月1日施行之退撫法第四章第三節「退撫給與之分配」（第82至84條）（教退撫83至85，政退撫34至36，軍役42至44）公務人員離婚配偶分配該公務人員之退休金，非考試院提出之退撫法草案內容，而係在立法院各黨團協商後，民進黨黨團、時代力量黨團仿德、日法例，於再修正動議所通過之條文。立法者雖有崇高理想，但通過後公務人員反映不佳，有待實務之檢驗。茲分述如次：

(一) 基本條件

1. 婚姻存續滿二年：公務人員之離婚配偶與該公務人員婚姻關係存續期間滿二年者，於法定財產制或共同財產制關係因離婚而消滅時，得請求分配該公務人員依本法規定支領之退休金（退撫82 I）。蓋其理由爲此配偶之年資給與，有另一方在生活上之貢獻。

2. 雙方得互惠分配：離婚配偶於婚姻關係存續期間，依其他法律得享有退休金者，其分配請求權之行使，以該公務人員得依該其他法律享有同等離婚配偶退休金分配請求權者爲限（退撫82 II）。

(二) 分配額度

1. 以其與該公務人員審定退休年資計算之應領一次退休金爲準，按與該公務人員法定財產制或共同財產制關係，在該公務人員審定退休年資期間所占比率之二分之一爲分配比率，計算得請求分配之退休金數額。所定法定財產制或共同財產制關係期間之計算以月計之，未滿一個月者，以一個月計（退撫82 I）。亦即以公務人員與其離婚配偶於法定財產制或共同財產制關係存續期間，與該公務人員審定退休年資重疊之部分，按重疊期間占審定退休年資比率之二分之一計算（退撫細121）。再簡言之，即以公務人員任職期間與婚姻關係存續期間所重疊之年資，所得之一次性給與作爲分配財產。

2. 如二分之一之分配顯失公平者，當事人一方得聲請法院調整或免除其分配額（退撫82 I）。

(三) 適用對象

本節之規定爲退撫法之新規定，或許亦爲國內婚姻關係之最新規定，自應以該法施行後公務人員退休時爲準，符合上述基本條件之離婚配偶，或於支領或兼領月退休金期間離婚者（退撫83III），始得適用，自不應追溯既往（退撫細120）。因此，對下列人員不適用：

1. 公務人員係命令退休或該法公布施行前退休者，其依該法支領之退休金，不適用該條規定（退撫82Ⅴ）。

2. 該法公布施行前已離婚者，不適用該條規定（退撫82Ⅵ）。

(四) 專屬權利

公務人員之離婚配偶對該退休金之請求權不得讓與或繼承（退撫82Ⅲ）。此請求權規設為離婚配偶之專屬權利，亦為退休公務人員退休金之專屬權利中之專屬權，是否減緩退休公務人員退休金之專屬權，仍有待研究。

(五) 請求時效

公務人員之離婚配偶自知悉有該退休金之請求權時起，二年間不行使而消滅；自法定財產制或共同財產制關係消滅時起，逾五年者，亦同（退撫82Ⅳ）。

(六) 給付方式

1. 協議：公務人員之離婚配偶依上述規定請求分配公務人員退休金，其給付依當事人之協議，以雙方協議分配為優先，並按其協議結果自行辦理所協定分配比率、金額及給付方式等相關文件之公證事宜，並自行辦理給付事宜。無法協議或協議不成者，得以書面通知退休金審（核）定機關於審定該公務人員退休金時，按規定之二分之一審定應分配之退休金總額，並由支給機關一次發給（退撫83Ⅰ，退撫細122Ⅰ、Ⅲ）。

2. 裁定：無法協議、協議不成或分配比率顯失公平者，當事人一方得聲請法院裁定分配比率或免除分配額（退撫82Ⅰ，退撫細122Ⅰ）。

3. 扣減：公務人員之退休金依上述規定被分配時，按被分配比率依下列規定扣減（退撫83Ⅱ）：

(1) 支領一次退休金者，自其支領之一次退休金扣減。

(2) 支領月退休金者，按月照被分配比率扣減，至應被分配之退休金總額扣減完畢後，不再扣減。

(3) 兼領月退休金者，先自其兼領一次退休金扣減；不足扣減時，再自兼領之月退休金依前款規定按月扣減，至應被分配之退休金總額扣減完畢後，不再扣減。

(七) 喪權規定

公務人員之離婚配偶有該法第75條第1項所定喪權情形者，喪失分配該公務人員退休金權利（退撫84），其情形為：

1. 褫奪公權終身。

2. 動員戡亂時期終止後，犯內亂罪、外患罪，經判刑確定。

3. 喪失或未具中華民國國籍。

4. 爲支領遺屬一次金、遺屬年金或撫卹金，故意致該退休人員、現職公務人員或其他具領受權之遺族於死，經判刑確定。

5. 其他法律有特別規定。

(八) 檢討評述

離婚配偶參與退休公務人員（退休公立學校教職員、退休政務人員、退伍軍人）之退休金分配（並參教退撫83至85，政退撫34至36），非原政府提案版本之內容，而係立法院「時代力量」黨團所提，民進黨立委附和。雖仿德、日之制，且有互惠原則之規定，以示兩性平等，保障家庭主婦或主夫。但離婚原已是怨偶，離婚時也有「協議」或「判決」給予「贍養費」（民法1030之1、1049、1057參照），即時確定，何忍於若干年後，再爲退休金之分配，雙方對簿，前配偶得請求，後配偶是否亦得請求？此情何以堪？「吹皺一池秋水」，怪不得公教人員反映不佳，要求暫緩施行，而輿論亦有所抨擊。立法者雖有謂爲進步之立法，但亦有質疑，尤其是民國107年5月軍人年金改革法案之審議中，多所反對，顯見我國尙無如此之生活文化，亦未形成共識，不能強硬移植外國制度，蓋「制度是成長的，不是移植的」。

又「協議結果自行辦理給付」、「無法協議或協議不成者」，即得「由當事人一方，以書面通知離職儲金核發機關、一次給與或退職酬勞金審定機關，於核發或審定各該給與時，依分配比率（二分之一），計算其應予分配之金額，並通知支給或發放機關一次發給」（退撫細122 II）；「二分之一分配顯失公平者，當事人一方得聲請法院裁定分配比率或免除分配額（退撫82 I）」。即得分配二分之一，又何必協議，多此一舉。

此新規定之施行，效果如何？仍有待後續觀察。

八、對支領月退休人員遺族之給與

(一) 建制之沿革

領受月退休金（含兼領）者死亡，政府給予遺族金錢，以示矜恤照顧之意。其建制立法也經過相當的轉折。

民國32年11月6日公布之「公務員撫卹法」第3條第1項第3款規定：「依法領受年退休金中而死亡者，給與遺族年撫卹金。」民國36年6月25日修正公布之「公務員撫卹法」第4條規定：「公務員依法領受年退休金，未滿十年而死亡者，給與遺族年撫卹金，逾十年者給與遺族一次撫卹金。」亦即領受年退休金（相當於今之月退休金）人員死亡，政府給予其遺族撫卹金，以彰國家或政府對於退休人員「終身照顧」之意旨。惟民國60年6月4日修正公布之「公務人員撫卹法」已刪除此退休人員死亡，其遺族得受撫卹之規定。至民國68年1月24日修正公布「公務人員退休法」，始增列第13條之1，給予亡故之領月退休人員之遺族「撫慰金」（一次給付）。查其立法意旨，一則鼓勵擇領月退休金，雖給與微薄，但乃源源不斷，不致生活失據；二則可營擇領月退休金人員之後事，矜卹遺族。然再從退休統計數字深究，或尚有二點原因：1.地方機關財政困難，鼓勵擇領月退休金，形同分期付款，以舒解退撫經費之壓力；2.擇領月退休金人員如於退休生效日後不久亡故，即喪失領受月退休金之權利，其所領之總金額，未若領一次退休金者，亦未若退休生效日前亡故得改辦撫卹者，遂增列撫慰金，以之平衡。擇領月退休金者，亦因此逐漸增多。民國84年7月1日修正施行之「公務人員退休法」（新制）第13條之1，再增列「月撫慰金」之規定。民國100年1月1日修正施行之退休法第18條對「撫慰金」之給予對象範圍及其條件、分配等做大幅度較詳細的規定，並仿撫卹法之規定，增列「遺囑指定領受人」（第5項）。然而，時至今日，因擇領月退休金者，壽命增長，且人數大增，累積而計，反成當今財政之負擔，其中當然亦包括擇領月撫慰金者。民國107年7月1日施行之退撫法，支領月退休金人員亡故，仍延續民國100年1月1日修正施行之退休法，對其遺屬給與，但其一次性給與「一次撫慰金」，改稱爲「遺屬一次金」（退撫43），定（分）期給與之「月撫慰金」，改稱爲「遺屬年金」（退撫45）。其間民國103年修正施行之公保法第28條亦仿撫卹法，始將「遺囑指定領受人」納入。

民國100年之退休法增列「展期年金」之措施，自願退休公務人員擇領或兼領月退休金，在未達月退休金起支年齡前亡故者，仍得發給遺族一次撫慰金或月撫慰金（原退休18，原退休細39 I）。民國107年7月1日施行之退撫法，對擇領展期月退休金人員，於未達月退休金起支年齡前亡故時，其遺族得按所具資格條件，得請領遺屬一次金或遺屬年金（退撫43、45、49）。

對支（兼）領月退休人員（含減額月退休金）亡故之給與，其領受者有三，各有其作用或目的：1.遺族（含遺囑指定人）。2.服務機關。3.公庫及退撫基金。

(二) 給與之內容

對支領月退休人員遺族給與之種類，及領受者之條件與分配，其領受遺族之範圍、條件、順位與分配，因給與種類之不同而異，茲分述如下：

1. 遺屬一次金：民國107年7月1日施行之退撫法第二章第三節第43條開宗明義首揭「支領或兼領月退休金人員死亡後，另核給其遺族遺屬一次金」，以安頓遺族生活。此「遺屬一次金」即原退休法上之「一次撫慰金」。其遺族之範圍、領受順序與分配，以及遺屬一次金之計算，分述如次：

(1) 遺族之範圍：參採民法第1138、1140條法定繼承人之範圍，以支領或兼領月退休金人員亡故時之法律事實認定遺族資格（退撫48Ⅰ），規定爲：配偶（未再婚）、子女、父母、兄弟姊妹、祖父母。

(2) 領受之順序：除未再婚之配偶外，一般爲依序爲：①子女。②父母。③兄弟姊妹。④祖父母。配偶並得參與各該順序遺族共同分配（退撫43Ⅰ、Ⅱ）。

(3) 金額之分配：因有無配偶參與各該順序之分配，或其他遺族領受權之存否，其遺屬一次金領受額度就有所不同：

①原則上，未再婚配偶領受二分之一，其餘由各該領受順序之遺族，平均領受。同一順序遺族有拋棄或因法定事由而喪失領受權者，應由同一順序其他有領受權之遺族平均領受；但無第一順序遺族時，依序由次一順序遺族依上述規定領受（退撫43Ⅰ、Ⅱ、Ⅲ）。此則並無如撫卹之孫子女得代位之規定（退撫63Ⅰ）。

②無子女及父母者，由未再婚配偶單獨領受（退撫43Ⅱ）。兄弟姊妹及祖父母，不與焉。

③無配偶時，依序由各該順序之遺族平均領受；同一順序遺屬有數人時，由同一順序有領受權之遺屬平均領受之（退撫43Ⅰ、Ⅱ）。

(4) 請領之委任：具有遺屬一次金領受權之同一順序遺族有數人請領時，得委任其中具有行爲能力者一人代爲申請。遺族爲無行爲能力者，由其法定代理人代爲申請（退撫43Ⅳ）。

(5) 金額之計給（退撫44）：

①先依退休人員審定之退休年資及最後支領月退休金之計算基準及基數內涵（俸薪額），按退休人員**退休時**適用之支給標準（基數）（退撫細52Ⅰ），計算其應領之一次退休金，並扣除已領月退休金（包括依原「公務人員退休法」第30條及該法第34條支給之補償金或一次補償金差額）（退撫細52Ⅱ）後，核給其餘額。無餘額者，不再發給。

②再依退休人員最後在職同等級人員每月所領本（年功）俸（薪）額加計一倍金額，另計給六個基數之遺屬一次金。亦即該基數應依亡故退休人員**亡故時**之在職同等級現職人員每月所領本（年功）俸（薪）額加一倍計算並一次發給（退撫細52Ⅲ）。無上述所定餘額者，亦同。兼領月退休金人員亡故時發給六個基數之遺屬一次金者，依其兼領月退休金比率計算（退撫細52Ⅳ），其目的在於殮葬之用。是以，其得列一公式如次：

遺屬一次金＝退休時應領之一次退休金－已領月退休金＋死亡時6個基數之遺屬一次金

2. 遺屬年金：支領或兼領月退休金（含減額月退休金）人員死亡，其遺族爲配偶、未成年子女、身心障礙且無工作能力之已成年子女或父母，而不支領遺屬一次金者，得按退休人員亡故時所領月退休金之二分之一或兼領月退休金之二分之一，改領遺屬年金（退撫45）。此「遺屬年金」即原退休法上之「月撫慰金」。其改領、給予之情形如次：

(1) 改領條件：

①**配偶**，具下列條件之者，給與終身（退撫45Ⅰ、Ⅱ、Ⅲ）：

A.未再婚。

B.法定婚姻關係於退休人員亡故時，已累積存續十年以上。

C.年滿五十五歲。未滿五十五歲得自年滿五十五歲之日起支領。但經審定得自年滿五十五歲之日起支領遺屬年金（以下簡稱展期遺屬年金）之配偶，於開始支領之日前亡故或喪失領取遺屬年金權利者，由其他具領受權之遺族，按該法第43條所定領受順序及分配比率，依該法第43至45條規定，請領遺屬一次金或遺屬年金。其所稱具領受權之遺族，指支領或兼領月退休金公務人員亡故時，合該法第43條規定之遺族（退撫細56Ⅰ）。

D.身心障礙且無工作能力。惟其應符合法定重度以上身心障礙資格領有身心障礙手冊或證明，或受監護宣告尚未撤銷，並每年度出具前一年度年終所得申報資料，證明其平均每月所得未超過法定基本工資。

上述婚姻關係乃因「配偶與退休人員之婚姻關係，於其退休生效時不足二年，但於退休人員亡故時婚姻關係已持續十年、二十年甚或更久者，卻不得支領遺屬年金」、「同一配偶離婚後再結婚十年、二十年甚或更久，但因退休生效時無婚姻關係，致配偶亦不得支領遺屬年金」（退撫45立法說明）等，導致無法落實遺屬年金制度所欲達成照顧遺族生活之本意。爰重新檢討並將現行規定合理調整，俾與退休人員婚姻關係長達十年以上之配偶，不論其婚姻關係於退休人員退休生效時是否存在，均得領取遺屬年金。

②**未成年子女**給與至成年爲止。但身心障礙且無工作能力之已成年子女，給與終身；惟其應符合法定重度以上身心障礙資格領有身心障礙手冊或證明，或受監護宣告尚未撤銷，並每年度出具前一年度年終所得申報資料，證明其平均每月所得未超過法定基本工資（退撫45Ⅰ、Ⅲ）。

③**父母給與終身**。

(2) 限制條件：支領或兼領月退休金人員之遺族，領有依該法或其他法令規定核給之退休金、撫卹金、優惠存款利息或其他由政府預算、公營事業機構支給相當於退離給與之定期性給付者，不得擇領遺屬年金。但遺族選擇放棄本人應領之定期給與，並經原發給定期給與之權責機關同意者，不在此限（退撫45Ⅳ）。惟該退休人員如係於該法公布施行之日起一年內死亡者，其遺族擇領遺屬年金時，依該法公布施行前之原「公務人員退休法」第18條規定辦理，不適用此限制規定（退撫46Ⅱ），以爲緩衝。

(3) 給與數額：按退休人員亡故時所領月退休金之二分之一，或兼領月退休金之二分之一之數額給予（退撫45Ⅰ）。

(4) 終止領受遺屬年金後之給與：退撫法第45條第5項增訂，支領或兼領月退休金人員之遺族「擇領遺屬年金後，有死亡或其他法定喪失遺屬年金原因，致應終止領受遺屬年金時，應依規定計算亡故退休人員應領之一次退休金（退撫44），扣除其與遺族已領之月退休金及遺屬年金後，若有餘額，由其餘遺族，按第四十三條（遺屬一次金）規定之順序及比率領受之」，此係考量實務上曾發生遺族甫擇領遺屬年金後，短期間內發生死亡或其他法定喪失遺屬年金原因，致應終止領受遺屬年金時，亡故退休人員與其遺族已領之月退休金及遺屬年金合計數，尚未超過亡故退休人員應領之一次退休金金額，惟其遺族已不得再擇領遺屬一次金，甚不合理，爰規定給予其餘遺族遺屬一次金，並按遺屬一次金規定之順序及比率領受所剩餘額。因此，退撫法第46條第1項又規定，如該退休人員係於該法公布施行前死亡者，其遺族雖仍應依該法公布施行前之原規定，擇領遺屬一次金（一次撫慰金）或遺屬年金（月撫慰金），但亦得依上述規定請領「餘額」。換言之，民國107年6月30日前，原已核定「領受月撫慰金」之遺族亦得適用該增列規定，請領「餘額」。又亡故退休人員之遺族依該條項規定請領一次退休金餘額者，以原審定擇領遺屬年金之遺族全數因死亡或法定原因喪失領取遺屬年金權利時，始得爲之（退撫細57Ⅰ）；此之「遺族」爲「原審定擇領遺屬年金之遺族」以外之遺族，或爲次依順序之遺族，或爲民法上之遺族。

(5) 金額分配：依上述觀之，配偶、未成年子女、身心障礙且無工作能力之已年子女或父母其中之一，即得請領遺屬年金，甚且共同領受，與遺族一次金之領受者及其條件、順位有些不同。至於其分配有無順序？各分配若干？法無明定。自其建制立法之宗旨探索，是否得「類推適用」遺屬一次金（第43條）之規定（配偶獨得分配二分之一，其他「平均領受」），此有待實例之推引，進而深研其立法意旨。

3. 遺囑指定領受人：「指定受益人」原爲民國47年公保建制立法時既有之規定。而後實務上有以「遺囑」指定受益人。民國60年修正撫卹法，將「遺囑指定領受人」納入該法中，並作「從其遺囑」之規定。民國68年修正退休法，增列第13條之1，將「遺囑指定用途」納入撫慰金之事項中，並於施行細則第36條明列「合法遺囑指定人」；民國84年新制退休法第13條之1及其施行細則第34條延續之。民國100年施行之退休法第18條第6項、及撫卹法第8條第3項明文列爲「公務人員生前預立遺囑，於第一項遺族中指定撫慰（卹）金領受者，從其遺囑。」民國103年修正施行之公保法又仿退休法、撫卹法，始將「遺囑指定領受人」納入公保法（28Ⅶ）中。民國107年7月1日施行之退撫法第48條、第63條第2項又將「遺囑指定領受人」納入「遺族一次金」或「遺族年金」、及「撫卹金」中，亦即退休人員生前預立遺囑，於配偶、子女、父母、兄弟姊妹、祖父母中，指定遺屬一次金或遺屬年金、及撫卹金領受人者，從其遺囑。此得無順序限制之指定，本法中亦無規定其分配比率，施行細則則補充規定為：「依遺囑指定之比率領受」（退撫細62Ⅰ、85），但對退休人員未成年子女本法規定其分配之領受比率，不得低於其原得領取比率（退撫48Ⅰ、細62ⅡⅢ，政退撫細44）。雖該法但書規定保障未成年子女之「應配分」，然如未成年子女卻未被指定，又如何處理？此亦同為涉及配偶之參與分配與否及是否有「優先權」之問題，依該法施行細則之補充規定：預立之遺囑，未指定領受比率或指定未成年子女之領受比率未達原得領取比率者，依本法第43條第1項所定比率領受（退撫細62Ⅲ）。是以，該但書之規定似應解為特殊之例外規定，仍保障未成年子女之「應配分」。

4. 擇領與分配：退休人員生前未立遺囑且同一順序遺族無法協調選擇同一種類之遺屬一次金或遺屬年金時，由遺族分別依其擇領種類，按該法第43條第1項規定之比率領取（退撫48Ⅱ）；亦即「未再婚配偶領受二分之一外，其餘由下列順序之遺族，依序平均領受之」。依此觀之，如未再婚配偶擇領遺屬一次金，則仍受二分之一之保障。似亦得推論遺族（含未再婚配偶）擇領遺屬年金，未再婚配偶亦應受二分之一之保障，以補前述規定之闕漏。相較以觀，似乎配偶之分配保障優於子女（未成年）。

(三) 服務機關辦理喪葬事宜

支領或兼領月退休金人員死亡而有下列情形之一者，原服務機關得先行具領三個基數之遺屬一次金，辦理其喪葬事宜（退撫47Ⅰ）：

1. 無合法之遺屬一次金領受遺族。
2. 在臺灣地區無遺族，其居住大陸地區遺族未隨侍辦理喪葬。
3. 在臺灣地區無遺族且不明大陸地區有無遺族。

上述2.、3.人員合於請領遺屬一次金之大陸地區遺族，得於「行政程序法」所定公法上請求權時效內，請領服務機關未具領之三個基數遺屬一次金，及辦理喪葬後遺屬一次金餘額（退撫47Ⅲ）。

(四) 公庫及退撫基金

原服務機關辦理亡故退休人員喪葬事宜之遺屬一次金如有賸餘，依其退撫新制實施前、後審定年資之比率計算，分別歸屬公庫及退撫基金（退撫47Ⅱ）。

(五) 過渡措施

1. 退撫新制實施後，至該法公布施行前，已審定支領或兼領月退休金，而於該法公布施行後亡故者，其遺族應依該法第43至45條規定，請領遺屬一次金或遺屬年金（退撫50Ⅰ）。

2. 退撫新制實施前，已審定支領或兼領月退休金人員，於該法公布施行後亡故時，其遺族所領遺屬一次金，照退撫新制實施前原規定給與標準支給。如其遺族符合第45條規定者，得改領遺屬年金（退撫50Ⅱ）。

九、辦理程序

公務人員請領退休金及資遣給與，或其遺族請領退撫給與之權利，屬該請領人之專屬權利，不得作為讓與、抵銷、扣押或供擔保之標的，除特殊情另有規定形外，自不得由他人代為申請及領受（退撫64、69）。茲分述如次：

(一) 退休案

1. 公務人員之呈報：

(1) 呈報時間：各機關申請自願退休、屆齡退休人員，應填造申請書表（退休事實表），並檢齊有關證明文件，由服務機關核實，並無該法不予受理之情事（留職停薪、停職、休職、涉嫌刑案），應於退休生效日前一日至前三個月間，送達審定機關審定（退撫24Ⅰ、88，退撫細42、43）。年滿六十五歲而拒依規定辦理屆齡退休者，經服務機關主動檢同相關文件，送審定機關審定屆齡退休（退撫64）。受監護宣告尚未撤銷者，須由法定監護人代為申請退休或資遣（退撫64）。

(2) 慎選事項：下列事項應於申請時審慎決定，逾審定生效日後，不得請求變更（退撫89）：

①退休生效日：辦理自願退休或屆齡退休之人員，其生效日期應於申請時審慎決定；逾審定生效日後，不得請求變更（退撫89Ⅰ）。屆齡退休人員之至遲退休生效日期（以下簡稱屆退日）如下（退撫19Ⅵ）：

A.於1月至6月間出生者，至遲為7月16日。

B.於7月至12月間出生者，至遲為次年1月16日。

②退休金之種類：公務人員請領退休金之種類、方式，應於申請時審慎決定；經審定機關審定生效後，不得請求變更（退撫89Ⅱ）。

③年資之取捨：公務人員對退撫新制實施前、後年資之取捨，應於申請時審慎決定取捨，如未取捨，則由退休案審定機關逕予取捨審定之（退撫14Ⅱ、Ⅲ）；經審定機關審定生效後，不得請求變更（退撫89Ⅱ）。

2. 機關主動申辦命令退休：機關對於失能公務人員，於經過一段期間之治療、觀察，確認其不能從事本職工作，亦無法擔任其他相當工作，應主動與公務人員或其家人溝通協調，取得相當事證，完成機關內部程序，檢同相關文件，送審定機關辦理命令退休或因公命令退休（退撫20、21、64）。

3. 對涉案情事之處置：公務人員涉嫌刑案在偵查、訴訟中，或有違失行爲在監察院審查中、或被提出彈劾移送懲戒中，均不得資遣或申請退休（74.5.3.懲戒7），此之申請退休，原不含屆滿六十五歲命令退休。民國100年施行之退休法第3條、第5條將滿六十五歲命令退休，改稱爲屆齡退休，並於該法第21條增列涉案之處置規定——應不予受理其申請退休（含自願及屆齡）案或資遣案。民國104年5月20日公布修正之懲戒法第8條第1項規定：「公務員因案在公務員懲戒委員會審理中者，不得資遣或申請退休、退伍。其經監察院提出彈劾案者，亦同。」（105.5.2.施行），則其退休案，自亦包括屆齡退休案。民國107年7月1日施行之退撫法第24條延續之，其涉嫌刑案不受理退休案之情形爲（退撫24Ⅰ）：

(1) 停職期間（公懲4、5）。

(2) 休職期間（公懲14）。

(3) 動員戡亂時期終止後，涉嫌內亂罪或外患罪而有下列情形之一者：

①所涉犯罪尚未判決確定。

②所涉犯罪經檢察官爲不起訴或緩起訴處分，尚未確定。

③所涉犯罪經檢察官爲緩起訴處分確定，尚未期滿。

(4) 涉嫌「貪汙治罪條例」或刑法瀆職罪章之罪，且經法院判處有期徒刑以上之刑，尚未確定。

(5) 因案經權責機關依法移送懲戒或送請監察院審查中，或已經權責機關依法爲懲戒判決但尚未發生效力。

(6) 其他法律有特別規定。

其(3)至(6)人員有屆齡退休之情形，自屆退日起，應先行停職。(1)及(3)至(6)人員自屆退日至原因消滅之日，得比照停職人員發給半數之本（年功）俸額（退撫24Ⅱ、Ⅲ）。

上述(1)至(6)情形而逾屆退日者，應於原因消滅（退撫細45Ⅰ）後六個月內，以書面檢同相關證明文件，送原服務機關申請屆齡退休，並均以其屆退日爲退休生效日。休職人員則應以原因消滅，並經權責機關核准復職之日爲其退休生效日（退撫25Ⅰ、Ⅱ），其自屆齡退休之至遲生效日至實際退休生效日前一日之年資，不予採計，亦即僅採計至遲生效日前之年資。惟該人員於所定六個月應辦理期限內死亡者，其遺族（退撫43）得申請依一次退休金之標準核發給與；如其已達得擇領月退休金條件者，其遺族得擇領遺屬一次金或遺屬年金（退撫25Ⅲ、43至48、64）。又如其於上述「應不受理期間」領有半數本（年功）俸（薪）額（退撫24Ⅲ），則應由退休金支給或發放機關自所發退休金，或遺屬一次金或遺屬年金中覈實扣抵收回之（退撫25Ⅳ）。

然上述人員有下列情形之一者，仍不得辦理退休（退撫25Ⅴ）：

(1) 依法被撤職、免職或免除職務。

(2) 於六個月應辦理期限屆滿時，仍有喪失辦理退休權利之法定事由者（退撫75）。

(二) 資遣案：各機關對於公務人員之資遣，應由其服務機關首長初核後，送權責主管機關或其授權機關（構）核定，再由服務機關檢齊有關證明文件，函送審定機關依該法審定其年資及給與。此對於現職工作不適任，經調整其他相當工作後，仍未能達到要求標準（指公務人員經服務機關依規定進行職務調整，並實施工作表現質量評比後，認定其工作表現與工作態度較其他相當等級人員顯有差距，且有具體事證者）（退撫細63Ⅰ），或本機關已無其他工作可予調任（指本機關已無職等相當、工作性質相近之職務可予調任）（退撫細63Ⅱ），或依其他法規規定，應予資遣者，其服務機關首長考核予以資遣之前，應先經考績委員會初核；考績委員會初核前，應給予當事人陳述及申辯之機會（退撫23Ⅱ，退撫細64）。資遣人員未依規定填具資遣事實表並檢同相關證明文件，交由服務機關函轉審定機關審定資遣年資及給與者，須由服務機關代為辦理（退撫64）。但受監護宣告尚未撤銷者，須由法定監護人代為申請退休或資遣（退撫64）。

(三) 遺族給與案：公務人員於停職、休職中滿六十五歲本應辦理屆齡退休，但卻於該期間或復職六個月內亡故者，得依前述「3.對涉案情事之處置」辦理外，其一般辦理程序如次：

1. 呈報：於辦理殮葬後，由遺族檢具死亡證明，報經原服務機關（轉報銓敘機關）或支給機關，辦理遺族給與。

2. 請領：遺族請領亡故公務人員退休給與之種類（方式）（實為遺族一次金或遺族年金），應於申請時審慎決定；經審定機關審定生效後，不得請求變更（退撫89Ⅰ）。

3. 特例：亡故人員無遺族者，原服務機關知其死亡事實，得向支給機關請領三個基數之遺屬一次金，辦理喪葬事宜，如有剩餘，依其退撫新制實施前、後審定年資之比率計算，分別歸屬公庫及退撫基金（退撫47Ⅱ）。

(四) 給與之核發：

1. 應給予書面行政處分：公務人員或其遺族依該法申請退撫給與之案件，應由審（核）定機關以書面行政處分為之。該法公布施行前退休生效者之每月退休所得，依該法（第36、37及39條）規定重新計算時，亦同（退撫65）。

2. 採金融機構直撥入帳：領受人得於金融機構開立專戶，專供存入退撫給與之用。支給機關一律採金融機構直撥入帳方式核發退休金或遺族給與（退撫66Ⅰ）：

(1) 退休金：一次退休金及首期月退休金經審定機關審定後，自退休生效日起發給。但擇領展期月退休金（退撫30Ⅲ、31Ⅳ、33Ⅲ）者，自其年滿法定起支年齡之日起發給。第二期以後之月退休金，配合統一作業，每一個月發給一次。

(2) 資遣給與：經審定機關審定後，自資遣生效日起發給。

(3) 遺屬給與：遺屬一次金，經審定機關審定後發給。遺屬年金經審定機關審定後，自退休人員死亡時之次一個月退休金定期發給日起發給。但未再婚配偶未滿五十五歲擇領遺屬年金（退撫45Ⅱ）者，應自其年滿法定起支年齡五十五歲之日起發給。第二期以後之遺屬年金，配合統一作業，每月發給一次。

3. 給與之暫停：支領或兼領月退休金之人員或支領遺屬年金之遺族，於行蹤不明或發放機關無法聯繫時，應暫停發給退休金或遺屬年金，並通知受理優惠存款機構，一併暫停發放優存利息，俟其親自申請後，再依相關規定補發（退撫71）。其長居大陸亦同（退撫72）（詳後述）。

4. 溢領之追繳：

(1) 停權喪權及誤發之處理：公務人員或其遺族因法定事由發生，或行政處分經撤銷或廢止而應暫停、停止、喪失請領權利，或有機關（構）誤發情事，而溢領或誤領退休金或其遺族給與者，應依下列程序追繳（退撫70Ⅰ、Ⅱ）：

①由支給或發放機關以書面行政處分，命當事人於一定期限內繳還自應暫停、喪失、停止請領權利之日起溢領或誤領之金額。

②屆期而不繳還，依「行政執行法」相關規定強制執行之。

③其屬定期給付者，得由支給或發放機關通知當事人，自下一定期以後發給之退撫給與中覈實收回；當事人若有異議且未以其他方式繳回者，由支給或發放機關依上述①、②之規定辦理。此已規定得自下一定期以後發給之退撫給與中覈實收回，何有「未以其他方式繳回者」？又雖有異議，支給或發放機關得以書面函復說明，而仍不被接受，屆期仍不繳還，則移送強制執行（下述亦同）。

(2) 優惠存款併同處理：支領一次退休金或公保一次養老給付並辦理優惠存款之退休人員有暫停、喪失、停止、依法撤銷或廢止其請領退撫給與之情事者，其優惠存款應同時停止辦理。未依規定停止辦理者，由支給或服務機關依上述①、②規定辦理追繳（退撫70Ⅰ、Ⅲ）。

(3) 加計利息一併追繳：上述人員屆期仍不繳還者且有可歸責於當事人責任

時，由支給、服務或發放機關按百分之二，加計利息併同依上述①、②規定追繳之（退撫70Ⅳ）。

(4) 從再次給與中覈實扣繳：上述人員未依限繳還溢領或誤領之相關退撫給與及優存利息，或未全數繳還溢領或誤領之相關退撫給與及優存利息者，其於支給、發放或服務機關依「行政執行法」相關規定強制執行追繳之前，又重行退休、資遣，或申領遺屬一次金或遺屬年金時，其溢領或誤領之金額，得由支給機關自其再核發之退撫給與中覈實抵銷或收回之。該法公布施行前之案件，亦同（退撫70Ⅴ）。

十、支領月退休金人員赴大陸地區長期居住改領停領及恢復退休給與

自從民國76年11月2日，開放臺灣人民前往大陸探親以來，兩岸民間交往日趨繁複，赴大陸探親旅遊經商者日多，且不乏前往大陸定居者。爲此，總統經於民國81年7月31日公布「臺灣地區與大陸地區人民關係條例」（「兩岸關係條例」）施行，至民國104年6月17日，共十六次修正（修正之頻繁，及修正條文之廣泛，均反映了兩岸關係變化之迅速。其中尤以民國86年5月14日及92年10月29日兩次之修正，每次修正條文均達數十條之多）。但與公教人員退休有關之第26條則迄未有修正，僅於民國86年5月14日增列第26條之1條文，以補充規定有關保險死亡給付及一次撫卹金、餘額退伍金或一次撫慰金等之申請事項。

有關退休人員退休金事項，該條例規定，對於支領各種月退休、退職、退伍給與之軍、公、教人員及公營事業機構人員，經政府許可赴大陸地區，並擬在大陸地區長期居住者，其退休、退職或退伍給與，應向主管機關申請，改領一次退休（職、伍）給與，並由主管機關就其原經核定之退休、退職或退伍年資，及其申領當月同職等或同官階現職人員之月俸額，以計算其應領之一次退休、退職，或退伍給與爲標準，扣除已領之月退休、月退職、月退伍給與，一次發給其餘額；無餘額或餘額未達其應領之一次退休、退職，或退伍給與半數者，一律發給其應領一次退休、退職，或退伍給與之半數。但此種人員在臺灣地區有民法第1114至1118條所定應受其扶養之人者，申請前應經該受扶養人同意。

此種前往大陸定居而係兼領月退休或月退職給與人員，按其兼領月退休或退職給與比例，計算其應領之一次退休或退職給與數後，依上述規定核給。如其未依規定申請辦理改領一次退休給與，而在大陸地區設有戶籍或領用大陸地區護照者，停止領受退休給與；俟其註銷大陸地區戶籍或放棄持用大陸地區護照，得向內政部申請許可回復臺灣地區人民身分返回臺灣定居，再申請恢復退休給與（兩岸9之2、26，兩岸細24、25）。

民國93年2月13日，考試院發布「支領月退休給與之公務人員赴大陸地區長期居住改領停領及恢復退休給與處理辦法」（赴陸，96.9.10.修正）一種，對申請及處理此類案件之手續有具體明確之規定：

(一) 申請手續：申請人應於赴大陸地區長期居住之三個月前，檢具下列相關驗證文件，向原退休（職）機關提出申請改領一次退休（職）給與，且不得委託他人代理（赴陸3Ⅰ）：

1. 申請書。
2. 支領或兼領月退休（職）金證書。
3. 申請人全戶戶籍謄本。
4. 經許可或查驗赴大陸地區之證明文件。
5. 決定在大陸地區長期居住之意願書。
6. 在臺灣地區有受扶養人者，經公證之受扶養人同意書。
7. 申請改領一次退休（職）給與時之前三年內，赴大陸地區居、停留，合計逾一百八十三日之相關證明文件。

申請人已在大陸地區長期居住，仍應先返回臺灣地區辦理戶籍遷入登記後，依本辦法辦理。但申請人如在臺灣地區無受扶養人，因罹患重病且行動不便，經當地醫院證明屬實者，得簽署委託書連同醫院證明，一併送經當地公證機構公證，再經行政院設立或指定之機構或委託之民間團體驗證後，由受委託之臺灣地區親友檢具上述1.至5.及7.之相關文件代爲申請改領一次退休（職）給與，並由其代理請領（赴陸3Ⅲ）。

(二) 改發給與：申請改領一次退休（職）給與案件，原退休（職）機關應予詳細審核後轉報原退休（職）案核定機關，並於收件之日起二個月內核定。經核准者，申請人應於赴大陸地區長期居住前一個月內，檢具改領一次退休（職）給與之核定函、赴大陸地區之機（船）票及大陸地區簽發入境證明，送請原退休（職）機關或退休（職）給與支給機關審查無訛後，改發一次退休（職）給與，並由原退休（職）機關或退休（職）給與支給機關將付款通知副本函知原退休（職）案核定機關（赴陸4）。

(三) 停止領受：

1. 未在大陸設籍：退休（職）公務人員未依兩岸關係條例第26條第1項規定辦理，自行前往大陸地區長期居住，其未在大陸地區設有戶籍或領用大陸地區護照者，居住大陸地區期間，暫停其領受退休（職）給與之權利，俟其申請改領或回臺居住時，得依相關規定申請回復請領權利（赴陸3Ⅳ）。

2. 已在大陸設籍：退休（職）公務人員赴大陸地區長期居住，未依兩岸關係條例第26條第1項規定申請辦理改領一次退休（職）給與，而在大陸地區設有戶籍或領用大陸地區護照者，以其在大陸地區設有戶籍或領用大陸地區護照之日起，停止其領受月退休（職）給與之權利（赴陸5Ⅰ）。

以上係公務人員、政務官等所共同適用之規定（赴陸7）。

民國107年7月1日施行之退撫法第72條再度重申：「支領或兼領月退休金之退休人員或支領月撫卹金、遺屬年金之遺族赴大陸地區長期居住，而未在大陸地區設有戶籍或領用大陸地區護照者，發放機關應於其居住大陸地區期間，暫停發給退休金、撫卹金或遺屬年金，俟其親自依規定申請改領一次退休金或回臺居住時，再依相關規定補發。」

下述兩點純係供參考研究之意見：

(一) 依據歷年之公務人員退休法規規定，退休人員究竟選擇一次退休金或月退休金，應審慎決定後送經銓敘部審定並領取退休給與後，即不得以任何理由變更（94.10.17.退休細25，100.1.1.退休34Ⅱ，退撫89Ⅱ）。現兩岸關係條例上述規定，與退休法規顯然不符。但解釋者所持理由為：因此係以特別法對特別情事所作之特別規定；又此係後出之法規，依特別法優先於普通法及後法優先於前法之原則，此一作特別規定後法仍屬有效。此在立法體例上及法規之適用上應屬正確。但在法理上則似應另作研究。亦即兩岸關係條例變更了退撫法律上之「不得變更」。

(二) 就上述條例所規定結算給與一次退休金方式觀之，無論當事人已領受多少個月之月退休金，縱然早已遠超過舊退休制度所定之最高六十一個基數，甚或超過新制之五十三個基數（實際為一百零六個月之月俸額），仍然至少應給與三十點五個基數或二十六點五個基數（即五十三個月之月俸額）之一次退休金。此對未申請赴大陸定居之月退休金領受人員而言，顯係對赴大陸定居者之一種特殊優待，且有鼓勵之作用，似欠公允。

第五節　公務人員撫卹制度

一、撫卹事由

公務人員在職死亡者，由其遺族或服務機關依退撫法申辦撫卹。其於休職、停職或留職停薪期間死亡者，其遺族或服務機關亦得依該法規定，申辦撫卹（退撫51Ⅰ、Ⅱ）。蓋其於休職、停職或留職停薪期間尚具有公務人員身分（保障9之1，退撫3Ⅰ、Ⅱ，停留11），仍保有其請求「年資給與」之資格，因其死亡，即無復職之可能，又其並未受有罪之判決，宜為無罪之推定，是以，從寬准予辦理撫卹，歷來如是。但在民國107年6月30日退撫法施行前死亡之公務人員撫卹案，仍依前原撫卹法之規定辦理（退撫51Ⅲ）。公務人員在職死亡之撫卹原因如次（退撫52）：

(一) 病故或意外死亡。但自殺死亡比照病故或意外死亡認定；然因犯罪經判刑確定後，於免職處分送達前自殺者，不予撫卹（退撫52Ⅱ）。

(二) 因執行公務以致死亡（簡稱因公死亡）（詳後述第八節）。

茲應特別說明者爲「自殺給卹」事宜。「自殺」於一般保險上，均不予給付，乃隱有以自殺領取保險金之「道德危險」，尊重生命、愛惜生命，社會不認同以自殺爲處理事務之手段。但因身心重病，不堪折磨，自己了結生命，以了後患，情有可原，是以，昔亦比照病故或意外死亡認定，給予撫卹。

然而**自殺死亡**爲實務上之難題，如不予撫卹，則情何以堪；給予撫卹，則似有鼓勵自殺作爲解決問題方法之虞，此恐非法律之宗旨或目的。惟因「犯（畏）罪自殺」（軍人撫卹條例8Ⅲ）則不能辦理撫卹，僅得由其遺族申請發還其本人原繳付之退撫基金費用本息（退撫9Ⅲ、52Ⅱ）。雖自殺給卹終入民國107年7月1日施行之退撫法中規定，但應知其原由，係在保障公務人員之「年資給與」，以安頓其遺族生活。惟應再強調：應珍惜生命，不得隨意傷害。茲略述其研議過程之艱辛：

公務人員自殺，遺族申請撫卹，昔原與舊制「公務人員撫卹法」第3條規定不符，未便給卹。惟以公務人員所以輕生自殺，或係心神喪失，或係久病不癒，即已不幸，而死後遺族生活堪虞，經考試院民國62年3月12日（62）考臺秘二字第0598號函核定：凡屬：1.因公傷殘自殺死亡，2.在職得病醫治不癒自殺死亡，3.心神喪失自殺死亡，准比照「公務人員撫卹法」給卹有關規定辦理（銓敘部62.4.24.六二臺爲特一字第09503號函）。

至民國85年考試院修正擴大上述之見解，認爲鑑於國內政治、經濟環境日趨複雜，公務人員所承受之壓力與日俱增，而公務人員所以輕生自殺，或係工作壓力，或係感情糾結，或係心神喪失，或係久病不癒，牽涉原因甚爲繁多複雜；惟概括而言，自殺無非係生理上或心理上之病態行爲。經院會決議：「公務人員自殺死亡者應發給撫卹金」（考試院85.8.27.八五考臺組二字第04427號函，銓敘部85.10.1.八五臺特四字第1354619號函）。

按考試院民國62年之函釋，實爲舊制恩給的時代，由政府以預算支付撫卹金，但民國85年之函釋時，已是政府與公務人員共同提撥之儲金制，建立基金支付，基金中含有公務人員自繳之費用，如對自殺不予支付，亦難謂允當，遂有該函之發布。又依當時撫卹法施行細則第3條第1項之規定：「……任職年資，依其實際繳付基金費用之月數計算，未依法繳付撫退撫基金之年資，或曾經申請發還離職、免職退費，或曾經核給退休金、資遣給與之任職年資，均不得採計。」並無排除自殺給卹之意。不過論者有謂：此不僅發還自繳基金費用之本息，且更得連同機關公提部分之本息，一併發給，似又難免在憐憫遺族與從寬議卹之餘，仍不無鼓勵自殺以解決事情之嫌，與保險之基本理念不符。此種見解雖稍近嚴苛，但亦非無警惕之意。

民國98年5月25日考試院函送立法院之「公務人員撫卹法修正草案」，其中第3條仿「軍人撫卹條例」第8條第3項：「軍人服現役期間自殺致死亡者，以因病死亡辦理撫卹。但因犯罪自殺者，不予撫卹。」之規定，增列第2項：「公務人員自殺死亡，除因故意犯內亂、外患、貪汙、瀆職或殺人罪者外，比照病故辦理撫卹。」其修正理由，如同上述。民國99年5、6月立法院審查期間，卻遇「富士康員工連續跳樓自殺事件」，立法院擔憂自殺給卹有鼓勵自殺之虞，遂刪除該項之增列。該法修正通過後，於民國100年1月1日施行之修正「公務人員撫卹法施行細則」第3條規定：「本法第三條第一款所定病故或意外死亡，不包括自殺死亡。」但民國103年8月12日修正該施行細則第3條規定：「本法第三條第一款所定病故或意外死亡，不包括犯罪而自行結束生命者。」並追溯自民國100年1月1日施行。其修正理由為：

民國100年1月1日撫卹法修正施行迄今，除有自殺死亡者遺族屢有陳情要求給卹，以及機關建議增列公務人員自殺給卹之規定外，實務上，尚有二自殺死亡者之遺族因申請撫卹案遭否准而提起行政救濟；其間因不同高等行政法院有不同法律見解，致訴訟判決結果有所不同。加以現今社會變遷快速，罹患心理疾病人數顯有增加趨勢；致公務人員可能因為工作壓力，或因本身久病難癒等原因而厭世自殺。是基於照護其遺族之權益及撫卹制度建制之精神，擬就撫卹法所定病故及意外死亡，於該施行細則中延伸解釋為包含一定條件之自殺死亡；惟考量公務人員因涉嫌犯罪、畏罪逃亡或遭通緝期間自殺，如仍予給卹，顯不符合社會正義的核心價值，應予排除撫卹。爰修正該施行細則第3條；另於第34條明定本次修正條文之施行日期，以求周妥，俾符合撫卹政策的正當性及正義性。

其間，民國102年6月20日，最高行政法院102年度判字第381號，對自殺亦有所闡釋，其謂：

銓敘部62年函釋考量公務人員死後遺族堪慮，限於三種情況自殺准予撫卹；85年函釋則認自殺無非係一病態行為，自殺一律得撫卹，不限於三種情況；87年函釋又將公務人員自殺一律得撫卹之概括規則予以限縮，排除殺人後自戕身亡者不在此限（按為銓敘部87.12.31.七八臺特四字第1703833號書函）。準此觀之，並參酌前揭關於公務人員病故給與遺族撫卹之目的，則自62年起銓敘部上揭行政函令解釋曾經形成**行政先例**，足證給與遺族撫卹金之立法意旨，並不當然排除因得不治之疾病且不久人世，無法忍受身心之煎熬而自殺死亡者；99年11月17日修正公布之公務人員撫卹法施行細則第3條所謂病故不包括自殺死亡，將此情況予以排除在給與撫卹金之外，乃**增加母法所無之限制**，於此情況之具體個案當不予適用。

基於平等原則，相同之事物，應爲相同之處理；不同之事物，則應依其特性，爲不同之處理。是以，事物除非具有本質上之差異，且具備合理正當之不同處遇基礎外，原則即不得爲差別待遇。按「軍人服現役期間自殺致死亡者，以因病死亡辦理撫卹。但因犯罪自殺者，不予撫卹。」軍人撫卹條例第8條第3項（91年12月27日增列）定有明文。軍人亦屬廣義之公務人員，與一般公務人員均同樣爲國家服務，僅軍人較諸一般公務人員有較高之從屬性；然撫卹之權利人主要爲死亡之軍人或公務人員之遺族，並非死亡者本身，倘軍人或一般公務人員在職期間病故，均有由國家給予其遺族撫慰照顧之必要。故從撫卹之目的與必要性觀察，軍人之遺族與一般公務人員之遺族欠缺本質上之差異，軍人罹患不治之重症，經醫師診斷預知僅有短期之存活期限，因無法忍受身心之煎熬而自殺死亡之情形，依上揭軍人撫卹條例第8條第3項規定，應以因病死亡辦理撫卹；則一般公務人員於相同情形，亦應承認其得辦理撫卹，始與平等原則無違。

顯然對於自殺是否給卹，昔立法、司法、考試（行政）之見解，亦未完全一致，實務上存有諸多的困難。本文雖不贊同以自殺來解決自己存在的問題，而把後續之問題，留予政府機關來處理，但比較趨向考試院民國62年之見解，再愼酌自殺給卹的情事或條件，俾符合撫卹政策的正當性及正義性。

二、撫卹權人之順位及其分配

公務人員在職亡故，政府給予其遺族撫卹金。遺族，應以公務人員死亡時之法律事實認定其資格（退撫細86Ⅰ）。

民國99年12月31日前之「公務人員撫卹法」第8條對遺族範圍、領受撫卹金之順序與分配規定爲：

公務人員遺族領受撫卹金之順序如左：

一、父母、配偶、子女及寡媳。但配偶及寡媳以未再婚者爲限。

二、祖父母、孫子女。

三、兄弟姊妹，以未成年或已成年而不能謀生者爲限。

四、配偶之父母、配偶之祖父母，以無人扶養者爲限。

前項遺族同一順序有數人時，其撫卹金應平均領受；如有死亡或拋棄或因法定事由喪失領受權時，由其餘遺族領受之。

第一項遺族，公務人員生前預立遺囑指定領受撫卹金者，從其遺囑。

民國100年1月1日修正施行之「公務人員撫卹法」則對上述之規定，審酌實務現象，撫卹遺族領受順序九成九以上均以配偶、子女、父母等家庭成員爲主，另考量公務人員可能確有由其祖父母扶養或確實扶養兄弟姊妹等特殊情況，故如該公務人員亡故時，其祖父母或兄弟姊妹之生活即將陷於困境，基於政府照護公務人員遺族及人道考量，爰配合「公務人員退休法」修正條文第18條第1項有關遺族一次撫慰金之領受順序，將該條第1項領受撫卹金遺族範圍修正為配偶、子女、父母、祖父母及兄弟姊妹等家庭成員。另因家庭成員中夫妻關係最為密切，因此，亡故公務人員之配偶應予特別保障受撫卹金之照顧，爰明定配偶應領受撫卹金之二分之一。另考量亡故公務人員之子女有第2項所定死亡、拋棄或因法定事由喪失領受權者，因其子女（即孫子女）尚幼，較其他順序之遺族，更應獲得照護，爰於第2項增列渠等**代位領受**之規定。惟反觀該次修正前之原撫卹法第8條第1項所規定之第一順位領卹遺族為「父母、配偶、子女及寡媳。但配偶及寡媳以未再婚者為限。」得悉遺族之範圍仍以民法第1138、1144條之直系血親卑親屬、父母、兄弟姊妹、祖父母及配偶為度，但卻重新釐定其領受次序，並予孫子女得代位領受（撫卹8 II）；至於「配偶之父母、配偶之祖父母，已無人扶養為限」則予刪除；兄弟姊妹之領受，亦刪除「以未成年或已成年而不能謀生者為限」。其立法意旨，有謂此社會政策顯然係針對舊時代之大家庭，而走向當今之小家庭；不過當今之小家庭亦面對「高齡化」、「少子化」之現象，一對夫妻可能要負擔雙方父母之養老事宜，「配偶之父母」，甚至於「配偶之祖父母」，將來可能需修正或解釋，再酌給卹。但兄弟姊妹之領受，反而刪除「以未成年或已成年而不能謀生者為限」，亦即兄弟姊妹之領受反而無任何之限制，則「配偶之父母或祖父母」與「兄弟姊妹」，孰輕孰重，仍有價值審酌予以抉擇之必要。此「小家庭」之說，似有矛盾或不周全之處。

茲就現行退撫法對公務人員之遺族領受撫卹金，其遺族之範圍、領受順序與分配，分述如次：

(一) 遺族之範圍：參採民法第1138、1144條法定繼承人之範圍，規定為：配偶（未再婚）、子女、父母、兄弟姊妹、祖父母（退撫62 I）。其遺族申辦撫卹時，應以公務人員死亡時之法律事實認定其請領資格（退撫細86 I）。並依其「應配分」（撫卹金領受之比率）個別核定（退撫細77 I 及其說明參照）。

(二) 領受之順序：除未再婚之配偶外，一般依序為：1.子女。2.父母。3.兄弟姊妹。4.祖父母。配偶並得參與各該順序遺族共同分配（退撫62 I）。

(三) 金額之分配：因有無配偶參與各該順序之分配，或其他遺族領受權之存否，其遺屬撫卹金領受額度就有所不同：

1. 原則上，未再婚配偶領受二分之一，其餘依序由各該順序之遺族，平均領受（退撫62 I）。無配偶或配偶再婚時，依序由各該順序之遺族平均領受（退撫62 II）。

2. 無子女、父母、祖父母時，由未再婚配偶單獨領受（退撫62Ⅱ）。兄弟姊妹則不得分配。

3. 同一順序遺族有數人時，由同一順序具有領受權之遺族平均領受（退撫62Ⅱ）。如有死亡、拋棄或因法定事由而喪失或停止領受權者，其撫卹金應由同一順序其他遺族依上述1.、2.規定領受；無第一順序遺族（子女）時，由次一順序遺族（父母）依上述規定領受（退撫62Ⅲ）。此情以「公務人員死亡時之法律事實認定」（退撫細86Ⅰ）。如於領卹期間有此情形，則必須重核同一順序其他遺族之「應配分」。

4. 領受子女死亡、拋棄或因法定事由而喪失領受權者，由其子女（即孫子女）代位領受之，不適用上述3.之規定（退撫63Ⅰ）。其代位權之有無，以該「公務人員死亡時之法律事實認定之」（退撫細86）。

(四) 遺囑之指定：公務人員生前預立遺囑，於配偶（未再婚）、子女、父母、兄弟姊妹、祖父母等遺族中，指定撫卹金領受人者，從其遺囑，亦即得變更法定順序及其分配（退撫63Ⅱ）（詳後述）。

(五) 分割領受權：亡故公務人員之遺族行蹤不明，或未能依上述規定，取得一致請領之協議者，得由其他遺族按具有領受權之人數比率「應配分」，分別請領撫卹金（退撫62Ⅴ）。此措施前即有函釋（銓敘部73.10.3.七三臺華特一字第50370號函）。

(六) 喪權之計算餘額及其領受者：同一順序月撫卹金領受人（並參退撫細83），於月撫卹金領受期限內均喪失領受權時，依下列規定辦理（退撫62Ⅵ）：

1. 依一次退休金之標準，計算一次撫卹金，減除已領月撫卹金金額（含第58、59條對每一未成年子女每月再比照國民年金法規定之老年基本保證年金給與標準，加發撫卹金）（退撫細84）後，補發其餘額；無餘額者，不再發給。

2. 依上述規定核算而應補發餘額者，依序由次一順序之遺族平均領受；無次一順序遺族或次一順序遺族均喪失領受權時，不再發給。

(七) 請還基金本息：公務人員死亡而無配偶、子女、父母、兄弟姊妹、祖父母等遺族（退撫62Ⅰ）可申辦撫卹者，其「繼承人」得向退撫基金管理機關申請發還原繳付之退撫基金本息。無繼承人者，得由原服務機關先行具領，辦理喪葬事宜；有賸餘者，歸屬退撫基金（退撫63Ⅲ）。此之「繼承人」究應何指？或應指上述法定領卹人以外之「直系血親卑親屬」，含孫子女（民法1138、1144）。

三、撫卹給與之種類與計算

撫卹之給與，在民國107年6月30日前之撫卹法均稱為「一次撫卹金」、「一次及年撫卹金」，7月1日退撫法施行後，則改稱爲「一次撫卹金」、「一次撫卹金及月撫卹金」，其給付方式與該名詞所示之文義相同。茲就病故或意外死亡者，其年資採計、擇領種類之條件、給與與計算標準及撫卹期間，分述如次：

(一) 年資之採計：公務人員撫卹之給與與退休之給與，同爲依其任職年資或繳付退撫基金之年資計算（退撫11、12）。於退撫新制實施前、後均有任職年資者，其撫卹年資應合併計算：退撫新制實施前任職年資，最高採計三十年；退撫新制實施後任職年資，可連同併計；併計後不得超過四十年。惟其任職年資之取捨，應優先採計退撫新制實施後年資（退撫55Ⅰ、Ⅱ）。

(二) 基數內涵：其計算，依表19-1（「公務人員退休資遣撫卹法」第27條第2項附表——該法公布施行後退休公務人員退休金給與之計算基準彙整表）所列平均俸額加一倍爲準。

(三) 一次撫卹金：任職未滿十五年者，依年資發給一次撫卹金（退撫54Ⅱ）：

1. 任職滿十年而未滿十五年者，每任職一年，給與一點五個基數；未滿一年者，每一個月給與八分之一個基數；其未滿一個月者，以一個月計。

2. 任職未滿十年者，除依上述規定給卹外，每少一個月，加給十二分之一個基數，加至滿九又十二分之十一個基數後，不再加給，表19-10（依「公務人員退休資遣撫卹法」第54條第2項第1款第2目附表——公務人員任職未滿十年者加給一次撫卹金計算標準表）。但曾依法令領取由政府編列預算或退撫基金支付之退離給與或發還退撫基金費用本息者，其年資應合併計算；逾十年者，不再加給。即從優以擬制年資方式，保障最低之十五個基數。

(四) 一次撫卹金及月撫卹金：任職滿十五年者，依下列規定發給一次撫卹金及月撫卹金：

1. 一次撫卹金之給與：前十五年給與十五個基數一次撫卹金。超過十五年部分，每增一年，加給二分之一個基數，最高給與二十七又二分之一個基數；未滿一年之月數，每一個月給與二十四分之一個基數；未滿一個月者，以一個月計（退撫54Ⅱ）。最高採計四十年年資（退撫55Ⅰ）。

2. 月撫卹金之給與（退撫54Ⅱ）：

(1) 給與基數：每月給與領受遺族二分之一個基數之月撫卹金（退撫54Ⅱ）。

(2) 撫卹期間：

①一般期間：其爲病故或意外死亡者，給與領受遺族一百二十個月之月撫卹金（退撫56Ⅰ）。

②延長給卹：領受人屬未成年子女者，於該給卹期限屆滿時尚未成年者，得繼續給卹至成年爲止。子女雖已成年，仍在學就讀國內學校具有學籍之學生，且在

表19-10　公務人員退休資遣撫卹法第五十四條第二項第一款第二目附表——公務人員任職未滿十年者加給一次撫卹金計算標準表

基數／畸零月數／任職年數	零個月	一個月	二個月	三個月	四個月	五個月	六個月	七個月	八個月	九個月	十個月	十一個月
未滿一年		9 11/12	9 10/12	9 9/12	9 8/12	9 7/12	9 6/12	9 5/12	9 4/12	9 3/12	9 2/12	9 1/12
一年	9	8 11/12	8 10/12	8 9/12	8 8/12	8 7/12	8 6/12	8 5/12	8 4/12	8 3/12	8 2/12	8 1/12
二年	8	7 11/12	7 10/12	7 9/12	7 8/12	7 7/12	7 6/12	7 5/12	7 4/12	7 3/12	7 2/12	7 1/12
三年	7	6 11/12	6 10/12	6 9/12	6 8/12	6 7/12	6 6/12	6 5/12	6 4/12	6 3/12	6 2/12	6 1/12
四年	6	5 11/12	5 10/12	5 9/12	5 8/12	5 7/12	5 6/12	5 5/12	5 4/12	5 3/12	5 2/12	5 1/12
五年	5	4 11/12	4 10/12	4 9/12	4 8/12	4 7/12	4 6/12	4 5/12	4 4/12	4 3/12	4 2/12	4 1/12
六年	4	3 11/12	3 10/12	3 9/12	3 8/12	3 7/12	3 6/12	3 5/12	3 4/12	3 3/12	3 2/12	3 1/12
七年	3	2 11/12	2 10/12	2 9/12	2 8/12	2 7/12	2 6/12	2 5/12	2 4/12	2 3/12	2 2/12	2 1/12
八年	2	1 11/12	1 10/12	1 9/12	1 8/12	1 7/12	1 6/12	1 5/12	1 4/12	1 3/12	1 2/12	1 1/12
九年	1	11/12	10/12	9/12	8/12	7/12	6/12	5/12	4/12	3/12	2/12	1/12

註記：

一、本表依第五十四條第二項第一款第二目規定訂定。

二、公務人員任職未滿十年者，除依第五十四條第二項第一款第一目給卹外，按其任職年資與任職十年之差距，每少一個月，加給十二分之一個基數。但已領退休（職、伍）金或資遣給與者，其年資應併入任職年資計算應加給之一次撫卹金；逾十年者不再加給。

三、未滿一個月者，以一個月計。

法定修業年限內者，得繼續給卹至取得學士學位止；就讀大學或獨立學院者，以取得一個學士學位爲限（退撫56 II、III）。其繼續給卹之條件爲（退撫細87 I）：

A. 就讀國內學校具有學籍之學生，且在法定修業年限內。

B. 在該法第56條第1項所定給卹期限之最後一個月內，有在學就讀之事實。

C. 前款B.所定給卹期限之最後一個月有下列條件之一者，得於就學後，申請繼續給卹：

a. 適逢畢業之同一年再升學。

b. 轉學。

c. 休學後復學，或轉學。

D. 繼續給卹期間，除前款C.之a.及c.所定畢業後升學或休學期間外，學業須未中斷。

但前述遺族有下列情形之一者，不予給卹（退撫細87 II）：

a. 未在規定修業期限內修滿應修學分而延長修業期間。

b. 因選定雙主修而延長修業期間。

c. 轉學、休學重讀者，其延長修業、轉學及休學重讀期間。

③終身給卹：領受人屬因身心障礙而無工作能力之子女，得檢同法定重度以上身心障礙手冊或證明，或已受監護宣告尚未撤銷之證明，依其應分配之比率（退撫62），申請終身給卹；其屬已成年子女者，並應每年度出具前一年度年終所得申報資料，證明其平均每月所得未超過法定基本工資（退撫56IV）。

3. 改領種類：

(1) 公務人員（任職滿十五年）生前「預立遺囑」，不請領一次撫卹金及月撫卹金者（退撫54 II），得改按一次退休金之標準，發給一次撫卹金（退撫60 I）。

(2) 無遺囑而遺族不請領一次撫卹金及月撫卹金者（退撫54 II）者，亦同（退撫60 I）。

4. 比照加發：遺族有未成年子女者，每一未成年子女每月再比照「國民年金法」規定之老年基本保證年金給與標準，加發撫卹金，至成年爲止（退撫58 II）。

(五) 殮葬補助費（退撫61 I 、II）：亡故公務人員應由各級政府編列預算，給與殮葬補助費。公務人員於休職、停職或留職停薪期間死亡者，亦同，均補助七個月本（年功）俸（薪）額。此數額以亡故公務人員最後在職時經銓敘審定之俸（薪）級及俸（薪）點計算；但不得低於委任第五職等本俸五級所計得之俸額。又公務人員失蹤並經死亡宣告者，得依上述規定，發給殮葬補助費；但經撤銷死亡宣告者，原發給之殮葬補助費應由支給機關依法追繳（退撫61 I 、II，退撫細81）。

(六) 勳績卹金：公務人員受有勳章或有特殊功績者，得給與勳績撫卹金（退撫

61Ⅲ）。所稱勳章，限於依「勳章條例」所授予者（退撫細82Ⅰ）。所稱特殊功績，指下列情形之一者（退撫細82Ⅱ、Ⅲ）：

1. 經總統明令褒揚。

2. 經審定機關依該法第53條第2項第1款（冒險犯難）及第2款（執行職務），或同條項第4款第1目（赴冒險犯難之通勤災害）規定，審定因公死亡撫卹。並以其死亡事實未經核頒勳章或明令褒揚者爲限。

公務人員勳績撫卹金之給與，依「公務人員領有勳章獎章榮譽紀念章發給獎勵金實施要點」所定標準發放。該要點所附之「發給獎勵金標準表」原無「特殊功績」之給與標準。民國108年3月19日考試、行政兩院會銜修正該要點，增列「特殊功績」，提高其金額，並溯自民國107年7月1日施行。惟該要點名稱依然如舊，並未顯示「特殊功績」之獎勵金。依該要點第3點所附之標準表如表19-11。

表19-11　公務人員勳章獎章榮譽紀念章獎勵金及勳績撫卹金發給標準表

<table>
<tr><th colspan="3">類別及等第</th><th>金額（新臺幣）</th></tr>
<tr><td rowspan="6">勳章</td><td colspan="2">中山勳章</td><td>八萬元</td></tr>
<tr><td colspan="2">中正勳章</td><td>七萬元</td></tr>
<tr><td rowspan="4">卿雲勳章及景星勳章</td><td>一等</td><td>五萬元</td></tr>
<tr><td>二、三等</td><td>四萬五千元</td></tr>
<tr><td>四、五等</td><td>四萬元</td></tr>
<tr><td>六、七、八、九等</td><td>三萬元</td></tr>
<tr><td rowspan="10">獎章</td><td rowspan="3">功績獎章及楷模獎章</td><td>一等</td><td>二萬元</td></tr>
<tr><td>二等</td><td>一萬五千元</td></tr>
<tr><td>三等</td><td>一萬元</td></tr>
<tr><td rowspan="3">專業獎章</td><td>一等</td><td>八千元</td></tr>
<tr><td>二等</td><td>七千元</td></tr>
<tr><td>三等</td><td>六千元</td></tr>
<tr><td rowspan="4">服務獎章</td><td>特等</td><td>二萬元</td></tr>
<tr><td>一等</td><td>一萬五千元</td></tr>
<tr><td>二等</td><td>一萬元</td></tr>
<tr><td>三等</td><td>五千元</td></tr>
<tr><td colspan="3">榮譽紀念章</td><td>一萬五百元</td></tr>
</table>

表19-11 公務人員勳章獎章榮譽紀念章獎勵金及勳績撫卹金發給標準表（續）

<table>
<tr><th colspan="2">類別及等第</th><th>金額（新臺幣）</th></tr>
<tr><td rowspan="2">特殊功績</td><td>經總統明令褒揚</td><td></td></tr>
<tr><td>經依公務人員退休資遣撫卹法施行細則第八十二條第二項第二款審定因公死亡撫卹</td><td></td></tr>
<tr><td>備註</td><td colspan="2">一、公務人員於擔任公職期間所獲頒之軍職勳獎章，依陸海空軍軍官士官服役條例施行細則第三十五條附件二──陸海空軍退伍除役軍官士官勳獎章獎金支給基準表所定發給基數，按公務人員退休案審定之等級及退休金基數內涵計算發給獎勵金。
二、公務人員領有服務獎章者，依其最高等第服務獎章發給獎勵金。
三、榮譽紀念章，指總統依政務軍事各機關保舉最優人員辦法所頒發者。</td></tr>
</table>

四、遺囑指定

「指定受益人」原爲民國47年公保建制立法時既有之規定。而後實務上有以「遺囑」指定受益人。民國60年修正撫卹法，將「遺囑指定領受人」納入該法中，並作「從其遺囑」之規定。民國68年修正退休法，增列第13條之1，將「遺囑指定用途」納入撫慰金之事項中，並於施行細則第36條明列「合法遺囑指定人」；民國84年新制退休法第13條之1及其施行細則第34條延續之。民國100年施行之退休法第18條第6項、及撫卹法第8條第3項明文列爲「公務人員生前預立遺囑，於第一項遺族中指定撫慰（卹）金領受者，從其遺囑。」民國103年修正施行之公保法又仿退休法、撫卹法，始將「遺囑指定領受人」納入公保法（28Ⅶ）中。民國107年7月1日施行之退撫法第48條、第63條第2項又將「遺囑指定領受人」納入「遺族一次金」或「遺族年金」、及「撫卹金」中。列述至此，退撫公保法律（含「政務人員退職撫卹條例」、「公立學校教職員退休資遣撫卹條例」）均有規定「遺囑指定領受人」，是否意謂退撫公保之給與，有「私產」化之趨勢，而減緩「公法給與」之性質，仍有待觀察。

(一) 指定撫卹金種類：公務人員任職滿十五年死亡者，其生前預立遺囑，不請領一次撫卹金及月撫卹金者（退撫54Ⅱ），得改按一次退休金之標準，發給一次撫卹金（退撫60Ⅰ）。

(二) 指定撫卹金領受人：公務人員生前預立遺囑，於法定遺族中（子女、父母、祖父母、兄弟姊妹）（退撫62Ⅰ），指定撫卹金領受人者，從其遺囑。但公務人員未成年子女之領受比率，不得低於其原得領取比率（退撫48Ⅰ、63Ⅱ）；即保障未成年子女之原「應配分」。

又其相關事宜，比照該法第62條規定辦理（退撫細85）。然觀該法第62條之領受人之範圍、順序與分配，即得指定各順序之遺族，除未成年子女之原「應配分」應受保障外，配偶是否仍受二分之一之保障，則仍有思量之餘地。

茲附帶說明：民法第1143條原規定「遺囑指定繼承人」，民國74年修正民法予以刪除。其理由之一爲「被繼承人如欲以其遺產給與法定繼承人以外之人，可以遺贈方式爲之，不必再指定繼承人。」此或與退撫法、公保法上之「遺囑指定領受人」有所不同，但其間之法理，非無可參考酌量之處。

五、撫卹財務責任之分擔

退撫新制實施後之公務人員撫卹金（及退休金），應由政府與公務人員共同撥繳費用建立之退撫基金支給，並由政府負最後支給保證責任（100.1.1.退休14Ⅱ，退撫7）；退撫基金之撥繳費率及政府與公務人員撥繳比例，依公務人員退休撫卹法律規定辦理。但公務人員在退撫新制實施前任職年資及「公務人員撫卹法」第7條規定受有勳章或有特殊功績人員所給與之撫卹金、第4條規定任職未滿十年人員，及第5條規定因公死亡人員所加給之撫卹金，均由各級政府編列預算支給（100.1.1.撫卹15Ⅱ）。此理與退休相同。

至於財務責任，依上述規定，新舊制年資應對所應支付之撫卹金，分別爲退撫基金、各級政府，與退休金之給付責任相同（100.1.1.退休29Ⅱ），法律條文之規定「很明確」（100.1.1.撫卹15Ⅱ，撫卹細16、17）。但如以實務作業的觀點，再深入視之，則其支付責任就應如何計算分擔？卻「不明確」。蓋撫卹新舊制年資應予併計，並依新制之標準給卹（99.12.31.前撫卹4Ⅱ、17Ⅰ），例如：某撫卹案審定結果爲「採計舊制年資七年、新制年資二十年，應給與一次撫卹金二十一個基數，及給與十年之年撫卹金（每年五個基數）」，則基金與政府各應負擔多少基數或數額？從上述之規定，卻無法得知。按退休，新舊年資之給與，分別由基金、政府支付（99.12.31.前退休15Ⅰ、29Ⅱ），均各有明確對應新舊制年資所應給與基數之標準（99.12.31.前退休9、31），財務責任之分擔明確。但撫卹，新舊制年資雖應併計，並均以新制標準給卹（99.12.31.前撫卹17Ⅰ），所支給之基數分不出新舊制年資所對應之給付基數。是以，民國84年7月1日，退撫新制施行時，撫卹法施行細則第16條第3項予以補充規定：「按本法修正前後年資比例計算」劃分負擔財務責任。施行以來相當平順，並無爭議。民國100年1月1日修正施行之撫卹法，對此財務責任之分擔，亦無明文規定，而其施行細則卻將原第16條刪除，其理由爲：「有關年資之採計及撫卹金之規定業已提升分別列入本法第十五條第二項及第十七條第一項規範，爰予刪除。」查該撫卹法第15條第2項係僅規定：「退撫新制實施前任職年資及勳績撫卹金、任職未滿十年人員之擬制年資給與及因公死亡人員之擬制年資給與及其加給之撫卹金，均由各級政府編列預算支給。」之籠統規定；第17條第1項則規定：「新舊年資併計，優先採計新制年資。」兩條文並無明確規定經審定結果之一次撫卹金及年撫卹金（如以病故或意外死亡爲例），應如何計算退撫基金、政府各自所應負擔之基數或金額。是則在法制上此財務分擔之計算，即完全喪失法令之依據。但在實務作業上，仍延用原施行細則第16條第3項：「按本法修正前後年資比例計算」之規定辦理。民國107年7月1日施行之退撫法第6條第1項依然亦僅作原則性之籠統規定：「前條所定退撫給與，屬於退撫新制實施前年資計得者，應由各級政府編列預算支給；屬於退撫新制實施後年資計得者，應由退撫基金支給。」並無對撫卹給與財務責任之分擔比率，作明白之劃分。反觀軍人撫卹條例（108.5.22修正）第21條第1項但書前段規定：「但依第十一條及第十三條規定發給之一次卹金及年撫金，應依繳費年資占核定給卹年資之比例，由退撫基金支付，其餘由所屬機關編列預算支付……」仍列有「比例」分擔之文字，甚爲明確。

六、辦理撫卹之程序

公務人員在職亡故，遺族請領撫卹金，係爲專屬權利，不得作爲讓與、抵銷、扣押或供擔保之標的，除特殊情形另有規定外，自不得由他人代爲申請及領受（退撫64），惟一般之辦理時間爲殮葬之後。茲分述如次：

(一) 卹金之請領：

1. 請領之委任：同一順序撫卹金領受遺族有數人請領時，得委任其中具有行爲能力者一人，檢齊有關證件代爲申請。遺族爲無行爲能力者，由其法定代理人代爲申請（退撫62Ⅳ）。

2. 卹金之選擇：遺族請領撫卹金之種類（之給）方式，應於申請時審愼決定；經審定機關審定生效後，不得請求變更（退撫89Ⅱ）。

3. 分割領受權：遺族行蹤不明，或未能依上述規定，取得一致請領之協議者，得由其他遺族按具有領受權之人數（應配分）之比率，分別請領撫卹金（退撫62Ⅴ）。據此，得引出各領卹權人領受比率之確定，如民國107年7月1日以後，「依本法第五十六條第二項規定申辦延長給卹者，按其經審定之原月撫卹金領受比率，繼續發放」（退撫細77Ⅰ）。

4. 喪權之結算：同一順序月撫卹金領受人，於領受期限內均喪失領受權時，依下列規定結算（退撫62Ⅵ）：

(1) 依一次退休金之標準，計算一次撫卹金，減除已領金額後，補發其餘額；

無餘額者，不再發給。此之減除，法僅敘及單純之月撫卹金，而不及於先前已領受之一次撫卹金。

(2) 依上述規定核算而應補發餘額者，依序由次一順序之遺族平均領受；無次一順序遺族或次一順序遺族均喪失領受權時，不再發給。

5. 給卹之延長：支領月撫卹金之遺族合於該法第56條第2項所定繼續給卹要件者，應於原審定給卹年限屆滿前一個月，塡具延長給卹事實表一份，檢同在學相關證明文件，由亡故公務人員之服務機關彙送審定機關審定（退撫細87Ⅲ），「按其經審定之原月撫卹金領受比率，繼續發放」（退撫細77Ⅰ）。

(二) 卹金之核發：

1. 應給予書面行政處分：遺族申請撫卹給與之案件，應由審（核）定機關以書面行政處分爲之（退撫65Ⅰ）。

2. 採金融機構直撥入帳：領受人得於金融機構開立專戶，專供存入退撫給與之用（退撫69）。支給機關一律採金融機構直撥入帳方式核發撫卹金（退撫66Ⅰ、退撫細97）：

(1) 一次撫卹金及第一期之月撫卹金（含加發之撫卹金、勳績撫卹金）（退撫58、59、61Ⅲ），自公務人員死亡之次月起發給。但實務上係於殯葬後機關始報送撫卹案，於審定機關審定後才發給。第二期以後之月撫卹金，配合統一作業，每月發給一次。

(2) 遺族未成年子女人數，比照國民年金法規定之老年基本保證年金給與標準（退撫58、59），每月加發之撫卹金，亦同。

(三) 溢領之追繳：

1. 停權喪權及誤發之處理：領卹遺族因法定事由發生，或行政處分經撤銷或廢止而應暫停、停止、喪失請領權利，或有機關（構）誤發情事，而溢領或誤領相關退撫給與者，應依下列程序追繳（退撫70Ⅰ、Ⅱ）：

(1) 由支給或發放機關以書面行政處分，命該遺族於一定期限內繳還自應暫停、喪失、停止請領權利之日起溢領或誤領之金額。

(2) 屆期而不繳還，依「行政執行法」相關規定強制執行之。

(3) 其屬月撫卹金者，得由支給或發放機關通知當事人，自下一定期以後發給之月撫卹金中覈實收回；當事人若有異議且未以其他方式繳回者，由支給或發放機關依上述(1)、(2)之規定辦理。此已規定得自下一定期以後發給之退撫給與中覈實收回，何有「未以其他方式繳回者」？又雖有異議，支給或發放機關得以書面函復說明，而仍不被接受，屆期仍不繳還，則移送強制執行。

2. 加計利息一併追繳：上述人員屆期仍不繳還者且有可歸責於當事人責任

時，由支給、服務或發放機關按百分之二，加計利息併同上述1.規定追繳之（退撫70IV）。

(四) 給與之暫停：支領月撫卹金之遺族，於行蹤不明或發放機關無法聯繫時，應暫停發給月撫卹金，俟其親自申請後，再依相關規定補發（退撫71）。其長居大陸亦同（退撫72）（詳後述）。

七、大陸遺族領卹權

民國84年7月1日退撫新制施行，新舊撫卹法規對於遺族之居住在不能領受撫卹金地區者，有處理之規定。新法對此規定較詳，在此情形下，服務機關應將亡故公務人員之死亡時間、所任職稱及俸級、任職年資、遺族姓名，列冊函報銓敘部，保留其遺族領卹權。此一規定，用意甚善，旨在保障遺族權益（新舊撫卹細25）。

所稱不能領受撫卹金地區，依據銓敘部多年來實務上處理情形，原本僅係指大陸地區。近年因開放大陸探親，以致大陸遺族申請領取撫卹金案件不少，而兩岸關係條例對此原無規定。銓敘部認爲：鑑諸多年先例，均未發給大陸遺族撫卹金；且依據「公務人員撫卹法施行細則」規定，遺族申請撫卹，應塡具撫卹事實表二份，連同死亡證明書、全部任職證件、全戶戶籍謄本，由服務機關轉銓敘部審定始可（84.7.1.撫卹細25）。惟大陸政權下，機關所開具之各項證件，以及全戶戶口謄本，是否確具證明效力，似不無疑義。而亡故公務人員在臺戶籍中並無大陸遺族戶籍記載，故仍無充分法律依據發給撫卹金，而行政法院判決亦未即允許大陸遺族領卹。但民國84年以後，行政法院甚至最高法院之判決逐漸改變其見解，認爲法無明文禁止大陸遺族請領撫卹金，而駁回行政機關保留請卹權之見解。

惟民國86年5月14日修正，而於7月1日生效之「兩岸關係條例」增列第26條之1，對此始有明文規定：軍公教及公營事業機關（構）人員，在任職（服役）期間死亡，或支領月退休（職、伍）給與人員，在支領期間死亡，而在臺灣地區無遺族或法定受益人者，其居住大陸地區之遺族或法定受益人，得於各該支領給付人死亡之日起五年內，經許可進入臺灣地區，以書面向主管機關申請領受公務人員或軍人保險死亡給付、一次撫卹金、餘額退伍金或一次撫慰金，但不得請領年撫卹金或月撫慰金，逾期未申請領受者，喪失其權利。上述之各種給付總額，不得逾新臺幣二百萬元。在民國86年7月1日前依法核定保留之保險死亡給付、一次撫卹金、餘額退伍金，或一次撫慰金者，其居住大陸地區之遺族或法定受益人，應於民國86年7月1日起五年內，依上述規定辦理申領，逾期喪失其權利。至此，行政、立法、司法，甚至監察等四方面爭論多年之大陸遺族請卹權問題，在法制上始告一段落。銓敘部亦於民國87年6月29日函訂「大陸地區遺族或法定受益人請領公務人員保險死亡給付、一次撫卹金及一次撫慰金作業規定」發布，民國92年2月26日函修正名稱爲「大陸地區遺族或法定受益人請領公教人員保險死亡給付及公務人員一次撫卹金一次撫慰金作業規定」，以資適用。

第六節　退撫權義之規範、保障、行使與救濟

「公務人員退休資遣撫卹法」或「公教人員保險法」事關政府機關與公務人員「財產權」之權利義務，該法律賦予公務人員在權利之行使上，與任用、陞遷、俸給、考績等諸法中之權利相較，則有較明顯之「個人主動性」，例如：選擇權之賦予。爲維持行政之穩定正常，則此權利義務之得喪變更必須有所規範、保障、依法律正當程序行使，甚至救濟。基於實務作業之需要，茲歸結略述如次：

一、退撫權義之規範

(一) 一般規範

1. 按月繳交退撫基金之費用：現行退撫支給經費之籌措，自民國84年7月1日退撫新制施行以來，係由政府與公務人員依精算之費率比率分擔（政府百分之六十五、公務人員百分之三十五），共同按月撥繳成立基金，預儲退撫費用（退撫7II）。自應於每月發薪時，由服務機關、學校代扣退撫基金費用，彙繳退撫基金（退撫6，基管細9）。至於曾任得採計其公職或公營事業年資，或義務役年資者，應於轉任之日起三個月內申請補繳該年資之退撫基金費用（逾三個月，另加計利息，時效十年內）（退撫12、13），俾便將來退休時採計年資，計算退休給與（退撫12）。

2. 依年資計算核發退撫給與：新制退撫之給與，係依其「依法繳付退撫基金費用之實際繳付日數計算」採計年資（退撫12），再依該繳費之年資換算基數，給予各該退撫給與（退撫29、54、55）。

3. 發還原繳付基金費用本息：

(1) 公務人員辦理退休、資遣或撫卹時，其依規定繳付退撫基金費用而未予併計發給退休金、資遣給與或撫卹金之年資，由退撫基金管理機關按未採計年資占繳費年資之比率計算後，一次發還其本人原繳付之退撫基金費用本息（退撫9 I ）。

(2) 公務人員不符合退休、資遣條件而離職者，或有「犯罪自殺」不予撫卹之情形者，其本人或遺族得申請一次發還本人原繳付之退撫基金費用本息（退撫9II、III、52II）。

(3) 但其年資已支領退離給與者，則不發還退撫基金費用本息之規定（退撫9IV）。

4. 按時檢附證件提報退撫案：

(1) 各機關申請自願退休、屆齡退休人員，應填造申請書表，並檢齊有關證明文件，由服務機關於退休生效日前一日至前三個月間，送達審定機關審定（退撫88）。其失能命令退休（退撫20）、因公命令退休（退撫21），亦應由機關、公務人員或其監護人（家人），填造申請書表，並檢齊有關證明文件，由服務機關適時送請審定機關審定；但年滿六十五歲而拒依規定辦理屆齡退休，得由服務機關主動檢同相關文件，送審定機關審定（退撫64）。

(2) 公務人員在職死亡者，由其遺族或服務機關申辦撫卹（退撫51Ｉ），應由其遺族或機關，填造申請書表，並檢齊有關證明文件，由服務機關適時送請審定機關審定。

5. 不受理之退休資遣申請案：公務人員有下列情形之一，而申請退休或資遣者，應不予受理（退撫24Ｉ）：

(1) 留職停薪期間。

(2) 停職期間。

(3) 休職期間。

(4) 動員戡亂時期終止後，涉嫌內亂罪或外患罪而有下列情形之一者：

①所涉犯罪尚未判決確定。

②所涉犯罪經檢察官爲不起訴或緩起訴處分，尚未確定。

③所涉犯罪經檢察官爲緩起訴處分確定，尚未期滿。

(5) 涉嫌「貪汙治罪條例」或刑法瀆職罪章之罪，且經法院判處有期徒刑以上之刑，尚未確定。

(6) 因案經權責機關依法移送懲戒或送請監察院審查中，或已經權責機關依法爲懲戒判決但尚未發生效力。

(7) 其他法律有特別規定。

上述(4)至(7)人員，自屆退日起，應先行停職。(2)及(4)至(7)人員自屆退日至原因消滅之日，得比照停職人員發給半數之本（年功）俸額（退撫24II、III），俟其辦理退休後，再自其退休金中覈實扣抵收回（退撫25IV）。其有適屆退日者，應於原因消滅後六個月內，以書面檢同相關證明文件，送原服務機關申請屆齡退休，並均以其屆退日爲退休生效日；但休職人員應以原因消滅，並經權責機關核准復職之日，爲其退休生效日（退撫25Ｉ、II）。

6. 不得辦理退休之案件：上述「不受理之退休資遣申請案」之(2)至(7)人員，

有下列情形之一者，仍不得辦理退休（退撫25Ⅴ）：

(1) 依法被撤職、免職或免除職務。

(2) 於不受理原因消滅六個月應辦理期限屆滿時，仍有法定（退撫25Ⅴ）喪失辦理退休權利之事由者。

7. 銓敘部應儘速核定退撫案：現行退撫法雖規定服務機關應於退休生效日前一日至前三個月間，送達審定機關審定（退撫88），但卻無明文規定審定機關應於何時審定完竣，不過卻規定：「舊制年資應發給之退休金，應於退休案審定後，由審定機關通知支給或發放機關於退休生效日前六日簽具付款憑單，通知財政權責機關辦理支付事宜。」（退撫細92Ⅰ）。此得知審定機關至遲應於退休生效日前六日完成審定，不宜久懸；除非退休案晚送，或舊制年資有所不明在查證中。資遣案、撫卹案之辦理亦應有相同之認識。至於民國107年6月30日前之退休法第20條規定：退休案以退休生效日前三個月送銓敘部爲原則；第33條第1項規定：銓敘部應於二個月內核定或審定，必要時得延長一個月。並此敘明供參。

8. 溢領俸給退撫給與之還返：公務人員或其遺族因法定事由發生，或行政處分經撤銷或廢止而應暫停、停止、喪失請領權利，或有機關（構）誤發情事，而溢領或誤領相關退撫給與者，由支給或發放機關以書面行政處分，命當事人於一定期限內，繳還自應暫停、喪失、停止請領權利之日起溢領或誤領之金額；屆期而不繳還，依「行政執行法」相關規定強制執行之。此之追繳還返，得對其銀行之專戶執行（退撫69、70）；又其有溢領俸給者，亦同（退撫24Ⅲ、25Ⅰ、Ⅲ、Ⅳ）。

(二) 退撫給與權利之得喪變更

1. 退撫生效日起取得請求權：

(1) 退休給與：

①**退休生效日**：公務人員自核定之退休生效日起，免除現職職務，已非現職公務人員，無俸給請求權，轉爲退休給與請求權，此即一般所言：「自退休生效日起取得退休金給付之請求權」。所稱退休生效日：其爲屆齡退休人員，於1至6月間出生者，至遲爲7月16日；於7至12月間出生者，至遲爲次年1月16日（退撫19Ⅳ）。其間略有生效日期之選擇，其爲自願退休人員，則其選擇生效日期之範圍較大。如爲失能命令退休、因公命令退休，則服務機關應依法律正當程序，以其確切不堪任職之日期爲生效日。至於因案停職人員於停職期間達屆退日者，應於復職後六個月內，以書面檢同相關證明文件，送原服務機關申請屆齡退休，並均以其屆退日爲退休生效日；但休職人員於休職期間達屆退日者，應以復職之日爲退休生效日（退撫25Ⅰ、Ⅱ）。

②**起支年齡**：爲紓解政府與退撫基金之財務負擔，民國84年7月1日退撫新制

施行，其退休法第6條第3項規定，未滿五十歲具有工作能力而自願退休者，不得擇領月退休金，開定期給付起支年齡之先河。民國100年1月1日該法修正施行，將領受月退休金之起支年齡定為六十歲，未達六十歲者得選擇「展期月退休金」，至六十歲才開始支領；如欲於退休生效日即行支領，則得選擇「減額月退休金」。民國107年7月1日施行之退撫法延續此措施，再將起支年齡延為六十五歲（除過渡期間之緩衝措施外）（退撫30、31）。擇領一次退休金者，則即時請領，無起支年齡之規定。

(2) 資遣給與：如同前述，以其資遣生效日即得請求給與一次金。其辦理比照退休。

(3) 撫卹給與：公務人員在職亡故，辦理撫卹，以其亡故當月按全月之俸給（俸給3 II）支給，是以，在不重複支領國家之給與下，歷來均核定自亡故次月起支給定期給付，但支領一次性給付者，則自核定後發給。

2. 喪失申請退撫給與之權利：公務人員或其遺族有下列情形之一者，喪失申請退撫給與之權利（退撫75 I）：

(1) 褫奪公權終身。

(2) 動員戡亂時期終止後，犯內亂罪、外患罪，經判刑確定。

(3) 喪失或未具中華民國國籍。

(4) 為支領遺屬一次金、遺屬年金或撫卹金，故意致該退休人員、現職公務人員或其他具領受權之遺族於死，經判刑確定。

(5) 其他法律有特別規定。

惟其已依規定繳付退撫基金費用，而有此喪失退撫給與領受權利者，仍得申請發還本人繳付之退撫基金費用本息（退撫9 II、75 III）。

3. 喪失續領定期給付之權利：支領或兼領月退休金人員，或支領月撫卹金、遺屬年金之遺族，有下列情形之一者，喪失繼續領受月退休金、月撫卹金或遺屬年金之權利（退撫75 II）：

(1) 死亡。

(2) 褫奪公權終身。

(3) 動員戡亂時期終止後，犯內亂罪、外患罪，經判刑確定。

(4) 喪失中華民國國籍。

此情各該公務人員已依規定繳付退撫基金費用者，僅得發還該退休或在職死亡公務人員本人所繳付之退撫基金費用本息金額與已領之月退休金、月撫卹金或遺屬年金之差額；無差額者，不再發還（退撫9 II、75 III）。

4. 停止領受定期給付之權利：支領或兼領月退休金人員，除「再任該法所定限制之有給職務」（退撫77），應予停止領受月退休金權利，至原因消滅時恢復外，而有下列情形之一者，亦同；又領受月撫卹金或遺屬年金之遺族，如有下列情形之一者，亦應停止領受月撫卹金或遺屬年金之權利，至原因消滅時恢復（退撫76）：

(1) 卸任總統、副總統領有禮遇金期間。

(2) 犯「貪汙治罪條例」或刑法瀆職罪章之罪，經判刑確定而入監服刑期間。

(3) 褫奪公權，尚未復權。

(4) 因案被通緝期間。

(5) 其他法律有特別規定。

5. 剝減退休金數額之情事：

(1) 公務人員在職期間涉犯「貪汙治罪條例」、刑法瀆職罪章之罪或假借職務上之權力、機會或方法犯其他罪，先行退休、資遣或離職後，始經判刑確定者，應依法剝奪或減少退離（職）相關給與；其已支領者，照應剝奪或減少之全部或一部分追繳之（退撫79，懲戒13）（詳後述第九節）。

(2) 公務人員依該法退休或資遣後，始受降級或減俸之懲戒處分者，應改按降級或減俸後之俸（薪）級或俸（薪）額計算退休或資遣給與；其執行日期依下列規定辦理（退撫80）：

①懲戒處分判決書於退休或資遣後送達受懲戒人主管機關者，自判決書送達該主管機關之翌日起執行。

②懲戒處分判決書於退休或資遣前送達受懲戒人主管機關，但尚未執行者，自懲戒處分判決執行之日起執行。

二、退撫權義之保障

(一) 退休權利之專屬性

1. 立法意旨

民國107年6月30日前，原退休法第26條規定：「請領退休金、撫慰金、資遣給與之權利，不得作爲扣押、讓與或供擔保之標的。」撫卹法第13條規定：「請領撫卹金之權利及未經遺族具領之撫卹金，不得作爲扣押、讓與或供擔保之標的。」係以立法手段對退撫權利人作最有效之保障，以免其可能在被迫，或被騙，或錯誤，甚至於愚笨地自願決定下，喪失其退撫金以至於不能養其餘年。又此「不得作爲扣押、讓與或供擔保」之規定，世界各國大抵係爲維持「生存權」之最低財產保障而規設，亦有謂其係屬「專屬一身之權利」。制度之如此規設，迥非其他物權可比，乃因公務人員具有「特別選任之公共性格」，亦非其他人員可比，爲「受國家照顧」之憲法「制度性保障」，此觀司法院釋字第280號解釋（80.6.14.）理由書：「公務人員應盡忠職守，爲民服務，國家對於公務人員亦應照顧其生活，於其年老退休時，給予適當之退休年金，以保障其退休後之生活，方符憲法第八十三條設置國家機關掌理公務人員退休、養老等事項之意旨。」（並參釋字第433、434、614、658號解釋及其理由書）自明。惟既規範政府機關，亦規範第三人。民國107年7月1日施行之退撫法第69條亦揭示如是之意旨（詳後敘）。

2. 權利保障？金額保障？

依民國107年6月30日前之退休法第26條、撫卹法第13條之法文觀之，保障之標的明白規定爲對退休金、撫慰金、資遣給與、撫恤金之「請領權利」，而非其「數額」（「未經遺族具領之撫卹金」其實係包含於「請領權利」之內）。權利之行使，非有法律之特別規定，則具有「不可分割性」，但金錢「數額」則具有「可分割性」。該條之規設，歷來施行細則並無補充規定，但實務上認爲：所保障者爲其「請領（求）權」之不可「扣押、讓與或供擔保」，一旦行使請求權之後，所得之退撫金，即成爲一般之私有財產，解除保障之限制，得自由作爲經濟生活之交易。是以，一次退休金（或公保養老給付）所辦理「優惠存款」帳戶內之金額，非不可作爲強制執行（扣押）之標的，否則無法維持經濟生活之交易安全。如對之執行，亦應依「強制執行法」第122條第2項：「債務人依法領取之社會保險給付或其對於第三人之債權，係維持債務人及其共同生活之親屬生活所必需者，不得爲強制執行。」之規定處理。

惟民國103年1月8日公布修正之「勞工退休金條例」第29條與「國民年金法」第55條，以及民國104年7月1日公布修正之「勞動基準法」第58條與「勞工保險條例」第29條，均規定於金融機構開立之退休金或年金「專戶內之存款，不得作爲抵銷、扣押、供擔保或強制執行之標的。」（卻無規定「不得讓與」，是否意謂可讓與或繼承？而原退休法第26條、撫卹法第13條，仍保留「不得讓與」，但卻無「抵銷」、「強制執行」之規定），換言之，似乎已從「請求權利之保障」延伸或轉移到「專戶權利之保障」，以致於終老，予以繼承；至於交易上之債權債務，則一經提領之金額，即不受保障，成爲一般之私產，爲債權人得請求之標的或執行之標的。

民國107年7月1日施行「年金改革」之退撫法仿上述之規設，於第64條規定：「公務人員請領退休金及資遣給與，屬公務人員之專屬權利……不得由他人代爲申請及領受。」第66條第1項規定：「本法所定退撫給與，一律採金融機構直撥入帳方式爲之。」第69條規定：「公務人員或其遺族請領退撫給與之權利，不得作爲讓與、抵銷、扣押或供擔保之標的。但公務人員之退休金依第八十二條規定（離婚配偶之分配）被分配者，不在此限。」（第1項）、「退撫給與之領受人，得於金融機構開立專戶，專供存入退撫給與之用。」（第2項）、「前項專戶內之存款不得作爲抵銷、扣押、供擔保或強制執行之標的。」（第3項）、「退撫給與領受人有冒領或溢領情事者，支給或發放機關應就其冒領或溢領之款項覈實收回，不受第一項及前項規定之限制。」（第4項）。換言之，即僅支給或發放機關與退撫金領受人之間，因誤發、誤領、溢領者，才不受上述專屬規範之限制，甚至於得作行政強制執行（退撫70Ⅰ）。又雖係「專戶內之存款不得作爲抵銷、扣押、供擔保或強制執行之標的」，但似尚非不得因繼承而讓與。

直撥入「專戶」爲發放技術之精進，無可厚非；在年金之趨勢下，養老給與之定期給付，亦勢不可遏止。但對「專戶」之規設，卻延伸或轉移原「專屬權利」保障之意涵，至其「專戶存款」，一經提領，即解除保障，但容易被認爲從「權利之保障」轉變到「數額之保障」，對社會生活交易之安全有所影響。在勞工方面，已有實例之爭議，則社會生活交易安全之保障，在整體法制上，亦應有作適當宣導之必要。

3. 扣押與擔保

退撫權利之形成，始於符合退休條件或退休條件成就之時，或撫卹事故之發生。但退休金請領之權利，則於退休生效日才具體形成，亦即該日始得行使，而撫卹金亦在死亡發生之後始得行使，在此之前，均僅爲期待之權利而已。

扣押、擔保，均係債務人提供財務，對債權人之債權擔負保證債務履行之責；如未履行，則得以該財物（拍賣）求償。

請領退撫金之權利，如得作爲扣押、擔保，以滿足債權，則因債權人非即個別「專屬性」之「退休公務人員」或「撫卹遺族」，如何就此行使權利？又即使能爲給付，則又與退休「養老」、「撫卹」之法律目的有違。在與照顧退休人員或撫卹遺族生活目的之價值衡量下，較債權更值得保護，遂立此法條。實務上，公務人員（在職時）或撫卹遺族，因個人經濟交易行爲而負債，債權人亦曾有要求就「退撫金」求償之例，但政府機關不對債權人支付。是則退撫權利人一經請領（接受金錢數額），即完成其請求權之行使，所領得之金錢數額，即成爲一般實體物，而非抽象之權利，甚且成爲一般之私有金錢財產，得自由管領處分，債權人自得就此金錢求償。茲退撫法等有關「專戶」規定（退撫66Ⅰ、69），已阻塞就該金錢債權求償之可能，生活交易安全之法制，似有待重建。

4. 讓與與繼承

讓與或繼承，均係移轉所有權於他人。退撫金之請求權因具有個別「公共性格之專屬性」，故不得作爲私權予以讓與他人；即使他人具有公務人員之身分，亦不得為之。但能否繼承？撫卹金本即對遺族之給予，並有領受順序與給卹年限之規定，較無疑義，然退休金則較有可議之處。

退撫金之給與，其宗旨目的在於照顧退休人員或撫卹遺族之生活，自然亦包括其父母、配偶及子女，尤其是配偶。若使退休金之請領權，在退休生效日之後，尚未行使，退休人即行亡故，則該請求權得否作為「遺產」予以繼承？實務見解，似乎前後不一。

舊制時期，退休人於退休金具領前死亡，依民法由繼承人具領（銓敘部55.8.19.五五臺為特三字第09576號函釋、69.5.5.六九臺楷特三字第19141號函釋）。約民國84年7月1日新制施行時，有一例，當局認為：「按公務人員退休法第十四條規定：『請領退休金之權利，不得扣押、讓與或供擔保』，蓋請領退休金之權利，係國家給予退休公務人員之一種生活保障，乃專屬於退休公務人員一身之權利，此種權利不得讓與或繼承，故同法第11條第1款亦規定退休公務人員死亡，即喪失領受退休金之權利。查李○模八十三年度上半年月退休金，其生前即未具領，一經死亡，該筆月退休金即歸屬國庫，任何人均不得請領。」（考試院85.1.15.八五考臺訴字第005號再訴願決定書，嗣經行政法院85年度裁字第435號裁定確定）。隨即一函釋認為：「退休金係公法給付，非為遺產，遺族不得繼承領取，……第十四條之規定自無代位請領。」（銓敘部85.5.23.八五臺中特二字1304800號），此函釋似乎太嚴苛（公法給付，如俸給為勞務之酬勞代價，非不可作為遺產而繼承之）。遂又有一函釋再為規定：「依公務人員退休法辦理退休並領月退休金人員，不論何時死亡，仍依照本部六十四年八月十五日臺為特三字第0610號函釋之規定，均發給其死亡當期之全期月退休金，並准由合法繼承人具領。」（銓敘部86.5.8.八六臺特二字第1449749號）。

按退休給與之設制理論，如舊制採「功績報酬」之「恩給制」，要其不違法亂紀，則非不可遺蔭而繼承之；如採「延付薪資」，原即公務人員之勞務報酬，不准繼承，則政府「不當得利」乎？是以民國68年退休法修正以前，因退休人亡故，請領退休金之權利歸於消滅；修法之後，如其擇領月退休金，則因亡故而喪失領受權（舊制退休11，100.1.1.退休24），政府「另給予」遺屬「撫慰金」（一次）；如其擇領一次退休金，則其未領之一次退休金，似應得繼承（舊制退休13之1，100.1.1.退休18），緩和繼承的問題。

但現制採「共同提撥」之「儲金制」，公務人員自其薪俸中依基金費率提撥百分之三十五，係私權之挹注，如同強制儲蓄，其「中途離職」即得退予本人或政府提撥之本息（退休14Ⅳ）；奈何未領之一次退休金，不得繼承，恐有違照顧遺屬之至意，亦有政府「不當得利」之譏，因此，應得繼承。此參民國93年1月7日制定公布之「政務人員退職撫卹條例」第6條第3項：「政務人員退職時未申請、領受之公、自提儲金本息，於申請、領受時效屆滿前死亡，得由其遺族申請領受。」之法理自明。

然而100年1月1日修正施行之退休法第18條，對撫慰金之領受人及其順序做大幅度修正與詳細規定，以照顧核心家庭成員，卻於修正理由中謂：「撫慰金係公法給付，與民法私產繼承關係有別。」雖導向社會性之「照顧最所需要」者，無可厚非，但此論據亦非全無可議之處。

民國107年7月1日施行之退撫法規定：公務人員於停職、休職而後復職，於所定六個月應辦理屆齡退休期限內死亡者，其遺族（退撫43Ⅰ）得申請依一次退休金之標準核發給與；如其已達得擇領月退休金條件者，其遺族得擇領遺屬一次金或遺屬年金（退撫25Ⅲ）。則遺族似乎可繼承其退休金之請求權。

又該民國107年7月1日施行之退撫法規定，亡故退休人員遺族擇領遺屬年金後，有死亡或其他法定喪失遺屬年金原因，致應終止領受遺屬年金時，應計算亡故退休人員應領之一次退休金，扣除其與遺族已領之月退休金及遺屬年金後，若有餘額，由其餘遺族依順序及比率領受之（退撫43至45）。由此推論，退休生效後，退休人亡故，其未請領之一次退休金，尚非不可繼承。此觀其第9條：「依該法規定繳付退撫基金費用而未予併計發給退休金、資遣給與或撫卹金之年資，由退撫基金管理機關按未採計年資占繳費年資之比率計算後，一次發還其本人原繳付之退撫基金費用本息。」「不符合退休或資遣條件而離職者，得申請一次發還本人原繳付之退撫基金費用本息。」「公務人員死亡後，有不予撫卹之情形（退撫52）者，得由其遺族（退撫62），申請一次發還其本人原繳付之退撫基金費用本息。」（退撫9Ⅰ、Ⅱ、Ⅲ），甚至於公務人員任職滿五年，於退撫法公布施行後未辦理退休或資遣而離職，且未支領退撫給與者，於轉任其他職域工作後辦理退休（職）時，得併計原公務人員年資成就請領月退休金條件，並於年滿六十五歲之日起六個月內，以書面檢同相關證明文件，送原服務機關函轉審定機關審定其年資及月退休金；其於尚未支領退休金之前死亡者，得由其遺族，申請發還其本人原繳付之退撫基金費用本息（退撫9、43Ⅰ、86Ⅱ、Ⅴ）。此於遺族之規定，其作用似在平衡原由薪俸「自繳費用」（形同儲蓄），緩和繼承，更得印證。

5. 課稅與扣繳

公務人員退休，依退休法所計算之退休金數額，係「退休金權利」（退休26）之實質內涵，應完全如數全額支付。

公務人員退休領受退休金，原依所得稅法之規定，免納所得稅。新制施行後，依「公務人員退休撫卹基金管理條例」第9條規定：「所領受之退休金，免納所得稅。」惟依民國87年6月20日修正公布之「所得稅法」第4條刪除軍公教勞退休（職）金、養老金等免納所得稅之規定，亦即應課稅。則該稅額之扣繳，得否逕由退休金中扣繳？似造成兩法之矛盾牴觸。案經有關機關研議，或以「後法優於前法」，或以政府財政吃緊爲由，而仍決定課稅。因考量一次退休金得辦理「優惠存款」，先自退休金中扣繳稅款，自減少退休人員辦理優惠存款之數額。是以，決定核發機關得洽商退休人員，或另繳稅款以保全額退休金之優惠存款，再作課稅，或先於退休金中課稅（行政院88.6.14.臺八十八院人政秘字第230200號函）。此儼若「稅賦」有優先受償權。然此於舊制之「恩給制」尚無疑義。但於新制，係依保險原理精算費率，依比例由政府（百分之六十五）與公務人員（百分之三十五）繳納基金費用，該公務人員所繳納之費用，係逕由俸給中扣繳，此數額原已列入當年薪資所得計算所得稅，又何以若干年後，退回或領回原繳納數額或退休金，再予計算課稅，形同對存款之本金（原薪資）再予課稅，此恐難令人心服。是以，所得稅法（107.1.18.）第14條對個人綜合所得於課稅時之計算，設有「免稅額」之規定，茲錄該條第13項供參：

第九類：退職所得：凡個人領取之退休金、資遣費、退職金、離職金、終身俸、非屬保險給付之養老金及依勞工退休金條例規定辦理年金保險之保險給付等所得。但個人歷年自薪資所得中自行繳付之儲金或依勞工退休金條例規定提繳之年金保險費，於提繳年度已計入薪資所得課稅部分及其孳息，不在此限：

一、一次領取者，其所得額之計算方式如下：

（一）一次領取總額在十五萬元乘以退職服務年資之金額以下者，所得額爲零。

（二）超過十五萬元乘以退職服務年資之金額，未達三十萬元乘以退職服務年資之金額部分，以其半數爲所得額。

（三）超過三十萬元乘以退職服務年資之金額部分，全數爲所得額。

退職服務年資之尾數未滿六個月者，以半年計；滿六個月者，以一年計。

二、分期領取者，以全年領取總額，減除六十五萬元後之餘額爲所得額。

三、兼領一次退職所得及分期退職所得者，前二款規定可減除之金額，應依其領取一次及分期退職所得之比例分別計算之。

至於公務人員在退休生效日前，曾有溢領薪俸或其他金錢款項時，得否由退休金中「扣繳」？此情與「課稅」相似。公務人員有預（溢）領俸給者，支給機關或發放機關函送核轉之一次退休金或第一次月退休金中，覈實收回（原退休細32Ⅰ）。按此「覈實收回」即一般所謂之「扣繳」，其意旨與民法之「抵充」或「抵銷」類似，實務作業上「退休金」、「收回者」兩者之作業憑證或單據，固然應分別列帳，要「帳目分明」，但民法第338條規定：「禁止扣押之債，其債務人不得主張抵銷。」何忍於債權人之政府機關主張以退撫金扣抵？退休金既然禁止扣押（退休26），何以得予「扣繳」？因此在作業上，必須注意手續之先後以及帳目之分明。又其爲權利事項，自應於該法中規定，以符「法律保留原則」，而免於「增加法律所無之限制」之嫌疑。民國107年7月1日施行之退撫法第25條第4項已規定得自該退撫金中「覈實扣抵收回」。

另如有冒領、溢領定期給付之退撫金情形者，得由支給或發放機關就其退撫金專戶中，覈實收回（退撫69Ⅳ、70Ⅱ），此情實務作業，從來如此，前後支付之款項均爲退撫金，規定尚屬合理，但作業上應事先通知，以免誤解。

6. 離婚配偶之參與分配

退撫法第64條規定：「公務人員請領退休金及資遣給與，屬公務人員之專屬權利，除下列情形外，不得由他人代爲申請及領受：（略）」，但第69條卻又規定：「公務人員或其遺族請領退撫給與之權利，不得作爲讓與、抵銷、扣押或供擔保之標的。但公務人員之退休金依第八十二條規定被分配者，不在此限。」其第82條第1項規定：「公務人員之離婚配偶與該公務人員婚姻關係存續期間滿二年者，於法定財產制或共同財產制關係因離婚而消滅時，得依下列規定，請求分配該公務人員依本法規定支領之退休金：（略）」第3項規定：「第一項請求權不得讓與或繼承。」是以，離婚配偶請求分配公務人員退休金之專屬權利，係屬公務人員請領退休金專屬權利中之專屬權利，則公務人員請領退休金之權利專屬性，並不完整：行使請求權時，應似完整；但對退休金之保有或享受，並不完整，有被離婚配偶請求分配之可能。若使公務人員不行使退休金請求權時，離婚配偶得否以「代位」之方式行使其專屬權？新法初制，雖仿自外國，在國內尚無案例，得予推敲，自當留待觀察。

(二) 年資之轉銜

公務人員於任職期間，未達退休資遣條件，而辭離職務，而後再任，於辦理退休資遣時，則其前後任職年資，不以連續爲必要，均得並計核發退離給與。民國84年7月1日退撫新制施行，亦延續此原則，但對經依法繳付基金費用之年資，於中途離職者，得申請發還繳付基金費用之本息。惟此之措施，一則受限於請求權時效之罹滅，逾五年或十年（行政程序131）未經申請領取之退休金，歸於基金（基管細6）（似未考量基金仍有私權之挹注，未若民法第125條之十五年長時效之規定，甚至於應作爲「自然債務」處理）；二則即使已請求發還繳付基金費用之本息，但受制於後續任職其他職域之年資，以至於屆齡退離時，不符各該請領年金之條件，而喪失領受定期給付之養老權利。民國107年7月1日退撫法施行，增列「年資轉銜制度」，以保有其年資給與之權利：凡依各該職域法令退休，得依各該規定，以其未曾領受年資給與之任職年資，合併計算，構成請領定期給付退休金之條件，分別請領各該職域之退休定期給付，其年資給與之財務責任，依各該職域法令規定負擔。其內容如次：

1. 保留公務年資，俟六十五歲後再請領年資給與

公務人員任職滿五年，於退撫法施行後，未辦理退休或資遣而離職者，除該法另有規定外，其任職年資得予保留，俟其年滿六十五歲之日起六個月內，以書面檢同相關證明文件，送原服務機關函轉審定機關審定其年資及擇領退休金種類（退撫26、30Ⅰ、Ⅱ、85Ⅰ、86Ⅱ），形同延長其請求權時效。該退休金，依該法施行後之「基數內涵」（退撫27Ⅱ）及「計算標準」（退撫29）計算，但支領月退休金者，每月退休所得仍應不超過「退休所得替代率上限金額」（退撫38、39、85Ⅱ）。然有下列情形之一者，不適用上述規定：

(1) 依法被撤職、免職或免除職務。

(2) 上述所定六個月辦理期限屆滿時，有喪失辦理退休權利之法定事由（退撫75）。

(3) 上述所定六個月辦理期限屆滿時，有不得受理退休案之情事（退撫24Ⅰ）。

(4) 所具公務人員年資業依後述「2.併計其他職域年資，成就請領月退休金條件」規定審定其年資及月退休金（退撫86Ⅱ）。

惟如該員尚未支領該條所定退休金之前死亡者，得由其遺族（退撫43）申請發還其本人原繳付之退撫基金費用本息（退撫9、85Ⅲ），形同繼承。但如該員於支領月退休金期間死亡者（指退撫85、86Ⅱ），其遺族不適用本法遺屬年金或遺屬一次金之規定（退撫86Ⅵ）。

2. 併計其他職域年資，成就請領月退休金條件

公務人員依該法辦理屆齡或命令退休，且任職年資未滿十五年者，得併計曾任適用其他職域職業退休金法令且未曾辦理退休（職、伍）、資遣，或年資結算已領取退離給與之年資，成就請領月退休金條件（退撫86Ⅰ）。

如其任職滿五年，於該法公布施行後未辦理退休或資遣而離職且未支領退撫給與者，於轉任其他職域工作後辦理退休（職）時，得併計原公務人員年資成就請領月退休金條件，並於年滿六十五歲之日起六個月內，以書面檢同相關證明文件，送原服務機關函轉審定機關審定其年資及月退休金（退撫86Ⅱ）。其退休金，依該法施行後之「基數內涵」（退撫27Ⅱ）及「計算標準」（退撫29）計算；但支領月退休金者，每月退休所得應不超過「退休所得替代率上限金額」（退撫38、39、

86III）。此「上限金額」是否涵蓋依其他職域所得之「月退休金」？似有待釐清。

惟上述人員有下列情形之一者，不適用上述規定（退撫86II）：

(1) 依法被撤職、免職或免除職務。

(2) 上述所定六個月辦理期限屆滿時，有喪失辦理退休權利之法定事由（退撫75）。

(3) 上述所定六個月辦理期限屆滿時，有不得受理退休案之情事（退撫24 I）。

又如該公務人員於尚未支領該第86條退休金之前死亡者，得由其遺族（退撫43）申請發還其本人原繳付之退撫基金費用本息（退撫9、86V）。但如該公務人員於支領月退休金期間死亡者，其遺族不適用該法遺屬年金或遺屬一次金之規定（退撫86VI）。

上述1.、2.規定支領退休金者，如有「剝減退離（職）給與」之情事、亦應依規定剝減或追繳（退撫79）；如有「受降級或減俸之懲戒處分者，應改按降級或減俸後之俸（薪）級或俸（薪）額計算退休或資遣給與。」（退撫80）。又其於支領月退休金期間，有「行蹤不明，應暫停發給退休金。」（退撫71）、「赴大陸地區長期居住，暫停發給退休金。」（退撫72）、「停止領受月退休金權利」（退撫76）或「再任」（退撫77、78）等情事，自應依各該規定辦理（退撫87）。

(三) 原已核定之撫慰案、撫卹案不溯及既往

民國107年7月1日退撫法施行前，已經審定之月撫慰金或亡故公務人員之遺族年撫卹金者，其給與標準仍照該法公布施行前原適用之規定辦理（退撫74）。此則不溯及既往，以資保障。

(四) 喪權退還自繳費用本息之差額

公務人員已依規定繳付退撫基金費用而有上述「喪失退撫給與之權利」、「喪失領受續領月退休金之權利」者，仍得申請發還本人繳付之退撫基金費用本息（退撫9II）；但僅得發還該退休或在職死亡公務人員本人所繳付之退撫基金費用本息金額，與已領之月退休金、月撫卹金或遺屬年金之差額；無差額者，不再發還（退撫75III）。

三、退撫權利之行使

公務人員或其遺族請領退撫給與之權利，係爲專屬權利，原則上，不得由他人代爲申請及領受（退撫64、69），因此，其「個別性」強，自應於行使之際，多所考量與注意其規範。茲略述如次：

(一) 選擇權之行使

1. 選擇是否補繳基金費用

公務人員於民國84年7月1日退撫新制施行後，依規定可採計之任職年資，如義務役年資、公營事業機構之年資，得於復職復薪或轉任到職之日起十年內，申請一次補繳該段年資所應繳付退撫基金之本息，俾便將來退撫時採計該段年資，計發給與（退撫12）。

2. 選擇是否中途離職退費

人民有應考試服公職之工作權，亦有其不服公職之權利（憲18）。是以，公務人員保障法第12條之1第1項規定：「公務人員之辭職，應以書面爲之。除有危害國家安全之虞或法律另有規定者外，服務機關或其上級機關不得拒絕之。」此間自有其選擇權。中途離職，不符合退休或資遣條件者，得申請一次發還本人原繳付之退撫基金費用本息，或保留再任退撫時，併計做年資給與，或保留至年滿六十五歲時，再申請審定年資給與。如其間公務人員亡故，則由其遺族（繼承）申請一次發還其本人原繳付之退撫基金費用本息。但如其有申請發還退撫基金費用本息之年資，於再任退撫時，不得採計給予（退撫9 II、III、12、85、86）。

3. 選擇是否自願退休

公務人員「任職滿五年，年滿六十歲」、「任職滿二十五年」或失能「不能從事本職工作，亦無法擔任其他相當工作。」自得依自己之狀況需要，選擇不再繼續服公職而「自願退休」（退撫17 I 、II、III）。

4. 選擇退休生效日

公務人員辦理自願退休或屆齡退休，其生效日期應於申請時審愼決定；逾審定生效日後，不得請求變更（退撫89 I ）。自願退休得依其參加當年考績、休假、退休年資之採計及自身之需要，評估選擇適當之退休生效日；至於屆齡退休，雖至遲應於法定之「1月16日」或「7月16日」生效（退撫19IV），但於屆滿六十五歲之日起至法定屆退日間，亦得選擇適當之日爲其退休生效日。

5. 選擇退撫金種類

公務人員或其遺族依該法請領退撫給與之種類、方式，應於申請時審愼決定；經審定機關審定生效後，不得請求變更（退撫89 II ）。公務人員選擇退休金除應計算考量一次退休金、月退休金，或兼領二分之一之一次退休金及二分之一之月退休金之數額外，最重要者乃是適合自己之最所需要。在考量月退休金之同時，也要考量「起支年齡」之「展期年金」、「減額年金」事宜（退撫31IV）。支領月退休金人員亡故，其遺族對於撫慰之「遺屬一次金」或「遺屬年金」（退撫43、45），或公務人員在職亡故，其遺族對於「一次撫卹金」、「一次撫卹金及月撫卹金」（退撫54），亦應考量自己之最所需要，做妥適之選擇。

6. 選擇新舊年資之組合

公務人員退撫新制實施前、後年資取捨應於申請時審慎決定；經審定機關審定生效後，不得請求變更（退撫89 II）。退撫法公布施行後，退撫新制實施前之任職年資，最高仍採計三十年；退撫新制實施前、後之任職年資可連同併計：擇領月退休金者，最高採計四十年；擇領一次退休金者，最高採計四十二年。任職年資併計後逾上述所定上限者，其退撫新制實施前、後年資之採計，由當事人自行取捨（退撫14 II）。如不選擇取捨年資時，則由退休案審定機關逕予取捨審定之（退撫14III）。

7. 選擇是否再任、再退休

公務人員退休後，只要在屆滿六十五歲退休年齡之前，非不得再任公職（任用27），為公務人員，但應考慮再任公職之性質與所領受之月退休金（及優惠存款）應予停止，至再離職時恢復（退撫70III、77）。再離職時，得否再辦理退休，領受年資給與及其如何計算，亦均應考慮（退撫15）。

8. 選擇是否以遺囑指定領受

(1) 公務人員在職（如病危時），得預立遺囑指定遺族改領一次撫卹金，或指定領受人：

①遺囑指定改領一次撫卹金：公務人員任職滿十五年死亡者，其生前預立遺囑，不依規定請領一次撫卹金與月撫卹金者（退撫54 II），得改按一次退休金之標準，發給一次撫卹金。其無遺囑而遺族不擇領一次撫卹金與月撫恤金者，亦同（退撫60 I）。

②遺囑指定領受人：公務人員生前預立遺囑，於法定遺族中（退撫62 I），指定撫卹金領受人者，從其遺囑。但公務人員未成年子女之領受比率，不得低於其原得領取比率（退撫63 II），即保障未成年子女生活之所資。

(2) 退休人員生前預立遺囑，於法定遺族中（退撫43 I），指定遺屬一次金或遺屬年金領受人者，從其遺囑。但退休人員未成年子女之領受比率，不得低於其原得領取比率（退撫48 I），即保障未成年子女生活之所資。

(二) 遵守請求時效

公務人員或其遺族請領退撫給與（退休金、資遣給與、退撫基金費用本息、撫卹金、遺屬一次金或遺屬年金）（退撫5）及優存利息等權利，應於「行政程序法」所定公法上請求權時效內為之（退撫73 I）。依「行政程序法」（102.5.22.）第131條第1項規定：「公法上之請求權，於請求人為行政機關時，除法律另有規定外，因五年間不行使而消滅；於請求權人為人民時，除法律另有規定外，因十年間不行年間不行使而消滅。」第2項規定：「公法上請求權，因時效完成而當然消滅。」又依「公務人員退撫基金管理條例施行細則」（84.7.11.）第6條規定：「領受退休金人員非因不可抗力之事由，逾五年未經請領之退休金。」列入基金之收入。依上述規定，退撫金請領人遲誤請領，以至於罹於時效者，該（其）權利即行消滅。各該請領權利人，自應遵守，不得不愼。

然其中，公務人員離職後，轉任公、民營單位或私立學校服務，並依「勞動基準法」、「勞工退休金條例」、私立學校教職員退休法令或其單行規章辦理退休者，其「未予併計發給退休金、資遣給與或撫卹金之年資」、「不符合退休或資遣條件而離職」（退撫9Ⅰ、Ⅱ）者，得至遲於年滿六十五歲之日起六個月內，向退撫基金管理機關申請發還本人撥繳之退撫基金費用本息，不適用前項時效規定（退撫73Ⅱ）。又如其於民國107年7月1日退撫法施行後，未辦理退休或資遣而離職者，除該法另有規定外，其任職年資得予保留，俟其年滿六十五歲之日起六個月內，以書面檢同相關證明文件，送原服務機關函轉審定機關，並同考量其依其他職域退休金法令之規定，審定其年資及退休金（退撫85、86），此保留之年資即得「轉銜」其他職域退休金法令之規定，計發「年資給與」，以爲養老。

四、退撫權義之救濟

司法院民國73年5月18日之釋字第187號解釋：「公務人員依法辦理退休請領退休金，乃行使法律基於憲法規定所賦予之權利，應受保障。」民國75年1月3日釋字第201號解釋：「公務人員依法辦理退休請領退休金，非不得提起訴願或行政訴訟。」兩號解釋係由退休案件開啓、確定公務人員對於在公務體系內之權利受侵害時，得依訴願或行政訴訟之法律程序爲爭訟救濟，打破往日嚴格「特別權力關係」之藩籬。

其時，於實務上對於退休案內容之核定，若對年資之採計，或退休金之計算有所錯誤，不論退休前後，均得函報檢附證件重核、更正錯誤（重新處分）。至於引發大法官會議解釋，乃是特例之爭執。

民國85年10月16日公務人員保障法公布，公務人員對服務機關所爲之行政處分得依「復審、再復審」之保障程序，及行政訴訟爲救濟；民國92年5月28日「公務人員保障法」配合「訴願法」、「行政訴訟法」修正公布，修正爲依「復審」之保障程序、及行政訴訟爲救濟。

公務人員退休事項原於保障法上之「實體保障」項內，雖無明文規定有關「退休」事項得適用之，但其第7條第2項末段則規定：「基於身分之請求權，其保障亦同。」其立法說明謂：「基於公務人員身分之請求，如退休金，亦爲保障之列。」

顯然退休事項仍在保障範圍之內，自得適用保障法爲救濟之途。民國92年該條項修正，改列爲第9條，其內容文字仍予維持原文，更於第25條規定：「……非現職公務人員基於其原公務人員身分之請求權遭受侵害時，亦同。」（第1項）、「公務人員已亡故者，其遺族基於該公務人員身分所生之公法上財產請求權遭受侵害時，亦得依本法規定提起復審。」（第2項）。迄今如是。

民國100年1月1日修正施行之退休法第33條第2項更明白規定：「退休、資遣人員或請領撫慰金遺族，對於退休、資遣案或撫慰金案之核（審）定之結果如有不服，得依公務人員保障法提起救濟；如有顯然錯誤，或有發生新事實、發現新證據等行政程序再開事由，得依行政程序法相關規定（第128、129條）辦理。」撫卹法第19條：「公務人員遺族，對於撫卹案之核（審）定之結果如有不服，得依公務人員保障法提起救濟；如有顯然錯誤，或有發生新事實、發現新證據等行政程序再開事由，得依行政程序法相關規定（第128、129條）辦理。」確定有關退撫事項之救濟途徑，前段規定之復審係有所爭議之準司法救濟程序，後段則係較無爭議之行政補正作爲，簡便易行。民國107年之退撫法第81條，將之整併爲：「依本法申請退休或資遣人員，或請領撫卹金、或遺族一次金或遺族年金之遺族，對於審（核）定機關所爲之審（核）定結果不服者，得依公務人員保障法規定，提起救濟；其有顯然錯誤，或有發生新事實、發現新證據等行政程序再開事由，得依行政程序法相關規定（第128、129條）辦理。」

第七節　退撫實例計算之檢視

一、退休

爲助瞭解起見，本書在民國86年6月初版及同年7月修訂二版中，都列舉退休金核計的實例，幫助讀者瞭解。這實例是依據民國84年7月1日施行之新制公務人員退休法的退休給與標準計算而成，現仍保存於次，列爲甲例。民國95年增修三版中，又依據民國95年現行新規定和新給與標準，另行作成乙例；現在又依民國100年1月1日施行之修正公務人員退休法，作成丙例；民國107年7月1日新制定之年金改革之公務人員退休資遣撫卹法，再作成丁例。四例併列，俾利讀者參考比較。

甲例（民國84年7月1日新制施行後）：

公務人員某甲，民國19年11月17日出生。民國37年1月1日開始任公務人員，從未中斷；所任職務爲薦任第九職功俸七級710俸點。按民國85年俸點折算俸額率折算，其所支年功俸月俸額爲新臺幣四萬四百八十五元（不包括任何加給）。

某甲於民國84年11月16日屆滿六十五足歲，新制「公務人員退休法」已先於同年7月1日施行。本應以次月1日，即民國84年12月1日爲命令退休生效日。但依新制「公務人員退休法施行細則」第7條規定，得最遲以民國85年1月16日爲退休生效日。某甲遂依此規定，以民國85年1月16日爲退休生效日。

因其開始任公務人員係在舊制退休法施行期間，但於新制退休法施行後退休。依規定，其退休年資應分新舊法前後兩段核計。其在民國84年6月30日以前舊法時期年資實有四十七年六個月，但依舊法規定，至多謹得採計三十年，且擇領一次退休金者，最高以六十一個基數爲限：擇領月退休金者，最高以百分之九十爲限。又，民國84年7月1日新法施行後年資，實有六個月十五天，依新法規定以一年年資核計。以上所採新舊制年資合計，未超過新法所定採計年資總數三十五年之最高限額。

茲依上述資料及新舊法規各有關規定，計算某甲退休金如下：

(一) 當其選擇領取一次退休金：

1. 舊法時期年資核計之一次退休金部分：

（月俸額40485元 + 本人每月實物代金930元）×（61個基數）= 2526315元（全部以政府預算支付）

2. 新法時期年資核計之一次退休金部分：

（月俸額40485元×2倍）×（1年年資1.5個基數）= 121455元（以退撫基金支付）

3. 以上列1.（政府支付之退休金2526315元）+ 2.（退撫基金支付之退休金121455元）= 某甲所可領得之一次退休金總額2647770元

(二) 當其選擇領取月退休金：

1. 舊法時期年資核計之月退休金部分：

（月俸額40485元×最高比率90%）+（本人實物代金930元）= 37366元（全部以政府預算支付）

2. 新法時期年資核計之月退休金部分：

（月俸額40485元×2倍）×（1年年資2%）= 1619元（全部以退撫基金支付）

3. 上列1.（政府支付之退休金37366元）+ 2.（退撫基金支付之退休金1619元）= 某甲每月所可領得之月退休金額38985元

(三) 當其選擇兼領二分之一之一次退休金及二分之一之月退休金：

1. 兼領一次退休金部分：

(1) 依上述已算出之舊法時期年資核計之一次退休金全額2526315元×（兼領）1/2 = 1263157.5元（全部以政府預算支付）

(2) 依上述已算出之新法時期年資核計之一次退休金全額121455元×（兼領）1/2 = 60727.5元（以退撫基金支付）

(3) 以上列(1)（政府支付部分1263157.5元）+ (2)（退撫基金支付部分60724.5元）= 1323885元（某甲兼領二分之一之一次退休金總數）

2. 兼領月退休金部分：

(1) 依上述已算出之舊法時期年資核計之月退休金金額37367元×（兼領）1/2 = 18683元（全部以政府預算支付）

(2) 依上述已算出之新法時期年資核計之月退休金金額1619元×（兼領）1/2 = 809.7元（以退撫基金支付）

(3) 上列(1)（政府支付部分18683元）+ (2)（退撫基金支付部分809元）= 19492元（某甲兼領二分之一之月退休金總額）

依上述核計所知，某甲於退休生效時可一次領得其一次退休金十三萬兩千三百八十八元，並另自退休生效之月起，每月可領得月退休金一萬九千四百九十二元，以迄其死亡之月止。死亡後，其遺族並可依規定，擇領以其月退休金或兼領二分之一月退休金之半之撫慰金。

乙例（民國95年以後）：

某乙民國30年2月14日出生。民國57年10月5日開始任公務人員，從未中斷，現任職務為薦任第九職等，敘年功俸七級710俸點。依民國95年春仍繼續適用之94年度俸點折算俸額率折算，實支月俸額（現金）新臺幣四萬五千六百六十五元（不包括任何加給）。

某乙於民國95年2月13日屆滿六十五足歲。依新制「公務人員退休法施行細則」第7條規定，得自願選擇屆齡日後，至最遲民國95年7月16日前期間任何一日為其退休生效日。某乙遂選擇民國95年7月16日為其退休生效日。

因其係在舊制退休法施行期間始任公務人員，而於新制退休法施行後退休，依規定其退休年資應分前後新舊法兩段年資核計。經核其在民國84年6月30日前舊法時期年資，實有二十六年九個月；民國84年7月1日新法施行後年資，實有十一年又十五天，依規定以十一年一個月計。依新制退休法第16條之1第1項規定，新舊制年資合併計算時，舊制年資最多僅可採計三十年，新制年資最多謹可採計三十五年，且二者合計，最多亦僅可採計三十五年。但新舊兩制年資之採計，應以較有利當事人之方式行之。

如新制年資中有未予採計而有餘存者，應依當事人實際繳付退撫基金費用，核計其本息，由基金管理機關一次發還（新退細18）。

茲依上述事實及核計規定，計算某乙退休金如下（請參閱新舊制「公務人員退休法施行細則」所附各種有關核計標準之附表）：

(一) 當其選擇領取一次退休金：

1. 如將舊制年資優先全部採計：

(1) 依舊法時期年資採計爲二十六年之退休金部分，應給予五十三個基數（依新法第16條之1規定，不滿一年之年資，尾數九個月應併入新制期間計算）：

（月俸額45665元＋本人每月實務代金930元）×53基數＝2469535元（全部以政府預算支付）

(2) 依新法時期年資核計爲九年之退休金部分，應給予十三點五個基數（一規定連同舊制年資併計時不得逾三十五年）：

（月俸額45665元×2倍）×（1.5個基數×9）＝1232955元（全部以退撫基金支付）

(3) 以上列(1)（政府支付之退休金2496535元）＋(2)（退撫基金支付之退休金1232955元）＝某乙所可領得之一次退休金總額3702490元

但新制年資仍剩餘一年十個月五天，未採計核給退休金，應由退撫基金查明，按其曾繳付基金年資爲一年又十一個月，退還所繳之基金本息款額。

2. 如將新制年資優先全部採計，經核計其退休金所得情形如下：

(1) 舊法時期年資二十三年核計其退休金部分：

（月俸額45665元＋本人每月實物代金930元）×47個基數＝2189965元（全部以政府預算支付）

(2) 新法時期年資核計為十二年之退休金部分：

（月俸額45665元×2倍）×（1.5個基數×12年）＝1643940元（全部以退撫基金支付）

(3) 某乙一巧退休金總所得：

以上列(1)（政府預算支付之退休金2189965元）＋(2)（退撫基金支付之退休金1643940）＝某乙所可領得之一次退休金總額3833905元

由於新法時期之年資已無剩餘，故不再有退還多繳基金本息之情事。

(二) 當其選擇領取月退休金：

1. 如將舊制時期年資先全部採計時：

(1) 依舊法時期年資核計為二十六年之退休金部分：

（月俸額45665元×比率86%）+（本人食物代金930元）= 40202元（全部以政府預算支付）

(2) 依新法時期年資核計為九年之退休金部分：

（月俸額45665元×2倍）×2%×9年 = 16439.4元（全部以退撫基金支付）

(3) 某乙每月可領得之月退休金所得：

以上列(1)（政府支付之退休金40202元）+ (2)（退撫基金支付之退休金16439.4元）= 每月退休金額56642元

2. 如新制年資優先全部採計時：

(1) 依舊法時期年資核計為二十三年之退休金部分：

（月俸額45665元×比率83%）+ 本人實物代金930元 = 38832元（全部政府預算支付）

(2) 依新法時期年資核計為十二年之退休金部分：

（月俸額45665元×2倍）×2%×12年 = 21919元（全部以退撫基金支付）

(3) 某乙每月可領得之月退休金所得：

以上列(1)（政府支付之退休金38832元）+ (2)（退撫基金支付之退休金21919元）= 每月月退休金金額60751元

(三) 當其選擇兼領二分之一之一次退休金及二分之一之月退休金：

依上述(一)、(二)兩項中之將舊制年資優先全部採計核算之結果，或將新制年資優先全部採計核算之結果，各以其二分之一列計，即可迅速獲得其兼領所可獲得之金額。爲免冗贅起見，不再詳加列舉敘述。但因其係兼領二分之一之月退金，故於其兼領期間死亡者，其遺族依法得自其死亡之次月起領取撫慰金（月退休金支半）（舊法第13條之1）。

茲爲便利讀者更易於瞭解以作成合理判斷，在支領一次退休金或月退休金兩者之間，以及在優先採計新舊兩制年資之間，如何作成有利選擇起見，即以上述就某乙條件所作成之各種選擇核算結果，如表19-12，以資比較：

表19-12　兼具新舊兩制年資退休人員依法優先選擇採計新舊年資核算退休所得實例表

製表人：徐有守

事實	1. 某乙實際服務年資為舊制26年9個月，新制年資11年又15天。 2. 退休生效前夕任職薦任第九職等，敘薦任第九等年功俸七級，折算俸額現金45665元。	
	優先採計舊制年資	**優先採計新制年資**
擇領一次退休金	1. 舊制年資26年9個月全採，新制年資僅可採8年3個月 (1) 舊制之一次退休金： （45665＋930）×53基數＝2469535元 (2) 新制之一次退休金： （45665×2倍）×13.5基數＝1232955元 2. 以上列(1)＋(2)＝3702490元 3. 尚有未採之新制年資1年10月，由退撫基金依其已繳退撫基金費用實際年月核算退還其本息。	1. 新制年資採12年全採，舊制年資僅可採23年 (1) 舊制之一次退休金： （45665＋930）×47＝2289965元 (2) 新制之一次退休金： （45665×2倍）×18＝1643940元 2. 以上列(1)＋(2)＝3833905元
擇領月退休金	1. 舊制年資26年9個月全採，新制年資僅可採8年3個月 (1) 舊制之月退休金： （45665×86%）＋930＝40202元 (2) 新制之月退休金： （45665×2倍）×2%×9年＝16439元 2. 以上(1)＋(2)＝56641元 3. 尚有未採之新制年資1年10月，由退撫基金依其已繳退撫基金費用實際年月核算退還其本息。	1. 新制年資12年全採，舊制年資僅採23年 (1) 舊制之月退休金： （45665×83%）＋930＝38833元 (2) 新制之月退休金： （45665×2倍）×2%×12＝22919元 2. 以上列(1)＋(2)＝60751元

丙例（民國100年1月1日以後）：

公務人員某丙，民國40年8月5日出生，民國67年4月22日開始任公務人員，年資從未中斷。迄今所任職務為薦任第九職等年功俸七級710俸點，按俸點折算率，折算實支月俸額為四萬七千零八十元。

某丙於民國105年8月4日屆滿六十五歲，依現行退休法第16條規定至遲應於民國106年1月16日退休生效，遂選擇於民國106年1月16日為其屆齡退休生效日。

因某丙為在舊制退休法施行期間任職，而於修正新制退休法施行之後退休，依規定其退休年資應分前後新舊法兩段年資核計。經核其在民國84年6月30日前實有舊制年資為十七年二個月又八天，依現行退休法第31條規定，以十七年三個月計；民國84年7月1日後實有新制年資二十一年六個月又十五天，依現行退休法第9條規定，以二十一年七個月計。

依現行退休法第29條規定，新舊制年資合併計算時，舊制年資最多可採計三十年，新制年資最多僅可採計三十五年，且兩者合計最多僅可採計三十五年，但前後新舊年資之採計，由當事人取捨。其未予併計之新制年資，依其本人繳付退撫基金費用之本息，按未採計新制年資占繳費年資之比例計算，由退撫基金一次發還。

茲依上述事實及核計規定，計算某丙之退休金如下：

(一) 當某丙擇領一次退休金時：

1. 如優先採計全部舊制年資：

(1) 舊制年資核計為十七年三個月部分

（47080元 + 本人每月實物代金930元）×（35個基數）= 1704355元（全數由政府預算支付）

(2) 新制年資僅能核計為十七年九個月部分

（47080元×2）×〔（1.5個基數×17年）+（1/8×9）〕= 1159345元

(3) 以上列(1)（1704355元）+ (2)（1159345元）= 某丙可得一次退休金總額2863700元

但因其新制年資尚有三年十個月未予採計核給退休金，應由退撫基金查核，退還所自繳之基金費用本息。

2. 如優先採計全部新制年資：

(1) 舊制年資僅能採計十三年五個月

（47080元 + 本人實物代金930元）×（25個基數 + 1/6×5）= 1216234元（全部由政府預算支付）

(2) 新制年資二十一年七個月全採

（47080元×2）×〔（1.5個基數×21）+（1/8×7）〕 = 3007235元（全部由退撫基金支付）

(3) 某丙一次退休金總所得：

上列(1)（1216234元）+ (2)（3007235元）= 某丙可領得之一次退休金總額為4223569元

(二) 當某丙擇領月退休金時：

1. 優先採計全部舊制年資

(1) 舊制年資核計為十七年三個月部分

47080元×（77% + 1/1200×3）+ 本人實物代金930元 = 37299.3元（全數由政府預算支付）

(2) 新制年資僅能核計爲十七年九個月部分

47080×（2%×17＋1/600×9）＝167137.7元（全數由退撫基金支付）

(3) 以上列(1)（37299.3）＋(2)（16713.7）＋本人實物代金930元＝某丙每月得領之月退休金數額54013元

但其新制年資尚有三年十個月，未予採計核給退休金，應由退撫基金查核，退還所自繳之基金費用本息。

2. 如優先採計全部新制年資

(1) 舊制年資僅能採計十三年五個月

47080元×（5%×13＋1/1200×5）＋930元＝30793.3元（全數由政府預算支付）

(2) 新制年資二十一年七個月全採

（47080元×2）×（2%×21＋1/600×7）＋本人實物代金930元＝41375.8元（由退撫基金支付）

(3) 以上列(1)（30793.3）＋(2)（41375.8）＝某丙每月得領之月退休金數額72169.1元

丁例（民國107年7月1日年金改革後）：

公務人員某丁民國43年4月1日生，民國73年8月1日開始任公務人員，年資從未中斷，迄今所任職務爲薦任第九職等年功俸一級590俸點。依規定至遲應於應於民國108年7月16日退休生效，遂選擇於民國108年7月16日爲其屆齡退休生效日。

因某丁爲在舊制退休法施行期間任職，而於新制定之公務人員退休資遣撫卹法施行之後退休，依規定其退休年資應分前後新舊制兩段年資核計，並以最近五年之平均俸額計給。茲銓敘部網站設有退休所得試算系統得予應用：

1. 輸入出生日期0430401。
2. 輸入退休生效日1080716。
3. 輸入舊制年資起迄日期0730801～0840630。
4. 輸入新制年資起迄日期0840701～1080715。
5. 輸入平均俸額之起迄日及俸點1070101～1080715、1030716～1061231。

（因民國107年調整俸額，其前未調，因此輸入兩段俸額，俾計其最近五年之平均俸額）

輸入基本資料之畫面如圖19-1：

現職公務人員退休所得試算系統

注意：本試算系統目前只適用於「公務人員退休資遣撫卹法實施後退休生效」且「選擇支領月退休金」現職公務人員!

公務人員退休所得試算系統意見反應單

出生日期 0430401 (出生日期請輸入七碼，例：民國62年1月1日，請輸入0620101)

退休生效日 1080716 (以所輸入最後在職日自動計算)

審定舊制年資起訖
(自初任公職日依序輸入，連續任職者勿分段輸入)
(舊制年資請輸入84年6月30日前日期)

序號	任職起日 ～ 任職訖日
1	0730801 ～ 0840630
2	～
3	～
4	～
5	～
6	～
7	～
8	～
9	～
10	～

(請輸入七碼，如民國82年1月1日，輸入0820101)

審定新制年資起訖
(自初任公職日依序輸入，連續任職者勿分段輸入)
(新制年資請輸入84年7月1日後日期)

序號	任職起日 ～ 任職訖日
1	0840701 ～ 1080715
2	～
3	～
4	～
5	～
6	～
7	～
8	～
9	～
10	～

(請輸入七碼，如民國92年1月1日，輸入0920101)

計算平均俸額 已輸入5年均俸年資

自最後在職日往前輸入，除遇0940101、1000701、1070101待遇調整須分段，其餘連續輸入

序號	薪俸起日～薪俸訖日	俸點(元)(擇一輸入) 俸表 ○俸點 ◉薪點 ○薪元
1	1070101 ～ 1080715	630 ▼ 點 230 ▼ 元
2	1030716 ～ 1061231	630 ▼ 點 230 ▼ 元
3	～	630 ▼ 點 230 ▼ 元
4	～	630 ▼ 點 230 ▼ 元
5	～	630 ▼ 點 230 ▼ 元
6	～	630 ▼ 點 230 ▼ 元
7	～	630 ▼ 點 230 ▼ 元
8	～	630 ▼ 點 230 ▼ 元
9	～	630 ▼ 點 230 ▼ 元
10	～	630 ▼ 點 230 ▼ 元
11	～	630 ▼ 點 230 ▼ 元
12	～	630 ▼ 點 230 ▼ 元
13	～	630 ▼ 點 230 ▼ 元
14	～	630 ▼ 點 230 ▼ 元
15	～	630 ▼ 點 230 ▼ 元

補償金選擇 > 無 ▼　　展期或減額退休金種類選擇 無 ▼　　計 算 列 印

圖19-1　現職公務人員退休所得試算系統畫面

試算結果，如選擇一次退休金可得三百七十六萬四千四百八十五元，如圖19-2：

退休基本資料			
是否符合支領一次退休金要件	符合	補償金	實施逾1年無補償金
退休生效日	1080716	退休時年齡	65歲
舊制年資	10年11月	新制年資	24年0月15日
最後在職俸額	40270	平均退休俸額	40270
退休所得內容			
俸額計算類別	採均俸	舊制一次退休金	858,333
一次退休金總額	3,764,485	新制一次退休金	2,906,152
備註： 「退休公務人員一次退休金與養老給付優惠存款辦法」尚待修正，且公教人員保險法修正草案亦未經立法院三讀通過，爰本試算系統僅先依退撫法規定提供一次退休金金額試算功能。			

圖19-2　一次退休金試算結果畫面

試算結果，自動帶出依退撫法第37條所得替代率之結果，如選擇月退休金民國108年每月可得六萬零四百零五元，但因受退撫法第37條調降所得替代率之規範，每年調降百分之一點五，是以民國118年後則降為四萬八千三百二十四元。詳如圖19-3：

退休基本資料			
是否已成就起支月退休金條件	達法定起支年齡	補償金	實施逾1年無補償金
退休生效日	1080716	平均退休俸額	40270
舊制年資	10年11月	新制年資	24年0月15日
退休時年齡	65歲	退休金種類	全額月退休金
適用展期或減額	無	減額比例	0.0000%
退休所得內容			
107.7.1~108.12.31	60,405	114年度	53,156
109年度	59,196	115年度	51,948
110年度	57,988	116年度	50,740
111年度	56,780	117年度	49,532
112年度	55,572	118年度以後	48,324
113年度	54,364		
備註： 退休金種類如顯示「全額月退休金」，表示臺端所輸入的條件已符合支領全額月退休金。如欲瞭解您最早可支領月退休金之年度，可利用「現職公務人員月退休金起支年齡試算系統」。			

圖19-3　月退休金試算結果畫面

二、撫卹（年金改革後）

公務人員某戊爲薦任九職等本俸五級人員，任職三十五年整，在職死亡，按民國107年1月待遇標準核算，若其平均俸額爲三萬六千元。依現行退撫法規定，分別核計如下：

(一) 某甲係因病或意外死亡，給一次撫卹金二十五個基數，及每月月撫卹金二分之一個基數，給予一百二十月，其撫卹金金額如下：

1. 一次撫卹金：3.6萬元×2×25基數＝180萬元
2. 月撫卹金：3.6萬元×2×1/2×120月＝432萬元
3. 上列1.＋2.：180萬元＋432萬元＝612萬元

(二) 如某甲係執行職務因公死亡者，一次撫卹金加百分之二十五，月撫卹金一百八十月，並依其他規定給予慰問金，其撫卹金金額如下：

1. 一次撫卹金：180萬元×125%（加了25%）＝225萬元
2. 月撫卹金：3.6萬元×2×1/2×180月＝648萬元
3. 另依規定發因公慰問金：一次230萬元
4. 上列1.＋2.＋3.＝225萬元＋648萬元＋230萬元＝1103萬元

(三) 但若某甲係冒險犯難或戰地殉職因公死亡，一次撫卹金應增加百分之五十，月撫卹金應給二百四十個月。其撫卹金金額如下：

1. 一次撫卹金：180萬元×150%（加了50%）＝270萬元
2. 年撫卹金：3.6萬元×2×1/2×240月＝864萬元
3. 另依規定加發因公慰問金：一次300萬元
4. 上列1.＋2.＋3.＝270萬元＋864萬元＋300萬＝1434萬元

上述因公死亡者，尙有「因公慰問金」新臺幣一百二十萬元、二百三十萬元（執行危險職務）、三百萬元（冒險犯難）。

第八節　因公退撫

公務人員「因公退撫」，重在「因公情事之認定」與「如何給予補償」，其他有關遺族、分配、權利之得喪變更等事項，均與一般規定相同。

一、概說

公務員法上之「因公」給與，與勞動法上之「勞動（職業）災害」補償相當，意指勞動工作者因執行職務，遭受侵害，以致傷病，不堪繼續任職工作，或死亡，則雇主應爲退撫給與，安頓餘生或遺族，以資補償。此情約可製成如次之簡圖（圖19-4）示之：

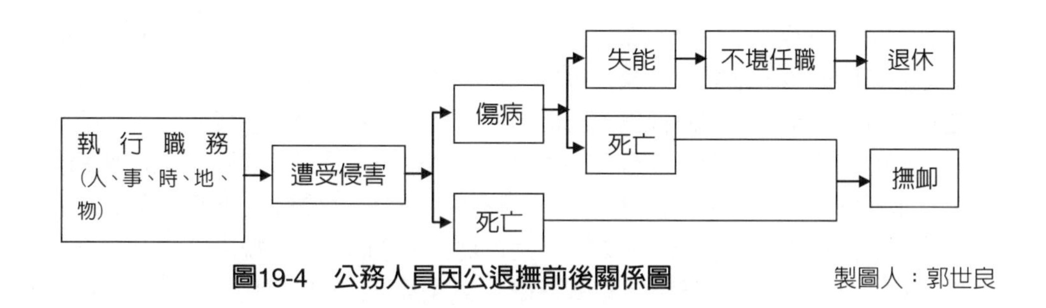

圖19-4　公務人員因公退撫前後關係圖　製圖人：郭世良

依此簡圖觀之，「因公退休」、「因公撫卹」（甚至於公保之「因公給付」）原因之構成要件或情事，應屬相當。一般認爲判斷是否「因公」之基準要素有三：

(一) 工作之隸屬性：是職務範圍內之工作，含依臨時命令行事。

(二) 工作之執行性：在應執行職務之時間、地點內工作，並在長官指揮監督掌控中。

(三) 工作之起因性：傷病或死亡之發生與職務之執行，必須有因果關係之聯絡。

基於上述判斷要素之概念，得將「因公」前後之事項，分析如次：

(一) 職務性質

依職務工作之內容，就其性質，約有兩類之區分：

1. 一般性與危勞性：依職務工作內容之執行，就社會之通念，在執行之內容、地點或技術上，具高度之危險性，易有傷亡或感染疾病之情事發生，或需要高體能耐力者，爲「危勞性」職務，反之則爲「一般性」職務。「危勞性」職務之薪資較「一般性」職務高，能工作之年限較短，是以，俸給法上有危勞職務加給（俸給5），退休法上必須降齡退休（退撫17III、19II），一則保該職務人力之青壯，二則免除高齡人員體力健康之負荷。

2. 例行性與特殊性：組織工作不論如何分工，各職務之工作內容，一般均相當固定，且日常反覆執行者爲「例行性」工作；如有反於「例行性」之特殊狀況，需急迫處理之必要，或必須於日常之工作時間外或場所外工作者，即爲「特殊性」工作，此情常爲臨時指派之工作，例如：「出差」。此於公務人員「職務說明書」中，工作內容之記載，有較高百分比之「例行性」工作事項，亦有較低百分比之

「其他臨時交辦事項」，後者即爲「特殊性」工作。

因公事故之發生，應以事故發生時之實際職務工作爲斷，其雖一般性職務之工作，亦可能有偶發危險性之存在，如臨時處理氣爆，以維民眾及同仁之安全。

(二) 執行行為

執行職務，係「人、事、時、地、物」一體，其「核心意義」卻在「事正當中」之確切時間內、地點中之執行行爲，並不限於日常之辦公時間、場所。至於事前之預備行爲、事後之整置行爲或其他輔助行爲，乃其「周邊意義」之執行行爲，其離「核心意義」愈遠者，其重要性或急促性則愈緩。是以，建制上「周邊意義」遠近之取捨，得爲「立法裁量」，要其具有社會共識之妥當性即可。例如：「通勤」，一般認爲係執行職務必備之「輔助行爲」，也因此在法規之表述上必須予以明確「類型化」或「例示化」，以資遵循。又「因公」，只論其「執行行爲」，而不宜全然論其「職務性質」。

(三) 遭受侵害

危險事故之發生，以致傷害人之身體健康者，對此危險侵害之認識約有三：

1. 外來因素或內在因素：

(1) 外來因素：係來自外在之侵害，爲危害來自於本身以外之情事，例如：天災（地震、颱風、獸侵、蟲害、感染）、人禍（暴力、交通事故）或公共設施管理之不當（年久失修之橋垮塌）、機具拋錨（器材設備之故障），爲非可歸責於自己之因素。

(2) 內在因素：爲發生因素存在於自己，例如：操作不當（執行技術之過失或不當）、宿疾復發，爲可歸責於自己之因素。但如執行者在操作上故意犯規或有重大過失者，本人也應負「與有過失」（民法217）之責。又「宿疾復發」恐難立即認爲係屬外在因素，但仍有外在因素促發加功之可能性，必須詳慎斟酌。

2. 即可預見與不可預見：

(1) 即可預見之危險侵害，乃其危險在其「職務」範圍內或具體工作中，例如：「打火救災」之消防、「圍捕歹徒」之攻堅搏鬥、「疫區醫療」之防護、「荒山野外」之探勘。其「出任務」乃基於「職責所在」（刑法24Ⅱ），義不容辭，甚至於奮不顧身，勇敢執行，即爲「冒險犯難」。

(2) 不可預見之危險侵害，乃依職務工作之性質，甚難預料有危險之發生，純屬突發事故之「意外」，例如：車禍、火災、地震、器材設備之故障、感染疾病。

3. 合法與違法：

(1) 合法：依職務之法定內容執行，必須容忍其本具有危險性之發生（「容許性危險」），雖略有操作不當或機具拋錨，亦應屬常態合法之範圍。即使是天災、獸侵、蟲害、感染，均應歸入合法範圍，甚至於身體器官機能之老化或退化，亦屬之。

(2) 違法：一般爲外來人爲暴力之侵襲，則爲妨害公務或傷害（刑法135、277）；但如執行者在操作上故意犯規或有重大過失者，仍應認爲違法，此在事故責任上，本人也應負「與有過失」（民法217）之責。

因此，爲實務之需，「侵害」之態樣或種類，亦有「類型化」，或「例示化」之必要，以資顯明易懂。

(四) 傷病失能

傷病爲受侵害之結果。傷者，表徵於體外較多，顯而易見；病者，表徵於體內，晦而難見，尤其是宿疾復發，或爲突發之病變（猝發），或爲執行行爲對之「加功」，促其發作。傷者，與執行職務之因果關係較爲直接，易於推斷，常立即顯示或經過一小段時間即予顯示；病者，與執行職務之因果關係較難推斷，常非立即顯示，或累積至某一程度，或經過一小段時間，始予發作，例如：長久處於垃圾處理中，惡氣薰天，呼吸器官感染疾病，因此，勞動災害上依統計之或然率，歸列有「職業病」，以資認定其因果關係；又病者，有宿疾因執行職務之加功而發作，亦有因外在病菌之入侵而感染併發（病變），此均不可不察。至於「成殘」、「失能」，乃因傷病之結果影響身體器官之正常運作，或減失其功能。

(五) 不堪任職

1. 職務工作：因傷病成殘，減失身體器官之功能，影響其執行職務之能力。此「職務」，早期認定爲「本職」或「原職」之工作，失之過嚴。新制施行後，擴及調任「其他職務」工作，較符合憲法上「工作權」之保障。

2. 觀察期間：傷病成殘，能否繼續任職？必須有一段或長或短之觀察考核期間，以確認是否有工作之能力。早期，曾以「確定成殘」日之次日爲命令退休生效日，新制後才改爲調任其他職務工作，以觀察其是否能繼續工作，此較爲合情合理合法。

(六) 因公補償

「職業災害」之發生，常使勞動工作者對職務之執行，望而卻步，不敢前進，影響組織工作之進行，亦影響工作者生計之所依，堪稱爲「人力資源之殺手」。是以必須於其事後有所補償（補救），以重建信心。

補償可分爲「精神補償」與「物質補償」。「精神補償」即給予勳獎表揚；「物質補償」則給予金錢慰問，甚且退休、撫卹時，附加優渥之給與。此之「優渥給與」，即爲「職業災害之補償」，其性質主要有兩學說：

1. 特別恩惠說：爲雇主或國家政府依其事況，對其特別給與之恩惠，以酬其功績、慰其傷亡。此說依實務之觀察，似乎偏重於傷亡「慘烈性」之重大。

2. 特別犧牲說：乃罹難者以個人之犧牲，使雇主或國家社會之利益，免受侵害損失或使其減少損失。此說依實務之觀察，似乎偏重於所挽救利益「價值性」之重大。

茲於現實生活中，當有「因公」情勢之發生，輿論常以其情之「慘烈性」、「價值性」來評述，形成未審先斷，造成補償作業上某程度之困擾。亦因此，在慰勉補償之方式上，即應慎酌，始能符合社會之妥當性。一般而言，補償之方式有下列四種，甚或得予並行：

1. 給予醫療期間之工資或醫藥費用。

2. 給予喪葬費用。

3. 給予慰問金。

4. 增加退撫給與：

(1) 以擬制年資計給：即未達某一給與標準時，以該標準之年資計算退撫給與。

(2) 加成計給：依其年資給與，增加百分比計給退撫金。

(3) 延長給予期間：如對其配偶、年邁之父母給與終生，對年幼之子女給與至成年。

二、因公退休

「退休制度」中「因公退休」，增加給與，以資「補償」者，乃在於其「執行職務」→「傷病成殘（失能）」→「不堪任職（死亡）」，以至於退休（撫卹），增加給與，三者之間，必須有一貫之「因果關係」（銓敘部73.5.7.七三臺楷特三字第0341號函、74.7.30.七四臺華特三字第31726號函、行政法院74判字第1281號判決）。在此「因公退休（撫卹）」之意義有三：

(一) 因執行職務傷殘（失能）致不堪任職，在行政上，自應退離職務，俾引進新人（新陳代謝、行政效能）。

(二) 提早退離，減短其依法得服務公職（憲18）之年限，自應增加給與，以資補償。

(三) 增加給與除補償其服務年限外，亦含有因其「特別犧牲」，政府所給予之「恩惠」（崇功報德）之意旨。

因公退休增加給與，事涉權利義務事項，原退休法將「因公」之情事規定於施行細則有四款（不論新舊制，但無細節性之規定），民國100年1月1日修正施行之退休法，將其刪除第3款之「非常時期在任所遇外危險，以致傷病。」並將第2款之

「因辦公往返或在辦公場所遇意外危險，以致傷病。」分成兩款，提升至於該法中規定（中標5），列爲第6條第4項，併於施行細則第6條作各款細節性之規定。民國107年7月1日施行之退撫法，參酌原退休法與其施行細則之規定，重擬條文，分列於該法與其施行細則中。茲先統述退撫法規「因公退休」之規定：

(一) 因公情事

公務人員受監護或輔助宣告，或身心傷病或障礙，係因執行公務所致（以下簡稱因公傷病）者，經服務機關證明其不能從事本職工作，亦無法擔任其他相當工作，應由服務機關主動申辦命令退休（退撫20Ⅰ、21Ⅰ）。所稱因公傷病，指由服務機關證明並經審定機關審定公務人員之身心傷病或障礙，確與下列情事之一具有「相當因果關係」者（退撫21Ⅱ）：

1. 執勤時受侵害：於執行職務時，發生意外危險事故、遭受暴力事件或罹患疾病，以致傷病。指於執行職務時，有下列情事之一，以致傷病（退撫細19）：

(1) 發生突發性之意外危險。即非能事先預測（見）危險之存在。

(2) 遭受外來之暴力。

(3) 遭受感染，引發疾病。

2. 在執勤時地內之危險事故：即於辦公場所、公差期間，發生意外危險事故，以致傷病，指於下列期間發生突發性之意外危險事故，以致傷病（退撫細20Ⅰ）：

(1) 在處理公務之場所，於辦公時間內或指定之工作期間。

(2) 經機關指派，執行一定之任務。

(3) 代表機關參加活動。

經機關指派執行一定任務之期間，或代表機關參加活動，遭受感染，引發疾病者，認定爲因公傷病（退撫細20Ⅱ）。

審酌因公傷病之認定，係以公務人員所受傷病確實因執行公務所致，著重執行公務之事實，並非以差勤登記爲唯一認定標準（按差勤登記由各用人機關自行依事實辦理），爰經機關指派執行一定之任務或代表機關參加活動期間，遭受感染，引發疾病者，應得認定爲因公傷病（退撫細20Ⅱ），而不論服務機關係以公差或公假或公出登記均屬之。然於「公差期間」非執行職務之時段，發生「事故」宜否爲「因公」之認定，昔有案例，頗費思量。

又如在辦公室內，遭精神病者暴力攻擊，究宜適用上述1.或2.？亦頗費思量。

本文標題列爲「執勤時受侵害」、「在執勤時地內之危險事故」，仍依條文，作形式上之標題，「執行職務（執勤）」，本以「職務（事）」爲核心概念，當然包含「時」、「地」。前者著重於「時」；後者著重於「地」、「時」，但其2.之

(2)「執行一定任務」、(3)「參加活動」，又夾雜「事」之成分，條文歸（規）列，未能深入「例示化」、「類型化」。其後之條文亦有此情形。

3. 通勤中之災害：因辦公、公差往返途中，發生意外危險事故，以致傷病，指在合理時間，以適當交通方法，於下列「必經路線」途中，非因本人之「重大交通違規行爲」所生突發性之意外危險事故，以致傷病（退撫細20III）：

(1) 前往辦公場所上班或退勤之「必經路線」途中。所稱「必經路線」，包含下列情形（退撫細20IV）：

①自居住處所前往辦公場所上班途中。

②在上班日之用膳時間，自辦公場所前往用膳往返途中。

③自辦公場所退勤，直接返回居住處所途中。

④自辦公場所退勤，直接返鄉省親或返回辦公場所上班途中。

公務人員行經上述之必經路線，因道路交通情事而繞道，途中發生突發性之意外危險事故，經就其起點、經過路線、交通方法及時間各因素查證後，屬客觀合理者，視爲必經路線（退撫細20V）。

(2) 經機關指派執行一定之任務或代表機關參加活動，前往指定地點，或返回辦公場所或居住處所間之「必經路線」途中。所稱「必經路線」，比照上述規定認定（退撫細20VI）。

所稱「重大交通違規行爲」，指公務人員有下列情形之一者（退撫細23 I）：

(1) 未領有駕駛車種之駕駛執照而駕車。

(2) 受吊扣駕駛執照期間或吊銷駕駛執照處分而駕車。

(3) 經有燈光號誌管制之交岔路口違規闖紅燈。

(4) 闖越鐵路平交道。

(5) 酒精濃度超過規定標準、吸食毒品、迷幻藥或非治療用之藥品而駕車。

(6) 駕駛車輛不按遵行之方向行駛或在道路上競駛、競技、蛇行或以其他危險方式駕駛車輛。

(7) 駕駛車輛違規行駛高速公路路肩。

(8) 駕駛車輛不依規定駛入來車道。

但交通違規行爲如屬執行職務所需，且依相關法規規定爲合法者，不視爲「重大交通違規行爲」（退撫細23 II）。按此情似指：執行緊急任務中之消防車、救護車、警備車、工程救險車、禮賓車、郵車、垃圾車等，得以聲光等向其他車輛示警，優先使用道路（道路交通安全規則第98、101、113、129條、高速公路及快速公路交通管制規則第9條），其他恐尚無得以違規行爲執行職務之情，否則即有違「法律正當程序」之虞。

按「通勤災害」發生之地點，在學理上認爲係在「正常、合理之例行路線上」。「自辦公場所退勤，直接返鄉省親或返回辦公場所上班途中」之規定，雖行之有年，但是否爲「正常、合理之例行路線上」？又如當事人謂：「要上班，甫出門即跌倒摔傷（在家門口摔傷）。」是否眞實？是否爲「正常、合理之例行路線上」。此在制度之設計上，或實務上容有檢討之餘地，不能僅憑當事人一己之言，即核予「通勤災害」之給與（或公傷假），仍要依職權調查證據，不受當事人主張之拘束，並注意對當事人一切有利與不利之事項（行政程序法36至43），勿枉勿縱，否則即失建制立法之旨。

4. 辦公中猝發疾病：係於執行職務期間或辦公場所，「猝發疾病」，以致傷病，指於執行職務時或在處理公務之場所，於辦公或指定工作之期間，或經機關指派執行一定任務之期間，或代表機關參加活動期間，因「突發性疾病」，以致傷病（退撫細21Ⅰ）。但究爲感染新病？或宿疾發作？語意未臻明確，歷來有所爭議。

5. 通勤中猝發疾病：因辦公、公差往返途中，「猝發疾病」，以致傷病，指在合理時間，以適當交通方法，於上述所定「必經路線」途中，因「突發性疾病」，以致傷病（退撫細21Ⅱ）。此「猝發疾病」如上述4.，歷來亦有所爭議。

6. 積勞成疾：戮力職務，積勞過度，以致傷病，此即俗稱「積勞成疾」，服務機關應負「舉證責任」，檢同有關事證資料、全部就醫紀錄、健康檢查或個人健康管理情形等資料，送審定機關認定之（退撫細22）：

(1) 經服務機關舉證該公務人員於長期或短期之工作職責繁重，導致疲勞累積成疾，或短時間內持續工作、執行重大災變搶救任務或處理緊急事件且有具體事蹟，導致身心負荷過重成疾。

(2) 因前款因素致生疾病或病情加重，且其影響超越自然進行過程而明顯惡化。

此已非昔之僅以三年年終考績結果作爲評估之準據，以免忽略其他亦足堪認定公務人員有戮力職務之事蹟，而失公允，爰將其要件，改由服務機關舉證其執行公務有具體事蹟且與積勞過度具關聯性。

上述「猝發疾病」及「積勞成疾」，依「公務人員因公猝發疾病或因戮力職務積勞過度以致死亡審查參考指引」（銓敘部107.4.3.部退五字第10743676062號令、107.11.29.部退五字第10746694671號令修正）認定之（退撫53Ⅴ，退撫細69）。

綜觀上述退撫法第21條第2項所列四款「因公情事」，及其施行細則第19條至第24條所作之「解釋」，對於因公情事之緣由，似頗有重複規定，「時」、「地」不（難）分之感。蓋「時」、「地」本係執行職務之「事」的成分之一。

(二) 因公給與

1. 以「擬制年資」之方式增加給與：公務人員辦理因公傷病命令退休（退撫21），並請領一次退休金時，其任職未滿五年者，以五年計給；其請領月退休金時，任職未滿二十年者，以二十年計給（退撫32Ⅰ）。此在作業技術上頗有可議之處，如任職滿五年或二十年者，即無得一次退休金或月退休金增給之補償，其合理乎（詳後述）？

2. 另再加發若干基數之一次退休金：公務人員以退撫法第21條第2項第1款之「於執行職務時，發生意外危險事故、遭受暴力事件或罹患疾病，以致傷病」辦理因公傷病命令退休者，加發五至十五個基數之一次退休金；其加發標準於該法施行細則定之（退撫32Ⅱ）。此乃延續民國100年1月1日修正施行之退休法，仿「警察人員人事條例」第35條及「關務人員人事條例」第20條，於第13條第2項增列：「因執行職務發生危險，以致身心障礙者，加發一次退休金五至十五個基數。」但加發一次退休金時，因同一事由而其他法律另有加發規定者，僅得擇一支領（退撫32Ⅱ、Ⅲ）。其加發標準如下（退撫細32Ⅰ）：

(1) 全失能致全身癱瘓或致日常生活無法自理者：加發十五個基數之一次退休金。

(2) 全失能且日常生活尚能自理者：加發十個基數之一次退休金。

(3) 半失能者：加發五個基數之一次退休金。

此之加發僅限於上述「退撫法第21條第2項第1款」之因公情事乎？其第2款至第4款之因公情事，不適用乎？

3. 每月退休所得不受替代率之限制：該法第32條第4項規定：該法公布施行前、後「因執行職務時，發生意外危險事故、遭受暴力事件或罹患疾病，以致傷病」（第1款）、「因前款以外之情形，以致傷病且致全身癱瘓或致日常生活無法自理」（第2款），命令退休人員不受每月退休所得替代率之限制（退撫37、38）。此該之「因前款以外之情形」何指？擴張「退撫法第21條第2項」之四款因公情事乎？實質內容之規設與法制作業之技術，均有檢討審酌之處。

三、因公撫卹

(一) 因公情事

公務人員在職，因執行公務以致死亡（以下簡稱「因公死亡」），應辦理「因公撫卹」（退撫52Ⅰ、53Ⅰ），其意義如同「因公退休」。所稱「因公死亡」，指現職公務人員因下列情事之一死亡，且其死亡與該情事具有「相當因果關係」者（退撫53Ⅱ）：

1. 冒險犯難：「執行搶救災害（難）或逮捕罪犯等艱困任務，或執行與戰爭有關任務時，面對存有高度死亡可能性之危害事故，仍然不顧生死，奮勇執行任務，以致死亡。」此即與昔撫卹法上之「冒險犯難」相當，爲方便論述，姑以「冒險犯難」稱之。其認定應符合下列要件（退撫細67）：

(1) 情勢要件：指執行搶救災害（難）、逮捕罪犯或執行與戰爭有關任務時，陷入危及生命安全之艱困情境。

(2) 奮勇要件：經服務機關舉證亡故公務人員面對上述(1)艱困情境，仍奮不顧身，繼續執行任務或防阻死傷擴大，致犧牲個人性命。

按此條文之構成乃源於臺北高等行政法院民國90年12月21日89年度訴字第4014號判決，特別強調「所執行職務本身，在執行之始，即預期其存有高度之傷亡危險性，且依當時之時空環境，無從預先排除。而預備執行此項職務之公務員凜於自身之職責，勇敢接受挑戰，仍然直接朝向該具有高難度、高傷亡危險性之時空環境去執行其任務內容，因而在執行任務中死亡。」之行爲特質，此時才有「冒險犯難」可言；又該院民國99年7月7日99年度訴字第88號判決：「冒險犯難係指公務員執行職務時所遭遇之危難事故，在客觀上具有高度之死亡危險性，且在執行之始，已可預見，依當時之時空環境，無從預先排除，公務員爲克盡職責，不畏危險，捨身以執行任務，因而發生死亡之結果者而言。若因執行職務時，偶發事故，發生危險，以致死亡，則屬於撫卹法第五條第一項第二款所稱執行職務發生危險以致死之情形，不該當於同項第一款規定因冒險犯難殉職之情形。」因此，如以霹靂小組與交通警察爲例，同樣是具有「危險勞力」之警察，霹靂小組警員在得知某個現場有持槍械的歹徒，仍勇往直前攻堅，卻不慎殉職者，符合「因公冒險犯難死亡」；若是交通警察指揮交通時，偶遇酒駕者撞擊因而殉職，則相對之下，宜屬「因執行職務發生危險以致死亡」，亦不失照顧遺族之意旨（惟民國107年4月，發生年輕之國道交通警察在國道路肩上處理甲車違規事件時，卻另因乙車撞及甲車，以致該交通警察遭甲車撞輾致死，輿論譁然，上述判決所述事況之妥當性，宜否檢討調整，仍有各方斟酌之必要）。又對於「危勞職務」人員之因公情事，雖較易發生，但仍以事故發生之時地之實際執勤狀況判斷，非完全可歸於「冒險犯難」範疇，即使係一般性職務人員，於偶發之緊急危難事故，亦可能有冒險犯難之情。

查原撫卹法施行細則第5條規定「冒險犯難或戰地殉職」中之「冒險犯難」，指「遭遇危難事故，執行搶救任務時，明知該災難現場存有死亡之高度可能性，且依當時之時空環境，無從預先排除其死亡之可能因素，仍奮不顧身，於災難現場執行搶救任務而殉職者。」係參照臺北高等行政法院民國90年12月21日89年度訴字第4014號判決擬定，須以(1)時空要件：即「危難事故或災害現場已存在」。(2)

危險要件：即「該災難現場存有死亡之高度可能性」。(3)奮勇要件：即「奮不顧身，於災難現場執行搶救任務」，三項先決要件均具備，始得以「冒險犯難」辦理之撫卹。惟近年來，迭有亡故公務人員遺族申請「冒險犯難或戰地殉職」因公死亡案件，於經審查小組審議爲「執行職務發生意外或危險以致死亡」致引發爭議。衡酌原撫卹法施行細則第5條之規定「冒險犯難或戰地殉職」，係將規定「冒險犯難」與「戰地殉職」等量齊觀，以戰地原即充滿高度死亡之可能性，是以，唯有公務人員面對預期將執行之任務有可能危及自身生命時，仍然奮不顧身，勇往直前致死時，始有比擬爲「戰地殉職」，而給予最優惠撫卹之合理性與正當性（並參警人36、36之1，警人細16、17）。據此，現行退撫法施行細則第67條爰就原撫卹法施行細則第5條規定「冒險犯難」三要件——時間、空間危險，以及奮勇要件，再予明確化爲情勢與奮勇二要件。易言之，公務人員於所執行職務之始，即預期其存有高度之傷亡危險性，且依當時之時空環境，無從預先排除，仍於該具有高度死亡危險之情勢環境中繼續執行其任務，因而在執行任務中死亡，具有是類行爲特質者，始符合該法第53條第2項第1款「冒險犯難」之規定。復考量公務人員撫卹制度之建置，除給予遺族妥適之照護外，亦兼有對死者明彰功勳之用意。是以，基於法令規定應配合時空環境之變遷，應有與時俱進調整思維下，審酌現行「冒險犯難」因公死亡規定，僅侷限於「已發生事故或災難之現場」及「奮不顧身，於災害（難）現場執行搶救任務」，對於盡力防阻死傷擴大，將災害（難）傷害程度減至最低之努力者，則未予納入考量。爰於奮勇要件增列已身處危難現場，仍防阻死傷擴大以致死亡之認定規定（參照民國101年臺鐵司機員蔡崇輝案），俾完備法制。此乃「特別犧牲」之「價值性」。

2. 一般因公：於辦公場所、或奉派公差（出）執行上述「冒險犯難」以外之任務時，發生意外或危險事故，或遭受暴力事件，或罹患疾病，以致死亡，指有下列情事之一，以致死亡者（退撫細68）：

(1) 在處理公務之場所，於辦公或指定之工作之期間，發生意外或危險事故，或遭受暴力事件，或罹患疾病。

(2) 經機關指派執行「冒險犯難」以外任務時，發生意外或危險事故，或遭受暴力事件，或罹患疾病。

(3) 代表機關參加活動時，發生意外或危險事故，或遭受暴力事件，或罹患疾病。

3. 猝發疾病：於辦公場所，或奉派公差（出）執行任務時，猝發疾病，以致死亡。此乃指於執行任務時，因「突發性疾病」，以致死亡（退撫細69 I）。

4. 通勤災害：此乃在執行任務之往返途中，發生意外或危險事故，或猝發疾病，以致死亡。係指在合理時間，以適當交通方法，前往辦公場所上班及退勤，或執行任務往返之「必經路線」途中，非因本人之「重大交通違規行為」所生意外或危險事故，或「突發性疾病」，以致死亡（退撫細69II）。此「意外或危險事故」，乃指：(1)發生突發性之意外危險。(2)遭受外來之暴力。(3)遭受感染，引發疾病（退撫細19）。至於「必經路線」及其途中，則比照「因公退休」之「通勤災害」之規定認定（退撫細69III）。

5. 輔助行為：為執行任務而為必要之事前準備或事後之整理期間，發生意外或危險事故，或猝發疾病。係指突發性之意外危險，或遭受外來之暴力，或發生突發性疾病（退撫細69III、19）。

6. 積勞成疾：戮力職務，積勞過度，以致死亡，或俗稱「過勞死」，為一段較長時間之累積，或短期密集之形成。

上述之「猝發疾病」、「積勞成疾」之認定，則與退休同依「公務人員因公猝發疾病或因戮力職務積勞過度以致死亡審查參考指引」辦理（退撫21IV、53，退撫細22、70）。

(二) 因公給與

因公撫卹仍應依其實際任職年資或「擬制年資」，計發一次撫卹金及月撫卹金；又因其因公情事之「慘烈性」或「價值性」程度之不同，而作不同等級之加給（補償）。退撫法延續原撫卹法之規定（退撫54至57）：

1. 冒險犯難：

(1) 年資計給：其任職未滿十五年者，以十五年計給撫卹金；其任職滿十五年而未滿二十五年者，以二十五年計給撫卹金；其任職滿二十五年而未滿三十五年者，以三十五年計給撫卹金（退撫55III）。

(2) 一次撫卹金：加給百分之五十（退撫57）。

(3) 月撫卹金：每月給與二分之一個基數之月撫卹金，給與二百四十個月。

2. 一般因公：

(1) 年資計給：其任職未滿十五年者，以十五年計給撫卹金；其任職滿十五年者，以實際任職年資計給撫卹金。

(2) 一次撫卹金：加給百分之二十五。

(3) 月撫卹金：每月給與二分之一個基數之月撫卹金，給與一百八十個月之月撫卹金。

3. 猝發疾病：

(1) 年資計給：其任職未滿十五年者，以十五年計給撫卹金；其任職滿十五年者，以實際任職年資計給撫卹金。

(2) 一次撫卹金：加給百分之十。

(3) 月撫卹金：每月給與二分之一個基數之月撫卹金，給與一百二十個月。

4. 通勤災害：

(1) 年資計給：其任職未滿十五年者，以十五年計給撫卹金；其任職滿十五年者，以實際任職年資計給撫卹金。

(2) 一次撫卹金：加給百分之十；但係於「冒險犯難」中之通勤災害，則加給百分之十五。

(3) 月撫卹金：每月給與二分之一個基數之月撫卹金，給與一百二十個月；但係於「冒險犯難」中之通勤災害，則給與一百八十個月。

5. 輔助行為：

(1) 年資計給：其任職未滿十五年者，以十五年計給撫卹金；其任職滿十五年者，以實際任職年資計給撫卹金。

(2) 一次撫卹金：加給百分之十。

(3) 月撫卹金：每月給與二分之一個基數之月撫卹金，給與一百二十個月。

6. 積勞成疾：

(1) 年資計給：其任職未滿十五年者，以十五年計給撫卹金；其任職滿十五年者，以實際任職年資計給撫卹金。

(2) 一次撫卹金：加給百分之十。

(3) 月撫卹金：每月給與二分之一個基數之月撫卹金，給與一百二十個月。

四、因公疾病審查參考指引

公務人員因公退撫案件中，最難判斷與執行職務具有「因果關係」者爲：「猝發疾病」與「積勞成疾」。

在勞工法制上，已有建立「職業病」得以參考，但公務人員法制上，則從未統計建立公務人員常罹患之病症，或執行職務常發生之疾病爲何？以至於遇有案件，常發生爭議。銓敘部自民國98年成立「公務人員因公命令退休即因公撫卹疑義審查小組」，十年來累積經驗，依公務人員退休休資遣撫卹法第53條第5項規定，銓敘部於民國107年4月3日訂定發布「公務人員因公猝發疾病或因戮力職務積勞過度以致死亡審查參考指引」，民國107年11月29日發布修正第3點，並均自民國107年7月1日生效。在未建立公務人員「職業病」之前，能有此參考指引，供各機關遇案參考，亦屬難得。該「參考指引」雖非中央法規標準法第3條所規定之「命令」，亦非行政程序法第四章所規定之「法規命令」，但充其量，或爲該章之「行政規則」，以作爲「行政指導」。因其對實務之參考，關係公務人員或其遺屬之權益，亦關係社會之觀瞻，甚爲重要，本文不憚其煩，有必要介紹如次：

(一) 用詞定義（指引2）

1. 目標疾病：係針對「猝發疾病」與「積勞成疾」之病症先行歸納爲：

(1) 腦血管疾病：包括腦出血、腦梗塞、腦中風、腦幹出血、蜘蛛膜下腔出血及高血壓性腦病變或其他腦血管疾病。

(2) 心血管疾病：包括心肌梗塞、急性心臟衰竭、主動脈剝離、狹心症、冠心症（冠狀動脈心臟病）、心臟停止、心因性猝死（心因性休克）、嚴重心律不整及急性肺動脈栓塞。

(3) 其他經審查小組認定之疾病。

2. 自然惡化因子：日常生活中導致原有疾病逐漸惡化之因子；包括高齡、老化、肥胖、飲食習慣、吸菸、飲酒及藥物作用因子，及審查小組認定屬自然惡化因子者。

3. 促發因子：導致原有疾病超越自然過程惡化之外在環境因子；包括氣溫、運動及職責繁重因子，以及審查小組認定屬促發因子者。

4. 職責繁重因子：客觀上於長期、短期過重之工作負荷，導致疲勞累積，及短時間內之工作造成身心負荷過重之異常事件；其評估重點依序如下：

(1) 長期工作過重：評估發病前約六個月內，是否因長時間工作造成明顯疲勞之累積；其中長時間工作，指每週四十小時工時以外之加班時數，並依下列標準認定：

①發病日前一個月內之加班總時數達一百小時，或發病日前二個月至六個月內之加班時數，平均每月達八十小時，其加班產生之工作負荷與發病之相關性極強。

②發病日前一個月至六個月之加班時數，平均每月超過四十五小時，且其工作與發病間之關聯性會隨加班時數增加而增強。

③經常出差之工作或常態性輪（夜）班工作者，應審究其出差之工作內容、出差頻率及工作環境之變動等；對輪班工作者，應審究其輪班之變動狀況與頻率。

④長時間工作者，應審究其實際作業時間、準備時間、休憩時間比例等工作密度。

(2) 短期工作過重：

①評估發病日前一日或約一週內是否從事特別繁重之工作。

②比照上述之③、④評估發病日前一週四十小時工時以外之工作負荷情形是否異於平常。

(3) 異常事件：評估發病當時至發病日前一日之期間，持續工作或遭遇嚴重災變，致身心負荷過重；其過重程度應審究事件之嚴重程度，且該過重程度與工作有明顯相關。

(二) 公務人員得認定屬因公猝發疾病者（指引3）：

本法第53條第2項第3款及第4款所定公務人員因公猝發疾病以致死亡者，所罹患疾病應符合下列條件：

1. 罹患上述所定目標疾病。但該目標疾病於醫學上可判定其症狀明顯屬其他疾病，則不予認定。

2. 罹患非屬上述所定目標疾病，而經解剖報告、多數文獻或醫學見解能證實為猝發性疾病者。

(三) 公務人員得認定屬積勞成疾者（退撫21 II、53 II），應同時符合下列條件（指引4）：

1. 戮力職務，積勞過度：經服務機關舉證該公務人員於長期或短期之工作職責繁重，導致疲勞累積成疾，或短時間內持續工作、執行重大災變搶救任務或處理緊急事件且有具體事蹟，導致身心負荷過重。服務機關應負舉證責任，並檢附下列職責繁重資料送銓敘部：

①自然惡化因子相關資料。

②促發因子相關資料。

③職責繁重因子評估結果。

④生前就醫紀錄。

2. 公務人員因戮力職務，積勞過度所生疾病或致病情加重，應與上述職責繁重因子具有相當因果關係。其相當因果關係，應依下列項目進行綜合評估後認定之：

(1) 罹患目標疾病者：

①具有職責繁重因子，且導致該目標疾病惡化程度，明顯超越自然進行過程，且非由其他疾病所促發。

②該目標疾病受其他疾病、自然惡化因子及非屬職責繁重促發因子等影響程度較少。

③該目標疾病於醫學上可判定其症狀明顯屬其他疾病，或發病原因與職責繁重不具有相當因果關係，則不予認定。

(2) 罹患非目標疾病者：符合前述(二)之2.規定之情形，認定該疾病與職責繁重具相當之因果關係。

五、綜合評述

(一) 條文結構

「因公情事」，依圖19-4「公務人員因公退撫前後關係圖」之瞭解，再觀現行退撫法中所規定之「因公退休」與「因公撫卹」，其要件或情事所賴以表述之條文結構或詞句，兩者不盡相同，與公保法所規定者，亦有所有不同，如附表19-13「公務人員『因公』情事對照表」。但實質之概念內容則大同小異，此情從來已久，茲應注意者即在「小異」部分。蓋「職業災害補償」之概念，在於工作之隸屬性、起因性，與執行性，並無退休或撫卹之分，其過程主要之構成要件爲「執勤→傷病→退撫」，執勤與傷病之間、傷病與退撫之間，因事故之嚴重性產生傷亡之時間差距——或長或短，其原因事故之「情事」應無甚差異。但在退撫公保法令所例示之「因公情事」卻有所不同，例如：同一「冒險犯難」、「執行與戰爭有關之任務」，或任務之事前事後之「輔助行爲」中之災難事實發生，因同時或時間之差異，而造成傷亡，一退休、一撫卹之不同之結果，或可能撫卹者則有各該條款可資適用（如「冒險犯難」），而退休者則無其條款可資適用，僅能運用較概括之一般條款，或運用其「核心意義」（執行職務）予以闡釋；亦可能同一事實於某法可以因公給與或較高之給與，但於另法則不可，或同一因公事實，各法之規列因公程度不同，易造成爭議（最高行政法院90年度判字第1941號、民國96年花蓮消防員邱逸青案、民國101年臺鐵司機員蔡崇輝案——臺北高等行政法院民國102年訴字第163號，至民國103年重報翻案）。另與勞工法之規定，亦有不同之處，在當今勞工法制與公務人員法制相互比附攀引頻繁之下，遇有案件發生，則亦易成輿論評擊。是以，「因公」之核心概念應爲「執行職務」（時、地、事），以之擴展至「預備（前置）行爲」或「收場行爲」（如「通勤災害」），尚無不可，要之應形成社會之共識，以具有社會之妥當性，始有其意義，此乃因公情事「類型化」或「例示化」之精髓，公保退撫法律應作相同歸列條文結構或敘述。茲此兩法之條文結構中心意旨或輔助行爲繁複、重疊或敘述不同，恐難免會引起制度規設或宗旨目的之爭，甚至於「認事」或「用法」互異之爭，於此不可不察。

表19-13　公務人員「因公」情事對照表

製表人：郭世良

	公教人員保險法第33條第1項	公務人員退休資遣撫卹法第21條第2項（退休）	公務人員退休資遣撫卹法第53條第2項（撫卹）	公務人員執行職務意外傷亡慰問金發給辦法第4條第3項
冒險犯難			1. 執行搶救災害（難）或逮捕罪犯等艱困任務，或執行與戰爭有關任務時，面對存有高度死亡可能性之危害事故，仍然不顧生死，奮勇執行任務，以致死亡。	所稱冒險犯難，指遭遇危難事故，明知其執行存有高度之傷亡危險性，且依當時之時空環境，無從預先排除，而仍奮不顧身執行職務者。（與100.1.1.施行之公務人員撫卹法施行細則第5條前段相若）
執行（危險）職務	1. 因執行職務發生危險。	1. 於執行職務時，發生意外危險事故、遭受暴力事件或罹患疾病，以致傷病。	2. 於辦公場所，或奉派公差（出）執行1.以外之任務時，發生意外或危險事故，或遭受暴力事件，或罹患疾病，以致死亡。	所稱危險職務，指公務人員所執行之職務，依通常客觀之標準，比一般職務更具受傷、失能、死亡之危險者。
公差	2. 因公差遭遇意外危險或罹病。	2. 於辦公場所、公差期間或因辦公、公差往返途中，發生意外危險事故，以致傷病。但因公務人員本人之重大交通違規行為以致傷病者，不適用之。	（同上）	
通勤災害或辦公長所意外	3. 因辦公往返或在辦公場所遇意外危險。	3. 於執行職務期間、辦公場所或因辦公、公差往返途中，猝發疾病，以致傷病。	3. 於辦公場所，或奉派公差（出）執行1.或2.任務時，猝發疾病，以致死亡。 4. 因有下列情形之一，以致死亡： (1) 執行1.任務之往返途中，發生意外或危險事故。 (2) 執行1.或2.任務之往返途中，猝發疾病，或執行2.任務之往返途中，發生意外或危險事故。	

表19-13　公務人員「因公」情事對照表（續）　製表人：郭世良

	公教人員保險法第33條第1項	公務人員退休資遣撫卹法第21條第2項（退休）	公務人員退休資遣撫卹法第53條第2項（撫卹）	公務人員執行職務意外傷亡慰問金發給辦法第4條第3項
通勤災害	4. 奉召入營或服役期滿，往返途中遇意外危險。			
	5. 於執行職務、服役、公差、辦公場所，或因辦公、服役往返途中，猝發疾病。			
輔助行為			4. 因有下列情形之一，以致死亡：(3) 為執行任務而為必要之事前準備或事後之整理期間，發生意外或危險事故，或猝發疾病。	
積勞成疾	6. 因盡力職務，積勞過度。	4. 戮力職務，積勞過度，以致傷病。	5. 戮力職務，積勞過度，以致死亡。	
	7. 在服役期內，因服役而積勞過度，或在演習中遇意外危險。			

註：100.1.1.施行之公務人員撫卹法施行細則第5條規定：「本法第五條第一項第一款所稱冒險犯難，指遭遇危難事故，執行搶救任務時，明知該災難現場存有死亡之高度可能性，且依當時之時空環境，無從預先排除其死亡之可能因素，仍奮不顧身，於災難現場執行搶救任務而殉職者。所稱戰地殉職，指在戰地交戰時，因執行職務或支援作戰任務而死亡者。」

(二) 因果關係

「因公情事」之規定，早先係規定於公保法、退休法之施行細則中，撫卹則規定於本法中，條文均簡單，且不盡相同。民國94年公保法修正，將之提升列入本法中。但均無再進一步作細節之規定。

案查歷年之退撫保三法及其施行細則，以迄今日，所規定之因公情事，其條文文字係以「○○○○，以致（傷病、死亡）」之型式書列。依此型式條文觀之，本具有前後因果關係，而以「以致」兩字相連結，此無待解釋自明。奈何因撫卹之因公增加給與，遺族冀而爭之，造成困擾（民國96年花蓮消防員邱逸青案），遂於民國98年4月3日發布修正「公務人員撫卹法施行細則」第5條，對各款因公情事作細節性規定，增列「具有相當因果關係」等文字。執事者有謂「改採相當因果關係」，以資明確而杜爭議。果其然乎？經查銓敘部民國73年5月7日七三臺楷特三字第0341號函有謂需具備「一貫之因果關係」（並參74.7.30.七四臺華特三字第31726號函、行政法院74判字第1281號判決），民國77年9月9日七七部華特二字199153號函，對於因盡力職務、積勞過度成殘，辦理因公傷病退休，已敘明：「職務與傷病間有『相當之因果關係』。」民國84年6月21日八四臺中特一字第1147424號函引該部44年11月5日四四臺特一字第08547號函謂：「如其受傷與參加之運動，在客觀上有『直接之因果關係』者，視爲因公受傷。」民國100年1月1日修正施行之「公務人員退休法施行細則」，援引前述撫卹法施行細則，而增列「具有相當因果關係」等文字；民國103年6月1日修正施行之公保法第33條第1項序文，對其所規定之七款「因公」情事，概括規定「具有相當因果關係」，但施行細則卻僅有「因盡力職務，積勞過度所生疾病」中再予強調「因果關係」（公保細43），其他各條則無此文字。然而即使條文中無「因果關係」之字眼，但於「事務之本質」，並非捨棄因果關係之認定，而得恣意作因公之請求或核給，甚且更應深入探討究應「一貫因果關係」、「直接因果關係」、「間接因果關係」或「相當因果關係」，以符事理法意。其間因果關係之認定，前後兩個時點應予注意：執勤前是否傷病？執勤中或執勤後是否產生傷病？如執勤前無A傷病，執勤後卻有A傷病，則顯然其間有因果關係之聯絡；但如執勤前既有B傷病，執勤後（中）B傷病卻加重（或猝發），此「加功」（或病變）情形，則較爲複雜。凡此因果關係之認定，必須依其「證據」之取捨，除就「事務之本質」外，並應就「論理法則」與「經驗法則」判斷事實之眞僞（行政程序43），予以愼酌，甚至於需專家之協助認定。

(三) 受傷罹病

勞動法上「職業災害」約略可分爲二：1.「傷」、2.「病」。「傷」，如：測量員於山丘間時測量而跌落坑谷，骨折皮破，一般認定職務行爲與傷害有因果關係，較無疑義。但「病」之認定，則甚爲不易，如：在辦公場所、辦公時間內宿疾心臟病猝發，是否得認定該心臟病與職務有因果關係，而屬「因公」之範疇，即有所疑義，常引發爭執，而有「事當其所、事當其時」之譏。是以勞動法上則有「職業病」之規設，來緩和類此之爭議，亦即如：衛生清潔員長年於垃圾場工作，處於臭氣熏天之中，經統計，大多數衛生清潔員得呼吸器官之病症，比率甚高，這種病症則被列爲「職業病」（因執行某職業易生或感染之病）。因職業病之災害，則有所補償。

公務人員法制中，雖有因公「傷」、「病」之情，但「傷」者顯而易見，易於認定其因果關係，「病」者晦而不明，難以認定，以至於屢有爭議。此乃法制規設指導不足所致，未若仿勞工法制，彙集過去之案例，延聘專家學者，研擬公務人員職業病之種類，以資參考，自得減緩病症與職務（含積勞成疾）間因果關係之爭議。

又「罹患疾病」與「猝發疾病」是否同一？是否感染新病？或是宿疾復發？昔實務上曾有爭議，茲雖於施行細則上，將「猝發疾病」規定爲「突發性疾病」（退撫細21、69IV），但迄今在概念上，對此兩者似仍未較進一步之釐清。在未建立「公務人員職業病」之前，此似可於退撫法第53條第5項中先予釐清。茲銓敘部依該條項，於民國107年4月3日部退五字第10743676062號函發布「公務人員因公猝發疾病或因戮力職務積勞過度以致死亡審查參考指引」（107.11.29.修正）以資參據，已有進步之跡。

(四) 不堪任職

此即現行退撫法第17條第2項第3款、第20條第1項第2款之「不能從事本職工作，亦無從擔任其他相當工作」，昔退休法上稱爲「不堪勝任職務」。

因公傷病致不堪勝任職務，非經一段時間之工作調派試驗與觀察審視，難以認定。遽然予以命令退休，有違憲法第18條保障服公職之權利，而失厚道，亦與時下身心障礙者權利保護之觀念有違；但縱之於政府機關中，則影響行政，亦非好事。因此必以中庸之道處理之。

其所任之「職務」，舊制時期，似乎以本職爲斷，甚且以確定成殘之次日爲退休生效日，失之過嚴，有違憲法第18條保障服公職之權利。新制施行後，所稱「不堪勝任職務」係指不能從事本職工作，亦無從擔任其他工作而言，已較合理之保障。

民國100年1月1日退休法修正施行，其施行細則第5條第1項更進而規定，不堪勝任職務且有具體事證辦理命令退休者，除須經服務機關認定，並出具不能從事本職工作，亦無法擔任其他相當工作之證明外，應同時有下列情事之一：

1. 因疾病或受傷，連續請假逾三個月而無法銷假上班者。
2. 於年度內請事假或病假，累計達六個月以上者。
3. 因疾病或傷害，致生情緒不穩、言行異常或以言語侮辱他人，影響服務機關業務推動，並已列入平時考核紀錄者。

茲退撫法施行細則第16條則將之規定為：「指公務人員經機關首長就所任職務職等相當，且工作性質相近之其他人員（以下簡稱相當等級人員）工作表現質量進行評比，其工作績效與工作態度顯與一般質量表現有所差距，並有具體事證且於本機關已無職等相當、工作性質相近之職務可予調任。」已較為合理。

按前述之認定，應有證據之明鑑。行政機關應依職權調查證據，不受當事人主張之拘束，但對當事人有利與不利之事項應一律注意（行政程序36），始具公平公正。證據之取捨除依「事務之本質」外，應依「論理法則」與「經驗法則」判斷事實之眞僞（行政程序43）。

(五) 小組審查

上述之規定，已有進步。然若因公傷病之認定遇有疑義時，銓敘部則應遴聘學者及專家，組成公務人員因公命令退休及因公撫卹疑義案件審查小組進行審查（退撫21III、53IV），以資妥適。

案查民國85年1月10日「銓敘部組織法」修正之前，銓敘部內設有「銓敘審查委員會」審查有關任用、俸級、考績、退撫……等銓敘疑義案件，「因公」案件原均提會討論，而約民國78年後，僅有疑義者才提會。而今之審查小組早於民國98年8月26日起運作，民國99年1月4日銓敘部始函訂「公務人員因公撫卹疑義案件審查小組」，經民國100年、101年兩次修訂，於民國103年5月20日，為肆應公務人員因公命令退休案件疑義之處理，再修正，並增列修正名稱為「公務人員因公命令退休及因公撫卹疑義案件審查小組」。民國107年施行之退撫法延續之，並於施行細則第25條規定，由銓敘部遴聘醫學、法律及人事行政領域之學者專家十一人至十五人組成，並由銓敘部部長指定其中一人為召集人；審查小組應有全體委員過半數之出席，始得開會；出席委員半數以上同意，始得決議（退撫細25）。又依此小組十年來之運作經驗，能提出「公務人員因公猝發疾病或因戮力職務積勞過度以致死亡審查參考指引」，雖未能建立公務人員「職業病」之有關情事，但在此「審查參考指引」中已有「目標疾病」（腦血管疾病、心血管疾病）、「自然惡化因子」、「促發因子」、「職責繁重因子」之明示指引，已顯現其成效，亦能予人接受。是以，此小組似得視為「專業性審查小組」。

因「因公」給與優厚，將來「因公」之案件諒必增多，而媒體之披露，亦將不止，如何公正、妥當，也將考驗該審查小組。該審查小組「任重道遠」矣！

第九節　涉嫌刑案之處置

公務人員在職涉嫌貪瀆等刑案，若未被停職，尚非情節重大，則其並非不可申請「退休」。惟於退休後，始發現其涉案，則早已領受一次退休金或月退休金，逍遙法外。如何處理？雖經刑事追訴，判罪處刑，於入監服刑期間尚得領受月退休金，必也同時宣告褫奪公權，於主刑執行完畢始執行褫奪公權，於該期間，才停止支給月退休金；如同時移送懲戒，重則撤職，然卻無從執行，無痛無癢。維持官箴官紀之倫理，蕩然無存，久爲輿論詬病。

此情，昔有奧地利聯邦公務員法第134條規定：「對退休公務員之懲戒如左：一、申誡。二、五個基數以下之罰鍰，但應扣除生活費用。三、取消因職務關係所生之一切權利及請求權。」法國國家公務員法第66條規定「保留其退休金請求權之強迫退休」懲戒之例，非不得以立法方式對退休人員施以必要之處罰，如：罰鍰、暫停支付退休金之全部或一部、限制出境、強制執行等，以爲炯戒。

我國對公務人員涉嫌貪瀆案之處理，昔除依懲戒法得爲停職之處置，以阻其申請自願退休。但爭論者有謂：退休法上對自願退休案之申請，規定爲「應准其自願退休」，其他並無拒駁之權，自應照准；或在判決有罪之前，應受「無罪推定」之保護，不得阻其退休；甚且於停職期間，屆滿六十五歲，應予命令退休，仍繼續停職，繼續領受半數薪俸，形同變相延服長服務（支薪）。對於在職涉案貪瀆，至退離後始被發現或判刑者，行政責任之追究，幾乎束手無策。

直至民國101年，爆發內政部消防署署長黃○○案，民國103年，爆發桃園縣副縣長葉○○案，輿論譁然，當局始漸萌以立法方式剝減其退離給與。終於民國104年5月20日公布修正公務員懲戒法，增列懲戒種類：剝奪全額退休金，或減少百分之十至百分之二十退休金，但不及於公保養老給付、自繳退撫基金之本息或自提儲金之本息（懲戒9、13）。民國105年初，立法委員提案修正退休法，增列：在職犯貪瀆罪，於退休後始被判刑確定者，依其刑度自始剝減百分之二十、三十、五十乃至全額等，經於民國105年5月11日公布施行。民國107年7月1日施行之退撫法延續之。茲述機關處理、公務人員涉嫌刑案之要項如次：

一、退休前

各機關受理涉案或涉有違失行爲之所屬公務人員退休或資遣案時，應召開考績委員會，就其涉案或違失情節，確實檢討其行政責任，並詳愼審酌是否應依「公務員懲戒法」規定，移送懲戒或送請監察院審查，及應否依相關法律核予停職或免職。各機關依考績法規定未設有考績委員會者，應送由上級機關考績委員會覈實辦理。惟如仍同意受理其申請退休或資遣時，應於彙送審定機關之函內，敘明理由並檢同相關審查資料，以明責任；但另有懲處規定者，從其規定（退撫細44）。期間，各機關或審定機關，應認眞審酌下列事項：

(一) 停職給半俸：公務人員涉案，在刑事或懲戒程序中，公懲會或主管機關認爲其情節重大，有先行停止職務之必要者，得通知服務機關依職權先行停止其職務（懲戒5），並得於停職期間發給半數之本俸（年功俸）（俸給21Ⅰ）。在停職期間，不得資遣或申請退休（公懲8）。即使未經停職，但如已達屆退日，則應先停職，得比照停職人員自屆退日至原因消滅之日止，發給半數之本（年功）俸額（退撫24Ⅲ）；於將來復職辦理退休時，由退休金支給或發放機關自所發之退休金中覈實扣抵收回（退撫25Ⅳ）。

(二) 拒受退休案：公務人員有下列涉案情形之一者，應不予受理其申請退休或資遣案（退撫24Ⅰ）：

1. 留職停薪期間（應指受拘役或罰金之確定判決而易服勞役期間）（留停4）。
2. 停職期間。
3. 休職期間。
4. 動員戡亂時期終止後，涉嫌內亂罪或外患罪而有下列情形之一者：

(1) 所涉犯罪尙未判決確定。

(2) 所涉犯罪經檢察官爲不起訴或緩起訴處分，尙未確定。

(3) 所涉犯罪經檢察官爲緩起訴處分確定，尙未期滿。

5. 涉嫌「貪汙治罪條例」或刑法瀆職罪章之罪，且經法院判處有期徒刑以上之刑，尙未確定。
6. 因案經權責機關依法移送懲戒或送請監察院審查中，或已經權責機關依法爲懲戒判決但尙未發生效力。
7. 其他法律有特別規定。

(三) 復職補俸額：停職之公務人員，於停職事由消滅後，未經公務員懲戒委員會判決或經判決未受免除職務、撤職或休職處分，且未在監所執行徒刑中者，得依法申請復職。服務機關或其上級機關，除法律另有規定外，應許其復職，並補給其停職期間之本俸（年功俸）或相當之給與（公懲7Ⅰ）。此時即得依規定辦理退休資遣案：

1. **申請**：公務人員涉案經停職後復職補薪，即清白自如，其退休資遣案依一般正常程序辦理。但於停職期間，如已逾屆退日者，應於原因消滅後六個月內，以書面檢同相關證明文件，送原服務機關申請屆齡退休（退撫25Ⅰ）。

2. 生效日：上述復職人員以其屆退日為退休生效日（即追溯原屆退日退休）；但休職人員應以原因消滅，並經權責機關核准復職之日為其退休生效日（退撫25 II，退撫細45）。休職係處罰之性質，其間無其薪俸，不繳付基金費用；復職後，亦不得補繳基金費用，是以該段休職年資自不合採計。其逾原屆退日之年資自然不予採計（退撫細45 II）。

(四) 仍不得辦退：上述涉案人員有下列情形之一者，仍不得辦理退休（退撫25 V）：

1. 依法被撤職、免職或免除職務。

2. 六個月應辦理期限屆滿時，仍有喪失辦理退休權利之法定事由者（退撫75）。

(五) 死亡之處置：公務員於停職、休職期間死亡者，或應補給之本俸（年功俸）或相當之給與，或辦理撫卹，由其法定領受遺族具領之（退撫51 II，公懲7 II）。但上述人員如復職後於所定六個月應辦理屆齡退休期限內死亡者，其遺族（退撫43 I）得申請依一次退休金之標準核發給與；如其已達得擇領月退休金條件者，其遺族得擇領遺屬一次金或遺屬年金（退撫25 III）。

(六) 扣抵溢領俸額：前述逾屆退日所領之半數本（年功）俸（薪）額，由退休金支給或發放機關自所發退休金，或遺屬一次金或遺屬年金中覈實扣抵收回之（退撫25 IV）。

二、退休後

(一) 經刑事判決者：公務人員在職期間涉犯「貪汙治罪條例」、刑法瀆職罪章之罪或假借職務上之權力、機會或方法犯其他罪等「貪瀆罪質之罪」，先行退休、資遣或離職後始經判刑確定者，應依下列規定剝減退離（職）相關給與；其已支領者，照應剝減之全部或一部分追繳之（退撫79 I）：

1. 剝減給與：

(1) 經判處死刑、無期徒刑或七年以上有期徒刑確定者，應自始剝奪其退離（職）相關給與。

(2) 經判處有期徒刑三年以上，未滿七年者，應自始減少其應領退離（職）相關給與百分之五十。

(3) 經判處有期徒刑二年以上，未滿三年者，應自始減少其應領退離（職）相關給與百分之三十。

(4) 經判處有期徒刑一年以上，未滿二年者，應自始減少其應領退離（職）相關給與百分之二十。

2. 輕罪不罰：上述人員受緩刑宣告期滿而未經撤銷者，其刑之宣告失其效力（刑法76），則自緩刑宣告期滿後，不適用上述(3)及(4)規定；其已減少之退離（職）相關給與，應由各支給機關補發之（退撫79Ⅱ）。此乃受緩刑宣告期滿而未予撤銷者，其刑之宣告失其效力（刑法67），蓋此乃究屬輕罪，應予改過機會。

上述判決，由判決法院檢附判決正本一份，送其原服務機關及銓敘部，轉知審定機關照其確定判決之刑度，依該法第79條第1項規定，爲剝奪或減少退離（職）相關給與之處分並函知支給或發放機關，以終止或按應扣減比率減少發給退離（職）相關給與；其已支領而應繳回者，應依法追繳（退撫細38Ⅰ）。亦即必須再由審定機關依該法之規定，以書面作成行政處分，通知支給機關、發放機關或當事人，俾資執行，甚至於作爲行政強制執行之名義。其應減少月退休金及優惠存款利息之計算，依該法第36至39條規定之「所得替代率」計算月退休所得後，再按應扣減比率計算（退撫細38Ⅱ）。

惟上述判決刑度之認定，涉及罪刑之罪質與個數，而必須作審愼處理：

(1) 貪瀆性罪質：在職期間涉犯「貪汙治罪條例」、刑法瀆職罪章之罪或假借職務上之權力、機會或方法犯其他罪等，均係「貪瀆罪質之罪」（退撫79Ⅰ）

(2) 罪行、罪名與刑度：

①一行爲：

A. 一行爲觸犯一罪名：照所定應執行刑度，依該法第79條第1項各款規定剝減。

B. 一行爲觸犯數罪名：即想像競合之犯罪行爲，從一重罪處斷（刑55），照所判刑度，依該法第79條第1項各款規定剝減（退撫細39Ⅲ）。

②數行爲：

A. 數不同行爲犯「貪瀆罪質之罪」者，經法院合併審理，或分別審理而有二個以上判決者，按數罪並罰所定應執行刑度（刑法51），依該法第79條第1項各款規定剝減（退撫細39Ⅰ）。

B. 數不同行爲犯「貪瀆罪質之罪」及其他罪者，經合併定其應執行刑者，按「貪瀆罪質之罪」之宣告刑，依該法第79條規定剝減；但所受宣告刑之刑度合計高於其應執行刑者，仍按應執行刑辦理（退撫細39Ⅱ）。

③緩刑：

A. 經法院爲緩刑宣告者，應照其宣告刑，依該法第79條第1項第3、4款規定剝減。緩刑宣告期滿而未經撤銷者，由各支給機關依該法第79條第2項規定，補發其已減少之退離（職）相關給與（退撫細39Ⅳ）。

B. 受緩刑宣告者於緩刑期間亡故時，原已減少之退離（職）相關給與，應補發予遺族。所稱遺族範圍、請領順序及比率，依該法第43條規定之「撫慰」辦理（退撫細39Ⅴ）。

C.數不同行爲犯「貪瀆罪質之罪」，受二個以上判決者，其各罪宣告刑中有一經緩刑宣告而未經法院合併定其應執行刑者，該受緩刑宣告之宣告刑應與其他未受緩刑宣告之宣告刑或定應執行刑後之刑度合計，依該法第79條第1項各款規定，剝奪或減少退離（職）相關給與；緩刑宣告期滿未經撤銷者，扣除該受緩刑宣告之宣告刑，依該法第79條第1項各款規定，剝奪或減少退離職相關給與；其已減少者，應由各支給機關補發之（退撫細39Ⅵ）。

3. 限於剝減政府之給與：上述所定應剝奪或減少之退離（職）相關給與，以最近一次退休、資遣或離職前，依其任職年資所核給者爲限；其內涵包含以下各項給與（退撫79Ⅲ）：

(1) 依該法支給之退休金、資遣給與。

(2) 公教人員退休金其他現金給與補償金發給辦法之補償金。

(3) 政府撥付之退撫基金費用本息。

(4) 優存利息。

(5) 遺族遺屬一次金或遺屬年金。

上述「各項給與」，依立法說明，係「參照公務員懲戒法第13條及其立法說明所定剝奪、減少退離給與之項目，明定應追繳、剝奪或減少退離給與之範圍。公教人員保險養老給付、年終慰問金、自行繳付之退撫基金費用及退撫儲金本息，均不包含在內」。惟條文意旨並不明顯，雖上述(2)至(4)係屬政府財政預算支出，但(1)「依本法支給之退休金、資遣給與」、(5)「遺族遺屬一次金或遺屬年金」，恐非無「自行繳付之退撫基金費用及退撫儲金本息」之成分。

(二) 經懲戒判決者：公務人員依該法退休或資遣後，始受降級或減俸之懲戒處分之判決者，應改按降級或減俸後之俸（薪）級或俸（薪）額計算退休或資遣給與（退撫80）。其執行依下列規定辦理（退撫細41）：

1. 由審定機關依受懲戒人受降級或減俸懲戒處分後之俸（薪）級或俸（薪）額，變更退休、資遣等級，並按應受降級或減俸懲戒處分之時間，重新計算平均俸（薪）額。

2. 由審定機關函知支給或發放機關，自懲戒處分執行日起，改按變更後之退休、資遣等級及重新計算之平均俸（薪）額，計算並發給退休金或資遣給與；其有溢領者，應依法追繳。

(三) 兩判決競合之處理：上述人員因同一案件，於其他法律有較重之剝奪或減少退離（職）相關給與處分者，從重處罰（退撫79Ⅳ）。此立法意旨，在於避免重複受處分；至於所稱其他法律則指「公務員懲戒法」之規定。但查懲戒法第13條規定之剝奪退休（職、伍）金，係指全額；減少退休（職、伍）金，係指減少百分之十至百分之二十。與該法條規定最低減少百分之二十相較，顯然該法條之規定較重。則其競合之執行規定為：

1. 同一案件，先依該法條處分剝減後，再經懲戒判決剝減者，於依該法條已剝減之範圍內，該法條處分部分之執行不受影響（退撫細40Ⅰ）。亦即在該法條規定剝減範圍內，懲戒判決毋庸重複執行（懲戒執行11Ⅰ）。如：依該法應減少百分之三十，依懲戒判決應減少百分之二十，則懲戒判決毋庸重複執行。

2. 同一案件，先經懲戒判決剝減後，再經依該法條處分剝減者，於懲戒判決剝減之範圍內，依該法條規定所剝減部分，懲戒判決之執行不受影響（懲戒執行11Ⅱ）。亦即毋庸重複執行懲戒判決部分（退撫細40Ⅱ），僅再執行其餘部分即可。如：先為懲戒判決執行減少百分之二十，後依該法應減少百分之三十，則懲戒判決部分不受影響，但仍應再執行百分之十。

三、再退撫不再核計該年資

退休公務人員依該法退休或資遣後，再任為公務人員者，其曾依上述規定受剝減退離（職）相關給與之任職年資，於重行退休、資遣、離職或再任期間亡故時，不再核給退撫給與，且是項任職年資連同再任後之年資併計後，仍受最高年資採計上限之限制（退撫79Ⅴ、15）。倘非受全數剝奪後，繳回原依任職年資計給之退休金，即得視為未領受年資給與，從而再任再退休得併計該年資計給之退休金。蓋前係「退休給與」，後係「財產罰」，兩者性質不同，應帳目分明，不得混淆。

第十節　大陸遺屬請領權

昔新舊撫卹法規對於遺族居住在不能領受撫卹金地區者，有處理之規定，新法對此作業較詳。在此情形下，服務機關應將亡故公務人員之死亡時間、所任職稱及俸級、任職年資、遺族姓名，列冊函報銓敘部，保留其遺族領卹權。此一規定，用意甚善，旨在保障早期原留大陸遺族權益，此觀民國100年1月1日修正施行前之新舊制撫卹法施行細則第25條：「遺族居住不能領受撫恤金地區者，得由服務機關聲請保留其遺族領卹權。」自得明白。

所稱不能領受撫卹金地區，依據銓敘部多年來實務上處理情形，原本僅指大陸地區；但因民國76年開放大陸探親，以致大陸遺族申請領取撫卹金案件不少。而兩岸關係條例對此原無規定。銓敘部認為，鑒諸多年先例，均未發給大陸遺族撫卹金；且依據「公務人員撫卹法施行細則」規定，遺族申請撫卹，應塡具撫卹事實表二份，連同死亡證明書、全部任職證件、全戶戶籍謄本，由服務機關轉銓敘部審定始可；但大陸政權下機關所開具之各項證件，以及全戶戶口謄本，是否確具證明效力，似不無疑義。而亡故公務人員在臺戶籍中並無大陸遺族戶籍，故仍無充分法律依據發給撫卹金；而行政法院判決亦未即允許大陸遺族領卹。但民國84年以後，行政法院甚至最高法院之判決逐漸改變其見解，認為法無明文禁止大陸遺族不得請領撫卹金，而駁回行政機關保留請卹權之見解（新撫卹細12、25）。

但民國86年5月14日修正，而於7月1日生效之「臺灣地區與大陸地區人民關係條例」增列之第26條之1，對此始有明文規定，軍公教及公營事業機關（構）人員，在任職（服役）期間死亡，或支領月退休（職、伍）給與人員，在支領期間死亡，而在臺灣地區無遺族或法定受益人者，其居住大陸地區之遺族或法定受益人，得於各該支領給付人死亡之日起五年內，經許可進入臺灣地區，以書面向主管機關申請領受公務人員或軍人保險死亡給付、一次撫卹金、餘額退伍金或一次撫慰金，但不得請領年撫卹金或月撫慰慰金；逾期未申請領受者，喪失其權利；上述之各種給付總額，不得逾新臺幣二百萬元。經在民國86年7月1日前依法核定保留之保險死亡給付、一次撫卹金、餘額退伍金，或一次撫慰金者，其居住大陸地區之遺族或法定受益人，應於民國86年7月1日起五年內，依上述規定辦理申領，逾期喪失其權利。至此，行政、立法、司法，甚至監察等四方面爭論多年之大陸遺族請卹權問題，在法制上始告一段落。

民國87年6月29日，銓敘部訂定發布「大陸地區遺族或法定受益人請領公教人員保險死亡給付及公務人員一次撫恤金一次撫慰金作業規定」，詳細規定大陸遺族請卹等應繳付之證件，與申請及核發程序，以資適用，其後經民國93年、96年修正迄今。茲雖早期之情況已不存在，但在兩岸仍有開放交流情況下，可能亦有適用之例。

第十一節　其他退撫給與或輔助性矜卹措施

在正規而有系統之退撫法律規範之外，復有輔助性矜卹措施者，其原因有三：一、退撫法所規定給予之退撫金有所不足。二、部分特殊性職務特具危險性，非有特別照顧，不足以勵忠勤。三、對特殊勳績理應有特殊矜卹。

一、年節特別照護金

爲配合民國68年1月「公務人員退休法」對退休人員多項優待與便利之修正規定，7月復修正「退休公務人員一次退休金優惠存款辦法」增列規定：退休金優惠存款利率不得低於年息百分之十四點二五。在此規定出現之前，由於市場利率已低，以致連續約有六、七年之久，加上當時及更早年支領一次退休金人員，其退休金存款利息所得奇低情形，例如：民國50年退休之一名薦任最高本俸人員（當時尚係簡薦委制度，並未施行職位分類制度），其俸表上所列薦任一階本俸一級四百五十元（俸額），但實際所得金額也只不過八百元新臺幣，則其於民國50年如以最高年資退休擇領一次退休金六十一個基數，則其一次退休金所得總額最多爲八百乘以六十一等於四萬八千八百元，依市場掛牌一年期定存利率百分之十四點二〇，縱使依該辦法規定增加百分之五十利率核計（實際上不及加百分之五十），每年所得利息總數亦不過一萬零三百九十四點四元，平均每月所得八百六十六點二元。如亦六十一個退休金基數再加三十六個養老給付所得，合計九十七個基數，退休時所得一次現金總額爲七萬七千六百元，則於民國51年按法定優惠利率百分之十一點一〇加百分之五十利率計息，每年所得利息總額爲一萬二千九百二十點四元，在當時似乎勉強可免於餓斃。至民國80年時，縱按優惠利率不得低於年息百分之十八計算，每月所得利息亦僅爲一千一百六十四元。但民國80年物價高漲已不知若干倍，幣値貶落亦不知若干倍，每月千元區區之數僅能購買約十碗平價牛肉麵。此種早年領一次退休金人員如何可存活？支領一次退休金人員每月所得退休金利息奇少，部分純賴退休金利息維生之退休公務人員，年老無告，境況甚至可稱堪憐。雖在各方不斷呼籲援助聲下，仍苦於缺乏法規依據，以採取措施。銓敘部當時除迅速修正退休法，並配合修正優惠存款辦法如上文所述外，復經兩年試辦發給「年節特別濟助金」後，呈經考試院核定，由考試院於民國80年8月12日發布「早期退休支領一次退休金生活特別困難之退休公教人員發給年節特別濟助金作業要點」施行，以便對生活確屬特別困難之退休人員有所濟助。該要點後經六次修正，其於民國89年3月24日修正時，將要點名稱中原「濟助金」三字修正「照護金」，最近一次修正爲民國104年7月6日。現行該要點要內容如下：

(一) 照護對象：民國68年12月31日前，支領一次退休金，在臺灣地區設有戶籍生活困難之退休公教人員，以當地社政機關列爲低收入戶者爲優先。

(二) 消極資格：凡有下列各款情事之一者，不發放照護金：

1. 每月工作收入足以維持其個人最低生活所需。
2. 有不動產之固定收益，足以維持其個人最低生活所需。

3. 投資或經營事業，開設商店，每月收入足以維持其個人最低生活所需。

4. 在公私金融機構有存款，每月利息所得足以維持其個人最低生活所需。

5. 以軍公教人員遺族身分支領年撫卹金，足以維持其個人最低生活所需。

上述各款所稱個人最低生活所需標準，爲每人每月平均收入新臺幣一萬二千元；有眷屬依賴其扶養者新臺幣二萬元。但領有身心障礙證明之退休公教人員父母、配偶或子女，與退休公教人員共同生活，並依賴其扶養者，其個人最低生活所需標準，提高一倍。

(三) 發給標準：退休公教人員本人之春節、端午節及中秋節年節照護金，每節發給新臺幣一萬八千元；有眷屬依賴其扶養者，每節發給新臺幣三萬一千元。該標準，得由銓敘部視實際需要調整之。

(四) 作業程序：

1. 配合年度預算，每年申請一次並於春節三十日前作業。

2. 由退休公教人員於春節三十日前，塡具申請年節照護金事實表，檢附有關證明文件，向原退休機關（學校）申請，並由原退休機關（學校）組成專案小組審酌其生活狀況，詳加初核（必要時得送社政或稅務機關查證）後，塡具年節照護金請領清冊，連同事實表及有關證明文件，層報主管機關審核。

3. 各主管機關應組成專案小組複核，於每年度三節之第一個年節二十日前，將審定符合照護人員名冊報送編列預算機關請撥經費。

4. 編列預算機關應就各機關（學校）請撥年節照護金案件彙整，配合年度預算及核定人數，於每節十五日前，將應發年節照護金額轉知主管機關或申請人原退休機關（學校）依預算執行程序請款轉發並辦理核銷。

(五) 主管機關：本要點所稱主管機關，在中央爲二級或相當二級以上機關；在直轄市爲直轄市政府；在縣（市）爲縣（市）政府；在鄉（鎮、市）爲鄉（鎮、市）公所。

(六) 經費來源：中央機關（學校）退休公教人員部分，由銓敘部統一編列預算；地方機關（學校）退休公教人員部分，由各級地方政府依預算程序辦理。

依上述對象資格觀之，民國68年底已前退休者，如健在，亦已是百歲之人，所以現今適用此要點者，已微乎其微。本文不憚其煩地述說，乃記述此段歷史，以爲吏治之參考。又民國108年春，銓敘部研擬修正該要點，略事提高給與。

二、其他現金給與補償金

民國48年11月2日修正公布之「公務人員退休法」第8條規定：「本法所稱月俸額，包括實領本俸及其他現金給與。」民國49年1月1日發布之「公務人員退休法施行細則」第18條規定：「本法第八條所稱實領本俸及其他現金給與依現行規定包括統一薪俸、醫藥補助費、服裝費、職務加給四項併計，待遇調整時隨同調整。其與上項待遇不同之機關月退休俸額之計算，得依銓敘部核定該機關公務人員保險俸給之標準辦理。」民國51年7月4日發布修正該施行細則之第18條規定：「本法第八條所稱實領本俸及其他現金給與應依俸給法之規定，但爲配合實際狀況，得依現行待遇，包括統一薪俸、生活補助費、職務加給三項併計……。」當時之退休給與即按上開「公務人員退休法施行細則」第18條但書之規定，將統一薪俸、生活補助費、職務加給等三項併計發給，並無問題。

嗣政府爲安定軍公教人員生活，逐步改進待遇，以增進行政效率，爰於民國59年6月19日發布「六十年度調整軍公教人員待遇辦法」，就待遇制度進行大幅度改革，將原待遇中之「統一薪俸」、「生活補助費」、「職務加給」等三項取消，另分置「薪額」及「工作補助費」兩項（司法、警察、審計等專業人員則支給專業補助費，不再支給一般工作補助費），但「工作補助費」不列入退休、撫卹、保險俸額內計算，並自民國59年7月1日起實施（行政院59.6.19.五九人政肆字第13800號令）。實則合併「統一薪俸」、「生活補助費」、「職務加給」等三項爲「薪額」一項，並仍列爲退休給與計支之內涵；至於「工作補助費」，以負有實際工作之現職人員爲支給對象，退休人無實際職務之工作，顧名思義，自然不列爲退休給與計支之內涵，以避免退休人員給與超過現職人員待遇。如此，平均調整幅度約百分之三十，也拉大現職人員與退休人員所得之差距。該辦法雖於民國62年7月1日起廢止（行政院62.6.15.臺六十二人政肆字第19500號令），但其內容措施幾乎爲歷年之有關軍公教待遇支給辦法或要點所承繼。

按上述前之「統一薪俸」、「生活補助費」並非當時公務人員俸給法上之給與項目，僅「職務加給」是俸給法上之給與項目（另外尚有「技術加給」、「地域加給」），而此之「薪額」、「工作補助費」亦非當時俸給法上之給與項目。退休人員認爲：此「薪額」即爲「實領本（年功）俸」尙無爭議（後來稱爲「俸額」），但其外之「工作補助費」（專業補助費）即係「其他現金給與」，應予計入。自始屢有要求補發之舉。

考試院爲解決實際問題，乃研提「公務人員退休法修正草案」，擬將該法所稱之「月俸額」授權考試院會同行政院，視政府財政狀況加以訂定。嗣於立法院法制委員會審查時，部分委員認爲「月俸額」授權考試院會同行政院，俾得視政府財政狀況，做彈性規定，原則上並無不可，但其內容未能具體明確，公務人員無法於退休前概算其退休金數額，而決定選擇一次退休金或月退休金，且月俸額原即有一定之支給標準，不應由考試、行政兩院任意變動，於是決議維持原條文爲第1項，另增列「其他現金給與之退休金應發數額，由考試院會同行政院訂之」爲第2項，並於民國68年1月24日經總統明令公布。隨即修正發布該法施行細則（68.6.4.），其第18條第1項規定：「本法第八條所稱實領本俸，爲依俸給法規定之實領本俸或年功俸。所稱其他現金給與爲考試院會同行政院訂定之現金給與，待遇調整時隨同調整。」換言之，「其他現金給與（數額）」僅授權考試院及行政院審酌政府財政狀況，及現職人員待遇與退休人員退休所得平衡等因素，加以訂定，並非即包括「實領本（年功）俸」以外之其他加給或給與（數額）。

如何訂定「其他現金給與」數額？截至民國81年12月29日立法院審議「公務人員退休法部分條文（新制）修正草案」止，考試院至少五次以上函請行政院表示意見並及早訂定，惟因事涉政府財政負擔，尤以縣市鄉鎮地方機關之經費拮据，致未獲結果。

然而細察上述各條條文之涵義，相互之間似有未盡一致。因「公務人員退休法」條文所稱之「其他現金給與」，至少應包括俸給法中所列舉之各項加給；或因該條文並未明文限制爲「公務人員俸給法所規定」之其他現金給與，故甚至亦可解釋爲包括俸給法所未列舉之其他現金給與，範圍頗爲寬廣。但其施行細則緊縮規定爲：係以考試行政兩院所訂定者爲限，已非「公務人員俸給法」之原意，以致該法、施行細則兩條文所指稱之退休金內涵，已不一致。而且兩院亦迄未訂定「其他現金給與」之數額，因而民國59年7月1日以後，考試院（銓敘部）因無其數額之依據，以致從未發給退休人員「其他現金給與」之項目數額，此觀昔之退休金發放計算單，自可明白。

此間，退休人員仍屢有請求政府以其在職時之各項加給或津貼作爲退休金之「其他現金給與」（計算公保養老給付之月俸額，亦應包括其他各項加給或津貼）支付，甚且提起司法爭訟，乃至於司法院大法官作成兩號解釋：

(一) 釋字第169號（70.7.31.）：聲請人於民國63年間退休，請求將其「專業補助費」列入退休俸額之「其他現金給與」計算，認爲：「六十年度調整軍公教人員待遇辦法」所訂「工作補助費」不列入退休俸額內計算，係命令牴觸憲法或法律。但大法官解釋卻認爲該「……命令，於其請求裁判之事項發生時，業經廢止者，該命令既已失其效力，縱令法院採爲裁判之依據，亦僅係可否依訴訟程序請求救濟，尚不發生是否牴觸憲法問題。」似乎從程序上予以駁回，無從救濟。

(二) 釋字第246號（78.9.29.）：數位聲請人先後以「文職工作津貼」不列入退休金俸額之「其他現金給與」及公保保俸額內計算（70.6.12.「全國軍公教人員待遇支給辦法」第7條），是否牴觸憲法，聲請解釋。但大法官解釋卻認爲此乃「……係斟酌國家財力、人員服勤與否或爲計算養老給付基礎之保險費繳納情形等而爲者，得視國民經濟狀況而調整，並非一成不變，尚未逾越立法或立法授權之裁量範圍，與憲法並無牴觸……。」

對於大法官之解釋，退休人員仍不能接受，甚至組織團體向行政院、立法院、執政之國民黨黨部陳情施壓。終於在民國81年12月29日，立法院審議「公務人員退休法部分條文（新制）修正草案」時，刪除第8條原條文，改以新制條文通過，並做成附帶決議：「早期退休之公務人員，由於考試院及行政院迄未依據原法第八條第二項訂定『其他現金給與』數額，致其權益遭受嚴重傷害。本法修正通過後早期退休公務人員之權益，應由政府給予合理補償。」

自此，行政院人事行政局多次邀請有關機關研商，但因涉及補償對象、標準、範圍、發給方式等問題，而未獲共識。銓敘部亦先行擬具補償辦法草案初稿，於民國83年9月23日、10月7日兩度邀集有關機關開會研討，惟以補償標準涉及各級政府財政負擔能力問題，未能達成共識。嗣於民國83年11月23日在行政院人事行政局、行政院主計處、財政部及銓敘部與退休人員代表協調會上，對於補償標準終於達成初步共識，在「退休人員所得不得超過現職同等級人員待遇」原則下，決定以現職人員本俸及專業加給之百分之八十五爲基準，扣除同等級退休人員之一次退休金及公保養老給付優惠存款每月利息收入後之差額，作爲補償金發給之標準，並在此範圍內，改按現行公務人員本（年功）俸之一定比率，作爲補償金基數內涵；並決議由行政院人事行政局會同有關機關精算後，提出方案。案經該局積極協調財政、主計機關及省市政府，數度會商，提出六個方案，分別以公務人員本（年功）俸之百分之十至百分之十五作爲補償金基數之內涵，簽奉行政院核定，按退休、撫卹、資遣人員85年度同等級現職人員本俸俸額之百分之十五，作爲每一基數之補償金額，再乘以退休年資應領一次退休金基數之標準計算，並分三年發給。銓敘部隨即擬具「公教人員退休金其他現金給與補償金發給辦法草案」，商得教育部、人事行政局及省市政府同意，報經考試院院會通過，於民國84年10月17日與行政院會銜發布實施。而後於民國94年1月24日修正第3條條文迄今。

茲宜附帶說明，此「其他現金給與」僅爲「公務人員退休法」第8條及「學校教職員退休條例」第8條之「月俸額」內涵之一部，於公、教之撫卹、資遣法規中雖有「月俸額」，但無其內涵之界定。實務上，其撫卹金、資遣費均以「月俸額」計給，自然其撫卹、資遣人員亦宜適用。而後軍人亦作同比率之補償，公營事業人員亦作補償，連工友、技工亦作補償，甚至於政務人員依司法院釋字第447號解釋（87.2.27.）：「計算政務官退職酬勞金基準之『月俸額』，除月俸外亦應包括『其他現金給與』部分。」幾乎曾於政府中工作之軍、教、工均作補償。但此結果，有一些退休人員仍不滿意，要求應再補償百分之八十五，甚且提出訴訟。當初三年之補發金額，僅公務人員部分總計就約近四百億，數額不小，更遑論軍、教、工。從此前後過程，亦可意會「茲事體大」，但願此事或可因時間之過往，而平安地走入歷史。

茲述現行辦法內容大要如次：

(一) 補償對象：補償金發給之對象有下列二類（退補2）：

1. 限期內之退撫資遣人員：公教人員於民國59年7月2日以後及84年7月1日以前期間，具有下列情形之一者：

(1) 依「公務人員退休法」或「學校教職員退休條例」辦理退休者。

(2) 依「公務人員撫卹法」或「學校教職員撫卹條例」辦理撫卹者。

(3) 依「分類職位公務人員資遣給與辦法」或「公務人員資遣給與辦法」辦理資遣或比照辦理資遣者。

2. 限期後但具有以前年資者：公教人員於民國84年7月2日後，依上述各法規辦理退休、撫卹或資遣，其具有新退撫制度實施前之年資，經採計核給退休金、撫卹金或資遣給與者。

(二) 補償金核計標準（退補3）：

由於該補償金僅爲對舊退、撫、資遣法規管轄下之公教任職年資已核給退撫給與者，辦理補償；故補償金之計算，分別依舊公教人員退、撫、資遣法規規定，計算其應領之一次退撫資遣金基數，爲核算「補償金之基數」。

在民國59年7月2日以後及84年7月1日以前期間之年資，依上述退、撫、資遣法規辦理退、撫、資遣人員，依其退、撫、資遣時之俸薪等級，按85年度公教人員相同等級之本俸（薪）或年功俸（薪）所得俸（薪）額的百分之十五發給補償金。此即「補償金基數內涵」。

補償金之總額，以公教人員「補償金之基數」，乘以「補償金基數內涵」計算。

在民國84年7月2日後，依新退、撫、資遣法規辦理退、撫、資遣人員，其所具舊法規時期之任職年資，除依舊法規規定核給退、撫、資遣給與外，並以其民國84年7月2日以後辦理退、撫、資遣時之俸薪等級所得俸（薪）額之百分之十五，爲補償金。

(三) 補償金的請領人：退休金或資遣給與兩種補償金之請領人爲退休或資遣人之本人；如本人已死亡，請領人爲其遺族。撫卹金補償金之請領人爲其遺族（退補4）。

(四) 補償金分年發放期限與比例：民國59年7月2日以後及84年7月1日以前辦理退、撫、資遣人員之補償金，經一次請領核定後，分三年發給，每年發給總額三分之一。民國84年7月2日以後辦理退、撫、資遣人員之補償金，其係於85年度生效者，同上；其係於86年度生效者，分二年發給，每年發總額二分之一；其係於87年度以後生效者，於其退、撫、資遣時一次發給（退補5）。

(五) 補償金請領權限期：請領補償金之權利，自公告受理請領之日起，經過五年不行使而消滅；其已登記請領者，各次補償金自其通知發給之日起，經過五年不行使而消滅。但因不可抗力事由致不能請領者，自該請求權可以行使時起算（退補11）。

(六) 補償金領受權之喪失：屬於下列情形之一者，喪失領受補償金之權利（退補12）：

1. 褫奪公權終身者。

2. 動員勘亂時期終止後，犯內亂罪、外患罪經判刑確定者，或通緝有案尚未結案者。

3. 喪失中華民國國籍者。

(七) 政務官補償金：政務官辦理退職或撫卹者，其補償金之發給，準用該辦法規定（退補14）。

該辦法實行迄今已逾二十餘年，但退休人員團體對百分之十五之補償金仍不以爲是，仍有向行政、立法、考試三院陳情施壓，冀獲依法全額補足退休金應得之「其他現金給與」。

三、年資補償金

舊制「恩給制」月退休金給與之計算，採「基礎遞增」方式，亦即服務滿十五年以上，擇領月退休金者，基本上給予百分之七十五之月退休金，以後每增一年年資加給百分之一，最高採計三十年，至百分之九十爲止。但新制擇領月退休金，擇改採「等值計給」方式，即每一年資均給予百分之二之兩倍月俸額，最高採計三十五年，至百分之七十爲止，相當舊制百分之一百四十，其間包含自繳基金費率百分之三十五。在此前後不同計給方式，有謂：如年資十五年以下，舊制至多給予百分之七十五之月俸額，平均每一年資給予百分之五；新制每年給予百分之二之兩倍月俸額，相當舊制百分之四，此對新制低年資者有所不平，應謀求補救。是以，在退休法新增第16條之1第7、8項規定「年資補償金」事項，並於施行細則附有新舊制年資組合之計算標準表。該條項規定爲：

（第7項）本法修正施行前在職人員已有任職年資未滿十五年，於本法修正施行後退休，擇領月退休金者，另按未滿十五年之年資爲準，依左列規定擇一支給補償金：

一、每減一年，增給半個基數之一次補償金。

二、每減一年，增給基數百分之零點五之月補償金。

（第8項）本法修正施行前任職未滿二十年，於本法修正施行後退休，其前後任職年資合計滿十五年支領月退休金者，依其在本法修正施行後年資，每滿半年一次增發半個基數之補償金，最高一次增發三個基數，至二十年止。其前後任職年資超過二十年者，每滿一年減發半個基數，至滿二十六年者不再增減。其增減之基數，由基金支給。

而後民國100年1月1日修正施行之退休法則改列爲第30條第2、3項：

（第2項）退撫新制實施前已有任職年資未滿十五年，於退撫新制實施後退休，其前、後任職年資合計滿十五年以上，擇領月退休金者，另按退撫新制實施前未滿十五年之年資爲準，依下列規定擇一支給補償金，由各級政府編列預算支給：

一、每減一年增給二分之一個基數之一次補償金。

二、每減一年，增給基數二百分之一之月補償金。

（第3項）退撫新制實施前已有任職年資未滿二十年，於退撫新制實施後退休，其前後任職年資合計滿十五年擇領月退休金者，依其在退撫新制實施後年資，每滿六個月一次增發二分之一個基數之補償金，最高一次增發三個基數，至滿二十年止。其前、後任職年資合計逾二十年者，每滿一年減發二分之一個基數之補償金，至滿二十六年者不再增減。其增減基數之補償金，由退撫基金支給。

但民國107年7月1日施行之退撫法第34條對此年資補償金之規定，則限於在一年內仍予適用（第1項）；對於之前已審定並領取補償金，仍適用原規定（第2項）。不過，如爲審定月補償金者，則「必須以其核定退休年資、等級，按退休時同等級現職人員本（年功）俸（薪）額，依原『公務人員退休法』第30條第2項規定，計算其應領之一次補償金，扣除其於該法公布施行前、後所領之月補償金後，補發其餘額；無餘額者，不再補發」。換言之，該條規定即「配合年金改革方案」，取消年資補償金。

按年資補償金爲新舊制過渡措施之一，新制於民國107年7月1日恰好施行二十三年整，以之對照該補償金之計算標準表，則必須具有新制年資二十三年以上、舊制年資十二年以下，始有年資補償，但卻僅限於退撫法施行一年內退休者仍得適用；換言之，民國108年7月1日以後退休，即不作年資補償。又如在此一年內退休者，如選擇月補償金，則可能受該條第3項之規定，計發其「餘額」；換言之，再此一年內退休者，僅能選擇「一次補償金」。

四、因公傷亡慰問金

約民國80年左右，公務員工常因執行職務時，遭受暴力或意外等危害事故，導致輿論抨擊公務員工執勤之保障不足，遂有增加「保險」之議，於是甚多機關爲其員工另行投保意外險。其結果從數目上觀之，政府機關支出鉅額保險費，但理賠率偏低，不符經濟原則。遂由前行政院人事行政局研擬「公教員工因執行職務遭受危險事故致殘廢死亡發給慰問金實施要點」，由行政院與考試院於民國83年9月7日會銜發布，改以發給慰問金之方式辦理。

其實，除理賠與投保費用之比率懸殊外，尚有人情事理之因素，即當事故發生，機關長官必須立即於第一時間予以探望，總需帶個紅包，聊表慰問之意，此乃人之常情。但應帶多少數額慰問，卻乏合適之標準，而有研議訂定之必要。此亦促成該要點訂定因素之一。

該要點經於民國86年9月25日修正爲「公教員工執行職務冒險犯難或執行危險職務致殘廢死亡發給慰問金要點」。民國90年7月2日，兩院修正發布，並更名爲「公教員工因公傷殘死亡慰問金發給辦法」。民國92年5月28日，公布修正之「公務人員保障法」第21條規定：「公務人員因機關提供之安全及衛生防護措施有瑕疵，致其生命、身體或健康受損時，得依國家賠償法請求賠償。」（第1項）、「公務人員因公受傷、殘廢或死亡者，應發給慰問金。但該公務人員有故意或重大過失情事者，得不發或減發慰問金。」（第2項）、「前項因公之範圍及慰問金發給辦法，由考試院會同行政院定之。」（第3項），賦予慰問金發給之法源，遂由考試院會同行政院於同年12月9日，訂定發布「公務人員因公傷殘死亡慰問金發給辦法」。民國106年1月10日，兩院會銜發布修正全文十四條，並修正名稱爲「公務人員因公傷亡慰問金發給辦法」。民國106年6月14日，公布修正之「公務人員保障法」第21條規定：「公務人員因機關提供之安全及衛生防護措施有瑕疵，致其生命、身體或健康受損時，得依國家賠償法請求賠償。」（第1項）、「公務人員執行職務時，發生意外致受傷、失能或死亡者，應發給慰問金。但該公務人員有故意或重大過失情事者，得不發或減發慰問金。」（第2項）、「前項慰問金發給辦法，由考試院會同行政院定之。」（第3項），據此，民國107年6月27日兩院再發布修正全文十六條，並修正名稱爲「公務人員執行職務意外傷亡慰問金發給辦法」。

綜其用意在彌補撫卹法律所規定發給撫卹金之不足。依該辦法規定，無論失能（殘廢）或死亡，其給付額最高均可達新臺幣三百萬元。其主要內容如下：

(一) 法律依據：依「公務人員保障法」第21條訂定（慰問1）。

(二) 適用準用對象：該辦法既係依據「公務人員保障法」訂定，故其適用對象亦即保障法之適用對象。依保障法第3條所規定之適用對象爲：「本法所稱公務人員，係指法定機關（構）及公立學校依公務人員任用法律任用之有給專任人員。」（保障3），民國106年6月修正時刪除原第2項：「前項公務人員不包括政務人員及民選公職人員」（慰問2）。準用對象爲第102條第1項所規定之：「一、教育人員任用條例公布施行前已進用未經銓敘合格之公立學校職員。二、私立學校改制爲公立學校未具任用資格之留用人員。三、公營事業依法任用之人員。四、各機關依法派用、聘用、聘任、僱用或留用人員。五、應各種公務人員考試錄取參加訓練之人員，或訓練期滿成績及格未獲分發任用之人員。但其他法律另有規定者，從其規定。」（慰問2）。

(三) 給付事由：爲「執行職務時，發生意外致受傷、失能、死亡。」（慰問2）。所稱「意外」，指非由疾病引起之突發性的外來危險事故（保險131）；且其受傷、失能或死亡與執行職務時所發生之意外，具有相當因果關係者爲限（慰問3）。其說明謂：所稱「執行職務」參酌「國家賠償法」實例之概念，包含「公差往返途中」，但不包含「單純上下班途中」。顯然此「給付事由」，亦無「猝發疾病」及「積勞成疾」，較退撫法上之「因公情事」爲嚴；但「意外」招致之結果卻擴張到「受傷」，較退撫法上之規定爲寬。

(四) 發給標準（慰問4）：

1. 受傷慰問金：

(1) 傷勢嚴重住院急救有生命危險者，發給新臺幣十萬元。

(2) 傷勢嚴重住院有失能之虞者，發給新臺幣八萬元。

(3) 傷勢嚴重連續住院三十日以上者，發給新臺幣四萬元。

(4) 連續住院二十一日以上，未滿三十日者，發給新臺幣三萬元。

(5) 連續住院十四日以上，未滿二十一日者，發給新臺幣二萬元。

(6) 連續住院未滿十四日或未住院而須治療七次以上者，發給新臺幣一萬元。

(7) 前六目情形如係因冒險犯難所致者，依前六目標準加百分之三十發給。

2. 失能慰問金：

(1) 全失能者，發給新臺幣一百二十萬元；半失能者，發給新臺幣六十萬元；部分失能者，發給新臺幣三十萬元。

(2) 因執行危險職務所致全失能者，發給新臺幣二百三十萬元；半失能者，發給新臺幣一百二十萬元；部分失能者，發給新臺幣六十萬元。

(3) 因冒險犯難所致全失能者，發給新臺幣三百萬元；半失能者，發給新臺幣一百五十萬元；部分失能者，發給新臺幣八十萬元。

3. 死亡慰問金：

(1) 死亡者，發給其遺族新臺幣一百二十萬元。

(2) 因執行危險職務所致死亡者，發給其遺族新臺幣二百三十萬元。

(3) 因冒險犯難所致死亡者，發給其遺族新臺幣三百萬元。

上述所定慰問金，公務人員有故意情事者，不發給；有重大過失情事者，減發百分之三十；其故意或重大過失之認定，由核定權責機關學校依事實調查或依有關機關之鑑定報告辦理（慰問4II）。

前述所稱「冒險犯難」，指遭遇危難事故，明知其執行存有高度之傷亡危險性，且依當時之時空環境，無從預先排除，而仍奮不顧身執行職務者。所稱「危險職務」，指公務人員所執行之職務，依通常客觀之標準，比一般職務更具受傷、失能、死亡之危險者（慰問4III）。

前述所定失能等級，準用「公教人員保險失能給付標準」認定之（慰問4IV）。

公務人員執行職務時，發生意外致受傷或失能，自住院治療出院之日、未住院而治療第七次之日，或確定永久失能之日起一百八十日內，轉爲失能或失能程度加重或死亡者，按失能等級或死亡之發給標準補足慰問金（慰問5 I ）。所述一百八十日之期限，如公教人員保險失能給付標準已明定治療最低期限者，從其規定；但至遲不得逾二年（慰問5II）。

(五) 慰問金之受範圍、順序與分配：

公務人員執行職務時，發生意外致死亡者，其慰問金由未再婚配偶領受二分之一；其餘由下列順序之遺族，依序平均領受之：1.子女。2.父母。3.祖父母。4.兄弟姊妹（慰問6 I ）。

亡故公務人員無上述1.至3.遺族者，其慰問金由未再婚配偶單獨領受；無配偶或配偶再婚時，其應領之慰問金，依序由上述各款遺族領受；同一順序遺族有數人時，慰問金由同一順序具有領受權之遺族平均領受（慰問6II）。

同一順序遺族有死亡、拋棄或因法定事由而喪失領受權者，其慰問金應由同一順序其他遺族依前述（慰問6 I ）規定請領；無第一順序遺族時，由次一順序遺族依上述規定請領（慰問6III）。

上述具有慰問金領受權之同一順序遺族有數人請領時，得委任其中具有行爲能力者一人代爲申請。遺族爲無行爲能力者，由其法定代理人代爲申請（慰問6IV）。

亡故公務人員之遺族行蹤不明，或未能依前項規定，取得一致請領之協議者，得由其他遺族按具有領受權之人數比率，分別請領慰問金（慰問6Ⅴ）。

前述「1.子女」死亡、拋棄或因法定事由而喪失領受權者，由其子女（即孫子女）代位領受之，不適用「由同一順序其他遺族」或「次一順序遺族」（慰問7Ⅰ）請領之規定。

公務人員「生前預立遺囑」，於前述1.至4.遺族中，指定慰問金領受人者，從其遺囑。但公務人員未成年子女之領受比率，不得低於其原得領取比率（慰問7Ⅱ）。

以上規定係承襲退撫法第62、63條之文字意旨。其即屬「意外傷亡」，未悉得「生前預立遺囑」之機率如何？又是否指「危勞職務」者？換言之，公務員於執行職務（尤其是危勞職務者），即得先預立遺囑指定領受該慰問金乎？如投保意外險之先立受益人乎？

(六) 申請程序及核定權責：慰問金之申請程序及核定權責為（慰問10Ⅰ）：

1. 申請程序：

(1) 公務人員執行職務時，發生意外致受傷者，應檢具公務人員執行職務意外傷亡慰問金申請表一式一份，詳述事件發生經過，並檢附中央衛生主管機關評鑑合格醫院出具之診斷證明書（含住院或接受治療原因），向其服務機關學校申請核定後發給。但依第4條第1項第1款第6目「連續住院未滿十四日或未住院而須治療七次以上者」申請受傷慰問金之人員，及澎湖、金門、馬祖等離島地區公務人員，得以全民健康保險特約醫療院所出具含住院或接受治療原因之診斷證明書為之。

(2) 公務人員執行職務時，發生意外致失能者，應檢具公務人員執行職務意外傷亡慰問金申請表一式二份，詳述事件發生經過，並檢附中央衛生主管機關評鑑合格醫院出具之失能等級證明書（含造成永久失能原因），由服務機關學校連同所出具之公務人員執行職務意外失能或死亡證明書，循行政程序函請權責機關核定後發給。

(3) 公務人員執行職務時，發生意外致死亡者，應由其遺族檢具公務人員執行職務意外傷亡慰問金申請表一式二份，詳述事件發生經過，並檢附死亡證明文件，由服務機關學校連同所出具之公務人員執行職務意外失能或死亡證明書，循行政程序函請權責機關核定後發給。

(4) 公務人員執行職務時，發生意外致受傷住院或未住院而於治療七次以後，因傷勢加重，轉為失能或死亡，或因失能致程度加重或死亡，按失能等級或死亡申請補足慰問金者，應依前二目之規定辦理。

(5) 公務人員執行職務時，發生意外致受傷、失能或死亡，服務機關學校人事單位應主動協助所屬人員或遺族，填具申請表，申請慰問金。

2. 核定權責：

(1) 受傷慰問金：由服務機關學校核定之。

(2) 失能、死亡慰問金：由總統府、國家安全會議、五院、直轄市政府、直轄市議會、縣（市）政府、縣（市）議會核定之。

公務人員執行職務時，發生意外致受傷、失能後離職者，得依前述規定辦理（慰問10II）。

(七) 申請時效：保障法第24條之1第1款第1目所定執行職務時，發生意外致受傷、失能或死亡應發給之慰問金請求權，自得申請之日起，因十年間不行使而消滅（慰問10III）。

(八) 經費支應：慰問金之經費，依下列方式支應（慰問11）：

1. 受傷慰問金：各機關學校、公營事業機構編列預算支應。

2. 失能、死亡慰問金：

(1) 中央各機關及所屬學校部分，由銓敘部統籌編列預算支應，總統府、國家安全會議、五院，於核定時，應通知服務機關學校核實簽發支票請款轉發及依規定辦理核銷，並將核定結果副知銓敘部。

(2) 地方各機關及所屬學校部分，由直轄市政府、縣（市）政府、鄉（鎮、市）公所、直轄市山地原住民區公所分別編列預算支應。

(3) 依「預算法」第4條成立特種基金之機關學校或公營事業機構部分，由各基金機關學校或公營事業機構編列預算支應。

(4) 未及編列預算年度，由中央各機關、直轄市政府、縣（市）政府、特種基金機關學校及公營事業機構在年度相關預算下列支。

(九) 喪權條款：公務人員之遺族有下列情形之一者，喪失申請慰問金之權利（慰問8）：

1. 褫奪公權終身。

2. 動員戡亂時期終止後，犯內亂罪、外患罪，經判刑確定。

3. 喪失或未具中華民國國籍。

4. 為支領慰問金，故意致該公務人員或其他具領受權之遺族於死，經判刑確定。

5. 其他法律有特別規定。

(十) 禁止再投保及其例外：該辦法施行後，各機關學校不得再為其人員投保額外保險。但依下列各款辦理之保險，不在此限（慰問9 I 、III、IV）：

1. 依法律或法規命令規定得以辦理保險者。

2. 執行特殊職務期間得經行政院同意辦理保險者。所稱執行特殊職務者，指下列各款人員之一：

(1) 參與依「災害防救法」所定災害之救災及災後復原重建工作人員。但以所執行之工作經行政院認定，確具高度危險性者為限。

(2) 參與依「傳染病防治法」所定或經中央衛生主管機關指定為傳染病之防治工作，須直接與感染者、疑似感染者或屍體接觸之相關人員。

(3) 實際從事彈藥製作、生產及測試之工作人員。但以所執行之工作經行政院認定，確具高度危險性者為限。

(4) 實際從事空中救災、救難、救護、偵巡、飛測、運輸及其他勤務之機組人員。但以所執行之工作經行政院認定，確具高度危險性者為限。

3. 因公赴國外出差人員得免經核准，由服務機關學校逕依有關規定辦理保險者。

4. 派駐有戰爭危險國家之駐外人員得辦理投保兵災險者。

5. 辦理文康旅遊活動得為參加人員投保旅遊平安保險者。

(十一) 其他給付之抵充：公務人員或其遺族依該辦法申請慰問金時，因同一事由，依該辦法、其他法令規定發給或衍生之下列各項給付，應予抵充。該辦法發給之慰問金高於下列其他各款合併之給付總額者，僅發給其差額；低於或等於者，不再發給（慰問9II）：

1. 慰問金。

2. 與慰問金同性質之給付。

3. 上述各例外保險之給付。但依法令辦理保險係依政府強制性規定辦理，且公務人員有負擔保險費者，其給付免予抵充。

(十二) 救濟：執行職務時，發生意外致受傷、失能人員或死亡人員之遺族，對於慰問金案之核定結果，如有不服，得依保障法提起救濟；如有顯然錯誤，或有發生新事實、發現新證據等行政程序再開事由，得依「行政程序法」相關規定辦理（慰問13，行政程序128、129）。

(十三) 比照參照辦理人員：下列人員得比照本該辦法發給慰問金（慰問12）：

1. 政務人員及各機關依其組織法律特聘或遴聘人員。

2. 民選公職人員。

3. 教育人員。

4. 技工、工友。

5. 約僱人員。

6. 其他按月、按日、按時或按件計酬之臨時人員。但駐外單位中依駐在國法令僱用之人員，不得比照發給慰問金。

上述2.至6.人員，屬中央各機關及所屬學校者，其失能、死亡慰問金所需經費，由行政院人事行政總處統籌編列預算支應。

公營事業機構非依法任用人員之慰問金，得由各該主管機關參照該辦法規定核酌辦理，並逕行核定發給；所需經費由各事業機構自行編列預算支應（慰問14）。

(十四) 評述：

1. 該辦法依保障法之規定有適用人員、準用人員，甚至於該辦法更有比照人員、參照人員，是則，幾乎政府機關（構）、學校之所有人員遇有「執行職務意外傷亡」均得依該辦法慰問，已不限於保障法上之適用、準用人員。依人情事理本當如此，但法制作業上似有些微擴張之瑕疵。

2. 原慰問金要點之訂定，有謂其給與高於總統依法給予之「特卹」，以至於改以「辦法」規定，甚至於後來賦予法源，其情仍高於總統依法給予之「特卹」，制度之設計當否？亦值思考。

3. 事故之發生，機關長官重在迅速探望慰問，茲機關長官如何表示？或僅得如報載之語「從優撫卹」乎？又由於「慰問金」制度化，也必經申請程序，而非立即可得，此情合宜乎？

4. 因執行職務以致失能、死亡之「慰問金」，與退撫法上之因執行職務以致失能、死亡所給予之退撫金（尤其是「因公」加給部分），其性質（目的）是否相同，一般新聞對此事故給與之報導，似乎並無區別，均在安慰家屬。若此，則性質相同，依該辦法之規定，自應「抵充」，但該慰問金之給與，本在補充退撫公保給與之不足或不符社會之「妥當性」，如予「抵充」，則又違反該辦法訂定補充加給之目的，兩者在理論上似有矛盾。又該辦法之給與，遺屬及其分配與撫卹之規定並無不同，且有申請手續與救濟程序之規定，在精簡法規上，似得將此給與併入退撫法中，或者甚至於將來與退撫法脫鉤分離，另制定「公務人員災害補償法」，予以整合。

五、遺族照護

考試院為照護在職亡故公務人員之遺族，於民國67年12月12日令訂定發布「公務人員遺族照護辦法」，主要意義則在精神上之安慰與實務上之協助，不在金錢。而上文所述慰問金發給辦法之用意，主要在增加因公傷殘者或死亡人員遺族物質所得，以示國家矜卹之至意。茲述該辦法內容要項如下：

(一) 適用對象：依「公務人員撫卹法」規定，受撫卹公務人員之父母、配偶、未成年子女，或身心殘障受公務人員監護扶養之已成年子女，為該辦法適用對象（遺照2）。

(二) 照護事項：該辦法明文列舉照顧事項如下：

1. 協助辦理喪事：公務人員亡故後，其服務機關應協助辦理喪事，並派員慰問家屬（遺照3）。

2. 暫准繼續居住宿舍：亡故人員生前配住之宿舍，暫准其遺族繼續居住（遺照4）。

3. 年節及婚喪喜慶慰問：每年春節、端午節、中秋節，以及遺族家庭辦理婚喪喜慶或有人重大病害時，公務人員生前服務機關，應派員賀弔慰問，並酌贈禮金、賀儀或賻儀（遺照5、6）。

4. 工作與教養照護：各機關需用臨時工作人員時，得優先考慮在清寒遺族中遴選僱用。遺族子女如係殘障及無法定監護人扶養者，得協助送由公立救濟或育幼機構收容教養之（遺照7）。

5. 遺族名冊：亡故人員生前服務機關，應專備本機關公務人員遺族名冊，並經常與遺族保持聯絡；有關照顧事項，由人事單位會同總務單位辦理（遺照8）。

(三) 經費來源：照顧遺族所需費用，在各該機關事務費項下開支（遺照9）。

六、勳績撫卹金

民國60年6月4日公布修正之「公務人員撫卹法」第7條規定：「公務人員受有勳章或有特殊功績者，得增加一次撫卹金額；增加標準，由考試院會同行政院定之。」此之增加給予之卹金，習稱「勳（功）績撫卹金」，乃仿軍人撫卹條例（56.4.28.）第14條：「凡死事狀烈或著有特殊勳績或身後經明令褒揚者，得另核給特卹；其辦法由國防部定之。」及第15條：「軍人在服役其間對國防軍事建設或作戰著有功績者，得增加其撫卹金額，其給與標準，由國防部定之。」之規定，以謀文武待遇之一致。隨後於民國60年10月26日公布修正之「公務人員撫卹法施行細則」第5條規定：「本法第七條所稱勳章，係指依勳章條例所授予者；所稱特殊功績，係指下列情形之一者：一、經總統明令褒揚，並將生平事蹟宣付國史館者。二、經銓敘部審定從優議卹者。」並於附表二「公務人員增加勳績撫卹金標準表」規定給付金額，以資適用。該表於民國75年7月23日、91年6月20日經考試院、行政院會同修正發布，提高給卹金額。

民國76年9月22日，銓敘部奉考試院核定發布「從優議卹增加功績撫卹金作業要點」，以行使撫卹法施行細則第5條所規定之「經銓敘部審定從優議卹者」，乃就撫卹法第5條所列之第1及2款「因冒險犯難殉職者」、「在戰地殉職者」及「因執行職務發生危險以致死亡者」增給「勳績撫卹金」。

民國100年1月1日修正施行之「公務人員撫卹法」第7條仍規定：「公務人員受

有動章或有特殊功績者，得增加一次撫卹金額；增加標準，由考試院會同行政院定之。」是以，考試院、行政院於民國99年12月30日會銜發布「公務人員動績撫卹金給與標準」，其第2條第1項規定：「所稱動章，係指依動章條例所授予者；所稱特殊功績，係指下列情形之一者：一、經總統明令褒揚。二、經銓敘部依本法第五條第一項第一款至第三款及第二項第四款但書規定審定因公死亡撫卹。」惟第2項又規定：「以其死亡事實未經核頒動章或明令褒揚者爲限」，換言之，即以「明令褒揚」之事績及「因公」之事績「冒險犯難或戰地殉職」、「執行職務發生意外或危險以致死亡」、「公差遇險或罹病以致死亡」及「因防（救）災趕赴辦公發生意外或危險」以致死亡者，爲增給之條件；至於附表所定給予之數額並未調整。

民國107年7月1日施行之「公務人員退休資遣撫卹法」第61條第3項仍規定：「公務人員受有動章或有特殊功績者，得給與動績撫卹金；其給與標準，於本法施行細則定之。」民國107年6月21日考試院發布「公務人員退休資遣撫卹法施行細則」，其第82條規定：

本法第六十一條第三項所稱動章，限於依動章條例所授予者。

本法第六十一條第三項所稱特殊功績，指下列情形之一者：

一、經總統明令褒揚。

二、經審定機關依本法第五十三條第二項第一款及第二款，或同條項第四款第一目規定，審定因公死亡撫卹。

依前項第二款發給動績撫卹金者，以其死亡事實未經核頒動章或明令褒揚者爲限。

亡故公務人員經授予動章或經審定具有特殊功績者，其公務人員動績撫卹金給與，依公務人員領有動章獎章榮譽紀念章發給獎勵金實施要點所定標準發放。

亡故公務人員遺族依前四項規定發給動績撫卹金者，其因公死亡撫卹由服務機關詳實填報經核頒動章或明令褒揚事實，檢同有關證明文件，送審定機關審定後，由各該撫卹金支給機關一次併同發放。

茲所應再敘明者爲：該施行細則第82條第2項所稱之「特殊功績」，係指「經總統明令褒揚」、「執行搶救災害（難）或逮捕罪犯等艱困任務，或執行與戰爭有關任務時，面對存有高度死亡可能性之危害事故，仍然不顧生死，奮勇執行任務，以致死亡。」（相當於「冒險犯難」）、「於辦公場所，或奉派公差（出）執行前款（冒險犯難）以外之任務時，發生意外或危險事故，或遭受暴力事件，或罹患疾病，以致死亡。」「執行第一款任務（冒險犯難）之往返途中，發生意外或危險事故以致死亡。」此與前述增給慰問金之情事相當。但觀第4項之「其公務人員動績撫卹金給與，依公務人員領有動章獎章榮譽紀念章發給獎勵金實施要點所定標準發放。」惟查「公務人員領有勳章獎章榮譽紀念章發給獎勵金實施要點」所定者僅有勳章、獎章、榮譽紀念章發給獎勵金之規定及其附表上之金額，並無「特殊功績」之增給金額，於是民國108年3月19日考試院、行政院會銜發布修正「公務人員領有勳章獎章榮譽紀念章發給獎勵金實施要點」及其附表中，予以增列。

七、軍公教遺族就學費用優待條例

該條例係於民國37年11月13日制定公布，經民國81年7月27日、89年1月19日兩次修正公布。

(一) 立法目的：在於照顧軍公教遺族之就學（優待1）。

(二) 適用對象：所稱「軍公教遺族」，係指軍公教人員因作戰、因公、因病或意外死亡，其婚生子女、養子女或無子女者之同胞弟妹，依法領受撫卹金者；所稱「軍公教人員」，指陸、海、空軍現役軍官、士官、士兵及政府機關、學校預算員額內之人員（優待2）。是以依公務人員任用法律任用，並經銓敘審定之人員（撫卹2），即爲該條例適用對象之一。其遺族以就讀國內學校具有學籍之學生，且在法定修業年限就學期間爲限（優待3Ⅱ）。

(三) 優待額度：因作戰或因公死亡，依法領受年撫卹金之遺族就學，給與全額公費優待；因病或意外死亡，依法領受年撫卹金之遺族就學，給與半額公費優待（優待3Ⅰ）。

(四) 優待項目：公費優待項目包括學費、雜費、制服費、書籍費、主食費及副食費。其中學費及雜費，依主管教育行政機關之規定；其餘各費，大專校院比照師資培育公費發給標準，中等以下學校由該管主管教育行政機關另定之（優待4）。

(五) 優待期限：以就讀國內學校具有學籍之學生，且在法定修業年限就學期間爲限（優待3Ⅱ）。

(六) 競合優待：軍公教遺族同時符合該條例及政府其他教育補助優待之規定者，應擇一申請（優待5）。

(七) 申請手續：軍公教遺族申請就學費用優待，應檢具國防部、銓敘部或主管教育行政機關核發之卹亡給與令、撫卹令、撫卹金證書及其他證明文件，並應依學校規定期限辦理申請手續（優待6）。

(八) 優待核定：學校受理優待申請，應報請主管教育行政機關核定，一經核定，准予優待至畢業爲止（優待7）。

查支領月退休金人員，自民國65年8月份起，比照退休機關之現職人員，支給子女教育補助費（行政院65.7.30.臺六五院人政肆字第15018號函）；公教人員遺族領有年撫卹金者，則自民國71年8月（71學年度）起，比照兼領二分之一之月退休金人員，發給子女教育補助費二分之一（行政院人事行政局71.7.13.七一臺人政肆字第20564號函）（現教補費係有條件發給）。是以，依該條例優待就學與支領子女教育補助費，自當評估後，擇一請領。

(九) 停止優待：經核准就學費用優待之學生，有左列情形之一時，應即停止優待（優待9）：

1. 具有依法喪失、停止領受撫卹金之事由者。

2. 休學、退學、開除學籍者。

其在學期中休學、退學者，自離校月份起停發主食費及副食費，已核發各費得不予追繳。但復學或再行入學時，休學、退學前，該學期已享受優待之費用，不得重複請領。

(十) 預算編列：軍公教遺族就學優待之各項費用，公立學校之學費及雜費，由各校逕予減免，其餘費用，由各校或主管教育行政機關編列預算支應；私立學校，由主管教育行政機關編列預算補助（優待8）。

八、警察人員執行職務遭受暴力或意外危害致全殘廢或半殘廢照護辦法

(一) 事由與法源：警察人員執行職務遭受暴力或意外危害致全殘廢或半殘廢之照護，依「警察人員人事條例」第35條之1第3項訂定該辦法（警照護1）。

(二) 適用對象與主管機關（警照護2、3）：

1. 警察機關、學校所屬警察人員：為內政部警政署、中央警察大學。

2. 海岸巡防機關列警察官人員：行政院海岸巡防署（現為海洋委員會海巡署）。

3. 消防機關列警察官人員：內政部消防署。

(三) 照護條件與認定標準：警察人員執行職務遭受暴力或意外危害致全殘廢或半殘廢，應給予照護。其全殘廢或半殘廢之認定標準，準用「公教人員保險殘廢給付標準表」規定（警照護4）。

(四) 照護種類與方式：

1. 醫療照護：指警察人員執行勤務中遭受暴力或意外危害，於其至全民健康保險醫事服務機構住院醫療，及出院後就同一傷病之門診繼續醫療之照護（警照護5Ⅰ），並由主管機關依下列情形核實給與（警照護5II）：

(1) 全民健康保險法及其施行細則應自行負擔之費用。

(2) 醫師指定之必要費用。

(3) 相關醫療所需非具積極治療性裝具之費用。

受醫療照護之人員，依「公務人員退休法」退休者，其醫療照護仍依上述規定辦理（警照護5III）。

2. 安置就養：其方式如下（警照護6 I）：

(1) 由主管機關安置於行政院國軍退除役官兵輔導委員會（以下簡稱輔導會）所屬榮譽國民之家（以下簡稱榮家）就養。但其生活自理能力在巴氏量表評量指數六十分以下者，安置於輔導會所屬榮民醫院（以下簡稱榮院）護理之家就養。

(2) 自行至政府立案之公私立社會福利機構、醫療療養機構及護理之家就養。

受安置就養之人員，依「公務人員退休法」退休者，其安置就養仍依上述規定辦理（警照護6II）。

(五) 照護之申請與核定：申請醫療照護或安置就養，由本人、配偶、法定代理人或最近親屬二人，檢具申請表連同下列文件一式二份，於確定殘廢之日起，向服務機關、學校提出，經初審符合規定後，層轉主管機關核定（警照護7 I）：

1. 申請醫療照護：

(1) 中央衛生主管機關評鑑合格醫院出具之公務人員殘廢等級證明書。

(2) 服務機關、學校出具之警察人員執行勤務遭受暴力或意外危害致全殘廢或半殘廢證明書。

2. 申請安置就養：

(1) 中央衛生主管機關評鑑合格醫院出具之公務人員殘廢等級證明書。

(2) 服務機關、學校出具之警察人員執行勤務遭受暴力或意外危害致全殘廢或半殘廢證明書。

(3) 申請至護理之家安置就養者，另需檢附中央衛生主管機關評鑑合格醫院出具之巴氏量表。

本人、配偶、法定代理人或最近親屬二人，不能申請或無人申請時，由其服務機關、學校代為申請（警照護7II）。

主管機關應將醫療照護及安置就養核定情形，函復申請人及服務機關、學校。經主管機關安置於榮家或榮院護理之家者，應於接獲輔導會通知之次日起一個月內向指定之榮家或榮院護理之家報到進住（警照護8）。

(六) 照護費用之發給程序：醫療照護及安置就養費用之發給程序如下（警照護10 I）：

1. 醫療照護所需費用，由申請人按月或按季檢具核定函、醫師診斷證明書及醫療費單據，向主管機關申請核實發給。

2. 安置於榮家或榮院護理之家就養所需費用，由輔導會向主管機關申請發給。

3. 至政府立案之公私立社會福利機構、醫療療養機構及護理之家就養所需費用，由申請人按月或按季，檢具核定函及該照護機構費用單據，向主管機關申請核實發給。其費用不得超過規定就養基準。

主管機關應將前述各款所定費用發給情形，函復申請人或輔導會（警照護10II）。

受安置就養人員，自執行勤務中遭受暴力或意外危害之日起至安置就養之日止，自行至政府立案之公私立社會福利機構、醫療療養機構及護理之家就養之費用，得依該辦法所定基準及程序申請補發（警照護10III）。

因同一事由，已依其他法令規定申請政府補助者，應予抵充，僅發給差額；已達該辦法所定給與基準者，不再發給（警照護10IV）。

(七) 安置就養之廢止：經核定給與安置就養之人員，有下列情形之一者，應廢止原核定（警照護9 I）：

1. 未於指定期間報到或未實際進住榮家或榮院護理之家。

2. 未實際進住政府立案之公私立社會福利機構、醫療療養機構及護理之家。

3. 因個人意願放棄。

經廢止安置就養者，申請人得敘明理由重行申請（警照護9II）。申請變更安置就養方式，應依原申請程序重行辦理（警照護11）。

(八) 照護之訪視：服務機關、學校對受照護人員，應定期慰問訪視（警照護12）。

(九) 準用對象（警照護13）：

1. 警察機關、學校、海岸巡防機關、消防機關暫支領警佐待遇人員。

2. 於實習支援服行警察、海岸巡防、消防勤務或奉令協助警察、海岸巡防、消防機關執行任務期間之中央警察大學及臺灣警察專科學校學（員）生。

3. 其他奉派會同執行警察、海岸巡防、消防機關勤務之公務人員。

(十) 經費編列：該辦法所需經費，由主管機關編列預算支應。上述公務人員，有該辦法所定情形者，由其相關中央主管機關編列預算支應（警照護14）。

九、警察人員因公傷殘死亡殉職慰問金發給辦法

該辦法之前身係內政部於民國79年9月發布，民國80年7月15日修正之爲「警察人員執行勤務死亡殘廢特別給付金發給辦法」。民國93年9月1日修正公布「警察人員管理條例」，增列第36條之1規定：「警察人員因公受傷殘廢或殉職者應從優發給慰問金……」（第1項）、「前項因公範圍與慰問金發給對象、金額及其他相關事項之辦法，由行政院定之」（第2項）。行政院遂據以於民國94年2月22日發布

「警察人員因公傷殘死亡殉職慰問金發給辦法」。由於警察人員在現階段政治開放及社會轉型期間，所面臨及遭遇之狀況，較多危難而易引致傷殘甚或死亡，故特有該辦法之訂定，以專供警察人員適用。依該辦法規定，其因執勤以致死亡或成殘者，最多可給與特別給付金額七百萬元，以慰忠勤。該辦法發給之慰問金，因同一事由，已依其他法令發給慰問金者，應予抵充，僅發給其差額，已達該辦法給與基準者，不再發給。但依「警察消防海巡移民空勤人員及協勤民力安全金發給辦法」所發給安全金者，不在此限（警慰6）。其主要內容如下：

(一) 適用對象及其主管機關：分別如次（警慰2、3、11）：

1. 警察人員，由內政部警政署主管。

2. 警察大學之警察人員，由中央警察大學主管。

3. 海岸巡防機關之職務列為警察官人員者，由行政院海岸巡防署（現為海洋委員會海巡署）主管。

4. 消防機關職務列員警官人員者，由內政部消防署主管。

(二) 因公傷殘死亡事由：以具有直接因果關係之下列事由為限（警慰4）：

1. 執行職務發生意外：非上班時間內執行職務或逮捕現行犯、通緝犯或其他緊急事故之行為，以致受傷、殘廢、死亡者，視為執行職務發生意外。

2. 公差遇險：所稱公差，指經機關學校指派執行一定之任務，其時程之計算，係自出發以迄完成指派任務，返回辦公場所或住（居）所止。

3. 在辦公場所發生意外：所稱辦公場所，指於辦公時間或指派工作之時間內，處理公務之場所。

(三) 給付基準：

1. 受傷慰問金：

(1) 傷勢嚴重住院急救有生命危險者，發給新臺幣二十萬元。

(2) 傷勢嚴重住院有殘廢之虞者，發給新臺幣十六萬元。

(3) 傷勢嚴重連續住院三十日以上者，發給新臺幣八萬元。

(4) 連續住院二十一日以上，未滿三十日者，發給新臺幣六萬元。

(5) 連續住院十四日以上，未滿二十一日者，發給新臺幣四萬元。

(6) 連續住院未滿十四日者，或未住院而須治療七次以上者，發給新臺幣二萬元。

(7) 因執行勤務遭受暴力或意外危害致有前六目情形者，依其基準加二倍發給。

2. 殘廢慰問金：

(1) 全殘廢者，發給新臺幣一百二十萬元；半殘廢者，發給新臺幣六十萬元；

部分殘廢者，發給新臺幣三十萬元。

(2) 因執行勤務致全殘廢者，發給新臺幣三百四十五萬元；半殘廢者，發給新臺幣一百八十萬元；部分殘廢者，發給新臺幣九十萬元。

(3) 因執行勤務遭受暴力或意外危害致全殘廢者，發給新臺幣六百萬元至七百萬元；致半殘廢者，發給新臺幣二百二十五萬元；部分殘廢者，發給新臺幣一百二十萬元。所定殘廢等級，準用「公教人員保險殘廢（失能）給付標準表」認定之。

3. 死亡、殉職慰問金：

(1) 死亡者，發給其遺族新臺幣一百二十萬元。

(2) 因執行勤務致死亡者，發給其遺族新臺幣三百四十五萬元。

(3) 因執行勤務遭受暴力或意外危害致死亡或殉職者，發給其遺族新臺幣六百萬元至七百萬元。

(四) 責任條件：因公情事係由員警本人故意所致者，不發給慰問金；因重大過失所致者，減發百分之三十。故意或重大過失之認定，由主管機關依事實調查或依有關機關之鑑定報告辦理（警慰7）。

(五) 申請程式：有因公情事發生，其服務機關、學校督察（訓導）單位應主動協助所屬人員或遺族填具申請表及相關證明文件呈報主管機關核定之（詳參警慰10）。

(六) 傷殘加重：因公受傷或殘廢，自住院治療出院之日、未住院而治療第七次之日或確定成殘之日起一百八十日內，轉爲殘廢或殘廢程度加重、死亡或殉職者，按殘廢等級、死亡或殉職之發給基準補足慰問金。此一百八十日之期限，如「公教人員保險殘廢給付標準表」已明定治療最低期限者，從其規定，但最長不得逾二年（警慰8）。

(七) 準用人員：指其勤務支援、實習或會同工作之人員，其情形有三如下（警慰11）：

1. 警察機關、學校、海岸巡防機關、消防機關暫支領警佐待遇人員。

2. 於實習支援服行警察、海岸巡防、消防勤務或奉令協助警察、海岸巡防、消防機關執行任務期間之中央警察大學及臺灣警察專科學校學（員）生。

3. 其他奉派會同執行警察、海岸巡防、消防機關勤務之公務人員。

(八) 經費預算：由主管機關編列預算支應，但對於準用人員，則由中央主管機關編列預算支應（警慰12）。

十、臺灣地區警察人員互助共濟辦法

內政部警政署為激勵臺灣地區警察人員士氣，加強維護社會治安，發揚互助共濟精神，提高工作效率（原警助1），於民國62年5月25日特訂定「臺灣地區員警人員互助共濟辦法」發布施行。後迭經於民國67年、69年、71年、74年、79年、80年、82年、88年以及97年1月30日，共九次修正。其中自民國79年之第五次修正起，改由內政部發布；民國91年12月11日修正「警察人員管理條例」，增訂第37條之1：「警察機關為激勵警察人員士氣，促進團結，得辦理互助共濟事項；其辦法，由內政部定之。」作為該辦法之法源依據。民國97年1月30日，內政部修正該辦法第1條為「本辦法依警察人員人事條例第三十七條之一規定訂之」。

該辦法之實質上為全體員警人員間之強迫性互助會。其給付額最高為四十個互助俸額。該辦法內容要項如下：

(一) 適用及參加對象：為臺灣地區各級警察機關、學校編制內員工。非屬臺灣地區之員警機關申請參加者，應經該互助共濟委員會通過後，陳請警政署核准。警察機關現職一般行政人員、技術人員，及雇員之協助警察工作，其依規定未領一、二、三級警勤加給者，適用該辦法發給工作獎助金（警助3、18）。

(二) 督導組織：內政部警政署組織互助共濟委員會，為該互助共濟事業之規劃督導組識。委員會置正、副主任委員，分由警政署署長及副署長兼任；委員十九至二十一人，由警政署主任秘書、人事主任、會計主任、後勤組組長等高級主管及警官學校指派一人為當然委員，餘由署長就警政署及所屬機關或省（市）員警機關人員中指定之；任期均為一年，期滿得連任，並由主任秘書兼任執行秘書，及下分組辦事（警助2）。

(三) 互助共濟金來源：共濟金之來源有四：

1. 員警人員自繳：臺灣地區各級警察機關學校編制內員工，應繳納下列兩種費款：

(1) 互助基金：一次繳納互助俸額百分之十，以備互助金不足時之支應。

(2) 互助金：每月繳納互助俸額百分之五為互助金。一律不予退費（警助15）。

互助金有餘額時，併入互助基金儲存（警助4）。員工遭遇特殊情形致申請補助案件過多，基金不敷支應時，得由互助共濟委員會通過後，簽准臨時加收互助金（警助14）。

2. 接受捐助：由社會公益團體捐贈贊助，以濟助支應員工互助共濟事項之開支。有餘額時併入互助基金儲存（警助4）。

3. 辦案獎金提繳：得就偵破刑案及辦理經濟案件等獎金中，提繳部分金額作爲互助金。其提撥比例另定之（略）（警助13）。

4. 工作獎勵金繳費：又臺灣地區員警機關全體員警支領一、二、三級警勤加給者，每月按其加給百分之四點五扣繳，充作工作獎勵金。工作獎助金之保管、核發，應與互助基金及互助金分別處理。如有餘裕，而互助金不足時，得經互助共濟委員會專案通過，簽經警政署署長核准，支應互助金（警助17、19）。

(四) 共濟事由及補助金額：員警人員互助共濟事由七項如下（警助5、6）：

1. 員工死亡公賻：除自殺死亡者不予補助外，其餘情形補助標準另列附表（略）規定。

2. 員工終身殘廢退休公濟：同上。

3. 員工眷屬喪葬補助：員工之父母與配偶喪葬各給予兩個互助俸額之補助費。

4. 員工因公受傷或災害受傷慰藉：員工因公受傷或遭受災害受傷，視其情節輕重，給予五個至十二個互助俸額之慰藉金，其標準另以附表（略）規定。

5. 員工退休（職）資遣補助：員工退休（職）資遣者，補助費標準如另表（略）所定。但警察人員合於警察人員警正以下具有危險及勞力等特殊性質職務降低「退休年齡標準表」規定降齡命令退休者，於退休時，除發給退休補助費外，並發給特別給付金；其核發標準爲每提早一年發給新臺幣六萬元，最高以新臺幣三十六萬元爲限；其經費，由內政部警政署按年度編列預算支應（警助6之1）。

6. 員工眷屬重病補助：員工之父母、配偶，子女因重病住院醫療，一次醫療費在新臺幣四千元以上者，得申請補助費百分之三十。同一員工每年補助總額不得超過新臺幣一萬五千元。但成年子女以仍在學現尚未婚且無職業不能自謀生活者爲限。其因整容、整修（形）、自殺暨非疾病施行違反生理之手術，及已享受免費醫療或其他有關補助者，均不予補助。

7. 員工遭受重大災害補助：員工遭受重大災害，其補助標準由互助共濟委員會視災情簽請警政署署長核定；其申請補助手續另定之。

以上補助，如員工遭遇特殊情形致申請補助案件過多，基金不敷支應時，得由互助共濟委員會通過後，簽准另定補助標準（警助14）。

(五) 工作獎助金之發給標準：爲獎勵一般行政人員、技術人員及雇員協助員警工作，其依規定未支領一、二、三級警勤加給者，發給工作獎助金。其標準另以命令定之（略）（警助18）。

第十二節　特種人員之退撫制度

一、政務人員退撫制度

(一) 沿革

1. 政務人員宜否有退職制度：

政務人員（官）應否有其退職給與制度，雖然現有其制，但在過去數十年之建制，甚爲艱辛，也曾有爭議。

自一般理論而言，政務官之進用不必具有公務人員任用資格，係隨政黨輪替，依政策而任命，領導政治，負政策責任而進退，是以其無一定之任期。至於事務人員（官）應具公務人員之資格，係屬專門學識及技能之人員，不隨政黨進退，長期服務政府，受法律之保障，爲安定政治之基石，因爲促其新陳代謝，酬其勞績，是以作其退休條件（年齡、工齡）之規設，而有退休給與，使之退而能安。此乃近世，政務官人員（官）與事務人員（官）之基本區別。

政務人員隨政策之成敗而進退，理論上，有認爲不發生退休或退職問題，此乃民主先進國家一般狀況。但亦有認爲政務人員爲國爲民辛勤奉公，在一定合理條件下，亦應享有退職養老之待遇。

我國建國以來，內憂外患，國政常借重於富有見識與行政經驗之士，是以，政務人員（官）多由事務人員（官）轉任，更不能因其出任政務人員，而抹煞其事務人員原應享有之退休權益，是以有建立政務人員退職制度之必要。

2. 政務人員退撫之建制立法：

民國2年1月9日，北京政府公布「關於文官任免執行令」，附有文官考試、任用、保障、懲戒、甄別等法規草案，准照施行。其中「文官任用法草案」將文官區分爲「特任」、「簡任」、「薦任」、「委任」四種，「薦任」、「委任」者，需考試任用，「簡任」者，由「薦任」升任。至於「特任」則無其資格條件之規定，但依「文官懲戒法草案」，特任官不受該法懲戒，又依「文官保障法草案」，特任官亦不適用該法，顯然其時之「特任官」似已具「政務官」之性質。因其係「文官」之一種，似得適用民國3年3月2日公布之「文官卹金令」，開政務官退職給與之例。而後亦以「文官」適用「官吏卹金條例」（16.9.9.）（第1條）、「公務員卹金條例」（23.3.26.）（第2條），繼而「公務員退休法」（32.11.6.）第16條規定：「本法除關於命令退休之規定外於政務官準用之」。

遞至民國45年間提出之「公務員退休法修正草案」，其第19條明定，政務官之退休，另以法律定之。銓敘部配合該條之規定，先行草擬「政務官退休條例草案」，並送請考試院函送立法院審議。惟立法院於審議退休法修正草案時，將上述草案第19條條文刪除，因此，「政務官退休條例草案」也因而擱置。民國48年11月2日「公務人員退休法」（名稱配合憲法上之用詞，將「公務員退休法」修正爲「公務人員退休法」）修正公布後，政務官已無退休之法律依據。考試院基於事實之需要，再請銓敘部從速研究臨時辦法。銓敘部爰參照「公務人員退休法」並顧及客觀事實需要，擬具「政務官及特任級人員退休條例草案」，於民國49年12月間呈請核示，經中央於民國50年5月間核示略以該法案無創立之必要，惟對於由事務官積資轉任政務官及特任級人員者，可俟修正「公務人員退休法」時，再增訂不因轉任而喪失退休權益之條文，以資兼顧。然爲暢通政務官之進退，對其退職後生活之照顧，由政府聘爲「資政」、「國策顧問」之職，或安置於公營事業機構之內，但卻缺乏法律依據，照顧難周。

又因政府遷臺，政務官多係由事務官轉任，爲國服務數十年，一旦退職，連其曾任事務官退休之權利亦一併喪失，於情於理，亦應有所補救。況美、日等國亦非無政務官退休之例，雖其給與不同於事務官之「恩給制」，但酬庸之意則同一。且民國50、60年代，我國正屬於「開發中國家」，擴大延攬人才，亦期望政務官自退。於是考試院、行政院乃於民國59年1月23日會銜發布「動員戡亂時期政務官退職金贈與辦法」，以資適用。嗣立法院法制委員會於民國59年3月14日函立法院秘書處，稱：「僉以政務官退職金之贈與其性質同於公務人員退休金之給與」，有主張立法者。於是考試、行政兩院乃就該辦法要旨重加整理，研擬爲「政務官退職酬勞金給與條例草案」，於民國60年12月30日會銜函立法院略以：「爲適應國家當前需要，厲行政治改革，擴大延攬人才，爰經研訂政務官退職酬勞金給與條例草案一種，請予提前審議。」當時之立法院法制委員會依其意旨，數日內即審查完竣，審查報告說明略以：「値茲政治革新，擴大延攬人才之時，對於年老政務官之退職，自應酌予酬勞，安定生活，以示政府崇德報功之至意，且可藉此而鼓勵依例自退，促進新陳代謝，登庸英俊之士。」立法院爰於民國61年1月27日第四十八會期第三十五次院會三讀通過，完成立法，經總統於2月5日公布施行。民國61年5月25日，考試院第四屆第一百四十七次院會，討論考試委員查良釗所提「政務官退職酬勞金給與條例施行細則」審查報告後，決議：「僉以本案立法精神，出之禮遇，而見之行事，實在酬勞，如何表現政府德意，端賴兼籌並顧，俾使退職政務官員，得以光榮致仕，安定其生活計，酬庸其勞績，用宏依例自退，新陳代謝之功。」

民國61年之「政務官退職酬勞金給與條例」，雖經民國68年12月24日、74年12月11日兩次修正，其內容仍如公務人員「恩給制」之條件與給與，要其服務二年以上，即得併計事務官之年資計其給與。

民國84年7月1日公務人員退撫新制——「共同提撥建立基金」制施行，政務官之退職並未隨之修正。直到民國88年6月30日始公布修正名稱為「政務人員退職酬勞金給與條例」，並修正全文，內容則採行「共同提撥制」，亦如同公務人員之提撥費率分攤比例，但溯自民國85年5月1日施行。又該條例第19條第3項規定：「該條例自修正條文公布之日起一年六個月後失其效力。」民國89年12月15日公布修正該條增列第4項：「該條例施行期限，經立法院同意得再延一年。」嗣經立法院同意再延長二次（二年）後，即不再同意延長，遂研擬制定「政務人員退職撫卹條例」，完成立法，於民國93年1月7日公布，追溯至民國93年1月1日施行，全案改採如聘僱人員之「離職儲金制」。民國95年5月17日公布修正第2條適用人員範圍條文，以迄於民國106年配合「年金改革」，修正二十一條，新增十六條，於8月9日公布修正全文三十七條。其中第19至23、25、26及34至36條，自民國107年7月1日施行外，其餘條文自8月11日生效施行。該先施行之條文內容要旨為：事（常）務人員轉任政務官者，得繼續適用原公務人員退撫之「共同提撥制」；非事（常）務人員轉任政務官者，則適用「離職儲金制」。

至於撫卹，則自民國32年1月6日公布之「公務員撫卹法」第15條、36年6月25日公布修正之「公務員撫卹法」第15條，均規定：「本法於政務官準用之」。民國60年6月4日公布修正之「公務人員撫卹法」第17條規定：「本法於左列在職有給人員準用之：一、特任、特派及相當於特任職人員。二、各部政務次長及相當於政務次長人員。三、特命全權大使及特命全權公使。四、蒙藏委員會委員及僑務委員會常務委員。五、省政府委員及地方政府首長。」民國84年7月1日施行之新制「公務人員撫卹法」第17條規定：「本法於左列在職有給人員準用之：一、特任、特派及相當於特任職人員。二、各部政務次長。三、特命全權大使及特命全權公使。四、省政府主席、委員及直轄市市長。五、其他依機關組織法律規定比照簡任第十四職等之正、副首長。」換言之，政務官亡故準用公務人員撫卹之規定。以迄於民國93年1月7日，公布制定「政務人員退職撫卹條例」，追溯自民國93年1月1日施行為止，全案改採如聘僱人員之「離職儲金制」。自此，政務人員之退撫，完全脫離公務人員退撫法制。但民國106年8月9日公布修正之「政務人員退職撫卹條例」，非由事（常）務人員轉任政務官者，仍適用「離職儲金制」；然由事（常）務人員轉任政務官者，得繼續適用原公務人員之退撫制度。

3. 政務人員退撫之立法斟酌：

上述期間，建立政務人員退撫制度之研議與立法過程，亦有戲劇性的變化與轉折。

據悉民國61年版之條例立法過程，亦非無考諸民主國家政務官隨政策進退，不應有退職之制之爭論。

民國84年7月1日公務人員退撫新制施行前後，考試院、銓敘部亦曾研擬建立政務官退職制度，甚至於考試院於民國84年7月20日第八屆第二百三十三次會議通過「未來擬重新建構政務人員退職制度之八點修法原則」，略以：

(1)「適用對象」：應予明定。

(2)「年資區別」：與事務人員截然區分，分別核計退職金或退休金。

(3)「年資條件」：無論年資長短均可請領。

(4)「計算基數」：以最後在職之薪資總額爲計算基數，每任職一年給與一個基數，不採儲金制（應指公務人員之「共同提撥制」）。

(5)「請領時效」：由三年修正爲五年。

(6)「預算編列」：中央與地方政務人員之退職金預算，宜由銓敘部統籌編列支應。

(7)「因公退職」：應給與較一般退職者優渥。

(8)「過渡條款」：現職政務人員得選擇改依新制規定辦理。

民國84年12月7日，考試院與行政院會銜函請立法院審議「政務官退職酬勞金給與條例修正草案」，卻採行與公務人員相同之「共同提撥制」，雖經立法院法制委員會審議完竣，於民國85年1月3日函立法院秘書處提院會二讀，但卻於函中表明，考試院與行政院應儘快作第二階段修正，提出「政務人員法」及「政務人員退職條例」送院審議。全案歷經民國85年、86年立法院院會二、三讀，多次討論卻決議：「全案定期表決」，終於民國88年6月15日立法院表決通過，完成立法。經總統於民國88年6月30日公布修正名稱爲「政務人員退職酬勞金給與條例」，全文十九條，並追溯至民國85年5月1日施行，且於第19條第3項有「落日條款」之規定：「本條例自修正條文公布之日起一年六個月後失其效力」。民國89年12月15日又公布修正該條，增列「本條例施行期限，經立法院同意，得再延長一年。」爲第4項。而後於民國90年、91年兩度獲立法院同意，各再延長一年，至民國92年12月31日止。但民國92年再請延長一年，卻未獲立法院同意，以致於必要有新法草案予以因應。

此間於民國85年、86年之二、三讀中對於政務官宜否有退職之制，有所爭論。而民國89年10月4日、91年7月30日，考試院、行政院亦曾兩度會銜向立法院提出「政務人員退撫條例草案」，但亦無結果。

其間尤值一提者，乃民國90年10月成立「政府改造委員會」，由陳水扁總統擔任主任委員，改造目標之一爲「專業績效的人事制度」。民國91年9月15日政府改造委員會第六次會議，原則通過「專業績效人事制度」研究分組所提「政府人力運用彈性化計畫方案」之一爲「政務職位規劃案」，略以：

(1) 制定政務職位設置法，將政務職位分爲五大類：①政策決定職位。②政策襄贊職位。③憲法任用職位。④獨立職位。⑤其他職位（駐外國安）。

(2) 制定「政務人員俸給法」。

(3) 制定「政務人員行爲法」。

(4) 制定「政務人員退職撫卹條例」，退職支給社會可接受程度之一次退職酬勞金。

此規劃案與民國91年7月30日考試院、行政院會銜函送立法院之草案內容不同，於是銓敘部重新研擬「政務人員離職儲金給與條例」，10月函詢各機關意見，11月開會研商；而考試院亦於10月29日、11月5日、11月26日舉辦三場公聽會，分別邀請學者專家及機關代表與會，廣蒐各界意見。銓敘部更於民國92年1月14日，邀請上述研究分組召集人施能傑教授及行政院人事行政局等相關主管機關開會討論，並就原先歧異意見獲致共識，其中政務人員退職撫卹制度部分，決議採行「儲金（共同提撥）制」。民國92年1月29日，考試院院長姚嘉文邀集相關部會召開「研商政府人力運用彈化計劃方案本院配套措施」會議中，就政務職位制度規劃案獲致具體決議。銓敘部據以研擬「政務人員法草案」、「政務人員俸給條例草案」、「政務人員離職儲金給與條例草案」，並於民國92年3月27日，再邀中央及地方有關機關開會研商，修正相關條文。

又立法院於民國92年1月10日第五屆第二會期第十七次會議，審查通過92年度中央政府總預算時，曾作成主決議，修正「政務人員退職酬勞金給與條例」第4條及第8條，規定退撫基金提撥率應依法精算結果，以收支平衡原則強制訂定，並降低所得替代率，以及退職政務人員轉任由政府協助成立之財團法人職務，停止領受月退職酬勞金。銓敘部據以研修該條例，並再函立法院請再延長一年。但未獲同意。考試院、行政院遂於民國92年11月24日會銜將研擬之「政務人員退職酬勞金給與條例部分條文修正草案」函送立法院審議。立法院、考試院、行政院則密集協商，甚至於民國92年12月30日二、三讀挑燈夜戰，終於在12月31日凌晨完成修正程序，修正名稱爲「政務人員退職撫卹條例」，全文二十一條，民國93年1月7日公布，追溯自民國93年1月1日施行。該條例之內容卻摒棄原「共同提撥制」，另仿聘僱人員之離職儲金，改採「離職儲金制」，但僅由現職軍公教人員轉任者得予適用，以保其原事務官之退休權利；由其他人員轉任者，不適用，致兩者之權益有所不平。即使得適用亦僅於其「因公退撫」，但其經費何來？如何給與？亦乏明文。類此之情尚夥，顯然倉促立法，諸多不能顧及。

民國106年8月9日，配合「年金改革」公布修正之「政務人員退職撫卹條例」，則給予由現職軍公教人員轉任政務官者，得繼續適用轉任前之退撫制度，但非由現職軍公教人員轉任者，僅得適用「離職儲金」，稍平衡兩種不同來源之政務人員權益。

政務人員退撫制度之規設，從民國61年之「政務官退職酬勞金給與條例」，採行「恩給制」，民國84年之「八點修法原則」不採「儲金制」，民國88年修正條例，採「儲金（共同提撥）制」，再到民國90年政府改造委員會之「一次退職酬勞金」（離職儲金）、93年修正條例之採現職軍公教人員轉任政務人員者，適用「離職儲金」，非現職軍公教人員轉任者，不適用之。以迄於民國106年8月11日修正施行之條例，予現職軍公教人員轉任政務人員者得適用原公務人員退撫制度；非由現職軍公教人員轉任者適用「離職儲金制」。其間戲劇性的轉折，實令人尋味。

4.「政務人員退職撫卹條例」之修正：

民國106年8月9日公布修正之「政務人員退職撫卹條例」雖於8月11日生效施行，但其中第19至23、25條、26及34至36條，則配合整體年金改革法案，自民國107年7月1日施行。

此乃該條例自民國93年1月1日施行後，發生若干問題亟待解決：

(1) 如同爲政務人員，由常任之軍、公、教人員轉任者，得參加離職儲金，非常任人員轉任者，則不能，致其在權益上有所差別。

(2) 政務人員退職撫卹制度改採離職儲金制後，造成常務人員轉任政務人員後年資中斷情形，雖得於轉任時，依其原適用之退休法令辦理退休，或依其資遣法令申請其一次性之年資給與，或於退職後五年內申請發給，或保留年資於再任常務人員後，再依其退休法令辦理，但常有損失其原得享有之年金權益，進而影響其轉任政務人員之意願，有礙優秀人才之進用。

(3) 民國100年1月1日修正施行之「公務人員退休法」，對於退休公務人員再任，須停發月退休金及停止優惠存款之範圍，已採從嚴限制規範，惟政務人員相關規定迄未配合修正，致退職政務人員因再任而支領雙薪之規範較退休公務人員更寬鬆，產生不衡平現象。

(4) 政務人員退職所得較高，應配合整體年金改革，與常務人員維持適當之平衡，亦有降低所得替代率之必要。

針對上述問題，在建構修正該條例之內容要旨爲：

(1) 常務人員轉任者，得繼續適用其原任職務之退撫法令，不受屆齡退休之限制，並以退職生效日爲退休生效日。

(2) 非常任人員轉任者，應參加離職儲金。

(3) 現職政務人員係由常務人員轉任者，得選擇繼續參加離職儲金。

(4) 已退職政務人員，未依其原任常務人員之退休法令領受退休給與者，得依各該法令請領退休金或一次給與（資遣）。

(5) 已退職領受政務人員（官）退職酬勞金者，其退職所得比照公務人員調降其所得替代率。

因此，在施行上，有三部分應予處理：

(1) 該條例修正施行後，新轉任爲政務人員者之權利義務事宜，均適用修正後之新制規定。即如係由現職軍公教人員轉任者，繼續參加原退撫基金；如非由現職軍公教人員轉任者，則辦理離職儲金。

(2) 該條例修正施行前、後，連續在職之政務人員，如何保障該條例修正施行前原有權利義務，以及如何適用修正後之新制；亦即如何過渡，以適用修正後新制度之權利義務事宜。

(3) 該條例修正施行前，已退職領受退職酬勞金之人員，如何配合「年金改革」措施之權利義務事宜。

(二) 政務人員之範圍與分類

何謂「政務人員」？現行人事法律尚無定義性之規定，一般係依學理之說法，但其範圍早在「政務官退職酬勞給與條例」（61.2.5.）中有所規定，歷年雖有修正，但該條例則延續之。其範圍係指下列有給之人員（政退撫2 I ）：

1. 依憲法規定由總統任命之人員。

2. 依憲法規定由總統提名，經立法院同意任命之人員。

3. 依憲法規定由行政院院長提請總統任命之人員。

4. 前三款以外之特任、特派人員。

5. 其他依法律規定之中央或地方政府比照簡任第十二職等以上職務之人員。

上述政務人員有來自軍、公、教之常務人員，其有已請領退離給與者，亦有未請領者；有來自民間各行業者。爲其將來退職後老年生活之保障，自應各有其退撫制度，並保障其原有之「任職年資」，得作定期性年金給與。是以，該條例民國106年8月11日修正施行後任政務人員者，分爲下列二類（政退撫2II），以轉任時爲準，依其前一日是否係屬在職常務人員，而適用不同之退撫制度：

1. 第一類：轉任政務人員前一日係屬現職常務軍、公、教人員、其他公職人員或公營事業人員，未依轉任前原任職務適（準）用之退休（職、伍）法令請領退休（職、伍）金、資遣給與、離職退費或年資結算給與等退離給與（以下簡稱退離給與）者，繼續參加原任職務所適（準）用之退撫制度（政退撫3 I 、8II，政退撫細2）。

2. 第二類：轉任政務人員前一日，非屬現職常務人員者，或轉任政務人員前一日，係屬現職常務人員已請領退離給與者，一律參加離職儲金制度（政退撫3Ⅰ、4，政退撫細2）。此「已請領退離給與」實務作業上，似乎於轉任前一日領到退離給與之可能性似乎不大，除非早已知其於某日轉任有任期之政務職（如：考試委員、監察委員）提前辦理退離，是以，此句之意旨應重在「申請退離給與」，而後領取。

(三) 第一類政務人員之退撫

第一類政務人員或其遺族除該條例或其他法律另有規定外，應依下列規定辦理退休（職、伍）、資遣或撫卹事宜（政退撫3Ⅰ）：

1. 仍適用原退撫法令：

(1) 以政務人員轉任前原任職務最後在職等級（階）或工資，繼續適（準）用原所適（準）用之退休（職、伍）、資遣及撫卹法令，但不受各該法令屆齡退休年齡之限制；其請領退休（職、伍）金者，以退職生效日爲退休（職、伍）生效日。其辦理退休（職、伍）之權利，自退職日起，經過十年不行使而消滅（政退撫3Ⅰ、10Ⅱ，政退撫細3Ⅱ）。

(2) 請領退休（職、伍）金、資遣給與、撫卹金、遺屬年金或遺屬一次金等給與，均按轉任前原任職務之等級（階）或工資，適（準）用原各該退休（職、伍）、資遣或撫卹法令，並依退休（職、伍）、資遣或死亡時法令規定計給（政退撫3Ⅰ）。

2. 辦理參加退撫基金：

第一類政務人員，依上述規定參加公務人員退休撫卹基金（以下簡稱退撫基金）期間應繳之退休撫卹基金費用，由政務人員與其服務機關，按撥繳時退撫法令規定之撥繳費率及撥繳比率，共同負擔（政退撫3Ⅱ）。

3. 請領退撫給與程序：

第一類政務人員請領退休（職、伍）金、資遣給與，或其遺族請領撫卹金、遺屬年金或遺屬一次金案，應由政務人員之最後服務機關依程序轉請其原適（準）用之退休（職、伍）、資遣或撫卹法令所定審（核）定權責機關（構）辦理，並由轉任前最後服務機關（構）繫屬之支給及發放機關（構）支付並發放之。但其他公職人員或公營事業人員轉任者，其政務人員任職年資之給與，由政務人員最後服務機關編列預算支付並發放之（政退撫3Ⅲ、Ⅳ）。

4. 接續派任政務人員：

第一類政務人員接續派任其他機關（構）之政務人員職務者，其續任政務人員期間，仍依上述規定辦理（政退撫3Ⅴ）。

綜上所述，第一類政務人員依該條例第3條第1項規定參加原任職務適（準）

用之退休（職、伍）、資遣或撫卹制度之年資給與，依下列規定辦理（政退撫細3Ⅰ）：

(1) 退職或在職死亡時，得依原任職務適（準）用之退休（職、伍）、資遣或撫卹法令，請領退離給與或撫卹金。

(2) 退職時未請領退離給與者，保留該政務人員年資，依其原任職務之身分，分別視同常務人員年資，依相關法令請領退離給與或撫卹金。

5. 評述：

第一類政務人員仍適用其原最後在職之常務人員退撫法令，繼續參加退撫基金，由政務人員與其服務機關，按撥繳時退撫法令規定之撥繳費率及撥繳比率，共同負擔（政退撫3Ⅱ）。退職時自得依其原最後在職之常務人員退撫法令辦理退撫給與，但何以辦理退撫之程序，不得由其政務職之服務機關辦理？反需回原任常務人員之機關辦理？是則以原常務人員之職務辦理退撫？或以政務人員職務辦理退撫？事涉行政之統一性與政務人員之名譽。實未若仍由最後服務機關辦理較妥。蓋其繳付基金費用即得由最後服務機關繳納，似得以該職務由最後服務機關逕行呈報退職案。

(四) 第二類政務人員之退撫

第二類人員（即非由現職常務人員轉任或現職常務人員已請領退離給與後轉任）者，一律參加離職儲金制度（政退撫4）。但本次修正條文公布施行前已任政務人員，並參加離職儲金，且於修正施行後繼續任職者，得選擇繼續參加離職儲金；一經選定後，不得變更（政退撫3Ⅰ、Ⅲ、8）。

1. 參加離職儲金：

第二類政務人員應依該條例規定，參加離職儲金（政退撫4）。其離職儲金，由服務機關依其在職時「俸給總額」之百分之十二之費率，按月撥繳百分之六十五，作爲公提儲金；政務人員繳付百分之三十五，作爲自提儲金。由服務機關在銀行或郵局開立專戶儲存孳息，並按人分戶列帳管理，於政務人員退職或死亡後，一次核發公、自提儲金本息；如其接續派任其他機關（構）之政務人員職務時，其原儲存之離職儲金本息，應由原服務機關轉帳至新任機關帳戶，繼續儲存孳息。各機關對於離職儲金之管理，應盡善良管理人之注意義務（政退撫5Ⅰ、Ⅱ、Ⅲ）。

2. 離職儲金財務：

(1) 該條例所稱俸給總額，指政務人員月俸加一倍或本（年功）俸加一倍（政退撫5Ⅳ）。

(2) 公提儲金費用、因公傷病退職者及因公死亡者所應加發之給與，由服務機關編列預算支付（政退撫6 II）。

(3) 第二類政務人員或其遺族逾規定之請領時效十年，而未請領之離職儲金本息，及依該條例規定不合發給之公提儲金本息（政退撫17 I），均由服務機關解繳公庫（政退撫7III）。其間「自提儲金」，顧名思義，係屬自己之薪俸中扣提，具有「儲蓄」之性質，其請領時效規設十年，雖非短期間，但與民法一般請領時效之十五年，仍屬有間。於此引用公法之一般規定，是否妥適，法理上，亦非無思量之餘地。

3. 請領離職儲金：

(1) 請領與分配：

第二類政務人員於退職或死亡時，由政務人員或其遺族向服務機關申請發給離職儲金本息。經依規定申請並領取給與後，不得申請繳還（政退撫6 I）。退職由其本人領受。死亡，則由其遺族領受，其領受順序及分配之內容，與公務人員退休資遣撫卹法第62、63條之規定相似，均以死亡時之法律事實爲準（政退撫細36 I）。茲仍簡述如次：

①遺族之範圍順序與分配：遺族領受離職儲金時，由未再婚配偶領受二分之一；其餘依A.子女、B.父母、C.祖父母、D.兄弟姊妹之順序，依序平均領受之（政退撫29 I）。遺族，均依戶籍登載資料認定（政退撫29VI）。

②領受順序之運作與分配：無子女、父母、祖父母者，其離職儲金由未再婚配偶單獨領受，第四順位之「兄弟姊妹」不與焉；無配偶或配偶再婚時，其離職儲金由上述遺族依序領受；同一順序遺族有數人時，其離職儲金由同一順序具有領受權之遺族平均領受（政退撫29 II）。

③喪失領受權之後續處理：同一順序遺族有死亡、拋棄或因法定事由而喪失領受權者，其離職儲金應由同一順序其他遺族依上述①、②規定平均領受；無第一順序遺族（子女）時，由次一順序遺族依上述②規定領受。但如子女死亡、拋棄或因法定事由而喪失領受權者，由其子女（即孫）「代位領受」之（政退撫29III、IV）。孫子女代位領受之事由，以政務人員死亡時之法律事實認定之（政退撫細56 I）。

④遺囑指定領受人與分配：政務人員生前預立遺囑，於上述①之遺族（即配偶、子女、父母、祖父母、兄弟姊妹）中，指定離職儲金領受人者，從其遺囑。但其未成年子女之領受比率，不得低於其原得領取比率（政退撫29 V）。

⑤委任請領及其分別領受：同一順序遺族有數人請領時，得委任其中具有行爲能力者一人代爲申請。遺族爲無行爲能力者，由其法定代理人代爲申請（政退撫30 I）。遺族行蹤不明、或未能依上述規定取得一致請領之協議者，得由其他遺族

按具有領受權之人數比率，分別請領離職儲金（政退撫30 II）。

⑥無法定領受遺族之處理：無上述①之遺族（配偶、子女、父母、祖父母、兄弟姊妹及代位領受人）者，其繼承人得向服務機關申請發還政務人員撥繳之自提儲金本息；此「繼承人」究指何人？曾孫？有待釐清。無繼承人者，得由原服務機關先行具領，辦理喪葬事宜。有賸餘者，歸屬公庫（政退撫30III）。

(2) 請求權時效：

第二類政務人員或其遺族請領離職儲金本息之權利，自政務人員退職或在職死亡之日起，經過十年不行使而消滅。其退職時未請領之離職儲金本息，於請領時效屆滿前死亡者，得由其遺族於政務人員死亡之日起十年內請領（政退撫7 I、II）。

前者離職儲金本息時效十年，當然含「自提儲金本息」，此本爲政務人員薪酬之「儲蓄」，未若採民法之一般時效十五年（民法125），依「行政程序法」第131條第2項，雖云請求權當然消滅，但「自提儲金本息」非不得成爲「自然債務」，而爲給付，較無政府機關「不當得利」之嫌（詳參後述「退撫法上請求權時效之檢討」）。

(3) 請領權障礙：

①暫停請領權：

請領公提儲金本息之政務人員，有下列情形之一者，暫停請領之權利，至其死亡或原因消滅，且無喪失請領權利情形時回復，並自回復請領權利之日起，經過十年不行使而消滅（政退撫13 I、III）：

A.動員戡亂時期終止後，涉嫌內亂罪或外患罪而有下列情形之一：

a. 所涉犯罪尚未判決確定。

b. 所涉犯罪經檢察官爲不起訴或緩起訴處分，尚未確定。

c. 所涉犯罪經檢察官爲緩起訴處分確定，尚未期滿。

B.涉嫌「貪汙治罪條例」或刑法瀆職罪章之罪，且經法院判處有期徒刑以上之刑，尚未確定者。

C.依法停止職務。

D.因案經權責機關依法移送懲戒或送請監察院審查中，或已經權責機關依法爲懲戒判決但尚未發生效力。

E. 行蹤不明或發放機關無法聯繫。

F. 赴大陸地區長期居住，未在大陸地區設有戶籍或領用大陸地區護照。

上述情形，檢察機關對於涉嫌內亂罪或外患罪之政務人員進行偵查時，於不違反偵查不公開原則下，得函知該政務人員之最後服務機關（構）及銓敘部。又政務人員犯貪瀆罪或假借職務上之權力、機會或方法犯其他罪，經法院判處有期徒刑以上之刑時，由判決法院檢同判決正本一份，分送該政務人員之最後服務機關（構）及銓敘部（政退撫細16Ⅱ、Ⅲ）。

至於有前述請領權利暫停之情形，至原因消滅時恢復（政退撫13Ⅰ）。其原因消滅日之認定如次（政退撫細16Ⅰ）：

A.動員戡亂時期終止後，涉嫌內亂罪或外患罪者，指其所涉案件經判決確定之日，或不起訴處分確定之日，或緩起訴處分期滿未經撤銷之日。

B.涉嫌「貪汙治罪條例」或刑法瀆職罪章之罪（以下簡稱貪瀆罪）者，指其所涉案件經判決確定之日。

C.依法停止職務者，指其停職事由消滅之日。

D.依法移送懲戒或送請監察院審查者，指其經公務員懲戒委員會或職務法庭判決確定之日，或經監察院審查決定不予彈劾確定之日。

E.行蹤不明或發放機關無法聯繫者，指其親自向發放機關申請之日。

F.赴大陸地區長期居住，而未在大陸地區設有戶籍或領用大陸地區護照者，指其回臺居住或親自依規定申請改領一次退職酬勞金之日。

②喪失請領權：

A.**本人**喪失公提儲金本息之請領權：第二類政務人員有下列情形之一者，喪失請領公提儲金本息之權利（政退撫17Ⅰ、Ⅲ）：

a. 動員戡亂時期終止後，犯內亂罪、外患罪，經判刑確定。

b. 因案免除職務或撤職。

c. 不遵命回國。係於回國命令訂有期限者，指逾期回國；於未訂期限者，指接獲回國命令之日起逾三個月不回國。但有特殊之原因，經奉准者，不在此限（政退撫細23Ⅱ）。

d. 喪失中華民國國籍。

e. 褫奪公權終身。

f. 犯「貪汙治罪條例」、刑法瀆職罪章之罪或假借職務上之權力、機會或方法犯其他罪，經判刑確定。

g. 依法撤銷任命（自始喪失請領權）。

h. 其他法律有特別規定。

B.**遺族**喪失公提儲金本息之請領權：第二類政務人員之遺族有下列情形之一者，喪失請領公提儲金本息之權利（政退撫31Ⅰ）：

a. 死亡。

b. 動員戡亂時期終止後，犯內亂罪、外患罪，經判刑確定。

c. 喪失或未具中華民國國籍。

d. 褫奪公權終身。

e. 爲支領公提儲金本息，故意致該退職、現職政務人員或其他具有領受權之遺族於死，經判刑確定。

(五) 過渡措施

1. 民國106年8月11日該條例修正施行前後均在職者之退撫事項：

(1) 各段年資依各該時期所適用之法律規定給與：

該條例民國106年8月11日修正施行後之政務人員年資，自依該條例修正施行後之規定辦理。該條例民國106年8月11日修正施行前之政務人員年資，仍依該條例修正施行前原規定辦理（政退撫8Ⅰ）。亦即民國93年1月1日至106年8月10日間之年資，爲該條例本次修正施行前離職儲金之年資；惟如具民國92年12月31日以前之年資，則依下列規定辦理（政退撫10Ⅰ）：

①應領之「退職酬勞金」、支給機關及相關事項，除該條例另有規定外，適用原「政務人員退職酬勞金給與條例」及其有關法令之規定。

②應領之「撫卹金」及支給機關，準用民國100年1月1日修正施行前之「公務人員撫卹法」及其有關法令之規定。

③具有民國92年12月31日以前軍、公、教人員、其他公職人員或公營事業人員之年資，得併計未曾領取退職酬勞金、離職退費之政務人員年資，於退職或在職死亡時，依其轉任前最後職務原適（準）用之退休（職、伍）法令規定核給退休（職、伍）金、一次給與或撫卹金。

上述請領各該給與之權利，自政務人員退職或在職死亡之日起，經過十年不行使而消滅（政退撫10Ⅱ）。此雖並無如退撫法第73條之規定及行政程序法第131條之「當然消滅」之字眼，但仍有「當然消滅」之適用，而非無檢討之餘地（詳後述）。

(2) 按其轉任前原任職務及有無領取退離給與，分類適用各該規定：

①第一類政務人員再行適用原退撫法令： 該條例修正公布施行後，原由常務人員轉任政務人員，未依轉任前原任職務所適（準）用之退休（職、伍）法令請領退離給與者，應再行適用原任職務適（準）用之退撫法令，不受原適（準）用退休（職、伍）法令所定屆齡退休年齡之限制（政退撫2Ⅱ、3Ⅰ、8Ⅰ）；其轉任前之軍、公、教人員、其他公職人員或公營事業人員年資，於退職時，應合併該條例修正施行後年資。但其已參加離職儲金者，於該條例修正施行後，「得選擇繼續參加離職儲金」，並依第二類政務人員適用之離職儲金規定辦理（政退撫2Ⅱ、4、8Ⅰ）。

就實務而言，如於民國93年1月1日該條例制定施行後，常任人員轉任政務人員時，其符合原所適用常任人員退休法令之退休條件者，應辦理退休，核給退休金，於轉任政務人員期間，依該條例參加離職儲金，於民國106年8月11日該條例修正施行前退職，則請領離職儲金本息。如於轉任時未符合退休條件，則於退職時請領一次資遣給與及儲金本息。如轉任時已符合退休條件，且已擇領月退休金，則因再任公職，依法停止領受，至退職時恢復月退休金，並請領離職儲金本息（該條例原第9條，退休法第23條）。但如轉任時並未請領退離給與，於民國106年8月11日該條例修正施行後，繼續任職政務人員（或初任職政務人員）者，則自該日起再行（繼續）適用原常任人員所適用之退休法令，於退職（或在職死亡）時，並計前後所適用常任人員退休（撫卹）法令之年資，核計給與；其曾參加離職儲金者，並請領儲金本息（政退撫8Ⅰ、Ⅱ）。

②第二類政務人員應參加離職儲金：該條例修正公布施行後，原由常任人員轉任政務人員，已依轉任前原任職務所適（準）用之退休（職、伍）法令請領退離給與者，及非由現職常任人員轉任政務人員者，應參加離職儲金（政退撫2Ⅱ、4、8Ⅰ）。

(3) 第二類政務人員請領原退撫給與及其時效：

①第二類政務人員具有軍、公、教人員、其他公職人員或公營事業人員服務年資，且於轉任政務人員前之最後職務卸職時，已符合原適（準）用退休（職、伍）法令之條件，而未請領退離給與者，至遲得於政務人員退職日起十年內，將其所具軍、公、教人員、其他公職人員或公營事業人員年資，依其轉任前最後職務原適（準）用之退休（職、伍）法令規定，請領退休（職、伍）金（政退撫9Ⅰ）。

②第二類政務人員具有軍、公、教人員、其他公職人員或公營事業人員服務年資，且於轉任政務人員前之最後職務卸職時，未符合原適（準）用退休（職、伍）法令之條件，而未請領退離給與者，至遲得於政務人員退職日起十年內，將其所具軍、公、教人員、其他公職人員或公營事業人員年資，依其轉任前最後職務原適（準）用之資遣法令規定之給與標準，請領一次給與（政退撫9Ⅱ）。

③上述①、②人員所具軍、公、教人員、其他公職人員或公營事業人員服務年資未請領退休（職、伍）金或一次給與而在職死亡者，其遺族得於政務人員死亡之日起十年內，以其轉任前原任軍、公、教人員、其他公職人員或公營事業人員最後在職之等級（階）爲準，並按最後在職時之軍、公、教人員、其他公職人員或公營事業人員月支標準，依其轉任前最後職務原適（準）用之撫卹法令，請領撫卹金（政退撫9Ⅲ）。

④上述①、②人員所具軍、公、教人員、其他公職人員或公營事業人員服務

年資未請領退休（職、伍）金或一次給與而於退職後死亡者，其遺族得於政務人員死亡之日起十年內，依②之規定請領一次給與（政退撫9Ⅳ）。

⑤上述①至④人員屬軍、公、教人員、其他公職人員或公營事業人員服務年資之退休（職、伍）金、一次給與及撫卹金，由其轉任前最後服務機關（構）繫屬之支給及發放機關（構）支付並發放之（政退撫9Ⅴ）。

綜上所述，該條例第9條之規定，依其立法說明，雖重在「時效」，但自其文義觀之，主詞爲「第二類政務人員」，不論其轉任時是否符合依法請領退離給與之條件，要其「未請領」者，至遲得於政務人員退職日起十年內，或其遺族得於政務人員死亡之日起十年內，請領原退撫給與。惟反觀對照第2、3、4條之規定，第一類係屬常任人員轉任政務人員，依轉任前之法令「未請領退離給與」者，應再行適用原退撫法令；第二類中之係屬常任人員轉任政務人員，依轉任前之法令「已領退離給與者」，則適用離職儲金（政退撫2Ⅱ、4）。因此，該第9條各項之「未請領」退離給與者，似乎應歸爲第2條之「第一類政務人員」，而非「第二類政務人員」。即使係「未請領」之第一類政務人員，因其再適用原退撫法令，並得併計政務人員再適用原退撫法令之年資（政退撫8Ⅱ）請求給與，其請求權時效，依「行政程序法」第131條之規定本爲退職起或死亡之日起十年（退撫73Ⅰ），再度宣示，雖無不可，但有無必要？以至於「第二類政務人員」爲非現職軍公教人員轉任，其「未請領」退離給與者爲何？百思難解。再反覆思索，偶得一解，乃於該條例修正施行後，原「未請領」應歸爲「第一類政務人員」之現職人員，「選擇繼續參加離職儲金」（政退撫8Ⅰ）者，或轉任時並非現職常務人員，但其前曾任常務人員，離職時並未請領年資給與者，而歸入「第二類政務人員」，始有於退職起或死亡之日起十年內請求給予原「未請領之退離給與」之情。如此推論，似較能符合此次重新建構政務人員退撫制度之體系解釋。

2. 民國106年8月11日該條例修正施行前已退職政務人員之退撫事項：

(1) 領受退職酬勞金者原則上仍適用原法令之規定：該條例民國106年8月11日修正施行前已退職政務人員，其所具軍、公、教人員、其他公職人員或公營事業人員年資，得依該條例民國106年8月11日修正施行前原規定請領退休（職、伍）金或一次給與（資遣）（政退撫8Ⅴ）。亦即主要指該條例民國93年1月1日施行前支領或兼領月退職酬勞金者，除該條例及其施行細則另有規定外，仍適用原「政務官退職酬勞金給與條例」或原「政務人員退職酬勞金給與條例」及其有關法令之規定（政退撫18Ⅰ）。

(2) 領受撫慰金之遺族原則上仍適用原法令之規定：已支領或兼領月退職酬勞金之政務人員亡故，其遺族遺屬年金或遺屬一次金之請領，除該條例及其施行細則另有規定外，仍適用原「政務人員退職酬勞金給與條例」及其有關法令之撫慰金規定（政退撫24）。

(3) 修正撫慰規定給予遺族遺屬一次金或遺屬年金：支領或兼領月退職酬勞金之政務人員於該條修正施行之日起一年後亡故者，配合「公務人員退撫法」上「撫慰」之規定，對遺族之範圍、順序與分配作相似之修正規定。茲仍簡述如次：

①遺屬一次金：

A. 重新釐定遺屬範圍順序：請領遺屬一次金之遺族，除由未再婚配偶領受二分之一外，其餘按子女、父母、兄弟姊妹、祖父母之順序，平均領受之（政退撫25Ⅰ）。在此一年期限之前，仍依該條例修正施行原規定辦理。

B. 法定遺族參與分配方式：無子女及父母者，其遺屬一次金由未再婚配偶單獨領受；無配偶時，其應領之遺屬一次金，依序由子女、父母、兄弟姊妹、祖父母領受；同一順序遺族有數人時，則平均領受。無第一順序遺族時，由次一順序遺族依上述規定平均領受（政退撫25Ⅱ、Ⅲ）。

C. 有喪失領受權者之處置：同一順序遺族有拋棄或因法定事由而喪失領受權者，其遺屬一次金應由同一順序其他遺族依上述A.、B.規定領受（政退撫25Ⅲ）。

D. 領受人得委任代理申請：同一順序遺族有數人請領時，得委任其中具有行為能力者一人代為申請。遺族為無行為能力者，由其法定代理人代為申請（政退撫25Ⅳ）。

②遺屬年金：

A. 得改領遺屬年金之條件：遺族為配偶、未成年子女、身心障礙且無工作能力之已成年子女或父母而不支領遺屬一次金者，得依下列規定，按退職政務人員亡故時所領月退職酬勞金之二分之一，或兼領月退職酬勞金之二分之一，改領遺屬年金（政退撫26Ⅰ）：

a. 年滿五十五歲或身心障礙且無工作能力之未再婚配偶，給與終身。但以其法定婚姻關係於退職政務人員亡故時，已累積存續十年以上為限（政退撫26Ⅰ）。其未滿五十五歲而不得領受遺屬年金者，得自年滿五十五歲之日起，支領終身遺屬年金（政退撫26Ⅱ）。年齡及婚姻存續關係，均依戶籍登載資料認定（政退撫26Ⅷ）。又經審定得自年滿五十五歲之日起支領遺屬年金（以下簡稱展期遺屬年金）之配偶，於開始支領之日前亡故或喪失領取遺屬年金權利者，由其他具領受權之遺族，按該條例第25條所定領受順序及分配比率，依該條例第25及26條規定，請領遺屬一次金或遺屬年金（政退撫細41Ⅰ）。

b. 未成年子女給與至成年為止。但身心障礙且無工作能力之已成年子女，給與終身。

c. 父母給與終身。

上述請領資格，應以支領或兼領月退職酬勞金人員亡故時之法律事實認定之（政退撫細39Ⅰ）。

B.每年提出身障所得證明：前述因身心障礙且無工作能力之未再婚配偶，或因身心障礙且無工作能力之子女，應符合法定重度以上身心障礙資格領有身心障礙手冊或證明，或受監護宣告尚未撤銷，並每年度出具前一年度年終所得申報資料，證明其平均每月所得未超過法定基本工資（政退撫26Ⅲ，政退撫細39）。

C.不得擇領遺屬年金情事：領卹遺族有該條例或其他法令規定核給之退職酬勞金、退休（職、伍）金、撫卹金、優惠存款利息或其他由政府預算、公營事業機構支給相當於退離給與之定期性給付者，不得擇領遺屬年金。但遺族選擇放棄本人應領之定期給與並經原發給定期給與之權責機關同意者，不在此限（政退撫26Ⅳ）。該定期性給付，指遺族領有下列給付（政退撫26Ⅳ，政退撫細40）：

a. 依該條例核給之月退職酬勞金、月退休（職、伍）金、遺屬年金、月撫卹金及優惠存款利息。

b. 政府機關（構）、公立學校、行政法人或公營事業（以下簡稱公部門），依其他退休（職、伍）、撫卹及年資結算法令或規章審（核）定，並由政府預算或公營事業機構支給定期且持續給付之給與。

D.為終止遺屬年金之處置：亡故退職政務人員遺族擇領遺屬年金後，全數死亡或其他法定喪失遺屬年金原因，致應終止領受遺屬年金時，應按亡故退職政務人員應領之一次退職酬勞金，扣除其與遺族已領之月退職酬勞金及遺屬年金後，若有「餘額」，由其餘遺族，按前述「遺屬一次金」之順序及比率領受之（政退撫26Ⅴ，政退撫細42Ⅰ）。所稱「餘額」，應先依原「政務人員退職酬勞金給與條例」規定，計算亡故退職人員應領之一次退職酬勞金，再扣除退職人員已領之月退職酬勞金（含補償金）與原審定遺族已領取之遺屬一次金（含一次退職酬勞金餘額）或遺屬年金後，如有餘額，始由其他具領受權之遺族，按該條例第25條所定領受順序及分配比率領受之（政退撫細42Ⅱ）。

E.得預立遺囑指定領受人：退職政務人員生前預立遺囑，於第25條法定遺族（配偶、子女、父母、兄弟姊妹、祖父母）中，指定遺屬一次金或遺屬年金領受人者，從其遺囑。但未成年子女之領受比率，不得低於其原得領取比率（政退撫26Ⅵ）。遺囑指定領受人有二人以上者，依遺囑指定之比率領受；未指定領受比率或指定未成年子女之領受比率未達原得領取比率者，依該條例第25條第1項所定比率領受（政退撫細44，並參退撫48Ⅰ，政退撫細62Ⅱ、Ⅲ，教退撫細64）。查該條例第26條第6項所定「遺囑指定領受人」，並未規定得以遺囑指定分配比率，僅但書規定保障未成年子女原得領取比率之「應配分」，施行細則第44條擴張補充定爲得依「遺囑指定之比率領受」。又配偶是否仍受二分之一之保障？法與施行細則均未作進一步規定。

(4) 分割請領：退職政務人員生前未立遺囑，且同一順序遺族無法協調選擇同一種類之遺屬一次金或遺屬年金時，由遺族分別依其擇領種類，按第25條第1項規定之比率領取（政退撫26Ⅶ）。此「分割請領」行之多年（75.10.3.七五台華特一字第50370號函），原非法律所定，乃爲解決實務問題所作之權宜措施，今將之入法，亦無不可，但亦引申有關領受權範圍（比率或金額）分配分之審核作業，各個分別確定，各依其狀況分別存續，如有一滅失，則不歸其他領受人分配。

(六) 政務人員因公退撫

政務人員因公之「職業災害補償」，如係第一類政務人員，因其繼續參加其轉任前之原退撫法令，自依其所適用退撫法令上有關因公給與之規定。

至於第二類政務人員因其係常務人員轉任後，已依其原所適用退撫法令，領受退離之「年資給與」，或非自常務人員轉任，是以，僅得依規定參加離職儲金。如有因公退撫情事，自應依離職儲金之規定辦理補償給與。其因公情事，與公務人員相同，但其給與則有所不同。茲仍簡述如次：

1. 因公退職：

第二類政務人員因公傷病致不堪勝任職務而退職者，除依該條例給與離職儲金本息外，並按最後在職時之俸給標準，加發五個月之俸給總額（政退撫12Ⅰ）。

所稱因公傷病，指政務人員之傷病確與下列情形之一具有相當因果關係者（政退撫12Ⅱ）：

(1) 於執行職務時，發生意外危險事故、遭受暴力事件或罹患疾病，以致傷病。

(2) 於辦公場所、公差期間或因辦公、公差往返途中，發生意外危險事故，以致傷病。但因政務人員本人之重大交通違規行爲以致傷病者，不適用之。

(3) 於執行職務期間、辦公場所或因辦公、公差往返途中，猝發疾病，以致傷病。

(4) 戮力職務，積勞過度，以致傷病。

上述所稱傷病，指有下列情形之一者（政退撫12Ⅲ）：

(1) 經中央衛生主管機關評鑑合格醫院出具已達公教人員保險失能給付標準之半失能以上之證明，且已依法領取失能給付，或經鑑定符合中央衛生主管機關所定身心障礙等級爲重度以上等級並出具證明。

(2) 罹患第三期以上之惡性腫瘤或爲「安寧緩和醫療條例」第3條第2款所稱之

末期病人，且繳有中央衛生主管機關評鑑合格醫院出具之證明。

2. 因公撫卹：

第二類政務人員因公死亡，除依該條例給與離職儲金本息外，並按最後在職時之俸給標準，加發十個月之俸給總額（政退撫27Ⅰ）。

所稱因公死亡，指現職政務人員係因下列情形之一死亡，且其死亡與該情形具有相當因果關係者（政退撫27Ⅱ）：

(1) 執行搶救災害（難）或逮捕罪犯等艱困任務，或執行與戰爭有關任務時，面對存有高度死亡可能性之危害事故，仍然不顧生死，奮勇執行任務，以致死亡。

(2) 於辦公場所，或奉派公差（出）執行前款以外之任務時，發生意外或危險事故，或遭受暴力事件，或罹患疾病，以致死亡。

(3) 於辦公場所，或奉派公差（出）執行前二款任務時，猝發疾病，以致死亡。

(4) 因有下列情形之一，以致死亡：

①執行上述(1)或(2)任務之往返途中，發生意外或危險事故，或猝發疾病。但因政務人員本人之重大交通違規行爲而發生意外事故以致死亡者，不適用之。

②爲執行任務而爲必要之事前準備或事後之整理期間，發生意外或危險事故，或猝發疾病。

(5) 戮力職務，積勞過度，以致死亡。

3. 評述：

政務人員有因公退撫之情事，自應有所補償加給，除比照公務人員因公傷亡發給慰問金（慰問10）外，第二類政務人員因適用離職儲金之規定，僅加給五或十個月之俸給總額，與第一類政務人員之適用公務人員退撫法之「擬制年資」「加成給與」，甚或「延長給卹」，是否衡平？仍有待實務之檢視。

(七) 離婚配偶之分配請求權

政務人員之離婚配偶參與分配該政務人員之退離給與，乃仿自民國106年8月9日修正公布之「公務人員退休資遣撫卹法」（107.7.1.施行）第四章第三節「退撫給與之分配」（第82條至第84條）之規定，新增入該條例，自應配合該退撫法之施行而施行。是以，該日前，已退職之政務人員，不適用此規定；該日前，已離婚者，亦不適用此規定（政退撫34Ⅵ、Ⅶ）。茲仍簡述其內容：

1. 請求分配之條件：

(1) 婚姻期間：政務人員之離婚配偶與該政務人員婚姻關係存續期間滿二年（政退撫34Ⅰ）。

(2) 平等互惠：政務人員於該婚姻關係存續期間，配偶依其他法律得享有退休

（職、伍）金者，其分配請求權之行使，以該政務人員得依該其他法律享有同等離婚配偶退休（職、伍）金分配請求權者爲限（政退撫34Ⅰ、Ⅲ）。亦即雙方所適用之退休法律均允許雙方互爲分配請求權，始得請求分配。

(3) 請求時間：

①政務人員與其配偶於法定財產制或共同財產制關係因離婚而消滅時，得予請求分配該政務人員依該條例規定支領之離職儲金本息、一次給與（資遣）或退職酬勞金（政退撫34Ⅰ）。

②政務人員於民國107年7月1日以後退職，於支領或兼領月退職酬勞金期間離婚者，其退職酬勞金依上述規定得被請求分配（政退撫35Ⅲ）。

2. 請求分配之內容（政退撫34Ⅰ）：

(1) 請求分配離職儲金本息者：

①以其與該政務人員法定財產制或共同財產制關係在該政務人員參加離職儲金期間所占比率之二分之一爲分配比率，計算得請求分配之離職儲金本息。即以政務人員與其離婚配偶之法定財產制或共同財產制關係存續期間，與政務人員參加離職儲金期間重疊之部分，按重疊期間占參加離職儲金期間比率之二分之一計算（政退撫細59）。

②上述所定得請求分配之離職儲金本息，以該政務人員請領之離職儲金本息數額爲準。

③所定法定財產制或共同財產制關係期間之計算以月計之，未滿一個月者，按比率計算。

(2) 請求分配一次給與者：

①以其與該政務人員法定財產制或共同財產制關係，在該政務人員審定一次給與（資遣）年資期間，所占比率之二分之一爲分配比率，計算得請求分配之一次給與。即以政務人員與其離婚配偶之法定財產制或共同財產制關係存續期間，與政務人員審定一次給與年資重疊之部分，按重疊期間占審定一次給與年資比率之二分之一計算（政退撫細59）。

②上述所定得請求分配之一次給與，以該政務人員請領之一次給與數額爲準。

③所定法定財產制或共同財產制關係期間之計算以月計之，未滿一個月者，以一個月計。

(3) 請求分配退職酬勞金者：

①以其與該政務人員法定財產制或共同財產制關係在該政務人員審定退職年資期間所占比率之二分之一爲分配比率，計算得請求分配之退職酬勞金。以政務人員與其離婚配偶之法定財產制或共同財產制關係存續期間，與政務人員審定退職年

資重疊之部分，按重疊期間占審定退職年資比率之二分之一計算（政退撫細59）。

②上述所定得請求分配之退職酬勞金，按其審定退職年資計算之應領一次退職酬勞金爲準。

③所定法定財產制或共同財產制關係期間之計算以月計之，未滿一個月者，以一個月計。

綜上所定二分之一分配顯失公平者，當事人一方得聲請法院調整或免除其分配額（政退撫34 II）。

3. 專屬分配請求權：

離婚配偶之分配請求權不得讓與或繼承（政退撫34IV）。

4. 分配請求權時效：

政務人員之離婚配偶自知悉有請求權時起，二年間不行使而消滅；自法定財產制或共同財產制關係消滅時起，逾五年者，亦同（政退撫34 V）。

5. 給付方式之協議：

離婚配偶得請求分配離職儲金本息、一次給與（資遣）或退職酬勞金總額之比率、金額及給付方式，於法定分配比率二分之一內，以雙方協議分配爲優先，並按其協議結果自行辦理給付事宜；協議所定分配比率、金額及給付方式等相關文件應經公證（政退撫34 I，政退撫細60 I、III）。無法協議或協議不成者，由當事人一方，依該條例第35條第1項規定，以書面通知離職儲金核發機關、一次給與或退職酬勞金審定機關，於核發或審定各該給與時，依上述規定之分配比率（二分之一），計算其應予分配之金額，並通知支給或發放機關一次發給（資遣）（政退撫細60 II）。上述發給之數額應自政務人員應領之離職儲金本息、一次給與或退職酬勞金中覈實收回；其屬退撫基金支出部分有收回金額不足時，由政府承受並由各支給機關編列預算補足（政退撫細61 I）。

上述二分之一分配顯失公平者，當事人一方得聲請法院裁定分配比率或免除分配額（政退撫34 II）。

政務人員於民國107年7月1日以後退職，且於支領或兼領月退職酬勞金期間離婚者，其退職酬勞金依該條例第35條第3項規定被分配時，應予分配之退職酬勞金給付金額及方式，比照上述規定辦理（政退撫35III，政退撫細61 II）。

綜上所述，「協議結果自行辦理給付」；「無法協議或協議不成者」，即得由當事人一方，以書面通知離職儲金核發機關、一次給與或退職酬勞金審定機關，於核發或審定各該給與時，依分配比率（二分之一），計算其應予分配之金額，並通知支給或發放機關一次發給（政退撫細60 II）；「二分之一分配顯失公平者，當事人一方得聲請法院裁定分配比率或免除分配額（政退撫34 II）」。即得分配二分之一，又何必協議？更何況協議之結果又需公證，手續繁複。

6. 分配給付之扣減：

政務人員之離職儲金本息、一次給與或退職酬勞金依上述規定被分配時，按被分配比率依下列規定扣減（政退撫35Ⅱ）：

(1) 支領離職儲金本息、一次給與或一次退職酬勞金者，自其支領之離職儲金本息、一次給與或一次退職酬勞金扣減。

(2) 支領月退職酬勞金者，按月照被分配比率扣減，至應被分配之退職酬勞金總額扣減完畢後，不再扣減。

(3) 兼領月退職酬勞金者，先自其兼領一次退職酬勞金扣減；不足扣減時，再自兼領之月退職酬勞金依前款規定按月扣減，至應被分配之退職酬勞金總額扣減完畢後，不再扣減。

政務人員於民國107年7月1日以後退職，於支領或兼領月退職酬勞金期間離婚者，其退職酬勞金依該條例第34條規定被分配時，依上述所規定之「協議」、「扣減」規定辦理（政退撫35Ⅲ）。

7. 喪失分配請求權：

政務人員之離婚配偶有該條例第17條第1項或第31條第1項所定情形者，喪失第34條所定分配該政務人員離職儲金本息、一次給與或退職酬勞金之權利（政退撫36）。查該條例第17條第1項所定情形有八，第31條第1項所定情形有五，茲去其重複，彙整如次，惟(7)、(8)、(9)三款之規設，恐未臻妥適，有待施行後作實務檢視：

(1) 死亡。

(2) 喪失或未具中華民國國籍。

(3) 動員戡亂時期終止後，犯內亂罪、外患罪，經判刑確定。

(4) 犯「貪汙治罪條例」、刑法瀆職罪章之罪或假借職務上之權力、機會或方法犯其他罪，經判刑確定。

(5) 爲支領公提儲金本息，故意致該退職、現職政務人員或其他具有領受權之遺族於死，經判刑確定。

(6) 褫奪公權終身。

(7) 因案免除職務或撤職。

(8) 不遵命回國。

(9) 依法撤銷任命。

(10) 其他法律有特別規定。

(八) 政務人員之退職後再任

政務人員退職後支領或兼領月退職酬勞金，非不可再任公職而領受報酬，但卻形成「雙薪」，對國家社會資源之分配，有失平衡，允宜立法規範，一則限制其再任之職務，二則限制其再任之年齡。

1. 職務限制：

退職政務人員再任有給職務，且有下列情形之一者，停止領受月退職酬勞金權利，至原因消滅時恢復之（政退撫15Ⅰ）：

(1) 再任由政府編列預算支給俸（薪）給、待遇或公費（以下簡稱薪酬）之機關（構）、學校或團體之職務且每月支領薪酬總額超過法定基本工資。

所稱「職務」，指符合下列條件（政退撫細17Ⅰ）：

①由政府預算支給薪酬。

②由機關（構）或學校直接僱用，或受委託行使公權力之團體、個人所僱用，或承攬政府業務之團體、個人所僱用之職務。

所稱「每月支領薪酬總額」，指每月因職務所固定或經常領取之薪金、俸給、工資、歲費或其他名義給與等各種薪酬收入之合計數（政退撫細17Ⅱ）。

上述每月支領薪酬總額，於同時再任二個以上職務者，其個別職務每月所領薪酬收入，應合併計算之（政退撫細17Ⅲ）。

(2) 再任下列職務且每月支領薪酬總額超過法定基本工資：

①行政法人或公法人之職務。

②由政府原始捐助（贈）或捐助（贈）經費，累計達財產總額百分之二十以上之財團法人之職務。

③由政府及其所屬營業基金、非營業基金轉投資，且其轉投資金額累計占該事業資本額百分之二十以上事業之職務。

④受政府直接或間接控制其人事、財務或業務之下列團體或機構之職務：

A. 財團法人及其所屬團體或機構。

B. 事業機構及其所屬團體或機構。

(3) 再任私立學校職務且每月支領薪酬總額超過法定基本工資。

該條例民國106年8月11日修正施行前已任職上述(1)或(2)之職務，且每月支領薪酬總額超過法定基本工資，而無須停止領受月退職酬勞金之權利者，於該條例修正施行後三個月內，仍照該條例修正施行前之規定辦理；已有上述(2)之③之情形者，自民國107年8月1日起施行（政退撫15Ⅱ），顯然已有「雙薪」之情。

政務人員月退職酬勞金發放或支給機關查知退職政務人員再於上述所定機關（構）、學校、團體及法人參加保險時，得先暫停發給其月退職酬勞金，俟該退職政務人員檢具其再任每月支領薪酬總額未超過法定基本工資之相關證明申復後，再予恢復發給並補發其經停發之月退職酬勞金（政退撫15Ⅲ）。

但再任下列職務每月所領薪酬，不適用該條例第15條所定不得超過法定基本工資之規定（政退撫16）：

(1) 受聘（僱）執行政府因應緊急或危難事故之救災或救難職務。

(2) 受聘（僱）擔任山地、離島或其他偏遠地區之公立醫療機關（構），從事基層醫療照護職務。

2. 年齡限制：

支領或兼領月退職酬勞金之政務人員再任上述1.之(2)所列機構董（理）事長或執行長者，其初任年齡不得逾六十五歲。其於任期屆滿前年滿七十歲者，應即更換。但有特殊考量而經主管院核准者，不在此限（政退撫15Ⅳ、Ⅴ）。

(九) 政務人員退撫權利義務規範

1. 請求權之時效：

該條例所定之退職酬勞金、離職退費、退休（職、伍）金、一次給與、遺屬年金、遺屬一次金或撫卹金等各項給與之請求權時效，均各為十年（政退撫7Ⅰ、Ⅱ、9Ⅲ、Ⅳ、10Ⅱ、13Ⅲ）。其罹於時效者，「當然消滅」（行政程序131Ⅰ、Ⅱ），但非無檢討之餘地（詳後述）。

2. 專屬權利保障：

政務人員或其遺族依該條例請領離職儲金本息、一次給與，或依原「政務官退職酬勞金給與條例」，與原「政務人員退職酬勞金給與條例」請領退職酬勞金、遺屬年金或遺屬一次金之權利，不得作為讓與、抵銷、扣押或供擔保之標的。但政務人員之離職儲金本息、一次給與或退職酬勞金依該條例第34條規定由離婚配偶參與分配者，不在此限（政退撫11Ⅰ）。

3. 專戶儲存保障：

上述離職儲金本息、一次給與、退職酬勞金、遺屬年金或遺屬一次金，一律採金融機構直撥入帳方式發給。因此，各該領受人，得於金融機構開立專戶，專供支給或發放機關直撥入帳之用。該專戶內之存款，不得作為抵銷、扣押、供擔保或強制執行之標的。如有冒領或溢領情形者，支給或發放機關應就其冒領或溢領之款項自其專戶中覈實收回，不受上述各規定之限制（政退撫11Ⅱ、Ⅲ、Ⅳ）。此即權利之保障自「支給機關」有限度延伸至「專戶」，一經提領，就解除保障（並參退撫69、70）。

4. 權利得喪變更：

政務人員退職依法請領退職給與，並依法辦理一次退職酬勞金或公務人員保險（以下簡稱公保）一次養老給付優惠存款期間，有下列應暫停、停止或喪失請領公提儲金本息或退職酬勞金之情形者，其優惠存款權利應同時暫停、停止或喪失（政退撫17Ⅴ）。

(1) 暫停：

請領公提儲金本息或退職酬勞金之政務人員，有下列情形之一者，暫停請領之權利，至其死亡或原因消滅，且無喪失請領權利情形時回復（政退撫13Ⅰ）：

①動員戡亂時期終止後，涉嫌內亂罪或外患罪而有下列情形之一：

A. 所涉犯罪尚未判決確定。

B. 所涉犯罪經檢察官為不起訴或緩起訴處分，尚未確定。

C. 所涉犯罪經檢察官為緩起訴處分確定，尚未期滿。

②涉嫌「貪汙治罪條例」或刑法瀆職罪章之罪，且經法院判處有期徒刑以上之刑，尚未確定者。

③依法停止職務。

④因案經權責機關依法移送懲戒或送請監察院審查中，或已經權責機關依法為懲戒判決但尚未發生效力。

⑤行蹤不明或發放機關無法聯繫。

⑥赴大陸地區長期居住，未在大陸地區設有戶籍或領用大陸地區護照。

上述人員屬請領月退職酬勞金者，得於回復請領權利後，檢同證明文件，申請補發其暫停請領期間應發給之月退職酬勞金。請領公提儲金本息或退職酬勞金之權利，自政務人員回復請領權利之日起，經過十年不行使而消滅（政退撫13Ⅱ）。

上述所定原因消滅日，規定如下（政退撫細16Ⅰ）：

①動員戡亂時期終止後，涉嫌內亂罪或外患罪者，指其所涉案件經判決確定之日，或不起訴處分確定之日，或緩起訴處分期滿未經撤銷之日。

②涉嫌「貪汙治罪條例」或刑法瀆職罪章之罪（以下簡稱貪瀆罪）者，指其所涉案件經判決確定之日。

③依法停止職務者，指其停職事由消滅之日。

④依法移送懲戒或送請監察院審查者，指其經公務員懲戒委員會或職務法庭判決確定之日，或經監察院審查決定不予彈劾確定之日。

⑤行蹤不明或發放機關無法聯繫者，指其親自向發放機關申請之日。

⑥赴大陸地區長期居住，而未在大陸地區設有戶籍或領用大陸地區護照者，指其回臺居住或親自依規定申請改領一次退職酬勞金之日。

檢察機關對於涉嫌內亂罪或外患罪之政務人員進行偵查時，於不違反偵查不公開原則下，得函知該政務人員之最後服務機關（構）及銓敘部（政退撫細16Ⅱ）。

政務人員犯貪瀆罪或假借職務上之權力、機會或方法犯其他罪，經法院判處有期徒刑以上之刑時，由判決法院檢同判決正本一份，分送該政務人員之最後服務機關（構）及銓敘部（政退撫細16Ⅲ）。

(2) 停止：

①支領或兼領月退職酬勞金之政務人員有下列情形之一者，停止領受月退職酬勞金之權利，至原因消滅時恢復之（政退撫14Ⅰ）：

A.卸任總統、副總統領有禮遇金期間。

B.褫奪公權，尚未復權。

C.因案被通緝期間。

D.其他法律有特別規定。

E.再任特定有給職務（政退撫15）。

②領受遺屬年金之遺族於領受期間有上述各款情形之一者，停止領受遺屬年金之權利，至原因消滅時恢復（政退撫14Ⅱ）。

政務人員停止領受月退職酬勞金之情事，依該條例第14、15條之規定有五，與「公務人員退撫法」第76、77條停止領受月退休金之情事有六，所差別者爲退撫法規定有「犯貪汙治罪條例或刑法瀆職罪章之罪，經判刑確定而入監服刑期間。」停止領受，而政務人員退撫條例則無。按原「公務人員退休法」第23條規定有「褫奪公權，尚未復權。」者停止領受月退休金，在實務上「依法行政」，在「入監服刑期間」仍得領受月退休金，出獄後始執行「褫奪公權」停止月退休金，予社會觀感不佳，是以，退撫法之制定，予以補列。而政務人員退撫條例之修正，卻無補列，造成兩法之不平衡。難道係有意疏漏（參照釋3），隱有鼓勵政務人員爲非之感？又在依法行政下，停止月退職金之領受權，係「侵益（權）處分」，非有法律規定不得爲之。是以，應速提案修法補正。

(3) 喪失：

①請領退職酬勞金之政務人員於請領時有下列情形之一者，喪失請領退職酬勞金之權利（政退撫17Ⅱ、Ⅲ）：

A.動員戡亂時期終止後，犯內亂罪、外患罪，經判刑確定。

B.因案免除職務或撤職。

C.不遵命回國。係於回國命令訂有期限者，指逾期回國；於未訂期限者，指接獲回國命令之日起逾三個月不回國。但有特殊之原因，經奉准者，不在此限（政退撫細23Ⅱ）。

D.喪失中華民國國籍。

E.褫奪公權終身。

F.犯「貪汙治罪條例」、刑法瀆職罪章之罪或假借職務上之權力、機會或方法犯其他罪，經判刑確定。

G.依法撤銷任命（自始喪失請領退職酬勞金之權利）。

H.其他法律有特別規定。

②請領退職酬勞金之政務人員於該條例民國106年8月11日修正施行前，有原「政務人員退職酬勞金給與條例」所定喪失領受退職酬勞金情形者，依該條例規定辦理（政退撫17Ⅳ）。

(十) 年金改革調整退職所得

長久以來，因經濟之波動，政府為維持公務人員之生活待遇水準，常有調整其待遇之舉，退撫人員亦在其列。是以，該條例對退職政務人員支領或兼領之月退職酬勞金或遺族支領之遺屬年金者，遇公務人員月退休金調整時，亦依其調整方式及比率調整之（政退撫18Ⅱ，退撫67）。

惟自民國84年7月1日，公務人員退撫新制施行以來，雖增加公務人員退撫所得，但亦使得退休之所得趨近或超過現職所得之不合理現象，亦因其提撥率不足，亦使得退撫基金瀕於破產，並為因應未來老年化、少子化社會之形成，以及衡平社會各業之退撫現象，「年金改革」之聲漸起，終於民國106年完成其改革法案，於民國107年7月1日施行。對於軍、公、教人員之退撫給與予以調降，並追溯已退之人員，重新核發。茲述其年金改革對已退職政務人員之措施內容如次：

1. 訂定退職所得替代率：

支領退職酬勞金之政務人員於該條修正施行後之每月退職所得，不得超過最後在職同等級人員本（年功）俸加一倍或月俸加一倍之一定比率（以下簡稱退職所得替代率）（政退撫19Ⅰ）。所稱每月退職所得，依政務人員支領退職酬勞金之種類，分別規定如下（政退撫19Ⅱ）：

(1) 於支領月退職酬勞金人員，指每月所領月退職酬勞金（含月補償金）加計公保一次養老給付優惠存款利息，或於政府機關、公立學校、公營事業機構參加各項社會保險所支領保險年金（以下簡稱社會保險年金）之合計金額。

(2) 於支領一次退職酬勞金人員，指每月所領一次退職酬勞金優惠存款利息，加計公保一次養老給付優惠存款利息或社會保險年金之合計金額。

(3) 於兼領月退職酬勞金人員，包含下列二項：

①兼領之月退職酬勞金，加計按兼領月退職酬勞金比率計得之公保一次養老給付優惠存款利息或社會保險年金之合計金額。

②兼領之一次退職酬勞金優惠存款利息，加計按兼領一次退職酬勞金比率計得之公保一次養老給付優惠存款利息或社會保險年金之合計金額。

2. 重審所得替代率上限：

政務人員退職所得替代率上限，按其等級及審定之退職年資，依下列規定重新審核計算（政退撫19Ⅲ）：

(1) 比照簡任級政務人員：任職年資十五年以下者，以百分之四十五爲上限，其後每增加一年，上限增加百分之一點五，最高增至三十五年，爲百分之七十五。未滿一年之畸零年資，按比率計算；未滿一個月者，以一個月計。

(2) 部長及其相當等級以上之政務人員：任職年資十五年以下者，以百分之三十五爲上限，其後每增加一年，上限增加百分之一，最高增至三十五年，爲百分之五十五。未滿一年之畸零年資，按比率計算；未滿一個月者，以一個月計。

上述退職所得替代率上限，依政務人員等級及審定之退職年資，表19-14或表19-15所列各年度退職所得替代率上限認定（政退撫19Ⅳ）。其於選擇兼領月退職酬勞金者，各依其選擇兼領月退職酬勞金及兼領一次退職酬勞金之比率計算（政退撫19Ⅴ）。

選擇依原「政務人員退職酬勞金給與條例」辦理退職之副總統，其每月退職所得依上述及第20條調降優惠存款規定計算後，不得超過卸任副總統禮遇金金額；超過者，依第21條規定之扣減原則扣減之（政退撫19Ⅵ）。

該條修正施行前已退職並支領退職酬勞金之政務人員，應按該條修正施行時之待遇標準，依上述規定重新計算每月退職所得；該條修正施行後退職並支領退職酬勞金之政務人員，應按退職時之待遇標準，依該條例第19條第1至6項規定計算每月退職所得（政退撫19Ⅷ）。

支領退職酬勞金之政務人員依上述規定計算之退職所得，經審定後，不再隨在職同等級人員本（年功）俸或月俸之調整重新計算（政退撫19Ⅸ）。但遇公務人員月退休金調整時，亦依其調整方式及比率調整之（政退撫18Ⅱ）。

依軍、公、教人員、其他公職人員或公營事業人員退休（職、伍）法令請領退休（職、伍）金之政務人員，其退休（職、伍）所得替代率上限，依其轉任政務人員前原適用之各該退休（職、伍）法令規定辦理（政退撫19Ⅶ）。

3. 優惠存款利率之調降：

(1) 得辦理優惠存款之金額：

①該條修正施行前經審定得辦理優惠存款之已退職政務人員，自該條修正施行後，辦理一次退職酬勞金或公保一次養老給付優惠存款之金額，仍按該條修正施行前原儲存之金額辦理（政退撫20Ⅰ）。

②該條修正施行後退職政務人員，比照公務人員辦理優惠存款規定計算得優惠存款金額（政退撫20Ⅰ）。

(2) 支領月退職酬勞金者之調降：

支領月退職酬勞金者，其公保一次養老給付之優惠存款利率，依下列規定辦理

表19-14　政務人員退職撫卹條例第19條第4項附表一——比照簡任級政務人員經審定退職年資之退職所得替代率對照彙整表

實施期間／比率／任職年資	中華民國一百零七年七月一日至一百零八年十二月三十一日	中華民圃一百零九年一月一日至一百零九年十二月三十一日	中華民國一百十年一月一日至一百十年十二月三十一日	中華民國一百十一年一月一日至一百十一年十二月三十一日	中華民國一百十二年一月一日至一百十二年十二月三十一日	中華民國一百十三年一月一日至一百十三年十二月三十一日	中華民國一百十四年一月一日至一百十四年十二月三十一日	中華民國一百十五年一月一日至一百十五年十二月三十一日	中華民國一百十六年一月一日至一百十六年十二月三十一日	中華民國一百十七年一月一日至一百十七年十二月三十一日	中華民國一百十八年一月一日以後
三十五	75.0%	73.5%	72.0%	70.5%	69.0%	67.5%	66.0%	64.5%	63.0%	61.5%	60.0%
三十四	73.5%	72.0%	70.5%	69.0%	67.5%	66.0%	64.5%	63.0%	61.5%	60.0%	58.5%
三十三	72.0%	70.5%	69.0%	67.5%	66.0%	64.5%	63.0%	61.5%	60.0%	58.5%	57.0%
三十二	70.5%	69.0%	67.5%	66.0%	64.5%	63.0%	61.5%	60.0%	58.5%	57.0%	55.5%
三十一	69.0%	67.5%	66.0%	64.5%	63.0%	61.5%	60.0%	58.5%	57.0%	55.5%	54.0%
三十	67.5%	66.0%	64.5%	63.0%	61.5%	60.0%	58.5%	57.0%	55.5%	54.0%	51.5%
二十九	66.0%	64.5%	63.0%	61.5%	60.0%	58.5%	57.0%	55.5%	54.0%	52.5%	51.0%
二十八	64.5%	63.0%	61.5%	60.0%	58.5%	57.0%	55.5%	54.0%	52.5%	51.0%	49.5%
二十七	63.0%	61.5%	60.0%	58.5%	57.0%	55.5%	54.0%	52.5%	51.0%	49.5%	48.0%
二十六	61.5%	60.0%	58.5%	57.0%	55.5%	54.0%	52.5%	51.0%	49.5%	48.0%	46.5%
二十五	60.0%	58.5%	57.0%	55.5%	54.0%	55.5%	51.0%	49.5%	48.0%	46.5%	45.0%
二十四	58.5%	57.0%	55.5%	54.0%	52.5%	51.0%	49.5%	48.0%	46.5%	45.0%	43.5%
二十三	57.0%	55.5%	54.0%	52.5%	51.0%	49.5%	48.0%	46.5%	45.0%	43.5%	42.0%
二十二	55.5%	54.0%	52.5%	51.0%	49.5%	48.0%	46.5%	45.0%	43.5%	42.0%	40.5%
二十一	54.0%	52.5%	51.0%	49.5%	48.0%	46.5%	45.0%	43.5%	42.0%	40.5%	39.0%
二十	52.5%	51.0%	49.5%	48.0%	46.5%	45.0%	43.5%	42.0%	40.5%	39.0%	37.5%
十九	51.0%	49.5%	48.0%	46.5%	45.0%	43.5%	41.0%	40.5%	39.0%	37.5%	36.0%
十八	49.5%	48.0%	46.5%	45.0%	43.5%	42.0%	40.5%	39.0%	37.5%	36.0%	34.5%
十七	48.0%	46.5%	45.0%	43.5%	42.0%	40.5%	39.0%	37.5%	36.0%	34.5%	33.0%
十六	46.5%	45.0%	43.5%	42.0%	40.5%	39.0%	37.5%	36.0%	34.5%	33.0%	31.5%
十五以下	45.0%	43.5%	42.0%	40.5%	39.0%	37.5%	36.0%	34.5%	33.-%	31.5%	30.0%

表19-15　政務人員退職撫卹條例第19條第4項附表二——部長及其相當等級以上之政務人員經審定退職年資之退職所得替代率對照彙整表

實施期間 比率 任職年資	中華民國一百零七年七月一日至一百零八年十二月三十一日	中華民圍一百零九年一月一日至一百零九年十二月三十一日	中華民國一百十年一月一日至一百十年十二月三十一日	中華民國一百十一年一月一日至一百十一年十二月三十一日	中華民國一百十二年一月一日至一百十二年十二月三十一日	中華民國一百十三年一月一日至一百十三年十二月三十一日	中華民國一百十四年一月一日至一百十四年十二月三十一日	中華民國一百十五年一月一日至一百十五年十二月三十一日	中華民國一百十六年一月一日至一百十六年十二月三十一日	中華民國一百十七年一月一日至一百十七年十二月三十一日	中華民國一百十八年一月一日以後
三十五	55.0%	53.5%	52.0%	50.5%	49.0%	47.5%	46.0%	44.5%	43.0%	41.5%	40.0%
三十四	54.0%	52.5%	51.0%	49.5%	48.0%	46.5%	45.0%	43.5%	42.0%	40.5%	39.0%
三十三	530%	51.5%	50.0%	485%	47.0%	45.5%	44.0%	42.5%	41.0%	39.5%	38.0%
三十二	52.0%	50.5%	49.0%	47.5%	46.0%	44.5%	43.0%	41.5%	40.0%	38.5%	37.0%
三十一	51.0%	49.5%	48.0%	46.5%	45.0%	43.5%	42.0%	40.5%	39.0%	37.5%	36.0%
三十	50.0%	48.5%	47.0%	45.5%	44.0%	42.5%	41.0%	39.5%	38.0%	36.5%	35.0%
二十九	49.0%	47.5%	46.0%	44.5%	43.0%	41.5%	40.0%	38.5%	37.0%	35.5%	34.0%
二十八	48.0%	46.5%	45.0%	43.5%	42.0%	40.5%	39.0%	37.5%	36.0%	34.5%	33.0%
二十七	47.0%	45.5%	44.0%	42.5%	41.0%	39.5%	38.0%	36.5%	35.0%	33.5%	32.0%
二十六	46.0%	44.5%	43.0%	41.5%	40.0%	38.5%	37.0%	35.5%	34.0%	32.5%	31.0%
二十五	45.0%	43.5%	41.0%	40.5%	39.0%	37.5%	36.0%	34.5%	33.0%	31.5%	30.0%
二十四	44.0%	42.5%	41.0%	39.5%	38.0%	36.5%	35.0%	33.5%	32.0%	30.5%	29.0%
二十三	43.0%	41.5%	40.0%	38.5%	37.0%	35.5%	34.0%	32.5%	31.0%	29.5%	28.0%
二十二	41.0%	40.5%	39.0%	37.5%	36.0%	34.5%	33.0%	31.5%	30.0%	28.5%	27.0%
二十一	41.0%	39.5%	38.0%	36.5%	35.0%	33.5%	32.0%	30.5%	29.0%	27.5%	26.0%
二十	40.0%	38.5%	37.0%	35.5%	34.0%	32.5%	31.0%	29.5%	28.0%	26.5%	25.0%
十九	39.0%	37.5%	36.0%	34.5%	33.0%	31.5%	30.0%	28.5%	27.0%	25.5%	24.0%
十八	38.0%	36.5%	35.0%	33.5%	32.0%	30.5%	29.0%	27.5%	26.0%	24.5%	23.0%
十七	37.0%	35.5%	34.0%	32.5%	31.0%	29.5%	28.0%	26.5%	25.0%	23.5%	22.0%
十六	36.0%	34.5%	33.0%	31.5%	30.0%	28.5%	27.0%	25.5%	24.0%	22.5%	21.0%
十五以下	35.0%	33.5%	31.0%	30.5%	29.0%	27.5%	26.0%	24.5%	23.0%	21.5%	20.0%

（政退撫20Ⅱ）：

①自民國107年7月1日至109年12月30日止，年息百分之九。

②自民國110年1月1日起，年息爲零。

上述人員公保一次養老給付之優惠存款利息，依上述規定計算後，致每月退職所得低於第19條及表19-14或表19-15所定最末年退職所得替代率上限金額時，按該金額中，屬於公保一次養老給付優惠存款利息部分，照年息百分之十八計算其公保一次養老給付可辦理優惠儲存之金額。但依該條修正施行前規定計算之每月退職所得（以下簡稱原金額）原即低於第19條及表19-14或表19-15所定最末年退職所得替代率上限金額者，依原儲存之金額及年息百分之十八辦理優惠存款（政退撫20Ⅲ）。

上述人員依第19條「所得替代率」及上述「優惠存款」規定計算後，每月退職所得低於或等於公務人員委任第一職等本俸最高級之本俸額，與該職等一般公務人員專業加給合計數額（以下簡稱最低保障金額）者，應按最低保障金額中，屬於公保一次養老給付優惠存款利息部分，照年息百分之十八計算其公保一次養老給付可辦理優惠儲存之金額。但原金額（本條修正施行前規定計算之每月退職所得）原即低於最低保障金額者，依原儲存之金額及年息百分之十八辦理優惠存款（政退撫20Ⅳ）。

(3) 支領一次退職酬勞金者之調降：

支領一次退職酬勞金者，其一次退職酬勞金與公保一次養老給付之優惠存款利率，依下列規定辦理（政退撫20Ⅴ）：

①一次退職酬勞金與公保一次養老給付合計之每月優惠存款利息高於最低保障金額者：

A.最低保障金額之優惠存款利息相應之本金，以年息百分之十八計息。

B.超出最低保障金額之優惠存款利息相應之本金，其優惠存款利率依下列規定辦理：

a. 自民國107年7月1日至109年12月31日止，年息百分之十二。

b. 自民國110年1月1日至111年12月31日止，年息百分之十。

c. 自民國112年1月1日至113年12月31日止，年息百分之八。

d. 自民國114年1月1日起，年息百分之六。

②一次退職酬勞金與公保一次養老給付合計之每月優惠存款利息低於或等於最低保障金額者，其優惠存款本金以年息百分之十八計。

(4) 兼領月退職酬勞金者之調降：

兼領月退職酬勞金者，其兼領之一次退職酬勞金與公保一次養老給付之優惠存款利率，依下列規定辦理（政退撫20Ⅵ）：

①按兼領月退職酬勞金比率計得之公保一次養老給付優惠存款金額，依前述(2)之規定辦理。但最低保障金額及依表19-14或表19-15所定最末年退職所得替代率上限金額，應按其兼領月退職酬勞金之比率計算。

②兼領之一次退職酬勞金得辦理優惠存款金額，加計按兼領一次退職酬勞金比率計得之公保一次養老給付優惠存款金額，依前述(3)規定辦理。但最低保障金額應按其兼領一次退職酬勞金之比率計算。

依軍、公、教人員、其他公職人員或公營事業人員退休（職、伍）法令請領退休（職、伍）金，並於政務人員退職時請領公保一次養老給付辦理優惠存款者，其公保一次養老給付優惠存款利率，按其支領退休（職、伍）金之種類，依上述(2)至(5)之規定辦理（政退撫20Ⅶ）。

上述以外之政務人員，其公保一次養老給付優惠存款利率，依上述(2)之規定辦理。但該條例修正施行前，已退職政務人員依上述(2)之規定計算後，每月優惠存款利息低於或等於最低保障金額者，應按最低保障金額，照年息百分之十八計算其公保一次養老給付可辦理優惠儲存之金額；該條例修正施行前，每月優惠存款利息，原即低於最低保障金額者，依原儲存之金額及年息百分之十八辦理優惠存款（政退撫20Ⅷ）。

(5) 月退職所得調降之扣減：

支領退職酬勞金之已退政務人員每月退職所得，依上述規定調降優惠存款利息後，仍超出表19-14或表19-15所定各年度退職所得替代率上限者，應依下列順序扣減每月退職所得，至不超過依退職所得替代率計算之金額止（政退撫21Ⅰ）：

①每月所領公保一次養老給付或一次退職酬勞金優惠存款利息。

②退撫新制實施前之舊制年資所計得之月退職酬勞金（含月補償金）。

③退撫新制實施後新制年資所計得之月退職酬勞金。

上述人員每月所領退職所得，依該條例第19條「所得替代率」及第20條「優惠儲存」規定計算後，有低於最低保障金額者，支給最低保障金額；但原金額原即低於最低保障金額者，依原金額支給。所定最低保障金額，於選擇兼領月退職酬勞金者，各依其選擇兼領月退職酬勞金及兼領一次退職酬勞金之比率計算（政退撫21Ⅱ、Ⅲ）。

該條修正施行前退職者之每月退職所得，依上述規定重新計算時，應由審（核）定機關以書面行政處分為之（政退撫21Ⅳ）。

民國107年6月30日以前已退職並支領退職酬勞金之政務人員，7月1日起之每月退職所得，由銓敘部按107年度待遇標準，依該條例第19至21條規定，計算各年度可辦理優惠存款金額、利率及每月退職所得，並由考試院重爲行政處分後，通知當事人、支給及發放機關，依審定結果發給月退職酬勞金及優惠存款利息（政退撫細27Ⅰ）。

依原「政務人員退職酬勞金給與條例」辦理退職之副總統，自民國107年7月1日起之每月退職所得，依上述（政退撫細27Ⅰ）規定重行審定後，再因相關法令修正，致法定卸任副總統禮遇金金額變更時，銓敘部應按變更後之金額計算每月退職所得，並由考試院重爲行政處分（政退撫細27Ⅱ）。

(6) 扣減後節省經費之處理：

退職政務人員退職所得依上述規定調降扣減後，各級政府每年所節省之退撫經費支出，應全數挹注退撫基金，不得挪作他用。所挹注退撫基金之金額，由考試院會同行政院於退職政務人員每月退職所得調降後之次年3月1日前確定，再由基金管理機關依據預算程序，編列爲下一年度預算並由各級政府於年度預算完成立法程序後撥付之。每年度之挹注金額，由基金管理機關定期上網公告之（政退撫22）。

(7) 退撫舊制年資補償金之終結與過渡：

該條修正施行之日起一年後退職，且依第10條第1項第1款請領退職酬勞金之政務人員，不適用原「政務人員退職酬勞金給與條例」第17條第5或6項規定請領退撫舊制之年資補償金。亦即該條例修正施行前或該條例修正施行之日起一年內，退職並得仍照原「政務人員退職酬勞金給與條例」第17條第5或6項規定請領退撫舊制之年資補償金（政退撫23）。此後即無舊制年資補償金之給與。

(十一) 溢領退撫金之追繳

政務人員或其遺族因法定事由發生，或行政處分經撤銷或廢止而應暫停、停止、喪失請領權利，或有機關（構）誤發情形，而溢領或誤領退職酬勞金、公提儲金本息、遺屬年金或遺屬一次金者，由支給或發放機關以書面行政處分，命當事人於三十日內繳還自應暫停、停止、喪失請領權利之日起溢領或誤領之金額；屆期而不繳還者，依「行政執行法」相關規定移送強制執行之（政退撫37Ⅰ，政退撫細62Ⅰ）。其屬定期給付者，得由支給或發放機關通知當事人自下一定期給付中覈實收回，當事人若有異議且未以其他方式繳回者，由支給或發放機關依行政執行法相關規定強制執行之（政退撫37Ⅱ，政退撫細62Ⅱ）。

支領一次退職酬勞金或公保一次養老給付並辦理優惠存款之政務人員因法定事由發生，或行政處分經撤銷或廢止而應暫停、停止、喪失請領權利，或有誤存優惠存款本金或機關（構）誤發情形，致溢領或誤領優惠存款利息者，應由支給或服務機關依上述規定辦理追繳（政退撫37Ⅲ）。

上述人員屆期仍不繳還者且有可歸責於當事人責任時，由支給、服務或發放機關按年息百分之二，加計利息併同依上述規定追繳之（政退撫37IV）。

(十二) 退撫權利之救濟

政務人員或其遺族對於退職案、一次給與案、撫卹案、遺屬年金或遺屬一次金案之審定結果不服者，除該條例另有規定外，得依訴願法規定提起救濟。

第一類政務人員或其遺族依該條例第3條規定，按轉任前原任職務適（準）用之軍、公、教人員、其他公職人員或公營事業人員退休（職、伍）、資遣或撫卹法令請領退休（職、伍）金、資遣給與、遺屬年金、遺屬一次金或撫卹金，而對於審定結果不服者，依其原任職務適（準）用之軍、公、教人員、其他公職人員或公營事業人員退休（職、伍）、資遣或撫卹法令所定救濟程序辦理，不適用上述規定。

政務人員退職案、一次給與案或政務人員之遺族請領撫卹金、遺屬年金或遺屬一次金之案件，因有顯然錯誤，或因發生新事實、發現新證據等行政程序再開事由，得依「行政程序法」相關規定（第128、129條之程序再開）辦理。

二、法官（檢察官）之退休與終身職之商榷[1]

(一) 法官（檢察官）之退撫給與

依民國100年1月1日修正施行之退休法第28條規定：「本法所定之屆齡及命令退休不適用於法官。但法官合於本法所定之退休條件者，亦得自願退休。」在此修正前之退休法第16條規定：「本法所規定之命令退休不適用於法官，但法官合於本法第五條第一項規定情形之一者（指：1.年滿六十五歲。2.心神喪失或身體殘廢不堪勝任職務。）亦得自願退休。」民國106年8月9日公布制定之「公務人員退休資遣撫卹法」第16條第2項規定：「依法銓敘審定之法官，不適用第十九條屆齡退休及第二十條命令退休之規定。但合於本法所定退休條件者，得申請退休。」仍係依原條文意旨，配合新法作文字修正。依此規定，法官縱有屆齡或失能應命令退休之情事，亦不得令其退休，只得自願退休，前後兩法三條文一脈相連，其根源即為憲法第81條之「法官為終身職」。

民國100年7月6日公布、101年7月6日施行之「法官法」，其第78條第1項規定：「法官自願退休時，除依公務人員退休法規定給與一次退休金總額或月退休金外，其為實任法官者，另按下列標準給與一次退養金或月退養金：……。」依此規定，法官之「自願退休」，除依退休法給與一次退休金、或月退休金、或兼領一次退休金及月休金外，另外再給與「退養金」。一般認為此亦源於憲法第81條「法官

---

1 本文之寫作承臺大張志銘教授講述德國有關法官事項，陳淳文教授講述法國有關法官事項，僅此致謝。

爲終身職，非受刑事或懲戒處分或禁治產之宣告，不得免職，非依法律不得停職、轉任或減俸。」之規定，保障其「終身俸」，以維其「須超出黨派以外，依據法律獨立審判，不受任何干涉。」（憲80）。

然而究其退休給與建制之沿革尙非僅於此。

1. 建制沿革：

(1) 行憲前：

民國21年10月28日，國民政府公布「法院組織法」，其第43條規定：「推事、檢察官任職在十五年以上，因積勞不能服務而辭職者應給退養金。」此應爲「退養金」之濫觴。當時亦適用民國16年9月9日國民政府公布之「官吏卹金條例」，其第1條規定：「凡服務中華民國之文官、司法官、警察官吏給卹事項，適用本條例之規定。」而後亦適用民國23年3月26日國民政府公布之「公務員卹金條例」，其第2條規定：「本條例所稱公務員謂文官、司法官、警官、及長警。」此兩條例，概念上含聲請（自願）退休與命令退休，並未將之明文區分。

民國29年11月18日，國民政府公布「司法官退養金條例」，規定司法官有「法院組織法」第43條之情形者，除願受領一次退養金者外，給與終身退養金；終身退養金依辭職年俸三分之一，按年分期支給，一次退養金則依辭職年俸金額支給。惟該條例於民國33年8月17日廢止。

再查民國16年之「官吏卹金條例」第3條規定其中有：「在職十年以上身體衰弱或殘廢不勝任職務」，或「在職十年以上勤勞卓著年逾六十自請退職」兩款之情事，給與退職時俸給五分之一，按期給予終身卹金。民國23年之「公務員卹金條例」第4條，則將原「十年以上」改爲「十五年以上」。

民國32年11月6日，國民政府公布之「公務員退休法」，其第3條則以1.任職十五年以上年齡已達六十歲者，或2.任職二十五年以上成績昭著者，爲聲請退休條件之一；第4條則以1.年齡已達六十五歲者，或2.心神喪失或身體殘廢（失能）致不堪勝任職務者，爲命令退休條件之一。

綜上併而觀之，司法官原即適用一般退休制度，得自願退休，亦得命令退休。在「法院組織法」施行初期司法官之卹（退休）金與退養金兩制度，似同時存在，但究爲以「聲請退休」即爲法院組織法第43條之「辭職」，兩者同時併領，或「聲請退休」並不等同「辭職」，而各自分別適用、不相勾搭併領，仍有待查考。

(2) 行憲後：

民國36年憲法公布施行，其第81條立下「法官爲終身職，非受刑事或懲戒處分，或禁治產之宣告，不得免職。非依法律，不得停職、轉任或減俸。」之條文。民國48年11月2日公布修正退休法，其第4條規定1.任職五年以上年滿六十歲者，或

2.任職二十五年以上者，應准其自願退休；第5條規定1.年齡已達六十五歲者，或2.心神喪失或身體殘廢（失能）致不堪勝任職務者，應命令退休；更於第16條規定：「本法所定之命令退休，不適用於法官，但法官合於本法第五條第一項規定情形之一者，亦得自願退休。」雖不以其屆齡或身心傷殘（失能）不堪勝任職務，而予以「命令退休」，但仍得尊重其意願與身體健康狀況，予以得「自願退休」，以兼顧法情。又如法官合於自願退休之條件者，亦可自願退休（民國51年1月9日銓敘部准司法行政部函請釋復，法官退休疑義案），惟此間「司法官退養金條例」已廢止，自然應僅依退休法之規定辦理自願退休而作給與。

民國63年6月19日，行政院發布「司法官退養金給與辦法」，其第1條規定：「司法官自願退休時，除依公務人員退休法規定給與退休金外，其合於法院組織法第四十三條規定者，並依本辦法給與退養金。」「法院組織法」第43條規定：「推事、檢察官任職在十五年以上，因積勞不能服務而辭職者應給退養金。」依該辦法規定按其自願退休之年齡，分別再給與其退休金若干百分比之退養金：未滿六十歲者給與百分之二十，年滿六十歲未滿六十五歲者給百分之五十，年滿六十五歲未滿七十歲者給與百分之八十，年滿七十歲以上者給與百分之二十。如此規定顯然與當時之退休法「公務人員延長退休最高到七十歲爲止」，相搭配而設計，並維持其與在職時之相當待遇，以提供自願退休之誘因，一則促使人事之新陳代謝，免於案牘勞形，二則亦維持「獨立審判」之品質，以保護當事人之權益。至於司法官於任職十五年以上，因積勞不能繼續服務，不合自願退休規定，經核准辭職者，依其服務公職年資，比照退休法之規定發給一次退養金（法院組織43）。依此觀之，此之「辭職給與」，似相當公務人員之「資遣給與」。稍後又發布「司法官退養金優惠存款要點」（64.4.9.台財錢字第13204號函訂定），則其所領之一次退養金與一次退休金自此開始均能辦理之優惠存款。

民國73年5月18日，司法院、行政院會銜發布修正該辦法，將其年滿六十歲未滿六十五歲者，提高爲百分之八十，年滿六十五歲未滿七十歲者，提高爲百分之百。

民國74年12月23日，修正發布，增列司法院大法官、公務員懲戒委員會委員、行政法院評事，於退職或退休時，亦準用該辦法給與退養金。

民國78年12月22日，制定公布之「司法人員人事條例」，其第41條規定：「實任司法官合於公務人員退休法退休規定，而自願退休時，除退休金外，並另加退養金，其辦法由司法院會同考試院、行政院以命令訂之。」同時大幅修正「法院組織法」，刪除原第43條之規定。至此，「退養金」之名已非原「法院組織法」第43條「因積勞不能服務而辭職」之給與，轉變爲自願退休而再「另加」之給與。

民國79年11月30日，三院會銜發布「司法官退養金給與辦法」，仍維持原給與之標準，但增列依該條例第42條之「經公立醫院證明身體衰弱，不能勝任職務者，得依公務人員任用法有關之規定資遣。」除依法給予資遣給與外，並比照發給一次退養金，似擴張「司法人員人事條例」第41條「自願退休」之「另加退養金」。

民國85年8月21日，三院會銜修正發布該辦法，修正給與標準爲：未滿六十歲者給與百分之五；六十歲以上未滿六十五歲者給與百分之十，但身體衰弱致不能勝任職務，經公立醫院證明者給與百分之六十；六十五歲以上未滿七十歲者給與百分之一百四十；七十歲以上者給與百分之五。並增列一條規定：「停止辦案人員自修正起六個月自願退休者，亦比照給與百分之一百四十之退養金，實任司法官轉任司法院或法務人員回任司法官已滿七十歲者，自回任之日起六十日內辦理自願退休者亦同。」（第7條）。

民國91年1月24日，三院會銜修正該辦法，增列：六十五歲以上未滿七十歲給與百分之一百四十月退養金者，與其依法支領之月退休金及公保養老給付之每月優惠存款利息合計，超過同等級現職法官每月俸給之百分之九十八者，減少其月退養金給與數額。

民國100年7月6日，公布之「法官法」第78條規定：

法官自願退休時，除依公務人員退休法規定給與一次退休金總額或月退休金外，其爲實任法官者，另按下列標準給與一次退養金或月退養金：

一、任職法官年資十年以上十五年未滿者，給與百分之二十，十五年以上者，給與百分之三十。

二、五十五歲以上未滿六十歲者，任職法官年資十五年以上二十年未滿者，給與百分之四十，二十年以上者，給與百分之五十。

三、六十歲以上未滿七十歲，且任職法官年資滿二十年者，給與百分之六十，其每逾一年之年資，加發百分之八，最高給與百分之一百四十。滿二十年以上之年資，尾數不滿六個月者，給與百分之四，滿六個月以上者，以一年計。但本法施行前，年滿六十五歲者，於年滿七十歲前辦理自願退休時，給與百分之一百四十。

四、七十歲以上者，給與百分之五。

依前項給與標準支領之月退養金與依法支領之月退休金、公保養老給付之每月優惠存款利息合計，超過同俸級現職法官每月俸給之百分之九十八者，減少其月退養金給與數額，使每月所得，不超過同俸級現職法官每月俸給之百分之九十八。

第二項退養金給與辦法由司法院會同考試院、行政院定之。

司法院大法官、最高法院院長、最高行政法院院長及公務員懲戒委員會委員長退職時，除準用政務人員退職撫卹條例規定給與離職儲金外，並依前三項規定給與退養金。但非由實任法官、檢察官轉任者，不適用退養金之規定。

司法院秘書長由法官、檢察官轉任者，準用前項規定。

並訂於公布後三年六個月施行（法官103）。

民國104年4月27日三院會銜發布「法官退養金給與辦法」，追溯1月6日施行；並依其任法官年資及年齡分別計其給與之百分比，製成「實任法官退養金給與標準表」（如表19-16）。

表19-16　實任法官退養金給與標準表

<table>
<tr><th>年齡
任職法官年資</th><th>未滿55歲</th><th>55歲以上
未滿60歲</th><th>60歲以上
未滿70歲</th><th>70歲以上</th></tr>
<tr><td>未滿10年</td><td></td><td></td><td></td><td rowspan="15">5%</td></tr>
<tr><td>10年以上未滿15年</td><td>20%</td><td>20%</td><td>20%</td></tr>
<tr><td>15年以上未滿20年</td><td rowspan="13">30%</td><td>40%</td><td>40%</td></tr>
<tr><td>20年</td><td rowspan="12">50%</td><td>60%</td></tr>
<tr><td>21年</td><td>68%</td></tr>
<tr><td>22年</td><td>76%</td></tr>
<tr><td>23年</td><td>84%</td></tr>
<tr><td>24年</td><td>92%</td></tr>
<tr><td>25年</td><td>100%</td></tr>
<tr><td>26年</td><td>108%</td></tr>
<tr><td>27年</td><td>116%</td></tr>
<tr><td>28年</td><td>124%</td></tr>
<tr><td>29年</td><td>132%</td></tr>
<tr><td>30年</td><td>140%</td></tr>
<tr><td>31年以上</td><td>140%</td></tr>
</table>

註記：一、本表依本法第七十八條第一項及本辦法第二條第一項之規定訂定。

二、任職法官年資依本法施行細則第三十二條規定按日十足計算。

三、六十歲以上未滿七十歲法官，任職法官年資滿二十年者，其滿二十年以上之年資，尾數不滿六個月者給與百分之四，滿六個月未滿一年者給與百分之八。

四、本法第七十八條施行前年滿六十五歲者，於年滿七十歲前辦理自願退休時，給與百分之一百四十。

五、本法第七十八條第四項、第五項人員退職時，按離職儲金本金總額給與一次退養金之標準如下：

（一）年齡之計算，得選擇以退休或退職生效日為準；其任職法官年資並計算至該生效日之前一日止。

（二）本辦法施行前已由法官、檢察官轉任本法第七十八條第四項、第五項人員，其年齡之計算，得選擇以退休或退職生效日為準；任職法官年資均含本法施行細則第三十二條所稱之年資。

依上述規定觀之，得悉：

①法官（檢察官）之退休方式，雖適用「公務人員退休法」，但僅「自願退休」一種。此乃源於憲法第81條「法官爲終身職。非受刑事或懲戒處分或禁治產之宣告，不得免職，非依法律，不得停職、轉任或減俸。」之規定，嗣於民國48年11月2日修正公布「公務人員退休法」，於第16條規定：「本法所定之命令退休，不適用於法官。但法官合於本法第五條第一項規定情形之一者，亦得自願退休。」亦即合乎命令退休條件者，亦得自願退休，（合乎自願退休條件者，本能自願退休）。如予以命令退休則有違憲法「終身職」之嫌。民國100年1月1日修正施行之退休法第28條：「本法所定之屆齡及命令退休不適用於法官。但法官合於本法所定之退休條件者，亦得自願退休。」民國107年7月1日施行之「公務人員退休資遣撫卹法」第16條第2項：「依法銓敘審定之法官，不適用第十九條屆齡退休及第二十條命令退休之規定。但合於本法所定退休條件者，得申請退休。」雖配合各該全文而酌作文字修正，但其意旨仍一貫相襲，未曾更動。

②法官（檢察官）之退休給與，除依退休法所定之以年資計發退休金外，更另加給上述百分比之「退養金」。民國104年4月27日，司法、考試、行政三院依「法官法」第78條第2項會銜發布「法官退養金給與辦法」，以資適用。此乃立基於憲法第81條之「終身職」、「非依法律，不得減俸」之規定。之所以以七十歲以前自願退休，最高給予百分之一百四十之退養金，則爲提供年老之法官自願退休誘因，以期司法人事之新陳代謝。

此退養金之給與，行政院前於民國63年6月19日，曾發布「司法官退養金給與辦法」；民國73年5月18日司法院、行政院會銜發布修正該辦法；民國78年12月22日，制定公布之「司法人員人事條例」，列入該條例第41條中規定；以迄於今之「法官法」中規定。

法官經依「法官法」第79條第1、2項規定資遣者，除依法給與資遣費外，並比照自願退休之規定，按資遣給與總額發給一次退養金（退養給與4）。

又法官之撫卹，仍依公務人員撫卹法律之規定辦理，並無增給撫卹金之規定。

至於檢察官（實任）之保障與推事（法官）相同（42.1.31.釋13）；行政法院之評事、公務員懲戒委員會委員均爲憲法上之法官（69.4.25.釋162）。「法官法」上亦規定檢察官對於第78條第1至3項亦準用之。

2. 年金改革：

民國100年1月1日退休法修正施行之際，輿論又爆發百分之十八優惠存款的問題，致使考試院、行政院於2月1日，廢止原於民國99年11月12日發布之「退休公務人員一次退休金與養老給付優惠存款辦法」，同日並發布施行同名之新辦法。換言之，此亦為「年金改革」原因事項之一，政府必須積極處理公務人員退休所得合理化（與勞工退休給與）事宜。

民國100年7月6日，「法官法」公布施行，應該也在「年金改革」之初步中，立法院通過給予法官退休所得最高不得超過現職每月俸給之百分之九十八，幾乎與在職時同薪俸所得，與當時社會一般所謂百分之七十至百分之八十所得替代率，相差甚多。

按法官「獨立審判」，平亭曲直，為社會正義之最後一道防線；檢察官代表國家依法追訴處罰犯罪，為維護社會秩序之公益代表人（法官86），均是歷來所稱之「司法官」。如此之責任，不可謂不重，給予較優渥之俸給待遇，在社會分配上，無可厚非。至於其退休所得，本即依其在職俸給計其給與，替代率稍高，要其能符合財政之可支性與社會之妥當性，為社會所認同，自無疑義或評論。但在經濟不景氣、國家財政困難、社會失業率高、薪資倒退、無薪假日增的時期，宜否應有百分之九十八如此高之退休所得替代率（含其百分之十八之優惠存款）？民國105年「年金改革委員會」曾列有司法官退休給與事項，但卻未能深入討論，並擬移入「司法國是會議」。民國106年8月9日公布「年金改革」首批法案——「公務人員退休資遣撫卹法」第16條第2項規定：「依法銓敘審定之法官，不適用第十九條屆齡退休及第二十條命令退休之規定。但合於本法所定退休條件者，得申請退休。」仍係依原條文意旨，配合新法作文字修正而已，亦即仍依現制辦理，無所更張。輿論曾寄予民國106年之「司法國是會議」能有所討論，惟卻未見此議題。據悉擬於司法改革後，再作研議。是以，年金改革施行之際，對前已自願退休法官（檢察官）之退休給與，仍依退撫法之規定，重新核定減少月退休金，以此為基礎，再按退養金給與之百分比給與，所以前已自願退休法官（檢察官）之退休給與，仍在年金改革之範圍中。至於現職法官（檢察官）如臨屆退年齡，究宜選擇退休或優遇，自當比較兩者之所得，如優遇所得多，則自然會增多優遇人數，原設計退養金之給與，以消除優遇之政策構想，則不能達成，凡此實允宜慎思。

(二) 法官終身職之商榷

1. 法官終身職之施行概況：

憲法第81條「法官為終身職，非受刑事或懲戒處分，或禁治產之宣告，不得免職。非依法律，不得停職、轉任或減俸。」之規定，施行上主要係不得以行政上之人事權能干涉法官之司法審判（檢察亦是），是以，在人事上，昔法官之考績不得考列丁等予以免職（考績8），也不得命令其退休（退休28），但因年老體衰實際上無法從事審判（或檢察工作）者，曾幾何時，在增加退養金之給與，鼓勵其自願退休外，只得讓其停止辦案，創設出一種「優遇制度」，使其仍享有現職的一切待遇福利。更於民國78年12月22日制定公布之「司法人員人事條例」第40條，予以法制化，其內容為：

實任司法官任職十五年以上年滿七十歲者，應停止辦理案件，從事研究工作；滿六十五歲者，得減少辦理案件。

實任司法官任職十五年以上年滿六十五歲，身體衰弱，不能勝任職務者，停止辦理案件。

停止辦理案件司法官，仍為現職司法官，支領司法官之給與，並得依公務人員退休法及公務人員撫卹法辦理退休及撫卹。但不計入該機關所定員額之內。

按「優遇」所得之待遇，實較退休所領之退休金及退養金、公保養老給付，甚至於其優惠存款之總和為佳，致使自願退休者寥寥無幾。民國84年上半年立法院審查85會計年度（民國84年7月1日開始）中央政府總預算時，曾一度要刪除優遇法官之預算，而後經國民黨團翻案，作成附帶決議要行政、司法、考試三院應共同檢討憲法所定「終身職」之意義、司法官優遇制度與退休制度等相關問題，並限定於86年會計年度前研訂妥善可行辦法。但似乎無下文，反而是民國85年8月21日三院修正司法官退養金給與辦法，予六十五歲至七十歲之司法官自願退休者，提高給與為百分之一百四十之退養金，其他各年齡自願退休者，反而降低給與。

民國100年7月6日制定公布之「法官法」第77條，雖仍保存「優遇制度」，但卻減緩其待遇給與，其內容為：

實任法官任職十五年以上年滿七十歲者，應停止辦理審判案件，得從事研究、調解或其他司法行政工作；滿六十五歲者，得申請調任地方法院辦理簡易案件。

實任法官任職十五年以上年滿六十五歲，經中央衛生主管機關評鑑合格之醫院證明身體衰弱，難以勝任職務者，得申請停止辦理審判案件。

前二項停止辦理審判案件法官，仍為現職法官，但不計入該機關所定員額之內，支領俸給總額之三分之二，並得依公務人員退休法及公務人員撫卹法辦理自願退休及撫卹。

第一項、第二項停止辦理審判案件之申請程序、從事研究之方法項目、業務種類等有關事項之辦法，由司法院定之。

2. 法官終身職之各國法例：

法官得否終身任職，各國憲法或法律多有明文規定，惟所謂之「終身職」，究係保障其職務（位）屆至法定年齡，即應予強制退休，抑或任職至老死為止，各國法例不一，其中有規定法官終身職，同時規定其退休年齡者，茲略舉數國憲法規定為例：

(1) **法國**憲法第64條第4項：「法官地位係不可變動的」（Les magistrats du

siège sont inamovibles.），英譯爲「Magistrates may not be removed from office.」但一般中譯爲「法官爲終身職」。2010年修正的法官法規定除最高法院院長及最高檢察署署長外，一般法官之退休年齡，在1951年7月1日以前出生者，六十五歲；1951年7月1至12月31日出生者，六十五歲又四個月退休；1952年出生者，六十五歲又八個月退休；1953年出生者，六十六歲退休；1954年出生者，六十六歲又四個月退休；1955年出生者，六十五歲又八個月退休；1956年以後出生者，六十七歲退休。

(2) **美國**憲法第3條第1項：「……最高法院與下級法院之法官爲終身職，於規定期間應受俸金，該項俸金於任期內不得減少之」（The judges, both of the supreme and inferior courts, shall hold their offices during good behaviour, and shall, at stated times, receive for their services, a compensation, which shall not be diminished during their continuance in office.），但聯邦法官或州法官之退休年齡在六十五至七十歲間，以七十歲最普遍。

(3) **日本**憲法第78條第1項：「法官除因身心耗弱經法院依法宣告不適於執行公務者外，非經官方彈劾不得罷免之。」（裁判官は、裁判により、心身の故障のために職務を執ることができないと決定された場合を除いては、公の彈劾によらなければ罷免されない。），地方法院及高等法院法官六十五歲退休，最高法院及簡易法院法官七十歲退休。

(4) **德國**基本法第97條第2項：「正式任用之法官非經法院判決，並根據法定理由、依照法定程序，在其任期屆滿前，不得違反其意志予以免職，或永久或暫時予以停職或轉任，或令其退休。法律得規定終身職法官退休之年齡。遇有法院之組織或其管轄區域有變更時，法官得轉調其他法院或停職，但須保留全薪。」（Die hauptamtlich und planmäßig endgültig angestellten Richter können wider ihren Willen nur kraft richterlicher Entscheidung und nur aus Gründen und unter den Formen, welche die Gesetze bestimmen, vor Ablauf ihrer Amtszeit entlassen oder dauernd oder zeitweise ihres Amtes enthoben oder an eine andere Stelle oder in den Ruhestand versetzt werden. Die Gesetzgebung kann Altersgrenzen festsetzen, bei deren Erreichung auf Lebenszeit angestellte Richter in den Ruhestand treten. Bei Veränderung der Einrichtung der Gerichte oder ihrer Bezirke können Richter an ein anderes Gericht versetzt oder aus dem Amte entfernt werden, jedoch nur unter Belassung des vollen Gehaltes.），英譯爲「Judges appointed permanently to full-time positions may be involuntarily dismissed, permanently or temporarily suspended, transferred or retired before the expiration of their term of office only by virtue of judicial decision and only for the reasons and in the manner specified by the laws. The legislature may set age limits for the retirement of judges appointed

for life. In the event of changes in the structure of courts or in their districts, judges may be transferred to another court or removed from office, provided they retain their full salary.」，但一般法官約在六十五歲至七十歲間退休。

上述法國憲法中所規定「不可變動」（inamovibles）的眞正意義是：「非經特別的法定保障程序，法官不得被調職、降級、解職或休職。」美國則是法官在正常良正行爲（good behaviour）狀況中受任期之保障；日本則是法官經依法宣告身心耗弱不適執行審判工作者，得令其去職；德國法官在其任期屆滿前不得隨意將其免職，並且在法官法律規定其退休年齡（據悉現由六十五歲延到六十七歲），四國在正常狀況下均保障其全薪。

查我國民初以來之憲法草案，民國2年2月康有爲之憲法草案第69條：「法官宜久任，……。」民國14年12月國憲起草委員會之憲法草案第91條第2項：「法官之退休年齡及懲戒，以法律定之。」民國22年3月薛毓津之憲法草案第226條：「裁判官爲終身職，……其退職之年齡以法律定之。」首揭「終身職」，民國25年5月之「五五憲草」第81條則規定：「法官非受刑罰，或懲戒處分，或禁治產之宣告，不得免職，非依法律不得停職、轉任或減俸。」民國35年11月政治協商會議之憲法草案第85條：「法官爲終身職，……。」以迄於民國36年1月1日公布制定之中華民國憲法第81條：「法官爲終身職，非受刑事或懲戒處分或禁治產之宣告，不得免職、停職、轉任或減俸。」其餘各憲法草案均揭櫫法官非依法律不得免職、停職轉調或減俸，以維護審判獨立，不受任何干涉等之類文字，並無明文表述「法官爲終身職」或「退職」之類文字[2]。

按憲法第81條之「法官爲終身職，非受刑事或懲戒處分或禁治產之宣告，不得免職、停職、轉任或減俸。」係仿自德國威瑪憲法（1919年）第104條第1項：「行使普通審判權之法官爲終身職，非經法院判決，並根據法定理由，依照法定程序，不得違反其意志，永久或暫時予以免職，或轉任或令其退休。法律得規定法官之退休年齡。」（Die Richter der ordentlichen Gerichtsbarkeit werden auf Lebenszeit ernannt. Sie können wider ihrer Willen nur kraft richterlicher Entscheidung und nur aus den Gründen und unter den Formen, welche die Gesetze bestimmen, dauernd oder zeitweise ihres Amtes enthoben oder an eine andere Stelle oder in den Ruhestand versetzt werden. Die Gesetzgebung kann Altersgrenzen festsetzen, bei deren Erreichung Richter in den Ruhestand treten.），只仿其前段，但卻漏其末句，換言之，德國法官雖爲終身職，但卻有退休年齡的法律規定。而我國現行憲法揭示「法官爲終身職」之明文，

2　繆全吉：《中國制憲史資料彙編—憲法篇》，臺北，國史館，78.6.印行。

但卻沒有法官退休（職）之明文，以至於被誤解為一經任命為法官，則可以做到終老壽盡，均享有終身薪俸，即使是年老體衰不堪公務亦是。而忽略了憲法第7條平等原則之推理，亦應有其退休制度，以安養餘年，甚至於創設停止辦案之「優遇」制度，均係附和符合「終身職」意旨之謬誤。

3. 法官終身職之正本清源：

(1) 真諦：

近代民主發展，各國對於司法，法官非依法律不得免職、停職轉調或減俸，以維護審判獨立，不受任何干涉，已成為普世的觀念。我國民國初年以來各時期之憲法草案，也是如此。茲應深入瞭解「法官終身職」意涵者有三：

①法官一經任命，在職期間保持端正良好之行為，則不受隨意免職、轉調或減俸，除非其有不良行為受法律處罰才能免職。如以法官不被任意免職，即為「終身職」，不必退休，恐有超越司法「事務本質」之嫌。

②依民主先進國家之例，法官之養成達一、二十年之久，使其有社會生活之歷練與體認，較能妥當地平亭曲直。換言之，初任法官約四十歲以上。如其退休年齡與一般公務人員相同，則有浪費人才之虞，是以，退休年齡較一般公務人員為高。如一般公務人員六十五歲應強制退休，法官則約七十歲得自願退休，甚或稍高。要其能保有從事審判之體能與智力，否則即與司法審判平亭曲直之本質有違。因此，可以確定其「養成」與「任職」相配套之制度設計下，應屬「久任」而非「終身職」。

③法官平亭曲直，影響人民之權利義務甚大，重要性可知。因此，給予較優渥之在職待遇與退休待遇，應能為社會大眾所接受。但如年邁體衰，已無能力從事審判工作，仍不予退離，繼續給予現職之待遇，則有所不妥。

因此，對法官之人事政策，我國現時亦以六十五歲至七十歲為重點規劃，鼓勵自願退休，與各民主先進國家相似，應可讚同。

(2) 執偏：

①終身支領司法官給與：憲法第81條規定「法官為終身職，非受刑事或懲戒處分，或禁治產之宣告，不得免職。非依法律，不得停職、轉任或減俸。」乃為保障其「須超出黨派以外，依據法律獨立審判，不受任何干涉。」（憲80）為「身分保障」或「職務保障」（並參90.10.5.釋530），此與世界各民主先進國家之規定相類似，當然也包含其身分或職務所對應之權益保障（含薪俸待遇），但絕非「一命受職」以迄終老均享有其權益。蓋其無執行審判職務，自不應享受審判待遇，乃無工作付出，即無報酬，道理甚明。奈何對於終身職，卻被偏移重心，將終身審判（檢察）之職務或身分之保障，執偏誤解為享受終身審判（檢察）之俸給權益，甚

至於年老體衰亦如是不變，影響司法裁判之品質，也影響當事人之權利義務，對國計民生影響甚大。而不得不創設出停止辦案之「優遇制度」，支領司法官之給與，仍視為現職法官，但不計入機關日常員額（法官77，司人40）之制度。

②終身職司審判與檢察：「法官為終身職」望文生義，則法官（檢察官）必要終身從事審判（檢察）工作，年老體衰亦復如是。但事關人民權利義務之審判工作，並非輕鬆，案牘勞形，有害健康。此強制之「工作權」與身體健康（民法18、193）所依附之「生存權」相衝突時，孰輕孰重？此觀司法院釋字第162號解釋（69.4.25.）理由書：「惟憲法第八十一條『法官為終身職』之保障規定，固在使法官能依法獨立行使職權無所顧忌，但非謂法官除有同條所訂之免職、停職等情事外，縱有體力衰弱不能勝任職務者，亦不能停止原職務之執行，而照支薪給。」自然不言而喻。此前大法官林紀東教授於民國64年初版之《中華民國憲法逐條釋義》時即有所析述。又法官仍係國家之公務人員，於年老體衰之際，仍強制其審判，恐難期審判之正確或績效；若無其退休制度，似又剝奪其退休、頤養天年之權利（憲83），有違憲法第7條之平等原則，更有害於其人性尊嚴（只圖優渥之薪俸）或人道精神。

4. 法官終身職之釐正救弊：

時至今日，法官「終身職」施行之謬誤，已在民國78年之「司法人員人事條例」及100年之「法官法」中依施行之慣例予以明文化。如今扳正之方有三：(1)釋憲。(2)修法。(3)修憲。但均有某程度之困難：

(1) 釋憲：在「法官法」中大法官亦適用之（法官2），以之要請大法官釋憲則有「球員兼裁判」、「迴避」問題，有無「道德勇氣」的考量（並參94.07.22.釋601）？甚至於由何者聲請解釋？均需一一慎酌。

(2) 立法：以立法或修法的方式，制定法官退休法律或修正「法官法」有關條文，但「法官法」甫於民國100年7月6日制定公布，民國101年7月6日起陸續施行，尤其是第78條法官自願退休之給與，始於民國104年1月6日施行，如今卻即要修正或另立法律，應由何者擬稿提案？

(3) 修憲：憲法規定「法官為終身職」，幾十年來，釋憲立法不敢違其「文義」。正本清源，唯有修憲一途。民國99年9月28日，監察院曾就法官終身職問題，召開諮詢委員會議，多位名孚眾望之學者如胡佛、張麟徵、施能傑、柴松林、李念祖等，便認為我國憲法是剛性憲法，對法官終身職，憲法規定相當明確，其中法官非受刑事、懲戒或禁治產之宣告，不得免職之規定為列舉式條文，無其他例外，恐無法適用屆齡強制退休之現況，唯一途徑是「修憲」。但我國憲法為剛性憲法，修憲又談何容易！

5. 法官終身職面臨之案例：

民國104年間出現兩件法官身體不堪任職之情，使得當局有意檢討「法官終身職」問題：

(1) 某林姓法官因病，依「法官法」第43條之規定，停止職務三年並領取三分之一之俸給三年，期滿仍未痊癒，則得否繼續停止職務？或請延長病假？其又如何支薪？或逕依「法官法」第79條得準用公務人員有關資遣之規定資遣？法無明定。

(2) 某法官因車禍致成植物人，已明顯不堪勝任職務，則應依「法官法」第79條資遣？或辦理退休？或申請法院為「監護之宣告」（禁治產宣告）而予以免職，並依「法官法」第42條辦理退休或資遣？

按憲法第81條規定：「法官為終身職，非受刑事或懲戒處分，或禁治產之宣告，不得免職。非依法律，不得停職、轉任或減俸。」「法官法」第42條第2項：「實任法官受監護或輔助者，自宣告之日起得依相關規定辦理退休或資遣。」以及第43條停職事項、第79條不堪工作得準用公務人員有關資遣等之規定，已以立法方式減緩憲法「法官為終身職」之效力，在當今屢傳人民對司法不信任之際，又出現此兩例必須處理，當局也以謹慎的態度在審酌法官終身職之「釋憲」、「修法」、「修憲」問題，吾人正殷勤期待中。不過對於受監護之宣告者，當局擬以「自願退休」處理（銓敘部105.3.10.部退二字第1054079389號函）。按受監護宣告（即昔民法之「禁治產」，民國97年修正為「監護」）之人為無行為能力之人，應設監護人，以之為其法定代理人，為其權益為意思表示或受意思表示（民法14、15、76、1098、1112、1113），予受監護之法官依「法官法」或退休法「自願退休」，「道德勸說」，柔性處理，尚無違憲法之虞。蓋機關用人，有任有免，退休案經銓敘部核定後，服務機關尚須發布其「免職」令，以完成人員進退之程序。

(三) 結語

法官係憲法上之公務人員，自亦平等享有憲法上公務人員退休之「制度性保障」的權利，以維其尊嚴，並安養天年，與之搭配者，應為良善之「新陳代謝」制度。是以，法官之「終身職」，似應凝聚社會共識，以「立法」解為「久任」，方不失養成之功。其退休亦不應與一般軍公教勞相提並論，而必有一套與軍公教勞合理差距之衡平制度。其內容或可較軍公教勞為優渥，但應為社會公認「信以為是」之適當法制，共同維護，始有其尊嚴可言。

三、警察人員退撫制度

警察人員之退休、資遣、撫卹，基本上原適用公「公務人員退休法」、「公務人員資遣給與辦法」、「公務人員撫卹法」，民國107年7月1日後，則適用「公務人員退休資遣撫卹法」。

因警察人員維持治安之勤務，係屬「二十四小時」不能間斷，工作具有危險勞力之特殊性，依法必須「降齡退休」，所以在原「警察人員管理條例」第六章「退休與撫卹」第35、36條有其較優渥之規定。民國93年9月1日公布修正該條例該章增定兩條文，乃因治安事故，年輕之警察人員傷殘喪職慘烈，而作修正，加強其事後之照護。民國96年7月11日公布修正名稱爲「警察人員人事條例」，並大幅修正條文，再增定一退休條文，是以該章現有退休資遣三條文，撫卹二條文。茲述其特別規定：

(一) 退休資遣

1. 警正以下人員降齡退休：擔任具有危險勞力等特殊性質之警正以下職務者之降齡退休（警人35Ⅰ），得依「公務人員退休資遣撫卹法」第17、19條之規定，由考試院會同行政院訂定標準。依歷來銓敘部核定之「警察人員警正以下具有危險及勞力等特殊性質職務降低退休年齡標準表」（如銓敘部103.7.11.部退四字第1033862260號函），規定兩種職務人員之降齡退休標準：一爲自願退休五十五歲，命令退休六十歲；二爲自願退休五十五歲，命令退休五十九歲。又海岸巡防機關及消防機關列警察官人員之具有危險及勞力等特殊性質職務降低退休年齡標準，由各該主管機關依該條例之規定（警人39之1）送銓敘部核定之降齡退休標準，亦如是。

2. 因公傷失能退休之加給：警察人員在執行勤務中遭受暴力或意外危害，致身心障礙，不堪勝任職務並依法命令退休者，其退休金除依規定按因公傷病標準給與外，另加發五至十五個基數（警人35Ⅰ），基數內涵均依所任職務最高等階年功俸最高俸級計算。如該人員依所任職務最高等階年功俸最高俸級計算之退休金，高於銓敘審定合格等級計算之退休金者，其差額由主管機關編列預算支給（警人35Ⅲ）。

3. 勳章獎章得加發退休金：其領有勳章、獎章者，得加發退休金（警人35Ⅰ）。

4. 應予退休或資遣之情事：警察官於任用後，有「公務人員任用法」第28條第1項第8或9款所定情形之一者，應依規定辦理退休或資遣（警人35之2）。該兩款原指「受監護或輔助宣告，尚未撤銷。」「受合格醫師證明有精神病」，但民國102年1月23日公布修正之「公務人員任用法」第28條第1項第8或9款已修正爲「經原住民族特種考試及格，而未具或喪失原住民身分。」「受監護或輔助宣告，尚未撤銷。」是以，應伺機檢討立法意旨，配合修正。

(二) 撫卹

1. 因公撫卹之加給：在執行勤務中「殉職」者，其撫卹金基數內涵依其所任職務最高等階年功俸最高俸級計算，並比照「戰地殉職」人員加發撫卹金（警人36Ⅰ）。所謂「戰地殉職」，係民國100年1月1日「公務人員撫卹法」修正施行前第5條之規定，與「冒險犯難」同為最高之給與。又其領有勳章、獎章者，得加發撫卹金。如該人員依所任職務最高等階年功俸最高俸級計算之退休金，高於銓敘審定合格等級計算之退休金者，其差額由主管機關編列預算支給（警人36Ⅳ）。

2. 勳章獎章得加發撫卹金：其領有勳章、獎章者，得加發撫卹金（警人36Ⅰ）。

(三) 照護

1. 終身照護：警察人員在執行勤務中遭受暴力或意外危害，致全殘廢或半殘廢者，應給與醫療照護及安置就養，並由主管機關編列預算，給與終身照護（警人35之1）。

2. 從優慰問：警察人員因公受傷、殘廢、死亡或殉職者，應從優發給慰問金；全殘廢者，比照殉職之標準。其在執行勤務中遭受暴力或意外危害，致全殘廢、死亡或殉職者之慰問金，不得低於公務人員因公傷殘死亡發給慰問金之二倍（警人36之1Ⅰ）。

3. 教養子女：警察人員在執行勤務中，遭受暴力或意外危害，致全殘廢、半殘廢或在執行勤務中殉職者，其子女應給與教養至成年。如已成年仍在學者，繼續教養至大學畢業為止（警人36之1Ⅲ）。

(四) 評述

新近警消同仁在執勤中死亡（如104.8.屏東滿州消防分隊小隊長陳信宏案、106.8.國道公路警察局第六公路警察大隊竹林分隊警員陳啓瑞案、106.10.新竹縣消防員林永軒案、107.4.國道公路警察局第四公路警察大隊員警郭振雄和葉家豪案、107.4.桃園平鎮敬鵬大火五消防員案），引發輿論對「因公殉職」與「因公死亡」之辯，而前者較為優渥（約多二百萬）。主管長官未將全案送銓敘審查，即均在媒體上以從優「因公殉職」定調。本文無意論其究應審為「因公殉職」或「因公死亡」，但願於「警察人員人事條例」與原「公務人員撫卹法」關係，作法制之剖析。

前者規定：「警察人員之撫卹，除依左列規定外，適用公務人員撫卹法之規定：一、在執行勤務中『殉職』者，其撫卹金基數內涵依其所任職務最高等階年功俸最高俸級計算，並『比照戰地殉職』人員加發撫卹金。……」（警人36Ⅰ），後者（100.1.1.撫卹5Ⅰ）規定：「因公死亡人員，指有下列情事之一者：一、冒險犯難或『戰地殉職』。二、執行職務發生意外或危險以致死亡。三、公差遇險或罹病以致死亡。四、於執行職務、公差或辦公場所猝發疾病以致死亡。五、戮力職務，積勞過度以致死亡。六、因辦公往返，猝發疾病、發生意外或危險以致死亡。」換言之，警察人員之亡故職災，仍在撫卹法體系之內，「戰地殉職」係「因公死亡」之一，且為最高等級之給卹，與「冒險犯難」等量齊觀，而無如輿論之「因公殉職」有別於「因公死亡」。又依原撫卹法施行細則第5條第1項「本法第五條第一項第一款所稱冒險犯難，指遭遇危難事故，執行搶救任務時，明知該災難現場存有死亡之高度可能性，且依當時之時空環境，無從預先排除其死亡之可能因素，仍奮不顧身，於災難現場執行搶救任務而殉職者。所稱戰地殉職，指在戰地交戰時，因執行職務或支援作戰任務而死。」之規定，雖「比照戰地殉職人員加發撫卹金」，但恐不宜按「戰地殉職」之構成要件審查，而需再比照「冒險犯難」之構成要件審查。此輿論亦有提及。

再查現行退撫法第53條第2項第1款規定：「執行搶救災害（難）或逮捕罪犯等艱困任務，或執行與戰爭有關任務時，面對存有高度死亡可能性之危害事故，仍然不顧生死，奮勇執行任務，以致死亡。」相當原撫卹法之「冒險犯難」、「戰地殉職」。又其細則第67條將之界定為：「一、情勢要件：指執行搶救災害（難）、逮捕罪犯或執行與戰爭有關任務時，陷入危及生命安全之艱困情境。二、奮勇要件：經服務機關舉證亡故公務人員面對前款艱困情境，仍奮不顧身，繼續執行任務或防阻死傷擴大，致犧牲個人性命。」如符合該構成要件，自然適用最高等級給卹，無所謂從優或不從優的問題，執事者對認事用法要確實，否則「馬路如虎口」，人人每日通勤均「冒險犯難」，而無程度等級之差別，則法意盡失，非公務同仁之福。

又警消同仁依職務本係「危勞」性質，其薪俸待遇依經濟學原理或實務經驗，本應較一般人高，「因公」情事亦較為明確。主管機關亦有義務提供安全衛生之防護設備（保障19），事先預防重於事後補償。

四、關務人員退撫制度

(一) 退休制度

海關人員之養老金制度，始於民國9年1月1日之「海關人員強制退職暨養老金以及強制儲金辦法」，所規定之洋員與華員之退職條件及給與均有不同。洋員年滿六十歲退職，由海關提供終身年金；而華員在職滿四十年應退職，給予一次銀款養老金。其後該辦法迭有修正。

海關總署遷臺後，於民國40年3月曾規定，員工服務滿三十三年或年滿五十八歲時，得申請發給養老金八成。

民國61年6月修訂施行之「海關員工退職辦法」規定，六十歲強制退休，五十五歲得呈准退休，並取消服務滿三十三年得申領八成養老金之規定，僅保留五十八歲得申請八成養老金。

民國62年1月，廢止上述員工退職辦法，另新訂「海關職員退職辦法」施行，規定年滿六十五歲者退休；服務滿二十五年者或年滿六十歲者均得呈准退休。服務年資一年給予三個基數之退休金，最高採計三十五年給予一百零五個基數。其基數內涵約為每月實支薪俸加上本人實物代金，但不採計非關務之其他公務年資。

民國80年2月1日公布制定「關務人員人事條例」後，海關人員之人事管理制度正式法制化（關務一詞包括海關與空關等），人員權利得受法律保障，其退休事項完全適用「公務人員退休法」規定。但因海關人員尚有查緝走私及海洋巡防（現歸海洋委員會海巡署）的危險勤務，是「關務人員人事條例」第20條對此亦比照當時「警察人員管理條例」而有特別規定如下：

1. **執勤心神傷殘加發**：在執行勤務中，遭受暴力或危害，以致心神喪失或身心障礙退休者，其退休金除依規定按因公傷病標準給與外，另加發五至十五個基數（關人20）。

2. **勳章加發**：領有勳章者，得加發退休金（關人20）。

3. **另行訂定加發標準**：加發退休金之標準由行政院會同考試院訂之（關人20）。

(二) 撫卹制度

至於其撫卹制度，早年亦適用民國9年1月1日之「海關人員強制退職暨養老金以及強制儲金辦法」，但迭有修正。

遷臺後，有關撫卹事項，適用其單行規定：先適用民國61年6月修訂施行之「海關員工退職辦法」，而後適用民國62年1月之「海關職員退職辦法」。民國62年8月奉行政院核定在職身故者，比照公務人員發給殮葬補助費，並廢止原發之身後恩俸。民國71年12月底，奉財政部核定如有因公情事，比照「公務人員撫卹法」規定，擬制增計年資，並加給撫卹金。

民國80年2月1日「關務人員人事條例」制定公布後，有關海關人員撫卹事項，則適用「公務人員撫卹法」之規定，惟如海關人員在執行勤務中，遭受暴力或危害以致殉職者，視為冒險犯難殉職人員加發撫卹金，此乃因海關人員之查緝走私具有危險性所作較優厚之特別規定（關人21）。

五、交通事業人員退撫制度

(一) 退休制度

交通事業資位制人員之任用、薪級、考成與公務人員均有不同，其退休、撫卹亦與公務人員不同，有其自身之傳統，至今仍有其單行規定。而所稱交通事業又有數種業別之分，其各業別之人事管理又各略異。

鐵路人員之退休，原適用「臺灣鐵路事業人員退休規則」，但自民國88年1月後，改適用公務人員退休撫卹制度。

郵政、電信事業人員原適用「交通部所屬郵電事業人員退休撫卹規則」，但於民國92年2月7日制定公布「交通部郵電事業人員退休撫卹條例」，並溯自民國92年1月1日施行後，從而建立其專屬退撫法律制度。民國94年8月12日，電信公司民營化後，遂不再適用該條例，現僅有郵政事業人員適用。

其他業別之交通事業人員，如：國道高速公路人員、公路總局及其所屬人員、港務局人員等，則均適用公務人員退撫法律。

交通事業人員之退休制度，雖各業別人員所適用之法規不同，但其內容卻部分雷同，縱然特別單獨立法之「交通部郵電事業人員退休撫卹條例」規定，亦係沿襲其原施行之「交通部所屬郵電事業人員退休規則」內容，僅增列若干仿襲公務人員退休法規之規定，或「公務人員退休法」修正草案中之規定而已。除此之外，該條例亦有少量不同於公務人員退休制度者。茲就不同之部分，扼要述說如次：

1. 退休種類與條件：

(1) 自請退休規定：任職滿五年，並年滿六十歲者（交退撫5）。

(2) 屆齡退休規定：年滿六十五歲者（交退撫6）。

(3) 應予命令退休規定：因公傷病致心神喪失、身體殘廢或身體衰弱，不堪勝任職務者，或逾延長病傷期限尚未能治癒者，均應依規定程序提出診斷證明或經審核促其治療仍未痊癒者，由服務機構主動辦理命令退休（交退撫7、8）。

(4) 對於擔任具有危險及勞力等特殊性質職務者：得由交通部酌予降低年齡，但自願退休不得少於五十歲，命令退休不得少於五十五歲。又如雖達命令退休年齡仍堪任職者，服務機構得依業務需要，函報交通部核准延長之，但不得逾二年（交退撫6）。

2. 復用：命令退休人員傷病痊癒，身體健全，堪以勝任工作，經地區醫院以上之醫院證明屬實者，得申請復用，並得由其原服務機構調查其傷病痊癒情形，通知復用。惟准予復用人員，經發現不能從事本職工作，亦無法擔任其他相當工作時，仍應再命令退職（交退撫9）。

3. 退休給與之種類與條件（交退撫10）：

(1) 一次退休金：任職年資未滿十年者，給與一次退休金。

(2) 一次退休金及月退休金：

①任職已滿十年者，給與一次退休金及月退休金；但自請退休年齡未滿五十歲且具有工作能力者，不得兼領月退休金，其一次退休金則加倍發給。

②因公傷病命令退休人員，給與一次退休金及月退休金，並核准增給月退休金數額，增給部分以不超過百分之二十爲限。任職未滿十年者，其一次退休金給與十個月退休金數額。

③命令退休人員經復用後依規定命令再退職者，按其復用年資給與一次退休金，並得接算前次核給月退休金。但因普通傷病命令退休復用後再退休，復用後接算以前年資不滿十年者，不給月退休金。

(3) 月退休金：依規定得領一次退休金及月退休金者，亦得選擇不領一次退休金，而僅領月退休金於領月退休金滿十年後死亡者，依規定計算給予六十五歲以上之配偶月撫慰金終身，或依規定條件發還原一次退休金（交退撫20）。

4. 退休給與之計算：

(1) 一次退休金：任職二十年以下者，每滿一年給與一個月退休金；超過二十年者，每滿一年給與半個月退休金。

(2) 月退休金：任職二十年以下者，每滿一年給與一個月退休金百分之二點五；超過二十至三十年者，每滿一年給與百分之一點五；超過三十年者，每滿一年給與百分之一。最高採計三十五年（交退撫12）。

5. 撫慰與殮葬：交通事業人員退休後亡故，原則上仍給與遺族撫慰金或殮葬補助費；但仍視下述情形之不同而有別：當事人是否因公退休，或領受月退休金年數是否已滿十年而不給予撫慰金者。茲略述如次（交退撫20、21）：

(1) 領受月退休金未滿十年而亡故者，給與遺族月撫慰金：

①依其退休時任職年資計算，滿十年者給與一個月撫慰金百分之二十；超過十年者，其超過十年者，每滿一年給與一個月撫慰金之百分之一點五，但最多以一個月撫慰金之百分之六十五爲限。此項月撫慰金並應按已領月退休金年數，自滿第二年起，每領一年遞減該月撫慰金之百分之十。月撫慰金按月發給，自當事人死亡之次月起，最多給與二十年。

②因公傷病命令退休人員或逾延長病假尚未能治癒者，因傷病加重致死，給與月撫慰金者，不適用遞減計算之規定。其領受月退休金十年以上者，依任職一年以下，給與十二個月一次撫卹金，超過一年者，每滿一年給與一個月一次撫卹金。惟任職未滿十年者，以十年計，最多給與二十年。

③如該退休人員，生前不選擇一次退休金，而領受月退休金未滿十年死亡者，則發還不計利息之原計一次退休金，並依上述①、②之規定辦理月撫慰金。

(2) 領月退休金滿十年而亡故者：

①依其退休時薪級計算，給與遺族相當六個基數之殮葬補助費，不再給卹。

②因公傷病命令退休人員，則依「任職一年以下者，給與十二個月撫卹金，超過一年者，每滿一年，給與一個月撫卹金」之標準計算，給與一次撫慰金。任職未滿十年者，以十年計。

③如該退休人員，生前不擇領一次退休金，則按原領月退休金之三分之一數額，給予六十五歲以上未再婚之配偶月撫慰金終身。但配偶未滿六十五歲或不領月撫慰金或已無配偶者，發還遺族不計利息之原計一次退休金，並發給六個基數之殮葬補助費，不再給予月撫慰金。

6. 計算「基準月」之標準：以交通部郵電事業人員在職同薪級人員之資位待遇百分之七十八之全額爲計算基準（交退撫3）。

7. 退休經費來源：退休經費由各該事業機構支應。

(二) 撫卹制度

交通事業人員之撫卹，原適用民國47年5月13日交通部發布，經於民國88年9月21日第十次修正發布之「交通事業人員撫卹規則」。惟民國92年2月7日制定公布「交通部郵電事業人員退休撫卹條例」施行後，郵電人員當然適用新條例。

然而在民國88年1月1日，鐵路人員已先改適用「公務人員撫卹法」，及中華電信有限公司在民國94年8月12日民營化後已不適用該條例，現只剩郵政人員適用該條例；又該條例之內容與原「交通事業人員撫卹規則」之內容大致相同，而其中又有部分事項之規定與「公務人員撫卹法」規定內容相同。茲僅就其與公務人員撫卹之不同者扼要說明如次：

1. 撫卹事由與給卹種類：郵電人員因公死亡者，或任職十年以上因傷病以致死亡者，均給與遺族一次撫卹金及月撫卹金。但任職一年以上未滿十年因傷病以致死亡者，僅給與遺族一次撫卹金（交退撫17）。

2. 撫卹金之計算（交退撫19）：

(1) 一次撫卹金：

①因公死亡情形：任職一年以下者，給予十二個月之一次撫卹金，超過一年者，每滿一年，加給一個月撫卹金。

②任職十年以上者，或未滿十年而因傷病以致死亡者：其爲任職二十年以下者，每滿一年給與一個月撫卹金；超過二十年者，每超過一年給與半個月撫卹金。

(2) 月撫卹金：

①因公死亡者：任職一年以下者，給與一個月撫卹金之百分之三十；超過一年者，每滿一年給與百分之一點五。但最多以一個月撫卹金百分之八十爲限。

②任職十年以上因傷病以致死亡者：任職滿十年者，給與一個月撫卹金之百分之二十；超過十年者，每超過一年給與一個月撫卹金之百分之一點五。但最多以一個月撫卹金之百分之六十五爲限。

3. 領卹遺族：順序如次（交退撫22）：

(1) 父母、配偶、子女及寡媳。但配偶及寡媳以未再婚者爲限，子女超過三人以上者，加給百分之十。

(2) 祖父母、孫子女。但孫子女超過三人者，加給百分之十。

(3) 兄弟姐妹，以未成年或已成年而不能謀生者爲限。

(4) 配偶之父母、配偶之祖父母、以無人撫養者爲限。

4. 計算基準：以交通部郵電事業人員在職同薪級人員之資位待遇百分之七十八之金額爲計算之基準（交退撫3）。

5. 撫卹經費：由各該事業機構支應。

六、公立學校教職員退撫制度

公立學校教職員之退撫基本制度或原理原則，如退撫財源、退休年齡或條件、給與額度與方式、保權、停權、喪權之規範，歷來均與公務人員相同，但略有其與公務人員業務性質不同之特殊規定。

學校教職員之退休，早於民國32年6月22日，國民政府即制定公布「學校教職員退休條例」，以資適用。經民國37年4月10日、51年6月12日、61年8月16日、68年12月28日、84年8月2日、85年2月10日、89年1月12日、96年7月11日、98年1月21日、98年11月18日、99年1月13日等十一次修正。其中民國84年8月2日之修正，係配合公務人員「退撫改革」方案而作修正，與公務人員一同適用「共同提撥制」以儲建基金，並於民國85年2月1日施行。民國89年修正之第9條乃配合民國88年7月1日臺灣省政府功能與組織調整，將併入教育部之省立學校教職員退休金改由國庫支給。民國96年7月及98年1月之修正，均對準用之社教機構人員、介派公私立學校之軍訓課程之護理師，及公立幼稚園之園長教師。民國98年11月之修正，係對海外僑校教師年資之採計，及借調「公務人員」得於屆滿六十五歲之日起五年內辦理退休。民國99年1月之修正係爲「代理教師」年資之採計，惟並未再配合8月4日公布修正之「公務人員退休法」而修正，以致於民國100年1月1日「公務人員退休法」之修正施行，造成公務人員與教育人員間明顯的不平衡，如其「五十五歲自願退休加發五基數」、「月退休金起支年齡由五十歲提高爲六十歲」，並未修正刪除。

學校教職員之撫卹，早於民國33年6月22日，國民政府即公布制定「學校教職員撫卹條例」，以資適用。經民國37年4月10日、61年4月1日、72年1月12日、84年8月2日、89年1月20日、98年11月18日等六次修正，其修正內容大抵係配合其退休條例而作年資採認，計發撫卹金之修正，其中民國84年之修正乃配合「退撫改革」方案與「公務人員撫卹法」之修正，於民國85年2月1日施行。

直至民國106年8月9日，依「年金改革方案」配合「公務人員退休資遣撫卹法」，同時公布制定「公立學校教職員退休資遣撫卹條例」全文一百條，乃將退休、資遣、撫卹事項合於一法中規定，並於民國107年7月1日施行。

「公立學校教職員退休資遣撫卹條例」與「公務人員退休資遣撫卹法」之條文文字及內容，絕大部分相同，茲謹述其「特殊」部分如次：

(一) 適用對象：除該條例另有規定外，以現職編制內合格有給專任人員爲限（教退撫3II、III）。

1. 學校依法定資格聘（派）任、遴用之校長、教師、研究人員、專業技術人員、專業及技術教師、稀少性科技人員、專任運動教練及民國86年3月21日以後進用之助教（以下簡稱新制助教）。

2. 教育人員任用條例施行前進用，不需辦理公務人員或技術人員改任換敘，其職稱列入服務學校或其附屬機構之編制，經主管機關核准有案之職員。

(二) 準用對象（教退撫94、95、96）：

1. 公立社會教育機構專業人員及各該主管機關所屬學術研究機構研究人員之退休、撫卹、資遣、離職退費，除第15條第2項，最高年資採計四十年規定外，準用本條例之規定。

2. 中央主管機關依法令規定資格介派至公、私立學校擔任軍訓護理課程之護理教師（除該條例特別規定外）。

3. 公立幼兒園編制內有給專任合格園長及教師之退休、撫卹、資遣、離職退費，分別準用本條例國民小學校長及教師之規定。

4. 僅具外國籍之教職員，其退休、資遣、離職退費，準用該條例之規定，但退休給付以支領一次退休金爲限；惟如取得中華民國國籍者，得準用該條例規定擇領月退休金給與。其在職死亡之撫卹事項，除喪失或未具中華民國國籍外，準用該條例之規定，並以給與一次撫卹金爲限（教退撫95）。

5. 軍警校院與矯正學校，依「教師法」或「教育人員任用條例」規定聘任之教職員，其退休、撫卹、資遣及離職退費，除其他法律另有規定外，準用該條例之規定（教退撫96）。

(三) 借調人員：教師依規定借調辦理留職停薪，除借調依法銓敘審定之公務人員外，於留職停薪期間符合「任職滿五年，且年滿六十五歲。」之規定，且無第25條第1項之不予受理退休或資遣，及第75條第1項之喪失申請退撫給與權利之情形者，得於屆滿六十五歲之日起十年內辦理退休（教退撫20II）。

(四) 年資採計：

1. 應予併計：教職員依該條例辦理退休、資遣或撫卹時，其所具下列年資，應予併計（教退撫12 I）：

(1) 於各級公立學校服務之代理兵缺年資經核備有案者。但於民國97年1月1日以後之各項代理（課）教師之年資，均不得併計爲退休、資遣或撫卹年資（教退撫12IV）。

(2) 依臺灣省國民小學附設自立幼稚園（班）試行要點規定進用之合格教師納編前年資。

(3) 民國74年至78年間各縣（市）政府自行設立或依原臺灣省政府教育廳相關實施計畫設立之專設或國小附設幼稚園所進用之合格教師納編前年資。

(4) 教師遭停聘、解聘或不續聘，依法令規定提起申訴、訴願或行政訴訟，經評議決定、訴願決定或行政訴訟判決確定回復聘任關係者之申訴、訴願或行政訴訟期間學校年資。

2. 得予採計：教職員依該條例辦理退休、資遣或撫卹時，其所具下列退撫新制實施前未曾領取退離給與之年資，得予採計（教退撫12II）：

(1) 曾任公立學校編制內有給專任且符合教育人員任用條例及相關法律規定之教職員，經原服務學校覈實出具證明之教職員年資。

(2) 曾任編制內有給專任且符合公務人員任用法及其相關法律規定，並經銓敘審定之公務人員年資。

(3) 曾任編制內有給專任之軍用文職人員年資，經銓敘部登記有案，或經國防部或其他權責機關覈實出具證明者。

(4) 曾任志願役軍職年資，經國防部或其他權責機關覈實出具證明者。

(5) 曾任編制內雇員、同委任及委任或比照警佐待遇警察人員年資，經原服務機關覈實出具證明者。

(6) 曾任公營事業具公務員身分之編制內有給專任職員，經原服務機關覈實出具證明書者。

(7) 曾任經政府立案之海外僑校專任教職員年資，經原服務學校覈實出具證明，並經權責機關驗印證明者。

(8) 其他經中央主管機關核准得予併計之年資。

(9) 民國87年6月5日以後退休、資遣生效或死亡，其退撫新制實施前曾任義務役年資，未併計核給退離給與者，得採計為退休、資遣或撫卹年資（教退撫12Ⅱ）。但教職員於民國97年1月1日以後之各項代理（課）教師之年資，均不得併計為退休、資遣或撫卹年資（教退撫12Ⅳ）。

3. 依規定辦理：教職員依該條例辦理退休、資遣或撫卹時，其所具退撫新制實施後之任職年資採計，依下列規定辦理（教退撫13Ⅰ）：

(1) 應以依法繳付退撫基金費用之實際繳付日數計算。

(2) 曾經申請發還退撫基金費用本息、曾由政府編列預算或退撫基金支付退離給與之年資，均不得採計。

(3) 退撫新制實施後，曾任政務人員、公務人員或軍職人員且已撥繳退撫基金費用之年資，於轉任教職員時，應由退撫基金管理機關將其與政府共同撥繳而未曾領取之退撫基金費用本息，移撥教職員退撫基金帳戶，以併計年資。

(4) 退撫新制實施後，曾任政務人員、公務人員或軍職人員轉任教職員者，其退撫新制實施後曾服之義務役年資，應依轉任教職員前適用之退休（職、伍）法令規定，補繳退撫基金費用本息，並依上述(3)規定辦理移撥，始得併計年資。

(5) 具有退撫新制實施後之義務役年資，未併計核給退離給與者，應於初任到職支薪或復職復薪之日起十年內，按敘定之薪級，由服務學校與教職員比照第8條第2項規定之撥繳比率，共同負擔並一次補繳退撫基金費用本息後，始得併計年資。

(6) 教職員於退撫新制實施後，曾任依其他法律規定得予併計之其他公職年資或第12條第1項第1款規定之公立學校代理兵缺年資，得於轉任到職支薪之日起十年內，由服務學校向退撫基金管理機關申請補繳退撫基金費用本息。其應繳之退撫基金費用本息，由退撫基金管理機關依其任職年資及等級，對照同期間相同薪級教職員之繳費標準，換算複利終值總和，由申請補繳人一次全額補繳後，始得併計年資。

(7) 教職員於退撫新制實施後，曾任經政府立案或備查之海外全日制僑（華）校專任教職員年資，未核給退休金或資遣費，經原服務學校覈實出具證明，並經權責機關驗印證明者，得於轉任到職支薪之日起十年內，由服務學校向退撫基金管理機關申請補繳退撫基金費用本息。其利息計算依前款規定辦理。

(8) 教師經學校依教育人員任用條例與其修正施行前之相關法令、教師法及相關法律同意借調至公、民營事業機構、私立學校、財團法人、行政法人、行政院設立或指定處理臺灣地區與大陸地區人民往來有關事務之機構或民間團體辦理留職停薪之年資，得於回任教職到職支薪之日起十年內，比照第6款規定補繳退撫基金費用本息，始得併計年資。

(9) 依教育人員留職停薪辦法第4條第4項第3款規定辦理留職停薪且未核給退離給與之年資，得於回任教職到職支薪之日起十年內，比照上述(6)規定補繳退撫基金費用本息，始得併計年資。

教師依該條例第20條第2項規定辦理退休者，其借調留職停薪至六十五歲前一日之年資，符合上述(6)至(9)所定補繳退撫基金費用規定者，得於屆滿六十五歲之日起十年內，由借調前之服務學校向退撫基金管理機關申請補繳退撫基金費用本息，始得併計年資（教退撫13II）。

教職員依法停聘或停職者，於回復聘任或復職後依法補發停聘或停職期間未發之本（年功）薪額時，應由服務機關與教職員比照第8條第2項所定之撥繳比率共同負擔，並一次補繳停聘或停職期間之退撫基金費用本息，以併計年資（教退撫13III）。

按上述有關教職員退撫年資之採認核計發給退撫金，於該條例條文列爲「應予併計」、「得予採計」、「依規定辦理」，且其所規定之年資，前後條文不易理解，茲依新舊制之本質，簡而言之：1.舊制得採認之年資，未發給（領受）「年資給與」（含補償金）者，得併計核給退撫金。2.新制得採認之年資，僅限於依法得參加退撫基金並繳付基金費用之年資，始得併計核給退撫金。

(五) 延長服務：教職員已達六十五歲之年齡，並有下列情形之一者，得予以延長服務，不受「年滿六十五歲」應辦理屆齡退休之限制（教退撫20III）：

1. 專科以上學校校長得任職至任期屆滿爲止；其任期屆滿而獲續聘者，得繼續服務至任期屆滿。但不得逾七十歲。

2. 專科以上學校教授、副教授經學校基於教學需要，並徵得其同意繼續服務者。至多延長至屆滿七十歲當學期爲止。

專科以上學校校長依前述1.之規定任職至聘期屆滿，並依相關法令規定回任原校教授、副教授後，得依前述2.規定辦理延長服務。

按「延長服務」，於民國84年7月1日退撫新制施行時，「公務人員退休法」第5條第3項仍保有「延長服務」之規定，惟於第6條第3項末規定：「年滿六十五歲而延長服務者，不得擇領月退休金或兼領月退休金。」以至幾乎無人敢申請延長服務，民國100年1月1日修正施行之退休法進而將此規定刪除。

其實在民國80年代之前，延長服務者多爲中央一、二級機關人員，經監察委員提出糾正案，銓敘部於民國80年7月9日發布「各機關辦理公務人員延長服務按件注意事項」，公務人員本人不得要求延長服務，情況遂有改善。在學校教職員方面，其退休條例第4條第2項：「教職員已達前項第一款所規定之年齡，服務學校仍需其任職，而自願繼續服務者，得報請主管教育行政機關延長之，至多五年。」與原

「公務人員退休法」第5條第3項規定相若。茲得延長服務者僅限於：專科以上學校校長之續聘，以及教授、副教授經學校基於教學需要，並徵得其同意繼續服務者，顯然重在其學術之教導與傳承。

(六) 退休生效：校長、教師、專業技術人員、專業及技術教師、專任運動教練之自願退休，除特殊原因外，其退休生效日以2月1日或8月1日爲準（教退撫18、19、21），乃配合學期之教學。

(七) 涉性侵案：教職員貪瀆剝減退離給之規定，與公務人員相同（教退撫79），另增規定：「在職期間涉有校園性侵害案件，先行退休、資遣或離職後始經判處有期徒刑以上之刑確定者，應自始剝奪其退離（職）相關給與；其已支領者，應追繳之。」（教退撫80）。

第十三節　退撫制度之基本問題

一、退休年齡

茲就退休年齡有關各端分述於下：

(一) 決定退休年齡之因素：關於如何合理規定公務人員退休年齡問題，其關鍵事項似爲下列各端：1.是否應有強迫退休制度？2.如有，應於何等年齡強迫退休？3.應於何等最低年齡始可自願退休？對於此三問題，所涉因素頗多。諸如國民平均壽命、國民平均健康情形、國民經濟狀況、民間就業市場情形、國家政策方向、社會習慣之工作年齡、社會對經驗與新知之尊重與需要程度等。

上述足以影響退休年齡決策各情事之形成，本書原著者認爲：與每一國家所處之地理、氣候、經濟發展、政治發展、民俗等均有關係，故不擬在此引述其他國家之制度，而僅就我國情形略事討論。

(二) 我國自古以七十歲為退休年齡：我國以往醫藥衛生不甚發達，且國民不好運動，以致平均健康較差，平均壽命亦較短。於是造成一模糊而不正確之印象，以爲我國以往歷朝官吏，於四十歲許即行退休。但事實並非如此，我國自古以來致仕之年，通常均爲七十歲，例如：禮記曲禮篇稱「大夫七十而致仕」，魏志稱「七十有懸車之禮」，晉書稱「七十致仕」，而官吏亦有如今人，雖至七十歲仍不願退休者，故當時有云：「七十而以居位，猶鐘鳴漏盡，而夜行不休，是罪人也。」唐時，雖無「七十致仕」之強迫規定，而仍以「七十致仕」爲原則，但視體力之不同而有彈性。唐史稱「年七十以上應致仕，若齒力未衰，亦聽釐務。」反之，「年雖少，形容衰老者，亦聽致仕。」至宋，雖非強制「七十致仕」，但仁宗時曾一度厲行，文武官員七十歲猶不致仕者，予以不考課而遷官。明朝開國，洪武元年定「七十致仕」之例；後太祖為安帝基，於殺戮開國功臣幾盡之餘，且極盡所能以逼退老臣，故後即改定六十歲為致仕之年。但至成祖時，有鑑於太祖晚年為鞏固統治權，所採取之逼退老臣政策已失其時代意義，於是又恢復「七十致仕」之制。清人入關亦規定有致仕之制，且有自請及勒令二種，猶如今之有自願與命令退休。因有勒令，故與今之官員有隱瞞年齡之舉，其情形完全相同。清人筆記「池北偶談」有言：「三十年來，士大夫履歷例減年歲，甚至減至十餘年。即同人宴會，亦無以真年相告者。」七十歲雖為勒令退休之年，但皇帝絕對有權特准其延齡任職，實例甚多。

我國歷史上之休致，雖有其事，但歷代情形不一，或有制度有定額之養老給與，或無制度無定額之養老給與。因此，常無自願休致之年齡下限規定。至於少數人員因心神喪失，而不受年齡限制退休者，以及若干類別人員，因工作性質特殊而另定降低退休年齡者，乃均屬事實所引起之必然處理，似無需在此討論。

(三) 民國後，六十五歲為強迫退休年齡：民國後，至民國32年11月6日始有「公務員退休法」之公布，並始定有限齡，以六十五歲為命令退休年齡；但尚堪任職經服務機關基於事實需要而予以認定者，得報請銓敘部延長任職至多十年。至於退休年齡下限，亦即得自願退休年齡，則定為下列兩種情形之一皆可：1.任職十五年以上且年滿六十歲者。2.任職二十五年以上者。

上述民國32年所定之各項命令退休年齡以及自願退休條件，半個多世紀以來，至今僅將其中任職十五年以上且年滿六十歲者得自願退休一節，放寬為任職五年以上且年滿六十歲者。其餘均未有改變。

我國現行如上所述退休年齡之規定，原則亦無不宜。但亦非不可再加研究。

(四) 決定退休年齡之現實環境：茲依前述決定退休年齡之各項因素，將我目前在臺情形，逐項簡述於下：

1. 國民平均壽命：依據統計，臺灣人民平均壽命已達七十多歲，不遜於西方許多進步國家，且百歲老人亦非罕見。較之以前在大陸時期之平均壽命，大有增加，無待多言。

2. 國民健康情形：由於臺灣經濟繁榮，醫藥衛生發達，人民喜愛運動及戶外活動，且營養良好，因而人民不僅平均壽命高，且普遍老而健康，七十歲以上國民仍精力充沛，頭腦清明。凡此均係無待舉證而人人皆知之事實。

3. 國民經濟狀況：臺灣光復數十年來，經濟日趨繁榮，亦為不爭事實。國民個人平均年所得早已超過一萬美元，在此情形下，公務人員俸給所得亦足以溫飽。

以民國86年為例，一名大學畢業生經高考或乙等考試及格後初任薦任第六職等科員，月入俸給總額為新臺幣三萬九千六百七十五元（本俸二萬一千八百六十五元加上專業加給一萬七千八百一十元）；如改以民國95年為例，六職等本俸一級月入俸給總額則為新臺幣四萬四千八百五十元（本俸二萬四千六百七十元加上專業加給二萬零一百八十元）；如改以民國107年為例，六職等本俸一級月入俸給總額則為新臺幣四萬七千六百三十元（本俸二萬六千二百一十元加上專業加給二萬一千四百二十元），大致均高於同期民間同等級人員所得。可惜近十餘年來，臺灣經濟發展腳步不進反退。

4. 民間就業市場情形：一般言之，我國民間就業情形較西方若干國家為好，失業率不高。但近年來失業率已在提高中，尤其有所謂高學歷高失業率之現象，更表示民間就業之不易，尤其知識分子就業更日趨困難。此與上述國民經濟狀況密切有關。

5. 政府政策方向：退休法規定，公務人員命令退休年齡為六十五歲，自願退休年齡為六十歲、或工作滿二十五年者；危險勞力性工作人員降齡自願退休年齡，最低亦不得低於五十歲。綜合言之，即公務人員退休年齡範圍為：從最低之自願退休之五十歲，以至命令退休之六十五歲。此一規定之理由，一方面以降齡自願退休之最低年齡規定，以求適當保持熟練公務人力；另一方面亦強迫老年人力在一定限度必須退休，以促進新陳代謝。此種規定，數十年未變。

此種法律規定，雖然數十年未變，但實際執行上卻有改變。民國60年代以前，各機關對公務人員之申請延長服務者，幾乎無有不准。後來由於政府再三標榜新陳代謝，甚至世代交替，民意代表又一再追詢銓敘部執行限齡退休實效，促使銓敘部加強審核退休案，但績效不著，因法律並未授權銓敘部得駁回各機關所報延長服務案，以致難以確實貫徹。後至民國80年，始訂定「各機關辦理公務人員延長服務案件注意事項」施行，對延長服務人員之延齡退休條件始稍有限制，情況遂有改善。該注意事項並經五次修正，最後一次修正在民國91年4月2日。茲將歷年延長服務人數百分比等概況製成表19-17於下供參。

表19-17　六十五歲以上公務人員所占全國公務人員總數歷年比率表　製表人：徐有守

民國年次	55年	60年	65年	70年	75年	80年	81年	82年	83年	84年	85年	90年
六十六歲以上（%）	0.31	0.27	0.13	0.20	0.14	0.10	0.09	0.10	0.09	0.09	0.11	0.35
人數										425人	675人	1,384人

資料來源：民國84年經敘統計年報頁54至57及銓敘部另提供之民國85年與90年資料。

另一方面，民國84年公布之新退休法規定，公務人員如未符合退休規定條件，致不得辦理退休，而於三十五歲或四十五歲自行離職時，准許退回其自繳退撫基金費用，並視條件之不同，且可並同退回政府撥繳之退撫基金費用（退休8）。另年滿五十五歲者，得自願提前退休，並一次加發五個基數之退休金（退休6）。此兩種規定，均有助於人員提早退休。當時提出此一條文主張者爲立法委員，其所堅持之理由，係爲有利於公務人員年富力強之齡而無意繼續服務政府者，便於另謀他就，以開創新事業新天地云。惟此之規定已於民國100年1月1日施行之退休法修正案中予以刪除。

依據上述，政府目前有關退休年齡之政策，似存有矛盾之兩面現象。因以目前教育發達情形而言，新人輩出，青年才俊，比比皆是，必待老人至六十五歲退休一人始能進用青壯新人一人，毋乃太慢？但我國自古以來，多定於七十歲退休，以目前人民壽命普遍提高情形而言，六十五歲退休形成浪費國家最成熟之人力，故似又稍早。

另一方面，民國101年1月1日前之退休法規定，在職公務人員三十五歲或四十五歲即可離職，雖名不稱退休而仍可退費，尤其鼓勵五十五歲盛年之人退休；至於任何年齡皆可資遣，實質與退休無異，則更不必論矣。毋乃又太速且太易流失熟練公務人力？但反之，又何嘗不有利於新人進入公務機關機會之增加。

6. 社會對經驗與新知之尊重與需要程度：知識與經驗，兩者同其重要，猶如車之兩輪，相輔相成，始足確實圓滿完成任務。故須具有足夠可用之知識，而後經過適當之實務陶冶與訓練者，始能造成最健全之公務人才。而所稱知識，務期切合實用，原則上應爲愈後出愈接近現實者愈有助益，此以新人所知者較爲豐富；所稱經驗，則賴實踐，年月愈久則愈精，此以年富年長者爲貴。故位居領導，似以年長者爲宜；實地執行及奮力以赴之任，似以青壯者爲佳。以上似爲理想狀態，故古人謂：「賢者在位，能者在職。」

但我中央政府遷臺後，保衛臺灣，建設基地，加速國家現代化，爲政多方，任務艱鉅。是以，在民國50與60年代之用人政策爲「中興以人才爲本，人才以青年爲本。」並以「青年創造時代，時代考驗青年。」以爲號召，採取緩和而持續之步調，推行新陳代謝政策，在公務人員中上層級大量進用青年才俊之士。及至民國70年代，則採行「世代交替」政策，政壇面貌一新，各方精英亦幾乎盡皆更新。人才標準丕變，對經驗之尊重，已遠不如已往之隆；而新秀新俊，則備受優遇。此爲事實。

7. 社會習慣變更工作年齡：以往之社會習慣，大概一般在年過六十歲，即罕有仍願繼續積極努力者，而多願休憩。今則不然，六十之年，確有如人生之開始，七十歲猶仍在奮發追逐之際，非不得已，罕有願意休憩者。

(五) 應有之政策：據上檢討，見於國民平均壽命較長、民間就業不易、國民平均健康較佳、國家需要有經驗人才等情形，以六十五歲爲限齡命令退休，似稍有過早；但基於國家現階段之政策，及對新秀之提攜情形觀之，則似又不宜鼓勵延長年齡。

大致而論，目前我國所採行之退休制度規定，事務官之退休年齡，以六十五歲爲命令退休，而自願退休，降齡後最低仍不得低於五十歲爲限。但另依年資條件辦理退休者，如有人於二十歲開始任公務人員，於滿二十五年後依規定自願退休，則僅有四十五歲，仍可合法退休。

以上各種規定，原則尚屬適當。

但六十五歲退休之人員，不僅多數仍屬可用之才，且有極寶貴之經驗，應予設法加以利用。至於三十五歲或四十五歲即可依法退休或離職退費，則似乎稍早。但就目前我國就業市場人才眾多情形而論，補充時無缺乏之虞，則亦無妨。

二、其他現金給與

所稱「其他現金給與」問題，指公務人員退休金中，法律所規定退休給與基數內涵中之本俸或年功俸以外之「其他現金給與」，政府多年未依法發給，而最後，終以補償金方式發給。

(一) 問題內容與經過

我國舊制「公務人員退休法」所規定之退休金，以基數爲核計之單位，並「以退休人員最後在職之月俸額及本人之實物代金爲基數」（舊退休6），而「所稱月俸額，包括實領本俸及其他現金給與」（舊退休8），以上均爲退休法原條文文字。其中所稱「其他現金給與」，自係指公務人員每月所領取本俸或年功俸以外之所有各種現金給與，至少包括各種法定加給。但政府多年來，於發給退休金時，僅發給月本俸或年功俸，而未發給其他現金給與，退休公務人員以及立法委員均認爲政府違法，故常有意見表示。政府於是修正「公務人員退休法施行細則」，將其第18條下段寫成如下文字：「所稱其他現金給與，爲考試院會同行政院訂定之現金給與，遇待遇調整時，隨同調整。」經此解釋，竟將法定之各種加給置之不顧，而將「其他現金給與」一語，自原確定語意，變成程序性語句，且從此以後，兩院意見從不曾一致，以致實際未依法訂定何爲「其他現金給與」。因未訂定，所以亦無從據以發給。此項現金給與雖有謂：「係斟酌國家財力……而爲者，尙未逾越立法或立法授權之裁量範圍，與憲法並無牴觸。」（參照司法院釋字第246號），但實際乃係公然迫陷考試院銓敘部於不義，公務人員嘖有煩言，已非一日。自民國60年代起，退休公務人員開始有非正式組織，間常向考試院、行政院、銓敘部、人事行政局等機關陳情，從未停止，後政治逐步開放，請願行動更爲頻繁。迄至民國83年、84年間，退休人員組織每於省長、立法委員，甚至總統等多種重要選舉期間有種種行動，行政、考試兩院在選票壓力下不得不處理。經於民國84年10月17日發布「公教人員退休金其他現金給與補償金發給辦法」施行，後並經於民國94年1月21日修正。該辦法規定發給補償金之對象如下：

1. 公教人員於民國59年7月2日後至84年7月1日期間依法辦理退休、撫卹或資遣者。

2. 民國84年7月2日以後辦理退休、撫卹或資遣，其具有民國84年7月1日前年資且已辦理退休、撫卹或資遣，其所具新退撫制度實施前之年資，經採計核給退休金或撫卹金或資遣給與者。

以上兩種人員補償金總額之計算方式如下：

1. 兩種人員合於法定退休、撫卹或資遣之年資，依新退撫制度實施前之公教人員退撫資遣法律規章規定，核計其應領一次退休金、撫卹金或資遣給與之基數爲「補償金基數」。

2. 上述第一項人員，依其退休、撫卹或資遣時之薪俸等級，以85年度公教人員相同俸薪等級之本俸（薪）或年功俸（薪）之百分之十五爲「補償金基數內涵」。

3. 上述第二項人員，依其退休、撫卹或資遣時之俸薪等級，以當年度公教人員相同俸薪等級之本俸（薪）或年功俸（薪）之百分之十五爲「補償金基數內涵」。

4. 補償金之總額，分別各依上述「補償金基數」乘以「補償金基數內涵」即得。

以上所述，係所稱其他現金給與問題之內容與過程。

(二) 試評解決方法

此一問題之發生，坦白言之，在於政府之不依法執行，有失誠信。現以補償金方式予以解決，在形式上似爲已經解決，因以往未給予者，現已給予；且至今及今後退休者如有民國84年7月1日前年資者，仍得依此一補償金辦法，於其以後退休時，即連同退休金一併發給。至於今後退休人員之不具民國84年7月1日以前年資者，由於新退休、撫卹、資遣法律或辦法中，已均不再有「其他現金給與」之規定，故根本不發生所謂其他現金給與問題。

但對於此一補償辦法，似有下列三點値得商榷：

1. 此一補償辦法爲行政命令，完全缺乏法律根據。而所需支付之款額，依全國公教人員人數核計，總數將達二萬一千四百億之多。此種補償金之各有關事項，包括如此龐大金額之支出，依「中央法規標準法」之規定，屬於應以法律定之之「關於人民之權利義務者」以及「其他重要事項之應以法律規定者」。但政府未作如此之圖，僅以一無法律依據之行政命令爲之。

2. 補償金此一名稱，十分不妥。依法而言，如政府未依法發給其他現金給與之作爲屬於不當，則應將其他現金給與及法定各種加給如數照發；如無不當，則補償無名，不應發給。且「補償金」一詞根本於法無據。

補償金定爲按一次退休金核計退休金總額之百分之十五發給，此百分之十五比率究竟何所根據而來？何以非依「其他現金給與」核計？何以係依本俸核計？可謂於法完全無據，且不合理。尤其「其他現金給與」所當然包括之法定加給金額，平均約爲人員本俸金額百分之八十以上。現區區百分之十五此一任意訂定之數目補發，實欠公允。

據此論析，足見此一問題，原本爲一法律執行問題，後因退休人員假政治情勢而向政府提出要求，折衷後而成百分之十五。證明是一種政治性之解決，而非合法之解決。

(三) 問題實質探討

透視此一問題之實質，爲政府對退休一事之觀念問題，進而影響政府採取何等退休政策問題，更進而影響退休金發給多少及退休金是否足夠問題。

我國公務人員俸給以往偏低，已見本書俸給章所討論情形。退休金係以月俸額爲核算之基礎，且必低於在職之俸給，致退休金歷來亦隨之偏低，以致退休人員常難賴退休金以維持生活。故早年擬訂退休法時，規定退休金之基數，應以公務人員每月本俸（或年功俸）及其他現金給與合併計算而成。但事實上，縱然依法確實執行，仍因公務人員俸給本身所得已過於微薄，而退休金更有不足，故政府於規劃公務人員保險制度時，遂有養老給付之設計；但仍有不足，又復有實物配給、眷屬補助費、子女教育補助費、公保免費醫療，及其他種種福利措施之給與，均所以聊資彌補。但退休人員對諸此種種利益，因已無公務人員身分，故不再能繼續享受，退休金又當然少於在職俸給，政府只好又有優惠存款制度。凡此種種，均證明其時公務人員所得俸薪不足，在職者固已難以生活，退休後更無論矣。

在此種不足情形之下，政府對公務人員之退休金，竟將約居每月俸給總額半數之其他現金給與不予發給，政府亦自知終非長久之計，因而有退休撫卹制度之改革。此一改革眞正目的之一，確在期望增加退休人員所得，但又不願依照舊退休撫卹法律發給所規定之其他現金給與，於是乃設計將退休撫卹之基數，定爲退休人員本俸或年功俸加一倍，俾大致相當本俸加其他現金給與，但卻要求公務人員應自繳部分費用，以共同建立退撫基金。新退休制度設計實施之結果，退休人員實際得失如何，讀者可以最簡單之方法自行核算，以知其究竟。並可參考下文所述。

但退一萬步言之，無論此種補償金解決方法是否妥適，自大處言之，至少較以往完全忽視之態度為佳。

就目前情形而言，由於政府自民國50年代開始，幾乎每年均有調整待遇之舉，迄至民國80年代起，始漸有不再調整之情形，故公務人員每月俸給所得，勉強已堪溫飽，退休金、撫卹金隨之亦實質有所增加。如公務人員俸給以後仍能隨物價適時作合理之調整，而退休金及撫卹金亦隨之水漲船高，則雖非十分滿意，似仍勉可差強人意。然民國107年之年金改革法案之「公務人員退休資遣撫卹法」，在降低所得替代率之餘，卻減緩調整之機制，恐將來退休人員之生活又將陷於匱乏之虞。

三、新退休制度及優惠存款制度之檢討（兼論所謂「十八趴問題」）

民國94年冬三合一選舉期間，轟動一時之所謂「十八趴問題」，所討論者實際也就是退休公教人員優惠存款制度中百分之十八利率之規定。

茲先須澄清論題內容：第一、所稱優惠存款制度，乃指具有民國84年6月30日前，公務人員任職年資之已退休人員或現仍在職將來退休人員，依舊制「公務人員退休法」規定，其一次退休金得存入銀行享受年利率百分之十八之優惠。第二、民國84年7月1日，新制退休法施行後之公務人員任職年資所得之一次退休金，則不得享有百分之十八優惠利率。第三、無論支領一次退休金或月退休金之退休公務人員，在民國84年6月30日前之公保年資，依規定取得的公保養老給付，可以比照一次退休金，依規定一併享受年息百分之十八之優惠存款利率；但民國84年7月1日以後的年資，則均不能享受優惠存款利率。第四、本文現所將進行討論者，乃民國84年7月1日開始施行之新制「公務人員退休法」將優惠存款制度取消，是否正當及是否得當，並兼論及民國94年臺灣三合一選舉期間所爭論之所謂「取消十八趴」問題；亦即政客所主張應將民國84年6月30日前年資，已依法核計所得之一次退休金及所有養老給付，存入銀行且繼續享受優惠利率予以取消，並且甚至根本徹底廢除此一優惠利率制度，使今後一次退休金及養老給付均不再有年息百分之十八優惠。第五、然而，如果民國84年7月1日施行之新制退休法取消年息百分之十八優惠利率之舉為不當，則民國94年政客即提出取消民國84年6月30日前退休法所定之優惠利率之主張，當然亦屬不當。以上五點為本文現所討論之鋼要。

我國以往有關退休人員給與的種種補救規定，幾乎十之八、九均係因原定退休給與偏低有關，由於退休給與係以公務人員在職時俸薪為計算給與基礎，故退休給與之偏低，實即根源於公務人員俸薪之偏低。由於早年連續十餘年之抗戰、戡亂與政府播遷臺灣，俸給難以調整，而退休人員退休給與所得又僅以本俸爲核計基礎，不包括幾居或超過月入半數之各種加給，故更遠低於在職人員，難以維生，情形嚴重。於是政府只好捨本逐末，另謀他途，以期補救。優惠存款制度之產生，完全由此，目的僅在用以彌補退休金之不足養老，已見上述，並非爲退休人員製造額外利益。現優惠存款制度在民國84年施行之新制退休法中已予廢除，此舉是否妥適？似可討論。

(一) 優惠存款制度經過

我國公務人員俸給，在抗戰前，一名薦任人員每月全部收入約在六十銀元以至九十銀元之間，其時白米一石最高時亦僅約銀元三元五、六角，每人一月葷素菜色齊備尚屬不錯之伙食費，總計僅約四、五銀元即可。五口之家，月收入有六十、七十銀元者，其全部衣食住行育樂所需，均可應付裕如無虞，生活安定。

但抗戰八年，戰費龐大驚人，紙幣貶值迅速而嚴重，公務人員之薪給根本無法作實質之調整。一名大學教授月入紙幣數十萬元，但以之購買銀元，其實際幣值大致僅能換購銀元十元、八元左右，所有公教人員均窮苦不堪，難以度日。此種情形延伸至戰後，由於續有動員戡亂戰爭之發生，紙幣更繼續貶值，政府對公教待遇根本無從顧及。

民國34年臺灣光復後以至38年，大陸仍陷內戰中，中央政府於民國38年遷臺，臺灣稅收微少，政府財政十分拮据。對公教人員待遇仍繼續採取戰時低薪俸政策，使之只能勉強免於餓斃而已。如此以迄民國50年代初而未稍改，公教人員陷於飢餓邊緣，痛苦萬狀，以致當時朝野各方無不認爲公教人員如此長期處於半飢餓狀態下，確爲國家一大隱憂，政府實有愧於公教人員。例如：當時本書原著者任職行政院，爲一簡任級人員，全月總收入僅新臺幣一千二百元；其妻於國立大學任一薦任職，全月總收入僅八百元，二人合計月入二千元。租賃二間日式房屋居住，月租金一千元，已屬最合理之租金費率，全家數口之衣、食、交通、教育，及致送婚喪禮儀等所需，悉賴所餘之一千元支應，實至爲拮据不堪。竟至當時執政之國民黨所辦之黨機關報「中央日報」，亦忍不住慷慨陳詞，竟以「期之爲聖人，待之如乞丐。」爲題撰寫社論，以描寫當時公教人員之悽慘窘迫情狀，呼籲急速改善公教人員待遇。

前文已說明，退休人員給與，係以在職人員本俸（不包括加給）爲計算基礎，現在職公教人員情況如此，退休公教人員當然更是困苦不堪。玆特別再次說明：所稱本俸，指僅有本俸或年功俸（舊退休細18），而不包括任何加給。但在職人員之加給通常與本俸或年功俸數目大致相同，所以退職人員所得，最多只有在職時每月俸給總額之半數，因而月入更是奇少，自更難以維生。

當時之退休法向來規定，一般符合法定條件之退休人員，有兩種支領退休金之方式可供選擇：一爲支領一次退休金，二爲支領月退休金，尙無兼領之規定。

當選擇一次退休金時，除可一次獲得一筆現金，最多爲退休前一日六十一個月之本俸（無加給）金額外，並可享受法定優惠存款之待遇。依舊制「公務人員退休法施行細則」第31條之規定：「退休人員或重行退休人員支領之一次退休金，自願儲存時，得由政府金融機關受理優惠儲存。其辦法由銓敘部會商財政部定之。」經兩部會商後，早在民國49年10月31日即已訂定「退休公務人員一次退休金優惠存款辦法」，所規定之優惠存款利息，較銀行一般存款稍優。即使依民國59年10月修正該辦法，其第3條規定：按行政院核定比照受理存款機關一年期定期存款牌告利率加百分之五十優惠利率計算。當時一位簡任級文官退休所得，如年資到達三十年以上，最高六十一個基數計算，辦理退休之一次退休金總額僅新臺幣三、四萬元。例如：其時本書原著者月俸及加給合計總額約一千二百元，退休金僅採其中本俸約六百元爲一基數，給予六十一個基數共計三萬六千六百元一次退休金。而市上一般年利率經常在百分之十二點三左右，依該辦法規定增加百分之五十後，常能維持年利率百分之十八、十九（等於月息百分之一點五）左右。則一位退休高級文官每月可得優惠存款利息大約爲五百五十元左右。

當選擇支領月退休金時，仍以本書原著者每月本俸六百元爲例，一位簡任級文官所得月退金最多亦在五百元上下，可勉強維持低水準生活。

但好景不常，貨幣貶値情形嚴重，尤其市上利率降低甚速，至民國50年代後半葉，市上一般存款利率最低時已降至年息八、九分，則優惠存款月息亦僅有百分之十二，實質所得最多新臺幣一千元，而石油危機後，物價更猛漲數倍。民國61年，本書原著者參加銓敘部工作後，曾往訪一位七十餘歲以部長身分退職之往日老師，直接獲知退休公務人員嚴重困難情狀，指示能致力改善。該師說他（以特任官身分退職）所得一次退職金總數約十萬元，現在每月所得之所謂優惠存款利息僅一千元（一千零九十四元），如何生活？所幸有兒防老，兒子孝順，亦無需房屋租金支出，所以才不致餓死云。本書原著者聽後內心十分難過，以一名終身奉獻國家之廉吏，老來竟至窮困辛酸如此，深感國家對之有愧。

同此時期，原支領一次退休金之退休人員，開始有組織，常赴考試院、銓敘部及其他各有關院部機關及執政黨中央黨部請願，更有人上書總統、執政黨總裁等。本書原著者在銓敘部任職，常出面與請願退休人員洽談，多方慰問。有一位本書原著者從小就拜讀其文學作品的名作家蘇雪林教授，其時已在臺南成功大學退休，老來窮病潦倒，退休金遠不足維生。門生弟子紛紛代其呼籲救援，並上書執政黨中央黨部，黨部中央常委會議以之成爲正式議案討論，決議交銓敘部從政黨員同志處理。另有一插曲亦有代表性，有一對夫妻原分別爲中央某部高中級職員，分別以高級簡任及薦任官身分退休後，支領一次退休金。一年後夫妻久病，竟至無錢療病（雖有公教人員保險醫療給付，但其本人仍有爲病所必要之其他相關支付）。此時，有其任職銓敘部高職之友人前往探看，怨其當初何以未選擇支領月退休金似較安全，該退休人士竟怒稱：「無論月退休金或一次退休金，都是國家設定的制度，國家都必須負責。國家不能設定一種陷退休人員於飢餓境地的制度，誘騙退休人員選擇。」友人歸而告訴此種論調，雖爲本書原著者前所未聞，但卻認爲所言確有道理，政府當然有責。改善退休所得所面臨困難之一，在其與俸給掛鉤。若調整俸給，所涉較爲廣泛重大，不易從事，所以最好辦法，莫如脫離俸給之樊籠。銓敘部經詳加研究後，最後決定從優惠存款利率入手。

而改善優惠存款之具體做法，係先在民國68年1月24日修正（舊制）「公務人員退休法」第6、8、13條，及增列第13之1條條文，新增規定下列各項確實有效之重要措施：

1. 新設定三種比率不同之兼領制度，備供退休人員各就其個人狀況需要，自行選擇，以應實際狀況之需要。所規定之三種兼領制度，爲退休人員凡任職十五年以上者，得選擇下列任何一種退休金支領方式：(1)一次退休金。(2)月退休金。(3)兼領二分之一之一次退休金與二分之一之月退休金。(4)兼領三分之一之一次退休金與三分之二之月退休金。(5)兼領四分之一之一次退休金與四分之三之月退休金。以上五種選擇，(3)、(4)、(5)爲新增，(1)與(2)爲原有（舊退休6）。

2. 依該法支領月退休金或兼領月退休金人員死亡時，另給與遺族一次撫慰金（舊退休13之1）。

3. 明定月俸額爲「實領本俸及其他現金給與」（舊退休8）不限於本俸。

爲具體化起見，復配合於民國68年7月5日再度修正「退休公務人員一次退休金優惠存款辦法」第3條，在原條文：「利息按行政院核定比照受理存款機關一年期定期存款牌告利率加百分之五十優惠利率計算。」之後，增定下列語句：「但最低不得低於年息百分之十四點二。」民國73年5月16日再修正爲：「但最低不得低於年息百分之十八。」是即所謂「十八趴」之來由。此條文中所稱「受理存款機關」，後經指定爲臺灣銀行，至今未改。

此外，早在民國63年12月17日，即已發布「退休公務人員公保養老給付金額優惠存款要點」施行，該要點後經修訂之條文規定「民國八十四年七月一日公務人員退休法修正施行前之公務人員保險年資所核發之養老給付」（養惠2）亦得辦理優惠存款。於是養老給付之優惠存款，依規定自然亦同適用十八趴制度。而養老給付對支領一次退休金或月退金或兼領二種退休金人員，均同爲一次核發。因此，優惠存款制度遂亦兼及適用於支領或兼領月退休金人員之養老給付。

退休人員所得問題雖仍未能徹底解決，但退休人員此後已勉可生活。證之民國95年情形，市面利率連年早已降低至年息百分之二、三情況而言，若無「十八趴」制度，眞不知有多少退休公教人員早已餓斃。不意當退休人員勉能存活時，竟招致批評，並以攻訐「十八趴」爲三合一選舉博取選票之政見主張，哀哉！但是非自在人心，無怪乎其三合一選舉終招失敗慘運也。

按「十八趴」一詞來自英文百分之十八，英文讀成「18 percent」，臺灣仍流行日語腔之英語發音——讀之成「十八趴」，自臺灣受日人統治時期影響流傳至今不改，實因其使用便利，較稱之爲「百分之十八」或「十八趴仙」或「十八個百分點」均較簡單且含義準確。

軍公教人員者，乃政府施政所倚賴之幹部或工人，有如工具，「工欲善其事，必先利其器」，中外古今未有政府愚昧至在於其忠誠服職屬下之軍公教人員身上動念頭、打主意、用心機者。

(二) 新退休制度取消優惠存款

優惠存款之最低年利率一分八，半個世紀來，與銀行掛牌之年利率常有差額，此差額中之小部分係由政府指定負責承辦優惠存款之臺灣銀行負擔（爲數龐大之軍公教人退休金及養老給付存款，對臺灣銀行而言，乃屬可供投資運用之龐大資金，非無利可圖），大部分則由政府補貼。政府補貼部分，連同軍公教三種人員優惠存款之補貼，最多時每年爲數達新臺幣一百數十億，財政當局認爲係一沉重負擔。經多年之要求，終於在民國84年7月1日新退撫制度施行後，新制「公務人員退休法」規定公教人員任職年資所得之一次退休金及養老給付，均不再有優惠存款之享受。但以前已依舊法規定辦理之優惠存款，以及在新法施行後退休人員所具民國84年6月30日前之任職年資，仍得依舊法規定辦理退休金及養老給付之優惠存款。因此，「退休公務人員一次退休金優惠存款辦法」仍爲有法律依據之現行法規，未敢輕言廢除。至於原「退休公務人員公保養老給付金額優惠存款要點」，亦受新制退休法波及，經予修正，使支領或兼領月退休金人員之公保養老給付，雖仍得辦理優惠存款，但亦以民國84年7月1日以前之任職公務年資所核發之養老給付金額爲限。由於此一「要點」係由銓敘部本於職權以行政命令所訂定，尙無法律依據，修訂或廢止均不需送立法院，十分便利。於是民國94年冬三合一之選舉，此部分優惠存款遂被操弄，初意似頗欲根本廢止該要點，但因社會反對激烈，始改弦更張爲限制因優惠存款而使所得過高之部分，是即所謂十八趴風波。

(三) 新制取消十八趴之理由不足

茲先討論取消優惠利率問題，以上所述，新制採取民國84年7月1日前後兩段年資，適用不同法規規定劃分，以能否享受優惠存款利率之方法，其理由爲：採行新制後，認爲完全依新制年資計算之退休金所得已有增加。在假定幣值無重大貶值情形下，退休公務人員如於最高得採計之年資三十五年後退休者，可領新制所規定之一次退休金五十三個基數，亦即一次得領一百零六個月之本俸額現金。其所得退休金，按普通利率存入銀行，所得利息應勉可生活云。此種觀念，當銀行存款利率合理時，或差強可說；但長遠以觀，遇銀行利率低落至如今之僅有年息百分之一左右（事實上久已如此），復以幣値鉅貶及物價高漲時，則退休人員即絕難安生。淺顯易見之情形例如：當年息僅有百分之三（亦即十八趴之六分之一）時，新制一百零六個月之本俸乘以年息百分之三所得年息金遠有不足，難以維生。現試舉例核算於下以明之。

(四) 新舊兩制所得利息實況舉例

事實上，新制退休金所得，視之雖然已有增加，但所增加之一次退休金金額有限，而取消十八趴後一次退休金按市場掛牌利率核計所得息金則微不足以維生。茲以某甲爲例說明如下：

1. 依舊退休法計算退休金及利息：假定某甲本俸爲每月新臺幣五萬元，公務人員年資三十八年，依舊法僅能採計最高三十年，當其選擇領取一次退休金，可得六十一個基數，則實得一次退休金額爲：

5萬元×61個基數=305萬元（按舊制所得一次退休金總額）

305萬元×優惠利率年息18%（亦即月息1.5%）=月息45750元（依舊制按十八趴計息每月所得息金）

2. 依新退休法計算退休金及利息：某甲本俸新臺幣五萬元，可採年資最多三十五年，一次退休金金額爲：

5萬元×2倍×53個基數=530萬元（按新制所得一次退休金總額）

530萬元×市場利率年息3%（亦即月息0.25%）=13250元（依新制按市場利率計息）

3. 新舊兩相比較情形如下：

依新制所得一次退休金五百三十萬元，減除依舊制所得一次退休金三百零五萬元，則依新制增加所得二百二十五萬元（但五百三十萬元中之百分之三十五，即一百八十五點五萬元係某甲自繳費用，故實際僅增加三十九點五萬元）。

又依新制所得月息一萬三千二百五十元，減除依舊制所得月息四萬五千七百五十元，等於減少三萬二千五百元，即新制較舊制短少之月息所得，新制不及舊制月息三分之一（且其中百分之三十五係公務人員自繳數）。

依上述計算，顯示新制所得月息金僅有一萬三千二百五十元，難以維生。每月必須動用一次退休金老本三萬二千五百元，始能與舊制依十八趴利率計息所得相符。而其因新制增加所得之一次退休金二百二十五萬元，僅足供其動用二百二十五萬元除以三點二五萬元，等於六十九個月之需，亦即五年九個月後即用罄。五年九個月後，此一終生服務政府與人民現已別無其他收入之老人，不知將如何繼續生活？

四、新制之成敗

部分人事工作人員規劃與奮鬥二十餘年之新退休撫卹制度，由於從原恩給制改爲共同提撥制，增加公教人員負擔，最初在考試院及各方堅決反對下，終於竟在民國84年實施，殊非易事。至今已逾二十年，成敗如何？以民國107年之年金改革法案之施行，即得思索。現在此僅略加分析，供觀察之參考。

(一) 改制目標

新舊兩種退休制度之主要差別，已見前述。當新制在方案規劃期間，銓敘部所提出之改制目標，主要有三：1.增加退休公務人員退休金所得。2.減輕政府財政負擔。3.累積退撫基金支援政府建設。以上三項，細加衡酌，第3項實際係倡議之初，爲投資理財當局所好之一種策略性宣傳說法。因當時極盼退撫改制計畫能爭取理財機關支持，以獲得政府優先撥繳原始基金費用。當時政府積極推進經濟建設，需要集中鉅額資金從事，亦屬事實。但後來理財機關於新退撫制度定案之前忽然改變念頭，無意利用退撫基金，且更未如銓敘部預先誠心所規劃情形，將退撫基金管理委員會設置於財政部下，完全由財政部運用是項基金；財政部斷然主動拒絕承接是項基金之管理權及基金管理委員會之設置。故第3項目標已不重要，所存者唯前二項。

(二) 如何達成矛盾目標

但上述兩項目標，相互間似有矛盾。既欲減輕政府財政負擔，又望增加退休人員所得，則增加退休人員所得之錢從何來？分析新制內容後，所能獲得之答案不外如下：1.建立退撫基金，錢自基金來。然則基金錢又自何而來？則由政府與公務人員分擔而來。2.基金營運所獲收益。

就政府分擔部分而言，舊制，政府原本每年即必須編列退休撫卹金預算，以支付退撫給與。改制後，原已在職之公務人員辦理退休與撫卹時，其所具舊制年資，仍係由政府依據舊制舊法，每年編列預算支付。必須待此種具有舊制年資人員完全退休，且退休死亡後，始可免除繼續編列此種預算款項。至於新制開辦後，爲建立新制基金，應由政府分擔百分之六十五撥繳之基金款額，政府亦必須每年編列預算款項支應。因此，在一定期間內，政府爲退撫給與而有雙重負擔，故政府在此一定期間內，不僅不能減輕負擔，抑且增加財政負擔。但政府增加之負擔，並非立即直接用以增加公務人員退休或撫卹給與。

至於公務人員所繳百分之三十五費用，雖然在比例上較政府所分擔撥繳者爲少，但就公務人員立場而論，則係一種前所未有而今新增之負擔。

依新制所得之退休撫卹給與，較依舊制所得有增，其增加情形爲：五十三個基數（月俸額）乘二倍，計一百零六個月本（年功）俸，減去依舊制本應有之六十一個基數（本俸或年功俸），所餘四十五個月本（年功）俸，即係較舊制增加之所得。此增加之四十五個月俸額爲依新制所得一百零六個月月俸額之百分之四十二點五。此新增之百分之四十二點五中，因增加採計年資五年七點五個基數（十五個月俸額），實際僅增三十個月俸額，亦即有百分之二十八點三係眞正新增所得，且含有公務人員本人繳費百分之三十五，故實際只增百分之十八點三，爲數有限。

此百分之十八點三之來源不外乎二：一爲營運收益所得；二爲若營運並不成功，依法最後仍應由政府負擔撥補。故無論爲上述兩者中之任何一者，政府似均未減少負擔。更何況新制退撫金基數中，不僅實際已減除人員本人實物代金、眷屬實物配給，與眷屬補助費，及一次加發兩年本人及眷屬實物代金，更公然刪除「其他現金給與」，並連帶在無形中減除了後來新設置的「其他現金給與補償金」。究諸實際，如詳加核算，退休公教人員不僅並未增加退休所得，而且顯然減少所得。

此種毛算結果，已可提供一大致評估概念。

(三) 退撫金增加之真正來源

新制並非全無新意，除新創公務人員應自繳退撫基金費用外（雖然究竟公務人員應否自繳，仍有仁智之爭）。最重要者在其建立退撫基金。在性質上，已將原恩給制全由政府以預算撥繳之款額，轉變爲逐年提撥百分之六十五之基金費用，該基金並依法成獨立基金，使基金得依法自行營運及孳息。

據上檢討，公務人員退休撫卹之收入，無論形式上或實質上，如有任何增加，則其來源應不外乎三：1.依新制規定，公務人員所分擔繳納基金之費用（形同強迫儲蓄）。2.基金運作後可能之收益所得。3.新制採計年資最高三十五年較舊制採計三十年多出五年年資。

在基金營運尚未累積大量收益前，政府不僅仍然必須分擔百分之六十五基金撥繳費用，且仍需每年照列退撫金預算以支付具有舊制年資之退撫人員，故在一定期間內，政府負擔不僅未能減輕，抑且加重。此在新制施行時，預估約八年至十年後，政府之負擔將開始減輕。但結果如何？「年金改革」即是答案。

(四) 成敗關鍵

據以上推論可知新退撫制度成敗之關鍵，端在基金之營運成功與否，如營運情形良好則成功，否則即易失敗。至於收益情形是否良好，則似取決於下述第1.、2.兩項因素，而評定其是否成功則應依下述第3.項論述：

1. 營運獲致鉅利：依「公務人員退休撫卹基金管理條例」規定，此一基金得從事購買票券、委託經營，以及投資等項目眾多之運作。如能有效運作，且運氣良好，自有可能獲致鉅利；否則，運氣不好時亦易招致重大虧損。但一般言之，欲獲鉅利，常涉不同程度之冒險，冒險則可能有風險，又不穩妥。

2. 貨幣貶值率低於獲利率：貨幣貶值率之如何，非退撫基金所能把握。如基金雖能獲利，但獲利率值低於貨幣貶值率時，基金亦屬失敗；必須獲利率超過獲幣貶值率甚多，始爲成功。

3. 最後評定標準：評論新制是否成功，仍應其設計之初所提出之下列改制三目標以鑑定之：

(1) 退撫人員之所得是否真正增加：如形式上有增，但實際所增只是來自公務人員自繳費用（形同強迫儲蓄），則不能謂爲已增加退撫人員之收入。必須所增加者超過公務人員所自繳費用較多，始得謂爲成功；如低於自繳費用，則爲失敗；如相當於自繳費用或相差無幾，則爲未成功。更何況，二十餘年來，退休給與計算標準並未提高，一仍舊貫；但退撫基金費率已自百分之八累增至百分之十二，復以公務人員需自繳費用，應爲失敗。

(2) 政府退撫負擔是否真正減少：以目前所設計之制度結構而言，政府分擔基金撥繳費用百分之六十五，其款額仍與恩給制時期預算所列款額相差有限（由於退撫金基數以月俸額加一倍計算，故此百分之六十五，即是百分之一百三十，而公務人員自繳之百分之三十五實際亦即爲百分之七十）。如永遠維持此種狀況，且基金亦未虧損，是新制不能達成減輕政府財政負擔目標，但亦未虧損，是爲不成不敗。如不僅不能減輕政府負擔，且基金更有虧損，則爲失敗；如有朝一日，政府確已減少負擔，則爲成功。但法律規定政府將永遠分擔百分之六十五基金繳費，則似永無減輕負擔之日。回憶新制未建立前及建立之初，曾斷言八年至十年後，政府將減輕負擔，但至今已逾二十年，政府有關退撫之負擔是否有增或有減？增減多少？不妨細思。

(3) 基金是否繼續健全存在：新制究竟是否能增加退撫人員所得，固屬重要，但基本上，更必須基金本身能繼續健全存在。目前島內政治波瀾雖然不絕，且經濟不振，但所幸整體國家尚無重大風浪情形觀之，此一制度似有繼續存在之可能與必要。但足以影響基金成敗之因素至多，諸如世界性之經濟發展、國內之經濟發展、貨幣貶值率之實況、國內政局發展、兩岸關係、臺美關係、基金本身運作之成敗，以至於制度本身之眾多複雜因素等皆屬之。

(五) 有關新退撫制度的客觀評論

上文對新退休制度（間接亦包括新撫卹制度）析述甚詳。本書原著者任職銓敘部時，曾奉交主持一包括中央軍、公、教、財政、主計、法務、省、市等主管機關合組之一「退撫改革制度專案小組」，每週定期集會，持續逾年，反覆深入研討新退撫制度。本書原著者揣想創議者原意期在為國家減輕財政負擔之苦心，亦期望果能增加退休公教人員之退休所得。但經其冷靜透視，深覺事與願違，結果已如上述。本書原著者當時所見最不贊同者有四，如下：

1. 創議者當時誇大其詞謂：公教人員退撫給與總數龐大，以當時在職公教人數及俸薪標準估計，全部退休給與總數約為四千億元，亦即政府潛在負債達四千億元之鉅云（此為民國70年代詞句），情形嚴重，必須速謀預行挽救云云。此種言詞，近乎恫嚇，極能聳動聽聞，常易使人誤信其為眞。實則退撫給與之性質與在職公教人員俸給預算之性質相同，皆為任何國家任何政府施政必需支出之人事費用預算中主要部分，為施政之必需或基本，何能以所謂「潛在負債」稱之？若然，則全國軍公教人員今後十年、五十年或一百年之俸薪，不知有若干兆，是否亦為「潛在負債」？

2. 創議者誇稱既可減免政府因原「恩給制」之退撫支付，又可增加退撫人員實際所得云云，形成半虛構性之誘惑。此種明顯之矛盾，且亦有如上述「潛在負債」恫嚇之不可信，已見上文分析。

3. 此一退撫制度重大改革，其眞正目的究竟為何？

4. 新退撫制度施行逾十年時，其成敗重要關鍵，亦可自其所累積至基金四千餘億元之經營成敗觀察，並希望其成功，姑拭目以待之。但公教人員退撫費率，自民國84年所規定之百分之八，歷年累漲為民國95年之百分之十二，已增加百分之五十。如果基金經營成功，則何需調增費率高達百分之五十之多（8%比12% = 100%比150%）？另據報載，退撫基金現經精算後，所得結論為至民國100年後，基金將逐漸不足支應云，目前提高費率之舉，不過苟延殘喘，延緩最後失敗之來臨而已。以民國107年7月1日施行「年金改革」法案，即可見一斑。

(六) 對擬變更「十八趴」支領規定措施的客觀評論

所謂十八趴，乃指以前法定對退休軍公教人員所支取的一次退休金總額，及支領一次退休金人員及月退休金人員所支領的公保養老給付總額，如自願依規定以定期存款方式存入臺灣銀行時，依規定享有較「存款機關（臺銀）一年期定期存款牌告利率加百分之五十優惠利率計算。但最低不得低於年息百分之十八。」（退休優3，退養優2）（表19-18）。復於民國84年7月1日新制退撫法律施行後，取消是項退休金優惠利率規定，但民國84年6月30日以前之公教任職年資擇領一次退休金者，該部分年資換算計得之退休金仍得辦理優惠存款。至於無論擇領一次退休金或月退休金或兼領一次及月退休金人員之公保養老給付金額，則依據有關辦法及要點，均仍得辦理優惠存款。民國94年三合一選舉期間，政客操弄選民，揚言十八趴對工農存款人之僅能以銀行牌告低利率存款言，顯有不平云云。此種言詞完全忽視公教人員係爲政府工作，以及服務國民大眾之特別身分於不顧，引起普遍之不滿，以致成爲持此主張者在三合一選舉中失敗之重要原因。其所提出變更十八趴之主張，及避開擇領一次退休金人員者，顯然係因瞭解「退休公務人員一次退休金優惠存款辦法」係依「公務人員退休法施行細則」第32條訂定，有合法之依據，如欲廢除，勢難獲得立法院同意，故未敢造次；但「退休公務人員公保養老給付金額優惠存款要點」則尚未取得法律依據，僅係銓敘部所發布之行政命令（且不在「中央法規標準法」第3條所列舉之七種法規「行政命令」之中），原先即未送立法院，所以此次修正，亦得無需送立法院，而可避免立法院之反對。因此，此次發動原擬取消十八趴優惠，僅限於依據上述「退休公務人員公保養老給付金額優惠存款要點」支領月退休金人員身分以前已經辦理及今後將辦理是項優惠存款者爲對象，不涉及民國84年7月1日以前年資已經辦理，或將辦理支領一次退休金人員之養老給付優惠存款者。但後來發現情勢十分不利，始轉變主題，以超過同職等同俸級在職人員本俸所得者，應降低其養老給付存款金額，以到達同俸級在職人員本俸之一定百分比之下爲度。此種主張，因僅需由銓敘部以行政命令修正上述要點即可實現，立法院無法直接干涉，遂成現行措施。但持此一主張者受傷甚重，一爲三合一選舉之大敗；二爲考試院及銓敘部95年度預算之遭凍結；三爲立法院對以此爲內容之改革方案，公開表示異議。

表19-18 民國49年至95年10月期間臺灣銀行一年定期存款利率與退休金優惠存款利率變動情形一覽表

日期	一年期定期存款利率	優惠存款利率	日期	一年期定期存款利率	優惠存款利率	日期	一年期定期存款利率	優惠存款利率	日期	一年期定期存款利率	優惠存款利率
49.10.1	14.2%	21.3%	68.5.16	11%	16.5%	78.4.3	5.25%	18%	87.8.4	6.425%	18%
50.3.1	14.2%	21.3%	68.8.22	12.5%	18.75%	78.4.20	6%	18%	87.9.30	6.325%	18%
50.6.21	12%	18%	69.11.17	12.5%	18.75%	78.4.25	7%	18%	87.10.22	6.3%	18%
51.8.8	11.1%	16.65%	70.1.6	13%	19.5%	78.5.12	9.25%	18%	87.10.31	6.1%	18%
52.7.1	10%	15%	70.6.15	14.5%	21.75%	79.6.8	9.5%	18%	87.11.13	6%	18%
53.3.1	9%	13.5%	70.10.21	13.5%	20.25%	80.7.16	9.375%	18%	87.11.26	5.7%	18%
55.2.14	8.4%	12.6%	70.12.17	13%	19.5%	80.9.11	9%	18%	87.12.8	5.55%	18%
56.5.6	8.1%	12.15%	71.2.26	12.5%	18.75%	80.9.25	8.625%	18%	88.2.3	5.425%	18%
58.5.10	8.1%	12.15%	71.4.17	11.5%	17.25%	80.11.19	8.25%	18%	88.2.20	5.05%	18%

表19-18　民國49年至95年10月期間臺灣銀行一年定期存款利率與退休金優惠存款利率變動情形一覽表（續）

日期	一年期定期存款利率	優惠存款利率	日期	一年期定期存款利率	優惠存款利率	日期	一年期定期存款利率	優惠存款利率	日期	一年期定期存款利率	優惠存款利率
59.12.22	9.72%	14.58%	71.7.12	10.5%	15.75%	81.1.9	8%	18%	88.3.16	5%	18%
60.5.29	9.25%	13.875%	71.9.18	9.75%	14.625%	81.10.6	7.75%	18%	89.9.26	5%	18%
60.12.21	9.25%	13.875%	71.12.30	9%	14.25%	82.8.9	7.625%	18%	90.2.5	4.8%	18%
61.7.11	8.75%	13.125%	72.3.16	8.5%	14.25%	83.4.18	7.4%	18%	90.3.7	4.69%	18%
62.7.26	9.5%	14.25%	72.12.1	8.5%	18%	84.7.7	7.15%	18%	90.4.2	4.47%	18%
62.10.24	11%	16.5%	73.5.9	8.25%	18%	84.8.14	6.9%	18%	90.4.13	4.3%	18%
63.1.27	15%	22.5%	73.5.16	8.25%	18%	84.11.11	6.8%	18%	90.4.19	4.4%	18%
63.9.19	14%	21%	73.11.24	8%	18%	85.5.25	5.675%	18%	90.4.26	4.275%	18%
63.12.13	13.5%	20.25%	74.3.22	7.75%	18%	85.8.15	6.55%	18%	90.5.21	4.15%	18%
64.2.22	12.75%	19.125%	74.6.17	7.75%	18%	85.8.28	6.45%	18%	90.7.17	3.9%	18%
64.4.21	12%	18%	74.9.17	6.75%	18%	85.10.16	6.3%	18%	90.8.21	3.65%	18%
64.7.21	12%	18%	74.11.23	6.25%	18%	85.11.15	6.05%	18%	90.9.20	3.15%	18%
65.10.22	11.25%	16.875%	75.2.24	5.75%	18%	86.6.5	5.95%	18%	90.1.5	2.8%	18%
65.12.15	10.75%	16.125%	75.3.12	5.25%	18%	86.8.7	6.075%	18%	90.11.1	2.8%	18%
66.4.1	10%	15%	75.10.21	5%	18%	87.2.7	6.55%	18%	94（最低）	1.425%	18%
66.6.10	9.5%	14.25%	77.7.7	5%	18%	87.5.12	6.55%	18%	95.10.2	2.23%	18%

資料來源：轉錄監察委員黃煌雄、趙昌平、呂溪木：我國社會福利制度總體檢調查報告，頁215，監察院民國91年1月印。又表中民國94年及九十五年兩年數字係本書作者向臺灣銀行查詢所得予以增列。

五、公務人員因公退撫與其補償之商榷

昔「公務人員退休法」、「公務人員撫卹法」或現行「公務人員退休資遣撫卹法」、「公教人員保險法」，所規定之因公退休或死亡撫卹，予以較優厚之退休給與或撫卹給與，學理上稱為「職業災害補償」，係屬近代「職業安全」措施之一環。我國過去則基於矜卹忠貞之旨，歷來對退休撫卹亦均有類似措施，均屬正當而必要。但由於給與之數額與社會之觀念有所差距，以至於在公保退撫法律之外，再以行政命令增設「因公慰問金」（而後在於保障法第21條第2項建立法源），在法制上，形成如覆瓦式地給予補償。得否將其統一，以「恩給制」方式給與，制定「公務人員職業災害補償法」？允宜思考。

(一) 因公退休加發退休金現制之商榷

然而原新舊制「公務人員退休法」第7條（及民國100年1月1日修正施行「公務人員退休法」第13條第1項），乃至於現行「公務人員退休資遣撫卹法」第32條第1

項，對於因公退休之給與規定，則大有可商榷之處。

依舊制，因公傷病以致退休者，如當事人選擇一次退休金，則其服務年資如未滿五年時，以五年計，亦即給予九個基數，並再加發百分之二十，相當於一點八個基數，合計實發十點八個基數；如其服務年資超過五年時，即以其實際服務年資換算所得之一次退休金基數，再加百分之二十給與；換言之，在擇領一次退休金的情況下，只保障基本年資五年，並且均給與加發百分之二十，作爲職業災害之補償。如當事人擇領月退休金時，則不論其任職年資爲一天或三十年，均給予法定支領月退休金之最高給與額百分之九十，亦即均得以所得採計之最高年限服務年資三十年計算。二者相互比較，制度設計之崎重崎輕，所增加之退休給與多寡至爲懸殊，相對極不平衡。除此以外，且有更極端不平之現象如下：有某甲實際服務年資已達或已逾三十年，於因公退休時，如擇領月退休金，即無法擬制增給作爲「職業災害補償」，亦即退休給與毫無分文增加，只得選擇一次退休金。而只任職數天之因公退休者，則因依法規定均得給予月退休金百分之九十，則又以選擇月退休金較爲有利。

新制因公傷病而致退休者（自84.7.1.退休法第7條，100.1.1.退休法第13條第1項，以迄107.7.1.退撫法第32條第1項），如擇領一次退休金，年資未滿五年時，僅得擬制以五年計，即給與新制七點五個基數（即十五個月本俸金額或年功俸金額或平均俸額），相當舊制十五個基數，縱使年資超過五年，亦無另增加給付之規定，以作爲「職業災害補償」。如擇領月退休金者，其任職年資未滿二十年，則以二十年計，亦即給與百分之四十之月退休金，相當於舊制百分之八十之月退休金（當然其中均含有自繳退撫基金部分）。兩者之間，也產生增加給與（補償）金額之不平衡情形；且亦更有極端不平現象出現如下：擇領一次退休金者，幾乎無分文增加給與（補償）；而擇領月退休金者，雖得保障擬制年資二十年，得領百分之四十之月退休金，相當於舊制之百分之八十，但較舊制之給與仍短少百分之十；甚且迄今如服務年資（新制）超過二十年者，其擇領一次退休金或月退休金，均不能領受「因公」所增給之退休金，以資補償。如此，何以撫慰忠勤？

新舊兩制，雖在各自體系本身內有不平之處，但進一步言之，以新舊兩制相互比較，兩制間更多不平之處，孰優孰劣，從上述列舉之數字可獲明確瞭解。新制規劃施行時，未能認眞檢討設計因公傷病退休者之職業災害補償制度，卻於立法說明中謂：「至於超過二十年者，或選擇支領一次退休金種類者，則依一般規定辦理，以期誘導擇領月退休金，確保因公傷殘退休後生活。」此種缺乏誠信之言詞，出自政府公文書，其合宜乎？

新制施行後，亦有因公傷病退休實例發生，當事人因兼具新舊制兩種年資，於是產生之第一個問題：新舊年資究應如何採計？「公務人員退休法」及其施行細則竟均無規定。案經當局研究，決定參照「公務人員撫卹法」第15條第1項及其施行細則第16條第3項之規定，從寬處理，均以新制年資列計；至於財務責任則依新舊年資之比例，由退撫基金及政府亦按比例分擔。繼續出現第二個問題：新舊年資合計逾二十年者，如何處理？如均依新制辦理以計算其一次或月退休金，則與一般退休者無異，亦即政府對忠勤服務以致傷病之情節置之不問，不給與分文因公增加之給與（補償），甚不合理。之後只好以函釋重新規定，略以具有新舊制年資者，得選擇：1.全部依新制規定標準核發，或2.依其新舊制年資，分別適用新舊制之規定標準核發；其財務責任仍由政府與公務人員退休撫卹基金依其新舊制年資比例分擔（銓敘部86.12.2.八六臺特二字第1504438號函），如此始稍稍緩和對此一問題原規定不明確及不合理所引發之不平。但若有一因公傷病退休案，當事人兼具舊制年資一年及新制年資十二年，如其選擇依新舊標準分別計算並擇領月退休金，則舊制即應給與百分之九十月退休金，新制則應視同二十年年資核計給與月退休金百分之四十，亦即相當於舊制之百分之八十，兩者合計則可支領月退休金相當於舊制之百分之一百七十。未悉此種結果是否即係最初創制者所曾慮及？

民國100年1月1日修正施行之退休法及其施行細則，充其量僅爲將「因公情事」提升至法律位階，並對其細節做敘述性規範，且援「警察人員人事條例」第35條、「關務人員人事條例」第20條之例，加發退休金五至十五個基數（退休13 II），以之衡平，尙無對「因公給與」在制度上之合理性，做任何之檢討。即使新聞媒體偶有報導公務人員之「因公」事件，其爭議乃在於是否符合「因公情事」，希冀領受較（最）高之退撫金。昔民國70年曾有年輕之警察「因公」殉職，年資甚淺，即使依最高等級給與，其遺屬所得亦不符社會觀瞻，於是修正撫卹法提高「擬制年資」來增加給與，而後甚至於以法律擬制方式提高其俸級等階（所任職務最高年功俸）、比照戰地殉職加發撫卹金、增加慰問金或其他之照護（警人36 I、36之1，警人細16、17），雖不失處理方式之一，但於基礎退撫法即使如此擬制，或在整體「職業災害補償」法制（體系內）規設上，是否妥適？或有所不平？從上述之例示，應可啓發。於茲「公務人員保障法」施行二十餘年之際，「執勤安全保障」（第19條）制度內容之規設，實仍有待加強，以免「職業災害」之發生，或發生後爲求最高撫卹給與而有所爭執。

因此，根本之計，未若將因公傷病退休人員之此種職業災害補償之規定，與「公務人員退休法」（甚至於撫卹法）脫鉤分離，以「恩給制」方式辦理補償給與，經費應全由政府以預算負擔。至於有關因公傷病情事及應給與補償若干？則應參酌以往眾多案例、勞工法制，以及外國法制，如日本國家或地方公務員災害補償法，審慎斟酌予妥擬，是所至幸。

(二) 因公死亡之給與與認定

公務人員因公死亡，功在國家，爲表崇功報德起見，故特別另定有因公撫卹制度，給予較因病或意外死亡者優渥之卹金。新舊制「公務人員撫卹法」均有明文規定因公死亡給卹標準，是以，對因公死亡案件之辦理是否允當，至關重要。故在此提出初步研究意見，以供參考。

1. 卹金給予標準：爲討論時，便利比較起見，茲依現行退撫法將一般死亡與因公死亡兩種給卹標準並列於下（退撫54至57）：

(1) 病故或意外死亡者：

①任職未滿十五年者，依下列規定，發給一次撫卹金：

A. 任職滿十年而未滿十五年者，每任職一年，給與二分之一個基數；未滿一年者，每一個月給與八分之一個基數；其未滿一個月者，以一個月計。

B. 任職未滿十年者，除依上述規定給卹外，每少一個月，加給十二分之一個基數，加至滿九又十二分之十一個基數後，不再加給。但曾依法令領取由政府編列預算或退撫基金支付之退離給與或發還退撫基金費用本息者，其年資應合併計算；逾十年者，不再加給。

②任職滿十五年者，依下列規定發給一次撫卹金及一百二十個月之月撫卹金：

A. 每月給與二分之一個基數之月撫卹金。

B. 前十五年給與十五個基數一次撫卹金；超過十五年部分，每增一年，加給二分之一個基數，最高給與二十七又二分之一個基數；未滿一年之月數，每一個月給與二十四分之一個基數；未滿一個月者，以一個月計。

(2) 因公死亡者：

①冒險犯難：

A. 年資計給：其任職未滿十五年者，以十五年計給撫卹金；其任職滿十五年而未滿二十五年者，以二十五年計給撫卹金；其任職滿二十五年而未滿三十五年者，以三十五年計給撫卹金（退撫55III）。

B. 一次撫卹金：依上述病故或意外死亡之方式計給（以下同），並加給百分之五十（退撫57）。

C. 月撫卹金：每月給與二分之一個基數之月撫卹金，給與二百四十個月。

②一般因公：

A. 年資計給：其任職未滿十五年者，以十五年計給撫卹金；其任職滿十五年者以實際任職年資計給撫卹金。

B. 一次撫卹金：加給百分之二十五。

C.月撫卹金：每月給與二分之一個基數之月撫卹金，給與一百八十個月之月撫卹金。

③猝發疾病：

A.年資計給：其任職未滿十五年者，以十五年計給撫卹金；其任職滿十五年者，以實際任職年資計給撫卹金。

B.一次撫卹金：加給百分之十。

C.月撫卹金：每月給與二分之一個基數之月撫卹金，給與一百二十個月。

④通勤災害：

A.年資計給：其任職未滿十五年者，以十五年計給撫卹金；其任職滿十五年者，以實際任職年資計給撫卹金。

B.一次撫卹金：加給百分之十。但係於「冒險犯難」中之通勤災害，則加給百分之十五。

C.月撫卹金：每月給與二分之一個基數之月撫卹金，給與一百二十個月；但係於「冒險犯難」中之通勤災害，則給與一百八十個月。

⑤輔助行為：

A.年資計給：其任職未滿十五年者，以十五年計給撫卹金；其任職滿十五年者，以實際任職年資計給撫卹金。

B.一次撫卹金：加給百分之十。

C.月撫卹金：每月給與二分之一個基數之月撫卹金，給與一百二十個月。

⑥積勞成疾：

A.年資計給：其任職未滿十五年者，以十五年計給撫卹金；其任職滿十五年者，以實際任職年資計給撫卹金。

B.一次撫卹金：加給百分之十。

C.月撫卹金：每月給與二分之一個基數之月撫卹金，給與一百二十個月。

(3)基數之構成：撫卹金基數之構成，以公務人員最後在職時之平均俸額加一倍爲準（退撫54III）。

2.因公與非因公卹金差別甚大：因公或非因公死亡，所得卹金差額頗大，茲舉一實例以明之。某甲爲薦任九職等本俸五級，任職三十五年整，在職死亡，按民國107年1月待遇標準核算，若其平均俸額爲三萬六千元，依現行退撫法規定，分別核計如下：

(1)某甲係因病或意外死亡，給一次撫卹金二十五個基數，及每月月撫卹金二分之一個基數，給予一百二十個月，其撫卹金金額如下：

①一次撫卹金：3.6萬元×2×25個基數＝180萬元

②月撫卹金：3.6萬元×2×1/2×120個月＝432萬元

③上述①＋②：180萬元＋432萬元＝612萬元

(2) 如某甲係執行職務因公死亡者，一次撫卹金加百分之二十五，月撫卹金一百八十個月，並依其他規定給予慰問金，其撫卹金金額如下：

①一次撫卹金：180萬元×125%（加了25%）＝225萬元

②月撫卹金：3.6萬元×2×1/2×180個月＝648萬元

③另依規定發慰問金：一次230萬元

④上述①＋②＋③：225萬元＋648萬元＋230萬元＝1103萬元

(3) 但若某甲係冒險犯難或戰地殉職因公死亡，一次撫卹金應增加百分之五十，月撫卹金應給二百四十個月，其撫卹金金額如下：

①一次撫卹金：180萬元×150%（加了50%）＝270萬元

②年撫卹金：3.6萬元×2×1/2×240個月＝864萬元

③另依規定加發慰問金：一次300萬元

④上述①＋②＋③：270萬元＋864萬元＋300萬＝1434萬元

依上核計可知，因病或意外死亡者，所得撫卹金及慰問金總數爲六百一十二萬元；因公（執行職務）死亡者，所得總數爲一千一百零三萬元；而因公（冒險犯難或戰地殉職）死亡者，所得總數爲一千四百三十四元。三者間相互差額依次爲四百九十一萬元，及三百三十一萬元，並非微數。如亡故者爲警察人員，更可另依「警察人員因公傷殘殉職慰問金發給辦法」之規定，因執行職務遭受暴力或意外危害時死亡或殉職，改領較高之慰問金七百萬元，而使因公所得之撫卹金差距更爲擴大。

如某甲係一般「因公死亡」，依現行規定，其任職年資爲未滿十五年（例如僅一年）者，以十五年計；任職十五年以上，以實際任職年資計。但如其「冒險犯難或戰地殉職」任職年資爲未滿十五年者，以十五年計；或任職十五年以上，未滿二十五年者，以二十五年計；或任職二十五年以上，未滿三十五年者，以三十五年計，其間撫卹金之差距頗大。

又現行退撫法對「因公撫卹」之「擬制年資」，改變原撫卹法之規設，有所減縮，對於撫卹金之給與，亦有所減縮。

3. 認定不當即有違正義：基於上述說明，可知因公或非因公之死亡給卹，相互間金額差別甚大，以致不免有人將非因公死亡者，欲強認爲因公死亡，企圖取得較多撫卹金與慰問金。對此種情形，我國人昔常持有一種嚴重錯誤的看法，認爲「撫卹從寬」（或「死者爲大」），因此，對申請因公死亡撫卹案之審核認定，主張應持從寬觀點認定云云。殊不知，如世上確有「撫卹從寬」之語，但其本意係在表示撫卹資格條件以及撫卹金數額，甚至其法定標準在立法訂定時，均從寬爲之之意；決非資格條件認定標準以及給付金額標準均已訂定，載入法規公布，以資共同遵守後，在執行時，執行人員又可不確實照規定之共同標準辦理，而另以一己之意任意予以變更，給予較多或較少之撫卹金，或甚至將非因公死亡者任意認定爲因公死亡。由於議卹時，該死亡公務人員之職等、年資及俸額，均爲依法已確定之數字，依法核算其卹金即可，未依法核算即構成違法，並無所謂從寬、從嚴，或不寬不嚴等多種可供選擇之核算卹金方法。至於其是否因公執行職務死亡，或因公冒險犯難或戰地殉職死亡，亦應依事實與合法證物可作爲客觀評定依據。其究竟係何種性質死亡，僅爲事實及物證之「有與無」或「符合規定與不符合規定」之認定，而據以作成「是與非」因公死亡之客觀決定，並無所謂從寬從嚴之中間性或折衷性選擇。當其爲「不符合規定」及「非因公死亡」時，何得因主觀之同情或偏私觀念，虛託「撫卹從寬」（或「死者爲大」）之美名，行違法之實，強予寬濫扭曲，而作違法之認定？故所謂「撫卹從寬」云云，究其實質，不過託同情之美麗外衣，而行違法之實而已，且常因此而興起無謂之糾纏與辯論，敗壞風紀，損毀正義，歪曲是非，實令人厭倦。

亡故公務人員遺族可獲得較多撫卹金慰問金，誠屬美事。但如係以違背事實之手段而獲得，而誠實守法之遺族則反而不能獲得，得謂爲公平乎？而政府於審核時竟亦予以縱容，是不僅鼓勵違法，且更違背公正與誠信，故應切謀改善。韓非云：「國無常強與常弱，守法者強則強，守法者弱則弱。」足供深思。

此種不當行爲造成原因頗多，諸如：第一、爲有關法規對因公情事之構成要件，所作規定與解釋有欠精確；第二、爲部分官吏心態錯誤；第三、亡故公務人員遺族之不實請求；第四、關說；第五、媒體之吹嘘誤導。

4. 疑義舉例：撫卹法規對於因公死亡之要件，雖屢有較詳細之規定，但事實上仍有不足，且各機關之認定或執行亦有出入。

對於因公死亡之構成要件，就以民國99年12月31日前原新舊撫卹法第5條均有規定。其間民國84年7月1日施行之新制新法將舊制舊法原有之該條第5款「因戰爭波及以致死亡」刪除，僅存四款如下：

(1) 因冒險犯難或戰地殉職。

(2) 因執行職務發生危險以致死亡。

(3) 因公差遇險或罹病以致死亡。

(4) 在辦公場所發生意外以致死亡。

以上四款，表面視之，涵義似甚明確，但依據本書原著者多年來主持執行審定數以千計之因公死亡給卹案件之痛苦實際經驗，以及本書民國96年2月增修三版時之困難情形而論，日益證明條文有欠周延。

其中最令人困惱者爲第4款。此款最早之條文文字爲：「在辦公場所意外死亡」其涵義限於在辦公場所當場死亡，尙頗明確。但後來不知何故，竟在其施行細則中擴充規定爲：「在辦公場所意外或猝發疾病死亡」雖增加「猝發疾病」一事，但其涵義仍僅限在辦公場所當場死亡。後來更改爲：「在辦公場所發生意外以致死亡」此中「以致」二字表示因果關係，遂至「死亡」之事，蔓延至無時間、無地點，亦無狀況之限制。於是，在審查與認定過程中，竟擴而充之，爲在辦公場所遭遇意外或發病後，在辦公場所外死亡亦屬之，從此以後，執行上困難愈多。迅即發現，有於一個月後、一年後，甚或二年後，始在辦公場所意外死亡者，亦堅持應依因公死亡給卹。所持理由爲：「凡係在辦公場所意外或猝發疾病者，應即符合規定，因法規並無意外後或發病後應死於一定期限內之限制。」在此情形之下，愈形寬濫不公，於是在百般困難之餘，重行解釋，稍加緊縮，以在辦公場所遭遇意外或猝發疾病後，無論其係在辦公場所內外，但限於一至九日內死亡者，均得視爲因公死亡。此一解釋行之未久，又遭遇指責，所定九日之限，究竟有何依據？且依何理論定爲九日？而非十日？如係因公，則九日後一小時是否即否認其爲因公？如過一小時者可從寬認定，則過二小時、三小時，推廣以致一百小時，甚至一年，又有何不可？對於諸此問題，當時主其事者均無法提出圓滿答案。取巧者且曲爲解釋，有以一年前、二年前，甚至更長時間前，曾自辦公室前往醫療院所看病一次，後雖仍曾斷續到公，但堅稱係在辦公場猝發疾病以致死亡，種種怪誕說法。甚至有人派往國外工作，半夜死於其居所，亦堅持主張整個該國國境均係其辦公場所云云，致使辦理撫卹案件人員困擾不堪。至本書原著者任職銓敘部接任政務次長兼銓審會主席，掌理此類案件後，既困於此類案件之糾纏，復深感是非公理之不明，乃自行執筆起草一解釋條文由部呈報考試院。經奉院令照本書原著者所擬原文一字未改、一字未增、一字未減，核定函復照執行。並要求舉凡申請因公死亡撫卹案件，均必提出於原著者所主持每週例行二次，且由銓敘部科長以上各單位主管人員及簡任級以上五、六十名同仁一律參加之銓敘審查委員會公開討論審查；並切實依據上述經核定之解釋準確執行，決不含糊，以維正義，情形始得稍獲改善。此一解釋後經納入當時新撫卹法施行細則列爲第5條第4項，文字仍未有一字之變更增減如下：「所稱在辦公場所發生意外以致死亡者，係指在處理公務之場所，於辦公時間內，或指定之時間內，因處理公務而發生意外事故或猝發疾病，且由該意外事故或疾病直接使之當場死亡者，或自該場所直接送醫途中死亡者，或自該場所直接送醫繼續住院不治死亡者。」自此以後，在辦公場所因公死亡之案件始較少糾紛，公理得以稍彰。此一解釋後，一度有人曾經增加唯一合理放寬解釋，即爲尊重民間善良習慣起見，於病危返家死亡者——亦准予認定為因公死亡，惟該施行細則條文中，並未納入臨危前得返家死亡之文字。民國98年4月3日公布修正之撫卹法施行細則第8條才改以「相當因果關係」書列。

其次為第3款：「因公差遇險或罹病以致死亡」其最大困難在於「公差」一詞，至今無法定定義。例如：是否公假即屬公差？桃園地區公務人員奉派赴臺北參加會議一日，但於赴臺北參加會議後，赴醫院看病而後不幸死亡，是否係屬因公差罹病以致死亡？奉派出國期間，於工作時間以外，因遊山玩水不慎傷病以致死亡，是否亦屬於公差期間罹病以致死亡？奉派外出查案完畢尚未返回辦公室前，但係於下班時間後，赴朋友邀宴，席間猝發疾病死亡，或席後騎摩托車遇險死亡，是否得認為係因公差遇險以致死亡？以上所述諸如此類均係實例，不勝枚舉，無一不令人困擾。

至於第2款「因執行職務發生危險以致死亡」一語，雖在施行細則第5條第2項已有解釋性規定：「係指於執行職務時因遭受暴力或意外危險以致死亡者；或於辦公往返途中遇意外危險以致死亡。」但仍有費解之處。例如：某公務人員外出查案，但因明顯違規駕致不幸發生車禍死亡，是否為執行職務發生危險以致死亡？又如桃園某機關某公務人員奉派自桃園赴臺北洽公，並經准給公假一日，在公假當日下午六時，發現死於臺中市，是否仍得認為係施行細則所稱之「執行職務時遭遇」危險以致死亡？

尤其第1款所稱之「冒險犯難」一語，施行細則解釋規定為：「係指遭遇危難事故，奮不顧身執行公務，以致殉職者。」亦常遭曲解。

因公死亡特加優卹，誠屬十分合理應有之舉，但如規定不精確，則不僅是非不明，且反失公平而傷其初意。總括而言，上述舉例或其他事例，無論其實質是否因公死亡，甚至其他眾多確無疑問為因公死亡者，所有因公死亡案件之共同要件，為必須具有合法合理之證明文件，且此種文件不能事後由人補辦。前曾有本書原著者好友某部次長，事後親筆為其部屬寫一紙文件，信封上寫明致本書原著者親收，並加蓋其機關大印，明文敘述其機關同仁某先生奉其親自命令，於晚間在家趕寫公務報告，以致半夜病發因公死亡云云；除此之外，並無任何他人或其他公務文件或事實，足以證明其人確係在家撰寫報告。似此一紙文書，是否即可憑其紙面所逕稱之「因公死亡」即足以發生證明效力，並即據以認定其為因公？不無疑問。

現行退撫法上因公死亡之構成要件雖不離上述原四款之意涵，但文字繁複冗長，適用時必須慎酌。

5. 應從健全法制著手改善：孟子（離婁篇）云：「徒法不足自行，徒善不足以為政。」死亡誠屬哀傷之事，應寄予同情與慰問。但不能以犧牲國家法律與制度以表示同情。

改進之道有二：一爲妥爲修正各有關因公死亡構成要件之規定或釋示，依「職業災害」之本質，以「執行職務」爲核心，重新釐定其與「時」、「地」，甚至於「人」的關係，務必十分具體明確，不容曲解，是爲優先應爲且最切要之舉；二爲執法者應切實依法辦理，勿爲鄉愿。

(三) 因公死亡撫卹應採恩給制

我國以前退休撫卹兩者均採恩給制，所有退撫給與，均百分之百由政府以預算款項支付。民國84年7月1日起，改採分擔費用建立基金以支付退撫費用之共同提撥制。其中撫卹部分——包括病故或意外死亡，舊制期間年資應給付之撫卹金由政府預算支付，新制年資應支付之撫卹金，則由基金支付。各種因公加發之撫卹金及其他金額亦由政府預算支付（基管4），以作爲「職業災害之補償」，仍係「恩給制」。

死亡本爲自然現象，惟爲感念公務人員長期以其心智勞力與時間奉獻國家，故政府乃有撫卹制度，以表感念。但因公死亡則並非自然現象之死亡，而係因執行政府所交付之任務，以致喪失其生命。政府爲表示特別崇報之意，故有增加其撫卹金之規定，表示國家已有不同處理。

現行制度所定此種因公死亡撫卹金，包括原定依年資計算給與者及因公另行加發者兩部分，其一次卹金加發部分固規定係由政府支付，但年撫卹金部分則由政府與基金按比例支付。

此種措施，在原新舊「公務人員撫卹法」或「學校教職員撫卹條例」之本法中均無規定，而均僅於其施行細則中作比例支付的規定（新制撫卹細16，新制學撫卹細20），不論新舊制度期間年資撫卹金，均依新制標準（即基數內涵與基數之計算）計算，而非如退休之各依新舊制標準計算，建制立法意旨或係從優給與，使退撫基金稍負社會責任。

現試舉一例，證明此種由退撫基金稍負社會責任之意並未貫徹。茲若某員舊制年資四年，新制年資十二年，如其係一般亡故辦理撫卹，則依原規定其卹金意年資比率分擔，由政府負擔百分之二十五，退撫基金負擔百分之七十五；但如係因公死亡辦理撫卹，依現行退撫法第55條第2項規定，則年資在十五年以上而未滿二十五年者均以二十五年計，其卹金按比例分擔，政府應增加擬制年資九年之負擔，即分擔二十五分之十三，約爲百分之五十二，而退撫基金則分擔二十五分之十二約爲百分之四十八。二者相較，顯然對基金從優之社會責任，有減少之情，豈爲立法之初衷耶？更何況其本人生前亦有繳付基金款項在內。

又在現制下，因公加發之撫卹金（補償），係以擬制增加年資給與。如有兩人在此，其職務等級相同，而服務年資不同，一爲三年，另一爲十年，而在同一因公事故中罹難，依規定均以擬制爲十五年計算卹金，則前者增加十二年，後者僅增加五年，亦有不平之處。

因此，根本之計，似宜考慮仿日本國家或地方公務人員職業災害補償法之措施，將公務人員因公「職業災害補償」之加發金，與撫卹法（甚或退休法）之以服務年資爲基礎計給之方式脫鉤分離，並依事故之性質，妥擬補償給與之基數或方式，全數以政府之預算支付。至於公務人員原繳付基金之數額，則可照其本利全數發還，或依撫卹法上之規定，給與一次撫卹金或年撫卹金。謹提供參考。

(四) 公務人員職業災害補償法構思之一二

基於上述本書原著者之論述，得考慮將公務人員「職業災害補償」與公務人員退撫法律脫鉤分離，另仿國外之公務人員職業災害補償法律，研擬制訂一符合我國國情民慾之公務人員職業災害補償法律，以資適用。

惟近來每當公務人員遇重大職業災害發生，尤其是警察、消防人員罹難者，其長官均言「從優撫卹」，然而，「因公議卹」之審核權在銓敘部，卻形成「先斬後奏」、「未審先判」之情，雖機關長官對部屬之矜卹至爲重要，應以同理心待之，但在辦理後事之後，送銓敘之資料，或審核結果，與主管長官之認知有所差距時，經媒體報導，遺族錯愕，常常造成各方之困擾。此間宜檢討者爲：對因公認定之權責究應歸於銓敘部、各主管機關或服務機關？職業災害補償之預算，究應歸於何機關編列執行？其實此兩問題即可合而爲一。

按現行狀況，中央、地方財政之劃分：新制年資之退撫金，由退撫基金支付；舊制年資之退撫金，由各級政府編列預算支付；至於「加給」（含「因公」）部分之退撫金或慰問金，亦均由各級政府編列預算支付（並參「政務人員退職撫卹條例」第6條第2項），退撫基金不支付。又各級政府所統合編列之退撫金，爲其所屬之各機關所共用。

其次因公案件之審核，銓敘部雖有憲法或退撫法律上之主管權責，但在審核作業上，僅屬「書面」審，如有不明之處，則請報送機關補證說明，此仍屬「書面」審，尙無具體調查事實之舉。因此，公務人員遭受災害之情，服務機關知之較稔，自應由服務機關確實認定較能符合事實情況。

爲期職災補償之「迅速確實」，基於上述之說明，在研擬制定「公務人員職業災害補償法」時，似得將公務人員職業災害補償之權責賦予各機關或其主管機關，如同「政務人員退職撫卹條例」（第6條第2項）、「公務人員因公傷亡慰問金發給辦法」之由各級政府或各主管機關或各服務機關編列預算、核定支付。但此仍有必要酌量之處：

1. 各機關（除警察、消防機關外）是否有足夠之經驗與能力得予認定？蓋此類案件畢竟係屬少數。

2. 各機關之「認事用法」如有不一致時，或有法規上之疑義時，如何處理？

3. 各機關編列職災補償預算，原即備而不用，但卻無意中，形成對所屬公務人員之詛咒（昔曾有某機關奉命預提因公撫卹人數預算之編列，不料當年卻「一語成讖」），如何能精進處理？

又綜觀我國公務人員之「職業災害補償」在法制上即有公保法、退撫法（含勳績撫卹金）、因公傷亡慰問金發給辦法等之給與，甚至於特種人事法律（如警察）上之因公情事及其加給，可謂林林總總，之所以如此，乃職業災害補償之不足，因社會之質疑所附加增給之作爲。時到今日，似有簡併、統一整理、研擬「公務人員職業災害補償法」之必要。

以上初步意見，願拋磚引玉，僅供參考，仍有待協商各方。

六、撫卹金之性質與領卹權人之確定

撫卹金的性質，作用或意義爲何？事關領卹權人的確定，也就是誰有權利領受撫卹金。對此，歷來在實務上有不少仁智之見。爲解答這一問題，不得不首先探討撫卹金的性質。

首先，在功績思想的恩給制時代，撫卹金之給與意義似乎可以析述爲三：(一)國家對該公務人員生前撫養之遺族予以生活支援。(二)國家對公務人員生前忠勤奉公表示感謝。(三)國家對其遺族給予撫慰。在此三項之中，似仍以第(一)項最爲實際與必要。其他(二)、(三)兩項則屬於精神道德價值之崇揚。若此種認識可以同意，即可以此爲標準，檢查我國現行撫卹制度中領受撫卹金遺族之範圍及順序之規定是否得當。

民國99年12月31日之前，原新舊撫卹法第8條均明定，有權領受撫卹金之遺族，其範圍及順序皆如下：

(一) 父母、配偶、子女及寡媳。但配偶及寡媳以未再婚者爲限。

(二) 祖父母、孫子女。

(三) 兄弟姊妹，以未成年或已成年而不能謀生者爲限。

(四) 配偶之父母、配偶之祖父母，以無人扶養者爲限。

民國100年1月1日之後之撫卹法第8條，及民國107年7月1日施行之退撫法第62條，均規定：「由未再婚之配偶領受二分之一」與「子女、父母、祖父母、兄弟姊妹依序平均領受。」

以上所述規定，其中有數端頗爲得當：(一)大致以直系血親尊親屬與直系血親卑親屬爲範圍。(二)配偶（或寡媳）以未再婚者爲限。(三)兄弟姊妹（以未成年或已成年而不能謀生者爲限）。

但基本上撫卹金之領受權，似應依下列原則來規定：(一)以確係倚賴該公務人員生前撫養者爲範圍，並應舉證。(二)配偶之父母、配偶之祖父母，無論其是否有人撫養，如非確由該公務人員生前扶養者，似不應列入。

然而，依現行法律規定，具有撫卹金領受權人資格者及其先後次序，在實務上尚罕有太大爭議。偶有爭議出現時，則多係有關如何認（選）定應領受一次撫卹金或年撫卹金問題，以及同一順序領受權多人間如何分配撫卹金多少問題，且類此問題多發生在知名人士的遺族中。

其次，撫卹金另一根本問題，在於撫卹金的性質是否爲遺產。如是遺產，則依民法所規定有關遺產繼承順位及如何繼承之條文辦理即可，似不必另行有所規定。但舊撫卹法（民國99年12月31日前）中所定遺族範圍與順序與民法第1138條之規定有所不同，所以似乎表示撫卹金並非遺產。證以司法院民國25年12月12日院字第1589號解釋更明言：「遺族卹金，係對遺族所爲之給予，既非亡故者之遺產，自無繼承之可言。」民國63年10月22日，最高法院63年度第五次民庭庭推總會議決議：「撫卹金係依公務人員撫卹法（公法）之規定而領得，其性質爲受領國家之恩惠，與依民法之規定對於加害人請求賠償扶養費，全異其趣，自不得於依法應賠償扶養費之金額中扣除。」足以爲憑。此種觀點，在民國84年6月30日前施行之恩給制時期，應甚爲確定無疑，應可認定撫卹金之性質乃爲公法上之給與，毋庸置疑。然而舊制「公務人員撫卹法」第8條第2項卻又規定：「公務人員生前預立之遺囑指定由父母、配偶、子女或寡媳領受者，從其遺囑。」亦即得以遺囑指定領卹人，此或係仿自原民法繼承篇第1143條之「遺囑指定繼承人」觀點而來（此一條文於民國74年修正民法時已刪除）。但由於撫卹金並非該公務人員生前所有之私產，則該公務人員何來權利可以遺囑指定撫卹金之領受人？故原有該項規定在理論上顯有矛盾。

民國84年7月1日施行之退撫新制採「社會保險」原理，公務人員必須按月分擔繳納退撫基金費用。公務人員亡故時，不論新舊年資，均以新制標準計算給卹，但仍然沿襲採用舊制第8條之領卹遺族範圍與順序之規定，且更保存「遺囑指定領受人」之原規定。依上文析述，是否仍表示新制之撫卹金仍可作爲遺產而被繼承？且是否認爲因新制之撫卹金中，有部分係公務人員生前繳納基金費用作爲「儲金」，遂得認爲撫卹金全部均係遺產？或仍籠統以「公法上財產給與」觀念視之？此種規定在理論上是否得當，仍値深思。

民國100年1月1日修正施行之撫卹法第8條與107年7月1日施行之退撫法第62條，所定遺族範圍與順序均爲未再婚之配偶及子女、父母、祖父母、兄弟姊妹，與民法第1138條所定繼承範圍與順序：直系血親卑親屬、父母、兄弟姊妹、祖父母，僅後兩者順序有所不同，立法說明雖以現時「核心家族」爲主，但自實務觀之，實與民法無甚差別，似乎對自繳基金費用，有視爲遺產之意味。

又我國給卹係採定額制度，亦即撫卹金有法定基數數額，因此，同一順序之領受人有數人時，應依規定平均分配，以示公允。但平均分配後所引起之問題，爲遺族在二、三人以上時，即發生每人所得甚少情事，如確屬依賴撫卹金生活者，則當然不足以維生，而使撫卹金失其實質意義，似應有所補救。可否參酌日本制度，研究改採定員制，以一定受撫卹人數或順序爲限制，在一定順序或領受人人數內，每人給予同數目之適當撫卹金，使能維生；超過此順序或人數之遺族，則另採其他措施處理，如：民國32年之公務員撫卹法第8條規定：未成年子女或未成年孫子女超過三人者，其遺族年撫卹金應按法定給與比例，再加給百分之十；民國92年之交通部郵電事業人員退休撫卹條例第22條之「子女或孫子女超過三人者，其月撫卹金或月撫慰金，按第十九條、二十條所定比率加給百分之十。」茲退撫法第58條、第59條，對撫卹遺族之「每一未成年子女，每月再比照國民年金法規定之老年基本保證年金給與標準，加發撫卹金，至成年爲止。」亦略有調和。

七、退撫法上請求權時效之檢討

(一) 立法體例

債權人長久不行使權利，於消滅時效完成後，法律上規設其效力，基本上有三種法例：一爲「債權消滅主義」，即債權本身歸於消滅；二爲「請求權消滅主義」，即債權本身並不消滅，成爲「自然債務」，僅該實行債權之請求權歸於消滅；三爲「抗辯權發生主義」，即債權不消滅，成爲「自然債務」，請求權亦不消滅，但已失強制債務人給付之效力，反而使債務人發生拒絕給付之強力抗辯權。時效爲一般法律制度，除民事法規外，原則上也適用於公法領域，我國民法採「抗辯權發生主義」，亦影響昔日公法之時效效力。

(二) 設制理由

我國公務人員退休撫卹請求權消滅時效之規定，始於民國23年之「公務員恤金條例」第17條：「依該條例得領公務員年恤金者，自該公務員退職之日起，三年內不請求，其權利消滅。」第18條：「依該條例得領遺族年恤金者，自該公務員退職之日起，三年內不請求，其權利消滅。」

民國32年11月6日，公布「公務員退休法」，其第11條規定：「請領退休金之權利，自退職之次月起經過五年不行使而消滅。」民國36年6月26日修正時，將「自退職」修正爲「自退休」。民國48年修正名稱爲「公務人員退休法」，其第9

條規定：「請領退休金之權利，自退休之次月起，經過五年不行使而消滅之，但因不可抗力之事由，致不能行使者，自請求權可行使時起算。」其規設「時效」之理由爲：

按民法第一百二十六條規定：「利息、紅利、租金、贍養費、退職金及其他一年或不及一年之定期給付債權，其各期給付請求權，因五年間不行使而消滅。」本條規定請領退休金之消滅時效，即係根據民法之規定而設。蓋請領退休金之權利，若不規定時效，任令無限期的延長，不但使國家遭受不必要之損失，且於民法規定之精神不合。惟若因不可抗力之事由致退休金請求權不能行使時之期間亦記入五年之內，而無端消滅其請求權，亦有失人情事理之常，此本條但書規定之所由設也。複查此項但書規定，爲此次修正時所增訂，此不僅爲事實所需，且合於民法第一百二十八條上半段：「消滅時效，自請求權可行使時起算。」之規定，本條有此但書，實較原條文爲周延合理，意至善也。

民國100年1月1日修正施行之退休法第27條第1項：「請領退休金、資遣給與、離職退費、撫慰金等之權利，自請求權可行使之日起，因五年間不行使而當然消滅。」刪除但書之規定。

民國32年11月6日，公布「公務員撫卹法」，其第11條規定：「請領撫卹金之權利，自撫卹事由發生之次月起經過五年不行使而消滅。」民國36年6月25日，修正該法原條文改列爲第15條。民國60年6月4日修正名稱爲「公務人員撫卹法」，其第12條規定：「請卹及請領各期撫卹金權利之時效，自請卹或請領事由發生之次月起，經過五年不行使而消滅。但因不可抗力之事由，致不能行使者，其時效中斷；時效中斷者，自中斷之事由終止時，重行起算。」考其修正之理由，應與退休法相同。民國100年1月1日該法修正施行，其第12條規定：「請領撫卹金之權利，自請求權可行使之日起，因五年間不行使而當然消滅。」刪除但書之規定。

顯然其立法意旨，原係與民法同採「抗辯權發生主義」之立法例，對於退休公務人員及撫卹遺族之照顧，較爲周妥，而非「權利當然消滅」（行政程序131）。

(三) 效力變遷

民國84年7月1日退撫新制施行施行，仍沿用原退休法第9條、原撫卹法第12條原條文，並未予變更或修正，但該條於民國100年1月1日修正施行之退休法、撫卹法，卻做大幅修正。由於退撫新制之基本財務制度，已由「恩給制」改爲政府與公務人員「共同提撥」之儲金制，退休金之給付內容，即含有公務人員私權之挹注，因此，請求權之消滅時效，就有檢討之必要。

民國84年7月11日，發布之「公務人員退休撫卹基金管理條例施行細則」第6條，將「領受退休金人員，非因不可抗力之事由，逾五年未經申請領取之退休金。」列爲該條例第3條第1項第5款之基金「其他有關收入」，此施行細則之規定與當時退休法第9條前段規定之體例效力相牴觸乎？其時或尙有以「照顧」退休人員之法規意旨，得有以「自然債務」給付之空間，來解釋第9條前段之規定，爲酌量運用。

民國90年1月1日施行之「行政程序法」第131條第1、2項規定：「公法上之請求權，除法律有特別規定外，因五年間不行使而消滅。」、「公法上請求權，因時效完成而當然消滅。」將消滅時效完成之效力，不論是「請求權」，或是「債權」，通盤地修正爲採取「當然消滅主義」。實質上改變了退休法第9條運作的內容效果，原罹於消滅時效之退休金權利，政府或基金仍得斟酌給付，茲卻因「行政程序法」之施行，政府或基金對於罹逾時效者卻不得支付，使退休人員完全喪失退休金之權利與其請求權。則從財務建構之基礎上來說，基金侵蝕公務人員自繳基金費用之本息，爲「不當得利」乎？

(四) 現制檢討

民國100年1月1日修正施行之退休法第27條第1項：「請領退休金、資遣給與、離職退費、撫慰金等之權利，自請求權可行使之日起，因五年間不行使而當然消滅。」僅增列「資遣給與、離職退費、撫慰金等」，卻無「但因不可抗力之事由，致不能行使者，自請求權可行使時起算。」其得商榷之處，仍如上述之問題。但其第2項「前項之離職退費人員如轉任民營單位或私立學校服務，依勞動基準法、勞工退休金條例或私立學校教職員退休法令辦理退休者，其依第十四條第六項申請發給政府及本人繳付之退撫基金費用本息，得至遲於年滿六十五歲之日起一年內向基金管理機關提出申請，不適用前項時效規定。」之規定，卻產生該條內體系不平衡的問題——何以僅短年資之「離職退費」可有條件地延長請求權至六十六歲止，請求「政府及本人繳付之退撫基金費用本息」，以供養老之資，而長年資之「退休金」、「資遣給與」等，即時生活之所需者，卻要罹於時效而消滅權利？甚且喪失自繳費用之儲金本息。該條第1、2項，殊有檢討之處：

1. 法制作業：該退休法修正時認爲：「由於請求權時效既已規定自可行使時起算，則現行條文後段有關請求權，因不可抗力之事由，致不能行使者，自可行使時起算之規定，應屬贅語，爰予刪除。」遂刪除原條文末段但書「但因不可抗力之事由，致不能行使者，自請求權可行使時起算。」之規定，代之以第1項之「自請求權可行使之日起」。雖可涵蓋原條文末段末句之意旨，不無進步之跡，但亦不免有失明確性，何謂「自請求權可行使之日起」？施行細則第44條將之解爲：於退休金及資遣給與部分，係自核定退休或資遣生效日起算；於離職退費部分，係自離職生效日起算；於撫慰金部分，係自支（兼）領月退休金人員亡故之日起算（退休細44Ⅰ）；至於定期發給之月退休金、月撫慰金之各期請求權時效，應自各期發放之日起算（退休細44Ⅱ）。但如遇有「不可抗力」之事故發生，應阻礙時效之進行，以維當事人權利，則無補充規定，反而淪於解釋時效「中斷」、「不完成」之煩。此可參同於民國100年1月1日修正施行之「公務人員撫卹法」第12條，即將原第12條：「請卹及請領各期撫卹金權利之時效，自請卹或請領事由發生之次月起，經過五年不行使而消滅。但因不可抗力之事由，致不能行使者，其時效中斷；時效中斷者，自中斷之事由終止時，重行起算。」刪除末段之但書，修正爲：「請領撫恤金之權利，自請求權可行使之日起，因五年間不行使而當然消滅。」條文書寫之型式與退休法相同，惟觀其立法之修正說明爲：「另參酌司法院釋字第474號解釋意旨，本條有關請求權時效之中斷及不完成，應類推適用民法之相關條文，並予敘明。」查司法院釋字第474號解釋（88.1.29.）乃因有關請求權時效，係屬權利義務事項，昔「公務人員保險法」未於法律中規定，而於施行細則中規定，應不予適用，其「在法律未明訂前，應類推適用公務人員退休法、公務人員撫卹法等關於退休金或撫卹金請求權消滅時效期間之規定。至於時效中斷及不完成，於相關法律未規定前，亦應類推適用民法之規定，並此指明。」特別指明「法律未規定前，亦應類推適用民法之規定。」並非法已規定，將之刪除，而形成漏洞，再予類推適用民法。該條修正之規設，已失民國48年修正增列但書之「事實所需」與「善意」。實逐本求末，削足適履。

2. 財務歸屬：對退撫基金之提撥，依費率，政府負擔百分之六十五、公務人員負擔百分之三十五，由服務機關每月自公務人員薪俸中扣收，彙繳退撫基金（退休細19Ⅰ，退撫7，退撫細6），公務人員服務期間每月有薪俸單據帳目可稽。此薪俸係勞務之報酬，作爲生活之所資，依社會之通念，無不可繼承。基金成立之初，僅以「罹於時效」，即將該退休金納爲己有，似爲「不當得利」。蓋新制施行之後，退休金表面上雖爲公法給付，但其建制內容，係採保險原理規設養老之資，有私權之挹注，爲強制公務人員儲蓄（退休14Ⅱ，退撫7）。此自繳費用之款項數額，就此「罹於時效」而喪失？該退休法第14條第6項對於不合退休、資遣而中途離職者之短服務年資，即得依其第27條第2項有條件延長發回請求權「得至遲於年滿六十五歲之日起一年內向基金管理機關提出申請，不適用前項時效規定。」甚且發給「政府及本人繳付之退撫基金費用本息」，何忍於長服務年資者之退休金、資遣費，甚且遺族之撫慰金、撫卹金，因時效之完成，即不得給付？「舉輕以明重」，此規定前後兩項甚不平衡，內容亦甚不合理。此觀民國104年5月20日修正公布之「公務員懲戒法」第9條，對於公務員在職時之違法失職行爲或不正行爲（公懲3），於退休（職、伍）後，經受「剝奪、減少退休（職、伍）金（或其他離職給與）者，應予追回。」（公懲9、13Ⅰ），「但公教人員保險養老給付、軍人保險退伍給付、公務員自行繳付之退撫基金費用本息或自提儲金本息，不在此限。」（公懲13Ⅱ，退休14Ⅵ），亦即懲罰僅及於公權給與部分，不及於私權部分（除非有法律明定），立法設制，尚屬合理妥適，何忍於退休給與之因罹於時效，而吞食公務人員自繳儲蓄之本息？兩法相較，道理甚明。再參酌司法院釋字第434號解釋（86.7.25.）：「承保機關依財政部核定提存準備辦法規定，應提撥一定比率爲養老給付準備，此項準備之本利類似全體被保險人存款之累積。公務人員保險法於第十六條第一項關於養老給付僅規定依法退休人員有請領之權，對於其他離職人員則未規定，與憲法第十五條保障人民財產權之意旨不符，應即檢討修正。」亦有啓發之價值。

是以，該法似得依民國102年5月22日修正公布之「行政程序法」第131條第1項：「公法上之請求權，於請求權人爲行政機關時，除法律另有規定外，因五年間不行使而消滅；於請求權人爲人民時，除法律另有規定外，因十年間不行使而消滅」，第2項：「公法上請求權，因時效完成而當然消滅。」之規定，以十年規列爲退休金、撫卹金（其內有政府撥繳部分）之請求權時效；但對發還自繳退撫基金費用本息之請求權時效，則應依民法第125條：「請求權，因十五年間不行使而消滅。但法律所定期間較短者，依其規定。」以一般之十五年規列（其間並得繼承），甚至於之後得以「自然債務」處理，較符社會之妥當性，而免使基金有「不當得利」之譏。

依上述之分析，再觀民國107年7月1日施行之「公務人員退休資遣撫卹法」，其第73條規定：「公務人員或其遺族請領退撫給與及優存利息等權利，應於行政程序法所定公法上請求權時效內爲之。」（第1項）、「公務人員離職後，轉任公、民營單位或私立學校服務，並依勞動基準法、勞工退休金條例、私立學校教職員退休法令或其單行規章辦理退休者，其依第九條規定申請發還本人撥繳之退撫基金費用本息，得至遲於年滿六十五歲之日起六個月內，向退撫基金管理機關申請發還，不適用前項時效規定。」（第2項）（並參退撫85之年資轉銜），乃延續民國100年1月1日修正施行之退休法、撫卹法及102年修正行政程序法第131條之形式規定。第2項則將「申請發還本人撥繳之退撫基金費用本息」延至「年滿六十五歲之日起六個月內」爲止。顯然兩項規定時效之長短，仍有不平之處，且尚有退撫給與（金）淪爲基金所有之虞。

民國106年8月11日修正施行之「政務人員退職撫卹條例」第10條第2項規定「……請領各該給與之權利，自政務人員退職或在職死亡之日起，經過十年不行使而消滅。」此與行政程序法第131條第2項「公法上請求權，因時效完成而當然消滅。」並觀之，仍屬「當然消滅」。同時公布之兩法，卻作不同之規定，對「公務人員」，已稍有檢討「消滅時效」與「退撫制度本質」或「退撫基金之建構」間之關係；但對「政務人員」，似未深入檢討，未悉是否有其他之考量。

八、退休所得合理化與年金改革

憲法第15條：「人民之生存權、工作權及財產權，應予保障。」為生存必須工作以獲取酬勞（財產）來維持生活，此雖為當然之理，但一般人民如何保障，除憲法第152條「人民具有工作能力者，國家應予以適當之工作機會。」之規定外，並無續文規定。惟在憲法上人民有「應考試、服公職」之權利（第18條）去實現其「工作權」，甚至於第83條規定其服公職之權利內容，其中「退休」非僅係退出公務職場之時點概念，甚且應作「年資給與」給付合理適當之退休金數額，予以「養老」，來實現憲法上之公務員退休後「生存權」之「制度性保障」。因此，退休所得合理化自有憲法上的意義。

退休所得如何才算合理而具有社會妥當性，這是每一個時期（代）所必面對的問題，其中至少涉及社會（人口結構、年齡）、經濟與政治變遷等複雜的因素。此於公務人員退休養老的文官制度之建立與維護，並不例外，自然不可不察。

公務人員是國家社會的中堅，穩定公務人員在職生活與退休（養老）生活，對國家社會有引領的作用，也是一股促進社會安定的力量，因此，政府對於公務人員之事項，自應慎重從事。

(一) 退休所得合理化之回顧

近六十年政府對於穩定公務人員生活，促進行政發展或發展行政上的努力，其代表的「里程碑」之一，除民國47年開辦的公保外，即是於民國48年11月2日修正公布之「公務人員退休法」全文十八條，以及民國49年1月1日考試院發布之「公務人員退休法施行細則」，尤其是該施行細則第18條之「其他現金給與」與第31條之「優惠存款」，據此於10月31日由銓敘部與財政部會銜訂定發布「退休公務人員一次退休金優惠存款辦法」。對於該次退休法之修正，其眞正的背景之一是「退休所得不合理」之檢討。茲略錄當時代表性人物之意見如次[1]：

1. 銓敘部前部長雷法章之回憶：「近十年來，退休案件銳減至極少數字，揆其原因，實由於退休金之微薄，不克維持退休後最低限度生活，致合於聲請退休之條件者，不自請退；合於命令退休條件者，復不忍令退，……，非但各機關形成人

1　考試院考銓叢書指導委員會：《中華民國公務人員退休撫卹制度》，臺北，正中書局，73.6.，頁44、46、48、49。

員壅塞現象無以達成新陳代謝之目的，以致於影響行政效率之提高，且對老公務員於已獻出畢生心力後，仍不令有休蟄之機會，亦違反政府恤念忠勤之德意。」此話證之民國43年至48年間，實際退休人數僅一百五十九人，可見問題之嚴重，始有審酌國家當時財政狀況及公務人員生活，研擬退休法修正草案，合理調整退休金計算標準。

2. 立法院法制委員會審議時卻認爲公務員不能退或不願退，不是退休法的不合理，而是現行俸給制度的不合理，使得俸給完全脫離俸給法，連帶影響了退休法之正常功能。其中，張金鑑委員認爲：「若使退休後退休金不能維持生活，他們就不會退休，不會退休就會影響整個工作效率，……在過去我們已有退休法，但因退休金太低，致應退休者就不會退休，以致於退休有名無實。」仲肇湘委員認爲：「現在公務員待遇之苦，生活的不安定，不僅是退休人員無以爲生，就是在職人員也不見得夠用。基本問題在於俸給的不合理，不是在於退休法的不合理。古今中外，任何退休制度，都是在職者與退休者的待遇要有差別，總不能在職和退休的待遇一樣，更不能說退休的待遇比在職的高……。」

以上「意見」殊値得我們去模擬體會當初之情形。

民國54年6月21日考試院修正發布「公務人員退休法施行細則」第18條：「遇有臨時加發薪金時，月退休金亦得按比率支給。」而後多年，現職人員發給年終工作獎金，即依此「臨時加發薪金」，支給月退休金人員，亦即按此比率發給「年終慰問金」，予以補助退休人員生活。

民國59年7月1日待遇改革方案，未將本（年功）俸以外之加給（其他現金給與）列入退休金計算，拉大現職與退休所得之距離。

民國62年發現退撫支出占政府預算之比率甚大，開始有研擬退撫改革之議。

民國63年12月17日，銓敘部發布「退休公務人員公保養老給付優惠存款要點」。其與民國49年10月31日發布「退休公務人員一次退休金優惠存款辦法」之措施，在於使退休公務人員增加退休所得，以維持生活，並且寓有鼓勵儲蓄，彙集國家建設資金之意；惟亦有退休人員將一次退休金投資工商，卻血本無歸之例。民國70年代中，軍公教人員優惠存款占年度總預算比率之高，輿論開始有所討論。

民國68年1月24日公布修正退休法，增列三種兼領月退休金種類及對擇領月退休金者增列「撫慰金」，並適用於已退休支領月退休金人員，自此擇領月退休金者始漸多。但對於修正前之支領一次退休金者，仍無甚幫助，其陳情政府給予救助，甚或願繳回原優惠存款之一次退休金改領月休金，但仍難爲政府各機關所接受，且社政機關認爲「退休公務人員」非社政對象，致使早期退休支領一次退休金生活特別困難者之生活，救濟無門，漸漸萌生依法請求「其他現金給與」之念，並有行政訴訟案，乃至於聲請大法官會議解釋。

民國78年銓敘部協商財政、主計機關等同意研擬「79年度早期退休支領一次退休金生活特別困難之退休公教人員發給年節特別濟助金要點」，於8月26日由考試院發布，先行試辦，繼而80年度再試辦，而後正式施行。其間經過修正，迄今稱爲「早期退休支領一次退休金生活困難之退休公教人員發給年節照護金作業要點」，隨著時間的過往，現在支領者已經很少了。

民國84年7月1日退撫新制施行，其目的在於「提高退撫所得」、「減輕財政負擔」（當時預估施行後八年到十年政府之財政負擔開始減少），因此，建立共同提撥之儲金制，亦強制公務人員儲蓄退休養老之費用。其間亦希「儲金」之經費運用，能獲利潤，嘉惠公（軍、教）人員，因此，也就重新釐定新制的支給標準。

此間，退休人員對於依法計算退休金「其他現金給與」之爭取，並未停止，組織團體，甚至走上街頭。於是政府依民國82年初立法院通過之「退撫新制」退休法部分條文修正案時之附帶決議：「應作其他現金給與之補償」。經與退休人團體協洽後，民國84年10月17日考試院、行政院會銜發布「公務人員退休金其他現金給與補償金發給辦法」，補其各基數之百分之十五，分三年發給。但迄今仍有退休人員不以爲是，仍要求補發百分之八十五。

未幾，公務人員退休擇領月退休金者大增，但同時政府支付優惠存款利息仍未減，形成重大負擔，且造成退休人員之所得趨近於現職人員，甚且有謂超過（其中實含有公務人員自提部分，類似儲蓄），遭受輿論之批評。民國94年，考試院銓敘部遂研擬降低優惠存款利率「百分之十八」，然而退休公務人員團體以「信賴利益保護原則」群起抗爭，以至於11月地方三合一大選，執政之民進黨大敗。於是改弦更張，不變優惠存款利率「百分之十八」，但卻釐定「所得替代率」，酌減其公保養老給付之優惠存款數額，於民國95年2月16日施行，然而輿論仍評其爲「肥大官，瘦小吏」。

民國100年1月1日退休法大幅全文修正施行（其他軍教退休法律並未同步修正施行），賦予一次退休金與公保養老給付優惠存款之法源，考試院、行政院訂定「退休公務人員一次退休金與養老給付優惠存款辦法」實行，使原受減少優存者，得較大幅地「回存」被刪減之數額，不料卻又成爲輿論評擊的焦點。同年2月1日兩院廢止原發布之辦法，並發布同名之新辦法，稍再降低可存款之數額。

民國101年10月初，傳出「勞退基金」將「破產」之警訊，勞工擠兌，輿論評擊，卻無端扯上公務人員之退休所得高於現職人員，國家資源分配不公，使勞工具有相對被剝奪之感，亦將致「軍公教退撫基金」「破產」（其實約在民國90年之後的精算，即有此疑慮），迫使政府要作「年金改革」，考試院終於在民國102年4月

11日向立法院提出新研擬之「公務人員退休撫卹法草案」，立法委員亦提出數對案版本草案。然而其他有關之軍、教、勞之年金改革法案卻未同時提出。

民國102年1月底，當局提出三個公教年金改革之對策：「繳多」、「領少」、「延退」，「政府掛保證，安心三十年」。民國102年2月19日司法院公布釋字第717號解釋，對民國95年2月16日施行酌減退休公教人員公保養老給付優惠存款金額，認爲：「……有關以支領月退休金人員之每月退休所得，不得超過依最後在職同等級人員現職待遇計算之退休所得上限一定百分比之方式，減少其公保養老給付得辦理優惠存款金額之規定，尙無涉禁止法律溯及既往之原則。上開規定生效前退休或在職之公務人員及學校教職員對於原定之優惠存款利息，固有值得保護之信賴利益，惟上開規定之變動確有公益之考量，且衡酌其所欲達成之公益及退休或在職公教人員應受保護之信賴利益，上開規定所採措施尙未逾越必要合理之程度，未違反信賴保護原則及比例原則。」換言之，在政府財政負擔能力下，衡量整體更高國家社會公益之考量下，所作合理之變更，應重於個體信賴利益之保護，此乃「情事變更原則」之適用。

民國102年4月11日，考試院向立法院提出新「公務人員退休撫卹法」草案，然而其他有關之軍、教、勞之年金改革法案卻未同時提出。但全國公務人員協會與退休軍公教人員團體即感不滿。

民國102年夏，政府提出民國103年總預算，又被媒體披露其中退休人員無工作如何仍有「年終慰問金」（其領受條件爲月入不到二萬元者）；民國103年亦是（調整其條件爲二萬五千元）。

但退休軍公教人員仍有不滿，或導致執政之國民黨於民國103年11月29日之地方「九合一」大選落敗。

民國104年9月3日，報載財政部長張盛和謂其妻教師退休，所得比在職時多（其實是有工作與無工作之相對概念），非改不可，否則會拖垮政府財政。案經監察院監察委員調查結果尙無超過百分之百，應屬誤解，張前部長發言內容顯欠周延，亦有未恰。然而，監委調查報告卻同時也證實「學校教職員退休條例」與「陸海空軍軍官士官服役條例」未與民國100年1月1日施行之修正「公務人員退休法」，一併修正施行，確實有所失衡之情（監察院105.7.15.105教調0015）。但根據國家年金改革委員會公布資料（105.7.21.），全國十一點八萬名公立教職退休人員，退休金加百分之十八優惠存款，逾半數（六萬八千三百九十九人）每月實領金額超過七萬元，平均月退休金六萬八千零五十二元，比上週（似指七月初）公布的公務人員還多出一點二萬元。媒體評爲：「儼然成爲軍公教當中最『肥』的一群。」

民國105年5月20日，政黨第三次輪替，執政之民進黨政府爲解決長久以來國內各年金面臨「破產」之嚴重問題，隨即於6月23日召開首次國家年金改革委員會，欲將國內軍公教勞以及國民保險年金檢討改革，但卻遭軍公教勞等退休團體抗議，以迄於民國106年1月22日之「年金改革國是會議」。甚且於民國106年4月「公教人員退撫法草案」送進立法院時，立法委員亦提出多版對案，而退休團體開始露宿街頭，包圍立法院，軍退團體甚至組成「八百壯士」，長期抗爭。終在6月底立法院臨時會時，於內有「爭議」、外有「抗議」中完成二、三讀，通過「公務人員退休資遣撫卹法」「公立學校教職員退休資遣撫卹條例」及「政務人員退職撫卹條例」之制定或修正，經總統於8月9日公布，除「政務人員退職撫卹條例」於8月11日施行外，「公務人員退休資遣撫卹法」及「公立學校教職員退休資遣撫卹條例」於民國107年7月1日施行。

民國107年2月27日，反對年金改革團體的立法院抗爭活動，退役上校繆德生因攀爬立法院外牆欲插旗幟不愼自二樓墜落，後腦著地昏迷，經送臺大醫院急救，3月5日告終。反年金改革仍未停息，民國107年4月底，軍人年金改革案，送入立法院，「八百壯士」又起抗爭，包圍立法院抗議，與警方激烈衝突，擲煙霧彈、毆打記者，占據臺大兒童醫院，火爆的抗爭，模糊了軍人年金改革的關鍵問題，與人觀感不佳，輿論評擊。稍後軍退團體道歉，暫停活動。

民國107年11月24日，地方「九合一」選舉，執政之民進黨大敗，依媒體之評述，其中因素之一，即「年金改革」大砍軍公教人員之退休（伍、職）金，甚且對已退休（伍、職）之人員亦適用。

從以上六十年來的回顧，早期政府係爲合理增加退休公務人員之所得而努力，但近期卻是要合理減低退休公務人員之所得而困擾，不論要增加或要減少，對退休人員養老之資，均係如何「合理化」的問題。這個問題二、三十年來在經濟蕭條中，面對著「戰後嬰兒潮」的退休潮，以及高齡社會之形成，在財政的支付能力上也將面臨「少子化」、新世代的沉重負擔。

(二) 年金改革

年金（pension），乃定期給付養老之資的意思，亦即退休所得的意涵。從上述的回顧，退休所得如何才算合理而具有社會之妥當性？這是每一時代（期）所必須面對的課題，它至少涉及社會（人口結構）、經濟與政治等複雜因素。公務人員退休所得應若干？始足以安養餘年，而且具有合理性，乃關係文官制度之建立與維護，自然不得不愼。

究竟退休所得應若干始具合理性？此必與社會、經濟、政治等生活的環境維持一適當的比例，始具有妥當性。經濟學上有一所得公式，可資參考：

$C(Y) = a + by$

C是消費，Y是所得，a爲一常數，代表一般維持生活之基本數額或固定數額，b亦爲一常數，代表邊際消費傾向（marginal propensity to consume）。其基本假設爲：如收入之所得完全消費，則消費中，必然支出一筆基本生活之固定費用，以及因所得增加而增加消費之數額。此一基本公式，或亦得啓發思考退休給與之水準如何釐定之問題。蓋「最基本生活之保障額」似爲維持食衣住行生存之基本需求，而非奢侈，似應爲a之常數，而b y 或可解爲一般所謂「養尊」（維持尊嚴）（並參103.2.19.釋字第717號解釋理由書，陳新民大法官之協同意見書）之所必要之支出或其他之奢望，兩者構成退休之所得。以之再與退休前之所得相比較，即所謂之「所得替代率」。一般而言，退休之所得替代率，低所得者約爲百分之七十至百分之九十，高所得者約爲百分之四十至百分之六十，兩者平均約爲百分之六十至百分之七十，當然這要以實質購買力爲準，始能維持最基本生活之所資。

現行退休的問題，一般社會所詬病者爲：退休所得高於或等於在（現）職所得，所造成之不合理；其實是退休所得趨近於在（現）職所得，所造成之不合理。而當局比較在乎者爲：如此高之退休所得現象將造成退撫基金沉重的負擔，與面臨破產的警訊。這是退撫新制施行二十多年來的結果。於茲檢討其建制立法，乃有「先天不足，後天失調」之情：

1. 先天不足：施行前未再精算檢驗釐訂合理的費率。民國65年9月，「公務人員退休撫卹制度專案研究小組」提出報告，經林喆博士之精算費率爲百分之十七點八九；民國68年7月再精算，費率約爲百分之十八。但民國77年7月考試院提出退休法、撫卹法部分條文（新制）修正草案，爲顧及政府與公務人員之負擔能力，費率訂爲百分之八至百分之十二。民國82年1月完成立法，民國84年7月1日施行。此間前後差距近二十年，並未再精算。施行之初，費率百分之八，經以實作現象精算結果，退撫基金將於民國100年之後，逐漸入不敷出，於是調整費率，民國91年調爲百分之八點八、93年調爲百分之九點八、94年調爲百分之十點八、95年調爲百分之十二迄今。雖民國100年修正施行之退休法、撫卹法，將費率訂爲百分之十二至百分之十五，但仍與最初之費率有間，其間之經濟狀況，由繁榮而至蕭條，政治、社會之變遷亦大，如再精算，提撥之費率恐爲百分之五十，始具成本。因此，以不足額費率之提撥來支付「確定給付」（define benefit, D. B.），當然有所不足。然卻以提高在職人員之費率，來維持退撫基金之支付能力，充其量，只延後基金之破產壓力，對現職人員的未來，又將如何支付？

2. 後天失調：大環境之變遷致退撫基金收支失衡。

(1) 政府體系內：新制施行，由於立法院增列五十五歲自願退休者，增給五個基數，以鼓勵無心於政府機關服務者早退，則於此年齡退休者大增；又百分之九十五以上之退休人擇領月退休金（月退休金之成本約爲一次退休金之二至三倍），壽命增長，人數增多，基金自然負擔加重。另新近因政府改造及組織精簡，造成退休年齡下降、人數增多，且絕大部分擇領月退休金，相對地，進用之人數卻減少；亦即基金固定之收入減少，支出卻增加。

(2) 政府體系外：醫藥發達，壽命延長，高齡社會老年人口增加，支領月退休之年限相對延長。尤其是正値「戰後嬰兒潮」的退休期，再加上人口出生率低，加重新生代對老年人口的負擔。此種社會狀況，亦同時在政府體系內出現。

(3) 基金難經營：經濟不景氣，基金投資經營，時有盈虧；或有謂又必須兼顧「國安」，入場護盤，自然獲利不多。

經歷時空環境的變遷，當今面對國家軍公教勞各界的退休養老事項，當局對現況的檢討，認爲係屬「經費不足」、「行業不平」、「世代不均」。

1. 經費不足：因公務人員退撫新制開辦之初，採「不足額提撥」，且採「確定給付制」支給退撫金，形成「繳少」、「領多」的現象，造成基金收支失衡，頻傳破產的警訊。

2. 行業不平：政府之「軍公教」適用同一制度，依同一原理計給（當然有些許差異）。此一制度與勞工之退撫制度之費率不同，給付率也不同。不過，因爲各行各業各有其業務特性，本即不同，要強求其平等對待，殊非易事。但要求基礎之保障（立足點、第一層基礎年金），以同原理、同條件，甚至於同給付之精算規劃，應可考慮。

3. 世代不均：現時基金幾乎「入不敷出」，又因經濟不景氣，基金經營獲利少，不得不提高現職人員之費率，來支付已退休人員之退休金。然而深思之，已退休或將退休者之退休金成分，卻是「繳少」、「領多」，其之所以能維持基金支付能力者，乃年輕世代之公務人員以高費率撥繳補足，此即所謂「債留子孫」、「用子孫的錢」、「把孩子當提款機」。而將來年輕之這一世代公務人員退休，是否能享有與其付出等値的待遇？尙有審酌的餘地。

針對這三個問題，民國102年1月底，當局也提出三個對策：「繳多」、「領少」、「延退」，「政府掛保證，安心三十年」。因受質疑，而後再予補述：「未來繳多領少退休晚，但整體繳少領多。」4月11日，考試院向立法院提出新「公務人員退休撫卹法」草案，其內容略爲：

1. 繳多：提高費率至百分之十八，並且政府與公務人員分擔的比率擬由百分之六十五比百分之三十五，提高到百分之五十比百分之五十。增加公務人員之負擔，並且減少政府之負擔。

2. 領少：降低退休金基數之內涵，由現行之本（年功）俸之兩倍，擬降為一點六至一點七倍，並且限制其所得替代率之最高限為百分之八十。

3. 延退：因壽命之增長，相對地增加工作之年限，是以繳付基金之年限亦相對地延長，充分利用銀髮族人力。所以規劃領受年金之條件，將由現行之「八五制」提高為「九十制」（即六十歲退休加上服務年資三十年，或六十五歲退休加上服務年資二十五年）；換言之，延退即增加繳費之年資，並減少領受年金之年資。

上述情形，僅管政府考量退休人員與現職人員之各種狀況，規劃循序漸進、溫和改革的方案，但卻難為退休人團體接受；再因其他種種因素，使得此規劃方案，躑躅不前。

民國105年5月20日，政黨第三次輪替，執政之民進黨政府為解決長久以來國內各年金面臨「破產」之嚴重問題，6月23日召開首次年金改革委員會，延續先前之擬案，欲將國內軍公教勞以及國保年金檢討改革，畢其功於一役。質言之，乃為給付之財政而改革，當然或多或少會影響已退休人員之「既得利益」，也會影響在職人員之「期待利益」，場外即有軍公教勞團體抗議。經二十次會議，雖有規劃方案，但尚無共識。民國105年12月底、106年1月初，分北、中、南、東召開四場座談會，以及1月22日之「年金改革國是會議」，場場會外各軍公教勞團體抗議，甚且有絕食抗議者。媒體報導其抗議要旨約為：「退休給與是任職時的契約」、「退休金之性質為延付薪資」、「具有信賴利益之保護，不得追溯既往」、「支持改革，反黑箱作業」、「反對假改革、眞鬥爭」、「追究四大基金護盤虧損之責」、「反對亂改」。但稍後卻有青年團體抗議「退休族群『繳少卻可以吃肉』，年輕族群『繳多卻只能喝湯』，年金改革要世代互助，不要互相剝奪。」「繳一輩子（退休金提撥保費），剛好破產。」「每月繳進無底洞」。甚且有退休人員個別投書媒體表示退休金較年輕世代之薪資高，十年所得已多，顧及國家財政與制度之永續經營，贊成改革，減少領受，卻又成為輿論之焦點。其實還有許許多多緘默的退休與在職之公教人員。

現階段年金的問題，依新聞媒體的民調，大部分贊成改革，但對此處理原則或方案，卻有不同的意見。擬案要旨仍為「繳多」、「領少」、「延退」，「保證二十五、三十年不破產」，即使如當初當局事後之補述：「未來繳多領少退休晚，但整體繳少領多。」並逐階段（如五或十年）檢討調整；但從字面的表述，即「血本難歸」，蓋「賠本生意沒人要做」，其間之差額，何去何從？令人懷疑。現今初任公務人員者繳基金費用二十五、三十年後，正值將退休之際，又要面臨基金破產之虞，令人擔心。若使擔任公務人員任職四十年、退休二十年（以現行平均年齡約八十五歲估），其退休年金總所得，少於在職所繳付之基金費用總數額，則信賴已失，制度何以維持？此爲人人皆知的道理。又是否要親嚐基金破產、失去支付能力，產生惡果，始予悔悟？若果眞如此，則社會盪然。

按政府財政或退撫基金之財務，如健全充裕，非不可有優厚之退休（撫）給與，共享經濟之繁榮；但如經濟景氣持續不佳，則要減衣縮食、「共體時艱」，治國如是，治家亦如是。所謂「政府負最後支付保證責任」（退撫14II，基管5II，8，原退休14II，原撫卹15II）者，即使法律不做如此之宣示性規定，對此課題，政府本亦有責任要妥當地、有效地調整、調度財務，重新分配所得，以度過難關。此間，主其事者更應公正、無所私偏，以建立大眾信賴之形象，審慎從事。因此，政府在改革之初，應將年金改革的具體內容（年齡、所得替代率、「天花板條款」、「地板條款」、財源、費率、變革之程序等），與公務人員及社會大眾妥善加以持續溝通，諮諏博採，建立共識，才是全民之幸，國家之福。而社會各界亦應各就其行業性質，商訂各自妥適之退撫制度，蓋五指不等，其功能始得運作。切勿互相汙名，以維持「考試用人」之文官制度，讓公務人員能盡心盡力，爲國家社會服務，此乃退休制度本是文官制度之一。若是崩潰，老年不能安養，則無人願意擔任公務人員，公共事務無人處理，國家社會即會動盪不安，實非人民之福。

現階段之「年金改革」雖亦重在財務，但仍與歷年之「退休所得合理化」之作爲，其實質意涵、作用，均係同一。

然而，在「延退」之後，政府機關人員之「新陳代謝」又如何？機關是否會呈現老化，而影響行政效率？仍值得省思。

第四編

總 結

第20章 結語

本書主要目的在析述我國現行考銓制度法制與實況，並非考銓理論或一般人事行政學從事學理討論之作，所以原第一、二兩版均僅有十九章，就考銓制度各項目分章析述完畢即結束全書，並未有結語之章。惟於增修三版排出後，增寫結語之章，以總括全書要旨，但願有助於讀者讀竟全書後，加深對全書之概括提要。本書增修者仍承襲延續原著對本書寫作之觀點、立場、態度、精神、風格，是以，本編本章結語之述說仍延續原著者之文，略加補述。

第一節　本書內容要旨總結

姑不論本書之章節如何區分，但全書內容，實際可區分為下列六目中第一、二、三目等三部分，及具有第四、五、六目等三項特色。茲依此分為本末六目說明如下。

一、探討闡述考銓制度基本結構理論及我國考銓制度淵源

常人對考銓制度一詞或人事制度一詞，觀念似甚為模糊，以致兩詞常遭濫用，尤其常遭誤用，使考銓制度或人事制度遭受許多冤屈。例如：若干並非考銓制度內容之事項，或雖屬考銓制度範圍部分，但實際僅為考銓制度整體中之某一枝節部分，甚或間接部分，更有根本不屬考銓制度本身之事項，而僅為執行者之差誤甚或違反規定之個人行為，竟亦常被籠統錯誤指責為整個考銓制度或人事制度不良，令人慨歎。此種情形正有如惡法官認事用法完全忽視實況而蓄意枉判，但不識者卻指責係法律不良，情形完全相同。究其問題根源，乃在大眾對考銓制度或人事制度名詞涵義及其全部內容，概念模糊不明所致。而學者似亦罕有予扮澄清說明者，故本書特別專列第一編，先就我國考銓制度整體詳加析述，其方法則自五方面著手：一為依據中華民國憲法之規範，說明考試權亦即考銓權或考銓制度之整體範圍；二為本書原著者特別創建前人從未曾有之「考銓制度模型」一種（亦即「人事制度模

型」），具體列舉制度內容各部分及各次級部分，並逐一加以說明；三為依憲法及法律所規定我國考銓制度之適用範圍；四為逐一列舉我國現行法定之遂行考銓權力之全部機關，並逐一說明其組織；而最重要者，在於第五方面解釋我國公務人事分類制度的整體內容。國人對人事分類制度大多印象模糊，或不注意，或雖注意但僅重視其中部分而忽略其整體，例如：我國自民國58年實施公務人員職位分類制度後，近二十年，幾乎人人談論公務人事制度，且滔滔不絕，無不十分內行；但近年所談多為現行官職併立制之職務列等高低、調任之難易，而較少探究其根源乃在於人事分類制度中基本結構之構造是否合理。故本書特別列一專章，介紹已有之數種主要人事分類制度，並試論其優劣，以供參考。

如上所述，本書之所為此者，在於使讀者先對考銓權（即憲法上之考試權）與考銓制度，有一整體認識，而後始可討論考銓權力及考銓制度各個次級制度之內容，以免陷於見木不見林之虞。

二、依據現行考銓法規析述考銓制度

完全依據現行法規析述考銓制度，實為本書最大特色，亦為本書最主要部分，更為本書寫作之原始動機，以期有助於我考銓工作及人事行政工作同仁實務上之參考。故除依法完整析述整個考銓制度外，間或並舉實務做法俾資補助以明之。當依據法規析述時，且必引注所據法規之名稱與條次，以利讀者作進一步之查究。因此，於析述制度時，在每一段文字之末，幾乎均附有括弧註明所據之法規與條次。此事看似簡單，但所費時間與精力卻不少，尤其增修四版，將其近十二年來，絕大部分考銓法規均有修訂增刪，不僅內容必須配合改寫，且條次甚至法規名稱亦須查對修正。此外，當述及一事而涉及眾多不同法規時，本書亦必在同一標題下引據各該有關法規規定予以綜合敘述，以資讀者一目了然，而節省遍查多種法規之勞，且避免更有遺漏之虞。例如：本書對於機關人員出缺時，舉述八種合法進用人員以補缺之途徑；又如：我國現行獎懲共計列舉三十五種之多，即是明例。茲增修四版又已逾十有餘年，法規之修正變動已甚於增修三版，形同再次重著，工程不亞於增修三版。

而當析述制度時，本書原著者絕不摻雜其本人或他人之見解或批評，既不夾敘夾論，更不引用學者之言以示個人學問之淵博，以免徒亂讀者耳目，完全著重實用觀點。

本書原著者認為此種做法，無論對我考銓與人事工作同仁，在實務上應有實際幫助；對研究工作朋友，亦確能提供精確可靠之系統化資料。

此本書增修者自當承襲之，維持之。但對資料之來源則或有必要附註，以昭確實。

三、對現行考銓制度所存在之基本問題仍有討論

本書內容雖以我國現行最新考銓法制爲主體，但爲便利我考銓與人事工作同仁及學者專家研究參考便利起見，另外更在介紹析述考試、任用、俸給以迄退撫等每一主要次級制度之餘，並有基本問題之討論，但絕不與析述考銓制度混淆，俾免淆亂視聽。復以本書原著者在銓敘與考選兩部長期連續工作二十餘年，並且始終主持銓敘考選法規起草與修訂任務，且固定奉派爲考試院官方代表，前往立法院說明考試院所送請審議之考銓法案意旨，並從事折衝協調之責。在諸此事項過程中，誠不乏痛苦經驗，且深切體會，任何一種法規在正式公布施行之前，無不有其複雜之過程，因而必有眾多妥協之處，決非考試院或任何單一機關可以完全實現其理想。而當法規實施後，當年主持起草與設計該法規之主持人——本書原著者，可能亦係最能瞭解其實施後眞正利弊得失所在之人之一。當本書原著者以前在職時，基於行政人員應有之倫理道德，固未便批評所主管之法規或批評自身任職機關之當否或其他有關機關之當否；但原著者畢竟仍係終身從事學術研究工作之人員，應有治學之客觀良心，故本書附有各該次級制度之當前基本問題探討，措詞均甚委婉。

四、對每種主要考銓法律均附有沿革

法律有其原始立法背景，更有其配合時代環境進展需要之演進原因，復有立法技術的經驗累積，凡此均可從法律沿革中窺其竅要。此無論對實務工作同仁或研究工作者，應均有參考之助，故本書不惜費時費力而爲之。尤以增修四版增補甚多。

五、具有他書較少論及之課題

本書有頗多課題爲他書所不論或罕予論及者，諸如：憲法對考試權所分配賦予權力之不平衡、考銓法律中有不符合憲法規定者、憲法增修條文所引起有關考試權權力之討論考銓制度定義與考銓制度模型；公務員與公務人員之區別、我國政務官與事務官之區別；我國政務官實際已有五個等級之區分；我國考銓組織之完整列舉介紹；人事制度內容與公務人事分類制度之涵義及主要類別、公務人事分類制度之詳細內容、我國主要考銓法規之沿革；常用考銓名詞之大量列舉解釋；機關進用新人的八種合法途徑；我國現行三十五種獎懲措施（方式）之項目總清單；訓練體系建立困難之原因；現行退休人員退休給與核計實例、撫慰金給與核計實例；現行退休制度設計之不平衡；現行退撫制度創建經過及其成敗之公平檢討；所謂十八趴問題之來源及對其公平檢討；大法官會議有關公務人員權利保障解釋之全盤系統化析

述，圖表及其他等特殊課題，不及備述。

六、目錄特詳似可勉充考銓辭典之用

本書增修三版全文約一百二十萬字，增修四版增補恐達數十萬字之多，閱讀費時，故特別製作詳細之目錄，俾便讀者對任何一細節查閱快捷。於查閱本書有關該部分析述文字後，如需進一步查證，更可就本書每段文尾所附註之法規名稱及條次查閱，便利、準確、可靠，故本書實亦爲考銓工作同仁必備之工具書。實則此乃原著者費時費力寫作本書及不辭勞苦，最初願意寫作，而後又願意徹底全盤增修本書之眞正動機與目的。增修者更應秉持原著者之精神增修本書。

第二節　本書所維護之觀念

如上所述，本書之主體係純粹依據最新考銓法規，以析述現行考銓制度，但在每一次要制度，例如：考選、任用等析述完畢之後，必附有有關該部分之當前基本問題討論。無待多言，此種討論當然含有原著者個人意見在內。概括而言，在原著者諸此意見中，至少顯然具有下列三項觀點，茲分述其要如後。

一、強調依法行政與奉法執行

「依法行政」一語，人人皆知，亦中外古今政府人員皆所熟知之施政行事原則，無論帝制國家或民主政治莫不皆然。但在帝制或獨裁國家亦必同時強調人治，我國法家管子（七主七臣篇）雖言：「法律政令者，吏民規矩墨繩也。」韓非（有度篇）更言：「國無常強無常弱，奉法者強則國強，奉法者弱則國弱。」愼子（威德篇）言之尤甚：「法雖不善，猶愈於無法。」此一言詞，與西方人士所言：「惡法勝於無法。」不謀而合。

但請注意，雖有良法，仍必有賴官民人等認眞奉法執行。若執法者（官吏）執法不正，或根本不執法，甚或公然違法，一如亂世。甚且有居上位者，雖自身知法，但卻恆常公然違法，其態度仿若對天下人言：「我不守法，你奈我何？」或言「要不，你想怎麼樣？」又執法集團（ruling class）行爲形同刁民、蠢民甚或暴民，則國亦難望得治。故謂：「徒善不足以爲政，徒法不能以自行。」

綜合言之，亦即法治與人治兩者應需兼顧始能爲功。細察「依法行政」之言，應亦係人與法兼顧之意，因「依法」與「行政」兩詞中所稱之「依」與「行」二動詞，皆有賴於人之實踐，亦即奉法執行之意。故整體而言，法治與人治之觀念應合

併解釋爲：依法居先，而執法、行法、守法從之，法治與人治兼顧，但以法爲主體與首要。尤其在法定範圍內，仍保有執法者及行法者適當合理之自主裁量空間。

上述觀念，因在本書正文中析述制度時難以敘及，故特在此提出說明。本書原著者數十年來常自許係一「法治主義技術官吏」。所稱技術官吏，並非指純粹執行之官吏，而係謂在設計創建法制之時，應注意將來該法之可行性與效能性，此固屬於技術性任務，亦即韓非（心度篇）所言：「法與時轉則治，治與世宜則有功。」即在法制技術上，應配合時需之意也。

二、激勵與維護公務人員

本書原著者常慨歎，天下最愚笨之事，莫過於欺凌與惡待自身組織體系內之工作部屬。公司董事長、總經理不知善待及激勵本公司員工，而長年絞盡腦汁，在員工身上轉念頭、打主意、用心機，一則務求如何使原來之熟練員工早日驅之他去，以便安插一己私人，可以長期把持公司；二則立意設法，務期如何不斷減少員工之所得與福利，轉以飽個人私囊。凡此種種，不僅有違道德，抑且絕對違反股東利益，其有害整個公司之發展者至大至遠。

若政府亦如此對待公務員工，則國之難治也必矣。因公務員工不僅不能安生以善爲工作，且心懷不平，皆必有損於政治效能與行政效率，甚至影響社會之治亂與國家之安危，乃屬當然之後果。

三、對當今考銓制度各項目所持觀點

本書原著者以研究人事制度爲天職與樂趣，以維護健全人事制度爲終身志願，以與考銓同仁及人事同仁往返切磋爲最大幸福。退職逾十年，早已年逾八十，而諸此意念仍未有少改。復以生命最好之二十餘年，亦即任公職之最後二十餘年，均獻身於考銓工作，其個人雖未功成名就，但對國家則已盡其棉薄之力。退職十餘年來，難免時有所感。

在本書對考銓制度各項目或各次級制度之陳述中，讀者不難看出原著者注意重點之所在。對於人事分類制度，頗贊成官職併立制度。對考選制度，認應重視考選技術之改進。對任用制度，認爲應在依法用人基礎上，對機關首長授予適當任使權力，隨亦課以適當責任。對俸給制度，認爲應依品位高低與職責輕重兩因素以定俸給，亦即「同工同酬」原則與「同品同酬」原則兼採；品位高低當然應有固定合理之評定規定，不能隨首長之喜惡或隨人員之不同而有所謂彈性；而職責輕重亦屬固定情況，不得因人而異，以免偏私而失公平，傷害士氣。對於人員之服務與倫理制度，仍應重在依法行事；其中最關鍵性課題，在於命令與服從關係之適當處理，原著者認爲最後準則仍應爲「依法行事」；長官有依法命令甚至強迫屬員依法辦事之權力，屬員亦有依法陳述意見及不接受違法命令之權利；至於機關內同仁及長官屬僚間之禮節，原係人際關係性質事項，不屬於所謂行政倫理範圍。對於考績制度，應切實貫徹我國自古以來所標榜之「綜覈名實，信賞必罰」要求，且必須盡全力建立每一機關考列甲等人數之合理限額。依自然分配原理，甲等人數以最多不得逾百分之三十五爲宜。關於陞遷制度，應貫徹功績制度精神，培植人才與掄拔人才爲準則，妥訂制度。對訓練進修制度，當前最重要者，在於建立具有實權之全國性主管機關與行政系統，目前遷就現實壓力，而定有以訓練替代升官等考試之規定，實不合理，似應重加考慮。對於公務人員保險制度，原本有醫療健康保險及現金給付保險兩大類七種保險項目，其中醫療保險當時皆稱之爲「免費醫療」制度，而且辦理成績卓著，十分成功，當時公教人員待遇甚低，因有公保之醫療保險，而竟成爲大多數公教人員樂於獻身公職重要原因之一；後因全民健保開辦，將公保醫療健康保險全部合併於全民健康保險之內。但自民國84年3月全民健保開辦至今二十多年來，管理績效如何？醫療給付水準如何？被保險人費率負擔如何？被保險人醫療受益情形如何？以至健保整體績效如何？眾目昭昭，無待多言。原著者以爲公保似仍應研究恢復辦理原有各項醫療保險，善良之事，無瞻顧之必要，事在人爲，何懼不能成功？天下事有比較即有競爭，有競爭即易進步，似無必須合併辦理之必要。對於退撫制度，本書檢討頗詳，請自行參閱該有關章節，本書原著者最起碼之希望在政府不應竭盡所能設法減低退休人員所得，政客更不應以打擊退休人員作爲其政治操作之犧牲品；至於制度本身，自民國84年施行新退撫制度至今，時逾二十多年情形而論，似尚難謂爲成功，應可重行檢討。對於公務人員保障制度，建立制度未久，竟已具有成績，至爲不易，公務人員含冤得有申訴救濟途徑，機關首長之濫用權力對待部屬之情形減少，使過去公務界因「特別權力關係」學說所形成之不公正禍患，得獲部分改正，實爲國家進步之一大徵象。希望繼續推進，並改善有關規定，俾更彰績效。

四、考銓制度是中性的，不應有政治色彩

考銓制度與人事工作都是行政制度與行政工作的一部分，人人皆知行政中立的道理，則考銓制度與人事工作人員當然也應是中立的，應與政治主義、意識形態、社會派別、族群意識、地域偏見，以至於幫派等，一概完全無關。無論將人事制度製造成刀劍、武器、棍棒，或製造成胡蘿蔔、蜜糖，以作爲從事爭奪集團利益工具者，都是錯誤的。所以當執政者或執政政黨更換時，決不可將政治色彩和意識型態注入考銓制度，企圖利用人事或考銓制度作爲政治手段，以達成排斥某種人員和左

袒另一種人員之不正企圖，而形成「分贓制度」（spoil system）。

道理明顯，因考銓制度目的在為國家、為政府，更為國民掄選、培植和提拔優秀人才，俾其蔚為國用而不致反為國害國禍。觀乎我國歷代政權更替史實，從未有排斥前政權之行政人員及人事工作人員者。至於政務官之更替，則不在稱為公務人員之事務官範圍之內，自應另作別論。

附錄一　考試院首任院長戴季陶先生手令——有關推動院務行政之指示

戴故院長手令全文（民國30年4月）

此稿乃前月手寫，以後仔細尋思，覺各事皆可面告諸同事，不必如此官樣文章，是以藏之匣中，至今未發。昨今細看，此稿文字俱十分規矩，棄之未免可惜，敬以贈之。

百年先生，可作一幅近作楷書看，不是正式公文也。弟傳賢識印。

（增修者註：以上爲手令書畢後於首頁格紙之格線外所增寫之卷首語）

中央第五屆第八次中央執行委員會全體會議已於前日圓滿竣事，關於一切建國根本方案，均有詳細之規畫。而在會議期中，總裁屢次對於施政綱領，乃至辦事方法，均一一詳細指示。現在前方戰事，已經確實建立勝利之基礎，今後要圖，惟在努力於政治經濟教育之諸般建設，以期一方促成軍事之勝利，完全收穫勝利之戰果；一方即於軍政期中建立經常制度之基礎，推行諸般之要政。凡此諸端，皆可於大會宣言及決議案中見之。本院職司考銓，爲人事行政之總樞，一切行政，與用人有密切之關係。此本院今後一切工作，必須根據大會各項決議，認眞檢討過去，策進將來，革因循瞻顧之習，勵勤愼奮發之風，期無負於黨國之付託，無違於中央歷次決議所提示者也。現在關於本院機構調整豫算追加諸案，尚在進行之中，惟一切應行整頓之事，亟宜切實及時努力。而各項行政事務之推進，前年以來，便已決定編成考銓制度分期擴充實行之計畫，並擬定與諸般行政制度，配合時地人事，等量發展之進度程敍一事，尤應根據本次大會所決定之三年建設計畫，切實設計，務期今後所有考選行政，能與行政部門之工作相合，適合國家所需要之程度。此項設計工作，務須迅速進行，竭本院現有之人力，限於二十日內編成初稿呈閱後，再提交院務會議討論，大體決定後，再與其他各主管機關協商，限期作最後之決定，由院呈請國防最高委員會核准備案，切實施行。

本院院務會議，在南京時，規定由副院長主席。惟議決事項，得由院長交會複議。此項試行辦法，若果行之有效，政務事務，兩有裨益。及政府移渝後，再度疏散，院辦事機關人員，大部分遷出市外。聞院務會議，迄今除院長召集之特別重要會議外，並未正式舉行。凡有所商討，或則各主官直接向院長請示，或則由副院長與各主官面商。其較爲重要之公事，或由副院長批令秘書長呈請院長核示。此種辦法，與昔年定章固然不符，於院政推行院務整理，皆不無窒礙。現在考銓行政，切待推進，凡百法令規章，皆須重行檢討：各種實施方案，尤待趕緊制定，實施進行中諸種重大困難問題，與夫院部會自身之各種重大問題，必須共同研討決定辦法者尤夥。且現值軍政時期，凡百政務事務，不惟重大，尤多緊急。昔年在南京所定試行辦法，實際上斷不可行。蓋不惟轉折費時，更恐貽誤事機也。自下星期始，院務會議，仍恢復從前舊制，由院長主席。院長有事故不能出席時，由副院長、委員長、部長依次代理主席（副院長不能出席時，由委員長，委員長不能出席時由部長）。每月定期會議二次，其中一次，必須在市內本院會議室舉行。至於會議一切事前事後事中應行注意事項，悉照累次切實口頭指示及文字曉諭辦法（在京時爲此申說指示者，爲數不少，然往往行之一二次，又復疏忽）。不知此種會議規則，斷乎不可視爲具文，否則會議不獨無成績，亦實無從進行。此在中央黨部國民政府乃至各院部會省廳市縣乃至稍具規模之人民機關團體，無不同樣辦理。不知本院秘書處，何以總不重視。此項程序，以後斷乎不可再視爲無足重輕。至院務會議之記錄當日當眾讀過後，便由是日之主席簽字，然後呈請院長核閱（如院長主席自然無此手續）。下次會議時，開會後第一程序即是朗讀前次會議記錄，記錄有誤，便須訂正，斷不可稍有疏忽。此秘書長之最應注意事項，尤其文書科之責任，以云分層負責。此種最易辦到之事，若亦置而不理，或理而毫無頭緒，考績時之字眼，誠不知其應如何下矣。過去者可不再論，以後倘再視爲兒戲，則除科以分層應負之責外，實無他法矣。

諸位同事須知，賢決非不顧理性之人，從前所有主張指示，並非僅要求同事服從，最要緊處，乃在要求同事理解。若未理解，或理解矣，而自有所見，儘管反復質疑問難，乃至竭其所知，以貢獻於本院，雖儘駁院長之所主張指示，院長亦必竭其至誠以歡迎之。必至每一問題，得到最妥善之辦法，與同事之眞正理解而後已。蓋今日正當百事建立基礎之時，本院對於全國負訓導監督指揮之責，諸同事皆有執行之責，亦有宣傳訓導之責。若自己於每一政策、每一事項，不能切實理解，不能具自動之能力、奮鬥之精神，使一切職守得以遂行而無憾，則賢自負黨、負國、負總理、負主席、總裁，而諸同事之對於本院，乃至對於負有一院責任之院長，亦未能謂爲克盡厥職也。至本院高級人員，秘書長而外，參事爲最重要。就外國言，此爲最關係於全體政務之職守，其每人之工作，必就其所能，自成一體系，一切報告書、設計案、法律案、豫算案，皆爲其所專負之責。就一方面言之，可稱爲政務秘書；而自另一方面言之，可謂爲專門委員，即在中國現行制度法律所規定者亦復如是，絕非可袖手旁觀，待送稿至而後敷衍署名，不加思考、不察其利弊得失，乃至不問其文字通順妥適當與否。果永遠人人如是，此中樞最高人事行政機關所應管理之如許大事，將待何人參乎？本院此種風尚，賢亦深知由於人人求謹愼不欲多事而來。然敷衍非謹愼也，壞事不獨不可多，且亦不可有；然好事則不可不求其多也。昔在南京，於紀念週時，賢曾告諸同事曰：「本院並無固有之機關，亦無固有之事權，一一皆由於重新創造。」中國固有之制度，各國曾行現行之制度，此吾人之參考資料也；當前國家社會之事實與其需要，吾人之工作對象也。

吾人所已作之事，所立之法，其利弊得失，吾人之明鏡也。一德一心，共信共行，互切互磋，不厭不倦，吾人工作之準繩，而亦成就事業之途徑也。廉潔勤愼，守法奉公，此本院成立以來之官箴也。服從主義，奉行法令，節省經費，任用賢能，吾人就職宣誓之要旨也。爲建國而抗戰，由抗戰以建國，吾人今日之大責重任也。吾人隨時可不做官，而一時不可忘吾人之主義，墮吾人之志氣。時艱國難，職重責巨，願我同事諸公，體而鑒之。

民國三十年四月五日戴傳賢。印。

此手令除本院人員傳閱外，並抄發會部長官閱之。印。

本書原著者徐有守之說明

民國90年春，百年先生哲嗣紹彭先生，以考試院戴故院長季陶先生民國30年間所作之手令一幅，交囑有守代藏。展閱之下，此一手令已有如字畫裱裝成一橫軸。橫軸左右長二百六十八公分，上下高三十八公分，係戴故院長親手以工整之毛筆正楷，一筆不苟書寫於畫好方格之宣紙上。手令全文一百零四行，每行十八格，每格一字，但注釋文字體較小，則僅占半行，仍正楷書寫，即每格左右二字，全文連同注釋共二千零二十二字，原已在格外以三角點斷句不占格。手令正文中之注釋文字係戴故院長自加。手令本文之外，戴故院長另在紙邊加寫文字（即原格紙首頁前後格邊），說明此一手令實際並未發出，事後以之當作楷書，贈送百年先生收藏。事隔六十年，紹彭先生言，最近因清理故居積存物，始發現此幅云。

有守經抄錄原文如上。其中用字，悉照原件，例如「記錄」、「程敘」、「赶緊」、「豫算」等詞均係原文用字，與現今流行之用字「紀錄」、「程序」、「趕緊」、「預算」等詞，本係相互通用，並非有守誤抄。此抄本文中括弧內字句本係原文中之小字注釋，爲資識別，我抄錄時爲之代加括弧，新式標點亦係有守代加，以利閱讀。至於段落、抬頭與空格，以及每段起首並不空二格，均照原文，抄本未有更動。

民國30年間，百年先生係考試院考選委員會委員長[1]，該委員會爲今考選部前身。民國43年至45年期間，有守在臺北市就讀國立政治大學政治研究所，百年先生爲政治大學斯時在臺復校之首任校長，有守忝列門牆，並與紹彭先生相識。

對日抗戰爆發於民國26年7月7日，日寇攻勢凌厲，戰爭情勢對我頗爲不利，是年11月，中央政府遷重慶。民國27年寇軍已至華中，而有武漢會戰；民國28年有第一次長沙會戰。迄至民國29年9月希特勒發動歐戰，世人稱爲二次世界大戰爆發。是年汪精衛投日，組織僞南京政府。而此一手令寫於民國30年4月執政之國民黨五屆八中全會閉幕後二日，抗戰將滿四年，已過全程之半。就上述局勢觀之，其時並非盡如手令中所云：「前方戰事，已經確實建立勝利之基礎。」乃意志表現；但手令中所謂：「爲建國而抗戰，由抗戰而建國。」則屬事實。是年冬，我軍於第二次長沙大會戰中再度殲滅來犯之全部日軍數萬人，獲致重大勝利；日寇復自瘋狂，於同年冬偷襲珍珠港，發動太平洋戰爭。至此，我對日抗戰情勢，在國際間始脫離此前長期之孤立狀態。但無論此前此後，除極少數如汪精衛者流外，國人無不抱持同仇敵愾之心，絕不悲觀，一切行事，仍作戰勝後長期建國之規劃。此種偉大之民族精神，實爲最後勝利之重要基礎。觀乎手令中所敘：「會議期中，總裁屢次對於施政綱領，乃至辦事方法，均一一詳細指示。」以及在此會議後，蔣委員長並著有《中國之命運》一書印行，詳論抗戰勝利後之國家建設計劃，並具體核算所需各類建設人才數目，風行全國，一人一冊。可見當時上下一體之積極心理，及抗戰建國之決心。

行憲前之考試院組織，採首長制，置院長、副院長及秘書長，下轄考選委員會及銓敘部兩機關，尚無考試委員之設置：考選委員會置委員長及副委員長各一人，考選委員五至七人[2]。時任副院長爲紐永建先生（民國21年5月至31年12月），秘書長爲許崇灝先生（民國21年12月至30年12月），考選委員會委員長則爲陳大齊（百年）先生（民國23年12月至37年6月）[3]。

此一手令主要內容似可歸納爲四：一爲指示應根據執政黨八中全會通過之三年建設計畫，限於二十日內就考銓施政方面配合設計一套計畫初稿。二爲自下星期始，恢復久已停開之院務會議，每月二次，並自原試行辦法所定由副院長主席恢

---

1 李光雄，建國七十年之考銓制度，頁35至36，民國70年臺初版，考試院考銓叢書指導委員會主編，正中書局，臺北。

2 考試院編印，考試院施政編年錄，民國32年條，頁289至290；及民國33年條，頁120。

3 同注一，頁47至49。

復為由院長主席[4]，並嚴加告誡，應注意遵守會議規則行事，並依程序製成會議紀錄。此事指明應由秘書長督促文書科長負責辦理。三為要求同仁服從工作指示，及切實理解指示，縱然與院長有不同意見，仍可儘量提出作充分討論。尤其對參事期望甚高。四為剴切曉諭，反復說明，列舉各項辦事原則，以與同仁共勉。綜觀手令全文措詞，就抗戰時期官場習慣言之，實質已頗嚴厲，對同仁工作之未能切實負責、凡事敷衍等情事，極度不滿。甚至明示將於年終考績時課究責任；但戴故院長畢竟恂恂然一儒者，且為革命家，絕非官僚，故仍心平氣和，不厭其煩，洋洋數千言，親自以毛筆正楷書寫以出之，委婉剖析，且多勉勵之詞，備見苦心。但最後竟仍有所不忍，而留中未發。

手令中所敘及之「院務會議」，並非現今之「考試院會議」（簡稱院會），而係依民國19年所制定之「院務會議規程」辦理。該規程規定院務會議由院長、副院長、考選委員會委員長、副委員長、銓敘部部長、副部長、院會部秘書長、院首席參事組成。每二星期開會一次，於每月第一個及第三個星期二上午8至10時舉行，規程中並定有簡明之會議程序[5]。

手令中有言：「昔在南京，於紀念週時，賢曾告諸同事曰：『本院並無固有之機關，亦無固有之事權，一一皆由於重新創造。』中國固有之制度，各國曾行現行之制度，此吾人之參考資料也；當前國家社會之事實與需要，吾人之工作對象也；吾人所已作之事，所立之法，其利弊得失，吾人之明鏡也。」此在說明國家獨立舉辦考試，及對任用人員定有銓敘審查其資格並賦予品位，不受任何權力干涉等端，雖係沿襲我國古制，但我國自古以來僅有獨立舉辦考試之制，並無一與行政權等最高治權平行獨立之永久性建制機關，以主管考試及銓敘等其他有關人事管理事項，亦無此機關固定之事權設置。甚至主考官亦無一專責辦事之機關，一待考試舉辦竣事，主考官即卸職返回其本職。故民國政府設置考試院，一切草創悉賴規劃創始。此一觀點有守前於獲讀此一手令一年餘前之民國89年1月之拙文「行憲後考選制度演進釋論」中，曾特為說明[6]。今讀戴故院長手令，益證此說並非個人杜撰。

此一手令，無論就其內容、態度、措詞與形式等任何一端而言，無不充分顯示前人之創業敬業精神，令人至為感動，誠不愧一代人物，為我考試院創院定制之首任院長也。

---

4 陳天錫編，考試院施政編年錄，民國19年12月17日條，頁127至129，上冊，考試院印，臺北。

5 同上。

6 徐有守，行憲後考選制度演進釋論，頁214至257，考銓季刊，二十一期，民國89年1月，考試院出版，臺北。

附錄二　四兩撥千斤敢言又敢當（專欄）

記者　夏珍

徐有守以專業立場強調制度觀
朝野立委對他的素養也肯定

——載臺北中國時報民國79年12月15日

自從資深委員退出，增額委員全國接棒後，向來冷門的立法院法制委員會突然間熱門起來。過去被人疏忽的文官體制，突然間備受朝野立委的重視，考試院的陳年積案紛紛從箱底翻掏出來。在這股熱絡的氣氛中，考試院銓敘部政務次長徐有守堪稱兩院折衝的靈魂人物之一。

目前考試院擺在立法院亟待審議的法案高達十五案之多，個個有關公務人員權益。如已進入院會等待二、三讀的公務人員任用、俸給、考績三法修正案，只要完成三讀程序，立刻使公務員考績獎金大幅提高一倍。又如待委員會審的公務人員退休、撫卹二法，攸關整個退撫制度的改革。在這種情形下，自稱「為考試院法案在國會打仗的先鋒部隊」的徐有守，不得不卯足了勁，在朝野增額立委間周旋。

一夜之間，「徐有守說」成為法制委員會最常聽到的言語。而徐有守以他浸淫人事行政以及考銓業務數十年的經歷，使得極其刻版枯燥的法條，能權變得相當自然，也能適時發揮四兩撥千斤的作用，為行政機關解圍。

以榮工處組織規程查照案為例，朝野立委幾乎矛頭一致指責榮工處搞特權，以行政命令訂其規程，迴避法律監督。……徐有守一句：「組織規程部分職等偏高，有不當但不違法。」順利化解榮工處組織規程有可能被退回或擱置的危機。還備受民進黨立委盧修一等人稱讚為「敢言，有擔當的政務官」。三十年公務員生涯，似乎反而是在民進黨立委入主法制委員會後，才顯得重要起來。

徐有守早年一直追隨王雲五，從總統府行政改革委員會秘書、行政院參議、行政院經濟動員計畫委員會主任、國安會組長、……從民國61年起出任常次，直到六年前陳桂華從行政院人事行政局長轉任銓敘部長，徐有守才得以「升任」政次。其久任常務次長達十二年，大概創下中華民國最高階文官常次任職年限之紀錄。

在這漫長的歲月裡，陪伴徐有守的只是一般人視爲枯燥無味的法條。他個人是職位分類的專家，在他手裡又完成簡薦委與職位分類「兩制合一」。儘管這個重大變革在人事行政領域還有見仁見智的爭議，但是過去十數年，他的專業配合考試委員的支持，確實爲文官體制造出一個「超穩定結構」。在法制委員會「專業資深立委」張子揚、何適口中，「聽聽徐有守怎麼說」，也是一句經常掛在嘴邊的話。而徐有守就法條論制度的「超穩定見解」，也經常成爲行政院欲權宜行事的最大阻力。

即使政治風氣丕變，過去僅守文官角色，避免與媒體多打交道的徐有守，也開始學會遊走會場，主動與記者溝通觀念。他的制度觀卻一點也沒打折扣。因此面對日漸坐大的退輔會榮工處，確實不客氣表示：「即使立法院通過榮工處組織規程查照案，我還是要說，部分職等偏高，考試院一定還要再商量。」面對行政院大陸委員會這個超部會重要機關，他也不保留指出：「除了國防部外，全國政府部會機關，無副首長是特任官之例。」含蓄卻也直指陸委會「因人設事」的事實。

結果，稱保守的徐有守，除了軍系立委周書府罵他是「從小處著眼、挑毛病、攪局、吹皺一池春水」外，倒是大受朝野立委的歡迎。在考試院也備受考試委員的肯定，認爲確實做到爲考試院立場辯護。

不過，在威權解體時代，任何「超穩定結構體制」免不了要受到鉅大衝擊，考試院也不例外。立法院今三讀通過「教育人員任用條例」第21條修正案，修正學校教職員考試法源，是例子之一；法制委員會審查通過「公務人員考績法」拉齊甲乙等的考績獎金，不讓徐有守有分辯機會，是例子之二。可預見的，隨著法制委員會相關官制官規搬上檯面審議，這個過去不受挑戰的「超穩定體制」及他個人的「超穩定見解」，勢必受到更多衝擊與考驗。

附錄三　再述一本真摯的書——徐著《考銓制度》

郭世良

我國「官職併立」之新人事制度，自民國76年1月16日施行迄今已屆滿二十年。主持此人事制度規劃施行的銓敘部前政務次長、考銓界的耆宿——政大教授徐有守，在繼民國95年2月出版《官職併立人事制度的理論與結構》一書後，再修正其於民國86年6月出版、7月修正二版的《考銓制度》，以嶄新的內容編排與封面設計，大幅調整增刪內容，於民國96年2月仍由臺灣商務印書館出版。

這是人事界的佳音。我有幸能接受指導，參與校閱，詳讀數遍，對全書內容多所留心。全書仍保有原書初版之特點，即一、依最新法規；二、融會貫通析述；三、詳注法規依據；四、列舉實例說明；五、概述法律沿革；六、討論現存問題。茲就增修三版內容觀之，更具有下列六項特點：

一、調整章節目次

(一) 第十二章「我國特種人員任用制度」，配合第五章「我國公務人事分類制度」之論述，將性質相近之特種人員任用制度，調併爲一節，予以敘述，俾便融會貫通，以探討制度內涵。如將警察人員、關務人員、交通事業人員三者併爲一節，即其性質上爲「官職分立」制度；將醫事人員與教育人員併爲一節，即其建制的基礎亦有相通之處；將主計人員與審計人員併爲一節，即以其工作性質前後相近。並均於其後之章節，列述其俸給、考績、退撫事項。

(二) 刪除原書有關「檢覈」部分之敘述，而將當前「考選制度的問題」一節提升爲一章（第十章），予以討論，以資醒目。

(三) 將原書第十六章第三節「當前公保制度的問題」，第一目「公務人員保險之性質與價值」的內容四項，均予提升爲目，並增修其內容，尤其是其究爲公法或私法性質爭議之始末；第二目「公務人員保險費用短絀的問題」調整爲「健全公保財務的展望」，並予全幅增修改寫。

二、刪除過時內容

(一) 將原書第九章「公職人員資格檢覈」（民選人員與上校以上軍官轉任公務人員）全章刪除，並且刪除次章專技人員之有關檢覈部分。

(二) 有關「技術人員任用條例」之析述全部刪除，但仍附有專目詳述該一制度興廢之始末。

(三) 有關原「雇員管理規則」之析述全部刪除，但仍附有專目詳述該一制度興廢之始末。

三、增修時宜課題

(一) 充實任用法制的析述，原書所論建立政務官分等制度已爲「政務官法草案」所採納，對於時下職組職系之修正也有相當原則性的看法。

(二) 充實陞遷法制內容的析述，亦對其必要性、究爲首長權力或公務人員權利、陞遷與職涯規劃或生涯規劃、陞遷的評比作業均有論說。

(三) 充實俸給法制的析述，除再補強原書對當前俸給制度問題的「公平」與「立法」外，更再提出「津貼及獎金」的問題，引人注意公務人員服務與報酬之關聯性。

(四) 充實考績法制的析述，對考列甲等之寬濫，表列數據說明，對考列甲等條件，也呼籲檢討。

(五) 充實訓練法制的析述，並對現行體系之不當，予以指明。

(六) 充實保障法制的析述，尤其是對民國以來之保障沿革述之甚詳，並對大法官會議有關公務人員之解釋，以憲法基本權利爲觀點，予以系統整理述說。

(七) 充實服務法制的析述，增列利益衝突迴避法的說明，對於時下政府之弊案，就倫理規範與法律規範，亦有論述。

(八) 充實退撫法制的析述，對於現制之成敗，有鞭辟入裡的析述，尤其是對財務性的問題的論說，如退撫基金費率、退休金的選擇、因公補償，甚至於有關「18%」優惠存款的沿革有所析述。

四、使用重要資料

(一) 歷史文獻的揭示：

1. 對於現行人事制度之學名，首次公開民國75年6月於總統府開會發言資料全文，這份塵封二十年的資料，言簡意賅，是現制的指針（第五章第五節）。

2. 對於保障法制的沿革，溯及民國初年北京政府公布的「文官保障法草案」、民國24年河南政府公布的「河南省政府公務人員保障暫行條例」、民國28年內政部的「縣長任用及保障條例草案」、保障的入憲，以及近二十幾年來的研擬過程，此一沿革爲他書所不及述之（第十七章第三節第一目）。

3. 對於訓練法制之論述除引用行政、考試兩院的資料外，更引用立法院決議與監察院調查報告，政策性意見層次甚高（第十七章第四節第一目）。

(二) 統計數字的說明：

1. 依民國20年至今之考試及格人數、錄取率等，析論考選制度（第十章第七目）。

2. 以歷年考績甲等人數之統計，論述考績制度的問題（第十四章第五節）。

3. 以歷年保障案件之承辦，嘉許保障業務的推展（第十七章第三節）。

(三) 圖表比較的析述：

1. 依任命的性質與程序，說明文職官員的等級分類（第三章第四節）。

2. 依據各法律區別公務員與公務人員之範疇（第三章第二節）。

3. 以新舊退休年資與退休金（一次、月）之比較做退休金選擇的說明（第十八章第二節第十三目）。

五、言人之所未言

(一) 列舉違憲之考銓法律（第一章第三節第二目）。

(二) 發明考銓制度模型（第二章第二節）、析論人事制度的分類（第五章），並依法律區別公務員與公務人員（第三章第二節）。

(三) 再籲研究建立機關工作考評及配額，以規列考績甲等之人數（第十四章第五節）。

(四) 深切的討論退撫新制之成敗因素（第十八章第四節），列述其他現金補償的問題與「18%」優存問題，提出「因公」（職業災害）補償應與退撫分離之芻議。

六、誠摯中立不偏

原書出版迄今近十年，社會變遷甚大，有關法規之修正亦多，從事原書的修正甚繁，必須一一查對，且增列甚多，形同新著。而校對中一校與二校間竟又增列十萬字達百頁之多。以其八十三歲之齡，仍有如此之熱忱，豈非僅其所言「考銓制度是中性的，不應有政治色彩」、「強調依法行政與奉法執行」與「激勵與維護公務人員」而已，由其自認之「法治主義技術官吏」，殊可感其之眞忱（第二十章）。

因此，這不僅是有志從事人事工作或研究學習人事工作朋友的工具書，也是一般公務人員或是以公務生涯爲職志者的入門書，更是主管人員甚至於機關首長「用人」的參考書，功能效用是廣泛而多面的。

增修三版附錄並載珍藏了考試院首任院長戴傳賢有關推動考試院院務行政的指示手令（稿）全文，並以戴院長該手令（稿）手蹟墨寶爲封面，再擷集令稿中之「考銓制度」四字題署書名，字跡清雅秀麗，亦足令人發思古之幽情，緬懷先賢，創制立法之艱辛，於茲更有其意義。

這確是一本眞摯的書。

（本文原載於96年3月公務人員月刊第129期）

本書主要參考文獻

壹、法規部分

考試院編印：常用文官制度法規彙編（各年版）。
考試院編印：政務人員法草案，八十四年十月版。
考試院編印：公務人員行政中立法草案，八十四年十月版。
考試院編印：公務員基準法草案，民國八十四年十二月版。
銓敘部編印：銓敘法規彙編，民國七十七年元月版。
銓敘部編印：常用銓敘法規彙編（各年版）。
銓敘部編印：銓敘法規釋例彙編（各年版）。
銓敘部編印：公務人員特種人事法規彙編（各年版）。

貳、政府文書部分

考試院編印：考銓報告書，民國八十五年版。
考選部編印：公務人員考試法修正案專輯，民國八十五年七月版。
考試院編印：公務人員保障法專輯，民國八十六年一月版。
考試院編印：中華民國考試院統計提要（各年版）。
考試院編印：考試院施政編年錄（各年版）。
考試院秘書處編印：考銓詞彙，民國七十九年版及八十九年版。
銓敘部編印：中華民國銓敘統計年報（各年版）。
銓敘與公保月刊社編印：公務人員基準法專輯，民國八十五年版。
考選部編印：中華民國考選統計，（各年版）。

參、書籍部分

考試院考銓叢書指導委員會編纂：戴季陶先生與考銓制度，正中書局，民國七十三年七月初版。

考試院考銓叢書指導委員會編纂：建國七十年之考銓制度，正中書局，民國七十年版。

考試院考銓叢書指導委員會編纂：建國八十年之考銓制度，考試院秘書處印行民國八十一年六月初版。

考試院考銓叢書指導委員會編纂：建國九十年之考銓制度，考試院秘書處印行民國九十一年初版。

考試院考銓叢書指導委員會編纂：中華民國銓敘制度，正中書局，民國七十二年八月初版。

考試院考銓叢書指導委員會編纂：中華民國銓敘制度，正中書局，民國七十九年修正版。

考試院考銓叢書指導委員會編纂：中華民國退休撫卹制度，正中書局，民國八十年版。

考試院銓政研究發展委員會：中華民國職位分類史稿。中國職位分類學會出版，民國五十五年版。

考試院秘書處印行：中國考試制度史（修訂版），民國八十一年二月版。

考試院編印：建國一百年國家考試暨文官制度，民國一○一年十一月。

考選部編印：中華民國考選部部史，民國一○二年十二月。

銓敘部編印：銓敘部與文官制度發展，民國一○三年八月。

陳天錫：遲莊回憶錄，作者自印，民國六十年版。

李飛鵬：現行人事法規沿革及釋例（上下二冊），作者自印，民國六十二年三月增修五版。

錢端升等：民國政制史：商務印書館，民國三十五年版。

楊樹藩：中國文官制度史，作者自印，民國六十五年九月初版。

彭錦鵬等：文官體制之比較研究，中央研究院歐美研究所印，民國八十五年版。

李震洲：中華民國特種考試制度，考試院考銓叢書，正中書局，民國七十三年九月初版。

徐有守：公務職位分類的理論與實務，正中書局，民國六十八年三版。

徐有守：我國當今人事制度析論，臺灣商務印書館，民國七十三年版。

徐有守：中外考試制度之比較，中央文物供應社，民國七十三年版。

徐有守：考銓新論，臺灣商務印書館，民國八十五年版。
徐有守：考試權的危機，臺灣商務印書館，民國八十八年七月版。
徐有守：官職併立制度的理論與結構，臺灣商務印書館，民國九十五年版。
柯慶賢：公務員彈劾懲戒懲處之理論與實務，公務員懲戒委員會，民國九十年十一月。
王廷懋：我國公務員懲戒問題之研究，公務員懲戒委員會，民國八十六年六月。
林記東：中華民國憲法逐條釋義（三），三民書局，民國七十一年修訂初版。
林記東：行政法論集，三民書局，民國三十三年六月。
施能傑：《行政機關俸給政策：公平性理論的觀點》，洪業文化，民國八十三年九月。
展恒舉：《中國近代法制史》，臺灣商務印書館，民國六十二年七月。
吳庚：《行政法之理論與實用》，三民書局，民國九十八年八月。
張金鑑：《中國現行人事行政制度》，臺灣商務印書館，民國五十七年五月。
房列曙：《中國近現代文官制度（下）》，商務印書館（北京），民國一〇五年一月。
繆全吉：《中國制憲史資料彙編—憲法篇》，國史館，民國七十八年六月。

肆、主要網站資料

政府公報資訊網http://gaz.ncl.edu.tw/
全國法規資料庫https://law.moj.gov.tw/index.aspx
全國人事法規釋例資料庫http://weblaw.exam.gov.tw/LawAffair.aspx
司法院法學資料檢所系統http://jirs.judicial.gov.tw/Index.htm
銓敘部全球資訊網https://www.mocs.gov.tw/

國家圖書館出版品預行編目資料

考銓制度／徐有守，郭世良著. -- 四版. --
臺北市：五南，2019.07
面； 公分
ISBN 978-957-763-397-2（平裝）

1.考銓制度

573.4 108005608

1PCA

考銓制度

原 著 者 — 徐有守
增 修 者 — 郭世良（241.7）
發 行 人 — 楊榮川
總 經 理 — 楊士清
總 編 輯 — 楊秀麗
副總編輯 — 劉靜芬
責任編輯 — 蔡琇雀、呂伊真、王者香
封面設計 — 姚孝慈
出 版 者 — 五南圖書出版股份有限公司
地　　址：106台北市大安區和平東路二段339號4樓
電　　話：(02)2705-5066　傳　　真：(02)2706-6100
網　　址：http://www.wunan.com.tw
電子郵件：wunan@wunan.com.tw
劃撥帳號：01068953
戶　　名：五南圖書出版股份有限公司

法律顧問　林勝安律師事務所　林勝安律師

出版日期　2019年7月四版一刷
定　　價　新臺幣960元